风险导向审计实务

大信会计师事务所（特殊普通合伙）编著

Risk-oriented Audit Practice

中国财经出版传媒集团
经济科学出版社
Economic Science Press

图书在版编目（CIP）数据

风险导向审计实务 / 大信会计师事务所（特殊普通合伙）编著．—北京：经济科学出版社，2022.12
ISBN 978-7-5218-4182-4

Ⅰ.①风…　Ⅱ.①大…　Ⅲ.①审计-风险管理-研究　Ⅳ.① F239.22

中国版本图书馆CIP数据核字（2022）第200625号

责任编辑：谭志军
责任校对：李　建　王苗苗
责任印制：范　艳　张佳裕

风险导向审计实务
大信会计师事务所（特殊普通合伙）　编著
经济科学出版社出版、发行　新华书店经销
社址：北京市海淀区阜成路甲28号　邮编：100142
总编部电话：010-88191217　发行部电话：010-88191522
网址：www.esp.com.cn
电子邮箱：esp@esp.com.cn
天猫网店：经济科学出版社旗舰店
网址：http：//jjkxcbs.tmall.com
北京季蜂印刷有限公司印装
787×1092　16开　69.25印张　1250000字
2022年12月第1版　2022年12月第1次印刷
ISBN 978-7-5218-4182-4　定价：298.00元
（图书出现印装问题，本社负责调换。电话：010-88191510）

编 委 会

许　峰　合伙人　北京业务总部高级经理
华翔闽　技术标准部经理
刘会峰　西北质量复核部高级经理
李成亮　北京质量复核部执行高级经理
何　政　合伙人　管委会委员　山东业务总部执行总经理
何先琴　技术标准部经理
宋治忠　合伙人　深圳质量复核部高级经理
张亚兵　合伙人　北京业务总部高级经理
张有全　合伙人　西北业务总部高级经理
陈修俭　合伙人　山东质量复核部高级经理
吴　振　合伙人　金融业务审计部高级经理
吴永民　管理咨询部高级经理
肖　霞　山东质量复核部执行高级经理
辛玉洁　北京业务总部经理
罗　贞　技术标准部经理
周　刚　四川质量复核部高级经理
姜小颖　北京质量复核部经理
蔡金良　合伙人　北京业务总部高级经理
滕伟杰　技术标准部经理

把握八个关系，控制审计风险

——风险导向审计理念如何运用到执业实务

自2007年新审计准则实施以来，注册会计师风险导向审计理念逐步深入，审计方法日趋科学，审计质量不断提高。但是，审计实务中如何准确理解风险导向实质，将抽象的概念转化为具体的关注重点，并贯穿审计工作底稿，仍然有待改善和加强。从注册会计师执业，以及会计师事务所质量控制视角，风险导向审计应当强化顶层意识，准确把握八个关系，以防范和化解风险，提高审计质量和审计效率。

一、经营风险与审计风险

企业的经营风险通常包括政策变化、市场萎缩、关键客户流失、重要供应短缺、技术落后、资金周转困难、关键管理人员离职等不利影响，反映到财务报表中，收入、利润下滑，资产质量下降，现金流量不畅。但是，财务报表并非都会真实、客观地反映企业经营状况，一旦经营业务与财务反映结果脱节，就意味着经营风险将转化为审计风险。舞弊三角理论认为，“压力”是管理层舞弊的重要因素之一，而舞弊导致财务报表的重大错报，属于注册会计师审计应当关注的特别风险。以上市公司为例，经营风险或经营失败导致的业绩压力可能包括：维持再融资财务条件、过度依赖信贷支持、避免退市、兑现盈利承诺、满足股权激励行权条件、保护管理层报酬、隐瞒决策失误、高价减持股票套现、保持市场形象、控股股东压力等，上市公司通过粉饰财务报表，掩盖经营困难，获取巨大利益。虽然经营风险并不必然导致审计风险，但在我国资本市场尚不成熟，诚信意识有待提高，违规成本低的现实环境中，管理层舞弊动机强烈，从而加大了经营风险转化为审计风险的概率。2017年以来，超过200家上市公司涉嫌财务信息披露等违规被证券监管部门立案调查，这些公司不少处于经营困难，业绩压力较大的窘况。注册会计师为规避审计风险，对其中多家上市公司出具了保留或强调事项段审计意见，而康美药业、康得新、乐视网等企业的经营风险最终导致了审计失败。

为了拦截经营风险向审计风险转化，防止经营失败引发的审计失败，注册会计师应当把好“四关”：一是把好入口关。对于系统性、行业性风险较高的客户，审慎承接，而对于经营陷于困境，频繁更换会计师事务所的业务项目，坚决不接。二是派好人手关。经营风险大的高风险客户，委派具有相应丰富经验的项目合伙人、现场负责人至关重要。三是防范舞弊关。经营风险与舞弊行为犹如孪生兄弟，审计重点应当围绕以舞弊为中心的财务报表重大错报展开。四是做好沟通关。对市场关注度高的客户，及时做好会计师事务所内部门、监管部门等各方沟通协调。

二、过度信任与职业怀疑

信任，是建设和谐社会的基石。对于注册会计师而言，信任能够提高效率，例如信任内部控制有效，可以减少实质性测试范围。但若过度信任，放松职业怀疑，则可能导致审计风险。职业怀疑，是指注册会计师以质疑的思维方式评价所获取的审计证据，并对相互矛盾的证据，以及引起对文件记录或责任方提供的信息可靠性产生怀疑的证据保持警觉。如何在信任与职业怀疑之间取“最大值”，是风险导向审计的基本要求。注册会计师在审计实务中，在“信任”问题上存在几种认识误区：“客户没有事，我们就没事。客户有事，我们也逃不脱”；“客户说了，保证这些问题明年全部消化，请你们放心”；“客户很诚信，从来没有欺骗过我们”；“某某项目经理能力很强，他负责的业务肯定没问题”……

注册会计师为何会产生过度信任？哪些情形阻碍了注册会计师保持职业怀疑？主要原因在于：一是审计环境中的某些情况可能会引发动机和压力，使注册会计师产生偏见，如客户承诺高收费、长期合作关系等。二是随着审计业务关系延续，注册会计师可能对管理层产生不恰当的信任，某些情况下可能会迫于压力，避免与管理层产生分歧或对管理层造成不良后果，而未能保持恰当的职业怀疑。三是其他情况也可能阻碍注册会计师保持职业怀疑，如合伙人对项目组时间安排不够。从会计师事务所及合伙人层面经营理念溯源，是市场至上，还是质量为重，办所理念往往决定了信任的程度，尽管有时信任是被动的。

过度信任是审计失败的前奏。注册会计师因为信任政府，没想到政府有时配合支持企业造假；因为信任银行，发现对账单居然系伪造；因为信任客户承诺，但客户一次又一次失约；因为信任审计人员，却不知其已丧失了专业和道德底线。因此，过度信任是风险导向审计的天敌，唯有相信审计准则，亲眼所见，亲耳所闻，亲身所思，持“人之初，性本恶”的态度，坚持批判性思维，透过现象看本质，始终保持职业怀疑态度，才能控制审计风险。法国著名哲学家、数学家笛卡儿的名言“我思，故我在。”思，即普遍怀疑精神。职业怀疑并非怀疑一切，而是对高风险审计领域有针对性地提高警惕。例如，舞弊风险、管理层凌驾于公司内部控制之上的风险、收入确认、会计估计、关联方关系及其交易、重大非常规交易、金融工具等高度复杂的交易、对法律法规的遵循、持续经营、函证、存货监盘、期后事项等易产生错报或舞弊的领域。

三、实质风险与形式风险

实质风险，指注册会计师实施审计程序后未能发现财务报表重大错报导致的风险。形式风险，指财务报表本身并无重大错报，但注册会计师审计程序实施不到位可能导致的监管部门检查风险。审计理论、审计准则中，只有审计风险的概念，即审计风险相当于实质性风险意思，而并无实质风险与形式风险的定义，但审计实务中二者之争颇为激烈，由此形成了不同的审计风险观，进而影响注册会计师审计思路和获取的审计证据。

重实质主义者认为，会计问题定生死。只要没有导致被审计单位财务报表重大错报的会计确认、计量或披露事项，注册会计师就不会有遭致行政处罚的重大风险。坚持该观点的注册会计师，审计重点主要是查问题、纠错报、防报表风险，重实质性审计程序，轻风险评估和控制测试，不追求程序实施面面俱到，不够重视审计工作底稿编制的完备性，强调报表真实。事务所合伙人多持该种观点，他们认为就中国当前注册会计师监管环境，只要客户存在实质性风险，即使审计程序执行再完美，以现行监管执法标准，也难逃“有罪推定”之责。重形式主义者认为，注册会计师作为独立审计师，必须分清会计责任与审计责任的关系。被审计单位对编制和公允列报财务报表负责，包括按照会计准则规定编制财务报表并使其实现公允反映，以及设计、执行和维护必要的内部控制，以使财务报表不存在由于舞弊或错误导致的重大错报。注册会计师的责任是按照审计准则规定执行审计工作，以对财务报表是否存在重大错报获取证据并发表审计意见。坚持该观点的注册会计师，工作重点是完成审计准则的“规定”动作，重视审计程序的实施和底稿编制的齐备性，包括风险评估、控制测试、实质性测试等，强调程序真实。执业一线注册会计师多持该观点。他们认为，按审计准则执业天经地义，且通常能够发现重大错报，即使不能发现舞弊导致的错报，根据最高人民法院《关于审理涉及会计师事务所在审计业务活动中民事侵权赔偿案件的若干规定》（法释[2007]12号）规定，若属于“已经遵守执业准则、规则确定的工作程序并保持必要的职业谨慎，但仍未能发现被审计的会计资料错误”情形，注册会计师可以免责。因此，防范形式风险，必须做好审计底稿，因为底稿是“护身符”。

前述两种观点均有失偏颇，坚持“实质与形式并重”，是贯彻风险导向审计理念的最好诠释。仅强调实质风险，可能会因程序实施不到位而不易发现实质问题；仅强调形式风险，难免会偏离审计目标，即使能够免责，但这并非财务报表使用者所需要的审计结果。因此，实质与形式是审计目标与审计手段的关系，按照准则规定实施程序，是为了发现实质性风险，两者并无矛盾。审计实务中，关键是如何贯彻风险导向审计，做到风险评估与实质性测试挂钩，审计资源轻重有别，程序实施繁简有据，既避免审计过度，又防止审计不足，从而提高审计质量与效率。

四、余额审计与过程关注

资产负债表反映时点数，利润表反映期间数，注册会计师分别以确认期末余额、当期发生额的真实性和准确性为审计目标，并据以设计相应的审计程序。审计实务中，注册会计师对资产负债项目余额形成过程关注不够，导致未能发现重大错报。为何要关注过程？一是期间违规，期末平账。二是偷梁换柱，隐瞒真实交易。三是出借账户或资质，形成体外循环。四是询证回函可靠性不足，易出现串通舞弊等。例如，某上市公司 2021 年度与关联方发生大量非经营性资金往来，累计金额超过 10 亿元，关联方年度间多数月末均占用上市公司资金，年末全部归还。从期末余额看，财务报表其他应收款并无重大错报，但存在“期末为零，过程占用”行为，严重侵害上市公司利益。若注册会计师审计未能发现并在审计报告披露，将承担重大审计风险。再如，注册会计师对某拟上市企业应收账款实施函证程序，并取得回函，但因被审计单位与客户串通，其中一大额客户回函与实际不符，导致财务报表存在重大错报。事实上，在我国社会信用基础缺乏的情况下，评价回函可靠性应当保持高度警觉。美国 SEC、PCAOB 等机构认为，中国会计师事务所函证实施存在重大缺陷，未充分考虑客户可能对函证目标施加影响。

余额审计与过程关注，相辅相成，互为补充。注册会计师应当从以下几方面把握：第一，关注资金流。几乎所有交易都离不开资金流，上市公司、拟上市企业等高风险业务，核查资金流是至关重要的程序，包括账户完整性、未达账项、异地账户、账户数量或资金流量与业务匹配性等，并同财务报表异常项目挂钩，如大额长期预付款项挂账。中国证监会 2013 年组织的 IPO 财务核查，银行流水成为重中之重，发现并查处了河南天风节能等财务造假案。第二，关注实物流。采购与销售业务及形成的资产、负债，仅审核合同、发票等证据还不够，物流轨迹亦为关键证据。第三，重视会计分录测试。会计分录测试，是指注册会计师针对被审计单位日常会计核算过程中作出的会计分录，以及编制财务报表过程中作出的其他调整执行的测试，主要目的在于应对被审计单位管理层凌驾于内部控制之上的风险。通过关注异常会计分录，可识别腾挪、平账、虚构等交易。当然，余额审计时关注资产负债项目形成过程，并非等同于损益类科目审计，而是根据风险评估结果，关注重大、异常、疑虑等高风险账户。

五、例外审计与常规审计

科学管理之父泰勒认为，管理中大量的事务性工作应该尽可能实现规范化，企业的高级管理人员把一般的日常事务授权给下级管理人员去处理，自己只保留对例外事项（即重要事项）的决策权和监督权。例外原则运用到审计实务中，注册会计师应更多地关注被审计单位出现异常的例外事项，评估为高风险领域，委派具有相应经验的审计人员，设计和实施总体应对措施及进一步审计程序，而对常规事项，采取一般审计，以节约审计资源。不少会计师事务所对业务项目采取分级分类管理，不同等级项目，实施不同的质量控制流程，包括项目承接、业务执行、报告出具等，体现了例外管理原则，也与风险导向精神相适应。

被审计单位的“例外”事项，通常包括：一是财务指标的异常波动，如资产负债及收入成本项目异常变动、毛利率大幅变动、期间费用波动等。二是复杂或特殊交易事项，如衍生金融工具、商誉等长期资产减值测试、精算福利、特定资产价值量确认、境外审计、创新业务会计处理等，需要较高的专业胜任能力。三是非常规重大交易。注册会计师需要特别关注：复杂的股权交易，如公司重组或收购；突然新增重要交易客户或供应商；与处于公司法制不健全的国家或地区的境外实体之间的交易；对外提供厂房租赁或管理服务，而没有收取对价；具有异常大额折扣或退货的销售业务；循环交易；在合同期限届满前变更条款；采用特殊交易模式或创新交易模式；交易标的对被审计单位或交易对手而言不具有合理用途；交易价格明显偏离正常市场价格；不属于正常经营业务范围内的、金额重大且没有实物流的交易；等等。

六、扁平思维与立体视角

企业财务信息来源同员工、客户、供应商、金融机构等内外部密切相关，数据生成呈系网状、立体式，因而财务信息之间、财务信息与非财务信息之间存在内在勾稽或联系。风险导向理念，必须了解财务报表背后的故事，仅从被审计单位财务部门完成全部审计工作蕴含风险，因为一张据以入账的原始凭证，在进入会计系统前也许经历了漫长、复杂的“旅行”，经过了不同地方、不同单位、不同部门、不同人员之手，最终形成财务报表上的一个数据。注册会计师对于异常数据，往往要从数据外寻找突破口。所幸的是，以互联网快速发展催生的大数据时代，为了解财务数据生成相关主体及真实性印证提供了便利条件，公开信息、媒体报道、举报等成为获取审计线索的重要途径。

“由外至内，自上而下”的审计思维，注册会计师应当实现两个转变：一是审计程序的执行，要由扁平化向立体化转变。例如，审计重要的收入项目，不仅要履行分析、抽查、核对等常规程序，还要进行交易函证，甚至现场走访核查，从立体视角核实印证收入确认真实性，切忌将审计工作变成“复印机”“留声机”。二是审计证据的获取，要由单一化向多维化转变。仅以询证回函确认应收账款余额可能存在风险，若辅之以收入核查、存货抽盘等证据，将降低检查风险，这也是不少注册会计师按照业务循环设计和实施审计程序的原因。拟上市企业审计中，监管部门要求申报会计师关注财务信息与非财务信息相互衔接与印证，目的是从不同维度获取证据，核实财务报表的真实性。例如，经营模式、产销量与营业收入、营业成本、应收账款、期间费用的关系是否匹配；产能与产量是否匹配；存货构成与产销量是否匹配；产量与水、电量是否匹配；销量与运费支出是否匹配；毛利率波动与生产工艺改进、原材料价格波动关系是否匹配；资产的形成过程是否与发行人历史沿革和经营情况相互印证；招股说明书披露的财务信息是否与经审计的财务报表一致等。

七、审计不足与审计过度

以最少的审计程序，发现最多的错报，这是风险导向审计的最高境界和最佳效果。但要达到该效果并非易事，往往不是审计不足，就是审计过度。审计不足风险，指注册会计师未实施充分适当的审计程序，导致未能发现财务报表重大错报的风险；审计过度风险，指注册会计师实施了不必要的审计程序，获取的证据无助于形成审计结论的风险。前者影响审计效果，可能导致注册会计师发表不恰当的审计意见；后者影响审计效率，导致注册会计师实施额外工作，造成审计资源浪费。

导致审计不足与审计过度的原因，一方面，是注册会计师审计准则掌握理解不够，尤其是风险导向运用不到位所致。例如，集团财务报表审计平均用力，非重要组成部分也执行了详细、完整的审计程序；控制测试与实质性测试重复审计；审计抽样不考虑风险评估结果，不考虑重要性水平，漫无目的抽样检查会计凭证，复印大量资料等，这种过度审计毫无意义。而对于风险点，审计的深度、广度不够，证据不足以支持审计结论。另一方面，会计师事务所管理也不容忽视，包括人力资源投入不足、项目组织不当、时间压力大、合伙人责任不到位、收费过低等，产生这些问题的根源是会计师事务所经营是以质量为导向，还是市场为导向，是重品牌建设，还是重短期利益，不同理念形成质量文化差异。

如何处理好二者的关系？经济学中“纳什均衡”理论，或许值得借鉴，即博弈中参与各方效用最大。具体而言，选择合适的审计程序是平衡审计不足与审计过度的关键。会计与审计的区别，在于会计是做“判断题”，审计是做“选择题”。

经济事项发生后，会计人员需要判断是否应当确认、何时确认、按何种属性计量、如何后续计量、以何种方式列报与披露等，“判断”正确与否决定会计处理的恰当性。而注册会计师在审计时，面对海量的会计审计资料，如何选择审计程序实施的范围、性质和时间，贯穿审计工作的始终。选择恰当，事半功倍，反之，则事倍功半。例如，集团财务报表审计范围，需要根据组成部分的重要性，选择重点审计单位、一般审计单位和审阅单位，重点审计单位对低风险项目选择简化程序，而审阅单位中个别重要项目应当选择审计方式等。又如，实施盘点程序的时间选择，既可在资产负债表日，也可在资产负债表日前后；既可提前安排好盘点计划，又可为增加审计程序的不可预见性，选择实施突击盘点等。

八、独立复核与合伙体制

《会计师事务所质量管理准则第 5102 号——项目质量复核》规定，会计师事务所应当制定政策和程序，以明确项目质量控制复核的性质、时间安排和范围，只有完成项目质量控制复核，才可以签发业务报告。项目质量控制复核人员应当保持客观性。独立复核，即审计准则所称项目质量控制复核。独立复核通常有两种形式，一是合伙人之间交叉复核，二是设立复核机构及负责合伙人，专职项目质量控制复核。

具有证券期货相关业务资格等大中型会计师事务所转制为合伙制（特殊普通合伙）后，独立复核在质量控制体系中具有极其重要的地位。首先，合伙制事务所责任承担主体及方式不同于有限责任公司，由法人单位转变为合伙人，由有限责任转变为有限与无限责任相结合，任何合伙人的执业失败将影响其他合伙人利益，该合伙人即为“木桶理论”中的短板。其次，项目组难以保证独立性。多数会计师事务所业务执行项目组由项目经理、部门负责人、项目合伙人构成，并履行项目组内三级复核程序。由于处于领导与被领导的关系，项目组内缺乏相互制约，项目合伙人拥有报告出具决定权。若独立复核缺位，将使合伙人失去监督。最后，行业发展现状离不开独立复核。近年来在事务所做大做强过程中，大规模联合重组背后，一个牌子下仍然各自为政的居多，合伙人之间山头林立，很难做到包括质量控制在内的实质性统一。总、分所管理失控，合伙人利益割据，业务承接与承办合一，合伙人之间客户轮换，业务交叉复核流于形式等，这些行业现行体制难以保证审计质量。

独立性是注册会计师审计的灵魂，独立复核是保障合伙事务所健康运行的重要制度安排。建设一个保障有力的独立复核机构，一方面要提高其权威性。基于独立复核是服务于全体合伙人利益，在部门定位上应当对代表全体合伙人的合伙人管委会负责，而不能隶属于任何一个业务部门。另一方面要提高独立复核人员的履职能力。委派职业道德好、专业能力强的合伙人及注册会计师担任独立复核，在现行合伙体制下具有重要现实意义。

总之，注册会计师执行审计业务时，为落实风险导向审计理念，在意识上，要防止经营风险转化为审计风险、保持职业怀疑和坚持实质与形式并重；在方法上，要注重余额审计与过程关注互补、例外审计与常规审计各有侧重、审计程序与证据向立体化和多维化转变、避免审计不足与审计过度；在制度上，保障独立复核有效履责。处理好这八个关系，就能够将风险导向审计用好、用活，既控制了风险，又提高了效率，从而促进会计师事务所提供高质量的审计报告，充分发挥注册会计师在市场交易中的基础性作用。

李　洪

2022 年 12 月

前　言

近年来，在全球经济下行叠加新冠肺炎疫情背景下，市场主体经营风险加大，财务舞弊时有发生。作为市场经济“看门人”的注册会计师，执业环境更加复杂，审计风险呈上升趋势。注册会计师如何落实风险导向审计理念，将有限的审计资源运用到重大风险领域，提高审计程序实施的针对性，以获取充分适当的审计证据，是审计质量管理的重要问题。为了给广大执业一线的注册会计师提供操作性较强的风险导向审计实务指引，大信会计师事务所（特殊普通合伙）组织事务所合伙人、高级经理等专家，编著了《风险导向审计实务》。

本书以财务报表审计工作底稿编制为主线，涵盖了审计工作全过程，包括初步业务活动、风险评估、内部控制测试、实质性测试、特定项目、审计完成等。针对实务中的热点难点，还介绍了财务舞弊识别和应对、信息技术审计、特殊行业审计等内容，以及审计方法的运用。本书主要特点：一是问题导向，风险导向理念贯穿始终，例如，实质性测试部分从分析风险领域出发，然后归纳常见审计问题，最后提出审计关注风险点，使得注册会计师不仅知其然，还知其所以然。二是重点突出，审计工作要详略得当，避免平均用力，本书系统总结了实务中的重难点问题，以及应对措施，具有较强的针对性。三是案例丰富，案例大多来源于真实审计实务，具有典型性和普遍性，注册会计师对负面案例可以举一反三，使得类似的问题不再发生，同时，丰富的案例也增强了本书的可读性。四是操作性强，本书对审计程序的解读区别于仅留于表格的审计底稿模版，对如何执行审计程序，搜集哪些审计证据，分析哪些数据，做到什么程度均进行了探讨，具有较强的实操性。

感谢写作组成员不辞辛劳，甘于分享自己专业经验的奉献精神。本书在写作过程中，还得到了事务所领导的大力支持，专家顾问也提出了宝贵意见，在此一并致谢。

大信会计师事务所（特殊普通合伙）
《风险导向审计实务》写作组

目　录

第一章 审计工作操作流程

财务报表审计工作按照《中国注册会计师执业准则》《中国注册会计师职业道德守则》以及事务所业务质量控制制度相关规定执行，在此基础上审计工作还应遵循以下三个基本原则：

一是系统性原则。财务报表审计以及事务所质量控制制度是一个系统工程，只有通过整体的规划和合理的计划才能实现审计目标。

二是风险导向性原则。为了提高审计质量，控制审计风险，在审计过程中要做好风险评估，并根据风险评估结果选择审计程序的性质、范围和时间。

三是重要性原则。在财务报表审计中，要抓住重要风险领域，安排有胜任能力的执业人员进行重点审计，把握审计风险。

审计总体业务流程可分为以下步骤来实现，具体如图 1–1 所示。

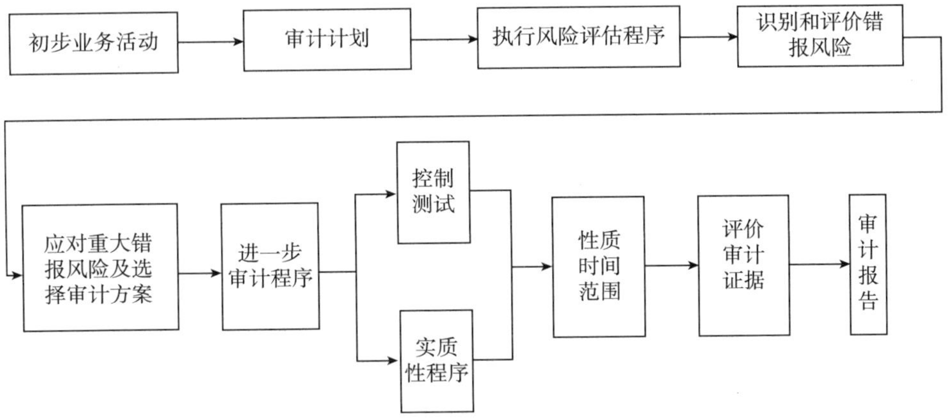

图 1–1 审计总体业务流程

以上的审计业务流程只是对审计工作的过程和步骤做的总体计划，但并不说明这些业务流程在时间上的先后顺序。在实际执行过程中，应根据被审计单位的实际情况和审计程序的执行情况进行调整。

一、初步业务活动

在接到客户的业务委托意向后，项目首先应当开展初步业务活动，以获得相关信息来判断是否能够承接该业务，具体的初步业务活动流程如图 1–2 所示。

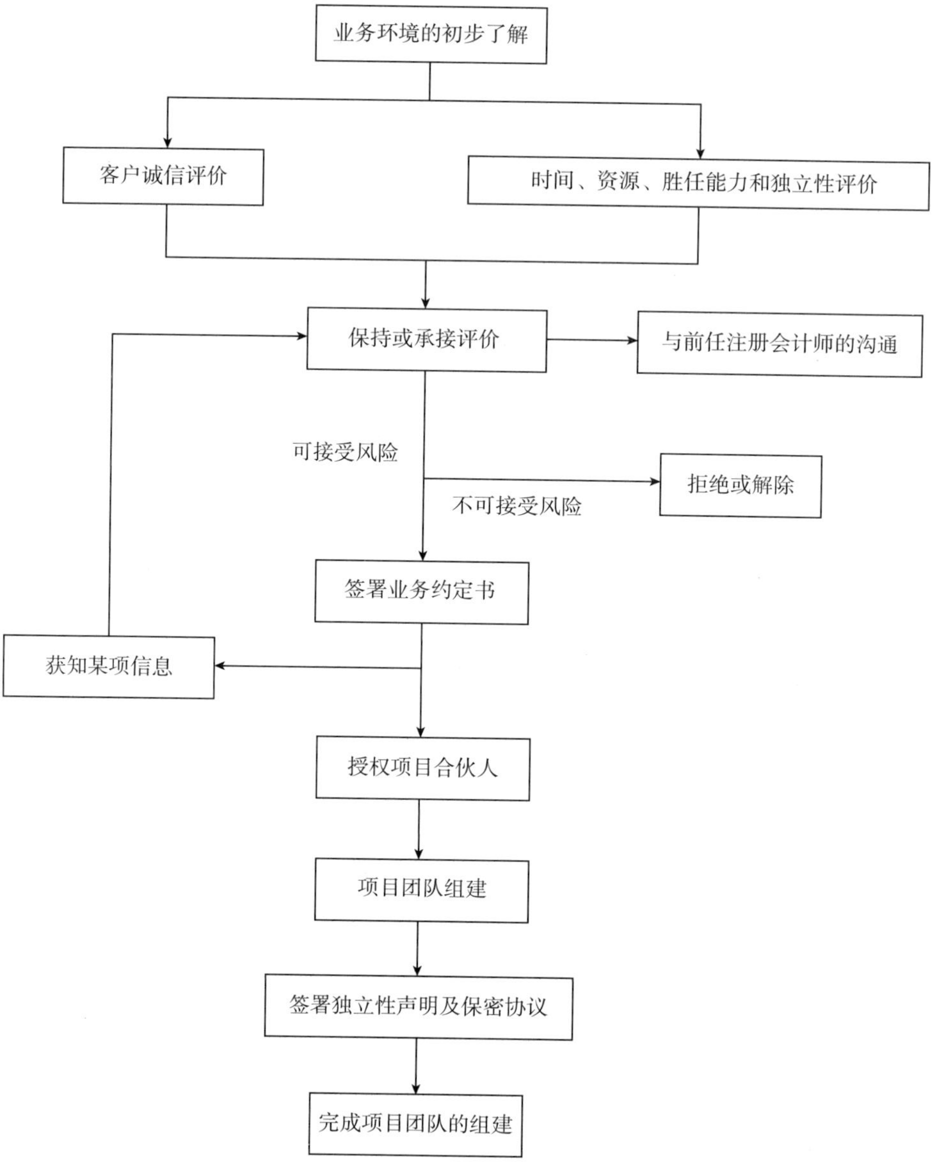

图 1–2　初步业务活动流程

二、风险评估和审计计划

审计人员按照风险导向理念对财务报表进行审计，在完成项目组建之后，应对项目进行风险评估，并根据风险评估的结果制定审计计划，主要流程如图 1–3 所示。

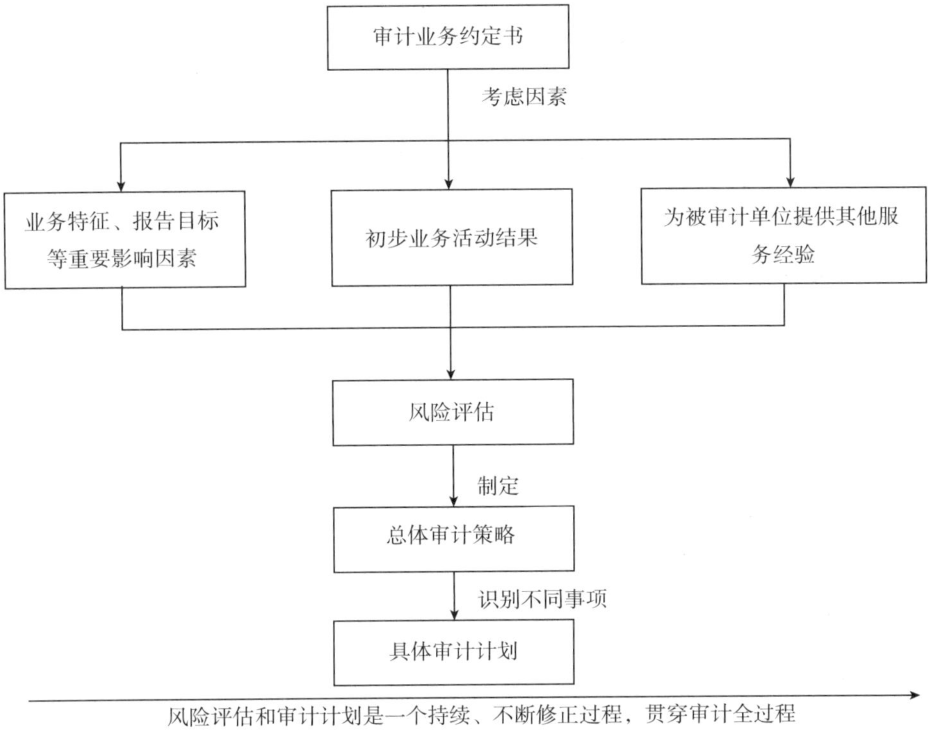

图 1–3 风险评估和审计计划流程

三、了解内控和控制测试

审计人员通过对被审计单位整体层面和业务流程层面内部控制的了解，得出内部控制的初步评价，并将所了解的控制与特定认定相联系，以评估认定层次的重大错报风险。如果通过了解内控预期控制运行有效或仅实施实质性程序不能提供充分适当审计证据时，应实施控制测试证实控制是否得到执行。相关流程如图 1–4、图 1–5 所示。

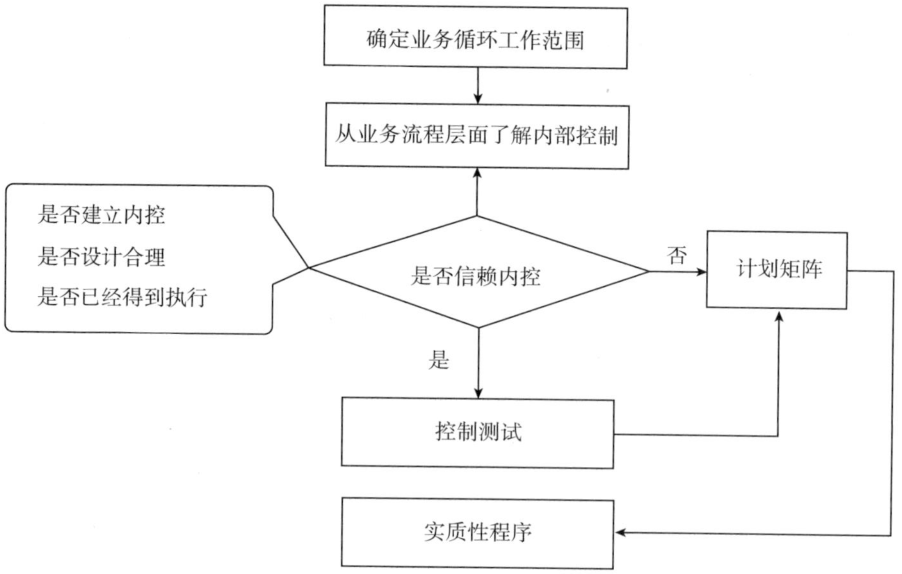

图 1-4 了解内控和控制测试流程

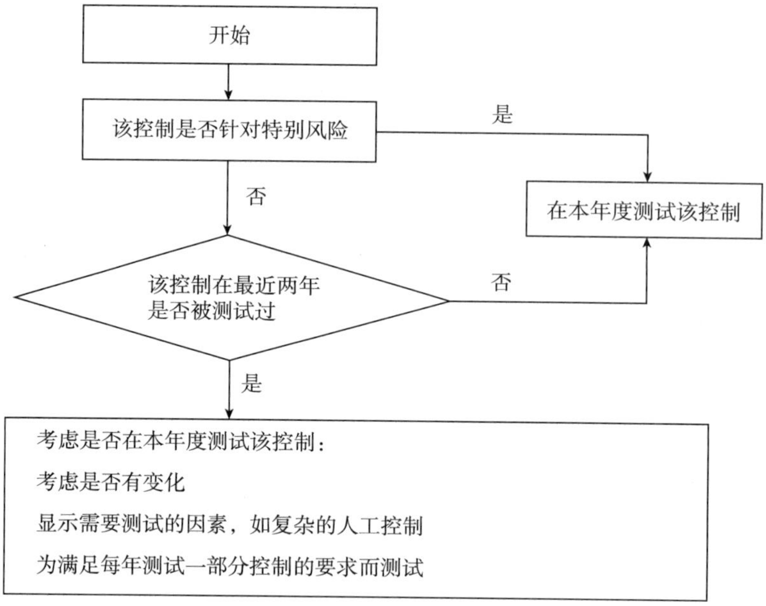

图 1-5 审计期间测试某项控制的决策

四、实质性程序

实质性程序是对具体报表项目实施细节测试和分析的审计工作，在审计过程中耗费时间最长，投入的资源最多。实质性程序主要采用检查、观察、询问、函证、重新计算和分析等程序（见图 1–6）。

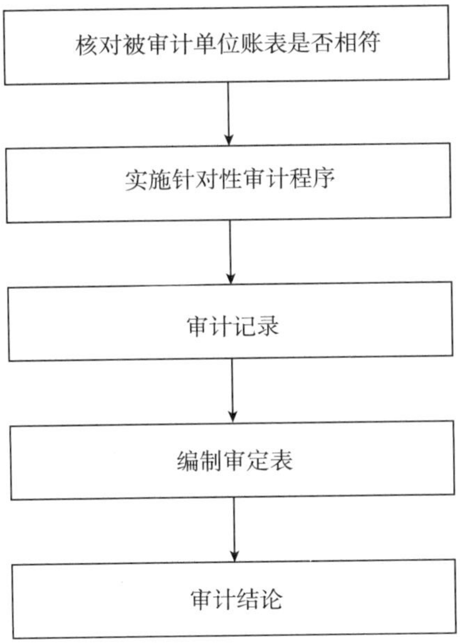

图 1–6　实质性程序流程

五、其他项目

除了针对报表项目执行审计程序外，一些与财务报表相关的特殊事项需要审计人员特别关注。这些事项具有内容特殊、性质敏感、金额较大、情况复杂的特点，实务中一般由项目团队中级别较高的人员执行。需要注意的是，在风险评估时就应该考虑这些项目的影响，评估相关项目是否存在重大错报风险，是否为特别风险。其他项目主要包括：

1. 持有待售和持续经营
2. 对法律法规的考虑
3. 前后任注册会计师的沟通
4. 关联方及关联方交易
5. 持续经营能力
6. 首次接受委托时对期初余额的审计
7. 会计估计
8. 期后事项
9. 对应数据
10. 对其他信息的阅读和考虑

11. 对集团财务报表审计的特殊考虑
12. 或有事项及诉讼和索赔
13. 利用专家的工作
14. 分部信息
15. 现金流量表审核
16. 电子商务对审计的影响
17. 募集资金存放及使用情况审核
18. 对环境事项的考虑
19. 针对 IPO 业务审计的财务核查工作

六、业务完成阶段

业务完成阶段是审计业务的最后一个阶段。审计人员在前述审计工作完成后汇总审计结果，根据评价结果考虑发表相应的审计意见，经过事务所项目质量复核控制流程出具审计报告，完成阶段主要流程如图 1–7 所示。

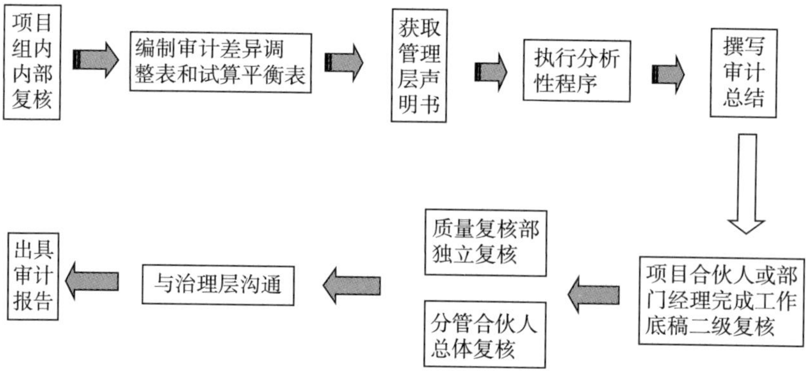

图 1–7 完成阶段流程

第二章　审计工作底稿规范

第一节　审计工作底稿编制规则

一、总体要求

审计工作底稿，是指注册会计师对制订的审计计划、实施的审计程序、获取的相关审计证据，以及得出的审计结论作出的记录。审计工作底稿是审计证据的载体，是注册会计师在审计过程中形成的审计工作记录和获取的资料。审计工作底稿形成于审计过程，反映整个审计过程。

审计人员编制的审计工作底稿，应当使得未曾接触该项审计工作的有经验的专业人士清楚了解：按照审计准则和相关法律法规的规定实施的审计程序的性质、时间安排和范围；实施审计程序的结果和获取的审计证据；审计中遇到的重大事项和得出的结论，以及在得出结论时作出的重大职业判断。

二、审计工作底稿构成

（一）审计工作底稿的一般构成

审计工作底稿通常包括：

1. 审计业务约定书

2. 总体审计策略与审计总结

3. 具体审计计划

4. 审计程序表

5. 客户填报明细表及提供的未审财务报表、审计报告

6. 审定表

7. 调查访谈问询表或记录

8. 分析表及分析程序，如交易和余额分析，重要比率和趋势分析等

9. 核对及计算表

10. 抽样检查表

11. 询证函回函、客户声明或说明

12. 观察及监盘或抽盘记录

13. 问题讨论与沟通

14. 咨询记录

15. 有关重大事项的往来函件

16. 客户文件记录摘要与复印件（如合同协议等），这些文件包括：企业法律和组织结构信息，重要的法律文件、协议和会议纪要等

17. 项目组及会计师事务所内部审批文件

18. 审计人员执行审计的过程记录，如对执行审计程序的性质、时间、范围和结果的记录；由其他审计师审计的对财务报表组成部分所执行的记录；同其他审计师、专家和其他第三方交流的记录等

19. 审计人员获取的审计证据，如关于了解会计和内控系统的证据、重要审计领域审计结论

20. 其他有助于形成审计结论的资料

（二）程序表

审计程序表是审计人员在审计工作中拟采用的，用以获取充分、适当的审计证据以发表审计意见执行的相关工作的目录索引。审计人员应以风险评估结果为指导，根据被审计单位具体情况合理选择和设计执行相应的审计程序。如何设计与选择实施审计程序非常重要，总体原则是质量与效率并重，即执行的程序恰到好处，以最少的工作量获取能够支持审计结论的充分适当审计证据。

在具体工作中，一般中大型会计师事务所制定有相应的审计工作底稿模版，审计工作底稿模版中的审计程序表列示了该项目可以执行的系列标准程序。在实际工作中，审计人员应根据实际执行的审计程序对模版中的程序表进行增减修改，以使审计程序表与实际执行的审计程序相一致。程序表中列举的程序执行的详略程度取决于风险评估结果、审计对象的复杂程度、重要性、审计人员的专业能力和经验。

审计程序体现为审计人员的一系列动作，如在针对财务报表某项目审计时，决定选择哪些审计程序，选定程序后采取哪些具体方法去执行这些程序。由于实现某一账户余额或交易认定往往需要多个程序，不同程序获取的审计证据及其证明力不同，且被审计单位内部控制水平存在差异，需要审计人员结合风险评估结果进行设计与选择。设计选择得当，可以最小的成本获取充分、适当的审计证据，反之，要么因审计过度浪费审计资源，要么遗漏某些关键审计程序导致审计风险。因此，设计选择审计程序，需要较好平衡审计程序、审计证据与审计目标之间的

关系。实现效率、成本与风险的最优组合。

例如，错报风险极低的项目，且数据之间具有稳定的预期关系，这种情况下分析性程序可以直接作为实质性测试，如果审计人员再执行大量的抽样细节测试，显然没有必要，牺牲了效率，却与降低风险无关。但是，如果审计人员发现被审计单位存在舞弊迹象，则需要执行包括延伸审计在内的审计程序，特别是关键审计程序必须到位，而不能因考虑审计成本、沟通难度等因素而不予执行，否则将会最终导致审计失败。

合理设计与选择审计程序，是体现审计人员职业判断最重要的方面。在考虑具体审计程序的设计与选择方面，需要分三个层面来考虑：

（1）财务报表主体层面：应根据不同审计主体（母公司、分公司和子公司）在被审单位合并财务报表中的重要性、风险程度等因素，选择设计总体审计程序方案。

（2）财务报表项目层面：应根据不同财务报表项目或事项在相应审计主体中的重要性及风险状况，选择设计确定各主体财务报表项目拟实施程序的性质、时间和范围，比如合理确定哪些财务报表项目进行重点审计，哪些项目进行一般审计，哪些项目进行审阅或分析性程序。

（3）账户余额和交易认定层面：应根据评估的重大错报风险情况，选择设计具体的审计程序，比如检查、观察、函证、监盘、分析性程序、重新计算等审计程序如何单独或组合应用等。

示例 2–1 财务报表主体层面的总体审计程序方案（见表 2–1）。

表 2–1 审计主体总体审计程序方案

审计主体财务重大性	高错报风险	中错报风险	低错报风险
很重大（30% 以上）	实施重点审计程序	实施重点审计程序	实施一般审计程序
重大（15%~30%）	实施重点审计程序	实施一般审计程序	实施一般审计程序
不重大（5%~15%）	实施一般审计程序	实施一般审计程序	实施审阅程序
极小（小于 5%）	实施审阅程序	实施审阅程序	实施分析性程序

注：审计主体的财务重大性主要是指资产总额、营业收入、利润总额占合并报表的比例。某些审计主体因业务特性、在合并报表中的功能、内部控制等方面的因素，有时占比可能较小，也有可能被列入重大性范围。

示例 2-2 财务报表项目层面总体审计程序方案（见表 2-2、表 2-3）。

表 2-2　资产负债表项目总体审计程序方案

报表项目结构占比	资产负债表各项目的期初期末变动率		
	30% 以上	10%~30%	10% 以下
很重大（20% 以上）	实施重点审计程序	实施重点审计程序	实施重点审计程序
重大（10%~20%）	实施重点审计程序	实施重点审计程序	实施一般审计程序
不重大（5%~10%）	实施一般审计程序	实施一般审计程序	实施审阅程序
极小（小于 5%）	实施审阅程序	实施审阅程序	实施分析性程序

表 2-3　利润表项目总体审计程序方案

各项目本年与上年变动额占本期利润总额比例	利润表各项目的本年与上年发生额变动率		
	30% 以上	10%~30%	10% 以下
很重大（10% 以上）	实施重点审计程序	实施重点审计程序	实施重点审计程序
重大（5%~10%）	实施重点审计程序	实施重点审计程序	实施一般审计程序
不重大（2%~5%）	实施一般审计程序	实施一般审计程序	实施审阅程序
极小（小于 2%）	实施审阅程序	实施审阅程序	实施分析性程序

示例 2-3 了解内部控制审计程序（销售与收款循环）（见表 2-4）。

审计目标：评价销售业务内部控制的设计是否合理、确定是否得到执行，并确定进一步的审计程序

表 2-4　了解内部控制审计程序（销售与收款循环）

序号	实施审计程序	执行情况说明	底稿索引号
1	了解被审计单位销售与收款循环中与财务报告相关的业务流程，并记录获得的了解	已执行	SXL-2
2	评价控制的设计并确定控制是否得到执行	已执行	SXL-3
3	执行穿行测试等程序，证实对业务流程和相关控制活动的了解，并确定相关控制是否得到执行	已执行	SXL-3-1
4	记录在了解和评价销售与收款循环的控制设计和执行过程中识别的风险，以及拟采取的应对措施	已执行	SXL-1

示例 2-4 应收账款实质性程序（见表 2-5）。

表 2-5 **应收账款实质性程序**

一、审计目标

1 资产负债表中记录的应收账款是存在的 存在

2 记录的应收账款由被审计单位拥有或控制 权利和义务

3 所有应当记录的应收账款均已记录，所有应当包括在财务报表中的相关披露均已包括 完整性

4 应收账款以恰当的金额包括在财务报表中，与之相关的计价调整已恰当记录，相关披露已得到恰当计量和描述 准确性、计价和分摊

5 应收账款已记录于恰当的账 分类

6 应收账款已被恰当地汇总或分解且表述清楚，相关披露在企业会计准则或其他适用的财务报告编制基础下是相关的、可理解的 列报

二、审计目标与审计程序对应关系表

	计划实施的实质性程序	索引号	财务报表的认定					
			存在	权利和义务	完整性	准确性、计价和分摊	分类	列报
1	获取或编制应收账款明细表： （1）复核加计是否正确，并与总账数和明细账合计数核对是否相符；结合坏账准备科目与报表数核对相符 （2）检查非记账本位币应收账款的折算汇率及折算是否正确 （3）分析有贷方余额的项目，查明原因，必要时，作重分类调整 （4）结合其他应收款、预收账款等往来项目的明细余额，调查有无同一客户多处挂账、异常余额或与销售无关的其他款项（如代销账户、关联方账户或雇员账户）。如有，应做出记录，必要时作调整 （5）标识重要的欠款单位，计算其欠款合计数占应收账款余额的比例	SX2-			√			
2	检查涉及应收账款的相关财务指标 （1）复核应收账款借方累计发生额与主营业务收入是否配比，并将当期应收账款借方发生额占销售收入净额的百分比与管理层考核指标比较，如存在差异，应查明原因 （2）计算应收账款周转率及应收账款周转天数等指标，并与被审计单位以前年度指标、同行业同期相关指标对比分析，检查是否存在重大异常	SX2-	√		√	√		

续表

	计划实施的实质性程序	索引号	财务报表的认定					
			存在	权利和义务	完整性	准确性、计价和分摊	分类	列报
3	获取或编制应收账款账龄分析表 （1）测试计算的准确性 （2）检查原始凭证，如销售发票、运输记录等，测试账龄划分的准确性 （3）请被审计单位协助，在应收账款明细表上标出至审计时已收回的应收账款金额，对已收回金额较大的款项进行检查至支持性文件	SX2-				√		
4	实施函证程序，除非有充分证据表明应收账款对财务报表不重要或函证很可能无效。如果不对应收账款进行函证，应在工作底稿中说明理由 （1）编制应收账款函证结果汇总表，检查回函 （2）调查不符事项，确定是否表明存在错报，记录不符事项的原因 （3）如果未回函，实施替代程序 （4）如果认为回函不可靠，评价对评估的重大错报风险以及其他审计程序的性质、时间安排和范围的影响 （5）如果管理层不允许寄发询证函 ①询问管理层不允许寄发询证函的原因，并就其原因的正当性及合理性收集审计证据 ②评价管理层不允许寄发询证函对评估的相关重大错报风险（包括舞弊风险），以及其他审计程序的性质、时间安排和范围的影响 ③实施替代审计程序，以获取相关、可靠的审计证据 ④如果认为管理层不允许寄发询证函的原因不合理，或实施替代程序无法获取相关、可靠的审计证据，与治理层进行沟通，并确定其对审计工作和审计意见的影响	SX2-	√	√		√		
5	对未函证应收账款实施替代审计程序，检查相关支持性文件（如销售合同、销售订单、销售发票副本、发运凭证及回款单据等），以验证与其相关的应收账款的真实性	SX2-	√					
6	浏览应收账款发生额，关注有无不属于结算业务的债权。如有，应建议被审计单位作适当调整	SX2-	√					
7	通过检查减免应收账款的支持性文件，以及资产负债表日前后销售退回和赊销水平，确定应收账款是否真实存在	SX2-	√					

续表

	计划实施的实质性程序	索引号	财务报表的认定					
			存在	权利和义务	完整性	准确性、计价和分摊	分类	列报
8	评价坏账准备计提的适当性： （1）取得或编制坏账准备计算表，复核加计正确，与坏账准备总账数、明细账合计数核对相符。将应收账款坏账准备本期计提数与资产减值损失相应明细项目的发生额核对，是否相符 （2）检查应收账款坏账准备计提和核销的批准程序，取得书面报告等证明文件 ①评价计提坏账准备的会计政策、所依据的资料、假设及方法，关注是否采用预期信用损失法计提坏账准备，关注应收账款中是否包含重大融资成分 ②复核应收账款坏账准备是否按权力机构批准的既定方法提取，其计算和会计处理是否正确 （3）根据账龄分析表中，选取认为必要的其他账户（如有收款问题记录的账户，收款问题行业集中的账户）。复核并测试所选取账户期后收款情况。针对所选取的账户，与授信部门经理或其他负责人员讨论其可收回性，并复核往来函件或其他相关信息，以支持被审计单位就此作出的声明。针对坏账准备计提不足情况进行调整 （4）实际发生坏账损失的，检查转销依据是否符合有关规定，会计处理是否正确 （5）已经确认并转销的坏账重新收回的，检查其会计处理是否正确 （6）通过比较前期坏账准备计提数和实际发生数，以及检查期后事项，评价应收账款坏账准备计提的合理性 （7）选取同行业公司（上市公司），分析比较计提坏账准备的比例与行业内其他企业相比，有无显著差异。若存在，分析原因	SX2-				√		
9	检查应收账款中是否存在债务人破产或者死亡，以及其破产财产或者遗产清偿后仍无法收回，或者债务人长期未履行偿债义务的情况，如果是，应提请被审计单位处理	SX2-				√		
10	如存在应收关联方的款项： （1）了解交易的商业理由 （2）检查证实交易的支持性文件（例如，发票、合同、协议及入库和运输单据等相关文件） （3）如果可获取与关联方交易相关的审计证据有限，考虑实施下列审计程序： ①向关联方函证交易的条件和金额，包括担保和其他重要信息 ②检查关联方相关的信息 ③向与交易相关的人员和机构（例如银行、律师）函证或与其讨论有关信息 （4）完成“关联方”审计工作底稿	SX2-	√	√	√	√		

续表

	计划实施的实质性程序	索引号	财务报表的认定					
			存在	权利和义务	完整性	准确性、计价和分摊	分类	列报
11	检查银行存款和债务询证函回函、会议纪要、借款协议和其他文件，确定应收账款是否已被质押或出售	SX2–	√					
12	根据评估的舞弊风险等因素增加的审计程序	SX2–						
13	了解应收账款的业务内容，判断其分类为应收账款是否恰当	SX2–					√	
14	检查应收账款是否已按照企业会计准则或其他适用的财务报告编制基础的规定在财务报表中作出恰当列报	SX2–						√

（三）明细表

明细表系会计科目审计的总导引底稿，由被审计单位提供，十分重要。一般情况下，明细表尽可能填列详细些。对于客户已经编制了明细表的，取得项目经理分拆的本科目明细表，并转换为底稿版；对于客户未编制明细表的，按照项目经理下发的模版填写各科目明细表。

“企业填报明细表”通常单列于工作底稿中，便于审计人员进场前或进场后将该空白明细表提供给审计客户，由被审计单位填报，以提高审计工作效率。

（四）审定表

（1）未审数：未审数根据被审计单位提供的未审报表填列，未审数应确保与被审计单位最终提供的已盖章未审报表数据相一致。

（2）调整数：根据审计人员执行程序、获取审计证据后确定的审计调整数。调整数应在审定表中记录中识别出的错报事项，调整原因、调整过程及审计调整分录。

（3）审定数：根据未审数、调整数加总计算确定。

（4）审计过程中识别出的错报事项：即审计调整分录过入，并简要说明错报调整的原因。

（5）审计结论：审计人员通过实施必要的审计程序后，对某一审计事项所作的专业判断。就内部控制测试而言，审计结论是审计人员对被审计单位内部控制制度执行是否有效，以及是否对其依赖程度的判断；就实质性测试而言，审计结论是审计人员对财务报表认定层次是否存在重大错报所作的判断。

审计结论应当使用专业术语，例如：（1）经审计，未发现重大异常情况。（2）或者，上述发现的问题涉及金额较小且低于SAD，对审计结果无重大影响。除上述问题未发现其他重大异常情况。（3）或者，除上述问题需进行相应调整外或除上述程序无法执行外，未发现其他重大异常情况。

下面是审计结论的示例：

示例 2-5　控制测试

审计目标：测试报告期内以下控制运行是否有效。采用审计抽样检查销售合同是否经过批准，签订人是否经过授权，即在权限列表之内，对于超出一定金额的销售合同，是否经由上一级授权人员批准。

审计过程：略。

审计结论：销售合同已经管理层适当批准，报告期内该项控制运行有效。

示例 2-6　细节测试

审计目标：测试应收账款的存在及计价和分摊。选取单项应收账款余额超过××元的项目进行函证，对于收到的回函，检查对方确认金额是否与账面金额一致。如果有不符事项，分析产生不符事项的原因，考虑该事项是否构成错报及对财务报表的影响。

审计过程：略。

审计结论：测试结果没有发现误差，基于以上获取的审计证据，应收账款的存在及计价和分摊认定没有重大错报。

示例 2-7　实质性分析程序

审计目标：分析应收账款实际周转情况，考虑坏账准备计提和分摊。

审计过程：略。

审计结论：基于以上分析，应收账款的实际周转情况与预期数据之间没有重大异常情况。

三、审计工作底稿应当具备的基本要素

（一）被审计单位名称

即财务报表的编制单位，若财务报表编制单位为某一集团的下属公司，则应同时写明下属公司的名称，被审计单位名称可以简称。有的事务所标准工作底稿模版中有“表头信息设定”，被审计单位名称等规定底稿要素信息将自动链接至该审计项目底稿。

（二）被审会计报表截止日期

指某一资产负债类项目的报告时点，或某一损益类项目的报告期间。例如：审计人员负责审计 20×1 年度财务报表，则资产负债类项目审计时点为：20×1 年

12 月 31 日，损益类项目审计期间为 20×1 年 1—12 月（或 20×1 年度）。

（三）编制人及编制日期与复核人及复核日期

审计人员应当在编制的审计工作底稿上签名和签署日期，各级复核人员应当在审计工作底稿上签名和签署日期。签名可用简签、缩写，但应当前后保持一致。若有多级复核，每级复核者均应签名和签署日期。审计人员（含复核人员）应当在每一张审计工作底稿中签字，包括被审计单位或其他第三者提供编制的工作底稿。如为多页同一个文件，只需在第一页签字即可，但该文件应当连续编号。

1. 签名的具体要求

审计工作底稿中编制人、复核人、审批人等签名，以表明各自完成的任务和承担相应的责任，系工作底稿的重要组成部分。此外，有的底稿还需要客户、咨询人员等项目组外的相关人员签名。签名不得代签，也不得使用签名章，重要签名应当手签。

（1）按级别岗位签名要求。

①项目经理及以下人员签名：可自动生成或计算机打印签名。

②部门经理：亲笔签名。

③项目合伙人：亲笔签名。

④项目组外人员（独立复核人、风险委员会成员、首席合伙人等）：亲笔签名。

（2）按具体工作底稿项目签名要求。

①监盘表（货币资金、存货、固定资产等）：监盘人员亲笔签名。

②非邮寄式函证：亲笔签名。

③项目组讨论记录：参与人员亲笔签名。

④重要项目访谈问询：访谈人员亲笔签名。

⑤重要项目复函（如前后任注册会计师沟通、集团组成部分审计）：责任人亲笔签名。

⑥与管理层、独立董事等沟通：参与人员亲笔签名。

⑦发文稿纸：相关人员亲笔签名。

⑧审计报告：注册会计师亲笔签名。

⑨反馈意见、声明及承诺：相关人员亲笔签名。

⑩监管部门调查笔录：被调查人亲笔签名。

（3）按外部审计证据签名要求。

①资产盘点人员：亲笔签名。

②非邮寄式函证陪同人员：亲笔签名。

③咨询：被咨询人亲笔签名。

④与管理层、独立董事、审计委员会等沟通：相关人员亲笔签名。

⑤管理层声明书：亲笔签名，或加盖名章均可。

2. 日期的逻辑顺序

审计工作底稿编制日期应当体现审计实施的先后顺序，不当的日期可能反映出审计思路的混乱，或者逻辑颠倒，不符合审计应当按照一定的先后逻辑顺序开展工作的要求。例如，审计业务约定书签署时间晚于审计开始日、管理层声明书早于审计报告签署日等均不恰当。表 2–6 是审计工作底稿编制日期先后顺序示例。

表 2–6 审计工作底稿编制日期先后顺序示例

序号	审计程序及内容	底稿编制时间	底稿常见错误
1	被审计单位业务环境、诚信调查，本所职业道德情况调查等	2022/2—10 至 12	
2	业务承接或保持评价表	2022–2–12	项目合伙人签字时间在调查阶段之前，编制日期晚于该项目预审开始日期
3	业务约定书	2022–2–13	签订日期晚于项目进点时间
4	独立性声明	2022–2–14	在项目构成人员审批之前；签署日期晚于项目审计开始日期
5	总体审计策略	2022–2–15	编制日期早于审计业务约定书签署日期、晚于审计开始日期
6	具体审计计划	2022–2–15	计划时间与实际执行时间不一致，审计计划也未修改
7	了解被审计单位及其环境（含控制测试）、未审财务报表分析	2022–2–16 至 18	晚于风险评估、控制测试
8	一般风险评估汇总表	2022–2–18	早于了解被审计单位及其环境
9	特别风险评估	2022–2–19 至 20	早于了解被审计单位及其环境
10	特别风险评估汇总表	2022–2–20	早于了解被审计单位及其环境
11	风险评估结果汇总表（财务报表层次重大错报风险及应对、实质性程序计划矩阵、内部控制缺陷汇总表）	2022–2–21	早于了解被审计单位及其环境、早于一般风险评估和特别风险评估
12	控制测试	2022–2–22 至 25	早于了解内部控制
13	实质性测试	2022–2–26 至 3–5	早于控制测试
14	其他项目	2022–3–6 至 7	
15	错报汇总表	2022–3–8	
16	试算平衡表及调整分录	2022–3–8	
17	已审财务报表分析	2022–3–8	
18	与治理层、审计委员会、独立董事沟通	2022–3–9	

续表

序号	审计程序及内容	底稿编制时间	底稿常见错误
19	管理层声明	2022-3-9	晚于审计报告日
20	审计总结	2022-3-9	在项目复核之前
21	项目经理复核意见	2022-3-10	
22	部门经理复核意见	2022-3-11	
23	项目合伙人复核、独立复核意见	2022-3-12 至 13	
24	项目整改回复	2022-3-14 至 15	在项目复核之前
25	审计报告	2022-3-16	

3. 审计目标及审计程序

审计目标是经过审计后所要达到的目的，得出审计结论，而审计程序则是实现审计目标的具体措施。

4. 审计记录

即审计人员的审计轨迹与专业判断的记录。审计人员应将其实施审计程序而达到审计目标的过程记录于审计工作底稿。审计记录应当注意以下几个方面。

（1）审计记录应简洁、准确、完整，着重体现审计过程及专业判断；

（2）对所获取的资料应记录来源，例如数据来自账簿、合同等，事实来自其他文件等。审计工作底稿中由被审计单位、其他第三者提供或代为编制的资料，审计人员应将审计轨迹连同专业判断记录于审计底稿中；

（3）在审核抽查时应对选择的资料及选择方法进行记录；

（4）审计工作底稿应预留一定空间以便复核及根据复核意见进行补充。

下列事项记录，对于形成审计证据和支持审计结论非常重要：

（1）记录重大事项及相关重大职业判断。

在某些例外情况下，如果在审计报告日后实施了新的或追加的审计程序，或者得出新的结论我们应当记录的重大事项通常包括：

①引起特别风险的事项；

②实施审计程序的结果表明财务报表可能存在重大错报的情形，或需要修正以前对重大错报风险的评估和针对这些风险拟采取的应对措施的情形；

③导致难以实施必要审计程序的情形；

④可能导致出具非标准审计报告的事项。

涉及重大职业判断时，需要编制与运用职业判断相关的工作底稿，例如：①如果审计准则要求“应当考虑”某些信息或因素，并且这种考虑在特定业务情况下是重要的，记录审计人员得出结论的理由；②记录审计人员对某些方面主观判断的合理性（如某些重大会计估计的合理性）得出结论的基础；③如果针对审计过程中识别出的导致其对某些文件记录的真实性产生怀疑的情况实施了进一步调查（如适当利用专家的工作或实施函证程序），记录对这些文件真实性得出结论的基础。

（2）记录与管理层、治理层及其他人员就重大事项进行的讨论。

审计人员应当记录与管理层、治理层和其他人员对重大事项的讨论，包括所讨论的重大事项的性质以及讨论的时间、地点和参加人员。审计工作底稿内容不限于所做的记录，还可以包括其他适当记录，如被审计单位的人员编制的审计人员认可的会议纪要等。

（3）记录对信息不一致情况的处理。

如果识别出的信息与针对某重大事项得出的最终结论不一致，审计人员应当记录如何处理该不一致的情况。

（4）记录对有关要求的偏离。

在极其特殊情况下，如果认为有必要偏离某项审计准则相关要求，应当记录实施的替代审计程序如果实现相关要求的目的以及偏离的原因。

（5）记录例外的情况。

在某些例外情况下，如果在审计报告日后实施了新的或追加的审计程序，或得出新的结论，应当记录：

①遇到的例外情况；

②实施了新的或追加的审计程序，获取的审计证据，得出的结论，以及对审计报告的影响；

③对审计工作底稿作出相应变动的时间和人员，以及复核的时间和人员。

例如，审计人员在审计报告日后获知、但在审计报告日已经存在的事实，并且如果在审计报告日已获知该事实，可能导致财务报表需要作出修改或在审计报告中发表非无保留意见。因这一情况变动，需要按照《中国注册会计师审计准则第1121号——对财务报表审计实施的质量控制》有关复核责任的规定进行复核，并由项目合伙人对审计工作底稿的变动负最终责任。

5. 审计说明与审计结论

底稿中一些分析表、抽样表、查验表及其他审计底稿中，均有“审计说明”项目，用于记录审计人员对该项目的审计过程及专业判断。审计结论则是审计人员通过实施必要的审计程序后，对某一审计事项所作的专业判断。

以财务报表项目实质性测试为例，审计说明的内容通常包括：

（1）分析性程序的审计说明，如主营业务收入毛利率波动原因分析说明；

（2）审计抽样检查说明，如抽样发现的错报说明；

（3）重新计算及复核说明，如折旧测算说明；

（4）审计调整事项说明，如经审计发现应当调整的错报，说明调整的原因及金额；

（5）其他审计事项说明。

6. 审计标识

审计标识是审计人员为便于表达审计含义而采用的符号。审计标识是审计语言的表现方式之一，有助于清晰地了解审计过程与结论，工作底稿通常使用下列审计标识：

∧ 直栏数字计算，复核无误

< 横栏数字计算，复核无误

B 期初余额与上年审计后报表期末数核对一致

或上期发生额与上期审计后报表发生额核对一致

T 与原始凭证核对相符

R 与文件依据核对相符

G 与总分类账核对相符

S 与明细分类账核对相符

T/B 与试算平衡表核对相符

F/S 与已审计会计报表核对相符

C 已发询证函

¢ 已收回询证函

▲ 重点符号

* 备注 1

** 备注 2

N/A 无此情况，不适用

? 核对的资料或数据可能有问题、待查

? √ 疑点已清除

× 核对的资料或数据有错误

X 乘除法计算核对

! 数据有待调查

\ 数据有待详查

S/S 进行了期后收、付款测试

AJE 调整分录

RJE 重分类分录

O→ 交叉索引号

NOTE 注释说明

CON 结论

除此之外，对于一些个性标识，可自行定义，但应当标识含义。

7. 索引编号

审计人员为整理利用审计工作底稿，将具有同一性质或反映同一具体审计事项的审计工作底稿分别归类，形成相互联系、相互控制所作的特定编号。

索引编号应当遵循下列原则：

（1）索引应当采用连续、分层递进方式编号，中间不得断号。

（2）索引编号应当在工作底稿的右上角。

（3）相关审计工作底稿之间应保持清晰的索引关系，相互引用时应交叉注明索引编号。

（4）交叉索引编号应当双方同时注明，索引时按照左上进右下出的原则进行。

（5）主表和明细表之间必须进行索引。

（6）按照有关财务报表项目、会计科目或具体审计项目编制的审计工作底稿所记录的内容与数据，应与被审计单位的会计报表、账簿、凭证等直接对应，并注明来源。各审计工作底稿间相互引用的事实或数据，应分别注明交叉索引编号。

（7）审计工作完成后，审计工作底稿中审计结论、审定数据、试算表、审计财务报表、财务报表附注和审计意见中的相关结论和数据相互索引一致。

当期工作底稿索引号大类编码见表 2–7。

表 2–7 工作底稿索引号大类编码

底稿类别	索引号
初步业务活动工作底稿	A
风险评估工作底稿	B
了解及测试业务层面内部控制工作底稿	CG–LC
实质性测试工作底稿	
—采购与付款循环	CG
—工薪与人事循环	GX
—生产与仓储循环	SC
—销售与收款循环	XS
—筹资与投资循环	CZ/ZT
—固定资产及其他长期资产循环	GZ
—货币资金循环	ZJ
其他项目工作底稿	E

续表

底稿类别	索引号
业务完成阶段工作底稿	G
其他工作底稿	

示例 2-8

第一层次：底稿统一设定了固定的索引号，如销售与收款循环实质性测试底稿为“SX”，其他项目底稿为“E”。

第二层次：实质性测试“通用表格”部分底稿已设定了固定索引号，其中程序表为“××1”，审定表为“××2”，明细表为“××3”。例如，货币资金程序表“ZJ1”，审定表为“ZJ2”，明细表为“ZJ3”。其他未设定统一索引号的程序底稿，可对应于审计程序表上的程序按顺序依次编排。

其他层次：如果一张审计工作底稿对应多个附表或多份审计证据的，应当在底稿索引号的下一个层次编制附表或审计证据的索引号，并根据附件页数以 1/n，2/n 表示，如 ZJ–5–1/2，ZJ–5–2/2 等。如果一张审计证据对应多个审计工作底稿时，应当将审计证据附在与其关系最密切的审计工作底稿后面，并在其他的审计工作底稿上做好交叉索引。

8. 其他说明事项

审计人员根据专业判断，认为应当在审计工作底稿中予以记录或说明的其他相关事项。

第二节　审计证据获取考虑

一、获取审计证据的途径

审计证据，是指注册会计师为了得出审计结论和形成审计意见而使用的信息。审计证据包括构成财务报表基础的会计记录所含有的信息和其他信息。会计记录，是指对初始会计分录形成的记录和支持性记录，例如，支票、电子资金转账记录、发票和合同；总分类账、明细分类账、会计分录以及对财务报表予以调整但未在账簿中反映的其他分录；支持成本分配、计算、调节和披露的手工计算表和电子数据表。

不论是风险评估程序，还是控制测试和实质性测试程序，审计人员主要通过实施下列程序获取审计证据：

（一）检查

指审计人员对被审计单位内部或外部生成的，以纸质、电子或其他介质形式存在的记录和文件进行审查，或对资产进行实物审查。例如，在控制测试中，检查记录以获取关于授权的审计证据。检查通常不能提供权利和义务，或计价的审计证据。

（二）观察

指审计人员查看相关人员正在从事的活动或实施的程序。例如，对被审计单位人员执行的存货盘点或控制活动进行观察。

（三）函证

指审计人员直接从第三方（被询证者）获取书面答复以作为审计证据的过程，书面答复可以采用纸质、电子或其他介质形式。对于与特定账户余额及其项目相关的认定时，函证常常是相关的程序。

（四）重新计算

指审计人员对记录或文件中的数据计算的准确性进行核对。重新计算可通过手工方式或电子方式进行。

（五）重新执行

指审计人员独立执行原本作为被审计单位内部控制组成部分的程序或控制。

（六）分析程序

指审计人员通过分析不同财务数据之间以及财务数据与非财务数据之间的内在关系，对财务信息作出评价。分析程序还包括在必要时对识别出的、与其他相关信息不一致或与预期值差异重大的波动或关系进行调查。

（七）询问

指审计人员以书面或口头方式，向被审计单位内部或外部的知情人员获取财务信息和非财务信息，并对答复进行评价的过程。询问往往作为其他审计程序的补充，贯穿审计过程始终。

二、审计证据的数量考虑

审计证据的数量，即审计证据的充分性，是对审计证据数量的衡量，主要与注册会计师确定的样本量有关。审计证据数量受两个方面的影响：错报风险与证据质量。错报风险越大，需要的审计证据可能越多；审计证据质量越高，需要的审计证据可能越少。

如何把握函证、监盘、抽样等重要审计证据的数量？以制造业审计项目为例，表 2–8 给出了不同审计证据数量的参考。

表 2-8 制造业审计项目不同审计证据数量

序号	审计证据	IPO 企业	上市公司 / 新三板	一般企业
1	银行存款、银行贷款、各类金融资产函证面及回函率	100%	> 90%	> 70%
2	应收（付）账款函证回函占全部应收（付）账款比例	> 70%	> 50%	> 30%
3	前五名或前十名应收（付）账款客户回函率	100%	> 80%	> 60%
4	存货监盘（抽盘）比例	> 60%	> 40%	> 30%
5	固定资产等长期资产监盘（抽盘）比例	> 50%	> 30%	> 20%
6	收入检查面	> 70%	> 50%	> 30%
7	成本计算单检查月份	> 6	> 3	> 2
8	其他项目抽样量	计算确定	计算确定	计算确定并折扣
9	重大、异常项目（如占报表或相应 30% 以上）函证或检查比例	100%	100%	80%
	……			

需要注意的是，由于审计对象呈现出差异化，不同行业、不同业务风险点有所不同，例如，有的被审计单位销售客户众多，且单个客户金额较小，则函证比例及回函金额可适当降低。项目经理、独立复核人员在复核底稿时，应当准确把握，不能机械地套用上表审计证据数量。

三、审计证据的质量考虑

纳入注册会计师审计范围的财务及非财务资料，通常包括：内部控制制度（含财务会计制度）、管理制度、会计报表、总账、明细账、会计凭证、原始凭证、合同协议、审批单、销售及采购发票、对账记录、文件、会议纪要等。

不同审计证据的质量，即可靠性有所区别，下列有关审计证据可靠性的原则可能是有用的：

（1）从被审计单位外部独立来源获取的审计证据比从其他来源获取的审计证据更可靠；

（2）相关控制有效时内部生成的审计证据比控制薄弱时内部生成的审计证据更可靠；

（3）注册会计师直接获取（如通过观察某项控制的运行）的审计证据比间接获取或推论（如通过询问某项控制的运行）得出的审计证据更可靠；

（4）以文件记录形式（包括纸质、电子或其他介质）存在的审计证据比口头形式的审计证据更可靠；

（5）从原件获取的审计证据比从复印、传真或通过拍摄、数字化或其他方式转化成电子形式的文件获取的审计证据更可靠，后者的可靠性取决于与编制和维护信息相关的控制。

获取审计证据的目的是支持审计结论和审计意见，有的审计资料查阅审核并记录即可，有的审计资料不仅需要审核，还需要作为审计底稿的组成部分，这需要审计人员的专业判断。一般情况下，审计人员在实施审计过程中，包括但不限于下列客户提供的审计资料不宜复印作为归档审计工作底稿的组成部分：

（1）企业完整的内部控制及管理制度（首次承接及更新除外，上述制度可留存电子文档）；

（2）所有会议纪要、公告复印件（有利于判断会计处理、审计报告信息披露的重要文件除外）；

（3）总账及明细账（首次审计期初余额特殊项目审计除外）；

（4）记账凭证（首次审计期初余额特殊项目审计除外）；

（5）格式化借款合同（可复印一份纳入底稿，其他在借款审计中予以记录，但非标借款，如非银行金融机构借款、企业或个人间借款需获取相应合同或协议）；

（6）条款相同的销售合同（判断收入确认方法及时点相同的销售合同，可复印一份纳入底稿，但未予复印的销售合同应当在测试相应项目时记录、摘要关键条款。异常销售、特别大额销售如前五名客户应获取销售合同）；

（7）条款相同的采购合同（同类原材料、物资的采购合同，可复印一份纳入底稿，但未予复印的采购合同应当在测试相应项目时记录、摘要关键条款。异常采购、特别大额采购如前五名供应商应获取采购合同）；

（8）销售或采购发票（主要审核、记录相应单号，通常无需复印留于审计工作底稿，除非销售或采购不动产、无形资产等非经营业务，或者特殊经营性购销项目）；

（9）企业资产盘点表（不需复印企业完整存货、固定资产等盘点表，重点应获取审计人员参与的监盘、抽盘记录及企业盘点结果分类汇总表）；

（10）极不重要项目的抽样，如销售费用或管理费用中合计金额低于销售费用或管理费用总额5%中的项目不需抽取测试；

（11）其他不具备证据力的文件资料，不需收集。

第三章　初步业务活动

第一节　业务首次承接评价

一、承接客户前背景调查

在承接新的审计客户时，审计人员可以从以下方面对客户进行背景调查：

1. 通过搜索引擎或其他信息渠道搜索潜在客户的公开信息，了解潜在客户及其股东、高管相关信息，并评估对审计风险的影响。

2. 通过查询相关行业数据库，对潜在客户主要财务指标与同行业可比公司财务指标进行比较分析，评价拟承接客户财务指标是否明显异常。

3. 通过查询企业信用公示系统，了解潜在客户的基本情况，如股东信息、关联方关系、历史沿革及所处行业等，查询企业是否存在资产抵押，是否存在重大行政处罚，以及是否被列入经营异常企业或者严重违法失信企业名单等。

4. 通过法院、工商、税务等部门公开网站，查询潜在客户是否存在重大诉讼、违法违规行为。

5. 如果能够获取前任注册会计师出具的审计报告，审阅、分析审计报告及其财务报表，重大会计政策、会计估计是否合理，财务数据是否存在重大异常。

6. 按照《中国注册会计师审计准则第 1153 号——前任注册会计师和后任注册会计师的沟通》的规定，在承接新客户时，审计人员应当与前任注册会计师沟通，沟通的内容包括但不限于：

（1）是否发现被审计单位管理层存在正直和诚信方面的问题；

（2）前任注册会计师与管理层在重大会计、审计等问题上存在的意见分歧；

（3）前任注册会计师向被审计单位治理层通报的管理层舞弊、违反法律法规行为以及值得关注的内部控制缺陷；

（4）前任注册会计师认为导致被审计单位变更会计师事务所的原因。

二、上市公司客户承接

上市公司是公众利益实体，投资者众多，受到严格的监管，审计失败对市场和会计师事务所影响较大。存在下列情形的，应慎重选择是否承接：

1. 内部控制环境较差，实际控制人、控股股东及管理层缺乏诚信，如被列入失信人员名单，上市公司及关键管理人员多次被采取监管措施、警告罚款等处罚；财务总监、独立董事、董秘等高管频繁变动；内部治理不健全，财务核算混乱，内部控制被出具否定意见。

2. 关联关系复杂，股东之间存在纠纷，管理层出现内耗，网络媒体负面报道和市场质疑较多。

3. 控股股东及其关联方资金占用，控股股东及关联方出现流动性困难，持有上市公司股权被大比例质押、面临较大平仓风险，近 3 年公司及控股股东和实际控制人存在债务违约。

4. ST 类上市公司，以及存在退市风险的上市公司。

5. 财务指标异常，长期处于微利，存在不合理的“存贷双高”现象，高商誉业绩承诺期满次年发生大额亏损；毛利率、存货周转率、产能利用率等较同行业差异较大且缺乏合理解释，关键指标异常波动；主业经营萎缩，已经出现债务违约，或存在较大违约风险。

6. 特定行业及业务，包括无法实施有效审计程序的农林牧渔、餐饮娱乐、涉密涉军、黄金珠宝、境外经营等行业，以及不具备胜任能力的复杂业务。

7. 交易不能观察和验证，无法观察到实物流和服务轨迹，无法验证销售产品或提供的服务实际用途。

8. 重要组成部分不能亲自实施审计，以及承接非本会计师事务所上市公司客户组成部分的财务报表审计和专项审计、核查、复核等专项业务。

9. 上市公司提出将影响审计意见的重大会计处理、重要事项披露、审计意见类型等作为承接的前置条件。

10. 非正常“接下家”，上市公司频繁更换审计机构，或在临近披露日换所，以及收费显著高于行业水平。前任会计师事务所出具了保留意见、否定意见和无法表示意见的非无保留审计意见，且无法消除。

三、“新三板”挂牌客户承接

“新三板”挂牌企业是多层次资本市场的重要组成部分，因规模普遍较小，内部控制薄弱，财务不规范，抗风险能力较弱，审计风险较高。选择该类客户可以考虑下列因素：

1. 董监高、控股股东及实际控制人是否被立案调查，或被列为失信名单。

2. 近 3 年是否被行政处罚或被采取行政监管措施及交易所纪律处分。

3. 是否存在关联方违规占用资金及违规对外担保，且仍未解除。

4. 控股股东及实际控制人股权质押比例情况。

5. 最近 3 年审计意见是否为保留意见、无法表示意见或带持续经营重大不确定解释说明段审计意见，以及是否消除。

6. 是否为农、林、牧、渔、餐饮、娱乐等行业。

7. 员工人数较少，如仅十几人到几十人。

8. 规模较小，如资产总额、收入均低于 1 000 万元的小型企业。

9. 审计收费过低，如以往审计收费低于 10 万元。

四、债券发行客户承接

债券市场不同于股票市场客户，其风险侧重于债务违约，偿债能力、流动性，财务报告的真实性是风险评估关注的重点。选择该类客户可以考虑下列因素：

1. 发债企业的性质，是民营还是国有企业，民营企业发生债务违约被救助的可能性往往低于国有企业。

2. 公司及子公司最近 3 年是否发生过债务违约（含债券），或延迟支付本息的情况。

3. 控股股东及实际控制人最近 3 年是否发生过债务违约（含债券），或延迟支付本息。

4. 控股股东及实际控制人股权质押比例。

5. 董监高、控股股东及实际控制人是否被立案调查，或被列为失信名单。

6. 近 3 年是否被行政处罚或被采取行政监管措施及交易所纪律处分。

7. 最近 3 年审计意见是否为保留意见、无法表示意见或带持续经营重大不确定解释说明段审计意见，以及是否消除。

8. 偿债能力情况，如短期、中期资金状况及到期债券的偿付能力，最近 1 年末有息负债总额，以及已发行债券余额。

9. 集团性公司中拟审计的资产总额和收入总额的比重，如审计的资产和收入总额是否低于 50%。

特别地，选择承接投融资平台发债客户需要考虑下列因素：

1. 最近一期末净资产构成中，是否存在注入的储备用地或划拨用地。

2. 最近一期末净资产构成中，是否存在发改委明确规定不宜注入的公益性资产；或虽未明确规定，但根据企业会计准则或会计制度规定，不符合资产定义的资产注入，且没有明确、切实可行的回购或置换安排。

3. 注入的土地资产中，近 3 年是否流动变现、变现金额和比例情况。

4. 最近一期末控股股东、地方政府及所属财政等政府有关部门，或政府控制的其他国有企业，是否存在大额非经营性占用发行人资金的情况。

5. 近 3 年没有或很少实际从事公共基础设施建设等与投融资平台定位相关的业务，主营业务收入来源与发行人主业不相关。

6. 近 3 年主营业务收入累计收回情况，是否存在大额及高比例未收回的情况。

7. 若近 3 年累计超过 50% 的净利润来源于投资性房地产公允价值变动损益，划分为投资性房地产以公允价值计量的依据是否充分。

8. 主营业务收入、政府补贴是否按照规定计提缴纳税金，若未计提税金，是否取得主管税务机关等部门明确不征税的证明文件。

案例 3-1

2022 年 8 月，江苏证监局对 YT 会计师事务所承办的兴化市经济发展有限公司（以下简称兴化经发或公司，系地方投融资平台）公司债券申报发行审计项目进行了检查，因审计质量问题给予了警示函。监管部门指出 YT 会计师事务所执业过程中存在以下问题：

“1. 营业收入和营业成本细节测试执行不恰当

公司主营业务收入主要来源土地整理开发和代建工程，其他业务收入主要为租赁收入，其中土地整理开发以土地出让金返还款确认收入，代建工程业务按实际工程造价成本加成 20% 收取回购款确认收入。你们将收入列为财务报表层次重大错报风险，底稿中代建工程业务收入和成本无明细表，相关成本无法与营业收入进行匹配，亦无法与存货项目进行匹配。你们未对代建工程和土地整理开发成本进行核实，仅依赖获取的相关协议和政府部门出具的文件确认收入和成本，2020 年度执行的其他业务收入细节测试中你们抽取的均为费用类凭证，违反了《中国注册会计师审计准则第 1301 号——审计证据（2016）》第十条规定。

2. 未对大额政府补助执行充分的审计程序

2019 年、2020 年公司均依据政府部门出具的通知确认了大额政府补助，计入其他收益，对财务报表影响重大。2019 年度你们获取相关通知复印件并执行了细节测试，但获取的审计证据不适当；2020 年度你们仅获取相关通知复印件，未执行其他核查程序，审计证据不充分，违反了《中国注册会计师审计准则第 1301 号——审计证据（2016）》第十条规定。

3. 借款费用资本化审计程序执行不到位

公司将利息支出全部资本化计入存货，你们未对利息支出是否符合资本化条件进行核查，违反了《中国注册会计师审计准则第1301号——审计证据（2016）》第十条规定。

4. 存货监盘审计程序执行不到位

除土地外，你们未对财务报表重要的其他存货进行监盘和说明，违反了《中国注册会计师审计准则第1301号——审计证据（2016）》第十条和《中国注册会计师审计准则第1311号——对存货、诉讼和索赔、分部信息等特定项目获取审计证据的具体考虑（2019）》第四条规定。

5. 投资性房地产审计程序执行不到位

2020年，公司将部分存货转为投资性房地产，并采取公允价值模式计量。你们未对上述资产是否符合投资性房地产的确认条件进行核查，违反了《中国注册会计师审计准则第1301号——审计证据（2016）》第十条规定。

6. 未关注大额其他应收账款的可回收性

公司2019年、2020年年末其他应收款金额均较大，且大部分账龄在一年以上，你们未对其可收回性进行核查，违反了《中国注册会计师审计准则第1301号——审计证据（2016）》第十条规定。"

本案中，监管部门指出的审计质量问题，在会计师事务所承办地方投资融平台审计中具有普遍性，即承办承接该类客户具有系统性固有风险，这是由城投债公司本身的定位和业务属性决定的，财务信息要满足会计准则规定难度较大，因此承接此类客户需要审慎评估。

资料来源：中国证监会网站。

第二节　业务保持评价

会计师事务所客户多为连续审计客户，审计准则要求注册会计师对连续审计客户进行持续评估，如果不适合继续承办，应当放弃承接。多数会计师事务所质量管理体系中，比较重视首次承接客户的风险评估与管控，但对是否应当连续承接重视不够。是否应当保持客户，这也是应当把好的"入口关"，而不是只有首次承接才是"入口关"。某种程度上，评估客户是否应当连续承接更重要，这是因为任何事物都是发展变化的。首次承接的客户，在后期可能受到经济周期、战略方向、监管政策等因素影响，经营风险可能变大，导致经营困难，甚至大额亏损；也可能由于管理层、控股股东及实际控制人发生变化，经营理念和风格趋向于激进，甚至出现不诚信的情形，这些变化是诱发舞弊的因素，注册会计师的审计风险因此加大。因此，如果发现管理层舞弊迹象，经营风险转化为审计风险的可能性增大时，应当审慎评估是否连续承接。实务中，要注意这样一种认识，由于是多年审计客户，在被审计单位遇到经营困难时，客户希望会计师事务所予以支持，有的注册会计师或者基于业务收入考虑，或者碍于多年合作的关系，轻信被审计单位描绘的美好前景，把风险化解寄托于未来。如果注册会计师心存侥幸，不及时放弃这类客户，可能面临很大的审计风险。

案例3-2

F上市公司主要经营电子产品，产品更新换代较快，容易过时被淘汰。2018年度财务报表审计时，注册会计师发现该公司产品缺乏行业竞争力，存货出现大量积压，且发现了管理层虚增收入等舞弊行为。经注册会计师审计后，F公司当年亏损18亿元。

2019~2020年度，F公司所处行业并未发生重大变化，企业经营仍然较为困难，会计师事务所在评估是否继续承接时，未充分考虑被审计单位所处行业及自身经营风险，仍然作出继续承接的决定，且出具了标准无保留意见审计报告。2020年报出具后，会计师事务所认为公司风险仍未化解，决定不再承接2021年及以后年度审计业务。

2021年，公司更换管理层，新管理层发现前期存在财务造假，决定对2019~2020年度财务报表进行前期重大会计差错更正，累计调减收入超过50亿元，调减净利润超过40亿元，会计师事务所或将承担相应的审计责任。

该案例启示，对于审计客户的连续承接评估至关重要，任何时候都不要与问题客户打交道。会计师事务所要知进退，当断则断，切忌侥幸心理，错过风险释放的最佳时机。

第三节 承接客户的独立性考虑

一、客户的某些问题是否可能对注册会计师职业道德产生不利影响

如果发现客户涉嫌违反法律法规、缺乏诚信、存在可疑的财务报告问题、存在其他违反职业道德的行为，或者客户的所有者、管理层或其从事的活动存在一些可疑事项，这些问题可能对注册会计师的诚信、良好职业行为原则产生不利影响。注册会计师应当考虑下列因素，评价不利影响的严重程度：

1. 注册会计师对客户的业务性质、经营复杂程度、业务具体要求，以及拟执行工作的目的、性质和范围的了解；

2. 注册会计师对相关行业或业务对象的了解；

3. 注册会计师拥有的与相关监管或报告要求有关的经验；

4. 会计师事务所制定了质量管理政策和程序，以合理保证仅承接能够胜任的业务。

二、是否会产生利益冲突

前述可能的不利影响是从客户角度进行评估，而利益冲突则从注册会计师角度进行评估。利益冲突通常对客观公正原则产生不利影响，在决定是否承接一项业务之前，实施有效的冲突识别流程可以帮助注册会计师采取合理措施识别可能产生利益冲突的利益和关系。可能产生利益冲突的情形有：

1. 向某一客户提供交易咨询服务，该客户拟收购注册会计师的某一审计客户，而注册会计师已在审计过程中获知了可能与该交易相关的涉密信息。

2. 同时为两家客户提供建议，而这两家客户是收购同一家公司的竞争对手，并且注册会计师的建议可能涉及双方相互竞争的立场。

3. 在同一项交易中同时向买卖双方提供服务。

4. 同时为两方提供某项资产的估值服务，而这两方针对该资产处于对立状态。

5. 针对同一事项同时代表两个客户，而这两个客户正处于法律纠纷中。

6. 针对某项许可证协议，就应收的特许权使用费为许可证授予方出具鉴证报告，并同时向被许可方就应付金额提供建议。

7. 建议客户投资一家企业，而注册会计师的主要近亲属在该企业拥有经济利益。

8. 建议客户买入一项产品或服务，但同时与该产品或服务的潜在卖方订立佣金协议。例如，为企业内部控制提供咨询的会计师事务所，不得同时为同一企业提供内部控制审计服务，因为这可能产生利益冲突。

9. 承诺审计意见类型等购买审计意见的行为。

案例 3－3

2022 年 5 月，证监会对深圳堂堂会计师事务所（以下简称堂堂所）及吴育堂、刘润斌、刘耀辉对其在上市公司新疆亿路万源实业投资控股股份有限公司（*ST 新亿）未勤勉尽责进行行政处罚，没收收入 197 万元，并处以五倍计 1 182 万元罚款，暂停堂堂所从事证券服务业务 1 年。这是 2020 年 3 月证券业务审计资格放开后，首家新进入证券服务业务被处罚的会计师事务所。

证监会行政处罚显示，堂堂所审计独立性存在严重缺失，主要包括：

1. 承诺对 *ST 新亿 2019 年度财务报表不出具否定或无法表示意见的审计报告并约定或有费用。

2. 承诺对因签字导致的行政处罚给予赔偿。堂堂所承诺如果审计报告给签字注册会计师带来行政处罚的罚款，由事务所承担所有罚款；如果此审计报告给签字注册会计师带来严重的行政处罚（行业禁入），事务所会给人民币 30 万元经济补偿。

3. 承诺支付居间费。堂堂所通过刘耀辉承接 *ST 新亿年审业务，堂堂所与刘耀辉方签订了书面居间协议，明确了居间业务费用支付。

4. 违规修改审计报告内容导致出具的审计报告存在虚假记载和重大遗漏。堂堂所更改韩真源 2018 年净资产审计报告的审计意见类型，根据相关方要求删除审计报告中重要内容。此外，堂堂所关于 *ST 新亿 2018 年和 2019 年审计报告复核工作实际上依赖刘耀辉团队完成。

资料来源：中国证监会网站。

三、收费

收费报价水平可能影响注册会计师按照职业准则提供专业服务的能力。如果报价水平过低，以致注册会计师难以按照适用的职业准则执行业务，则可能因自身利益对专业胜任能力和勤勉尽责原则产生不利影响。

除非法律法规允许，注册会计师不得以或有收费方式提供鉴证服务，收费与否或收费多少不得以鉴证工作结果或实现特定目的为条件。以下为或有收费的一些示例：

1. 审计客户要求注册会计师出具标准审计报告，否则就不付费，这属于收费与否型的或有收费。

2. 审计客户按照审计后的净利润水平高低付费，这属于收费水平型的或有收费。

3. 若审计目的为公开或私募资金，审计收费以募集资金总额的一定百分比确定，属于或有收费。

4. 以小时计费但包括上限，而该上限取决于会计师事务所的工作成果，也属于收费水平型的或有收费。

5. 双方约定，审计客户先支付审计费用的一半，剩余收费视审计结果确定是否支付，或者阶段性收费中，可能影响独立性的或有收费。

6. 非签证服务（如税务服务、管理咨询）的结果以及由此收取的费用金额，取决于未来或当期与财务报表重大金额审计相关的判断。

7. 网络事务所参与大部分审计工作，非鉴证服务的或有收费由该网络事务所取得，并且对其重大影响或预期影响重大。

8. 直接或以间接形式（如通过中介人）取得或有收费。

按一定比率计算的收费并非都属于或有收费，下列情况不属于或有收费：

1. 基于工时的收费。基于工时的收费包括基于会计师事务所的标准工时率（或其百分比或倍数）的收费或根据完成工作所需的预算或估计工时和标准工时率（或其百分比或倍数）所得出的固定收费。基于工时的收费并非或有收费，不管发生特定事件或者是否发现某些特定结果，这些收费均是必须支付的。

2. 如果一项收费视由法院或政府有关部门规定的，如以破产程序收入的一部分作为会计师事务所的收费，则该项收费不被视为或有收费。

阶段性收费是否属于或有收费？如果精心设计的阶段性收费能够确保收费在形式上和实质性并非或有收费，则阶段性收费安排是被允许的。阶段性收费安排包括按业务进展设置收费项目、未事先固定以及费率按项目不同阶段的变化收费安排。在阶段性收费的安排下，针对每一阶段的不同收费应当包含于业务约定书中。

案例3－4

会计师事务所与某 IPO 客户签订审计业务约定书，约定收费条款如下："乙方（会计师事务所）将根据有关规定，视发行人鉴证业务的复杂程度等，以乙方在本次工作中所耗费的人员、时间为基础计算鉴证服务费用，确定服务费用总额为人民币 200 万元。上述业务费在本约定书经双方签署后三个工作日内委托方支付受托方约定金额的 10%，即人民币 20 万元，在出具股改报告及股改的验资报告后三日之内支付约定金额的 30%，即人民币 60 万元，股改过程中如涉及股改报告变动，乙方需无偿提供配合；制作完申报材料并呈报中国证监会后三日之内支付约定金额的 60%，即人民币 120 万元。如果能够通过审核上市，在公司实现首次公开发行股票并上市后三日之内，另行奖励人民币 300 万元。"

上述条款约定的奖励，以是否上市为条件，而注册会计师的审计工作对上市有重大影响，如为了上市后的重大经济利益，注册会计师可能隐瞒不利于上市公司的相关问题。因此，该条款属于或有收费，可能对注册会计师职业道德产生重大不利影响。

四、审计轮换

委派审计团队需要考虑独立性影响，职业道德守则、证券监管部门对审计轮换等进行了明确规定。2020 年 12 月，中国注册会计师协会发布了《中国注册会计师职业道德守则（2020）》，守则修订了与关键审计合伙人任职及冷却期相关的规定。如果审计客户属于公众利益实体，会计师事务所任何人员担任下列一项或多项职务的累计时间不得超过五年：

1. 项目合伙人；

2. 项目质量复核人员；

3. 其他属于关键审计合伙人的职务。

如果审计客户是首次公开发行证券的公司，关键审计合伙人在该公司上市后连续执行审计业务的期限，不得超过两个完整会计年度。此外，在确定某人员担任关键审计合伙人的年限时，服务年限应当包括该人员在之前任职的会计师事务所工作时针对同一审计业务担任关键审计合伙人的年限。

关于冷却期，如果某人员担任项目合伙人或其他签字注册会计师累计达到五年，冷却期应当为连续五年。如果某人员相继担任多项关键审计合伙人职责，冷却期应当符合以下规定：

1. 担任项目合伙人累计达到三年或以上，冷却期应当为连续五年；

2. 担任项目质量复核人员累计达到三年或以上，冷却期应为连续三年；

3. 担任项目合伙人和项目质量复核人员累计达到三年或以上，但累计担任项目合伙人未达到三年，冷却期应当为连续三年；

4. 担任多项关键审计合伙人职责，并且不符合上述各项情况，冷却期应当为连续两年。

在冷却期内，关键审计合伙人不得有下列行为：

1. 成为审计项目组成员或为审计项目提供项目质量管理；

2. 就有关技术或行业特定问题、交易或事项向审计项目组或审计客户提供咨询；

3. 负责领导或协调会计师事务所向审计客户提供的专业服务，或者监控会计师事务所与审计客户的关系；

4. 与审计客户高级管理层或治理层进行重大或频繁的互动，或对审计业务的结果施加直接影响。

第四节　审计业务约定书

一、选择适用的业务约定书

业务约定书是明确双方权利义务的具有法律效力的合同性文件，是注册会计师执行业务、出具报告的前提条件。不同类型业务工作目标、范围存在差异，因此应当选择相应的业务约定书模版，包括鉴证类业务约定书、非鉴证类业务约定书。

鉴证类业务约定书包括：一般年报审计、IPO 审计、发债审计、内部控制审计、各类专项审计、验资等。非鉴证类业务约定书包括：执行商定业务、代编财务信息、财务尽职调查、管理咨询等。事务所审计工作底稿中，往往提供了多种业务约定书参考格式，项目组可根据业务类别选择，并视具体情况作出相应约定或修改。

特别地，从事某些业务时，委托方（如政府部门）要求使用其提供的业务约定书格式，例如国资委聘请会计师事务所对所出资企业进行年度财务报表审计，或专项审计，业务约定书由国资委提供，应从其规定，但具体条款应当协商一致。

若委托方在工作范围、付款方式等方面有其他要求且与会计师事务所达成一致，应当对业务约定书相应条款进行修改，修改内容应当保证双方权利义务、风险报酬相匹配。涉及事务所责任、风险承担等重大条款修订，必须由项目承接的合伙人商业务主管合伙人决定。

二、业务约定书签订时间

《中国注册会计师审计准则第 1111 号——就审计业务约定条款达成一致意见》规定，注册会计师应当在审计业务开始前，与被审计单位就审计业务约定书条款达成一致意见，并签定业务约定书。因此，业务约定书的签订时间应当在尽职调查后，审计计划之前。事务所审计规程中一般要求项目立项时，应当要具备业务约定书，否则不予立项。

没有签订正式的业务约定书之前，项目组通常不应当进场开展正式审计工作。若在出具审计报告前，仍然未签订业务约定书，独立复核人员应不予签发审计报告。

三、业务约定书的内容完整性

（一）关于适用法律和争议解决

几乎所有类型的业务约定书模版都单独约定了“适用法律和争议解决”条款，业务约定书模版最后内容通常为：“本约定书的所有方面均应适用中华人民共和国法律进行解释并受其约束。本约定书履行地为乙方出具审计报告所在地，因本约定书所引起的或与本约定书有关的任何纠纷或争议（包括关于本约定书条款的存在、效力或终止，或无效之后果），双方协商确定采取以下第 ______ 种方式予以解决：（1）向有管辖权的人民法院提起诉讼；（2）提交 ______ 仲裁委员会仲裁。”

签订业务约定书时，应当明确争议的解决方式，这对于同客户发生分歧以致诉诸法律程序时非常重要。实务中，不少业务约定书未明确争议解决方式，这不利于保护各自权益。

（二）业务范围约定

业务范围应当与最终出具业务报告相符，以下是一些不规范事项例子：合并财务报表审计中，对子公司单独出具审计报告，但审计业务约定书并未约定单独出具审计报告，以及是否单独收费，即出具子公司审计报告没有业务约定书；上市公司年度财务报表审计，未约定相应的专项报告事项，如关联方资金占用专项审核报告、募集资金存放与使用专项审核报告、内部控制签证报告等。

（三）其他事项

业务约定书中，部分约定事项缺失，如没有签定时间、没有法定代表人或其授权的代表人签字、没有约定出具审计报告的时间，这些都是不完整的。

（四）业务收费

会计师事务所在确定收费标准时，应当考虑专业服务所需的知识和技能、专业人员的水平和经验、专业人员提供服务所需要时间、承担的责任等因素，收费水平与所提供的相应服务之间，应当以不对注册会计师职业道德产生不利影响为原则。

如果收费报价过低，或者收费报价明显低于前任注册会计师或其他会计师事务所的相应报价，可能导致难以按照执业准则和职业道德规范的要求执行业务，从而对专业胜任能力和应有的关注原则产生不利影响。例如，在承接上市公司、拟上市公司审计业务时，该类业务收费水平较为透明，若显著低于同行业同规模企业的收费水平，将被指为低价竞争；又如，明显低于国家相关部门规定的收费标准，也将被指为低价竞争，将受到行业协会、相关部门的重点监管。但是，超出行业水平的过高收费，虽然不会因为审计成本而降低审计业务执行，但可能因为经济利益而影响注册会计师的独立性，面临屈从客户压力，发表不恰当的审计意见的风险。

注册会计师行业的收费标准，主要包括：国家发改委、财政部《会计师事务所服务收费管理办法》，各地财政部门、价格主管部门根据196号文制定的会计师事务所服务收费办法和收费标准，财政部《委托会计师事务所审计招标规范》（财会［2006］2号），财政部《关于进一步落实〈会计师事务所服务收费管理办法〉的通知》，《国有金融企业选聘会计师事务所管理办法》，中国注册会计师协会关于低价竞争的监管规定等。

会计师事务所在招投标或签订业务约定书时，应当遵守这些规定，同时，还应当遵守事务所内关于市场管理中收费的相关规定，若收费显著低于或高于规定及行业水平，应当有充分的理由，并报经事务所有关负责人最终决定。

第五节 审计项目组人员委派

一、审计项目组

审计项目组是指事务所为执行审计业务成立的项目组。狭义的审计项目组，由执行现场审计业务的人员组成；广义的审计项目组，除了现场审计人员外，只要能够直接影响审计业务结果的其他人员，以及网络事务所中能够直接影响审计业务结果的所有人员，都被视为审计项目组成员。例如，为执行审计业务提供技术或行业具体问题、交易或事项的咨询人员；对审计业务实施项目质量控制的人员，包括项目质量控制复核人员等。

从事务所内部管理、业务流程、质量控制、业绩考核等实际考虑，仅指狭义的项目组，不包括独立复核人员，主要由以下人员构成：

1. 项目合伙人。一般来说，项目合伙人为项目组所在部门的分管合伙人，行政职务为部门领导及以上人员。从执行业务项目角度，也称关键合伙人，负责对财务报表审计所涉及的重大事项作出决策或判断，作为签字注册会计师之一，且最终签署同意出具审计报告的合伙人。但是，即使分管合伙人不在审计报告上签字（例如，由部门经理级合伙人签字），由于部门经理级合伙人与分管合伙人领导与被领导关系、审计报告出具需经分管合伙人批准等，分管合伙人都是项目关键合伙人。

2. 部门经理（合伙人）。负责项目组内第二级复核，即复核项目经理的工作底稿。通常部门经理也为合伙人，即使不在审计报告上签字，也属于项目组成员之一。

3. 项目经理。负责现场审计工作组织、协调、督导，一般为签字合伙人之外的另一名签字注册会计师。

4. 审计助理人员。

关于审计报告签字注册会计师，应当注意下列问题：

1. 必须由至少一名合伙人（项目合伙人）签字，另一名签字注册会计师可以为合伙人，也可以为非合伙人，签字组合可以为三种形式：分管合伙人 + 部门经理（合伙人）、分管合伙人 + 项目经理、部门经理（合伙人）+ 项目经理。通常职级较高者为第一签字注册会计师。

2. 原则上由业务项目所在部门职级较高的注册会计师签字，以体现和培育对业务质量控制承担领导责任的文化。

3. 实际签字的注册会计师，必须亲自全过程、深入参与审计业务，驻审计现场需满足一定时间，应熟知并处理重大风险事项，履行相应的复核责任，而非仅“桌上复核”，熟知、处理决定重大及风险事项。未实际全面参与审计业务的注册会计师，不应在审计报告上签字。

二、项目合伙人及项目经理

项目合伙人，是指会计师事务所中负责某项审计项目及其执行，并代表会计师事务所在出具的审计报告上签字的合伙人。项目合伙人应当履行下列职责：

1. 营造以质量为导向的执业环境，充分参与审计过程，督导项目组在执业过程中严格遵守法律法规和执业准则要求。

2. 严格执行会计师事务所及项目质量管理政策和程序，并遵守相关职业道德。

3. 保持职业怀疑，恰当运用职业判断。

作为审计项目组最有经验的成员之一，项目合伙人的参与程度对于审计质量至关重要。合伙人主导的审计交付模式有助于在业务执行开始阶段设定正确的基调，在审计执行的过程中实时监督和督导项目进程，及时更新风险评估，应对突发风险，有效引导项目组的其他专业人员高质量地完成审计业务，同时也可以非常有效地向其他项目组成员提供具有实际意义的现场指导。

实务中，选择项目合伙人，重点考虑的因素包括：

第一，专业能力与经验。这是保证审计质量的关键，重点应考虑合伙人对相关法律法规和监管要求的熟悉程度，对项目涉及的会计审计准则的熟练情况，以及对被审计单位的业务特点、行业背景等的了解情况。特别是一些特殊行业、特定性质的项目，需要慎重委派项目合伙人。例如，银行审计业务，其业务性质与非金融业务完全不同，需要的专业技能相差很大；又如，IPO 审计业务，风险程度、审计要求不同于一般项目，从未参与过类似业务审计的合伙人难以胜任。

第二，时间和精力。项目合伙人应当有充分的时间参与项目，有的合伙人虽然具备相应的专业能力与经验，但由于承担的项目较多，也不宜委派为项目合伙人。为了保障项目合伙人足够精力实质性投入项目，要注意平衡合伙人工作量，以避免个别合伙人项目过多，从而导致无法投入足够的时间完成审计业务。例如，有的会计师事务所规定了合伙人承担审计任务的上限，如全年承担的审计项目收入不超过 2 000 万元，或者规定某类业务不超过一定数量，如年报审计期间承办的上市公司数量不超过 5 家，承办的“新三板”挂牌企业数量不超过 10 家。

2021 年，财政部《关于开展注册会计师超出胜任能力执业行为整治工作的通知》对注册会计师超出胜任能力执业行为开展专项整治工作，对于 2020 年度及 2021 年 6 月 30 日前出具 100 份以上审计报告的注册会计师及其所在会计师事务所进行重点检查。2022 年 4 月，财政部发布的《会计师事务所监督检查办法》规定，重点检查注册会计师是否存在违法违规行为之一，如“超出胜任能力执业，重点检查年度内出具100份以上审计报告的注册会计师”。这些规定是为了确保注册会计师的精力与业务量相匹配。

第三，独立性。是否存在影响独立性的因素，有的会计师事务所采取承接与承办相分离的方式，能够有效地降低项目合伙人职业道德风险。

项目经理是审计项目的现场负责人（往往是第二签字注册会计师），处于控制审计风险的最前沿，一定程度上居于整个项目的核心地位，起到承上启下的桥梁和纽带作用。对项目组成员，要承担起具体审计任务分配、指导和工作底稿的详细复核，把控项目进度；对项目合伙人，要将审计中发现的重大事项汇报沟通。因此，选择合适的项目经理至关重要，甚至比选择项目合伙人更重要，因其是项目的实际执行者。因此，项目经理应当具备相应的能力要素，例如，逻辑思维能力、语言表达能力、职业判断能力、组织领导能力等。选择项目经理，最重要的是考虑以下两个因素：

一是专业胜任能力。项目经理的重要任务是发现问题，揭示重大审计风险，在当前社会诚信意识有待提高、舞弊现象频发的情况下，项目经理的专业能力是关键。

二是沟通协调能力。审计工作需要与多方主体沟通协调，由于项目经理掌握的信息最多，居于信息沟通的中心，包括与项目组成员、项目合伙人、独立复核人员及对外与被审计单位、监管部门等的沟通，有效的沟通是顺利完成审计项目的重要条件。

实践表明，多数审计失败的原因，是执业团队配置出了问题，尤其是关键角色不具备胜任能力。项目合伙人与项目经理的配备，应当“双强”，至少要做到“一强一弱”，如果出现“双弱”的配置，几乎不可能按照审计准则高质量完成审计工作。

三、其他项目组成员

审计工作是团队性的集体行为，需要团队的所有成员共同努力，大家分工合作才能完成审计项目。决策靠大智，执行靠大勇。尽管项目合伙人、项目经理是项目组中最重要的成员，但项目合伙人和项目经理制订的审计计划，需要分解落实到每一位项目组成员，因此，委派项目组其他成员也很重要，否则即使是合伙人、项目经理再优秀，也不可能独立完成整个项目审计工作。实务中，会计师事务所对选择其他成员有相应的标准，重点是专业胜任能力和经验，尤其是风险较高的审计项目，要求更加严格。例如，有的事务所要求，委派承办证券服务审计业务的项目组成员，应当具有证券业务审计从业经验，原则上注册会计师数量不得低于三分之一，中级审计员及以上人员不得少于三分之二，实习人员不得参与审计。此外，根据《中华人民共和国注册会计师法》的规定，注册会计师执行业务，应当加入会计师事务所，且不能同时在两个或者两个以上会计师事务所执行业务，即注册会计师不能跨所执业。

案例 3－5

2020 年 11 月，证监会浙江证监局出具了“关于对 ×× 会计师事务所（特殊普通合伙）及注册会计师李 ×、李 ×× 采取出具警示函措施的决定”，指出了该所及注册会计师在执行苏泊尔（002032）2019 年财务报表审计项目中，存在函证、存货监盘及销售收入的审计程序不到位，未合理关注重大特殊业务的信息披露，其他信息的审计程序不到位等审计问题。产生这些问题的主要原因，是未能委派具有胜任能力的项目组成员。在人员委派方面，警示函指出：

一是你们委派多名其他事务所人员，未充分关注其专业胜任能力。苏泊尔 2019 年年报审计项目组成员共 18 人，除两名签字注册会计师外，其余 16 名人员均非你所员工，其中注册会计师 3 名、审计助理人员 10 名、实习人员 3 名，上述人员缺乏证券期货业务的年报审计经验。在近几年的年报审计收入分配中，你们对其他所得分配比例占 75% 以上。

二是签字注册会计师未能充分指导、监督项目组成员工作。两名注册会计师均未参与年报现场审计工作，仅项目合伙人在预审期间赴子公司现场一天，未对重大会计处理咨询过程及处理结果相关审计底稿进行复核，底稿记录与实际不符；未关注公司未披露特殊业务中的对外担保事宜；存货监盘等审计程序不到位，未关注识别为特别风险的寄售存货的监盘记录及函证控制记录等。

资料来源：中国证监会网站。

四、特定行业专家

随着科技的发展和进步，社会环境的日新月异，新模式、新业态、新经济蓬勃发展以及越发强调公允价值的管理层判断的会计准则，会计师事务所以及注册会计师都需要不断提升专业胜任能力，积极应对各种挑战。会计师事务所需要建立包含多种专精的专业服务队伍，充分利用专家工作协助审计工作，以满足现代审计的要求。专家既有内部专家，也有外部专家。如果是经常性需要利用专家的审计业务，如信息技术审计（IT 审计），则宜组建会计师事务所内部的专家团队，协助财务报表审计团队工作，不仅有助于降低执业成本，审计团队与专家的沟通也更加畅通和有效。实务中常见的需要利用专家工作的领域以及相关专家见表 3–1。

表 3-1 主要专家及涉及领域

专家	主要工作领域	涉及财务报表项目
信息技术专家	测试信息技术一般系统和自动化控制	多个财务报表项目
数据分析专家	基于大数据分析的风险评估、会计分录测试、异常数据筛查	收入和成本、存货
估值专家	公允价值评估、未来现金流量估计、金融工具预期损失模型、股权激励费用	坏账准备，商誉、固定资产等长期资产减值，股份支付
精算专家	保险相关、设定受益计划	责任准备金
税务专家	税务复核、并购重组复杂税务问题	所得税
法证会计专家	反舞弊调查	多个财务报表项目

第六节　被审计单位提供资料清单

一、准备资料清单目的

重要、复杂或大型审计业务项目，参与人员多、审计跨度长、涉及资料广，为了使审计工作有序开展，避免窝工，从而提高审计工作效率，降低审计成本，前期准备工作十分重要。实务中，各类审计、财务尽职调查等业务项目，会计师事务所在正式进点前，通常会拟定一份客户需要准备的资料清单，供审计单位提前安排。待资料清单基本准备就绪后，注册会计师方进驻开展现场审计工作。

本书所列资料清单仅供参考，项目组应当视审计业务的具体情况，做出适当的调整，包括增加相应内容，如一些特殊行业、特殊目的审计项目，应要求客户准备个性化资料；同时，也可能减少资料清单内容，如一些常年审计客户，或较为简单的审计业务，或者客户的财务规范性较好，随时可以提供财务资料供注册会计师审计。

二、首次接受委托所需审计资料清单

（一）基本资料

1. 基本情况资料。

（1）单位基本情况介绍，包括经营范围、主要产品及经营特点等；

（2）历史沿革及改制重组情况，主要包括：改制设立具体情况及方式、历次股本形成及股权变化情况；

（3）历次工商变更登记资料：验资报告、评估报告、章程、营业执照；

（4）行业特许经营许可证、税务登记证、组织机构代码证、外汇登记证、贷款证等；

（5）以前年度审计报告；

（6）成立及历次股权变更时政府等部门相关批文、投资协议；

（7）组织机构设置图：包括发起人或股东及其分公司、子公司和参股公司（或联营公司），发起人或股东的实际控制人，贵单位对外投资形成的子公司、参股公司及其他合营企业，以及有重要影响的关联方等，同时应标明组织结构的具体组织联系；

（8）主要管理人员基本资料；

（9）财务部门机构设置图、岗位分工及岗位职责介绍；

（10）股权被质押或其他有争议的情况：如发起人或股东为企业法人，则应披露其主要业务、注册资本、总资产、净资产、净利润，并标明这些数据是否经过审计及审计机构的名称。

若涉及自然人股东，应披露该自然人的姓名、简要背景及其所持有股权被质押的情况等。

2. 分支机构设立情况及分支机构营业地点、营业范围等基本情况介绍。

3. 子公司设立情况，子公司营业执照、验资报告、章程合同、投资协议等。

4. 内部控制制度建立情况、内部控制制度及流程图。

5. 股东大会、董事会、管理层会议记录及会议决议。

6. 税收资料，包括：简述贵单位及分子公司的缴纳税种、税率，所享受的税收优惠政策及批准文件，各税纳税申报表及税收汇算清缴资料；税收缴款书等。

7. 生产经营有关的权属，包括：土地使用权、房产权证；商标、专利、非专利技术、重要特许权利的使用及权属等。

8. 场地租赁协议及相关合同。

9. 员工及其社会保障情况，主要包括：员工人数及变化情况、员工专业结构、员工受教育程度、员工年龄分布、执行社会保障制度、住房制度改革、医疗制度改革等。

10. 简述所处行业及竞争情况，主要包括：

（1）行业管理体制、行业竞争状况、市场容量、投入与产出、技术水平以及以上因素的发展趋势；

（2）所在行业享受国家及地方政府优惠扶植政策；

（3）影响本行业发展的有利和不利因素，如产业政策、产品特性、技术替代、消费趋向、购买力与国际市场冲击等因素，指出进入本行业的主要障碍；

（4）面临的主要竞争状况，包括自身的竞争优势及劣势，市场份额变动的情况及趋势，同行业竞争的情况。

11. 简述生产经营情况，主要包括：

（1）前三年的主要产品（或服务）及其生产能力；

（2）主要产品的工艺流程或服务的流程图；

（3）主要产品（或服务）所需的主要生产设备、关键设备的重置成本；

（4）主要生产设备的先进性及还能安全运行的时间；

（5）每种主要产品的成本构成情况及主要原材料和能源供应；

（6）高危险、重污染单位对人身、财产、环境所采取的安全措施；

（7）核心技术的来源和方式，说明是否拥有核心技术的所有权，拥有的核心技术在国内外同行业的先进性。

12. 简述市场销售情况，主要包括：

（1）产品或服务的主要消费群体、主要销售市场、国内市场的占有率和销售额等；

（2）每种主要产品的产量、销售情况和产销率；

（3）每种主要产品、市场竞争产品或服务的平均价格及定价策略和定价政策；

（4）前5名客户的销售额占年度销售总额的百分比，如主要客户所占比重较大，需说明原因，并披露相关风险；

（5）各进口国对进口公司产品的具体政策和管理制度，并提供进口国的进口许可证或其他类似的证书。

13. 主要客户及供应商的资料，包括前5名供应商合计的采购额占年度采购总额的百分比，主要供应商所占比重较大，需说明原因，并披露相关风险。

（二）财务会计资料（会计报表层面）

1. 审计期间所执行会计政策、会计估计及变更的说明。

2. 审计期间的资产负债表、损益表、现金流量表、股东权益变动表及其他附表（盖章签字）。

3. 审计期间总账、各明细分类账、备查账及会计凭证。

4. 审计期间重大交易长期合同。

5. 审计期间经批准的收购兼并及对外扩充计划、投资计划（含固定资产、大修理计划）、融资计划、生产计划、销售计划及各年度工作总结。

6. 审计期间内部审计机构的审计报告。

（三）财务会计资料（会计科目层面）

1. 货币资金

（1）银行对账单（包括外部银行和集团资金结算中心）；

（2）银行存款余额调节表；

（3）三个月以上的银行定期存单；

（4）受限制使用资金（包括抵押或冻结等对使用有限制、存放在境外、有潜在回收风险的款项）；

（5）现金盘点表；

（6）外汇批准证书和申请文件等。

2. 交易性金融资产

（1）股票、债券、基金、期货等证券账户的开户资料、对账单、资金及交易流水单；

（2）外部单位代为保管有价证券的保管合同；

（3）变现受到重大限制的交易性金融资产投资。

3. 应收票据

（1）应收票据的合同；

（2）截止日已背书有追索权的票据情况；

（3）应收票据已贴现、已抵押情况；

（4）因出票人无力履约而将票据转为应收账款的票据，以及期末公司已经背书给他方但尚未到期的票据。

4. 应收账款

（1）坏账准备计提政策；

（2）个别项目计提坏账准备的批准文件；

（3）与客户的对账单；

（4）坏账内部核销批准、税务核销手续；

（5）销售合同。

5. 预付账款

（1）期末尚未结算的大额预付账款相关合同协议；

（2）账龄超过 1 年的预付账款的合同、付款凭证及未结算的原因。

6. 应收利息

（1）应收利息的投资协议或贷款合同；

（2）超过 1 年的应收利息未收回的原因和对相关款项是否发生减值所作的判断列示；

（3）应收利息日后收款的凭证。

7. 应收股利

（1）提供相应的利润分配方案；

（2）预计收款日期；

（3）超过 1 年的应收股利未收回的原因和对相关款项是否发生减值的判断。

8. 其他应收款

（1）已计提的坏账准备、可收回性；

（2）长期未能收回的项目的原因；

（3）已核销的应收账款明细及内部、税务核销手续。

9. 存货及存货跌价准备

（1）提供生产成本、制造费用在产成品之间、产成品与在产品之间的分配方法；

（2）与其他单位签订的委托代管存货合同；

（3）存货盘点的相关资料，包括：存货盘点计划、存货盘点明细表、存货盘点报告，残次、毁损、滞销积压的存货明细表及闲置的时间；

（4）存货跌价准备计提的政策、存货跌价准备明细计算单及依据、转回存货跌价准备的原因；

（5）存货期末余额中含有借款费用资本化金额；

（6）采购合同、订单、报关出口单；

（7）存货出入库单。

10. 可供出售金融资产

（1）提供有关合同、协议等相关文件；

（2）存在持续减值情况的证据。

11. 持有至到期投资

（1）提供有关合同、协议等相关文件；

（2）存在持续减值情况的证据。

12. 投资性房地产

（1）房地产用途（出租、持有并准备增值后转让）、计量模式；

（2）提供有关合同、协议等相关证明赚取租金或资本增值合同等文件；

（3）采用成本模式计量的投资性房地产存在持续减值情况的证据；

（4）采用公允价值模式计量的投资性房地产公允价值能够持续可靠取得证据。

13. 长期股权投资

（1）提供有关长期股权投资的合同、协议、出资证明、验资、审计、评估报告等文件；

（2）提供被投资单位审计期间经审计的年度会计报表，如无法提供，请说明原因；

（3）提供计提长期股权投资减值准备的依据。

14. 长期应收款

（1）提供长期应收款合同、发生的原始凭证、资金占用利率；

（2）长期未收回款项的原因；

（3）确认为坏账损失的证明文件。

15. 固定资产及累计折旧

（1）固定资产折旧政策及计算方法；

（2）固定资产采购合同及采购、付款凭证；
（3）固定资产抵押、担保合同；
（4）固定资产报废、处置审批文件；
（5）固定资产出租、出售、报废等的内部批准文件；
（6）报废资产税务备案情况；
（7）固定资产减值准备计提的政策、依据及明细计算单；
（8）固定资产无减值迹象的证明文件；
（9）固定资产报废、处置清单及相应的支持文件；
（10）固定资产改良支出的施工合同、验收报告；
（11）固定资产盘点计划、盘点报告、使用情况清理。

16. 在建工程

（1）建设工程的可行性研究报告；
（2）建筑施工招投标合同；
（3）勘察合同、设计合同、工程承包合同及分包合同、委托监理合同；
（4）重大建设项目的立项批文、预算总额及建设批准文件；
（5）建筑企业资质证书，施工许可证等；
（6）现场监理施工进度报告、工程进度验收报告；
（7）工程竣工验收报告（含消防 / 环保等）、竣工决算报告等业务资料；
（8）在建工程存在减值情况的证明文件；
（9）在建工程完工转固报告；
（10）施工单位签署的工程质量保修合同；
（11）在建工程盘点报告。

17. 工程物资

（1）工程物资采购合同；
（2）工程物资的采购、入库凭证；
（3）工程物资出库的领用凭证；
（4）工程物资盘点报告，列明无使用价值的工程物资。

18. 无形资产

（1）无形资产摊销政策；
（2）无形资产的购置合同协议、发票等凭证；
（3）自制形成无形资产的原始凭据；
（4）资产原始价值以评估值入账的，提供评估报告；
（5）无形资产计提的政策、存在减值情况的证明文件及依据及明细计算单。

19. 开发支出

（1）内部研究开发项目支出总额，以及计入研究阶段支出金额和计入开发阶段的金额；

（2）重大开发项目的公司管理层可行性研究、立项、预算总额批准等文件。

20. 商誉

（1）对于通过非同一控制下企业合并形成的商誉，应列示商誉的计算过程；

（2）本期商誉存在减值情况的证明文件。

21. 长期待摊费用

（1）购置相关合同及凭证；

（2）摊销的期限。

22. 其他流动资产、其他长期资产

其他流动资产、其他长期资产发生的合同协议、发票等凭证。

23. 递延所得税资产

按项目明细列示期初余额、本期新增金额、本期转回金额、期末余额。

24. 长短期借款

（1）长短期借款的授信额度；

（2）长短期借款合同以及相应的保证、抵押、质押等担保合同。

25. 交易性金融负债

（1）交易性金融负债的协议、合同等资料；

（2）证券账户交易流水单、期末对账单。

26. 应付票据

（1）承兑汇票协议；

（2）期后还款凭证。

27. 应付账款

（1）采购合同、订单（见存货清单）；

（2）期后付款凭证。

28. 预收账款（合同负债）

（1）尚未结算的大额预收账款的相关合同、协议等文件；

（2）1 年以上未结算的原因。

29. 应付短期（长期）职工薪酬

（1）有关部门确认的工效挂钩批文；

（2）公司对于员工内退、离退休人员福利补贴的有关文件及职工辞退计划，提供内退、辞退福利折现率选取的原则；

（3）政府当局有关社会保险、住房公积金缴纳政策的法定文件；

（4）公司对在职职工的福利政策；
（5）职工名册、工资结构及支付等制度；
（6）属于拖欠性质或工效挂钩的部分的金额；
（7）股份支付等管理层激励实施方案。
30. 应缴税费
（1）提供公司目前正享受的税收优惠政策说明、相关的批复；
（2）地方税收政策（车船税、城市维护建设税、耕地占用税，教育费附加等）及申报表；
（3）经当地税务局批准的企业所得税纳税申报表；
（4）研发费用、坏账核销、资产盘亏及报废等税务局备案文件；
（5）已缴税金的缴款凭证；
（6）期后付款凭证。
31. 其他应付款
（1）提供尚未结算的大额其他应付款发生的相关合同、协议等资料；
（2）长期未付款的原因。
32. 预计负债计提依据及计算明细表
33. 长期应付款
（1）提供尚未支付完毕的大额长期应付款发生的相关合同、协议等资料；
（2）融资租入固定资产的租赁合同。
34. 专项应付款
提供专项应付款有关拨款文件、拨款项目完工报告和批复资料。
35. 营业收入、营业成本
（1）营业收入确认的会计政策及具体方法；
（2）提供主要产品、主要客户的销售定价政策、销售合同、结算方式；
（3）主要原材料、供应商的采购定价政策、采购合同、结算方式。
36. 营业外收入、支出
（1）大额收入相关的国家技改，研究拨款相关批准文件；
（2）大额支出的批准文件。

37. 审计期间编制现金流量表的方法和基础资料，经营活动收到或支付的明细项目、投资活动收到和支付的明细项目，或筹资活动收到或支付的明细；以及现金流量表补充资料中的数据统计。

（四）其他资料
1. 关联方资料，主要包括：
（1）提供关联方及关联关系清单，必要时提供律师意见；

（2）关键管理人员和核心技术人员；

（3）主要关联方或持股5%以上的股东在主要供应商或客户中所占的权益；

（4）关联交易定价原则及相关审批程序。

2. 截至审计日有无正在进行或正在筹划中的法律诉讼，需提供有关资料、所赔偿（牵涉）的金额。

3. 资产负债表日存在的或有事项，如对外担保、未决仲裁等，如有，需说明项目的性质、金额及对贵单位财务状况的影响，如无，需提供声明。

4. 资产负债表日存在的重大承诺事项，如有，需说明存在金额及性质，如无，需提供声明。

5. 资产负债表日后发生的重大事项，需提供说明及对财务状况的重大影响。

（五）附件

客户填报的科目明细表。

三、连续审计所需审计资料清单

（一）基本资料

1. 基本情况资料。

（1）单位基本情况介绍，包括经营范围、主要产品及经营特点等。

（2）本年股权变化情况、政府等部门相关批文、投资协议。

（3）本年工商变更登记资料：验资报告、评估报告、章程、营业执照。

（4）本年新取得行业特许经营许可证、税务登记证、组织机构代码证、外汇登记证、贷款证。

（5）本年变更的组织机构设置图，包括股东及其分公司、子公司和参股公司（或联营公司），股东的实际控制人，贵单位对外投资形成的子公司、参股公司及其他合营企业，以及有重要影响的关联方等；同时应标明组织结构的具体组织联系。

（6）本年主要管理人员基本资料（若有变更）。

（7）本年财务部门机构设置图、岗位分工及岗位职责介绍（若有变更）。

（8）股权被质押或其他有争议的情况。如发起人或股东为企业法人，则应披露其主要业务、注册资本、总资产、净资产、净利润，并标明这些数据是否经过审计及审计机构的名称。若涉及自然人股东，应披露该自然人的姓名、简要背景及其所持有的股权被质押的情况。

2. 本年分支机构设立情况及分支机构营业地点、营业范围等基本情况介绍（若有变更）。

3. 本年新增子公司设立情况，子公司营业执照、验资报告、章程合同、投资协议等。

4. 内部控制制度建立情况、内部控制制度及流程图（若有变更）。

5. 本年股东大会、董事会、管理层会议记录及会议决议。

6. 税收资料：

（1）简述变更后的贵单位及分子公司的缴纳税种、税率；

（2）本年新的税收优惠政策及批准文件；

（3）本年各税纳税申报表及税收汇算清缴资料；

（4）本年税收缴款书。

7. 生产经营有关的权属。

本年新增资产或变更后的权证，包括土地使用权、房产权证；商标、专利、非专利技术、重要特许权利的使用及权属。

8. 场地租赁协议及相关合同。

9. 本年变更后的员工及其社会保障情况，主要包括：员工人数及变化情况、员工专业结构、员工受教育程度、员工年龄分布、执行社会保障制度、住房制度改革、医疗制度改革等。

10. 简述所处行业及竞争情况：

（1）主要包括行业管理体制、行业竞争状况、市场容量、投入与产出、技术水平以及以上因素的发展趋势；

（2）所在行业享受国家及地方政府优惠扶植政策；

（3）影响本行业发展的有利和不利因素，如产业政策、产品特性、技术替代、消费趋向、购买力与国际市场冲击等因素，指出进入本行业的主要障碍；

（4）面临的主要竞争状况：包括自身的竞争优势及劣势，市场份额变动的情况及趋势，同行业竞争的情况。

11. 简述本年生产经营情况：

（1）本年的主要产品（或服务）及其生产能力；

（2）主要产品的工艺流程或服务的流程图；主要产品（或服务）所需的主要生产设备、关键设备的重置成本；

（3）主要生产设备的先进性及还能安全运行的时间；

（4）每种主要产品的成本构成情况及主要原材料和能源供应；

（5）高危险、重污染单位对人身、财产、环境所采取的安全措施；

（6）核心技术的来源和方式，说明是否拥有核心技术的所有权，拥有的核心技术在国内外同行业的先进性。

12. 简述本年市场销售情况：

（1）产品或服务的主要消费群体、主要销售市场、国内市场的占有率和销售额等；

（2）每种主要产品的产量、销售情况和产销率；

（3）每种主要产品、市场竞争产品或服务的平均价格及定价策略和定价政策；

（4）前5名客户的销售额占年度销售总额的百分比，如主要客户所占比重较大，需说明原因，并披露相关风险；

（5）各进口国对进口公司产品的具体政策和管理制度，并提供进口国的进口许可证或其他类似的证书。

13. 本年主要客户及供应商的资料。

前5名供应商合计的采购额占年度采购总额的百分比，主要供应商所占比重较大，需说明原因，并披露相关风险。

（二）财务会计资料（会计报表层面）

1. 本年执行会计政策、会计估计及变更的说明。

2. 本年资产负债表、损益表、现金流量表、股东权益变动表及其他附表（盖章签字）。

3. 本年总账、各明细分类账、备查账及会计凭证。

4. 本年重大交易长期合同。

5. 本年经批准的收购兼并及对外扩充计划、投资计划（含固定资产、大修理计划）、融资计划、生产计划、销售计划及各年度工作总结。

6. 本年内部审计机构的审计报告。

（三）财务会计资料（会计科目层面）

同首次接受委托提供资料清单，但限于本年度当期财务会计资料。

（四）其他资料

同首次接受委托提供资料清单，但限于本年度当期财务会计资料。

（五）附件

客户填报的科目明细表。

第四章 风险评估及审计计划

第一节 概述

传统风险导向审计主要是通过对会计报表固有风险和控制风险的定量评估，从而确定实质性测试的性质、时间和范围，实质上是制度基础审计方法的延伸。虽然传统风险导向审计的理论与实务已经在一定程度上认识到自下而上、由点到面审计思路的缺陷，要求注册会计师对被审计单位经营环境有一定程度的了解，但它主要作为一种参考，没有将会计报表错报风险与经营风险紧密联系起来。传统风险导向审计模型为：审计风险 = 固有风险 × 控制风险 × 检查风险，并假设固有风险、控制风险和检查风险之间相互独立。但实际上固有风险和控制风险都受被审计单位内外部环境的影响，而且两者之间还相互影响。因此随着被审计单位与外部环境联系紧密性的增强，这一假设的可靠性越来越受到质疑。国际性的会计师事务所从 20 世纪 90 年代开始利用战略管理理论与实务，探索新的审计方法，这一革命性的变化最终形成了贝尔和弗兰克（Bell & Frank，1997）的《通过战略系统的视角对组织进行审计》。谢荣、吴建友在《现代风险导向审计理论与实务发展》（会计研究，2004）中介绍了现代风险导向审计的基本思路，即从被审计单位的战略分析入手，通过“战略分析—经营环节分析—会计报表剩余风险分析”的基本思路，将会计报表错报风险与被审计单位战略风险之间的关系紧密联系起来，从而提出了注册会计师从源头分析和发现会计报表错报的理念。2003 年 10 月，国际审计与鉴证准则委员会将审计风险模型修订为：审计风险 = 重大错报风险 × 检查风险，即现代审计风险模型。2006 年 2 月，我国颁布的《注册会计师执业准则》与之前的准则相比，最大的变化和核心内容就是构建了现代审计风险模型。这一新的审计方法强调，审计风险与被审计单位的战略风险和经营风险是不可分割的，威胁被审计单位经营的风险也是审计风险的来源。因此，有效的审计需要对被审计单位所处的宏观社会经济环境和行业环境、战略目标和措施、影响被审计单位目标实现的主要业务活动和关键经营环节以及剩余风险进行深入的了解。注册会计师需要充分认识，审计风险主要来源于被审计单位财务报表的误报风险，而被审计单位财务报表的误报风险则主要来源于被审计单位的战略管理风险和经营活动风险。现代风险导向审计与传统风险导向审计方法的比较，详见表 4–1。

表 4–1　现代风险导向审计与传统风险导向审计方法的比较

比较项目	传统风险导向审计	现代风险导向审计
审计风险模型	审计风险 = 固有风险 × 控制风险 × 检查风险	审计风险 = 重大错报风险 × 检查风险 大部分审计程序都是多重目的，都对会计报表是否存在重要错报有信息含量，很难确定一项审计程序是为固有风险还是为控制风险提供了审计证据
审计风险与经营风险的关系	认为财务报表审计意见的出具与被审计单位经营风险的评价没有紧密联系	认为财务报表的审计意见不可避免地与被审计单位经营风险的评估相关联
审计理论基础	采用简化的方法，可以通过检查局部来评估整体。假设注册会计师通过对各个账户层面的认定进行审计就可以获得充分、适当的证据。注册会计师以关注被审计单位的内部控制为前提。对注册会计师经营环境做一定程度的了解，但它仅为一种参考，没有将会计报表错报风险与经营风险紧密联系起来。传统风险导向审计模式下，很难发现上下串通的蓄意造假	指导思想是战略观和系统观，如果相互联系的个体组成一个系统，则系统就会表现出突变行为（emergent behavior），系统总体特征就会与假定个体之间相互独立时表现的特征有本质的差异。要求注册会计师对被审计单位了解得更透，运用战略系统观对风险进行分析、测试、评价和决策，将被审计单位置于广泛的经济系统中进行考察，来指导审计取证的程序。对于管理层凌驾于内部控制之上的舞弊，关注经营风险和保持职业怀疑起到很大贡献
审计思路	采用的是一种自下而上的审计思路，在审计资源的分配上经常是面面俱到，难以突出重点	自上而下和自下而上相结合的审计思路：由简单的“审计程序执行到位”理念转变为审计后最终能将“审计风险控制到位”的综合审计理念，在将“审计风险控制到位”的综合审计理念下同时强调将必要的“审计程序执行到位”，重点更突出
对审计实务的影响	风险导向主要是一种观念上的审计程式，它并没有使审计过程和审计方法在审计实务方面产生重大的变化	通过对被审计单位保持和加强竞争优势的战略及其恰当性进行分析评价，来指导审计取证的程序，从而系统改进了审计方法在新社会经济环境中的科学性和有效性
审计价值体现	发现管理层舞弊的概率较小，审计的价值大打折扣，审计在社会公众心目中的价值并不如期望得那么高	围绕“战略”模型重新塑造的审计方法，有利于发现系统性造假，减少审计结论与社会公众期望的差距。同时，为向客户提供管理建议增加了不少机会，从而使审计服务有了更多的增值

一、风险评估与应对决策流程

审计风险 = 重大错报风险 × 检查风险

在这个模型中，重大错报风险被分为两个层次——财务报表整体层次和认定层次。财务报表整体层次重大错报风险与财务报表整体存在广泛联系，可能影响多项认定。此类风险通常与被审计单位战略经营风险、控制环境有关，但也可能与经济萧条等宏观经济环境或其他影响广泛的突发事件有关。此类风险难以界定于某类交易、账户余额和披露的具体认定；相反，此类风险增大了认定层次发生重大错报的可能性，与舞弊引起的风险尤其相关。注册会计师在运用现代风险导向审计的过程中，需要以审计风险模型为基础，首先分析和评估可能导致被审计单位产生重大错报风险的因素，依据评估出的财务报表整体层次重大错报风险结果对高风险的领域配备更多的审计资源，依据评估出的某类交易、账户余额和披露的具体认定的重大错报风险，确定认定层次上实施的进一步审计程序的性质、时间和范围。风险评估程序的起点是了解被审计单位及其环境，同时要了解被审计单位整体层面的内部控制和各业务循环的控制活动。拟实施进一步审计程序的总体方案包括实质性方案和综合性方案。其中，实质性方案以实质性测试为主。当评估的财务报表层次重大错报风险属于高水平（并相应采取审计程序的不可预见性以及其他总体应对措施）时，更倾向于采用实质性方案。小型被审计单位可能不存在能够被注册会计师识别的控制活动，则进一步设计程序可能主要是实质性测试。综合性方案是指将控制测试与实质性测试结合使用。注册会计师出于成本效益的考虑，在预期被审计单位内部控制运行有效的情况下，可以采用综合性方案。当仅实施实质性程序不足以提供认定层次充分、适当审计证据的情况下（如被审计单位为银行等金融机构），则必须实施控制测试并采用综合性方案。风险评估与应对具体决策流程如图 4–1 所示。

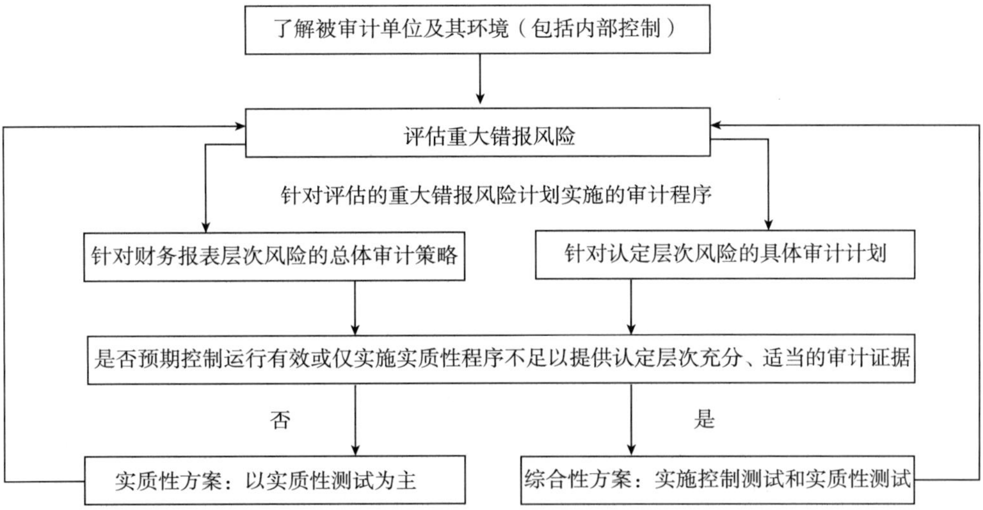

图 4–1　风险评估与应对决策流程

风险评估是一个自始至终、反复修正的过程。注册会计师对认定层次重大错报风险的评估，可能随着不断获取审计证据而做出相应调整。当实施进一步审计程序获取的证据与之前风险评估的结论不一致时，应当修正风险评估结果，并修改原计划实施的进一步审计程序，甚至修改总体审计策略。

二、风险评估及审计计划底稿架构

1211 号准则要求注册会计师结合具体审计实务，对风险评估方法的运用总结和梳理出一套既符合准则规定又适合实务操作的底稿体系。该体系目标是通过了解被审计单位及其环境，识别和评估财务报表层次和认定层次的重大错报风险（无论该错报由于舞弊或错误导致），从而为设计和实施针对评估的重大错报风险采取的应对措施提供基础。会计师事务所风险评估及审计计划底稿架构见图 4–2。

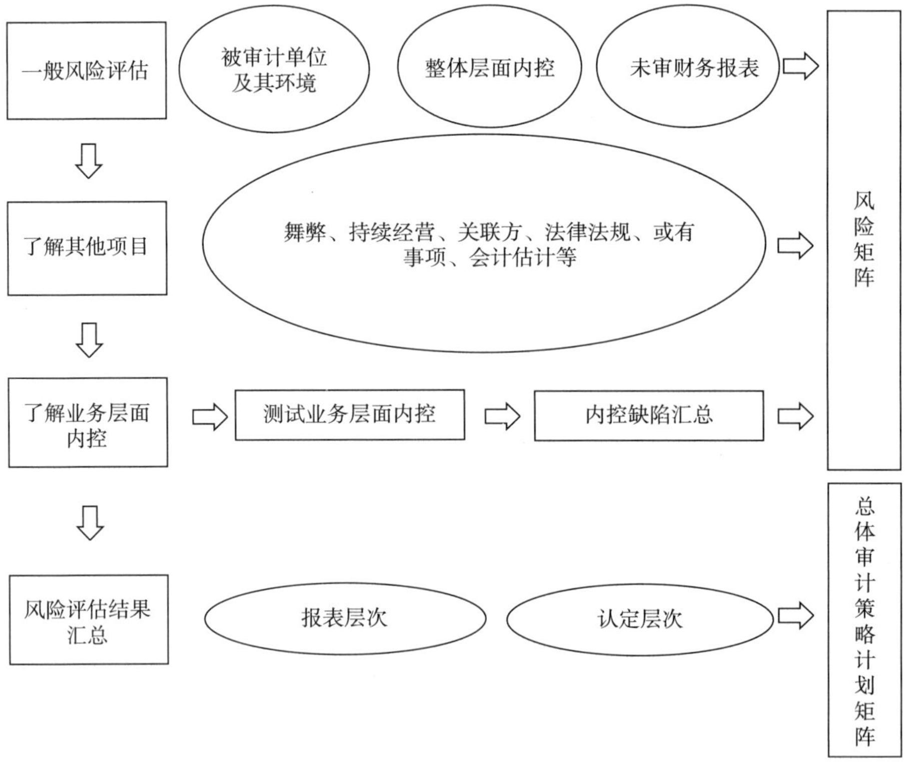

图 4–2 风险评估及审计计划底稿架构

三、风险评估及审计计划阶段主要程序

1. 一般风险评估。包括了解被审计单位及其环境（行业状况、法律环境与监

管环境及其他外部因素；单位性质；会计政策的选择和运用；目标和战略、经营和运营风险、财务业绩的衡量和评价）、对未审财务报表进行分析、了解被审计单位整体层面内部控制。审计人员根据了解的结果，形成一般风险矩阵。

2. 对其他项目风险进行了解和评价。包括但不限于舞弊、持续经营、关联方、法律法规、或有事项、会计估计等。对其他项目了解发现的风险往往属于特别风险。该类底稿统一归集至其他项目工作底稿。审计人员根据风险评估及审计计划阶段对其他项目风险了解和评价得出的结论，形成其他项目风险矩阵。

3. 项目组内讨论。项目合伙人和关键成员应就重大错报的可能性进行讨论，并将该讨论结果通报至项目组其他成员。关于风险的讨论可能不止一次，但通常在了解业务层面内部控制之后、形成初步的总体审计方案之前必须要进行一次讨论，多次讨论的记录可以集中归纳在一起。

4. 汇总内部控制缺陷。了解业务层面内部控制，形成初步的总体审计方案，如果需测试内部控制的，则执行内部控制测试程序，并汇总内控缺陷。了解业务层面内部控制和测试内部控制程序可以先后分次执行，也可以在了解业务层面内部控制之后即进行内控测试，底稿归纳在一起有利于提高执行效率。根据内部控制了解和测试的结果，形成控制测试风险矩阵。

5. 评估重大错报风险，制定应对措施。审计人员汇总上述程序中所有识别出的重大错报风险，并制定应对措施，最终形成指导实质性测试的计划矩阵。

6. 将总体审计策略记录于工作底稿，确定重要性以及撰写具体审计计划。

本章主要对除了第（四）项以外的内容进行介绍。内部控制了解内容仅包括被审计单位整体层面的内部控制，关于业务层面内部控制的内容包含于第五章“了解和测试业务层面内部控制”。

四、风险评估主要方法

风险评估阶段采用的主要方法有询问被审计单位内部人员、查阅相关资料、实地观察经营活动和经营场所、分析性程序、穿行测试等。审计人员可以同时采用多种信息收集方法，以使得不同来源的信息得以互相印证，提高风险识别的效率和效果。

（一）询问相关人员

审计人员可以考虑向被审计单位内外部人员询问下列事项：

1. 询问董事会主要成员或者审计委员会委员等治理层，了解关于治理环境方面的问题。

2. 询问总经理等管理层，了解关于新的竞争对手、主要客户和供应商的流失、新的税收法规的实施以及经营目标或战略的变化等。

3. 询问财务总监或会计主管人员，了解被审计单位最近的财务状况、经营成果和现金流量等。

4. 询问财务总监，了解可能影响财务报告的交易和事项或者目前发生的重大会计处理问题，如重大的购并事宜等。

5. 询问总经理等管理层，了解被审计单位发生的其他重要变化，如所有权结构、组织结构的变化，以及内部控制的变化等。

6. 询问内部审计人员，获取本年度被审计单位内部控制的设计和运行情况，是否有变化，以及发现的问题和应对措施等。

7. 询问参与生成、处理或记录复杂或异常交易的员工，了解关于会计政策及具体会计处理问题。

8. 询问法律顾问，了解关于诉讼、遵循法律法规的情况、产品质量及售后责任、重大合同相关问题。

9. 询问营销人员，了解关于营销策略、销售趋势、市场情况以及与客户的合同安排、收款情况等。

10. 询问专业评估师、保险精算师、IT 外包人员、投资顾问、财务顾问、评级机构等关于被审计单位重要业务循环或重大交易所涉及的估值、计量、相关安排等问题。

（二）查阅相关资料

1. 查阅文件、记录和内部控制手册，如历史发展资料、章程、经营计划、策略、重大合同、协议、信用政策、会计政策、重要特许权利证书、质量管理体系认证证书、环境管理系统认证证书、生产安全认证证书、重大资产产权证书、主要产品生产工艺流程说明、重要关联方资料、业务流程操作指引、各种制度手册等。

2. 阅读由管理层和治理层编制的报告，如财务报告、内控自我评价报告、内部审计报告、股东大会会议记录、董事会会议记录、管理层会议记录、管理层的讨论与分析、对重要经营环节和外部因素的评价、项目总投资报告、可行性分析报告、业绩考核资料等。

3. 阅读由外部专业机构或监管机构编制的报告，如各种审计报告、鉴证报告、监管机构的检查通知及结论、企业信用报告、评估报告、财务顾问报告、精算报告、IT 审计或咨询报告、评级报告、诉讼文件、法律或经济出版物、政府部门或民间组织发布的行业报告和统计数据等。

（三）实地观察经营活动和经营场所

观察被审计单位人员正在从事的生产活动和内部控制活动，实地察看生产经营场所和厂房设备。在实地察看厂房和办公场所的过程中，审计人员可以与被审计单位管理层和担任不同职责的员工进行交流，并将了解到的信息与其他渠道获得的信息相互印证。

（四）分析性程序

通过对未审计财务报表要素的横向对比和重要要素的纵向分析以及主要财务指标分析，找出异常项目。对异常变动原因进行剖析，找出重要的账户余额、与重大交易和披露相关的重大错报领域。

（五）穿行测试

在了解被审计单位业务层面的内部控制时，追踪交易在财务报告信息系统中的处理过程（穿行测试）。通过追踪某笔或某几笔交易在业务流程中如何生成、记录、处理和报告，以及相关控制如何发挥作用，并确定相关控制是否得到执行。

第二节　了解被审计单位及其环境

了解被审计单位及其环境（不包括内部控制），主要内容包括了解企业所处行业状况，法律环境与监管环境及其他外部因素，以及企业性质、会计政策及战略目标和经营风险。审计人员在了解被审计单位及其环境时经常出现的问题主要包括：

第一，简单复制上期风险评估工作底稿资料，对本期新发生的情况未进行深入了解。

第二，对被审计单位面临的法律及监管环境的具体情况不熟悉，未获取监管的具体要求。

第三，某些特殊行业受宏观经济状况、利率和资金供求状况、国际经济环境等影响较大，未评估该影响与被审计单位财务报表所反映的财务状况和变化趋势是否相符。

第四，对被审计单位技术、业务、盈利模式等了解不够深入，对是否具有核心竞争力缺乏判断依据，对被审计单位在各方面的刻画不够精准。

第五，访谈对象过于单一，仅限于财务人员且访谈内容不够全面。例如，关于市场情况、销售政策、业务流程、生产过程、环保及安全、信息系统等情况未向不同部门的负责人进行访谈。又如，被访谈对象层次过低，对发展战略、公司治理、合并范围、具有支配地位的关联方等情况，向一般人员了解得到的信息不够全面和深入。

第六，对被审计单位会计政策的了解，未结合业务特点以及合同具体条款分析论证，对于会计政策变更的原因及合理性分析不深入，重大异常的会计处理关注不够；在评价管理层选择和运用会计政策、会计估计等方面的偏向时，未分析动机和压力。

一、了解行业状况、法律环境与监管环境及其他外部因素

（一）了解内容

1. 行业状况。包括所在行业市场供求与竞争情况、生产经营的季节性和周期性、与被审计单位产品相关的生产技术、能源供应与成本、行业的关键指标和统计数据等。

2. 法律环境及监管环境。包括适用的会计准则、会计制度和行业特定惯例、对经营活动产生重大影响的法律法规及监管活动、对开展业务产生重大影响的政府政策、与公司所处行业和所从事经营活动相关的环保要求等。

3. 其他外部因素。包括当前的宏观经济状况以及未来的发展趋势、利率和资金供求状况、国内的通胀水平、国际经济环境、汇率变动等方面对公司的影响。

（二）关注要点

1. 识别行业环境是否给被审计单位带来系统性风险。

了解被审计单位所处的行业环境，有助于判断被审计单位是否存在系统性风险，即被审计单位无法通过调整自身的经营战略而规避的风险。审计人员除了阅读相关行业发展报告之外，可以通过阅读国家发改委定期发布的《产业结构调整指导目录》《鼓励外商投资产业目录》等，了解哪些行业受到政策鼓励或属于朝阳行业，哪些行业产能过剩属于夕阳行业或存在过度竞争，哪些行业污染环境属于限制行业。国家现阶段鼓励发展的行业，如芯片、人工智能、高端制造、拥有自主知识产权的新药开发和生产、动植物优良品种繁育开发、城市道路及智能交通体系建设、深水泊位建设、机场及配套设施建设与运营、综合交通枢纽建设与改造等。国家现阶段限制的行业，如污染环境的化工行业、低产高耗能的钢铁及有色金属冶炼、小规模建材、技术落后的机械等行业。如果被审计单位处于国家鼓励发展行业，则面临的政策环境可能相对宽松。

审计人员在了解被审计单位所处行业时，应当关注行业的周期性。例如，能源行业是国民经济发展的上游行业，通常具有周期性。煤炭行业自 2013 年峰谷一路下行至 2016 年的谷底，随着市场对于煤炭需求量的减少，出现了产能过剩的问题，加上供给侧改革和环境污染的问题，政府出台了一系列的政策淘汰落后产能。

除了解被审计单位所处行业以外，还应了解其上下游行业。煤炭价格低迷则有可能增加发电企业的盈利空间，其盈利状况往往与发电企业呈现相反趋势。了解被审计单位所处行业的上游和下游行业，有助于研判被审计单位原材料采购价格和产品销售价格变动趋势的合理性。

2. 关注监管政策变化对被审计单位的影响。

特定行业受法律环境及监管环境影响较大。例如，宏观货币政策变化对金融行业、普遍高杠杆经营的房地产企业、外贸出口型企业影响较大，而环境治理政策的趋严对污染企业不利、对光伏及锂电池绿色能源利好。

具体政策方面的影响，比如人民银行、银保监会、证监会等行业监管部门对金融企业的监管与交易所对一般上市公司的监管差别比较大，前者监管更注重资本充足率等风险核心指标以及经营的合规性，后者监管更注重企业经营风险和信息披露的合规性。例如，绿色能源行业，如从产品细分领域看，新能源汽车发展初期至 2017 年，国内动力锂电池装机以新能源商用车为主，由于政府调整新能源汽车补贴政策而且国家打击骗补行为对商用车影响较大。2018 年以来，我国新能源汽车电池装机量主要由乘用车带动。随着新能源商用车装机电量占比的下降以及补贴政策向高技术门槛的引导，近年来新能源汽车中三元电池装机电量逐年增加，磷酸铁锂电池装机电量逐年下降。

3. 充分评估突发事件对被审计单位的影响。

国际环境的变化及突发政治、经济事件，对不同行业将产生不同程度的影响。审计人员应密切关注事件的发展趋势，分析对被审计单位的正负面影响是短期还是中长期，财务报表呈现的发展趋势是否与之相匹配。例如，2018 年全面爆发的中美贸易战可能对钢铁、化工、其他金属制品、纸制品、橡胶制品、木制品、电子设备、机械设备、纺织品服装制造、家具、食品等产生长期深远的影响。又如，2019 年末暴发的新冠肺炎疫情，发生在世界经济充满不确定性的时刻，是“灰犀牛遇见黑天鹅”性质的事件，对全球经济的冲击是史无前例。在这种环境下，外贸型企业和抗风险能力较弱又缺乏核心竞争力的企业面临巨大挑战。

二、了解被审计单位性质

（一）了解内容

1. 所有权结构和组织结构。

2. 主要经营活动。包括收入来源、所占比例；主要产品或服务及描述；与生产产品或提供劳务相关的市场信息；业务的开展情况；联盟、合营与外包情况；从事电子商务的情况；地区与行业分布；生产设施、仓库和办公室的地理位置，存货存放地点和数量；关键客户；重要供应商；劳动用工情况；研究与开发活动及其支出；关联方交易等。

3. 主要投资及筹资活动。包括实际受益股东 / 实际控制人与最终控制方；主要子公司、主要联营企业及合营企业；公司拥有其半数或半数以下表决权的纳入合并范围内的公司、公司拥有半数以上表决权但未纳入合并范围的被投资单位，以及未纳入合并范围的特殊目的实体；是否存在共同经营；重要非全资子公司的重要少数股东情况；计划实施或近期已实施的并购或资产处置、证券与贷款的投资和处置、固定资产及无形资产等投资；债务期限结构、是否存在永续债、资产证券化业务；是否存在重大固定资产租赁；关联方融资情况；衍生金融工具的使用情况等。

（二）关注要点

了解被审计单位盈利模式及核心竞争力，评估经营风险，对被审计单位进行初步定位。在此基础上，识别出与经营风险最相关的重大错报风险。

（三）审计案例

案例 4－1

对被审计单位风险进行初步分析——以三家公司为例

被审计单位所处的行业环境为其营造了适于经营的外部环境，但其内在禀赋决定了其在行业中的地位。同样处在国家鼓励的芯片行业中，如果整体规模偏小、研发能力薄弱、核心团队不稳定或产品仅面向极小的细分市场等，则有可能抗风险能力不足，甚至影响其持续经营能力。即便被审计单位处在一个过度竞争的环境当中，比如乳业、酒业等，如果既具有上游的资源禀赋又掌握了独家秘方或者非专利技术，市场占有率较高，则属于成熟产业中的“现金牛”。由于较低的经营风险，审计人员可能判断其整体审计风险并不高。

了解被审计单位的盈利模式，就是了解企业是如何赚钱（业务和商业模式）以及如何保证持续赚钱（核心竞争力）。如果主要利用所掌握的渠道和信息，为上游及下游客户撮合交易，则可能是一个平台公司；如果拥有较多资金，但缺乏核心技术，通过买卖大宗商品赚取差价，则有可能是一个贸易为主的公司；如果具备核心技术和完整的生产加工业务，则可能是一个典型的制造企业。在对被审计单位初步定位以后，识别和评估重大风险才能更精准，采取的应对措施也更有针对性。表 4–2 为三家公司主营业务及风险的初步分析。

表 4-2 三家公司主营业务及风险初步分析

公司名称	所处行业	盈利模式	核心竞争力	主营业务及风险
A 半导体股份有限公司	专用设备制造业	通过自主研发的产品，向全球晶圆制造、先进封装及其他客户提供定制化的设备及工艺解决方案	成功研发出全球首创的 SAPS、TEBO 兆声波清洗技术和 Tahoe 单片槽式组合清洗技术，可应用于 45nm 及以下技术节点的晶圆清洗领域，有效解决刻蚀后有机物沾污和颗粒的清洗难题，并大幅减少浓硫酸等化学试剂的使用量，为客户降成本，促节能减排	生产和销售半导体清洗设备、半导体电镀设备和先进封装湿法设备等。财务报表业绩亮眼，但受到国外媒体质疑
B 地理信息股份有限公司	专业技术服务业	国内大型的地理时空数据建设与应用服务商和智慧城市建设运营服务商	2020 年中国地理信息产业百强企业名单，公司位列国内第四。测绘技术为行业主流技术，与行业主要竞争对手不存在较大差异。自主研发的不动产测绘内外业一体化技术、多源航空影像（数据）获取技术、基于数码航摄的数字地图产品生产技术、基于航空影像的城市三维建模及智能单体化技术等核心技术，具有技术优势	从事测绘地理信息技术服务、地下管网安全运维保障技术服务和智慧城市建设运营服务。技术含量较低的辅助性工序通过采购外协服务的方式进行，外协成本占比约 50%。另外从事 PPP 和 BOT 项目，长期应收款余额较大。受新冠肺炎疫情影响较大，业绩呈下滑趋势
C 医药股份有限公司	研究和试验发展	一家专注于小分子药物研发服务与产业化应用的平台型高新技术企业，通过前期开发的分子砌块和工具化合物为客户提供药物开发的早期服务	多年深耕小分子药物研发行业的经验，形成了集研发、生产及销售为一体的分子砌块和工具化合物供应平台。自主合成的分子砌块和工具化合物超过 10 000 种，同时致力于提供高难度、高附加值分子砌块和工具化合物定制合成等技术服务。平台的产品和服务及时快速满足客户需求，助力了国内外超过 2 000 家科研机构和医药企业的科学研究和创新药物发现	C 分子砌块和工具化合物业务与原料药和中间体的营销模式有直销和经销两种模式，境外销售金额占比高达 60%。对外销售的分子砌块和工具化合物产品中较高比例来自外购成品再开发，自主研发占比较低，仅占约 30%

上述三家公司具有不同的特点、面临不同的经营风险。对被审计单位的定位不同，审计风险点的判断也各不相同。

A 半导体股份有限公司，其主要产品用于芯片的辅助生产，来自核心技术的收入达到98%以上，收入年均复合增长率72.75%，主营业务毛利率维持在较高水平，且与行业平均水平相当。主营收入或利润大部分来自于核心技术，说明被审计单位创新性及科技属性较为明显，未来发展前景也比较值得期待。A公司财务报表数据十分亮眼，但是2020年10月，美国JCAP公司发布了关于A公司美国控股股东的沽空报告，其中涉及对A公司的毛利率、收入、代理商等方面的质疑。该沽空报告对被审计单位形成了负面影响，审计人员应将上述质疑作为核查重点，逐一进行核实。

B地理信息股份有限公司是中国冶金地质总局控股的二级国有大型地理信息企业，是国家首批甲级测绘资质单位，该单位所从事的行业具有技术及产品进入及转化壁垒、资质壁垒等特点。B公司充分利用先天禀赋并系统性布局，目前已具有行业龙头地位，总体抗风险能力较强。受2020年度新冠肺炎疫情的影响，B公司营业收入同比下降13.42%，PPP在建项目形成的长期应收款金额较高，应收账款余额较大，且逾期账龄3年以上的比例逐年升高。针对业绩下降、应收账款账龄较长以及收入的季节波动情况，审计人员应将收入、成本、费用是否存在跨期确认作为重大风险领域，拟实施走访客户、核实履约进度、检查第三方监理证据等相关核查程序。

C医药股份有限公司的产品，自主研发数量仅占30%，审计人员将其定位为药物研发企业提供分子砌块和工具化合物的平台公司。公司是否能转型为原料药生产企业，前景不明朗。比如只有自主合成的产品才具备产业化潜力，目前自主研发品种较少，暂无规模化生产的产能支持，项目建成投产也需要一定的周期等等。平台公司的经销商销售模式和收入真实性是重大风险领域。经了解，被审计单位境外销售金额占比较高，如果将通过境内经销商销往境外终端客户的收入穿透计算，则境外收入占比为60%左右，且有部分经销商无法取得报关单。为了应对该风险，审计人员除了执行常规审计程序以外，还应执行主要经销商访谈、查询背景、核对经销商进销存明细和境外主要经销商库存调查表、核查经销收入的期后回款情况等审计程序。

案例4-2

了解被审计单位主要产品和服务——以甲快递公司为例

由于我国近年来经济发展迅速，特别是“十二五”期间电商及O2O产业发展迅猛，出现了爆发式增长，极大地促进了快递需求的发展。目前快递公司有两种业务模式：一是通过自建终端快递服务网点公司，二是以加盟方式与终端快递服务网点公司合作。其中，直营模式利于管理，快递公司投资建设转运中心、服务网点等所有基础设施，承担整个业务流程发生的所有费用；加盟模式利于网络快速布局，快递公司只建设转运中心，服务网点是加盟商独立法人运作，总公司负责中转仓和中转仓所有业务，包括干线运输线路的运输成本、分拣、称重等，加盟网点负责支线运输和配送运输。加盟形式下，总公司对所有费用进行统一结算，寄件方所在的服务网点向总部支付面单费、物料费、中转费和收件地的派送费等费用，并由总部向收件方所在的服务网点支付派送费。目前，EMS、顺丰、FedeX、DHL、UPS、TNT 等实现直营，“四通一达”等品牌企业以加盟模式为主。表 4–3 为快递企业经营模式比较。

表 4–3　快递企业经营模式比较

经营模式	节点管理	成本	代表企业	特点
直营模式	自上而下，快递企业自己投资建设运营其整个快递网络，包括分拨中心和各城市的网点等基础设施	所有费用均为企业成本	EMS、顺丰、FedeX、DHL、UPS、TNT 等实现直营	利于管理，便于企业保证快递服务的水准，也便于融资，但网点覆盖率不广
加盟模式	总部控制主要地区的转运、集散中心，其余皆交由地区加盟商负责。加盟者与被加盟者之间是独立的企业主体，通过加盟协议约束彼此行为	加盟商向总部购买面单、物料，支付中转费（运输、分拣费等）	“四通一达”等品牌企业以加盟模式为主	加盟模式能够满足电子商务配送范围广和网点密度高的要求，能够迎合电子商务初期低成本的需要，但监管不足、管理难度大

甲快递公司采用了加盟的经营模式，业务流程如图 4–3 所示。

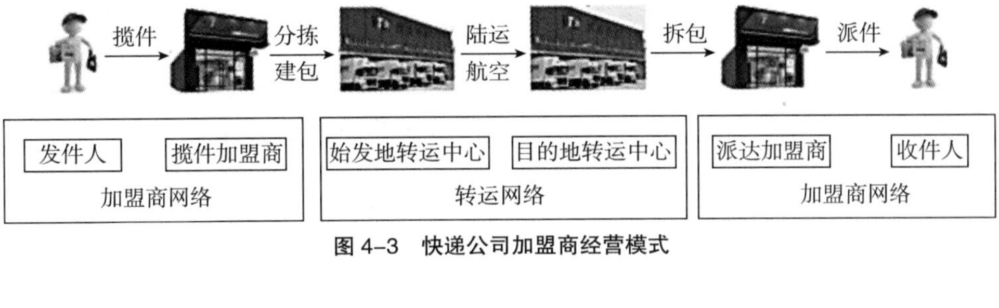

图 4–3　快递公司加盟商经营模式

甲公司的主营业务为快递服务，包括快件信息服务业务、快件揽收派送服务和中转服务。

1. 快件信息服务业务。甲公司通过电子信息系统向用户提供的全流程的快件定位和查询服务。甲公司通过销售快递面单，向加盟商提供快递信息查询编码，并由加盟商提供至用户。在使用电子面单的情况下，由甲公司向其供应商下达面单号段。加盟商网点自身按照取得的号段进行印刷，完成纸质面单的制作。用户根据其寄送快递的运单编码，通过甲公司的快递电子信息系统获得快递的递送状态。

2. 快件揽收派送业务。甲公司的快件揽收派送服务通过加盟商模式完成。

（1）揽收。网点公司通过与甲公司签订加盟合同，成为甲公司品牌在当地区域的快递承揽方和派送方，负责根据客户需求上门取件或揽收客户上门递送的快递包裹或文件，进行快递初始分拣打包，运送至网点公司在当地的快递转运中心。用户向甲公司下订单的方式包括品牌服务电话、网站、移动终端及合作电商平台。各类渠道汇集的用户订单信息，通过甲公司信息系统自动分配至各加盟商网点公司，并由加盟商网点公司安排业务人员上门取件或由客户送货上门。

（2）派送。用户寄送的快件通过甲公司的中转网络到达收件方所在地的转运中心时，由转运中心交由当地加盟商网点公司承接运送给最终用户。网点公司派送人员将快件交与用户时，获取面单签收记录，扫描上传登录甲公司快件信息查询系统确认签收。

3. 中转业务。甲公司的中转业务分为直营和加盟两种模式。直营的转运中心为甲公司的分公司或子公司，分布在全国各地。加盟的转运中心为加盟商投资建设并运营，在甲公司的监督和指导下提供快件中转业务。甲公司的转运中心在接收各地加盟商网点公司揽收的快件后，将进行打包、称重、分拣等操作，并根据发件方与收件方所在位置确定中转路由及运送方式。陆运件由转运中心之间的物流车队直接运送，对部分偏远可能需要由其他转运中心进行二次转运。需要通过航空方式进行中转的快件将由航空部通过航空货运代理公司安排货机仓位及航线时间。

甲公司的主要客户为全国各地加盟的快件服务有限公司和物流公司。主要采购内容包括加盟商提供的有偿派送服务、航空运输服务、汽运服务及面单物料等。甲公司主要利润来源于信息服务业务，有偿派送业务和中转业务微亏。上述业务收入均于快递送至收件人经收件人签收后确认。最近三年一期，甲公司向前五名客户销售额占当期营业收入的比例分别为21.80%、23.70%、25.49%和19.51%，前五名供应商采购金额与当期营业成本的比例分别为12.63%、17.30%、20.51%和17.98%，客户及供应商集中度不高。

审计人员认为甲公司的经营风险主要是对加盟商的管理和信息系统的建设及运营，将重大风险领域初步确定为加盟商快递服务业务的真实性、完整性、准确性以及会计处理的恰当性，信息系统数据的准确性。在重大错报风险应对措施中，应考虑利用IT专家的工作，对信息系统一般控制和应用控制进行测试，并对涉及收入真实性的票单量以及涉及重大会计估计的废单率等基础数据扩大样本测试范围，聘请 IT 专家对该信息系统数据进行验证。

三、了解被审计单位会计政策的选择和运用

（一）了解内容

1. 被审计单位选择和运用的会计政策。包括但不限于存货的发出计价、投资性房地产的确认及后续计量、固定资产折旧方法、金融资产的分类与后续计量、研发费用资本化、借款费用资本化、政府补助会计处理、收入确认、合并财务报表范围的、外币报表折算、报告分部的划分、披露的重要性标准等。

2. 会计政策变更的情况。包括原会计政策、变更后会计政策相关内容、变更日期、变更原因以及评价等。

3. 重大和异常交易的会计处理方法。比如相同业务而前后期会计处理不一致、会计计量涉及重大估计、会计确认存在重大分歧、不常见业务的会计处理等。

（二）关注要点

根据被审计单位业务特点和合同具体条款，分析会计政策是否符合经济业务实质，论证其是否符合企业会计准则规定，与同行业可比公司比较会计政策是否存在重大差异。

（三）审计案例

案例4-3

了解A公司智能自动化生产线收入确认会计政策

A 公司主营业务为各类智能制造装备的研发、生产和销售，现阶段主要为国内外中高端汽车生产企业及汽车零部件生产企业提供智能自动化生产线。A 公司收入确认会计政策如表 4–4 所示。

表 4–4　A 公司各细分产品业务收入的确认时点及依据

收入分类	产品分类	确认时点	确认依据
主营业务收入	生产线、单机、项目改造、工装夹具	以产品送达客户指定地址并完成安装调试，产品由客户控制，作为收入确认时点	以收到客户签署的安装完工确认单确认。确认单明确设备已送达客户工厂，并完成装配及安装调试达到可试样的状态；该产品已经在客户的实际控制之下；在该销售合同明确的智能装配线的主要部件公司均已经全部提供，没有重大缺损的部分。
	工业制造数据系统		

续表

收入分类	产品分类	确认时点	确认依据
其他业务收入	铝型材、配件备件等	以产品交付作为收入确认时点	以收到签收的送货单确认
	技术服务、维保等服务收入	以服务完成作为收入确认时点	依据合同约定的服务期间分期确认

1. 了解验收及安装调试的具体时点和标准

经了解，汽车整车企业对产品的验收一般包括厂内整线验收及量产验收。A 公司管理层认为厂内整线验收及量产验收作为收入确认依据均不恰当，而是将设备安装完工确认单作为确认收入的依据。这与可比上市公司收入确认政策存在一定差异。经询问，了解到“设备安装完工确认单”与“验收”在技术标准方面的差异如表 4–5 所示。

表 4–5 各节点验收技术标准差异

节点	技术标准
厂内整线验收	验收过程中，客户根据技术协议的有关条款，对整线的图纸资料、工艺要求、技术要求、线体结构、装配线柔性化、配置设施、流水线连锁零缺陷、安全要求、线体运行功能、随线设备、追溯功能要求等各方面内容进行详细检验
设备安装完工	按照合同技术协议，再次进行整线装配，确认设备厂内整线验收相关技术问题整改完毕
量产验收	在厂内整线验收的基础上，增加量产爬坡后装配线生产节拍测试

A 公司厂内整线验收强调在不考虑节拍的情况下，生产线可以生产符合技术协议要求的产品；设备安装完工确认单强调生产线在 A 公司厂内整线验收通过后运送至客户地址重新装配调试至可试样状态；量产验收强调生产线在客户场地持续满负荷运转的情况下能够与前后道工序的设备配合，使得整线生产节拍满足技术协议的要求。

2. 查验安装完工确认单的具体内容

A 公司在完成客户现场安装调试工作，由客户签署安装完工确认单以确认设备安装完工状态。经查验，安装完工确认单具体内容包括“智能装配线已送达甲方工厂，并完成装配及安装调试到达可试样的状态；该产品已经在甲方的实际控制之下；在该销售合同明确的智能装配线的主要部件乙方均已经全部提供，没有重大缺损的部分”。

3. 询问安装调试完成后试运行的内容及标准

经询问，客户现场安装调试完成后进入生产线试运行，客户进行小批量试产，并经过较长时间的产能爬坡过程最终达到量产。A公司在试运行阶段的主要义务是配合客户进行量产验收前的生产节拍调试以达到技术协议要求，但小批量试产后，客户一般并不出具验收或确认证明。

4. 进一步了解A公司量产验收时间较长的主要原因及合理性

经询问，A公司客户主要系整车生产企业，产品量产验收时间受车型其他设备供应商进度、新车型试车进度、客户在试车及产能爬坡过程中新增改造需求等多方面因素影响，同时由于量产验收前客户生产现场由A公司派驻人员陪伴生产，及时解决现场问题，客户设备管理部门有时会倾向于延迟生产线的量产验收，故经常出现配置A公司生产线出产产品的车型已上市销售，但A公司生产线尚未量产验收的情况。

5. 与同行业可比公司比较收入确认政策

同为智能自动化装备行业企业，A公司与可比公司收入确认方式存在差异。对于金额较低的中小项目（各公司判断标准不同），同行业可比公司在取得客户安装调试合格的有效单据或终验收后确认收入；对于金额较高的大型项目，部分可比上市公司（机器人、瑞松科技、天奇股份、科大智能、哈工智能）采用完工百分比法确认收入，部分可比上市公司（天永智能、江苏北人）在终验收时确认收入。A公司将产品送达客户工厂并完成装配及安装调试到达可试样的状态、取得客户签署安装完工确认单后确认收入。

6. 与被审计单位讨论收入确认时点是否符合收入准则规定

审计人员经查验合同具体付款条款及实际付款进度，了解到客户付款一般分为以下几个节点：预付（提供保函或交付图纸后）、厂内验收后（即预验收）、小批量试产、量产验收（终验）、质保期结束。从客户付款进度分析，大部分合同在小批量试产结束后达到80%以上。比如某项目合同付款进度为：双方签订合同后10个工作日内20%，厂内验收合格并发货前30%，设备具备小批量生产条件后10个工作日内30%，量产验收合格后10个工作日内10%，质保期1年后10个工作日内10%。

审计人员在判断商品的控制权在何时发生转移时，从客户角度进行分析：

（1）能力。A公司只有在客户拥有现时权利，能够主导该商品的使用并从中获得几乎全部经济利益时，才能确认收入。

分析：商品在客户现场完成安装调试工作，虽经确认但未经试产，尚不知产品质量和功能的具体情况。小批量试产结束后，生产能力得到验证。通过客户的实际付款进度可以佐证客户对产品质量和风险转移的看法。

（2）主导该商品的使用。客户有能力主导该商品的使用，是指客户在其活动中有权使用该商品，或者能够允许或阻止其他方使用该商品。

分析：小批量试产结束后，进行后续陪产及生产节拍调试，由客户主导安排。

（3）能够获得几乎全部的经济利益。客户必须拥有获得商品几乎全部经济利益的能力，才能被视为获得了对该商品的控制。

分析：小批量试产结束后，说明生产线已具备生产能力，部分客户在量产验收（终验）之前，已将配置了智能自动化装备所生产的底盘及电池包的新车型推向市场并上市销售了，说明在终验之前就已获得几乎全部的经济利益。

综上所述，审计人员结合经济业务实质以及同行业可比上市公司的经验，考虑企业会计准则关于商品控制权转移的若干因素，认为小批量试产结束后作为收入确认的时点比较恰当。关于在小批量试产结束后能否取得客户确认证据的问题，审计人员需要进一步跟被审计单位沟通。比如，合同约定在设备具备小批量生产条件后10个工作日内付款30%，关于付款日，交易双方是通过何种渠道或何种方法进行确认的。如果付款日的确认留有痕迹，则审计人员可考虑将该痕迹作为审计证据，并建议客户将此痕迹规范化、标准化。

四、了解被审计单位目标和战略、经营和运营风险、财务业绩的衡量和评价

（一）了解内容

1. 被审计单位的目标和战略。

2. 被审计单位的经营风险和运营风险。包括但不限于行业变化导致的人力资源和业务专长风险，开发新产品或提供新服务导致产品责任增加的风险，业务扩张导致对市场需求不足风险，新的会计要求执行不当或不完整风险，监管要求变化导致法律责任增加风险，失去融资机会风险，信息系统与业务流程难以融合风险，供应链发生变化风险，持续经营和资产流动性出现问题，如重要客户流失、资金链断裂等。

3. 关键业绩指标情况。包括但不限于国有企业业绩指标，并购重组业绩对赌指标，融资条件指标，股权激励业绩指标，债权人或其他利益相关者的压力指标，内部考核指标等。

4. 舞弊事实，舞弊嫌疑或舞弊指控。

（二）关注要点

关注被审计单位实现战略目标的举措是否有效，存在哪些短板和先天缺陷，是否存在业绩压力和其他压力。

（三）审计案例

案例4－4

从企业战略角度分析瑞幸咖啡的舞弊动机

瑞幸咖啡（Luckin Coffee）是国内新兴的咖啡品牌，自2017年6月注册成立以来一直保持快速发展的态势。2019年末，瑞幸咖啡门店数量超过4500家。同时，瑞幸咖啡是世界范围内从成立到IPO用时最短的公司。2020年1月17日，瑞幸咖啡的市值迎来巅峰，按当日收盘价50美元计算总市值高达约126亿美元。2020年1月31日，著名做空机构浑水公司公布匿名做空报告，指出瑞幸咖啡自2019年三季度开始捏造财务及运营数据，瑞幸咖啡当日股价应声下跌10.74%。2020年4月2日，瑞幸咖啡发布公告承认高管的财务舞弊行为，股价随即崩盘，截至4月7日停牌，瑞幸咖啡股价仅为4.39美元，总市值仅存约11.05亿美元。

瑞幸咖啡舞弊事件的背后，同其不恰当的营销战略存在很大关联性。瑞幸咖啡从成立起不断在全国各大城市开辟新的直营店铺，并通过邀请各路明星代言等营销方式，增加品牌知名度，长期通过优惠券等形式在商品价格方面补贴用户，这一切都需要大量资金支持。为了满足扩张资金需求，瑞幸咖啡经过多轮融资并于2019年5月在美国纳斯达克上市。然而，多轮融资并没有帮助瑞幸咖啡摆脱财务困境，商业模式的先天缺陷使得瑞幸咖啡很难真正实现盈利。首先，从中国人均咖啡因消费量来看，茶叶及各类茶类饮品才是中国人咖啡因消费的主力，瑞幸咖啡很难从中创造额外的咖啡因需求并稳定占领市场。其次，瑞幸咖啡长期通过低价优惠券、咖啡钱包买二返一、新用户推广等方式补贴用户，期望迅速扩大市场然后再通过垄断定价获得超额利润以实现盈利。但实际上这种方式却培养了一大批对价格高度敏感的用户，很多新用户在消费了第一杯免费的咖啡后便不再消费，或是等待低价优惠券的发放再进行消费，这都使得瑞幸咖啡的净售价长期保持在较低水平。瑞幸咖啡的收入无法有效覆盖居高不下的成本，这使得其门店长期处于亏损状态，无法对财务业绩实现有力支撑，也成了瑞幸咖啡高管财务舞弊行为最直接的压力源。

第三节 了解整体层面内部控制

一、了解整体层面内部控制的主要内容

1. 治理结构和议事规则。包括但不限于股东大会、董事会、监事会议事规则；审计委员会、战略委员会、薪酬委员会各专业委员会以及独立董事的职责和履职情况；“三重一大”决策程序及执行情况等。

2. 机构设置及权责分配。包括但不限于内部职能机构、职责权限、经营惯例、内部管理制度等。

3. 内部审计的情况。包括但不限于内审部的独立性、工作计划、工作报告、专项内部审计报告等。

4. 人力资源政策与实务。

5. 企业文化及诚信道德情况。

6. 针对管理层和治理层凌驾于控制之上的风险而设计的控制。

7. 被审计单位风险评估过程。

8. 与财务报告相关的信息与沟通。

9. 被审计单位对控制的监督。

10. 被审计单位信息系统情况。

审计人员在了解整体层面内部控制时，存在的主要问题包括：

1. 对大股东是否具有支配权了解不够。在治理层与管理层重叠的情况下，未向外部董事、监事会等了解有关情况。

2. 对被审计单位治理层、管理层诚信和道德价值观念了解不够，未通过外部监管、诉讼等证据佐证其诚信情况。

3. 针对管理层和治理层凌驾于控制之上的风险而设计的控制了解不够。针对重大的异常交易的控制、关联方交易的控制、与管理层的重大估计相关的控制、能够减弱管理层伪造或不恰当操纵财务结果的动机和压力的控制、监事会的定期监督、独立董事的定期监督以及内部举报制度的执行情况关注不够。

二、整体层面内部控制关注要点

1. 了解被审计单位的治理情况时，关注治理结构是否合理，比如控股股东控制的治理层与管理层是否重合。关注董事会、董事长实际履职时是否超越授权范围代行股东大会、董事会职权。关注针对管理层和治理层凌驾于控制之上的风险而设计的控制执行是否有效，比如独立董事和监事会的履职情况，上市公司监事

会议案是否被投过反对票或弃权票，独立董事是否投过反对票或弃权票，以及因何事项投的反对票或弃权票。

2. 被审计单位的业务管理如果高度依赖计算机系统，则仅通过实质性测试无法应对审计风险。在了解被审计单位整体层面内部控制时，必须了解其信息系统情况、与信息系统相关的内部控制制度以及信息系统环境的复杂性、信息系统对业务活动的重要程度。根据其重要程度，考虑是否引入 ITA 专家的工作。

高度计算机化是指广泛使用计算机，计算机环境复杂，且计算机系统对业务非常重要。如果使用企业资源策划（ERP）系统，如 SAP、PeopleSoft 或 Oracle Financials，或者拥有数据库技术（SQL、Oracle 等），通常属于高度计算机化。高度计算机化客户依赖于计算机进行日常运营，通常拥有一个或多于一个的网络和/或计算机环境，交易量较大且依赖计算机进行大多数决策。

中度计算机化是指使用计算机程度低于“高度”，但高于“轻度”。中度计算机化往往有一到两种复杂的计算机系统被广泛地使用，而且对业务是重要的，但就整体而言，被审计单位使用计算机的程度尚不足以归类为“高度”。如果使用局域网（LAN）或互联网接入，则通常表明该客户是中度计算机化客户。如果应用程序是集成化的，或使用自动接口程序，那么这个计算机环境通常至少是“中度”的。使用简单的总分类账模块但依赖计算机进行库存管理或销售和订单管理的用户通常也属于中度计算机化。如果在多个地点使用各自的系统，也属于中度计算机化。

轻度计算机化是指使用计算机的范围局限于处理一些对业务不是十分重要且比较简单的工作。如果只有一个相对简单的计算机应用程序（如工资和总分类账）并且不应用于日常运营，那么就将被审计单位归为此类。只有 3~4 人使用计算机系统或大多数工作由手工完成的客户也划归为轻度计算机化。

对于被分类为高度或中度计算机化的被审计单位，财务报表审计项目组应当与信息系统审计团队（ITA）讨论该被审计单位 IT 环境的复杂性，据此共同确定是否需要引入 ITA 的审计，以及利用 ITA 专家工作的性质、时间和范围；对于被分类为轻度计算机化的被审计单位，亦需记录对被审计单位信息系统的了解及评价。

三、审计案例

案例 4-5

康得新的内部治理缺陷为大股东掏空上市公司大开绿灯

2019 年初，康得新复合材料股份有限公司（简称“康得新”）因债务违约问题成为市场的焦点，拥有 150 多亿元库存现金账面余额的康得新竟然出现 15 亿元债券实质性违约。其母公司康得集团与北京银行签订的《现金管理业务合作协议》，康得新包括贷款所取得的共计 122 亿余元货币资金向上归集至母公司账户。对于上市公司而言，这笔款项成为应计余额，其账户实际余额为零。因此，康得新债务危机的真正成因是大股东对公司内部利益的侵占与掏空，从而造成账面富足的上市公司实际可用资金出现严重亏空。

在这起大股东掏空上市公司的违规案件中，康得新的内部治理缺陷为其大开绿灯。康得新的股权结构相对集中，康得投资公司以 24.05% 的持股成为公司最大的股东，其余股权较为分散。康得新法人代表、董事长、总经理为同一人担任。董事长的职责在于监督公司管理层的工作及保护股东的利益，而总经理的职责主要在于公司经营决策，两职合一使得公司内部对于管理层的监督机制形同虚设。在此情况下，总经理能够轻易向董事会及其他股东隐瞒不利消息，为内部人控制下的大股东利益侵占行为提供了可能。康得集团通过与北京银行签订《现金管理合作协议》的方式来达到转移现金的目的。苏州市公安局于 2019 年 5 月 12 日晚发布公告，康得集团董事长、康得新复合材料集团股份有限公司大股东及实际控制人钟玉，因涉嫌犯罪被警方采取刑事强制措施。

资料来源：根据中国证监会网站公开信息整理。

第四节　未审报表分析

一、未审报表分析可能存在的问题

1. 未审报表及财务指标分析选取的可比公司差异化较大，可比性不强或者未选取多家可比公司进行对比分析，或未与行业数据、行业趋势进行对比分析。

2. 对行业季节性波动情况关注不够，未进行季度数据横向对比。预审时未获能取第四季度数据的，在正式审计时未能补充对第四季度相关数据的分析。

3. 未关注未审财务报表相关项目的勾稽关系，对重大异常情况未进行追踪分析。

4. 对未审报表分析中发现的异常事项，未能在初步了解的基础上，结合实施的进一步审计程序分析异常事项的原因及合理性。

二、未审报表分析关注要点

1. 关注财务报表中的异常变化，以及预期发生变化而未发生变化的情况，识别存在的潜在重大错报领域。比如，是否符合行业特点，是否符合经济发展预期趋势，前后期是否存在重大变化，是否存在某一重大异常指标，例如存贷双高、存货及应收账款周转率极低、发出商品占比较高、预付账款或其他应收款项长期占比较高、存在巨额商誉、毛利极高或极低、收入呈现不符合行业规律的波动性变化、不符合商业逻辑的季节性波动等。

2. 关注异常趋势和比率与被审计单位管理层的解释是否相符，是否能取得支持性证据。如由重大异常事项导致，该事项是否具备商业合理性等。

3. 关注报表之间的勾稽关系是否合理。例如，现金流量表项目经营活动净流量与利润表营业收入以及资产负债表应收款项之间的关系是否合理。

三、审计案例

案例 4－6

B 公司未审报表分析

B 公司是国内大型的地理时空数据建设与应用服务商和智慧城市建设运营服务商，属于高新技术企业，拟以 2020 年 1—6 月、2019 年、2018 年、2017 年度作为 IPO 申报期。公司收入主要源于专业技术服务，且来自中国境内。申报期内减按 15% 的税率计缴企业所得税。

（一）会计政策分析（见表 4–6）

表 4–6 收入会计政策

业务类型	旧收入准则确认政策	新收入准则确认政策
测绘地理信息业务	完工百分比法	时段法
地下管网业务	完工百分比法	时段法
智慧城市建设运营业务中的城市管理整体解决方案项目（不含系统集成项目）	完工百分比	时段法
智慧城市建设运营业务中的系统集成项目	交付确认	时点法
智慧城市建设运营业务中的施工类项目	完工百分比法	时段法
项目运维服务	直线法	时段法
定制软件开发业务	完工百分比法	时点法

2020 年实施新收入准则之前，B 公司系统集成和定制软件采用完工百分比法确认收入，这两类收入会计政策发生变化并非由于新旧会计准则规定不一致造成，而是因为对企业会计准则的理解不到位造成。经了解，B 公司不存在滥用会计政策或者会计估计，操纵会计报表的动机。

（二）主要财务数据分析（见表 4–7）

表 4–7 主要财务数据情况

项目	2020 年 6 月 30 日 /2020 年 1—6 月	2019 年 12 月 31 日 /2019 年度	2018 年 12 月 31 日 /2018 年度	2017 年 12 月 31 日 /2017 年度
资产总额（万元）	321 820.60	330 879.29	275 689.42	253 143.28
归属于母公司所有者权益（万元）	109 539.82	113 404.75	106 719.23	90 786.70
资产负债率(母公司)(%)	50.38	50.42	44.40	45.36
资产负债率（合并）(%)	61.06	60.89	55.74	60.90
营业收入（万元）	57 907.30	193 571.15	165 349.23	160 470.40
净利润（万元）	–3 727.78	8 849.66	10 092.98	6 081.41
归属于母公司所有者的净利润（万元）	–3 585.63	8 249.79	9 703.22	7 665.77
扣除非经常性损益后归属于母公司所有者的净利润（万元）	–3 960.13	7 390.98	8 925.75	6 780.33
基本每股收益（元）	–0.06	0.14	0.16	—
稀释每股收益（元）	–0.06	0.14	0.16	—
加权平均净资产收益率（%）	–3.22	7.50	9.83	10.15
经营活动产生的现金流量净额（万元）	–17 536.52	–25 235.79	–19 639.82	5 279.66
现金分红（万元）	–	1 673.65	1 483.06	1 377.23
研发投入占营业收入的比例（%）	5.67	3.90	3.28	3.23

B 公司 2020 年 1~6 月收入同比下滑 21.43%，管理层的解释为：进入 2020 年以来，受国内新冠肺炎疫情的影响，多个省市启动重大突发公共卫生事件一级响应，疫情对公司上下游企业的复工时间造成了影响。公司一季度复工延迟，且因隔离措施、交通管制等防疫管控措施，整体项目实施进度及订单获取均受到一定影响，2020 年第 3 季度已全面恢复正常的生产经营。

（三）主要财务指标分析（见表 4-8、表 4-9）

表 4-8 财务指标与可比公司对比情况（一）

可比公司		测绘股份	数字政通	辰安科技	航天宏图	超图软件	平均值	中位数	B 公司
2020 年 6 月 30 日	流动比率	2.2	3.53	2.3	4.33	1.63	2.8	2.3	1.36
	速动比率	1.39	3.08	1.95	3.76	1.23	2.28	1.95	1.37
	资产负债率（%）	38.21	23.73	40.2	24.31	34.91	32.27	34.91	61.06
	应收账款周转率	0.75	0.45	0.54	0.36	0.93	0.60	0.54	0.39
2019 年 12 月 31 日	流动比率	1.51	3.07	2.53	5.03	1.94	2.82	2.53	1.37
	速动比率	0.79	2.9	2.11	4.56	1.93	2.46	2.11	1.37
	资产负债率（%）	52.75	23.93	37.07	21.03	30.63	33.08	30.63	60.89
	应收账款周转率	1.73	0.98	1.44	1.09	2.69	1.59	1.44	0.96
2018 年 12 月 31 日	流动比率	1.44	2.47	2.62	2.73	2.04	2.26	2.47	1.46
	速动比率	0.78	2.32	2.04	2.47	2.03	1.93	2.04	1.46
	资产负债率（%）	53.9	29.4	34.92	38.54	31.52	37.66	34.92	55.74
	应收账款周转率	1.90	1.08	1.71	1.08	2.89	1.73	1.71	1.00
2017 年 12 月 31 日	流动比率	1.46	2.19	3.32	3.96	2.28	2.64	2.28	1.38
	速动比率	0.86	2	2.76	3.71	2.26	2.32	2.26	1.31
	资产负债率（%）	55.95	32.87	29.83	26.23	30.97	35.17	30.97	60.9
	应收账款周转率	1.89	1.26	2.01	1.18	3.02	1.87	1.89	1.31

报告期各期末，B 公司的流动比率和速动比率均低于可比公司平均值，资产负债率均高于可比公司平均值。经了解，主要原因为：项目实施周期和款项结算周期较长，流动负债规模相对较大；融资渠道以银行借款为主。

表 4–9　　财务指标与可比公司对比情况（二）　　单位：%

项目		测绘股份	数字政通	辰安科技	航天宏图	超图软件	平均值	中位数	B 公司
主要产品 / 服务类别		测绘服务、工程测勘技术服务、地理信息系统集成与服务	数字化城市管理领域、规划和国土资源管理领域的运营服务、软件开发和系统集成设备	应急平台软件及配套产品、应急平台装备产品、消防安全平台及其配套产品、技术服务收入、建筑工程收入	系统设计开发、数据分析应用服务、自有软件销售	GIS 软件			测绘地理信息技术服务、地下管网安全运维保障技术服务、智慧城市建设运营服务和其他业务
2020 年 1~6 月	综合毛利率	40.18	39.23	35.55	56.26	55.71	45.39	40.18	29.42
	销售费用率	5.55	6.61	11.80	12.19	12.16	9.66	11.80	4.27
	管理费用率	10.69	9.75	15.80	17.69	19.40	14.67	15.80	15.12
	研发费用率	5.41	8.37	5.60	26.74	16.27	12.48	8.37	5.67
2019 年度	综合毛利率	41.16	32.91	46.00	55.82	54.79	46.14	46.00	31.38
	销售费用率	4.09	7.36	10.78	9.76	14.17	9.23	9.76	3.75
	管理费用率	7.91	8.28	11.42	13.48	14.05	11.03	11.42	11.42
	研发费用率	6.00	7.00	8.08	14.76	13.22	9.81	8.08	3.90
2018 年度	综合毛利率	43.15	28.75	55.64	61.70	55.07	48.86	55.07	32.20
	销售费用率	4.44	6.99	11.08	10.55	12.25	9.06	10.55	4.48
	管理费用率	8.39	3.64	13.51	15.04	17.82	11.68	13.51	11.93
	研发费用率	6.09	5.96	10.98	11.87	14.27	9.83	10.98	3.28
2017 年度	综合毛利率	45.44	35.15	59.91	59.63	59.20	51.87	59.20	28.32
	销售费用率	4.22	6.60	12.68	7.87	12.42	8.76	7.87	3.50
	管理费用率	10.15	7.91	14.38	16.24	18.23	13.38	14.38	9.79
	研发费用率	6.56	3.75	8.48	12.66	14.04	9.10	8.48	3.23

申报期内，B 公司综合毛利率分别为 28.32%、32.20%、31.38% 和 29.42%，同行业可比公司平均毛利率分别为 51.87%、48.86%、46.14% 和 45.39%。综合毛利率低于同行业可比公司平均水平，主要原因为各公司的细分业务类型及业务结构有所不同。可比公司中软件开发数据应用服务、软件销售和技术服务等业务毛利

率相对较高，B 公司的测绘地理信息技术服务业务毛利率相对较低，影响整体业务毛利率。同行业可比公司中，测绘股份从事的测绘服务和被审计单位的测绘地理信息技术服务类似。经查询，测绘股份披露的测绘服务毛利率，2017 年度、2018 年度、2019 年度和 2020 年 1~6 月，分别为 32.19%、29.77%、22.52% 和 17.72%，B 公司测绘地理信息技术服务毛利率分别为 28.74%、26.03%、25.99% 和 24.93%，毛利率水平接近。同行业可比公司中，数字政通从事的数字化城市管理领域、规划和国土资源管理领域的运营服务，与 B 公司的地下管网安全运维保障技术服务类似。经查询数字政通披露的运维服务数据，2017 年度、2018 年度、2019 年度和 2020 年 1~6 月的毛利率分别为 29.57%、25.01%、27.35% 和 26.77%，B 公司地下管网安全运维保障技术服务毛利率分别为 34.46%、36.60%、33.99% 和 9.13%，此项细分业务毛利率略高于数字政通。

申报期内，B 公司销售费用率低于同行业可比公司平均水平。经了解，由于主要客户为政府部门及其下属单位，以公开招标方式为主，在维系原有客户及开拓新客户方面有优势，销售费用相对较低。

申报期内，B 公司管理费用率与同行业公司平均水平相当。

B 公司申报期研发费用率低于同行业可比公司平均水平。经了解，主要原因为：与可比公司平均水平相比，收入规模较大；收入规模与被审计单位接近的超图软件、辰安科技均属于软件行业，主营业务以软件销售和技术服务收入为主，相应的研发费用率较高。

（四）现金流量分析

B 公司经营活动产生的现金流量净额自 2018 年度开始，连续三个期间均为负值。需进一步分析其原因以及报告期各期经营活动产生的现金流量净额与净利润的匹配情况（见表 4–10）。

表 4–10　经营活动产生的现金流量情况　单位：万元

项目	2020 年 1~6 月	2019 年度	2018 年度	2017 年度
销售商品、提供劳务收到的现金	52 809.48	132 987.56	128 738.88	130 361.41
收到的税费返还	1.11	0.19	65.61	—
收到其他与经营活动有关的现金	8 005.16	18 228.67	22 624.11	22 447.11
经营活动现金流入小计	60 815.75	151 216.42	151 428.60	152 808.52
购买商品、接受劳务支付的现金	43 204.02	88 412.71	76 197.98	61 492.66

续表

项目	2020年1~6月	2019年度	2018年度	2017年度
支付给职工以及为职工支付的现金	22 317.76	46 634.37	42 680.87	41 624.36
支付的各项税费	3 891.94	8 094.16	10 819.88	9 086.37
支付其他与经营活动有关的现金	8 938.55	33 310.96	41 369.70	35 325.47
经营活动现金流出小计	78 352.27	176 452.21	171 068.42	147 528.86
经营活动产生的现金流量净额	−17 536.52	−25 235.79	−19 639.82	5 279.66

2017年度、2018年度、2019年度和2020年1~6月主营业务收入分别为145 151.92万元、154 937.93万元、193 170.02万元和56 497.86万元。期末应收账款余额分别为156 970.84万元、172 938.89万元、229 104.51万元和234 877.06万元（其中2020年6月末的余额包括应收账款和合同资产）。2018年度和2019年度，公司净利润与经营活动产生的现金流量净额存在较大差异。管理层的解释为：随着经营规模扩大，营业收入增长，大型项目的不断增长，应收款项相应增加，尤其是PPP项目。另外，公司主要客户为地方政府部门如自然资源与规划部门、住房和城乡建设部门、城市管理部门、农业部门以及政府下属事业单位，普遍存在付款审批流程较长，回款速度较慢的特点。

（五）季节性波动分析（见表4–11）

表4–11　收入季节性波动分析　单位：万元

项目	2019年度		2018年度		2017年度	
	金额（万元）	比例（%）	金额（万元）	比例（%）	金额（万元）	比例（%）
第一季度	28 434.51	14.72	28 047.15	18.10	25 655.50	17.68
第二季度	45 068.50	23.33	32 473.89	20.96	34 465.62	23.74
第三季度	29 941.40	15.50	29 210.06	18.85	31 324.41	21.58
第四季度	89 725.61	46.45	65 206.82	42.09	53 706.36	37.00

B公司自身业务无显著的季节性特征，但受客户对象的特征影响，申报期内收入存在一定的季节性波动，各年下半年实现的营业收入普遍高于上半年，第四季度实现收入占比相对较高。管理层的解释为：主要服务于政府机构，该类客户的采购服务通常于各年度上半年履行相关预算、审批、招投标及商务谈判流程，承接及执行新项目主要集中在下半年。

（六）未审报表分析结论及评估出的重大错报领域

1. B公司对2020年实施新收入准则之前的系统集成和定制软件业务采用完工百分比法确认收入，会计政策选用不恰当。该事项对申报各期会计报表资产、负债、收入及利润的影响预计未超过10%。建议B公司IPO申报期内采用一致的会计政策确认收入，采用追溯重述法进行会计调整处理。关于系统集成和定制软件业务，审计人员拟进行详细审计。对于申报报表与原始财务报表的差异情况，拟出具专项核查意见。

2. B公司2020年1~6月收入及利润大幅下滑。需进一步核实国内新冠肺炎疫情的影响对整体项目实施进度及订单获取的影响是否属实，是否存在支持性证据。需关注申报期的经营模式、产品或服务的品种结构是否发生重大变化；行业地位及所处行业的经营环境是否发生重大变化；在用的商标、专利、专有技术等重要资产或者技术的取得或者使用是否存在重大不利变化；营业收入或净利润对关联方或者客户是否存在重大依赖；净利润是否主要来自合并财务报表范围以外的投资收益。特别地，关注持续经营能力是否因疫情受到重大影响等。

3. B公司2018年度和2019年度，净利润与经营活动产生的现金流量净额存在较大差异。2017年12月31日、2018年12月31日、2019年12月31日和2020年6月30日，公司应收账款和合同资产余额分别为156 970.84万元、172 938.89万元、229 104.51万元和234 784.51万元，占当期营业收入的比例分别为97.82%、104.59%、118.36%和405.45%，占比较高。申报期各期末，按照逾期标准确定的公司应收账款账龄3年以上占比分别为6.26%、9.55%、11.28%和13.96%，占比逐年提高。同时，第四季度实现收入占比相对较高，华东地区客户收入集中度较高。针对以上情况，审计人员将营业收入、应收款项、合同资产作为重大风险审计领域，并将收入的确认作为关键审计沟通事项。拟采取的应对措施包括：

（1）检查主要项目资料，例如项目招标文件、中标文件、合同、项目预算资料、第三方监理资料等。

（2）对报告期内发生的项目成本进行细节测试，核查项目成本的完整性、准确性。抽取并检查各公司薪酬制度、考勤表、工作量统计表以及工资月报等资料，核实项目人工成本入账的准确性及完整性；检查外协供应商合同、结算资料、发票及银行付款回单，核实项目外协成本入账的准确性及完整性；抽查大型设备采购的结算文件，核实项目设备采购入账的准确性及完整性。

（3）对报告期内的项目收入重新测算，复核累计履约进度。

（4）分析报告期内各期营业收入的变动情况、主要项目毛利率变动情况、完工项目实际总成本与初始预算总成本差异情况，并分析差异合理性；与同行业上市公司进行对比，分析同类客户季节性波动的合理性。

（5）向主要客户进行函证，对报告期内重要项目的合同金额，累计履约进度及累计回款金额进行确认。

（6）实施走访程序，对主要客户进行访谈，了解报告期的合作方式、主要合作项目情况及结算金额等。

（7）执行截止测试，自资产负债表日前后确认的收入明细账中选取样本，核对完工进度表、监理报告及其他支持性文件，评价收入确认是否存在跨期；对于第四季度集中确认收入的合理性，拟在客户实地走访时进行验证。

（8）对 PPP 项目、BOT 项目的收入确认方法是否符合收入准则规定进行充分论证，是否存在建设期毛利较高，而运营期巨额亏损的情况。

（9）关注是否存在不合理的关联交易以及异常的政府采购；是否存在未合并的项目公司；是否存在管理层凌驾于内控之上，未经正常审批流程而直接与客户签订合同的情形等。

第五节　了解其他项目

在风险评估阶段，审计人员应对舞弊、持续经营、关联方、法律法规、或有事项、会计估计等其他项目进行初步了解，识别被审计单位是否存在特别风险，制定针对特别风险的进一步审计程序，风险评估阶段主要采取询问方式了解相关事项。以下内容为风险评估阶段的询问记录示例。

一、就舞弊进行询问

（一）向治理层询问（见表 4-12）

表 4-12　　就舞弊向治理层询问记录

询问内容	询问结果
1. 治理层如何监督管理层对舞弊风险的识别和应对过程	
2. 是否知悉任何影响被审计单位的舞弊事实、舞弊嫌疑或舞弊指控	
3. 是否存在最终控股股东或实际控制人营运资金不足，或缺乏足够的信贷支持的情况。比如，大股东用上市公司股权质押的比例过高且存在平仓信号	
4. 实际控制人在上市公司中是否任职，管理层的决策是否受实际控制人支配，如是，是否存在补偿性的内部控制措施	
5. 治理层是否在被审计单位中拥有重大经济利益，治理层个人是否为被审计单位的债务提供了担保	

续表

询问内容	询问结果
6. 被审计单位、高级管理人员或治理层是否存在违反证券法或其他法律法规的历史记录，或由于舞弊或违反法律法规而被指控	
7. 审计委员会和管理层与前任注册会计师之间的关系如何	
8. 独立董事是否定期检查公司关联方交易、重大异常交易、重大会计估计，形成书面报告，独立董事或其他董事是否投出过反对票或弃权票	

（二）向管理层询问（见表 4–13）

表 4–13　　就舞弊向管理层询问记录

询问内容	询问结果
1. 管理层如何评估由于舞弊导致的重大错报包括评估的性质、范围和频率等	
2. 管理层对于舞弊风险的识别和应对过程，以及如何向治理层通报	
3. 管理层是否就其经营理念和道德观念向员工的通报	
4. 管理层是否知悉任何影响被审计单位的舞弊事实、舞弊嫌疑或舞弊指控	
5. 是否存在投资分析师、机构投资者、重要债权人或其他外部人士对盈利能力或增长趋势存在预期（特别是过分激进的或不切实际的预期），是否在新闻报道和年报信息中作出过乐观的预期	
6. 是否存在交易所的上市要求、偿债要求或其他债务合同要求；是否将被证券交易所进行特别处理或退市；是否需要进行额外的举债或权益融资要求；财务成果将对正在进行的重大交易（如企业合并、重大重组或签订合同）有何影响	
7. 管理层是否在被审计单位中拥有重大经济利益	
8. 管理层或经营者对治理层制定的财务目标（包括销售收入或盈利能力等激励目标）的看法；管理层报酬中（如奖金、股票期权、基于盈利能力的支付计划）是否与激进的目标（如在股价、经营成果、财务状况或现金流量方面）相关	

（三）向内部审计人员询问（见表 4–14）

表 4–14　　就舞弊向内部审计人员询问记录

询问内容	询问结果
1. 是否知悉任何影响被审计单位的舞弊事实、舞弊嫌疑和舞弊指控	
2. 是否设立了举报热线鼓励员工举报任何违反《行为守则》要求的行为或舞弊等违规行为。举报热线是否已公布在公司网站，供员工随时了解	
3. 内部审计人员在本期实施的旨在发现舞弊的程序（如有）	
4. 管理层是否对内部审计报告提出的问题采取令人满意的应对措施	

（四）向监事会询问（见表 4–15）

表 4–15 就舞弊向监事会询问记录

询问内容	询问结果
1. 是否知悉任何影响被审计单位的舞弊事实、舞弊嫌疑和舞弊指控	
2. 管理层是否将重大决策事项事前告知监事会，及时向监事会提供经营状况、财务状况等重要情况及其他监事会要求提供的信息，监事会是否派员列席董事会会议	
3. 监事会是否对监管机构要求的财务活动、风险管理、内部控制、内部审计等事项进行监督，按规定提出意见	
4. 监事会议案是否被投过反对票或弃权票	

二、就持续经营进行询问

与持续经营相关的财务信息可通过其他程序和途径进行了解，以下为向管理层询问的非财务信息（见表 4–16）。

表 4–16 就持续经营向管理层询问记录

询问内容	询问结果
1. 识别可能导致持续经营能力产生重大疑虑的事项或情况	
（1）是否计划清算或终止经营，包括子公司	
（2）是否失去主要市场、关键客户、特许权、执照或主要供应商	
（3）是否出现用工困难问题	
（4）是否重要供应短缺	
（5）是否过度依赖某个项目的成功	
（6）是否存在大量长期未做处理的不良资产	
（7）是否违反有关资本或其他法定要求	
（8）是否对发生的灾害未购买保险或保额不足	
2. 与持续经营能力评估相关的未来应对计划有哪些，这些计划的结果是否可能改善目前的状况，包括针对变卖资产的未来应对计划、针对借款或重组债务的未来应对计划、针对缩减或延缓开支的未来应对计划、针对增加权益资本的未来应对计划等	

三、就关联方进行询问（见表 4–17）

表 4–17 就关联方向管理层询问记录

询问内容	询问结果
1. 除了关联方清单列示的关联方以外，是否存在其他没有投资关系的关联方	
2. 除了关联方清单列示的关联方以外，还有哪些关键管理人员及关键管理人员控制的企业	

续表

询问内容	询问结果
3. 供应商及客户与控股股东的供应商及客户是否存在重叠	
4. 在本期是否与关联方发生交易，如发生，交易的类型、定价政策和目的	
5. 与关联交易相关的审批流程有哪些	
6. 是否存在超出正常经营过程的重大交易：交易的性质，包括交易的商业理由、交易的条款和条件；交易是否涉及关联方	

四、就法律法规进行询问（见表 4–18）

表 4–18 就法律法规向管理层询问记录

询问内容	询问结果
1. 经营活动可能产生重大影响的法律法规是哪些	
2. 在识别、评价和处理诉讼、索赔与税务纠纷采用的程序有哪些	
3. 主管税务机关、财政部门、证监会、审计机关等本期是否进行检查，是否受到过处罚	
4. 本期是否存在诉讼事项	

五、就或有事项进行询问（见表 4–19）

表 4–19 就或有事项向管理层询问记录

询问内容	询问结果
1. 或与负债的种类及形成原因，包括已贴现商业承兑汇票、未决诉讼、未决仲裁、对外提供的担保等	
2. 是否存在亏损合同	
3. 是否存在环境污染整治方面的义务	
4. 是否存在重组计划，包括重组涉及的业务、主要地点、需要补偿的职工人数、预计重组支出、计划实施时间等；是否将满足预计负债确认条件的重组义务确认为预计负债	
5. 是否存在对未来事项和协议的财务承诺	

六、就会计估计进行询问（见表 4–20）

表 4–20 就会计估计向管理层询问记录

询问内容	询问结果
1. 是否存在与会计估计相关的新型交易，该类交易是否涉及收入的计量、成本费用的计量等	
2. 本期需要会计估计的事项还有哪些？包括信用减值损失、资产减值、投资性房地产公允价值、金融资产公允价值等	

续表

询问内容	询问结果
3. 会计估计的相关控制有哪些	
4. 管理层是否利用专家的工作	

第六节　项目组讨论

一、项目组讨论的意义

项目组讨论是风险评估阶段的重要内容。通过讨论，特别是安排经验丰富的审计人员参与项目组内讨论，不仅可以确保所有重大风险事项得到考虑，其他成员也可以分享其见解。在一些重大错报，尤其是涉嫌舞弊的领域开展讨论，具有十分重要的意义。

项目组讨论，存在的常见问题为：

1. 对于复杂项目未召开项目准备会，未向项目组成员介绍项目背景、审计目的，并提示重大错报风险，提出有针对性的应对措施。审计过程中，项目组讨论次数过少、内容没有针对性。未就重要问题的性质、影响程度、解决措施与被审计单位管理层沟通等事项作出恰当判断和处理。

2. 项目合伙人未充分参与项目组讨论，未对项目组提供足够的指导和监督，未对项目组反馈的重大错报风险和重大分歧问题进行分析、判断以及传达最后的解决方案。

3. 项目经理未就内部未解决的重大风险问题和专业技术问题，通过恰当的渠道向上反映并及时解决。

4. 项目小组对发现的问题未引起足够重视，未能识别其重要性，及时提出项目组讨论的意见和建议。

二、项目组讨论关注要点

1. 项目组讨论通常在完成了解被审计单位、了解内部控制和初步分析性程序之后进行，以便对这些过程中识别出的潜在重大错报风险进行讨论。开展讨论的时间，应根据项目的具体事实和情况而定并保证讨论有效。对于重大错报风险和重大分歧问题的讨论与反馈应贯穿整个项目始终。

2. 项目组成员应分享了解的信息、审计思路和方法。项目合伙人及项目经理应为项目组指明方向，强调在审计过程中保持职业怀疑态度的重要性，汇总项目组成员发现的风险并识别和提示重大风险。

3. 项目组内部无法解决的问题，应区分问题性质，按照会计师事务所“重大问题请示报告”“项目重大分歧处理”“项目技术咨询”等相关机制解决。项目经理通常以书面形式向有关部门进行汇报或提出咨询。项目经理在书面文件中应说明事项的背景、提出的问题以及各方的初步意见和判断依据。重大风险事项或者意见分歧在未得到有效解决前，质量复核人员不应签发业务报告。项目组应将重大错报风险、重大分歧问题、疑难技术问题的讨论、反馈以及执行结果记录于工作底稿。

（1）重大事项汇报。当出现以下情况时，项目经理应以书面形式进行汇报，由分管合伙人、项目合伙人、项目经理或质量复核部提议召开技术及风险控制委员会会议，进行合议决策。

①涉及改变审计意见类型的重大风险事项，如审计证据是否充分适当，客观原因、客户原因等使审计范围受到限制的情形。

②项目组内部与分管合伙人、项目质量复核人以及被咨询者之间出现的重大意见分歧；项目组与被审计单位管理层出现的重大意见分歧；执行过程中出现其他与执业质量、执业风险有关的意见分歧等。例如，会计处理存在重大分歧且差异超过重要性。又如，累计未调整不符事项超过重要性但不符事项性质均不重要，该种情形如何将审计风险降低至可接受水平等。

（2）技术咨询。不涉及重大风险的专业技术问题，项目经理就疑难问题或争议事项向会计师事务所有关内部专家进行咨询时，应当首先咨询项目合伙人或分管合伙人以获得问题的解决。如果其不能提出有效解决方案时，可进一步向事务所技术部门进行咨询。对于业务执行过程中遇到的问题，如果事务所内部专家无法达成解决共识，技术部门应当向会计师事务所外部有关专家进行咨询，以求得到有效解决。

三、审计案例

案例4－7

A上市公司年报审计项目组讨论

（一）项目组就财务报表存在重大错报可能性进行的讨论

1. A上市公司总体情况

A上市公司是我国最大的钾肥生产企业，拥有察尔汗湖的氯化钾资源，年产钾肥500万吨。钾肥是战略性物资，对保障我国的粮食生产安全具有十分重要的意义。A上市公司因投资镁业项目和化工项目，未达到预期投资目的，连续两年亏损。

2019年9月30日，西宁市中级人民法院（以下简称西宁中院）裁定受理A上市公司破产重整。此次破产重整是在国务院、青海省政府的高度关注下开展的脱困行动，重整的主旨是：A上市公司采取资产好坏分离，通过破产重整将优势盈利板块（钾肥、锂业等）与低效亏损板块（镁业、化工等）彻底分离，由优质板块承接债务并实施市场化债转股，以上市公司未来市值提升补偿债权人和股东收益。根据A上市公司重整总体思路，结合其优势业务版块及未来盈利能力分析，A上市公司如果重整成功，依靠钾、锂业务版块每年实现净利润预计为正且大幅增长。A上市公司主营业务为：氯化钾的开发、生产和销售；资源综合开发利用等。

2. 审计目的

首次承接A上市公司2019年度财务报表审计，并出具财务报表审计报告、内部控制审计报告、2019年度募集资金存放与实际使用情况专项审核报告。

3. 对A上市公司及其环境的初步了解

（1）2019年9月30日，西宁中院裁定受理债权人某实业有限公司对公司的破产重整申请，并指定A上市公司清算组作为管理人。2019年10月10日，西宁中院复函许可公司在重整期间继续营业，并在管理人的监督下自行管理财产和营业事务。自当日起，公司信息披露责任人由管理人变更为公司董事会。破产重整期间，A上市公司的氯化钾的开发、生产和销售以及资金、回款未受到影响，但该重整事项仍存在重大不确性。

（2）公司股票存在暂停上市的风险。因公司2017年度、2018年度连续两个会计年度经审计的净利润均为负值，若公司2019年年度经审计的净利润继续为负值，根据《股票上市规则》的规定，公司股票将面临暂停上市的风险。

（3）公司股票存在终止上市的风险。首先，如果公司股票被暂停上市，暂停上市后首个年度报告显示公司扣除非经常性损益前后的净利润孰低者为负值、期末净资产为负值、营业收入低于1000万元或者被会计师事务所出具保留意见、无法表示意见、否定意见的审计报告，或者未能在法定期限内披露年度报告，根据《股票上市规则》的规定，公司股票将终止上市。其次，法院已裁定公司进入重整程序，但公司尚存在因重整失败而被宣告破产的风险。如果公司被宣告破产，根据《股票上市规则》的规定，公司股票将面临被终止上市的风险。

（4）存在资产大额减值及较大亏损的风险。鉴于公司已进入破产重整程序，目前公司已经全面启动重整中的资产评估工作。同时，公司的主要子公司B镁业公司、C化工公司均已被裁定受理重整，公司的资产存在大额减值及较大亏损的风险，将对公司2019年年度业绩造成重大影响。最终具体减值损失待后续根据B镁业公司、C化工公司的重整计划确定。

4. 与前任会计师的沟通情况

接受委托前，在征得A上市公司书面同意后，向前任注册会计师寄发沟通函，并取得复函，评价沟通结果后确定接受委托。接受委托后，在征得被审计单位书面同意后，与前任注册会计师沟通，就工作底稿的使用目的、范围和责任等达成一致意见，通过查阅前任注册会计师工作底稿获取关于期初余额是否存在重大错报的相关证据。经评价前任会计师的独立性，发现前任会计师为A上市公司服务长达5年以上。因此，除查阅前任注册会计师工作底稿之外，项目组还拟对期初期末的银行存款及往来余额进行函证、对存货期末盘存情况进行监盘并抽盘、倒扎至期初余额。对固定资产、在建工程、长期投资等长期资产期初余额的形成证据进行检查。

5. 重大错报审计领域

根据A上市公司已披露的2019年三季报相关数据，本期收入较上年同期增长22.5%，但归属于上市公司股东的净利润下降58.49%，归属于上市公司股东扣除非经常性损益的净利润降幅达到80.22%。本期亏损较上年同期金额增加较大主要原因是B镁业在报告期所有装置进入联动运行，除部分装置外大部分装置整体生产负荷还相对较低，产品单位生产成本偏高，加之大额在建工程结转固定资产、利息费用化、原材料价格上升等多因素影响，报告期B镁业亏损较上年同期增加。收入增加主要原因为本期氯化钾销售量和价格均较上年同期增加，本期贸易收入较上年同期增长。对A上市公司的初步风险评估结果为：

（1）持续经营能力。公司已无法清偿到期债务，且明显缺乏清偿能力，生产经营和财务状况均已陷入困境。需要重点关注公司重整进展情况，与破产管理人充分沟通债权申报、资产处置等事项，并充分关注破产重整事项对财务报表的影响以及对持续经营能力的重大影响。

（2）合并范围变化。控股子公司B镁业公司、C化工公司进入破产重整程序，其持续经营能力存在重大疑虑。B镁业公司、C化工公司在本年的巨额亏损，将对合并财务报表产生重大影响。项目组应关注B镁业公司、C化工公司在本年何时点失去控制，并不再纳入合并报表。

（3）巨额资产处置损失。破产管理人已根据《财产管理及变价方案》以资产评估机构出具的专项评估报告所确认的评估价值为处置参考，启动了对化工分公司的主要资产以及对控股子公司B镁业公司、C化工公司所享有的股权和应收债权的公开处置工作。基于拍卖进展情况，上述资产处置事项将以公司与青海某资产管理有限责任公司通过协议转让的形式完成，根据相关协议青海某资产管理有限责任公司受让价为30亿元。公司将产生巨额资产处置损失。进而导致A上市公司资产、负债、净利润等均产生重大影响，因此将其识别为关键审计事项。

（4）收入的确认。A上市公司在以下条件均已满足时确认产品销售收入：签订了销售合同、收到销售产品货款、客户下达发货指令、根据发货指令安排发货、发货后调度中心将发货信息录入销售系统、财务部在销售系统中根据发货信息生成销售结算单、根据销售系统生成的销售结算单开具增值税发票同时确认营业收入。由于运输方式安排和运输距离的路途时间影响，客户实际收到货物的时间与A上市公司销售系统中销售结算单的生成时间可能存在不同步的情况，由此可能导致营业收入存在未能计入恰当会计期间的潜在错报，项目组着重关注营业收入的截止性，并将其识别为关键审计事项。

（二）由于舞弊导致财务报表发生重大错报可能性进行的讨论

A上市公司受当地国资委监管，且有暂停上市风险，管理层存在业绩压力，拟将A上市公司营业收入以及管理层凌驾于内部控制之上的风险评估为舞弊风险。上述风险属于特别风险。项目组应重点关注公司氯化钾产品销售价格是否符合行业情况，关注贸易利润的合理性和真实性、关联交易的必要性和公允性以及审批的合规性、贸易收入采用总额法确认的恰当性、资产处置损失涉及的资产估值的恰当性等。

（三）总体审计方案

本次审计拟采取测试控制运行有效性与实质性程序结合使用的综合性审计方案。由于本次上市公司年报审计属于首次承接且需要出具内部控制审计报告，运用整合审计方法时，应对所有业务循环均进行控制测试。控制测试之后，根据修正后的风险评估结果，形成实质性测试计划矩阵。集团项目组将不晚于2019年12月15日，向所有组成部分项目组下发总体审计策略和具体审计计划。

案例4－8

B公司重大事项汇报及风险委员会意见

（一）业务背景

2006年11月，B公司受让第二大股东天津A持有的徐州B房地产公司28%的股权，受让时该房地产公司的账面净资产为5865万元、评估价值为2.6亿元（为××评估师事务所评估，B公司受让时以评估价值作为交易价格），增值达252.24%。B公司期末按权益法核算并编制合并报表。

经对徐州B房地产公司审计，发现该公司正常经营，但当年利润仅为800万元，主要资产为30亩待开发土地资产，审计人员怀疑这些土地是否能给公司未来带来如评估报告所述的巨额收益，认为应考虑该项股权投资是否存在减值，拟依据《中国注册会计师审计准则第 1421 号——利用专家的工作》来获取长期股权投资减值准备的审计证据，但公司管理层以该项交易时间距资产负债表日仅一个月、房地产市场价格总体上升、资产价值以合法的评估报告为基础、交易程序进行了公开的披露、时间紧张等为由不同意聘请专家，也不同意计提减值准备。

（二）存在问题

如不利用专家工作，该长期投资（减值准备）的审计证据是否充分？

（三）审计相关情况

1. 检查并获取股权转让协议及相关文件、记录（复印件），未发现问题。

2. 检查并获取资产评估报告、可行性调查及盈利预测报告（复印件），未发现问题。

3. 检查相关信息披露，未发现问题。

4. 详细审计该子公司财务报表，检查并获取土地使用权证（复印件），未发现问题。

5. 现场察看相关开发项目及其进度，处于初步设计、开发阶段。

该事项对财务报表的影响程度：

1. 比率：该股权投资价值占母公司资产总额的 52%，该子公司资产占合并报表资产总额的 30%（另外存在大额合并价差）。

2. 性质：如果该股权投资计提减值准备超过 3000 万，将使 B 公司由盈利转变为亏损、并退市。

（四）公司经营失败风险、管理层舞弊风险判断

1. 公司经营失败风险较低，B 公司期末没有银行负债，虽然业务项目少，但壳资源比较干净；

2. 为确保本年度盈利，存在公司管理层舞弊的压力和动机，但该交易全过程公开披露，并经过了法定程序，舞弊机会较小。

（五）技术及风险控制委员会决议

1. 与 B 公司管理层、治理层再进行一次沟通，保存沟通记录；

2. 向大股东 ABC 集团和国务院国资委进行书面报告，听取意见；

3. 向证监局书面报告，听取意见；

4. 为全面了解该项目情况，检查并获取市政府相关土地出让会议纪要（复印件）；

5. 被审计单位管理层出于会计核算成本效益考虑不利用专家的工作，有一定合理性。不存在舞弊风险的情况下，建议项目组咨询内部估值专家对长期投资是否存在减值进行评价。

案例4-9

技术咨询：在线人力资源中介业务中，平台公司为主要责任人还是代理人

（一）业务背景

C公司与具备工作能力的灵活个体户经营户（乙户）签订《业务合作协议》（非劳动合同），由个体经营者完成实际用工方（甲公司）的业务外包需求。

1. C公司与甲公司签订的《服务协议》中约定：

（1）C公司向甲公司提供人工智能解决方案，服务期限为一年，服务期限届满前30日，如双方无书面异议，协议期限自动顺延。

（2）服务费用：具体服务内容等事宜，由甲公司制定的政策规则（须经C公司确认），供乙户遵照执行。如甲公司经营情况发生变化，有权调整政策规则。管理服务费和税费：C公司按应发乙户费用总额的7%向甲公司收取。

（3）签约方式：甲公司与乙户通过C公司的软件平台在线签署相关协议（简称“电签”)。C公司在获得乙户的书面授权后对乙户进行在线实名认证。

（4）支付方式：甲公司除使用银行转账方式支付服务费用外，还可使用C公司自主开发的“智能提现”产品，如采用此方式，甲公司须确保C公司账户下的甲公司专用预存款账户充有一定的金额，以避免乙户提现时出现无钱可提的情况。非因C公司原因导致专用预存款账户无钱可提，C公司免责。

（5）权利义务：乙户提供服务过程中，如因违反服务规范导致甲公司或相关方损害/损失的，应按照政策规则或相关协议约定承担赔偿责任。乙户发生异常动态，甲公司应在知晓起24小时内告知C公司。因甲公司遗漏或延迟告知C公司，导致乙户遭受经济损失或无法享受保障待遇的，甲公司承担相应责任。甲公司采取银行转账支付方式的，C公司按时足额收到甲公司支付的服务费用并确认结算数据后，在3个工作日内发放乙户费用。

（6）协议终止：C公司如有“可归责于C公司的原因，未完成协议约定的服务给甲公司造成重大经济损失的；C公司未按时足额发放乙户费用，甲公司发现后C公司没有及时改正的”上述情形之一的，甲公司有权提出解除本协议。甲公司如“甲公司未按照协议约定及时足额支付服务费用的；可归责于甲公司或乙户的原因，导致C公司承担直接或连带责任的”上述情形之一的，C公司有权提出解除本协议。

2. C公司与乙户签订的《业务合作协议》中约定：

（1）双方就建立相应的业务合作和代理服务等事项已经达成一致意见。

（2）乙户知悉其与A公司仅存在业务合作而非劳动关系。乙户应根据本协议向C公司或C公司指定的第三方完成协议约定的义务。

（3）乙户自行准备提供服务所需要的器材等必备物品，费用自行承担。

（4）乙户因履行合同而造成甲公司或任何第三方损失的，与C公司无关，C公司不负责赔偿。乙户不当履行本合同给C公司或第三方造成损失的，应由乙户进行相应赔偿。

实务中，乙户的社会保险由乙户自行通过其他单位或社保中心进行缴纳，个人所得税由C公司按照个体经营户计税方法代扣代缴。C公司此类业务的毛利率约为5%。

（二）项目组提出的问题

上述业务，C公司应采用总额法还是净额法确认收入？

实务中存在以下两种观点。

观点一，认为C公司在业务安排中更多地体现了主要责任人的特征，按照总额法确认相应收入。理由如下：

1. C公司可以自主对劳动者进行选择并签署劳动合同，具有完全的自主权，能够主导派出人员向用工单位提供服务。

2. 在服务定价方面，服务标准、服务要求、服务收费标准均由C公司和用工单位协商确认，服务价格中对劳务人员工资、社会保险费以及劳务项目进行了区分，说明公司具备自主的定价权。

3. C公司负有派出适当劳动者的合同义务，实际承担了按照有关服务合同向用工单位提供服务的主要责任。如果派出人员不能满足用工单位的要求，公司需要无条件为用工单位派遣满足其要求的劳动者，并就派出人员的劳动成果向用工单位承担违约责任。

4. 无论劳动者派驻与否、是否从用工单位收到服务相关费用，C公司仍负有按照劳动合同向劳动者支付工资和社会保险的义务。

观点二，认为C公司与乙个体工商户签订的是《业务合作协议》而不是劳动合同，乙个体工商户不是C公司的员工。C公司属于撮合劳务交易的平台公司，是代理人角色，按照净额法确认收入更为恰当。

项目组倾向于观点一。

（三）事务所技术部门回复

在判断C公司在此业务中为主要责任人还是代理人时，应当根据C公司在向客户转让商品前是否拥有对该商品的控制权来判断其从事交易时的身份。

1. C公司与乙户签订的并非劳动合同而是《业务合作协议》，协议中明确约定乙户知悉其与C公司仅存在“业务合作”而“非劳动关系”，则说明乙户的劳动服务不是提供给C公司，再由C公司提供给甲公司，而是双方已明确乙户通过与C公司的合作，会将服务提供给第三方，充分说明C公司未在乙户向甲公司提供服务之前取得对乙户所提供服务的控制。

2. C公司、甲公司对权利义务约定中明确，如果因甲公司遗漏或延迟告知C公司乙户异常变动，导致乙户遭受经济损失或无法享受保障待遇的，甲公司承担相应责任。该条款说明，C公司承担转让商品之后的责任有限。

3. 支付方式中约定甲公司可采用C公司提供的“智能提现”产品，且双方约定，非因C公司原因导致专用预存款账户无钱可提，C公司免责。这些安排体现出C公司的支付责任有限，主要是提供代收款通道。

4. C公司、甲公司对于服务费用的约定中明确具体服务内容、方式、流程、规范、考评培训、费用结算等事宜，由甲公司制定的政策规则（须经A公司确认）或者双方另行签订的补充协议确定，供乙户遵照执行。如甲公司经营情况发生变化，甲公司有权调整政策规则。C公司在此过程中仅有确认的权利，并无定价权。

C公司仅承担撮合服务和管理服务内容，收费金额实际为乙户应得费用的7%。

综上所述，C公司不满足作为主要责任人的各个迹象，应作为代理人，收入确认采用净额法。

（四）向外部专家咨询

由于上述事项涉及的专业判断将对被审计单位会计报表产生重大影响，且事务所内部讨论产生了较大分歧，事务所技术部门拟向准则制定机构和监管部门的专家进行咨询。经咨询，外部专家多数倾向于观点二。

第七节　识别重大错报风险与制定应对措施

一般风险评估、了解其他项目、了解被审计单位的内部控制之后，审计人员应就发现的风险汇总并进行识别，哪些影响财务报表整体，哪些属于认定层次，哪些是特别风险，哪些是舞弊风险等，并进行项目组讨论，提出应对措施。项目组讨论后，形成识别的重大错报风险与应对措施汇总表，并确定采用综合性方案还是实质性测试方案。如需进行内部控制测试，则在内控测试之后再次对风险进行评价，按照风险等级孰高原则最终形成实质性测试计划矩阵。

一、识别风险类型

（一）财务报表层次风险

财务报表层次风险与财务报表整体广泛有关，并潜在地影响多项认定。下面是一些可能对财务报表风险产生影响的事项：

1. 持续经营和流动性出现问题。

2. 发生重大收购或重组，对失去控制或者合并时点的判断有疑问。

3. 存在复杂的联营企业或合营企业且对合并报表具有重要性，但不能亲自审计。

4. 运用表外融资、特殊目的实体以及其他复杂的融资安排，对合并报表范围、是否列报为权益工具、金融资产是否终止确认难以判断。

5. 从事重大的关联交易。

6. 存在复杂的信息系统且以前年度未进行过信息系统审计。

7. 财务报表处在盈亏平衡点，而通过以前年度的重要性经验几乎无法规避该风险。

8. 内部控制存在重要或重大缺陷等。

（二）认定层次风险

认定层次风险是指某一类交易、账户余额或列报的某项具体认定存在风险。比如，某类交易的发生、完整性、准确性、截止、分类认定存在风险，某个账户余额的存在、权利与义务、完整性、计价和分摊认定存在风险，某一列报披露的发生以及权利与义务、完整性、分类和可理解性、准确性和计价认定存在风险。下面是一些可能对认定层次产生影响的事项：

1. 收入确认政策不恰当或未一贯运用，赊销政策发生重大变化等，收入的发生、完整性、截止性可能存在重大错报风险。

2. 前几名客户或供应商的交易集中度较高且前后期发生较大变化，收入、成本的发生可能存在重大错报风险。

3. 资产负债表日前后存在跨期报销单据，成本费用的截止性可能存在重大错报风险。

4. 存在长期挂账的预付账款、其他应收款、应收账款，资产项目的存在、权利与义务，收入成本的发生可能存在重大错报风险。

5. 有保质期的生物资产库龄较长，减值准备计提不足，其存在性、计价和分摊认定可能存在重大错报风险。

6. 在建工程长期不完工、转固时点不恰当，固定资产折旧、成本费用的准确性可能存在风险。

7. 无形资产资本化证据不足，存在性、计价和分摊以及列报认定存在风险。

8. 信用减值损失模型不符合实际情况且较为激进，信用减值准备的计价和分摊和减值损失的准确性可能存在风险。

9. 固定资产、长期投资、在建工程、无形资产、商誉等长期资产有减值迹象，长期资产账面价值的计价和分摊及列报披露的完整性、分类和可理解性存在风险。

10. 未决诉讼存在重大不确定性，预计负债的完整性可能存在风险等。

（三）特别风险

特别风险是指注册会计师认为需要特别考虑的重大错报风险。日常的、不复杂的、经常规处理的交易不太可能产生特别风险，特别风险通常与重大的非常规交易和判断事项相关，例如：

1. 复杂的股权交易，但缺乏合理的商业理由。

2. 与处于公司法制不健全的国家或地区的境外实体之间的交易。

3. 对外提供厂房租赁或管理服务，而没有收取对价。

4. 具有异常大额折扣或退货的销售业务。

5. 循环交易，开票金额与合同金额严重不符，或资金流与收入金额严重不符。

6. 在合同期限届满之前变更条款的交易。

7. 采用特殊交易模式或创新交易模式。

8. 交易标的对被审计单位或交易对手而言不具有合理用途，尤其是客户与供应商重叠，或上下游为关联方的交易。

9. 交易价格明显偏离正常市场价格。

10. 非经营所需的、名义金额重大的衍生金融工具交易。

11. 不属于正常经营业务范围的、金额重大且没有实物流的交易。

12. 业务不存在季节性波动特点，但财务数据存在季节性波动，如收入集中在第四季度或年底确认。

13. 货币资金流动性存在限制，如存贷双高，大额定期存款长期进行质押；存在控制方的归集资金池业务等。

（四）舞弊风险

舞弊是指被审计单位的治理层、管理层、员工或第三方使用欺骗手段获取不当或非法利益的故意行为。与财务报表相关的故意错报，包括编制虚假财务报告导致的错报和侵占资产导致的错报。舞弊风险属于特别风险，根据《中国注册会计师审计准则第 1141 号——财务报表中与舞弊相关的责任》在识别和评估重大错报风险时，审计人员应假定存在以下两种舞弊风险：

1. 假定存在收入确认的舞弊风险，并分析和评价哪类收入、交易和认定导致舞弊风险。如果未将收入确认假定为舞弊风险，审计人员应当记录得出该结论的理由。

2. 在整个审计过程中保持职业怀疑，考虑管理层凌驾于控制之上的可能性。因为管理层往往可以利用职务之便，直接或间接操纵会计记录，提供虚假信息，或凌驾于为防止其他员工实施类似舞弊而建立的控制之上，因此管理层舞弊通常大于员工舞弊带来的风险。

二、制定应对舞弊措施

（一）针对财务报表层次风险的总体应对措施

1. 向项目组强调保持职业怀疑的必要性。

2. 指派更有经验或具有特殊技能的审计人员，或利用专家的工作。由于各行业在经营业务、经营风险、财务报告、法规要求等方面具有特殊性，审计人员的专业分工、细化成为一种趋势。审计项目组成员中应有一定比例的人员曾经参与过被审计单位以前年度的审计，或具有被审计单位所处特定行业的相关审计经验。必要时，要考虑利用信息技术、税务、评估、精算等方面的专家的工作。

3. 提供更多的督导。对于财务报表层次重大错报风险较高的审计项目，审计项目组的高级别成员，如项目合伙人、项目经理等经验较丰富的人员，要对其他成员提供更详细、更经常、更及时的指导和监督。在必要的情况下，项目质量复核应当提前介入而不是在审计项目组完成现场审计之后。

4. 在选择拟实施的进一步审计程序时融入更多的不可预见的因素。被审计单位人员，尤其是管理层，如果熟悉注册会计师的审计思路，就可能采取种种规避手段，掩盖财务报告中的舞弊行为。因此，在设计拟实施审计程序的性质、时间安排和范围时，为了避免既定思维对审计方案的限制，避免对审计效果的人为干涉，从而使得针对重大错报风险的进一步审计程序更加有效，审计人员要考虑使某些程序不被被审计单位管理层预见或事先了解。

5. 如果控制环境存在缺陷，审计人员应当考虑：

（1）在期末而非期中实施更多的审计程序，因为控制环境的缺陷通常会削弱期中获得的审计证据的可信赖程度。

（2）通过增加实质性程序的种类和执行程序的深度获取更广泛的审计证据。比如，对于高风险审计项目应委派经验丰富的高级审计人员，对主要客户背景进行调查、增加客户及供应商现场核查程序、银行流水核查程序等。在舞弊风险较高的情况下，审计人员甚至需要实施穿透多层客户和供应商的审计程序。

（3）在获取实质性审计证据时，根据业务循环形成闭环证据链条，而不是仅仅针对某一项认定扩大样本量。注重多种审计证据之间的佐证关系以及逻辑关系方面的一致性等。

（二）针对认定层次风险的进一步审计程序

拟实施进一步审计程序的总体审计方案包括实质性方案和综合性方案。在项目组讨论后，应确定总体审计方案并记录于总体审计策略。审计人员出于成本效益的考虑可以采用综合性方案设计进一步审计程序，即将测试控制运行的有效性与实质性程序结合使用。有些情况下仅通过实质性程序无法应对重大错报风险，审计人员必须通过控制测试才可能有效应对，例如，银行、保险公司、证券公司等金融机构，某些互联网企业、农业企业等。而有些被审计单位不存在任何控制，或经评估认为控制测试很可能不符合成本效益原则，审计人员可以仅实施实质性程序，如小型企业、被审计单位存在管理层凌驾于内部控制之上的舞弊风险等。

确定认定层次风险的进一步审计程序包括确定进一步审计程序的性质、时间和范围，例如：

1. 通过增加某项实质性程序的范围获取更充分的审计证据，如增加拟盘点的存货种类和地点、增加应收账款发函的样本量、增加需检查的合同及发货单、运输单据数量等。

2. 明确样本的选取方法和样本量，如将收入和应收账款评估为高风险时，则对收入科目和应收账款科目分别单独制定实际执行的重要性，将收入发生额超过重要性的客户、应收账款余额超过重要性的客户、第四季度全部收入、资产负债表日至审计报告日期后全部收入作为特定样本，对特定样本收入确认的证据实施详细检查，对应收账款余额超过重要性的客户全部发函并检查期后收款情况。

三、形成风险矩阵

风险评估是一个持续的、自始至终、贯穿整个审计的不断修正的过程，审计人员应将每个审计阶段发现的风险记录下来，尤其是在几个比较重要的节点，应以风险矩阵的形式将认定层次的风险评估结果和对实质性测试的指导意见记录于工作底稿。在一般风险评估、其他项目的了解（其他项目包括舞弊、持续经营、关联方、法律法规、或有事项、会计估计等）、内部控制测试之后，审计人员将形成三个风险矩阵，分别为“一般风险评估所形成的计划矩阵”“其他项目所形成的计划矩阵”“控制测试所形成的计划矩阵”。

这三个风险矩阵可能对会计报表同一项目同一认定做出的风险评估结论各不相同。比如，一般风险评估阶段对预付款项的存在性认定评估为低风险，通过对舞弊、关联方等项目的了解未发现特别风险从而将其评估为低风险，但是通过对采购循环内部控制测试发现了供应商审批流程中有一个重要缺陷，则将预付账款的存在性认定评估为高风险。审计人员应以各个阶段评估风险结果为基础，按照风险等级孰高原则确定实质性计划矩阵的风险评估结果，并据此制定具体审计计划以及考虑如何挑选和增减实质性程序。

四、审计案例

案例 4-10

A 上市公司年报审计识别的重大错报风险与应对措施（见表 4-21~ 表 4-23）

表 4-21　识别的重大错报风险汇总

序号	识别的重大错报风险	属于报表层次还是认定层次	是否属于特别风险	是否为重点关注（可能成为关键审计事项）的事项	是否属于仅通过实质性程序无法应对的重大错报风险	受影响的交易、账户余额和相关披露认定	索引号
1	原材料采购金额较大，且存在较大额暂估入库事项	认定层次	否	否	否	采购与付款循环：预付账款、存货、应付账款的存在、完整性、权利和义务、计价和分摊认定	
2	化工板块生产联动性较强，产品环节多，成本核算复杂，故成本核算容易发生错报	认定层次	否	否	否	生产与仓储循环：存货、营业成本的存在、发生、完整性、计价和分摊 / 准确性认定	
3	根据审计准则规定，在识别和评估由于舞弊导致的重大错报风险时，应当基于收入确认存在舞弊风险的假定	认定层次	是	是	否	销售与收款循环：应收账款、应收票据、预收款项的存在、权利和义务、计价和分摊认定以及营业收入的发生、完整性、准确性、截止认定	
4	A 已进入破产重整程序，基于拍卖进展情况，公司将产生巨额资产处置损失。进而导致资产、负债、净利润等均产生重大影响	报表层次	是	是	是	资产减值损失、投资收益的发生、完整性、准确性、截止认定以及分类、列报	

表 4-22 特别风险汇总及应对措施

序号	特别风险	是否为重点关注（可能成为关键审计事项）的事项	是否属于舞弊导致	管理层应对或控制措施	财务报表认定	应对措施	与被审计单位沟通的事项
1	收入确认	是	否	销售与收款循环内部控制制度	应收账款、应收票据、预收款项的存在、权利和义务、计价和分摊认定以及营业收入的发生、完整性、准确性、截止认定	采取综合性方案	与管理层沟通贸易收入确认方法的恰当性、内部控制缺陷
2	破产重整事项	是	否	积极配合破产管理人实施重整工作	报表层次	依赖专家工作	与破产管理人充分沟通破产重整事项

表 4-23 实质性测试计划矩阵

报表项目	风险评估及控制测试后识别的重大错报风险									实质性程序表索引号
	存在	发生	权利和义务	完整性	准确性、计价和分摊	准确性	截止	分类	列报	
货币资金	中		中	中	中		中	中	中	
交易性金融资产	中		中	中	中		中	中	中	
应收票据	中		中	中	中		中	中	中	
应收账款	高		中	中	高		中	中	中	
预付款项	中		中	中	中		中	低	中	
其他应收款	高		高	中	高		中	中	中	
存货	中		中	中	中		中	中	中	
持有待售资产	低		中	低	中		低	中	中	
其他流动资产	中		低	低	低		低	中	中	

续表

报表项目	风险评估及控制测试后识别的重大错报风险									实质性程序表索引号
	存在	发生	权利和义务	完整性	准确性、计价和分摊	准确性	截止	分类	列报	
长期股权投资	低		低	低	中		低	中	中	
其他权益工具投资	低		低	低	低		低	中	中	
投资性房地产	低		低	低	低		低	低	低	
固定资产	高		高	中	中		中	低	中	
在建工程	高		高	中	中		中	中	中	
无形资产	低		中	低	中		低	低	低	
开发支出	低		低	低	低		低	低	低	
商誉	低		低	低	低		低	低	低	
长期待摊费用	低		低	低	低		低	低	低	
递延所得税资产	中		中	低	中		低	中	中	
其他非流动资产	低		中	低	中		低	低	低	
短期借款	中		中	中	中		中	中	中	
应付票据	中		中	中	中		中	低	低	
应付账款	中		中	中	中		中	低	低	
预收款项	中		中	中	中		中	低	低	
应付职工薪酬	低		低	中	中		中	中	中	

续表

报表项目	风险评估及控制测试后识别的重大错报风险									实质性程序表索引号
	存在	发生	权利和义务	完整性	准确性、计价和分摊	准确性	截止	分类	列报	
应交税费	中		中	低	中		低	低	低	
其他应付款	中		中	中	中		低	低	低	
一年内到期的非流动负债	低		低	低	低		低	低	中	
其他流动负债	低		低	低	低		低	低	低	
长期借款	中		中	中	中		中	中	中	
预计负债	中		中	中	中		低	低	中	
递延收益	中		中	中	中		中	中	中	
其他非流动负债	低		低	低	低		低	低	低	
实收资本（或股本）	低		低	低	低		低	低	低	
其他权益工具	低		低	低	低		低	低	低	
资本公积	低		低	低	低		低	低	低	
其他综合收益	低		低	低	中		中	低	低	
专项储备	低		低	中	中		低	低	低	
盈余公积	低		低	低	低		低	低	低	
未分配利润	低		低	低	低		低	低	低	
少数股东权益	低		低	低	低		低	低	低	
营业收入		高		中		高	高	中	中	
营业成本		中		高		高	高	中	中	
税金及附加		中		中		中	低	中	低	
销售费用		低		中		中	中	低	中	

续表

报表项目	风险评估及控制测试后识别的重大错报风险									实质性程序表索引号
	存在	发生	权利和义务	完整性	准确性、计价和分摊	准确性	截止	分类	列报	
管理费用		低		中		中	中	低	中	
研发费用		低		中		中	中	中	中	
财务费用		低		中		中	中	中	低	
其他收益		中		中		中	中	中	中	
投资收益		中		中		中	低	中	中	
信用减值损失		中		中		中	低	中	中	
资产减值损失		高		高		中	低	中	中	
资产处置收益		中		中		中	低	中	中	
营业外收入		中		低		低	低	低	低	
营业外支出		低		中		低	低	低	低	
所得税费用		中		中		中	低	中	中	

第八节　总体审计策略和具体审计计划

计划审计工作的性质和范围，因审计业务情况的变化、被审计单位的规模和复杂程度、项目组关键成员以前从被审计单位获得的经验的不同而不同。计划审计工作并非一个孤立的阶段，是一个持续的、不断修正的过程。计划审计工作通常于上期审计工作结束后不久或伴随着上期审计工作的完成就开始了，直至本期审计工作结束为止。从广义的计划审计工作角度考虑，初步业务活动也属于计划审计工作的一部分，其他主要工作包括一般风险评估、对其他项目的了解、对被审计单位内部控制的了解、确定总体审计方案和具体应对措施等。计划审计工作的阶段性成果是总体审计策略和具体审计计划。总体审计策略一般包括审计目标、业务特征、重要性、重大错报风险领域、重要组成部分、总体时间安排等内容。制定总体审计策略的过程有助于项目合伙人向具体审计领域合理调配资源以及如何管理、指导和监督这些资源。具体审计计划比总体审计策略更加详细，主要内容为拟实施的审计程序的性质、时间安排和范围，包括抽取的样本量等。对于业务规模小、业务内容单一的被审计单位，全部审计工作可能仅由一两个人完成，总体审计策略和具体审计计划的内容可以适当简化。总体审计策略和具体审计计划既可以用表格的方式编制和记录，也可以用文档的方式。对于上市公司年报审计业务，有的监管机构要求项目组进驻审计现场之前，将审计计划以文档的方式进行报备。

一、审计目标

明确审计目标有助于审计人员了解本次审计背景、目的和需要达到的基本要求。审计目标应明确本次审计的目的、财务报告编制基础以及出具审计报告的基准日和报告时间。比如，某上市公司年报审计目的为首次承接A上市公司2019年度财务报表审计，并出具财务报表审计报告、内部控制审计报告、2019年度募集资金存放与实际使用情况专项审核报告，财务报表的适用编制基础为财政部颁布的《企业会计准则——基本准则》和具体会计准则等规定。又如，某国有企业清产核资审计业务的目的是对B有限公司以202×年××月××日为基准日编制的企业清产核资报表出具专项审计报告，清产核资报表的适用编制基础为《国有企业清产核资办法》和国家有关财务会计制度规定的工作要求等。

二、业务特征

描述审计业务特征，有助于审计人员精准把控风险，遵从适当的底稿编制标准以及选择有针对性的审计程序。在描述审计业务特征时，应关注以下几个方面。

（一）被审计单位从事的业务是否属于特殊行业

1. 若被审计单位从事房地产业务、工程施工（或相似）业务，审计人员应当选用房地产、工程施工（或相似）业务特殊底稿，并执行有针对性的审计程序。

2. 若被审计单位从事零售及消费品业务、贸易性业务，审计人员应关注收入确认的会计方法是否恰当，总额法和净额法的选用是否经过充分论证，是否符合收入准则的要求。

3. 若被审计单位从事风险较大的P2P信贷服务及第三方支付业务、网络游戏业务、互联网业务，审计人员应关注被审计单位的内部控制是否健全，并考虑利用IT专家的工作。

（二）被审计单位财务报表是否存在其他特别风险

1. 若被审计单位财务报表存在金额较大的生物性资产、特殊存货、大额商誉等高风险项目，应考虑需要利用管理层聘请的外部专家的工作或者由事务所聘请外部专家对管理层做出的估计进行复核、聘请外部专家对生物资产等特殊资产进行监盘。

2. 若被审计单位属于H股或A+H股上市公司，审计人员应根据其适用的编制基础，关注被审计单位财务报表的披露是否符合上市地监管机构的规定和相关披露要求。

3. 若被审计单位上年审计意见类型为保留或无法表示审计意见，审计人员应关注非无保留事项对本期财务报表的持续影响、上期非无保留事项在本期消除的证据是否充分适当等。

4. 若被审计单位的业务涉及保密业务，审计人员应遵从国家及事务所保密规定执行相关审计程序。

三、重要性

计划阶段确定重要性，有助于审计人员评估识别出的风险是否重大，在确定进一步审计程序的性质、时间安排和范围时有一定的参考作用。总体审计策略中需要确定合并财务报表重要性、特定交易或账户余额的重要性、实际执行的重要性和明显微小错报的临界值。

四、可能存在较高重大错报风险的领域

总体审计策略中应记录风险评估阶段发现的合并报表层面的重大错报风险的领域。随着审计工作的深入，在内控测试阶段或者实质性测试阶段发现了其他重大错报风险，应根据实际情况对总体审计策略的重大错报风险领域进行修改。

五、重要组成部分

计划审计工作中一项很重要的工作，就是确定集团审计的重要组成部分，并为每个重要组成部分设定审计策略。重要组成部分单独出具审计报告的，还要为其确定单独的重要性。

（一）识别集团组成部分

有些集团编制母子公司的合并报表，有的集团编制总分公司的汇总报表，有的集团是将两者结合。因此，母公司、子公司、合营企业以及按权益法或成本法核算的被投资实体，或者集团本部、分支机构都可被视为组成部分。而其他一些集团可能按照职能部门、生产过程、单项产品或劳务（或一组产品或劳务）或地区分布来组织财务报告系统。相应地，这些职能部门、生产过程、单项产品或劳

务（或一组产品或劳务）或地区也可被视为组成部分。集团审计团队可以按照组成部分划分成集团项目组和组成部分项目组。组成部分项目组既可以是本事务所审计人员，也可能是大型集团审计中子集团的其他事务所团队。

（二）确定集团的重要组成部分

集团的重要组成部分是指集团项目组识别出的对集团具有财务重大性或者可能存在导致集团财务报表发生重大错报或特别风险的组成部分。

1. 单个组成部分对集团具有财务重大性。一般情况下，在判断单个组成部分是否对集团具有财务重大性时，集团项目组可以将选定的基准乘以某一百分比。通常以集团资产、利润总额、营业收入、现金流量等为基准。财务重大性主要考虑：

（1）资产规模较大的公司；

（2）收入贡献较大的公司；

（3）主要利润来源公司；

（4）重大亏损公司；

（5）其他具有特殊性质和情况的事项。

如果某些组成部分收入很高但利润很小，或者某些组成部分是收益不稳定的新成立主体，集团项目组可以同时采用两个基准来识别单个组成部分是否具有财务重大性，即将符合任何一个基准的百分比的组成部分识别为重要组成部分。集团项目组选定的基准可以考虑使用内部交易抵销后的结果。实务中，可能存在一种情形，当某一组成部分内部销售交易比重较大时，采用内部交易抵销后的营业收入作为财务重大性的基准可能不再恰当，此时选择其他指标，如资产总额可能更加合适。

审计人员采用资产、利润总额、营业收入为基准，组成部分任一项占比在10%~15%以上，即认为对集团具有财务重大性。上述百分比属于经验数据，实际执行时根据集团组成部分的实际情况及审计要求调整判断标准。

2. 单个组成部分的特定性质可能导致集团财务报表发生重大错报或特别风险。集团项目组考虑单个组成部分特定性质对集团财务报表的影响时，主要关注：

（1）集团中从事特殊行业的组成部分，如工业制造集团中专门从事资金管理和金融服务的财务公司，房地产集团公司中小额贷款公司等。

（2）某一单个组成部分的某类交易、账户余额或披露超过集团财务报表整体重要性，如集团中某个子公司专门从事研发活动，存在大额的研发支出资本化金额。

（3）当某一单个组成部分与其他同类组成部分相比存在特殊交易，如在集团的多家贸易公司中，某一贸易公司为了规避外汇风险而从事外汇掉期交易，虽然对集团并不具有财务重大性，但仍可能存在使集团财务报表发生重大错报的特别风险。

（4）某一单个组成部分的财务信息涉及重大会计估计和判断，如某个组成部分存在巨额商誉。

（5）某一单个组成部分的经营模式、业务流程、计算机信息技术系统、内部控制及关键管理人员发生重大变化。

（6）以前年度审计中发现的使集团财务报表发生重大错报或特别风险的组成部分。

（7）新收购的组成部分。

（8）被监管部门特别关注的组成部分等。

（三）设定集团重要组成部分审计策略

根据组成部分的财务重大性和其性质对集团财务报表整体风险的影响程度，集团项目组应分别对组成部分制定不同的审计策略。

1. 重点审计。对集团重要组成部分，实施重点审计，集团项目合伙人将向重要组成部分配更多的资源。重点审计需要执行内部控制测试、更为详细的实质性测试、实施全部关键的审计程序。关键审计程序样本量建议如表 4–24 所示。

表 4–24　重点审计单位关键审计程序建议样本量

序号	关键审计程序样本量	建议比例
（1）	银行存款、借款询证函发函比例	100%
（2）	往来询证函发函比例	> 70%
（3）	实物资产监盘比例	> 60%
（4）	主营业务收入检查比例	> 50%
（5）	主营业务成本计算单检查月份	> 4
（6）	各项费用检查金额	计算确定
（7）	其他重大或异常项目，如占报表或其他基准 30% 以上	根据具体情况确定

2. 一般审计。集团某些组成部分不构成重要组成部分，但是需要单独出具审计报告，可进行一般审计，挑选重要的业务循环执行控制测试，关键审计程序的样本量，根据适当的抽样方法计算确定。

3. 特定项目审计或特定审计程序。非重要组成部分如果存在可能导致集团财务报表发生重大错报风险的一个或多个账户余额、一类或多类交易或披露事项，集团项目合伙人应针对该类账户、交易或披露分配更多的审计资源，执行特定项目审计或特定审计程序，该组成部分的其他项目则实施一般审计。

4. 审阅。对于集团财务报表不重要且不需要单独出具审计报告的单位，审计人员可执行审阅程序，即以了解、询问、分析、检查等为主，不一定执行发函、监盘等审计程序。例如，某些组成部分不需要单独出具审计报告，且资产、利润、营业收入任一项指标占合并财务报表的比例均不足 1%~5%。

5. 分析程序。对于集团财务报表极不重要且不需要单独出具审计报告的单位，可仅在集团层面执行分析程序。例如，某些组成部分不需要单独出具审计报告，且资产、利润总额、营业收入任一项指标占合并财务报表的比例均不足 1%。

6. 以合并财务报表项目作为审计单元的审计策略。某些情况下，集团的组成部分较为分散，单个组成部分对集团财务报表均不构成财务重大性。此时，可对集团财务报表构成重要影响的单一账户、交易或披露实施特定项目审计或实施特定审计程序，而对集团财务报表的其他所有项目采取一般审计的方法，即不以各个组成部分为审计单元，而是以合并报表各项目为审计单元。

7. 轮换审计策略。如果集团的组成部分较为分散，也不存在特定项目，仍以组成部分作为审计单元，则可以在各个组成部分中挑选一定比例的组成部分进行重点审计，而另一部分进行一般审计、审阅、分析程序。采用此种方法需要注意的是，连续承接业务情况下，各组成部分的审计策略需要每年根据实际情况进行轮换。

六、总体时间安排

确定审计业务总体时间安排，有助于审计人员合理分配资源、有序组织和开展审计业务，确保按时按质完成审计工作。总体时间安排包括明确审计报告时间要求、执行各项审计工作的大体时间节点、与被审计单位和事务所内部以及外部沟通时间节点等。

七、具体审计计划

具体审计计划是对总体审计策略的细化。具体审计计划通常按照财务报表项目列示，比如重要的交易、余额或列报，描述每个项目的重大错报风险，以及计划实施的重要审计程序、进一步审计程序的执行时间、执行范围和执行人。描述重要审计程序时，应明确选取样本的方法和样本量，如拟进行存货监盘的地点、金额比例、监盘的时间等。具体审计计划可以用表格的形式编制，也可以用文档的形式编制。表 4–25 为表格形式的示例。

表 4-25 具体审计计划示例（仅选取部分财务报表项目）

交易 / 余额 / 列报	是否为认定层次的重大错报风险	计划实施的关键审计程序及执行范围	进一步审计程序的执行时间	执行人
货币资金	是	1. 在期末或临近期末对现金进行监盘； 2. 检查公司银行账户本期开户与销户情况； 3. 对银行账户余额全部进行函证，通过邮寄形式控制函证过程； 4. 取得公司本期所有网银流水，核对公司银行账； 5. 检查企业定期存款质押情况	2019.12.30 至 2020.1.10	张三
存货	是	1. 关注企业采购流程、方式、人员以及供应商情况，检查供应背景、合同、采购发票； 2. 在同一天对 9 个城市所有珠宝零售商店实施存货监盘； 3. 对存货先进先出法进行计价测试； 4. 对委托代销库存数量较大的进行函证； 5. 对截止日存货入库与出库进行截止测试	2019.12.30 至 2020.1.22	李四
营业收入	是	1. 针对收入项目，使用分解的数据实施实质性分析程序，如按照月份、产品线或业务分部将本期收入与具有可比性的以前期间收入进行比较。利用计算机辅助审计技术可能有助于发现异常的或未预期到的收入关系或交易； 2. 向超过合并报表实际执行的重要性的所有客户函证交易及往来余额，并函证相关的特定合同条款以及是否存在背后协议； 3. 向被审计单位的销售和营销人员或内部法律顾问询问临近期末的销售或发货情况，以及他们所了解的与这些交易相关的异常条款或条件； 4. 对于通过电子方式自动生成、处理、记录的销售交易实施控制测试并利用 IT 专家的工作； 5. 期末选取 5 个一二线城市经销商发货现场实地观察发货情况并进行访谈，了解经销商是否存在囤货的情况	2019.11.20 至 2020.1.22	王五

八、审计案例

案例 4－11

A 上市公司 2019 年年报总体审计策略及具体审计计划

（一）被审计单位基本情况

1. 公司历史沿革。（略）

2. 公司所属行业。（略）

3. 经营范围。（略）

4. 公司主要产品或提供的服务。（略）

5. 公司的基本组织架构。（略）

6. 前十大股东（略）

（二）审计目的及审计范围

1. 审计目的

（1）依据财政部、证监会、深交所等监管部门以及中注协《关于做好上市公司2019年年报审计工作的通知》等相关工作要求，在对A上市公司及纳入合并范围内的公司2019年度的财务状况、经营成果、现金流量、股东权益变动等进行全面审计的基础上，对公司2019年度财务报表发表恰当的审计意见。

（2）根据按照《企业内部控制审计指引》及中国注册会计师执业准则的相关要求，对A上市公司2019年12月31日的财务报告内部控制的有效性进行审计并发表恰当的审计意见。

（3）在审计了A上市公司2019年度财务报表的基础上，对A上市公司2019年度控股股东及其他关联方占用资金的情况进行审核，出具《控股股东及其他关联方占用资金情况审核报告》。

（4）对A上市公司《2019年度募集资金存放与实际使用情况的专项报告》进行审核，并发表恰当的审核意见。

2. 审计业务特征（见表4–26）

表4–26 审计业务特征

审计业务特征	应对或结果及工作底稿索引
整体审计方案	对2019年度财务报表和2019年12月31日财务报告内部控制进行整合审计。采用事务所整合审计底稿标准
适用的财务报告编制基础（包括是否需要将财务信息按照其他财务报告编制基础进行转换）	A上市公司财务报表系以持续经营为基础，据实际发生的交易和事项，按照财政部发布的《企业会计准则——基本准则》及具体会计准则、应用指南、准则解释及其他相关规定编制。实质性测试部分采用通用底稿中的审计程序
采用的内部控制标准	《企业内部控制基本规范》《企业内部控制应用指引》《企业内部控制评价指引》，风险评估、内部控制了解与测试、完成阶段采用内控整合审计底稿
适用的审计准则	《中国注册会计师审计准则》《企业内部控制审计指引》《企业内部控制审计指引实施意见》
与财务报告相关的行业特别规定	中国证券监督管理委员会《公开发行证券的公司信息披露编报规则第15号——财务报告的一般规定》，中国证监会《公开发行证券的公司信息披露的内容与格式准则第2号——年度报告的内容与格式》《上市公司监管指引第2号——上市公司募集资金管理和使用的监管要求》，证监会会计部发布的《关于做好新颁布或修订的会计准则相关财务信息披露工作的通知》
集团审计中，由组成部分注册会计师审计的范围	合并范围内均由本所项目组实施审计

3. 审计工作涵盖的范围 / 合并财务报表范围

纳入合并范围的子公司：（略）

（三）重大错报风险领域（见表 4–27）

表 4–27　重大错报风险领域

考虑因素	风险评估结果	对总体审计策略的影响
对客户经营风险的初步评估结果	根据 A 上市公司已披露 2019 年三季报相关数据，本期收入较上年同期增长 22.5% 增长，但归属于上市公司股东的净利润下降 58.49%，归属于上市公司股东的扣除非经常性损益的净利润降幅更高，达到 –80.22%。本期亏损较上年同期金额增加较大主要原因是控股子公司镁业在报告期所有装置进入联动运行，除部分装置外大部分装置整体生产负荷还相对较低，产品单位生产成本偏高，加之大额在建工程结转固定资产、利息费用化、原材料价格上升等多因素影响，报告期镁业亏损较上年同期增加所致。收入增加主要原因为本期氯化钾销售量和价格均较上年同期增加，本期贸易收入较上年同期增长	关注公司氯化钾产品销售价格是否符合行业情况，同时关注贸易收入确认方法的合理性；对公司产生亏损的原因进行分析，是否符合公司的实际情况以及成本费用发生的完整性等；重点关注主要产品销售收入确认、成本结转事项
对客户财务风险的初步评估结果	A 上市公司 2019 年三季报公告显示，公司较大可能存在 2019 年业绩大额亏损的风险，主要原因及风险警示： 1.2019 年 9 月 30 日，作出的《民事裁定书》，裁定受理债权人对公司的重整申请，并指定清算组作为 A 上市公司管理人，公司重整事项存在重大不确性。 2. 公司股票存在暂停上市的风险：因公司 2017 年度、2018 年度连续两个会计年度经审计的净利润均为负值，若公司 2019 年度经审计的净利润继续为负值，根据《股票上市规则》第 14.1.1 条的规定，公司股票将面临暂停上市的风险。 3. 公司股票存在终止上市的风险：首先，如果公司股票被暂停上市，暂停上市后首个年度（即 2020 年度）报告显示公司扣除非经常性损益前后的净利润孰低者为负值、期末净资产为负值、营业收入低于 1000 万元或者被会计师事务所出具保留意见、无法表示意见、否定意见的审计报告，或者未能在法定期限内披露 2020 年年度报告，根据《股票上市规则》的规定，公司股票将终止上市。其次，法院已裁定公司进入重整程序，但公司尚存在因重整失败而被宣告破产的风险。如果公司被宣告破产，根据《股票上市规则》的规定，公司股票将面临被终止上市的风险。 4. 存在资产大额减值及较大亏损的风险：鉴于公司已进入破产重整程序，目前公司已经全面启动重整中的资产评估工作。同时，公司的主要子已被裁定受理重整，公司的资产存在大额减值及较大亏损的风险，将对公司 2019 年年度业绩造成重大影响。最终具体减值损失待后续根据海纳化工、镁业的重整计划确定	公司已无法清偿到期债务，且明显缺乏清偿能力，生产经营和财务状况均已陷入困境。 需要重点关注公司重整进展情况，与破产管理人充分沟通债权申报、资产处置等事项，并充分关注重整事项对财务报表的影响

续表

考虑因素	风险评估结果	对总体审计策略的影响
对客户控制环境的初步评估结果	国有控股公司，管理层诚信度较高；管理层对内部控制予以足够的重视，包括信息技术控制；治理层对企业的对外财务报告和财务报告内部控制实施充分的监督；企业的组织架构适合于企业的性质、规模和复杂程度；企业制定和实施了适当的人力资源标准和程序	公司管理层诚信度较高，虽然有舞弊动机和压力，但机会较少
涉及管理层意图和判断的重要领域（如重要会计政策和会计估计等）	公司执行企业会计准则。2018 年根据新金融工具准则变更了信用减值损失的估计方法，但对财务报表整体不构成重大影响；收入确认会计政策较为激进	关注收入的确认方法，特别是贸易收入按照总额法确认是否符合主要责任人的判断标准
当期发生的重大经营活动变化（如新的业务领域、新的经营模式）	除重整事项外，本期公司未发生其他重大经营活动变化，未进入新的业务领域或开展新的经营模式	
当期发生的重大非常规事项（如收购、重组等）	公司及控股子公司进入破产重整程序	持续经营能力存在重大疑虑
对内部控制有效性的初步判断	控制设计合理，并得到执行	因首次承接，且需要出具内部控制审计报告。拟采用整合审计的方法，对所有业务循环均进行控制测试

（四）初步设定的重要性（见表 4–28）

表 4–28　　重要性

1. 财务报表整体重要性	
确定基础	营业收入
比率	0.5%
财务报表整体重要性	9800 万元
2. 实际执行的重要性	
比率	50%
实际执行的重要性	4900 万元
3. 明显微小错报临界值	
比率	5%
明显微小错报临界值	490 万元

注：本期公司巨额亏损，而收入较为稳定，计算重要性采用“营业收入”作为基础计算整体重要性可能比用亏损额的绝对值计算更为恰当。

（五）报告目标、时间、人员安排及所需要的沟通（见表 4–29、表 4–30、表 4–31）

表 4–29　　报告时间

审计工作	时间
1. 提交审计报告草稿	2020 年 2 月 15 日
2. 签署正式审计报告	2020 年 2 月 27 日
3. 公告已审计报表和审计报告	2020 年 2 月 28 日

表 4–30　　审计时间

被审计单位名称	预审时间	监盘时间	期末审计时间	汇总与复核	出具报告
母公司	2019.11.4—2019.12.7	2019.12.30—2020.1.2	2020.1.3—2020.2.6	2020.2.7—2020.2.16	2020.2.27
各子公司	2019.11.12—2019.12.14	2019.12.30—2020.1.2	2020.1.3—2020.2.8	2020.2.9—2020.2.27	

人员安排（略）

表 4–31　　沟通时间

沟通对象	沟通内容	时间
与管理层及治理层沟通	1. 沟通审计工作的性质、时间安排和范围； 2. 沟通拟出具的审计报告类型和时间安排及其他事项（口头或书面），包括审计报告、管理建议书和向治理层通报的其他事项等； 3. 沟通审计工作的进展； 4. 沟通重大的会计和审计问题，针对上市实体沟通关键审计事项等； 5. 沟通其他信息的构成内容及提供的时间安排等事项； 6. 沟通持续经营相关事项	进驻审计现场前与治理层沟通 2019.11.15 审计过程中沟通 2020.1.16 审计完成阶段与治理层、独立董事、管理层沟通 2020.2.15
项目组内部沟通	项目组会议的性质和时间安排，以及复核的时间安排	2019.11.5 2020.1.10 2020.2.16
与组成部分注册会计师沟通	不适用	
与前任注册会计师沟通	与前任会计师沟通上期审计的情况	2019.11.5
与辖区监管局沟通	包括向辖区监管局了解情况、提交审计计划、汇报主要调整事项和其他重大事项、报送审计总结等	2020.1.16 2020.3.5

（六）利用专家工作（见表 4–32、表 4–33）

表 4–32　对内部审计工作的利用

项目	拟利用的内部审计工作	索引号（略）
对内部控制评价工作的了解以及拟利用被审计单位内部相关人员工作的程度	公司审计部负责组织实施内部控制评价工作。由内部审计部按业务板块组成内控评价小组，对公司内控体系建设和实施的有效性进行了全面测试及评价，出具了《内部控制自我评价报告》。 本期内部控制审计中，在对公司内部控制了解、评价的基础上，对公司《内部控制自我评价报告》进行了研究、分析，与评价小组负责人进行了充分沟通，确定拟利用评价小组工作的情况如下： 1. 财务报告内部控制，特别是公司整体层面控制以及确定的重要业务流程控制，了解、评价、测试均由项目组成员完成，不利用评价人员工作； 2. 非财务报告内部控制、通过了解，确认的与特别风险无关的内部控制等，除非已识别出存在重大缺陷，可以在对评价人员的胜任能力做出评估后利用评价小组测试、评价的结果	

表 4–33　对专家工作的利用

主要报表项目	专家名称	主要职责及工作范围	利用专家工作的原因	索引号（略）
固定资产、在建工程、工程物资	北京北方资产评估事务所	对有资产减值迹象的资产进行评估，为计提资产减值准备提供依据	长期资产可回收价值的专业意见	
	万隆（上海）资产评估有限公司	对有资产减值迹象的资产进行评估，为计提资产减值准备提供依据	长期资产可回收价值的专业意见	
存货	青海隆成勘测工程有限公司	测量钾肥分公司氯化钾散料体积，计算库存量	利用专家经验、增强项目组胜任能力	
存货	青海赛纬测绘科技有限公司	测量能源原煤体积，计算库存量	利用专家经验、增强项目组胜任能力	
		测量天石矿业石灰石体积，计算库存量	利用专家经验、增强项目组胜任能力	
存货	化工分公司技术中心	测量元通钾肥、三元钾肥光卤石矿堆等	利用专家经验、增强项目组胜任能力	
公司财务相关的 IT 系统运行有效性	事务所内部 IT 专家	对支持存货、收入等交易的信息系统一般控制和应用控制进行测试	因部分业务流程核算管理采用信息系统，仅通过实质性测试无法应对	

（七）具体审计计划

1. 风险导向审计程序及运用（略）

2. 对风险评估及审计计划的讨论（略）

3. 审计重点及具体应对措施

根据财政部、证监会、深交所、中注协等监管部门对上市公司年度财务报表审计工作的要求，充分考虑A上市公司及其控股子（孙）公司的行业特点及实际情况，在上述风险评估的基础上，除单独实施专项核查的项目外，确定本次其他审计重点及计划实施的进一步审计程序如下（仅列举部分财务报表项目）：

（1）营业收入及成本。

①本年氯化钾销售价格较上年度稍有上涨，关注产品销售价格的变动趋势与公开市场价格走势的关联性。分析氯化钾销售毛利率的变化情况，进一步分析销售价格、生产成本的变动趋势。

②本年碳酸锂销售价格较上年度下降幅度较大，关注产品销售价格的变动趋势与公开市场价格走势的关联性。

③实施截止性测试，检查营业收入的会计处理是否正确，有无跨年度入账的现象。

④检查营业成本结转是否正确，是否与营业收入配比。

⑤对主要产品（商品）毛利率进行测试，对毛利率异常变动的原因进行分析；

⑥抽查业务本期发生额的会计记录、重要的业务合同，确定其真实性。

⑦检查是否存在期后大额、异常的销售退回情况。

⑧关联方交易，是否有通过关联方交易转移利润，或构建复杂交易，隐瞒真实的财务状况及歪曲经营成果，如上下游均为关联方等情况。

⑨收入的确认是否符合准则规定，贸易收入与实物流、资金流是否匹配，采用总额法确认收入是否恰当。

（2）或有负债。

①检查被审计单位对外抵押、担保的有关合同，了解、询证被担保企业的偿债能力，分析被审计单位代为清偿债务的可能性。

②向被审计单位询问是否存在诉讼纠纷情况，必要时向律师函证涉讼事项。

③结合预计负债科目检查被审计单位或有负债的披露是否合规，关注是否存在应当计入当期损益的预计负债但企业仅在财务报表附注中进行披露的事项。

鉴于A上市公司为已进入破产重整程序的控股子公司海纳进行了担保，以及存在未决诉讼事项需要确认预计负债，计划追加实施对管理人、公司财务总监的现场访谈程序，并取得或有事项确认预计负债合理性的相关证据。

以上仅列举部分财务报表项目，其他项目（略）。

（八）拟与治理层沟通的事项（包括需要披露的关键审计事项）

1. 破产重整相关事项（关键审计事项）

A上市公司已进入破产重整程序，管理人已根据《财产管理及变价方案》以资产评估机构出具的专项评估报告所确认的评估价值为处置参考，启动了对化工分公司的主要资产以及对控股子公司镁业、海纳化工所享有的股权和应收债权的公开处置工作。基于拍卖进展情况，上述资产处置事项将以公司与青海汇信资产管理有限责任公司通过协议转让的形式完成。根据相关协议青海汇信资产管理有限责任公司受让价为30亿元，公司将产生巨额资产处置损失，进而导致A上市公司资产、负债、净利润等均产生重大影响，拟将其确定为关键审计事项。

2. 收入的确认（关键审计事项）

A上市公司主要从事农用氯化钾和化工产品的生产和销售业务，在以下条件均已满足时确认产品销售收入：签订了销售合同、收到销售产品货款、客户下达发货指令、根据发货指令安排发货、发货后调度中心将发货信息录入销售系统、财务部在销售系统中根据发货信息生成销售结算单、根据销售系统生成的销售结算单开具增值税发票同时确认营业收入。由于运输方式安排和运输距离的路途时间影响，客户实际收到货物的时间与A上市公司销售系统中销售结算单的生成时间可能存在不同步的情况，由此可能导致营业收入存在未能计入恰当会计期间的潜在错报，拟着重关注营业收入的截止性，并将其识别为关键审计事项。

3. 应收款项计提坏账准备

A上市公司及子公司镁业、海纳化工已进入破产重整程序，母公司对两子公司存在大额应收款项，管理人拟对两项债权进行处置，根据前五次司法拍卖流拍的情况判断，公司需对两项子公司应收款项计提大额坏账准备，将影响本年合并报表大额亏损。

4. 化工分公司资产包处置将计提大额资产减值准备

管理人拟处置化工分公司存货、固定资产、在建工程和无形资产的资产包，根据前五次司法拍卖流拍的情况判断，公司需要对资产包中的资产计提大额减值准备。

5. 持续经营能力

A上市公司2017年度、2018年度连续经营亏损，2019年度，由于管理人处置资产产生的大额处置损失导致公司2019年度亏损金额巨大，连续三年亏损，公司股票将面临暂停上市的风险。2019年巨额亏损，使得A上市公司截至2019年12月31日的净资产为大额负数。A上市公司母公司、子公司镁业、海纳化工分别于2019年9月30日、2019年10月16日进入破产重整程序。公司虽持续披露了重整进展情况，但仍表明存在可能导致对A上市公司持续经营能力产生重大疑虑的重大不确定性。

6. 或有事项

根据公司公开披露的关于累计诉讼、仲裁情况的公告等，公司存在为两个司法重整子公司担保以及未决诉讼情况，重点关注或有事项是否确认为预计负债，以及确认的相关证据的充分性和适当性，必要时增加对管理人、公司管理层、法律顾问等的访谈程序。

7. 关注媒体质疑报道情况

公司于 2019 年 11 月 29 日发布了《关于媒体报道的澄清公告》，鉴于部分财经媒体对公司破产重整相关事项进行了报道，并提出了质疑，主要包括有关公司破产重整程序、财产变现处置定价、拍卖程序以及相关信息披露等内容。对此，A 上市公司及时组织相关人员对媒体的报道质疑进行了认真的核查和落实，并就相关质疑进行了澄清公告。关注媒体质疑与公司核查澄清情况是否对 2019 年报审计工作产生影响，对有影响的事项进行核实并关注是否需要追加进一步审计程序。

8. 与管理层沟通其他信息

A 上市公司管理层对其他信息负责。其他信息包括 2019 年年度报告中涵盖的信息，但不包括财务报表和审计报告。年报中其他信息应与已审财务报表、附注及审计报告中披露的信息相比较，如果存在不一致，项目组将按照按《中国注册会计师审计准则第 1521 号——注册会计师对其他信息的责任（2016 年修订）》执行相关程序。A 上市公司预计 2020 年 2 月 28 日对外披露年度报告，项目组预计在 2 月 20~22 日取得年度报告初稿，并核对其他信息，以及与管理层进行沟通。

（九）出具内控审计报告的特殊考虑

1. 财务报告内部控制缺陷的认定标准

分别按定性标准和定量标准划分确定重大缺陷、重要缺陷和一般缺陷（见表 4–34、表 4–35）。

表 4–34　财务报告内控缺陷定性标准

缺陷程度	重大缺陷	重要缺陷	一般缺陷
定性标准	单独缺陷或连同其他缺陷导致不能及时防止或发现并纠正财务报告中的重大错报。出现下列情形之一的，认定为重大缺陷： （1）控制环境无效； （2）董事、监事和高级管理人员舞弊行为； （3）外部审计发现当期财务报告存在重大错报，公司在运行过程中未能发现该错报； （4）已经发现并报告给管理层的重大缺陷在合理的时间后未加以改正； （5）公司审计委员会和内部审计机构对内部控制的监督无效； （6）其他可能影响报表使用者正确判断的缺陷	单独缺陷或连同其他缺陷导致不能及时防止或发现并纠正财务报告中虽然未达到和超过重要性，仍应引起管理层重视的错报	不构成重大缺陷或重要缺陷的其他内部控制缺陷

表 4–35　财务报告内控缺陷定量标准

基准项目	重大缺陷	重要缺陷	一般缺陷
营业收入潜在错报	营业收入总额的 0.5% ＜错报	营业收入总额的 0.3% ＜错报≤营业收入总额的 0.5%	错报≤营业收入总额的 0.3%

续表

基准项目	重大缺陷	重要缺陷	一般缺陷
利润总额潜在错报	利润总额的 3% <错报	利润总额的 2% <错报≤利润总额的 3%	错报≤利润总额的 2%
资产总额潜在错报	资产总额的 0.5% <错报	资产总额的 0.3% <错报≤资产总额的 0.5%	错报≤资产总额的 0.3%
所有者权益潜在错报	所有者权益总额的 1% <错报	所有者权益总额的 0.5% <错报≤所有者权益总额的 1%	错报≤所有者权益总额的 0.5%

2. 非财务报告内部控制缺陷的认定标准

非财务报告内部控制缺陷分别按定性标准和定量标准划分确定重大缺陷、重要缺陷和一般缺陷（见表 4–36、表 4–37）。

表 4–36　非财务报告内控缺陷定性标准

缺陷程度	重大缺陷	重要缺陷和一般缺陷
定性标准	出现以下情形之一的，认定为重大缺陷， （1）严重违反国家法律、法规或规范性文件； 出现以下情形之一的，认定为重大缺陷， （1）严重违反国家法律、法规或规范性文件； （2）重大决策程序不科学； （3）重要业务缺乏制度或制度系统性失效； （4）重大或重要缺陷不能得到整改； （5）其他对公司影响重大的情形	其他情形按影响程度分别确定为重要缺陷或一般缺陷

表 4–37　非财务报告内控缺陷定量标准

缺陷程度	直接财产损失金额	重大负面影响
重大缺陷	1 000 万元以上	对公司造成较大负面影响并以公告形式对外披露
重要缺陷	500 万 ~1 000 万元（含 1 000 万元）	受到国家政府部门处罚但未对公司造成负面影响
一般缺陷	500 万元（含 500 万元）以下	受到省级（含省级）以下政府部门处罚但未对公司造成负面影响

（十）首次承接对期初余额执行的程序

1. 前后任注册会计师沟通

本所首次接受委托执行 A 上市公司 2019 年度财务报表审计，根据《中国注册会计师审计准则第 1152 号——前后任注册会计师的沟通》要求，在接受委托前，已与前任注册会计师就影响业务承接决策的事项进行了必要沟通，并确定接受委托；接受委托后，与前任注册会计师就对审计有重大影响的事项进行了沟通，前任会计师同意查阅底稿，以获取必要的审计证据。

2. 对期初余额的审计程序

考虑到前任会计师事务所和前任项目合伙人长期未轮换，拟在查阅前任会计师上期工作底稿的基础上，执行其他专门的审计程序：

（1）对银行存款及借款、交易性金融资产及负债、企业往来等期初余额发函询证。期初、期末银行发函比例 100%，往来发函比例不低于 70%。

（2）通过检查本期应收款项的收回或应付款项的支付情况，为期初往来提供佐证。

（3）在对期末存货监盘的基础上，实施前推程序，检查期初至期末的入库单、出库单，将期末存货数量调节至期初存货数量。期末监盘比例不低于存货期末余额的 80%，抽盘比例不低于存货期末余额的 60%。

（4）对于长期股权投资、固定资产、在建工程、无形资产、债权投资、其他权益工具投资、长期借款、专项借款、其他长期负债等非流动资产和负债，检查前任会计师工作底稿。

（十一）总体审计策略的修改

2020 年 1 月 11 日，公司披露了《2019 年度业绩预告》，预计 2019 年归属于上市公司股东的净利润为亏损约 432 亿 ~472 亿元。业绩预告披露后，引起投资者广泛关注，深交所于 1 月 13 日向公司发出《关注函》，要求公司对影响业绩大幅下降的重点事项进行核查及回复，并要求注册会计师对其中：“1. 说明公告所述初步测算预计资产处置损失约 417.35 亿元的具体测算过程，论证此次资产处置导致大额资产减值的必要性和合理性，是否存在前期信息披露不充分的情形，如是，请详细说明。2. 说明其他 8 家股东主张你公司回购镁业股份以及你公司向国开基金回购镁业股份的依据，是否存在应披露未披露的事项，如是，请详细说明；列示公司对上述回购事项的会计处理，说明该处理是否恰当。”两个问题进行核查并发表意见。

就上述事项需追加以下审计程序，并形成专门的核查工作底稿。

1. 核查破产重整进程中因资产处置预计产生的损失

与管理人、公司管理层、治理层充分沟通，论证此次资产处置导致大额资产减值的必要性和合理性。关注处置资产的决策情况、拟处置资产的评估情况、拟处置资产的拍卖进展情况以及资产包的相关处置安排。复核管理层聘请的评估专家的工作是否恰当，必要时利用事务所内部估值专家的工作再次复核。

2. 核查未决诉讼预计产生的损失情况

就 A 上市公司回购 8 家股东所持镁业股份的事项与公司及管理人进行充分的沟通，取得并查阅《民事判决书》《关于累计诉讼、仲裁情况的进展公告》等资料，向公司管理层、法务部询问了诉讼进展的情况，对公司依据《企业会计准则第 13 号—或有事项》规定进行的相关账务处理进行复核。

3. 核查承担保证责任预计产生的损失

A 上市公司为海纳化工的 30 亿元的银行贷款、融资租赁提供连带保证担保。A 上市公司、海纳化工分别于 2019 年 9 月 30 日、2019 年 10 月 16 日进入破产重整程序。根据《最高人民法院关于适用〈中华人民共和国企业破产法〉若干问题的规定（三）》第五条的规定："债务人、保证人均被裁定进入破产程序的，债权人有权向债务人、保证人分别申报债权。债权人向债务人、保证人均申报全部债权的，从一方破产程序中获得清偿后，其对另一方的债权额不作调整，但债权人的受偿额不得超出其债权总额。保证人履行保证责任后不再享有求偿权。"因此，如 A 上市公司率先向相关债权人履行了保证责任，则 A 上市公司不再享有对海纳化工的追偿权，A 上市公司相应产生担保损失约 30 亿元。关注该事项进展情况，并取得充分适当审计证据。

4. 关注回购股权预计产生的损失

因公司回购国开发展基金有限公司所持镁业的股权所需金额约 6 亿元，国开发展基金有限公司已经向管理人申报债权，且债权已经西宁中院裁定确认，故公司预计产生损失约 6 亿元。审计中关注 A 上市公司回购国开基金所持镁业股份的依据，向律师咨询其合法性，评价其会计处理的合理性。

第九节　重要性

一、重要性的概念

财务报告编制基础从编制和列报财务报表的角度阐释重要性概念，从而为注册会计师在审计工作中确定重要性提供参考依据。《中国注册会计师审计准则第 1221 号——计划和执行审计工作时的重要性》，从下列方面阐述了重要性概念：

1. 如果合理预期错报（包括漏报）单独或汇总起来可能影响财务报表使用者依据财务报表作出的经济决策，则通常认为错报是重大的；

2. 对重要性的判断是根据具体环境作出的，并受错报的金额或性质的影响，或受两者共同作用的影响；

3. 判断某事项对财务报表使用者是否重大，是在考虑财务报表使用者整体共同的财务信息需求的基础上作出的。由于不同财务报表使用者对财务信息的需求可能差异很大，因此不考虑错报对个别财务报表使用者可能产生的影响。

注册会计师使用整体重要性的目的有：

1. 决定风险评估程序的性质、时间安排和范围；

2. 识别和评估重大错报风险；

3. 确定进一步审计程序的性质、时间安排和范围；

4. 在形成审计结论阶段，要使用整体重要性和为了特定类别交易、账户余额和披露而确定的较低金额的重要性来评价已识别的错报对财务报表的影响和对审计报告中审计意见的影响。

二、重要性的确定

（一）财务报表整体重要性

审计人员通常采用合并报表的总资产、净资产、营业收入、费用总额、经常性业务税前利润为基准，乘以一定百分比作为合并报表整体重要性。选择计算基准时，审计人员需要考虑的因素包括：

1. 财务报表要素（资产、负债、所有者权益、收入、费用或利润等）；

2. 报表使用者特别关注的项目，如证券监管机构可能将净利润的5%作为立案标准；

3. 被审计单位的性质、所处的生命周期阶段以及所处行业和经济环境因素；

4. 被审计单位的所有权结构和融资方式，例如，被审计单位仅通过债务并非权益融资，财务投资者更关心资产及资产的索偿权，并非被审计单位的收益；

5. 基准的相对波动性等。

与财务报表要素对应的经验百分比，通常为资产、负债、所有者权益、收入、费用的0.5%~1%，经常性业务的税前利润的5%~10%。

选择基准和百分比需要运用职业判断，且并非一直不变。通常情况下，对于以营利为目的的企业，利润可能是大多数财务报表使用者最为关注的财务指标，因此，审计人员可能考虑选取经常性业务的税前利润作为基准。在确定百分比时，被审计单位如果为上市公司或公众利益实体，应选择较低的百分比，如经常性业务的税前利润的5%。表4-38为重要性常用基准和百分比。

表 4-38 实务中通常采用的基准和百分比

被审计单位的情况	可能选择的基准	经验百分比
被审计单位的盈利水平保持稳定	经常性业务的税前利润	5%~10%
被审计单位近年来经营状况大幅度波动，盈利和亏损交替发生，或者由正常盈利变为微利或微亏，或者本年度税前利润因情况变化而出现意外增加或减少	过去三到五年经常性业务的平均税前利润或亏损（取绝对值），或其他基准，例如营业收入	
被审计单位处于开办期，尚未开始经营，目前正在建造厂房及购买机器设备	总资产	0.5%~1%
被审计单位处于新兴行业，目前侧重于抢占市场份额、扩大企业知名度和影响力，比如某些互联网企业；被审计单位以贸易收入为主，长期毛利偏低；对被审计单位的考核目标以计算产值为主	营业收入	0.5%~1%
开放式基金，致力于优化投资组合、提高基金净值、为基金持有人创造投资价值	净资产	0.5%~1%
被审计单位是集团设立的研发中心，主要为集团下属各企业提供研发服务，并以成本加成的方式向关联方收取费用	成本与营业费用总额	0.5%~1%
被审计单位为公益性质的基金会	捐赠收入或捐赠支出总额	0.5%~1%
被审计单位为小型企业，所有者以薪酬形式拿走大部分利润，税前利润可能一直很低	扣除薪酬和税金之前的利润	0.5%~1%

（二）实际执行的重要性百分比

实际执行的重要性是指注册会计师确定的低于财务报表整体重要性的一个或多个金额，旨在将未更正和未发现错报的汇总数超过财务报表整体的重要性的可能性降至适当的低水平。实际执行的重要性以合并报表整体重要性为基础，考虑若干风险因素，乘以一定的百分比。该比例的经验数据通常在 50%~70%。如果存在下列风险因素，审计人员应选择较低的百分比：

1. 首次承接业务的审计项目；

2. 连续审计项目，以前年度审计调整事项多或金额较大；

3. 项目总体风险较高，如具有特殊业务特征的项目、ST 上市公司、因实施并购重组及股权激励等行为尚处于业绩承诺期间的公司、控股股东或实际控制人股权被质押的公司、公司高额举债且流动性较差等；

4. 对管理层诚信有疑虑，或存在值得关注的内部控制缺陷。

（三）特定交易、账户余额或者披露的重要性

如果被审计单位存在一个或多个特定类别的交易、账户余额或披露，其发生的错报金额虽然低于财务报表整体的重要性，但合理预期可能对财务报表使用者作出经济决策有影响，审计人员还应当确定合并报表单个项目的重要性。实务中

用单个项目占比的方法确定重要性虽然简单易行，但是仅根据该项目占总资产或净利润的比例对整体重要性进行简单分配，可能并不恰当。除了考虑该项目在财务报表中金额的重要程度，还应考虑该项目的性质是否对财务报表使用者做出经济决策起到重要作用。一般来说，财务报表使用者越关心的项目，审计风险越大，需要获取的审计证据越充分，从而为该项目确定的重要性越低。例如，制药企业的研究与开发成本可能属于所处行业的关键性信息，审计人员为其确定的重要性可能比管理费用的相对占比要低。除了用调整占比的方法确定单个项目的重要性以外，也可以直接为该项目确定一个适合的重要性，因此单个项目的重要性汇总起来有可能大于或者小于财务报表整体重要性。

（四）明显微小错报的临界值

审计人员将低于某一金额的错报界定为明显微小的错报，该类错报不需要累积。这些错报，无论单独还是汇总起来，从规模、性质或其发生的环境来看都是明显微不足道的，不会对财务报表产生重大影响。明显微小错报的临界值，常用于审计人员判断发现的某单一错报是否需要调整。明显微小错报的临界值的经验数据通常为财务报表整体重要性的3%—5%，也可能低一些或者高一些，但最高不得超过财务报表整体重要性的10%，除非认为有必要单独为重分类错报确定一个更高的临界值。

三、运用重要性需要关注的要点

（一）在确定合并财务报表整体重要性时应剔除非经常性损益

在确定重要性时，不需考虑与具体项目计量相关的固有不确定性。例如，财务报表含有高度不确定性的大额估计，注册会计师并不会因此而确定一个比不含有该估计的财务报表更高或更低的财务报表整体重要性。当采用税前经常性利润时，对于利润总额中与公司正常经营业务无直接关系以及性质特殊或具有偶发性的损益，应当扣除。扣除项目可参考中国证监会关于《公开发行证券的公司信息披露解释性公告第1号——非经常性损益》所列举的内容。

（二）组成部分实际执行重要性应低于合并财务报表实际执行的重要性

1. 集团的组成部分需要单独出具审计报告时，组成部分会计师为组成部分计算出的实际执行的重要性如果高于合并财务报表实际执行的重要性，应当按照孰低原则确定。组成部分会计师对其财务报表进行了审计调整，集团项目组通常在合并层面作同样调整，除非集团项目组认为组成部分会计师通报的调整事项对集团财务报表不重要。

2. 组成部分不单独出具审计报告的，如果不属于重要组成部分，可不单独为其设定重要性，直接采用集团合并财务报表实际执行的重要性，包括使用集团财务报表明显微小临界值来判断是否在集团层面调整发现的组成部分错报。

3. 组成部分不单独出具审计报告但属于重要组成部分的，审计人员根据其性质和财务报表使用者的关注程度，可考虑为其单独确定一个实际执行的重要性，且低于合并财务报表实际执行的重要性。

示例 4–1

2019 年 10 月，黑龙江证监局对 Z 会计师事务所（特殊普通合伙）及注册会计师采取了出具警示函的行政监管措施。警示函显示：注册会计师在对哈尔滨工大高新技术产业开发有限公司 2018 年报审计中，集团审计组成部分的审计重要性水平确定不恰当。项目组将工大高新财务报表的整体重要性水平确定为 166 万元，而将工大高新全资子公司汉柏科技有限公司的重要性水平确定为 2 330 万元，集团审计组成部分的重要性水平远高于集团层面。

资料来源：中国证监会网站。

（三）单个项目实际执行的重要性应低于财务报表实际执行的重要性

1. 特定交易、账户余额或者披露在财务报表中具有重大性，其性质可能对财务报表使用者作出经济决策有影响，审计人员应当确定单个项目的重要性。此处的重大性可以参考重要组成部分财务重大性指标，例如，财务报表资产总额、利润总额、营业收入任意一项基准的 10%~15%。

2. 单个项目实际执行的重要性应低于财务报表实际执行的重要性。一般来说，财务越重大，审计人员为其确定的重要性越高，性质越敏感，确定的重要性反而越低。因此，将财务报表实际执行的重要性，按照单个项目占资产总额、利润总额、营业收入的比例对每个项目进行分配，可能并不恰当，也没有必要对所有单个项目制定重要性水平。

3. 单个项目的重要性，常用于抽样时计算样本量。例如，对超过应收账款科目实际重要性以上的客户全部发函询证，对超过收入科目实际重要性以上的合同作为特定样本，详细检查收入确认证据等。

4. 对单个项目没有必要单独计算明显微小临界值。发现单个项目错报时，审计人员判断是否进行调整的标准仍然采用财务报表整体重要性的一定百分比，比如 5%。

5. 除了财务报表项目以外，还应当对报表使用者特别关心的事项单独确定重要性。例如，关联交易披露、经营现金流量列报、业务分部的披露、诉讼及或有事项披露、重大期后事项披露等。

（四）对某个财务报表项目不实施进一步审计程序的理由不能仅仅因为其低于财务报表实际执行的重要性

1. 单个金额低于实际执行的重要性的财务报表项目汇总起来可能金额重大，远远超过财务报表整体的重要性，注册会计师需要考虑汇总后的潜在错报风险；

2. 对于存在低估风险的财务报表项目，不能仅仅因为其金额低于实际执行的重要性而不实施进一步审计程序；

3. 对于识别出存在舞弊风险的财务报表项目，不能因为其金额低于实际执行的重要性而不实施进一步审计程序。

（五）完成阶段运用重要性时应考虑错报的性质

在评价未更正错报是否重大时，除考虑未更正错报单独或连同其他未更正错报是否超过财务报表整体的重要性（定量因素）外，还要考虑错报性质以及错报发生的特定环境（定性因素），并综合评价没有对未更正错报作出调整的财务报表整体是否仍然能够实现公允反映。

例如，预收账款误计入合同负债的错报，虽然汇总起来金额超过财务报表整体的重要性，由于错报不影响经营业绩和关键财务指标，审计人员认为该类错报不重大。又如，政府补助与日常经营活动相关应当计入其他收益，误计入了营业外收入，其错报金额汇总起来超过了财务报表整体的重要性，但是审计人员认为对于评价非国有企业或非公众利益实体的经营业绩并不重要，也不会影响财务报表的公允反映，可能不会因此发表非无保留意见。

在某些情况下，即使某些错报低于财务报表整体的重要性，但因性质特殊，将其单独或连同累积的其他错报一并考虑时也可能将这些错报评价为重大错报。例如，某项错报的金额虽然低于财务报表整体的重要性，但对被审计单位的盈亏状况有决定性的影响，则必须提请被审计单位管理层进行调整。再如，根据退市规则，上市公司最近一个会计年度经审计的净利润为负值且营业收入低于人民币1亿元，交易所将对其股票实施退市风险警示。当未更正的收入错报汇总起来触及退市风险警示临界点时，即使低于财务报表整体的重要性也影响将要发表的审计意见。

第五章　了解和测试业务层面内部控制

了解被审计单位的业务流程和控制活动是审计过程中的一项必要工作，其目的一方面为了识别和评估认定层次的重大错报风险，另一方面也使审计人员对相关内部控制的有效性做出初步判断，以便设计和实施应对重大错报风险的进一步审计程序。风险评估和风险应对是整个审计过程的核心，审计人员通常以识别的重大错报风险为起点，选取被审计单位各业务循环的关键控制活动实施控制测试。审计人员应询问被审计单位人员，获取并阅读相关内部控制手册、流程图等资料，观察特定控制的运行，检查文件资料等，以充分了解被审计单位的业务流程和控制活动，通过实施穿行测试评价控制的设计并确定控制是否得到执行。

第一节　采购与付款循环

一、主要控制缺陷

采购与付款业务循环关键控制环节包括采购审批与处理、记录应付账款、付款审批与记录、对账与调节等，该业务循环控制缺陷主要包括：

1. 采购合同或订单未经恰当审批，导致因不合格供应商供货或虚假的采购业务发生舞弊风险。

2. 存货未经验收入库以及验收入库单未连续编号，导致存货未被及时记录，影响存货的完整性。

3. 付款可能存在未经恰当审批及记录，导致应付款项的存在性及完整性存在重大错报风险。

4. 未定期与供应商对账或对账发现不一致不及时进行调节处理，导致应付款项的存在性、完整性及准确性存在重大错报风险。

二、常见审计问题

（一）了解采购与付款循环内部控制可能出现的问题

1. 未对被审计单位采购与付款环节的审批权限、有权审批人员及审批流程进行详细了解或了解不完整、不准确。例如，未对需求计划、采购计划、请购、供应商的选取、采购价格、采购合同签订、验收、付款、账务调整等相关人员的审批权限、具体审批人员进行详细了解，导致未能识别出未经适当审批的控制缺陷或重大舞弊风险，如存在越权审批，致使不当付款流入账外，从而发生重大舞弊风险。

2. 未能识别被审计单位在采购与付款环节的岗位设置中，因存在不相容职务未分离的情况而导致的控制缺陷或重大舞弊风险。例如，采购人员同时担任验收人员，会导致不合格商品以次充好流入被审计单位而未被发现。

3. 未能关注到入库验收单是否连续编号的异常情况，导致未能识别被审计单位存货验收环节的控制缺陷或重大舞弊风险。例如，有的被审计单位有存货管理系统，入库单应当全部通过系统连续编号，但却采用人工编号的情况；有的仅采用人工编号，存在入库单编号缺乏统一的编码规则，出现编号不连续情况；有的有存货管理系统，入库单应当通过系统连续编号并保存完好，却以系统升级、数据丢失为由，出现入库单编号不连续的情况，审计人员可能未能充分关注上述各种异常事项。

4. 未能关注应付款项是否及时记录，导致未能识别被审计单位在付款环节的控制缺陷或重大舞弊风险。例如，在采购过程中，供应商对被审计单位的采购会给予一定的返利或折让，但由于被审计单位未将该供应商给予的返利或折让及时冲减应付账款，导致在付款时存在多付款项的情况，严重情况下，还会导致该部分返利或折让发生舞弊风险。

5. 未能检查或获取被审计单位与供应商对账的记录或凭证，不区分会计责任与审计责任，以审计发函替代被审计单位与供应商对账的控制。

6. 未执行穿行测试或执行穿行测试时各项业务活动的样本选取随意，未选取一笔已付款的采购交易，追踪该笔交易从提出需求计划直至支付货款的整个过程。

（二）采购与付款循环执行控制测试可能出现的问题

1. 在控制测试时，样本选取不合理，如未能根据采购与付款循环各业务活动实际发生的频率合理选取样本，样本量过少或缺乏代表性。

2. 在控制测试时，未能关注采购合同或订单、供货发票及入库单、资金收款单位、运输发票等相关信息是否具有一致性及对应关系，如未能识别出采购业务中的业务流、票据流、资金流不一致的情况。

三、审计关注要点

（一）了解采购与付款循环内部控制

1. 关注授权审批是否合规

对于授权审批，审计人员应当重点关注以下内容：

（1）董事会或类似决策机构对采购与付款审批人、审批范围和审批权限的相关规定，以及采购与付款审批人缺位时对委托代理人权限的相关规定。

（2）董事会或类似决策机构对超越审批的相关处理规定，以及相关岗位人员向董事会或相关权利人报告越权审批业务的权利及途径。

2. 关注不相容职务是否分离

对于不相容职务相分离，审计人员应当重点关注以下内容：

（1）各部门岗位和职责权限是否明确，是否有确保不相容岗位相分离的制约和监督机制。

（2）是否有明确规定不得一人办理采购与付款业务的全过程，如记账与付款，采购和付款、审批和执行等。在采购与付款循环业务中，常被视为不相容职务需分离的情形包括：

①物品和劳务的请购与采购不能由同一人或同一部门担任；

②付款审批人和付款执行人不能同时办理寻求供应商和询价业务；

③采购人员不能同时担任验收工作；

④物品的采购、储存和使用人员需要分离，且不能同时担任账务的记录工作；

⑤接受各种劳务和物品的部门或主管人员，与账簿记录人需要分离；

⑥审核付款人与付款执行人需要分离；

⑦记录付款的人与付款执行人需要分离；

⑧采购部门应将供应商开发与实际采购业务人员相分离。

3. 关注业务流程控制环节主要风险点

（1）采购审批与处理环节。在采购审批与处理环节，主要的控制活动节点包括：编制需求计划与采购计划、请购、供应商的选择、确定采购价格、采购合同的签订等。在这些环节中，需要关注的主要风险点及应对措施包括：

①在编制需求计划与采购计划节点，被审计单位可能存在需求或采购计划不合理的情况。例如，采购部门不按实际需求安排采购或随意超计划采购，造成企业资源短缺或者库存成本上升；或不按规定维护安全库存，未按照要求及时调整采购计划，从而影响企业正常运行等。

针对该项风险，审计人员需要了解被审计单位对该项业务的内部控制规定，获取生产经营或项目建设等部门提出的需求计划，并与采购部门编制的采购计划进行比较，了解安全库存指标，综合判断被审计单位在编制需求计划与采购计划时是否符合实际情况以及是否遵循了内部控制制度的规定。

②在请购节点，可能存在缺乏明晰的授权审批制度，请购节点存在未经适当审批或越权审批的情况，从而导致采购物资过量或短缺，影响企业正常生产经营等风险。

针对该项风险，审计人员应当了解被审计单位关于请购节点授权审批的具体规定，获取相关审批文件，检查相关部门的权限规定是否明确、合理；检查相关请购审批流程是否合规，是否存在越权审批或未经审批的情况。

通常情况下，被审计单位对物资采购实行预算审批控制，但在特殊情况下，也可能有特别授权。审计人员在检查请购节点的授权审批时，应当区分一般授权与特别授权。例如，对于一般授权，检查具有请购权的部门对于预算内采购项目是否严格按照预算执行进度办理请购手续，并根据市场变化提出合理采购申请；对于特别授权，检查超预算的预算外采购项目，是否履行了预算调整程序，或履行了规定的审议程序（如总经理办公会、董事会、股东会等）批准。

③在选择供应商节点，被审计单位可能缺乏完善的供应商管理办法，如对大额采购未实行招投标制度，导致采购物资质次价高或舞弊行为。

针对该项风险，审计人员应当获取被审计单位供应商清单或供应商网络，了解对新增供应商的市场准入的内部管理规定，检查是否建立科学的供应商评估和准入制度，获取供应商资质信誉情况的真实性和合法性进行审查轨迹，检查是否对合格的供应商的选择履行了必要的审核程序。

示例 5-1　对供应商选取环节可获取的审计证据

审计人员对 A 公司的供应商选取环节的内部控制执行情况进行审计，审计过程中收集了如下审计证据并记录于审计工作底稿：

a. 获取被审计单位关于供应商选聘及考评的内部管理制度，包括询价制度、招投标管理制度、供应商库准入及更新制度。

b. 获取被审计单位内部审计部门对供应商提供物资或劳务的质量、价格、交货及时性、供货条件及其资信情况的调查报告以及第三方中介机构对部分供应商进行资信调查的相关报告。

c. 获取被审计单位对供应商的询价函、招标评标会议记录、中标通知书及公告等。

d. 获取被审计单位对供应商年度履约情况的考核评价报告。

④在确定采购价格节点，被审计单位可能存在因采购定价机制不科学或定价方式选择不恰当，内部稽核制度不完善，导致采购价格不合理，给被审计单位造成损失的风险。

针对该项风险，审计人员应当了解被审计单位的采购定价机制或定价方式，如了解具体采购方式，诸如协议采购、招标采购、比价采购、动态竞价采购等，获取相关采购协议，将采购定价与市场价格进行比较，并了解被审计单位是否建立了采购价格数据库，定期开展重要物资的市场供求形势及价格走势商情分析，对相关分析是否进行了合理利用等。

⑤在采购合同签订节点，被审计单位可能存在未经授权对外订立采购合同，或与主体资格、履约能力等未达要求的供应商签订合同，或签署的合同内容存在重大疏漏和欺诈，从而导致企业合法权益受到侵害等风险。

针对该项风险，审计人员应当对被审计单位签署的采购合同进行抽样检查，检查签署的合同是否经过适当授权、合同对方是否具有所采购标的相应的生产或销售的主体资格及履约能力、所签署的合同内容是否经过了法律部门审核，相关合同内容是否恰当等。

需要说明的是，审计人员在检查采购合同时，识别采购合同原件十分重要。在一些舞弊案例中，出现了伪造虚假合同、签订阴阳合同、临摹国外客户签名、粘贴打印炮制虚假业务合同等情况。

（2）记录应付账款环节。在记录应付账款环节，主要的控制活动节点包括：供应链管理、货物验收、记录应付账款等。在这些环节中，审计人员需要关注的主要风险点及应对措施包括以下几个方面。

①在供应链管理节点，被审计单位主要业务活动包括合理选择运输工具和运输方式，办理运输、投保等事宜，实时掌握物资采购供应过程的情况。在该节点中，可能存在对采购合同履行情况缺乏有效跟踪，运输方式选择不合理，忽视运输过程的保险风险等，从而导致采购物资损失或无法保证供应。

针对该项风险，审计人员应当结合被审计单位内部控制制度的有关规定，了解供应链管理环节的具体业务情况，抽取相关业务活动轨迹样本以及过往法律诉讼事项进行检查，询问法律顾问等确认是否存在异常事项，以确定该项控制是否有效。

②在货物验收节点，被审计单位可能存在验收标准不明确，验收程序不规范，从而导致经验收入库的货物存在质量不合格或数量缺失、毁损等情况。

针对该项风险，审计人员应当结合被审计单位内部控制制度的有关规定，了解有关货物验收入库的程序、标准等，并从验收质检报告中抽取样本进行检查，确认是否存在异常情况。例如，根据采购合同及质量检验部门出具的质量检验证明，重点关注采购合同、发票等原始单据与采购物资的数量、质量、规格型号等是否核对一致；在物资入库前验收部门是否检查了相关物品的质量保证书、商检证书或合格证等证明文件；对验收合格的物资是否填制了验收入库凭证，加盖物资收讫章，并据以登记实物账，将入库凭证传递给财会部门。对于验收时涉及技术性强的新特物资，应当进行专业测试的，是否进行了必要测试或委托具有检验资质的机构、聘请外部专家进行协助验收等。

审计人员在对验收入库凭证进行检查时，应当检查采购订单、验收入库单原件，并检查验收单是否有相关人员的签名，订购单和验收单是否按顺序连续编号。审计人员在检查过程中，还应当关注验收环节的例外事项，如是否存在无采购合同或大额超采购合同的物资、超采购预算采购的物资、毁损的物资等。

实务中，可能存在被审计单位对于定制的工程项目实行第三方监理制度，审计人员还应当抽查第三方出具的监理报告，重点关注第三方监理过程中的巡视、点检和监理制度是否得到执行、监理报告是否经过被审计单位验收部门的审核等。

③在记录应付账款节点，被审计单位可能存在相关会计记录与采购记录、仓储记录不一致，从而导致采购业务未能如实反映、资金受损等风险。

针对该项风险，审计人员应当关注被审计单位采购验收部门与财务会计部门的信息传递是否及时通畅；抽取样本检查采购验收部门是否将采购申请、采购合同、采购通知、验收证明、入库凭证、退货情况等及时传递给财务会计部门，财务会计部门的会计记录与采购记录、仓储记录是否核对一致。

（3）付款环节。在付款环节，被审计单位可能出现付款审核不严格、付款方式不恰当、付款金额控制不严、付款记录不及时等情况，可能导致资金损失或信用受损等风险。

针对该项风险，审计人员应当抽取样本，检查付款环节是否按规定审查了发票填制的内容，并与发票种类比较确认是否相符；检查发票加盖的印章是否与票据的种类相符；检查付款方式是否合理，如除了不足转账起点金额的采购可以支付现金外，采购价款是否通过银行办理转账；付款是否及时传递到财务会计部门据以入账等。

（4）对账与调节环节。被审计单位一般通过函证或电子邮件方式，定期向供应商寄发对账函，核对应付账款、应付票据、预付账款等往来款项。对供应商提出的异议，被审计单位财务人员及采购人员应及时查明原因，报有权管理的部门或人员批准后，作出相应调整。

在对账与调节环节，可能出现不及时与供应商对账或对核对过程中出现的差异未进行正确的会计处理等情况，导致应付账款记录不准确等风险。

针对该项风险，审计人员应当抽取样本，检查被审计单位是否每月选取供应商进行对账；如有差异，应付账款记账员是否对差异形成原因进行了调查并编制差异调节表，是否经主管人员审批后进行了必要的账务处理。审计人员在获取被审计单位与供应商对账的记录或凭证时，要注意区分会计责任与审计责任，不能以审计发函替代被审计单位与供应商对账的控制。

4. 执行穿行测试

审计人员应当正确区分穿行测试与控制测试的区别，不得以控制测试替代穿行测试。穿行测试和控制测试的区别表现为三个方面，即性质不同、目的不同、使用的方法不同。

（1）性质不同。穿行测试是追踪交易在财务报告信息系统中的处理过程，控制测试是用于评价内部控制在防止或发现并纠正认定层次重大错报方面的运行有效性的审计程序。

（2）目的不同。穿行测试的目的是了解和评估内部控制，控制测试的目的是测试控制执行的有效性。

（3）使用的方法不同。穿行测试的使用方法为询问、检查、观察，控制测试的使用方法为询问、检查、观察、重新执行等。

审计人员在执行穿行测试时，应当注意选取一笔已付款的采购交易，追踪该笔交易从提出需求计划直至支付货款的整个过程，以测试同一笔业务的采购付款全过程是否执行了内部控制制度，而不能在一次穿行测试中将前后阶段分为几笔不同业务。

（二）对采购与付款关键控制活动执行控制测试

1. 采购审批与处理环节

在采购审批与处理环节控制测试中，应对审批人员是否在授权范围内进行审批等关键控制点进行测试并记录，具体可以选取请购单、采购合同等为样本总体，考虑控制活动频率，根据控制测试过程记录表中计算机生成的拟测试样本规模数量，从中抽取适当样本进行测试。

实务中，采购审批与处理环节的控制发生较为频繁，几乎每天都会有发生，针对这种发生频率较高的控制，样本选取一般不应少于 25 个。具体样本测试如表 5–1 所示。

表 5–1 采购审批与处理环节样本测试

样本序号	记账时间	凭证编号	需求计划是否经过审批	采购计划是否经过审批	请购是否经过审批	供应商选取是否经过审批	采购价格是否经过审批	采购合同是否经过审批
1								

续表

样本序号	记账时间	凭证编号	需求计划是否经过审批	采购计划是否经过审批	请购是否经过审批	供应商选取是否经过审批	采购价格是否经过审批	采购合同是否经过审批
2								
……								
测试结论								

2. 记录应付账款环节

在记录应付账款环节控制测试中，应对供应链管理、验收入库、记录应付账款等关键控制点进行测试并记录，具体可选取原材料入库单或原材料借方记账凭证等为样本总体，考虑控制活动频率，根据控制测试过程记录表中计算机生成的拟测试样本规模数量，从中抽取适当样本进行测试。

实务中，记录应付账款环节的控制发生较为频繁，几乎每天都会有发生，针对这种发生频率较高的控制，样本选取一般不应少于 25 个。具体样本测试如表 5–2 所示。

表 5–2 记录应付账款环节样本测试

样本序号	记账时间	凭证编号	供应链管理	验收入库			记录应付账款				
			运输凭单编号	入库单编号	入库信息经仓库经理复核	入库单品种数量与发票上一致	供应商发票编号	供应商名称	采购金额	供应商发票所载内容与采购订单、入库单的内容是否相符	应付账款记录账务处理无误
1											
2											
……									……		
测试结论											

3. 付款环节

在记录付款环节控制测试中，应对支付方式、支付金额、付款审批等关键控制点进行测试并记录，具体可以选取应付账款贷方记账凭证编号为样本总体，考虑控制活动频率，根据控制测试过程记录表中计算机生成的拟测试样本规模数量，从中抽取适当样本进行测试。

实务中，付款环节的控制发生较为频繁，几乎每天都会有发生，针对这种发生频率较高的控制，样本选取一般不应少于25个。具体样本测试如表5–3所示。

表5–3 记录付账环节样本测试

样本序号	记账时间	凭证编号	付款凭证							
			支付方式	支付金额	支付供应商名称	银行凭证号码	付款申请是否经过采购经理、财务经理审批	账务处理无误	记账是否经财务经理复核	相关单证上是否加盖“核销”印戳
1										
2										
……								……		
测试结论										

4. 对账与调节环节

在对账与调节环节控制测试中，应对是否定期与供应商对账、是否编制对账差异调节表、差异调整是否经审批等关键控制点进行测试并记录，具体可选取供应商对账报告、对账调节表为样本总体，考虑控制活动频率，根据控制测试过程记录表中计算机生成的拟测试样本规模数量，从中抽取适当样本进行测试。

实务中，对账与调节环节的控制行为，一般每名供应商每月均会发生一次，如果供应商较多，则每个月也会发生多次，针对这种发生频率较高的控制，样本选取一般不应少于25个。具体样本测试如表5–4所示。

表5–4 对账与调节环节样本测试

样本序号	记账时间	凭证编号	是否定期与供应商对账	应付账款存在差异是否编制调节表	对账差异调整凭证是否经会计主管复核审批
1					
2					
……					
测试结论					

示例5–2 关于控制测试样本的确定

某公司内部控制制度规定，每月与供应商对账一次。对账调节表由专门负责的对账员 A 发出，财务主管 B 审核。该公司共有 50 个供应商。

第一步，计算控制每年运行的总次数：12×50=600。

第二步，以总次数为样本总体，因该样本总体大于 250 次，每月多次，样本规模应为 25—60 个。按最小样本取数，选取 25 个样本。

需要说明的是：在确定样本总体时，如果由多个人员执行同一控制，则应当分别确定总体，针对每个人员确定样本规模。

如本例，如果由 2 个人执行 600 次控制，样本规模应为 25，即应针对每个人测试 25 次，一共 50 个样本。

审计人员在确定控制运行的总次数时，还要注意控制是否同质，能否作为一个总体。在本例中，如由统一的财务经理复核两名财务主管的审核结果，通过了解和评价财务经理的复核控制，可以保证经复核的控制是同质的，则可以将两名财务主管执行的控制作为 1 个总体。

四、审计案例

案例 5－1

某会计师事务所承接了 A 公司 2020 年度财务报表审计业务，2020 年 11 月派审计组进行年报预审，审计人员对 A 公司与 1—10 月报表相关的内部控制进行了控制测试，其中对采购与付款循环中的控制活动执行的审计程序情况如下：

1. 了解了 A 公司关于物资采购流程的相关规定，A 公司规定采购物资须由请购部门编制请购单，经请购部门经理批准后，送采购部门。审计人员抽取了有关请购单样本，经查阅相关样本，发现生产车间主管张三根据车间需要填制了一式三联购买机器配件的请购单，直接向供货方订购机器配件，第一联交供货方，第二联生产车间留存，第三联交验收部门。

2. 了解到 A 公司关于采购金额方面的审批权限，A 公司规定采购金额在 10 万元以下的，由采购部经理批准，采购金额超过 10 万元的，由总经理批准。审计人员抽取了有关采购金额审批的样本，经查阅样本，发现 A 公司由于总经理出差而生产车间又急需采购设备配件，采购部经理多次批准了单笔金额超过 10 万元的采购申请。

3. 抽取了 A 公司的验收单，检查是否连续编号，经查阅相关验收单据，发现 A 公司采购完成后，由采购部门指定采购部业务人员进行验收，并随机编制一式多联的验收单。

4. 实地观察并询问仓库保管员关于存货管理情况，发现仓库在配件验收后，由验收部门通知生产车间主管张三，将机器配件转运到生产车间的物资存放点，车间物资管理员王五清点后在库存配件账上直接登记所收到的配件数量，并根据工人报出的更换配件需求直接发出配件。

5. 抽取了部分应付凭单、供应商发票、验收单及采购订单样本，检查了相关业务流程及单据签署情况，发现应付凭单部门核对供应商发票、验收单和采购订单，编制预先连续编号的付款凭单。财务部门在接到经应付凭单部门审核的上述单证和付款凭单后，由财务人员黄河负责登记备件采购业务，黄河根据验收部门送交的验收单和卖方发票，分别登记配件明细账和应付账款明细账，并据以填制付款凭单，交现金出纳员付款。

6. 检查了应付账款记录账簿，检查应付账款记录情况，发现在月末核对连续编号的验收单和采购订单后，应付凭单部门对相关配件数量和采购成本进行汇总。应付凭单部门对已经验收但尚未收到供应商发票的配件编制清单，财务部门据此将相关配件暂估入账。

7. 询问了采购部经理，了解到采购退货由采购部负责，采购部集中在每个季度末向财务部提供退货清单。

案例讨论：

1. 关于事项 1。审计人员在审计工作底稿中记录：A 公司使用部门直接编制订购单，请购和订购不相容的职责缺乏分离；订购单缺乏审批，且一式三联，未能够传递给财务等部门。该事项可能导致配件采购失控，容易产生高价采购或暗中拿回扣等舞弊风险。

针对该项控制缺陷，审计人员初步评估该项控制缺陷为一项重要缺陷，并考虑在后续测试中更多增加实质性测试样本，拟在实质性测试中重点关注存货的计价及准确性、应付账款准确性。同时，审计人员对 A 公司提出如下改进建议：建议生产车间根据需要填制请购单报送采购部门，采购部门根据公司预算管理以及请购单填写连续编号的订购单报送主管审批，经核准的一式五联的订购单传递给供货方、验收部门、仓库、财务和生产车间。

2. 关于事项 2。审计人员在审计工作底稿中记录：A 公司采购部经理越过授权审批采购，分级授权审批采购的制度执行无效。该事项可能会导致配件采购失控，容易产生高价采购或暗中拿回扣等舞弊风险。

针对该项控制缺陷，审计人员初步评估该项控制缺陷属于重要缺陷，需实施进一步审计程序来判断该项缺陷是否构成一项管理层凌驾于控制之上的特别风险。审计人员拟实施如下审计程序：

（1）扩大样本测试量，检查报告期采购部经理越权审批事项发生总体情况。

（2）询问总经理，就采购部经理越权审批事项，总经理是否事后追认以及管理层所采取的相关监督措施。

（3）在实质性测试中，增加对越权审批采购单位的函证及访谈程序，以验证是否存在舞弊事项，并重点关注存货的计价及准确性、管理费用的准确性。

（4）执行分析性程序，评价其越权采购审批事项的商业理由是否合理。

同时，审计人员对A公司提出如下改进建议：建议制定总经理出差等例外情况下对超过10万元采购申请审批核准的规范控制程序，完善对大额、异常、例外采购的追查监督制度。

3. 关于事项3。审计人员在审计工作底稿中记录：A公司对采购来的存货由采购部业务人员进行验收并随机编制一式多联的验收单，不符合不相容职务相分离原则。该事项可能导致被审计单位无法发现验收中存在的数量和质量问题，无法发现配件的超量或短缺风险。

针对该项控制缺陷，审计人员初步评估该项控制缺陷为重要缺陷，并拟考虑后续测试中更多增加实质性测试样本，重点关注存货的存在性、计价及准确性。同时，审计人员对A公司提出如下改进建议：建议在存货验收环节，改为由验收部门通知车间配件管理人员一起参与验收，并编制连续编号的验收单，验收签字后将配件移交生产车间，同时将验收单副本连同卖方发票、订购单及时送交财务部门。

4. 关于事项4。审计人员在审计工作底稿中记录：A公司对存货中配件的保管和领用缺乏牵制和审批，容易产生配件虚报冒领，增大成本和费用的情况。

针对该项控制缺陷，审计人员初步评估该项控制缺陷为重要缺陷，并拟考虑后续测试中更多增加实质性测试样本，重点关注制造费用发生与准确性。同时，审计人员对A公司提出如下改进建议：建议完善生产车间配件管理以及领用的流程及其相关牵制和审批制度。

5. 关于事项5。审计人员在审计工作底稿中记录：A公司存货中的配件明细账和应付账款明细账不相容的职责由一人完成，付款前缺乏审批。该事项可能导致配件与应付账款的错账，并产生货币资金支出错误。

针对该项控制缺陷，审计人员初步评估该项控制缺陷为重要缺陷，并拟考虑后续测试中更多增加实质性测试样本，重点关注存货、应付账款及货币资金的准确性。同时，审计人员对A公司提出如下改进建议：建议配件明细账和应付账款明细账应由不同的人负责登记，付款凭单交给出纳人员付款前需经财务部门主管签字审批。

6. 关于事项6。审计人员在审计工作底稿中记录：A公司在应付账款记录环节不存在控制缺陷。

针对该事项，审计人员初步评估该项控制设计合理、执行有效，并拟考虑后续测试中依赖被审计单位的该项内部控制，适当减少实质性测试样本。

7. 关于事项 7。审计人员在审计工作底稿中记录：A 公司针对退货这种特殊业务由一人或一个部门承担，原始凭证没有及时报送并作会计处理，容易产生虚假退货，高估存货风险。

针对该项控制缺陷，审计人员初步评估该项控制缺陷为重要缺陷，并拟考虑后续测试中更多增加实质性测试样本，拟在实质性测试中，重点关注存货、应付账款的存在和准确性。同时，审计人员对 A 公司提出如下改进建议：建议明确退货以及货款的追讨应由采购部、会计部等分工协作，建立完善的管理和控制制度，并及时向财务部门报送退货清单等相关凭证，及时进行账务处理。

审计人员在了解被审计单位内部控制并进行控制测试的基础上，总体评价被审计单位存在多个重要控制缺陷，在采购与付款循环存在重要缺陷的控制点，拟不再依赖其内部控制，考虑增加更多的实质性测试样本，并针对可能存在的特别风险，执行包括实地访谈、延伸检查等专项核查程序。

第二节　工薪与人事循环

一、主要控制缺陷

工薪与人事循环是被审计单位主要业务循环之一，主要控制流程包括员工招聘、工作时间记录、工资计算和记录、员工离职管理、薪酬管理等，该业务循环控制缺陷主要包括：

1. 未编制岗位职责，导致职责不清，不相容职务未进行分离；各部门提出人员招聘计划未经过审批，导致人工成本错报增加，内部控制未得到有效执行的情况。

2. 未制定员工考核办法，或已制定考核办法但未得到有效执行的情况，如年终奖金计提没有依据、计提的奖金长期不发放，导致职工薪酬中的奖金可能存在重大错报风险。

3. 未制定职工薪酬的归集、分摊方法和标准，职工薪酬在营业成本、研发费用、销售费用、管理费用等之间分配不合理，导致相关科目存在重大错报风险。

4. 与控股股东或控股股东的关联方人员混合办公、人员不独立，导致职工薪酬的完整性和存在性存在重大错报风险。

二、常见审计问题

（一）了解工薪与人事循环内部控制可能出现的问题

1. 未获取被审计单位工薪与人事相关业务内部控制制度、流程图等，不了解被审计单位人力资源、工资薪酬等重要业务活动的审批流程和审批权限，未能识别不相容职务未分离的情况。

2. 未获取被审计单位、控股股东及其关联方的员工花名册，未关注被审计单位与控股股东及其关联方人员是否独立。

3. 执行穿行测试时，随意选取各项业务活动的样本，未选取一名或几名员工从招聘、劳动合同签订、考勤、工资发放等流程，追踪该名员工工薪的整个过程。

（二）工薪与人事循环控制测试可能出现的问题

1. 控制测试中对关键控制活动进行样本测试时，未对重要控制点进行检查并记录检查结果，如工资、奖金的计提与发放是否与相关制度一致、是否经过恰当审批。

2. 未检查或获取企业编制的薪酬计划、编制年终奖励计划、薪酬职级方案制订等，未关注上述计划是否经过恰当审批。

三、审计关注要点

（一）了解被审计单位工薪与人事业务流程

审计人员应询问参与薪酬与人事循环流程各业务活动的被审计单位人员，获取并审阅相关内部控制手册、流程图等资料，观察特定控制的运行，检查文件资料等，以充分了解被审计单位的业务流程和控制活动，通过实施穿行测试评价控制的设计并确定控制是否得到执行。

1. 主要业务流程和控制活动

（1）员工聘用

被审计单位由人力资源部和用人部门共同负责招聘，对决定录用的人员，人力资源部招聘专员填写拟用人员审批表，经人力资源经理和用人部门经理签字，必要时经总经理签字批准。人力资源部负责与新员工签订劳动合同人力资源部信息管理员将新员工信息输入人力资源系统的员工档案，系统自动生成连续编号的新入职员工通知书和员工编号，经人力资源部经理复核后交财务部门，作为发放工资的依据。

被审计单位可能存在虚构企业员工，以工资或者劳务费的方式支付给非企业职工，从而套取现金，形成体外“小金库”。审计人员应关注被审计单位员工的招聘、入职是否得到部门负责人、人力资源部门审批，是否签订劳动合同，是否在系统中录入员工信息等。

（2）工作时间记录

企业员工每天上班、下班时必须将自己的考勤卡插入打卡机以便记录工作时间。人力资源部信息管理员将系统中记载的各部门员工的工时按照标准工时（每天 8 小时）和加班工时（超出 8 小时的工时）生成出勤统计表、员工工时统计表，月末交给各部门负责人复核，信息无误后在系统中进行批准。系统自动核对当月工作时间的员工名单和系统内员工档案名册员工名单，如有遗漏或不符，系统将进行提示，并生成不符清单，人力资源专员负责填写不符原因。

审计人员为了核查领取职工薪酬的人员均是被审计单位员工，还应关注领取职工薪酬的人员是否都存在考勤记录，考勤统计表中的员工是否与人力资源系统内员工档案名册一致。

（3）工资计算和记录

企业系统根据月工时统计表以及系统内预先设置的参数，自动计算所有员工的当月工资金额（包括工资、加班费、奖金、各项补贴、社会保险费扣除金额、个人所得税扣除金额等），并汇总各部门员工的各项工资费用总额，生成“员工工资明细表”和“员工工资汇总表”，对工资费用进行归集和分摊，按照预设的分摊公式和方法，自动分摊当月人工费用，生成记账凭证并过账至明细账和总账。

被审计单位可能为了多记研究开发费用、提高毛利率等，职工薪酬可能在营业成本、管理费用、营业费用、研发费用之间的归集和分摊不合理。审计人员应关注被审计单位职工薪酬的归集、分摊方法和标准是否合理。

（4）工资支付

企业会计主管审核“员工工资明细表”“员工工资汇总表”“工资支付申请表”，将“工资支付申请表”交给财务经理、副总经理等签字批准。出纳员根据经审批的“工资支付申请表”办理付款，由银行转入员工个人账户，并及时登记银行存款日记账。应付职工薪酬记账员根据经批准的“工资支付申请表”“工资分配表”“付款凭证等”在财务系统中编制付款凭证，并提交会计主管复核。

（5）离职

企业员工离职时，填写解除、终止劳动合同审批表，经所在部门、行政部、财务部、信息管理部、人力资源部等负责人签字后，与公司解除、终止劳动合同。人力资源部信息管理员根据经适当审批的解除、终止劳动合同审批表，输入员工信息系统员工档案，系统自动生成连续编号的离职员工通知单，经人力资源经理复核后交财务部门，作为停止发放工资的依据。

被审计单位关键管理人员、技术人员离职可能带走企业的商业秘密、核心技术等，使得被审计单位在生产经营方面遭受损失。审计人员应关注被审计单位员工离职时是否停止员工的邮箱、ERP 系统账号等，重要管理人员、技术人员离职是否签订保密协议，离职员工是否及时停发工资。

（6）常备数据维护

人力资源信息管理员定期将工资信息金额录入系统，定期取得人力资源和社会保障局公布的各项社保基金扣缴费比例（包括个人缴纳部分与公司缴纳部分）等信息，将其交人力资源经理审核。如果需要修改员工社保基金的适用基数和扣除率，或是需要对生产工人每日工时、工资率、管理人员工资及各项补贴标准、每小时加班费、公司缴纳社保缴费比率等基准进行调整，人力资源经理提交总经理审批，必要时由董事会最终批准，人力资源部信息管理员将批准后信息录入系统，人力资源经理审核录入信息无误后在系统中进行批准。

2. 穿行测试

在了解内部控制时，应当评价控制的设计，执行穿行测试追踪工薪及人事在财务报告中的处理过程以确定控制活动是否得到有效执行。审计人员可选择一个已经离职的员工，从招聘入职开始检查上述控制活动的执行情况。

示例 5–3　对员工工薪执行的穿行测试

（1）询问人力资源部门对新员工招聘的流程，获取《员工招聘管理办法》，检查员工入职是否经过部门负责人、人力资源负责人审批，人力资源系统中是否存在该员工入职档案；

（2）询问人力资源部门对员工考勤管理，获取《员工考勤管理办法》《工时管理办法》，检查员工 × 月的考勤记录表、工时统计表是否完整；

（3）询问财务部门、人力资源部门企业职工薪酬的归集、分摊方法和标准，获取《成本核算管理办法》等，取得 × 月职工薪酬分配表，检查分配计算过程是否与预设的分摊公式和方法一致；

（4）询问财务部门企业员工工资的支付流程，获取《银行存款支付管理办法》，取得 × 月工资支付凭证，检查“工资支付申请表”审批是否完整，出纳付款是否经过审批，账务处理是否正确；

（5）询问人力资源部门员工的离职流程，获取《员工离职管理办法》，取得员工离职申请表，检查相应部门手续是否办理完整，该员工邮箱、ERP 账号是否在离职时停止使用，是否签订终止劳动合同，下月是否停止发放工资；

（6）询问人力资源部门是否有专门的人员定期取得人力资源和社会保障局公布的各项社保基金扣缴费比例，检查 × 月修改员工社保基金的适用基数和扣除率的过程，相应修改是否由人力资源经理、总经理等审批。

（二）对工薪与人事关键控制活动执行控制测试

1. 员工聘用

假设被审计单位员工聘用控制活动执行的频率为1次/周，审计人员应选取本期新员工清单作为样本总体，抽取5个样本进行测试。在控制测试样本测试中应对员工聘用是否经过部门负责人、人力资源负责人等审批，是否签订劳动合同等关键控制点进行测试并记录，员工聘用样本测试如表5–5所示。

表5–5 员工聘用样本测试

样本序号	员工姓名	人力资源部门审批人	部门负责人审批人	总经理审批人（如适用）	劳动合同编号	系统内是否已建立该员工档案	新入职人员通知单编号	工资明细表中是否有该员工（是/否）
1								
2								
……								
测试结论								

2. 工作时间记录

假设被审计单位员工工作时间记录控制活动执行的频率为每日数次，审计人员应选取本期员工考勤表作为样本总体，抽取25个样本进行测试。在控制测试样本测试中应对员工工作时间记录是否经过部门负责人、人力资源负责人等审批，加班是否经过批准，加班工时是否计入考勤统计表中等关键控制点进行测试并记录，员工工作时间记录样本测试如表5–6所示。

表5–6 员工工作时间记录样本测试

样本序号	员工姓名	测试期间	考勤表编号	工时统计表是否经所在部门经理审批	加班申请表编号	加班申请表是否经过部门经理审核批准	工作时间和加班时间是否记录在出勤统计表中
1							
2							
……							
测试结论							

3. 工资计算和记录

假设被审计单位工资计算和记录控制活动执行的频率为 1 次 / 月，审计人员应选取本期应付职工薪酬贷方凭证作为样本总体，抽取 3 个样本进行测试。在控制测试样本测试中应对工资表中的员工是否与系统员工档案一致，工资标准、出勤天数等是否与系统数据一致，工资计算表是否经过复核等关键控制点进行测试并记录，工资计算和记录样本测试如表 5–7 所示。

表 5–7　工资计算和记录样本测试

样本序号	测试期间	工资中记录的员工人数	系统在职员工档案人数	员工姓名是否核对一致	工资标准是否与经批准的标准一致	出勤天数是否与考勤记录一致	工资计算表复核人	职工薪酬分摊依据	分摊是否合理	会计处理是否正确
1										
2										
……										
测试结论										

4. 工资支付

假设被审计单位工资支付控制活动执行的频率为 1 次 / 月，审计人员应选取本期应付职工薪酬借方凭证作为样本总体，抽取 3 个样本进行测试。在控制测试样本测试中应对工资付款申请表是否经过审批、会计处理是否正确等关键控制点进行测试并记录，工资计算和记录样本测试如表 5–8 所示。

表 5–8　工资计算和记录样本测试

样本序号	记账时间	凭证编号	工资支付申请表是否经过财务经理审批	工资支付申请表是否经过总经理审批	支付金额	付款凭证编号	付款凭证是否得到会计主管审核	相关单证上是否加盖“核销”印戳	账务处理是否无误
1									
2									
……									
测试结论									

5. 员工离职

假设被审计单位员工离职控制活动执行的频率为 1 次 / 周，审计人员应选取本期离职人员通知单作为样本总体，抽取 5 个样本进行测试。在控制测试样本测试中员工离职是否经过审批、是否签订终止劳动合同、邮箱和 ERP 账号是否停用等关键控制点进行测试并记录，员工离职样本测试如表 5–9 所示。

表 5–9 员工离职样本测试

样本序号	员工姓名	解除、终止劳动合同审批表是否得到人力资源经理审批	解除、终止劳动合同审批表是否得到部门经理审批	解除、终止劳动合同审批表是否得到总经理审批	是否签订保密协议	邮箱、ERP 账号是否停用	离职人员通知单是否得到适当复核	下月员工工资表中是否有该员工姓名
1								
2								
……								
测试结论								

6. 常备数据维护

假设被审计单位常备数据维护控制活动执行的频率为 1 次 / 月，审计人员应选取本期工资信息输入 / 更改单作为样本总体，抽取 3 个样本进行测试。在控制测试样本测试中工资、社保基数信息修改是否经过审批关键控制点进行测试并记录，常备数据维护样本测试如表 5–10 所示。

表 5–10 常备数据维护样本测试

样本序号	工资信息输入 / 更改			工资信息输入 / 更改申请单日期	工资信息输入 / 更改申请单编号	常备数据维护		
	是否经过人力资源经理审批	是否经过总经理审批	是否经过董事会审批（如适用）			人事经理是否在系统内复核批准	人事经理在系统内电子签名日期	系统变更生效日期
1								
2								
……								
测试结论								

第三节　生产与仓储循环

一、主要控制缺陷

生产与仓储循环在控制测试中的主要控制环节包括生产计划的批准、存货的入库和出库、生产成本的核算及归集和分配、产品质量的检验、存货盘点、存货保管与储存等，该业务循环控制缺陷主要包括：

1. 存货的生产未经批准，导致因过时或拟迭代的产品继续生产，不符合市场需求而发生损失。

2. 存货的出入库未被准确记录，导致存货管理出现混乱，代外单位保管的存货及委托外单位保管存货混淆不清、账实不符。

3. 生产成本不能准确计算，包括原材料数量及价格未能准确记录，材料流转程序不清，生产成本不能准确归集，产品成本不能合理分配，导致产品成本结转不准确。

4. 存货盘点流于形式，导致虚假存货未能被发现，出现账实不符以及存货减值未能被恰当处理。

5. 存货未能得到合理的保管与储存，导致存货出现质量问题或发生额外损失。

二、常见审计问题

（一）了解生产与仓储循环内部控制可能出现的问题

1. 未了解生产与仓储循环业务关键环节审批权限的具体规定、有权审批人员的具体情况，未能识别不相容职务未分离的情况。

2. 未关注生产与仓储循环业务中重要单据的连续编号情况，例如，未能识别出生产计划单、验收入库单、领料出库单可能存在缺号、跳号或重号的异常情况。

3. 未关注生产产能情况，例如，产能利用率是否合理、产能与实际生产数量是否匹配等。

4. 未了解生产成本归集、核算和分配的方法是否合理并对其进行测试，未识别出生产成本虚增或虚减的情况，例如，制造费用在在产品和完工产品之间的分配、完工产品各品种之间的分配是否合理以及前后期分配方法是否发生变化等。

5. 未关注存货盘点方法、盘点时间的合理性，其是否对存货监盘保持了有效控制。

6. 未能获取存货减值测试的文件或资料，未了解被审计单位对存货减值测试的依据、方法及核准情况，未区分会计责任与审计责任，以审计人员的存货减值测试底稿替代被审计单位的存货减值测试控制轨迹。

7. 未执行穿行测试或执行穿行测试时各项业务活动的样本选取随意，未选取一笔已结转产品销售成本的生产仓储交易，追踪该笔交易从生产领料直至结转产品销售成本的整个过程。

（二）生产与仓储循环执行控制测试可能出现的问题

1. 在控制测试时，样本选取不合理，如未能根据生产与仓储循环各业务活动实际发生的频率选取样本，样本量过少或缺乏代表性。

2. 在对被审计单位成本核算进行控制测试时，未能区分生产成本的归集与分配是计算机系统控制还是人工控制，未执行重新计算测试程序。

三、审计关注要点

（一）了解生产与仓储循环内部控制

1. 关注授权审批是否合规

对于授权审批，审计人员应当重点关注以下内容：

（1）董事会或类似决策机构对生产与仓储审批人、审批范围和审批权限的相关规定，以及生产与仓储审批人缺位时委托代理人的权限的相关规定。

（2）董事会或类似决策机构对超越审批的相关处理规定以及相关岗位人员向董事会或相关权利人报告越权审批业务的权利及途径。

2. 关注不相容职务是否分离

对于不相容职务是否分离，审计人员应当重点关注以下内容：

（1）各部门岗位和职责权限是否明确，是否有确保不相容岗位相分离的制约和监督机制。

（2）是否有明确规定不得一人办理生产与仓储业务的全过程（包括生产与发运/成本计算、存货的管理等）。以下业务常被视为不相容职务需分离：

①生产计划编制与审批人员需要分离；

②存货发出的申请、审批、会计记录需要分离；

③存货的处置申请、审批、会计记录需要分离；

④存货的盘点与监盘人员需要分离。

3. 关注业务流程控制环节主要风险点

（1）生产与发运/成本计算环节。

生产与发运/成本计算环节是被审计单位将原材料转化为产品成本的重要环节，主要控制活动包括生产组织与安排、物料的领用与发出、在产品及产成品的验收入库与出库、生产成本的核算等。

该环节的主要风险包括：生产计划未得到授权批准或随意变更，物料领用与发出及在产品与产成品出入库未被准确记录，成本归集不完整、不真实、不准确，从而导致被审计单位生产成本核算出现重大错报。

针对该项风险，审计人员在了解生产与发运 / 成本计算环节时，应当重点关注以下事项：

①获取生产部门的生产指令、领料单、工时或工作量的分配等样本，检查是否得到适当的授权审批。

②抽取物料领用与发出凭证样本，检查领用与发出手续是否做到单据齐全，名称、规格、计量单位准确并均已被批准。

③检查生产通知单、领发料凭证、产量和工时记录、人工费用分配表、制造费用分配表等是否均经过连续编号并已登记入账。

④获取生产成本计算表，检查其成本核算的方法是否已经过审批的生产通知单、领发料凭证、产量和工时记录、人工费用分配表、制造费用分配表等为依据，如果采用标准成本的，还应检查是否定期根据市场价格进行调整。

⑤针对采用标准成本核算的被审计单位，还应检查成本在结转时对差异是否进行了合理分摊。

⑥抽取半成品、产成品入库凭证样本，检查是否均经过检验且为合格的存货。

⑦结合被审计单位的会计政策，检查采用的成本计算方法是否前后各期一致。如有变更，是否取得适当授权。

（2）存货管理环节。

存货管理是生产与仓储业务循环中的重要环节，仓储部门应当采取适当的措施保证库存物资及产品的安全、完整及质量。

该环节的主要风险包括：存货仓储保管方法不适当、监管不严密，可能导致损坏变质、价值贬损、资源浪费；存货盘点清查制度不完善，盘点工作流于形式，无法查清存货的真实状况；存货报废处置责任不明确，减值准备计提不充分，导致企业存货出现重大错报风险。

针对该项风险，审计人员在了解存货管理环节时，应当重点关注以下事项：

①了解存货管理情况，抽取存货的巡检记录，检查仓储条件是否符合存货存放规定，是否做好了防火、防洪、防盗、防潮、防病虫害、防变质的相关应对措施及投保情况。

②了解被审计单位对代管、代销、暂存、受托加工的存货的管理情况，是否做到了单独存放和记录，避免与本单位的存货混淆。

③了解存货盘点制度，抽取盘点表单检查存货的盘点周期、盘点流程、盘点方法是否符合盘点要求。

④了解存货减值准备计提情况，获取存货减值测试文件或记录，检查存货账

面价值与可变现净值的计算依据是否合理，减值测试结果是否有主管人员复核审批记录。

⑤了解报告期存货处置情况，检查存货处置是否经过适当审批，相关账务处理是否及时。

4. 执行穿行测试

审计人员在执行穿行测试时，应当将某月某类产品从原材料领用追踪至产成品结转，以测试该类产品当月在生产与仓储环节全过程是否执行了相关内部控制制度，执行是否有效。如果属于一次原料投入，生产不同类别产品的，应当根据业务实际将该原料投入为起点，多种产品成本分配结转为终点来执行穿行测试。

示例 5-4 对联产品生产企业生产与仓储循环的穿行测试

审计人员对某洗煤企业的生产与仓储循环的相关内部控制进行了解并执行穿行测试。该企业的生产特点是一次性投入一定量的原煤，通过洗煤等分离技术将其分离为精煤、中煤、矸石、煤泥等各种产品。审计人员以一批原煤出库领用生产环节为起点，依次将生产成本的归集、核算以及精煤、中煤、矸石、煤泥等联产品成本分配、入库等环节的关键控制作为穿行测试对象，测试被审计单位在生产与仓储循环的控制设计是否合理并得到执行。

（二）对生产与仓储关键控制活动执行控制测试

1. 生产与发运 / 成本计算环节

审计人员应当结合生产与仓储业务的实际情况，在控制测试时合理选取样本规模，并设计样本测试表单。

①半成品入库与产成品入库样本测试。

审计人员具体可以选取商品入库单为样本总体，考虑控制活动频率，根据拟测试样本规模数量，采取随机抽样的方法从中抽取适当样本进行测试。

半成品入库与产成品入库的控制发生往往较为频繁，几乎每天都会有发生，针对这种发生频率较高的控制，样本选取一般不应少于 25 个。具体样本测试如表 5-11 所示。

表 5-11 半成品入库与产成品入库样本测试

样本序号	入库单			记录半成品 / 产成品	
	入库单编号	入库信息经仓库经理复核	入库单品种数量与半成品 / 产成品验收单一致	记账时间	凭证编号
1					

续表

样本序号	入库单			记录半成品 / 产成品	
	入库单编号	入库信息经仓库经理复核	入库单品种数量与半成品 / 产成品验收单一致	记账时间	凭证编号
2					
……					
测试结论：					

②半成品出库与产成品出库样本测试。

审计人员具体可以选取商品出库单为样本总体，考虑控制活动频率，根据拟测试样本规模数量，采取随机抽样的方法从中抽取适当样本进行测试。

半成品出库与产成品出库的控制发生往往较为频繁，几乎每天都会有发生，针对这种发生频率较高的控制，样本选取一般不应少于 25 个。具体样本测试如表 5-12 所示。

表 5-12　　半成品出库与产成品出库样本测试

样本序号	出库单			结转销售成本	
	出库单编号	出库信息经仓库经理复核	出库单品种数量与领料单 / 发票（或合同）上一致	客户发票（或合同）编号	客户名称
1					
2					
……					
测试结论					

③完工产品与在产品的分配样本测试。

被审计单位通常每月进行一次完工产品与在产品的成本分配，全年样本总体 12 次。审计人员可根据样本总体采取随机抽样的方法从中抽取 3 个月样本进行测试。具体样本测试如表 5-13 所示。

表 5-13　　完工产品与在产品的分配样本测试

样本序号	直接材料分配方法	分配率	直接人工分配方法	分配率	制造费用	分配率
	所耗直接材料法		约当产量比例法		约当产量比例法	
1						

续表

样本序号	直接材料分配方法	分配率	直接人工分配方法	分配率	制造费用	分配率
	所耗直接材料法		约当产量比例法		约当产量比例法	
2						
……						
测试结论						

④产成品各产品之间的分配样本测试。

被审计单位通常每月进行一次产成品各产品之间的成本分配，全年样本总体12次。审计人员可根据样本总体采取随机抽样的方法从中抽取3个月样本进行测试。具体样本测试如表5-14所示。

表5-14　　产成品各产品之间的分配样本测试

样本序号	不按照产品领用的原材料	不能直接归属某产品的燃料	不能直接归属某产品的动力	不能直接归属某产品的人工	制造费用	其他费用
1	定额法					
	分配率					
2						
……						
测试结论						

需要说明的是，在对成本核算进行控制测试时，还应当区分被审计单位生产成本的归集与分配是计算机系统控制还是人工控制。对于计算机系统控制的，应当抽取某几个月份对生产成本归集与分配进行重新计算，验证计算机系统预设的分摊公式和方法是否合理；如果是人工控制，应当抽取产成品结转凭证，对生产成本归集与分配进行重新计算。

2. 存货管理环节

审计人员应当结合被审计单位存货管理业务的实际情况，在控制测试时合理选取样本规模，并设计样本测试表单。被审计单位每月进行一次存货盘点，根据样本总体，采取随机抽样的方法从中抽取3个月样本进行测试。具体盘点记录样本测试如表5-15所示。

表 5-15　　盘点记录样本测试

样本序号	仓库是否每月进行盘点	仓库是否编制盘点差异汇总表	盘点差异汇总表签字人	财务部门是否复盘	账务处理是否及时	盘点报告是否具备财务经理签字	盘点报告是否具备总经理签字
1							
2							
……							
测试结论:							

四、审计案例

案例 5-2

某会计师事务所的审计人员负责审计 A 公司 2020 年度会计报表。2020 年 11 月，审计人员对 A 公司的内部控制进行了初步了解和测试，注意到下列情况：

1. A 公司主要生产和销售自行车，生产的自行车全部发往各地办事处和境外销售分公司销售。办事处除自行销售外，还将一部分自行车寄销在各商场。各月初，办事处将上月的收、发、存的数量汇总后报 A 公司财务部门和销售部门，财务部门作相应会计处理。A 公司生产的自行车约有 30% 出口，出口自行车先发往境外销售分公司，再分销到世界各地。境外销售分公司历年未经审计，2020 年度也计划不安排审计。

2. 鉴于各年年末均处于自行车销售旺季，为保证各办事处和境外销售分公司货源，A 公司本部仓库在各年年末不保留产成品。

3. 除下列情况表明 A 公司存货相关内部控制可能存在缺陷外，其他内部控制均健全、有效：(1) 以前年度未对存货实施盘点，但有完整的存货会计记录和仓库记录；(2) 发出自行车时未全部按顺序记录；(3) 生产自行车所需的甲材料由 B 公司代为保管，但 A 公司未对甲材料的变动进行会计记录；(4) 每年 12 月 25 日后发出的存货在仓库的明细账上记录，但未在财务部门的会计账上反映；(5) 发出材料存在未按公司会计政策规定的计价方法核算的现象；(6) 财务部门会计记录和仓库明细账均反映了代 B 公司保管的乙材料。

案例讨论：

对审计人员通过内部控制测试所注意到的各种情况是否实际构成存货内部控制缺陷及拟实施的审计程序的分析：

1. 定期盘点存货，合理确定存货的数量和状况是被审计单位内部控制制度的重要组成部分。A 公司未定期对存货实施盘点，构成存货内部控制缺陷。

针对该项控制缺陷，审计人员判断属于一项重要缺陷，拟在实质性测试中重点关注存货监盘程序，并对存货的存在性、计价准确性重点关注。

2. 发出存货应按时间先后顺序进行明细账的登记工作，否则会影响A公司销售业务的完整性。A公司发出自行车时未全部按顺序记录，构成存货内部控制缺陷。

针对该项控制缺陷，审计人员判断属于一般缺陷，拟在实质性测试中关注存货发出记录的完整性，并对存货期后发货记录进行重点检查。

3. 虽然甲材料由B公司代为保管，但其所有权属于A公司，甲材料变化情况A公司应进行会计记录。A公司委托B公司代管的甲材料变动未进行会计记录，构成存货内部控制缺陷。

针对该项控制缺陷，审计人员判断属于一项重要缺陷，拟在实质性测试中对由B公司代保管的甲材料的进销存进行全面检查，并重点关注甲材料的盘点情况，考虑对B公司独立发出"委托代保管存货询证函"，询证甲材料的期初期末及出入库情况。

4. 在同一会计期间内，实物保管部门的明细账应与财务部门的会计记录相符，否则会导致A公司账账不符、账实不符。A公司会计核算截止日为12月31日，12月25日后收发存货应及时进行会计处理。A公司存货明细账与财务部门的会计记录不符，构成存货内部控制缺陷。

针对该项控制缺陷，审计人员判断属于一项重要缺陷，拟在实质性测试中重点关注存货监盘以及存货期后收发记录的截止测试。

5. 根据企业会计准则的规定，发出存货使用的计价方法一旦确定，一般不得随意调整，否则会影响发出存货成本和期末结存存货成本的正确性。A公司发出材料计价方法不符合A公司的会计政策，构成存货内部控制缺陷。

针对该项控制缺陷，审计人员判断属于一项重要缺陷，拟在实质性测试中对存货发出计价重新计算，并重点关注存货计价准确性。

6. 代B公司保管的乙材料，其所有权不属于A公司，不能在会计账簿中进行记录，只能在备查账簿记录，否则会导致A公司存货虚增。A公司对代B公司保管的乙材料，在A公司财务部门会计记录和仓库明细账上反映，构成存货内部控制缺陷。

针对该项控制缺陷，审计人员判断属于一项重要缺陷，拟在实质性测试中对代B公司保管的乙材料的进销存进行全面检查，并重点关注被审计单位存货盘点是否包含了乙材料，考虑对B公司独立发出"受托代保管存货询证函"，询证乙材料的权利归属及账面余额情况。

审计人员结合对A公司多项控制存在重要缺陷的情况，在考虑拟实施的实质性程序的时间、性质及范围时，对程序实施的时间尽可能安排在接近资产负债表日。在程序设计上将更具针对性，针对重点风险领域，结合重要性水平，将更多考虑选择全面审计。

案例5-3

某会计师事务所负责对F公司2020年度财务报表进行审计。F公司为一般制造生产企业。2021年1月5日，审计人员在对F公司生产与仓储循环内部控制了解的基础上对F公司的生产与仓储循环执行穿行测试。

案例讨论：

（一）在执行穿行测试前，项目组召开了项目小组会议，讨论了如何执行穿行测试及如何应用穿行测试的结果等情况。审计人员将有关事项记录于工作底稿，具体事项如下：

1. 在执行财务报表审计业务时，审计人员应当运用职业判断，结合被审计单位的实际情况设计和执行穿行测试。

2. 通过执行穿行测试程序，以取得控制是否得到执行的审计证据，并记录测试过程和结论，审计人员将保留与所测试的控制活动相关的文件或记录的复印件，并与审计工作底稿进行索引。

3. 审计人员对整个流程执行穿行测试，涵盖交易自发生至记账的整个过程。

4. 在穿行测试后，如果拟实施控制测试，在本循环中本次执行的穿行测试检查样本可以作为控制测试的测试项目之一。

（二）具体穿行测试工作底稿记录

1. 与材料验收和仓储有关的业务活动的控制（见表5-16）

表5-16 与材料验收和仓储有关的业务活动的控制

主要业务活动	测试内容	测试结果
验收	验收单编号#（日期）	C10050265（2020-5-11）
	验收内容	电机转轴
	相对应的采购订单编号#（日期）	PO100405（2020-4-29）
	验收单与采购订单是否一致（是/否）	是
	是否经质检经理签字（是/否，如适用）	是
仓储	采购材料信息是否已正确输入系统（是/否）	是
	仓储经理是否复核输入信息（是/否）	是
	系统是否已更新（是/否）	是

2. 与计划和安排生产有关的业务活动的控制（见表 5–17）

表 5–17 与计划和安排生产有关的业务活动的控制

主要业务活动	测试内容	测试结果
计划与安排生产	测试期间	2020 年 9 月
	是否编制月度生产计划书（是 / 否）	是
	月度生产计划书是否得到适当的审批（是 / 否）	是
	生产通知单编号 #（日期）	SC10090002（2020–9–1）
	生产通知单所载内容是否包含在月度生产计划书内（是 / 否）	是
	完工日期	2020 年 9 月 5 日

3. 与存货实物流转有关的业务活动的控制（见表 5–18）

表 5–18 与存货实物流转有关的业务活动的控制

主要业务活动	测试内容	测试结果
原材料领用	生产通知单编号 #（日期）	SC10090002（2020–9–1）
	原材料领用申请单编号 #（日期）	2020–9–1
	原材料领用申请单信息是否得到审批（是 / 否）	是
	原材料出库单编号 #（日期）	F10090019（2020–9–3）
	原材料出库单是否得到复核确认（是 / 否）	是
	原材料耗用是否与生产记录日报表内容相符（是 / 否）	是
	转账凭证编号 #（日期）	9 月记 –742
	转账凭证是否得到适当复核（是 / 否）	是
	是否正确记入相关明细账（是 / 否）	是
半成品入库	半成品验收单编号 #（日期）	2020–9–5
	半成品入库单编号 #（日期）	R10090001（2020–9–5）
	半成品入库单是否与验收单内容相符（是 / 否）	是
	半成品入库单是否得到复核确认（是 / 否）	是
半成品出库	半成品转移单编号 #（日期）	2020–11–23
	半成品转移单是否得到审批（是 / 否）	是
	半成品出库单编号 #（日期）	F101161（2020–11–23）
	半成品出库单是否得到复核确认（是 / 否）	是
	半成品耗用是否与生产记录日报表内容相符（是 / 否）	是

续表

主要业务活动	测试内容	测试结果
产成品入库	产成品验收单编号 #（日期）	2020-11-25
	产成品入库单编号 #（日期）	R101131（2020-11-25）
	产成品入库单是否与验收单内容相符（是 / 否）	是
	产成品入库是否得到复核确认（是 / 否）	是
产成品出库	出运通知单编号 #（日期）	SF101130016
	产成品出库单编号 #（日期）	S10120127
	产成品出库单、销售订单、出运通知单、送货单内容是否相符（是 / 否）	是
	送货单编号 #（日期）	SF101130016
	送货单是否经适当签字（是 / 否）	是

4. 与生产成本归集、分配、结转有关的业务活动的控制（见表 5-19）

表 5-19　与生产成本归集、分配、结转有关的业务活动的控制

主要业务活动	测试内容	测试结果
生产成本归集	测试期间	2020 年 10 月
	生产成本计算表中材料成本是否与当月出库量一致（是 / 否）	是
	生产成本结转凭证编号 #（日期）	740#（2020-10-31）
	转账凭证是否经适当审核（是 / 否）	是
	是否正确计入相关明细账（是 / 否）	是
生产成本分配	测试期间	2020 年 10 月
	生产成本分配方法是否与会计政策一致（是 / 否）	是
	生产成本分配产品是否与原材料投入相对应（是 / 否）	是
	生成本本分配表与生产成本结转数据是否相符（是 / 否）	是
	生产成本分配表编号 #（日期）	750#（2020-10-31）
	转账凭证是否经过适当审核（是 / 否）	是
	是否正确计入相关明细账（是 / 否）	是
生产成本结转	测试期间	2020 年 10 月
	销售成本结转凭证编号 #（日期）	755#（2020-10-31）
	销售数量是否与系统内数据一致（是 / 否）	是
	转账凭证是否经适当审核（是 / 否）	是

5. 与存货跌价准备有关的业务活动的控制（见表 5-20）

表 5-20 与存货跌价准备有关的业务活动的控制

主要业务活动	测试内容	测试结果
计提存货跌价准备	系统是否对存货库龄进行分析（是 / 否）	是
	盘点中是否发现不良存货（是 / 否）	是
	是否编制不良存货明细表（是 / 否）	是
	不良存货明细表是否附有支持性文件（是 / 否）	是
	不良存货明细表是否经适当复核（是 / 否）	是
	采购经理 / 销售经理是否分析存货可变现净值（是 / 否）	是
	如需计提，会计主管编写会计估计变更建议（是 / 否）	是
	财务经理复核会计估计变更建议或减值调整建议（是 / 否）	是
	董事会审核计提跌价准备的建议（是 / 否）	是
	存货跌价准备的计提已进行恰当处理和列报（是 / 否）	是
	记账凭证编号 #（日期）	822#（2020-12-31）

第四节 销售与收款循环

一、主要控制缺陷

对大多数企业而言，销售与收款业务循环通常是重要的业务循环，其控制流程主要包括：订单 / 合同审批、记录应收账款及合同资产、收款对账与调节、计提坏账准备及合同资产减值准备等，该业务循环控制缺陷主要包括：

1. 新增客户、授信额度以及销售合同签订未经过适当的审批，可能导致应收账款无法收回、虚假销售、管理层利用职务便利谋取非法利益等舞弊风险，应收账款存在性、合同资产存在性以及营业收入的发生可能存在重大错报风险。

2. 仓库管理人员发货时缺少过磅、装车、出厂记录等实物发出的原始凭证，未将该原始凭证与经批准的销售单核对，可能发生未见实物流的虚假销售，应收账款存在性、合同资产存在性以及营业收入的发生可能存在重大错报风险。

3. 记录营业收入时未核对客户签收、物流单据等重要收入确认依据，存在商品未实际发运至客户或者商品存在质量问题客户未签收的情况，导致被审计单位营业收入的发生与截止、应收账款以及合同资产的存在性可能存在重大错报风险。

4. 未使用企业账户收款，使用销售人员等个人账户代为收款，可能导致销售人员侵占企业资金、形成体外资金循环等，应收账款、银行存款完整性可能存在重大错报风险。

5. 未定期与客户对账，可能导致企业记录的应收账款（合同资产）金额与客户记录的应付账款金额不一致，应收账款权利与义务、合同资产权利与义务可能存在重大错报风险。

6. 未及时催收逾期应收账款，可能导致客户无法及时回款形成坏账，应收账款准确性、信用减值损失准确性可能存在重大错报风险。

二、常见审计问题

（一）了解销售与收款循环内部控制可能出现的问题

1. 对被审计单位销售业务流程了解不够深入，未能识别不相容职务未分离的情况。例如，审计人员未获取被审计单位相关业务内部控制制度、流程图等，未能详细了解销售合同签订等重要业务活动的审批流程以及应收账款授信额度审批权限、审批的具体人员等，对可能存在的不相容职务未分离的情况未能识别。

2. 在了解销售与收款业务过程中，未能与将业务与财务结合起来，在了解相关人员的范围以及层级不够，导致未能识别可能存在的控制缺陷。比如有的审计人员在执行询问程序时，只询问财务人员，未对包括销售、仓储部门人员进行询问；或者只询问了一般人员，未能询问到包括总监级别及以上人员，了解的信息不够全面，甚至是碎片化的，从而导致可能存在的控制缺陷未能被识别。

3. 未能结合行业特点进行有针对性了解，导致对特殊行业的关键控制活动关注不够，从而未能识别可能存在的控制缺陷。例如，在对游戏企业、软件开发企业等特殊行业进行审计时，其销售行为通常发送软件安装程序以及通过邮件或信息发送序列号或验证码，这与通常的商品销售模式有较大差异，其业务控制流程也有所不同。

4. 执行穿行测试时各项业务活动的样本选取随意，不同业务阶段的样本各不相同，未能选取一笔已收款的销售交易，追踪该笔交易从接受客户订单直至收回货款的整个过程。

（二）销售与收款循环执行控制测试可能出现的问题

1. 在控制测试时发现的重要控制活动未得到有效执行，未关注是否存在管理层凌驾于内部控制之上的情形，如越权审批。

2. 控制测试中对关键控制活动进行样本测试时，未对重要控制点进行检查并记录检查结果，如对销售记录控制活动进行样本测试时，未体现账面记载、发票、销售订单、出库单及验收单的具体内容，只记录了是否核对相符的结果。

3. 在执行控制测试时，发现已选取的样本测试结果存在偏差，未进一步扩大控制测试样本量，以确认抽样总体得到有效执行。

4. 执行控制测试时未检查或获取企业与客户对账的记录或凭证，未区分会计责任与审计责任，仅依靠期末注册会计师审计发函来替代企业与客户对账。

三、审计关注要点

（一）了解被审计单位销售与收款业务流程

1. 关注管理层是否存在越权审批

审计人员在了解销售与收款业务流程时应关注被审计单位董事会或类似决策机构对重要控制活动的审批流程和权限的规定，是否可能出现越权审批的情形。由于管理层在被审计单位的地位，凌驾于控制之上的风险在所有被审计单位都会存在，如果发现管理层有越权审批的事项，需要考虑管理层是否可能凌驾于内部控制之上。如被审计单位客户应收账款授信额度审批、销售合同审批未见销售部门、信用管理部门审批轨迹，只有总经理一人审批，则很可能表明管理层凌驾于内部控制之上，收入确认存在舞弊风险。

示例 5-5

A 公司于 2014 年以 4.5 亿元的价格收购了 B 公司 100% 股权，收购完成后，B 公司原股东继续经营管理 B 公司，并作出业绩承诺，承诺在 2014 年、2015 年和 2016 年分别实现 5 683 万元、6870 万元和 8 156 万元的扣非净利润，合计实现扣非净利润为 2.07 亿元。

B 公司管理层为了虚增利润提高收购价格、完成业绩承诺，在 2011~2015 年期间，制作虚假合同 235 份，累计虚增净利润 5.6 亿元。B 公司管理层主要通过伪造电子章和电子签名制作虚假合同，或通过找客户相关人员配合签名、签章制作假合同，虚增销售收入、成本和利润。

根据 B 公司的销售业务审批流程，《销售合同申请表》由销售人员填写，需经本组区域销售总监、本地区域销售总经理、首席营销官、首席财务官、总经理签字审批。监管机构对其进行调查时发现，该部分虚假合同均无客户授信审批记录，销售合同基本由总经理一人审批，缺少销售总监、区域销售总经理、首席营销官等签字。B 公司管理层为了实现个人非法利益，凌驾于内部控制之上，签订虚假销售合同虚增收入和利润，导致 A 公司全体股东遭受损失。

2. 关注不相容职务是否分离

适当的职责分离不仅是预防舞弊的必要手段，也有助于防止各种有意或无意的错误。在销售与收款循环中，对不相容职务应重点关注以下事项：

（1）取得各部门岗位和职责权限说明，关注是否有确保不相容岗位相分离的制约和监督机制。

（2）销售人员通常有一种追求更大销售数量的考核压力和固有倾向，而不考虑可能的坏账损失，赊销的审批在一定程度上可以抑制这种倾向。因此，授信额度审批职位与销售职位为不相容职务，如由信用管理经理审批授信额度，超过其权限的由总经理审批。

（3）为了防止销售人员私自发货、多发货等，销售部门与仓库管理部门应为两个独立的部门，销售职位与仓库发货等管理职位为不相容职务，如由销售人员根据销售合同填写销售单，仓库管理部发运人根据销售单发出商品。

（4）为了防止员工侵占企业资金，企业通常会要求负责业务收入和应收账款记账的员工不得经手货币资金、销售人员不得经手货币资金，所以应收账款记账员与出纳为不相容职务、销售职位与收款职位为不相容职务。例如，收回销售货款必须使用被审计单位账户，不得使用销售人员个人账户收款；由出纳员到银行办理支票的存入、票据的承兑等，并取得收款通知单、银行收款回单，由应收账款记账员在系统中编制收款凭证并提交会计主管复核。

3. 关注主要业务流程和控制活动

（1）客户授信额度审批。

对于现有客户，被审计单位收到现有客户的采购订单后，销售业务员对订单金额与该客户已被授权的信用额度以及至今尚欠的账款余额进行检查，经销售经理审批后，交至信用管理经理复核。如果是客户超过授信额度的采购订单，须由总经理审批。

对于新客户，销售业务员将对客户背景进行调查，获取包括信用评审机构对客户信用等级的评定报告等，填写“新客户授信审批表”，并附相关资料交至销售经理和信用管理经理审批，信用管理经理注明是否同意赊销以及授信额度。销售经理在“新客户授信审批表”上注明是否同意接受该新客户，然后由总经理审批，对于超过 500 万元的授信额度应由董事会审批。根据审批后的新客户基本情况表，销售信息管理员将有关信息输入 ERP 系统，在系统中建立新客户档案（包括客户地址、相关资质、银行账户等信息）。

被审计单位可能存在销售人员为扩大销售而使企业承受不适当的信用风险，也有可能管理层凌驾于内控之上，越权批注客户赊销额度，产生舞弊风险。对于现有客户，应关注是否有相关权限人员对订单授信额度进行审批。对于新客户，应关注是否基于客户的背景调查，对客户进行信用评级，并由相关权限人员对客户授信额度进行审批。

（2）销售合同审批。

销售业务员根据公司固定的销售合同模板草拟销售合同，提交销售经理审核，如果合同金额超过销售经理审批权限的，须经总经理审批。如果客户要求对公司固定的销售合同模板做出修改，须经法律部负责人审批。销售合同均预先连续编号。根据已签订的销售合同，销售信息管理员将有关信息输入ERP系统，经销售经理审核录入信息无误后，在系统中批准，系统将自动生成连续编号的销售订单（此时销售订单显示为“待处理”状态），生产部门据以安排生产，开始生产后，系统中销售订单显示为“在产”状态。

被审计单位可能存在未签订销售合同就发货，如果销售业务存在纠纷，企业对应收账款收回等存在较大法律风险，还存在管理层利用职务之便的舞弊风险。管理层还可能越权审批销售合同，导致虚假销售等舞弊风险。审计人员应关注合同是否为公司固定销售合同模板，是否有相关权限人员对销售合同中的销售价格、销售条件、折扣等进行审批，对销售合同进行修改的是否由法务部门审批。

（3）按照销售单发运商品。

经批准的销售单一联应送达仓库，仓库管理人员只有在收到经批准的销售单时才能发运商品，发运人员将发出商品内容与销售单内容核对一致填写出库单，并由仓库管理负责人审批。商品装运时，过磅人员、装车运输人员在出库单、运输单签字确认，发运人员将运输单、出库单、销售单一同保存。如果在系统中自动控制的则当销售单在系统中获得发货批准时，系统自动生成连续编号的出库单，发运人员发出商品时与出库单内容核对一致，并录入相应的运输单信息，系统中销售订单显示为“运输”状态，系统定期生成销售单与发出商品汇总报告。

被审计单位仓储管理人员发货如果未保留过磅人员、装车运输人员签字确认的单据，可能无法核查产品销售的实物流，从而产生“空转贸易”、虚假销售等风险。审计人员应关注仓库发出商品时是否留存过磅、装车、出厂记录等实物发出的原始凭证，是否将该原始凭证与经批准的销售单核对。

（4）记录应收账款 / 合同资产与营业收入。

销售业务员获取客户对商品的验收证明，连同销售单、出库单、运输单一同交给财务部应收账款记账人员，应收账款记账人员编制营业收入凭证并提交会计主管复核，财务部开票人员根据销售业务人员的开票申请开具发票。如果在系统中自动控制，销售业务员应将客户验收证明录入系统，系统中销售订单显示为“已验收”状态，系统根据销售单信息自动汇总生成当期营业收入会计凭证，销售业务人员在系统中提交开票申请，财务部开票人员根据销售业务人员的开票申请开具发票，系统中销售订单显示为“已开票”状态，系统定期生成销售单验收、开票汇总报告。

被审计单位记录营业收入时可能未取得客户验收、到货确认等重要依据，导致营业收入提前确认、产品未实际发运至客户等舞弊风险。审计人员应关注被审计单位营业收入确认政策，记录营业收入是否取得客户验收、物流单据等重要收入确认依据，是否满足收入确认条件。

（5）收款。

销售业务员收到客户的支票、本票或汇票后，填写收款通知单，连同票据一起交给财务部出纳员。出纳员检查收到的票据后在收款通知单上签字确认，于当日或次日将票据解存银行。应收账款记账员将收款通知单、银行收款回单等进行核对，如果存在付款单位与合同签订客户不一致应告知销售经理并说明原因，应收账款记账员在系统中编制收款凭证并提交会计主管复核。如果在系统中自动控制，销售业务员收到客户的支票、本票或汇票后在系统中录入票据信息并提交财务部出纳员，出纳员检查收到的票据后在系统中确认，应收账款记账员将收款通知单、银行收款回单与销售订单等进行核对，在系统中确认回款单位和金额，系统中销售订单显示为“已收款”状态，系统根据收款信息自动汇总生成当期收款会计凭证。系统定期生成销售单收款汇总报告。

被审计单位可能存在使用销售人员个人账户、关联方账户收款，导致销售人员侵占企业资金、形成体外资金循环、关联方占用资金等舞弊风险。审计人员应关注收款账户是否为企业账户，收款的交易对手是否为签订合同的客户。

（6）对账与调节。

每月末应收账款记账员向主要客户发送对账单，如有对账差异，应收账款记账员联系销售经理进行进一步调查。根据对账情况，应收账款记账员编制对账报告和调整建议（如有），交至会计主管复核。

被审计单位可能存在未定期与客户对账，如果交易时间久远，则被审计单位记录的应收账款金额与客户记录的应付账款不一致原因核实困难，从而产生纠纷，应收账款收回困难。被审计单位还可能由于提前确认收入等原因与客户存在对账差异。审计人员应关注被审计单位是否定期与客户对账，对账差异如何处理。

（7）计提坏账准备及合同资产减值准备、催收逾期账款。

每月末财务人员编制应收账款 / 合同资产账龄分析表和逾期款项分析表，采用预期信用损失模型计算坏账准备，并交至会计主管复核。同时将逾期款项分析表提交销售经理、信用管理经理，及时催收逾期账款。坏账核销需经过信用管理经理、销售经理、总经理审批。如果在系统中自动控制，上述账龄分析表、逾期款项分析表由系统定期自动生成。

被审计单位可能未按照会计准则的规定计提坏账准备，对于逾期应收账款未及时催收，坏账准备的核销未经恰当人员审批等，从而造成坏账准备计提不完整、客户不及时回款形成坏账等风险，也可能是由于虚假销售产生的舞弊风险。审计人员应关注是否每月采用预期信用损失模型计提坏账准备，是否及时催收逾期款项、坏账核销是否经过审批。

4. 穿行测试

审计人员在了解内部控制时，应当评价控制的设计，执行穿行测试追踪销售业务在财务报告中的处理过程以确定控制活动是否得到有效执行。审计人员应选择一笔已收款的新客户销售业务从新客户授信额度审批开始检查上述控制活动的执行情况。

示例 5-6 新增客户销售穿行测试

（1）询问信用管理部经理对新增客户的授信审批程序，检查被审计单位客户授信额度管理制度，取得新增的 A 客户信用调查报告、新客户授信审批表，检查是否按照审批流程规定由恰当人员审批，检查 ERP 系统中 A 客户的档案、授信额度是否与审批结果一致。

（2）询问销售经理对销售合同的审批程序，检查被审计单位销售合同审批流程，取得与 A 客户签订的 2020××01 号销售合同、相应的“销售合同审批表”，检查是否对固定销售合同条款作出重要修改、销售合同是否按照审批流程规定由恰当人员审批，检查 ERP 系统中合同信息、销售订单是否与经审批的销售合同一致。

（3）询问仓库经理产品发出流程、审批程序，检查被审计单位产品库存管理制度、出库流程，取得 A 客户 2020××01 号销售合同的“产品出库单”“销售单”“运输单”，检查记录的产品是否与销售单一致、过磅装车运输人员签字是否完整、是否由恰当人员审批，检查 ERP 系统中是否根据销售单生成的出库单、是否录入运输单信息。

（4）询问财务经理营业收入确定政策，检查被审计单位财务管理制度，取得 A 客户 2020××01 号销售合同的“产品出库单”“运输单”“客户验收单”“营业收入记账凭证”，检查客户验收信息是否完整、是否符合被审计单位收入确认政策，检查 ERP 系统中是否录入验收证明、销售订单状态是否显示为“已验收”。

（5）询问财务经理销售收款流程，检查被审计单位财务管理制度、资金管理制度，取得 A 客户 2020××01 号销售合同的“应收账款收款记账凭证”“收款通知单”“收款凭证”，检查付款单位是否为 A 客户、账面记录是否与原始凭证一致，检查 ERP 系统中销售业务员是否录入 A 客户支票汇票等信息、出纳员是否在系统中确认回款单位和金额、销售订单状态是否显示为“已收款”。

（6）询问财务经理与客户对账流程，检查被审计单位财务管理制度，假设 A 客户还存在其他销售合同的应收账款，取得“A 客户 × 月应收账款对账单”“× 月应收账款对账报告”，检查对账单是否由客户盖章确认、对账差异处理结果。

（7）询问财务经理应收账款、合同资产坏账准备计提政策，询问信用管理部经理应收账款催收流程，取得被审计单位财务管理制度、应收账款管理制度，取得“× 月应收账款 / 合同资产坏账准备计提表”“× 月应收账款逾期情况表”“客户坏账准备核销审批表”，检查是否按照坏账准备计提政策计提坏账、逾期应收账款是否有专人负责催收、坏账准备核销是否由恰当人员审批。

（二）对销售与收款关键控制活动执行控制测试

1. 客户授信额度审批

假设被审计单位客户授信额度审批控制活动执行的频率为 1 次 / 周，审计人员应选取客户清单作为样本总体，按照审计抽样的方法从中抽取 5 个样本进行测试。在控制测试样本测试中应对审批人员是否在授权范围内进行审批等的关键控制点进行测试并记录，客户授信额度审批样本测试如表 5-21 所示。

表 5-21　客户授信额度审批样本测试

样本序号	客户名称	是否为新客户	信用评级	授信额度	信用管理部门审批人	销售经理审批人	总经理审批人	董事会审批人	是否在授权范围内进行审批
1									
2									
……									
测试结论									

2. 销售合同审批

假设被审计单位销售合同审批控制活动执行的频率为 1 次 / 日，审计人员应选取销售合同为样本总体，按照审计抽样的方法从中抽取 20 个样本进行测试。在控制测试样本测试中应对销售价格、销售条件的审批，以及是否在授权范围内进行审批等的关键控制点进行测试并记录，销售合同审批样本测试如表 5-22 所示。

表 5-22 销售合同审批样本测试

样本序号	客户名称	合同名称	合同编号	合同是否包含销售价格、销售条件、折扣、收款等信息	是否对固定销售合同条款作出重要修改	销售经理审批人	法务部门审批人	总经理审批人	销售合同是否经相关人员在授权范围内审批、签署	销售合同是否连续编号
1										
2										
……										
测试结论										

3. 按照销售单发运商品

假设被审计单位发运商品控制活动执行的频率为每日数次，审计人员应选取产品出库单为样本总体，按照审计抽样的方法从中抽取 25 个样本进行测试。在控制测试样本测试中应对仓库发出商品是否有经批准的销售单、发出商品是否经过审批、是否保留运输单据等关键控制点进行测试并记录，发运商品样本测试如表 5-23 所示。

表 5-23 发运商品样本测试

样本序号	出库单编号	发运商品名称、数量	仓库审批人	销售单编号	销售单审批人	销售单商品名称、数量	发运商品是否与销售单一致	出库单编号是否连续	运输方式	承运人	运输单编号
1											
2											
……											
测试结论											

4. 记录应收账款 / 合同资产与营业收入

假设被审计单位记录应收账款 / 合同资产与营业收入控制活动执行的频率为每日数次，审计人员应选取营业收入贷方记账凭证为样本总体，按照审计抽样的方法从中抽取 25 个样本进行测试。在控制测试样本测试中应对记录的营业收入是否有客户验收、物流单据、出库单、销售单是否一一匹配等关键控制点进行测试并记录，记录营业收入样本测试如表 5-24 所示。

表 5-24 记录营业收入样本测试

样本序号	记账时间	凭证编号	出库单			运输单		验收单		核对		
			日期	编号	商品名称、数量	日期	商品名称、数量	日期	商品名称、数量	发票所载内容与销售订单、出库单及验收单的内容是否相符	记账凭证是否与销售订单、出库单、运输单、验收单一致	会计主管是否对记账凭证进行复核
1												
2												
……												
测试结论												

5. 收款

假设被审计单位收款控制活动执行的频率为每日数次，审计人员应选取应收账款的贷方记账凭证为样本总体，按照审计抽样的方法从中抽取 25 个样本进行测试。在控制测试样本测试中应对收款账户是否为企业账户、回款单位是否与签订合同客户一致等关键控制点进行测试并记录，收款样本测试如表 5-25 所示。

表 5-25 收款样本测试

样本序号	记账时间	凭证编号	收款凭证					核对				
			日期	收款方式	银行回单编号	付款单位名称	收款金额	收款账户是否为企业账户	付款单位是否与发票单位、合同签订客户一致	收款是否准确记录	会计主管是否对记账凭证进行复核	银行回单上是否加盖“核销”印戳
1												
2												
……												
测试结论												

6. 对账与调节

假设被审计单位对账与调节控制活动执行的频率为 1 次 / 月，审计人员应选取月度客户对账报告、月度对账调节表为样本总体，按照审计抽样的方法从中抽取 3 个样本进行测试。在控制测试样本测试中应对是否定期与客户对账、对账差异的处理等关键控制点进行测试并记录，对账与调节样本测试如表 5-26 所示。

表 5–26 对账与调节样本测试

样本序号	月度	应收账款对账与调节			
		是否定期与客户对账	应收账款存在差异是否编制调节表	差异原因	对账差异调整凭证是否经会计主管复核
1					
2					
……					
测试结论					

7. 计提坏账准备及合同资产减值准备、催收逾期账款

假设被审计单位计提坏账准备及合同资产减值准备、催收逾期账款控制活动执行的频率为 1 次 / 月，审计人员应选取月度坏账准备计提表、月度逾期款项情况表为样本总体，按照审计抽样的方法从中抽取 3 个样本进行测试。在控制测试样本测试中应对是否计提坏账准备、及时催收逾期款项、坏账核销是否经过审批等关键控制点进行测试并记录，计提坏账准备、催收逾期账款、坏账核销样本测试如表 5–27 所示。

表 5–27 计提坏账准备、催收逾期账款、坏账核销样本测试

样本序号	月份	坏账准备计提			催收逾期款项		坏账核销			
		是否编制应收账款 / 合同资产账龄分析表和逾期款项分析表	是否根据预期信用损失模型计算坏账准备	是否经会计主管复核	逾期款项分析表是否提交销售经理和信用管理经理	是否指定相关人员催收	核销单位	核销金额	核销原因	是否在授权范围内进行审批
1										
2										
……										
测试结论										

（三）关注特殊行业关键控制活动

有的行业关键控制活动与制造业差异较大，审计人员应充分了解其特有的业务流程从而开展控制测试。例如，游戏企业是否在系统后台存储玩家用户行为信息（玩家历史登录时间、IP 地址、充值记录等）、游戏道具的购买、使用、结余等信息，并且不可修改，是否定期更新玩家生命周期的估计；软件开发企业对软件产品密钥的交付、密钥使用期限、登录限制等如何进行管理；客户主要是经销商的还应关注被审计单位 ERP 系统是否包含经销商库存管理模块，经销商模块登录权限设置是否合理等。

四、审计案例

案例5－4

某会计师事务所承接了M公司2020年度财务报表审计业务，审计人员对M公司销售与收款循环进行了解和执行控制测试。

1. 在了解M公司客户授信额度管理业务流程时发现：M公司制定了《客户授信管理制度》，对于新增客户的赊销必须由信用管理部对客户信用状况进行充分调查，形成信用调查报告，编制《客户授信额度审批表》，并由信用管理部经理、销售经理、总经理审批，超过1 000万元的赊销须由董事会批准。未见信用管理部门对已有客户的信用评价调整的规定。

2. 在了解M公司与客户对账、催收流程时发现：M公司没有应收账款对账与催收相关制度，没有2020年度与客户的应收账款对账与催款记录。因为没有及时对账与催收，导致了M公司部分应收账款账龄较长，较多款项超过信用期仍不能收回。

3. 在对M公司新增客户授信审批活动执行控制测试发现：M公司与2020年新增第一大客户B公司签订的赊销金额4 000万元的销售合同未严格按照公司《客户授信管理制度》的规定，对B公司信用状况进行调查，未见信用调查报告，《客户授信额度审批表》只有销售经理、总经理、董事会批准赊销，未见信用管理部经理签字。

4. 在对M公司销售合同审批实施样本测试时，选取2020年签订的25个合同样本，检查发现有两份合同对公司固定格式条款中的违约责任和付款存在重要修改，该两份合同未按照M公司《销售合同管理制度》审批流程增加法务部经理审批。

5. 根据M公司《产成品发出管理制度》规定，销售部根据销售合同编制销售单并由销售经理审批，仓库管理部根据库存情况按照经审批的销售单发出产成品。审计人员在对M公司发运商品控制活动实施样本测试时，选取2020年的25张产品出库单，检查发现有1笔产品出库未签订销售合同、无经审批的销售单。

案例讨论：

（一）评价内部控制缺陷的性质

1. 按照内部控制缺陷成因或来源，评价内部控制缺陷类型。M公司事项1对已有客户的授信额度调整未见相关规定、事项2没有制定应收账款对账与催收制度，这两个缺陷属于内部控制设计缺陷。M公司事项3未按照公司《客户授信管理制度》的规定对2020年新增的第一大赊销客户进行授信额度审批、事项4未按照《销售合同管理制度》的规定对重要合同条款的修改增加法务部审批、事项5未按照《产成品发出管理制度》的规定产品发货必须有经审批的销售合同，这三个缺陷属于内部控制运行缺陷。

2. 评价内部控制缺陷的影响程度。审计人员应根据M公司的生产经营规模、风险水平、内部控制缺陷对财务报表的影响程度等，评价上述缺陷是重大缺陷、重要缺陷还是一般缺陷，同时应考虑与M公司管理层、治理层沟通上述控制缺陷。

3. 考虑A公司是否存在管理层凌驾于内控之上，销售与收款循环是否存在舞弊风险。

（二）考虑对拟实施的进一步审计程序的影响

审计人员在选择拟实施的进一步审计程序时应融入更多的不可预见因素，如向以前在审计过程中接触不多或未曾接触的员工询问、采取不同的审计抽样方法、调整实施审计的时间等。

1. 针对上述3项内部控制运行缺陷，扩大控制测试样本量，选取更多的样本进行检查是否存在偏差，样本尽量涵盖全年的所有月份。

2. 扩大实质性测试的样本和范围，实施以前未曾考虑过的审计程序，如调查客户背景信息、函证销售条款、对重要客户进行访谈、非最终用户穿透检查客户销售情况等。

（三）提出管理建议

1. 针对事项1内部控制设计缺陷，M公司对新增客户授信管理制度有相关的规定和审批流程，但对已有客户的授信额度调整未见相关规定，该内控控制设计存在缺陷。如果M公司对已有客户的授信额度不根据客户的回款情况、信用状况进行调整，可能会导致应收账款逾期、客户财务状况恶化无法回款，从而影响公司正常经营所需资金，形成较多坏账。

审计人员对M公司提出管理建议：增加已有客户授信额度调整管理制度，包括信用管理部定期对所有赊销客户进行科学的信用评价，根据客户应收账款逾期情况、财务状况等合理调整客户赊销额度。

2. 针对事项2内部控制设计缺陷，M公司没有制定应收账款对账与催收制度，没有指定人员负责应收账款的对账与催收，缺乏对应收款项可回收性的有效监控，导致M公司应收账款账龄较长，较多款项超过信用期仍不能收回。

审计人员对M公司提出管理建议：制定应收账款对账与催收制度，包括财务部每月末与客户进行对账，如果对账出现差异，财务部联系销售部经理进一步调查，根据对账情况，财务部编制应收账款对账报告。M财务部每月末编制应收账款收回、逾期情况表，信用管理部门指定专人负责逾期款项的催收。

第五节　投资与筹资循环

1 筹资循环

一、主要控制缺陷

筹资循环的主要控制流程包括对筹资方案进行可行性论证、筹资方案的批准、制订筹资计划、对实施筹资活动进行正确的会计记录、对筹资方案实施结果的评价等，该业务循环控制缺陷主要包括：

1. 筹资方案未经充分论证导致筹资决策不当，引发资本结构不合理或无效融资，导致企业筹资成本过高或面临债务危机。

2. 筹资行为未经批准，导致资金被挪用、侵占或出现其他舞弊风险。

3. 筹资计划制订不合理，未能有效应对政策风险、利率风险、汇率风险、市场风险，导致筹资成本高、效率低或融资失败。

4. 筹资活动会计记录不正确、不完整，导致财务报表信息失真、财务报告信息披露出现重大遗漏或误导性陈述。

5. 缺乏内部监督机制，对筹资方案的实施结果未能进行有效评价，导致可能存在的舞弊事项、重要的财务会计处理错误未能被及时发现。

二、常见审计问题

（一）了解筹资循环内部控制可能出现的问题

1. 未能获取被审计单位关于筹资方案形成的决策文件，未检查筹资方案是否经过充分论证以及决策机构的批准记录。

2. 未能充分关注到筹资活动中岗位职责是否存在不相容职务，借款合同、融资协议等是否经过规范的业务流程审批，是否存在管理层凌驾于内部控制制度之上的情况。

3. 未能获取筹资计划的详细资料，包括融资需求、融资成本的计算分析，融资计划可能面临的政策风险、利率风险、汇率风险、市场风险方面的具体应对措施。

4. 未能检查企业借款与银行的定期对账记录，以及与企业征信记录的核对结果，也未核查债券或股票发行后的相关变动与交易所或相关结算登记机构的查询核对记录，合理评估筹资活动中会计记录准确性与完整性的控制情况。

5. 未能检查内部监督部门对筹资活动的内部评价文件，以评估被审计单位筹资活动内部监督机制的运行情况。

（二）筹资循环执行控制测试可能出现的问题

未能合理确定控制测试样本总体与样本抽取，导致控制测试结论错误，未能发现被审计单位的重要控制缺陷。例如，审计人员在确定长短期借款的完整性测试样本总体时，以记账凭证作为总体，从中抽取样本进行控制测试，无法得出长短期借款完整性控制有效的结论。

三、审计关注要点

（一）了解筹资循环相关内部控制

1. 筹资方案的论证与决策过程是否合规

（1）关注筹资方案的战略评估。检查筹资方案中是否就符合企业整体发展战略进行了讨论分析，是否考虑了控制企业筹资规模，防止因盲目筹资而给企业造成沉重的债务负担。

（2）关注筹资方案的经济性评估。检查筹资方案中是否就符合经济性要求进行了评估，是否以最低的筹资成本获得所需的资金。筹资期限是否经济合理，利息、股息等水平是否在企业可承受范围之内。

（3）筹资方案的风险评估。检查筹资方案中对面临的风险进行分析，特别是对于利率、汇率、宏观经济走势等重要条件进行预测，对筹资方案面临的风险是否做出全面评估，并能有效地应对可能出现的风险。

（4）筹资方案的决策。检查筹资方案决策是否经过了必要的审批程序。一般来说，重大筹资方案应当按照规定的权限和程序实行集体决策或联签制度，任何个人不得单独进行决策或擅自改变集体意见，但在某些情况下，有的企业建立了分级授权审批制度，这时要结合筹资规模的大小、方式来检查其审批是否符合内部控制制度相关规定。

示例 5-7 借款审批

某公司借款审批环节主要涉及借款申请审批、借款合同签署等控制活动。借款审批主要控制活动为：财务部门信贷管理员填写借款申请表，金额在500万元以下的申请应经财务经理和总经理审批，金额超过500万元的借款申请由董事会审批，董事会授权总经理签订借款合同。财务经理依据审批后的借款申请表，与银行洽谈借款合同的主要条款，交总经理审核后签订合同。

审计人员应抽取被审计单位的借款申请单、董事会决议、借款合同，检查借款申请单上是否有财务经理和总经理签字审批记录，是否有董事会决议文件，检查董事会授权文件是否表明授权总经理签订合同，借款合同上是否有总经理签字。如果发现不一致，如授权文件缺失、没有签字记录等，审计人员应记录为控制偏差。此外，如果审计人员发现存在代签或其他异常情况，应考虑是否可能导致对被审计单位重大错报风险的评估。

2. 筹资活动是否存在不相容职务的情况

审计人员应关注筹资活动中的职责分离情况，检查是否存在不相容职务未分离的情况。不相容岗位未分离，为可能发生的错误或舞弊创造了机会，但最终是否造成错误或舞弊的后果是不确定的。审计人员在检查筹资活动不相容岗位职务是否分离以及判断其可能存在的风险时，应特别关注是否存在管理层凌驾于内部控制制度之上的情况。另外，还应结合企业的规模大小、筹资规模大小、融资方式与节奏、筹资活动各岗位人员的诚信品质以及筹资活动外部监管环境等情况综合判断。筹资活动不相容职务及可能产生的风险如表 5–28 所示。

表 5–28 筹资活动不相容职务及可能产生的风险

序号	不相容职务	可能产生的风险
1	筹资方案的拟定与决策	被通过的筹资方案过于激进或不合理导致债务危机或经营失败
2	筹资合同或协议的审批与订立	可能发生错误或舞弊未能被发现
3	与筹资有关的各种款项偿付的审批与执行	可能发生错误或舞弊未能被发现
4	筹资业务的执行与会计记录	可能发生错误或舞弊，会计记录错误或产生重大遗漏

3. 筹资计划的制订是否与控制目标相符

审计人员应当关注被审计单位制订和筹资计划是否科学合理，是否切实可行，是否与经批准的筹资方案一致，筹资计划能否实现成本最优、效率最高、风险可控的控制目标。审计人员还应当关注筹资计划中是否结合企业实际，合理选择了相应的筹资方式，如是银行借款还是发行债券，或是发行股票以及两种或几种的方式组合等。针对各种筹资方式以及可能产生的风险制定具体的应对措施。

4. 筹资活动的会计记录是否准确、完整

审计人员应当关注筹资活动的会计记录准确性与完整性的控制情况，包括长短期借款记录是否准确，利息的计算是否完整；债券或股票发行后的相关变动是否及时进行了会计处理，会计记录与交易所或结算登记机构的信息、金融机构的征信记录是否具有一致性；与筹资活动有关会计记录是否经过了复核审批等。

示例 5–8 收取借款会计记录

通常情况下，银行借款按照合同约定收款时间转入被审计单位银行账户，会计根据收款凭证记账。某公司收取借款和会计记录主要控制活动如下：贷记账员在 Y 系统内编制记账凭证，将借款合同、银行回单等单证交会计主管审核。会计主管审核无误后，在系统中批准，系统自动过账至借款明细账和总账。

审计人员应抽取被审计单位的银行借款收款台账、借款记账凭证、银行借款划款单，核对收款是否均已记录，系统是否有会计主管审核记录。

示例 5–9 利息会计记录

银行一般会按照约定时间自动扣除，并开具利息划款凭证。银行划走的利息是按照结息日计算，与企业会计准则确认的利息费用存在时间差，企业需要按照准则的规定补记利息。某公司利息会计记录主要控制活动如下：每季末，信贷记账员在Y系统内编制记账凭证，将银行利息回单交会计主管审核。会计主管审核无误后，在系统中批准，系统自动过账至借款明细账和总账。如未能及时取得银行借款利息回单，由信贷管理员根据借款利率估算应付利息，经会计主管复核后，信贷记账员进行账务处理。同时，该金额还将与当月编制的银行存款余额调节表中体现的银行已划转的利息金额相核对。

审计人员应获取利息划款凭证、记账凭证、企业利息测算表，检查利息支付记录是否与划款凭证一致、系统是否有会计主管审核记录。

5. 筹资活动内部监督机构履职情况

审计人员应当关注内部监督机构对筹资活动开展内部监督评价的具体情况，考虑内部监督是否有效。例如，被审计单位是否设立内部监督机构，内部监督机构对筹资活动的控制环节是否履行了监督职能，包括：检查企业是否严格按照确定的用途使用筹措的资金；对已筹措但尚未使用完毕的资金是否进行了妥善保管；对长短期借款、应付债券是否正确计提、支付利息；是否对筹资活动过程的合规性、科学合理性进行评价；对发现的重要问题是否进行了责任追究等。

（二）对筹资循环关键控制活动执行控制测试

审计人员应当在全面充分了解被审计单位筹资活动的业务流程、筹资的具体分布、规模大小、控制环境差异、内部控制设计的合理性与预期执行的有效性等因素后，合理确定筹资循环各个控制环节的控制测试样本总体，考虑选取适当样本进行控制测试。现代企业的筹资活动主要包括银行借款、发行债券、发行股票等形式。

以筹资活动中的长短期借款为例，说明筹资活动关键控制活动控制测试的执行情况：

1. 借款的审批与处理

在借款审批与处理环节控制测试中，应对有权审批的人员或机构是否在授权范围内进行审批等的关键控制点进行测试并记录。具体可以选取借款申请表、借款合同等为样本总体，考虑控制活动频率，根据控制测试过程记录表中计算机生成的拟测试样本规模数量，从中抽取适当样本进行测试。

实务中，借款审批与处理的控制发生的频率不会太高，具体在选取样本时，考虑具体情况选择恰当样本，如每月发生一次，样本选取一般不应少于3个。具体样本测试如表5–29示。

表 5-29　借款的审批与处理样本测试

样本序号	记账时间	凭证编号	借款申请表编号 #（日期）	借款申请表是否经恰当批准	借款合同编号 #（如适用）	综合授信协议编号 #（如适用）	综合授信使用申请表编号 #（日期）	收款凭证编号 #（日期）	借款合同金额、期限等内容是否与借款申请表内容一致
1									
2									
……									
测试结论									

2. 还款与利息支付

在还款与利息支付环节控制测试中，应对有权审批付款的人员或机构是否在授权范围内进行审批等的关键控制点进行测试并记录。具体可以选取长短期借款借方发生额、利息支出本期发生等为样本总体，考虑控制活动频率，根据控制测试过程记录表中计算机生成的拟测试样本规模数量，从中抽取适当样本进行测试。

还款与利息支付的控制发生的频率不会太高，具体在选取样本时，考虑具体情况选择恰当样本，比如每月发生一次，样本选取一般不应少于 3 个。具体样本测试如表 5-30 所示。

表 5-30　还款与利息支付样本测试

样本序号	记账时间	凭证编号	付款申请表编号 #（日期）	付款申请表是否经恰当批准	还款金额、期限等内容是否与付款申请表内容一致	还款金额、期限等内容是否与借款合同规定内容一致	利息计算是否正确并经复核
1							
2							
……							
测试结论							

四、审计案例

案例 5-5

某会计师事务所负责对 Q 上市公司 2021 年度财务报表进行审计。2022 年 1 月 15 日，审计人员在对 Q 上市公司筹资活动内部控制了解的基础上编制了筹资活动风险控制矩阵，具体情况如表 5-31 所示。

表 5-31　　Q 上市公司筹资活动内部控制风险矩阵

序号	控制流程	控制目标	内部控制制度规定	实际的控制活动	重要程度	制度索引	控制活动形成的文档记录	责任部门及岗位	控制形式	执行频率	是否测试	测试结论	是否支持风险评估结论	从实质性程序获取的保证程度
1	确定筹资需求，编制筹资方案	筹资方案科学合理，符合公司需求	财务部门根据企业经营计划、预算情况与资金现状等因素，测算资金缺口，分析比较各种筹资渠道及方案，科学编制筹资方案	每年末财务部根据下一年业务实际情况，预测公司融资需求，并与资金使用部门沟通，最终形成公司年度筹资总体方案	一般	《财务管理规定》	《年度筹资总体方案（草案）》	财务部	手工控制	每年一次	是	有效	支持	低
2	对筹资方案进行论证分析		公司组织内部专业小组或聘请外部专家，对筹资方案中的融资需求合理性及不同筹资方式带来的经济影响进行深入分析论证	总经理办公会组织对年度筹资方案进行多次讨论，就筹资方案的可行性、经济性作出内部评估，形成系列《会议纪要》；同时，公司组建团队结合资金需求及投向、筹资方式、风险应对等进行可行性分析研究，形成《年度筹资方案可行性分析报告》	关键	《财务管理规定》	总经理办公会《会议纪要》、《年度筹资方案可行性分析报告》	总经理办公会 / 财务部、内外部专家	手工控制	每年一次	是	有效	支持	低
3	审批筹资方案		财务部按照分级授权审批的原则，将筹资方案依次报财务经理 / 财务总监 / 公司分管领导 / 总经理 / 董事长 / 董事会进行审批	财务部将筹资方案依次报财务经理 / 财务总监 / 公司分管领导 / 总经理 / 董事长进行审批。公司董事会讨论通过，并公布实施	关键	《财务管理规定》	《年度筹资总体方案》	董事会	手工控制	每年一次	是	有效	支持	低

续表

序号	控制流程	控制目标	内部控制制度规定	实际的控制活动	重要程度	制度索引	控制活动形成的文档记录	责任部门及岗位	控制形式	执行频率	是否测试	测试结论	是否支持风险评估结论	从实质性程序获取的保证程度
4	根据筹资方案编制筹资计划	筹资计划符合筹资方案要求	财务部门根据经审批的筹资方案，编制具体筹资计划，包括确定筹资方式，筹资金额以及资金投向、风险应对措施等	财务部门根据经审批的筹资方案，编制《筹资方案实施计划》，确定具体筹资方式，筹资金额、融资成本以及资金投向、风险应对措施等	一般	《财务管理规定》	《筹资方案实施计划（草案）》	财务部	手工控制	每年一次	是	有效	支持	低
5	审批筹资计划		财务部按照分级授权审批的原则，将筹资方案依次报财务经理／财务总监／公司分管领导／总经理／董事长进行审批	财务部将《筹资方案实施计划》依次报财务经理／财务总监／公司分管领导／总经理／董事长进行审批。审批通过后转入具体实施阶段	关键	《财务管理规定》	《筹资方案实施计划》	财务部／总经理／董事长	手工控制	每年一次	是	有效	支持	低
6	获取信贷额度	银行借款符合筹资计划，银行借款经过审批	财务部依据筹资计划与金融机构进行洽谈并提供相关资料，获取信贷额度	财务总监负责与银行等金融机构进行交流对接，达成初步意向，获取集团整体授信额度	一般	《财务管理规定》	《银行信贷额度需求》	财务部／财务总监	手工控制	业务发生时	是	有效	支持	低
7	借款申请与审批		财务部根据公司实际融资需求及获取的银行信贷额度，安排借款申请。借款申请需写明融资的额度、种类、期限、原因等，按照公司授权体系要求提交审批办理	财务部需要办理借款时，在与银行沟通基础上，提交《银行借款内部呈批表》，经财务总监、总经理、董事长签字盖公章，相关审批件需注明与银行商谈的贷款利率、抵押条件等	关键	《财务管理规定》	《银行借款内部呈批表》	财务部／财务总监／总经理／董事长	手工控制	业务发生时	是	有效	支持	低

续表

序号	控制流程	控制目标	内部控制制度规定	实际的控制活动	重要程度	制度索引	控制活动形成的文档记录	责任部门及岗位	控制形式	执行频率	是否测试	测试结论	是否支持风险评估结论	从实质性程序获取的保证程度
8	签订借款合同	银行借款符合筹资计划，银行借款经过审批	财务部根据与银行商定和借款条件拟定借款协议、用款计划，连同申请表提交公司管理层审批，通过后与银行签订正式借款合同	财务部根据《银行借款内部呈批表》、与银行拟定的借款合同填写《合同呈批件》，由财务总监、总经理、董事长审批后授权财务总监签署借款合同，同时在《公章登记簿》上签字，由公章管理人员加盖公司公章或公司合同章	关键	《财务管理规定》《公章管理办法》	《银行借款内部呈批表》、《合同呈批件》	财务部、财务总监/总经理/董事长/公司管理人	手工控制	业务发生时	是	有效	支持	低
9	编制股票或债券发行方案	发行证券方案符合筹资计划并经过审批流程批准	证券事务部根据批准的筹资计划按照国家有关法律法规、政策拟定股票或债券发行方案草案	证券事务部根据筹资计划与中介机构沟通，拟定草案并提交总经理办公会讨论，根据管理层讨论结果编制更具体股票或债券募集资金方案，明确筹资方式、金额及各项细节，并呈报给总经理、董事长审核	一般	《募集资金管理办法》	《股票或债券募集方案（草案）》	证券事务部/总经理/董事长	手工控制	业务发生时	是	有效	支持	低
10	审议股票或债券发行方案		董事会需要对证券发行方案进行审议，并形成书面决议。董事会决议通过后，股东大会需要对证券发行方案进行审议，并形成书面决议，公司聘请的具有专业资质的律师需要参加股东大会并出具法律意见书	董事会办公室牵头，其他部门协助，对经审核的证券发行方案形成董事会议案，提交董事会、股东大会审议，并获得《董事会决议》《股东大会决议》，并授权管理层全权办理证券发行募集资金相关协议签订工作	关键	《募集资金管理办法》	本次发行的董事会决议/股东大会决议	董办/董事会/股东大会	手工控制	业务发生时	是	有效	支持	低

续表

序号	控制流程	控制目标	内部控制制度规定	实际的控制活动	重要程度	制度索引	控制活动形成的文档记录	责任部门及岗位	控制形式	执行频率	是否测试	测试结论	是否支持风险评估结论	从实质性程序获取的保证程度
11	协议签订	发行证券方案符合筹资计划并经过审批流程批准	董事会授权公司管理层，选择具备规定资质和资信良好的证券中介机构，并与该机构签订正式的相关协议	由证券事务部提交《合同呈批件》，经总经理以及董事长批准后，与证券中介机构签订协议	关键	《募集资金管理办法》	《合同呈批件》与中介机构签署的相关协议	证券事务部/总经理/董事长	手工控制	业务发生时	是	有效	支持	低
12	募资资金验资	募集资金存放与使用符合监管部门及公司内部控制制度的规定	公司聘请有资质的会计师事务所对募集资金进行验资，确保募集资金真实准确	公司募集的资金将储存在资金专户中，并聘请有资质的会计师事务所对募集资金进行验资，并出具验资报告。	一般	《募集资金管理办法》	《验资报告》	财务总监/总经理/董事长	手工控制	业务发生时	是	有效	支持	低
13	募集资金专户管理		财务部门对募集资金进行专户存储管理，实现专款专用	公司募集资金存放于设立的专项账户集中管理。募集资金专户不得存放非募集资金或用作其他用途	一般	《募集资金管理办法》	募集资金三方存管协议	财务部	手工控制	业务发生时	是	有效	支持	低
14	募集资金用途变更		如因市场发生变化，确需变更募集资金用途或变更项目投资方式的，必须经公司董事会审议、并提交股东大会批准	公司按照《募集资金管理办法》使用募集资金；如果募集资金投资项目发生变化，需改变资金用途，由董事会办公室编制《关于募集资金使用变更的议案》，说明变更的原因及影响，提交董事会审议通过并经股东大会批准	关键	《募集资金管理办法》	《关于募集资金使用变更的议案》/《董事会决议》/《股东大会决议》	董事会股东大会	手工控制	业务发生时	是	有效	支持	低

续表

序号	控制流程	控制目标	内部控制制度规定	实际的控制活动	重要程度	制度索引	控制活动形成的文档记录	责任部门及岗位	控制形式	执行频率	是否测试	测试结论	是否支持风险评估结论	从实质性程序获取的保证程度
15	募集资金使用情况监控	募集资金存放与使用符合监管部门及公司内部控制制度的规定	公司财务部、董事会办公室定期跟踪项目进度和募集资金的使用情况，确保投资项目按公司承诺计划实施，并定期编制向公司董事会报告具体工作进展情况	公司董事会每半年度全面核查募投项目的进展情况，财务部编制《公司募集资金存放与实际使用情况的专项报告》，董事会办公室就《募集资金存放与实际使用情况专项报告》形成议案，提交董事会审议	关键	《募集资金管理办法》	《募集资金存放与使用情况专项报告》	财务部/董事会办公室/董事会	手工控制	每年2次	是	有效	支持	低
16	收到筹资资金入账处理	会计处理及时合规并经过流程审批	筹资相关之会计凭证，由资金会计根据合同、进账单、扣息单等编制会计凭证，然后会计主管根据原始凭证审核会计凭证账务处理是否正确	资金会计根据银行的《进账单》、付息单或还本的《转账回单》等单据，进行筹资相关账务处理，会计主管根据原始单据检查账务处理正确性并在系统中确认已审核	关键	《财务管理规定》	《进账单》/《转账回单》	财务部	手工控制	业务发生时	是	有效	支持	中
17	融资台账登记		公司建立银行借款登记簿及债券登记簿，利用ERP系统融资功能模块等，详细登记融资债务之金额、利息、偿还期限等信息	财务部会计每周根据《资金周报》，检查各公司贷款到账情况，并登陆用友系统核实是否已经记账，然后登记《融资台账》	一般	《财务管理规定》	《资金周报》《融资台账》	财务部	手工控制	业务发生时	是	有效	支持	中
18	利息核算及计提		每月/每季度，财务部根据借款合同和借款金额、应付债券发行公告等制作融资利息计算表，用于计提利息及核对银行扣除准确性	公司财务部负责融资的还本付息工作。付息期之前，财务部资金会计根据台账检查计息是否正确。会计主管审核后制作《付息通知单》	一般	《财务管理规定》	《付息通知单》	财务部	手工控制	业务发生时	是	有效	支持	中

续表

序号	控制流程	控制目标	内部控制制度规定	实际的控制活动	重要程度	制度索引	控制活动形成的文档记录	责任部门及岗位	控制形式	执行频率	是否测试	测试结论	是否支持风险评估结论	从实质性程序获取的保证程度
19	借款及债券利息偿付	会计处理及时合规并经过流程审批	财务部根据借款合同的利息约定及《银行贷款表》中利息测算出的数据或应付债券发行公告测算的应付利息安排利息费用支付，资金会计根据发起资金调拨，出具《资金调拨单》并经过审批后向扣息账户拨款。利息在月底由银行自动在账户上扣除	财务部检查检查《付息通知》正确无误后，填写《呈批单》申请支付利息，《呈批单》按照付款权限要求，由财务部会计、财务总监、总经理签字审批后，出纳进行付款	关键	《财务管理规定》	《付息通知》《呈批单》	财务部/财务总监/总经理	手工控制	业务发生时	是	有效	支持	中
20	借款及债券本金偿付		还款时，由财务部资金会计填写《资金调拨单》并经过财务总监、总经理审批后由财务部出纳进行相应款项调拨；会计根据银行回复的《还款凭证》进行账务处理并出具记账凭证	财务部资金会计关注借款及债券本金到期情况，每周检查《融资台账》，了解具体到账日期和金额，然后填写《呈批单》申请支付本金，《呈批单》按照支付权限的要求，由财务部资金会计、财务总监、总经理、董事长签字审批后，出纳进行付款	关键	《财务管理规定》	《融资台账》《呈批单》	财务部/财务总监/总经理/董事长	手工控制	业务发生时	是	有效	支持	中

2 投资循环

一、主要控制缺陷

1. 未制定有效的对外投资控制措施，以防止舞弊和不适当的对外投资业务。例如，没有制定对外投资项目从筛选到决策的控制流程，投资决策由大股东一人做出，未经过前期调研和集体决策，提供了舞弊的机会。

2. 大额投资款支付未履行相应审批手续。例如，上市公司尚未履行完股东大会审批流程前向转让方支付股权转让款。

3. 未对被投资业务实施有效的后续跟踪和管理，导致未对长期股权投资做出准确的价值计量。

二、常见审计问题

（一）了解投资循环内部控制可能出现的问题

1. 未针投资项目的性质和特点，评估内控设计的有效性，并考虑其设计缺陷对财务报表可能造成的影响。

2. 未关注对外投资以及投资处置是否经过适当批准，未能识别投资循环控制过程中的重大审批缺陷，如有的投资或投资处置构成关联交易，应当履行关联交易决策程序并经股东大会批准，但仅经过了董事会批准。

3. 未能关注对外投资以及投资收益的会计处理是否正确，是否由不相容岗位分别处理，导致未能识别对外投资中可能发生的舞弊风险。

4. 穿行测试执行不到位，未全面了解控制活动执行的有效性，抽取的样本未涵盖所有控制节点，个别穿行测试未贯穿同一笔交易，部分样本测试结论与实际情况不符，审计证据未完整留存。例如，被审计单位开展金融衍生品交易需评估业务的风险变化情况，向主管人员报告衍生品产品情况、风险评估结果，并拟定交易安排，但工作审计底稿未见金融衍生品的交易安排、风险评估等相关资料。

（二）投资循环执行控制测试可能出现的问题

1. 控制测试时样本选取不合理，如未能根据投资循环各业务活动实际发生的频率合理选取样本，样本量过少或缺乏代表性。

2. 未对对外投资审批等事项的关键控制点进行控制测试，或测试流于形式。

对于非投资公司或金融企业而言，股权投资以及金融产品投资不是经常性业务，有的审计人员直接执行实质性程序而未了解内控和进行控制测试。按照审计准则的规定，如果注册会计师之前的了解可能表明被审计单位的控制活动是无效的，或者注册会计师并不计划信赖控制，这时注册会计师没必要进一步了解业务流程层面的控制。因此，在仅对财务报表发表审计意见的情况下，如果被审计单位不属于投资公司且投资业务较少，仅通过实质性程序通常可以降低检查风险到可接受水平，则可以不执行了解业务层面内部控制的程序。但是，如果是整合审计或需要单独出具内控审计报告，或者被审计单位是投资公司，投资是主要的业务，则必须了解业务层面内部控制并进行控制测试。

三、审计关注要点

（一）了解投资循环相关内部控制

1. 关注股权投资业务的立项与审批

股权投资业务的立项与审批是股权投资活动的起点，这个环节在两方面可能存在风险，一是与舞弊相关，即股权交易不真实。如管理层通过与关联方或其他有密切关系的第三方进行股权交易转移资金等。二是与未来经营和财务风险相关，即不当收购。如被审计单位未经过充分的尽职调查收购了一家高负债或者存在舞弊的企业，这可能增加未来的经营风险和财务风险。因此，审计人员应关注股权投资业务的立项和审批环节相关的业务流程、控制活动以及关键控制点，评价内控设计是否能够有效防止股权交易舞弊和不当收购。

不同企业的股权收购流程都不尽相同，对于上市公司或大型国有企业的重大股权收购至少包括项目开发和筛选、立项、财务尽职调查，投资决策等环节。股权收购立项与审批环节可能涉及的主要控制活动如表 5–32 所示。

表 5–32 股权收购立项与审批的主要控制活动

业务流程	主要控制活动	相关资料
项目立项	投资部门提出立项申请，委托专业机构对投资项目进行可行性论证并对投资项目进行审议	可行性研究报告、收购框架协议
财务尽职调查	投资管理部或并对投资项目进行调查并提交审议，总经理办公会审议通过后，上报董事会决策审批	尽职调查清单、尽职调查报告
投资决策	董事会审议批准形成董事会决议后或经过关联方交易决策程序后，投资经理草拟投资合同，投资合同的重要条款应经法律部门负责人、财务经理和总经理审核。董事会授权总经理签署投资合同	董事会决议、股东大会决议、国资委审批文件（国有企业适用）、证监会审批文件（上市公司适用）、股权转让协议

投资项目的审批是立项审批环节最重要的控制活动。如果审批存在设计缺陷或者未得到有效执行，则应评价为重要的控制缺陷。例如，上市公司重大股权收购需要经过董事会审批，超过董事会权限范围内的还需经过股东大会审批；如果涉及到关联交易，还需要履行关联交易决策程序等。如果被审计单位的股权收购

未按照相应的权限进行审批，则审计人员应将该控制评价为重要缺陷。

2. 关注股权转让款支付的审批流程

股权转让款一般在满足转让协议约定的付款条件时，经过内部的层层审批进行支付。审计人员应关注转让款支付的审批流程设计是否合理。例如，上市公司重要的股权收购，一般需要经过股东大会审批，有些重大资产重组还需要证监会等监管部门批准。在这种情况下，被审计单位应设计防止在股东大会审批前支付股权转让款的控制活动。如果转让款支付审批流程设计合理，审计人员应关注是否有效执行。

3. 关注投后业务的持续管理

投后业务是对已投项目的后续跟踪和管理，包括对被投资项目运营监控与风险评估、价值管理等。交易性金融资产项目关注金融资产价值的变动，通常不参与对被投资项目的经营管理，交易较频繁，而股权投资项目关注的是被投资项目长期价值，对被投资单位有重大影响以及对子公司的投资会参与管理和决策。一般而言，在风险评估阶段整体层面了解内控活动时，应了解被审计单位如何管理子公司以及如何影响联营企业和合营企业。因此，在了解业务层面内控时，审计人员主要关注被审计单位如何跟踪被投资单位、产品的价值变化，如何在财务报表反映这种变化。

投资公司的投后业务相较而言更专业化、流程化。非投资性企业和非金融企业的投后管理流程相对简单，但二者与财务报表相关的主要控制活动差异不大，一般包括以下主要控制活动：

（1）设置专人或部门，如投资经理或投资部门，通过获取财务报表、调查等方式跟踪和管理已投项目的经营情况和财务状况。

（2）投资经理或投资部门对已投项目进行风险评估，编制风险评估报告。如果遇到重大变动事项，及时向管理层汇报。

（3）投资经理或投资部门对已投项目绩效管理，计算投资收益、公允价值。

（4）财务部门根据投资部门提交的投资收益、公允价值相关资料，例如估值报告等进行账务处理。

（5）财务部门根据投资经理或部门获取的财务报表、风险评估报告等综合评估被投资股权是否存在减值迹象，并考虑是否计提减值。

在确认公允价值和计提减值有时可能需要运用模型，审计人员应结合关注被审计单位是否制定了相关的内控保证会计估计所使用的数据的完整性、相关性和准确性。

4. 关注投资业务的会计处理

投资业务初始确认、后续计量以及处置时，会计人员按照审批情况、相关资料进行会计记账，审计人员在了解被审计单位投资业务记账控制活动时应关注以下几点：

（1）关注是否符合不相容职务分离原则。业务经办人、出纳、记账人员以及复核人员不能是同一人。

（2）关注记账人员的专业胜任能力。投资相关的会计确认和计量较为复杂，其中公允价值和减值都涉及会计估计。因此，记账人员应是级别较高、经验较丰富的会计人员。

（3）关注记账依据是否完备。审计人员应关注记账人员是否获取了相关的记账依据。例如，股权交易初始确认的记账凭证后附资料是否显示已按照审批权限获取所有审批、股权交割手续资料是否完备等。

（4）关注会计处理的复核情况。复核的过程有时不会留下轨迹，审计人员主要通过询问复核人员如何进行复核获知相关复核情况，并通过检查复核人员的签名确认是否经过复核。

5. 关注投资活动舞弊风险评估与控制

（1）关注投资活动舞弊风险评估与控制。关注为完成业绩对赌、业绩承诺、满足股权激励行权条件、符合市场预期业绩等目的，以投资活动为名进行财务报表粉饰以及其他影响交易真实性、价格公允性的风险；关注对交易标的真实性、交易价格公允性、交易信息披露真实完整性等内部控制流程和控制措施的有效性。

（2）关注投资活动相关账户及财务报表列报的风险评估与控制，包括：

①关注投资活动的论证与决策控制，包括对投资目标、规模、方式、资金来源、风险与收益等进行评价与控制，在立项与决策、评估与审计、交易价格确定、交易合同管理、股权转让办理和会计核算等重要环节和领域建立并实施有效的内部控制流程和控制措施。

②关注投资活动相关的资产、负债、所有者权益等账户和列报等风险。

③关注投后管理内部控制的有效实施，包括股权变更、债务管理、商誉减值测试及减值计提、担保管理、人员委派与考核、股东事务管理等。

④关注对子公司或投资项目的管控，上市公司应要求子公司或投资项目在规定的合理时间内建立并有效实施内部控制，以便追踪监控子公司或投资项目进展，定期评估风险和内部控制缺陷，并强化整改落实和责任追责。

（二）对投资循环关键控制活动执行控制测试

1. 投资的审批与处理

投资审批与处理环节控制测试中，应对有权审批的人员或机构是否在授权范围内进行审批等的关键控制点进行测试并记录。具体可以选取投资可研报告、投资协议等为样本总体，考虑控制活动频率，根据控制测试过程记录表中计算机生成的拟测试样本规模数量，从中抽取适当样本进行测试。

投资审批与处理环节的控制发生的频率不会太高，具体在选取样本时，考虑具体情况选择恰当样本，比如每月发生一次，样本选取一般不应少于 3 个。具体样本测试如表 5–33 所示。

表 5–33 投资审批与处理环节样本测试

样本序号	记账时间	凭证编号	是否编制可行性研究报告	可行性研究报告是否经恰当批准	向关联方投资是否经过恰当批准	投资合同（协议）主要条款是否经过审核	投资合同（协议）的签署是否经过恰当授权
1							
2							
……							
测试结论							

2. 投资的确认

在投资确认环节控制测试中，应对投资记账员确认的投资事项关键依据进行测试并记录，如投资协议、工商备案资料、付款申请表等。具体可以选取对外投资借方发生额等为样本总体，考虑控制活动频率，根据控制测试过程记录表中计算机生成的拟测试样本规模数量，从中抽取适当样本进行测试。

审计人员选取样本时，考虑具体情况选择恰当样本，比如每月发生一次，样本选取一般不应少于 3 个。具体样本测试如表 5–34 所示。

表 5–34 投资确认环节样本测试

样本序号	记账时间	凭证编号	付款申请表编号 #（日期）	付款申请表是否经恰当批准	工商登记资料、出资证明等附件是否齐备
1					
2					
……					
测试结论					

3. 确认投资收益、公允价值变动损益及计提减值准备

在确认投资收益及计提减值准备环节控制测试中，应对投资管理人员确认的投资收益、公允价值变动损益与计提减值准备事项关键依据进行测试并记录，如被投资单位的财务报表及审计报告、投资收益确认的分红决议及计算过程、投资

分析报告、公允价值确认的依据（如公开报价或估值）、减值准备计提的会计政策、计算依据及审批程序等。具体可以选取投资收益、公允价值变动损益及计提减值准备的会计凭证等为样本总体，考虑控制活动频率，根据控制测试过程记录表中计算机生成的拟测试样本规模数量，从中抽取适当样本进行测试。

审计人员在选取样本时，考虑具体情况选择恰当样本，比如每月发生一次，样本选取一般不应少于 3 个。具体样本测试如表 5–35、表 5–36 所示。

表 5–35　投资收益及计提减值准备样本测试（长期股权投资适用）

样本序号	记账时间	凭证编号	是否定期获取被投资单位的财务报告	投资收益计算是否准确	董事会是否制定并批准了长投减值准备会计政策	投资经理（专员）是否定期编制投资项目分析报告	会计期末评估各项目是否存在减值迹象，并形成支持性文件	减值准备计提金额及支持性文件是否经过恰当审批	减值准备的会计处理是否正确
1									
2									
……									
测试结论									

表 5–36　投资收益、公允价值变动损益及计提减值准备样本测试（金融资产适用）

样本序号	记账时间	凭证编号	是否获取被投资单位股利分红通公告或通知	投资收益记录是否准确	是否获取投资公开报价、公允价值估值报告	公允价值变动收益记录是否准确	董事会是否制定并批准了减值准备会计政策	会计期末评估各项目是否存在减值迹象，并形成支持性文件	减值准备计提金额及支持性文件是否经过恰当审批	减值准备的会计处理是否正确
1										
2										
……										
测试结论										

4. 投资处置

在投资处置环节控制测试中，应对投资处置事项关键控制进行测试并记录，比如投资处置分析报告、涉及关联方的相关审议程序、投资处置协议的审批与签署、处置作价依据的审核、会计处理的复核等。具体可以选取投资处置贷方发生的会计凭证等为样本总体，考虑控制活动频率，根据控制测试过程记录表中计算机生成的拟测试样本规模数量，从中抽取适当样本进行测试。

审计人员在选取样本时，考虑具体情况选择恰当样本，比如每月发生一次，样本选取一般不应少于 3 个。具体样本测试如表 5-37 所示。

表 5-37 投资处置样本测试

样本序号	记账时间	凭证编号	是否编制项目处置分析报告	处置报告是否经过恰当的审批	向关联方处置投资是否经过恰当的审批	投资处置协议主要条款是否经过审核	投资处置协议的签署是否经过恰当授权	投资处置的会计处理是否正确
1								
2								
……								
测试结论								

四、审计案例

案例 5-6

2015 年 12 月 15 日，珠海中富与兴中投资签订《河南中富容器有限公司股权转让协议》，以 1.3 亿元的价格向兴中投资出售子公司河南中富 100% 股权。2015 年 12 月 31 日珠海中富收到股权转让款 7 800 万元，2016 年 1 月 27 日完成河南中富股东变更工商登记。陈某勇为珠海中富的关联人，珠海中富出售子公司股权给陈某勇控制的兴中投资构成关联交易。

2015 年 12 月 15 日，珠海中富召开第九届董事会 2015 年第十二次会议，审议通过出售河南中富股权的议案。在前述过程中，珠海中富未履行关联交易审议程序，在珠海中富披露的相关公告中，仅披露了珠海中富向兴中投资出售河南中富的情况，而未将其作为关联交易予以披露。

针对上述情况，证监会作出处罚决定，对珠海中富实业股份有限公司给予警告，并处以 60 万元的罚款；对其他相关人员也给予警告并处以 15 万 ~30 万元的罚款。

第六节 固定资产管理循环

一、主要控制缺陷

固定资产管理循环的内部控制流程主要有：采购审批、验收确认、运行管理、折旧及减值、资产处置。该业务循环控制缺陷主要包括：

1. 固定资产的采购、验收与付款活动未做到分离，导致固定资产采购过程中发生舞弊风险。例如，固定资产采购主管向财务借支后，同时负责采购审批和执行采购活动，采购来的固定资产验收工作也是由自己验收后直接交给资产使用人；在采购过程中采购主管通过与供应商谈判价格，最后支付货款。这样采购主管的权力很大，由其直接负责采购固定资产全部活动，很容易发生腐败舞弊风险。

2. 固定资产管理缺少授权审批程序，导致企业发生资产损失。例如，金额较大或性质特殊的设备未会同相关部门共同决定资产的技术和质量，缺少集体审批程序，导致采购的设备无法生产合格产品给企业带来巨大损失；固定资产新增验收、维修、报废处置申请未经批准等，导致固定资产流失或出现不当维修事项。

3. 固定资产盘点流于形式，导致企业固定资产账实不符、减值准备计提不充分。例如，企业在对日常办公设备进行盘点时，通常按照各个部门填报的数据进行汇总，并没有深入各个部门就固定资产使用情况进行盘点，结果导致账物不符；由于企业未进行真正固定资产盘点，导致发生闲置毁损的固定资产未能被发现，导致对固定资产的减值准备计提不充分等。

4. 固定资产会计控制系统不完善，导致固定资产核算不准确、固定资产统计信息不准确。例如，未对固定资产进行合理的分类，导致对固定资产的折旧的计算和分配不准确；固定资产卡片的内容填写不规范，没有填写固定资产的存放和使用部门，导致固定资产信息不完整；对固定资产进行抵押、质押事项未及时登记，导致对固定资产使用权受限情况披露不准确。

二、常见审计问题

（一）了解固定资产管理循环内部控制可能出现的问题

1. 对被审计单位固定资产管理业务流程了解深度不够，未能了解到固定资产内部控制方面的真实情况。例如，了解固定资产管理业务流程时只询问了财务人员，未包括固定资产采购部门、使用及管理部门等人员，导致了解的信息不全面、不完整。

2. 未获取被审计单位相关业务内部控制制度、流程图等，不了解企业在固定资产采购、验收、付款、运行管理、折旧及减值、资产处置等关键控制节点的业务流程，未能识别不相容职务未分离的情况。

3. 未关注被审计单位固定资产管理活动中的授权批准制度设计及实际执行情况，未能识别出被审计单位未经批准的固定资产的采购、维修、报废及处置行为。

4. 未关注被审计单位固定资产的会计核算的会计政策及会计系统控制情况，未能识别出会计系统控制过程中存在的控制缺陷。

5. 未执行穿行测试或执行穿行测试时各项业务活动的样本选取随意，未选取一笔本期固定资产购置交易，追踪与之相关的采购、验收、付款、运行管理、折旧计提等控制活动。

（二）执行固定资产管理循环控制测试可能出现的问题

1. 在控制测试中发现重要控制活动未得到有效执行时，未关注是否存在管理层凌驾于内部控制之上的情形，如越权审批。

2. 样本选取不合理，如未能根据固定资产循环各业务活动实际发生的频率合理选取样本，样本量过少或缺乏代表性。当已选取的样本测试结果出现偏差时，未进一步扩大控制测试样本量，以确认抽样总体得到有效执行。

3. 控制测试中对关键控制活动进行样本测试时，未对重要控制点进行检查并记录检查情况，如对购入固定资产业务记录控制活动进行样本测试时，未体现账面记载、发票、采购合同、验收单的具体内容，只记录了是否核对相符的结果。

4. 未能关注采购合同或订单、采购发票及验收单、资金收款单位、运输发票等相关信息是否一致。

5. 未检查或获取企业固定资产盘点记录，未区分会计责任与审计责任，仅依靠审计人员监盘来替代企业内部盘点。

三、审计关注要点

（一）了解被审计单位固定资产管理业务流程

1. 关注授权审批是否合规

（1）董事会或类似决策机构对固定资产管理过程中涉及的相关审批人、审批范围和审批权限的相关规定，以及当审批人缺位时对委托代理人权限的相关规定。

（2）董事会或类似决策机构对超越审批的相关处理规定，以及相关岗位人员向董事会或相关权利人报告越权审批业务的权利及途径。

2. 关注不相容职务是否分离

（1）取得各部门岗位和职责权限说明，关注是否有确保不相容岗位相分离的制约和监督机制，不相容职务通常包括：

①固定资产采购合同的订立与审批；

②固定资产验收与款项支付；

③固定资产使用与清查；

④固定资产处置与审批；

⑤他项权利的申请与审批。

（2）执行穿行测试，了解其职责分工是否得到执行。

3. 关注业务流程控制环节主要风险点

（1）采购审批。在采购审批环节，主要的控制活动节点包括请购、供应商选择、确定采购价格、采购合同签订等。在这些环节中，需要关注的主要风险点及应对措施包括以下几点。

①在请购节点，可能存在缺乏明晰的授权审批制度，请购节点未经适当审批或越权审批的情况，导致固定资产采购不符合公司的战略规划，影响资产的使用效果。

被审计单位对固定资产采购通常实行预算审批控制，但在特殊情况下，也可能有特别授权。审计人员在检查请购节点的授权审批时，应当区分一般授权与特别授权。例如，对于一般授权，检查具有请购权的部门对于预算内采购项目是否严格按照预算执行进度办理请购手续，并根据实际情况提出合理采购申请；对于特别授权，检查超预算的预算外采购项目，是否履行了预算调整程序，或履行了规定的审议程序（总经理办公会、董事会、股东会等批准）。

针对该项风险，审计人员应当了解被审计单位关于请购节点授权审批的具体规定，获取相关审批文件，检查相关部门的权限规定是否明确、合理，检查相关请购审批流程是否合规，是否存在越权审批或未经审批的情况。

②在选择供应商节点，缺乏完善的供应商管理办法，如对大额采购未实行招投标制度，可能发生舞弊行为，导致所采购的固定资产质次价高。

针对该项风险，审计人员应当获取被审计单位供应商清单或供应商网络，了解对新增供应商市场准入的内部管理规定，检查被审计单位是否建立了科学的供应商评估和准入制度，是否对供应商资质信誉情况的真实性和合法性进行审查。在选择供应商时，是否制定了招投标、询价比价等管理办法或制度。

③在确定采购价格节点，可能存在因采购定价机制不科学或定价方式选择不恰当，内部稽核制度不完善，导致采购价格不合理，给被审计单位造成损失的风险。

针对该项风险，审计人员应当了解被审计单位的采购定价机制或定价方式，如了解审计单位的具体采购方式，诸如协议采购、招标采购、比价采购、动态竞价采购等，获取相关采购协议，将采购定价与市场价格进行比较。

④在采购合同签订节点，可能存在未经授权对外订立采购合同，或与主体资格、履约能力等未达要求的供应商签订合同，或签署的合同内容存在重大疏漏和欺诈，导致企业合法权益受到侵害等风险。

针对该项风险，审计人员应当对被审计单位签署的采购合同进行抽样检查，检查签署的合同是否均经过适当授权、合同对方是否具有所采购标的相应的生产或销售的主体资格及履约能力、合同内容是否经过法律部门审核，相关合同内容是否恰当等。

（2）验收确认。在验收确认环节，主要的控制活动节点包括：货物验收、记录固定资产及应付账款等。在这些环节中，需要关注的主要风险点及应对措施包括以下几点。

①在货物验收节点，能存在验收标准不明确，验收程序不规范，导致经验收入库的货物存在质量不合格或数量缺失、毁损等情况。

针对该项风险，审计人员应当结合被审计单位内部控制制度的有关规定，了解有关固定资产采购验收确认的程序、标准等，并从验收报告中抽取样本进行检查，确认是否存在异常情况。重点关注采购合同、采购订单、发票、验收单中资产名称、数量、规格型号等信息是否一致；验收部门是否检查了相关物品的质量保证书、商检证书或合格证等证明文件；对验收合格的货物是否填制验收单，经验收人员签字确认后，将验收单传递给财务部门。

审计人员在检查过程中，还应当关注验收环节的例外事项，如是否存在无采购合同或大额超采购合同的资产、超采购预算采购的资产等。

②在记录固定资产及应付账款节点，可能存在信息传递不及时，固定资产分类错误，导致会计记录未能完整反映固定资产采购交易、固定资产列报不恰当的风险。

针对该项风险，审计人员应当关注被审计单位采购验收部门与财务部门的信息传递是否及时通畅，抽取样本检查采购验收部门是否将采购申请、采购合同、采购订单、验收单等及时传递给财务部门，财务部门的会计记录与采购记录是否核对一致。检查固定资产卡片的录入是否经审核，固定资产的分类是否恰当。

（3）运行管理。在固定资产运营管理环节，主要的控制活动节点包括：资产盘点、抵押质押等他项权利的审批及登记。在这些环节中，需要关注的主要风险点及应对措施包括以下几点。

①在资产盘点节点，可能存在盘点清查制度不完善，盘点工作流于形式，无法查清固定资产真实状况、资产质量的风险。

针对该项风险，审计人员应当关注被审计单位固定资产盘点制度的制订是否合理，是否得到执行，检查其组织实施情况，了解盘点频率、盘点时间、盘点参与人员、盘点范围、盘点流程及方法等。检查盘点报告，了解盘盈盘亏、待报废以及闲置固定资产情况等是否得到详尽反映。

②在他项权利的审批及登记节点，可能存在未指定专人登记他项权利，他项权利的登记不及时、不完整，导致他项权利未能得到恰当披露的风险。

针对该项风险，审计人员应当关注被审计单位是否指定专人登记他项权利，并检查相关登记记录，关注登记是否及时准确，是否已充分披露。

（4）折旧计提。在固定资产折旧计提环节，主要的控制活动节点包括：折旧政策的制订及审批、固定资产折旧的计提。在这些环节中，需要关注的主要风险点及应对措施包括以下几点。

①在折旧政策的制定及审批节点，可能存在折旧政策的制定及审批不够严谨，折旧年限未能恰当反映固定资产预期可使用年限、残值率未能恰当反映固定资产可变现残值价值的风险。

针对该项风险，审计人员应当关注被审计单位确定固定资产折旧政策的相关流程，评价其依据是否充分、可靠。

②在固定资产折旧的计提节点，可能存在固定资产折旧计提范围不正确，折旧计算错误，导致固定资产折旧计提不准确。

针对该项风险，审计人员应当关注被审计单位是否将所有固定资产均纳入计提范围，包括尚未使用、已停用的固定资产，了解折旧计算过程，关注是否存在人为调整计算结果的情形。

（5）固定资产减值计提。在固定资产减值计提环节，可能存在未定期进行减值测试或减值测试方法、所选用关键参数不恰当等情形，导致固定资产减值准备计提不准确。

针对该项风险，审计人员应当关注被审计单位是否建立了定期进行固定资产减值测试的政策和程序，并通过抽查减值测试记录，检查其是否经过必要审核，评价其测试方法、关键参数是否恰当。

（6）固定资产处置。固定资产处置包括固定资产的报废、转让或对外出租，该环节可能存在的主要风险包括：资产报废不及时，闲置资产未及时进行处置，资产处置未及时进行会计处理。

针对可能存在的风险，审计人员采取的应对措施主要包括：

①了解资产报废流程，并抽查一笔资产报废业务，检查其报废处理时间是否与实际报废时间一致；

②了解闲置资产的申报情况，以及是否根据闲置情况制订了转让、出租等处置方案；

③检查固定资产报废、转让或对外出租的入账时间是否与相关证据保持一致，是否存在入账不及时的情况。

（二）测试固定资产循环内部控制

1. 采购审批

在采购审批环节控制测试中，应对审批人员是否在授权范围内进行审批等关键控制点进行测试并记录。具体可选取请购单、采购合同等为样本总体，考虑控制活动频率，根据控制测试过程记录表中计算机生成的拟测试样本规模数量，从中抽取适当样本进行测试。具体样本测试如表 5–38 所示。

表 5-38　　　　固定资产采购审批环节样本测试

样本序号	记账时间	凭证编号	请购单是否经过适当审批	供应商选取是否经过审批	采购合同是否经过相关复核及审批	记录的采购订单信息准确	采购订单是否连续编号
1							
2							
……							
测试结论							

2. 验收确认

在验收确认环节控制测试中，应对验收入库、记录应付账款等关键控制点进行测试并记录。具体可选取固定资产验收单 / 入库单或固定资产借方记账凭证等为样本总体，考虑控制活动频率，根据控制测试过程记录表中计算机生成的拟测试样本规模数量，从中抽取适当样本进行测试。具体样本测试如表 5-39 所示。

表 5-39　　　　固定资产验收确认环节样本测试

样本序号	记账时间	凭证编号	验收单 / 入库单			记录应付账款				
			验收单 / 入库单编号	验收 / 入库信息经会计主管复核	入库单品种数量与发票上一致	供应商发票编号	供应商名称	采购金额	供应商发票所载内容与采购订单、验收单的内容是否相符	账务处理无误
1										
2										
……										
测试结论										

3. 运营管理

在运营管理环节控制测试中，应对固定资产盘点、他项权利登记等关键控制点进行测试并记录。具体可选取固定资产盘点报告、固定资产抵押质押合同为样本总体，根据控制测试过程记录表中计算机生成的拟测试样本规模数量，从中抽取适当样本进行测试。具体样本测试如表 5-40 所示。

表 5-40　　固定资产运营管理环节样本测试

样本序号	本年是否对固定资产进行盘点并编制盘点报告	固定资产盘点差异是否查明原因并经审批后处理	固定资产抵押/质押合同编号	经抵押/质押的固定资产名称及卡片号	固定资产抵押/质押是否经过适当审批
1					
2					
……					
测试结论					

4. 折旧、减值计提和固定资产处置

在固定资产折旧、减值计提和固定资产处置环节控制测试中，应对固定资产折旧、减值计提和固定资产处置等关键控制点进行测试并记录。具体可选取折旧计算表、固定资产价值分析报告、固定资产处置记账凭证为样本总体，根据控制测试过程记录表中计算机生成的拟测试样本规模数量，从中抽取适当样本进行测试。具体样本测试如表 5-41 所示。

表 5-41　　固定资产折旧、减值计提和固定资产处置环节样本测试

样本序号	记账时间	凭证编号	折旧和减值					资产处置	
			折旧是否为系统自动计算	系统计算的折旧金额是否正确	是否编制固定资产价值分析报告对固定资产使用寿命、预计净残值、折旧方法进行复核	是否对固定资产进行减值测试	减值测试的计算过程及编制依据是否正确、合理	固定资产处置是否经过适当审批	资产处置会计处理是否正确
1									
2									
……									
测试结论									

第七节　在建工程管理循环

一、主要控制缺陷

在建工程管理循环的内部控制流程主要有：项目评审与决策、工程概预算管理、工程建设管理、工程价款结算、工程验收。该业务循环控制缺陷主要包括以

下几点。

1. 在建工程管理存在不相容职务未分离的情况，导致被审计单位发生项目评审与决策出现重大失误；不具有承建资质的单位承建项目甚至签署虚假的工程项目合同；超计划支付工程款；不合格的在建工程被验收合格等舞弊行为。

2. 在建工程授权与审批控制缺失，导致被审计单位可能存在项目立项申请、可研报告、合同的签订等环节未履行审批程序而开始建设的情况。

3. 在建工程概预算管理方面，工程量清单编制不详细，导致在建工程概预算的编制及调整缺乏合理支持性证据，从而出现预算编制过高或不足的情况。

4. 在工程建设管理方面，对工程建设单位选取未履行招投标程序或招投标程序流于形式；对工程变更的程序管理不规范，未签署补充合同或变更资料不够规范详细，因工程变更引起的工程量增减、工程造价变动、材料设备的更换等问题不明确，导致工程价款结算及工程质量出现重大争议。

5. 在工程款项结算方面，被审计单位可能存在对工程进度的确认和复核不到位，仅根据施工方开具的发票入账的情况，以及对关联方单位的款项支付及相关交易未做统计并恰当披露的情况，从而导致被审计单位资产及负债出现虚增或虚减的情况。

6. 在工程验收管理方面，被审计单位可能存在项目建设过程中对工程监理的关键结论性文件收集不齐全，对工程项目完工后未及时组织验收和资产交接，甚至出现未经验收先使用的情况，导致被审计单位在建工程出现重大质量问题未被发现或在建工程提前或延迟结转固定资产的情况。

7. 未制定与借款费用资本化相关的政策和程序或相关政策程序制定不合理，导致被审计单位在建工程借款费用资本化核算不准确出现资产及费用虚增或虚减的情况。

二、常见审计问题

（一）了解在建工程循环内部控制可能出现的问题

1. 对企业在建工程管理方面的业务流程了解深度不够，询问对象未包含在建工程管理流程各项业务活动的管理人员，如只询问了财务人员，未包括工程管理部门、施工单位等人员。

2. 未获取企业相关业务内部控制制度、流程图等，不了解企业在项目评审与决策、工程概预算管理、工程建设管理、工程款项结算、工程验收管理等关键控制节点的业务流程，未能识别不相容职务未分离的情况。

3. 未执行穿行测试或执行穿行测试时各项业务活动的样本选取随意，未选取一笔在建工程项目，追踪与之相关的评审与决策、概预算管理等控制活动。

（二）执行在建工程循环控制测试可能出现的问题

1. 在控制测试中发现重要控制活动未得到有效执行时，未关注是否存在管理层凌驾于内部控制之上的情形，如越权审批。

2. 样本选取不合理，如未能根据在建工程循环各业务活动实际发生的频率合理选取样本，样本量过少或缺乏代表性。当已选取的样本测试结果出现偏差时，未进一步扩大控制测试样本量，以确认抽样总体得到有效执行。

3. 测试样本非本人亲自选取，而交由被审计单位人员提供，未能有效防范被审计单位临时篡改所测试样本，致使控制测试失败。

三、审计关注要点

（一）了解被审计单位在建工程管理业务流程

1. 关注授权审批是否合规

（1）董事会或类似决策机构对在建工程管理过程中涉及的相关审批人、审批范围和审批权限的相关规定，以及当审批人缺位时对委托代理人的权限的相关规定。

（2）董事会或类似决策机构对超越审批的相关处理规定，以及相关岗位人员向董事会或相关权利人报告越权审批业务的权利及途径。

2. 关注不相容职务是否分离

（1）取得各部门岗位和职责权限说明，关注是否有确保不相容岗位相分离的制约和监督机制，在建工程管理方面的不相容职务通常包括：

①项目立项及可行性研究与决策；

②概预算编制与审核；

③项目实施与价款支付；

④竣工决算与审计。

（2）执行穿行测试，了解其职责分工是否得到执行。

3. 关注业务流程控制环节主要风险点

（1）项目评审与决策。

在项目评审与决策环节，可能存在未办理项目立项、未进行可行性研究等，或立项申请、可行性研究报告未履行审批程序的情况，导致在建工程项目建设不符合公司的战略规划，影响资产的使用效果。

针对该项风险，审计人员应当了解被审计单位的在建工程项目是否进行了项目立项，立项文件是否经过适当审批，是否组织专业人员对项目的必要性和可行性进行研究和分析，并编制项目可行性研究报告；可行性研究报告是否经过评审，是否经董事会或类似权利机关决议通过等。

（2）概预算管理。

在概预算管理环节，可能存在未编制概预算或者概预算的编制及调整未经评审的情况，导致概预算编制不准确，影响对工程项目的管理控制。

针对该项风险，审计人员应当了解被审计单位概预算及其调整是否由工程设计人员依据工程概算定额和各种费用标准编制，工程概预算是否履行了必要的评审程序等。

（3）工程建设管理。

在工程建设管理环节，主要的控制活动节点包括：施工单位的确定、工程领料管理、工程项目变更控制。在这些环节中，需要关注的主要风险点及应对措施包括：

①在施工单位的确定节点，可能存在施工单位确定未履行必要程序，如按规定应通过招投标程序确定施工单位，而实际并未执行，施工合同签订不及时等情况。

针对该项风险，审计人员应向被审计单位了解是否制订了确定施工单位的政策和程序，并检查其实际执行情况。检查已施工项目是否已与施工方签订了施工合同等。

②在工程领料节点，可能存在工程领料未办理领料手续、或领料手续办理不及时的情况，导致在建工程核算不准确。

针对该项风险，审计人员应当了解被审计单位工程用料是否在施工现场之外设置专有区域，并由专职人员进行保管，检查工程领料单，关注领料手续是否及时办理，而非集中办理（如于各月末办理一次领用手续）。

③在工程项目变更控制节点，可能存在工程项目变更未经审批，未相应调整工程预算的情况。

针对该项风险，审计人员应当检查被审计单位工程项目变更申请文件，工程预算调整表签署的工程建设补充合同、工程量变更签证联系单等，并查阅相关审批手续是否完备，需经董事会审议通过的，查阅相关董事会决议记录等。

（4）工程款项结算。

在工程款项结算环节，可能存在对工程进度的确认和复核不到位，仅根据施工方开具的发票入账的情况，以及对关联方单位的款项支付及相关交易未做统计并恰当披露的情况，从而产生账载金额未能恰当反映工程进度、关联方交易抵销和披露不充分的风险。

针对该项风险，审计人员应当向被审计单位了解工程进度的确认和复核情况，复核工程进度确认单是否经施工单位、监理单位和被审计单位共同签章确认，关注是否根据经确认的工程进度结算工程款项，并计入在建工程，而不是仅仅依据施工单位开具的发票结算。检查对关联方单位的款项支付及相关交易是否统计并恰当披露。

（5）工程验收。

在工程验收环节，可能存在项目完工后未及时组织验收和资产交接，工程验收信息传递不及时，从而产生未能及时结转固定资产的风险。

针对该项风险，审计人员应当向被审计单位了解工程验收流程，关注工程验收流程的设计是否存在重大缺陷。了解工程项目的时间进度，关注在项目完工后是否及时组织工程验收，财产和技术资料等的交接手续是否完整，检查结转固定资产的记账凭证，记账日期是否与在建项目达到预定可使用状态的时间一致。

4. 关注与借款费用资本化相关的内部控制的设计和执行情况

被审计单位可能存在未制定与借款费用资本化相关的政策和程序的情况，或者相关政策与程序制定不合法资本化率以及开始资本化、暂停资本化、停止资本化的时点确认可能不恰当。

针对该项风险，审计人员应当向被审计单位了解其是否制订了与借款费用资本化相关的政策和程序，关注其借款费用资本化的计算和审核流程是否合理，是否具有可操作性。当影响借款费用资本化事项发生时，如何使相关信息及时传递至财务部门相关人员，从而及时做出恰当的会计处理。

（二）测试在建工程循环内部控制

1. 项目评审与决策、工程概预算管理

在项目评审与决策、工程概预算管理环节控制测试中应对项目立项、可行性研究报告的审批程序、工程概预算的编制及审核等关键控制点进行测试并记录。具体可选取在建的工程项目数量为样本总体，根据控制测试过程记录表中计算机生成的拟测试样本规模数量，从中抽取样本进行测试。具体样本测试如表 5–42 所示。

表 5–42　**项目评审与决策、工程概预算管理环节样本测试**

样本序号	项目评审与决策					工程概预算	
	项目名称	项目立项书经过评审	项目立项书经过适当审批	项目可行性研究报告经过评审	项目可行性研究报告经过适当审批	工程项目已经编制概预算	项目概预算经过审核
1							
2							
……							
测试结论							

2. 工程建设管理

在工程建设管理环节控制测试中应对施工单位的确定、工程领料管理、工程项目变更控制等关键控制点进行测试并记录。具体可选取工程施工合同等为样本总体，根据控制测试过程记录表中计算机生成的拟测试样本规模数量，从中抽取样本进行测试。具体样本测试如表 5–43 所示。

表 5–43 工程建设管理环节样本测试

样本序号	记账时间	凭证编号	项目名称	施工合同名称	施工合同经过招投标	领料经过审批签字	项目变更申请事项内容	项目变更已经重新编制预算	项目变更已经重新审批	账务处理无误
1										
2										
……										
测试结论										

3. 工程款项结算

在工程款项结算环节控制测试中应对工程进度确认、工程价款结算单审批、款项支付等关键控制点进行测试并记录。具体可选取工程价款付款凭证为样本总体，根据控制测试过程记录表中计算机生成的拟测试样本规模数量，从中抽取样本进行测试。具体样本测试如表 5–44 所示。

表 5–44 工程款项结算环节样本测试表

样本序号	记账时间	凭证编号	项目名称	施工单位名称	工程价款结算单经过审批	工程付款金额与工程进度表、合同付款条款、工程价款结算单、发票相关信息一致
1						
2						
……						
测试结论						

4. 工程验收

在工程验收环节控制测试中应对工程验收、账务处理等关键控制点进行测试并记录。具体可选取达到可使用状态的工程项目为样本总体，根据控制测试过程记录表中计算机生成的拟测试样本规模数量，从中抽取样本进行测试。具体样本测试如表 5–45 所示。

表 5-45　　工程验收环节样本测试

样本序号	达到可使用状态的工程项目名称	记账时间	凭证编号	达到可使用状态的工程项目已由相关部门提出决算申请	出具的竣工决算报告经过相关审核	项目决算经有资质的工程造价咨询机构审计并出具决算审计报告	项目经过验收并出具验收报告	出具的竣工财务决算报告经过相关审批	工程项目转固入账时后附经审核的工程决算报告及财产交接清单	账务处理无误
1										
2										
……										
测试结论										

5. 借款费用资本化

在借款费用资本化控制测试中应对开始资本化、暂停资本化、停止资本化的时点确认、资本化率的选用等关键控制点进行测试并记录。具体可选取在建或本期完工的工程项目为样本总体，根据控制测试过程记录表中计算机生成的拟测试样本规模数量，从中抽取样本进行测试。具体样本测试如表 5-46 所示。

表 5-46　　借款费用资本化样本测试表

样本序号	项目名称	项目开工时间	借款费用开始资本化时间	项目是否发生非正常中断	项目非正常中断期间借款费用暂停资本化	项目达到预定可使用状态时间	借款费用停止资本化时间	资本化率	资本化率的确定恰当
1									
2									
……									
测试结论									

四、审计案例

案例 5-7

某会计师事务所承接了 P 公司 2016 年度财务报表审计业务。在审计过程中，审计人员通过对被审计单位及其环境的了解，初步判断 P 公司负债率高、财务压力大、可能无法满足融资条件等，存在做多业绩的舞弊动机。在进一步审计程序总体方案中，审计人员将在建工程存在认定列为重大错报高风险项目，相关控制预期有效。但在了解和测试在建工程内部控制时，未了解下属电厂在建工程存在认定及借款费用资本化相关控制，未设计和执行控制测试，未了解相关财务处理业务流程以及在财务报告中反映的在建工程期末余额包含的借款费用资本化金额，也未测试相关控制是否有效运行进而达到防止或发现并纠正错报的控制目标。经查，P公司上述相关控制未得到有效运行，借款费用资本化会计处理结果与在建电厂处于停工状态的实际情况不符，直接导致了财务报告相关数据虚假记载，该公司也因此受到监管部门行政处罚。

案例讨论：

1. 审计人员在确定了解和测试内部控制的性质和范围时，应将拟信赖的内部控制活动及主要控制节点均纳入了解和测试范围，了解和测试的单位范围应涵盖重要组成部分。

2. 在了解借款费用资本化相关控制时，应关注被审计单位借款费用资本化的计算和审核流程是否合理，是否具有可操作性，当影响借款费用资本化事项发生时，如何使相关信息及时传递至财务部门相关人员。

3. 在测试借款费用资本化相关控制时，除关注相关控制是否得到执行外，更应关注执行的有效性，评价其在借款费用资本化时，所选用的资本化率以及开始资本化、暂停资本化、停止资本化的时点确认是否恰当，是否取得了充分证据。

第八节　研究与开发循环

一、主要控制缺陷

研究与开发主要控制流程包括项目立项、项目研究开发、项目结题验收等，该业务循环控制缺陷主要包括：

1. 立项申请未经立项决策会（由公司各部门的相关人员组成，包括研发体系、财务部、市场部、质量控制部等）评审，或者评审材料中无市场调查、可行性研究等重要资料。重大研发项目未经过集体决策，可能导致被审计单位研发项目不真实存在，研发费用的发生、开发支出可能存在重大错报风险。

2. 研究与开发费用支出未经过适当审批，研发费用支出超预算，可能导致研发费用支出费用失控、研发成本过高，研发费用的发生、开发支出可能存在重大错报风险。

3. 技术外包费用未经过适当审批，可能导致实际控制人、管理层利用外包费用占用被审计单位资金，研发费用的发生、开发支出可能存在重大错报风险。

4. 研究开发项目未准确区分研究阶段与开发阶段，可能导致财务人员归集研究与开发费用依据不足，导致开发支出资本化金额有误，研发费用的发生、准确性，开发支出的存在、准确性、计价与分摊可能存在重大错报风险。

5. 研发费用未按照研发项目进行核算、摊销，导致研发费用的发生、准确性，开发支出的存在、准确性、计价与分摊，研发费用的截止可能存在重大风险错报。

6. 研发项目结项未经过必要的评审及验收，可能导致财务人员结转研发费用依据不足，研发费用的发生、准确性，开发支出的存在、准确性、计价和分摊可能存在重大错报风险。

二、常见审计问题

（一）了解研究与开发循环内部控制可能出现的问题

1. 对被审计单位产品的核心技术、研究开发项目的内容和必要性了解深度不够，未了解同行业企业的技术以及研发领域，未对研发部门进行充分的访谈。

2. 未获取被审计单位研发业务相关的内部控制制度、流程图等，不了解被审计单位研发项目的决策过程及研发费用支出的审批权限。

3. 未获取被审计单位《研发项目核算管理办法》等制度，不了解研发费用的确认依据和核算方法。

4. 执行穿行测试时，未获取被审计单位研发项目台账，仅从财务账上抽取支出凭证进行穿行测试。

（二）研究与开发循环执行控制测试可能出现的问题

1. 当发现被审计单位研发项目存在立项未经审批、研发支出未经审批、重大研发项目未经集体决策、研发人员身份无法确认等情况时，未关注被审计单位的研发项目是否真实存在。

2. 被审计单位支付大额技术外包费用未经过恰当审批，未考虑是否存在治理层、管理层凌驾于内控之上占用被审计单位资金的风险。

3. 控制测试选取样本的总体不完整，未按照研发项目选取样本，选取样本量过少，控制测试流于形式。

4. 在执行控制测试时，对已选取的样本测试结果发现偏差时，未进一步扩大控制测试样本量，以确认抽样总体得到有效执行。

三、审计关注要点

（一）了解被审计单位研究与开发业务流程。

1. 关注行业技术情况、研究开发项目的技术先进性

科创板的科创属性明确规定了公司研发投入金额，即要求公司三年研发投入

占营业收入比例5%以上，或三年研发投入金额累计在6 000万元以上。高新技术企业所得税税率为15%，能够为企业带来重大的税收“红利”。因此，基于上市、减免税负等目的，企业虚构研发投入的动机较为强烈。

审计人员应了解被审计单位研发项目的重要战略意义、研发项目是否能提升企业价值、研发技术的先进性、与主营业务的相关性等，从而综合判断研发项目是否真实必要。

2. 关注支付大额技术外包费用是否经过恰当审批

有的企业在某特定方面研发力量较薄弱，一般会与研究院、高校等科研机构合作开展研究开发活动，签订相应的委托开发合同或合作协议，并支付技术外包费用。审计人员应关注技术外包费的审批流程和权限的规定，如果大额技术外包费未按照流程进行招标、合同签订、费用支付无相关权限人员签字，只有总经理或董事长一人审批，审计人员应结合对研发项目必要性的判断，考虑技术外包费用是否真实，管理层是否凌驾于内控之上通过技术外包费的方式占用企业资金。

3. 关注主要业务流程和控制活动

（1）项目立项。

被审计单位研发部负责人每年根据市场、生产和科研需要以及经审批的年度产品线规划提出产品需求，经批准后成立立项筹备小组，进行市场调查、可行性研究、财务分析和技术评审等工作，编制立项申请书。立项申请经立项决策会评审，最后由分管研发的副总经理审批。所有项目立项之前，研发部门按产品线、研发项目编制预算，财务部通过年度预算制度监控和审核研发项目预算的合理性。

被审计单位可能存在为了申报高新技术企业资格、满足科创板科创属性等伪造研发项目，产生舞弊风险，研发项目可能与主营业务相关性不大，不符合市场发展需要。审计人员应关注项目立项是否通过技术决策评审审批。在审批过程中，应当关注研究项目促进企业发展的必要性、技术的先进性以及成果转化的可行性。

（2）研究开发。

研发部门人员在预算范围内的研究与开发费用，由研发部分管副总审批，超过预算范围内的研究与开发费用，经申请后由总经理审批。在确定需要技术外包时，由研发部提出书面申请，根据相关权限由分管副总或总经理审批。研究开发项目完成研究阶段时，评估是否进入开发流程，比如召开专家评审会认定是否进入开发阶段，研发部门将评审结果通知财务部门。研究与开发费用记账员依据评审结果归集研究与开发费用。财务人员在财务系统中对研发项目按项目进行核算，根据经过审批的研发费用报销凭证、人工薪酬分配表、材料出库单等编制记账凭证，财务主管对研究与开发费用记账凭证进行复核。

被审计单位可能未准确区分研究阶段与开发阶段，或者研究阶段与开发阶段区分前后会计期间不一致，从而可能导致财务人员归集研究与开发费用依据不足，将不满足资本化条件的研发费用资本化，开发支出金额存在错报风险。研发费用还可能未按照研发项目进行核算、摊销，研发费用的计价与分摊存在错报风险。审计人员应关注研究阶段与开发阶段的划分依据，前后会计期间是否一致，研发费用的发生是否由相关权限人员审批，了解研发项目核算管理办法。

（3）项目结项。

研发项目达到量产标准时，由内部技术专家或外聘专业机构进行验收并签署验收报告，验收报告同时提交到财务部和法务部，研究与开发费用记账员依据验收报告结转研究与开发费用，财务主管对研究与开发费用结转记账凭证进行复核，法务部及时申请知识产权。

被审计单位可能未对完成的项目进行评审验收或者已验收的项目未及时通知财务部，已结项的项目可能未及时申报专利权等进行知识产权的保护。审计人员应关注财务部是否根据研发部门的结项报告及时结项，是否由专门的部门申请知识产权。

4. 穿行测试

审计人员在了解内部控制时，应当评价控制的设计，执行穿行测试追踪研究与开发业务在财务报告中的处理过程以确定控制活动是否得到有效执行。审计人员应选择一个已经结项的研发项目，从项目立项审批开始检查上述控制活动的执行情况。

示例 5-10 研发项目穿行测试

（1）询问研发部门经理对新的研发项目的立项审批、决策程序，检查被审计单位《研发项目管理制度》，检查年度研究与开发费用预算是否经过适当的审批，检查 ×× 项目立项申请书，是否具备市场调查、可行性研究等资料，是否按照规定的审批程序进行审批。

（2）询问研发部经理研究与开发费用审批程序、研究开发阶段的划分标准，询问财务经理研发费用核算方法。检查被审计单位《研发项目核算管理办法》，检查 ×× 项目研究与开发费用报销凭证、人工薪酬分配表，是否经过适当审批，检查 ×× 项目技术外包费是否经过适当审批，是否签订技术外包合同，检查 ×× 项目进入开发阶段是否经过相关评审、审批。

（3）询问研发部经理研发项目量产标准以及验收管理办法。检查 ×× 项目验收报告是否经过相关审批，检查是否正确结转研究与开发费用，检查法务部门是否申报相关知识产权。

（二）对研究与开发关键控制活动执行控制测试

1. 项目立项

假设被审计单位项目立项控制活动执行的频率为 1 次 / 月，审计人员应选取研发项目清单作为样本总体，抽取 3 个样本进行测试。在控制测试样本测试中应对项目立项是否经过多部门决策审批等的关键控制点进行测试并记录，研发项目立项样本测试如表 5–47 所示。

表 5–47 研发项目立项样本测试

样本序号	项目名称	项目编号	是否具有可行性研究报告	市场部审批人	生产部审批人	财务部审批人	研发部审批人	副总经理 / 总经理审批人	是否在授权范围内进行审批
1									
2									
……									
测试结论									

2. 研究开发

假设被审计单位研究开发控制活动执行的频率为 1 次 / 日，审计人员应选取研发费用记账凭证作为样本总体，按照审计抽样的方法从中抽取 20 个样本进行测试。在控制测试样本测试中应对研发支出的审批等的关键控制点进行测试并记录，研究开发样本测试如表 5–48 所示。

表 5–48 研究开发样本测试

样本序号	记账时间	凭证编号	项目名称	研发费用支出是否经过适当审批	技术外包单位名称	技术外包申请书是否经过适当审批	是否签订技术外包合同	项目进入开发阶段是否经过相关审批	研发费用是否计入恰当的研发项目
1									
2									
……									
测试结论									

3. 项目结项

假设被审计单位研究开发控制活动执行的频率为 1 次 / 月，审计人员应选取已结项的研发项目清单作为样本总体，抽取 3 个样本进行测试。在控制测试样本测试中应对研发项目结项是否通过评审审批等关键控制点进行测试并记录，研究开发样本测试如表 5-49 所示。

表 5-49 研发项目结项样本测试

样本序号	项目名称	项目编号	是否经过验收并出具验收报告	验收报告是否经过相关审批	账务处理是否正确	法务部门是否收到验收报告
1						
2						
……						
测试结论						

四、审计案例

案例 5-8

H 公司申报科创板 IPO，因研究与开发费用归集内部控制问题被监管部门问询，涉及的主要问题包括：未建立研发费用归集有效内部控制制度；未做到研发领料与生产领料清晰区分且可验证；未建立研发费用归集和研发人员工时分摊归集、界定机制；研发耗用材料的最终流向未做到明确且可核查等，被要求进行整改。H 公司研发控制具体缺陷为：

1. 将非研发部门（如信息资源部、总经办、原应用开发部）与研发项目无关人员的费用计入研发费用。按部门架构，将主要从事生产工作的品管部（研发中心原二级部门）所有费用全部计入研发费用。

2. 研发材料领用缺乏必要审批，未能做到按需领用。研发材料领用之后未记录使用情况，未追踪物料使用情况。研发多余物料退料不及时，退料记录不完整。

3. 研发中心仅有工作周报，无完整工时记录。

4. 研发样机搭建完成后无入库记录，研发样机实现销售时，比照产品销售确认收入，对应成本为零。

5. 研发样机与存货的划分不清晰，没有明确的界限，比如研制的 10 台 CMI-1600 中的 5 台认定为研发样机，另外 5 台认定为库存商品。

案例讨论：

科创属性是申请科创板上市的重要条件，科创属性的体现之一是研发费用投入金额，IPO 企业是否虚增研发费用是审计人员关注的重点。审计过程中，应当关注研究与开发项目的立项、开发、结项以及分项目的费用归集与核算的管理制度、检查被审计单位是否从制度层面保证研发费用与正常生产经营核算有明确界限与区分标准，是否存在将不属于研发费用的营业成本与经营费用划分到研发费用的情况。

第九节　货币资金循环

一、主要控制缺陷

货币资金循环内部控制，一般包括现金管理、资金收支的审批与复核、银行账户的开立、银行余额调节表的编制、票据及印章管理等，该业务循环重要控制缺陷主要包括：

1. 管理层凌驾于内部控制之上，导致货币资金内部控制形同虚设，货币资金被大股东、管理层侵占或挪用。

2. 货币资金岗位设置未做到不相容职务分离，导致货币资金收入不及时入账，形成“小金库”或资金被侵占或挪用。

3. 货币资金管理未履行严格审批流程，导致出现未经审批的银行账户开立或货币资金收支情况，如银行账户开立未经审批出现银行账户被借用未被发现，大额货币资金的进出未严格履行审批流程，导致大额资金不当支付给企业造成损失。

4. 货币资金预算控制执行不到位，资金实际收支随意且大幅偏离预算编制，预算管理失控。

5. 货币资金盘点与对账流于形式，银行余额调节表编制不及时，导致货币资金账实不符的情况未能及时发现。

6. 相关票据及印章管理不规范，存在一人保管全部印章的情况，导致货币资金损失或不必要的或有损失。

二、常见审计问题

（一）了解货币资金循环内部控制可能出现的问题

1. 未关注被审计单位管理层凌驾于内部控制之上的情形，如总经理一人可审批货币资金的支付，未见相关部门经办人员、财务总监等的审批流程。

2. 未能全面了解企业货币资金业务内部控制制度、业务流程及岗位职责情况等，或对企业货币资金流程的了解未能结合业务模式进行深入了解，未能识别不相容职务未分离的情况。

3. 未能关注授权审批的权限设置及货币资金预算编制情况，未能识别未经审批或越权审批，或超过预算编制的大额资金收付情况。

4. 未能关注现金盘点制度的实际执行情况以及票据印章管理情况，未能识别一人管理全部票据印章的情况。

5. 穿行测试执行不到位，选取的收付款交易，未能追踪该笔交易从发起开始，经授权、审批、执行、收付款、记录等的整个过程，达不到穿行测试的目的。

（二）货币资金循环执行控制测试可能出现的问题

执行控制测试时没有根据业务实际发生频率出发而是人为选择较低的执行频率，导致样本选择不合理，未能对关键控制活动进行检查并记录检查结果。

三、审计关注要点

（一）了解货币资金业务层面内部控制

1. 关注岗位分工及授权批准

（1）关注被审计单位是否建立健全了货币资金业务的岗位责任制，相关部门和岗位的职责权限是否明确，是否能够确保办理货币资金业务的不相容岗位相互分离、制约和监督。例如，出纳人员不得兼任稽核、会计档案保管和收入、支出、费用、债权债务账目的登记工作，不得由一人办理货币资金业务的全过程。

（2）关注货币资金业务授权批准制度的建立与执行情况，包括是否明确了审批人对货币资金业务的授权批准方式、权限、程序、责任和相关控制措施，规定了经办人办理货币资金业务的职责范围和工作要求等。在具体了解过程中，关注相关审批人是否根据货币资金授权批准制度的规定，在授权范围内进行审批，是否存在超越审批权限的例外事项；相关经办人是否在职责范围内，按照审批人的批准意见办理货币资金业务等。对于审批人超越授权范围审批的货币资金业务的情况，是否有相关经办人拒绝办理的记录，如及时向审批人上级授权部门的报告等。

（3）关注被审计单位是否按照规定的程序办理货币资金支付业务。

①支付申请。检查被审计单位有关部门或个人用款时，是否会提前向审批人提交支付申请，注明款项的用途、金额、预算、支付方式等内容，并附有效经济合同或相关证明。

②支付审批。检查审批人是否根据其职责、权限和相应程序对支付申请进行审批，对不符合规定的货币资金支付申请，审批人是否拒绝批准。

③支付复核。检查复核人对批准后的货币资金支付申请进行复核的相关记录，包括批准范围、权限、程序是否正确，手续及相关单证是否齐备，金额计算是否准确，支付方式、支付企业是否妥当等。是否经复核无误后，交由出纳人员办理支付手续。

④办理支付。检查出纳人员是否根据复核无误的支付申请，按规定办理货币资金支付手续，及时登记库存现金和银行存款日记账。

（4）关注大额的货币资金支付业务是否实行集体决策和审批。

（5）关注被审计单位是否建立有关于严禁未经授权的机构或人员办理货币资金业务或直接接触货币资金，以及防范贪污、侵占、挪用货币资金等行为责任追究方面的制度措施。

2. 关注现金和银行存款的日常管理

（1）检查是否根据《现金管理暂行条例》的规定，对本单位的现金收支进行了具体规定，是否存在超限额的现金未存入银行的情况。

（2）检查日常现金及银行存款管理中，是否严格执行了“收支两条线”管理，是否存在坐支现金的情况。

（3）关注是否存在私设“小金库”“账外账”等情况，是否存在资金体外循环。

（4）检查是否严格按照《银行账户管理办法》《支付结算办法》等国家有关规定，进行银行账户的管理与使用，是否存在出租出借账户或收支与本单位经营无关的款项。

（5）检查被审计单位对票据签发的管理情况，关注是否存在签发没有资金保证的票据或远期支票，套取银行信用；是否存在签发、取得和转让没有真实交易和债权债务的票据，套取银行和他人资金的情况。

（6）检查关于银行账户定期核对、现金盘点制度的执行情况，是否存在大额的未达账项以及现金、银行存款账实不符的情况。

3. 关注票据及有关印章的管理

（1）检查与货币资金相关的票据的管理情况，包括各种票据的购买、保管、领用、背书转让、注销等环节的职责权限和程序，是否专设登记簿进行记录，是否存在空白票据的遗失和被盗用的情况。

（2）检查银行预留印鉴的管理情况，包括财务专用章是否由专人保管，个人名章是否由本人或其授权人员保管，是否存在一人保管支付款项所需的全部印章的情况。

（3）检查过往经济业务的用印、签字情况，关注相关用印是否履行了严格的签字或盖章手续，相关负责人的签字或盖章是否符合规定，是否存在代签的情况。

4. 关注监督检查制度的设立及实际执行情况

（1）检查货币资金业务内部监督检查制度，审核相关规定是否合理、是否得到了执行。例如，是否明确规定了监督检查机构或人员的职责权限；是否定期和不定期地进行了检查监督，检查记录或报告是否真实，是否流于形式等。

（2）关注内部货币资金监督检查是否注重实效，是否检查了货币资金业务不相容职务混岗的情况；是否检查了货币资金支出的授权批准手续健全情况，是否存在越权审批行为；是否检查了办理付款业务印章管理的情况，是否存在由一人保管的现象；是否检查了票据的购买、领用、保管等环节是否存在漏洞。

（3）关注被审计单位对监督检查过程中发现的货币资金内部控制中的薄弱环节的整改情况。

5. 关注资金资产活动相关舞弊和错报的风险与控制

（1）关注资金资产管理舞弊风险评估与控制，包括：

①关注为侵占资金资产、粉饰财务报表等目的，伪造、篡改或销毁原始凭证，隐瞒、截留或侵占收入，私签支票，盗用印鉴，违规提现，虚列费用，设账外账、小金库，伪造或篡改银行单据，资产私用，违规担保等相关风；

②关注不相容岗位的有效分离，资金资产交易真实性，账账、账证、账实一致性等相关内部控制流程和控制措施的有效性。

（2）关注资金资产活动相关账户及财务报表列报的风险评估与控制，包括：

①关注货币资金、固定资产、在建工程、存货、无形资产、长期股权投资等报表项目或类别下资金与资产相关账户的发生额、准确性、确认时点、计量金额以及列报风险；

②关注资金归集管理、银行账户管理、票据管理、支付与授权审批管理、资产管理、坏账管理、担保管理等控制措施的有效性；

③关注违规占用资金的风险，加强对大股东借款、担保、投融资等活动的审核、追踪、预警和披露的控制。

6. 实施穿行测试，追踪货币资金业务在财务报告信息系统中的处理过程

穿行测试通常综合了询问、观察、检查、重新执行等多种程序，通过实施穿行测试，审计人员通常能获取充分的信息以评价控制的设计和执行。例如，选取一笔已收款的银行借款，追踪该笔交易从借款预算审批直至收到银行借款的整个过程。

（二）测试货币资金业务的内部控制

货币资金业务的内部控制环节主要包括现金支付的审批与复核、现金盘点管理、银行账户的开立、变更与注销管理、银行付款的审批与复核、银行存款对账与调节、定期存款管理、其他货币资金管理、费用支付及其他资金往来管理、资金池管理等。

1. 现金付款的审批与复核

在现金付款的审批与复核控制测试中，应对审批人员是否在授权范围内进行审批等的关键控制点进行测试并记录。具体可以选取现金收支的审批单、收款单等为样本总体，考虑控制活动频率，根据控制测试过程记录表中计算机生成的拟测试样本规模数量，从中抽取适当样本进行测试。

实务中，被审计单位现金付款审批与复核环节的控制发生较为频繁，几乎每天都会有发生，针对这种控制发生频率较高的，样本选取一般不应少于 25 个。具

体样本测试如表 5–50 所示。

表 5–50 现金付款审批与复核样本测试

样本序号	记账时间	凭证编号	现金收款由出纳员直接收取（POS 单由出纳员收集管理）	现金收款当日由出纳员存入银行	银行入账单据经会计主管或其他非出纳人员复核	现金支付审批单，经业务部门负责人、财务经理以及其他有权人员审批	现金直接支付给对方单位或者个人，并由对方在收据上签字
1							
2							
……							
测试结论							

2. 现金盘点管理

在现金盘点管理控制测试中，应对月末定期盘点制度的执行情况以及会计主管对盘点结果的复核、盘点差异的处理等关键控制点进行测试并记录。具体可以选取现金盘点表等为样本总体，考虑控制活动频率，根据控制测试过程记录表中计算机生成的拟测试样本规模数量，从中抽取适当样本进行测试。

实务中，被审计单位现金盘点管理环节的控制发生频率基本上每月发生一次，样本选取一般不应少于 3 个。具体样本测试如表 5–51 所示。

表 5–51 现金盘点管理样本测试

样本序号	记账时间	凭证编号	月末由出纳员以外的人员对现金进行盘点	现金盘点表金额与现金日记账余额核对相符	库存现金盘点表经会计主管复核	如盘点存在差异报经财务经理批准后进行账务处理
1						
2						
……						
测试结论						

3. 银行账户的开立、变更与注销及安全管理

在银行账户的开立、变更与注销管理控制测试中，应对审批人员是否在银行账户的开立、变更、注销以及因银行账户变动账户调节方面进行审批、印章分管等的关键控制点进行测试并记录。具体可以选取开（销）户申请、银行票据盘点表等为样本总体，考虑控制活动频率，根据控制测试过程记录表中计算机生成的拟测试样本规模数量，从中抽取适当样本进行测试。

被审计单位银行账户的开立、变更与注销管理环节的控制发生频率并不算很高，发生时间也不固定，一般样本选取可参考每季发生频率，不少于 2 个，如果实际发生数少于 2 个的，以实际发生数为准。具体样本测试如表 5-52 所示。

表 5-52 银行账户的开立、变更与注销管理样本测试

样本序号	记账（业务）时间	凭证（单据）编号	银行账户的开立、变更或注销经财务经理、总经理审批文件	月末由出纳员以外的人员盘点银行余额调节表及检查定期存款（电子或纸质）	银行余额调节表与银行对账单核对相符、相关差异进行恰当会计处理	银行余额调节表经会计主管复核记录	银行印章、电子密钥是否分开保管
1							
2							
……							
测试结论							

4. 银行付款的审批与复核

在银行付款的审批与复核控制测试中，应对审批人员是否在授权范围内进行审批等的关键控制点进行测试并记录。具体可以选取银行收支的审批单、银行回款流水等为样本总体，考虑控制活动频率，根据控制测试过程记录表中计算机生成的拟测试样本规模数量，从中抽取适当样本进行测试。

企业的银行付款审批与复核环节的控制发生较为频繁，几乎每天都会有发生，针对这种控制发生频率较高的，样本选取一般不应少于 25 个。具体样本测试如表 5-53 所示。

表 5-53 银行付款审批与复核样本测试

样本序号	记账时间	凭证编号	银行收款由出纳员每天根据银行回款凭证登记日记账	银行入账单据经会计主管或其他非出纳人员复核	银行支付审批单，经业务部门负责人、财务经理以及其他有权人员审批	银行存款通过转账、汇款方式支付给受款单位或个人
1						
2						
……						
测试结论						

5. 银行存款对账与调节

在银行存款对账与调节控制测试中，应对审批人员在银行存款对账与调节过程中的审批与复核等关键控制点进行测试并记录。具体可以选取银行存款余额调节表等为样本总体，考虑控制活动频率，根据控制测试过程记录表中计算机生成的拟测试样本规模数量，从中抽取适当样本进行测试。

被审计单位银行对账与调节环节的控制发生基本上每月会发生一次，针对这种情况，样本选取一般不应少于 3 个。具体样本测试如表 5–54 所示。

表 5–54　　银行对账与调节样本测试

样本序号	记账时间	凭证编号	银行余额调节表是否由出纳员以外的人员核对编制	对调节不符的是否查明了原因	银行余额调节表是否经会计主管复核	对需要进行账务调整的调节项目及时进行了账务处理
1						
2						
……						
测试结论						

示例 5–11

监管部门在对 YT 会计师事务所执行上市公司深圳市斯盛能源股份有限公司 2019~2020 年度财务报表审计检查中，指出有关货币资金内部控制审计程序不到位："检查发现，你所 2020 年对斯盛能源内部控制测试执行不到位；对货币资金内部控制执行控制测试的样本量不足。如对银行对账单、银行存款日记账及总账核对是否一致的内部控制测试，你所仅抽取 1 个样本量就得出'核对一致，控制运行有效'的结论，未抽取足够的样本规模，以将抽样风险降至可接受的低水平。"

资料来源：中国证监会网站。

6. 定期存款管理

在定期存款管理控制测试中，应对定期存单的开立、变更、注销以及盘点、抵押等环节的关键控制点进行测试并记录。具体可以选取定期存款开（销）户申请、定期存单盘点等为样本总体，考虑控制活动频率，根据控制测试过程记录表中计算机生成的拟测试样本规模数量，从中抽取适当样本进行测试。

企业定期存款管理环节的控制发生频率没有明确规律性，可能每月或每季均有发生，针对这种控制发生频率不确定的，一般样本选取可能考每月或每季发生数，选取不应少于 3 个样本进行测试，如果实际发生数少于 3 个的，以实际发生数为准。具体样本测试如表 5–55 所示。

表 5–55　定期存款管理样本测试

样本序号	记账（业务）时间	凭证（单据）编号	定期存款开立、变更或注销经财务经理、总经理审批文件	资产负债表日是否由出纳员以外的人员盘点并编制盘点表	盘点表是否经会计主管复核	定期存款与质押合同核对复核
1						
2						
……						
测试结论						

7. 其他货币资金管理

在其他货币资金管理控制测试中，应对审批人员是否在授权范围内进行审批等的关键控制点进行测试并记录。具体可以选取承兑开（销）户申请、第三方支付开（销）户申请等为样本总体，考虑控制活动频率，根据控制测试过程记录表中计算机生成的拟测试样本规模数量，从中抽取适当样本进行测试。

其他货币资金管理环节的控制发生较为频繁，几乎每天都会有发生，针对这种控制发生频率较高的，样本选取一般不应少于 25 个。具体样本测试如表 5–56 所示。

表 5–56　其他货币资金管理样本测试

样本序号	银行承兑汇票协议或授信文件开立、变更或注销经财务经理、总经理审批	存出投资款经董事会决议等批准，开户操作经财务经理审核，报总经理审批	支付宝、微信等第三方支付账户的开立、变更或注销经财务经理审核，报总经理审批	余额调节表由出纳员以外的人员核对编制；查明不符原因	余额调节表经会计主管复核记录
1					
2					
……					
测试结论					

8. 费用支付及其他资金往来管理

在费用支付及其他资金往来管理控制测试中，应对审批人员是否在授权范围内进行审批等的关键控制点进行测试并记录。具体可以选取报销单、非经营性资金往来审批单等为样本总体，考虑控制活动频率，根据控制测试过程记录表中计算机生成的拟测试样本规模数量，从中抽取适当样本进行测试。

企业费用支付及其他资金往来管理环节的控制发生较为频繁，几乎每天都会有发生，针对这种控制发生频率较高的，样本选取一般不应少于 25 个。具体样本测试如表 5–57 所示。

表 5–57 费用支付及其他资金往来管理样本测试

样本序号	记账时间	凭证编号	报销单是否经会计主管复核、经财务经理、总经理审批	报销内容及批准人是否与报销管理制度规定的授权人一致	资金往来是否经有权人员审批	资金往来协议或合同签订审批
1						
2						
……						
测试结论						

9. 资金池管理

在资金池管理控制测试中，应对资金池管理协议的签订与审批、资金池支付审批控制、账务调节的记录与复核控制等的关键控制点进行测试并记录。具体可以选取资金池协议、支付控制、变更申请等为样本总体，考虑控制活动频率，根据控制测试过程记录表中计算机生成的拟测试样本规模数量，从中抽取适当样本进行测试。

被审计单位资金池管理环节的控制发生较为频繁，几乎每天都会有发生，针对这种控制发生频率较高的，样本选取一般不应少于 25 个。具体样本测试如表 5–58 所示。

表 5–58 资金池管理样本测试

样本序号	协议签订或变更时间	董事会批准时间	股东大会批准时间	资金池支付控制、变更经财务经理审核、总经理批准	资金池协议及变更的律师复核记录	账务调节项目会计处理复核记录
1						
2						
……						
测试结论						

四、审计案例

案例 5–9

某会计师事务所接受委托对 P 公司截至 2021 年 12 月 31 日的内部控制情况进行审计，审计人员甲负责对货币资金循环的内部控制测试。在审计过程中，审计人员对P公司财务岗位的设置情况进行了核查，包括但不限于货币资金支付的审批与执行岗位、出纳人员等岗位设置等；获取董事会颁布实施的内部控制制度，并对公司内部员工进行访谈，了解到P公司在货币资金管理上存在以下事项：

1. 资金管理职责分配情况。出纳领取银行对账单并负责银行对账，为工作方便，出纳负责保管所有支付印鉴、票据以及网银U盾；网上银行业务交易的执行与审核授权由出纳向财务经理口头请示同意后，由出纳负责具体执行；负责收款的人兼任会计记录并负责核对收款；出纳兼任收付款凭证制单；负责记账的会计人员对资金保管情况进行监督。

2. 公司银行账户的开立和撤销，均根据业务需要以及便利性原则开展。因业务需要将中国建设银行某银行账户出借给A公司使用，P公司对该账户的资金进出不进行账务处理；因业务需要，以出纳个人名义开户，部分公款私存在出纳个人开立的银行账户内；P公司银行账户开立数量较多，存在长期不用或失效的银行账户，也未办理销户；P公司未建立银行账户统一台账。

3. 公司尚未清晰设置支付权限。对于所有款项支付，均询问总经理，总经理电话确认后，出纳即可支付。对于款项支付的审批签署，部分由总经理签字，部分由财务经理代为签字。

4. 因未定期和银行对账曾被银行冻结账户；尚未建立对票据及库存现金进行盘点的相关制度；实际盘点及与银行对账未留下书面记录；银行余额调节表存在超过一个月未达账项未处理的情况。

5. 公司下属有5家子公司，对于子公司的资金管理由各家公司负责，P公司不进行集中管控。

6. 出纳员是一位女员工，给人印象兢兢业业、勤勤恳恳、待人热情，工作中积极肯干，不论分内分外的事，她都主动去做，很受领导的器重、同事的信任，多次受到公司表彰。

甲审计人员在了解上述情况的基础上，通过凭证抽查及相关检查程序，进一步发现以下事项：

1.2021年1月23日、10月8日，P公司分别支付给员工WHY、HZJ备用金15万元和23万元，前述资金分别流向P公司实际控制人LJF之姐LXH建设银行尾号为0419的账户（15万元）及B公司（23万元），同时经检查发现，LXH建设银行尾号为0419的账户中多次出现LJF个人消费记录。

2. 经比对P公司从银行开立账户清单，发现公司遗漏核算13个银行账户。

3. 公司出纳在其工作的一年半期间，先后利用22张现金支票编造各种理由提取现金98.96万元，均未记入现金日记账，具体手段如下：

（1）隐匿3笔结汇收入和7笔会计开好的收汇转账单（记账联），共计10笔销售收入98.96万元，将其提现的金额与其隐匿的收入相抵，使32笔收支业务均未在银行存款日记账和银行余额调节表中反映；

（2）出纳利用印章均由其保管的便利，直接开具现金支票；

（3）伪造银行对账单，将提现的整数金额改成带尾数的金额，并将提现的银行代码“11”改成托收的代码“88”。P公司在清理逾期未收汇时曾经发现有3笔结汇收入未在银行日记账和余额调节表中反映，但当时由于人手较少未能对此进行专项清查。

案例分析：

甲审计人员针对P公司货币资金的内控情况及发现的问题，与公司管理层进行了认真沟通，认为公司货币资金内部控制存在重大缺陷，并考虑出具否定意见的审计报告，同时基于为P公司更好服务的目的，出具了管理建议书，建议公司严格按照《企业内部控制基本规范》及其指引要求对货币资金加强内部管理。主要建议内容如下：

1. 建议P公司对货币资金管理的职责分工、权限范围和审批程序应当明确，机构设置和人员配备应当科学合理，做到不相容职务相分离。

2. 建议P公司加强银行账户管理，具体包括：

（1）严格银行账户开立程序。所有银行账户的开设应符合经营发展需要，不得随意开设，不得违反规定开立和使用银行账户。对集团公司来说，应当严格限制下属子公司新开银行账户，下属公司开户应报集团审批或报集团公司备案。

（2）公司财务部门应对于已开设未使用或长期不使用的账户及时做出销户处理。银行账户销户按规定操作，经过适当授权并正确反映在会计记录中。对已销户的银行账户，应在办理销户后一个月再由经办人员以外的财务人员向银行核实销户情况，确保销户已得到执行。

（3）做好银行账户开户/销户情况记录台账，详细记录银行账户开户/销户情况，并定期与银行核对，确保所记录的银行账户与实际相符。

（4）严格禁止出借出租银行账户，对于已出借的银行账户进行收回并按照有关法律法规的规定整改到位。

（5）对遗漏的银行账户查明具体情况并全部纳入账内核算。

3. 建议P公司加强资金支付的授权审批，并明确支付申请、支付审批、支付复核、支付办理等相关业务的具体流程。

4. 建议P公司应明确公司票据、印章保管的具体办法。例如，应当规定建立支票使用登记簿，登记支票号码、开具时间、收款人、金额、领用人等信息；确保票据的使用和流转应留下书面记录；对作废票据应予以妥善处置，加盖作废印章；禁止在空白纸张或单证上加盖印鉴；票据/印鉴的交接要留下书面交接记录；

对银行预留印鉴和有关印章的管理应当分别由不同人员管理，更正由同一人保管所有印鉴和票据的错误做法。

5. 建议 P 公司应加强账账核对、账实核对，公司应安排独立人员对货币资金、票据等进行定期和不定期的检查、盘点、核对；对于银行存款应定期与银行对账，确保账实一致。

6. 建议 P 公司对存在个人卡及实际控制人资金占用的情况予以纠正，限期收回被占用的资金，并严格禁止公款私存以及使用个人卡的情况。

7. 建议 P 公司对出纳采用非法手段提取的现金 98.96 万元采取法律措施予以追回。

第十节 租赁资产管理循环

一、主要控制缺陷

租赁资产管理循环控制流程主要包括租赁审批、验收确认、运行管理、使用权资产折旧、减值及租赁利息的计量、租赁资产的购买、续租或终止确认等，该业务循环控制缺陷主要包括：

1. 新增租赁未经过适当的审批，导致租赁资产、租赁负债存在认定可能存在重大错报风险。已录入的租赁订单信息不准确，租赁负债的准确性、计价和分摊认定可能存在重大错报风险。租赁合同未完整、恰当地处理，导致租赁负债的存在、完整性认定可能存在重大错报风险。

2. 租赁资产运达后，采购部门、租赁资产使用部门、财务部门未对租赁资产进行验收，未核对租赁合同、租赁订单等资料并出具验收单，租赁资产的存在、权利和义务、准确性、计价和分摊、完整性可能存在重大错报风险。

3. 财务部门未会同租赁资产使用部门对租赁资产进行盘点，编制租赁资产盘点报告，租赁资产的存在、完整性可能存在重大错报风险。

4. 未准备核对使用权资产折旧系统，导致租赁资产的准确性、计价和分摊可能存在重大错报风险；会计主管未会同租赁资产使用部门对使用权资产是否存在减值迹象进行判断，租赁资产准确性、计价和分摊可能存在重大错报风险，各期确认的租赁利息金额未经准确测算，租赁负债准确性、计价和分摊可能存在重大错报风险。

5. 未准确及时记录租赁资产后续计量，导致租赁资产的存在、准确性、计价和分摊认定可能存在重大错报风险。

二、常见审计问题

（一）了解租赁循环内部控制可能出现的问题

1. 审计人员未获取企业租赁资产业务内部控制制度、流程图等，未能识别不相容职务未分离的情况，未关注租赁资产管理审批流程，如租赁合同未经过适当的审批和签署，已录入的租赁订单信息准确性无核对流程等。

2. 对租赁流程了解深度不够，未充分核实租赁资产验收确认过程是否完善、恰当，是否一贯执行。

3. 未关注租赁资产运行管理情况，未发现租赁资产账实不符及差异处理情况。

（二）执行租赁循环控制测试可能出现的问题

1. 在控制测试时发现重要控制活动未得到有效执行时，未关注是否存在管理层凌驾于内部控制之上的情形，如越权审批。

2. 样本选取不合理，比如未能根据租赁循环各业务活动实际发生的频率合理选取样本，样本量过少或缺乏代表性。当已选取的样本测试结果出现偏差时，审计人员未进一步扩大控制测试样本量，以确认抽样总体得到有效执行。

3. 对关键控制活动进行样本测试时，未对重要控制点进行检查并记录检查情况。

三、审计关注要点

（一）了解被审计单位租赁业务流程

1. 关注授权审批控制设计是否完善，执行是否到位

询问租赁资产管理部门经理对资产租赁申请单的审批程序，检查关于采购金额审批规定的政策文件，选取一笔资产租赁申请单，检查是否按照审批规定由恰当人员审批。如询问总经理对租赁合同的复核，选取一笔租赁合同，检查是否经总经理签署；询问采购经理对采购员录入信息的复核，观察采购经理对录入信息与租赁合同的核对及核准，重新核对系统产生的租赁订单与租赁合同的一致性，检查采购信息报告中的租赁合同和租赁订单编号是否连续，采购经理是否在租赁信息报告上签字。

2. 关注验收确认控制的设计和执行情况

询问租赁资产管理部门经理如何复核入库信息，重新核对系统录入信息和生成分录与入库单 / 验收单的一致性；询问应付账款记账员如何复核采购发票，重新核对发票信息与租赁订单、验收单信息的一致性；询问会计主管如何复核租赁资产验收报告，检查租赁资产验收报告显示的验收单是否连续编号，是否经会计主管签字确认，关联方租赁台账是否记录完整。

3. 关注租赁资产运行管理情况

询问财务经理租赁资产的盘点情况，检查租赁资产盘点报告，是否对差异情况由总经理审批后处理。

4. 关注使用权资产折旧、减值及租赁利息的计量情况

检查从系统中导出租赁资产清单信息是否完整，是否与租赁资产登记信息一致，测算租赁资产折旧与系统自动计算的折旧是否一致，差异是否合理；询问会计主管租赁资产减值测试情况，检查租赁资产价值分析报告、减值测试计算过程及编制依据是否正确、合理，是否经过财务经理复核及总经理审批。检查经审核的租赁利息计算表的准确性。

5. 关注租赁资产的购买、续租或终止确认

检查租赁资产处置信息是否已录入系统，检查租赁资产处置信息是否经使用部门经理复核。

（二）测试租赁循环内部控制

1. 租赁审批

在租赁审批环节控制测试中应对审批人员是否在授权范围内进行审批等的关键控制点进行测试并记录。具体可选取资产租赁申请单、租赁合同等为样本总体，根据控制测试过程记录表中计算机生成的拟测试样本规模数量，从中抽取样本进行测试。具体样本测试如表 5–59 所示。

表 5–59 租赁审批环节样本测试

样本序号	记账时间	凭证编号	资产租赁申请单是否经过适当审批	租赁合同是否经过相关复核及审批	记录的租赁订单信息准确	租赁订单是否连续编号	租赁信息报告经采购经理复核
1							
2							
……							
测试结论							

2. 验收确认

在验收确认环节控制测试中应对租赁资产验收、记录使用权资产和租赁负债等的关键控制点进行测试并记录。具体可选取资产租赁申请单、租赁合同等为样本总体，根据控制测试过程记录表中计算机生成的拟测试样本规模数量，从中抽取样本进行测试。具体样本测试如表 5–60 所示。

表 5-60 租赁资产验收确认环节样本测试

样本序号	记账时间	凭证编号	验收单			记录使用权资产和租赁负债				
			验收单编号	验收信息经会计主管复核	验收品种数量与租赁合同上一致	出租方名称	租赁合同主要条款	使用权资产的初始确认经会计主管复核，并与租赁合同相关信息核对相符	租赁负债的初始确认经会计主管复核，并与租赁合同相关信息核对相符	账务处理无误
1										
2										
……										
测试结论										

3. 运行管理

在运行管理环节控制测试中应对租赁资产盘点等的关键控制点进行测试并记录。具体可选取租赁资产盘点报告为样本总体，根据控制测试过程记录表中计算机生成的拟测试样本规模数量，从中抽取样本进行测试。具体样本测试如表 5-61 所示。

表 5-61 租赁资产运行管理环节样本测试

样本序号	本年是否对租赁资产进行盘点并编制盘点报告	租赁资产盘点差异是否查明原因并经审批后处理
1		
2		
……		
测试结论		

4. 使用权资产折旧、减值及租赁利息的计量

在使用权资产折旧、减值和租赁利息的计量环节控制测试中应对固定资产折旧、减值计提和租赁利息计量等的关键控制点进行测试并记录。具体可选取折旧计算表、租赁资产价值分析报告、租赁利息计算表为样本总体，根据控制测试过程记录表中计算机生成的拟测试样本规模数量，从中抽取样本进行测试。具体样本测试如表 5-62 所示。

表 5-62 使用权资产折旧、减值及租赁利息的计量环节样本测试

样本序号	记账时间	凭证编号	折旧和减值				租赁利息			
			折旧是否为系统自动计算	系统计算的折旧金额是否正确	是否对租赁资产进行减值测试	减值测试的计算过程及编制依据是否正确、合理	公司采用的固定周期性利率是否恰当	租赁利息计算过程是否恰当	租赁利息计算表是否经过审核	租赁利息的会计处理是否正确
1										
2										
……										
测试结论										

5. 租赁资产的购买、续租或终止确认

在租赁资产的购买、续租或终止确认环节控制测试中应对租赁资产的购买、续租、终止确认的申请及批准、购买或续租合同签订等的关键控制点进行测试并记录。具体可选取租赁资产的购买、续租、终止确认申请单以及购买或续租合同等为样本总体，根据控制测试过程记录表中计算机生成的拟测试样本规模数量，从中抽取样本进行测试。具体样本测试如表 5-63 所示。

表 5-63 租赁资产的购买、续租或终止确认环节样本测试

样本序号	记账时间	凭证编号	租赁资产的购买、续租、终止确认申请单是否经过适当审批	购买或续租合同是否经过相关复核及审批
1				
2				
……				
测试结论				

第十一节　内部控制整合审计

一、内部控制整合审计工作目标

注册会计师可以单独进行内部控制审计，如当内部控制审计和财务报表审计的受托方不是同一家事务所或者内部控制审计与财务报表审计的基准日不相同时。如果注册会计师接受委托为企业同一基准日出具内部控制审计报告和财务报表审计报告时，可以将二者整合进行，旨在提高审计的效果和效率。

整合审计的目标，一是获取充分、适当的证据，支持其在内部控制审计中对内部控制有效性发表的意见；二是获取充分、适当的证据，支持其在财务报表审计中对控制风险的评估结果。当需要注册会计师同时出具内部控制鉴证报告和财务报表审计报告时，可参考内部控制整合审计的方法。

二、内部控制整合审计的方法

（一）整合审计应采用自上而下和自下而上相结合的审计思路

单独的内部控制审计，采用自上而下的方法。审计人员从对与财务报告相关的内部控制整体风险的了解开始，然后将关注重点逐渐下移至重大账户、列报及相关的认定。自上而下审计方法的具体步骤为：（1）从财务报表层次初步了解内部控制整体风险；（2）识别、了解和测试企业层面控制；（3）识别重要账户、列报及其相关认定；（4）了解潜在错报的来源并识别相应的控制；（5）选择拟测试的控制。

现代风险导向的财务报表审计是自上而下和自下而上相结合的审计思路。当选择了综合性方案之后，控制测试的结果和内控审计中发现的重大错报风险，必然导致审计人员及时修订财务报表审计风险评估的结果和审计计划，从而指导审计人员选择更有针对性的实质性程序、调整审计范围、扩大或缩小样本量等。

（二）内部控制整合审计具体要求

在整合审计的情况下，审计人员可以只编制一套整合的审计工作底稿，将内部控制审计和财务报表审计的整合考虑贯穿审计的整个过程，以更有效地实现整合审计的目标，并同时满足内部控制审计和财务报表审计的需要。

1. 整合底稿应当按照会计师事务所标准模版选用

内部控制审计底稿既可以用于单独执行内部控制审计的业务，也可以用于上市公司整合审计。审计人员在选用底稿时，底稿名称中标有“整合审计”字样的，只用于整合审计业务；标有“内控审计”字样的，只用于单独执行内部控制审计的业务；没有标记的底稿，无论是单独执行内部控制审计的业务还是整合审计业务均应编制。

示例 5-12　某会计师事务关内部控制底稿与财务报表审计底稿差异（见表 5-64）

表 5-64　　内部控制审计底稿与通用财务报表审计底稿差异

整合审计各阶段	底稿名称	整合审计底稿与通用财务报表审计底稿差异
初步业务活动	业务承接评价表（整合审计）	“确定审计的前提条件是否存在”中增加了管理层对于建立、健全和有效实施内部控制，评价和编制内部控制评价报告的责任相关内容
审计计划	总体审计策略及具体审计计划（整合审计）	总体审计策略及具体审计计划中增加了有关内部控制了解与测试的计划内容
实施审计	“4- 实施审计工作”中“1- 了解和评价企业层面内部控制”全部底稿	在财务报表审计中，不强制要求具体测试被审计单位整体层面控制的运行有效性，而内部控制审计必须执行。与通用审计底稿内控了解部分相比，内部控制审计底稿增加了被审计单位整体层面控制运行有效性的测试内容
信息系统测试	“4- 实施审计工作”中“3- 信息系统控制测试”全部底稿	整合审计底稿中增加了一项应用控制测试——对信息系统职责分离相关控制的测试
内控缺陷评价	“4- 实施审计工作”中“内部控制缺陷汇总表”	整合底稿内部控制缺陷汇总表中增加了“缺陷类型”“补偿性控制”及“缺陷认定结论”等相关内容
完成阶段	5- 业务完成阶段工作底稿（整合审计）	整合底稿在通用财务审计底稿的基础之上增加了内部控制审计报告模版、各级复核等内容

注：在整合审计时，不应当采用通合财务报表审计底稿，而应按照为内部控制审计底稿中标有“整合”字样的底稿编制。

2. 计划阶段及风险评估底稿适当增加整合内容

内部控制审计与财务报表审计虽然各有侧重，但终极目的都是提高财务报表预期使用者对财务报表的信赖程度，两者都采用风险导向审计方法。两者审计识别的重要账户、列报及其相关认定相同，集团审计中重要组成部分和非重要组成部分的确定相同、重要性水平的确定相同。需要注意的是，整合审计应选择综合性方案，与通用财务报表审计底稿相比，整合审计底稿中的总体审计策略和具体审计计划，增加了有关内部控制了解与测试的计划内容。

3. 整体层面控制的了解和测试应采用更为详细的整合底稿标准

内部控制审计对被审计单位整体层面内部控制不仅仅是进行了解，还需要对关键控制点选取更多的样本进行测试，以获取被审计单位整体层面内部控制有效性的充分证据，而单独的财务报表审计仅需要了解即可。与通用财务报表审计底稿相比，整合审计底稿中增加了对被审计单位整体层面控制运行有效性的测试内容。整合审计不但能提高审计效率，也提高审计效果。现代风险导向审计要求注册会计师以系统论的视角看待审计，要跳出财务报表的圈子，掌握财务报表背后的故事。整合审计方法下，对被审计单位情况的了解更广、更深。

4. 业务层面的了解及控制测试程序可完全整合

内控审计和财务报表审计了解和测试内部控制设计和运行有效性的基本方法相同。审计人员测试控制有效性实施的程序，按提供证据的效力，由弱到强排序通常为：询问、观察、检查和重新执行。其中询问本身并不能为得出控制是否有效的结论提供充分、适当的证据。某些控制可能存在反映控制有效性的文件记录，而另外一些控制，如管理理念和经营风格，可能没有书面的运行证据。对缺乏正式的控制运行证据的被审计单位或业务单元，审计人员可以通过询问并结合运用其他程序，如观察活动、检查非正式的书面记录和重新执行某些控制，获取有关控制是否有效的充分、适当的审计证据。整合审计底稿中业务循环层面的内控了解与测试程序与通用财务报表审计底稿基本相同，可以互相替代。

5. 整合审计控制测试的时间安排应同时满足双重目标审计的要求

单独的财务报表审计，需要获取内部控制在整个拟信赖期间运行有效的审计证据。而在单独的内部控制审计中，对控制有效性测试的实施时间越接近基准日，提供的控制有效性的审计证据越有力。被审计单位如果存在内控缺陷，整改后的内部控制需要在基准日之前运行“足够长的期间”（至少 3 个月），才能得出整改后的内部控制是否有效的结论。制定审计计划时，审计人员要在上述各因素之间做出平衡。整合审计在确定测试某项控制运行涵盖的期间时，应在内部控制审计所要求的“足够长的期间”和财务报表审计中所要求的“拟信赖的期间”中取其长者。例如，在基准日前 3 个月完成期中测试工作；在执行业务的早期阶段对被审计单位整体层面控制进行测试；测试样本所在期间涵盖整年等。

6. 整合审计内部控制测试应当涵盖所有业务循环

审计人员在每年度的整合审计中需要针对所有重要账户和列报的每个相关认定获取内部控制设计和运行有效的审计证据，而不能采用“每三年至少对控制测试一次”的方法。单独的财务报表审计需要对所有业务循环进行了解，但没有必要在一年中对所有业务循环进行测试，一般情况下选择重要的业务循环和当年变化较大的业务循环进行控制测试。《中国注册会计师审计准则第 1231 号——针对评估的重大错报风险采取的应对措施》第十四条规定，允许注册会计师每三年至少对控制测试一次，并且在每年审计中测试一部分控制，以避免将所有拟信赖控制测试集中于一年，而在之后的两年中不进行任何测试。根据《企业内部控制审计指引实施意见》，注册会计师应针对每一相关认定获取控制有效性的审计证据，以便对内部控制整体的有效性发表意见，该要求比 1231 号审计准则更高。因此，整合审计控制测试范围应当涵盖所有业务循环。需要注意的是，无论是内部控制审计还是财务报表审计，注册会计师都没有责任对单项控制的有效性发表意见，因此审计人员仅测试与某项认定最相关的关键控制点，而没有必要测试该业务循环所有的控制点。

7. 整合审计控制测试的组成部分与被审计单位自我评价的范围可以不同

根据《企业内部控制审计指引》的规定，注册会计师是对财务报告内部控制的有效性直接发表审计意见，并非是对企业内部控制评价报告发表审计意见。被审计单位管理当局应当根据《企业内部控制评价指引》的规定对自身的内部控制进行测试、评价并编制自我评价报告。在执行整合审计时，审计人员所选取测试的组成部分、控制活动和测试方法，可能与被审计单位管理当局在进行自我评价时选取纳入测试范围的组成部分、控制活动和测试方法不同。一般来说，对于集团内的重要组成部分和单独出具内部控制审计报告或财务报表审计报告的组成部分，审计人员应当进行控制测试。

8. 整合审计控制测试样本量应满足要求

（1）计算机自动控制测试样本量。

关键内部控制点可能是计算机自动控制也可能是人工控制。对于高度依赖计算机的被审计单位，应当引入 IT 团队，对信息系统进行一般控制测试和必要的应用控制测试。信息技术处理具有内在一贯性，在一般控制有效的前提下，除非系统发生变动，审计人员只要对自动化应用控制的运行测试一次，即可得出所测试自动化应用控制是否运行有效的结论。

（2）人工控制测试样本量。

对于人工控制，《企业内部控制审计指引实施意见》提供了采用检查或重新执行程序测试控制运行有效性时的最小样本量区间（见表 5-65），供审计人员参照使用：

表 5-65 人工控制测试最小样本量区间

控制频率	控制运行的总次数	测试的最小样本量的区别
每年一次	1	1
每季一次	4	2
每月一次	12	2—5
每周一次	52	5—15
每天一次	250	20—40
每天多次	250	25—60

对于控制频率不定期的内部控制程序，按照当期实际发生的控制运行次数，比照上表相近的运行次数所对应的最小样本量标准来确定其最小样本量。

上表假设控制的运行偏差率预期为零。如果预期偏差率不为零，审计人员应当扩大样本量。例如，对每日发生多次的控制，如果初始样本量为 25 个，当测试发现一项控制偏差，且该偏差不是系统偏差时，审计人员应扩大样本规模进行测试，所增加的样本量至少为 15 个。如果测试后再次发现偏差，则得出该控制无效的结论。如果扩大样本量没有再次发现偏差，则可以得出控制有效的结论。

（3）整改后最少测试样本量。

被审计单位对存在缺陷的控制进行整改，整改后控制需要运行足够长的时间。如果被审计单位在基准日前对存在重大缺陷的内部控制进行了整改，但新控制尚没有运行足够长的时间，审计人员应当将其视为内部控制在基准日存在重大缺陷。根据《企业内部控制规范体系实施中相关问题解释 1 号》的规定，重大缺陷整改后运行有效的结论需提供 90 天内有效运行的证据。其他缺陷整改后运行的最短期间（或最少运行次数）和最少测试数量参见表 5-66。

表 5-66 整改后运行的最短期间和最少测试数量

控制运行频率	整改后控制运行的最短期间或最少运行次数	最少测试数量
每季一次	两个季度	2
每月一次	两个月	2
每周一次	五周	5
每天一次	20 天	20
每天多次	25 次（分布于涵盖多天的期间，通常不少于 15 天）	25

9. 内部控制缺陷应按照性质和严重程度分别评价

（1）按照缺陷性质评价。

内部控制存在的缺陷包括设计缺陷和运行缺陷。设计缺陷是指缺少为实现控制目标所必需的控制，或现有控制设计不适当、即使正常运行也难以实现预期的控制目标。运行缺陷是指现存设计适当的控制没有按设计意图运行，或执行人员没有获得必要授权或缺乏胜任能力，无法有效地实施内部控制。例如，某项对外提供维修服务的采购订单审批和发票审批由同一人执行，未设置权限分离机制，属于设计缺陷。如果被审计单位设置了权限分离机制，但实际执行该控制时，采购订单审批人代替发票审批人进行了审批，则属于运行缺陷。

（2）按照严重程度评价。

内部控制存在的缺陷，按其严重程度分为重大缺陷、重要缺陷和一般缺陷。重大缺陷是内部控制中存在的、可能导致不能及时防止或发现并纠正财务报表出现重大错报的一项控制缺陷或多项控制缺陷的组合。重要缺陷是内部控制中存在的、其严重程度不如重大缺陷但足以引起负责监督被审计单位财务报告的人员（如审计委员会或类似机构）关注的一项控制缺陷或多项控制缺陷的组合。一般缺陷是内部控制中存在的、除重大缺陷和重要缺陷之外的控制缺陷。

评价控制缺陷的严重程度，可以结合被审计单位自我评价报告中关于缺陷程度认定的定性标准和定量标准。一般情况下，出现下列情形之一的，认定为重大缺陷：

①注册会计师发现董事、监事和高级管理人员的任何舞弊；

②被审计单位重述以前公布的财务报表，以更正由于舞弊或错误导致的重大错报；

③审计时发现当期财务报表存在重大错报，而被审计单位内部控制在运行过程中未能发现该错报；

④已经发现并报告给管理层的重大缺陷在合理的时间后未加以改正；

⑤审计委员会和内部审计机构对内部控制的监督无效。

三、内部控制整合审计关注要点

（一）不能为同一企业提供内部控制审计和咨询服务

根据财政部《关于印发企业内部控制规范体系实施中相关问题解释第 2 号的通知》的规定，会计师事务所在受聘为企业提供有关内部控制咨询或审计服务时，应坚持独立性原则，严格遵守《中国注册会计师职业道德守则》的要求，不得与具有网络关系的中介机构同时为同一企业提供内部控制咨询和审计服务。有的会计师事务所采取内部隔离方式，即在内部成立咨询部门和审计部门，两个部门之间相互独立，人员不交叉使用，在形式上建立了内部的“防火墙”。这种方式难以有效地将内部控制咨询和内部控制审计业务进行分离，不符合独立性要求。也有的会计师事务所新设立了具有法人资格的咨询机构，如果新设立的咨询机构与原事务所构成网络关系，则违反独立性原则，也不能同时为同一家企业提供内控咨询和审计服务。审计人员在承接整合审计业务时，应当关注所在事务所网络机构是否同时承接了被审计单位的内控咨询业务，评价是否符合独立性要求。

（二）整合审计中不可以豁免控制测试而直接实施实质性测试程序

内部控制审计要求审计人员应当针对所有重要账户和列报的每一个相关认定获取控制设计和运行有效性的审计证据，以便对内部控制整体的有效性发表审计意见。在财务报表审计中，只有在以下两种情况下才必须实施控制测试，即审计人员预期控制的运行是有效的，以及仅实施实质性程序并不能够提供认定层次充分、适当的审计证据。如果以上两种情况均不存在，可能对部分认定，甚至全部认定都不测试内部控制运行有效性，而直接实施实质性测试程序。整合审计要达到双重目标，不能豁免控制测试，且需要测试所有业务循环的关键控制点。

（三）整体层面了解与测试不得利用内部审计人员的工作

审计人员应当参照《中国注册会计师审计准则第 1411 号——利用内部审计人员的工作》的规定，评价他人的专业胜任能力和客观性，以确定可利用的程度。被审计单位内部负责监督、稽核或合规工作的人员，如内部审计人员，通常拥有较高的专业胜任能力和客观性。利用他人工作的程度还受到与所测试控制相关的风险的影响。与某项控制相关的风险越高，审计人员应当越多地亲自对该项控制进行测试。考虑到治理层和管理层凌驾于内部控制之上的可能性，以及根据《企业内部控制审计指引实施意见》的要求，在识别、了解和测试被审计单位整体层面内部控制时，审计人员不得利用他人的工作。但是了解被审计单位业务循环层面内部控制时，在评价内部审计人员的独立性和专业胜任能力之后，可以适当利用内部审计人员的工作。

（四）重大缺陷和重要缺陷必须以书面形式与管理层和治理层沟通

整合审计发现的重大缺陷和重要缺陷，审计人员应当以书面形式与管理层和治理层沟通，书面沟通应在注册会计师出具内部控制审计报告前进行。如果审计委员会和内部审计机构对内部控制的监督无效，应当就此以书面形式直接与董事会沟通。此外，应当以书面形式与管理层沟通其在审计过程中识别的所有其他内部控制缺陷（包括注意到的非财务报告内部控制缺陷），并在沟通完成后告知治理层。这比单独的财务报表审计，向治理层和管理层通报内部控制缺陷的时间要求和沟通范围要求高一些。

（五）内部控制审计报告不存在保留意见类型

整合审计下，签署内部控制审计报告和财务报表审计报告的日期相同，但内部控制审计报告的形式和内容不同于财务报表审计报告，内部控制审计报告不存在保留意见类型。如果内部控制存在一项或多项重大缺陷，除非审计范围受到限制，注册会计师应当对内部控制发表否定意见；如果审计范围受到限制，注册会计师应当解除业务约定或出具无法表示意见的内部控制审计报告。如果认为内部控制虽然不存在重大缺陷，但仍有一项或者多项重大事项需要提请内部控制审计报告使用者注意，注册会计师应当增加强调事项段。该段内容仅用于提醒关注，不影响对内部控制发表的审计意见。例如，被审计单位内部控制评价报告对要素的列报不完整或不恰当，应当在内部控制审计报告中增加强调事项段，说明这一情况并解释得出该结论的理由。

当审计人员发现了与财务报告的重大缺陷而发表否定审计意见时，应关注被审计单位的自我评价报告中是否充分披露。如果重大缺陷尚未包含在被审计单位内部控制评价报告中，应当在内部控制审计报告中说明重大缺陷已经识别、但没有包含在被审计单位内部控制评价报告中；如果被审计单位内部控制评价报告中包含了重大缺陷，但认为这些重大缺陷未在所有重大方面得到公允反映，应当在内部控制审计报告中说明这一结论，并公允表达有关重大缺陷的必要信息。此外，还应当就这些情况以书面形式与治理层沟通。

（六）集团子公司豁免纳入内控审计范围应在强调事项段披露

按照相关法律法规的规定应当实施内部控制规范体系（包括《企业内部控制基本规范》和《企业内部控制配套指引》）的被审计单位，原则上应当所有子公司按照内部控制规范体系的标准建立健全内部控制。但是某些特殊情况下，法律法规的相关豁免规定允许被审计单位不将某些实体纳入内部控制评价范围，审计人员可以不将这些实体纳入内部控制审计的范围。根据《财政部办公厅、证监会办公厅关于2012年主板上市公司分类分批实施企业内部控制规范体系的通知》，某些特殊情况下允许豁免披露内控自我评价报告和内控审计报告：一是主板上市公司因进行破产重整、借壳上市或重大资产重组，无法按照规定时间建立健全内控体系的，原则上应在相关交易完成后的下一个会计年度年报披露的同时，披露内部控制自我评价报告和审计报告；二是新上市的主板上市公司应于上市当年开始建设内控体系，并在上市的下一年度年报披露的同时，披露内部控制自我评价报告和审计报告。含有上述豁免规定子公司的中央企业集团，有可能在当年不将其纳入内控评价范围。这种情况不构成审计范围受到限制，但审计人员应当在内部控制审计报告中增加强调事项段或者在注册会计师责任段中，就这些实体未被纳入评价范围和内部控制审计范围这一情况，作出与被审计单位类似的恰当陈述。

（七）重大期后事项可能影响审计意见类型

在基准日后至审计报告日前，内部控制可能发生变化，或出现其他可能对内部控制产生重要影响的因素。审计人员应当询问是否存在这类变化或因素，并获取被审计单位关于这类变化或因素的书面声明。针对期后期间，审计人员询问并检查下列信息：

1. 在期后期间出具的内部审计报告或类似报告；

2. 其他注册会计师出具的涉及被审计单位内部控制缺陷的报告；

3. 监管机构发布的涉及被审计单位内部控制的报告；

4. 注册会计师在执行其他业务中获取的、有关被审计单位内部控制有效性的信息。

如果注册会计师知悉对基准日内部控制有效性有重大负面影响的期后事项

（该期后事项与基准日内部控制缺陷有关），应当对内部控制发表否定意见；如果不能确定期后事项对内部控制有效性的影响程度，应当出具无法表示意见的内部控制审计报告。如果管理层在评价报告中披露了基准日之后采取的整改措施，应当在内部控制审计报告中指明不对这些信息发表意见。

对于在基准日并不存在、但在期后期间发生的事项，如果对内部控制有重大影响（该期后事项与基准日内部控制无关，可能与期后内部控制缺陷有关），应当在内部控制审计报告中增加强调事项段，描述该事项及其影响，或提醒内部控制审计报告使用者关注。在出具内部控制审计报告后，如果知悉在审计报告日已存在的、可能对审计意见产生影响的情况（该事项与基准日内部控制缺陷有关），应当按照《中国注册会计师审计准则第 1332 号——期后事项》的规定处理。如果被审计单位更正以前公布的财务报表，应当按照《中国注册会计师审计准则第 1332 号——期后事项》的规定重新考虑以前发表的内部控制审计意见的适当性。

（八）不能以非财务报告重大控制缺陷代替其他意见类型

审计人员考虑某一内部控制是否与财务报告相关的关键依据是控制目标，财务报告内部控制是那些与企业的财务报告“可靠性”目标相关的内部控制。例如，《企业内部控制应用指引第 9 号——销售业务》第十二条要求“企业应当指定专人通过函证等方式，定期与客户核对应收账款、应收票据、预收账款等往来款项”，为此建立的定期对账及差异处理控制与其往来款项的存在、权利和义务、计价和分摊等认定相关，属于财务报告内部控制；《企业内部控制应用指引第 8 号——资产管理》第十一条要求“企业应当根据各种存货采购间隔期和当期库存，综合考虑企业生产经营计划、市场供求等因素、充分利用信息系统，合理确定存货采购日期和数量，确保存货处于最佳库存状态”，为达到最佳库存的经营目标而建立的对存货采购间隔时间进行监控的相关控制与经营效率效果相关，而不直接与财务报表的认定相关，属于非财务报告内部控制。有些内部控制能够实现多种目标，主要与经营目标或合规性目标相关的控制可能同时也与财务报告可靠性目标相关。因此，不能仅仅因为某一内部控制与经营目标或合规性目标相关而认定其属于非财务报告内部控制。例如，与被审计单位生产经营相关的重要资产保管存在缺陷，既与经营目标相关又与财务报告可靠性目标相关，则应认定为与财务报告相关的内控缺陷。又如，被审计单位对一项重大投资未进行事前的可行性研究和风险评估，构成了与财务报告相关的重大缺陷，应当发表否定意见；如果未构成重大缺陷但需要提醒报告使用者关注，增加强调事项段，该事项不得以非财务报告重大控制缺陷代替。

四、审计案例

案例5－10

A上市公司因法律法规豁免评价本期纳入合并范围的被收购公司内部控制审计报告

A股份有限公司全体股东：

按照《企业内部控制审计指引》及中国注册会计师执业准则的相关要求，我们审计了A股份有限公司（以下简称A公司）2015年12月31日的财务报告内部控制的有效性。

一、企业对内部控制的责任

按照《企业内部控制基本规范》《企业内部控制应用指引》《企业内部控制评价指引》的规定，建立健全和有效实施内部控制，并评价其有效性是企业董事会的责任。

二、注册会计师的责任

我们的责任是在实施审计工作的基础上，对财务报告内部控制的有效性发表审计意见，并对注意到的非财务报告内部控制的重大缺陷进行披露。

三、内部控制的固有局限性

内部控制具有固有局限性，存在不能防止和发现错报的可能性。此外，由于情况的变化可能导致内部控制变得不恰当，或对控制政策和程序遵循的程度降低，根据内部控制审计结果推测未来内部控制的有效性具有一定风险。

四、财务报告内部控制审计意见

我们认为，A公司按照《企业内部控制基本规范》和相关规定在所有重大方面保持了有效的财务报告内部控制。

五、强调事项

我们提请内部控制审计报告使用者关注：

1. 如A公司董事会2015年财务报告内部控制评价报告所述，A公司于2015年收购了上海牛奶棚食品有限公司等12家公司（以下简称“被收购公司”）并将其纳入了2015年度财务报表的合并范围。按照中国证券监督管理委员会发布的《上市公司实施企业内部控制规范体系监管问题解答》（2011年第1期，总第1期）的相关豁免规定，A公司在对财务报告内部控制于2015年12月31日的有效性进行评价时，未将被收购公司的财务报告内部控制包括在评价范围内。同样地，按照《企业内部控制审计指引实施意见》的相关指引，我们对A公司财务报告内部控制执行审计工作时，也未将被收购公司的财务报告内部控制包括在审计范围内。

2. 我们关注到A公司2015年度内部控制评价报告审计委员会2票反对，1票赞成；董事会6票赞成，3票反对。我们提请报告使用者关注该事项。同时我们也关注到，A公司本年度财务报表进行前期追溯调整，但A公司管理层认为与追溯调整相关的内部控制在2015年度进行了整改。

本段内容不影响已对财务报表内部控制发表的审计意见。

案例5－11

B上市公司发生重大期后事项但与基准日内部控制有效性无关内部控制审计报告

B股份有限公司全体股东：

按照《企业内部控制审计指引》及中国注册会计师执业准则的相关要求，我们审计了B股份有限公司（以下简称B公司）2012年12月31日的财务报告内部控制的有效性。

一、企业对内部控制的责任

按照《企业内部控制基本规范》《企业内部控制应用指引》《企业内部控制评价指引》的规定，建立健全和有效实施内部控制，并评价其有效性是企业董事会的责任。

二、注册会计师的责任

我们的责任是在实施审计工作的基础上，对财务报告内部控制的有效性发表审计意见，并对注意到的非财务报告内部控制的重大缺陷进行披露。

三、内部控制的固有局限性

内部控制具有固有局限性，存在不能防止和发现错报的可能性。此外，由于情况的变化可能导致内部控制变得不恰当，或对控制政策和程序遵循的程度降低，根据内部控制审计结果推测未来内部控制的有效性具有一定风险。

四、财务报告内部控制审计意见

我们认为，B公司按照《企业内部控制基本规范》和相关规定在所有重大方面保持了有效的财务报告内部控制。

五、强调事项

我们提醒内部控制审计报告使用者关注，贵公司青岛分公司所属金枪鱼围网船“泰102”轮，于北京时间1月16日上午8:00在巴布亚新几内亚拉包尔港锚地向冷藏运输船转载鱼货，接近转载完毕时，船只突然发生严重倾斜，船上值班人员迅速采取措施抢救，因机舱、加工间大量进水，船只沉没。保险公司于2013年4月6日出具承诺函按照船舶投保额全额赔付，保险理赔正在办理中。本段内容不影响已对财务报告内部控制发表的审计意见。

案例5-12

C上市公司存在需提醒投资者关注的重要缺陷但未构成重大缺陷内部控制审计报告

C股份有限公司全体股东：

按照《企业内部控制审计指引》及中国注册会计师执业准则的相关要求，我们审计了C股份有限公司（以下简称C公司）2020年12月31日的财务报告内部控制的有效性。

一、企业对内部控制的责任

按照《企业内部控制基本规范》《企业内部控制应用指引》《企业内部控制评价指引》的规定，建立健全和有效实施内部控制，并评价其有效性是企业董事会的责任。

二、注册会计师的责任

我们的责任是在实施审计工作的基础上，对财务报告内部控制的有效性发表审计意见，并对注意到的非财务报告内部控制的重大缺陷进行披露。

三、内部控制的固有局限性

内部控制具有固有局限性，存在不能防止和发现错报的可能性。此外，由于情况的变化可能导致内部控制变得不恰当，或对控制政策和程序遵循的程度降低，根据内部控制审计结果推测未来内部控制的有效性具有一定风险。

四、财务报告内部控制审计意见

我们认为，C公司按照《企业内部控制基本规范》和相关规定在所有重大方面保持了有效的财务报告内部控制。

五、强调事项

我们提醒内部控制审计报告使用者关注，C公司及其子公司2020年度存在被控股股东关联方非经营性资金占用的情形，上述拆出资金虽已全部收回并收取资金占用费，但由于C公司及其子公司拆出资金过程中，未履行公司内部控制制度的审批流程，未履行关联交易的决策程序且未及时进行信息披露，说明C公司及其子公司在资金支付审批、关联交易决策、信息披露等方面存在内部控制缺陷。

本段内容不影响已对财务报告内部控制发表的审计意见。

案例5-13

D上市公司存在内部控制重大缺陷且已充分披露内部控制审计报告

D股份有限公司全体股东：

按照《企业内部控制审计指引》及中国注册会计师执业准则的相关要求，我们审计了D股份有限公司（以下简称D公司）2020年12月31日的财务报告内部控制的有效性。

一、企业对内部控制的责任

按照《企业内部控制基本规范》《企业内部控制应用指引》《企业内部控制评价指引》的规定，建立健全和有效实施内部控制，并评价其有效性是企业董事会的责任。

二、注册会计师的责任

我们的责任是在实施审计工作的基础上，对财务报告内部控制的有效性发表审计意见，并对注意到的非财务报告内部控制的重大缺陷进行披露。

三、内部控制的固有局限性

内部控制具有固有局限性，存在不能防止和发现错报的可能性。此外，由于情况的变化可能导致内部控制变得不恰当，或对控制政策和程序遵循的程度降低，根据内部控制审计结果推测未来内部控制的有效性具有一定风险。

四、导致否定意见的事项

重大缺陷，是指一个或多个控制缺陷的组合，可能导致企业严重偏离控制目标。C公司的财务报告内部控制存在如下重大缺陷：

公司原部分董事、高级管理人员和中层管理人员涉嫌利用职务便利，与部分外部人员所控制的企业通过开展大宗贸易业务谋取非法利益，内外勾结套取公司资金，造成巨大经济损失，导致2020年度发生大额亏损。

由于前述原管理层涉嫌舞弊及利益输送，凌驾于内部控制之上，导致公司前期未能及时识别贸易业务相关风险，在财务报告内部控制方面存在重大缺陷。

有效的内部控制能够为财务报告及相关信息的真实完整提供合理保证，而上述重大缺陷使D公司内部控制失去这一功能。

D管理层已识别出上述重大缺陷，并将其包含在企业内部控制评价报告中，在所有重大方面得到公允反映。在D公司2020年财务报表审计中，我们已经考虑了上述重大缺陷对审计程序的性质、时间安排和范围的影响。本报告并未对我们在 2020 年 12 月 31 日对 D 公司 2020 年财务报表出具的审计报告产生影响。

案例 5-14

E 上市公司内部控制审计范围受到重大限制内部控制审计报告

E 股份有限公司全体股东：

按照《企业内部控制审计指引》及中国注册会计师执业准则的相关要求，我们审计了 E 股份有限公司（以下简称 E 公司）2020 年 12 月 31 日的财务报告内部控制的有效性。

一、企业对内部控制的责任

按照《企业内部控制基本规范》《企业内部控制应用指引》《企业内部控制评价指引》的规定，建立健全和有效实施内部控制，并评价其有效性是企业董事会的责任。

二、注册会计师的责任

我们的责任是在实施审计工作的基础上，对财务报告内部控制的有效性发表审计意见，并对注意到的非财务报告内部控制的重大缺陷进行披露。

三、导致无法表示意见的事项

2020 年度，E 公司其主要业务主体江苏省冶金设计院有限公司全年处于破产重整筹划、申请实施过程中，全年未正常开展经营业务，如采购、销售等重要业务层面内部控制缺乏可供执行的充足测试样本。因此，我们无法执行合理的审计程序，以获取我们对 E 公司内部控制在所有重大方面是否有效发表意见的充分适当审计证据。

四、财务报告内部控制审计意见

由于审计范围受到上述限制，我们未能实施必要的审计程序以获取发表意见所需的充分、适当证据，因此，我们无法对 E 公司财务报告内部控制的有效性发表意见。

第六章　实质性测试

第一节　采购与付款循环

1 预付款项

一、重大错报风险

1. 可能存在虚假的预付款余额或交易，从而导致预付款项的账面余额的存在性或交易的发生存在重大错报风险。

2. 可能存在“预付账款”账户长期挂账，从而导致预付款项的账面余额的存在性或列报存在重大错报风险。

3. 将不符合抵销条件的非同一供应商或同一供应商的非同一事项的预付款项业务与应付账款随意抵销，从而导致预付款项账面余额的完整性或交易的发生以及预付款项的列报存在重大错报风险。

4. 预付款项名为采购货物支付的款项，实为关联方资金占用的舞弊行为导致的财务报表错报。

二、常见审计问题

1. 未检查预付款项业务的相关合同，未对预付款业务相关合同的商业逻辑的合理性进行分析，从而未识别以预付款项为形式的虚假交易。

2. 预付账款函证程序执行不到位，比如对预付账款未执行函证程序、未保持函证过程控制或未结合预付款项的具体情况（如供应商期后发货、合同纠纷期后退款等）对回函差异执行进一步审计程序等。

3. 预付账款账龄及余额分析不到位，特别是对预付账款长期挂账的原因及合理性缺少分析。

4. 未对预付账款及所订购货物的可回收性进行合理分析，判断是否发生减值并转入其他应收款计提坏账准备。

5. 未充分关注预付款项相关单位双边挂账或多边挂账的情况，对会计处理及披露未实施必要的审计程序。

6. 对预付款项涉及的关联方及其交易审计程序不到位，未检查对关联方的预付款项的真实性、合法性以及会计处理是否正确。

三、审计关注要点

（一）检查与预付款项业务相关的合同原件，特别是大额的预付款项业务

对于预付款项业务，一般在采购合同上都会明确规定供货时点以及预付款项支付时点、支付金额及比例，预付款项结算办法等。一项真实的预付款项业务必须要有合同作为支持，但实务中也会遇到被审计单位提供的合同复印件与原件存在差异的情况，检查合同原件至关重要。

（二）关注不同年度之间预付款项波动情况，对预付款项的商业合理性进行分析

审计人员应当重点关注不同年度之间预付款项波动情况，特别是对当期新增大额预付款项，要注意核实其是否具有商业合理性。一般来说，预付款项支付金额、支付时点以及支付比例，在某一个行业有规律可循，但在实务中也会经常遇到不合常理的预付款项业务。例如，合同金额较大，在合同初期就一次性预付了较高比例的预付款项，或者从供应商的成立时间、注册资本、公司规模、履约能力上分析，难以真正对合同进行履约的情况下，一次性支付大额的预付款项等。

（三）对预付款项余额及合同条款执行函证程序，重点关注回函差异情况并考虑执行进一步审计程序

对预付款项实施函证时，审计人员应当结合业务的具体情况，考虑对合同预付条款、结算方式等内容进行函证。如果因某种原因无法实施函证程序，应当考虑实施可与函证等效的替代程序，如对预付款业务的交易对手方实地访谈、视频访谈；检查相关资金流水，检查过往交易情况等。在对交易对手方进行访谈时，应当注意辨认受访者的身份、确认受访人员是否确属于被访谈对象相关负责人以及受访地点是否异常。审计人员可收集的证据包括但不限于查看受访者身份证件信息、名片以及被访谈单位员工名册，以证实受访者身份信息；通过信息系统实时定位受访者地点，以验证受访者与被访谈单位注册地址或实际经营地址是否相符等。

在对预付款项实施函证程序时，审计人员应当重点关注回函是否一致，对于回函差异，应当执行进一步审计程序，检查差异原因是否合理，结合期后收货情况检查资产负债表日供应商是否已发货但被审计单位尚未收到或因合同纠纷发生期后退款等情况。

示例 6–1 预付款项访谈纪要（见表 6–1）

表 6–1 访谈纪要——对供应商的访谈

<table>
<tr><td>项目名称</td><td colspan="4">A 公司 2020 年度财务报表审计</td></tr>
<tr><td rowspan="2">访谈对象</td><td colspan="2">所在单位</td><td colspan="2">B 建材供应股份有限公司</td></tr>
<tr><td>姓名</td><td>张三</td><td>职务</td><td>B 公司销售部主管</td></tr>
<tr><td>访谈主题</td><td colspan="4">就 2020 年度 A 公司向 B 公司的采购交易及往来款项余额实地访谈</td></tr>
<tr><td>访谈人员</td><td colspan="4">某会计师事务所审计人员甲、乙</td></tr>
<tr><td>时间</td><td colspan="2">2021 年 3 月 5 日</td><td>地点</td><td>B 公司三楼会议室</td></tr>
</table>

一、受访者基本情况

请介绍您的姓名、职务、主要工作职责。请您介绍所在部门基本情况，包括但不限于部门职责、人员构成及 2020 年以来的变动情况等。

答：张三，公司销售物流总经理。主管销售部营销中心、物流中心等。2020 年营销中心一共 12 人。2020 年以来人员变动不大，个别人员有变动。

二、贵公司的基本情况

1. 贵公司的主要产品或服务内容是什么？贵公司的行业地位及行业竞争程度如何？

答：B 公司主要产品为生产建材物资，目前在行业中的地位在全国排名大约在前 20 名的样子。目前行业竞争较为激烈，但本公司产品质优价廉，且品种丰富，供应能力强，在市场上比较受欢迎。

2. 请问贵公司的实际控制人是？主要办公地址在哪里？

答：本公司的实际控制人为胡某董事长，主要办公地址在四川省成都市。

三、贵公司与 A 公司业务合作情况

1. 贵公司自何时开始与 A 公司开始的业务合作？初始接洽途径（网络交易、他人介绍、朋友介绍、各种会议论坛、其他）是什么？

答：本公司与 A 公司自 2018 年开始合作，初始接洽途径是在 2018 年的一次建筑材料展销会上开始的。

2. 贵公司向 A 公司销售何种产品或服务。除 A 公司外，贵公司是否还向其他客户供应同类产品或服务，是否有签订排他性约定？贵公司向 A 公司的销售额占贵公司总营业额比重有多大？

答：本公司向 A 公司销售本公司生产的建筑材料 C 系列产品。除向 A 公司销售外，也向国内其他公司销售，目前没有排他性条款。本公司向 A 公司销售额占本公司的总营业额的比重大约在十分之一。

3. 贵公司最近两年向 A 公司销售产品 / 服务的规模及金额？具体销售结算方式是什么？目前尚未结算完毕的原因是什么？（请注明是否是含税金额）

答：本公司 2019 年向 A 公司销售 C 系列产品约 3 000 万吨，总金额含税约 1.2 亿元；2020 年向 A 公司销售约 3 500 万吨，总金额含税约 1.5 亿元。销售方式为合同签订后，A 公司预付 30% 货款，其余为材料运到 A 公司后，A 公司在 60 天内付清全款。2019 年及 2020 年本公司与 A 公司的款项均已结清。目前本公司预收 A 公司的款项 5 000 万元系根据 2021 年新签署的销售合同，A 公司支付的预付款项。

4. A 公司与贵公司有无牵涉诉讼和仲裁事项？若有，请说明其具体情况。

答：目前与 A 公司合作比较顺利，没有诉讼事项。

5. 贵公司对于下游客户的选择流程和标准有哪些？

答：本公司对于下游客户有具体的选择流程与标准。一般选择资质，信誉度高的上市公司、国有企业及大型民营企业等。每年会对客户的资信及履约情况进行考评。考评合格的继续合作，不合格的会被淘汰掉。

6. 贵公司对与 A 公司的合作关系整体评价如何？合同到期后是否有续约的打算？

答：目前 A 公司在我们客户当中属于优质客户，合同到期后考虑续约。

续表

四、贵公司与A公司业务模式

1. 贵公司与A公司之间的合同签订模式是怎样的？有无长期合作协议？

答：本公司与A公司之间的合同签订目前采取是一年一签的办法，一般是每年年初1月份签署。就目前情况来看，应当会与A公司长期合作。

2. 贵公司与A公司之间的交易如何定价？与贵公司向其他客户销售同类产品/服务的价格相比，贵公司向A公司的销售价格水平如何？

答：本公司与A公司的交易定价采用市场定价，与其他客户相比，因为A公司采购量比较多，根据本公司的销售政策，会给一定比例的销售返利。

3. A公司向贵公司所采购产品/服务近两年的价格波动情况如何？未来变化趋势如何？

答：A公司向本公司采购的C系列产品价格处于上涨趋势，近两年来价格略有上涨。

4. 贵公司与A公司之间的具体付款方式（如现金、银行转账或其他方式）？付款政策是什么（信用期是否延长，延长原因）？报告期内是否发生过变化？如是，变化的原因、对贵公司的影响是什么？

答：本公司与A公司之间的具体付款方式均采用银行转账方式。付款政策就是合同签署支付30%预付款，物资送达后60天内结清全部款项。近两年没有发生过变化。

5. A公司向贵公司支付采购款是否为其直接支付？报告期内是否存在实际采购方为A公司，但付款方为其他主体的情形？如有，具体情况如何？

答：A公司与本公司结算是直接支付方式，不存在第三方结算的情况。

6. 在交易过程中，贵公司是否根据产品/服务发出的实际情况及时向A公司开具增值税发票？

答：是的，及时开具增值税专用发票。

7. A公司从贵公司采购产品/服务的过程是否由A公司独立完成？是否有第三方参与或影响？如有，第三方如何参与或影响采购过程？

答：运输服务根据本公司物流车队情况，有时是本公司自行完成，有时是请第三方物流车队完成。

五、关联关系

1. 贵公司与A公司及其股东、实际控制人、法定代表人、董事、监事、高管及其关系密切的家庭成员以及其控制的企业、PE机构及其投资企业是否有关联关系？

答：没有。

2. 是否存在A公司向贵公司通过其他方式补偿利益的方式（如通过其股东、其他关联单位或个人向贵公司、贵公司股东、贵公司董事、监事、高级管理人员补偿利益），从而要求调低贵公司向A公司提供产品/服务的价格的情况？若存在，请说明其具体情况。

答：没有。

3. 贵公司与A公司所进行的交易，是否均系根据贵公司自身生产经营的实际需要真实发生，是否存在虚假交易或其他违背诚实信用原则的情形？

答：没有

4. 请您审阅笔录内容，是否与您表述的意思一致。如果一致请您签字确认，并请您提供贵公司营业执照及您身份证的复印件，谢谢。

答：本人确认前述访谈记录意思与本人陈述意思一致。营业执照及身份证复印件附后

访谈对象签字确认：张三

访谈人员签字确认：甲、乙

（四）对长期挂账的预付款项的账龄进行分析，并考虑列报恰当性及减值准备计提的充分性

预付款项长期挂账的原因较多，实务中常见的有：供应商违约、实质性的资金占用、成本费用挂账、工程项目暂停、缓建导致预付款项结算延迟等。审计人员应当结合预付款项的业务背景对长期挂账的原因进行具体分析，特别关注某些预付款项已不再符合预付款项的性质时，需要考虑对预付款项调整至其他应收款

计提减值准备。

（五）对预付款项客户是否存在双边挂账或多边挂账进行分析

被审计单位可能出于记账的便捷性或因为不同人员记账习惯不一样，对同一客户不区分款项性质，出现预付款项客户存在双边或多边挂账。例如，有的被审计单位将预付款项统一记在应付账款科目项下，对实际应为预付款项的未进行正确列报；或对应记入其他应收款的资金拆借，为粉饰财务报表，将其在预付款项挂账；或对同一客户既在预付款项挂账，也在其他应收款、应付账款挂账。

审计人员应当对同一客户双边挂账或多边挂账的情况进行分析，并抽取业务合同或协议，分析双边或多边挂账是否属于同一事项。如果是同一客户同一事项的双边或多边挂账，审计人员应当提醒被审计单位对双边或多边挂账的情况进行调整；如果虽然属于同一客户，但属于不同性质的事项，则不能简单对相关记录进行合并，而应当区别具体事项，分析款项的性质，记录于恰当的会计科目。

在资产负债表日，审计人员还应当关注被审计单位是否根据预付款项的流动性，对预付款项进行了正确列报，如对于购置长期资产的预付款项，应当在资产负债表日重分类列报在其他非流动资产项目。

（六）关注与关联方单位发生的预付款项

审计人员应当实施关联方及其交易的审计程序，检查对关联方的预付款项的真实性、合法性，检查其会计处理是否正确。关注是否存在以预付账款的形式变相资金占用，将实际应当列报在其他应收款而错误列报在预付账款长期挂账。

四、审计案例

案例 6－1

上海电气集团股份有限公司卷入“专网通信案”

2021 年 5 月，上海电气（601727）（以下简称公司）披露，合并报表范围内的控股子公司上海电气通讯技术有限公司（以下简称通讯公司，公司持有 40% 的股权）应收账款普遍逾期，存在大额应收账款无法收回的风险。截至 2021 年 5 月，通讯公司应收账款余额为 86.72 亿元，账面存货余额为 22.30 亿元，通讯公司在商业银行的借款余额为 12.52 亿元，公司向通讯公司提供的股东借款金额合计为 77.66 亿元，均存在重大损失风险。

截至 2020 年 12 月 31 日，公司对通讯公司的股东权益账面值为 5.26 亿元，若通讯公司出现应收账款无法收回、存货无法变现等重大损失，将导致母公司权益投资全额损失，从而减少公司归母净利润 5.26 亿元；另加上因通讯公司可能无法偿还公司向其提供的股东借款 77.66 亿元，在上述极端情况下，最终可能对公司的归母净利润造成 83 亿元的损失（即对通讯公司的股东权益损失和股东借款损失）。此外，通讯公司在商业银行的借款 12.52 亿元，也存在无法按约清偿的风险。

通讯公司成立于 2015 年，主要生产、销售专网通信产品。通讯公司采取的销售模式是由客户预先支付 10% 的预付款，其余款项在订单完成和交付后按约定分期支付。随着通讯公司业务发展，公司对其加大了资金支持。但自 2021 年 4 月末起，公司陆续发现通讯公司应收账款普遍逾期，经催讨，其客户均发生不同程度的欠款行为，回款停滞。截至本公告日，通讯公司应收账款为 867 174 万元，账面存货余额为 223 017 万元，公司为通讯公司提供的股东借款总额为 776 572 万元，上述情况已对公司构成重大风险。

资料来源：巨潮资讯网。

案例讨论：

上海电气的“爆雷”因其子公司上电通讯而起，而其出现应收账款逾期，资金链断裂的最主要原因是上电通讯过于理想化的销售模式。公告提示显示其销售模式是：对上游原材料供应商预付 100% 货款，对下游客户销售只预收 10% 货款的贸易模式，其余款项在订单完成和交付后按约定分期支付。

上海电气爆发风险的原因为：上电通讯预付了大笔的采购款，但供应商不供货了，预付款收不回来；已经交付给下游客户的产品，应收账款也逾期收不回来；而还没交付给客户的产品存货，客户也不准备提货了（因而有存货减值风险）。换句话说，整个产业链的上游供应商和下游客户，都不约而同与上电通讯出现交易中断，因而产生了大面积的合同逾期，大额资金无法收回，直接导致了资金链断裂。上电通讯的上游供货商和下游买家通过股权穿透后发现背后的实权人指向比较集中。

该案例启示，上电通讯的理想化销售模式的合理性值得商榷。预付账款金额过大，大到不符合一般的商业逻辑。这种风险系数极高的资金流模式，大多数企业在商业合作中都不会轻易采用。审计人员在实务中遇到此类情况，应当保持合理的职业怀疑，对不符合商业逻辑的大额预付款项的相关交易的真实性执行非常规的审计程序，比如股权穿透、对疑似关联方进行排查等。

案例 6－2

预付款项合理性分析及核查

表 6–2 为审计人员对 P 公司预付款项审计时，编制的预付款项余额分析表。

表 6-2　　预付款项余额分析　　单位：元

项目	2021 年	2020 年	2019 年
预付款项余额	22 000 000.00	15 000 000.00	15 000 000.00
其中：与经营活动－存货有关的预付款项余额	10 000 000.00	8 000 000.00	5 000 000.00
与经营活动－费用有关的预付款项余额	2 000 000.00	2 000 000.00	2 000 000.00
与投资活动有关的预付款项余额	10 000 000.00	5 000 000.00	8 000 000.00
其他	—	—	—
增减比例（%）	46.67%	0.00%	—
存货余额（%）	30 000 000.00	28 000 000.00	23 000 000.00
期末预付款项存货相关部分余额占存货比重（%）	33.33%	28.57%	21.74%

案例讨论：

审计人员通过余额分析发现：P公司连续三年期末预付款项余额较大，其中与存货相关的预付款项逐年增加，与费用相关的预付款项三年保持不变，与投资活动的预付款项也是逐年增加，预付款项中与存货相关的余额占期末存货比重较大。为了进一步查证预付款项期末余额的合理性，审计人员决定采取如下应对措施：

1. 关于与存货相关的预付款项

（1）查阅与供应商签订的相关合同，检查合同约定的结算条款，检查预付款项是否合理；

（2）结合存货采购入库情况，检查与预付款项的存货采购是否已经入库；

（3）结合预付款项函证情况，检查预付款项结算情况以及发票是否开具。

2. 关于与费用相关的预付款项

（1）查阅与供应商签订的相关合同，检查合同约定的结算条款，检查预付款项是否合理；

（2）了解与费用相关的服务进度，检查相关服务是否服务完毕；

（3）结合预付款项函证情况，检查预付款项结算情况以及发票是否开具。

3. 关于与投资相关的预付款项

（1）查阅与供应商签订的相关合同，检查合同约定的结算条款，检查预付款项是否合理；

（2）结合长期股权投资的购建及投资情况，检查与预付款项相关的资产在期末时点的状态；

（3）结合预付款项函证情况，检查预付款项结算情况以及发票是否开具。

审计人员通过执行上述审计程序，发现P公司各年度预付款项存在以下问题：

1. 关于与存货相关的预付款项，P公司在2020年度及2021年度均存在已入库但尚未开具发票的预付款项；其中2020年度500万元、2021年度800万元。

2. 关于与费用相关的预付款项，P公司200万元长期挂账，主要是因为2019年度B公司对P公司提供了一项技术服务，因为B公司一直未对P公司开具结算发票，公司无法进行账务处理，因此在预付款项中挂账。

3. 关于与投资相关的预付款项，主要是P公司正在建设一幢科研实验室，相关款项系P公司根据与C公司签订的《工程施工合同》，按工程结算进度的85%支付的工程进度款。因该项工程在2021年度尚未完工决算，因此该项预付款项除已收到300万元发票在2020年记入在建工程外，其余尚未进行结转。上述预付款项长期挂账具体情况如表6–3所示：

表6–3　长期挂账预付款项情况　单位：元

序号	供应商名称	款项性质	截至2021年期末余额	账龄	备注
1	B公司	技术服务费	2 000 000.00	2~3年	发票未到
2	C公司	工程款	10 000 000.00	其中：500万元1年以内；500万元2~3年	发票未到，工程未决算
3	D公司	采购款	10 000 000.00	其中：200万元1年以内；300万元1~2年；500万元2~3年	发票未到

审计人员通过对预付款项长期挂账执行进一步审计程序，在与P公司管理层充分沟通基础上依据获得的相关审计证据，对被审计单位2021年末预付款项余额进行了审计调整。

2 应付票据

一、重大错报风险

1. 可能存在虚假的票据余额或交易，从而导致应付票据的账面余额的存在性或交易的发生存在重大错报风险，如通过开具大额没有商业实质的票据（贴现或背书转让）进行舞弊。

2. 对于已到期未兑付的应付票据未及时结转应付账款，导致应付票据列报存在重大错报风险。

二、常见审计问题

1. 未检查与应付票据业务的相关合同，未对应付票据业务的合同的商业逻辑的合理性进行分析，从而识别虚假票据交易的情况。

2. 对应付票据的完整性检查程序不到位，如未关注尚未入账的应付票据（如商业票据），未检查被审计单位购买使用空白票据的记录，未对已开具的应付票据存根及未签发的票据进行盘点或盘点时未关注票据是否连续编号，包括尚未开出票据编号的完整性。

3. 应付票据函证程序执行不到位，如对应付票据未执行函证程序、未保持函证过程控制或未结合应付票据的具体情况（如被审计单位与供应商记账时间性差异、因票据逾期被审计单位与供应商账务处理不一致等）对回函差异执行进一步的审计程序等。

4. 未获取并核对金融机构出具的企业信用报告，对于已到期未兑付的应付票据是否及时结转应付账款未关注，未识别出被审计单位应付票据列报产生的错报风险。

5. 应付票据涉及的关联方及其交易审计程序不到位，未检查对关联方的应付票据的真实性、合法性以及会计处理是否正确，未能识别出被审计单位开具没有商业实质的应付票据，通过票据融资的真实目的。

三、审计关注要点

（一）检查应付票据备查簿，并与账面记录进行核对，关注已开具的应付票据是否连续编号，包括尚未开出票据编号的完整性

审计人员具体实施审计程序时，可关注下列事项：

1. 检查债务合同、发票和收货单等资料，核实交易、事项真实性，复核其应存入银行的承兑保证金，并与其他货币资金科目勾稽。

2. 抽查资产负债表日后已偿付的应付票据，检查有无未入账的应付票据，核实其是否已付款并转销。

3. 针对可能存在已开具票据作废、跳号等情况，对于已开具票据及未开具票据编号的检查，查找未入账的应付票据的有关情况。

4. 针对已注销的应付票据，确定是否已在资产负债表日前偿付。

5. 对被审计单位开出的电子票据，查询被审计单位电子票据系统中已开具票据及已承兑、未承兑情况。

6. 询问管理人员，审查有关文件并结合购货截止测试，检查应付票据的完整性。

（二）对应付票据余额及合同条款执行函证程序，关注回函差异情况

对应付票据实施函证时，审计人员应当结合被审计单位业务的具体情况，考虑对合同结算条款、结算方式等内容进行函证。如果因某种原因无法实施函证程序，应当考虑实施可与函证等效的替代程序，比如对相关采购业务的交易对手方实地访谈、视频访谈；检查相关资金流水，物流轨迹、过往交易情况以及该项应付票据的期后处理情况等。

在函证过程中，可能会出现回函差异的情况，如因被审计单位与供应商记账时间存在差异，可能导致在资产负债表日双方账簿记录不在同一个会计期间；或因票据逾期，被审计单位对应付票据与供应商对应收票据账务处理不一致，导致双方出现记账差异等。审计人员应当结合具体情况对回函差异进行分析，查明真实原因，并编制函证差异结果调节表。

（三）关注企业信用报告相关信息的核对

获取金融机构出具的被审计单位信用报告，检查其中有关应付票据的信息与明细账合计数、总账数、报表数是否核对相符。对存在不一致的情况应查明原因，特别关注是否存在逾期未兑付票据以及低估负债的情况。对于已到期未兑付的应付票据，检查被审计单位是否及时结转应付账款。

（四）关注通过应付票据开展融资及列报恰当性

被审计单位开具商业票据进行贴现，实际为融资行为，审计人员应当关注合规性、资产负债表列报的恰当性，以及现金流量表是否作为筹资活动现金流入反映。

示例 6-2

2022 年 7 月，黄河旋风（600172）对 2019 年度财务报表应付票据项目进行了差错更正，更正原因为：公司通过开立银行或商业承兑票据向银行或者第三方企业贴现取得现金流入，该事项的实质为融资活动，期末票据融资中未到期的应付票据余额应重分类至短期借款或其他流动负债，2019 年末公司将其列示在应付票据中，分类错误。2019 年末合并及母公司资产负债表应付票据余额中，5.5 亿元应重分类至短期借款列报，4.18 亿元应重分类至其他流动负债列报。

资料来源：巨潮资讯网。

（五）关注与关联方单位发生的应付票据是否具有商业实质

审计人员应当检查对关联方的应付票据的真实性、合法性以及交易的公允性，检查其是否存在利用集团内部开具票据，套取金融机构资金的舞弊行为。

四、审计案例

案例6-3

审计人员对M公司应付票据进行审计。M公司应付票据账簿记录情况如下：期初余额550万元，本期借方发生额合计1 420万元，本期贷方发生额合计1 245万元，期末余额375万元。审计人员根据风险评估结果确定的主要审计目标为：确定应付票据的发生及偿还记录是否完整；确定应付票据的余额是否正确；确定应付票据的披露是否充分。

案例讨论：

审计人员为实现上述审计目标，实施的主要审计程序为：

1. 获取应付票据明细表，并与总账、报表余额核对是否相符

向被审计单位获取应付票据明细表，按银行承兑汇票与商业承兑汇票进行分类汇总，并与总账数、报表数核对，确认是否相符，并标注相应的审计标识。

2. 分析应付票据增减变动情况，并与应付票据备查簿核对是否相符

审计人员核对了明细账记录与应付票据备查簿记录是否一致，并检查了商业承兑票据备查簿中票据号码记录连续性情况。在检查过程中发现被审计单位存在部分票据已签发但票据备查簿未完整记录且财务未入账的情况；审计人员对该事项在审计底稿中进行了详细记录，并与被审计单位沟通确认后对此进行了审计调整。

3. 核对应付票据备查簿记录是否与票据购买记录一致

审计人员注意到，对备查簿与票据购买记录的核对是审核被审计单位对应付票据的记录是否完整的重要程序，并重点关注了A公司是否存在已购买商业承兑票据并签发但未作任何财务记录的情况。经核对应付票据备查簿记录与票据购买记录，未发现重大差异。审计人员将该事项记录于审计工作底稿。

审计人员对“财务费用—手续费”查验票据购买费用进行检查，关注是否存在购买票据支出却无使用记录的情况。

4. 盘点库存未签发的应付票据是否与票据购买记录一致

审计人员盘点库存未签发的应付票据并与票据购买记录进行核对，发现留存的票据与票据采购记录存在不一致的情况，经被审计单位人员进一步查找，发行被审计单位存在已开具票据作废的情况，经汇总统计并调整该项差异后，核对一致。

5. 从应付票据明细表抽查若干债务的相关合同、发票、货物验收单等原始凭证，确定交易事项的真实性

抽查应付票据增加或减少的记账凭证及后附的原始凭证，对被审计单位开具应付票据的商业行为进行了分析，并检查其会计处理是否正确，形成了抽查记录。经检查，未发现重大差异。

6. 取得银行承兑汇票保证金支付要求的合同，核对应付银行承兑汇票余额与其他货币资金存出保证金是否相符

审计人员取得了M公司2020年度与银行间关于出具银行承兑汇票的保证金支付比率的协议并与其他货币资金中存出保证金进行了核对，无重大差异。

7. 检查期后已付款的应付票据，向票据持有人函证，确定应付票据的余额是否正确

审计人员查验了票据的期后付款事项，并向票据持有人发出了函证，发现有票据滞留采购部的情形，已要求M公司尽快交付供应商，并对该事项出具相关说明。审计人员将该事项记录于审计工作底稿。

8. 获取企业信用报告，核对信用信息并关注是否存在逾期未兑付票据及低估负债的情况

审计人员检查了M公司从基本开户银行打印的企业信用报告，就企业信用报告中应付票据的信息与明细账合计数、总账数、报表数进行了核对，并关注了是否存在逾期未兑付票据以及低估负债的情况。经检查，被审计单位不存在低估负债的情况，但存在逾期未兑付票据尚在应付票据明细表中列示的情况，审计人员提请被审计单位确认并要求调整结转至应付账款。

3 应付账款

一、重大错报风险

1. 可能存在虚假的应付账款余额或交易，从而导致应付账款的账面余额的存在性或交易的发生存在重大错报风险，如虚构的交易或无需支付的采购返利或现金折扣、发生退货但尚未处理的应付账款等。

2. 可能低估应付账款，从而导致应付账款账面余额的完整性或交易的发生存在重大错报风险，这类错报风险的可能包括：遗漏交易；如被审计单位未记录已收取货物但尚未收到发票的采购或未记录尚未付款但实际已经购买的服务支出；采用不正确的费用支出截止期，比如将本期的支出延迟到下期确认。

3. 可能将不符合抵销条件的非同一供应商或同一供应商的非同一事项的预付款项业务与应付账款随意抵销，从而导致应付账款账面余额的完整性或交易的发生以及应付账款的列报存在重大错报风险。

二、常见审计问题

1. 未检查应付账款业务的相关合同，未对应付账款业务的合同的商业逻辑的

合理性进行分析，从而识别以虚增资产和负债为特征的虚假交易。

2. 对应付账款完整性关注不够，如未能识别出被审计单位未记录已收取货物但尚未收到发票的采购或未记录尚未付款但实际已经购买的服务支出等导致的应付账款低估；未能识别出被审计单位将本期的支出延迟到下期确认导致的应付账款低估等。

3. 应付账款函证程序执行不到位，如对应付账款未执行函证程序、未保持函证过程控制或未结合应付账款的具体情况（如存在供应商给予的现金折扣未被记录、发生合同纠纷存在款项争议、被审计单位与供应商记账时间性差异等）对回函差异执行进一步审计程序等。

4. 应付账款账龄及余额分析不到位，特别是对应付账款长期挂账的原因及合理性缺少分析。

5. 未充分关注应付账款相关单位双边挂账或多边挂账的情况，对会计处理及披露未实施必要的审计程序。

6. 对应付账款涉及的关联方及其交易审计程序不到位，未检查对关联方的应付账款的真实性、合法性以及会计处理是否正确。

三、审计关注要点

（一）检查与应付账款业务相关的合同原件，关注大额应付账款业务

1. 针对虚构资产同时虚增负债的业务，关注与应付账款相关的资产是否存在，包括核查业务合同签订的时间，与实物资产是否具有相关性与匹配性，是否具有合理的商业逻辑等。

2. 针对无需支付的采购返利或现金折扣，要重点检查合同关于采购返利或现金折扣的支付条件、支付时点、金额计算公式，是否存在已经达到冲减应付账款而未进行账务处理的情况。

3. 针对实际发生采购退回但尚未处理的应付账款，要重点检查合同的采购条款，包括交货时间、付款条件、退货条件等，分析发生退货的原因是否合理，退货时点是否正常，是否存在为配合供应商虚增销售而发生的虚构交易。

（二）结合对资产和成本费用类科目的审计检查是否存在低估的应付账款

1. 结合存货盘点，对存在大额盘盈的情况注意检查是否存在被审计单位未记录已收取货物但尚未收到发票的采购，未及时进行账务处理而低估应付账款。

2. 结合在建工程盘点及工程项目进度函证，检查是否存在工程项目成本已实际发生但因尚未结算而低估应付账款的情况。

3. 结合被审计单位购买服务的合同，检查是否存在被审计单位已经购买服务但因尚未实际支付而低估应付账款的情况。

4. 结合对成本费用的截止性测试以及期后付款的检查，关注是否存在被审计单位将本期的支出延迟到下期确认，从而导致应付账款低估的情况。

5. 结合对预付款项的审计，检查被审计单位是否存在将预付款项业务在应付账款中核算，从而导致应付账款账面余额低估的情况。

（三）对应付账款余额及合同条款执行函证程序，重点关注回函差异情况并考虑执行进一步审计程序

对应付账款实施函证时，审计人员应当结合业务的具体情况，考虑对合同结算条款、结算方式等内容进行函证。如果因某种原因无法实施函证程序，应当考虑实施可与函证等效的替代程序，比如对相关采购业务的交易对手方实施实地访谈、视频访谈；检查相关资金流水，检查过往交易情况等。访谈记录的相关格式可以参考本章“表 6-1 访谈纪要 – 对供应商的访谈”。

审计人员应当重点关注应付账款回函差异情况，并结合应付账款的具体情况对回函差异执行进一步审计程序。导致应付账款回函差异的原因较多，比如可能存在被审计单位对供应商给予的现金折扣未被记录导致双方在资产负债表日记账金额不一致；或因为被审计单位与供应商就供货在数量、质量等方面发生合同纠纷，而存在款项争议导致双方在资产负债表日记账金额不一致；或被审计单位与供应商因记账时间性差异导致双方在资产负债表日记账金额不一致。对于因回函产生差异的，审计人员应在执行进一步审计程序的基础上，编制应付账款函证差异检查表，将差异的原因及调节情况记录于审计工作底稿。应付账款函证差异检查如表 6-4 所示。

表 6-4　　应付账款函证差异检查

<table>
<tr><td colspan="2">被审计单位:</td><td></td><td>编制人:</td><td>编制日期:</td><td colspan="2"></td><td>索引号</td><td>CG3-</td></tr>
<tr><td colspan="2">被审会计报表截止日期:</td><td></td><td>复核人:</td><td>复核日期:</td><td colspan="2"></td><td>页次:</td><td></td></tr>
<tr><td rowspan="2">序号</td><td colspan="3" rowspan="2">项目</td><td rowspan="2">金额</td><td colspan="3">检查内容</td><td rowspan="2">是否调整</td></tr>
<tr><td>1</td><td>2</td><td>3</td></tr>
<tr><td>A</td><td colspan="3">被询证方回函余额</td><td></td><td></td><td></td><td></td><td></td></tr>
<tr><td>B</td><td colspan="3">本公司已记录应付账款增加而被询证方尚未确认的金额合计</td><td></td><td></td><td></td><td></td><td></td></tr>
<tr><td></td><td>本公司收货日期</td><td>本公司确认应付账款增加的日期</td><td>记账凭证号</td><td></td><td></td><td></td><td></td><td></td></tr>
<tr><td>①</td><td></td><td></td><td></td><td></td><td></td><td></td><td></td><td></td></tr>
<tr><td>②</td><td></td><td></td><td></td><td></td><td></td><td></td><td></td><td></td></tr>
</table>

续表

…								
C	本公司已记录应付账款减少而被询证方尚未确认的金额合计							
	本公司付款日期	本公司确认应付账款减少的日期	记账凭证号					
①								
②								
…								
D	调节后的被询证方余额（D = A + B − C）							
E	本公司账面记录余额							
F	被询证方已记录应付账款增加而本公司尚未确认的应付账款合计							
	本公司收货日期	本公司确认应付账款增加的日期	记账凭证号					
①								
②								
…								
G	被询证方已记录支付应付账款而本公司尚未收到的应付账款合计							
	本公司付款日期	本公司确认应付账款减少的日期	记账凭证号					
①								
②								
…								
H	调节后本公司账面余额 H = E + F − G							
I	差异 = H − D							
提示：项目及金额由被审计单位编制，审计人员对差异调节项目进行检查。								
审计说明								
检查内容说明：1. 账务处理是否正确；2. 是否记录于恰当的会计期间；3……								

（四）对长期挂账的应付账款的账龄以及原因进行分析

应付账款长期挂账的原因较多，审计人员应当结合应付账款的业务背景对长期挂账的原因进行具体分析，并考虑应付账款期末账面余额是否合理，是否需要进行审计调整。实务中常见的长期挂账应付账款包括：

1. 应付账款本身为虚构而无法支付。

2. 属于供应商应结算的采购返利或现金折扣，而被审计单位采用总额法已经记入资产，该部分实际已无需支付。

3. 与供应商存在法律纠纷，正在诉讼过程中而未能支付。

4. 供应商发生破产、清算或注销，而无法支付。

5. 工程项目暂停、缓建导致应付款项结算延迟等。

（五）分析应付账款客户是否存在双边挂账或多边挂账

被审计单位出于记账的便捷性或因为不同人员记账习惯不一样，对同一客户不区分款项性质，出现应付账款客户存在双边或多边挂账。比如：有的被审计单位将预付款项统一记在应付账款科目项下，对应付账款未进行正确列报。

（六）关注与关联方单位发生的应付账款

审计人员应当实施关联方及其交易的审计程序，检查对关联方的应付账款的真实性、合法性以及交易的公允性，检查其会计处理是否正确。

四、审计案例

案例6－4

A公司应付账款审计

某会计师事务所接受委托对A公司2020年度会计报表进行审计，A公司主营业务为金属材料的生产、加工、研发及销售。其中审计人员张三负责对应付账款的审计。在审计过程中，审计人员发现了以下事项：

1. 将应付账款明细账与总账进行核对时，发现总账中的应付账款余额比应付账款明细账少234万元；经查阅会计凭证，在2020年12月31日，A公司将应付账款——甲公司234万元与预付账款——乙公司534万元进行了互抵，抵销后预付账款——乙公司余额为300万元。财务人员解释甲公司与乙公司同属B公司的子公司，其中A公司向甲公司采购金属原材料，向乙公司销售金属材料制成品。

2. 审计人员对A公司应付账款实施函证程序。在选取函证对象时，对2020年度末有大额应付账款余额、被审计单位期末未寄对账单的供应商、有债权担保关系的债权人、2020年度有大额交易发生但期末账面余额为零、其他异常交易账户共 30 家进行了函证，以确定应付账款余额的真实性及准确性。发函后的相关情况如下：

（1）在预定时间内收到了 25 家单位回函，对超过预定时间内未回函的 5 家进行了第二次函证，其后收到了 2 家单位回函，最终仍有 3 家单位未回函。

（2）在回函的 27 家单位中，有 25 家确认回函相符，另外丙、丁两家回函不符。

（3）A 公司记录应付账款丙公司为 492 万元，而丙公司回函为 592 万元，相差 100 万元。审计人员追查了 A 公司期后存货验收情况，发现丙公司在 2020 年 12 月 31 日向 A 公司发了一批货，价款正好为 100 万元，但截至 2020 年 12 月 31 日，A 公司尚未收到。

（4）A 公司记录应付账款丁公司为 323 万元，而丁公司回函为 306.85 万元，与 A 公司记录相差 16.15 万元。审计人员追查了 A 公司与丁公司的差异情况，发现根据 A 公司与丁公司签署的采购协议，丁公司对 A 公司该批采购给予了 5% 的商业折扣，但因为丁公司尚未向 A 公司开具发票，A 公司以商业折扣前的价款记入应付账款。

（5）对于未回函的 3 家公司，A 公司记录的 2020 年度应付账款贷方发生额合计为 3 500 万元，但期末余额合计仅为 35 万元，A 公司财务主管解释系为应付未付的结算尾款，因金额不大，就不再第三次发函了，由 A 公司向审计人员出具书面解释说明。审计人员接受了 A 财务主管的意见，获取了 A 公司出具的关于 3 家公司应付款系结算尾款，金额较小，期后会予以结算的书面情况说明。

3. A 公司财务主管向审计人员出示了一份 14 页的备忘录，备忘录中记载着 2 家广告公司与 A 公司签署了 300 万元的广告协议，但广告费用尚未入账，审计人员查看了备忘录及相关合同协议，同意 A 公司将该 300 万元计入应付账款。

4. 审计人员拟对期后付款凭证进行检查；但 A 公司财务主管提出不必抽查 2021 年付款凭证来证实 2020 年度的会计记录，原因是 2020 年度的有些发票因收到太迟，开票日期为 2021 年时点，不能记入 2020 年 12 月份的付款记账凭证。

案例讨论：

针对上述事项，具体分析如下：

1. 针对事项 1，A 公司存在应付账款及预付账款少计错报风险。被审计单位对不属于同一事项的甲乙公司将应付账款与预付账款对抵，将导致被审计单位应付账款与预付账款均少计 234 万元，且降低被审计单位资产负债率，不符合企业会计准则的规定。审计人员应当提请被审计单位对不正确的抵销进行更正还原。

2. 针对事项 2，A 公司存在应付账款少计或记录不准确的错报风险。审计人员在实施审计程序时，对函证对象的选取符合被审计单位业务实际情况，具有合理性。但针对丙公司回函差异的处理，应当提请被审计单位对在途存货进行暂估，并同时暂估应付账款100万元；对丁公司回函差异的处理，应当提请被审计单位根据采购合同确认商业折扣，调减应付账款16.15万元，同时相应调减存货账面价值；对于未回函的3家公司，因在报告期交易额较大，虽然应付账款期末余额较小，但仍应了解未能回函的原因，并考虑实施替代测试，查找有无少计的应付账款，而不能仅以A公司出具书面说明作为审计证据；审计人员应当考虑第三次发函或实施如下替代程序：

（1）检查债务形成的相关原始凭证，如供应商发票、验收报告或入库单等，查找有无未及时入账的应付账款，确认应付账款期末余额的完整性。

（2）检查资产负债表日后应付账款明细账贷方发生额的相应凭证，关注其购货发票的日期，确认其入账时间是否合理。

（3）获取被审计单位与其供应商之间的对账单，并将对账单和被审计单位财务记录之间的差异进行调节（如在途款项、在途商品、付款折扣、未记录的负债等），查找有无未入账的应付账款，确定应付账款金额的准确性。

（4）针对资产负债表日后付款项目，检查银行对账单及有关付款凭证（如银行汇款通知、供应商收款凭证等），询问被审计单位内部或外部的知情人员，查找有无未及时入账的应付账款。

（5）结合存货监盘程序，检查被审计单位在资产负债日前后的存货入库资料（验收报告或入库单），检查是否有大额料到单未到的情况，确认相关负债是否计入了正确的会计期间。

3. 针对事项3，审计人员不能仅凭A公司出具的备忘录及相关合同协议确认应付账款，应当考虑检查相关合同是否履行，广告是否已经发布及发布实际时点，并考虑向广告供应商补充函证。

4. 针对事项4，A公司的说法不符合权责发生制原则，审计人员应当提请被审计单位按照业务实际发生时点而不是发票开具时点来记录应付账款。

第二节　工薪与人事循环

1 应付职工薪酬

一、重大错报风险

1. 可能存在应当履行的现时义务未全部记录于当期，从而导致应付职工薪酬当期发生额、账面余额存在重大错报风险。

2. 员工工资、奖金可能存在跨期，从而导致职工薪酬的完整性、截止存在重大错报风险。

3. 未确认股份支付或者股份支付核算方法不恰当。

4. 应当列入应付职工薪酬核算但实际于账外列示的工资费用，从而导致职工薪酬完整性存在重大错报风险。

5. 将不满足资本化条件的职工薪酬进行研发或建造长期资产的资本化处理，从而导致职工薪酬计价与分摊存在重大错报风险。

6. 被审计单位人员可能与实际控制人及其关联方不独立，由实际控制人及其关联方为被审计单位承担职工薪酬或者反之，从而导致职工薪酬完整性、存在性存在重大错报风险。

二、常见审计问题

1. 分析性程序执行不到位，未关注被审计单位薪酬水平与同行业、同地区、可比公司存在较大差异的合理性，未关注薪酬费用总额与上期比较变动较大的合理性。

2. 未检查职工薪酬是否按照受益对象计入当期损益或相关资产成本，未检查员工分类、分配方法是否合理。

3. 未检查被审计单位期后支付工资、奖金情况。

4. 未检查被审计单位人员与实际控制人及其关联方是否独立，未关注被审计单位人员与实际控制人及其关联方是否存在关联交易、利益输送。

5. 未关注被审计单位是否存在股份支付，未复核相关会计处理是否正确。

三、审计关注要点

（一）注重分析性程序的实施

1. 分析被审计单位本期各月与上期工资费用总额、员工人数的变动情况

分析被审计单位各月工资费用的发生额、职工人数是否有异常波动，若有，则查明波动原因是否合理。如果被审计单位存在大量裁员，应检查公司对裁员的决议、裁员时间、裁员补偿协议等；如果被审计单位存在大量新增员工，应考虑员工的增加与公司业务发展规模、战略是否匹配，检查员工招聘入职资料，实地核对主要部门岗位用人信息，核对“五险一金”和个人所得税的缴纳信息等，核实职工人数变化的真实性。

2. 分析被审计单位薪酬水平与同行业、同地区、可比公司是否存在较大差异

一般情况下，企业薪酬水平应与企业规模、经营状况、行业或区域地位匹配，如果通过分析性程序，发现存在异常偏低薪酬水平的情形，如人均水平远低于同

行业或同地区的在岗职工平均水平，核心人员薪酬水平与同行业相比异常偏低等，审计人员应将职工薪酬的完整性、截止性评估为重大错报风险，如果被审计单位人均薪酬水平明显高于同行业、同地区水平，则需考虑被审计单位是否存在虚列工资费用的风险。

（二）关注职工薪酬的分配或分摊依据是否充分

被审计单位根据员工岗位的专业化特点，对员工采取分类管理和考核，而职工薪酬的某些会计核算及税收优惠政策往往与员工分类相关。因此，依据岗位性质对员工进行分类存在一定的操控空间，审计人员应重点关注：

1. 是否存在混淆资本性支出与收益性支出，人为调整基建工程和研发人员人数而调整当期费用，调整研发人员人数，还可能产生虚报研发费用加计扣除应纳税所得税额的违规风险。

2. 是否存在混淆生产成本与当期费用，人为将应当费用化的员工薪酬部分计入生产成本而虚增当期利润，反之则虚增毛利率水平和虚减利润。

3. 是否存在违规享受税收优惠，如福利性生产企业可以享受的职工薪酬加计扣除所得税和降低所得税率等优惠政策，均与员工性质有关，因此，企业可能通过操纵"四残"性质人数，从而达到违规享受优惠政策的情况。

审计人员应针对性分析员工分类及变化的合理性，必要时应实地核对相关岗位人员信息与会计记录的一致性，询问被审计单位工资计提方法、分配原则、分配比例等信息，检查实际执行情况可能与相关政策不一致，并未得到一贯执行。审计人员应核查：

（1）直接从事产品生产的生产工人工资是否计入"生产成本"科目；

（2）生产车间管理人员的工资是否计入"制造费用"科目；

（3）行政管理人员的工资是否计入"管理费用"科目；

（4）销售部门人员的工资是否计入"销售费用"科目；

（5）与工程项目直接相关人员的工资是否计入"在建工程"科目；

（6）研发人员工资是否计入"研发支出"科目。

（三）关注"五险一金"计提是否符合规定

取得公司管理层关于员工工资标准的决议，如岗位工资标准、工资调整审批等文件，同时取得当地社保部门和住房公积金管理部门核定后的计提基数，根据计提基数和比例测算"五险一金"计提是否准确。审计人员还应关注被审计单位员工是否全员缴纳"五险一金"。

（四）核查工资、奖金是否存在跨期

如果被审计单位一直按照业绩考核标准发放奖金，当年在业绩达标的情况下奖金、工资等大幅下降，审计人员应保持高度警觉，企业可能对工资、奖金的计提不完整。还有的企业为了保持业绩均衡，在效益好的年度多计提工资、奖金隐藏当期利润。审计人员应充分了解被审计单位年终奖等的考核依据和计算规则，检查期后截止审计报告日工资、奖金的支付情况，是否存在支付上年的工资、奖金。企业应付职工薪酬余额中绝大部分金额都应在期后 1–2 个月内支付，还应关注被审计单位应付职工薪酬期末余额在期后的支付情况，如果存在大额未付的职工薪酬，可能存在多计提职工薪酬的情形。

示例 6–3

大智慧（601519）2014 年跨期计发 2013 年年终奖，将应归属于 2013 年的年终奖 24 954 316.65 元，跨期计入 2014 年的成本费用，导致 2013 年少计成本费用 24 954 316.65 元，金额占当年披露利润总额的 50% 以上。大智慧 2012 年 12 月计提发放 2012 年奖金 10 188 666.00 元，2013 年 12 月未计提发放 2013 年奖金，存在明显异常。

证监会对大智慧审计机构行政处罚决定书显示：审计工作底稿未描述或记录针对审计报告报出日前已发放的 2013 年年终奖执行的审计程序，以及其未被计入 2013 年成本费用的合理性解释。审计工作底稿“应付职工薪酬”程序表中第 8 项应执行的审计程序记录反映，审计人员将检查应付职工薪酬的期后付款情况，并关注在资产负债表日至财务报表批准报出日之间，是否有确凿证据表明需要调整资产负债表日原确认的应付职工薪酬，但对应的审计工作底稿明细表中未记录此程序的执行情况。在 2012 年 12 月已经计提发放 2012 年大部分奖金，2013 年 12 月未计提发放 2013 年奖金的情况下，审计工作底稿中未见会计师关注到 2013 年年终奖的记录，亦未见会计师认为 2013 年年终奖无需进行审计调整的解释和说明。

资料来源：中国证监会网站。

（五）关注是否存在关联方承担职工薪酬的情况

职工薪酬是成本与费用的主要组成部分，为增加利润，企业可能由实际控制人、关联方支付员工薪酬。正常经营的企业，在技术、工艺、产品、经营环境等方面没有较大改变的情况下，职工人数不会有过大的异常变动。如果企业职工人数、人均职工薪酬出现异常下降，则需要关注企业是否经营下滑或者存在关联方承担职工薪酬的舞弊可能。审计人员可以实施以下审计程序以识别是否存在关联方承担职工薪酬：

1. 取得被审计单位、实际控制人、关联方员工花名册，通过实地核对主要部门岗位用人信息、核对“五险一金”和个人所得税的缴纳信息等，核实职工人数的真实性，明确被审计单位员工范围。

2. 通过对职工人数改变的原因、生产效率和人均产能等的审查核实，判断人数改变是否合理，以及是否存在盈利能力造假风险。

3. 关注关联企业及未合并企业的职工人数与产能的匹配性和盈利的真实性。

4. 对员工进行访谈、要求实际控制人及关联方提供银行流水等方式，核查是否存在账外支付薪酬虚增利润的情况。

（六）关注被审计单位是否存在股份支付

股份支付形式多样且通常需要审计人员额外给予关注，与被审计单位的管理层进行沟通，了解是否存在股份支付，特别当存在集团内企业的股份支付的情况容易被遗漏。此外，股份支付的会计处理原则与一般会计事项不同，且通常涉及金额较大，因此对于财务报表整体影响较大，而同一股份支付如果按照分期行权和一次性行权的会计处理，则对于不同期间的财务报表的影响也会不同。审计人员通常需要关注并执行以下相关审计程序：

1. 复核相关协议并结合业务内容，判断其分类为股份支付是否恰当，获取相关支持性证据判断股份支付与股份转让、企业合并对价、代持股份等的区别并恰当地进行了会计处理。

2. 复核相关股份支付协议，检查会计判断是否恰当：股份支付的授予日确认是否恰当；股份支付划分为以权益结算还是以现金结算的类别是否恰当；股份支付划分为授予后立即可行权的还是完成等待期内的服务或达到规定业绩条件才可行权的类别是否恰当。

3. 以权益结算的股份支付换取职工提供服务或其他方提供类似服务的，应检查是否以授予职工和其他方权益工具的公允价值进行了计量；以现金结算的股份支付，应检查是否以承担负债的公允价值进行了计量；公允价值计量是否符合企业会计准则的规定。

4. 检查股份支付的确认是否恰当包括在相关的管理费用、生产成本、资本公积等会计科目，确定会计处理是否符合企业会计准则的规定。

5. 检查完成等待期内的服务或达到规定业绩条件才可行权的股份支付在等待期内的每个资产负债表日的会计处理是否恰当：

（1）以权益结算的股份支付是否以对可行权权益工具数量的最佳估计为基础，按照权益工具授予日的公允价值，将当期取得的服务计入相关报表项目。

（2）以现金结算的股份支付是否以可行权情况的最佳估计为基础，按照承担负债的公允价值金额，将当期取得的服务计入相关报表项目。

（3）后续信息表明可行权权益工具的数量或当期承担债务的公允价值与以前估计不同的，是否进行调整，并在可行权日，调整至实际可行权的权益工具数量或实际可行权水平。

6. 检查股份支付的变更及采用新股份支付替代取消的权益工具相关会计处理是否恰当。

7. 对本期股份支付的减少，检查至实际以现金结算的股份支付金额或企业根据实际行权的权益工具数量等信息的支持性文件，确定会计处理是否正确；对于股份支付安排的取消获取。

8. 检查股份支付是否已在财务报表中作出恰当的列报，关注被审计单位所在集团内的股权支付是否按照“谁受益，谁确认费用”的原则完整列报于相应会计主体个别财务报表中，是否在集团合并财务报表中作出恰当的列报。

9. 一次授予、分期行权的股份支付计划，经常每个批次是否可行权的结果是独立的，需要关注被审计单位是否将其作为几个独立的股份支付计划进行处理。

10. 当被审计单位采用期权定价模型确定授予日股票期权的公允价值时，关注现行股票价格是否作为定价模型输入变量之一，并且期权定价模型中其他输入变量涉及的会计估计（包括股价预计波动率、预计股利、行权行为等）是否已充分考虑了历史经验对合理预测的影响程度，相关前瞻性假设是否恰当合理，与相关的经济环境、行业发展情况相一致。

2 长期应付职工薪酬

一、重大错报风险

1. 离职后福利设定受益计划的公允价值、现值有误，导致长期应付职工薪酬的完整性、准确性存在重大错报风险。

2. 辞退福利的确认和计量存在错误，如未采用精算模型计量辞退福利，导致长期应付职工薪酬的存在、完整性、准确性存在重大错报风险。

二、常见审计问题

1. 未关注离职后福利设定受益计划、辞退福利及其他长期职工福利的确认、计量的会计处理是否正确。

2. 涉及超出审计人员胜任能力的精算福利时，未利用精算专家的工作或不恰当利用精算专家工作。

三、审计关注要点

（一）关注职工薪酬的分类与会计处理是否恰当

根据企业会计准则及相关规定，离职后福利和辞退福利虽然均是在职工离开企业后提供，但实为两种性质不同的职工薪酬，相关会计处理也存在差别。离职后福利，是指企业为获得职工提供的服务而在职工退休或与企业解除劳动关系后，提供的各种形式的报酬和福利。辞退福利，是指企业在职工劳动合同到期之前解除与职工的劳动关系，或者为鼓励职工自愿接受裁减而给予职工的补偿。两者的区别在于，导致辞退福利义务产生的事项是终止雇佣而不是为获得职工的服务，被审计单位应当在辞退福利计划批准的期间一次性将有关支出确认为费用，而离职后福利是为获取职工服务而发生的，应在职工提供服务期间确认费用。为裁减员工而实施的内退计划，在内退人员正式退休日期之前提供的福利应当视为辞退福利处理，而在相关人员正式退休日期之后提供的福利，则应当按照离职后福利处理。实务中一些被审计单位对职工薪酬的确认与计量较为混乱，如将离职后福利按辞退福利进行会计处理，或者对属于辞退福利的内退计划，在内退后各期向职工实际支付福利时分期确认为费用，而不是在辞退计划批准的期间一次性将未来需支付的辞退福利金额确认为预计负债，并计入损益。

（二）关注被审计单位是否存在设定受益计划，会计处理是否正确

国有企业可能向员工设定一项离职后福利设定受益计划，如为未来退休的管理员工每年提供退休补贴直到其去世、向所有在职员工每年提供统筹外补充退休金直到其去世。在设定受益计划下，企业的义务是为现在及以前的职工提供约定的福利，并且精算风险和投资风险实质上由企业来承担，因此，如果精算或者投资的实际结果比预期差，则企业的义务可能会增加。

被审计单位通常需要聘请精算师对设定受益计划义务现值等进行计算，审计人员应检查离职后福利设定受益计划，复核设定受益义务现值精算估计所采用的重大假设，假设是否合理，计算是否正确，处理是否恰当。同时，还应检查设定受益计划资产的公允价值及设定受益计划净负债（净资产）的增减变动情况，复核计划资产的构成及其公允价值，复核设定受益计划预期缴存金额及资金来源及预计到期情况。

（三）关注辞退福利的会计处理是否正确

对于辞退福利，会计准则规定了相应的条件，计量金额也在较大程度上依赖于会计估计。这种情况下，审计人员除需要判断确认的合理性外，还要关注是否可能存在盈利操纵的情形。审计人员对于辞退福利应关注：

1. 会计准则对辞退福利的确认规定了两个严格的限定条件，在实务中，为防止虚增利润，应关注应确认未确认的情形，以及在存在相关迹象时是否存在其他的经营风险。

2. 为防范人为操纵，会计准则规定“企业不可单方面撤回解除劳动关系计划或裁减建议”，其实质是因为只有符合“预计经济利益流出企业的可能性超过 50%”的

条件才能确认预计负债，如果企业可以单方面否定，则人为操纵空间较大。

3. 为防范随意确认补偿金额，对非强制性辞退计划补偿金额的确定应当是以企业与有选择权的员工签署了离职协议为准。

对于辞退福利审计人员可以执行的审计程序包括：

1. 对于职工没有选择权的辞退计划，检查按辞退职工数量、辞退补偿标准计提辞退福利负债金额是否正确。

2. 对于自愿接受裁减的建议，检查按接受裁减建议的预计职工数量、辞退补偿标准（该标准确定）等计提辞退福利负债金额是否正确。

3. 检查实质性辞退工作在一年内完成，但付款时间超过一年的辞退福利，是否按折现后的金额计量，折现率的选择是否合理。

4. 检查计提辞退福利负债的会计处理是否正确，是否将计提金额计入当期管理费用。

5. 检查辞退福利支付凭证是否真实正确。

四、审计案例

案例 6－5

辞退福利精算及审计

G 公司在国家规定的基本福利制度外，为现有退休人员、现有长期不在岗人员及现有在岗人员提供补充医疗保险福利，该福利水平将随公司现有在岗人员平均工资水平进行周期性调整，并支付至其身故为止。截至 2021 年 12 月 31 日，G 公司现有退休人员 1 432 人，现有长期不在岗人员及现有在岗人员共 2 584 人。

公司委托韬睿咨询公司对前述设定受益计划义务现值进行了精算评估，并出具了精算报告书。精算评估结果显示，G 公司 2021 年 12 月 31 日离职后福利－设定受益计划净负债余额 108 730 202.79 元，本期计算利得 7 129 531.45 计入其他综合收益、本期确认当期服务成本 475 938.34 元，利息净额 3 300 000.00 元。

精算评估所采用的重大精算假设为：

1. 折现率（离职后福利）：2.75%

2. 死亡率假设：中国人身保险业经验生命表 2000~2003

3. 补充医疗福利保险年增长率：5%

4. 离职率：6%

5. 公司所在城市社会平均工资平年均增长率：7%

案例讨论：

甲会计师事务所接受委托对G公司2021年度财务报表进行审计，审计人员实施以下审计程序：

1. 检查G公司补充医疗保险福利相关协议、政策与方案，评价会计处理是否符合会计准则规定。

2. 检查长期福利政策和享受范围，判断是否所有的长期福利都应纳入精算范围。如果是非首次执行，应关注精算范围是否保持一致。

3. 获取G公司2021年度在职员工及离退休员工统计表、补充医疗保险福利计算表，精算报告，检查补充医疗保险福利评估方法、折现率、增长率等精算假设是否符合企业会计准则及监管规定。

4. 检查长期应付职工薪酬的本期实际支付数是否真实、完整，与精算报告使用数据是否一致。

审计人员经过核对，G公司采用的折现率与中国人民银行发布的同期国债利率一致，死亡率假设与银保监会发布经验生命表一致，采用的社会平均工资平年均增长率与市社保局发布的数据一致，其他离职率、补充医疗保险增长率等均与G公司实际情况一致。甲会计师事务所在认可精算假设基础上重新计算精算利得，结果与精算报告一致。甲会计师事务所得出G公司长期应付职工薪酬——离职后福利—设定受益计划净负债期末余额公允的结论。

延伸讨论：

企业应当基于合理的精算假设预计未来支付义务的金额，并采用适当的折现率予以折现后确认为设定受益计划负债。人口寿命、折现率等精算假设对设定受益负债的金额具有重要影响，若未对所采用的精算假设的合理性予以说明，可能导致信息使用者对公司设定受益负债的水平形成误解。例如，企业会计准则规定，折现率应当根据资产负债表日与设定受益计划义务期限相匹配的国债或活跃市场上的高质量公司债券的市场收益率确定。在我国，由于不存在符合准则要求的高质量公司债券的活跃市场，实务中采用国债利率作为折现率。如果被审计单位采用的折现率的金额明显高于同期国债收益率，审计人员应进一步获取折现率计算方法，确定折现率高于国债收益率是否恰当，必要时应利用专家工作。又如，一些被审计单位估计设定受益负债时假定人均寿命仅为65岁，与相关社会统计数据不一致。实务中一般参考银保监会最新公布的《中国人身保险业经验生命表》的死亡统计率。

第三节　生产与仓储循环

1 存货

一、重大错报风险

1. 存货实物可能不存在，从而导致存货期末账面余额的存在性发生重大错报或舞弊风险。例如，被审计单位通过虚假的盘点表、账面记录、销售截止误报、变换存货地点重复盘点、将破损存货包装成可供销售的正常存货等方式，以此虚增存货数量。

2. 将不符合收入确认条件的发出商品、委托加工物资、寄存在外单位委托代销的存货作为销售处理，在虚增收入的同时导致存货被提前结转成本，从而导致存货期末账面余额完整性发生重大错报或舞弊风险。

3. 存货的所有权可能不属于被审计单位，从而导致存货账面余额的权利和义务发生重大错报风险。比如被审计单位代外单位保管的存货未作区分，被错误计入被审计单位存货期末余额中。

4. 成本核算或存货的单位成本可能存在计算错误，从而导致存货账面余额的准确性、计价和分摊发生重大错报风险。

5. 存货的账面价值可能无法实现，跌价损失准备的计提可能不充分，从而导致存货账面余额的计价和分摊发生重大错报风险。

二、常见审计问题

1. 存货监盘程序执行不到位，主要体现在：未制定存货监盘计划或制定了存货监盘计划但实际未按计划执行；未对存货存放地点完整性进行检查，对于被审计单位多地点存放存货的情况，未考虑其与存货相关的内部控制措施和以往盘点情况；未取得客户的存货盘点表单及存货盘点计划，或取得的存货盘点表单不完整；在实际工作中以被审计单位的盘点程序替代审计人员的监盘程序；存货监盘方法不合理，如未能观察或全程观察被审计单位的盘点过程，盘点过程中应当停止流动的存货未停止流动，对未能监盘的特殊商品未执行替代程序或替代程序效果不理想，对需要聘请专家验证存货质量、状况或价值的，未能获取专家的验证结果或书面意见；对监盘时点不在资产负债表日的情况，存货监盘后未执行倒推测试；在存货监盘过程中对存货的状况及权属未予以充分关注；未对被审计单位存放在外地的存货实施监盘或函证等替代程序。

2. 存货减值测试程序执行不到位，主要体现在：对存货未执行减值测试或在选取存货减值测试样本时，样本选择不合理，如对减值测试样本选择不符合被审计单位存货重要性特点，或未涵盖全部存货类别；虽对存货进行了减值测试，但减值测试的方法不正确、支持可变现价值的依据不充分，未考虑将要发生的成本、销售费用以及相关税费等因素，从而导致减值测试结果不准确，减值测试程序流于形式；未充分关注存货的库龄情况，或计提减值准备仅考虑库龄因素，未关注被审计单位会计政策的相关规定，致使其计提减值准备结果未能反映存货可变现净值的实际情况。

3. 审计人员对存货财务系统记录与仓储供应链进销存系统核对程序不到位，主要体现在：未对被审计单位供应链系统获取进销存数据并与财务系统记录进行核对，未从财务系统抽取数据与供应链系统数据进行核对验证其存货发生的真实性，同时未从供应链抽取数据与财务系统中存货数据进行核对，验证其存货发生的完整性；未关注存货的增减变动情况；未关注已被查封、冻结、质押等部分的存货。

4. 存货单位成本分析复核或计价测试程序不到位，主要体现在：未获取同时具有数量和金额要素的存货收发存明细表，分析存货单位成本是否存在异常，如取得的存货清单仅包含金额不反映数量、或仅包括数量不反映金额，未对存货单位成本变动的合理性进行分析；未索取存货成本计算表或未对成本计算进行复核或重新计算；对采用计划成本、定额成本、标准成本核算存货的条件下，未能识别出产品成本差异或商品进销差价的计算、分配和会计处理中的重大差错。

5. 首次承接审计业务时，未对存货期初余额予以充分关注，如期初余额审计未记录以前年度存货监盘情况、未实地察看存货存放场所以及未与管理层就盘点事项进行的沟通等。

三、审计关注要点

（一）关注存货的性质和特征

存货的种类繁多，形态各异，企业存货管理能力和水平存在差异，存货发生错报的概率也不同。审计人员应当在了解被审计单位存货采购、生产和销售业务模式的基础上，分析存货的性质和特征，识别可能产生的重大错报风险的存货，采取有针对性的审计程序。

1. 关注存货的财务重要性

判断存货重要性的标准通常包括：存货占流动资产或资产总额的比例，以及与其他资产和利润的相对比率及内在联系，如存货占流动资产的 20% 以上，利润主要来源于存货的加工和销售，存货余额占年销售成本的比例等；各类存货（原材料、在产品和产成品）占存货总额的比重；各存放地点存货占存货总额的比重等。如果判断存货在财务结构或利润贡献中具有重要性，则审计人员应当重新考虑存货在风险评估阶段风险评估的合理性，并合理设计审计程序，对存货的各项认定进行重点审计。

2. 关注存货的可清点性

一般来说，被审计单位如果存货表现为单件、规则、集中的特征，则说明存货便于清点，存货盘点出现错报的概率相对较低；而如果存货表现为集成、不规则、分散的特征，则说明存货清点困难，存货盘点出现错报的概率增大。

实务中可能还有一些存货需要借助专门的工具，或采取特殊的测量和计算方法才能实施盘点的存货，以及不容易被观察到的存货，如堆积类存货（煤炭、金属矿产品、粮食）、液体罐装类存货、水下类存货（水产养殖产品）、地下类存货（如种植类产品）等。在这些情况下，审计人员应当将存货监盘作为重要的审计程序，并考虑监盘方法的合理性以及是否有恰当的替代程序。

3. 关注存货的属性

不同行业的存货性质差异较大，例如，农牧水产及食品加工行业的存货可能更容易发生腐烂；包装行业及玻璃生产企业的存货更容易毁损；电子产品生产企业的存货更容易过时；化工生产企业的存货更具有危害性；高新技术企业及军工生产企业的存货更具有保密性、特殊性等特点。

在分析存货的性质时，还要考虑环境变化带来的影响。例如，技术的发展、市场的变化、境内外政策调整及突如其来的疫情冲击等企业外部环境变化，可能导致被审计单位存货计价错报风险较高。审计人员针对上述存货的特性，应当将存货监盘以及存货减值测试作为重要审计程序。

4. 关注存货的形态特征

存货的形态特征与被审计单位所处行业关系密切，制造业、农业、批发零售业、建筑业、房地产业、采矿业、交通运输业、信息传输业、软件及信息技术服务业、文化业以及其他行业的存货，具有明显不同形态的特征。例如，有形与无形存货，影视、设计、技术开发、服务等行业存货主要为人力成本，不同于制造业存货具有明显的实物形态；物理性与化学性存货，机械制造产品通常具有物理特征，化学物质的质量特征如纯度、浓度、品级，气态和液态存货盘点时以体积测量；单一性与集成性存货等。审计人员应当结合存货的不同形态特征，将存货成本核算的准确性作为重点审计程序。

5. 关注存货品种的多样性

对于商业百货和超市零售企业，存货的范围大，经营的商品种类繁多，数量巨大。针对存货品种繁多的情况，审计人员应当采取 ABC 法，将存货价值大、数量少的存货作为审计的重点对象。

6. 关注存货的存放地点

如果被审计单位存货存放地点越多，地理上越分散，盘点和监盘工作量越大，如连锁企业的存货分布广泛。针对这种情况，审计人员应当合理设计监盘程序，并考虑委派监盘人员的经验与数量的适当性。

7. 关注存货的价值属性

如果被审计单位属于一些特殊行业，比如存货属于黄金珠宝等贵金属、石器、艺术品、收藏品、芯片、终端消费品等具有单位价值高，易于隐藏、移动和变现的存货，对资产安全管理要求极高。审计人员应当合理设计监盘程序，特别要在监盘过程中关注存货的真实性，考虑安排有专家参与鉴别高价值存货真伪的特别程序。

8. 关注存货的季节性

季节性主要影响监盘时点的决策，因为这些企业获取存货通常集中于某个期中。例如，从事粮食、种子、果蔬生产的企业，采购收割集中于较短时间，且很快实现销售，资产负债表日存货余额往往较少。审计人员可以在这些企业存货集中入库时监盘，能够获取存货及销售更为可靠的审计证据。

9. 关注存货管理内部控制

存货是否会发生重大错报风险，与被审计单位存货内部控制的有效性密切相关。如果被审计单位存货内部控制健全有效，存货发生错报的可能性就小，反之则大。例如，存货监盘，被审计单位存货盘点的时间和频率对评估错报风险就会有直接影响，一年一次盘点和按月盘点，因盘点人员熟练程度和监督的及时性不同，年度仅盘点一次的错报概率就要比按月盘点的高。因此审计人员在考虑对被审计单位存货的实质性审计程序时，要结合被审计单位对存货内部控制风险评估的情况综合考虑实质性审计程序实施的时间及具体负责人员的经验和委派审计人员的数量。

（二）关注存货监盘程序是否到位

1. 增强存货监盘程序的计划性

审计人员应制定详细可行的存货监盘计划，存货监盘计划中对于可能存在重大错报风险的领域应当增加不可预见性监盘措施。获取被审计单位所有存放存货地点资料，并正确区分委托外单位保管存货及代外单位保管存货的详细情况；获取被审计单位盘点表及盘点会议工作安排，以利于监盘更有针对性。

2. 关注被审计单位盘点时存货流转状况

在监盘过程中应当注意全程观察被审计单位盘点过程，在盘点过程中存货应当停止流动。在特定情况下，被审计单位可能存在由于实际原因无法停止生产或收发货物。这种情况下，审计人员可以根据被审计单位的具体情况考虑其无法停止存货移动的原因及其合理性。同时，审计人员可以通过询问管理层以及阅读被审计单位的盘点计划等方式，了解被审计单位对存货移动所采取的控制程序和对存货收发截止影响的考虑。例如，如果被审计单位在盘点过程中无法停止生产，可以考虑在仓库内划分出独立的过渡区域，将预计在盘点期间领用的存货移至过渡区域、对盘点期间办理入库手续的存货暂时存放在过渡区域，以此确保相关存货只被盘点一次。

3. 关注被审计单位盘点方法是否合理

对某些特殊类型存货的监盘，常规的盘点方法和控制程序可能并不完全适用，这些存货可能存在无法用标签予以标识、数量难以估计或质量难以确定等情况。对于这些特殊类型的存货，审计人员应首先了解被审计单位计划采用的盘点方法，并评估其盘点方法是否满足会计核算的需要，即保证存货在财务报表中得以恰当计量和披露。在此基础上，项目组需要运用职业判断，根据被审计单位所处行业的特点、存货的类型和特点以及内部控制等具体情况，设计针对特殊类型存货的具体监盘程序。部分特殊类型的存货盘点参考方法如表 6–5 所示。

表 6–5 特殊类型存货盘点方法参考

存货类型	盘点 / 监盘存在的困难	可供实施的审计程序
堆积型存货，如煤炭、散堆金属矿、钢废料等	堆放不规则，通常既无标签也不作标记，难以确定存货准确数量	煤炭类存货一般采用专业仪器设备采集煤堆的形状特征数据以计算存煤的体积，同时采集相关数据，例如水分比例等，以计算其堆积密度，再利用体积和密度数据计算出盘点煤量。没有专用仪器下，也可运用工程估测、几何计算、高空勘测体积，并依赖详细的存货记录；如果堆场中的存货堆不高，可进行实地监盘，或通过旋转存货堆加以估计
散装物品，如贮窖存货、使用桶、箱、罐、槽等容器储存的液、气体、谷类粮食、流体存货等	难以识别和确定与盘点表和账面记录名称规格是否一致，数量估计存在困难，判断存货质量时也有难度	使用容器进行监盘，或通过预先编号的清单列表加以确定；使用浸蘸、测量棒、工程报告以及依赖永续存货记录；选择样品进行化验与分析，或必要时利用专家的工作
易挥发或具有危害性的存货	无法实地观察数量和状况	观察存货的位置、包装物的大小；审阅购货、生产和销售记录；了解生产、使用和处置情况
使用磅秤测量的存货	估计存货数量时存在困难	在监盘前和监盘过程中均应检验磅秤的精准度，并留意磅秤的位置移动与重新调校程序；将检查和重新称量程序相结合；检查秤量尺度的换算问题
粮食、饲料类	难以识别存货、数量和密度确定存在困难，判断存货质量时也有难度	采用测量计算法，根据粮堆体积和粮堆密度计算粮食数量的方法，适用于形状规则的散装粮堆和非定量包装粮货位的数量检查。对数量较少且体积不便测量的散装粮食或非定量包装粮可利用直接称重法检查粮食数量。散装粮可利用移动式称重方法或车辆装载通过地中衡进行称重

续表

存货类型	盘点 / 监盘存在的困难	可供实施的审计程序
酒类等液体存货	液体体积和密度确定方法专业，涉及要素和计算较多；可能存在将水混淆于不溶于水的液体中虚增体积的情况	原酒以测量体积、密度折算的方式计算盘存数量。灌装酒（勾兑酒）应折算成标准重量
林木、果树、植物（如人参）类生物存货	地理位置复杂，存货辨认与数量确定方面存在困难	林木类植物盘点涉及内容较广泛和复杂，建议聘请专家参与从监盘计划制定到完成监盘和抽盘的整个过程并获取其完成的评估报告，在此过程中可利用高空摄影的方式来进行盘点。 林木存货常采用的局部实测法依调查方法不同可分为标准地法、样地调查法、角规测树法等。对于大面积的粮食作物可采用无人机成像，然后再对影像中的粮食作物进行计数的方法进行（抽样）盘点。小面积的粮食作物可以采取多次抽样的方法进行盘点。在监盘时应关注粮食作物的存活率、成熟率等情况，区分外包的种植地和被审计单位所有的种植地
水面（池塘、湖泊、海洋）里的鱼类存货	流动性强，且易死亡	标准化工厂养殖和池塘养殖，可观察饵料托盘中饵料的消耗量，根据水生生物的日龄，推断数量和重量。也可根据账面历史记录来进行盘点核实，关键点为对存货账面永续记录以历史成本计量的投入是否真实存在。采用回归分析法找出与账面历史成本最为相关的要素，再采用数理推理方法推导出理论账面成本和实际账面成本对比分析，得出实际账面成本是否真实、完整反映库存存货的结论。标准化工厂养殖方式也可通过观测生物密度方式进行盘点，即通过观测每立方水体或每平方米水面生物数量，结合养殖指标要求最终计算所有水池面积的水生生物数量。此类养殖方式也可采用逐池按个盘点的方法。网箱、笼养方式养殖的生物可以按照不同规模分别养殖，可逐箱、笼按个盘点。也可由参与盘点人员随机抽查网箱或笼网并抛网，获取一定数量的水产品称重，求出总重量及平均重量，对账面记录水产品进行验证。 海参、扇贝类生物移动缓慢并且生活在海底或池塘底部，所以可划分成网格，采用抽盘方式再推算总体。 当水产品存在不同规格时，应抽标测重，结合不同规格的数量折算出全部水产品的总重量。 必要时应利用专家的工作
牲畜（如奶牛）类生物资产	可能无法对此类存货的移动实施控制	通过高空摄影以确定其存在性，对不同时点的数量进行比较，并依赖永续存货记录。对于分群分栏饲养的牛等体积较大型生物资产，可以在栏内实施具体盘点程序，还可以按照每头牲畜的耳标号等物联网微型设备检查牲畜的存活情况及所处位置，结合实际物理盘点程序来完成盘点
贵金属、石器、艺术品与收藏品	存货辨认与质量确定方面较为困难	选择样品进行化验与分析，或利用专家的工作。采用专门计量黄金产品的电子秤进行称重，按件计量的镶嵌饰品类存货采用将每个饰品所载条形码编号与盘点表中的饰品编码对应的方法盘点。对饰品类存货进行监盘时核对对应的珠宝鉴定证书。监盘过程中应确保盘点所在地为封闭状态，防止存货被移动

续表

存货类型	盘点 / 监盘存在的困难	可供实施的审计程序
木材、钢筋盘条、管子	通常无标签，但在盘点时会做上标记；难以确定存货的数量或等级	检查标记或标识；利用专家或被审计单位内部有经验人员的工作
成品钢材	规模数量多，涉及体积和密度分别确定的问题	观察存货是否按统一的规则进行包装并（抽样）测量体积。通常成品钢材密度在产品规格或类型里已明确，可在抽盘时选择特定规格或类型的成品钢材密度是否与相关产品资料一致，了解相同规格类型成品钢材的密度与以前年度是否有较大差异。因同规格或类型的产品钢材一般为标准化产品，也可对抽取的样本进行称量，除以体积的方法来复核密度是否与相关产品资料一致
商超存货	存货种类繁多，数量和流动性大，数量和品质确定存在困难	监盘时观察货物是否按照规定整理陈列，关注商品有效期、退货情况、生鲜报废情况、计量器具是否校验准确等。实施抽盘时，可考虑根据商超库存的高余额、高损耗、高单价物品类别分别选择抽盘样本明细去除重复项后形成抽盘表，对存货采用盲盘方式进行抽盘。在销售区抽盘时，可以选择在商超卖场数量及金额较大的商品所在的货架记录抽查的库位、序号及数量，在扫码器记录提交后打印抽盘库位的清单，核对数量
图书等出版物存货	单书价值低、数量大，流转速度不同及退货频繁导致数量确定较难	同一种图书分预备货位、流转货位、退货货位、积压货位等不同货位存放。不同货位之间存放图书的数量和包装程度通常差异较大导致盘点效率差异较大。可考虑不以图书品种而以货位作为样本抽样单元。由于库位数量较多，可提前将盘点表按库位排序后打印出来以减少寻找库位的时间或使用手机及电脑中 Excel、WPS 等软件进行筛选减少翻页查找盘点表中库位的时间。图书出版行业通常根据出版年限和码洋计提存货跌价准备，监盘时应关注出版年限和码洋与账面是否一致
高科技含量或涉及保密问题的存货	在存货辨认和质量确定方面存在困难	了解研究、使用和销售情况；利用专家的工作；调查市场情况
地下管道里的油、气等无法观察存货	不能盘点	检查日输入或输出量；了解地下管道或线缆的安装、使用情况

对于某些特殊商品聘请专家验证的，应当获取有关专家相关资质、身份信息等详细资料，验证专家的专业胜任能力，并获取专家出具的书面意见书。

4. 无法监盘时的特殊考虑

对因特殊原因无法盘点的存货，审计人员应当评估被审计单位有关存货管理的内部控制可能存在的风险以及可信赖的程度，合理选择可实施的替代程序。部分特殊情形可供参考的替代测试如表 6-6 所示。

表 6-6 特殊情形存货监盘替代程序参考

特殊情形	可供执行的替代程序
无法亲临现场	考虑改变抽盘日期，并对此期间发生的交易进行测试；或考虑选派其他人员参与盘点或由第三方独立机构监盘
气候影响	考虑改变抽盘日期，并对此期间发生的交易进行测试
涉及保密	考虑向能够接触到存货项目的第三方人员发出函证，并评估第三方人员的独立性、专业能力
危害性物质	考虑获取此类存货项目的生产、使用和处置报告
在途物质	审查相关合同、协议以及发运单证；对于储存于独立客户的仓库中的存货，考虑实施函证
审计人员在会计期末后才被聘任	查阅前任审计人员工作底稿；审阅上期存货盘点记录及盘点与账面价值之间的调整情况；抽查上期存货交易记录；运用毛利百分比法等进行分析存货监盘结果对审计报告的影响；在适当依赖存货实物内控的情况下，将本期末存货盘点结果倒轧到期初，与财务记录进行核对

示例 6-4

某 IPO 企业主营汽车车身成型系统及总装系统的研发、生产和销售，存货占资产比例较高，境外子公司在产品包括整车总装与整车下线检测系统、车身成型系统、车轮装配与检测系统等，金额较大。

审计人员采用邮件方式向发行人的客户函证在产品余额，但客户在函证中确认的内容为当年末未完工项目的订单号、订单金额、货运单号等情况，未对发行人在产品余额提供证据。根据审计准则及相关规定，当实施函证程序时，注册会计师应对询证函保持控制，询证函的设计可能直接影响回函率，以及从回函中获取的审计证据的可靠性和性质。在设计询证函时，需要考虑函证针对的认定、识别出的重大错报风险、询证函的版面设计和表达方式、沟通的介质等因素。

本示例中，审计人员未严格按照执业准则要求，对境外在产品的函证设计存在瑕疵，未取得能够验证发行人账面在产品余额的审计证据，存货函证审计程序执行不到位。

需要注意的是，无法实施监盘，除了受客观因素制约外，还可能有被审计单位相关人员主观因素，审计人员应高度关注由此可能导致的舞弊风险。认定存货存在最有效的手段是现场监盘，替代测试获得的证据的可靠性有限，因而不能轻信客户解释无法实施监盘而采取替代审计程序。

实务中，除极少数因存货性质或存放位置特殊，如涉密存货、辐射性化学品或气体等威胁审计人员安全的存货监盘之外，审计人员不能以审计中的困难、时间或成本等事项本身为由，据以作出监盘不可行，从而执行替代审计程序。例如，下列不实施监盘的理由并不充分：无法亲临现场、气候影响、位置偏远、在途物资、期后被聘任等。若实施替代审计程序的理由充分，审计人员还应当实施下列程序：评估被审计单位的内部控制有效性；检查进货交易凭证或生产记录以及其他相关资料；检查资产负债表日后发生的销货交易凭证；向顾客或供应商函证。

示例 6-5

临时替换先前确定需要检查和抽盘的存货，导致监盘程序执行不到位。临近下班时，原计划抽盘的存货存放在路途较远的仓库，被审计单位极力推荐更换另一种存放在本地仓库的较容易抽盘的存货。审计经验不丰富的审计人员往往会因为时间限制或执行中遇到的客观困难，或单方面听取被审计单位的说辞，就轻易同意变更之前确定的需要抽盘的有代表性的存货，或直接采用替代审计程序。

示例 6-6

对已确定使用的特别方法进行抽盘的存货，实际未执行规定的方法和步骤。堆场中堆放的煤炭、糖、钢铁废料等，原计划采用高空勘测，实际执行时被审计单位建议依赖存货出入库记录并加以观察的审计程序来替代。

一般来说，考虑对存货监盘采用替代测试时，还要评估存货在财务报表中的重要性。如果拟实施替代测试的存货期末余额占资产总额的比例达到或超过10%，审计人员一般不应当考虑采取替代测试。如果无法对存货实施监盘，也无法实施等效的替代程序，审计人员应当考虑因审计范围受限对审计报告中审计意见的影响。

5. 其他关注事项

对监盘时点不在资产负债表日的，应当对存货监盘执行倒推测试，自盘点日追查至资产负债表日。此外，对被审计单位存放在外地的存货应当考虑实施监盘或函证。

（三）关注存货减值测试程序是否到位

1. 对存货执行减值测试时，应当结合被审计单位存货的性质、品种、状态及分布等情况，并考虑金额重要性等因素，合理选择存货减值测试样本；审计人员在选取存货减值测试样本时，应当考虑存货减值测试样本是否涵盖全部或主要存货类别，是否具有代表性、重要性及合理性。

2. 对存货执行减值测试时，要着重关注被审计单位对存货可变现净值取值的合理性。被审计单位确定存货的可变现净值，应当以取得的确凿证据为基础，并且考虑持有存货的目的、资产负债表日后事项的影响等因素。

（1）存货可变现净值的确凿证据，是指对确定存货的可变现净值有直接影响的客观证明。存货的采购成本、加工成本和其他成本及以其他方式取得的存货的成本，应当以取得外来原始凭证、生产成本资料、生产成本账簿记录等作为确凿证据；产成品或商品的市场销售价格、与产成品或商品相同或类似商品的市场销售价格、供应商提供的有关资料等。

（2）由于被审计单位持有存货的目的不同，确定存货可变现净值的计算方法也不同。因此，审计人员应结合被审计单位持有存货的不同目的核查被审计单位确定存货可变现净值是否合理。在对被审计单位存货的可变现净值进行审计时，应当区分以下情况分别处理：

①针对被审计单位拟直接用于出售的存货，应当以该存货的估计售价减去估计的销售费用和相关税费后的金额，确定其可变现净值。

②针对需要继续加工的材料存货，应当以所生产的产成品的估计售价减去至完工时估计将要发生的成本、估计的销售费用和相关税费后的金额，确定其可变现净值。

③对于资产负债表日同一项存货中一部分有合同价格约定、其他部分不存在合同价格的，应当分别确定其可变现净值。

（3）资产负债表日至财务报告批准报出日期间存货售价发生波动的，如有确凿证据表明其对资产负债表日存货已经存在的情况提供了新的或进一步的证据，则在确定存货可变现净值时应当予以考虑，否则，不应予以考虑。

例如，因存货的季节性特征，按惯例在资产负债表日后将进行清仓甩卖，并会导致资产负债表日后价格波动，此时应当考虑资产负债表日后该项存货在资产负债表日后价格波动情况对存货减值测试的影响。

但如果在资产负债表日依据当时可获得的信息无法合理预见期后价格波动，比如因事先无法预见的重大国际经济、政治事件导致的大宗商品国际市场行情波动等，在资产负债表日就不应当考虑该等事项对存货减值测试的影响，但应当根据该等事项的重要程度，考虑在资产负债表日后事项中如何披露。

3. 在对存货进行减值测试时，还应当结合存货的库龄情况，考虑存货的可变现净值。需要注意的是，有些存货并非是库龄越长，计提减值准备就越多，关键还要看该项存货是否具有使用价值。实务中需要注意被审计单位是否将以下情况存货的可变现净值确定为零：已霉烂变质或损毁丢失的存货；已过期且无转让价值的存货；生产中已不再需要，并且已无使用价值和转让价值的存货；其他足以证明已无使用价值和转让价值的存货。

（四）关注存货财务系统记录与仓储进销存系统数据核对是否一致

1. 审计人员应当从被审计单位供应链系统获取进销存数据并与财务系统记录进行核对，包括从存货入库记录抽取样本与明细账发生额进行核对以及从明细账中抽取样本与供应链系统中的入库记录进行核对，并关注业务与财务数据是否具有一致性；对于存在的差异应当追踪至原始凭证，查明差异的原因。

审计人员在比对供应链系统数据与财务系统数据时，要结合被审计单位对存货内部控制风险评估情况，合理设计实质性测试程序。一般来说，当评估风险层次为低时，可以就被审计单位供应链系统期末余额与存货账面余额核对，检查是否一致；当评估风险层次为中时，可以在核对期末余额的基础上，适当抽取样本，对报告期发生额进行核对，当评估风险为高时，可能就供应链系统数据与财务系统数据的发生额及期初期末余额进行全面核对更为合理。

审计人员应当分析存货供应链系统与财务系统数据产生差异的频次、性质及金额大小，结合对被审计单位存货内部控制风险初步评估结果考虑是否需要重新评估被审计单位存货的内部控制是否存在重大缺陷。

2. 重点关注存货的增减变动情况，并分析与报告期内采购情况、主要供应商情况、现金流量情况是否匹配。

3. 结合存货监盘关注被审计单位是否存在长期挂账的存货，是否存在被查封、冻结、质押、过时、毁损的情况等。

（五）关注存货的计价与成本核算是否准确

关注存货计价测试，分析存货的数量与金额是否具有匹配关系，对采用计划成本、定额成本、标准成本核算存货的条件下，重新计算各类产品成本差异或商品进销差价的计算、分配和会计处理是否正确，分析是否存在人为调节成本差异率的情况，生产成本计算是否准确。审计人员实施的程序包括：

1. 了解被审计单位的存货计价会计政策，并关注在报告期是否存在会计政策变更的情况。

2. 获取具有数量和金额的存货收发存明细表，选取样本按照被审计单位会计政策测算各类品种存货单价，并与市场价格比较，分析存货价格的合理性。

3. 索取生产成本计算单，对被审计单位生产成本核算抽样进行重新计算，复核生产成本核算、归集、分配是否合理。单位生产成本抽查计算如表 6–7 所示。

表 6–7 单位生产成本抽查计算

品种	产量	单位	单位生产成本	工时	直接材料	直接人工	制造费用	其他费用	生产成本合计	应计单位成本	差异	索引号
计算公式	1		2	3	4	5	6=3 × A	7=3 × B	8=4+5+6+7	9=8 ÷ 1	10=9–2	
甲产品												
乙产品												
……												
合计												
审计说明												

实物中比较常见的是被审计单位通过人为调整在产品完工程度、调整成本差异率或调节生产成本费用分配方式等来调节存货成本与营业成本，从而达到虚增存货、虚增利润的目的，审计人员应当特别关注。

示例 6-7

通过调整在产品完工程度调节存货成本与营业成本。某制造企业年末在产品300件，在产品完工程度为60%，约当产量为180件，但在分配费用时调节在产品完工程度，调高约当产量数量，相应地使未完工产品多分摊生产成本，从而导致存货虚增，相应虚增当期利润。

示例 6-8

通过调节生产费用分配方式调节存货成本与营业成本。某服装厂生产男装、女装和童装，2020年10月该企业女装和童装的销售明显要好于男装，该企业在分配间接费用时，按规定的分配标准计算出各种产品应分配数额后，有意将应分配给女装与童装产品的制造费用，加计在男装产品中，从而调节不同产品的存货与已销售产品的成本分配比例，进而调节存货成本与营业成本，达到虚增存货，虚增利润目的。

（六）关注期初余额

如果是首次承接被审计单位，还应当对存货期初余额予以充分关注。比如考虑期初余额审计是否记录以前年度存货监盘情况、是否实地察看存货存放场所以及与管理层就盘点事项进行的沟通等。

四、审计案例

案例 6-6

特殊存货的监盘

审计人员首次接受A公司的业务委托，拟对A公司存货实施监盘，了解到A公司存货相关事项为：

1. 存货中的原材料甲为辐射性化学物品。

2. 存货中的产品乙存放在全国38个城市的零售连锁商店。

3. 观察到W公司寄存在A公司的丙材料与A公司自身的丙材料并无区别，故未单独摆放。

4. 注意到A公司对废品与毁损品不进行盘点，以财务部门和仓库部门的账面记录为准。

5. 安排审计人员抽点北京仓库，发现A公司盘点严重有误。

6. 观察到A公司运输部门有批产品丁没有悬挂盘点标识，经询问该批产品已经销售给H公司。

7. A公司的存货储存在Y公司的仓库，并已经被质押。

8. 注意到存货戊为贵金属。

9. 未能对上期期末的存货实施监盘，该存货余额对本期会计报表存在重大影响。

10. 截至资产负债表日之前购入的在途存货没有纳入存货盘点表中。

11. A公司对截至资产负债表日之前的已装运出库的存货尚未确认销售收入。

案例讨论：

1. 针对原材料甲为辐射性化学物品的情况，审计人员在评价内部控制值得信赖的基础上，实施了如下审计程序：

（1）了解和观察储存原材料甲的处理或设备；

（2）检查购货、生产和销售记录，必要时应获取检查被审计单位对其生产、使用和处置的正式报告；

（3）向能够接触到相关存货项目的第三方检查人员做出询证。

2. 针对产品乙存放在全国38个城市的零售连锁商店的情况，审计人员考虑按照以下方法实施监盘程序：

在评价38个城市的零售连锁商店的内部控制总体可以信赖的前提下，审计人员对38个城市的零售连锁商店的产品乙的数量及金额进行了排序分类，其中排名前10的产品乙金额达到了期末存货总额的50%，第11名至第20名的产品乙金额达到了期末存货总额的30%。审计人员拟决定对排名前十的商店安排20名审计人员实地现场监盘；对排名第11至第20的商店安排5名审计人员进行视频远程监盘；对第21名至38名的商店考虑利用内部审计人员的工作，实施必要的分析性复核。

审计人员要求被审计单位所有商店都按照统一要求在同一时点开始盘点，盘点期间存货停止流动，盘点结束后的盘点结果都统一在规定时间内上报汇总。在实际开始盘点后，审计人员随机抽取了排名在第21至38家中的3家，要求A公司开启远程视频监控，观察了有A公司内部审计人员参加的盘点情况，未发现异常。

3. 针对W公司寄存的丙材料与A公司自身的丙材料并无区别，故未单独摆放的情况，审计人员应当建议A公司把代管和自身的存货单独摆放，并关注A公司是否把代管的存货纳入存货盘点表中，是否以实际盘点数确认了丙材料的数量。

4. 针对A公司对废品与毁损品不进行盘点，以财务部门和仓库部门的账面记录为准的情况，审计人员应当建议A公司对废品和毁损品进行盘点，并关注其品质状态，把所有毁损、陈旧、过时及残次的存货详细情况记录下来，以便事后追查以及编制存货减值准备明细表。

5. 针对A公司北京仓库盘点严重有误的情况，审计人员应当建议A公司重新盘点北京仓库的存货，并记录相关的情况。同时测试抽查日或重新盘点日至资产负债表日之间发生的存货交易。

6. 针对A公司运输部门有批产品丁没有悬挂盘点标识的情况，审计人员应追加审计程序，查阅有关购销协议，结算凭证，以证实运输部门丁产品的所有权。同时，结合截止性测试以证实销售是否实现，如果销售尚未实现，则产品丁应列入A公司的存货之中。

7. 针对A公司的存货储存在Y公司的仓库，并已经被质押的情况，审计人员应当获取委托存货的书面确认函。如果存货已被质押，审计人员应向债权人询证与被质押有关内容；如果此类存货重要，审计人员可考虑与被审计单位讨论其为委托代管或已做质押存货的控制程序，必要时对此类存货实施监盘。

8. 针对存货戊为贵金属的情况，审计人员应当选择样品进行化验与分析，必要时利用专家的工作。

9. 针对首次接受A公司的业务委托，未能对上期期末的存货实施监盘的情况，审计人员应当在已获得有关本期期末存货余额的充分、适当的审计证据的基础上，执行以下有关期初余额审计的补充程序：

（1）查阅前任审计人员的工作底稿；

（2）查阅上期存货盘点记录及文件；

（3）抽查上期存货交易记录；

（4）运用毛利百分比法等进行分析。

10. 针对截止资产负债表日之前购入的在途存货没有纳入存货盘点表中的情况，审计人员应当检查存货购入的相关原始凭证、期后验收凭证等，确认在途存货的真实性以及要求被审计单位将该部分存货纳入存货盘点表的盘点范围。

11. 针对截至资产负债表日之前已装运出库的存货尚未确认销售收入的情况，审计人员应当检查与销售有关的合同，必要时向客户进行函证，确认该项商品控制权转移时点，该项业务是应当确认为销售收入或还是作为发出商品纳入存货盘点范围。

案例6－7

存货跌价准备审计

审计人员对B公司2020年度财务报表进行审计，B公司是一家上市公司，对存货的期末计价采用成本与可变现净值孰低法，B公司对2020年末存货进行了盘点，有关期末存货的会计处理为：

1. 库存商品甲，账面余额10万元，已提取跌价准备5 000元，该商品市价持续下跌，并且在可预见的未来无回升的希望，B公司对该商品全额补提跌价准备。

2. 库存商品乙，账面余额6万元，无跌价准备，该商品不再为消费者所偏爱，从目前情况分析，其市价将会持续下跌，B公司全额提取跌价准备。

3. 库存商品丙，账面余额20万元，已提取跌价准备2万元，由于此类商品的更新换代，该商品已经过时，目前已经形成滞销，B公司全额补提跌价准备。

4. 库存商品丁，账面余额50万元，无跌价准备，目前该商品供销两旺，未发现减值情况，B公司根据库龄按10%提取跌价准备5万元。

5. 库存商品戊，账面余额20万元，无跌价准备，该商品市价持续下跌，并且在可预见的未来无回升的希望，B公司未计提跌价准备。

6. 库存原材料己，账面余额15万元，无跌价准备，现有条件下使用该原材料生产的产品成本大于产品的销售价格，B公司未计提跌价准备。

案例讨论：

审计人员对B公司的上述会计处理进行复核后提出以下审计意见：

1. 认为库存商品甲、乙、丙均不应全额计提跌价准备，理由是：

（1）甲商品只是市价下跌、价值减少，但仍有一定的使用价值和转让价值。

（2）乙商品虽然不为消费者所偏爱，但也只是价值下跌，还未到完全丧失价值的程度。

（3）丙商品即使已经滞销，但起码还有转让价值。

针对以上情况，审计人员建议B公司首先根据各种存货的物理状况合理测算其可变现净值，推断出其期末应提足的跌价准备数额，然后与已提取的跌价准备比较，按其差额冲减多计提的存货跌价准备。

2. 对于商品丁，由于没有任何减值的迹象，B公司仅根据库龄按10%的比例计提5万元的跌价准备不合理。审计人员建议B公司检查公司的会计政策制定是否符合企业会计准则的规定，并考虑冲回所提取的存货跌价准备。

3. 对于商品戊和原材料己两项存货实际上已经发生了减值，而B公司却未计提相应的跌价准备不合理。审计人员建议B公司根据具体情况合理确定商品戊和原材料己的可变现净值，并考虑计提减值准备，进行相应的账务处理。

2 营业成本

一、重大错报风险

1. 为完成业绩目标，通过少计营业成本方式调增利润，从而导致因营业成本完整性和准确性产生虚增利润的重大错报风险。

2. 通过虚增履约成本，调节完工进度，从而导致因营业成本的真实性产生的虚增收入和虚增利润存在重大错报风险。

3. 为平滑不同年度之间的业绩目标将营业成本错误记录在不同的会计期间，从而导致营业成本发生、截止性和准确性存在重大错报风险。

4. 营业成本与期间费用错误划分调节毛利率指标，或在不同产品之间调整营业成本，调节不同产品的毛利率指标，从而导致营业成本准确性、分类和列报存在重大错报风险。

二、常见审计问题

1. 营业成本完整性核查程序不到位，未能识别出未入账的营业成本或营业成本跨期，从而导致未能发现被审计单位报告年度虚增利润。

2. 营业成本真实性核查程序不到位，未能识别出通过虚增履约成本，调节完工进度，从而导致未能发现被审计单位虚增收入和虚增利润。

3. 营业成本变动分析程序不到位，对主要产品各月的单位成本变动未进行分析或对异常变动未进行充分关注，对变动原因未进行详细核查。

4. 未对毛利率指标的异常波动进行合理分析，未关注营业成本与期间费用的划分是否正确，未能识别出不同品种、规格、数量的产品成本在不同会计期间的核算口径的重大差异。

5. 对其他业务成本发生的商业合理性关注不够，对其他业务收入毛利率变动较大的未能核查其原因及合理性。

三、审计关注要点

（一）关注营业成本的真实性和完整性，检查被审计单位是否存在少计或多计营业成本的情形

1. 关注是否存在收入确认时未随同结转相应成本，从而导致收入成本不匹配、或通过成本跨期将本期应计的营业成本结转至下一期的情况

示例 6-9

卓翼科技（002369）2017~2019 年，在智能手环、手表代加工业务中，部分超额客供物料损耗的财务处理不规范，导致营业成本跨期；在手机代加工业务中，部分超额客供物料损耗的财务处理不正确，存在少记营业成本的情形；在移动电源及智能摄像产品的“研发 + 生产”业务中，存在收入成本不匹配，导致 2019 年少记营业成本。

资料来源：中国证监会网站。

2. 关注是否存在随意改变结转产品销售成本的方法而调节利润的情况

根据企业会计准则的规定，企业会计政策一经确定，不能随意变更，如确实变更则必须在会计报表附注中进行披露。有些被审计单位可能出于调节当年损益的需要，在年度中间随意改变既定的计价方法以达到少计营业成本，多计利润的目的。

3. 关注是否存在对应计入成本的费用进行资本化或转作待摊挂账处理的情况

示例 6–10

某企业年计划利润 3 000 万元，1~11 月已实现利润 2 700 万元，尚需实现 300 万元的利润才可达到计划，但该企业根据实际情况预计 12 月至多能实现利润 200 万元。为了完成 3 000 万元的利润目标，该企业财务人员从计入成本的租赁费用中转出 100 万元记入"待摊费用"账户，并结转下年度挂账，从而使当期利润达到既定目标。

4. 关注完工百分比计算的履约进度是否准确，是否存在通过多计或少计合同履约成本，达到调节完工进度，进而影响营业收入与营业成本，实现调节利润的目的

示例 6–11

华新能源（834368）从事的工程项目采用完工百分比法确认收入，合同完工进度按累计实际发生的合同成本占合同预计总成本的比例确定。注册会计师在审计华新能源 2017 年度财务报表时，未能发现新疆某工程项目履约进度存在重大不当的情形。截至 2017 年 12 月 31 日，华新能源按账面已投入工程成本及项目预算数计算出新疆项目完工进度为 98.95%，并据此确认收入、成本。

实际上，新疆项目实际完工进度未达到 98.95%，华新能源对上述项目 2016 年、2017 年完工进度及收入、成本确认存在差错，导致公司 2016 年年报虚增营业收入 6.01 亿元、虚增营业利润 1.84 亿元，虚增金额分别占当期披露金额的 50.25%、64.79%；2017 年年报虚增营业收入 2.62 亿元、虚增营业利润 0.8 亿元，虚增金额分别占当期披露金额的 28.39%、43.72%。

资料来源：中国证监会网站。

5. 关注是否存在把应计入成本的运输费列入期间费用

根据新收入准则以及证监会发布的《监管规则适用指引—会计类第 2 号》的相关规定，对于为履行客户合同而发生的运输费用，属于收入准则规范下的合同

履约成本。若运输活动发生在商品的控制权转移之前，其通常不构成单项履约义务，企业应将相关支出作为与商品销售相关的成本计入合同履约成本，最终计入营业成本并予以恰当披露。实务中审计人员应注意被审计单位将应计入营业成本的运输费用计入销售费用，以达到粉饰毛利率指标的目的。

（二）关注营业成本的分析性程序是否到位

1. 对被审计单位营业成本变动分析，特别是同一产品不同年度以及同一年度不同月份之间的大幅波动情况应当引起足够注意。实务中需要审计人员结合被审计单位产品种类、同行业毛利率、历史销售数量与营业成本水平来具体分析是否存在异常情况，大幅波动是否存在合理的原因。

2. 分析生产成本与销售成本倒扎表编制是否符合逻辑，倒扎结果是否存在重大差异。

3. 分析被审计单位主营业务成本及其他业务成本的划分标准在不同年度是否具有一贯性，其他业务收入毛利率波动是否存在异常。

四、审计案例

案例 6－8

营业成本分析性程序

A 公司属于医疗器械行业，主要经营范围为生产及销售医疗性植入器材，包括植入性人工器官（人工关节假体、定制关节假体、脊柱内固定器）等，主营业务成本为实现销售的产成品成本，主要包括直接材料、直接人工及制造费用。审计人员王某负责 A 公司 2020 年主营业务成本审计，对被审计单位在收入增长的情况，营业成本未保持同步增长予以重点关注，将营业成本及其构成作为和波动作为分析性程序实施的重点。

2019 年度及 2020 年度未经审计的主营业务收入及成本情况见表 6–8。

表 6–8　2019 年度及 2020 年度未经审计的主营业务收入及成本情况　单位：人民币元

项目	2020 年度		2019 年度	
	收入	成本	收入	成本
一、主营业务收入小计	937 559 589.28	256 868 716.67	855 120 280.32	263 567 105.23
标准关节产品—髋	671 657 572.30	187 529 599.93	594 762 917.37	187 235 155.99
标准关节产品—膝	155 855 975.96	43 501 436.32	163 286 444.60	57 414 456.75
标准关节产品—肩	15 599 265.94	2 254 526.07	13 703 264.89	1 570 618.42

续表

项目	2020 年度		2019 年度	
	收入	成本	收入	成本
定制关节产品	59 225 678.14	5 792 140.11	55 697 611.34	6 231 109.14
脊柱类产品	27 728 586.10	13 362 495.11	17 072 124.14	6 223 257.83
手术工具	5 555 537.65	2 782 358.54	6 823 518.21	2 007 150.48
其他产品	1 936 973.19	1 646 160.59	3 774 399.77	2 885 356.62
二、其他业务收入	126 595.91	61 927.62	206 265.59	290 637.96
合计	937 686 185.19	256 930 644.29	855 326 545.91	263 857 743.19

案例讨论：

审计人员从以下几个方面对主营业务成本执行分析性复核及实施检查程序，以验证被审计单位主营业务成本的合理性：

1. 分析主要产品成本同收入增长的匹配情况，分析主要影响的因素，是否与被审计单位业务和行业变化相匹配，各年占比和增长率是否存在异常

2019~2020 年，A 公司标准关节假体产品——髋、标准关节假体产品——膝、脊柱类植入产品合计收入占主营业务收入的比例分别为 90.64% 及 91.22%，构成 A 公司的主要产品。A 公司主要产品成本同收入增长的匹配情况见表 6–9。

表 6–9　A 公司主要产品成本同收入增长的匹配情况　单位：%

项目	收入较上年变化①		成本较上年变化②		收入变化与成本变化差额（=①－②）	
	2020 年	2019 年	2020 年	2019 年	2020 年	2019 年
标准关节假体产品——髋	12.93	66.51	3.42	27.11	9.51	39.40
标准关节假体产品——膝	–4.55	110.74	–24.24	122.89	19.69	–12.15
脊柱类植入产品	62.42	30.32	75.70	52.55	–13.28	–22.23

（1）标准髋关节假体产品。2019 年收入增长幅度为 66.51%，大于成本增长幅度，主要是因为 2019 年随着陶瓷产品和喷涂外协采购量上升，公司与供应商议价能力增强，陶瓷产品喷涂外协价格有所下降所致，同时钴材料市场价格回落，钴材料及钴毛坯价格有所下降。

（2）标准膝关节假体产品。2020 年成本降低幅度大于收入降低幅度，主要是因为钴毛坯原材料由外采改为自产相应成本下降以及部分机加工环节由外协改为

自加工，从而进一步降低成本。

（3）脊柱类植入产品。2019年度收入增长比例为30.32%，低于成本增长比例，主要系公司基于上一年销量情况，推出胸腰椎后路钩锁系统等脊柱类植入新产品，当年脊柱类植入产品规格种类增多，同时回收部分客户的脊柱类老产品并免费重新加工成新产品，导致当年的费用成本有所增加。2020年，A公司加大脊柱产品——融合器的生产规模，该产品主要原材料为进口PEEK棒，生产单位成本较其他脊柱类植入产品高，拉高了产品成本。

2018~2020年，A公司与同行业可比公司收入及成本对比情况如表6-10所示。

表6-10　A公司与同行业可比公司收入及成本对比情况　单位：万元

公司	产品类别	2020年		2019年		2018年	
		收入金额	成本金额	收入金额	成本金额	收入金额	成本金额
威高骨科	脊柱类、创伤类、关节类	176 112.05	29 232.03	151 515.55	24 387.45	115 274.79	21 800.90
三友医疗	脊柱类、创伤类	38 872.70	3 413.36	35 246.87	2 849.92	21 946.21	2 305.02
大博医疗	医疗器械制造业	158 686.02	22 423.06	125 731.80	18 092.22	77 246.95	15 143.25
凯利泰	医疗器械制造业	77 277.74	15 559.25	85 981.67	15 792.82	63 071.74	13 607.93
爱康医疗	主营产品	103 538.60	32 085.40	92 670.50	28 345.40	60 056.20	19 168.10
A公司	标准髋、标准膝、脊柱	85 524.21	19 582.98	77 512.15	19 426.95	44 777.57	14 183.02

A公司与同行业可比公司收入变化与成本变化情况如下表6-11所示。

表6-11　A公司与同行业可比公司收入变化与成本变化情况　单位：%

公司	产品类别	2020年		2019年		收入变化与成本变化差额	
		收入增长率	成本增长率	收入增长率	成本增长率	2020年	2019年
威高骨科	脊柱类、创伤类、关节类	16	20	31	12	–4	20
三友医疗	脊柱类、创伤类	10	20	61	24	–9	37
大博医疗	医疗器械制造业	26	24	63	19	2	43
凯利泰	医疗器械制造业	–10	–1	36	16	–9	20

续表

公司	产品类别	2020 年		2019 年		收入变化与成本变化差额	
		收入增长率	成本增长率	收入增长率	成本增长率	2020 年	2019 年
爱康医疗	主营产品	12	13	54	48	–1	6
A 公司	标准髋、标准膝、脊柱	10	1	73	37	10	36

A 公司与同行业可比公司成本占收入的比例情况如表 6–12 所示。

表 6–12　A 公司与同行业可比公司成本占收入的比例情况　单位：%

公司	产品类别	成本占收入的比例	
		2020 年	2019 年
威高骨科	脊柱类、创伤类、关节类	16.60	16.10
三友医疗	脊柱类、创伤类	8.78	8.09
大博医疗	医疗器械制造业	14.13	14.39
凯利泰	医疗器械制造业	20.13	18.37
爱康医疗	主营产品	30.99	30.59
A 公司	标准髋、标准膝、脊柱	22.90	25.06

由上表可以看出，A 公司收入及成本变动、成本占收入的比例与同行业可比公司存在一定差异，主要是因为 A 公司主要产品为标准髋关节假体、标准膝关节假体、脊柱植入类产品，其中前两者占营业收入的比重超 80%。

与同行业上市公司相比，威高骨科主要产品为脊柱类、创伤类、关节类，三友医疗主要产品为脊柱类、创伤类；大博医疗主要产品为创伤类、脊柱类，凯利泰主要产品为椎体成形微创类、脊柱与创伤等，A 公司与其主要产品存在差异。爱康医疗与 A 公司业务最为相近，A 公司与爱康医疗相比，主要产品收入变动与成本变动的差额较大，主要是受产品结构、原材料采购结构及成本、外协成本等因素的影响。

A 公司主要产品成本占收入的比例存在一定波动，其中 2020 年成本占收入的比例回落，主要是因为随着 A 公司向喷涂厂商的采购量上升，与供应商议价能力增强，喷涂采购价格有所下降，公司主要产品的成本降低。

综上所述，被审计单位主要产品成本同收入增长变动情况与业务相匹配，与行业相比具备合理性，各年占比和增长率不存在异常。

2. 分析主要产品主营业务成本中料工费的金额、单位耗用、占比和变动率，

结合成本构成情况分析单位成本波动的原因以及合理性

（1）主要产品主营业务成本中料工费的金额、单位耗用分析。

①标准髋关节假体产品主营业务成本中料工费的金额、单位耗用分析如表6–13所示。

表 6–13 标准髋关节假体产品主营业务成本中料工费的金额、单位耗用分析

项目		2020 年	2019 年
直接材料	金额（万元）	12 277.81	11 386.34
	单位耗用（元 / 件）	253.82	242.81
直接人工	金额（万元）	394.15	443.07
	单位耗用（元 / 件）	8.15	9.45
制造费用	金额（万元）	3 751.01	4 051.12
	单位耗用（元 / 件）	77.54	86.39
合计	金额（万元）	16 422.97	15 880.53
	单位耗用（元 / 件）	339.51	338.65

2019~2020 年，A 公司标准髋关节假体产品的主营业务成本中，直接材料、直接人工和制造费用存在一定波动。

就直接材料而言，2020 年比 2019 年单位耗用略有下降，主要是因为陶瓷类假体产品占比逐年上升，外购陶瓷毛坯的价格略有上升。

就直接人工而言，2020 年比 2019 年直接人工单位耗用有所下降，主要系企业产量规模进一步扩大，同时 A 公司陆续新增投入大量新型生产设备，提高了生产效率，使得分摊的直接人工费用有所下降。

就制造费用而言，2020 年比 2019 年单位耗用下降，主要是因为 A 公司的生产已形成一定规模效应，同时企业引进部分内资外协厂商，外协价格有所下降，所以随着产量的进一步扩大，单位耗用金额下降。

②标准膝关节假体产品主营业务成本中料工费的金额、单位耗用分析如表6–14所示。

表 6–14 标准膝关节假体产品主营业务成本中料工费的金额、单位耗用分析

项目		2020 年	2019 年
直接材料	金额（万元）	1 667.81	2 118.15
	单位耗用（元 / 件）	145.18	158.33

续表

项目		2020 年	2019 年
直接人工	金额（万元）	267.72	293.15
	单位耗用（元 / 件）	23.30	22.91
制造费用	金额（万元）	392.51	661.60
	单位耗用（元 / 件）	34.17	49.45
合计	金额（万元）	2 328.04	3 072.90
	单位耗用（元 / 件）	202.65	230.69

2019~2020 年，A 公司标准膝关节假体产品的主营业务成本中，直接材料单位耗用、制造费用单位耗用存在一定波动，直接人工单位耗用较为稳定。

就直接材料而言，A 公司 2020 年比 2019 年单位耗用有所下降，主要是由于大部分钴毛坯由外采改为自产，成本下降。

就制造费用而言，A 公司 2020 年比 2019 年单位耗用有所下降，主要是由于 A 公司 2019 年产量大幅增加，委外加工需求增大，而 2020 年随着企业产能设备的完善，部分原外协工序（如基础机加工等）选择自己加工，效率提升，导致制造费用单位耗用较上年降低。

③脊柱类植入产品主营业务成本中料工费的金额、单位耗用分析如表 6–15 所示。

表 6–15　　脊柱类植入产品主营业务成本中料工费的金额、单位耗用分析

项目		2020 年	2019 年
直接材料	金额（万元）	612.92	300.59
	单位耗用（元 / 件）	57.99	43.89
直接人工	金额（万元）	78.95	58.10
	单位耗用（元 / 件）	7.47	8.48
制造费用	金额（万元）	140.10	114.83
	单位耗用（元 / 件）	13.26	16.77
合计	金额（万元）	831.97	473.52
	单位耗用（元 / 件）	78.71	69.14

2019~2020 年，A 公司脊柱类植入产品所需原材料的种类、规格、尺寸等繁多，主营业务成本中直接材料单位耗用整体呈上升趋势，直接人工单位耗用较为稳定，制造费用单位耗用存在一定波动。

就直接材料而言，A 公司 2020 年对比 2019 年单位耗用增长较大，主要系 A 公司 2020 年加大脊柱产品 – 融合器的生产规模，该产品主要原材料为进口 PEEK 棒，生产单位成本较其他脊柱类植入产品高，拉高了直接材料的平均单耗。

就制造费用而言，A 公司 2020 年对比 2019 年单位耗用下降幅度较大，主要系 2020 年脊柱类植入产品部分机加工程序由外协改为自加工，制造费用明显下降。

综上所述，2019~2020 年被审计单位主要产品的主营业务成本中，料工费单位耗用存在一定波动，具备合理性。

（2）主要产品主营业务成本中料、工、费的占比和变动率。

①标准髋关节假体产品主营业务成本中料、工、费的占比和变动率如表 6–16 所示。

表 6–16 标准髋关节假体产品主营业务成本中料、工、费的占比和变动率 单位：%

项目		2020 年	2019 年
直接材料	占比	74.76	71.70
	变动率	4.27	9.80
直接人工	占比	2.40	2.79
	变动率	–13.98	–8.79
制造费用	占比	22.84	25.51
	变动率	–10.47	–19.38

标准髋关节假体产品的主营业务成本中，直接材料占比 2020 年比 2019 年有所增长，主要系产品结构发生变化，髋关节假体产品中陶瓷类产品占比呈上升趋势，而该类产品单位材料价值较高。直接人工及制造费用占比 2020 年比 2019 年有所下降，主要是由于公司引进大量新型生产设备，提高了生产效率。

②标准膝关节假体产品主营业务成本中料、工、费的占比和变动如表 6–17 所示。

表 6–17 标准膝关节假体产品主营业务成本中料、工、费的占比和变动 单位：%

项目		2020 年	2019 年
直接材料	占比	71.64	68.93
	变动率	3.93	0.89
直接人工	占比	11.50	9.54
	变动率	20.55	–7.61

续表

项目		2020 年	2019 年
制造费用	占比	16.86	21.53
	变动率	–21.69	0.82

标准膝关节假体产品的主营业务成本中，直接材料占比 2020 年比 2019 年有所上升，主要由于膝关节产品结构的差异影响，膝关节中股骨髁、平台托产品的产量及销量增大，同时其主要原材料钴材料市场价格上涨幅度较大，导致购入原材料钴材料、钴毛坯成本增加。2020 年比 2019 年直接人工占比增加、制造费用占比下降，主要是由于随着企业产能及新设备的完善，当年部分原外协工序等工序选择自己加工，效率增加，所以导致制造费用占比较上年有所降低，同时直接人工占比有所增加。

③脊柱类植入产品主营业务成本中料、工、费的占比和变动率如表 6–18 所示。

表 6–18　脊柱类植入产品主营业务成本中料、工、费的占比和变动率　单位：%

项目		2020 年	2019 年
直接材料	占比	73.67	63.48
	变动率	16.05	1.38
直接人工	占比	9.49	12.27
	变动率	–22.66	–21.72
制造费用	占比	16.84	24.25
	变动率	–30.56	11.70

脊柱类植入产品种类较多，每种产品对应的规格型号繁多，料工费的占比波动受产品结构的影响较大。2020 年比 2019 年直接材料占比增加，主要是因为 A 公司 2020 年加大脊柱产品——融合器的生产规模，该产品主要原材料为进口 PEEK 棒，生产单位成本高，直接材料耗用占比增长较大。2020 年比 2019 年直接人工占比下降，主要是因为直接材料占比增加，相应拉低了直接人工占比。2020 年比 2019 年制造费用占比有所下降，主要是由于随着企业产能及新设备的完善，当年部分原外协工序等工序选择自行加工，所以导致制造费用占比较上年降低。

综上所述，被审计单位主要产品单位成本波动具备合理性。

3. 结合同行业上市公司相同和类似产品成本结构、单位成本情况进一步分析被审计单位成本结构和波动合理性

（1）A 公司与同行业可比公司单位成本构成对比分析。

2019~2020 年度 A 公司与同行业可比公司单位成本构成如表 6–19 所示。

表 6–19　　2019~2020 年度 A 公司与同行业可比公司单位成本构成　　单位：%

年度	项目	威高骨科	三友医疗	大博医疗	凯利泰	A 公司
2020 年度	直接材料占比	49.23	25.29	34.59	55.01	74.34
	直接人工占比	18.08	21.42	32.26	19.55	3.78
	制造费用占比	32.69	53.29	33.15	25.44	21.87
2019 年度	直接材料占比	44.58	29.54	38.86	59.57	71.06
	直接人工占比	20	13.82	30.28	18.45	4.09
	制造费用占比	35.43	56.64	30.86	21.97	24.85

A 公司主要产品的单位成本构成中，直接材料占比高于同行业上市公司，直接人工和制造费用占比低于同行业上市公司，主要是因为同行业可比公司的主要产品主要是脊柱类、创伤类产品，而 A 公司产品以标准髋、膝关节为主，陶瓷、钴材料、钴毛坯等主要原材料价格较高，导致直接材料占比较高。

（2）单位成本波动与同行业上市公司对比分析。

A 公司 2020 年较 2019 年单位成本波动与同行业上市公司的对比情况如表 6–20 所示。

表 6–20　　A 公司 2020 年较 2019 年单位成本波动与同行业上市公司的对比情况　　单位：%

公司	产品类别	2020 年较 2019 年单位成本变动率
威高骨科	脊柱类、创伤类、关节类	0.41
三友医疗	脊柱类、创伤类	9.19
大博医疗	医疗器械制造业	7.10
凯利泰	医疗器械制造业	17.33
A 公司	标准髋、标准膝、脊柱	–3.93

资料来源：巨潮资讯网。

从上表可以看出，A 公司单位成本波动整体大于同行业可比公司，主要是因为：第一，A 公司产品以关节类假体产品、脊柱植入类产品为主，其中关节类假体产品占收入的比重超 90%，而同行业可比公司产品以脊柱类、创伤类为主，产品结构存在一定差异；第二，A 公司自身产品单位成本存在一定波动，2020 年，A 公司部分原外协工序等改为自行加工，且外购原材料较上年采购单价有所下降，因此2020年单位成本较2019年有所下降。

综上所述，被审计单位主要产品的成本结构及波动具备合理性。

4. 结合原材料采购及存货进销存情况，分析原材料采购情况与营业成本中直接材料的勾稽关系是否合理

2019~2020年，原材料采购情况与营业成本中直接材料的勾稽关系如表6–21所示。

表6–21　2019~2020年，原材料采购情况与营业成本中直接材料的勾稽关系　单位：万元

项目	2020年	2019年
期初存货	20 148.61	10 122.53
加：本期购入	16 921.94	27 508.88
直接人工	2 386.48	3 082.80
制造费用	6 033.95	8 322.25
减：期末存货	17 605.25	20 148.61
用作其他用途的存货	1 574.36	1 831.70
存货转销	246.57	413.66
计提的预计退货成本	377.94	285.79
等于：应结转产品成本	25 686.87	26 356.71
减：主营业务成本——直接人工	1 865.13	1 840.30
主营业务成本——制造费用	5 461.56	6 110.36
等于：主营业务成本——直接材料	18 360.19	18 406.05

从上表计算结果来看，被审计单位原材料采购情况与营业成本中直接材料勾稽一致，具有合理性。

5. 结合对被审计单位成本核算方法和流程，检查成本的归集是否完整，成本在各期间之间的分配、在各业务或产品之间的分配是否准确

A公司根据生产单元进行管理，按工单编号下达生产任务，每个工单编号下明确对应的产品、该产品的数量，产品按工序流转，流转过程中依据生产流程卡进行管理。A公司的生产成本包括直接材料、直接人工和制造费用，具体归集和分配方法为：

（1）直接材料的归集和分配。车间按工单编号领取原材料，领料时根据实际领用量进行记录，填写生产领用单，计入该工单的生产领用数量。直接材料成本按工单编号进行归集，期末按产成品和在产品的数量进行分配。

（2）直接人工的归集和分配。直接人工包括直接生产人员的工资、奖金等薪

酬费用。直接人工费用按生产单元归集，按照生产工时分配到单个工单，财务人员月末按照工资表对应每个生产单元生产人员薪酬总额，并在生产成本计算单中归集并按照工时进行分配。

（3）制造费用的归集和分配。制造费用是A公司为组织和管理生产而发生的各项间接费用，包括：委外加工费、折旧费、修理费、水电费等。制造费用中委外加工费根据工单编号进行归集，其他费用按生产单元归集，按照生产工时分配到单个工单。委外加工费根据工序加工结算单在发生时直接计入制造费用归集。一般费用发生时根据付款凭证或领料单等在发生时直接计入制造费用归集；折旧费、水电费等月末按照转账凭证和费用分配表等一次性计入制造费用归集。

（4）产品结转方法。A公司产成品销售出库时，按月末一次加权平均法结转产品销售成本。

综上所述，报告期内被审计单位成本核算方法正确；核算流程符合被审计单位的实际情况；成本的归集完整；成本在各期间之间的分配、在各业务或产成品之间的分配准确。

第四节　销售与收款循环

1 应收票据

一、重大错报风险

1. 可能存在虚假的票据余额或交易，从而导致应收票据的账面余额的存在性或权利与义务存在重大错报风险。

2. 收到票据后未入账，直接背书偿还债务，导致应收票据记录的完整性存在重大错报风险。

3. 通过背书、贴现等方式集中转入和转出大额没有商业实质的票据进行舞弊。

4. 应收票据的终止确认、坏账准备计提、贴现利息、现金流量列报等处理不符合准则规定。

二、常见审计问题

1. 审计人员监盘票据时未查看票据原件，未检查票据背书是否连续、前手背书记录是否完整。

2. 在盘点日，审计人员对已背书（贴现）的大额票据未进一步核查交易的真实性。

3. 对商业承兑汇票未执行函证程序，或者仅对应收票据余额进行了函证。

4. 对应收票据的前手不是企业债务人的情况未进一步核查交易的真实性。

5. 对被审计单位收到票据后未入账、直接偿还债务的情况未全面检查该业务，未考虑对内部控制缺陷的影响。

6. 未考虑通过背书、贴现等方式集中转入和转出大额没有商业实质票据的舞弊风险。

7. 未关注应收票据终止确认、坏账准备计提、贴现利息等是否符合会计准则的规定。

三、审计关注要点

（一）监盘时必须查看库存票据原件

被审计单位可能将票据用于质押、将无效票据充当债务人还款等进行舞弊，所以审计人员在应收票据监盘时必须查看票据原件，并与被审计单位“应收票据备查簿”的有关内容核对。监盘时注意检查和记录票据的种类、号码、出票日、到期日、票面金额、出票人、承兑人、前手背书人，以及利率、贴现率、收款日期、收回金额等是否与应收票据登记簿的记录相符。应收票据监盘表如表 6–22 所示。

表 6–22 应收票据监盘表

票据种类	票据号码	出票日	到期日	票面金额	出票人	承兑人	前手背书人	利率	索引号
合计									

盘点参加人员： 会计主管： 监盘人员： 盘点日期：

应收票据倒轧

盘点日金额①	至盘点日贷方发生额②	至盘点日借方发生额③	倒推至资产负债表日金额④ = ① + ② – ③	资产负债表日账面金额⑤	差异额⑥ = ④ – ⑤	备注

1. 监盘样本量

应收票据通常包括银行承兑汇票和商业承兑汇票，被审计单位通常将银行承兑汇票视为货币资金管理，建立详细的票据备查登记簿。审计人员一般采取全部监盘方式，除非被审计单位库存票据量极大。

2. 实施监盘程序的考虑

（1）类似于现金监盘，应收票据也应当进行突击监盘，而不能事先通知被审计单位监盘日程安排。该项程序可与现金监盘同步进行，因为票据等有价证券和现金均存放于保险柜中。

（2）审计人员监盘时，必须查看应收票据的原件。若为复印件，应当高度关注并核实原因，查明是否被质押、背书或贴现、或者为虚假票据，并根据情况进行账务调整或披露，审计工作底稿中应当记录监盘的票据是否为原件。

（3）由于监盘日通常不是资产负债表日，实际监盘日票据可能已经承兑或转让，需要检查：若已兑付，检查期后收款情况；若已背书转让，结合应付账款或预付款项审计，检查真实性；若用于质押，检查质押合同、审批文件等。

（4）审计人员无需将所有监盘的票据全部复印归入审计工作底稿，作为已经监盘的审计证据，仅需要记录监盘过程即可。

（二）对应收票据具体内容进行函证

应收票据审计目标主要是确定其存在性，是否为被审计单位拥有或控制，而监盘程序是证实票据存在性的最有效手段。通常不需要对银行承兑汇票余额实施函证程序，除非对某些重要的票据真实性存在疑虑，如票据前手方是否为被审计单位的债务人等。对于商业承兑汇票，应与应收账款函证程序一致。

若需要实施函证程序，应当函证票据的具体内容而非仅余额，应收票据函证示例："截至 2013 年 12 月 31 日，本公司与贵公司相关的信息列示如下：本公司于 2013 年 12 月 27 日收到贵公司背书转让的到期日为 2014 年 5 月 26 的 #02002698 号 6 个月期的银行承兑汇票，金额 1 000 000.00 元，以上情况请贵公司确认。"

（三）关注是否存在收到票据后未入账，直接偿还债务的情况

实务中，可能存在被审计单位收到票据后未入账，直接偿还债务、直接贴现的情况。例如，企业收到甲公司票据不入账，后以该票据背书转让乙公司支付应付账款时，会计处理直接为：借：应付账款——乙公司，贷：应收账款——甲公司。如果审计人员发现企业内部控制存在该方面的缺陷，应全面检查此类交易，以确定对应收票据等科目余额的影响以及背书转让未到期票据披露的完整性，同时还应提请被审计单位进行有效的整改。

（四）关注大额票据背书转入和转出是否存在真实交易

被审计单位可能利用票据的背书转入和转出虚增应收票据账面余额，从而进行关联方资金占用、虚增收入等舞弊。审计人员应重点关注大额集中的票据背书转入和转出是否存在真实交易、具有商业实质，即是否存在舞弊风险。审计人员重点执行的审计程序包括：

1. 检查原债务的形成原因，特别关注票据的出票人或者前一手背书人是否为

企业债务人；

2. 通过“天眼查”等核查出票人或者背书人以及被背书人的工商背景信息；

3. 盘点时必须查看票据原件，检查票据的背书是否连续无误、前手背书记录是否完整，如果盘点时已经背书转让的票据应结合预付账款等检查背书转让的基础交易是否真实；

4. 对应收票据的具体内容进行函证；

5. 必要时对出票人或背书人以及被背书人进行访谈。

（五）关注应收票会计处理是否符合准则规定

1. 应收票据终止确认是否符合准则规定

（1）终止确认的判断标准。根据《企业会计准则第 23 号——金融资产转移》：企业应当在收取金融资产现金流量的合同权利终止时终止确认该金融资产，如果合同权利尚未终止，只有在几乎转移了金融资产所有权上所有的风险和报酬才能终止确认该金融资产。

尽管应收票据是否终止确认不会对企业的盈利状况和净资产产生影响，但对于存在巨额背书贴现票据的企业而言，是否终止确认该等票据将会对企业的流动比率、资产负债率等重要财务指标产生较大影响。

（2）商业承兑汇票背书转让（贴现）。商业承兑汇票为附有追索权的票据，持票人将商业承兑汇票背书转让用于支付债务，由于附有追索权且很可能导致承担连带责任，持票人的主要风险和报酬并未转移，因此不符合终止确认的条件。如果是背书转让，一般记入“其他流动负债”项目，如果是银行贴现，则贴现取得的资金应当作为一项银行借款处理，所以，在审计商业承兑汇票贴现时，如发现有终止确认的一般都应予以调整。

（3）银行承兑汇票背书转让（贴现）。《票据法》规定：“汇票到期被拒绝付款的，持票人可以对背书人、出票人以及汇票的其他债务人行使追索权。”因此，无论是银行承兑汇票还是商业承兑汇票，票据背书或贴现后，其所有权相关的信用风险及延期付款风险并没有转移给被背书人或者银行。根据信用风险和延期付款风险的大小，可以将银行承兑汇票分为两类：一类是由信用等级较高的银行承兑的汇票，其信用风险和延期付款风险很小；另一类是由信用等级一般的银行承兑的汇票。

IPO 审计实务中，一般认为信用等级较高的银行为：6 家大型商业银行（工商银行、农业银行、中国银行、建设银行、交通银行、邮储银行）和 9 家上市股份制商业银行（招行银行、浦发银行、中信银行、光大银行、华夏银行、民生银行、平安银行、兴业银行、浙商银行），其他商业银行及财务公司为信用等级一般的银行。由信用等级较高银行承兑的银行承兑汇票在背书或贴现时终止确认，由信用等级一般银行承兑的银行承兑汇票在背书或贴现时仍继续确认应收票据，待到期承兑后终止确认。在审计银行承兑汇票贴现时，检查承兑银行是否为上述 15 家信用等级较高的银行是关键，如果发现企业为了降低资产负债率等将信用等级一般银行承兑的汇票贴现终止确认时，一般应予以调整。

2. 关注商业承兑汇票坏账准备是否计提充分

商业承兑汇票与银行承兑汇票最大的区别是票据到期后兑付成现金的可能性不同，即持有银行承兑汇票，由于承兑人为银行，通常情况下能够确保收到资金，而商业承兑汇票则不然。因此，商业承兑汇票在信用风险上类似于应收账款。

审计人员应当关注应收票据——商业承兑汇票的坏账准备计提是否充分，商业承兑汇票应当按照应收账款相同的方法计提坏账准备。有的企业在会计期末，让拖欠货款的销售客户开具商业承兑汇票给企业，使部分应收账款转化为应收票据，而应收票据不提或少提坏账准备，以达到少计提坏账准备的目的，若该部分转化并非日常经营行为（如期后未获付款，又转回到应收账款等），应当考虑是否予以调整。

3. 关注票据贴现利息会计处理是否符合准则规定

满足终止确认条件的票据贴现产生的利息，应当直接记入当期损益“投资收益”项目，并在其中：以摊余成本计量的金融资产终止确认收益中列示。有的企业因贴现利息金额较大，采取分期摊销的方式计入损益，该种处理方法并不恰当，需要进行审计调整。应收票据贴现未终止确认时，贴现取得的资金确认为一项金融负债，贴现息可以在贴现日至票据到期日之间分摊计入财务费用。

4. 关注银行承兑汇票贴现或背书列报是否符合准则规定

根据《企业会计准则第 22 号——金融工具确认和计量》：对于合同现金流量仅为对本金和以未偿付本金金额为基础的利息支付的金融资产，如果企业管理该金融资产的业务模式既以收取合同现金流量为目标又以出售该金融资产为目标，则应将该金融资产分类为以公允价值计量且其变动计入其他综合收益的金融资产。对满足条件的应收票据应在“应收款项融资”项目中列报，具体分类列报标准见应收款项融资。

5. 关注应收票据贴现现金流量表列报恰当性

应收票据贴现业务在现金流量表上的列示较为复杂，审计人员在检查企业编制的现金流量表时，应当注意以下几点：

（1）银行承兑汇票贴现满足终止确认条件时，贴现取得的现金在现金流量表中直接作为“销售商品、提供劳务所收到的现金”处理。由于票据的付款期限和贴现期限一般较短，因此从重要性出发，对带息票据所计提的应收利息，以及贴现时银行所扣的贴现息和手续费等均可不单独反映。

（2）对于不满足终止确认条件的票据贴现，作为短期质押借款处理的应收票据贴现业务是一种筹资行为，贴现取得的现金应当作为筹资活动中“借款所收到的现金”处理。票据到期时该笔款项在现金流量表上如何列示，应当具体分析：

①如果出票人在票据到期日直接向持票银行付款，即持票银行不向贴现方追索，企业账面应收票据与短期借款同时减少，不涉及实际现金收付，现金流量表未反映该交易，应在财务报表附注中就此类交易对现金流量表的影响予以说明。

②如果票据到期时，因票据承兑人无力或者拒绝支付票据款，因而申请贴现的企业遭到追索的，则按以下办法处理：如果原先将贴现所收到的现金直接作为“销售商品、提供劳务所收到的现金”的，则此时支付的票据款可作为“支付的其他与经营活动有关的现金”处理；如果原先将贴现所收到的现金作为“借款所收到的现金”的，则此时支付的票据款应作为“偿还债务所支付的现金”处理。其后行使再追索权，从原票据承兑人处收回全部或者部分票据款时，可作为“收到的其他与经营活动有关的现金”处理。

四、审计案例

案例 6-9

华泽钴镍（000693，已退市）曾是一家 A 股上市公司，该公司在 2013 年、2014 年各期间应收票据等科目余额如表 6-23 所示。

表 6-23 应收票据等科目余额 单位：亿元

项目	2012 年 12 月 31 日	2013 年 12 月 31 日	2014 年 3 月 31 日	2014 年 12 月 31 日	2015 年 3 月 31 日
应收票据	3.07	13.25	0.1	13.63	0.01
预付账款	3.75	2.46	14.04	2.92	15.04
其他应收款	0.041	0.069	5.77	0.32	5.75
总资产	22.27	34.11	39.95	42.02	48.8
应收票据占总资产比重	13.79%	38.84%	0.25%	32.44%	0.02%

华泽钴镍在 2013 年通过开出的应付票据——银行承兑汇票和本票支付没有实际购货业务而虚挂预付账款、其他应收款，通过票据公司贴现、回款转入关联公司，为掩盖关联方长期占用资金的事实，该公司年末搜集银行承兑汇票复印件，将无效票据入账充当还款，并在 2013 年 11 月、12 月集中背书转入 13.19 亿元无效银行承兑汇票充当还款确认应收票据同时冲减往来款。华泽钴镍在 2014 年 1 月、2 月集中背书转出上述票据并终止确认应收票据同时挂回预付账款、其他应收款。华泽钴镍在 2014 年末、2015 年初进行了同样的操作。

案例讨论：

RH会计师事务所在审计华泽钴镍2013~2014年度财务报表过程中，未能实施有效程序对公司舞弊风险进行识别，未直接与公司治理层沟通关于治理层了解公司是否存在舞弊及治理层如何监督管理层对舞弊风险的识别和应对过程，未对应收票据余额在审计基准日前后激增又剧减的重大异常情况保持必要的职业怀疑，未能及时识别财务报告的重大错报风险，也未对询证函回函的异常情况保持应有的职业怀疑，导致了审计失败。

审计人员针对类似华泽钴镍应收票据业务应保持必要的职业怀疑，应考虑执行以下关键审计程序：

1. 取得年度及期后财务报表和明细账，执行分析性程序，可以发现公司应收票据余额在审计基准日前后激增又剧减的重大异常情况，以及公司采用银行承兑汇票收回大额预付账款这一非常规交易，因此将应收票据余额识别为财务报告重大错报风险。

2. 由项目负责人访谈管理层，询问收回大额预付账款原因、银行承兑汇票大额转入和转出的原因、基础交易合同条款以及执行情况，同时做好记录并由双方签字。

3. 由项目负责人与公司治理层沟通，主要沟通关于治理层是否了解公司应收票据存在舞弊以及治理层如何监督管理层对舞弊风险的识别和对应过程等。

4. 核查银行承兑汇票出票人（背书人）和被背书人的工商背景信息。

5. 盘点银行承兑汇票，“华泽钴镍”在盘点日已对银行承兑汇票进行了背书转让，无法查看其原件，对已经背书转让的银行承兑汇票，审计人员应取得基础交易合同，检查基础交易执行情况。

6. 向出票人（背书人）、被背书人以及承兑银行函证票据内容，并且取得回函原件。

7. 对出票人（背书人）即原预付账款挂账单位进行访谈，询问原支付预付账款用途以及款项又收回原因、使用银行承兑汇票是否真实、基础交易合同条款以及执行情况等，并要求对其做资金的穿透检查，同时做好记录并由双方签字。

8. 对银行承兑汇票大额转出时的被背书人进行访谈，询问用银行承兑汇票支付的相关基础交易合同条款以及执行情况、使用银行承兑汇票支付款项是否真实、公司取得银行承兑汇票的用途等，同时做好记录并由双方签字。

资料来源：中国证监会网站。

2 应收账款

一、重大错报风险

1. 可能存在虚假的应收账款余额，从而导致应收账款的账面余额的存在性或权利与义务存在重大错报风险。

2. 将虚假销售（和采购）交易产生的应收账款在期后进行重大转回或通过第三方进行收款。

3. 可能存在应收账款与其他往来款抵销的会计处理，导致应收账款记录的完整性及应收账款坏账准备计提存在重大错报风险。

4. 应收账款的终止确认、坏账准备计提、披露等不符合准则规定。

5. 应收账款回款时被控股股东代收占用，或通过应收账款保理将资金提供给控股股东，或被审计单位的客户以占用应收账款的形式为被审计单位控股股东提供资金支持。

二、常见审计问题

1. 函证程序执行不到位。例如，对应收账款未执行函证程序、未对函证过程保持控制或未结合应收账款的具体情况（如存在给予客户现金折扣未被记录、发生合同纠纷存在款项争议、被审计单位与客户记账时间性差异等）对回函差异执行进一步审计程序，或存在发函样本选取不恰当、替代测试执行不到位等问题。

2. 未结合收入项目检查应收账款业务的相关交易的合同对合同安排的商业逻辑的合理性进行分析，未关注应收账款的期后审计，从而未能发现被审计单位存在虚假销售交易。

3. 应收账款账龄及余额分析不到位，特别是对应收账款长期挂账的合理性缺少分析。

4. 未关注应收账款终止确认、坏账准备计提及披露等是否符合会计准则的规定，未复核坏账准备计提的计算准确性及相关参数选取合理性。

5. 未关注应收账款与其他往来款抵销或红字冲回是否合理，是否符合会计准则相关规定。

6. 未关注应收账款余额中可能存在的资金占用行为。

三、审计关注要点

（一）关注应收账款真实发生的情况

审计人员可通过应收账款回收期和周转率等指标了解应收账款周转情况，结合收入增长和给予客户信用授信情况、收入与经营性现金流入的匹配程度，了解分析应收账款余额增长的原因及合理性，并结合收入检查和函证等程序核实余额。审计人员应分析应收账款期末账面余额的合理性，可对比同行业公司并根据被审计单位个体特征适当调整，通常可得到被审计单位正常的回款期限和流动率等指标。如果应收账款回款期间明显长于同行业企业，需要关注是否存在资金被控股股东或其关联方占用的情况。

应收账款发生额及余额的增长均与收入的增长、回款情况密切相关，关注与应收账款业务相关的合同原件及收款情况。审计人员检查收入（交易的贷方发生额）时，也须对应收账款（交易的借方发生额）予以关注。审计人员在对应收账款回款进行检查时需要关注：

1. 应收款项收回时，是否存在付款单位与购买方不一致，存在大额代付款项的情况。

2. 银行回单中的摘要是否显示与销售业务无关。

3. 对不同客户的应收款项是否从同一付款单位收回。

若存在以上情形时，审计人员应考虑与交易对手方、代收代付方进行访谈，确认相关代收代付安排情况及其必要性和合理性，通常应取得有关代收代付安排的书面协议或各方确认的文件等。审计人员可结合货币资金的检查程序，警觉是否存在伪造回款单据，虚假收款的行为。同时结合被审计单位的坏账准备计提情况评价是否存在虚假余额。例如，如果被审计单位计提了大额坏账准备，可能意味着其收入确认政策较为激进或在以前年度确认了虚假的营业收入。

（二）实施函证及替代审计程序

1. 发送函证及替代测试关注事项

审计人员实施函证程序，选择函证样本及函证内容时可考虑：

（1）被审计单位不能以涉密业务（如军品）客户为由不发送函证，当未回函时应当考虑实施尽量与函证等效的替代程序，包括但不限于检查相关资金流水，检查过往交易情况等，并结合对审计风险的评估以评价替代程序所获取审计证据的效力是否可等同或接近于函证程序。

（2）当存在大量小额的应收账款时，对函证程序的应用及效果应有合理预期，需更加注重被审计单位的内部控制有效性是否可提升替代测试的效果和效力，同时结合期后回款期限合理性、应收账款周转率等程序综合应对应收账款的相关认定的审计风险。

（3）对于海外客户实施函证时，审计人员不应因发送英文（外文）函证时间费用因素或被审计单位提出的其他理由而不发送函证，上市和公众公司相关海外业务审计风险相对较高，需要在实务中给予更多的关注，在时间较紧张时可同时发送纸质和电子邮件形式的函证，最终仍应以纸质函证为准计算回函比例。如果客户未将纸质版回函寄回，那么审计人员需执行相关审计程序以核实电子邮件地址确为客户公司邮箱，回函对象是具有相应职级和权限回复函证的人员。

（4）实施应收账款函证程序时，审计人员可结合业务的具体情况，考虑对合同结算条款、结算方式等合同具体内容和执行进度同时进行函证，而非仅仅函证应收账款余额。

（5）当应收账款的审计风险评估为高且存在舞弊等特别风险时，因为替代测试中可获取的资料通常不是直接外部证据，审计人员可能需要评估替代测试是否可达到与函证同样的审计目的，审计范围是否受到了较大的限制，可加强与管理层（治理层）的沟通，并要求其予以相应配合，并告知审计受限对审计意见类型的可能影响。考虑审计证据效力和审计成本效益等原因，审计人员应从制定审计计划时即应合理安排函证发出时间，尽量在开始现场审计前即收回函证，这样可充分利用现场审计时间集中于高风险审计领域。

（6）当存在未收回函证时，审计人员需要对所有未回函的项目实施替代测试，并且针对每一个未收回的函证，替代测试应涵盖并有效验证项目总金额，而不是其中一部分。当审计风险较高时，替代测试不仅应对发生余额相关的原始单据进行检查，还需要对期后的收款或其他发生额进行检查，核实应收账款余额的真实性，警觉是否存在提前确认收入导致虚增的应收账款余额。替代测试可以与收入的真实性测试和截止性测试尽量结合，以提高审计效率。替代测试检查的关键审计证据应当是根据收入准则和内控要求最可证明商品和服务控制权转移的资料，而不能仅根据底稿模板或者流于形式，选取不能代表控制权转移的资料来执行替代测试。例如，当定制设备的控制权转移为客户的终验报告时，如果仅检查了货物出库、客户收货或初验验收报告则不能达到审计目的。

（7）关注在被审计单位业务或其他相关事项未发生重大变化的情况下，询证函回函相符比例明显异于以前年度等异常情况。存在此类情况时应结合舞弊考虑执行进一步审计程序，包括但不限于向管理层（必要时向治理层）了解存在差异和异常情况的原因，相关交易的商业安排情况及进展，了解以前年度询证函的控制情况等。

2. 关注应收账款回函差异的处理

审计人员应当关注是否存在被审计单位的账簿记录与询证函回函提供的信息之间存在重大或异常差异。导致应收账款回函差异的原因较多，如可能存在客户给予被审计单位的销售折扣未被记录导致双方在资产负债表日的记账金额不一致；或因为双方就供货在数量、质量等方面发生合同纠纷，而存在款项争议导致双方在资产负债表日的记账金额不一致；或被审计单位与客户因记账时间性差异导致双方在资产负债表日的记账金额不一致等。

当应收账款回函存在差异时，应结合应收账款的具体情况对回函差异执行进一步审计程序，了解存在差异的原因及获得适当的审计证据，编制应收账款函证差异检查表，将差异的原因及调节情况记录于审计工作底稿。

（三）分析应收账款的账龄，关注长期挂账款项原因

1. 关注通过账龄划分进行舞弊的行为

对应收账款执行分析性程序时，账龄分布是其中一个较为重要的方面，通常

可体现被审计单位的收入和收款节奏，可结合合同结算条款执行合理性分析。同时，一般工商企业常以信用组合的账龄作为计提坏账准备的主要参数，审计人员应考虑执行相关程序：

（1）通过抽样或重新计算，复核应收账款的账龄划分是否准确。

（2）检查是否存在人为调节账龄的情况。

（3）检查账龄是否存在逻辑错误，将上年的长账龄应收款项重新划分为短账龄等。

（4）警觉是否存在虚增收入的同时更新应收账款的账龄，以达到少计提坏账准备又增大业绩的目的。例如，通过无关第三方或虚构银行回单将较长账龄的应收账款收回，并虚构合同和收入交易将应收账款重新挂账，重新挂账的常见方式是组合式（可能含多笔正常销售金额）或单笔大额的收入及应收账款。这种情况下，需要结合收入及货币资金的检查，才可发现存在的异常情况，审计人员应特别关注相关细节测试并结合分析性程序，才能找到发现异常情况的突破点，从而了解真实情况。

2. 关注长期挂账应收账款原因

（1）应收账款本身为虚构而无法支付。

（2）应收账款已由控股股东收取，或被控股股东以其他形式从客户或金融机构获得后作为质押对象。

（3）与客户存在法律纠纷，正在诉讼过程中而未能收取。

（4）客户发生破产、清算或注销，而无法支付。

（5）工程项目暂停、缓建导致应收款项结算延迟等。

审计人员可考虑执行的审计程序包括：

（1）结合应收账款的业务背景对长期挂账的原因进行具体分析。

（2）考虑被审计单位的长账龄余额比例与同行业相比较是否合理。

（3）关注被审计单位对于长账龄余额的管理是否到位，催收措施是否有力。

（4）详细检查长账龄应收账款的回款情况及其支持性证据。

（5）结合对客户的审计程序，与主要客户进行访谈，并在函证中问询其是否存在与控股股东间涉及被审计单位应收账款的交易。

（四）关注应收账款异常处理

例如，是否存在红字冲销、多边挂账或与其他往来款抵销的会计处理。在被审计单位利用虚增应收账款账面余额，进行关联方资金占用、虚增收入等舞弊行为时，需要对虚增余额通过各种方式进行消化。审计人员应对应收账款多边挂账的原因进行了解，并评价被审计单位的报表列报是否恰当，关注是否存在以下情形：

1. 资产负债表日以后的大额贷项通知单，以及对应收账款 / 合同资产的其他调整事项。

2. 关注是否存在应收账款的期后重大转回等异常情形。

3. 以非客户第三方往来余额冲减应收账款。

4. 经常采用多方债权债务抵销的方式抵销应收款项等。

当存在上述情形时，审计人员可考虑执行的审计程序包括：

1. 检查原始债权的形成原因及原始资料，特别关注相关收入的真实性和原始债务的真实性。

2. 检查冲减应收账款时是否已存在各方的抵账协议等必要书面资料，相关安排是否具有商业合理性，抵消是否符合金融工具等会计准则的相关要求。

3. 应收账款期后转回依据是否充分，是否涉及会计差错调整等。

4. 必要时对各方进行访谈，深入了解各方的背景信息。

示例 6-12

R 公司的主要客户是风力发电、电气化铁路、石油石化、冶金、煤炭等行业的企业，客户的付款周期较长。R 公司持续通过外部借款或者伪造银行单据的方式虚构应收账款的收回，在年末、半年末等会计期末冲减应收账款（大部分在下一会计期期初冲回），导致其披露的相关年度和半年度报告财务数据存在虚假记载。审计人员虽然在对应收账款进行替代测试时，抽查到了相关红字冲销金额且单笔金额较大，但审计人员未对大量的红字冲销交易及所抽凭证中的异常情况保持职业怀疑，也未设计和实施相应的审计程序以获取充分、恰当的审计证据。

（五）关注应收账款终止确认和列报是否符合准则规定

根据《企业会计准则第 23 号——金融资产转移》的规定，企业应当在收取金融资产现金流量的合同权利终止时终止确认该金融资产，如果合同权利尚未终止，只有在几乎转移了金融资产所有权上所有的风险和报酬时才能终止确认该金融资产。尽管应收账款是否终止确认不会对企业的盈利状况和净资产产生影响，但对于存在大额应收账款的企业而言，是否终止确认应收款项将会对企业的流动比率、资产负债率等重要财务指标产生较大影响，从而影响其绩效考核、金融借贷条件等。当存在虚假收入时，如何将虚增的应收账款出表，如以保理等形式终止确认也是实务中需关注的情形之一。通过保理业务终止确认应收账款可实现账面上收回了欠款，降低资产负债率，不必再计提坏账准备从而虚增利润的双重目的，资产潜亏表外化更加隐蔽。

审计人员对被审计单位应收账款是否满足终止确认条件，可关注：

1. 核查是否存在名义上为买断应收账款的保理合同，但是在合同条款中却包含了导致应收账款无法终止确认的相关权利义务条款，例如包含某些担保条款、回购条件等。

2. 核查是否将形式上电子化的应收账款作为应收票据进行流转，直接终止确认应收账款而非分析是否符合金融资产终止确认条件。

3. 了解对手方是否为关联方，对手方主要经营内容，相关安排是否具有商业合理性；

4. 了解应收账款出售条款和价格等是否合理，是否存在异常情形，例如长账龄的应收账款以原价或极小的折扣出售。

5. 如存在频繁大额终止确认的情况，可考虑必要时执行延伸审计程序进行穿透，以了解其商业实质是否真实，会计处理是否恰当。

（六）关注应收账款坏账准备是否计提和披露是否恰当

1. 关注减值模型选择的合理性

应收账款既可采用“迁移矩阵法”模型计提坏账准备，也可采用“固定准备率对照表”式的简化模型计提坏账准备，实务中采用后者较多。“迁移矩阵法”是金融机构贷款资产拨备计提的重要方法，是否适用非金融企业需要分析运用。例如，对于客户数量较少、主要账龄分布在一年以内、某一账龄组合断档、存在债务重组等非正常因素回款导致款项减少等情形，表明账龄长短并不是客户信用风险特征的主要因素，不适合采用“迁移矩阵法”模型。审计人员需关注被审计单位预期信用损失模型选择的合理性。

2. 关注风险组合划分恰当性

关注被审计单位的风险组合划分是否恰当，是否存在大于分部报告层级的信用组合，如存在，需要进一步了解不同业务分部的应收账款的信用特征是否相同或类似，采用相同的计提方法或对同样账龄的余额采用相同固定计提比例是否可以体现预期信用损失情况。例如，当被审计单位同时存在零售业务及工程施工两个报告分部时，两种业务模式下的信用风险组合通常不具有相同的特征。审计人员需了解并评价被审计单位根据业务类型、所处行业、客户类型、客户历史回款情况等信息，判断同一账龄组合中应收账款客户信用风险特征是否恰当、合理，是否存在将与组合中其他客户不同信用风险特征的应收账款，或客户信用风险特征已发生重大变化的应收账款直接归入账龄组合中计量预期信用损失的情况。

3. 复核风险组合坏账准备的计量准确性

当被审计单位采用减值矩阵法来计量预期信用损失时，审计人员应关注并复核以下方面：

（1）所参考的历史数据是否准确。

（2）采用的期间数据是否与目前业务模式及规模特征相同或类似。

（3）在对数据进行清洗时是否存在不恰当的数据删减修改等。

（4）采用的期间数据是否较为充分，例如一般至少以 4~5 期数据为宜。

（5）是否存在通过细分账龄而少计提坏账准备的情况，例如被审计单位 4 年以上的历史回收率已很低，接近 0，但是被审计单位以少量应收账款可收回为理由将 4~5 年划分为一个矩阵期间，将 5 年以上的应收账款余额认为是 100% 无法收回的，通过减值比例的乘法效益使得 5 年以下的各期应收账款的减值率下降，达到少计提坏账准备的目的。

当被审计单位采用应收账款账龄与固定准备率对照表的方法计算预期信用损失时，审计人员需关注固定准备率的设定是否有历史数据支撑或行业数据支撑，如不能体现以上方面，则需进一步了解采用固定准备率的恰当性；是否存在明显迹象表明该种方式可能仍需定期复核并更新，如对于能源或养殖等周期性波动较剧烈的行业，当行业情况产生较大波动时，可能需要予以相应考虑。当被审计单位信用组合按照账龄（逾期账龄）来计提坏账准备时，如果存在 0 计提比例的账龄情形，需要关注管理层的估计是否恰当。

示例 6-13

P 公司应收账款坏账准备计提采用“迁移矩阵法”模型，在编制 2021 年度财务报表时，预期信用损失率期初（2020 年 12 月 31 日）、期末（2021 年 12 月 31 日）各账龄段损失率计提比例完全一致，即预期信用损失率期初期末变化。

预期信用损失率期末较期初是否应当变化，存在两种观点：一种是期初确定之后，除非客户信用风险特征发生重大变化，期末预期信用损失率与期初保持不变，即期初期末预期信用损失率完全相同，以期初损失率计算当年期末坏账准备数；另一种是考虑最近一期数据，根据实际计算结果确定坏账准备数，损失率则是期末坏账准备与相应账龄段余额之比，是计算的自然结果，该种方式期末预期信用损失率通常与期初有所变化。审计人员应评估两种方法的合理性，建议被审计单位采用第二种方法。若被审计单位采用第一种方法，应当考虑客户信用风险特征是否比较稳定，变动率影响的坏账准备金额是否足够低于重要性水平等因素。

审计人员应当特别关注，若采用相同预期信用损失模型确定期初、期末损失率波动较大，应当在底稿中核实波动原因分析的记录，相关参数的选用与修正是否合理，计算结果是否如实反映了客户信用风险特征的变化。例如，直接采用较长账龄段（如2年以上）微小金额迁移比率，从而导致应收账款总体期末信用损失率较大波动，可能并未反映被审计单位相关信用风险组合信用状况变化。

4. 复核坏账准备采用个别单独计提方法恰当性

关注个别计提法是否具有历史逾期信息可参考，或者被审计单位针对特定应收款项的未来现金流量的估计是否体现了过去事项、当前状况及未来经济状况预测的合理且有依据的信息要素，被审计单位通过"拍脑袋"方式而未结合行业经验、特定应收账款的具体信用风险特征确定的个别计提方法很可能是不恰当的。

5. 从事金融业务的非银行机构购入的应收账款并非依据收入准则所形成，不符合采用简化方法计提坏账准备，如保理公司购入的应收款项。

6. 关注会计估计是适时更新还是择机更新

原则导向的会计准则给予企业较多的机会进行会计估计，而预期信用损失法的动态前瞻性在此基础上又给予企业更多的可能性来更新其会计估计，因此审计人员需关注被审计单位是否已及时更新会计估计，而不能在相关环境发生变化时仍采用与当前及未来信息不相符的参数或模型计量预期信用损失。

相应地，审计人员也应关注被审计单位是否在相关环境未发生明显变化时即更新对预期信用损失的估计模型，如存在此情形，需了解更新模型的原因，是否与被审计单位完成相关绩效指标的目的相关；复核其效果是否能更好地体现预期信用损失的计量，而不应过度涉及不必要的主观性及可能的管理层偏向。

7. 预期信用损失会计政策的披露

通常预期信用损失的计提比例属于会计估计的范畴，且根据金融工具准则本身具有动态前瞻的特点，因此审计人员应关注被审计单位是否在财务报表附注的应收账款项目中披露所采用的预期信用损失率，而非在会计政策部分披露。

四、审计案例

案例6－10

应收账款真实性审计不到位

A公司是为各省市电网和电力被审计单位提供软件开发、软件产品和集成系统的一家上市公司。审计人员在对应收账款进行审计时，执行了函证程序和相应的替代程序，查看了期后回款。在替代测试中，仅对未回函的8家客户中的2家执行了替代测试，其中对2家客户的替代测试检查工作底稿见表6–24和表6–25。

表6–24 应收账款替代测试表——M省电力公司通信中心

合同编号	确认应收金额/合同总金额	收款情况	
SI10SW4003	确认应收账款288万元	2011年6月30日	259万元
		2011年12月27日	259万元
SI10SW3053	合同总金额350万元	2011年6月30日	245万元
		2011年12月12日	210万元
SI10SW3033	合同总金额203万元	2011年6月30日	195万元
		2011年8月9日	102万元

表6–25 应收账款替代测试表——N省电力公司通信中心

合同编号	确认应收金额/合同总金额	收款情况	
SI11SW4004	确认应收账款261万元	2011年6月29日	235万元
		2011年12月31日	235万元
SI10SW3041	合同总金额328万元	2011年6月29日	197万元
		2011年12月31日	197万元
SI10SW3040	合同总金额257万元	2011年6月29日	154万元
		2011年12月23日	154万元

上述每一项在6月底收到的回款，都在同年的7月发生了退还。

案例讨论：

审计人员对应收账款审计执行不到位，体现在以下几个方面。

1. 未按规定实施应收账款函证程序和相应的替代测试

审计人员虽然亲自选取了函证样本并将函证交给快递公司寄出，但函证程序执行不到位。一是未对被审计单位提供的被函证对象信息和函证地址进行充分核实，部分函证的接收人为被审计单位当地项目组工作人员，函证并未邮寄到真实的被函证对象手中。二是未对全部未回函的应收账款执行替代测试，不能在未回函的样本中再次“抽样”进行替代测试。三是未对回函异常情况予以关注，例如回函邮寄地址与发函地址不一致，未通过询问、查看合同及付款记录中的相关信息等方式，对回函的真实性进行验证，函证控制不到位。

2. 未关注收款金额与合同金额差异

对于上面两张表中的6份合同对应的应收账款，审计人员在审计工作底稿中的说明为“经检查无异常”。但由两张表计算发现，以上合同存在累计收款金额大于合同金额的情况，且收款日期都临近每一申报会计期间的资产负债表日。审计人员在执行应收账款替代测试中，对累计合同收款金额大于合同金额，以及收款之后又很快退回的异常情况未予适当关注，也未采取进一步的审计程序。其中编号为SI10SW4003的合同系被审计单位虚构的合同，该合同的两次收款均为其通过非客户第三方转入资金冲减应收账款；另外的几份合同的部分临近资产负债表日的收款也存在通过非客户第三方转入资金冲减应收账款的情况，审计人员未对多笔收款金额相同，或是在资产负债表日收到回款却又在期后快速退回的异常情况予以高度关注并结合货币资金流水的真实性检查发现存在的舞弊行为。

3. 未对应收账款的期后重大冲回保持职业怀疑，对检查过程中发现的以下异常情况未予以关注

（1）货币资金检查情况表中记录了2011年1月发生的两笔大额退款分别为934.67万元及494.24万元，审计人员记录为“未见异常”。

（2）付款方与客户不一致，收入真实性检查表及应收账款替代测试中均记录2010年12月31日收到客户民航X管理局293.04万元款项，但相应的银行回单中的付款方为“M省电力通信有限责任公司”，审计人员仍记录为“未见异常”。

（3）同一客户同期存在相同金额的收款及退款，对于同一合同款项在会计期初退回，又在会计期末重新收到且金额一致的异常情况，审计人员仍记录为“未见异常”。

案例6-11

应收账款函证程序实施不到位

2016年5月，JH公司为了重组上市，与上市公司鞍重股份联手进行“忽悠式”重组，通过各种手段虚增巨额收入和银行存款。JH公司和相关中介机构受到监管机构的处罚。L会计师事务所对JH公司2013~2015年度财务报表审计时，未勤勉尽责，存在应收账款函证程序不到位等多项问题，导致未能发现被审计单位的财务舞弊，出具的审计报告存在虚假记载。

案例讨论：

函证是应收账款审计最重要的程序，获取的外部证据证明力最强，但L会计

师事务所在JH公司审计过程中，函证程序执行严重不到位：

1. 未按拟定的选样标准进行发函

审计人员对应收账款函证发函的选取标准定为10万元以上全部发函，10万元以下随机抽取。但在实施函证程序的过程中，审计人员未严格执行拟定的发函标准，对部分10万元以上的供应商未进行函证，如能士智能港科技发展有限公司2013年底应收账款2 200 000元、杭州颐高数码科技市场乐轩电脑商行2013年底应收账款860 000元、新昌县亿嘉置业有限公司2013年底应收账款1 310 000元等。

2. 未保持对函证的有效控制

审计人员实施函证程序时，在JH公司总部安排九好集团工作人员与审计项目组成员一起填写询证函快递单并寄出，而JH公司各子公司的询证函则由审计人员制好询证函，由JH公司下属子公司在各地自行寄出。审计人员要求JH公司将发函的快递底联全部寄回杭州并由JH公司转交审计人员，或由JH公司子公司直接寄回审计人员北京总部。此外，还存在公司工作人员直接回函的情况，如浙江元茂文化创意有限公司回函快递单明确写明“JH集团”。上述发函工作自始至终均有JH公司人员参与，且在子公司层面失去对函证的控制。

从回函情况看，大量回函的快递单存在连号或号码接近、发函与回函快递单号接近的情形。

3. 未充分关注函证回函的疑点

（1）询证函回函供应商确认盖章不符。部分询证函回函供应商确认盖章用印为另一家供应商，如成都兴华侨印刷有限公司回函用印是成都辉煌世纪广告有限责任公司。

（2）数家供应商回函均留有同样的邮寄信息。例如，杭州云昀网络科技有限公司、杭州毅恒汽车代驾服务有限公司、上海焊点投资管理有限公司、杭州普丰信息技术有限公司等回函寄件人电话均为156****0109；广州市海力士电子科技有限公司、广州市松吉电子科技有限公司、广州市金武风音响有限公司的回函寄件人电话均为136****9081。

（3）不同供应商回函由同一快递员收件。如广州曼舞电子有限公司、广州耀得电子有限公司、广州市海力士电子科技有限公司、广州市松吉电子科技有限公司、广州市狮之威电子科技有限公司、广州丹裕电子科技有限公司、广州华州电子科技有限公司的回函均由编号为41**98的顺丰快递员取件。

（4）询证函发函与回函地址不是同一个城市。例如，北京友好创嘉投资管理有限公司发函地址为北京市，供应商实际回函地址为深圳市；广州市亿盈电器科技有限公司发函地址为深圳市，实际回函地址是广州；上海麦金地餐饮管理服务有限公司发函地址是上海市，实际回函地址是杭州等。

3 应收款项融资

一、重大错报风险

1. 未按照准则的规定将应收票据、应收账款在应收款项融资项目中列报。
2. 应收款项融资未按照预期信用损失法计提减值准备。

二、常见审计问题

1. 未充分了解被审计单位管理应收票据、应收账款的业务模式。
2. 未对被审计单位将应收票据和应收账款分类至应收款项融资的标准是否恰当和保持一贯性获取充分适当审计证据。
3. 未关注应收款项融资是否计提减值准备。

三、审计关注要点

（一）关注应收票据、应收账款的分类与列报是否符合准则规定

《企业会计准则第 22 号——金融工具确认和计量》规定，对于合同现金流量仅为对本金和以未偿付本金金额为基础的利息支付的金融资产，如果企业管理该金融资产的业务模式既以收取合同现金流量为目标又以出售该金融资产为目标，则应将该金融资产分类为以公允价值计量且其变动计入其他综合收益的金融资产。财政部《关于修订印发 2019 年度一般企业财务报表格式的通知》明确，“应收款项融资”项目，反映资产负债表日以公允价值计量且其变动计入其他综合收益的应收票据和应收账款等。

审计人员在检查被审计单位应收票据、应收账款是否应在“应收款项融资”项目中列报时，应关注被审计单位管理该应收票据、应收账款的业务模式是否是以收取合同现金流量为目标又以出售该金融资产为目标。

示例 6-14

某会计师事务所关于应收票据贴现或背书转让列报作出如下内部指引：若公司发生较为频繁且涉及金额较大的应收票据（指销售商品或提供劳务等具有交易实质取得的票据）贴现或背书转让，这种情况下，公司管理该等应收票据的业务模式可能不是以收取合同现金流量为目标，不应划分为以摊余成本计量的金融资产，应当列报为“应收款项融资”。其中，较为频繁且金额较大，原则上按照报告

期贴现或背书转让超过全部应收票据金额的50%以上把握，未超过50%的仍然在应收票据科目列报。上述金额，一般以被审计单位合并范围内各会计主体作为判断对象，但若各主体贴现或背书行为具有类似特征，也可简化处理，即直接以合并报表相关金额来判断。

不论是在应收票据列报，还是通过应收款项融资列报，取得的现金在现金流量表中均作为销售商品或提供劳务收到的现金。

可以终止确认的银行承兑汇票贴现或背书转让、应收账款转让，如果符合类似示例中的标准，则应将其分类为以公允价值计量且其变动计入其他综合收益的金融资产，在财务报表列报为“应收款项融资”项目。应收票据中商业承兑汇票或低信用等级银行开具的银行承兑汇票进行贴现或背书转让、不能终止确认的应收账款转让由于不满足终止确认条件，因而不以出售为目标，不能在“应收款项融资”项目中列报，仍应分类为以摊余成本计量的金融资产，在应收票据、应收账款项目中列报。

（二）关注应收款项融资是否计提减值准备

审计人员应检查被审计单位应收款项融资是否计提减值准备，被审计单位可能会误以为应收款项融资已经按公允价值进行后续计量，无需再计提减值准备。《企业会计准则第22号——金融工具确认和计量》规定，应收款项融资应按照“预期信用损失法”模型计提减值准备，并计入“其他综合收益”。应收款项融资中应收票据、应收账款的存在性、权利与义务、完整性等重大错报风险与审计应对详见应收票据、应收账款相关内容。

4 合同资产

一、重大错报风险

1. 混淆合同资产与应收账款区别，导致资产负债表列报不当。

2. 可能存在虚假的合同资产余额或交易，从而导致合同资产的账面余额的存在性或权利与义务存在重大错报风险。

3. 未对合同资产计提减值，或者虽计提减值，但混淆与应收账款预期信息用减值损失的区别。

4. 将不同合同项目核算的合同资产与合同负债抵销，导致虚减财务报表资产负债金额。

二、常见审计问题

1. 未能理解合同资产与应收账款的区别，导致未能识别被审计单位合同资产与应收账款列报的重大错报。

2. 未结合收入项目检查合同资产的相关合同，未对相关业务的商业逻辑的合理性进行分析，从而未能识别以虚增资产和负债为特征的虚假交易。未关注合同资产的期后审计，未能发现被审计单位存在提前确认收入或虚假销售交易行为。

3. 合同资产账龄及余额分析不到位，特别是对合同资产长期挂账的原因及合理性缺少分析。

4. 未关注未合同资产减值计提及列报的恰当性。

5. 未关注合同资产余额中的关联方余额及可能存在的关联方资金占用舞弊行为。

三、审计关注要点

（一）关注合同资产与应收账款的区别

合同资产，是指企业已向客户转让商品而有权收取对价的权利，且该权利取决于时间流逝之外的其他因素。在赊销的情况下，原收入准则在企业确认收入时，同时确认应收账款，但在新收入准则下，确认收入时或者确认应收账款，或者确认合同资产，是否正确区分影响财务报表的列报和减值计提，审计人员应当重点关注。

合同资产与应收账款既有共同点，也有区别，共同点在于都是企业拥有的有权收取对价的合同权利，因为确认了收入，意味着商品或服务的控制权已经转移至客户，根据《民法典》的规定，卖方有权获得交易对价，买方则有义务支付价款。两者的区别在于：一是反映的权利不同。合同资产是有条件的收款权，虽然商品或服务控制权已经转移，但企业还存在剩余履约义务，该收款权取决于剩余义务的履约情况。剩余义务既可能与确认收入的商品或服务相关，也可能不相关，如负有的第三方义务；既可能实际履行，也可能并不实际履行，如质量保证义务。应收账款则是企业无条件收取合同对价的权利，即仅仅随着时间的流逝即可收款，不存在剩余履约义务。二是承担的风险不同。合同资产不仅承担信用风险，还面临履约风险，如果企业不能履行剩余义务，将影响款项的收回金额，即款项的足额收回存在不确定性，如给予客户折扣。应收账款则仅承担信用风险，是确定性的债权。

区别合同资产与应收账款，关键在于理解“有条件”的内涵，即企业是否存在剩余履约义务。新收入准则执行中对此存在理解不到位的情形，主要是将合同约定的“结算条款”当作“有条件”收款权，从而混淆合同资产与应收账款区别，具体包括：收入一次性确认，但合同约定分阶段付款，如错误地将收入与客户付款节点之间的差额确认为合同资产；最终付款以审定价为准，如军品业务、政府采购商品或服务等；合同约定双方按期核对工作量结算清单后付款，如劳务外派业务；约定企业开具发票账单后客户才付款；不影响收入确认条件的简单验收或安装等等。上述这些有条件收款的约定，确实为企业的义务，但新收入准则规定的履约义务，是指商品的生产、运输、安装调试、验收等与商品或服务本身相关的实质性履约义务，履行这些义务将消耗企业的经济资源，而“结算条款”约定的义务，与销售商品或提供服务本身并无关，也不会消耗企业经济资源，故不应当将满足结算条款前的收款权利确认为合同资产。

实务中，确认为合同资产的情形并不多见，主要包括施工企业“未结算工程施工”项目、金融资产模式的 PPP 项目、未到期质量保证金、“捆绑销售”分次交付商品，以及其他满足收入确认条件但不满足无条件收款的情况。此外，对于按照时段法条件三确认收入的，通常不应确认合同资产，因企业在整个合同期内任何时点就已完成的履约部分有收取款项的权利，即合格收款权。

示例 6–15

律师事务所在每个月末会根据当月每个客户的咨询时长准备账单发给客户，但部分客户在 1~2 个月后才予以确认。律师事务所的服务单价较为明确，咨询服务时常有录音，不易产生分歧，该对账的过程仅为形式结算流程以及双方债权债务的确认过程，因此应确认收入的同时，应将对价列报为应收款项而非合同资产。

示例 6–16

发电企业应收电费中所包含国家给予的可再生能源补贴部分。通常在发电企业取得可再生能源电价附加资金补助目录登记批准后，由国家相关部门将补贴资金拨付支付给发电企业。而发电企业申请目录的时间由国家相关部门统一安排，上网批准至目录登记批准之间的时间间隔往往超过 1 年。在目录登记批准之前，发电企业已无其他履约义务，该款项收取仅取决于时间流逝，应列报为“应收款项”。

但是对于新能源汽车制造企业销售汽车将从政府取得相应补贴的情况，此部分补贴金额需要在所销售汽车行驶 2 万公里后才有权收取。在所销售汽车行驶 2 万公里之前，新能源汽车制造企业尚未拥有“无条件收款权”，应将收取合同款项的权利列报为合同资产，在后续期间符合“无条件收款权”条件时再转入应收款项。

（二）关注合同资产细节测试

合同资产是被审计单位已向客户转让商品而有权收取对价的权利，一般尚未通过与客户的实质性结算程序，或合同中的部分或其他履约义务尚未完成。从客户角度出发，一般会对已完成的履约义务（或部分履约义务）的确认（包括金额确定）较为谨慎，合同资产回函比例可能不如应收账款高。

审计人员需要结合收入确认、计量和期后重分类为应收账款等发生额，对合同资产余额实施实质性细节测试，关注合同资产和收入的确认依据是否充分，是否存在提前或延后确认收入的情况。对于所确认合同资产的各种重分类处理获取相关依据资料，选取适当样本进行测试。合同资产的细节测试可参见本节营业收入的审计关注要点内容中的相关审计程序实施说明和分析内容，考虑结合实物流转、现场查验等程序对其存在性进行检查，参照收入合同交易对价分摊及可变对价估计等内容复核合同资产的计量。

（三）关注工程施工类合同资产实地观察

工程类合同资产具有实物形象进度，可被实地监盘和观察。若被审计单位账面确认的合同资产与实际进度相差较大，可能存在重大错报。审计人员对于重大及异常工程类合同资产，应当通过监盘方式实地观察，核查被审计单位是否存在虚构工程项目，或不恰当确定履约进度等方式虚增合同资产，达到虚增收入和利润的目的。

（四）关注合同资产转入应收账款后账龄划分准确性

合同资产转入应收账款账龄划分标准不一。合同资产是有附加条件的，即有履约义务的合同权利，附加条件达成后，合同资产应当转入应收账款。转入应收账款的账龄划分，有的以确认收入时作为起点连续计算账龄；有的则视同新产生的债权，在转入时点作为重新计算账龄的起点。对于按照时段法确认收入形成的“未确认工程施工”合同资产（原准则列报于“存货”），通常以完成结算转入应收账款时点划分账龄。除工程类合同资产外，包括质保金在内的合同资产转入应收账款如何划分账龄做法不一，既有连续计算账龄，也有重新计算账龄，两种做法均有一定合理性，实务中以连续计算账龄较为普遍。

（五）关注合同资产长期挂账原因

合同资产是被审计单位尚未取得仅随时间流逝的无条件收款权（应收账款）之前的阶段性列报科目，一般来讲账龄不应过长。被审计单位合同资产账龄较长时，审计人员可通过执行分析性程序，对于合同资产占营业收入比例、合同资产周转天数、毛利率等情况进行不同期间的对比，并与同行业公司的相关指标进行比较，分析是否存在收入确认提前的迹象。

审计人员应与管理层进行沟通，了解是否存在部分项目暂停、缓建导致款项结算延迟或与客户发生纠纷等情况，对于已完成项目但较长时间未结算的合同应考虑其减值准备计提是否充分，例如项目特有的信用风险是否应通过采用个别认定方法予以考虑，而非仍将其与其他正常项目一起以组合方式计提减值准备。

审计人员需警觉长期挂账的合同资产对以前年度收入的真实性所提供的信息是否可能表明这些收入存在虚构，并评估此种情况是否在当期仍然继续存在，如存在此疑虑，因考虑执行更多更深入的实质性程序来对本期的合同资产余额予以核实，特别注重获取外部的、较难伪造的实物证据。关注长期挂账的合同资产是否存在关联方余额（包括未明确披露的关联方等），警觉是否存在通过推迟结算时间达到控股股东占用资金的目的，包括控股股东通过将项目抵押等形式从客户处获取资金的情形等。

（六）关注合同资产的列报恰当性

1. 关注合同资产列报是否已区分流动性及账龄计算的准确性

（1）合同资产预计在资产负债表日起超过一年内变现的，应当列报为其他非流动资产，如一年以上的质保金、PPP 项目确认的超过一年的合同资产，但有的被审计单位未进行区分，均列报于流动资产中的合同资产。

（2）一年内到期的非流动资产，应当转入流动资产。实务中，有的转入“一年内到期的非流动资产”项目，有的转入“合同资产”项目，还有的不进行转换。转入前两者均有一定合理性，转入“一年内到期的非流动资产”更符合准则列报体系规则。

2. PPP 项目列报

关注 PPP 项目资产的建造收入金额确认为无形资产时，在相关建造期间确认的合同资产是否在资产负债表的“无形资产”项目中列报。

3. 关注合同资产与合同负债的抵销是否正确

合同负债，是指企业已收或应收客户对价而应向客户转让商品或服务的义务，如预收的货款。合同资产和合同负债应当在资产负债表中单独列报，同一合同下的合同资产和合同负债应当以净额列报，不同合同下的合同资产和合同负债不能相互抵销。实务中，工程类企业普遍存在合同资产与合同负债抵销的问题，该类企业通常预收工程款，形成合同负债，同时根据履约进度确认收入，在未结算前形成合同资产，结算后确认为应收账款，此时应当以合同资产与合同负债抵销后的净额列报。为便于操作，企业往往设置“合同结算”作为过渡科目，资产负债表日，“合同结算”如为借方余额，在资产负债表列报为“合同资产”或“其他非流动资产”项目；期末余额为贷方的，在资产负债表列报为“合同负债”或“其他非流动负债”项目。

审计人员需要注意的是，合同资产与合同负债抵销，针对的是同一合同，而不是针对同一客户。如果同一客户项下的合同资产与合同负债要抵销，应参照《企业会计准则第37号——金融工具列报》的要求判断是否满足抵销条件，即“企业具有抵销已确认金额的法定权利，且该种法定权利是当前可执行的；企业计划以净额结算，或同时变现该金融资产和清偿该金融负债。”对于同一客户有多个合同，且客户付款无清晰对应具体合同的情况下，合同资产（或应收账款）与合同负债抵销存在一定困难，有时采取“先进先出法”，收到的款项视为最早期合同价款的收回。企业应当以“合同”为最小单元进行会计核算，如果以“客户”为最小单元核算，则可能难以准确抵销合同资产与合同负债，这就需要企业建立完善的销售管理相关内部控制制度，这也是新收入准则改革的重要理念，以“合同”为基础进行收入的确认、计量和列报。

（七）关注合同资产减值计提与列报

1. 关注减值计提方法

合同资产减值是采用与应收账款信用减值损失计提相同的方法，还是不同的方法计提减值准备？一种观点认为，应收账款与合同资产均对应同一客户，面临的信用风险相同，应当采用与应收账款相同的方法计提减值准备。另一种观点认为，两者性质存在差别，合同资产不具备无条件收款权，转为应收账款前处于信用期内，不存在逾期问题，减值风险与账龄相关性较低，直接按账龄计提坏账可能会高估合同资产减值，不宜采用与应收账款完全一致的方法计提合同资产减值，笔者趋向这种观点。实际操作中，可以采取类似于余额百分比的方法，对正常结算期内的合同资产不考虑账龄因素，均按照固定比率，如参照一年内应收账款预期信用损失率计提合同资产减值。

2. 关注合同资产转入应收账款后按何种账龄计提减值

一种理解为，合同资产与应收账款实质上均为债权性资产，只是收款权表现为不同形式，应当按照实际账龄连续计算计提减值。另一种理解为，合同资产不属于金融资产，既然合同资产不同于应收账款金融资产的性质，就应当各自单独考虑减值计提，不需要连续计算账龄。两种方法看似都有内在逻辑性，但结果可能并不符合实际情况，因为同一客户信用状况相同，如果不同方法出现减值准备差异较大，可能需要采取其他更恰当的方法。

无论是采用哪种方法划分账龄，都需要考虑坏账准备计提方法及恰当性。如果直接按照连续计算账龄计提坏账准备，在客户处于正常信用状况下，可能出现多计提坏账准备，如三年期的质保金，到期后能够正常收回，转入应收账款按照账龄三年计提坏账损失显然过高；如果按照重新计算账龄计提坏账准备，在客户信用状况已经恶化的情况下，按照一年内计提坏账损失则不充分。从信用风险角度看，同一客户信用风险相同，合同资产转入应收账款后，与其他应收账款承担相同的风险，应当按照相同的信用损失率计提坏账损失。

3. 关注长期未结算合同资产减值计提

对于工程类业务形成的合同资产，原准则通过“存货”核算，除非出现亏损合同，一般不计提存货减值。新收入准则下，合同资产应按新金融工具准则预期信用损失计量减值准备，实际上扩大了资产减值计提范围。对于已完工但长期未结算的合同资产，应当分析未结算的原因，客户是否出现违约迹象，根据客户信用状况计提减值。

示例 6–17

证监会《首发业务若干问题解答（2020）》指出：原收入准则下，部分工程施工企业，特别是园林、绿化、市政等建筑施工企业各报告期末存货主要为已完工未结算的工程施工，其中，部分项目已竣工并实际交付，仅以未办理决算或审计等原因而长期挂账，应当转入应收账款计提坏账准备。在执行新收入准则后，各报告期末存在已完工未结算或未收款的合同对价，应依据合同条款明确并披露合同资产和应收账款的分类标准和确认条件，准确区分和列报合同资产和应收账款，充分考虑相关风险特征分别确定并披露合同资产和应收账款的减值准备计提方法。

4. 关注合同资产减值的性质与列报

虽然新收入准则要求企业按照《企业会计准则第 22 号——金融工具确认和计量》的规定计提减值，但由于合同资产不属于金融资产，其减值不属于“信用减值损失”，而属于“资产减值损失”，分别列报于财务报表不同项目。当合同资产转入应收账款后，是否应将当期计提的“资产减值损失”转入“信用减值损失”，准则并未明确规定，可以理解为无需转入。

5 长期应收款

一、重大错报风险

1. 可能存在虚假的长期应收款余额或交易，从而导致长期应收的账面余额的存在性或权利与义务存在重大错报风险。

2. 长期应收款的分类、坏账准备计提等处理不符合准则规定。

3. 未恰当考虑长期应收款中的重大融资成分，应收融资租赁款初始计量存在错误。

二、常见审计问题

1. 长期应收款函证程序执行不到位，如未执行函证程序、未保持函证过程控制或未结合长期应收款的具体情况对回函差异执行进一步审计程序，替代测试执行不到位等。

2. 未结合收入等交易项目检查长期应收款初始确认的相关合同，未对相关业务的商业逻辑的合理性进行分析，从而未能识别以虚增资产和负债为特征的虚假交易。

3. 未持续关注长期应收款的相关变化情况及可能存在的关联方资金占用行为。

4. 未关注长期应收款的分类、坏账准备计提等是否符合准则规定。

5. 未恰当执行重新计算或合理性分析程序，未发现长期应收款余额存在的计算错误。

三、审计关注要点

（一）检查长期应收款相关业务的合同原件及其他依据

审计人员需要检查相关合同原件及业务背景，认真审核重要合同条款的商业逻辑及合理性，警觉是否存在为提前确认收入构造分期收款的销售商品交易，是否存在将控制权尚未转移的发出商品确认了收入及长期应收款。审计人员应了解交易对手方的商业背景，检查相关实物流转交割证据是否充分，控制权转移的判断是否合理，必要时执行延伸审计程序。

例如，审计人员需要关注被审计单位是否仅在拥有获得无条件收取现金或其他金融资产的合同权利时，才确认了 PPP 项目的长期应收款，关注被审计单位是否对于保底处理量构成金融资产已充分考虑了历史经验、行业惯例、法律法规以及司法实践等因素的基础上，审慎分析其是否拥有无条件收取现金的合同权利；再如，审计人员应获取融资租赁产生的长期应收款相关的合同和契约，关注租赁合同的主要条款，检查是否满足融资租赁分类的相关规定，租赁开始日的判断是否恰当，检查授权批准手续是否齐全。

（二）持续关注长期应收款的相关变化

在连续审计的情况下，审计人员容易对前期交易形成的，但本期基本无变化的长期应收款缺乏应有的关注，审计人员需要考虑长期应收款项目对于报表整体重大错报风险的影响程度，并实施审计程序获取充分适当的审计证据。

当长期应收款发生重大变化时，应当取得并更新与重大变化相关的资料，并复核原来的会计处理是否恰当。审计人员应与管理层进行沟通，了解是否存在部分项目暂停、缓建导致款项结算延迟或与客户发生纠纷等情况，警觉长期应收款的后续情况对以前年度收入的真实性所提供的信息是否可能表明这些收入存在虚构情形。

当长期应收款未发生重大变化时，审计人员仍需关注被审计单位是否按照合同约定结算时点和正常商业节奏收取了相关款项，款项的支付方是否为交易对手方，并了解被审计单位是否仍与债务人保持业务往来，债务人的信用风险等信息。

（三）对长期应收款余额及合同条款执行函证程序，关注回函差异及对未回函样本执行替代测试

类似于应收账款，在对长期应收款实施函证时，审计人员可结合业务的具体情况，考虑对合同结算条款、结算方式等合同相关内容同时进行函证，在达到确认账面余额目的的同时，也可了解该长期应收款是否发生相关变化情况。如果确因某种原因无法实施函证程序，应当考虑实施替代程序并评估其是否可达到与函证程序相同的效果。

（四）关注长期应收款的分类、坏账准备计提等是否符合准则规定

审计人员对于长期应收款的分类需关注：是否存在为了提高流动比率指标，将长期应收款分类为应收账款的情形；是否存在长期应收款与债权投资、长于一年的合同资产分类混淆的情形；一年内到期的长期应收款是否已列报为“一年内到期的非流动资产”。

审计人员对长期应收款坏账准备计提需关注：是否存在未计提减值准备的情形；减值模型是否一贯采用，相关参数是否已适时更新；预期信用损失率是否存在与同行业、历史真实情况相比过高或过低的情况。

（五）关注长期应收款相关金额计算准确性

1. 评价被审计单位对于长期应收款是否存在重大融资成分的分析是否恰当。

2. 当存在重大融资成分时，复核在长期应收款现值计算中采用的折现率是否恰当，计算过程是否准确。

3. 对于融资租赁形成的长期应收款，检查租赁收款额的每期租金、租赁期和未担保余值等项目的金额是否正确；检查是否存在初始直接费用，相关会计处理是否正确。

6 递延所得税资产

一、重大错报风险

1. 计提递延所得税资产不谨慎，在预期没有足够的应纳税所得额时仍计提递延所得税资产，从而导致递延所得税资产的存在性和准确性存在重大错报风险。

2. 未按规定披露递延所得税资产相关信息。

3. 未从合并报表和个别报表角度分别考虑递延所得税的计提。

二、常见审计问题

1. 未对被审计单位计提的递延所得税资产重新计算或进行复核。

2. 未复核管理层对于相关暂时性差异是否在可预见的未来能够转回的判断。

3. 在资产负债表日，审计人员未对递延所得税资产的账面价值进行复核，未判断未来期间是否能够获得足够的应纳税所得额用以抵扣递延所得税资产，未检查是否存在应减记递延所得税资产的账面价值的因素。

4. 未复核被审计单位是否存在应计提递延所得税但未计提的情况，未分析不同报表视角的递延所得税计提情况是否恰当。

5. 未关注被审计单位递延所得税资产是否已按照企业会计准则的相关规定进行披露。

三、审计关注要点

（一）重新计算或复核被审计单位计提的递延所得税资产

1. 取得被审计单位计提递延所得税资产的凭证及相关附件，检查被审计单位计提递延所得税资产的依据是否准确，是否按照适用税率计提的递延所得税资产。通常应对下列资产负债项目的账面价值与计税基础之间存在的时间性差异考虑计提递延所得税：

（1）以公允价值后续计量的资产、负债与初始账面成本的差异，包括交易性金融资产和负债、应收款项融资、其他债权投资、其他权益工具投资、以公允价值计量的投资性房地产等。

（2）以历史成本或摊余成本计量的资产存在坏账准备、跌价准备或减值准备的，包括应收账款和其他应收款、合同资产、债权投资、长期股权投资、固定资产等。

（3）长期资产的会计摊销年限、残值与税法上存在差异，如固定资产、无形资产、长期待摊费用等。

（4）其他因会计和税法规定不同导致的资产负债项目余额存在时间性差异的，如预提费用、预计负债、合同负债（预收客户款项）等。

（5）其他项目，如可用以后年度可实现税前利润弥补的亏损额等。

2. 了解累计暂时性差异情况，复核其与计提递延所得税资产的基础数据是否一致，复核期末递延所得税资产是否准确。

获取被审计单位累计资产减值准备金额、累计公允价值变动金额、累计折旧差额等资料，按照适用税率重新计算期末递延所得税资产。

3. 复核被审计单位所确定的存在暂时性差异的报表项目是否恰当和完整。

对于既不影响会计利润也不影响应纳税所得额的暂时性差异是否未予以考虑。关注是否存在商誉减值及其他不应计提递延所得税资产的情形，例如未使用的安全生产费不涉及资产负债账面价值与计税基础之间的暂时性差异，不应确认递延所得税。同时，关注被审计单位对于使用寿命不确定的无形资产和以公允价值计量的投资性房地产是否已考虑暂时性差异并确认了相关递延所得税。

4. 关注特殊交易或事项中产生的资产、负债计税基础在会计上是否采用相同的计量基础，在涉及企业合并时，是否已考虑相关企业合并的纳税规定，是否可能产生暂时性差异导致需确认递延所得税。

5. 重新计算递延所得税时采用的税率是否为预期该暂时性差异转回期间执行的适用税率。

（二）判断暂时性差异是否在可预见的未来期间转回

1. 如果持续亏损的被审计单位对可抵扣亏损确认了递延所得税资产，审计人员需关注其合理性。

（1）获取并复核被审计单位的盈利预测，以评估其可预见未来的盈利性；通过分析比较预测的收入增长率和毛利率与真实历史收入增长率和毛利率，结合行业发展趋势，对收入增长率和毛利率的合理性进行评估。

（2）对可抵扣亏损确认的递延所得税资产执行重新计算，复核递延所得税资产的确认是否以未来期间很可能取得用来抵扣可抵扣亏损的应纳税所得额为限。

（3）当被审计单位有累积未弥补亏损，且尚未超出税法规定的税前补亏年限时，其在补亏期间获得的应纳税所得额首先用于弥补税务亏损，税务亏损弥补完后剩余的应纳税所得额时才需要计算纳税。相应地，在预计可获得的应纳税所得额的限度内，首先确认与可弥补亏损相关的递延所得税资产，才能在剩余的预计应纳税所得额的限度内，就资产、负债的账面价值和计税基础之间的可抵扣暂时性差异确认相应的递延所得税资产。

示例 6-18

监管部门检查鼎龙文化（002502）发现：昆明五新华立矿业有限公司为鼎龙文化孙公司，2020 年，五新华立将 2017~2020 年产生的亏损全额计提递延所得税资产 581.59 万元，其中 2020 年合计补计提递延所得税资产 440.87 万元。五新华立在连续亏损且短期内无法完成矿山建设并取得收入的情况下，确认递延所得税资产时未充分考虑未来期间是否能获取足够的应纳税所得额用于抵扣，未编制合理的盈利预测，递延所得税资产的确认依据不充分。审计人员对被审计单位确认的递延所得税资产予以认可，获取的审计证据不充分。

资料来源：中国证监会网站。

示例 6-19

新赛股份（600540）2020 年末递延所得税资产余额 661.75 万元，其中新疆乌鲁木齐新赛油脂有限公司、新赛精纺等新赛股份 6 家子公司期末递延所得税资产合计 487.71 万元。这 6 家公司均处于未分配利润为负、连续亏损且累计金额较大状态，未见可抵扣亏损在未来可以弥补的充分依据，且新赛股份对上述部分公司长期应收款及长期股权投资计提了减值准备。会计师事务所未充分关注到上述事项对递延所得税资产期末余额确认的影响，未获取充分审计证据。

资料来源：中国证监会网站。

2. 对于存在暂时性差异的事项确认递延所得税资产时，应关注存在暂时性差异的相关资料是否完整、真实、有效，例如计提减值、确认公允价值变动、折旧摊销、预计负债差异等相关资料情况。同时，关注被审计单位留存备查的相关证据可以是否能够满足税务规定。

3. 对于与子公司、联营企业、合营企业等投资相关的暂时性差异，如果相关暂时性差异在可预见未来很可能转回，并且被审计单位能够获得足够的应纳税所得额时应确认递延所得税资产。一般情况下，对与子公司、联营企业、合营企业的投资属于长期投资，很难在可预见未来转回，因此通常不考虑确认递延所得税资产。关注被审计单位对投资的持有意图改变，可能在较近的期间出售时，是否确认了相关的递延所得税。

4. 集团合并报表层面与已抵销的内部交易未实现损益相关的暂时性差异，在计算递延所得税时是否已使用在内部交易中处于买方地位的法人的适用税率。

5. 针对某些特殊的事项是否应认定暂时性差异，应了解被审计单位与主管税务机关的沟通情况和结果。

（三）资产负债表日，如果预计未来期间很可能无法获得足够的应纳税所得额用以抵扣递延所得税资产，检查是否已减记递延所得税资产的账面价值

资产负债表日，检查被审计单位对递延所得税资产的账面价值是否进行了重

新复核。如果未来期间很可能无法获得足够的应纳税所得额用以抵扣递延所得税资产的利益，应当减记递延所得税资产的账面价值。递延所得税资产的账面价值减记以后，继后期间根据新的环境和情况判断能够产生足够的应纳税所得额利用该可抵扣暂时性差异，使得递延所得税资产包含的经济利益能够实现的，应相应恢复递延所得税资产的账面价值。

示例 6-20

2020 年 A 公司亏损 200 万元，当年预估未来很可能会取得盈利用以弥补亏损，则在 2020 年末确认递延所得税资产 50 万元。2021 年，A 公司并没有盈利且预计未来三年都难以盈利，则需冲减原先确认的递延所得税资产 50 万元，冲减后该科目无余额。

假设到 2021 年 A 公司虽仍然小额亏损，但有一项研发取得重大突破，且预估未来三年将会盈利很多，则这时可以确认递延所得税资产 50 万元。

审计人员在复核被审计单位对未来盈利或亏损的估计时，应当结合被审计单位所处的经济环境及具体情况、行业发展趋势考虑被审计单位所做出的相关估计的依据的可靠性。例如，中国证监会发布的《上市公司年报会计监管报告（2019）》中指出：“根据企业会计准则及相关规定，企业确认由可抵扣暂时性差异产生的递延所得税资产，应当以很可能取得用来抵扣可抵扣暂时性差异的应纳税所得额为限。年报分析发现，部分上市公司在近几年连续亏损、持续经营能力存在重大不确定性的情况下，对所有可抵扣暂时性差异确认递延所得税资产；部分上市公司直接以等待期内确认的股份支付相关费用作为暂时性差异计算递延所得税资产，全部计入当期损益，未充分考虑未来期间是否可能取得足够的应纳税所得额。”

（四）关注被审计单位是否按照会计准则规定进行披露

被审计单位是否披露了未经抵销的递延所得税资产、以抵销后按净额列示的递延所得税资产、未确认递延所得税资产的明细、未确认递延所得税资产的可抵扣亏损将于以后年度到期等信息。

1. 复核未经抵销的递延所得税资产与所对应的暂时性差异之间的比例关系是否为被审计单位的预期适用所得税税率，如表 6-26 所示。合并范围内的母子公司采用不同税率时，需要对合并附注明细进行更细层次的复核。

表 6–26 递延所得税资产与可抵扣暂时性差异勾稽关系

项目	2020 年 12 月 31 日		2019 年 12 月 31 日	
	可抵扣暂时性差异 / 税务亏损	递延所得税资产	可抵扣暂时性差异 / 税务亏损	递延所得税资产
	A	B	C	D
资产减值准备				
内部交易未实现利润				
合计				

注：A ÷ B 及 C ÷ D 为被审计单位所得税税率。

2. 复核未确认递延所得税资产的可抵扣亏损将于以下年度到期的勾稽关系。如表 6–27 所示，假设被审计单位不属于高新技术企业，可弥补亏损最长为 5 个年度。在 2020 年末的相关信息披露中，数据之间的勾稽关系应包含 a=0、F=0；b<B、c<C、d<D、e<E 这几个逻辑关系。

表 6–27 未确认递延所得税资产的可抵扣亏损将于以下年度到期

年份	2020 年 12 月 31 日	2019 年 12 月 31 日
2020	a	A
2021	b	B
2022	c	C
2023	d	D
2024	e	E
2025	f	F
合计		

7 预收款项

一、重大错报风险

1. 混淆预收款项与合同负债的区别，导致财务报表列报存在错报。

2. 被审计单位可能通过长期挂账的预收款项占用关联方资金。

二、常见审计问题

1. 未识别被审计单位预付款项核算的恰当性，如未关注预收租金的分类与列报是否符合准则规定。

2. 对被审计单位大额长期挂账的预收款项未核查长期挂账原因、交易对手是否为隐性关联方。

三、审计关注要点

（一）关注预付款项与合同负债的区别

对于适用收入准则而收到的款项，若收到款项时公司已承担未来需向客户转让商品的义务，应将该款项计入合同负债；若收到款项时尚未承担向客户转让商品的义务，通常应先计入预收账款。对于适用其他准则而预先收到的款项，应当结合款项性质进行分析，通常情况下作为预收账款列报。

审计人员应关注被审计单位是否对预收的款项进行恰当区分与确认。例如，是否存在未将因销售商品而预收的款项确认为合同负债，仍作为预收账款列报；开展多项生产经营业务并预先收到款项，是否未进一步区分款项性质而全部计入合同负债。

示例 6-21

新乡化纤（000949）2020 年首次执行新收入准则，2020 年度财务报告显示，预收账款余额为 70 146 630.91 元，合同负债为 0。新收入准则下，预收款项核算的内容较少，而完全没有预收货款（合同负债）的情况也比较罕见，新乡化纤合同负债为 0 可能存在错报，审计人员可能未予以关注。

资料来源：巨潮资讯网站。

（二）关注大额预收款项长期挂账的原因及交易是否真实

被审计单位可能因为处置长期资产、转让股权等收到大额预收款，审计人员应结合相关资产减少的审计，检查资产控制权是否发生转移、交易的决策审批流程是否恰当、收到的预收款项是否与合同约定一致、交易对手是否为关联方等。

对于长期挂账的预收款项，还应向企业管理层了解长期挂账的原因、资产处置合同的执行情况，并函证长期挂账预收款项的金额、收到款项的时间、合同执行情况等，如果确实是因为合同不能正常履行，需要退回对方款项的，应考虑将该部分款项调整至“其他应付款”项目列报。

8 合同负债

一、重大错报风险

1. 资产负债表日合同负债可能大幅变动，提前或延后确认收入调节利润，导致合同负债的存在、完整性存在重大错报风险。

2. 被审计单位可能通过长期挂账的合同负债占用关联方资金。

3. 合同负债与预收款项的分类、合同负债与合同资产抵销列报、合同负债是否含税等可能存在差错，不符合准则规定。

二、常见审计问题

1. 对被审计单位合同负债大幅变动，审计人员未结合存货、营业收入科目审计进一步核查是否提前或延后确认收入。

2. 未核查被审计单位大额长期挂账的合同负债交易的真实性、交易对手是否为隐性关联方。

3. 函证程序执行不到位，如函证未回或回函存在差异时，未实施替代审计程序，或替代审计程序流于形式。

4. 未关注合同负债的分类与列报是否符合准则规定。

三、审计关注要点

（一）关注资产负债表日合同负债是否大幅变动，结转收入依据是否充分

合同负债项目是判断企业产品竞争力、景气度、未来销售持续性的重要指标。被审计单位的产品如果在市场上供不应求，经销商等客户想早拿到货，就只能向被审计单位提前支付货款。例如，白酒行业，合同负债占营业收入比重通常较大，洋河股份（002304）2020年末合同负债88亿元、2020年度营业收入211亿元，合同负债余额占营业收入的42%。如果被审计单位近三年期末合同负债、存货余额大幅波动，合同负债占营业收入比例与行业差异较大，审计人员应关注合同负债可能成为营业收入的“蓄水池”，合同负债结转营业收入依据是否充分，是否存在提前或延后确认收入，重点执行的审计程序包括：

1. 执行分析性程序，分析被审计单位近三年合同负债/存货余额、合同负债占营业收入比例、存货周转率、毛利率等变动情况，并与同行业公司进行比较。

2. 取得被审计单位销售政策，询问销售人员销售政策、客户付款政策是否发生变化。

3. 对合同负债余额较大，以及余额较小但发生额较大的合同负债结合营业收入进行函证，必要时函证合同付款、结算条款。

4. 检查合同负债结转营业收入有关的销货合同、仓库发货记录、货运单据，确认营业收入依据是否符合被审计单位收入确认政策。

5. 结合营业收入截止性测试，扩大截止性测试样本，选取大额合同负债客户检查期后合同负债结转营业收入的原始凭证，核查合同负债结转营业收入记录的会计期间是否正确。

示例 6-22

XGM 会计师事务所首次承接中矿商业（871384）2018 年度财务报表审计时，发现合同负债（原收入准则预收账款）当年大幅下降，审计人员判断被审计单位可能存在提前确认收入转销合同负债的情形。经审计，发现中矿商业收入确认跨期，审计调减收入 2 066 万元、调增合同负债 2 034 万元，合同负债调整前 1 550 万元，调整后为 3 587 万元。存货、营业成本、税金等科目一并调整。

（二）关注大额长期挂账的合同负债交易是否真实性

长期挂账的大额合同负债可能不是由真实的销售交易产生，而可能存在隐性的关联方向被审计单位提供资金支持输送利益，审计人员在 IPO 申报审计时应尤为关注这一点。审计人员应了解大额合同负债长期挂账未转营业收入的原因，检查初始入账依据、合同等，取得向该客户的历史销售记录评价合同负债余额是否合理，结合关联方及关联交易审计判断客户是否为隐性关联方。

如果执行以上审计程序后，长期挂账的合同负债确实是因为销售合同不能正常履行，需要退回客户款项的，应考虑将该部分款项调整至“其他应付款”项目列报。

（三）关注合同负债函证程序的有效性

审计人员应当选择恰当的合同负债项目样本实施函证程序，并评价回函的可靠性。但是，函证程序可能无法对被审计单位虚减负债提供可靠的证据，如果回函异常，需实施进一步审计程序，如替代检查，必要时可延伸审计，以核查审计单位是否存在舞弊行为。

（四）关注合同负债会计处理是否符合准则规定

1. 关注合同负债与预收款项的分类与列报是否符合准则规定

《企业会计准则第 14 号——收入》规定，合同负债，是指企业已收或应收客户对价而应向客户转让商品的义务。企业因转让商品收到的预收款适用收入准则进行会计处理时，使用“合同负债”科目，不再使用“预收账款”科目及“递延收益”科目。审计人员应关注在“合同负债”列报的是否为被审计单位在转让承诺的商品之前已收取的款项，如果预收的不是收入准则规范的款项仍应在“预收款项”项目中列报。

2. 分摊至奖励积分的合同价款应区分合同负债与金融负债

根据收入准则和金融工具准则的相关规定，企业已收或应收客户对价而承担的应向客户转让商品的义务构成合同负债；企业承担的不可避免的向其他方交付现金或其他金融资产的合同义务构成金融负债。

企业向购买其商品的客户授予奖励积分，客户可以选择使用该积分兑换该企业或其他方销售的商品。客户选择兑换其他方销售的商品时，企业承担向其他方支付相关商品价款的义务。企业授予客户的奖励积分向其提供了一项额外购买选择权，且构成重大权利时，应当作为一项单独的履约义务。企业需要将销售商品收取的价款在销售商品和奖励积分之间按照单独售价的相对比例进行分摊。客户选择使用奖励积分兑换其他方销售的商品时，企业虽然承担了向其他方交付现金的义务，但由于该义务产生于客户购买商品并取得奖励积分的行为，适用收入准则进行会计处理。企业收到的合同价款中，分摊至奖励积分的部分（无论客户未来选择兑换该企业或其他方的商品），应当先确认为合同负债；等到客户选择兑换其他方销售的商品时，企业的积分兑换义务解除，此时公司应将有义务支付给其他方的款项从合同负债重分类为金融负债。

3. 关注同一合同下的合同资产和合同负债是否以净额列示

合同资产和合同负债应当在资产负债表中单独列示，同一合同下的合同资产和合同负债应当以净额列示，不同合同下的合同资产和合同负债不能相互抵销。审计人员应取得被审计单位合同台账等资料，检查合同资产和合同负债列报是否符合上述准则要求。有的被审计单位合同资产和合同负债只按客户进行核算，尤其是一个客户有多个合同时不能将合同资产和合同负债对应到合同中，审计人员应提请被审计单位进行整改，合同资产和合同负债在按客户进行核算的基础上增加按合同核算。

4. 关注合同负债是否为不含增值税金额

尚未向客户履行转让商品的义务而已收或应收客户对价中的增值税部分，因不符合合同负债的定义，不应确认为合同负债，应单独记入“应交税费——应交增值税——销项税额”科目。审计人员应检查被审计单位合同负责增值税部分会计处理是否正确。

9 应交税费

一、重大错报风险

1. 少计提及缴纳各类税费，从而导致应交税费的完整性及准确性存在重大错报风险。

2. 可能存在因虚构收入产生的各类税金长期挂账未支付的情况。

3. 可能存在税金计算、会计处理错误。

二、常见审计问题

1. 未能对各类税务资料与账面记录进行详细核对，未能识别被审计单位存在虚增收入行为或者纳税申报财务报表与拟审计的财务报表存在重大不一致的情况。

2. 未能关注税费计算及涉及的会计估计和判断，未能识别被审计单位可能存在对视同销售、大额进项税转出、代扣代缴增值税额等方面未正确处理的情况。

3. 未关注税法和会计之间的差异，对税法相关规定不熟练，未能识别被审计单位因税会差异产生的应予以调整而未调整的重要影响事项。

4. 未能关注被审计单位报告期税务稽查情况以及期后的整改情况，导致未能识别被审计单位已存在的税务风险可能引起的会计差错未能得到正确处理。

5. 在利用专家工作时，未能对专家的工作成果进行必要的复核，未能识别专家工作成果中可能存在的错误对审计工作的影响。

三、审计关注要点

（一）核对各类税务资料与账面记录

1. 获取相关税务资料

首次接受委托时，取得被审计单位的纳税鉴定、纳税通知、减免税批准文件等，了解被审计单位适用的税种、附加税费、计税（费）基础、税（费）率，以及征、免、减税（费）的范围与期限。如果被审计单位适用特定的税基式优惠或税额式优惠、或减低适用税率的，且该项税收优惠需办理规定的审批或备案手续的，应检查相关的手续是否完整、有效。连续接受委托时，应关注其变化情况。

2. 关注税务资料与财务数据的一致性

核对期初未交税金与税务机关受理的纳税申报资料是否一致，检查缓期纳税及延期纳税事项是否经过有权税务机关批准，并取得上期末、本期各月（季度）及年度纳税申报表的复印件，与账面记录进行核对。当纳税申报表与财务账面数据存在差异时，审计人员需关注：

（1）了解存在差异的原因，分析账面记录和纳税数据是否可能存在错误，如存在相关错误是否需要调整财务报表。

（2）当存在会税差异导致的账面金额和申报表存在差异时，了解被审计单位是否定期编制和更新会税差异核对表并复核这些资料，如被审计单位不提供相关资料，可能表明相关内控存在缺陷，并可能影响财务报表数据的准确性，需要执行必要的核对及重新计算等审计程序。

（3）是否表明纳税申报表或者财务数据存在造假的迹象，例如纳税申报表是被审计单位从税务申报系统中下载后自行更改数据后交给审计人员的；纳税申报表上税务机关名称存误；纳税申报表上不同月份数据重复，数据之间逻辑关系混乱等。审计人员可观察和要求被审计单位的财务人员直接从报税系统或税务公开网址等外部途径导出相关申报资料，也可通过律师获得被审计单位工商、税务申报资料信息，或在被审计单位的授权下，通过前去税务机构进行访谈、了解被审计单位的纳税信息等非常规方式从其他途径获得真实的税务申报信息。

3. 关注应交税费长期挂账情况

当被审计单位存在超过法定交纳期限的税费余额时，关注是否已取得主管税务机关的批准文件。如未能取得批准文件，分析可能存在的税务风险，必要时应考虑咨询税务专家。此外，长期未缴纳的税务，考虑是否存在虚假收入产生的税费挂账情形，审计人员可结合收入审计核实真实性。

4. 获取税务代理机构专业报告

取得税务代理、鉴证机构的专业报告等（如有），分析其有效性，并与有关纳税申报表及账面情况进行核对，并了解鉴证机构的专业胜任能力情况。

5. 关注税费实际缴纳情况

检查被审计单位缴纳的各项税费的缴付凭证（税单），并与有关纳税申报表进行核对，确定实际已缴纳金额的准确性和有关会计处理的正确性。检查期后缴纳的税费凭证，关注期末应交税费完整性、真实性。当存在较高收入舞弊风险时，应仔细核对增值税缴款单的相关明细信息，并与通过独立途径获取的银行对账单进行核对，警觉是否存在虚假的缴税凭据。

（二）关注税费计算及涉及的会计估计和判断

审计人员应检查各项税费本期应交数及代扣税项的计算是否正确，是否按规定进行了会计处理。测算主要税种，如对应交增值税进行合理性测算，包括计算按不同种类的销售收入的销项税；匡算不同税率的进项税并考虑待抵扣进项税额、待认证进项税额和增值税留抵税额等变动情况；对特殊情况的检查，如视同销售、大额进项税转出、代扣代缴增值税额等情况是否符合相关税法要求，计算是否准确等。当合理性测算与账面和申报表存在差异时，了解并记录存在差异的原因并评估差异金额或比例是否在合理范围内。当被审计单位存在土地增值税、房产税等缴纳义务时，也应考虑对其执行合理性测算等必要程序。

当被审计单位对于税务事项存在较为复杂的会计估计和判断时，可参考历史情形及当地的税务实践等，必要时借助税务专家，对其涉及的会计估计和判断的恰当性进行分析，并依据税法相关规定复核对相关会计认定的影响。

（三）重视税务稽查及期后信息对财务报表的可能影响

审计人员应检查报告期或期后的有关税收稽查、稽核报告（如有），关注有关补缴税款及罚款的会计处理是否正确。当被审计单位存在较多关联方交易时，关注关联方转移定价是否符合相关税法要求并分析可能存在的税务风险及被审计单位是否在编制财务报表时予以相应考虑。当税务机关对于关联方交易存在特别纳税调整时，涉及很多对具体情形的判断，将其作为前期会计差错调整还是会计估计变更处理，主要取决于被审计单位在编制前期年度财务报表及其批准报出时，是否能够取得可靠信息以对该特别纳税事项进行恰当的会计处理。审计人员应获取相关信息进行了解，复核关联交易特别纳税调整会计处理是否恰当。

其他期后涉税事项还可能包括：

1. 当被审计单位为其他公司提供担保而承担担保责任时，该担保是否可从所得税前抵扣有时需要最终由主管税务机关认定，从而可能在编制年度财务报表时存在不确定性。

2. 对于高新企业的认定结果在审计报告出具后才能公布、次年补缴税款及罚款等情况也需要考虑存在的相关不确定性。如果被审计单位不能合理预计可取得相关应考虑的可靠信息，则在期后取得的可从当年应纳税所得额中扣除的金额应采用未来适用法。审计人员需与管理层进行沟通，了解其可获得的全部相关信息情况，并评估被审计单位对于是否属于“合理预计取得并应考虑的可靠信息”的判断是否恰当。

（四）关注税法规定和会计准则核算之间的差异情况

1. 纳税义务已经产生，会计上尚未确认收入的情形

被审计单位通常是以会计数据为基础计提税金，审计人员应关注增值税及企业所得税少计提的风险，可采取如下应对措施：

一是取得资产负债表日的存货发出管理台账，筛选是否存在先开票后发货，以及预收款销售 / 托收承付或委托银行收款 / 直接收款 / 赊销和分期收款 / 委托代销等方式下，被审计单位在会计上虽未确认收入但已发货（包括对方未签收）的记录。如存在，则需根据相关财税规定，汇总上述记录并根据商品相应的增值税税率，计算出应补计的增值税税额。

二是取得资产负债表日的存货发出管理台账，筛选托收承付 / 预收款方式下，被审计单位在会计上虽未确认收入但已发货（包括对方未签收）的记录。如存在，

则需汇总这些记录，并要求被审计单位调增应纳税所得额计算表中的收入金额。

2. 会计上已确认收入，但纳税义务尚未发生的情形

审计人员应关注多缴纳增值税或多计提企业所得税的风险。该种情形较少，主要体现为分期收款发出商品类别。会计准则的规定，如果判断该分期收款发出商品存在重大融资成分，应分解为销售和融资两项业务，即在按照销售商品的交易价格全额确认收入，未来分期收回的总额与商品价格的差额，按照实际利率法摊销。税法上，是按照合同约定的日期来分期确认收入，不考虑融资利率的影响。审计人员可采取如下应对措施：

一是取得资产负债表日的存货发出管理台账，筛选分期收款方式下，存货已发出且对方已收货，企业会计上已确认收入，但尚未到约定的收款日期，发票未提前开具，增值税纳税义务尚未发生，根据相关财税规定应列入“应交税费——待转销项税额”，在报表中转入“其他流动负债”或“其他非流动负债”。

二是提示被审计单位应确认递延所得税负债，并调减企业所得税汇算清缴表中的分期确认收入以及相应的成本及财务费用项目。

三是关注销售退回条款对收入确认时点的影响所导致的税会差异。审计人员应关注附有销售退回条款的销售交易下，被审计单位是否分别按照会计准则和增值税相关规定的要求正确地进行了相关处理。新收入准则规定应预估销售退回概率及金额，将预期销售退回的金额作为负债处理，其退回商品的成本（扣除退回商品的价值减损）作为资产处理。但增值税相关规定则要求销售时不预估退货，以未扣除预估退货的全部金额作为收入纳税。在销售退回实际发生时，会计上作冲减负债和收回库存商品处理，而增值税则冲减退回当期的销售收入或销项税额。企业所得税的税会差异与增值税一致。审计人员可复核以下情况的会计处理是否恰当：

（1）会计收入确认时，是否存在因会计预估退货，导致会计收入小于增值税及企业所得税计税基础的情况，如有应补提相应的增值税及企业所得税。

（2）货物实际退回时，是否存在未冲减当期收入或销项税额的情况，如有，则应冲减收入并滚动调整前期补提的增值税及企业所得税。

（3）货物退货期满时，是否存在会计上调增收入，而相应的收入无须缴纳增值税和企业所得税的情形。

（五）考虑利用专家工作

当存在以下事项时，审计人员可考虑向税务专家进行税务咨询：债务重组，处置房产、土地、在建工程，用房产、土地、在建工程对外投资，债转股，合作建房，企业合并，企业分立，整体资产转让，整体资产置换，关联方借款等。

此外，审计人员还可考虑以下事项是否需向税务专家进行税务咨询：向境外支付借款利息、租金、服务费、特许权使用费、担保费等，处置房产以外的固定

资产，处置专利技术，企业改制，关联交易，股权转让收入，境外存在母公司或子公司，非货币性交易，混合销售，视同销售等。

审计人员在考虑利用专家工作时，应当注意复核评估专家背景，任职公司的信誉情况、专家的专业资质及专业胜任能力；对专家出具的工作成果应当实施必要的复核程序，注意识别专家工作成果中可能存在的错误对审计工作的影响。

四、审计案例

案例 6－12

审计人员未充分关注纳税申报资料的异常

2013~2017 年度的胜通集团收入财务造假案中，审计人员在对其子公司山东胜通钢帘线有限公司（以下简称胜通钢帘线）进行收入检查时，所获取得的 2013~2015 年度胜通钢帘线的增值税纳税申报表、所得税纳税申报表为胜通集团伪造的纳税申报表。

案例讨论：

1. 审计人员未关注取得的胜通钢帘线 2013 年度相关增值税纳税申报表中存在异常

（1）审计人员取得的 2013 年 2 月、4 月、6 月、9 月的增值税纳税申报表的税务机关接收日期分别为 2013 年 3 月 17 日、2013 年 5 月 12 日、2013 年 7 月 14 日、2013 年 10 月 13 日，上述日期皆为周日，2013 年 11 月的增值税纳税申报表接收日期为 2013 年 12 月 14 日，该日期为周六。

（2）相关纳税申报表的接收人员签字、接收日期、税务机关的盖章都未在指定位置。

（3）针对胜通钢帘线 2013 年度的所得税审计中，未见审计人员取得税务部门出具的汇算清缴报告或者税务代理机构出具的纳税鉴证报告，且审计人员取得的年度所得税纳税申报表存在以下异常：

①企业所得税年度纳税申报表（A 类）相关金额只有审核数没有申报数，相关签名盖章部分没有“主管税务机关受理专用章”“受理人”“受理日期”相关栏目。

②企业所得税申报表中无主管税务机关接收的相关填写内容，税务机关却有盖章。

2. 审计人员取得 2014 年度相关增值税纳税申报表中存在异常情况大致与 2013 年度相同

3. 2015 年开始企业采用网上申报，但是审计人员取得胜通钢帘线相关增值税纳税申报表中存在“档次”一列的行宽被人为压缩的情况。此外，在网上申报的情况下，未见审计人员将被审计单位提供的资料与其报税系统数据进行比对的审计过程。在网上申报的情况下，审计人员取得胜通钢帘线、胜通化工 2015 年度所得税纳税申报表，但未见审计人员将企业提供的资料与企业报税系统数据进行比对的审计过程，未见审计人员取得企业的纳税申报鉴证报告。

资料来源：中国证监会网站。

案例 6－13

境外代扣的预提所得税的处理及复核

A 公司系软件企业，拥有自主产权的 Linux 操作系统软件，适用的所得税税率为 15%。A 公司将该操作系统软件向台湾地区 B 公司进行授权使用并收取使用费，B 公司在每季度发出对账单，其中标注装备电脑数量及应付款项。在进行结算时，B 公司根据台湾地区税法规定代扣 20% 企业所得税，将剩余的 80% 款项汇给 A 公司，并将缴税凭据转交 A 公司。台湾地区与大陆地区在税务上有相关协定安排，A 公司被代扣的台湾地区所得税可以在大陆地区的应纳所得税额中在 5 年内进行抵扣。

案例讨论：

针对审计人员该跨境税务事项，审计人员可考虑：

1. 获取将该操作系统软件向台湾地区 B 公司进行授权使用协议，抽查 B 公司每季度对账单和结算、缴税资料，80% 款项的银行入账单等，核对并重新计算代扣所得税计算的准确性，以及了解台湾地区税法相关规定。

2. 由于在境外被扣收的预提所得税也属于所得税会计准则的规范范围。因此，审计人员应检查被审计单位是否已依据应收境外客户的合同价款对营业收入进行计量，在境外被代扣的预缴所得税应借记“应交税费——当期应交税费”。

3. 代扣税款如果需结转以后年度继续抵扣的，则符合资产定义，可确认为其他非流动资产，待日后抵减应纳所得税额。审计人员应在之后的年审中关注被审计单位是否进行相应会计处理，抵扣金额计算是否准确。

10 递延所得税负债

一、重大错报风险

1. 通过少确认递延所得税负债的方式减少所得税费用，从而导致递延所得税负债的完整性和准确性存在重大错报风险。

2. 企业合并形成的暂时性差异未确认递延所得税负债。

3. 未按规定披露递延所得税负债相关信息。

二、常见审计问题

1. 未重新计算或复核被审计单位计提的递延所得税负债。

2. 对于被审计单位账面价值大于计税基础但是未计提递延所得税负债的项目未予以高度关注。

3. 未关注被审计单位是否对递延所得税负债按照企业会计准则的相关规定进行恰当披露。

三、审计关注要点

（一）重新计算或复核递延所得税负债

1. 取得被审计单位计提递延所得税负债的凭证及相关附件，检查被审计单位计提递延所得税负债的依据是否准确，是否按照适用税率计提的递延所得税负债。

2. 了解被审计单位累计暂时性差异并复核其计提递延所得税负债的一致性，判断被审计单位期末递延所得税负债是否准确。例如，获取被审计单位累计公允价值变动金额、累计折旧差额等资料，按照适用税率计算期末递延所得税资产。

（二）关注账面价值大于计税基础但未计提递延所得税负债的情况

1. 根据企业会计准则及相关规定，除下列交易中产生的递延所得税负债以外，应当确认所有应纳税暂时性差异产生的递延所得税负债：商誉的初始确认；同时具有下列特征的交易中产生的资产或负债的初始确认，该项交易不是企业合并，交易发生时既不影响会计利润也不影响应纳税所得额（或可抵扣亏损）。

与子公司、联营企业、合营企业投资等相关的应纳税暂时性差异，一般应确认相关的递延所得税负债，但同时满足以下两个条件的除外：一是投资企业能够控制暂时性差异转回的时间；二是该暂时性差异在可预见的未来很可能不会转回。

2. 持有的以公允价值计量的投资工具，在资产负债表日其公允价值高于成本，即存在应纳税暂时性差异，一般应确认递延所得税负债。

3. 被审计单位发生非同一控制下企业合并时的评估增值，应按照规定计提递延所得税负债，如未相应确认递延所得税负债，将导致企业合并商誉低估。

示例 6-23

新宏泽（002836）在 2019 年发生非同一控制下企业合并时，未考虑因评估增值而产生的递延所得税负债对企业合并中确认的商誉金额进行调整，导致新宏泽

2019年度财务报表列报的商誉、递延所得税负债金额存在错报。审计人员对上述情况未保持应有的职业怀疑，对递延所得税负债审计程序执行不到位，导致未发现新宏泽商誉、递延所得税负债列报存在错报。

资料来源：中国证监会网站。

4. 评估被审计单位是否谨慎确认递延所得税资产的同时足额确认递延所得税负债。

（三）关注是否按照准则规定进行披露

审计人员应关注被审计单位是否披露了未经抵消的递延所得税负债，是否披露了按净额列示的递延所得税负债，相关内容参见递延所得税资产部分。

11 营业收入

一、重大错报风险

1. 通过虚假交易同时虚增收入，或者对应以净额法确认收入的合同采用总额法进行收入确认，实现虚增业务规模（和利润）的目的。

2. 通过价格不公允的关联方（包括非关联化方式的关联方）交易达到美化业绩目的，或者达到关联方侵占资金的目的。

3. 收入确认和计量可能存在重大错报，包括：通过不恰当的收入确认政策，将应在一个时点确认的收入在一个时段内确认，实现提前确认收入的目的，或者对于在一个时段内履约的合同，通过高估履约进度的方法实现当期多确认收入；不恰当的识别履约义务的数量，提前或延后确认收入；通过调整与单独售价或可变对价等相关的会计估计，达到多计或提前确认收入的目的；通过随意调整会计估计达到在不同期间调节利润的效果。

4. 通过隐瞒退货条款或不符合收入确认条件的售后回购及售后租回协议等方式，对发出的商品确认销售收入。

二、常见审计问题

1. 未深入了解被审计单位业务模式，未识别合同关键条款及其对收入确认的影响。

2. 执行分析性复核程序不充分，未关注明显异常情形或仅说明变动原因，未实施进一步审计程序对原因的合理性进行验证。

3. 未发现收入确认方法和时点不恰当。例如，未充分了解被审计单位收入的业务模式，并结合业务模式检查收入确认的会计政策、具体原则和方法。例如审计人员未结合业务模式及合同条款分析被审计单位收入确认会计政策及其具体运用是否恰当，包括但不限于时段法和时点法的应用、履约义务的识别、总额法与净额法应用等；未能获取完整的重大交易或主要收入类型的交易的全部协议，或未分析重大交易的具体合同条款，导致未能识别出收入确认时点提前或推迟的情形。

4. 未关注被审计单位收入计量方面存在的问题。例如，单独售价、可变对价的确定，以及定期对可变对价的评估不恰当；销售折扣、返利及折让的确认不正确；应付客户对价及销售费用的判断不合理；履约进度的计量可能存在不合理或明显的管理层倾向的情况。

5. 重要实质性程序流于形式，未对被审计单位所在行业或者其个体特征所体现的业务特点实施具有针对性的审计程序。收入确认的相关检查程序中常见的问题包括：未结合风险评估、测试内部控制等结果考虑收入检查的范围和抽样方法的适当性；收入检查的审计证据多为内部证据，如审计证据均为 ERP 业务系统导出单据；或检查的外部证据无效，如验收单无对方签字、盖章确认等；仅关注收入确认相关资料记载的金额、日期等信息，未关注凭证摘要中明显异常内容，如送货单显示的单位名称为非被审计单位，摘要内容明显与销售业务无关等；以内控测试检查合同程序完全替代实质性检查合同程序；未对大客户收入回款情况进行检查；仅依赖询证函或结算单等单一审计程序，未执行其他必要程序；收入函证金额未考虑包括未开具发票但已确认的营业收入金额，以工作量结算的，仅函证金额，未函证工作量；不重视对收入确认关键证据的检查等。

6. 对存在的异常迹象未保持谨慎的职业怀疑，未识别出存在的虚假销售或虚假销售及采购交易。

7. 审计人员未识别出被审计单位与未披露关联方之间的虚假或不公允交易。包括：通过大额交易粉饰被审计单位业绩；将低价值商品以较高价值出售给关联方，虚增利润；关联方侵占被审计单位资金等。

三、审计关注要点

（一）充分了解被审计单位的业务模式

审计人员通过在风险评估阶段了解被审计单位（包括及不包括整体层面控制）及在了解和测试业务层面－销售与收款循环的相关审计工作中，通过自上而下的审计策略，对被审计单位的业务模式，特别是收入方式是否可实现向报表使用者报告收入及现金流量的性质、金额、时间和不确定性等有用信息进行了解和分析。在对业务系统进行了解的同时，执行必要的内部控制测试及对业务系统数据和财务系统数据进行核对是应对收入存在性的重大错别风险的强有力程序。例如针对主营游戏业务的被审计单位，了解其自主运营、联合运营、代理运营等多种业务模式的特点，业务流程及业务档案信息与财务系统信息的交互情况等。

实务中，审计人员可关注以下方面与收入确认匹配情况：

1. 收入确认等主要会计政策及估计、关键资源要素与业务特点的匹配。

2. 销售额、采购额与现金流的匹配。

3. 收入相关指标与行业特点的匹配。

4. 业务规模与行业地位的匹配。

此外，审计人员应关注特殊交易或创新盈利模式。特殊交易模式或创新交易模式较传统模式而言，这些特殊或创新模式下的经营活动更为特殊和复杂，审计人员需要了解和评价被审计单位对于这些模式下交易经济实质的判断及对收入确认、计量的影响分析是否合理。例如卖方为买方提供信贷担保的业务模式下，收入确认涉及重大的会计估计和判断，在新型业务尚未形成规模也无历史经营经验可参考时，审计人员应了解其商业模式的可持续性、资金流及信用风险、风险报酬承担情况及回购担保责任的重大程度等综合审慎评价被审计单位（资产出售方）的收入确认政策，特别关注是否存在闭环交易的合同约定。

（二）重视分析性程序在收入审计中的作用

分析性复核程序在利润表项目审计中的作用较为重要，主要原因在于利润表项目在一个会计期间内发生额一般较为重大，发生频率高，交易数量多，该特征需要审计人员在了解和测试相关循环的内部控制基础上，根据其行业和业务等各方面的特点，采取具有针对性的分析性程序，包括但不限于核对财务数据之间的逻辑关系，以及利用财务数据与非财务数据的相关性，并对标同行业其他企业执行相关分析。基于被审计单位的业务性质，可以采用不同的数据指标分析。例如，餐饮业可以考虑翻台率，游戏直播行业可以考虑单客充值金额、实际在线时间等。在考虑成本效益原则的基础上，针对收入项目使用细分的数据实施实质性分析程序能够较好地实现预期效果，并对多个业务指标间的联动进行深入分析。

通过实施分析程序，可以识别出未注意到的异常关系，或通过其他审计程序难以发现的变动趋势，从而有目的、有针对性地关注可能发生重大错报的风险领域，有助于评估重大错报风险，为设计和实施进一步应对措施奠定基础。如果发现异常或偏离预期的趋势或关系，审计人员需要认真调查其原因，分析是否可能存在由于舞弊导致的重大错报风险。在有条件的情况下，审计人员可以借助数据分析技术。

审计人员在实施收入审计时，常见的分析程序包括：

1. 将账面营业收入、销售清单和销售增值税销项清单进行核对

审计人员可根据增值税专用发票开具金额等有关信息资料，估算全年收入并与实际收入金额进行比较。

2. 将本期营业收入金额与以前可比期间的对应数据、预算数进行比较，或将收入变动趋势与同行业进行比较

如果审计人员发现被审计单位的收入增长幅度明显高于管理层的预期，可以询问管理层的适当人员，并考虑管理层的答复是否与其他审计证据一致。例如，如果管理层表示收入增长是由于销售量增加所致，审计人员可以调查与市场需求相关的情况。又如，被审计单位技术水平处于行业中端，但高端产品却占营业收入比重较大，可能表明被审计单位存在收入舞弊风险。

示例 6-24

2015 年，W 公司通过李某松控制的关联公司，以虚构国内建材贸易的方式虚增销售收入 26 147.24 万元，相应虚增当期营业利润 6 855.89 万元，占当期披露利润总额的 21.57%。W 公司 2015 年国内材料销售收入 28 313.62 万元，是 2014 年该类收入（911.16 万元）的 31 倍，国内材料销售在收入中的占比由 2014 年的约 3% 上升到 2015 年的 35%，国内材料销售收入出现大幅增长，该现象未引起审计人员的充分关注。同时，W 公司的收入分类由“工程承包收入”与“产品销售收入”两类，变更为“金属屋面”与“光伏”。

通过更改收入分类列示，W 公司将虚构的货物销售收入混同在其他项目进行披露，导致财务数据无法进行纵向分析与比较，失去可比性。审计人员未对收入的大幅增长和收入分类列示的更改给予必要关注，对被审计单位收入分类变更原因未充分关注且无合理解释。

3. 分析月度或季度销售量、销售单价、营业收入金额、毛利率变动趋势

按照月份、产品线或业务分部将本期收入与可比期间收入进行比较。利用计算机辅助审计技术可能有助于发现异常的或未预期到的收入关系或交易，主营业务收入结构分析表如表 6-28 所示。

表 6-28 主营业务收入结构分析表

产品名称	本期主营业务收入				上期主营业务收入				销售收入		销量		平均销售单价	
	金额	比例	销量	平均单价	金额	比例	销量	平均单价	变动额	变动率	变动额	变动率	变动额	变动率
合计														

当毛利率显著变化或者与同行业相比明显不同时，审计人员应与管理层沟通，了解原因之后独立分析其合理性，一般应执行进一步审计程序，例如可以采用定性分析与定量分析相结合的方法，从行业及市场变化趋势、产品销售价格和产品成本要素等方面对毛利率变动的合理性进行调查。从独立渠道获得被审计单位的行业及其产品排名情况等信息，客观分析管理层的说明（例如产品差异化、技术优势、品牌优势等）是否具有合理性。

在 IPO 和重大资产重组审计业务中，审计人员应关注收购日或者 IPO 申报期前后 1~2 个会计期间被审计单位的业务规模、毛利率是否发生大幅波动。如果资产重组收购日前后的毛利率发生大幅波动，可能意味着被审计单位将购买日前的收入推迟至购买日后确认，或者将购买日后的费用提前至购买日前确认。IPO 审计中也可能存在类似情况。

被审计单位对生产的非标准化产品进行销售时，价格通常为非标准价格，毛利率可比性较差，审计人员可能需要更多地采用分析性复核程序以外的其他实质性程序来验证收入的真实性。

4. 将营业收入变动幅度与销售商品及提供劳务收到的现金、应收账款 / 合同资产、存货、税金等项目的变动幅度进行比较

当大量的销售因不能收现而导致应收账款 / 合同资产大量增加时，需要对营业收入的真实性予以额外关注。应收账款的增幅高于营业收入的增幅（营业收入发生认定），这可能意味着：被审计单位放宽信用条件以刺激销售；被审计单位利用“开票持有”或“填塞分销渠道”等方式，提前确认收入；被审计单位通过补充协议或口头协议隐瞒退货条件，提前确认收入。审计人员应分析具体原因（如赊销政策和信用期限是否发生变化等），并在必要时实施恰当的审计程序，如扩大函证比例、增加截止测试和期后收款测试的比例、使用与前期不同的抽样方法进行函证、增加实地走访客户等方式的实质性程序，从而核实收入的真实性。

5. 将销售毛利率、应收账款 / 合同资产周转率、存货周转率等关键财务指标与可比期间数据、预算数或同行业其他企业数据进行比较

结合被审计单位的行业位置、销售模式等对关键财务指标对标其他来源的数据信息，了解其经营情况并识别出可能的高风险领域。

示例 6–25

2013~2017 年度的胜通集团收入造假案中，审计人员在对其子公司山东胜通钢帘线有限公司进行收入检查时，未对上市公司客户、可比公司的公开资料进行查询。例如，三角轮胎股份有限公司为胜通钢帘线 2012~2015 年前五大客户，其公

开披露的2013年度、2014年度向胜通钢帘线采购数据与胜通钢帘线提供的对三角轮胎股份有限公司销售收入存在巨大差异。同时审计人员未对钢帘线销售均价远超过同行业排名第一的江苏兴达钢帘线股份有限公司的异常保持职业怀疑，未能实施进一步的审计程序。

资料来源：中国证监会网站。

6. 分析营业收入等财务信息与投入产出率、劳动生产率、产能、水电能耗、运输数量等非财务信息之间的关系

营业收入通常与生产能力密切相关。营业收入容易被虚构，但生产能力却相对难以被篡改。一些被审计单位在虚构营业收入时，经常会忽略营业收入与生产能力的关系。通过分析被审计单位的生产能力，并与行业数据（如产销率）和市场占有率等信息交叉复核，是发现被审计单位虚构营业收入的有效手段之一。

7. 分析营业收入与销售费用之间的关系

营业收入的实现通常需要发生必要的销售费用，常见的与收入规模相关的分析指标包括销售人员的人均业绩指标、销售人员薪酬、广告费、差旅费，以及销售机构的设置、规模、数量、分布等。

在执行分析性程序时，对于与预期不相符的情况，审计人员应制定一套完整的发现、调查、上报、解决及记录的机制。缺乏此类机制时，可能存在经验不足的审计人员虽然通过分析性程序发现异常，但却未汇报或及时汇报，从而忽略了对有关异常情况的及时处理，可能导致重大的审计事故。

（三）关注主要客户及新增客户

客户是被审计单位收入实现的对象，不同行业的业务特征及被审计单位所处的行业位置、所提供产品类型等通常决定了客户群体和单笔合同销售金额水平。当被审计单位的客户是最终消费个人时，往往不会存在较多数量的大客户。然而，对于以企业为主要客户的大部分行业来讲，通过比较不同客户的销售额，从全部客户群体中区分出来一些主要客户可提高审计效率，实现审计程序的有效应对，主要客户及新增（主要）客户通常是审计人员重点关注的对象。

查验主要和新增客户及与其相关交易，通常可关注是否存在以下情况：

1. 是否存在交易金额大和利润率高的情况

主要客户往往存在交易金额大的情况，但如果同时又存在营业利润率高于其他客户时，审计人员应警觉其是否为（未披露的）关联方，应了解高毛利率背后的商业逻辑并执行多维度的审计程序来验证交易的真实性。如果较多主要客户所处行业相同，审计人员应关注销售情况与客户所处行业状况是否存在不一致的情况。例如，客户所处行业景气度下降，但对这些客户的销售却出现大幅增长；又

如，销售数量接近或超过这些客户所处行业的需求或其市场占比数量；或者被审计单位在国外成立关联或空壳公司，伪装成客户与其进行虚假交易。

2. 交易价格、交付方式及付款条件等商业条款是否与其他正常客户明显存异

部分大客户可能会存在因为其商业地位较为特殊，某些商业条款对于被审计单位而言比其他客户更加严苛，但是这类大客户常见为其行业中的领头羊，存在关联关系的可能性较低，需要通过其他途径了解其行业特点及这类大客户与其他企业的合作是否存在类似商业条款，也要避免被审计单位以客户地位过于强势，不能配合获取必要外部审计证据为理由，导致审计范围受限。

3. 是否存在付款人与销售合同、发票所显示的客户名称不一致，或合同的实际履行情况与合同约定明显不符且可能不符合一般商业逻辑的情形

例如，比约定日期早很多发货却无客户要求该发货行为的信息，客户虽然是商业声誉较高的企业也无影响其的负面信息，但是付款时间却未按合同结算约定履行，且时间差异超出合理期间。

4. 结算方式是否存在异常

例如，现金结算或多方债权债务抵消的方式进行结算。在对收入检查时，如果审计风险较高，则需要更多关注整个交易环节的执行情况，仅对收入的发生执行审计程序可能是不足够的。

5. 交易对象购买的产品是否与其经营范围一致，交易规模与交易对手业务规模是否相符

部分企业的工商登记信息并不能体现其主要的经营内容，需要更多地从类似企业黄页及行业公司信息中发现其经营范围情况。交易对手的业务规模也可能需要通过多维度信息收集整理后进行分析。有关行业和企业信息的来源对于审计效率和效果的影响是较为明显的，即是否有较充分、完整或准确的相关信息可以协助审计人员在较短时间内识别出高风险客户。

6. 新增大客户是否为新设立的单位

如存在此种情形，需要警觉存在舞弊的可能，需对这些新增大客户的企业背景进行较为深入的了解。

7. 当被审计单位的产品具有一定的销售半径，是否有与主要客户发生的超出销售半径而没有合理商业理由的销售交易

针对具有较大数量实物流的产品销售进行分析时，通常需要考虑这类因素，例如水泥、煤炭等产品销售。

8. 是否存在与客户发生循环交易（既是客户又是供应商）的情形

如果被审计单位在向其客户销售产品或提供劳务的同时，在缺乏正当商业理

由的情况下又大量向客户购买产品或接受劳务，且可能还同时存在交易价格具有显失公允或对等特性时，审计人员需要特别关注。

9. 是否为未披露的关联方

如果大客户或新增客户为已识别出的关联方，那么需要结合关联方审计的程序，更加深入地了解相关业务背景、价格制定、业务流程、商业合理性等诸多方面的信息，并在真实公允交易的基础上准确完整地披露这些交易。如果存在被审计单位关联方销售及非关联化的迹象，审计人员更要关注被审计单位将原关联方非关联化行为的动机及后续交易的真实性、公允性。审计人员应关注是否存在显失公允的交易，常见情形包括：

（1）通过与未披露的关联方或真实的非关联方进行显失公允的交易。例如，以明显高于其他客户的价格向未披露的关联方销售商品。与真实的非关联方客户进行显失公允的交易，通常会由实际控制人或其他关联方以其他方式弥补真实客户的损失。

（2）通过出售关联方的股权，使之从形式上不再成为关联方，但仍与之进行显失公允或大额的交易，或与未来或潜在的关联方进行显失公允或大额的交易。

（3）与同一客户或同受一方控制的多个客户在各期发生多次交易，通过调节各次交易的商品销售价格，调节各期营业收入金额等。审计人员可参考第八章其他项目工作底稿第四节关联方及关联方交易中的审计应对建议，结合具体情况实施具有针对性的审计程序。

示例 6-26

2013~2017 年度的胜通集团收入造假中，该集团以山东胜通化工有限公司（以下简称胜通化工）、山东胜通光学材料科技有限公司（以下简称胜通光科）两家子公司为造假实体。胜通钢帘线 2013~2017 年度前五大供应商集中且与胜通化工前五大供应商存在重合，均有东营市汇通国际贸易有限公司（以下简称汇通贸易）、上海翌丰商贸有限公司（以下简称上海翌丰）、青岛邦瑞奇商贸有限公司（以下简称青岛邦瑞奇）。并且供应商中汇通贸易、上海翌丰在 2015~2017 年度同时为胜通钢帘线的客户且发生额较大，三个年度以汇通贸易为客户共发生主营业务收入 20.46 亿元、以上海翌丰为客户共发生主营业务收入 21.96 亿元。依据上述三家公司与胜通钢帘线、胜通化工的业务往来规模，审计过程中审计人员应当获取上述三家公司的工商信息却未获取。汇通贸易的法定代表人为胜通钢帘线会计人员胡某泉，青岛邦瑞奇法定代表人在 2018 年 4 月以前为胜通光科总经理周某阳，上海翌丰法定代表人为胜通集团办公室主任王某芝。鉴于胡某泉是胜通钢帘线的会计人员，审计人员在审计时与胡某泉接触较多且相互认识，审计人员应当对汇通贸易的法定代表人为胡某泉的事项保持职业怀疑并实施进一步审计程序。综上，审计人员未对汇通贸易等三家公司存在重大错报风险保持职业怀疑，并有效实施进一步审计程序，未能发现汇通贸易为胜通集团子公司以及胜通集团利用上述三家公司虚构销售和采购的事实。

资料来源：中国证监会网站。

审计人员对被审计单位主要客户和新增客户实施审计程序包括：

1. 对比历年主要客户名单，查明新增主要客户的原因。

2. 调查重要交易对方的背景信息，就交易对方是否与被审计单位存在关联方关系询问直接参与交易的员工及在其他外部访谈、函证中进行了解。

3. 检查对主要客户和新增客户的主要销售合同，了解是否存在特别约定条款，分析是否存在合同不完整、真伪存疑等迹象，检查合同的实际执行情况。

4. 如果被审计单位采用经销商的销售模式，审计人员需要关注主要的经销商与被审计单位之间是否存在关联方关系，并通过检查被审计单位与经销商之间的协议或销售合同，以及出库单、货运单、商品验收单等相关支持性凭证，确定是否满足收入确认的条件；关注经销商布局的合理性、被审计单位是否频繁发生经销商加入和退出的情况；被审计单位对不稳定经销商的收入确认是否适当、退换货损失的处理是否适当；对经销商销售商品的控制权转移时点的判断是否过于激进。需要特别关注是否存在经销商囤货的情形，例如对于从事汽车生产销售的被审计单位，可以要求获取其主要经销商在资产负债表日所剩余的被审计单位产品库存数量信息，结合这些经销商的年度销售数量和金额来分析是否存在囤货的情况。如果存在此情况，需进一步了解囤货原因，可考虑从经销商的角度分析其合理性。如果囤货原因明显不合理，则需要考虑可能存在收入提前确认的情况。

5. 如果被审计单位采用代理商的销售模式，审计人员需要检查被审计单位与代理商之间的协议或合同，确定是否确实存在委托与代理关系，并检查被审计单位收入确认是否有代理商的销售清单、货物最终销售证明等支持性凭据。

此外，当业务性质决定交易对手是大量分散的个人客户时，如信息技术服务业，一般情况下客户无论是应收账款（如有）还是收入金额的函证，根据经验一般回函率均很低，因此可以考虑通过访谈、检查售后客服与消费者沟通的电话录音并核对销售合同等实现对交易真实性的核查。在选取个人样本时，审计人员可以考虑采用计算机辅助审计的方法进行抽样，同时也考虑针对交易金额、交易时间异常或者不符合大部分自然人消费习惯的样本执行检查程序。同时还可结合对资金收付的审计验证销售业务的真实性。

（四）恰当评估收入确认政策，审阅销售合同及关注关键条款

1. 了解被审计单位收入确认方法

无论是在单个合同还是组合层面进行评估，业务模式和合同约定（包括相关商业惯例或企业习惯做法等）共同决定了被审计单位的收入确认政策，而对于相同业务模式和合同约定的情况下，企业会计准则通常要求采用相同的会计处理方法，很少给予企业会计政策选择适用的权利。这一规则能够协助审计人员对于不同企业的业务模式和合同约定基本相同的销售业务的收入确认政策是否一致进行合理的评价。虽然在实务中仍存在少数企业利用会计准则未予明确规定的一些情形构造或虚增一些收入业务，但一般情况下影响有限。

对于类似业务及类似合同约定的情况，审计人员可以评估被审计单位的收入确认方法是否与同行业中其他企业有代表性的方法一致，但还需考虑被审计单位在市场地位、客户群体、结算方式等方面的差异化特征。例如被审计单位的行业地位排名靠后，但是仍可签署与行业领头位置的企业类似的结算条款有可能显示存在舞弊风险。审计人员还需关注是否存在被审计单位选择与销售模式不匹配的收入确认会计政策，是否存在非财务和业务人员过度参与收入相关的会计政策和重要会计估计的选择、运用等情形。

2. 关注合同模版和合同基本要素

审计人员应关注合同模板是由被审计单位拟定还是其客户的模版，正常的商业合同通常不会出现同时采用两方模版的情况，所采用模版是哪一方的通常表明了其在交易中相对商业地位占优。审计人员在执行合同检查程序时，对合同中存在的异常情况应充分关注。例如，合同客户方为企业，但是合同落款处仅有签字而无客户方签章，这种情形在中国以企业印章作为主要证据的法律环境中一般认为是不具有效力的。如果合同缺乏通常情况下与商业对手谈判后达成的关键交易条件，审计人员应予以充分关注并引起高度警觉，如销售合同未签字盖章，或者销售合同上加盖的公章并不属于合同所指定的客户；销售合同中重要条款（例如，交货地点、付款条件）缺失或含糊；销售合同中部分条款或条件不同于被审计单位的标准销售合同，或过于复杂；销售合同的日期被更改等。审计人员应设计和执行具有针对性的审计程序。

示例 6-27

审计人员对金亚科技股份有限公司 2014 年前 20 大客户及金额较大合同进行了查验，并在审计工作底稿中予以记录。经调查，其中 7 份合同存在异常情况，存在未签字盖章、两份合同编号相同等异常情况。审计人员未保持职业怀疑，未

充分关注重大合同中的异常情况，导致未发现虚假收入交易。

资料来源：中国证监会网站。

3. 关注合同的完整性，主要关注点包括但不限于：

（1）合同是否为框架合同，如为框架合同，需要结合订单等其他表明双方达成交易意愿的资料来共同分析。

（2）是否可能通过隐瞒退货或其他影响控制权转移的条款，在发货时即全额确认营业收入。审计人员应对历史上是否存在实际退货及其会计处理情况进行了解，评估被审计单位的会计处理是否恰当。

（3）是否通过隐瞒不符合收入确认条件的售后回购或售后租回协议，将以售后回购或售后租回方式下发出的商品作为销售商品确认收入。审计人员应关注销售对手方所处行业，交易背景，所获得合同体现出来的商业实质、合同价格、合同执行的具体约定等方面是否存在异常。

（4）是否存在直接或通过关联方为客户提供融资担保，但相关安排未体现在提供给审计人员的资料中，也未告知审计人员。当不确定是否存在此类情况时，审计人员访谈或函证客户时可基于审计风险的评估考虑是否有必要对此类事项进行延伸了解。

示例 6–28

A 公司收购的子公司 B 公司被发现存在 2.5 亿元应收账款可能虚构的情况。其中较为典型的是某客户 C 公司截至 2021 年 9 月 30 日，应收账款原值为 5 936.59 万元，该客户法定代表人郭某某电话告知前去访问的记者，C 公司不欠 B 公司货款，当时的合作都只是过账，在签署销售合同的同时又签了退货协议，因此应收账款均为虚构。某客户 D 公司截至 2021 年 9 月 30 日，应收账款原值为 2 834.91 万元，对方同样申明不欠 B 公司货款，当时的销售合同都签有退货协议，并且退货协议明确约定 B 公司同意退货，且委托 D 公司做就地报废处理。

本示例中，审计人员在对 B 公司审计时，未关注其存在与客户所签订的退货协议。B 公司被收购时存在业绩承诺，这类高风险审计项目中，审计人员除实施收入和应收账款函证程序外，还有必要向客户进行访谈，对包括合同在内的销售情况的了解，并根据其业务特点及同行业惯例，分析大额应收账款的销售是否存在其他异常情况，考虑是否执行必要的延伸审计程序。

4. 关注合同的真实性

合同中应包括正常商业交易中双方经谈判后达成的一致结果，并一般会参考行业惯例格式或包括体现行业业务特点的表述。合同是交易双方以符合法律要求的形式确认交易的关键文书，通常不应缺乏合同所需的基本要素。在被审计单位提供的合同中如缺乏所需的基本要素，审计人员需警觉并了解原因及评估其合理性。例如当对于外贸合同进行检查时，需要关注其是否包含外贸业务中的基本要素，具体来讲，在销售农作物籽仁的外贸合同中一般会包括对货物质量的约定（如纯度、含水率、破损率等）、包装标准、付款条件（如分次付款节点约定），以及需要提交的文件（发票、提单、各类检疫检验证明文件等）。

当被审计单位提供的销售合同为复印件时，审计人员一般需要同时要求其提供原件并查看合同原件。目前在电子化和互联网时代，电子形式合同的实际应用的普及使其篡改更加相对容易，也需要审计人员更加关注合同的真伪性，关注被审计单位对合同签订和修订的内控及流程，是否经过加密等高科技处理等，确保获取的合同是真实完整的，必要时也可就合同的主要条款独立函证被审计单位的客户。

示例 6-29

ZT 会计师事务所在审计山东胜通化工有限公司时，2014 年度和 2015 年度主营业务收入实质性测试审计底稿中显示，被审计单位客户山东赛托生物科技股份有限公司合同中印章均为“菏泽塞托生物科技有限公司”，经查系“塞”字存在错误，该公司正确名称应为“菏泽赛托生物科技有限公司”。2010 年 1 月 19 日至 2014 年 10 月 16 日，赛托生物曾用名为“菏泽赛托生物科技有限公司”，后更名为“山东赛托生物科技股份有限公司”，公司印章也应同步进行更换，但是审计底稿中留存合同中客户印章仍为旧印章。

该示例中，审计人员未关注审计证据细节，在检查合同时未保持必要的职业怀疑态度，未对被审计单位可能存在的造假细节充分关注，从而未能发现收入舞弊行为。

5. 关注合同中是否存在特殊条款

审阅销售合同时，需要关注是否有一些特殊的交易条款，如附有退回条件的销售、质量保证条款的销售、分期收款销售、商品需要安装和检验的销售、售后回购、以旧换新、出口销售、寄售等条款。

当存在此类特殊条款时，审计人员可参考选择恰当的审计程序进行审核，常见的审计程序包括：

（1）检查相关的会计处理是否适当，往往会受到这些合同条款或协议的影响。例如，商品接受标准、交货与付款条件、不承担期后或持续性的卖方义务、退货权、保证转售金额以及撤销或退款等条款在此种情形下通常是相关的。

（2）向被审计单位的客户函证相关的特定合同条款以及是否存在背后协议。

（3）向被审计单位负责销售和市场开发的人员询问，尽量从商业角度理解商业安排原因。

（4）了解和评估历史上类似条款产生的实际影响等。

6. 关注合同中的收款和验收条款

履行合同并最终获得收益是体现在合同款项的收回时点，因此款项是否可收回，从哪一方收回、收回金额和时间均可能影响收入的确认和计量，也是商业活动中的关键环节，审计人员应予以充分重视。

当被审计单位存在大额应收账款 / 合同资产长期未收回的情形时，需要特别关注销售合同中与收款、验收相关的主要条款，分析被审计单位仍向其进行销售的合理性和真实性。对于有些行业的客户，收款期间较长可能是常见的情形，例如电力和电网等大型企业客户，受其资金流管控的影响，这些客户的信用期一般较长，应收账款回收较慢。如果被审计单位对此类客户的收款期不同则需要了解原因并执行进一步审计程序。审计人员需关注合同中约定的验收条款是属于例行程序还是存在剩余履行义务，结合被审计单位过去执行类似合同积累经验情况及客户验收结果，评价被审计单位认为商品的控制权转移时点是否恰当。

（五）关注未签订合同的收入确认

实务中，因各种各样的原因，有的公司存在着未签合同即交易，有甚者存在发货、开票、收款等一系列销售活动均已完成但合同尚未正式签订的情况，这种现象在客户为垄断行业的公司里较为常见。

一般而言，未签订书面合同就进行发货、收入确认不符合销售循环内控要求，这在内部控制不健全的公司多有发生。如果未签订合同是内部控制缺陷导致，通常来说，相应业务不满足五步法的第一步，不应确认收入。未签订合同即交易也可能是因为行业惯例或交易习惯。行业惯例可以参考同行业公司所属的行业情况，比如零售行业、餐饮行业，在现实生活中往往未曾订立书面合同，但双方已经就相应意思表示进行了确定。新收入准则强调与客户之间的合同，必须具有商业实质。在未签订合同的情形下，要找出交易双方实际交易的内容、性质、相应现金流量的情形，判断相应交易是否具备实质性的商业目的。

审计人员对于未签订合同即交易或确认收入的情况，在审计过程中，需要关注未签订合同的原因，分析合理性；对照合同成立的 5 个条件，判断是否满足收入确认的前提条件，被审计单位收入确认的会计处理是否恰当等。针对未签订合同是否满足收入确认的基础，可以考虑实施的审计程序主要包括但不限于：

1. 实施风险评估及分析程序

（1）询问被审计单位负责人或销售负责人，了解公司未签订合同即发货或提供服务的主要原因，并分析合理性；

（2）了解同行业公司交易的惯例，对具体客户要了解其以前交易习惯，判断未签订合同是否符合行业惯例或交易习惯；

（3）了解先发货后签合同销售模式下的业务流程、定价依据、结算方式，以及相关的内部控制；

（4）对照新收入准则，判断被审计单位收入确认政策的合理性、恰当性，与收入相关的各项认定是否存在舞弊风险；

（5）分析未签订合同执行的交易，是否具备商业实质；

（6）分析未签订书面合同，是否必然意味着合同不成立，结合合同形式的多样性，了解合同条款落实的具体形式，分析收入确认前提是否成立；

（7）结合交易客户的具体情况，分析客户的支付能力和支付意图；

（8）统计合同签订日期晚于开工日期的情况，分析相应收入对被审计单位财务数据的具体影响。

2. 开展内部控制测试程序

（1）对销售与收款循环的内部控制设计和运行的有效性进行测试；

（2）检查公司是否有《合同管理规定》《合同盖章审批流程》等对合同管理的规定，重点关注并测试合同签订管理、发货审批管理等关键内部控制的有效性。

3. 执行实质性测试程序

（1）对未签订合同交易的客户进行函证，关注交易对方是否确认此交易发生额和余额，必要时可以在函证中对该事项进行单独确认；

（2）对此类交易客户进行访谈，了解交易的商业实质，未签订合同就开展交易的背景及原因，客户的支付能力和支付意图；

（3）检查后续签订的正式结算合同、订单等关键支持性文件，检查结算单价、数量与前期确认是否存在差异。

示例 6-30

甲公司为客户提供基于软件开发和系统集成业务的技术支持及运营维护服务，技术服务业务是软件开发和系统集成业务不可或缺的支持手段。甲公司长期为大型国有生产企业提供技术服务，但存在合同签署时间滞后的情况，即尚未签订或续签技术服务合同已提供技术服务。

本示例主要探讨技术服务合同的形成，新收入准则下合同的含义强调的是合同约定的权利和义务是否具有法律约束力、合同是否具有商业实质及客户的信用风险，而不仅仅是拘泥于合同的具体形式。

乙公司为其客户提供的服务是长期且不间断的，通过口头形式或以往的商业惯例实质上已批准了该合同并承诺将履行各自的义务，如同时满足其他合同条件，则认可合同的成立，并按照新收入准则进一步核算。若既未签订书面合同，也无任何其他口头约定或惯例的情况下，则认为合同并未确定对各方具有约束力的权利和义务，合同不成立，不能按照新收入准则进行核算。

尽管新收入准则不拘泥于合同的具体形式，乙公司还是应当重视相应的内部控制管理，加强与客户的协调与沟通，完善合同签订时间及方式的规范性问题，避免出现双方在非书面的情况下因对合同权利及义务约定误解导致的纠纷。”

示例 6–31

迈信林 IPO 申报材料反馈意见回复披露，公司军工客户在向公司发料时，会同时下达来料任务书，但由于所需加工的货物尚未经过客户的核价、审价流程，客户无法与公司签订正式的合同，通常在加工完且交付给客户后，客户才会启动核价、审价流程，军工客户相关内部流程结束后，最终与公司签订正式合同。

在正式合同签订前，公司所生产的产品尚不能确定销售价格，正式合同签署后，产品价格确定。因此，公司产品在满足以下条件时确认收入：公司与客户签订的加工或销售合同正式签署并生效，按照合同约定的方式向客户交货，客户收到货物后签收或验收完成。

资料来源：上海证券交易所网站。

（六）识别履约义务并评估会计处理是否符合准则规定

1. 评估被审计单位履约义务的识别是否恰当

新收入准则基于控制权的五步法模型，明确提出将同一合同的不同履约义务进行识别，并分别进行收入确认。例如，信息技术服务行业中的同一销售合同中可能既存在转让软件使用权，又存在后续信息服务等不同履约义务。审计人员需要结合被审计单位的业务模式和合同约定，评估被审计单位对于各类业务及合同的会计处理是否符合新收入准则的规定。具体而言，关注点一般包括但不限于：

（1）是否存在将提供给客户的同一履约义务拆分在不同的合同中，以实现分期确认收入的目的。

（2）是否对于应整体作为单项履约义务的销售交易，通过将其拆分为多项履约义务，达到提前确认收入的目的。例如当设计合同相关合同约定不符合在一个时段内确认收入的条件时，被审计单位将合同中本具有重大整合特征的整体合同承诺按照不同合同节点，分别作为单项履约义务，以实现部分收入提前确认。

（3）是否存在履约义务的分拆不恰当，提前确认收入的情况。对于存在多项履约义务的销售交易，未对各项履约义务单独进行核算，而整体作为一项履约义务一次性确认收入。例如被审计单位在将所设计制造的生产线试运行验收时点确认了全部收入，未将其承诺在试运行后 1 年内进行陪伴生产的活动单独识别为一项履约义务。

（4）是否存在混淆服务性质保和保证性质保的情况，在商品控制权转移时将本应识别为服务性质保的履约义务部分未单独识别，以计提保证性质保的方式确认相应成本，实现收入的提前确认。

2. 分析收入确认是否符合控制权转移模型

无论是时点还是时段法确认收入，共同的理论基础均是控制权转移模型。具体而言，审计人员关注点一般包括：

（1）是否存在将不符合在一个时段内确认收入条件的合同以时段法确认收入以实现部分收入的提前确认的情况。例如被审计单位对于“合格收款权”的判断与其他企业不同，认为如果在合同中未约定客户的违约补偿条款就可以认定符合“合格收款权”的条件。又如，被审计单位认为只要在客户场地实施了相关部分履约义务，就可以认为符合“客户能够控制企业履约过程中在建的商品”这一条件，从而可以在一个时段内进行收入确认。

（2）是否存在对于属于在某一时段内履约的销售交易，通过高估履约进度的方法实现当期多确认收入的情况。例如，目前实务中较少见到除“成本法”外的其他按照“投入法”投入的材料数量、花费的人工工时或机器工时、发生的成本和时间进度等投入指标来确定履约进度的情况，如被审计单位采用这些投入指标需仔细考虑其合理性。又如，审计人员需关注被审计单位是否存在大额的预提性质的合同履约成本，预提支出产生是否均为发票开具和实物转移时间差所导致，还是为了高估履约进度而发生的。

（3）是否存在客户取得相关商品控制权前确认营业收入的情形。例如，在委托代销安排下，在被审计单位向受托方转移商品时确认收入，而受托方并未获得对该商品的控制权。又如，被审计单位构造符合售后代管商品安排中控制权转移迹象和条件，需要审计人员考虑其商业安排合理性及是否需要执行延伸审计程序。

（4）是否在客户取得相关商品控制权前，通过伪造出库单、发运单、验收单等单据，提前确认营业收入。审计人员可通过函证、访谈或对项目实地走访等程序进行真实性查验。实务中存在的一个常见问题是往往在审计人员次年二、三月份实施现场审计时，已较难通过实地走访程序了解上年年末的项目进度，所以对于截止性风险较高的收入项目，审计人员应提前计划审计时间，避免由时间差导致的审计程序失效问题。

（5）合同约定中的一些特殊条款对于控制权转移判断的影响。例如被审计单位的客户是否付款取决于下列情况：a. 能否从第三方取得融资；b. 能否转售给第三方（如经销商）；c. 被审计单位能否满足特定的重要条件等，这些条款可能表明控制权转移时点需要延迟，或者不满足合同成立中的款项很可能收回的条件，或者存在可变对价部分等，审计人员需要综合被审计单位的实际业务情况及其客户对商品的实际用途、交易商业实质等各方面因素评估被审计单位收入确认时点是否恰当和确定的合同对价是否合理。

3. 关注总额法与净额法的恰当性

（1）可能存在被审计单位属于代理人的情况下，按主要责任人确认收入的情况。例如，被审计单位为代理商，在仅向购销双方提供帮助接洽、磋商等中介代理服务的情况下，按照相关购销交易的总额而非净额（佣金和代理费等）确认收入。该种情形实务表现形式较为复杂，审计人员可参考监管部门发布的一些案例分析，严格把握控制的定义，辅以控制权转移的迹象综合判断被审计单位会计处理，必要时可咨询内外部专家。另外，实务也存在虽然合同名义上为代理合同，但如果被审计单位实际承担了主要责任人的角色，那么根据业务实质按照总额法来确认收入是恰当的。

（2）被审计单位将签订购销合同但实质为代理的受托加工业务作为正常购销业务处理，按照相关购销交易的总额而非净额（加工费）确认收入。审计人员需关注这一类交易中受托加工业务的复杂程度及出售产品定价方式是否为公允价值，及受托加工产品和原料是否有明确对应关系等信息，从而判断被审计单位的处理是否恰当。

（3）关联方之间的合同安排可能会涉及关联方聘请被审计单位提供服务，但是被审计单位再委托并主导第三方向关联方提供服务的情形。关联方服务型交易的商业实质往往难以判断及推翻，所以关联方之间的合同安排是否具有商业实质、服务业务的控制权如何转移及服务定价权及公允性等通常是审计人员关注重点。

（4）被审计单位如果将业务按照收入准则核算可能是总额确认收入和相关成本，但是如果按照长期资产、共同经营或者金融工具等准则进行会计处理，则通常是按照净额进行损益确认。因此了解相关业务背景和商业安排全貌，把握准则适用边界，对于审计人员评估被审计单位的会计处理较为重要。

（5）关注当被审计单位是主要责任人时，是否存在将从代理商收到的净额资金确认收入的情况，例如服装企业以从商场收到扣除代理费后的金额进行收入计量是不恰当的。

示例 6-32

证监会年报审阅发现，多家上市公司在2021年将贸易收入由总额法调整为净额法。例如，某公司在建材贸易业务中，虽然暂时性地获得商品法定所有权，但获得的商品法定所有权具有瞬时性、过渡性特征，表明其很可能并未真正取得商品控制权，未真正承担存货风险，很可能属于代理人，公司在2021年对建材贸易收入确认方法由总额法更正为净额法。部分专网通信公司在2021年将贸易收入由总额法调整为净额法，虽然调整原因不尽相同，但调整后更反映交易实质，不再仅局限于交易形式，一方面反映出上市公司对于收入总额法净额法的判断整体趋严，但也一定程度上暴露出新收入准则执行过程中对于总额法净额法的判断仍有进一步提升的空间。

收入总额法净额法对上市公司收入规模影响重大，审计人员但仅根据合同条款本身可能无法得出恰当的结论，更多需基于被审计单位的实际交易模式、商业目的、交易定价机制、每笔具体购销交易的流程及双方权利和义务等，根据实质重于形式的原则进行判断。

4. 关注收入确认方法的变化

当被审计单位在发生与收入确认相关的重大会计政策、会计估计变更事项时，分析这些事项的原因是否合理，检查是否已在财务报表附注中作恰当披露。另外，当被审计单位与收入循环相关方面出现异常情况时，例如与销售和收款相关的业务流程、内部控制发生异常变化，或者销售交易未按照内部控制制度的规定执行等，审计人员需要及时与管理层进行沟通，了解原因及评估其合理性，评估对收入确认和计量等方面可能产生的影响，必要时可调整审计程序，选取更多审计样本、从不同途径获取更多外部证据来核实交易的真实性和计量准确性等。

（七）关注时点法下收入确认时点的恰当性

1. 了解收入确认标志性时点的原则

（1）用户导向原则。收入确认标志性时点的确定，应当更多地站在用户（买方）角度考虑控制权是否转移，买方控制商品，意味着其能够主导该商品的使用并从中获得几乎全部的经济利益。客户取得占有商品是物理表象，获取经济利益是实质，只有采购的商品或服务达到预定可使用或可销售状态才是客户获取经济利益的起点。例如，企业为客户建造特定产品生产线（如医药企业GMP车间），投产前必须取得国家相关部门认证，验收是取得认证的前置条件，则验收这一标志性时点可能是收入确认的必要条件。

收入能否确认、何时确认，客户具有最大的话语权。事实上，收入确认“五步法”中的第一步“识别与客户订立的合同”关于合同成立的五个条件，四个条件直接与客户相关，如支付条款、交易对价很可能收回等，只有一个条款与卖方直接相关，即合同具有商业实质。时点法商品控制权转移的迹象，仍然强调要站在买方的角度考虑。收入确认模型的变化，实质上是由注重卖方利益，向注重买方利益，或者说从生产者向消费者转变的过程，体现了用户至上的理念，不能为客户带来利益的收入是没有任何价值的经营活动，这也使得企业会计活动与为客户创造价值等经营理念保持一致性，是业财融合的准则体现。

（2）对称性原则。会计对称性，是不同会计主体对同一交易采取方向相反的会计处理。例如，一个会计主体终止确认某项资产（收入确认本质上是资产的终止确认），另一个会计主体同时确认一项资产，同一资产（负债）不应同时反映在双方的账面上。对称性原则体现了新准则的资产负债表观，如果销售对应的资产控制权已转移给客户，对方已入表确认为资产，则卖方应将该资产出表并确认收入。

新收入准则以“控制权转移模型”代替“风险报酬转移模型”，控制权转移，即产品或服务的控制权从卖方转向买方，这个过程以某个标志性时点作为分界线，双方在这一时点实现了价值交换。从实物流和价值链看，该时点对于卖方而言，是产品或服务实现价值的终点，对于买方而言，则是开始创造价值的起点。例如，甲公司将商品存货销售给乙公司，一旦认为其控制权尚未转移，就不会确认为收入，但乙公司可能认为已经承担了现实义务而作为存货确认；或者甲公司以商品发出作为收入确认时点，乙公司因未签收或验收，未确认存货采购。上述情形实物商品在会计信息上存在“悬空”，主要在于甲乙双方对同一交易的经济解释不同，选择了不同时点确认交易（终止和采购行为），导致会计处理结果不对称，降低了会计信息质量。又如，CIF（成本加保险费和运费）出口模式下，卖方若以报关装船时点确认收入，则货物到港前买方并不能控制商品，会计处理不对称。

（3）唯一性原则。相同的商品或服务，应当选择相同的标志性时点确认收入。收入确认时点标准一旦确定，便具有刚性，不能随意变更，即具有唯一性。如果可以随意变更，意味着可通过调节收入确认期间粉饰财务报表。例如，对于需要经过初验和终验的商品，将金额重大的以初验确认收入，金额非重大的以终验确认收入，该方法导致收入确认存在“双重标准”。又如，以业务结算单签署时间，而非交易实际发生时间确认收入，则收入确认可能存在多个时点，该方法导致收入确认存在“多重标准”。不遵循唯一性原则，将违反了“同一企业不同时期发生的相同或者相似的交易或者事项，应当采用一致的会计政策，不得随意变更”的基本会计原则。

2. 收入确认具体标志性时点的判断

（1）签收。签收（或接收）是绝大多数具有实物形态的商品销售后，双方办理交接手续的行为。如果销售合同约定签收后不再有进一步的验收程序，那么签收是确认收入的标志性时点，表明商品控制权由卖方转移至买方；如果销售合同约定签收后还需要办理验收，则需要进一步分析验收的性质，据以确定签收还是验收为控制权转移的标志性时点。通常而言，企业销售的商品，若客户作为存货类管理，即用于日常生产经营活动，不需要安装调试。该类商品重复、大量、多频次采购使用，标准化程度高，商品质量成熟稳定，不论是卖方，还是买方，都对商品比较了解，几乎不会因质量问题退货，采购后可直接投入生产或转卖，也就是说，客户签收商品后即达到可使用或可销售状态。有时候，虽然合同规定了验收条款，明确客户在商品不符合约定规格情况下，解除合同或要求卖方采取补救措施，因这类商品往往能够客观地确定已经按照约定的标准和条件交付，卖方不存在剩余履约义务，验收只是一项例行程序，并不影响控制权的转移，仍然应以签收作为收入确认的标志性时点。例如，企业向客户销售一批必须满足规定尺寸和重量的商品，合同约定客户签收商品后，还将进行验收。由于验收条件是一个客观标准，企业在客户验收前就能够确定其是否满足约定标准，验收程序很可能只是一项例行程序。又如，有的商品虽然需要安装后验收，但安装较为简单，客户可自行安装，卖方仅需要提供技术指导，剩余履约义务极小，签收很可能表明商品控制权已转移。但是，某些情况下，客户签收后控制权并未转移。例如，汽车整车厂商采购零部件，客户签收实物零部件后，实际领用后与供货商办理结算，签收后控制权并为转移，系买方代管发出商品，“领用”才是控制权转移标志性时点。又如，某些商品或技术许可，虽然客户已经签收或验收实物，但只有在满足一定条件下，客户才能获取经济利益，则在条件满足前，不应当确认收入。例如，按照时点法确认的授予知识产权许可业务（如影视剧许可权），知识产权许可载体的实物交付给客户签收，并不必然导致商品控制权的转移。如果企业在向客户（如播放平台）交付影视剧母带时，若双方在合同中对影视剧初始播放时间等进行限制性约定，导致客户尚不能主导母带的使用（如播放该影视剧）以获得经济利益，则企业不应在母带交付客户签收时确认影视剧版权许可收入。类似地，新能源汽车厂商在销售汽车时，因政府补贴需要满足一定条件，若获取政府补贴款存在重大不确定性，不应当在客户签收时点全额确认包括政府补贴在内的收入。

相反地，如果无法客观确定转让的商品是否符合合同规定的条件时，在客户验收之前，卖方不能认为已经将控制权转移给了客户，此时的验收不能视为例行程序，因为在验收完成前，卖方无法确定商品是否满足客户的主观标准。例如，新上市的商品、定制化程度越高的商品、需要试用或测评的商品（如软件），很可能表明验收是实质性程序，签收仅是实物的接收，尚不能确定客户主导该商品的使用并从中获得几乎全部济利益，验收才是控制权转移的标志性时点。

实务中，对于按照时点法确认收入的提供服务业务，双方可能以结算单（或对账单）形式明确工作量，据以结算款项，该结算单具有签收单性质。不同于实物商品的签收与实物流转同步，结算单签署时间往往滞后于业务发生时间，收入确认时点通常以结算单载明的业务发生时间为依据，除非结算环节具有实质性验收程序。

（2）单项验收。企业为客户定制销售系统集成产品，或建造工程类项目，该类项目由多个子项目构成，有的销售合同约定在整个项目完工验收前，需要单独对各子项目进行验收，即单验。单验是否为收入确认的标志性时点，需要考虑以下因素：

第一，履约义务不能分拆。若存在下列情形，表明履约义务不能分拆：企业需要提供重大服务以将该商品与合同中承诺的其他商品进行整合，形成合同约定的某个或某些组合产出转让客户；该商品将对合同中承诺的其他商品予以重大修改或定制；该商品与合同中承诺的其他商品具有高度关联性。很显然，若履约义务不能分拆，单项验收不能作为收入确认的标志性时点，因为任何一个子项目的验收并不能独立为客户带来经济利益。例如，企业提供系统集成项目，将软件、硬件与通信技术组合起来为用户解决信息处理问题，集成的各个分离部分原本就是一个个独立的系统，集成后的整体各部分之间能彼此有机地和协调地工作，以发挥整体效益，达到整体优化的目的。该类业务只有整体完成并调试验收成功后，系统方能运行，控制权才转移至客户，即于客户达到可使用状态。

第二，履约义务能够分拆。如果存在客户可单独使用的商品或服务，表明履约义务能够分拆，表现为客户能够从该商品本身或从该商品与其他易于获得资源一起使用中受益，或者企业向客户转让该商品的承诺与合同中其他承诺可单独区分，那么商品是逐项实现控制权转移并达到可使用或可销售状态，企业应当分项确认收入。

单验是否应当作为商品或服务控制权转移的标志，需要进一步分析。如果单验是实质性的，应当作为收入确认时点的标志，否则应考虑以后续验收时点确认收入。实务中，由于建造活动有先后，从客户的角度，希望项目早建成，早投产，早见效；从提供商品或服务方的角度，希望已完工的子项目早验收，早收款，早获益，双方目标一致。因此，单验很可能是实质性的，是控制权转移的标志，项目全部完工后的整体验收则可能是例行性的。若子项目工艺、功能具有同质性，单验实质为分批次验收和交付手续，单验往往具有实质性。例如，企业为某医院新建综合楼实验室提供设计、设备、安装等整体解决方案（假设收入满足时点法确认条件），合同中包括若干个彼此独立的实验室，履约义务能够分拆。如果每一个实验室单独验收后即可投入使用，则单验是控制权转移的标志，应当以该时点确认收入。

（3）初验。初验是相对于中验、终验而言的，如果合同约定初验、终验条款，通常表明商品或服务比较复杂，需要经过安装调试、测试或试运行等程序才能达到可使用状态。客户采购的这类商品，多数为资本性投入，形成公司的固定资产、无形资产等长期资产，如生产线、生产装置、大型设备制造、整体解决方案、系统集成业务、工程或类工程项目、定制软件开发等。由于这类采购项目金额大、周期长、频次低（多为一次性购置），购建后将使用多年，保障长期资产的正常运营十分重要，但因客户经验不足，为降低投资风险，往往会设置较为严格的验收条款，包括多次验收，这显著不同于采购原材料无须多次验收。

初验的主要内容，可能包括以下几个方面：

①符合性验收。商品或服务是否达到合同约定的技术规范标准，相关指标和参数是否符合设计要求。例如，软件行业的初验，主要是对系统实现的功能、系统性能、系统可靠性、系统安全性等进行验收，确认是否符合设计文件及合同要求。

②试运行验收。作为固定资产或无形资产管理的项目，一般会开展试运行。对于设备及生产线性质的项目，检验是否能够正常投产，产品合格率是否达标；对于软件开发、系统集成性质的项目，测试在用户环境下运行是否稳定可靠，是否满足业务需要。

③资料验收。企业将技术资料移交给客户，如信息化建设项目中的程序源代码、操作手册、培训资料、测试报告、过程数据等。

初验是否为收入确认的标志性时点，取决于初验完成后，商品对客户而言的可用性，即是否达到可使用或可销售状态。如果已达到可使用或可销售状态，表明商品的控制权已转移至客户，客户占有实物商品，能够主导商品的使用并从中获取几乎全部经济利益，卖方已将商品所有权上的风险和报酬转移给客户，则初验应当作为收入确认的标志性时点，这也是收入确认用户导向原则的体现。可使用或可销售状态标准，可参照《企业会计准则第 17 号——借款费用》购建或生产符合资本化条件的资产达到预定可使用或可销售状态的条件，包括资产的实体建造已经全部完成或实质性完成；所建造的资产与设计要求、合同规定或者生产要求相符或基本相符，极个别地方不符但不影响正常生产或销售；不再或很少继续发生支出（从卖方角度，履约义务已经完成）。

（4）中验。顾名思义，中验即项目进展到中期开展的验收，多为过程性跟踪，监督检查卖方是否按照合同约定进度、设计要求开展提供商品的活动。由于这种验收以督导进度为主，企业提供的商品或服务处于生产中，卖方还存在重大履约义务，商品或服务尚不能为客户带来经济利益，控制权未转移，因此，中验通常不应作为收入确认的标志性时点。

（5）终验。终验，是商品或服务的最终验收，有时也称综验。相较于初验，终验在验收目的、验收组织机构、验收内容、验收程序等方面可能存在不同。例如，初验主要是买卖双方参与验收，终验可能涉及第三方机构验收，如环保、消防、安全等部门，若为工程类项目，参与验收的机构还可能包括监理、业主单位、设计单位、主管单位等。又如，初验重视验证商品的质量和实质性功能，终验既是程序性（形式）验收，也有可能是实质性验收，如初验后在正式环境下运行发现问题的整改情况等，内容更全面，是总体性验收。从执行合同看，终验是除质保条款外的合同约定条款的全部完成，是总结性、交付性的验收，商品或服务控制权转移不会晚于该时点，收入确认最迟不应当超过终验。

当合同既约定了初验，又约定了终验时，收入确认如何选择标志性时点，一直是实务中的难点。具体操作时，应以验收的性质作为判断标准：如果终验是程序性、例行性验收，即初验是实质性验收，初验之后商品或服务控制权已转移至客户，则应当以初验作为收入确认的标志性时点；如果终验是实质性验收，则应以终验作为收入确认的标志性时点。一般而言，初验与终验之一为实质性验收，即要么初验是实质性的，要么终验是实质性的，这也符合收入确认时点唯一性原则。当然，也可能存在某些业务，终验是实质性验收，并不表明初验是例行性验收。例如，企业为客户定制开发的信息化系统，涉及多子系统个模块的，需要经过多轮测试，对各子系统的单验、初验功能均正常，但整体运行未必实现目标，则终验也是实质性的。

实务中，验收是否为实质性验收考虑的因素，可能包括：

①商品的通用性，定制化程度越高的非标商品，终验越有可能是实质性验收。

②终验的复杂程度，验收的程序越严格、复杂程度越高，不能通过终验的可能性越大，越有可能表明是实质性验收。

③是否为“资格性”验收，某些特殊行业或特定业务，如医药、食品、金融、军品等需要取得生产许可证或合格证的行业，否则资产不能投入使用，终验是前置条件，则终验可能是实质性的。

④发生成本费用情况，初验后到终验期间，从卖方履约角度，发生的成本费用越大，表明剩余履约义务较多，如需要对商品进行较多的修改或替换，难以证明终验仅仅是一项例行程序。如果卖方仅提供售后维护或现场操作指导等服务，发生的支出极少，则终验很可能是例行程序。

需要注意的是，如果初验至终验的时间跨度较长，很可能表明终验是例行的。因为买卖双方均有如期完成合同的动机，如果该期间超出正常的时间，往往存在双方不可控的外部因素。下列情形很可能表明是例行终验：

①终验前需审计。某些政府性，或国有企业采购项目，按照相关流程在终验前需要开展审计，有时审计时间较长，导致项目迟迟不能竣工验收，但并不影响项目正常投产运营。以审定金额作为最终交易价格，属于收入计量问题，不影响收入确认时点。

②终验取决于整个大项目进度。客户购建的大型项目，由总包商及多个分包商提供商品或服务，只有在整个项目完工后才能出具终验报告。单个分包商虽然已经完成履约义务，但终验时间可能很长。

③试运行为生产性质。有的合同约定，初验合格后到终验前需要试运行。如果试运行是测试评价性的，不产生正常的销售收入，则测试评价完成前，商品或服务的控制权并未转移给客户；如果试运行已经能够生产出合格产品且已销售，项目已能够正常运行，事实上已经投入生产，则终验是例行性的。

（6）视同签收或验收。实务中，电商平台线上 B2C 销售模式，因客户众多，销售商品的品种、规格、数量大，且由第三方物流发货，买卖双方无需见面即可完成交易，有的电商平台采取了发货后一定时间内视同签收的简化处理方式。

示例 6-33

三只松鼠（300783）的线上客户通过网上平台向企业下单，企业在收到客户订单后发货，三只松鼠根据发货及交付客户的快递数据计算平均到货期为 4 天，在发货后 4 天确认收入。如果电商平台拥有完善的销售信息系统，就能够获悉客户签收商品的准确时点，并据此确认收入。采取“视同签收”方式确认收入，不具有普适性，电商平台应建立健全销售相关内部控制，以客户实际签收时点确认收入。六个核桃（603156）在商品已经发出，客户在电商平台点验收商品时确认收入；客户不点验收货的，以电商平台规定的验收截止日确认收入，平台记录了所有客户的收货信息。该公司销售信息系统，完全能够支持收入会计核算，但未以客户实际签收商品作为收入确认标志性时点，值得商榷。

资料来源：巨潮资讯网站。

有的销售合同，买卖双方约定了验收条款，且验收是结算付款的条件。客户为了推迟付款，在不影响商品使用或销售的情况下，可能有意拖延验收时间。因此，卖方在合同中约定了视同验收条款。例如，销售合同规定：“买方负责验收，7 日内未提出异议视同通过”。如果验收是实质性程序，客户在约定时间内未验收，应当以视同验收期满后首日作为收入确认的时点。但是，“视同验收”不应作为一种常态，在此条款下客户仍然不在规定时间内验收，显然不符合商业逻辑，若验收期满后发现商品质量存在问题，责任在于买方。故“视同验收”仅仅是一种例外，若发生大量视同验收情形，需要分析原因，并考虑收入确认时点是否合理，是否存在人为调节收入的现象。

3. 收入确认时点的其他考虑因素

（1）客户款项结算进度。合同约定付款方式和进度，属于价款结算内容，不构成收入确认的标志性时点。但是，对于合同金额较大、执行时间较长、验收环节较多的商品销售或建造，合同约定的款项结算进度与验收方式匹配程度，可以作为确定收入确认标志性时点的参考。匹配程度越高，越表明工作量和履约进度与付款进度具有一致性。例如，合同约定签收、初验、终验、质保付款比例分别为 50%、80%、90%、100%，初验后付款达到 80%，很可能表明初验是实质性的额，终验和质保支付剩余的 20% 均具有质保金性质。如果初验后付款比例仅为 50%，则很可能表明终验是实质性程序。从客户风险管理角度，如果初验后尚不能正常运转，后续风险较大，不太可能支付绝大部分款项。

实务中，下列两种结算条款通常不影响收入确认的标志性时点：

①约定质量问题结算条款。有的销售合同约定了验收合格后，一定期限内无质量问题作为货款结算条件，如约定“验收合格 6 个月内无质量问题付款、由最终用户验收完成且产品无质量及其他问题付余款”。如果客户对商品质量、性能、稳定性、技术和维保服务，以及供应商资质等方面均有较高要求，该结算条款主要目的在于客户对商品质量风险的考虑，是对供应商提供商品保证质量的约束，不影响以签收或验收单据确认收入。

②约定“背靠背”结算条款。所谓“背靠背”结算，是指客户付款的时间进度，取决于客户的客户（最终客户）的付款进度，直接客户收到其下游客户（最终客户）款项后，才向卖方付款。这种结算模式主要存在于最终客户为大型国企集团、军方。由于卖方在销售商品，取得直接客户的签收或验收文件后，表明已经履行完毕合同义务，若最终客户履约能力强、信用风险低，通常不影响收入确认时点。但是，如果直接客户具有“代理人”“居间人”性质，尽管直接客户系合同“首要责任人”，但鉴于其本身履约能力较弱，信用风险较高，收入确认标志性时点宜以最终客户签收或验收为依据。

此外，发票作为款项结算的重要单据，有的合同约定付款前卖方应当向客户开具销售发票。因发票并不与商品或服务控制权转移必然相关，任何时候都不应当以发票开具作为收入确认的标志行为。但是，如果企业收入确认后，长期未向客户开具发票，且应收账款金额较大，应核查是否具有合理性。对于客户已投入使用或已销售的商品，通常会及时取得增值税专用发票以申报进项税抵扣，降低资金占用成本，交易完成后长期不索要发票缺乏商业逻辑，可能表明商品或服务控制权并未转移，卖方存在提前确认收入的现象。

（2）违约条款。销售合同通常会约定违约责任，包括验收不合格的惩罚性条款，如退货及退款、换货、支付违约金、支付赔偿金等。违约条款对时段法确认收入影响较大，使得其难以满足“合格收款权”的条件。时点法确认收入下的违约条款，很可能是“保护性”条款，一般不会影响签收、初验、终验等是否为实质性程序的判断。

（3）附有退货条款的销售。对于附有销售退回条款的销售，企业应当在客户取得相关商品控制权时，按照因向客户转让商品而预期有权收取的对价金额确认收入。销售合同约定退货条款的，涉及可变对价，企业需要估计退货率，以扣除退货率后的金额确认收入，这属于收入计量问题，通常不影响收入确认时点。但是，如果企业日常销售退货频繁，退货率超出一定比例（如30%以上），将影响商品控制权的转移，该情形下签收或验收时点确认收入并不恰当，应当考虑控制权的实际转移时点，如退货期满时点确认收入。

（4）签收或验收后实物未移交。客户签收或验收实物商品后，买方继续对实物进行保管的，签收或验收是否作为收入确认的标志性时点，应当判断是否满足“售后代管”的条件，即：继续保管实物是否具有合理理由、商品是否单独存放、管理，能够被单独识别；商品实物是否可随时移交给客户；卖方无权将该商品用于其他用途等。如果满足“售后代管”条件，客户签收或验收后应当确认收入；否则，不应当确认收入，因为不满足“企业已将该商品实物转移给客户，即客户已实物占有该商品”等条件。

（八）关注收入计量及会计估计的恰当性

1. 交易价格分摊至各单项履约义务

在该过程中，审计人员需要关注是否存在合同中已约定的针对每项履约义务的交易对价不能反映其独立售价的情形，以达到提前确认收入的目的。例如在BOT项目中将更多的交易价格分摊在前期发生的建造服务收入对价中，而后期的项目运维服务分摊的对价相对较低，导致前期收入与同行业中的建造服务毛利率差异较大。审计人员可着重对比同行业类似业务的毛利水平及成本加成比例是否合理等方面对此进行综合评价。

2. 可变对价

审计人员需要了解和评估被审计单位的内部控制，识别对于合同计量的会计估计和判断相关关键控制点是否有效，对于涉及的重大管理层判断的部分，包括收入的金额、时间分布和不确定性的判断等，审计人员应评估相关假设是否合理、是否与其合同约定、审计人员了解到的实际情况和业务数据相符。

审计人员需关注是否存在通过调整与可变对价等相关的会计估计，达到多计或提前确认收入的目的。审计人员需关注被审计单位选择估计可变对价的方法时，是否存在不是以更好地预测其有权收取的对价金额的方法，而是以哪一种方法更可能在前期确认更多收入为目的来选择；另外，当存在同类合同时，被审计单位是否采用了相同的方法进行估计。关注被审计单位是否在每个资产负债表日对可变对价进行了更新，更新后的会计估计是否更恰当合理地反映了最新情况。

3. 重大融资成分

审计人员应评价被审计单位对于是否存在重大融资成分的分析是否恰当，是否存在与同行业其他企业类似业务中是否存在重大融资成分的判断不同，如存在此情形应了解具体原因并评价是否符合收入准则的相关规定。新收入准则考虑到我国的市场环境和相关规定，提出先以现销价格确定收入金额，再将该金额与合同对价金额的差异作为融资成分处理。实务中可能存在被审计单位以现销价格销售但是约定若干年后才收取相关款项，利用准则相关规定提前全额确认收入的嫌疑。审计人员应结合业务的商业实质，考虑合同条款是否表明实际上存在了重大融资成分需要分拆的情形。

对于存在重大融资成分的合同，检查被审计单位是否在单个合同层面考虑融资成分是否重大，而不是在合同组合层面汇总考虑融资成分影响的重要程度。对存在重大融资成分但未确认的合同应注意辨别是否符合收入准则规定的豁免或简化要求。对于被审计单位对于折现率的选择应关注是否恰当，是否充分反映了融资方的信用风险及其他市场风险。

4. 非现金对价

当存在非现金对价时，审计人员应关注被审计单位对于交易价格的确定顺序和确定时点是否恰当，并关注相关公允价值的确定方式和金额是否恰当合理。合同开始日后非现金对价的公允价值因对价形式发生变动的部分是否也计入了交易价格。在包含甲方供应材料的建造服务合同中，被审计单位对于甲供材涉及商品控制权取得情况的评估是否符合收入准则的规定等。

示例 6–34

负责热电、燃气及水等供应的公用事业企业通常在实务中存在客户向被审计单位（即公用事业企业）无偿移交资产的情况，客户会将部分其出资建设的供水、电等管道及设施的产权在竣工验收合格后，无偿移交给被审计单位，由其负责维护管理。对于收到的这些资产，被审计单位将其作为取得的非现金对价，在合同开始日的公允价值确定交易价格，不能合理估计的，应参照其承诺向客户转让商品的单独售价间接确定交易价格。

审计人员为了确认被审计单位的客户转让资产的真实性及其公允价值是否恰当，可执行以下审计程序：

（1）核对双方签署的相关协议，取得接收资产的清单并对其监盘、核对。

（2）对相关资产的竣工决算报告与相关审计报告或估值报告进行重点检查、复核。

（3）复核被审计单位技术及业务部分对相关资产预期使用年限的估计报告及销售部门对与客户相关服务期限的判断，检查相关会计处理凭证及列报、披露等，确认非现金对价分摊方法和分摊期限的合理性。

5. 应付客户对价

审计人员应关注被审计单位对于支付给供应商的款项是属于应付客户对价性质还是销售费用性质的判断是否合理并符合准则规定。在实务中可能存在着较多主观判断困难的情形，关注点主要在于双方对于相关服务的约定是否明确，被审计单位是否可真正从其客户处取得可明确区分的服务、能够主导该些服务并获得几乎全部经济利益，服务价格的公允价值的确定方法是否符合相关准则要求且结果合理等。在客户对价冲减交易价格的会计处理中，是否存在被审计单位有意在当期确认收入，在下期支付（或承诺支付）客户对价再进行收入冲销，以利用准则相关规定虚增当期利润的问题。

6. 其他的会计估计及判断

对于收入领域中涉及的高度会计估计和重要会计判断的审计，在新收入准则实施后将成为某些行业或企业收入审计技术难点。因为管理层可获得的用以支持作出会计估计的信息的性质和可靠性差别很大，并因此影响估计的不确定性。估计不确定性的程度影响与会计估计相关的重大错报风险，包括会计估计复核中对有意或无意的管理层偏向的敏感性判断。对于会计估计的重大假设、数据质量和来源、应用模型的检查、前期会计估计结果的复核都可能成为审计工作重点。审计人员需关注当存在多种可供选择的会计估计方法时，是否存在被审计单位随意变更所选择的会计估计方法的情形。有关履约义务进度估计的审计关注可参考第七章特殊行业或业务审计的考虑第二节建筑行业审计的特殊考虑中的相关内容。

（九）实施针对性的细节测试

1. 资金流检查

资金流是包括收入交易在内的各类业务的起点和终点，因为收入是被审计单位最为重要的业绩指标之一，审计人员可利用数据分析方法，对比银行对账单上的收款流水与被审计单位账目的收款信息是否一致，还可利用商业银行的电子回单验证业务，在相关网站上查询电子回单的内容并与被审计单位提供的银行单据核对。相关具体核对程序参见节货币资金循环中的相关内容。

2. 单据流检查

审计人员在检查单据流时，除了从被审计单位获取合同、发票、结算单等单据外，还可考虑从独立的第三方获取证明力较强的审计证据，例如在细节测试中获取销售货物的发运凭证、第三方签收单、报关单、最终客户方出具的验收报告等。对海外销售进行检查时，可考虑获取被审计单位的电子口岸卡信息，登录海关网站查询海关数据端的进出口数据，或者从海关获取相关出口情况的资料、信息等。

在单据流的检查中，因为增值税发票是从税务机关领取的，因此相对合同和结算单等一般仅为被审计单位和其客户之间签署的凭据，发票具有唯一性及可核性，可考虑对发票的真伪进行查验。查验可以考虑两种方法，传统的方法是在抽样基础上人工比对发票中包括客户名称、货品、时间、发票号码及金额等信息。这种方法一般可采用在客户集中、合同数量不多的情况下。目前资本市场中制造行业的造假行为往往是发生在客户分散，合同数量庞大的情况中，传统的人工发票查验已难以满足审计实务的需求，因此基于大数据技术的基础上，可实现自动接到税务局数据端口，由电子系统自动实现增值税发票的核验工作将是较为可行且有效的方法。农产品加工企业既可以代供应商开具采购发票，也可开具销售发票，容易虚构完整的票据流，是审计公认的高风险行业之一。

示例 6-35

在胜通集团收入造假案中，审计人员在2013年度对其子公司山东胜通钢帘线有限公司进行收入检查时，抽取了胜通钢帘线对好友轮胎有限公司开具的增值税专用发票共计19张，合计金额为16 581万元，远大于2013年度胜通钢帘线对好友轮胎有限公司的真实销售收入632.85万元，且存在将销售发票的收票人地址“河南省焦作市”写成“河北省焦作市”的情况。经核实，上述发票及对应业务皆为虚构。审计人员在审计过程中对凭证附件的检查流于形式，未能从细节测试中发现较为明显的舞弊迹象。

资料来源：中国证监会网站。

3. 实物流检查

在对实物流进行检查时，可以考虑进行检查的对象包括被审计单位内部的货物出库单、物流企业运输单、客户的签收单、报关单、提单等。如果被审计单位或客户安装了摄像头，审计人员可进一步要求调取监控录像，检查物流信息以及监控录像所反映的出库情况是否与财务记录信息相符，也可考虑从独立的物流部门或门卫处直接获取其保管的出库单据进行核对，该审计程序有效性的前提是评估被审计单位其他部门具有较强的独立性。

在实物流检查中，主要的实务问题是部分关键实物流单据可能仅有个人签字而无客户、业主、监理单位的签章，审计人员可能需要对签字人员是否有权代表客户签署这些单据进行有效验证，例如获得签字人员任职情况的资料、个人资料及访谈、实地查验等，在涉及单据数量众多而单笔金额不重大的情况下，审计人员可能会采取与客户对项目执行情况进行独立函证并结合对合同真伪检查的方式来解决该问题。在对实物流检查中，相关单据的签署时间也是需要关注的一个方面，如果单据缺少该要素则表明单据的真伪可能存在疑虑或者交易双方的内控存在问题，如果单据形式上有该要素，但是执行时却无实际签名，审计人员除了考虑对被审计单位内控影响外，可能还要获取其他审计证据来验证交易的截止性问题，特别是对于接近资产负债表日的交易或存在其他舞弊迹象，例如交易有可能是以前年度实际发生的，重复确认收入的情形。

结合出库单及销售费用中的运输费等明细，检查货物运输单和提单，必要时向运输单位进行函证或走访，关注货物的流动是否真实发生，从而确定交易的真实性。

在存在实物介质交付的交易中，审计人员需关注是否存在提前将实物介质交付客户，但是客户无法在交付后即可有能力主导其内容的使用并获得几乎全部的经济利益时，被审计单位就确认了收入的情形。例如，被审计单位向播放平台交付影视剧母带时，由于尚未达到合同约定的影视剧初始播放时间，客户暂不能通过播放该剧获得几乎全部的经济利益，同理，虽然可能合同中约定客户可将该母带转让第三方，但仍因存在以上播放时间的限制，客户的下级客户仍无法通过转让获得几乎全部的经济利益，因此被审计单位在母带交付时点即确认该影视剧版权许可收入是不恰当的。

（十）重视收入截止日测试

1. 截止日测试样本选择

常规的收入截止测试包括从资产负债表日前后不同起点（发票或运输单等）选取一定数量的样本进行检查，以确认被审计单位是否存在收入确认跨期行为。审计人员应结合被审计单位收入实现的业务方式，考虑收入来源、收入确认方法及相关的业务流程设计截至测试方案。例如，被审计单位存在商品销售、提供技术服务和系统集成三类业务，各类业务中商品运抵指定地点、合同约定付款、收到阶段性付款、整体完工、验收合格和收入确认等时点均存在差异。审计人员一般需要区分三类业务不同的收入确认政策，分别对三种业务设计截止性测试。常规截止测试中存在的常见问题包括：

（1）未核对资产负债表日前后业务系统数据与财务数据的一致性；

（2）未按照收入确认时点，收入确认的具体方法设计恰当的截止测试程序；

（3）未检查期后销售退回情况；

（4）以被审计单位未结账为由，未执行资产负债表日后检查；

（5）机械地采用“前五后五”或“前十后十”的所谓标准测试方法，审计人员需要考虑被审计单位的实际情况、收入合同相关条款确定销售周期来计划截止测试的具体范围。

当被审计单位预期难以达到下一年度的销售目标，而已经超额实现了本年度的销售目标时，则管理层可能有将本期收入推迟至下一年度确认的动机，收入的截止认定存在错报风险的可能性较大。适当的截止测试选样方式对于有效实现该审计程序的目的具有重要作用，当测试期间内的销售数量较少且单笔交易金额重大，可选择该期间内所有样本进行测试；当销售数量众多且存在舞弊风险，可考虑设定特定的抽样标准（例如新客户或及一定金额以上的交易）来选取符合条件的样本，并对剩余总体再采用货币单元方法选样；当样本量大、总体风险较低时，可考虑对总体采用随机抽样方法。

2. 关注是否存在收入在一定期间内集中确认的情形

季度末、半年度末、临近资产负债日等集中确认收入的情况在实务中并非罕见情形，可能存在的原因包括：会计核算和内控不健全；政府或国企背景的客户结算期是下半年并延后提供收入确认资料；被审计单位将下期收入提前确认或虚假销售等。

审计人员应了解产生此类现象的原因，分析其合理性，并进行针对性的检查，如果审计人员发现被审计单位临近期末销售量大幅增加，需要警惕财务舞弊的可能性。涉及临近期末收入和利润的异常关系尤其值得关注，例如在报告期的最后几周内记录了不寻常的大额收入或异常交易。对于临近期末的销售或发货情况，审计人员详细了解、检查临近期末签订的销售合同是否存在异常的合同条款或条件。当截止性风险较高时，审计人员可考虑执行以下审计程序：

（1）期末在被审计单位的一处或多处发货现场实地观察发货情况或准备发出的商品情况（或待处理的退货），并结合所了解的情况实施适当的销售及存货截止测试。

（2）检查临近期末执行的重要销售合同，关注是否存在异常的定价、结算、发货、退货、换货或验收条款。对期后实施特定的检查，以确定是否存在改变或撤销合同条款的情况，以及是否存在退款的情况。

示例 6-36

L公司2013年12月收入占全年收入比重高达37.74%，审计人员关注到期后发生了 2 242.39 万元的销售退回并对此进行了审计调整。对收入执行细节测试时，审计人员抽查了部分服务开通的系统记录、销售发票、销售回款记录等，针对临近期末的软件销售收入增长、期后退货等情况，获取了合同、软件开通权限单、销售收款单、退款协议等。但审计人员未对退货原因进行详细了解，没有考虑销售相关的财务风险状况，以及在面对客户数量较多，无法函证的情况下，采取更有针对性的审计程序，以获取充分的审计证据，审计人员对收入集中确认的应对不足。

（十一）关注特殊行业的企业收入审计

1. 信息技术服务等互联网行业企业

审计人员应重视互联网企业经营业务的真实性、完整性，审核关键在于判断财务数据与业务数据的匹配性，IT 审计是关键应对措施。互联网企业经营风险相对传统行业较高，审计人员应关注被审计单位的持续经营能力，避免因经营失败而导致的审计失败的风险。互联网企业具有业务模式多样、结算方式不一、业绩波动普遍等特殊交易方式及特点，审计人员应关注其收入确认政策的合理性和谨慎性以及收入确认等审计领域，充分了解相关监管政策，关注互联网业务的合规性、资金账号的安全性等事项，面向众多客户和高度依赖信息系统等特点的相关内部控制设计的合理性和执行的有效性。同时充分利用 IT 技术专家的工作，对信息系统的相关内控流程、数据集成的准确性及数据备份的安全性、所生成数据的真实性和完整性进行验证，关注信息系统业务数据的逻辑性及与相关财务信息的匹配程度。

从事信息技术服务业务的被审计单位，例如游戏公司，以游戏玩家的名义，利用体外资金购买虚拟物品或服务并予以消费，虚增收入（刷单交易）的现象是常见的审计风险。实务中，常见应对信息技术服务行业“刷单”交易的审计程序包括：

（1）获取报告期内各细分产品或服务收入、成本及净利润，并分析与网站访问量、产品点击率等指标的波动是否相符。

（2）获取细分产品 / 服务在不同第三方联营平台和支付平台的销售数量、销售收入、地区分布情况，并了解收入在不同年度、不同平台产生波动的原因，分析收款金额与终端用户订单数量和金额、用于支付订单的银行卡数量的匹配情况。

（3）获取各期最终用户 IP 地址及 Mac 地址的分布情况，选取这些地址集中度高的若干地点或地区进行分析，关注是否存在异常情况，例如一个买家使用过多地址，某些地址交易时间过于集中等。

（4）获取各期销售收入前若干名客人客户和新增的第三方联营平台客户的销售金额、交易次数、所在区域信息，关注有无大量重复购买的情况等。对于通过电子方式自动生成、处理、记录的销售交易，实施控制测试以确定相关控制是否能够为所记录的销售交易真实发生并得到适当记录提供保证。通常应考虑利用信息系统审计专家的工作。

（5）审计人员还应关注业务模式中关键的控制点，例如直接现销业务模式中与第三方支付平台定期结算和资金结算的相关资料和流程，在联营模式下不同联营平台的信誉和强弱不同可能约定分成收入的信用期间和比例不同，相关约定、交易对手背景信息和授信等可能是收入审计中重点关注内容。

2. 农业及相关产业链企业

在对与农业相关的行业进行审计时，除了收取现金进行交易外，还需要关注农产品及其深加工企业也存在独特的业务特点和交易模式，包括：

（1）农产品深加工的产成品有可能属于小众产品，可比同行业被审计单位少、行业数据匮乏。

（2）采购商一般以个体工商户为主，串通风险较高，可通过控制其银行账号虚构完整的资金流。

（3）被审计单位既可以代农户（个人供应商）开具采购发票，也可开具销售发票，造假成本相对较低。

（4）被审计单位生物资产采购、生产、销售等环节以及与现金交易、关联交易相关的关键内部控制建立和执行情况可能较弱。

在对种植业进行审计时，应重视对每期确认收入对应地块、面积、交付时间以及地上附着物和生物资产的补偿、收款金额情况进行复核，关注是否存在将非被审计单位所控制的地块的产出虚构为其收入的行为，通过与同行业的投入产出比及相关非财务数据分析来佐证财务信息的真实性。

3. 零售及消费品行业

消费品行业企业运营和账务处理较多依赖信息系统，审计人员应关注与收入确认相关的内部控制是否健全并有效实施，在此基础上设计和实施具有针对性的实质性审计程序，可以考虑执行以下程序：

（1）对主营业务收入进行月度和按日的波动分析，与其他类似企业进行比较。

（2）计算每平米营业额，与其他类似企业进行比较。

（3）分单品进行毛利率分析，尤其关注负毛利单品。

（4）抽取营业时间之外的销售记录进行检查，或抽取每天第一笔和最后一笔销售记录检查是否接近营业开歇业时间。

（5）在现场工作时突击盘点现金，观察企业的经营环境和过程。

4. 软件行业

软件行业一般是轻资产行业，主要依赖人力资源为客户提供服务，在对其营业收入审计时需要了解企业的具体业务模式，目前主流的方式为：产品化软件销售、产品化软件授权使用、定制化软件开发、为定制化软件提供后续服务、软件运营服务（SaaS）5种模式。软件行业中对于履约义务的识别既可能是会计判断的难点，也是审计的重点和难点，因为履约义务的识别是收入确认和计量的基础，不同的识别结果可能会对财务报表整体列报有较大影响。审计人员经常需要较多精力和时间进行了解及分析、对比行业其他公司的会计处理才能恰当评价管理层的会计判断是否合理。对于不同的业务模式所体现的商业实质也需关注，例如在外派员工提供研发服务和承担定制软件的责任两种方式下，被审计单位确认收入的方法可能会存在较大差异。因为新收入准则要求主要在合同层面实施五步法，所以仍需在业务模式加合同这个思维框架下评估被审计单位的收入确认政策。以定制软件收入审计为例，审计人员一般需要执行的主要审计程序包括：

（1）检查合同执行情况及履约进度及控制权转移时点的证据文件。

（2）比较不同期间内履约进度及控制权转移时点的合理性。

（3）对收入确认进行必要测算程序。

（4）函证主要合同的关键信息及往来余额等。

5. 服务行业

对于提供住宿、餐饮或者技术服务等行业的企业进行收入审计时，一般需要关注被审计单位的信息系统和业务系统，以此作为审计的出发点和落脚点，常见的审计程序一般包括：

（1）利用信息技术专家的工作，评价一般信息技术环节的关键内部控制的设计和运行有效性。

（2）利用信息技术专家的工作，评价计费出账业务系统信息的完整性和准确性，以及计费系统与财务系统间核对一致等相关的关键内部控制的设计和运行的有效性。针对重要的非系统出账业务收入，评价和测试相关内控。

（3）从业务系统提取数据与财务数据进行核对，并对存在的差异考虑其原因及可能对财务信息产生的影响。

（4）选取样本，对于合同及进度、结算和收款相关原始凭证进行检查，特别是客户确认的相关资料。针对取得的业务和合同价格等信息，可考虑对收入进行重新测算。

（5）选取样本，并对于重要合同条款、履约进度、交付或验收情况、结算及回款情况等收入确认重要信息及应收账款等执行函证程序。

（6）检查控制权转移时点的证据资料，并检查该时间是否与合同约定相符。例如可检查主营整容美容业务的被审计单位向消费者实际提供整形手术的相关资料，包括手术通知书、知情同意书、客户个人信息、手术室使用日程、手术后回访反馈信息等。

6. 现金销售业务

一些被审计单位以收取现金方式实现销售，现金交易具有事后验证性差的审计固有风险，往往难以通过资金流来验证业务的发生，数量众多的个人客户的身份也常常难以验证。审计人员应核对付款方和付款金额与合同、订单、出库单是否一致，以确定款项是否确实由客户支付；对于农产品及食品等，根据相关法规的要求，通常都需经过质检或检验检疫流程并对主要指标生成质检报告，审计人员应考虑检查这些质检报告，并可能从其包括的质量标准等信息考虑其价格合理性；也可考虑检查采购端税务局代开的发票和相关活动资质；必要时，向现金交易客户函证收入金额，以评估现金收入的发生和完整性认定是否恰当。应关注是否存在以采购货物、支付劳务费、差旅费等名义直接支取现金，向其关联方或者控制的个人账户转入资金，然后再以现金销售回款名义存入被审计单位，构造成采购和销售业务。现金收入业务主要是结合现金收支业务的控制测试和实质性测试来完成重要财务报表项目的审计工作的，不能仅局限于上述的针对收入业务的审计程序。审计人员应充分了解收取现金方式实现销售的相关企业的业务模式和业务流程以及相关上下游企业所处的环境，高度重视收入确认的固有风险。

（十二）识别收入舞弊的迹象

1. 异常销售客户客户

（1）销售情况与客户所处行业状况不符。例如，客户所处行业景气度下降，但对该客户的销售却出现增长；又如，销售数量接近或超过客户所处行业的需求。

（2）与同一客户同时发生销售和采购交易，或者与同受一方控制的客户和供应商同时发生交易。

（3）交易标的对交易对方而言不具有合理用途。

（4）主要客户自身规模与其交易规模不匹配。

（5）与新成立或之前缺乏从事相关业务经历的客户发生大量或大额的交易，或者与原有客户交易金额出现不合理的大额增长。

（6）与关联方或疑似关联方客户发生大量或大额交易。

（7）与个人、个体工商户发生异常大量的交易。

（8）对应收款项账龄长、回款率低或缺乏还款能力的客户，仍放宽信用政策。

（9）被审计单位的客户是否付款取决于下列情况：①能否从第三方取得融资；②能否转售给第三方（如经销商）；③被审计单位能否满足特定的重要条件。

（10）直接或通过关联方为客户提供融资担保。

2. 异常的销售交易行为

（1）在临近期末时发生了大量或大额的交易。

（2）实际销售情况与定单不符，或者根据已取消的定单发货或重复发货。

（3）未经客户同意，在销售合同约定的发货期之前发送商品或将商品运送到销售合同约定地点以外的其他地点。

（4）被审计单位的销售记录表明，已将商品发往外部仓库或货运代理人，却未指明任何客户。

（5）销售价格异常。例如，明显高于或低于被审计单位和其他客户之间的交易价格。

（6）已经销售的商品在期后有大量退回。

（7）交易之后长期不进行结算。

3. 异常的销售合同、销售单据

（1）销售合同未签字盖章，或者销售合同上加盖的公章并不属于合同所指定的客户。

（2）销售合同中重要条款（如交货地点、付款条件）缺失或含糊。

（3）销售合同中部分条款或条件不同于被审计单位的标准销售合同，或过于复杂。

（4）销售合同或发运单上的日期被更改。

（5）在实际发货之前开具销售发票，或实际未发货而开具销售发票。

（6）记录的销售交易未经恰当授权或缺乏出库单、货运单、销售发票等证据支持。

4. 异常的销售回款

（1）应收款项收回时，付款单位与购买方不一致，存在较多代付款的情况。

（2）应收款项收回时，银行回单中的摘要与销售业务无关。

（3）对不同客户的应收款项从同一付款单位收回。

（4）经常采用多方债权债务抵销的方式抵销应收款项。

5. 异常的资金收付

（1）通过虚构交易套取资金。

（2）发生异常大量的现金交易，或被审计单位有非正常的资金流转及往来，特别是有非正常现金收付的情况。

（3）在货币资金充足的情况下仍大额举债。

（4）被审计单位申请公开发行股票并上市，连续几个年度进行大额分红。

（5）工程实际付款进度明显快于合同约定付款进度。

（6）与关联方或疑似关联方客户发生大额资金往来。

6. 其他异常情况

（1）采用异常于行业惯例的收入确认方法。

（2）与销售和收款相关的业务流程、内部控制发生异常变化，或者销售交易未按照内部控制制度的规定执行。

（3）非财务人员过度参与与收入相关的会计政策的选择、运用以及重要会计估计的作出。

（4）通过实施分析程序发现异常或偏离预期的趋势或关系。

（5）被审计单位的账簿记录与询证函回函提供的信息之间存在重大或异常差异。

（6）在被审计单位业务或其他相关事项未发生重大变化的情况下，询证函回函相符比例明显异于以前年度。

（7）被审计单位管理层不允许注册会计师接触可能提供审计证据的特定员工、客户、供应商或其他人员。

（十三）延伸审计

如果识别出被审计单位收入真实性存在重大异常情况，且通过常规审计程序无法获取充分、适当的审计证据，审计人员需要考虑实施“延伸检查”程序，即对检查范围进行合理延伸，以应对识别出的舞弊风险。例如，对所销售产品或服务及其所涉及资金的来源和去向进行追踪，对交易参与方（含代为收付款方）的最终控制人或其真实身份进行查询。因为实施“延伸检查”程序的可行性和效果受诸多因素影响，审计人员设计的具体“延伸检查”程序的性质、时间安排和范围，应当针对被审计单位的具体情况，对应识别的舞弊风险，并体现重要性原则。例如，被审计单位所处行业的下游产业链较长，如果对下游产业链的某个或某几个环节实施“延伸检查”程序获取的审计证据，可以应对与收入确认相关的舞弊风险，则“延伸检查”程序无需覆盖所有环节。再者，相对于常规年度财务报表审计而言，在 IPO 审计中，由于存在监管要求和相关方的配合，审计人员实施“延伸检查”程序通常更加可行。

实务中，审计人员可实施的“延伸检查”程序可能包括：

1. 在获取被审计单位配合的前提下，对相关供应商、客户进行实地走访，针对相关采购、销售交易的真实性获取进一步的审计证据。在实施实地走访程序时，审计人员通常需要关注以下事项：

（1）被访谈对象的身份真实性和适当性；

（2）相关供应商、客户是否与被审计单位存在关联方关系或“隐性”关联方关系；

（3）观察相关供应商、客户的生产经营场地，判断其与被审计单位之间的交易规模是否和其生产经营规模匹配；

（4）相关客户向被审计单位进行采购的商业理由；

（5）相关客户采购被审计单位商品的用途和去向，是否存在销售给被审计单位指定单位的情况；

（6）相关客户从被审计单位采购的商品的库存情况，必要时进行实地察看；

（7）是否存在“抽屉协议”，如退货条款、价格保护机制等；

（8）相关供应商向被审计单位销售的产品是否来自于被审计单位的指定单位；

（9）相关供应商、客户与被审计单位是否存在除购销交易以外的资金往来，如有，了解资金往来的性质。

审计人员应当充分考虑被审计单位与被访谈对象串通舞弊的可能性，根据实际情况仔细设计访谈计划和访谈提纲，并对在访谈过程中注意到的可疑迹象保持警觉。审计人员在访谈前应注意对访谈提纲保密，必要时，选择两名或不同层级的被访谈人员访谈相同或类似问题，进行相互印证。

2. 利用企业信息查询工具，查询主要供应商和客户的股东至其最终控制人，以识别相关供应商和客户与被审计单位是否存在关联方关系。

3. 在采用经销模式的情况下，检查经销商的最终销售实现情况。

4. 当注意到存在关联方（如被审计单位控股股东、实际控制人、关键管理人员）配合被审计单位虚构收入的迹象时，获取并检查相关关联方的银行账户资金流水，关注是否存在与被审计单位相关供应商或客户的异常资金往来。如果识别出收入舞弊或获取的信息表明可能存在舞弊，审计人员可与被审计单位治理层沟通，并要求治理层就舞弊事项进行调查。审计程序的性质、时间安排和范围应当能够应对评估的由于舞弊导致的认定层次重大错报风险。如果审计人员认为“延伸检查”程序是必要的，但受条件限制无法实施，或实施“延伸检查”程序后仍不足以获取充分、适当的审计证据，审计人员应当考虑审计范围是否受限，并考虑对审计报告意见类型的影响或解除业务约定。

企业的会计系统是一个有机整体，如果对收入的审计风险评估为高风险，那么在对收入进行审计的同时，审计人员也应结合对于其他主要财务报表项目的审计发现可能存在的舞弊迹象，特别是货币资金、存货和长期资产等项目的审计。

四、审计案例

案例 6－14

非常规交易收入审计不到位

T 上市公司于 2015 年收购了 J 公司 100% 股权，J 公司作出业绩承诺，承诺 2015~2017 年度利润总额不低于 28 743 万元，若未达到承诺以现金补偿。J 公司从事海空装备军品业务，客户为军方。2017 年，J 公司向江苏 ×× 生态旅游服务有限公司销售一批游乐设施，确认营业收入 6 144.32 万元，成本 2 197.89 万元，利润 3 946.44 万元，占 T 上市公司当年利润总额的 18.16。经监管部门调查，该笔销售业务J公司并未实际参与，仅以其名义签订采购和销售合同，且收取的货款中，5 000万元来源于J公司执行董事李某（J公司原股东，业绩承诺方），游乐设施销售业务实际为虚构交易。剔除该笔交易产生的利润，J公司2017年未完成业绩承诺。审计人员在审计过程中，未发现虚假交易，出具了标准无保留意见审计报告。

案例讨论：

该案例是一起通过非常规交易实施的典型财务舞弊案，审计人员执业中存在下列问题：

1. 风险识别与评估阶段存在缺陷

对于与J公司无任何关联的新增毛利率极高的业务，属于非常规异常交易，且J公司原股东处于业绩承诺最后一年，舞弊迹象明显。但审计人员评估舞弊风险中，未能保持职业怀疑，认为T上市公司舞弊风险为中风险，不存在明显舞弊迹象。

2. 内部控制相关程序存在缺陷

审计人员在集团总体审计策略中，将J公司认定为重要组成部分，并计划对J公司执行整体层面和业务层面的内部控制测试工作，但审计人员实际并未针对J公司开展相关的内部控制测试。

3. 收入实质性程序存在缺陷

（1）审计人员在实施分析性程序时，仅将2017年度营业收入与2016年度营业收入进行比较，未按照审计计划分析产品销售结构和价格异常变动的原因。

（2）未关注J公司将游乐设施业务记入海空装备产品（军品）收入的原因和合理性。江苏××生态旅游服务有限公司为J公司2017年度第一大客户，J公司与江苏××生态旅游服务有限公司的合同内容系关于游乐设施。审计人员知悉合同内容，包括产品性质、客户情况，且J公司业务范围不包括游乐设施等特种设备销售，但审计人员未关注到该重大非常规交易的原因及合理性。

（3）未对获取的明显异常审计证据执行进一步审计程序。在销售与收款循环审计过程中，J公司对江苏××生态旅游服务有限公司销售的四份送货及验收回执单在发货单位（盖章）处均缺少J公司加盖的相关印章，且无发货人签字，也未标注具体日期。对于上述明显异常的证据，审计人员未保持职业怀疑，未执行进一步审计程序消除疑虑。

案例6－15

境外销售收入审计

某IPO发行人A公司报告期各期境外销售占公司主营业务收入的比例均达到70%以上，境外客户较为分散，集中度相对较低，小客户众多，客户分布于多个国家和地区。审计人员风险评估后认为，需重点关注报告期内收入是否真实、准确、完整。

案例讨论：

针对境外销售收入占比较高及境外销售的特点，审计人员采取了以下审计核查程序：

1. 实施访谈程序

审计人员对发行人的主要境外客户执行了视频访谈，访谈境外客户销售额占报告期各期境外销售收入的比例分别为66.17%、65.19%、71.93%。对于报告期内存在异常变动的5个境外客户，由境外律师进行实地走访，审计人员同步视频参与。为保障视频访谈效力，重点关注以下方面：

第一，选定的访谈对象为对应客户的执行董事、采购经理或产品经理等，熟悉客户业务、充分了解与发行人的业务往来情况，访谈对象在正式访谈之前展示了身份证明或客户品牌标志，访谈结束后访谈文件确认及签署亦直接与上述对象通过邮件方式往来。

第二，比对视频访谈文件签署的收件人邮箱后缀与受访客户名称及官网显示的企业邮箱后缀、或公司日常业务往来邮件的邮箱后缀是否一致；通过互联网资料等查询核实受访人在客户单位的实际任职情况。

第三，视频访谈过程由审计人员独立进行询问和记录。

2. 执行函证程序

审计人员结合客户销售金额及客户所在地域进行被函证单位的选取，对报告期内累计交易金额20万元以上的客户全部函证，累计交易金额20万元以下的客户，采取分层抽样函证，报告期各期的回函比例分别为66.02%、69.73%、80.90%。为保证函证发出及回函执行过程的有效性，审计人员严格控制发函及回函程序：

第一，对于纸质函件，审计人员独立发出并要求客户回函至会计师事务所办公地点而非发行人处，核对了发函地址、回函地址、工商注册地址的一致性，核对客户收件人、发件人的姓名和手机号码是否与发行人员工存在重合。

第二，对于境外电子函证，发函及回函过程控制程序主要包括：

①由发行人提供被函证单位的邮箱地址，比对邮箱后缀与被函证单位名称、被函证单位官网显示的企业邮箱后缀或与公司日常业务往来邮件的邮箱后缀是否一致；通过互联网资料等查询核实函证邮件联系人在被函证单位的实际任职情况。如公开渠道无法获取邮件联系人资料，则通过公司日常业务往来邮件核实邮件联系人为该客户单位联络人。

②电子函证邮箱确认后，审计人员将发行人盖章的询证函扫描件独立发出，并保留发函邮件截图等工作底稿；经被函证单位签字或盖章确认后，将回函扫描

件直接发送至审计人员邮箱。

③核对邮件回函内容是否与发函内容一致，回函邮件附件内容是否存在涂改的痕迹等异常情况，相关回函附件内容的签字或盖章情况是否存在异常。

第三，对于回函差异，审计人员通过与客户往来邮件直接沟通、查询发行人销售记录等形式核对差异原因。针对未回函证的客户执行替代程序，检查对应的合同、出库单、签收记录、发票和报关单等原始单据。

3. 核对出口退税数据及海关数据

审计人员获取了发行人报告期出口退税汇总申报表及出口退税明细账，测试并核查发行人销售收入与出口退税数据的匹配性；独立导出海关电子口岸报关数据，并与发行人自身数据记录进行逐条匹配核对，匹配核对内容包括金额及数量；执行具体销售明细的抽样检查。

4. 调查中国出口信用保险公司资信报告及第三方商业资信

审计人员获取了境外客户的中国出口信用保险公司资信报告，对客户注册地址、注册资本、经营范围、股权结构和设立时间等信息进行了核查，核查其与公司之间是否存在关联关系。因发行人境外客户分布区域较广，审计人员会同保荐机构通过第三方商业资信网站对不同国家客户进行抽样，共获取报告期内 188 个客户的网站公示信息，覆盖发行人涉及业务分布所在的 83 个国家和地区，核实客户存在的真实性及其从事业务的相关性。前述中国出口信用保险公司资信报告调查及第三方商业资信调查共核查境外客户的销售额占发行人报告期各期境外销售收入的比例分别为 79.96%、77.36% 及 81.19%。

5. 核查境外客户所购产品的应用场景

发行人客户群体主要包括从事各大物联网应用领域的生产企业及物联网整体解决方案提供商。审计人员共进行 36 个客户应用场景分析匹配，覆盖报告期前 30 名外销客户，完成核查的外销客户收入占报告期各期外销收入的比例分别为 64.58%、62.06% 及 65.59%。

6. 核查境外主要客户合作往来记录

审计人员收集并整理境外销售累计交易额前 30 余名客户的邮件等沟通往来记录，核查发行人与该客户接洽、技术商定、价格谈判、下单、发货、收货等环节的沟通过程。前 30 余名客户销售收入占外销收入的比例报告期内分别为 64.55%、62.51% 及 63.08%。相关客户与发行人之间均有较完整的订单商洽、需求交流、交易、售后服务等留痕记录，佐证交易真实性。

7. 对小客户实施电话回访等核查程序

审计人员在前述相关核查程序基础上，针对报告期内累计成交金额小于 20 万元的境内外客户的核查程序还包括：

第一，对发行人客户分散情况、客户结构情况进行分析性复核，论证发行人存在众多成交金额较小客户的合理性。

第二，执行函证、访谈、客户资信背景调查、细节测试、大额资金流水核查、截止性测试等程序时，充分考虑客户所在区域特点及销售金额分层情况。

第三，执行电话回访程序，分层抽样核查小客户交易真实性等。

8. 核查大额资金流水

审计人员独立获取发行人报告期内银行对账单、网银流水，与银行存款日记账进行核对；对单笔大额资金流水进行逐笔核查，核对内容包括交易对手、交易金额、交易日期、交易摘要等，覆盖报告期内银行流水发生额的86.86%。

案例6-16

收入审计程序不到位

B公司于2011年1月在上海证券交易所上市，主要从事风力发电设备的开发、生产和销售。2012年4月11日，B公司披露2011年年报，确认风电机组收入1686台，营业总收入10 435 516 390.57元，营业总成本9 918 543 020.04元，营业利润529 215 613.35元，利润总额739 440 394.00元，报告期内风电工程项目适用的会计政策为商品销售收入。

B公司通过制作虚假吊装单提前确认收入的方式，在2011年度提前确认风电机组收入413台，对2011年度财务报告的影响为：虚增营业收入2 431 739 125.66元、营业成本2 003 916 651.46元，多预提运费31 350 686.83元，多计提坏账118 610 423.77元，虚增利润总额277 861 363.60元，占2011年利润总额的37.58%。会计师事务所2012年4月为B公司出具了2011年度的标准无保留审计意见的审计报告。

案例讨论：

会计师事务所在B公司2011年度的收入审计中存在以下主要问题：

1. 未识别原始单据（吊装单）可靠性

B公司确认收入的关键证据即吊装单，审计人员未对吊装单的可靠性进行合理判断。根据B公司2011年审计底稿，大部分吊装单仅有个人签字，而无业主方的盖章确认，审计人员未对签字人员是否有权代表业主方签署吊装单进行有效验证；大部分吊装单未注明吊装日期，对于其吊装完成时点以及确认当期收入的合理性，审计人员未予以充分关注。在吊装单存在上述严重不确定性的情况下，审计人员未向公司索取项目日动态表、发货验收单等资料予以比对判断，未对吊装情况获取进一步的审计证据。

2. 未关注集中确认及合同执行的异常现象

虚增或提前确认收入项目中有部分项目合同执行情况异常，吊装单标注日期或收入确认时点为临近资产负债表日，B公司存在资产负债表日前集中确认收入的情形。在审计底稿中未见审计人员对上述情况的原因进行关注和分析，并追加必要的审计程序予以解决。

3. 未获取关键审计证据（发货单）

根据B公司披露的确认收入的会计政策，“货到现场后双方已签署设备验收手续”是确认销售收入的依据之一，根据B公司2011年审计底稿，审计人员未取得货物发运、验收手续相关证据，未能按照B公司既定的会计政策履行相应的审计程序。

4. 函证程序实施不到位

审计人员在审计计划中将应收账款函证作为重点审计程序，审计人员执行函证程序存在以下问题:（1）将X有限公司（218 544 000.00元）、Y有限公司（165 652 300.00元）、Z新能源有限公司（59 202 042.73元）作为函证样本，但实际未发函;（2）函证金额不完整，未对应收账款余额中未开具发票但已确认销售收入部分金额进行函证;（3）回函比例过低，回函确认金额占年末应收账款余额比例仅为17%。函证程序虽已执行，但未对应收账款余额、收入确认的真实性进行有效验证。

5. 替代测试不到位

审计人员称他们对应收账款开票部分通过函证程序加以确认，而对于未开票部分、未回函客户，以及未函证的样本采取了替代测试，替代性测试中查看了吊装单、合同和项目回款，但其替代测试存在以下问题：未对部分未发函的函证样本进行替代测试。其替代性程序依赖的核心证据吊装单存在严重缺陷，在审计底稿中未见审计人员对合同执行情况异常、无回款的项目予以关注和分析，并追加必要的审计程序予以解决。

6. 截止性测试不到位

审计人员在审计计划中将“进行期末截止性测试，结合公司的期后发生额，检查B公司收入确认的完整性”作为收入应履行的重点审计程序。但审计人员未有效执行截止性测试，没有对收入确认的关键依据吊装单进行有效验证，其对截止性样本选择的解释缺乏专业判断和应有的职业谨慎。

12 税金及附加

一、重大错报风险

1. 因取得虚开增值税专用发票向税务机关申报抵扣税款，进行虚假纳税申报，造成少缴税金及附加，或因新增购置或租赁土地房产，未及时申报城镇土地使用税及房产税，造成少缴税金等情况，导致税金及附加完整性存在重大错报。

2. 因增值税、城市维护建设税，教育费附加，地方教育费附加，房产税，车船税，城镇土地使用税，资源税、印花税等计算错误，导致税金及附加真实性、准确性存在重大错报。

3. 可能存在与税金及附加相关的列报的重大错报风险，如混淆税金及附加与管理费用、营业成本或所得税费用的情况。

4. 未将税金及附加和收入的所属期恰当匹配，导致截止性存在重大错报风险。

二、常见审计问题

1. 未了解被审计单位存在取得虚开增值税专用发票并申报抵扣的情况，导致未能识别被审计单位存在少缴税金及附加的情况。

2. 未关注新增购置或租赁土地及房产的情况，导致未能识别少缴城镇土地使用税及房产税的情况。

3. 未对税金及附加重新计算，导致未能识别被审计单位税金及附加存在的重大错报。

4. 未能对税金及附加进行截止测试，导致未能识别税金及附加核算存在跨期的情况，产生截止性重大错报风险。

5. 未将税金及附加与应交税费、收入及费用等科目结合进行分析性复核，未能识别税金及附加存在真实性、准确性、完整性以及列报错报风险。

三、审计关注要点

（一）关注是否存在无真实交易取得虚开增值税专用发票并抵扣申报的情况

1. 获取增值税纳税申报表，检查增值税进项税及留抵税额的变动情况，分析是否存在异常。

2. 获取可抵扣进项税认证明细清单，结合采购付款循环，检查是否存在取得虚开增值税专用发票并抵扣申报的情况。

示例 6-37

广州某服饰有限公司（纳税人识别号：91440113MA59CDY***）因取得虚开增值税专用发票并抵扣申报，被国家税务总局广州市税务局第二稽查局下发税务处理决定书（穗税二稽处〔2022〕554 号），相关内容为：

①根据《中华人民共和国增值税暂行条例》第一条、第九条、《中华人民共和国增值税暂行条例实施细则》第十九条和《国家税务总局关于纳税人虚开增值税专用发票征补税款问题的公告》（国家税务总局公告 2012 年第 33 号）的规定：“纳

税人取得虚开的增值税专用发票，不得作为增值税合法有效的扣税凭证抵扣其进项税额。”你单位上述 2018 年 9 月至 11 月以及 2019 年 1 月取得的 43 份虚开增值税专用发票，不得进行进项税额抵扣。应补缴 2018 年 9 月至 11 月（税款所属期）增值税 434 172.41 元；2019 年 1 月（税款所属时期）增值税 152 211.77 元，合计补缴增值税 586 384.18 元。

②根据《中华人民共和国城市维护建设税暂行条例》第二条、第三条、第四条的规定，你单位应补缴 2018 年 9 月至 11 月（税款所属期）城市维护建设税 30 392.07 元；2019 年 1 月（税款所属时期）城市维护建设税 10 654.82 元，合计补缴城市维护建设税 41 046.89 元。

③根据《征收教育费附加的暂行规定》第二条、第三条的规定，你单位应补缴 2018 年 9 月至 11 月（税款所属期）教育费附加 13 025.18 元；2019 年 1 月（税款所属时期）教育费附加 4 566.35 元，合计补缴教育费附加 17 591.53 元。

④根据《关于贯彻落实广东省地方教育附加征收使用管理暂行办法的意见》（粤财综〔2011〕58 号）和《广东省地方教育附加征收使用管理暂行办法》第六条、第十条的规定，你单位应补缴 2018 年 9 月至 11 月（税款所属期）地方教育附加 8 683.44 元；2019 年 1 月（税款所属时期）地方教育附加 3 044.24 元，合计补缴地方教育附加 11 727.68 元。

（二）关注新增购置或租赁的土地及房产是否存在漏报城镇土地使用税及房产税的情况

1. 获取新增购置或租赁土地及房产明细表，并与城镇土地使用税、房产税纳税申报表进行核对，检查有无遗漏申报事项。

2. 核对新增或租赁土地房产的使用面积或房产原值、租赁合同价格，检查城镇土地使用税、房产税纳税申报表上的计税依据与实际是否一致。

示例 6-38

审计人员对某制造业企业税金及附加进行审计时，发现该公司存在未按规定申报缴纳房产税、城镇土地使用税的问题。

该公司使用的生产厂房及员工宿舍由其前身某“三来一补”企业向村委租地，香港母公司出资兴建，所有费用支出均在香港母公司核算，房屋所有人为香港母公司，无偿提供给深圳公司使用。经核实，该房产原值为 598.86 万元，土地面积 25000 平方米，该公司为实际使用人，未按规定申报缴纳相关税款，造成审计年度应申报缴纳而少申报缴纳房产税 10.06 万元、城镇土地使用税 15 万元。针对上述事实，审计人员要求被审计单位进行调整。

（三）对税金及附加进行重新计算，并与纳税申报表核对，检查是否存在重大差异

审计人员在对被审计单位年度财务报表实施审计时，应复核或重新计算当期税金及附加，具体包括：城市维护建设税，教育费附加，地方教育费附加，房产税，车船税，城镇土地使用税，资源税、印花税等。在复核时重点关注与各项税种的纳税申报表进行核对，检查是否存在重大差异。

（四）对税金及附加进行截止性测试，检查是否存在大额跨期情况

审计人员应对资产负债表日时间前后期间的税金及附加进行截止性测试，抽查当年末及次年初的税金及附加的申报及缴纳情况，检查是否存在大额跨期情况。如发生重大差异，应当查明原因并提请被审计单位作出相关调整。

（五）将税金及附加与应交税费、收入及费用等科目结合进行分析性复核，并比较税金及附加增减变动情况，检查是否存在重大异常

1. 将税金及附加与应交税费科目进行勾稽核对，并分析审计期间的趋势变动情况。

2. 将税金及附加与收入及成本费用类科目（如营业成本、管理费用）明细进行分析性复核，检查税金及附加变动与收入成本费用变动趋势是否存在内在逻辑关系，是否存在重大异常。

（六）关注税金及附加以及费用类科目的明细分类，检查列报是否正确

获取税金及附加的明细项目，判断其分类为税金及附加是否恰当，是否存在将其他损益科目列报不恰当的情形。

13 销售费用

一、重大错报风险

1. 被审计单位为了掩盖回扣等商业贿赂，购买咨询费、宣传费等发票入账，导致销售费用的原始凭证与实际业务不一致，从而导致销售费用发生存在重大错报风险。

2. 未计提保证性质保费用，从而导致销售费用完整性、准确性存在重大错报风险。

3. 销售费用未计入正确的会计期间，导致销售费用截止性存在重大错报风险。

二、常见审计问题

1. 对于销售费用占营业收入比例较大的被审计单位，原始凭证只有发票的大额销售费用未进一步检查费用的真实性。

2. 对于产品法定质保要求的被审计单位，未检查保证性质保费用计提是否完整。

3. 未对销售费用进行截止性测试。

三、审计关注要点

（一）关注大额销售费用是否真实

对于客户占主导地位、销售费用发生额占营业收入比重较高的被审计单位，审计人员应关注销售费用的真实性，是否存在购买发票计入销售费用形成体外资金，从而掩盖给客户的回扣、商业贿赂等事实，购买接受虚开的增值税发票同时也存在较高的税务风险。

示例 6-39

医药企业销售费用过高是整个行业的普遍问题。根据同花顺 iFinD 数据显示，2020 年末医药制造业 A 股上市公司 275 家，合计取得营业收入 8 861 亿元，发生销售费用 2 071 亿元，平均销售费用率为 23.38%，44 家医药企业的销售费用超过营业收入的 50%。销售费用的真实性、合理性也是医药企业 IPO 的审核要点，商业贿赂是医药企业 IPO 的绊脚石，普华制药（未通过）、圣和药业（未通过）、圣华曦（未通过）等企业 IPO 被否都受到商业贿赂的影响。

资料来源：同花顺 iFinD。

医药企业举办学术会议、药品交流讲座等是正常的药品推广方式。但是，医药企业计入销售费用的咨询费、会议费、住宿费、交通费等学术交流会支出是真实发生，还是通过发票套取资金需要审计人员加以甄别。审计人员对大额销售费用应重点执行的审计程序包括：

1. 了解被审计单位的销售模式，比如是直销模式还是经销商模式，对不同销售模式下分析销售费用率与同行业可比公司差异情况。

2. 了解被审计单位咨询费、会议费等销售费用支出的内部控制、审批流程等。

3. 检查销售费用的具体构成，对大额会议费、学术推广支出等检查被审计单位对活动前的预算方案审批，活动中的时间、场次、地点、人员签到等信息是否完整，每场活动发生的费用是否与审批匹配一致，是否与账面记录一致。对于大型活动、会议还可以检查与媒体报道等是否一致。

4. 如果存在从同一家单位高频次、大金额取得发票的应核查供应商背景信息，必要时进行走访。

5. 结合关联方审计底稿，检查是否存在关联方或潜在关联方为被审计单位承担或代垫销售费用的情况。

（二）保证类质保费用计提是否合理

《企业会计准则第 14 号——收入》规定，产品质保分为保证类质量保证和服务类质量保证，对于为了向客户保证所销售的商品符合既定标准的属于保证类质保，保证类质保应在产品销售时估计质保费用计入“销售费用”和“预计负债”项目。

审计人员在审计汽车整车制造业、产品价值较高的家电行业等时，应重点关注被审计单位保证类保费用计提是否完整。由于汽车产品价值较高，零部件专用性强，汽车整车制造企业通常在销售汽车后必须承担法定的质保义务，如根据国家质量监督检验检疫总局发布的《家用汽车产品修理、更换、退货责任规定》，家用汽车产品包修期限不低于 3 年或者行驶里程 60 000 公里，以先到者为准；家用汽车产品三包有效期限不低于 2 年或者行驶里程 50 000 公里，以先到者为准。在家用汽车产品包修期内，家用汽车产品出现产品质量问题，消费者凭三包凭证由修理者免费修理（包括工时费和材料费）。审计人员应重点执行的审计程序包括：

1. 了解国家监管部门对被审计单位产品法定质保的要求规定。

2. 了解被审计单位保证类费用的计提方法和模型，评价是否合理。

3. 重新计算并复核资产负债表日预计负债、销售费用中保证类费用账面金额是否正确。

（三）执行截止性测试，检查销售费用是否跨期

1. 检查资产负债表日后若干天的银行对账单或付款凭证。从资产负债表日后的银行对账单或付款凭证中选取项目进行测试，检查支持性文件（如合同或发票），关注发票日期和支付日期，追踪已选取项目至相关费用明细表，检查费用是否被记录于正确的会计期间。

2. 检查资产负债表日前后若干天记账凭证。检查后附的原始凭证日期，确定费用是否记录于正确的会计期间。选择截止性测试样本时，应避免选择折旧计提、摊销等凭证，因为在相关资产科目进行折旧摊销测算时已经对其截止性进行了测试，如果检查发现存在跨期迹象，应进一步增加样本量、扩大检查范围，如果跨期金额超过重要性水平，应进行审计调整。

四、审计案例

案例 6－17

医药行业销售费用审计核查

天津同仁堂集团股份有限公司（简称发行人）IPO 申请文件及审核问询回复显示，报告期内，发行人销售费用分别为 31 054.69 万元、35 406.87 万元、40 126.90 万元，占

营业收入比例分别为46.64%、47.56%和49.03%。销售费用中市场推广费占比较高。

审核部门要求发行人说明销售费用相关的交易是否具有商业实质、是否存在虚开发票情形，发行人及主要推广服务商是否存在商业贿赂，同时要求申报会计师发表明确意见，并说明发行人市场推广费相关内控制度情况，发行人销售费用相关的会计凭证和原始凭证是否规范完整。

案例讨论：

针对审核部门的问题，申报会计师履行了如下核查程序：

1. 查阅了发行人制定的《推广服务商合作管理规定》《推广服务商选择程序的相关规定》《市场推广费预算管理办法》《会计核算制度》《付款管理制度》等内控制度，核查相关内部控制制度设计的恰当性，确定其是否得到执行，并测试相关内部控制运行的有效性。

2. 获取发行人销售费用明细表，对金额较大的销售费用进行抽凭，核查销售费用的真实性。

3. 抽查发行人报告期内市场推广费相关凭证及活动资料，包括但不限于记账凭证、发票、合同、市场推广服务基础资料等，确认市场推广费的结算是否经过适当的审批程序，确认市场推广费相关的会计凭证和原始凭证是否规范完整，销售费用的相关交易的真实性，是否具有商业实质。

4. 对重要推广服务商进行访谈，了解其向发行人提供服务的主要内容、合作背景，是否实际承担相应工作内容，是否存在商业贿赂，并取得推广服务商与发行人无关联关系的声明；访谈金额及覆盖比例见表6–29：

表6–29　访谈金额及覆盖比例　单位：万元

项目	2021年	2020年	2019年
访谈金额	36 478.91	26 406.23	19 576.68
市场推广费总额	48 492.94	36 422.11	30 309.98
访谈金额比例	75.23%	72.50%	64.59%

5. 对重要推广服务商实施函证程序，对报告期内的营销推广费的真实性进行验证；函证金额及覆盖比例见表6–30：

表6–30　函证金额及覆盖比例　单位：万元

项目	2021年	2020年	2019年
市场推广费总额（A）	48 492.94	36 422.11	30 309.98
函证金额（B）	35 830.87	30 874.90	22 713.06

续表

项目	2021 年	2020 年	2019 年
函证金额占比（C=B/A）	73.89%	84.77%	74.94%
回函金额（D）	35 224.95	28 922.95	21 225.74
回函金额占比（E=D/A）	72.64%	79.41%	70.03%

6. 获取发行人员工花名册，将全部销售人员作为核查重点，对报告期末全部全日制销售人员共 122 人进行访谈，核查其是否存在因商业贿赂而被追究法律责任或被立案调查处罚的情形。

7. 在中国裁判文书网（https://wenshu.court.gov.cn/）、信用中国（https://www.creditchina.gov.cn/）、中华人民共和国国家卫生健康委员会（http://www.nhc.gov.cn/）等网站进行公开查询，核查发行人及主要推广服务商是否存在因商业贿赂而受到处罚或被立案调查的情形。

8. 在国家税务总局天津市税务局（http://tianjin.chinatax.gov.cn/）网站进行公开查询，核查发行人是否存在因虚开发票而受到处罚或被立案调查的情形。

9. 获取发行人出具的《天津同仁堂关于销售费用合规性的说明》。

10. 获取主管税务机关出具的守法证明。

核查结论：经核查，申报会计师认为：发行人销售费用相关的交易具有商业实质、不存在虚开发票的情形；发行人及主要推广服务商不存在商业贿赂的情形；发行人市场推广费相关内控制度健全并得到有效执行；发行人销售费用相关的会计凭证和原始凭证规范完整。

资料来源：深圳证券交易所网站。

14 信用减值损失

一、重大错报风险

1. 被审计单位未按照金融工具准则要求计提各项金融工具信用减值准备，信用减值损失完整性、准确性认定层次的重大错报风险。

2. 可能存在利用信用减值损失会计估计具有较高职业判断的特点，通过大额计提或转回人为调节当期损益。

3. 变更信用减值损失计提比例不恰当，可能存在滥用会计估计的情形。

二、常见审计问题

1. 未关注被审计单位信用风险组合划分是否合理，如同一集团内具有相同信用风险特征的客户，但被划分为不同信用组合。

2. 未获取信用减值计提损失率确定的充分适当的审计证据，导致未能识别被审计单位信用损失率计提不当。

3. 对被审计单位报告期信用减值损失大额计提或转回的合理性未保持必要的职业怀疑，未能获取充分适当的审计证据，导致未能发现被审计单位通过信用减值损失调节利润的情况。

4. 未关注被审计单位变更信用减值损失率的恰当性。

三、审计关注要点

（一）关注信用减值损失核算范围

审计人员应当关注下列资产需要按照“预期信用损失”法计提减值：

1. 以摊余成本计量的金融资产（包含应收账款）。

2. 以公允价值计量且其变动计入其他综合收益的金融资产（仅为债务工具）。

3. 租赁应收款。

4. 合同资产。

5. 贷款承诺（不包括以公允价值计量且其变动计入当期损益的金融负债）。

6. 财务担保合同（不包括以公允价值计量且其变动计入当期损益的金融负债及因金融资产不符合终止确认条件或采用继续涉入法的情况下产生的金融负债）。

（二）关注信用减值损失计提的恰当性

审计人员应当关注被审计单位信用组合划分标准、损失率确定方法、计提比例变更等影响财务报表的重要会计估计，当存在异常变化时，应获取充分适当证据，核实变化的合理性。

根据新金融工具准则，公司应以客户信用风险为基础，合理分析判断客户信用风险状况并计提预期信用损失。实务中，有的被审计单位未基于有关过去事项、当前状况以及未来经济状况预测对应收账款计提信用减值准备。例如，对于信用风险已显著恶化的客户，仍按照以往账龄组合及对应坏账计提比例计提预期信用损失；以资产负债表日后全额收回款项为由未对部分应收账款计提预期信用损失；认为处于信用账期内的应收账款、押金保证金、应收国有大型客户等款项不具有回款风险，未对其计提坏账准备；在业务板块和客户类型存在较大差异的情况下，简单将不同行业客户的应收账款作为一个组合计提预期信用损失，未按不同行业分组合计算应收账款信用损失。审计人员应当关注被审计单位是否存在上述情形，若存在，需要提请被审计单位考虑信用减值损失计提的充分性。

示例 6–40

Z 会计师事务所在对文化长城（300090）2020 年度财务报表审计中，未对境外应收账款的预期信用损失率的合理性获取充分适当的审计证据。

一是未发现公司境外应收账款的历史损失率计算方法有误。公司对部分境外应收账款分组单项计提坏账，在计算上述应收账款预期信用损失率过程中，公司的应收账款历史损失率计算方法有误，审计人员未发现上述异常情况。

二是未对前瞻性估计的合理性获取充分适当的审计证据。公司在境外应收账款历史损失率的基础上，考虑前瞻性估计的影响，计算预期信用损失率。公司对 1~2 年的境外应收账款和 2 年以上的境外应收账款作出了相反的前瞻性估计，公司解释原因是 1~2 年账龄的境外应收账款经公司催收后，回款情况较为乐观，而逾期 2 年以上的境外应收账款追偿成本高，回款难度大。审计人员未执行进一步审计程序了解不同账龄应收账款的催收成本、催收回款率，包括核查不同账龄境外应收账款期后回款情况等，未对预期信用损失率的合理性获取充分适当的审计证据。

资料来源：中国证监会网站。

示例 6–41

L 会计师事务所在审计昊志机电（300503）2021 年度财务报表时，未对部分应收账款的预期信用损失率的合理性获取充分适当的审计证据，审计工作主要存在以下问题：

一是审计人员在对昊志机电应收沈阳机床股份有限公司、嘉泰数控科技股份公司的货款可收回金额判断过程中利用了外部评估专家的工作，但未见对折现率、还款计划等相关评估关键假设参数进行复核和合理性判断过程，未基于相应客户的经营情况、还款意愿和能力等因素对公司应收账款信用损失率进行审慎评估。

二是审计人员未关注广州市敏嘉制造技术有限公司应收账款逾期时间较长、东莞市罗斯莛自动化设备有限公司已解散的情况下，公司将上述应收账款按照账龄组合计提坏账准备而非单项计提的合理性，未对相关应收款项的可收回性及相关坏账准备的充分性获取充分、适当的审计证据。

资料来源：中国证监会网站。

（三）关注信用减值损失是否存在大额计提或转回的情况

被审计单位按照预期信用损失模型计提信用减值损失需结合企业的实际情况考虑前瞻性系数后确定合理的会计政策。在确定预期信用减值损失计提的具体政策中，还需要考虑不同信用风险的组合以及单项评估情况。因此信用减值损失的判断具有一定的主观性，这也给利用减值计提操纵利润提供的机会。例如，有的企业对信用减值准备计提不足，导致资产虚增和利润虚增；还有的企业当年业绩已经亏损，干脆一次亏个够，大幅计提资产减值“洗大澡”，或者当年经营情况特别好，企业希望隐藏业绩，也有动机进行大幅计提减值，从而导致资产虚低和利润虚低。此外，也有一些上市公司利用资产减值转回调节利润，在通过经营扭亏无望的情况，采用先大幅计提减值准备，然后再在今后转回减值准备，从而实现扭亏或净资产由负转正。因此，审计人员要对被审计单位大额减值计提或转回现象加以关注，分析其合理性和背后可能的动机。

示例 6-42

P公司申请新三板挂牌，财务报表申报期间为2019年度、2020年度、2021年度。2020年度，P关联方（控股股东）非经营性占用公司大额资金，公司通过其他应收款核算，公司按照账龄计提了信用减值损失527万元，占当期利润总额的30%。2021年度，P公司全部收回了关联方资金，转回信用减值损失527万元，增加当期利润总额40%。审计人员未关注被审计单位上述报告期内先大额计提信用减值损失，随即次年转回的会计处理不恰当的情况。

（四）关注信用减值损失的列报

审计人员需要关注，按照预期信用损失法计提减值的资产，并不都列报于财务报表“信用减值损失”项目，其中“合同资产”减值列报于“资产减值损失”项目。

15 所得税费用

一、重大错报风险

1. 多计提递延所得税资产、少计提递延所得税负债，从而导致所得税费用的完整性及准确性存在重大错报风险。

2. 未考虑纳税调整或对纳税调整考虑不足，从而导致被审计单位所得税费用的完整性及准确性存在重大错报风险。

3. 未按规定披露所得税费用的主要组成部分以及所得税费用与会计利润关系的说明，从而导致所得税费用的列报存在重大错报风险。

4. 对所得税事项相关的会计估计和会计差错判断有误，或运用会计估计不恰当。

5. 混淆计入当期损益和所有者权益的当期所得税和递延所得税。

6. 不满足所得税优惠政策，通过虚构相关数据取得高新技术企业以达到少计所得税的舞弊行为。

二、常见审计问题

1. 对所得税费用审计重视不够，或未充分履行审计程序，主要表现为：被审计单位对所得税费用计算涉及的纳税调整事项调整不到位，只对一些常见项目进行简单纳税调整，而审计人员对其未详细复核；直接依赖税务师事务所出具的税审报告确认所得税费用；对于一些采用核定征收的被审计单位，简单以税务机关核定的金额为准；对所得税费用没有实施任何审计程序，而以被审计单位列报的数据为准；未关注计算所得税时，相关减免税政策是否适用，扣减口径和计算方法等是否符合税务机构的要求；未关注合并纳税及存在境外所得税代扣代缴时，相关计算是否准确。

2. 对涉税事项在所得税费用审计时未予以充分考虑，会计利润与所得税费用的调整过程逻辑关系不清晰，可能导致应交所得税费用与汇算清缴时税务机关认定的应交所得税费用出现重大差异。

3. 未关注被审计单位递延所得税费用确认不准确，与递延所得税资产（负债）的勾稽关系不合理；存在暂时性差异时，未区分影响其他综合收益、资本公积还是所得税费用，直接全部计入所得税费用。

4. 未复核及评估所得税费用涉及的会计估计和判断是否恰当，被审计单位采用的税务筹划安排是否合规。

5. 未考虑审计调整事项对所得税费用计算的影响。

三、审计关注要点

（一）复核或重新计算所得税费用

审计人员在对被审计单位年度财务报表实施审计时，应复核或重新计算当期所得税费用，根据审定税前利润对所得税金额进行分析性复核，了解所得税费用与税前利润占比与上年同期或其他可变期间是否发生重大变化。如发生重大变化，应了解变化原因并获取相关审计证据。

（二）关注纳税调整项目是否恰当

1. 复核纳税调整项目，如对不确认递延所得税的暂时性差异、无须纳税收入、不可抵扣费用成本、研发费用加计扣除、补缴或退回以前年度所得税影响的调整是否准确，是否存在应调未调的相关项目，在审计项目组之间是否已经过适当沟通。对于需要单独出具税务鉴证的调整项目，是否在出具审计报告前已取得相关鉴证报告。

2. 关注较易忽略的涉税事项调整

（1）视同销售的纳税调整。视同销售事项有些在会计上并不确认“会计收入”，但仍属于“应纳税收入”，因此需要进行纳税调整；视同销售种类比较多，包括被审计单位发生的非货币性资产交换以及将货物、财产、劳务用于捐赠、赞助、集资、广告、样品、职工福利和利润分配等。

（2）财政补助收入的纳税调整。对于各种财政性补助资金，应分析被审计单位是选择作为应税收入处理还是作为不征税收入处理，对其中作为不征税收入处理的部分，应判断是否符合作为不征税收入处理的条件，并根据不同情况进行相关纳税调整。从县级以上各级人民政府财政部门及其他部门取得的财政性资金，凡同时符合以下条件的，在 5 年（60 个月）内支出或者缴回财政部门或其他拨付资金的政府部门的部分，可以作为不征税收入：被审计单位能够提供资金拨付文件，且文件中规定该资金的专项用途；财政部门或其他拨付资金的政府部门对该资金有专门的资金管理办法或具体管理要求；被审计单位对该资金以及以该资金发生的支出单独进行核算。对于不符合上述条件的，在补助资金取得当年即应计入应税所得。同时，对于不征税收入用于支出所形成的费用，被审计单位是否未在计算应纳税所得额时予以扣除；不征税收入用于支出所形成的资产，其计算的折旧、摊销是否未在计算应纳税所得额时予以扣除。

（3）预提费用的纳税调整。《国家税务总局关于企业所得税若干问题的公告》（国家税务总局公告 2011 年第 34 号）规定：“企业当年度实际发生的相关成本、费用，由于各种原因未能及时取得该成本、费用的有效凭证，企业在预缴季度所得税时，可暂按账面发生金额进行核算；但在汇算清缴时，应补充提供该成本、费用的有效凭证。”《国家税务总局关于企业工资薪金和职工福利费等支出税前扣除问题的公告》（国家税务总局公告 2015 年第 34 号）规定：“企业在年度汇算清缴结束前向员工实际支付的已预提汇缴年度工资薪金，准予在汇缴年度按规定扣除。”

被审计单位当年预提的工资薪金，只要在被审计单位按规定进行年度汇算清缴之前实际支付的，就可以在当年税前扣除；被审计单位当年预提的其他费用，只要在被审计单位按规定进行年度汇算清缴之前取得合法有效凭证，就可以在当年税前扣除。审计人员需要和管理层沟通了解，被审计单位预计获得这些抵扣单据或相关薪酬支付的预计时间，相关抵扣单据是否存在获取障碍，及分析是否可在当期扣除。

（4）历年纳税调整事项对本年的影响。被审计单位在计算所得税费用时往往局限于本年发生额，忽视以前年度纳税调整事项对本年度所得税费用的影响，可能因此遗漏重大纳税调整事项，而多计或少计所得税费用。将上年被审计单位在对应纳税所得额的预测结果与本年实际应纳税所得额进行比较，以考虑被审计单位所作预测结果的历史准确性及相关计算方式是否一致采用，在不同期间涉及的会税调整是否可勾稽，相关调整依据是否充分。在存在税务规定发生变化或者会计政策、会计估计发生变更时，是否已考虑了相关因素。

（5）研发费用加计扣除因素而产生的差异的会计处理。由于税务机关对汇算清缴时准予加计扣除的项目普遍审核严格，在最终获准备案之前，可能仍有较大不确定性。因此在实务中通常的做法是在获得备案时（即汇算清缴年度的下一年度）对加计扣除的影响进行会计处理。由此，被审计单位在财务报表中确认前一年度的加计扣除影响可能不构成一项前期会计差错。必要时，审计人员可要求被审计单位聘请税务鉴证机构对研发费用加计扣除情况进行复核或聘请事务所内部税务专家参与复核。

（三）结合递延所得税资产 / 负债审计，关注递延所得税费用确认是否正确

审计人员应了解并非所有引起递延所得税资产 / 负债的变动都是对所得税费用的影响，也可能影响其他综合收益或资本公积。例如，应复核当存在同一控制下企业合并这类权益性交易时，与交易相关的所得税支出是否已计入所有者权益；与其他综合收益具体项目相关的递延所得税是否已计入其他综合收益。

（四）关注是否存在不恰当的会计估计和会计判断情形

审计人员需了解是否存在管理层在以前年度运用的重大判断和估计不合理的情形，复核管理层是否根据当时的资料和所能获得的信息在以前年度进行了恰当的会计处理和披露，后续根据相关情况的变化更新了相关判断和估计。同样，对于以前年度的会计政策变更及会计差错调整会计利润的事项，需关注是否影响相关期间的所得税费用并对其进行了恰当调整。

示例 6-43

根据《高新技术企业认定管理办法》（国科发火［2016］32 号）第十条的规定：“企业获得高新技术企业资格后，自高新技术企业证书颁发之日所在年度起享受税收优惠，可依照本办法第四条的规定到主管税务机关办理税收优惠手续”进行所得税申报和缴纳。因此，如果高新技术企业证书日期在财务报表基准日或之前的，被审计单位在当年度财务报表中所列示的当期所得税费用可按照高新技术企业适用税率计算。如果高新技术企业日期在财务报表基准日之后的，则说明《高新技术企业认定证书》的取得尚不是资产负债表日已存在的状态，应作为资产负债表日后非调整事项披露，被审计单位当年度财务报表中所列示的当期所得税费用仍

应按适用税率计算。

审计人员可通过相关监管机构的网站查看高新技术企业认定名单里是否包括被审计单位，及认定时间与所获得的被审计单位的高新技术企业证书是否在同一会计期间内。了解当地税务机构对于高新技术企业除了税率优惠外，是否存在地方性的税务优惠政策，如存在，是否为当地税务机构的行政职权范围内权限。对于更新高新技术企业证书，需要额外关注是否存在前后高新技术企业证书之间的时间差长于一个会计年度的情况。

（五）关注遵循国家所得税相关法规情况

所得税政策性较强，对被审计单位利益较大，审计人员应当高度关注被审计单位遵循所得税法律法规情况，如高新技术企业取得的合规性、加计扣除费用是否符合规定、是否存在通过关联方转移定价少计税款等问题。

示例 6-44

某公司 2021 年度从自然人采购废铝 6 亿元，采购价格较从法人单位低。公司从自然人采购原材料的目的是对方不向公司开具增值税发票。在申报所得税时，公司均将采购款作为成本支出扣除。审计人员未关注到该成本列支因未取得有效原始凭证不应扣除的问题，少计提所得税费用近亿元，且公司该行为还可能导致自然人少缴税款。

示例 6-45

某上市公司 2021 年度财务报告显示，研发费用当期发生额 8 亿元，其中材料 5 亿元、人工薪酬 1.7 亿元。财务报告附注“会计利润与所得税费用调整过程”中“研发费用加计扣除的影响”为 240 万元，即申报的研发费用加计扣除仅 1 500 万元，远远小于 8 亿元。

审计人员未关注到该明显异常现象，如果披露的研发费用真实，则被审计单位应当主动进行纳税申报加计扣除。未申请加计扣除的原因，研发费用可能并不真实，主要是为满足高新技术企业所虚构研发支出。被审计单位为高新技术企业，2021 年度收入 300 亿元，需要较大金额的研发费用支撑。

（六）复核合并财务报表层面所得税费用合理性

1. 从财务报表附注“税项”中了解母公司及相关子公司所适用的主要税种和税率及享受税收优惠政策的会计主体是否发生变化，复核相关披露是否完整、准确。

2. 对比上期所得税费用是否发生重大变化，所得税费用占税前利润比例与可比期间是否发生重大变化。

3. 检查会计利润与所得税费用调整过程计算是否合理，如当子公司采用不同税率时，子公司适用不同税率的影响项目是否已填列；不可抵扣的成本、费用和损失的影响是否为零或负数等异常情况；非应税收入的影响填列是否与审计人员已知被审计单位及其子公司存在非应税收入的规模及税率相符等。

4. 合并报表口径的递延所得税费用金额与合并范围内的单体报表口径的递延所得税费用之和是否存在调整，调整依据是否充分恰当，计算是否准确；当期所得税费用是否已与各单位合计数勾稽一致。

四、审计案例

案例 6－18

同一控制下股权置换交易涉及的所得税问题

A 公司为上市公司，20×7 年 8 月与控股股东 B 公司进行重大资产重组，A 公司用子公司 C 的 100% 股权（置出资产）交换 B 公司的子公司 D 的 100% 股权（置入资产）。四家公司均为居民企业且企业所得税税率均为 25%。上述交易以基准日置出资产与置入资产的公允价值进行置换，置出资产和置入资产的公允价值分别为 20 亿元和 30 亿元，差额 10 亿元由 A 公司以现金方式向 B 公司支付。该交易构成同一控制下企业合并。因该交易中现金对价占交易总价的比例超过《关于企业重组业务企业所得税处理若干问题的通知》（财税［2009］59 号）中“特殊性税务处理”的规定，因此 A 公司就 C 公司股权公允价值与账面价值的差额计算缴纳企业所得税 7500 万元，置入股权的计税基础为其公允价值。

案例讨论：

A 公司的审计人员需执行相关审计程序以核实被审计单位对该交易中相关所得税处理是否恰当：

1. 获取 A 公司和 B 公司的股权交易协议及了解其商业实质。

2. 复核对 C 公司和 D 公司公允价值评估方法、假设、参数、计算及结果是否符合《会计准则第 39 号——公允价值计量》的相关要求。

3. 检查双方资产交割和支付现金对价的银行单据等交易资料。

4. 复核 A 公司是否将该交易相关的当期所得税 7500 万元作为权益性交易的组成部分计入所有者权益。

5. 了解 A 公司获取 D 公司的持有意图及预期持有期间，检查 A 公司是否对子公司D投资的计税基础与其账面价值之间的差异计提了递延所得税。A公司在其个别报表及合并报表中对于D公司的会计处理体现的持有意图是否一致。

第五节　筹资与投资循环

1 长短期借款

一、重大错报风险

1. 可能存在少记短期借款和长期借款达到低估负债的目的，导致短期借款和长期借款账面余额的完整性存在重大错报风险。

2. 长短期借款利息费用核算不准确，导致财务报表重大错报。

3. 短期借款和长期借款相关信息披露不充分，导致短期借款和长期借款列报存在重大错报风险。例如，未充分披露借款担保事项、逾期借款情况等。

二、常见审计问题

1. 未执行函证程序或函证程序执行不到位。例如，以检查企业信用报告替代函证程序；仅函证被审计单位账面已记录借款，导致未能发现被审计单位少记短期借款；未将对外担保情况纳入函证信息中，导致未发现被审计单位未披露的对外担保事项。

2. 检查企业信用报告程序执行不到位。例如，未获取被审计单位资产负债表日后最近一期的企业信用报告；未核对企业信用报告中的关键信息；未记录核对过程和结果。

3. 未执行重新计算程序，以核实利息费用是否准确。

4. 未充分考虑被审计单位逾期借款对持续经营能力、审计意见的影响。

5. 未关注异常情况。例如，被审计单位提前偿还借款本金，可能是通过少计负债，达到增加利润的目的。

三、审计关注要点

（一）关注银行借款函证事项的完整性

银行借款的主要错报风险在于完整性，审计人员在设计和执行函证程序时，应关注所填列的函证事项是否能够验证银行借款的完整性。在货币资金工作底稿已检查银行账户完整性基础上，应重点关注被审计单位是否存在未列明的借款以及担保事项。审计人员应在函证中注明“除上述列示的银行借款外，本公司并无自贵行的其他借款。”如果被审计单位账面未记录银行借款，审计人员应在银行借款栏目中填写“无”，不应空白或者画斜线。根据中国注册会计师协会和中国银行业协会制定的《银行函证及回函工作操作指引》，银行应当对填写“无”的信息予以核实并反馈。

表 6-31　银行借款函证信息

借款人名称	借款账号	币种	余额	借款日期	到期日期	利率	抵（质）押品 / 担保人	备注
ABC	2××××	人民币	100 000.00 元	2021-1-1	2022-1-5	4.75%	×× 房屋建筑物	截至 2022 年 6 月 27 日尚未偿还本金和利息

注：除上述列示的银行借款外，本公司并无自贵行的其他借款。

示例 6-46

宝硕股份（600155）在多家银行存在多种期限的借款，同时又为关联公司借款提供大额担保。在银行借款方面，宝硕股份于 2004 年与工行签订了多笔长期及短期借款协议。宝硕股份于 2005 年与建行签订了 9 笔短期借款协议，借款金额共计 14 700 万元，宝硕股份对上述银行借款没有进行账簿记录，也没有纳入会计报表长短期借款项目予以披露，形成账外负债，存在同种情况的还包括宝硕股份与中行签订的 600 万元短期借款。在对外担保方面，宝硕股份在 2004 年度为其子公司以及关联公司在银行和信托投资公司的借款提供 27 273 万元担保。

2004 年，审计人员对宝硕股份在工行的存款及借款进行了函证，函证中借款情况仅列示了 4 笔长期借款和 5 笔短期借款，未对其他借款进行函证。2005 年，审计人员对宝硕股份在建行和中行的存款与借款进行了函证，取得银行盖章后的回函，银行在确认的回函中未列示上述借款。针对担保，审计人员未将宝硕股份对外担保事项包括在函证内容中。

本示例中，审计人员在发函时，没有明确函证范围，也未有提示银行对其他借款提供进一步的信息，通过回函获取的信息比较有限，失去了通过函证发现账外借款的机会。此外，虽然审计人员已关注到宝硕股份存在为关联方提供大额担保的情况，但却未引起警觉，未将对外担保内容纳入函证信息中，也未针对宝硕股份担保信息的完整性执行进一步审计程序。

（二）获取并检查企业信用报告

企业信用报告是由中国人民银行征信中心提供，全面记录企业各类经济活动，反映企业信用状况的文书，被称为企业的“经济身份证”。主要包括四部分内容：基本信息、信贷信息、公共信息和声明信息。借贷信息展示企业在金融机构的当前负债和已还清债务信息，是信用报告的核心部分，包括担保代偿、欠息记录、贷款、保理、票据贴现、银行承兑汇票、信用证以及保函等内容。

审计人员可以通过核对企业信用报告中的信贷信息，验证被审计单位账面记录以及报告披露的借款信息是否完整、准确。审计人员应在工作底稿中记录核对过程并附与差异相关的证据。审计人员在检查企业信用报告时，应注意以下事项：

1. 关注时效性

企业信用报告具有一定的时效性，除征信中心标注外，报告中的信息均由相关机构和信息主体提供，征信中心仅承诺在信息整合、汇总、展示的全过程中保持客观、中立，但不保证信息的真实性和准确性。企业信用报告只能与其他审计程序结合用于验证被审计单位账面信息记录。企业信用报告不能替代函证程序。

2. 关注真实性

审计人员应关注企业信用报告的真实性。对于承接的证券业务以及高风险业务，审计人员应亲自陪同被审计单位工作人员去其开户银行、中国人民银行征信中心打印企业信用报告。

3. 获取详式企业信用报告

企业信用报告分详式和简式，详式信用报告中记账了信贷记录明细，如图6–1，而简式报告则没有此项。审计人员应获取详式企业信用报告。

信贷记录明细

未结清信贷

短期借款　　共1笔

账户编号	授信机构	业务种类	开立日期	到期日	币种	借款金额	发放形式
	担保方式	余额	五级分类	逾期总额	逾期本金	逾期月数	最近一次还款日期
	最近一次还款总额	最近一次还款形式	特定交易提示	授信协议编号	历史表现	信息报告日期	
110120190008543	中国农业银行股份有限公司北京丰台支行	流动资金贷款	2019-10-29	2020-10-28	人民币元	120	新增
	抵押	120	正常	--	--	--	--
	0	--	--	11010320190001684	见附件	2019-11-26	

∷银行保函及其他业务 共8笔

授信机构	业务种类	五级分类	账户数	余额
交通银行股份有限公司	非融资类银行保函	正常	3	55.90
中国农业银行股份有限公司	非融资类银行保函	正常	5	48.12

∷授信信息 共1笔

授信协议编号	授信机构	授信额度类型	额度循环标志	生效日期	到期日	信息报告日期
	币种	授信额度	已用额度	授信限额	授信限额编号	
11010320190001684	中国农业银行股份有限公司北京丰台支行	--	否	2019-10-18	2022-10-17	2019-11-26
	人民币元	300	120	--	--	

☞已结清信贷

∷短期借款 共13笔

账户编号	授信机构	业务种类	开立日期	到期日	币种	借款金额
	关闭日期	五级分类	最后一次还款日期		最后一次还款形式	历史表现
1067016835	招商银行股份有限公司北京清华园支行	流动资金贷款	2019-05-29	2020-05-28	人民币元	70
	2019-12-20	正常	2019-12-20		正常还款	见附件
1067015949	招商银行股份有限公司北京清华园支行	流动资金贷款	2017-10-26	2018-10-25	人民币元	104.50

图6-1 详式企业信用报告信贷记录明细

（三）检查借款相关协议资料

银行借款相关协议一般包括借款合同、担保合同、综合授信协议等。审计人员应获取借款相关完整资料，检查借款用途和性质、借款金额、借款期限、担保事项、违约责任等主要条款。同时应与账面记录、函证、企业信用报告等进行核对，如果存在不一致，应执行进一步审计程序，落实差异原因。

（四）关注借款费用及其资本化

1. 资本化利息

利息资本化可以增加资产价值同时减少费用，常被企业用于虚增资产调节利润。审计人员应关注借款用途、资本化条件、资本化期间是否符合企业会计准则的规定。

（1）借款性质和用途。审计人员应结合借款合同的检查，确认被审计单位的借款是有明确用途的专门借款还是一般借款。例如，合同中明确指明贷款用于建造厂房，则属于专门借款。如果借款合同中没有明确指明，一般不属于专门借款。审计人员还应关注被审计单位是否按照合同约定的用途使用借款。

（2）资本化条件。企业会计准则规定符合资本化条件的资产应需要经过相当长时间（一般一年以上）的建造和生产。审计人员可通过检查合同条款约定、盘点观察该资产的状态、同类产品比较等确定被审计单位购入资产是否确实需要相当长时间的建造和生产。

（3）资本化期间。企业会计准则规定同时满足资产支出已发生、借款费用已发生、购建或生产的实体建造活动已经开始三个条件才能开始资本化，达到预定可使用或者销售状态时停止资本化。审计人员应获取资本化开始时点和停止时点的证据。审计人员应结合在建工程审计，确定是否存在长时间停工的情况。如果存在长时间停工情况，应核实停工原因，确认被审计单位继续资本化是否恰当。

示例 6–47

2016 年期间，凯迪生态（已退市）部分在建电厂存在非正常中断且中断时间连续超过 3 个月的情形。中断期间，凯迪生态未按照会计准则暂停停建电厂的借款费用资本化，直接导致 2016 年财务报告存在虚增在建工程、虚减财务费用、虚增利润总额的情形，虚增在建工程、虚减财务费用、虚增利润总额 272 808 639.77 元。审计人员未关注“中断”的性质，未分析是否为暂时性、必要的中断，直接认可了被审计单位利息费用继续资本化。

2. 重新计算利息费用

被审计单位可能按照银行结息日确认借款利息，未按权责发生制要求进行确认。审计人员应按照借款实际起息日，重新计算被审计单位财务报表期间应计提的利息支出。

（五）关注逾期贷款

逾期未还款可能表明被审计单位存在一定的资金压力，也可能导致被审计单位存在舞弊的动机。审计人员应关注被审计单位是否存在逾期借款的情形，逾期借款是否正常计提利息。如果被审计单位存在借款逾期，审计人员应评估被审计单位持续经营能力以及可能存在的诉讼。审计人员可考虑执行以下审计程序：

1. 与被审计单位管理层沟通逾期贷款原因以及后续还款安排。
2. 获取被审计单位未丧失还款能力，不影响持续经营能力的证据。
3. 必要时访谈相关贷款银行。
4. 如逾期借款的金额较大，应充分考虑对审计意见的影响。

示例 6–48

会计师事务所在执行白茶股份（832946）2017 年财务报表审计中，未关注到被审计单位少确认利息费用的情况。审计人员已查看白茶股份与工商银行福鼎支行、建设银行福鼎支行、光大银行福州分行、福建福鼎恒兴村镇银行等债权人签订的借款合同，并已经了解白茶股份于 2017 年末存在多笔逾期借款且未计提逾期借款利息的情况下，于审计报告签发前未完成对建设银行福鼎支行短期借款的函证，也未实施必要的替代审计程序；未通过适当的方式，就白茶股份与债权人的逾期借款利息偿还情况进行核实。审计人员在未取得包括建设银行福鼎支行在内的债权人同意免收白茶股份逾期贷款本金利息和逾期利息复利的必要审计证据的情况下，直接认可白茶股份未计提逾期借款利息的会计处理，得出了不恰当的审计结论，涉及少计利息 343.21 万元。

（六）其他关注事项

1. 一般情况下，被审计单位通常不会提前偿还借款本金。如果发现被审计单位提前偿还借款，审计人员应关注归还本金的真实性，是否存在舞弊风险。

2. 审计人员应关注被审计单位对短期借款披露的充分性和完整性。除关注被审计单位是否逐一披露年末借款的贷款人、借款金额、借款条件、利率等内容外，还应关注对借款涉及的担保、诉讼等事项的披露情况。

3. 根据《2019 年度一般企业财务报表格式的通知》（财会〔2019〕6 号）规定：“应付利息仅反映相关金融工具已到期应支付但于资产负债表日尚未支付的利息。基于实际利率法计提的金融工具的利息应包含在相应金融工具的账面余额中。”企业根据权责发生制计提的未到付息日的应付利息应在短期借款项目单独披露；结息日应付未付的短期借款利息应在其他应付款项目单独披露。

4. 根据《2019 年度一般企业财务报表格式的通知》（财会〔2019〕6 号）规定：自资产负债表日起一年内到期的长期负债转入“一年内到期的非流动负债项目”。

2 交易性金融负债（含衍生金融负债）

一、重大错报风险

1. 交易性金融负债分类不恰当，导致分类存在重大错报风险。

2. 交易性金融负债公允价值计量不准确，导致计价和分摊存在重大错报风险。

3. 未记录交易性金融负债，导致完整性存在重大错报风险。

4. 交易性金融负债处置时不符合终止确认条件，导致完整性存在重大错报。

5. 未合理确定非同一控制企业合并或有对价形成的金融负债，导致交易性金融负债完整性、准确性、计价和分摊存在重大错报。

6. 未对衍生工具及嵌入衍生工具等进行恰当地分类或指定、未合理判断嵌入衍生工具与主合同的关系等导致的重大错报风险。

二、常见审计问题

1. 未获取被审计单位交易性金融负债分类依据，导致未发现交易性金融负债分类错误。例如，对于被审计单位指定为以公允价值计量且其变动计入损益的金融负债，审计人员未取得企业风险管理或投资策略文件等资料，未分析指定能够消除或显著减少会计错配的合理性。

2. 未对交易性金融负债实施函证程序或实施的函证程序不充分，导致未发现被审计单位存在的错报。

3. 未独立复核被审计单位确定公允价值所使用的估值技术是否恰当、输入值是否合理、计算是否正确，导致未发现被审计单位公允价值计量错误。

4. 未关注本期减少的大额交易性金融负债的合理性，未获取支持性文件，并检查是否符合终止确认条件，以及会计处理是否正确。

三、审计关注要点

（一）关注被审计单位指定为以公允价值计量且其变动计入当期损益的金融负债合理性

如果被审计单位交易性金融负债中包括直接指定为以公允价值计量且其变动计入当期损益的金融负债，审计人员应关注是否符合企业会计准则规定的指定条件。此外，企业会计准则规定，企业将一项金融负债或者一组金融工具（金融资产、金融负债或者金融资产及负债）指定为以公允价值计量且其变动计入当期损益的，一经作出不得撤销。即使造成会计错配的金融工具被终止确认，也不得撤销这一指定。审计人员应关注被审计单位是否存在不恰当的撤销指定情形。

（二）检查交易的真实性和完整性

审计人员可通过登录中国证券登记结算有限责任公司、上海证券交易所、深圳证券交易所等网站或账户，查询交易记录或对账单，与账面发生额及余额逐一核对，检查并核对相关书面资料，特别需要关注是否存在应入账而未入账的金融负债。例如场外远期合同约定被审计单位将以固定价格购入被投资单位股权，但签订该合同后一直未将该远期合同确认为衍生金融工具，也未对被投资单位股权的公允价值变动相应进行会计处理不符合相关会计准则的规定。

（三）检查初始确认是否正确

检查被审计单位的交易性金融负债初始确认是否按照公允价值计量，相关交易费用是否直接计入当期损益。

（四）检查资产负债表日会计计量是否正确

1. 检查在资产负债表日，交易性金融负债是否按票面利率计算利息（限于分期付息的交易性金融负债），检查会计处理是否正确。

2. 检查交易性金融负债在资产负债表日公允价值的确定是否合理，取得有关交易性金融负债的收盘价，并与之核对。

存在活跃市场的交易性金融负债，活跃市场中的报价应当用于确定其公允价值。活跃市场中的报价是指易于定期从交易所、经纪商、行业协会、定价服务机构等获得的价格，且代表了在公平交易中实际发生的市场交易的价格。无活跃市场报价时，应评估被审计单位所使用的估值技术是否恰当、输入值是否合理、计算是否正确，必要时考虑利用专家工作。

3. 检查资产负债表日是否按公允价值对交易性金融负债进行计量，公允价值变动形成的利得或损失是否计入当期损益。特别关注是否存在利用公允价值调节利润的情况。

（五）检查处置时的账务处理

1. 对本期减少的交易性金融负债，获取支持性文件，判断是否符合终止确认条件。出现以下两种情况之一时，说明金融负债（或其一部分）的现时义务已经解除：债务人通过履行义务（如偿付债权人）解除了金融负债（或其一部分）的现时义务；债务人通过法定程序（如法院裁定）或债务豁免等，合法解除了债务人对金融负债（或其一部分）的主要责任。

2. 检查处置交易性金融负债的原始凭证，核实其内容、金额和会计处理是否正确。处置金融负债时，其公允价值与初始入账金额之间的差额应确认为投资收益，同时调整公允价值变动损益。

（六）对被审计单位确认的衍生金融负债的会计处理进行评估

审计人员应获取被审计单位确认衍生金融负债相关合同资料，将获取的所有相关资料与实际情况进行相互印证，以确认金融资产是否符合衍生工具的特征。

对于混合合同，审计人员应该查看相关协议，根据对主合同是否属于负债、嵌入衍生工具与主合同的风险敞口是否相似，嵌入衍生工具是否可能会对混合合同的现金流量产生重大变化等判断结果，考虑嵌入的衍生工具是否应从混合合同中分拆出来单独确认。

（七）考虑套期活动

针对管理层在交易之初指定衍生金融工具为套期的，审计人员应获取指定要求和记录要求等审计证据。关注记录中是否包括套期关系、套期风险管理目标和战略、被套期交易现金流量变动风险的有效性等，以确定管理层是否遵守了适用的会计准则和相关会计制度中有关套期会计的规定。如果被审计单位在套期策略中使用衍生金融工具，而分析程序的结果表明已发生大额的利得或损失，审计人员应当怀疑套期的有效性，以及运用套期会计的适当性。

（八）检查列报是否恰当

检查交易性金融负债是否已按照企业会计准则的规定在财务报表中作出恰当的列报。核对交易性金融负债明细表、审定表与报表、附注，关注期末交易性金融负债是否逾期、逾期金额及逾期原因是否充分披露。

四、审计案例

案例 6－19

交易性金融负债审计

会计师事务所对 ABC 股份有限公司 2021 年报表进行审计，审计人员了解到 ABC 股份有限公司于 2021 年 7 月 27 日创设 ×× 航空认沽权证，数量为 8 000 万份，交易本金 16 000 万元，约定行权日为 2022 年 7 月 27 日。截至 2021 年 12 月 31 日，ABC 股份有限公司交易性金融负债期初余额 0 元；期末余额为 17 020 万元，其中认沽权证本金 16 000 万元，公允价值变动 1.020 万元。

案例讨论：

针对 ABC 股份有限公司的金融衍生品业务（金融负债），审计人员设计和执行了如下审计程序：

1. 取得企业的明细账、总账（或科目余额表）及相关资料，获取或编制交易性金融负债明细表，并核对相关数据是否正确

（1）复核加计是正确，并与报表数、总账数和明细账合计数核对相符（底稿索引见 ××1）。

（2）检查交易性金融负债分类是否正确，依据是否充分。如果交易性金融负债中包括直接指定为以公允价值计量且其变动计入当期损益的金融负债，应关注其指定条件是否符合规定。

延伸讨论：通常情况下，对于混合工具以外的金融负债，只有能够产生更相关的会计信息时才能将该项金融负债直接指定为以公允价值计量且其变动计入当期损益的金融负债。符合以下条件之一，说明直接指定能够产生更相关的会计信息：

一是该指定可以消除或明显减少由于该金融负债的计量基础不同而导致的相关利得或损失在确认和计量方面不一致的情况。设立这项条件，目的在于通过直接指定为以公允价值计量，并将其变动计入当期损益以消除会计上可能存在的不配比现象。例如，有些金融资产可以被划分为交易性金融资产从而其公允价值变动计入当期损益，但与之直接相关的金融负债却以摊余成本进行后续计量，从而导致“会计不配比”。但是，如果将以上金融资产和金融负债均直接指定为以公允价值计量且其变动计入当期损益类，那么这种会计上的不配比就能够消除。

二是企业的风险管理或投资策略的正式书面文件已载明，该金融负债组合或该金融资产和金融负债组合，以公允价值为基础进行管理、评价并向关键管理人员报告。

2. 检查交易性金融负债的初始确认是否正确

（1）检查被审计单位的交易性金融负债初始确认是否按照公允价值计量（底稿索引见 FB1、FB2）。

（2）相关交易费用是否直接计入当期损益（底稿索引见 ××1）。

延伸讨论：交易费用包括支付给代理机构、咨询公司、券商等的手续费和佣金及其他必要支出，不包括债券溢价、折价、融资费用、内部管理成本及其他与交易不直接相关的费用。

3. 检查交易性金融负债在资产负债表日的计量是否正确

（1）检查交易性金融负债在资产负债表日的公允价值的确定是否合理，取得有关交易性金融负债的收盘价，并与之核对（底稿索引见 ××1）。

（2）检查资产负债表日是否按公允价值对交易性金融负债进行计量，公允价值变动形成的利得或损失是否计入当期损益。特别关注是否存在利用公允价值调节利润的情况（底稿索引见 ××1、××2）。

延伸讨论：存在活跃市场的交易性金融负债，活跃市场中的报价应当用于确定其公允价值。活跃市场中的报价是指易于定期从交易所、经纪商、行业协会、定价服务机构等获得的价格，且代表了在公平交易中实际发生的市场交易的价格。

4. 对交易性金融负债进行函证

审计人员就 ABC 股份有限公司持有的 X 航认沽权证情况向中国证券登记结算有限责任公司上海分公司进行了函证，并收到回函（底稿索引见 ××3）。

延伸讨论：询证函应由审计人员亲自发出，并要求被函证单位将回函原件直接寄至会计师事务所，应避免询证函由被审计单位员工经手。寄发函证的邮寄小票应保存在底稿中，收到的回函要将回函信封保存在底稿中。

5. 根据相关交易资料，检查交易性金融负债的真实性和完整性

本案例中，ABC股份有限公司依照上海证券交易所发布的《关于证券公司创设X航权证有关事项的通知》，向上海证券交易所申请创设X航认沽权证并经中国证券登记结算有限责任公司上海分公司办理相应登记手续。审计人员登录上海证券交易所，查询公司创设认沽权证的公告，并与财务账面记录发生额逐一核对；检查并核对了相关书面资料（底稿索引见××1）。

6. 与报表其他科目及附注进行勾稽核对，检查交易性金融负债是否已按照企业会计准则的规定在财务报表及附注中作出恰当的列报与披露

（1）将交易性金融负债明细表、审定表与报表、附注进行核对；将交易性金融负债公允价值变动损益与利润表中公允价值变动损益的组成部分进行核对，检查其公允价值变动数据是否一致。经核对，交易性金融负债已恰当列报，审计人员在明细表期末审定数下方标注“CN”。

（2）关注期末交易性金融负债是否逾期、逾期金额及逾期原因是否充分披露。本案例，认沽权证的行权日为2022年7月27日，在资产负债表日尚未到期（底稿索引见××1）。

延伸讨论：企业将用于偿付金融负债的资产转入某个机构或设立信托，偿付债务的现时义务仍存在的，不应当终止确认该金融负债，也不能终止确认转出的资产。金融负债的现时义务全部或部分已经解除的，才能终止确认该金融负债或其一部分。企业对现存金融负债全部或部分的合同条款作出实质性修改的，应当终止确认现存金融负债或其一部分，同时将修改条款后的金融负债确认为一项新金融负债。

3 其他（非）流动负债与一年内到期的非流动负债

一、重大错报风险

1. 其他（非）流动负债与其他（非）流动负债项目分类存在错误，或者未考虑负债流动性，未区分流动和非流动性负债，影响重要财务报表流动性指标。

2. 可能存在少记其他（非）流动负债情况，导致其他（非）流动负债完整性存在重大错报风险。

3. 未按照会计准则的规定正确列报一年内到期的非流动负债，导致一年内到期的非流动负债分类和列报存在重大错报风险。

二、常见审计问题

1. 未关注被审计单位其他（非）流动负债分类可能存在的错报。

2. 未对其他（非）流动负债执行针对性审计程序。

3. 未关注长期借款、长期应付款、租赁负债剩余年限，导致未发现被审计单位未将一年内到期的长期借款、长期应付款、租赁负债列报之一年内到期的非流动负债。

三、审计关注要点

（一）关注其他负债核算内容及列报的恰当性

1. 其他流动负债可能包括下列内容：

（1）预提费用；

（2）待转销项税；

（3）购入时期限是一年以内的资产支持商业票据、债券；

（4）短期非金融机构借款；

（5）一年内清偿的预计负债。

2. 其他非流动负债可能包括下列内容：

（1）转销预计时间在一年以上待转销项税；

（2）预收房款保证金；

（3）应付股权收购款；

（4）一年以上的合同负债。

3. 下列项目应重分类至一年内到期的非流动负债

（1）自资产负债表日起一年内到期应予以清偿的长期借款；

（2）自资产负债表日起一年内到期应予以清偿的长期应付款；

（3）自资产负债表日起一年内到期应予以清偿的租赁负债的期末账面价值。

需要注意的是，对于已收或应收货款中尚未发生增值税纳税义务而需于以后期间确认为销项税额的增值税额，应计入“应交税费——待转销项税额”，并在资产负债表中的“其他流动负债”或“其他非流动负债”项目列示。审计人员应关注被审计单位是否未单独列报与收入相关预收款项中包含的待转销项税额，或错误地将预收款中待转销项税额部分列报于应交税费等其他报表项目。

（二）关注金融负债确认的恰当性

审计人员应关注是否存在被审计单位作为集团，承担了对子公司发行的权益工具交付现金或其他金融资产的义务，因其他流动负债和其他非流动负债是负债列报的垫底项，这类在集团合并报表层面确认的金融负债可能列报于其他（非）流动负债。审计人员应检查相关合同，特别是可能存在单独签订的可回售、反稀释、转股权及优先清算权条款的补充协议等，了解相关约定的背景信息，熟悉相关会计准则的要求，准确判断会计处理恰当性。

被审计单位收购子公司时，对少数股东签出了看跌期权，约定未来以固定价格收购子公司的剩余股权，被审计单位的合并财务报表中是否已全额确认一项金额等于回购股权所需支付金额的现值的金融负债。

被审计单位与其他投资方共同对外投资，投资协议中已明确被审计单位就其他投资方投资收益承担差额现金补偿义务，因此承担了一项不能无条件地避免支付现金或其他金融资产的合同义务，被审计单位是否在承担义务期间，根据被投资单位经营业绩实现情况已及时确认了相关金融负债，而不是等到实际支出时延迟确认。

4 应付债券

一、重大错报风险

1. 将混合债务工具整体分类为应付债券，导致应付债券分类存在重大错报。

2. 可能为了满足降低资产负债率等考核指标将发行的债务工具列报在其他权益工具，导致应付债券分类存在重大错报风险，如不满足列报为权益工具的永续债。

3. 未按照实际利率法计量应付债券，导致应付债券计价和分摊存在重大错报风险。

4. 未及时披露应付债券逾期还款、担保等情况，导致应付债券披露存在重大错报风险。

二、常见审计问题

1. 未获取完整的发行资料，在对债券发行的主要条款检查和分析判断时对准则理解不到位，导致未发现被审计单位未恰当拆分应付债券中的嵌入衍生工具，或将应划分为应付债券的债务工具分类为其他权益工具。

2. 未实施函证或者函证程序不到位，导致未发现应付债券存在的重大错报风险。

3. 未复核对金融债务工具的会计处理是否正确，如实际利率法的应用、交易费用处理等。

4. 未关注被审计单位债券偿还、担保等情况，未对被审计单位未及时还款等异常情况执行进一步审计程序。

三、审计关注要点

（一）关注债券发行相关规定

我国债券品种发行和监管部门较多，审计人员应当了解债券发行相关规则。表6–32、表6–33分别为我国债券主要类型和主要债券品种发行条件与监管部门。

表6–32 我国债券主要类型

债券类型	解释说明	主要细分品种
政府债券	细分为国债和地方政府债券。国债由中央政府发行，财政部具体进行操作；地方政府债券由地方政府及其代理或授权机构发行，又分为一般债券和专项债券	记账式国债、储蓄国债和凭证式国债；一般地方政府债券和专项地方政府债券
央行票据	中国人民银行为调节货币供应量，通过央行公开市场操作系统面向商业银行发行的债务凭证	中央银行票据
政府支持机构债券	政府支持的公司或金融机构发行，并由政府提供担保，如中国国家铁路集团有限公司发行的铁道债券和中央汇金投资有限责任公司发行的汇金债券	铁道债券和中央汇金债券
金融债券	主要由银行和非银行金融机构发行，可进一步分为政策性金融债券、商业银行债券和非银行金融债券	政策性银行债券、商业银行债券和非银行金融债券
企业信用债券	主要包括企业债和公司债，发行主体为非金融企业、上市公司等。此外，还包括我国地方投融资平台发行的城投债，即“准市政债”	一般企业债券、中央企业债券、中小企业集合债券、专项企业债券； 非金融企业债务融资工具； 公司债券、可转换公司债券； 中小企业私募债券
资产支持证券	可分为特定目的的信托受托机构发行的信贷资产支持证券和券商发行的企业支持证券	信贷资产支持证券和企业资产支持证券
国际机构债券	境外机构在我国境内发行的以人民币计价的债券，属于外国债券	熊猫债券

表6–33 我国主要债券品种发行条件与监管部门

债券类型	发行条件	政策依据	监管部门	批准方式
地方政府债券	在国务院批准的分地区限额内发行	《地方政府债券发行管理办法》财库〔2020〕43号	财政部	审批制

续表

债券类型	发行条件	政策依据	监管部门	批准方式
金融债券	①具有良好的公司治理机制； ②核心资本充足率不低于4%； ③最近三年连续盈利； ④贷款损失准备计提充足； ⑤风险监管指标符合规定； ⑥最近三年无重大违法违规行为等	《全国银行间债券市场金融债发行管理办法》中国人民银行令〔2005〕第1号	中国人民银行	核准制
企业债券	①具备健全且运行良好的组织机构； ②最近三年平均可分配利润足以支付企业债券一年的利息； ③具有合理的资产负债结构和正常的现金流量； ④鼓励发行企业债券的募集资金投向符合国家宏观调控政策和产业政策的项目建设	《企业债券管理条例》国务院令第121号 《关于企业债券发行实施注册制有关事项的通知》发改财金〔2020〕298号	国家发展改革委	注册制
公司债券	①具备健全且运行良好的组织机构； ②最近三年平均可分配利润足以支付公司债券一年的利息； ③具有合理的资产负债结构和正常的现金流量； ④国务院规定的其他条件	《公司债券发行与交易管理办法》证监会令【第180号】	中国证监会	注册制
信贷资产支持证券	①最近3年内没有重大违法、违规行为； ②具有良好的公司治理、风险管理体系和内部控制； ③对开办信贷资产证券化业务具有合理的目标定位和明确的战略规划，并且符合其总体经营目标和发展战略； ④具有适当的特定目的信托受托机构选任标准和程序； ⑤具有开办信贷资产证券化业务所需要的专业人员、业务处理系统、会计核算系统、管理信息系统以及风险管理和内部控制制度； ⑥最近3年内没有从事信贷资产证券化业务的不良记录； 银保监会规定的其他审慎性条件	《信贷资产证券化试点管理办法》中国人民银行、银监会公告〔2005〕第7号 《金融机构信贷资产证券化试点监督管理办法》银监会令〔2005〕第3号	中国人民银行	核准制
熊猫债	①财务稳健，资信良好，经在中国境内注册且具备人民币债券评级能力的评级公司评级，人民币债券信用级别为AA级以上； ②已为中国境内项目或企业提供的贷款和股本资金在十亿美元以上； ③所募集资金用于向中国境内的建设项目提供中长期固定资产贷款或提供股本资金，投资项目符合中国国家产业政策、利用外资政策和固定资产投资管理规定。主权外债项目应列入相关国外贷款规划	《国际开发机构人民币债券发行管理暂行办法》中国人民银行公告〔2005〕5号	财政部、中国人民银行、国家发展改革委、中国证监	审批制

（二）关注债务和权益工具划分的恰当性

被审计单位发行的永续债、信贷资产支持证券等债务工具是否满足权益工具，审计人员可实施下列程序：

1. 获取相关债券发行文件，包括董事会决议、有关部门的批复、债券承销协议、律师意见等资料，关注募集说明书等文件披露的财务信息和非财务信息与在审计中了解情况是否一致。

2. 逐一核对利率约定、利息和本金支付顺序以及相关义务条款、回购条款、违约条款以及其他主要条款，判断被审计单位发行的工具是否满足权益工具特征。

3. 关注不同层级权益与负债的列报，审计人员应从集团整体考虑被审计单位发行的债务工具列报为债务还是权益。例如，子公司发行信贷资产支持证券，母公司给子公司发行的信贷资产支持证券提供差额补足承诺，则在母公司合并报表中，债务工具投资人持有的份额应列报为应付债券而非少数股东权益。

4. 关注被审计单位是否存在“抽屉协议”，实为负债但隐瞒补充协议，导致未能发现被审计单位权益与负债划分错误。

必要时，审计人员可实施函证程序，债权人、债券承销商或包销商进行函证，函证内容包括应付债券的名称、发行日、到期日、利率、已付利息期间，年内偿还的债券，资产负债表日尚未偿还的债券以及其他应包括的重要内容。若质疑被审计单位存在“抽屉协议”，可函证相关事项。

示例 6-49

A 能源公司 2021 年面向专业投资者公开发行绿色可续期公司债券，发行规模 50 亿元，债券期限不超过 10 年（含 10 年）。B 会计师事务所接受委托对 A 能源公司 2021 年度财务报表进行审计。A 能源公司认为其发行的是永续债，将该债券列报于其他权益工具。

审计人员检查了 A 能源公司债券募集说明书等资料，逐一核对利率债券利率及其确定方式、发行人续期选择权、递延支付利息权、强制付息事件、利息递延下的限制事项、偿付顺序、发行人赎回选择权等条款。审计人员发现偿付顺序约定“本次债券在破产清算时的清偿顺序等同于发行人普通债券和其他债务”，发行人赎回选择权约定“发行人因税务政策变更进行赎回、发行人因会计准则变更进行赎回”表明该债券不符合企业会计准则规定分类为权益工具条件，应分类为债务工具列报于应付债券。审计人员对 A 能源公司财务报表进行相关审计调整。

（三）关注可转换债券处理的恰当性

1. 可转换债券

审计人员在检查初始计量时应分拆为金融负债和权益工具，确认两者价值确定的顺序在具体情况下是否合理、金融负债公允价值计算是否正确、选用的市场利率是否合理；交易费用是否已在金融负债和权益工具之间按照各自占总发行价款的比例进行了分摊。

检查可转债相关协议及变更公告，关注被审计单位是否有修订可转债转股条款的情况，如有，分析是否构成《企业会计准则第 37 号——金融工具列报》应用指南所规定的提供更有利的转换比率以促成持有方转股的情形，若构成，需要在条款修订日，对于持有方根据修订后的条款进行转换所能获得的对价的公允价值与根据原有条款进行转换所能获得的对价的公允价值之间的差额确认为一项损失计入当期损益。审计人员需要考虑并与管理层讨论，特定情形下条款修订是否起到实质促进转股作用，如不构成，是否将相关差异作为权益交易计入资本公积等权益项目。

2. 可交换债券

可交换债券嵌入的是一项以债券交换债券发行人持有的其他公司权益的期权，审计人员应关注被审计单位发行的可交换债券嵌入的交换权的列报是否正确。若交换权符合权益工具的定义，则应当将交换权确认为一项权益；如果交换权不符合权益工具定义，则考虑直接将其指定为以公允价值计量且其变动计入当期损益的金融负债，或将交换权分拆出来单独作为一项衍生金融工具确认。在判断交换权是权益工具还是金融负债时，审计人员应关注合同条款是否满足固定换固定的标准，母公司个别报表和合并报表中对于交换权是属于金融负债还是权益工具的认定可能存在差异情况。

（四）关注交易费用会计处理

实务中，有的被审计单位将发行债券的交易费用不冲减应付债券的初始金额，而是采用简易处理方法，将其单独计入长期待摊费用，在债券存续期内直线摊销。审计人员应按照会计准则的相关要求，复核被审计单位的相关会计处理是否恰当，特别是当交易费用金额较大时，必要时提请管理层进行相应调整。同时，应对应付债券执行重新计算，评估折现率的选择以及计算方法是否恰当。

（五）关注债券募集资金使用和归还情况

审计人员应关注发行债券的资金使用情况是否与债券募集说明书等相关资料一致，是否存在将资金转移给关联方使用等不符合正常使用用途的情况，如存在此类情况，审计人员需要评估债券还款可能性及考虑相关审计风险。另外也应关注应付债券的还款情况，包括但不限于被审计单位的现金流是否充裕和流动性管理是否恰当，以及资产负债比率和其他影响还款能力的方面，是否存在逾期未付情形，是否需考虑对被审计单位持续经营能力的影响等。

（六）关注依据地方政府相关部门文件进行会计处理的合规性

部分国有发债企业（包括具有政府平台性质的企业）的财务报表中，可能存在某些具有地方行政管理的会计事项和交易，相关的会计处理对整体财务报表影响较大，也对发债规模产生直接影响。例如，有的省市的高速公路集团发行债券编制财务报告披露，依据省政府（或省交通厅等部门）对该集团出具的关于高速公路资产折旧（摊销）方法意见的函件，对于政府还贷路（高速公路）及相关土地使用权不进行折旧和摊销。如果政府还贷路作为企业资产确认是恰当的，资产的损耗不在财务报表中体现出来是不合理的，扭曲了企业的真实业绩；如果政府还贷路不是企业控制的资产，那么列报在企业的财务报表上同样是不恰当的。类似的情况还有地方政府将所在地区的砂石资源采砂权作为一项经营权，以文件形式通知国有发债企业以采砂权的评估价值确认为资产，同时确认大额的资本公积。该采砂经营权并无采矿权证，未来的经济利益流入存在较大不确定性，将其确认为资产可能不恰当。

审计人员对该类特殊事项及行为，应当关注交易事项本身及会计处理是否符合准则规定，不应以政府相关部门意见作为会计处理依据。根据财政部、国资委、银保监会和证监会共同发布的《关于严格执行企业会计准则切实做好企业 2021 年年报工作的通知》（财会〔2021〕32 号）规定，企业编制年报应当严格执行财政部发布的企业会计准则及其应用指南、准则解释、会计处理规定等，不得编制或提供不符合国家统一会计制度要求的会计信息。发债企业应当按照国家统一的会计制度编制提供会计信息，各级地方政府对于其会计事项处理的特殊规定应遵守国家层面会计制度（例如企业会计准则）等规定，不应逾越或违背。

四、审计案例

案例 6－20

可转换债券审计

A 集团于 20×6 年 1 月在香港联合交易所有限公司发行 5 年期的 5 亿美元零息可转股债券；并于 20×6 年 12 月发行 5 年期的人民币 34.5 亿元及以美元结算之 1.5% 票息可转股债券。A 集团于各发行日，将债务部分的公允价值作为其初始确认金额，再按发行价格总额扣除债务部分初始计量金额后的剩余金额确认为权益部分的初始计量金额。

案例讨论：

A 集团可转债交易结构复杂，会计处理涉及对合同条款的大量分析及判断，审计人员设计和执行了如下审计程序：

1. 了解、评估并测试了与债券发行相关的内部控制。同时，测试了信息系统一般控制及与债券发行相关的应用程序控制。

2. 获取该可转股债券的发行公告及募集说明书，审阅相关债券条款，评估其会计处理是否符合企业会计准则有关金融工具的分类与计量的规定。

3. 复核 A 集团对该金融工具估值所使用的假设、模型、参数的合理性。

4. 获取该可转股债券的相关发行费用的明细，审阅相关支持性文件及募集资金到账情况。

5. 评估 A 集团于 2016 年 12 月 31 日对可转股公司债券的会计处理和披露是否恰当。

经审计，A 集团可转换债券会计处理、列报符合会计准则规定。

5 长期应付款

一、重大错报风险

1. 通过少记长期应付款，低估负债，虚增利润，导致长期应付款完整性存在重大错报风险。

2. 未按照实际利率法计量长期应付款，导致长期应付款准确性、计价和分摊存在重大错报风险。

3. 将不符合专项应付款核算范围的政府拨款计入专项应付款，导致长期应付款存在性存在重大错报风险。

4. 未披露逾期长期应付款、担保等相关信息，导致长期应付款列报存在重大错报风险。

二、常见审计问题

1. 未关注长期应付款的完整性，未发现被审计单位少记长期应付款。

2. 函证程序执行不到位，导致未发现长期应付款存在错报。

3. 重新计算长期应付款程序执行不到位，导致未发现长期应付款计价和分摊存在错报，如未复核被审计单位折现利率选择是否恰当。

4. 未关注长期应付款的还款情况，未对逾期还款可能影响审计单位持续经营能力进行评估。

5. 未关注长期应付款相关担保情况披露完整性，导致未发现长期应付款披露存在重大错报风险。

三、审计关注要点

（一）核查长期应付款真实性、准确性和完整性

1. 检查长期应付款的增减变化

对于借贷性质的而长期应付款，审计人员应关注当期及近几期的变动情况与相关借款协议的约定是否一致，被审计单位是否按照合同约定结算时点和正常商业节奏支付了相关款项，款项的被支付方是否为关联方等信息。当长期应付款较长时间未发生重大变化且被审计单位告知无法实施函证程序时，审计人员需警觉并考虑执行进一步程序，判断是否存在将以前期间已实现利润隐藏，或者借贷双方（或多方）已签订债权重整（重组）协议，免除被审计单位相关付款义务，但被审计单位考虑各期业绩实现情况计划择时处理，或者未及时进行会计处理等各种情形。

2. 关注是否存在未入账的长期应付款

有的被审计单位可能成为关联方的融资平台，利用其融资功能或资质向外融资，并将融到的资金直接转付关联方。此种情况下，被审计单位可能为了不影响自身财务报表指标或其他原因，未将这些融到的长期应付款及相关利息计入自身财务报表。按照会计准则相关要求，被审计单位通常不能将长期应付款和应收关联方款项在报表中抵销后列报，审计人员可参考关联方及关联方交易中的审计方法，执行必要审计程序，例如向第三方函证、检查被审计单位与主要融资方的各类完整协议及条款、复核企业信用报告、关注支付的担保费用、结合银行账户完整性、银行流水等的检查，确认是否存在此类未入账的长期应付款项。

3. 复核折现率选择是否恰当

审计人员应对长期应付款执行重新计算，在执行长期应付款重新计算时，应评估折现率的选择以及计算方法是否恰当。当存在应付关联方的长期应付款等负债未按照市场利率水平计提及支付利息时，很可能表明存在关联方向被审计单位单方面输送利益的情形，应要求被审计单位按照权益性交易的处理方法，考虑在计提费用的同时增加资本公积并在附注中进行适当披露。

4. 实施函证程序

必要时，审计人员可向被审计单位交易对手发函，若回函不符，调查不符事项，确定是否表明存在错报；若未回函，实施替代程序；若审计人员认为回函不可靠，需要评价对评估的重大错报风险以及其他审计程序的性质、时间安排和范

围的影响。

（二）关注专项应付款的处理

专项应付款是核算企业取得的国家指定为资本性投入的具有专项或特定用途的款项，如专门用于技术改造、技术研究、工程项目等，审计人员可实施下列程序：

1. 获取政府拨付专项应付款的文件、批文、财政拨付文件、财政预算拨付凭证，关注文件记载的款项用途是否属于国家指定的资本性投入。某些政府专项资金拨付时，并未明确将来资产的归属的情况，审计人员应结合政府专项资金拨付目的、形成资产的控制权归属等判断专项应付款是否仅为中间过渡核算科目，而非一定最终结转为所有者权益科目。

2. 选择重要项目，检查专项应付款增加的会计处理是否附有相关政府文件，汇入银行账户是否为中央或地方财政部门，是否存在将其他性质的政府拨款计入专项应付款的情况，关注专项应付款减少的会计处理是否有支持性文件，确认时点是否恰当。

3. 必要时，审计人员可走访相关部门或发送函证、要求管理层提供管理层说明书等以获取充分、适当的审计证据。

示例 6-50

对于被审计单位收到的搬迁补偿款，审计人员应检查相关搬迁补偿文件，判断搬迁补偿属于政府补助还是属于市场化交易。对于属于政府补助性质的搬迁补偿，应检查是否同时满足“因公共利益进行搬迁”和“收到政府从财政预算直接拨付的搬迁补偿款”（财政预算由政府编制并经人民代表大会审批，有严格的发放审批流程和途径）两项条件。如果符合上述两项条件，收到的拆迁补偿款按照《企业会计准则解释 3 号》的规定计入专项应付款。如果被审计单位获取的搬迁补偿不符合上述条件，且搬迁补偿的定价依据是第三方评估结果，除非实际收到的款项明显高于市场价格，且附带额外的政策条件和使用条件需要判断是否为政府补助性质，否则通常按照资产处置的一般原则进行会计处理和列报。

（三）关注长期应付款的分类和列报等是否符合规定

审计人员应关注被审计单位是否存在为提高流动比率指标，将流动负债分类为长期应付款的情形；是否存在长期应付款与租赁负债等其他项目分类混淆的情形；一年内到期的长期应付款是否已列报为“一年内到期的非流动负债”；长期应付款的担保披露是否完整；等等。

6 预计负债

一、重大错报风险

1. 未记录预计负债，导致预计负债完整性存在重大错报风险。

2. 预计负债计提不合理，导致预计负债准确性、计价和分摊存在重大错报风险。

3. 预计负债列报、披露不充分，影响报表使用者的投资决策。

二、常见审计问题

1. 未对预计负债的完整性实施充分的审计程序。例如，被审计单位将已经一审判决的诉讼作为起诉阶段处理，未确认预计负债，审计人员未核对被审计单位年度报告、公告等其他信息，未关注涉及案件的诉讼状态，导致未发现错报；未结合期后事项审计程序，关注预计负债相关事项期后的进展情况，以及可能对财务报表列报产生的影响。

2. 未复核预计负债计提和变动的合理性，审计人员仅依赖被审计单位确认的数据，未检查相关计算依据。

3. 未关注被审计单位的报表附注中预计负债披露的准确性和完整性。

三、审计关注要点

（一）关注产品质量保证、维护费用等预计负债计提恰当性

实务中，销售方提供产品质量保证承诺的行业包括商品零售、汽车制造、园林绿化、PPP 项目、矿山开采等，这些行业往往对售出的产品承诺一定和范围和期限的质保，或者承担移交资产完好、环境恢复治理义务等。被审计单位应及时确认上述义务所导致的负债，而不能等到相关承诺的特定事项实际支出时才确认，有的被审计单位以金额很小、义务未明确等理由，不按照会计准则的要求和相关合同约定计提预计负债。

审计人员应根据相关的行业法律法规、通行惯例、被审计单位历史上质量保证实际执行情况，综合判断预计负债计提政策是否合理。产品质量保证计提应综合产品使用情况、历史发生维修情况等合理估计；矿山开采等业务应根据相关法律或行政法规应承担地质环境恢复治理等义务的现值计提预计负债。相关会计政策应一贯性采用，会计估计变更是否有合理原因，警觉是否存在利用会计政策和估计变更调节利润的情况。复核预计负债金额时，是否已考虑货币时间价值，最佳估计数的确定过程和相关计算的合理性，是否不恰当地考虑了或有补偿的抵销

效果。

示例 6–51

天能股份（688819）为其生产的铅蓄动力电池提供一定期限的质保期，如果铅蓄动力电池在质保期内被发现存在质量问题，天能股份承诺免费维修或更换电池。天能股份根据预计现在已出售的未来可能发生更换和维修的产品数量、预计未来更换和维修产品的成本等因素对需预提的产品质保费用作出合理估计。

审计人员针对天能股份产品质保费用执行的主要审计程序包括：一是检查与测试天能股份与预提产品质保费用相关的内部控制的设计、执行的有效性；二是基于天能股份过去实际发生的产品质保费用，评价天能股份预提产品质保费用方法的合理性；三是评估天能股份管理层做出的与预计现在已出售的未来可能发生更换和维修的产品数量、估计更换和维修产品的重置成本相关的关键假设；四是检查预提的产品质保费用计算过程的准确性。

（二）关注诉讼事项是否应确认预计负债

审计人员可结合或有事项的审计，向被审计单位律师函证，以获取法律顾问和律师对资产负债表日业已存在的，以及资产负债日至复函日期间存在的或有事项的确认提供的证据。一般情况下，法院一审已判决的担保、索赔等诉讼案件，应计提预计负债，以上诉为由不确认预计负债理由不充分。

（三）关注对外担保事项及其影响

关注被审计单位是否依据金融工具准则要求，对相关担保事项计提预计负债，而非在被担保方债务逾期时才考虑计提预计负债。例如，被担保人已逾期，担保人认为不会承担担保责任而不确认预计负债；又如，期后被担保人已还款，其他担保人已承担担保责任，被担保人已与其贷款人和解等。审计人员可实施以下程序，核查担保交易及是否应当确认预计负债：

1. 获取管理层提供的企业担保情况明细表和相关担保合同及主合同。

2. 获取并检查被审计单位的各类主要管理、治理层会议记录和决议，关注其中对担保事项的审批情况。

3. 获取并检查企业信用报告，银行结算账户清单，向企业有存款、借款开户的所有银行发函询证，关注企业信用报告中的票据贴现、保函、对外担保信息等、检查银行询证函中的担保事项。

4. 检查长期资产的权属证明原件，是否以其为抵押物或质押物对外提供担保。

5. 向被审计单位的法律顾问或律师询问有关担保情况，估计因担保事项可能发生的损失，必要时向法律顾问或律师发询证函确认。

6. 检查预计负债计提依据、假设、关键参数、计算过程等是否符合会计准则的相关要求。

被审计单位如果在以前年度承担了实控人对外借款的还款义务，或者作为担保人为实控人对外借款提供了财务担保计提了预计负债，被审计单位与实控人、未来重整投资人等（不包括债权人）签订《债权债务重组协议》，重整投资人承诺后续将向债权人收购相关债权并对被审计单位进行豁免的，仅当被审计单位不再负有偿还债务的现时义务时，相关负债方能予以终止确认。审计人员应复核被审计单位对于其不再负有现实义务的判断是否合理，与其他企业对于类似事项的相关判断是否一致，必要时咨询律师意见。

（四）复核亏损合同预计损失计提情况

资产负债表日，被审计单位是否就履行合同义务不可避免发生的成本是否超出预计收回的经济利益进行评估，并对退出相关合同预计不可避免发生的最小净损失部分计提亏损合同损失，审计人员可考虑执行以下程序：

1. 了解、评估管理层对预计不可避免会发生的合同成本相关的内部控制的设计，并测试关键控制执行的有效性。

2. 获取了管理层编制的亏损合同清单，并测试其算术计算的准确性。

3. 采取抽样方式，对不可避免发生的合同成本执行以下程序：将合同成本的组成项目核对至采购合同等支持性文件，以识别成本是否存在遗漏的组成项目；通过与集团项目工程师讨论及审阅相关支持性文件，以评估合同成本的合理性；将合同成本与同类已完成项目的实际成本进行对比，以评估成本预估的合理性。

（五）关注预计负债变化情况

审计人员需复核被审计单位是否及时和定期（至少在年度资产负债表日）根据最新情况调整更新预计负债的会计估计。

示例 6-52

对于附有销售退回条款的销售，企业应当在客户取得相关商品控制权时，按照因向客户转让商品而预期有权收取的对价金额确认收入，即交易价格不应包含预期将会被退回的商品的对价金额。每一资产负债表日，被审计单位应当重新估计未来销售退回情况。审计人员应关注被审计单位是否已合理判断商品控制权转移的时点，在控制权实际转移时，按照扣除预期后续发生销售退回金额后的对价确认收入，并将预期因销售退回将退还的金额确认为负债（通常情况下先确认为预计负债），是否已在资产负债表日重新进行了会计估计及相关会计处理。

（六）关注预计负债的列报

预计负债短于一年期限的，是否在报表中列报为其他流动负债而不是列报为长期负债项目的“预计负债”中。例如，一审判决应承担诉讼赔偿而确认的预计负债和无法偿还到期债务需赔偿违约金确认的预计负债应列报为流动负债。

此外，针对同一公司的预计负债与确认的资产应分别确认，二者之间不得随意抵销。例如，被审计单位与不同公司间存在多个诉讼事项，相关公司同属一个集团。根据判决结果，个别诉讼判决中被审计单位需对外支付赔偿款，个别诉讼判决中被审计单位胜诉并基本确定能够获得赔偿款。但被审计单位不能以相关诉讼案件中，其应付的赔偿义务与应收赔偿款金额大致持平，错误地抵销预计负债与确认的资产项目，从而未恰当确认预计赔偿损失及补偿收益。

四、审计案例

案例6-21

预计负债计提合理性审计

安妮股份（002235）部分投资者以公司证券虚假陈述致使原告在证券交易中遭受经济损失为由，要求公司给予赔偿。截至2021年财务报表批准报出日，公司证券虚假陈述责任纠纷案所涉诉讼在诉索赔金额为38 771 326.33元，公司委托专业机构对上述案件中的投资者提交的证据及其股票交易情况进行详细分析，结合上市公司索赔案例以及综合评估系统风险以及其因素，公司以报告日在诉索赔金额为基数，按照赔付比例15%计提预计负债5 815 698. 95元。

资料来源：巨潮资讯网站。

案例讨论：

审计人员针对投资者索赔诉讼执行以下审计程序：

1. 了解和评价公司与诉讼事项相关的预计负债确认相关的内部控制。

2. 向公司管理层了解诉讼的具体情况，获取涉案的诉讼清单，法院送达公司的所有判决或裁定书，或其他相关文件。

3. 通过公开信息查询贵公司证券虚假陈述责任纠纷案的相关信息，了解进展情况，确定查询结果是否与公司保提供的涉诉清单一致。

4. 与公司讨论诉讼案件涉及的关键因素，包括揭露日、基准日、系统风险、预计赔付金额等，获取并复核外聘律师事务所或其他专业机构就涉诉金额及其可能性的最佳估计赔偿金额出具的专业意见。

5. 与公司管理层进行讨论，评估管理层根据律师或其他专业机构出具的专业意见确认的预计负债金额是否恰当。

6. 检查公司对该相关诉讼事项的会计处理、列报与披露是否适当。

案例 6－22

担保事项导致注册会计师出具无法表示审计意见

A 公司是一家上市公司，20×8 年年报披露显示货币资金余额 20 余亿元，但却在次年（20×9 年）无法支付不到 1 亿元的分红款，从而引起市场关注并于当年被证监会立案调查。A 公司 20×9 年的合并财务报表被会计师事务所出具了无法表示意见的审计报告。

案例讨论：

会计师事务所对 A 公司出具无法表示意见涉及的事项及理由为：

1. 控股股东及其关联方违规占用资金及对外担保

截至 20×9 年 12 月 31 日，A 公司向控股股东 A 集团有限公司及关联方提供借款余额 163 562.50 万元、向控股股东 A 集团有限公司及关联方提供连带责任担保 14 000.00 万元（尚有担保余额 5 980.00 万元），该事项未经 A 公司董事会、股东大会审议。A 公司未对控股股东及关联方违规占用资金和对外担保计提信用减值损失和预计负债。

审计人员通过查询公开诉讼（仲裁）信息发现，以 A 公司及其子公司名义对外借款由控股股东及其关联方使用、为控股股东及其关联方提供担保，且均未按相关规定进行账务处理并及时披露。由于 A 公司资金管理、关联方往来及对外担保等方面内部控制运行失效，且未提供必要的相关资料，审计人员无法获取充分、适当的审计证据，以判断 A 公司为控股股东及其关联方提供资金及担保金额的完整性以及合理估计其可收回性，同时也无法判断是否还存在其他未披露的控股股东及其关联方资金占用、对外担保事项以及对财务报表可能产生的影响。

2. 违约债务、诉讼（仲裁）

A 公司债务逾期不能偿还，已构成违约并涉及诉讼。截至 20×9 年 12 月 31 日，逾期债务本金及利息合计 238 556.58 万元，占账面负债总额的 40.50%。

A 公司存在违规担保及担保责任引起的代偿事项，并因违规担保涉及多起诉讼。因 A 公司未提供必要的相关资料，审计人员无法获取充分、适当的审计证据，以合理估计因违约债务和诉讼（仲裁）案件需承担的或有负债。同时也无法判断是否还存在其他未经披露的诉讼（仲裁）事项以及对财务报表可能产生的影响。

7 递延收益

一、重大错报风险

1. 可能存在虚构政府补助，导致递延收益存在性存在重大错报。例如，被审计单位通过非常规渠道与相关部门达成协议，将实质上来自控股股东或其他关联方的捐赠作为自身政府补助确认，或者将与政府互惠性交易收到的款项确认为政府补助，导致递延收益存在性存在重大错报。

2. 提前确认政府补助，导致递延收益存在性和截止性存在重大错报，或将递延收益提前转入其他收益，冲减相关资产账面价值，导致递延收益计价和分摊存在重大错报风险。

3. 将应划分为与资产相关的政府补助划分为与收益相关的政府补助，导致递延收益完整性，以及准确性、计价和分摊分类认定存在重大错报风险。

4. 为调节利润目的，随意变更政府补助的会计处理方法（总额法和净额法），导致递延收益准确性、计价和分摊存在重大错报风险。

二、常见审计问题

1. 未获取政府补助相关文件，如仅依据收款单据认可被审计单位确认的递延收益，未获取政府补助政策、批文等资料与账面确认数据进行核对。

2. 对政府补助检查程序执行不充分。例如，未核对被审计单位政府补助文件列明的补助对象、范围、条件等相关信息；未核对收款凭证上付款单位是否为政府单位。

3. 未复核被审计单位对政府补助类型划分、对同一类政府补助采用不同列报方法、政府补助与互惠性交易收到款项区分等的恰当性。

三、审计关注要点

（一）关注政府款项的性质

实务中，企业收到的来自政府经济资源主要有以下三种类型：

1. 无偿补助，按照《企业会计准则 16 号——政府补助》进行会计处理。

2. 政府购买，如节能补贴、高效照明补贴，按照《企业会计准则 14 号——收入》进行会计处理，

3. 政府资本性投入，即政府以所有者身份向企业投入资本，应计入被审计单位国家资本或者资本公积。常见的资本性投入有公益性搬迁、技改等专项拨款、政府固定资产投资等。

审计人员应根据相关政策、拨款文件等资料，结合准则规定，判断被审计单位从政府取得的经济资源属于何种情形，关注下列处理的恰当性：

1. 是否存在将政府的权益性投入错误地确认为政府补助（如债务替换划拨款项）。

2. 是否正确地区分了政府补助与经营收入，收到款项是否具有无偿性，如果该交易具有商业实质，且与企业销售商品或提供劳务等日常经营活动密切相关的，则应根据收入准则的规定进行会计处理。

3. 是否将代收为收取的来自于政府及各类上级组织的款项作为政府补助，如上级工会组织拨付的工会经费补助等并非给予其的政府补助。

4. 收到的搬迁补偿款应当认定为与拆迁损失和搬迁后重建资产相关的政府补助还是正常的资产处置事项，收到的搬迁补偿款是否可识别出单独的政府补助成分等，存在不一致的理解和判断。

（二）核查政府补助确认相关依据的充分性

政府部门对企业的无偿补助，具有相应的补助政策、批文等文件，企业申请拨款和补助，经政府有关部门批复后才能取得政府补助。审计人员应获取政府部门发布的相关补助政策、被审计单位申请补助资料、政府批复文件等资料，并将相关项目资料与政府文件内容进行比对。政府补助文件规定不明确或存在明显不合理迹象时，审计人员应与相关政府部门沟通或执行函证程序，必要时征求专家意见。在检查政府补助相关资料时，关注以下事项：

1. 政府补助发放主体，关注政府补助的发放主体是否具备相应的权力和资质、政府补助文件中索引的政策依据是否适用。

2. 政府补助对象，核对政府补助文件所补助的对象是否为被审计单位。

3. 政府补助条件，检查政府补助相关文件中规定的政府补助所附条件，核实被审计单位是否已经履行完毕政府补助文件中的要求、实际收取资金前是否需政府部门进行审核、历史上同类型政府补助的实际发放情况等。对于补偿以后期间成本费用的政府补助，关注被审计单位是否在相关费用尚未发生时即结转递延收益，确认其他收益，对于附有条件的政府补助需要考虑是否已满足相关所附条件。

示例 6-53

A 汽车公司与 B 市政府签订《合作协议》，协议中约定 B 市政府给予整车生产资质重组及迁移费用补贴 1.5 亿元，给予汽车生产基地项目产业发展资金补贴 4 亿元，给予汽车生产基地技术中心科技研发资金补贴 0.87 亿元。协议同时约定 A 汽车公司未在 2015 年 12 月 31 日前建成投产的，A 汽车公司应向 B 市政府支付已支付各项补贴总额每日万分之一的违约金；若 A 汽车公司在 2016 年 6 月 30 日还未建成投产，B 市政府有权解除本协议，B 市政府解除本协议的，A 汽车公司应在收到 B 市政府解除协议通达之日起十日内，全额退还 B 市政府已支付的各项补贴，并按 B 市政府已支付各项补贴总额的 10% 向 B 市政府支付违约。

A 汽车公司 2014 年收到 1.5 亿元整车生产资质重组及迁移费用补贴，2015 年收到生产基地补贴 2 亿元，2016 年收到生产基地补贴 1 亿元和 8 700 万技研发扶持资金。A 汽车公司收到的政府拨款全部计入收到当期其他收益。截至 2017 年 12 月 31 日，生产项目尚未正式建成投产。会计师事务所在审计 A 汽车公司 2014~2016 年度财务报表时，认可了被审计单位的会计处理。

2019 年，审计署对 A 汽车公司进行检查时认定 A 汽车公司确认政府补助收益时，并未满足合作协议的附加条件，不符合《企业会计准则第 16 号——政府补助》第五条“政府补助同时满足下列条件的，才能予以确认：(一) 企业能够满足政府补助所附条件……”的规定，要求公司予以整改。

本示例中，审计人员程序执行不到位，未关注到政府补助附加条件对收益确认的影响，在 2015 年底和 2016 年年底未建成投产时，审计人员未向政府部门函证或者访谈，以评估支付违约金和解除合同的可能性。

审计人员在核查被审计单位确认政府补助依据是否充分时，执行细节测试中，关注收款单据所记载的付款单位是否为政府部门，是否与文件拨款单位一致；收款单据上补助项目是否与政府补助相关文件一致；确认递延收益时间是否与收款时间一致，将银行入账单与银行对账单进行核对，警觉可能存在的财务舞弊迹象。必要时访谈负责发放政府补助的工作机构人员等尽量了解具体信息，判断政府补助的性质、金额等的合理性，当补助金额较重大，对被审计单位盈亏性质影响重大等情况下，通常考虑实施访谈和函证等进一步审计程序。

示例 6-54

B 公司 2018 年篡改政府补助文件，将原为与资产相关的装修补贴 4 524.35 万元作为与收益相关的研发补贴，一次性计入其他收益。相关金额超过实际执行的重要性水平，会计师事务所未现场查看会计凭证原件；未对 B 公司直至审计报告日前一日才提供政府会议纪要、银行转账回单、投资协议等相关文件资料的异常情况保持职业怀疑，未关注到政府会议纪要前后内容矛盾、篡改部分字体和其他正文字体不一致等明显异常情形，未对B公司不配合提供政府补助申请文件的行为采取进一步审计程序；对取得的B公司财务资料摘要注明“装修补贴款”与账务处理不一致的异常情形未实施进一步审计程序，而是直接将审计底稿内容进行修改删除；函证时仅函证政府补助剩余应收款项，未就政府补助性质进行函证。会计师事务所针对该笔政府补助执行的审计程序不到位，导致未能发现B公司政府补助会计处理存在错误。

（三）判断政府补助类别划分的恰当性

审计人员应关注政府补助文件中是否明确了补助与资产还是与收益相关的相关信息。通常情况下，如果批复文件中明确了相关内容，除非存在明显的舞弊迹象，审计人员无需执行进一步的实质性检查程序。

若批准文件未明确相关补助分类时，审计人员需评估被审计单位对于政府补助类别的划分根据实质重于形式的原则，是否符合准则要求。例如，政府文件中虽然明确了补助资金是为弥补企业所发生研发支出，但是企业的研发支出已资本化的情形下，这些补助划分为与资产相关更加合理。

若被审计单位将综合性项目的政府补助全部认定为与收益相关，一次性计入当期损益的，需要考虑分解为与资产相关和与收益相关的部分，视情况计入当期损益，或分期确认为损益；难以区分的，整体归类为收益相关，视情况不同计入当期损益，或分期确认为损益。审计人员需要通过检查相关政府补助政策文件、批复资料，与企业经办人员、发放补助的政府机关人员等进行沟通了解，综合分析被审计单位的会计处理是否恰当。

（四）关注未收到现金的应收补贴款确认依据是否充分

有的被审计单位因业绩压力及政府补助拨付存在时间差等各类因素，在相关补助款项尚未收到时即确认了政府补助。审计人员应了解是否存在确凿证据表明被审计单位对应收政府补助的确认是适当的，警觉是否存在舞弊行为。审计人员应关注政府补助是否已经收取。如果政府补助未实际收到，审计人员应核实资金不能到位的原因，必要时应执行走访相关政府部门、现场沟通等进一步审计程序。

在判断是否满足“能够符合相关条件”“能够收到政府补助”的确认条件时主要考虑因素包括：

1. 应收补助款额金额是否已经过有权政府部门发文确认，被审计单位是否适用相关文件，并评估其是否在符合了相关政策规定后就相应获得收款权，或者可根据正式发布的财政资金管理办法的有关规定自行合理测算，且预计其金额不存在重大不确定性。

2. 是否依据财政部门正式发布并按照《政府信息公开条例》的规定予以公开的财政扶持项目及其财政资金管理办法，且该管理办法应为普惠性质的，不是专门针对特定企业制定的，复核申报流程和资料是否存在瑕疵。

3. 相关的补助款批文中是否明确承诺了拨付期限，且该款项的拨付是有相应财政预算作为保障的，因而可以合理保证其可在规定期限内收到。考虑历史上同类型政府补助的实际发放情况，如果企业在历史会计期间曾发生实际收到退税与预测金额不一致，或者当地财政困难导致收到的退税补助超过合理预期时间等情况，则需要谨慎评估是否应可按照应收退税额确认政府补助。

示例 6-55

莲花味精（600186）2007 年和 2008 年分别向项城市人民政府申请补助 1.94 亿元和 3 亿元。项城市人民政府同意将该款项分别作为粮食价格补偿、人工费用补偿冲抵成本，但出于种种原因，相关政府补助并未实际到位。莲花味精在政府补助没有实际到位的情况下，将尚未到位的政府补助款项入账，从而虚增 2007 年利润 1.94 亿元，导致 2007 年由亏损转为盈利 2 651 万元。

2014 年 5 月，莲花味精因将未到位的政府补助入账等违法事实被予以警告和罚款。莲花味精的年报审计会计师事务所因审计中未勤勉尽责，出具的审计报告有误导性陈述和重大遗漏被给予警告和罚款。会计师事务所审计人员仅取得政府补助的企业请示、政府批复文件及相应凭证，未保持应有的职业怀疑，进一步分析政府补助未能到位的原因，未对补助资产的真实性、交接手续、可回收性履行相应的审计程序，未执行走访相关政府部门、现场沟通等进一步审计程序。

资料来源：中国证监会网站。

（五）关注递延收益列报

关注被审计单位对于同类的政府补助是否采用了相同的列报方法，例如总额法或者净额法，是否存在不同会计期间采用不同列报方法的情况。“递延收益”项目中摊销期限只剩一年或不足一年的，或预计在一年内（含一年）进行摊销的部分，不应归类为流动负债，仍应列报为递延收益，不转入“一年内到期的非流动负债”项目。对于属于非经常性损益的政府补助，按照政府补助准则采用净额法列报时，是否也已将其作为非经常性损益予以披露。

四、审计案例

案例 6－23

递延收益（政府补助）审计

K 公司 2021 年度新增政府补助 209 886.31 万元，其中与资产相关的政府补助 11 845.18 万元，计入递延收益项目；与收益相关的政府补助 198 041.13 万元，分别计入其他收益、财务费用项目。

案例讨论：

由于政府补助金额大，政府补助的确认和计量对经营业绩产生重大影响，审计人员将 A 公司政府补助的确认和计量识别为关键审计事项，实施以下主要审计程序：

1. 了解与政府补助确认相关的关键内部控制，评价这些控制的设计，确定其是否得到执行，并测试相关内部控制的运行有效性。

2. 检查递延收益、其他收益等项目的核算范围是否正确，是否存在政府投入的具有专项或特定用途的款项。

3. 逐项检查补贴依据（拨款文件、协议、项目立项文件）等证明资料，检查与资产相关的政府补助和收益相关的政府补助分类是否准确；检查相关政府补助是否与 A 公司经营业务密切相关，是否与公司商业模式密切相关。

4. 对与资产相关的政府补助，检查递延收益的摊销是否恰当，会计处理是否正确。

5. 对与收益相关的政府补助中用于补偿 A 公司以后期间发生的相关费用或损失的，检查其是否在确认相关费用的期间计入损益；用于补偿已发生的相关费用或损失的，检查其是否在取得时直接计入当期损益。

6. 以抽样的方式对相关政府部门进行函证或访谈，以检查相关补助政策合规性和补助结算准确性。

7. 对于当期确认的尚未实际收到的政府补助 141 102 万元的经济利益很可能流入的管理层判断和相关证据的充分性进行独立评估。

8 实收资本（股本）和库存股

一、重大错报风险

1. 可能存在出资不实、抽逃出资情形导致实收资本存在性，以及准确性、计价和分摊认定存在重大错报风险。

2. 股改过程中因净资产不实，可能导致虚增折合股份，从而导致实际出资不实的错报。

3. 可能利用回购股份操纵股价，或者向董事、监事、高级管理人员、控股股东、实际控制人等进行利益输送，导致库存股列报存在重大错报风险。

4. 存在对赌条款的出资，负债与权益分类不恰当。

二、常见审计问题

1. 未获取被审计单位最新工商登记信息，导致未发现被审计单位股东信息变化或可能已出现经营异常的情况，如未获取更新的信息，导致无法发现被审计单位股东已发生变化。

2. 未对出资到位情况执行充分的审计程序，如未对被审计单位可能存在抽逃出资的迹象保持应有的关注。

3. 未发现存在股份代持的情况，对被审计单位的实际控制人、关联方可能存在错判并影响相关交易的披露。

4. 未关注库存股相关的监管要求或对库存股核算不规范，导致未发现库存股不符合监管规定，或准确性存在错报的情况。

5. 未关注被审计单位与股东存在对赌协议时，将其出资计入权益的恰当性。

三、审计关注要点

（一）关注出资是否存在不实情形

审计人员应获取被审计单位实收资本（股本）相关资本资料，首次承接业务时，关注实收资本的演变情况，收集公司章程、股东大会、董事会会议记录、投资协议、验资报告、工商登记资料等。对于连续审计业务，关注当期实收资本是否发生变化，是否履行了相关法律程序，是否及时进行了会计处理。

投资者主要通过货币出资、实物出资、无形资产出资、股权出资、债权转增资本、净资产折合资本以及资本公积、盈余公积、未分配利润转增资本等形式出资。实收资本审计过程中，审计人员应根据不同的出资方式获取相应的审计证据，重点关注股东出资是否实际到位。

1. 货币出资

以货币出资的，应当在检查被审计单位开户银行出具的收款凭证（银行进账单）、银行对账单（或具有同等证明效力的文件）及银行函证回函等的基础上，审验出资者的实际出资金额和货币出资比例是否符合规定，并核查下列事项：

（1）检查入资账户（户名及账号）是否为被审计单位在银行开设的账户；

（2）获取收款凭证（银行进账单），与原件核对并检查：金额、币种、日期等是否与出资清单一致；是否加盖收讫章或转讫章；收款人是否为被审计单位，付款人是否为出资者；是否注明该款项为投资款。

（3）向银行寄发询证函，取得经确认的回函并检查回函，确认出资者是否缴存资金、金额及缴存日期是否与收款凭证一致。

（4）针对外商投资企业以货币出资的，还应关注以下事项：

①是否取得审批机关的批文，并检查货币（外币或人民币）出资方式是否获得批准；

②检查外方出资者是否以从境外汇入的外币出资；检查外商投资企业的外汇登记证，以确定外币是否汇入经外汇管理部门核准的资本金账户，并向该账户开户银行进行函证；

③外方出资者用其从中国境内投资的其他外商投资企业获得的人民币利润以及因清算、股权转让、先行收回投资、减资等所得的货币资金在境内再投资的，检查该外商投资企业的已审计财务报表和审计报告、董事会有关利润分配的决议、利润再投资的货币资金获取地的外汇管理部门的批准文件和"国家外汇管理局资本项目外汇业务核准件"原件以及主管税务机关出具的完税证明，以确定其再投资行为和金额是否与外汇管理部门核准的一致；

④出资者将出资款直接汇入被审计单位在境外开立的银行账户的，检查被审计单位注册地外汇管理部门的批准文件；

⑤外方以货币出资的，应当按照国家有关规定向企业注册地外汇管理部门取得外方出资情况询证函。

2. 股权、实物及无形资产等非货币性资产出资

（1）获取出资资产相关资料，如转让协议、相关部门审批文件、产权证明、双方确认的资产交割清单、资产评估报告、国家有关登记部门登记资料等。

（2）检查投资者出资资产的权属情况，了解出资资产权利是否存在瑕疵、是否归属于出资人，是否存在抵押担保情况。

（3）出资资产价值是否存在高估或低估，作价依据是否充分，价值评估是否合理。

（4）资产交割情况，是否已转让至被审计单位、交割手续是否完备。

（5）会计处理是否正确，会计确认出资的时点以及会计处理方法是否符合会计准则的相关规定，接受方是否已将非货币性资产按公允价值入账，按投资方在注册资本或股本中所占份额贷记实收资本，并将投入资产公允价值与实收资本之间的差额计入资本公积（资本溢价或股本溢价）。投资方以未入账的无形资产（如技术）增资子公司时，是否已对该无形资产评估，子公司是否以评估值入账。

3. 债权转增资本

审计人员应获取相关债权转让协议、相关部门批准文件、人民法院裁定书等资料核实债权转让的合法性、合规性。对于价值的确认，如果由人民法院裁定的债权转让，可依据人民法院裁定书裁定的价格作为价值确认依据；如果未经人民法院裁定，则应获取评估报告，并分析评估报告是否合理。此外，关注被审计单位发行的可转债在转增资本时的会计处理是否准确，如转股数量、资本公积金额等的计算，是否已考虑了转股价格调整的影响。

（二）关注出资后是否抽逃出资的情况

结合资产负债表相关会计科目，检查被审计单位是否存在投资方抽逃出资情况。例如，与投资方无交易内容的往来挂账、实物资产账实不符、虚增在建工程等。对于 IPO 审计业务，如果存在抽逃出资或者出资不实的情况，通常需要通过收回出资、置换出资等方式进行弥补，以保障 IPO 企业历史出资的真实性、完整性，不损害后续投资者的利益，必要时可对非本所出具的被审计单位历次入资情况进行复核并出具专项复核报告。

审计人员需要特别关注，若存在"股东借款"，需要判断是否实际为抽逃出资，可实施下列审计程序：

1. 获取借款合同及相关单据，检查借款用途、借款期限、借款金额，关注借款是否按照公司规定履行了审批手续。未经审批的借款，应当引起高度警觉，询问管理层原因。

2. 关注借款是否逾期，已经逾期长时间挂账的股东借款增加了其抽逃出资的可能性。

3. 关注敏感借款，如股东借款的时间与出资时间相近，借款金额与出资金额相当等。

（三）关注是否存在股份代持情况

通过查询工商档案，访谈账面记录的股东，以及与治理层沟通等，了解是否存在股份代持情况，若存在，了解代持原因背景原因，评价代持的合理性和合规性，评估是否构成重大或特别审计风险，并考虑对被审计单位实际控制人和关联方的判断是否恰当。

IPO 审计业务中，审计人员可配合保荐机构对相关代持原因、代持证据（银行流水、代持协议）、出资来源等进行详细核查，考虑是否存在利益输送、特殊的利益安排等情况；对代持关系的解除（还原）情况执行相应检查程序，考虑解除的过程是否合法合规，是否存在相关纠纷，是否涉及股份支付。

（四）关注减资行为

减资系企业特定经济行为，需要履行较为复杂的法律程序。如果被审计单位存在减资，审计人员需要关注减资的合规性，是否履行内部决策程序，若需要相关部门审批，是否获得有权部门的批准。

（五）关注相关会计处理是否恰当

一是关注实收资本分类是否恰当，如国有被审计单位收到上级拨款时，是否有相关文件表明其资本投入性质，资本投入性质属于增加实收资本还是资本公积，通常情况下，如无明确文件，资本投入性质款项计入资本公积较为恰当。

二是关注实收资本确认时点是否恰，如在构成股份支付的交易中，何时确认股本及数量的确定，需要考虑股份支付的具体类别，是否构成第二类限制性股票。又如，在被审计单位提前收到投资款项，但是相关投资协议尚未签订或更新时，是否应先计入其他应付款而非直接计入实收资本。

三是关注外币实收资本的计量是否准确，是否以收到外币投资款项的即期汇率计入实收资本，投资协议或章程中约定的折算汇率通常不应作为实收资本入账的折算汇率。

（六）关注库存股处理是否恰当

库存股是用来核算企业收购的尚未转让或注销的自身股份的金额，上市公司以下情形可回购股份：减少公司注册资本；将股份用于员工持股计划或者股权激励；将股份用于转换上市公司发行的可转换为股票的公司债券；为维护公司价值及股东权益所必需的，应满足以下条件之一：公司股票收盘价格低于最近一期每股净资产，或连续 20 个交易日内公司股票收盘价格跌幅累计达到 30%，以及证监会规定的其他条件。审计人员应当关注下列事项：

1. 了解回购股份相关情况

获取公司章程、董事会决议、股东大会决议、股权激励草案等资料，检查被审计单位库存股的形成和注销是否符合法律法规，是否按照法定或章程规定的程序授权或者审议。

2. 复核库存股的计量准确性

因库存股是按照回购价格计量的，未区别股本面值和溢价成分，因此审计人员需要关注，在多次回购及股份并转出的情况下，库存股的计量是否按照一贯采用的计量方法（如先进先出或加权平均法）恰当地进行了计量，必要时可执行重新计算审计程序。

3. 关注库存股会计处理是否正确

（1）库存股的核算视角是否恰当。被审计单位或其子公司回购被审计单位自身股票，在合并财务报表层面均应属于其库存股性质。

（2）库存股属于权益性质，回购后重新出售等交易产生的与原回购价格之间的差额是否已计入恰当计入权益项目（如资本公积）而非损益项目。

（3）对于限制性股票，首先，是否恰当确认限制性股票回购义务。审计人员要关注当被审计单位授予限制性股票时，收到职工缴纳的认股款确认股本和资本公积（股本溢价）的同时，是否已就回购义务确认负债，借记“库存股”科目，贷记“其他应付款——限制性股票回购义务”等科目。特别是当子公司以其自身股份向其职工授予限制性股票时，尤其需要关注授予日被审计单位在合并财务报表层面也同样需要确认限制性股票回购义务，计入少数股东权益及其他应付款。其次，是否对限制性股票实际回购事项进行正确的会计处理。被审计单位对于未达到限制性股票解锁条件而需回购的股票，是否在借记“其他应付款——限制性股票回购义务”科目，贷记“银行存款”等科目的同时，已按照注销的限制性股票数量相对应的股本金额，借记“股本”科目，按照注销的限制性股票数量相对应的库存股的账面价值，贷记“库存股”科目，差额计入“资本公积——股本溢价”科目。再次，是否正确处理股份支付等待期内发放的现金股利。实施限制性股票的股权激励安排中，现金股利可撤销的情形下，被审计单位在等待期内核算应分配给限制性股票持有者的现金股利时，需要合理估计未来解锁条件的满足情况。对于预计未来可解锁限制性股票持有者，分配给其的现金股利应当作为利润分配进行会计处理，同时按分配的现金股利金额，冲减限制性股票回购义务负债和库存股；对于预计未来不可解锁限制性股票持有者，分配给其的现金股利应当冲减限制性股票回购义务相关的负债。

（七）关注对赌协议出资的会计处理是否恰当

在企业引入投资人（会计上表现为增资扩股）时，可能存在对赌条款，双方约定即企业经营业绩达到相应指标，或者实现某种目标，如成功实现 IPO 等，否则企业承担回购投资人的股权，并加算相应的利息。对赌协议在 IPO 企业中较为常见，审计人员应当核查被审计单位是否存在对赌协议，若存在，分析对赌条款，判断是否满足《企业会计准则第 37 号——金融工具列报》计入权益工具的条件。如不满足，应当提请被审计单位调整分类为负债。实务中，因对赌协议附有或有结算条款，不满足“金融工具应当不包括交付现金或其他金融资产给其他方，或在潜在不利条件下与其他方交换金融资产或金融负债的合同义务”，通常应当分类为金融负债，除非或有结算条款消除，如约定的 IPO 企业已经成功上市，则将负债转入权益工具。

示例 6–56

甲公司为中国境内注册的股份制企业（拟在境内上市），其控股股东为乙公司。2×21 年 1 月 1 日，丙公司作为战略投资人向甲公司增资 3 亿元人民币，甲公司按照相关规定完成了注册资本变更等手续。增资后，丙公司持有甲公司20%的股权，乙公司仍然控制甲公司。除普通股外，甲公司无其他权益工具。甲、乙、丙公司签署的增资协议约定，如果甲公司未能在2×24年12月31日前完成首次公开募股（IPO），丙公司有权要求甲公司以现金回购其持有的甲公司股权，回购价格为丙公司增资3亿元和按8%年化收益率及实际投资期限计算的收益之和。增资协议赋予丙公司的前述回售权属于持有人特征，即仅由丙公司享有，不能随股权转让。

为推进甲公司的上市进程，甲、乙、丙公司根据相关法律和监管规定，在IPO申报前清理所有特殊权益，三方于2×21年6月30日签署补充协议，约定自补充协议签署之日起中止丙公司的上述回售权；如果甲公司在2×24年12月31日前未能完成IPO，则于2×25年1月1日恢复该回售权。除上述外，不考虑其他情况。

本示例中，虽然丙公司的回售权自补充协议签署之日起中止，但补充协议同时约定了恢复该项权利的条件，即甲公司未能按期完成IPO，这与增资协议中“如果甲公司未能在2×24年12月31日前完成IPO，丙公司有权要求甲公司以现金回购其持有的甲公司股权”的约定没有实质差别。按照上述约定，丙公司是否行使回售权以使甲公司承担以现金回购自身权益工具的义务，取决于发行人（甲公司）和持有人（丙公司）均不能控制的未来不确定事项（即甲公司在2×24年12月31日前完成IPO）的发生或不发生，属于或有结算条款，且不属于“几乎不具有可能性”的情形，甲公司不能无条件地避免以现金回购自身权益工具的合同义务。因此，在2×21年1月1日，甲公司应当根据收到的增资款确认股本和资本公积（股本溢价）；同时，按照回购所需支付金额的现值，将回购丙公司所持本公司股权的义务从权益重分类为一项金融负债。如果甲公司在2×24年12月31日前完成了IPO，丙公司丧失回售权，甲公司应当在上市日将丙公司的增资重分类为权益工具，按照当日金融负债的账面价值计量。

四、审计案例

案例6-24

在IPO审计业务中，若存在发行人用于出资的资产存在瑕疵，或出资时未经会计师事务所审验，或审验的会计师事务所资质较低等情形，申报会计师可对发行人历次出资进行复核，并出具验资复核报告。以下为DX会计师事务所为IPO申报企业深圳市创益通技术股份有限公司出具的验资专项复核报告。

关于深圳市创益通技术股份有限公司验资专项复核报告

DX验字［2020］第3-00006号

深圳市创益通技术股份有限公司全体股东：

我们接受委托，对深圳高信会计师事务所为深圳市创益通技术股份有限公司（以下简称创益通或公司），2003年9月15日设立注册资本实收情况出具的深高会内验字（2003）第143号验资报告、深圳中联岳华会计师事务所为创益通截至2007年5月19日止新增注册资本实收情况出具的深中岳验字［2007］第063号验资报告、深圳市湘信会计师事务所为创益通截至2010年11月3日止新增注册资本实收情况出具的深湘信所验字［2010］1187号验资报告、深圳汇田会计师事务所为创益通截至2015年8月5日止新增注册资本实收情况出具的深汇田验字［2015］029号验资报告、亚太（集团）会计师事务所（特殊普通合伙）为创益通截至2015年4月30日止净资产折股情况出具的亚会B验字（2015）139号验资报告、亚太（集团）会计师事务所（特殊普通合伙）为创益通截至2015年9月17日新增注册资本实收情况出具的亚会深验字［2015］047号验资报告情况进行复核。

按照法律法规以及协议、章程的要求出资，提供真实、合法、完整的出资、验资资料，保护资产的安全、完整是创益通出资者的责任，出具真实合法的验资报告是深圳高信会计师事务所、深圳中联岳华会计师事务、深圳市湘信会计师事务所、深圳汇田会计师事务所、亚太（集团）会计师事务所（特殊普通合伙）的责任。我们的责任是对前述出资情况、验资报告发表复核意见。我们的复核是依据《中国注册会计师审计准则第1602号——验资》进行的。在复核过程中，我们结合创益通的实际情况，实施了检查等必要的复核程序。

一、公司基本情况

公司名称：深圳市创益通技术股份有限公司

统一社会信用代码：91440300754282 7966

公司注册地址：深圳市光明新区公明办事处东坑社区长丰工业园第4栋，东坑社区长丰工业园第7栋厂房一楼，东坑社区鹏升路3号厂房1栋

公司注册资本：6 750.00万元

法定代表人：张建明

公司组织形式：股份有限公司

二、公司历次验资复核情况

（一）2003年9月15日公司成立时实收资本复核情况

1. 2003年9月15日公司成立时注册资本实收及验资情况

创益通系由深圳市创益五金精密模具有限公司以整体变更方式发起设立的股份有限公司。深圳市创益五金精密模具有限公司系张建明、晏雨国共同出资于2003年9月25日成立的有限责任公司。根据2003年9月8日，公司章程规定，公司注册资本为人民币50万元由股东张建明出资37.5万元，股东晏雨国出资12.5

万元，各股东货币出资6万元，实物出资44万元。本次验资业经深圳高信会计师事务所验证，并于2003年9月15日出具深高会内验字（2003）第143号验资报告。该报告验证如下：截至2003年9月11日止，深圳市创益五金精密模具有限公司收到张建明、晏雨国认缴的注册资本合计人民币50万元，各股东货币出资6万元，实物出资44万元。本次实物业经深圳中鹏会计师事务所评估，并于2003年9月4日出具深鹏评报字［2003］第011号《关于张建明、晏雨国投资入股资产的评估报告》。

2. 对验资报告的复核情况

我们查阅了验资报告及账簿记录和相关原始单据。2009年9月11日，股东张建明向深圳市创益五金精密模具有限公司缴存投资款6万元，出资方式为货币出资，股东张建明、晏雨国将实物出资慢速丝线切割机、冲床交付深圳市创益五金精密模具有限公司。

3. 验资复核意见

经复核，截至2003年9月11日，深圳市创益五金精密模具有限公司注册资本实收到位。2003年9月25日，公司完成工商登记手续，并取得《企业法人营业执照》。深圳高信会计师事务所出具的深高会内验字（2003）第143号验资报告在所有重大方面符合《中国注册会计师审计准则第1602号——验资》的规定。

（二）2007年5月19日增资时实收资本复核情况

1. 2007年5月19日增资时注册资本的实收及验资情况

2007年5月18日，根据公司股东会决议，增加注册资本150万元，新增注册资本由原股东认缴，由股东张建明出资112.5万元，股东晏雨国出资37.5万元，出资方式为货币出资，变更后的注册资本为人民币200万元。本次增资业经深圳中联岳华会计师事务所验证，并于2007年5月19日出具深中岳验字［2007］第063号验资报告。该报告验证如下：截至2007年5月15日，深圳市创益五金精密模具有限公司收到张建明、晏雨国新增注册资本合计人民币150万元，其中张建明以货币出资112.5万元、晏雨国以货币出资37.5万元。

2. 对验资报告的复核情况

我们查阅了验资报告及相关证据材料，检查了公司章程、股东会决议、财务账簿、原始单据等。2007年5月11日，张建明向深圳市创益五金精密模具有限公司缴存投资款112.5万元，晏雨国向深圳市创益五金精密模具有限公司缴存投资款37.5万元，出资方式均为货币出资。

3. 验资复核意见

经复核，深圳市创益五金精密模具有限公司本次新增实收资本150万元已经实收到位。截至2007年5月15日，公司注册资本200万元，实收资本200万元。2007年5月31日，公司完成了本次增资的工商变更登记，取得了深圳市工商行政管理局换发的《企业法人营业执照》。深圳中联岳华会计师事务所出具的深中岳验字［2007］第063号验资报告在所有重大方面符合《中国注册会计师审计准则第1602号——验资》的规定。

（三）2010年11月3日增资时实收资本复核情况

1. 2010年11月3日增资时注册资本的实收及验资情况

2010年11月3日，公司股东会决议，增加注册资本800万元，新增注册资本由原股东认缴，由股东张建明出资600万元，股东晏雨国出资200万元，出资方式为货币出资，变更后的注册资本为人民币1 000万元。本次增资业经深圳市湘信会计师事务所验证，并于2010年11月3日出具深湘信所验字［2010］1187号验资报告。该报告验证如下：截至2010年11月3日，创益通收到张建明、晏雨国新增注册资本（实收资本）合计人民币800万元，其中张建明以货币出资600万元、晏雨国以货币出资200万元。

2. 对验资报告的复核情况我们查阅了验资报告及相关证据材料，检查了公司章程、股东会决议、财务账簿、原始单据等。2010年11月3日，张建明向深圳市创益五金精密模具有限公司缴存投资款600万元，晏雨国向深圳市创益五金精密模具有限公司缴存投资款200万元，出资方式均为货币出资。

3. 验资复核意见

经复核，深圳市创益五金精密模具有限公司本次新增实收资本800万元已经实收到位。截至2010年11月3日，公司注册资本1 000万元，实收资本1 000万元。同日，公司完成了本次增资的工商变更登记，取得了深圳市工商行政管理局换发的《企业法人营业执照》。深圳市湘信会计师事务所出具的深湘信所验字［2010］1187号验资报告在所有重大方面符合《中国注册会计师审计准则第1 602号——验资》的规定。

（四）2015年8月5日增资时实收资本复核情况

1. 2015年8月5日增资时注册资本的实收及验资情况

2015年3月23日，根据公司股东会决议，增加注册资本600万元，新增注册资本由原股东认缴，由股东张建明出资490万元，股东晏雨国出资110万元，货币出资185.932万元，实物出资414.068万元，变更后的注册资本为人民币1 600万元。本次增资业经深圳汇田会计师事务所验证，并于2015年8月5日出具深汇田验字［2015］029号验资报告。该报告验证如下：截至2015年8月5日，深圳市创益五金精密模具有限公司收到张建明、晏雨国新增注册资本合计人民币600万元，其中张建明以货币出资75.932万元、实物出资414.068万元，晏雨国以货币出资110万元。本次出资的实物已经深圳市国策资产评估有限公司评估，并于2015年3月13日出具深国策资评字［2015］030009号实物评估报告书，评估值人民币414.068万元。

2. 对验资报告的复核情况我们查阅了验资报告及相关证据材料，检查了公司章程、股东会决议、财务账簿、原始单据等。2015年3月27日，张建明向深圳市创益五金精密模具有限公司缴存投资款75.932万元，晏雨国向深圳市创益五金精密模具有限公司缴存投资款110万元，出资方式为货币出资，股东张建明将实物出资冲床等固定资产交付深圳市创益五金精密模具有限公司。

3. 验资复核意见

经复核，创益通本次新增实收资本600万元已经实收到位。2015年3月25日，公司完成了本次增资的工商变更登记，取得了深圳市工商行政管理局换发的《企业法人营业执照》。截至2015年8月5日止，公司注册资本1 600万元，实收资本1 600万元。深圳汇田会计师事务所出具的深汇田验字［2015］029号验资报告在所有重大方面符合《中国注册会计师审计准则第1602号——验资》的规定。

（五）2015年8月10日整体变更为股份公司时复核情况

1. 2015年8月10日整体变更为股份公司的验资情况

2015年7月16日，公司董事会决议通过以2015年4月30日为基准日，深圳市创益五金精密模具有限公司由有限责任公司整体变更为股份有限公司。公司以经审计的账面净资产按照1.02877∶1的折股比例整体变更为股份有限公司，公司注册资本变更为3 000万股。公司截至2015年4月30日的账面净资产系由亚太（集团）会计师事务所（特殊普通合伙）审计，并于2015年7月15日出具亚太B审字［2015］447号审计报告。截至2015年4月30日的评估净资产系由开元资产评估有限公司评估并于2015年7月16日出具开元评报字［2015］第244号评估报告。

2. 对本次变更的的复核情况

我们查阅了公司验资报告、截至2015年4月30日的净资产审计报告，检查了公司章程、股东大会决议、财务账簿等。公司截至2015年4月30日的经审计的账面净资产30 863 143.17元，经评估的净资产值3 314.87万元。

3. 验资复核意见

经复核，深圳市创益五金精密模具有限公司本次由有限责任公司整体变更为股份有限公司，折合实收股本不高于基准日的经审计的账面净资产额，同时也不高于经评估的净资产额，注册资本出资到位。创益通于2015年8月24日完成工商登记变更手续，并取得《企业法人营业执照》。截至2015年8月24日，公司注册资本3 000万元，实收资本3 000万元。亚太（集团）会计师事务所（特殊普通合伙）出具的亚太B审字［2015］139号审计报告在所有重大方面符合《中国注册会计师审计准则第 1602 号——验资》的规定。

（六）2015 年 9 月 17 日增资时实收资本的复核情况

1. 2015 年 9 月 17 日增资时实收资本的实收及验资情况

2015 年 9 月 9 日，2015 年第二次临时股东会决议，新增股份发行及认购协议、公司章程（修订稿）规定，公司注册资本增加 500 万元，其中深圳市互联通投资企业（有限合伙）认缴增资 150 万元，晏美荣认缴增资 75 万元，宋浩兴认缴增资 55 万元，何文锋认缴增资 35 万元，袁用德认缴增资 30 万元，董代佳认缴增资 30 万元，白生波认缴增资 30 万元，何田保认缴增资 30 万元，杨光杰认缴增资 30 万元，闵华明认缴增资 25 万元，杨益民认缴增资 10 万元。出资方式为均为货币出资，变更后的注册资本为人民币 3 500 万元。本次增资业经亚太（集团）会计师事务所（特殊普通合伙）验证，并于 2015 年 9 月 19 日出具亚会深验字［2015］047 号验资报告。该报告验证如下：截至 2015 年 9 月 17 日，创益通收到各方新增注册资本（股本）合计人民币 500 万元，各股东以货币出资 500 万元。

2. 对验资报告的复核情况

我们查阅了验资报告及相关证据材料，检查了公司章程、股东会决议、财务账簿、原始单据等。2015 年 9 月 10 日，收到袁用德投资款 33 万元；2015 年 9 月 11 日，收到深圳市互联通投资企业（有限合伙）投资款 165 万元，晏美荣投资款 82.5 万元，宋浩兴投资款 60.5 万元，何文锋向投资款 38.5 万元，董代佳投资款 33 万元；2015 年 9 月 12 日，收到白生波投资款 33 万元，杨益民投资款 11 万元；2015 年 9 月 13 日，收到闵华明投资款 27.5 万元；2015 年 9 月 14 日，收到杨光杰投资款 33 万元，何田投资款 33 万元。新增注册资本合计 500 万元，超过部分 50 万元计入资本公积——股本溢价。

3. 验资复核意见

经复核，创益通本次新增实收资本 500 万元已经实收到位。截至 2015 年 9 月 17 日，公司注册资本 3 500 万元，实收资本 3 500 万元。2015 年 9 月 24 日，公司完成了本次增资的工商变更登记，取得了深圳市工商行政管理局换发的《企业法人营业执照》。亚太（集团）会计师事务所（特殊普通合伙）出具的亚会深验字［2015］047 号验资报告在所有重大方面符合《中国注册会计师审计准则第 1602 号——验资》的规定。

三、报告使用范围

本复核报告仅供创益通为截至 2003 年 9 月 15 日、2007 年 5 月 19 日、2010 年 11 月 3 日、2015 年 8 月 5 日、2015 年 8 月 10 日、2015 年 9 月 17 日止的设立、新

增注册资本及净资产折股情况复核以及向中国证监会申请首次公开发行股票之目的使用，不应将其视为是对创益通验资报告日后资本保全、偿债能力和持续经营能力等的保证。因使用不当造成的后果，与执行本业务的注册会计师及会计师事务所无关。

DX 会计师事务所（特殊普通合伙）　　中国注册会计师：

中国·北京　　中国注册会计师：

二〇二〇年三月十八

9 资本公积

一、重大错报风险

1. 未将权益性交易相关利得计入资本公积，导致资本公积完整性存在重大错报风险。

2. 资本公积相关会计处理错误，导致资本公积计价和分摊存在重大错报风险。

3. 资本公积转增资本不符合国家规定，导致资本公积存在、列报有重大错报风险。

二、常见审计问题

1. 未关注被审计单位资本公积的形成过程，未取得充分的确认依据，导致未发现资本公积存在重大错报。

2. 未复核被审计单位对权益性交易的会计处理有误，导致未发现重大错报。

三、审计关注要点

（一）关注资本公积构成项目及变动情况

资本公积通常由以下交易形成：

1. 股东投入的资本溢价。

2. 国家拨款转入。

3. 接受控股股东及其关联方捐赠。

4. 以权益结算的股份支付。

5. 与计入所有者权益项目相关的所得税影响所形成的利得和损失。

6. 可转换公司债券初始确认中权益成分的公允价值。

7. 权益法核算下，被投资单位除净损益、其他综合收益以及利润分配以外的所有者权益变动。例如，被投资单位接受其他股东的资本性投入、被投资单位发行可转债中包含的权益成分、以权益结算的股份支付、其他股东对被投资单位增资导致投资方持股比例变动等。

审计人员应获取被审计单位资本公积构成项目及变动情况，了解资本公积形成的过程，检查资本公积确认依据是否充分，会计处理是否正确。例如，对于拨款转入、接受捐赠的资本公积，应检查相关政府文件、捐赠证明、收款凭证等资料。首次承接的审计业务，审计人员应对资本公积形成的历史沿革及相关资料执行详细复核程序。

（二）识别权益性交易

权益性交易是所有者以其所有者身份进行的交易。权益性交易会计处理应将权益性交易有关的利得和损失应直接计入权益，不影响当期损益。实务中，被审计单位与其股东或者其他关联方之间可能以多种形式进行权益性交易。审计人员应识别被审计单位与股东及其他关联方之间发生的交易是否构成权益性交易，确定是否将权益性交易相关利得和损失计入资本公积而非当期损益，特别是当被审计单位存在业绩压力时。审计人员在判断是否属于权益性交易时，分析该交易是否公允以及商业上是否存在合理性，如个人与上市公司实控人为同学关系，捐赠上市公司 1 亿元的行为很可能被认定为权益性交易而不能将其计入当期损益。

权益性交易按照交易对象可分为两类，一类是所有者以其所有者身份与企业之间的交易，该交易使得企业明显的、单方面获益，其经济实质具有资本投入性质，形成的利得应计入所有者权益；另一类是不同所有者之间的交易，多为合并财务报表层面母公司与子公司少数股东之间的交易。实务中，常见的权益性交易情形如下：

1. 实际控制人、股东、股东控制的其他关联方对公司进行直接或间接的捐赠、债务豁免等单方面的利益输送行为

示例 6-57

上市公司以前年度存在应收关联方款项，关联方经营陷入困难、偿债能力下降，上市公司未能对此恰当计提信用减值损失。后续报告期内上市公司将上述债权转让给同一控制下的其他关联方，其他关联方向上市公司全额支付了款项。上市公司应将此作为权益性交易进行处理，将转让价款与该应收款项公允价值之间的差额计入资本公积。

2. 具有关联关系的债务重组

债权人直接或间接对债务人持股，或者债务人直接或间接对债权人持股，且持股方以股东身份进行债务重组；债权人与债务人在债务重组前后均受同一方或相同的多方最终控制，且该债务重组的交易实质是债权人或债务人进行了权益性分配或接受了权益性投入。

3. 非货币资产交换

非货币性资产交换的一方直接或间接对另一方持股且以股东身份进行交易，或者非货币性资产交换的双方均受同一方或相同的多方最终控制，且该非货币性资产交换的交易实质是交换的一方向另一方进行了权益性分配或交换的一方接受了另一方权益性投入。例如，集团重组中发生的非货币性资产划拨、划转行为，在股东或最终控制方的安排下，企业无代价或以明显不公平的代价将非货币性资产转让给其他企业或接受其他企业的非货币性资产。

4. 收购少数股东股份，或处置少数股权未丧失控制权

母公司购买子公司少数股东拥有的子公司股权，在合并财务报表中，因购买少数股权新取得的长期股权投资与按照新增持股比例计算应享有子公司自购买日或合并日开始持续计算的净资产份额之间的差额，应当调整资本公积，资本公积不足冲减的，调整留存收益。需要关注被审计单位是否按照会计准则要求的顺序对所有者权益项目进行调整，如错误地同时调整资本公积及留存收益等。

审计人员还需要注意的是，企业因处置部分股权投资等原因丧失对被投资方的控制权的，在编制合并财务报表时，应将与原有子公司股权投资相关的其他综合收益等，在丧失控制权时转为当期投资收益。关注发生此类业务时，被审计单位是否不恰当地将与原有子公司相关的权益性交易产生的对所有者权益的调整金额也调整计入当期投资收益。审计人员需要对包括资本公积在内的所有者权益项目的形成原因、变动及金额等获取必要审计证据并在底稿中详细记录，在后续审计中仍需此类信息评价被审计单位会计处理的恰当性。

5. 同一控制合并交易对手支付的业绩补偿款

关注是否存在将非权益性交易错误地按照权益性交易的处理方法进行会计处理的情况，被审计单位通过非同一控制下企业合并取得的子公司业绩未达标，根据收购协议约定，业绩承诺人将该子公司的部分股权无偿转让给被审计单位作为补偿；被审计单位错误地将少数股权的取得成本（零元）与自购买日开始持续计算的子公司可辨认净资产份额之间的差额，全部计入资本公积，未确认相关金融资产及其公允价值变动损益。

（三）关注发行费用冲减资本公积合规性

企业发行股份通常发生一系列与发行直接或间接相关的费用，这些费用包括

承销费、保荐费、审计费、律师费、评估费以及其他一系列宣传费。如果被审计单位存在发行股份相关发行费用，审计人员应关注被审计单位冲减资本溢价的发行费用是否符合会计准则的规定。

示例 6–58

《上市公司执行企业会计准则监管问题解答》(2010 年度第 1 期总第 4 期)(会计部函［2010］299 号）指出，上市公司未发行权益性证券发生的承销费、保荐费、上网发行费、招股说明书印刷费、申报会计师费、律师费、评估费等与发行权益性证券直接相关的新增外部费用，应自所发行权益性证券的发行收入中扣减，在权益性证券发行有溢价的情况下，自溢价收入中扣除，在权益性证券发行无溢价或溢价金额不足以扣减的情况下，应当冲减盈余公积和未分配利润；发行权益性证券过程中发生的广告费、路演及财经公关费、上市酒会费等其他费用应在发生时计入当期损益。

（四）关注投融资平台政府注入资产形成资本公积的真实性

投融资平台发债审计过程中，关注是否存在将非经营性资产（包括公益性资产）作为资本金注入，虚增净资产的情形，复核注资的资产是否符合会计准则中的资产定义、资产价值评估依据、过程和结果。

示例 6–59

W 公司为地方投融资平台，拟申请发行企业债券。W 公司净资产 89 亿元，其中 71.12 亿元为政府无偿划拨投入的采砂经营权，包括三部分：一是县域境内 × 江河及 × 溪河河道砂石资源采砂经营权 13.99 亿元，二是县境内 × 河、× 江河、× 石河及陈 × 河河道砂石资源采砂经营权 27.99 亿元，三是 × 滩湿地公园等十五个地块地下砂石资源采砂经营权 29.14 亿元。W 公司计入为无形资产，同时确认资本公积 71.12 亿元。

不同于煤矿、铁矿等矿产资源性质，采砂经营权不能随意转让，不具有自由转让权和处置权，其性质为生产经营准许，类似于经营饮食行业需要取得食品卫生许可证、经营银行业务需取得金融许可证，不应入账，W 公司为了提高发债规模，涉嫌虚增净资产。会计师事务所不认可 W 资本公积（采砂经营权），评估的审计风险较大，经与被审计单位协商，解除了业务约定书。

（五）其他关注事项

1. 处置权益法核算的被投资公司时，是否已将原在资本公积（其他资本公积）

中累计的被投资单位相关所有者权益其他变动中应享有份额在处置投资期间同比例转入当期损益。

2. 对国有独享资本公积的会计处理是否恰当。

3. 资本公积转增股本（实收资本）时，是否将不允许转增股本的资本公积进行了转增处理。

4. 资本公积各明细项目之间分类混乱，没有及时进行重分类处理，如股份支付行权后未将相关金额从“其他资本公积”转入“股本溢价”。

5. 是否存在将资本公积或其二级明细科目冲减为负的错误会计处理。

6. 资本公积中是否包含非权益性交易形成的金额，会计处理是否符合相关会计准则的规定。

7. 子公司资本公积在归属母公司和少数股东的金额划分是否准确等。

10 其他综合收益

一、重大错报风险

1. 将其他综合收益的利得和损失计入投资收益、资本公积等项目，导致其他综合收益完整性存在重大错报风险。

2. 其他综合收益核算内容或者核算方法（包括暂时性损益结转等）不符合会计准则相关规定，存在重大错报风险。

二、常见审计问题

1. 未关注其他综合收益核算范围及核算内容是否恰当，未能发现存在的舞弊行为。

2. 未复核可重分类进损益的其他综合收益和不能重分类进损益的其他综合收益的结转存在错误。

3. 未正确理解其他综合收益涉及的相关会计准则规定（例如外币折算准则的一些要求），导致未发现其他综合收益错报。

三、审计关注要点

（一）关注其他综合收益核算范围的恰当性

其他综合收益主要核算根据会计准则规定，未在当期损益中确认的各项利得和损失，准则以举例方式说明了可重分类进损益的四类其他综合收益，不能重分类进损益的七类其他综合收益。

审计人员需要关注被审计单位是否将不属于这些类别的损失确认在其他综合收益。例如，将境外子公司的财务费用（外币汇兑损益）和其他综合收益中的外币财务报表折算差额进行重分类，将相关费用金额确认在外币财务报表折算差额中，以达到减少当期财务费用的目的。又如，被审计单位将对有限寿命主体的投资分类为其他权益工具投资，将当期收到的金额不区分为本金收回还是红利，直接作为股利确认在投资收益，将相关投资价格下跌的影响作为公允价值变动损失确认在其他综合收益中。再如，被审计单位的一个子公司将购入的同一集团的另一上市公司股票分类为其他权益工具投资，将收到的股利确认为投资收益，但在被审计单位的合并财务报表中未抵销的情况等。

（二）关注被审计单位是否恰当区分可重分类进损益的其他综合收益和不能重分类进损益的其他综合收益

分类为不能重分类进损益的其他综合收益的项目，在相关结算交易发生时，需要将暂时计入其他综合收益的金额直接转入留存收益，而不能转回当期损益中。审计人员需关注是否存在以高估当期收益为目的，将不能重分类进损益的其他综合收益的盈利项目转回当期损益的情况。例如，被审计单位本期增持对原分类为其他权益工具投资的股份，对被投资单位具有了重大影响，改为权益法核算时，将其他综合收益中的相关余额未重分类到留存收益，而是确认为投资收益的情况。

类似地，审计人员还需关注是否以高估当期收益为目的，将应当重分类进损益的其他综合收益的亏损项目直接转入留存收益的情况。例如，被审计单位当期处置了境外子公司，将以前年度形成的较大金额的累计外币报表折算差额（亏损）未通过当期损益，直接转入留存收益的错误处理。

（三）关注外币财务报表折算差额处理的恰当性

当被审计单位存在境外子公司，或某子公司选定其他货币作为记账本位币时，通常会存在轧差性质的外币财务报表折算差额。审计人员需要关注以下事项：

1. 被审计单位子公司选定的记账本位币是否恰当。根据外币折算准则，根据实际情况确定的记账本位币只能有一种货币，而不是可以自由选取。当选取的记账本位币不恰当时，可能存在管理层虚增业绩的目的。例如，被审计单位在非洲某国家的子公司采用当地货币而非美元作为记账本位币，该子公司与当地客户签订的合同以美元作为结算货币，成本主要是中国出口设备和中国员工工资，导致该子公司折算后的利润表业绩较高，但外币财务报表折算差额（亏损）巨大的情况。

2. 外币财务报表折算采用的汇率是否恰当，是否复核及重新计算了相关汇率。

3. 复核被审计单位对于恶性通货膨胀经济的判定是否恰当，相关分析数据是否完整，来源是否合理。

（四）关注现金流量套期储备（现金流量套期损益中的有效部分）处理恰当性

1. 被审计单位现金流量套期储备的金额是否为下面两项的绝对额中的较低者：套期工具自套期开始的累计利得或损失；被套期项目自套期开始的预计未来现金流量现值的累计变动额。

2. 每期计入其他综合收益的现金流量套期储备的金额是否为当期现金流量套期储备的变动额。

3. 现金流量套期储备中是否有套期活动结束，但是长期未转出的储备余额。

4. 储备余额转出时，是否已考虑套期项目的类型而计入不同会计科目，如资产、负债或当期损益。

5. 是否存在评估为损失的套期储备余额未及时确认在当期损益的情况等。

（五）关注其他“其他综合收益”

1. 自用房地产或存货为转换采用公允价值计量模式的投资性房地产时，转换日的公允价值大于原账面价值的，差额是否已计入其他综合收益而非当期损益。

2. 处置权益法核算的被投资公司时，是否已将原在其他综合收益中累计的被投资单位相关其他综合收益变动中应享有份额在处置投资期间同比例转入当期损益。

3. 以公允价值计量的其他债权投资、其他权益工具投资是否已按照会计准则规定，定期确认了公允价值变动。

4. 其他综合收益相关项目确认时是否考虑了相关所得税影响（如有），及时准确地确认了相关的递延所得税，在从其他综合收益中转出时也同样考虑了所得税影响。

5. 归属于母公司股东和少数股东的其他综合收益的税后净额的划分是否准确等。

11 留存收益

一、重大错报风险

1. 未计提或超额提取盈余公积，导致盈余公积存在、完整性，以及准确性、计价和分摊认定有重大错报风险。

2. 未按照公司法规定的计提顺序计提盈余公积，导致盈余公积准确性、计价和分摊认定存在重大错报风险。

3. 利润分配不符合法律规定、章程规定，或利润分配相关会计处理错误，导致未分配利润存在和完整性认定有重大错报风险。

4. 利润分配基数未以母公司为依据，可能存在利润超分导致的错报。

二、常见审计问题

1. 未按照审计调整后的可供分配利润对盈余公积进行相应调整。

2. 未关注盈余公积计提不符合公司法的最低比例，导致未发现盈余公积存在错报。

3. 未关注被审计单位利润分配的合规性。

三、审计关注要点

（一）关注盈余公积计提合规性和准确性

获取公司章程、董事会决议等资料，了解被审计单位盈余公积计提政策、用途是否符合法律和章程规定，复核下列事项是否符合规定：

1. 计提比例。公司法的规定，被审计单位法定盈余公积金计提比例为 10%。公司法定公积金累计额为公司注册资本的 50% 以上的，可以不再提取。

2. 计提基数。公司的法定公积金不足以弥补以前年度亏损的，在依照规定提取法定公积金之前，应当先用当年利润弥补亏损。

3. 任意公积金。公司从税后利润中提取法定公积金后，经股东会或者股东大会决议，还可以从税后利润中提取任意公积金。

4. 法定盈余公积金用途包括：弥补公司亏损；扩大公司生产经营；转增公司资本（转增时所留存的该科目余额不得少于转增前注册资本的 25%）。

审计人员应重新计算被审计单位盈余公积计提准确性，当被审计单位对报表进行调整后，应按照调整后的可供分配利润重新测算盈余公积。此外，关注合并财务报表层面的盈余公积是否仅体现了母公司的应计提数而不应包含子公司的计提金额。

（二）关注利润分配的合规性

关注被审计单位利润分配是否符合相关法律、公司章程规定，是否履行了相应的决策程序。需要注意的是，利润分配应是资产负债表日已确认的事项，被审计单位的股东大会于资产负债表日后对利润分配决议不应作为资产负债表日利润分配确认依据。例如，如果股东大会对利润分配方案的审议发生于报告年度资产负债表日后，则被审计单位在报告年度资产负债表日并不存在利润分配的现时义务，股东大会审议通过的利润分配方案相应不属于对资产负债表日已经存在的情况提供了新的或进一步证据的事项，被审计单位不应作为资产负债表日后调整事项进行利润分配会计处理。

实务中，有的国有企业按照上级规定，以利润分配的形式上交利润，可能存在上交利润后未分配利润为负的情况。审计人员应获取相关上级主管部门要求其上交利润的书面文件或其他证据，必要时考虑获取律师意见及在审计报告中通过增加强调事项段的方式提醒报表使用者相关情况。

（三）关注非正常未分配利润增减情况

如果被审单位财务报表存在直接增减未分配利润的情况，审计人员应当逐项逐步核查，获取直接调整未分配利润账户的依据是否充分，会计处理是否恰当。例如，根据《企业会计准则第 28 号——会计政策、会计估计变更和差错更正》的规定，以前年度会计差错，在调整期初未分配利润同时需要追溯调整上期可比报表的期初余额，直接调整本期未分配利润的方式对以前年度会计差错或者清产核资结果进行调整，将高估各期业绩。又如，被审计单位将若干极小金额的以前年度跨期收入或支出，或者汇算清缴时补交少量上期所得税费用等通过调整期初未分配利润的方式进行会计处理，不符合会计准则规定，审计人员应提醒被审计单位将这些金额较小的会计交易反映在当期利润表中。

（四）关注审计调整分录录入被审计单位会计系统中的情况

审计调整分录有重分类和实质性调整两种，实质性调整又可分为时间性差异（如银行未达费用支出项目）和永久性差异（如长期资产应计提减值而被审计单位一直未计提）。被审计单位可能存在将部分重分类审计调整分录录入下期会计系统的期初的情况，也存在误将时间性差异输入而不应输入的情况，需要审计人员逐笔复核录入会计系统的审计调整是否恰当、金额是否准确。

当被审计单位未将审计分录调整录入其会计系统中，连续多年审计时，存在以前年度的审计人员将之前不同类型的调整项目合并成一笔大调整分录滚动调整期初未分配利润的情况，需要特别关注这些调整事项中是否存在与当期发生的交易和事项相关的一些调整，可能无需继续滚动调整相关的未分配利润金额，而继续滚动调整将产生错报。在进行多期审计时，对于每一会计期间的未审和审定期初、期末未分配利润金额的勾稽复核是一项必要且可能繁杂的工作。

12 财务费用

一、重大错报风险

1. 通过少记财务费用虚增利润，导致财务费用完整性认定存在重大错报风险，如隐瞒关联方、第三方借款，未在账面确认利息费用。

2. 通过将应计入财务费用的利息资本化虚增资产少记费用，导致财务费用完整性认定存在重大错报风险。

3. 财务费用利息支出计提不正确，导致财务费用准确性、计价和分摊存在重大错报风险，如仅计提借款日至结息日之间的利息；未对逾期借款计提利息等。

二、常见审计问题

1. 分析性程序执行不到位，导致未识别被审计单位财务费用可能存在的错报和舞弊迹象。

2. 未关注财务费用异常情况，导致未发现被审计单位财务费用可能存在的错报和舞弊，如未关注各期借款金额波动较小，但是利息支出变动幅度较大的情况；未关注货币资金金额较大，但利息收入较小的情况。

3. 未关注非金融机构借贷负债利息支出会计处理的恰当性，如未确认的融资费用摊销等。

4. 未关注财务费用的完整性和列报的恰当性。

三、审计关注要点

（一）注重分析性程序运用

实务中，审计人员主要通过对货币资金、借款等科目的审计核实财务费用的准确性。编制财务费用审计工作底稿时，可以分析性程序为主，识别被审计单位财务费用可能存在的错报和舞弊迹象，并对发现的异常执行进一步审计程序。审计人员可执行下列审计程序：

1. 对息费用与长期借款、短期借款、其他流动负债、其他非流动负债等科目测算利息核对，确认利息记录是否完整。

2. 比较被审计单位本期与上次财务费用的变动情况、各月财务费用的变动情况。如果存在大额变动，询问原因，核查借款、货币资金等科目核对是否匹配。例如，本期财务费用明显减少，被审计单位借款规模却没有大幅变化，是否存在本期资本化利息增多的情况。

3. 结合货币资金审计，分析是否存在存贷双高的情况。

示例 6-60

公准股份（830916）2014~2016 年末，货币资金余额分别为 4.28 亿元、6.61 亿元、6.68 亿元。该公司 2014~2016 年没有任何理财收入，只有利息收入，三年分别为 96 万元、159 万元、213 万元，年利率约为 0.3%。审计人员未对银行存款闲置及与利息收入的匹配关系保持合理怀疑，导致未能发现公准股份虚构大额银行存款的财务舞弊行为。

资料来源：中国证监会网站。

（二）关注特殊交易是否影响财务费用项目金额

1. 关注借款费用资本化与费用化的划分是否恰当

关注是否存在应将借款费用资本化处理，但是计入当期财务费用的情况，或者不用当资本化而虚减财务费用的情况。例如，从事房地产开发的被审计单位在一个时点确认房地产开发收入，应将符合资本化条件的借款支出进行资本化处理，而不应直接计入当期财务费用。

特别要注意的是，新收入准则对借款费用确认的影响，被审计单位会计处理是否恰当。在一个时段内确认收入时，是否存在将借款费用资本化，未计入当期财务费用的情况。采用新收入准则时，在合同期内按照履约进度确认收入并确认合同资产或应收账款，这些资产代表甲公司向客户收取对价的权利，不属于需要经过相当长时间的购建或者生产活动才能达到预定可使用或者可销售状态的资产，不属于《企业会计准则第 17 号——借款费用》所规定的符合资本化条件的资产，发生的借款费用应当在发生时计入当期财务费用。

2. 关注负债和权益工具的划分及其对财务费用的影响

对于永续债、优先股等金融工具，审计人员应结合相关科目的审计，判断是否是作为负债，还是权益工具列报，进而判断利息支出是确认为财务费用，还是作为利润分配列支。

3. 关注保理、贴现业务利息或手续费支出的处理

审计人员首先应当关注被审计单位保理、贴现业务的真实性，是否应当出表，在此基础上检查该等业务利息性质的支出会计处理是否恰当。

4. 关注租赁负债折现率选择是否恰当

租赁负债折现率确定，直接影响未确认的融资费用金额，审计人员应当关注被审计单位折现率的确定是否合理，依据是否充分。

5. 关注可转债的交易费用在金融负债和权益工具之间分摊是否恰当

例如，影响金融负债的初始确认金额，则将影响实际利率计算及确认财务费用金额的准确性。可转债转股时，关注是否存在将当期已经计提的相关利息不恰当地冲减财务费用的情况。

6. 关注财政贴息的处理

当收到的贴息属于综合性政府补助时，被审计单位未区分是与资产相关还是与收益相关，全部冲减财务费用。

7. 关注逾期借款是否计提利息及罚息支出

如果借款逾期或未及时支付利息，通常根据借款协议的约定，借款人需要支出违约金、罚息等逾期支出，或上调利率，审计人员应当关注被审计单位是否计提该部分利息。

（三）复核汇兑收益计算准确性

关注对于外币交易发生日和资产负债表日的即期汇率或其近似汇率的选取是否恰当。被审计单位是否在资产负债表日对货币性外币资产（负债）根据即期汇率重新计算本币余额并确认汇兑损益；对于货币性和非货币性资产（负债）的判断是否恰当，例如以外币计量的商誉是否已重新计算，对于预收款项和预付款项、采用套期会计核算的外币余额项目是否不恰当地进行了重新计算等。

关注被审计单位对于非货币性项目的处理是否恰当，例如，以外币购入且其在资产负债表日的可变现净值以外币反映的存货，计提存货跌价准备时是否考虑汇率变动的影响。又如，股票、基金等以公允价值计量且其变动计入当期损益的非货币项目的期末公允价值以外币反映时，折算差额应计入公允价值变动损益而非财务费用等。

（四）关注关联方之间发生的借款费用处理

关注母子公司之间发生的借款交易所确认的利息支出和利息收入是否在合并财务报表中已完整抵销；合并财务报表上的相关资本化金额是否以借入外部款项所承担的利率进行了重新计算。

特别需要关注的是，是否存在以被审计单位名义借入款项无偿转给关联方实际使用，财务费用由被审计单位承担的不公允交易；是否存在被审计单位将借入款项转给关联方实际使用，相关借款和财务费用均未入账的情况。

对于隐瞒的借款和资金成本，有时难以通过常规审计程序发现。审计人员应结合风险评估、关联方审计以及其他报表项目识别可能存在的财务费用舞弊和错报。例如，审计人员应关注其他应付款、其他应收款等项目中是否存在大额关联方往来款、第三方往来款。如果存在，审计人员应通过询问、函证、检查、访谈等程序核实这些往来款的性质，考虑是否可能实际为借款。

（五）关注财务费用列报

1. 当被审计单位存在未满足终止确认条件的应收票据并将其贴现时，产生的利息支出是否已计入财务费用而非投资收益科目。

2. 对于投资类资产项目产生的利息收入是否已按照金融工具准则相关要求确认为投资收益而非财务费用——利息收入。

3. 对于不满足终止确认条件的应收票据贴现取得的现金，在资产负债表中应确认为一项借款，在票据到期前按实际利率计算的利息费用，是否已记入“财务费用”科目。

4. 对于租赁负债产生的利息，除满足资本化条件外的是否已记入财务费用——利息费用科目中。

5. 是否存在手续费支出与利息支出混淆的情况；是否存在融资手续费支出记入管理费用的情况，如支付的担保费。

6. 将获得的财政贴息计入营业外收入或其他收益，未按规定冲减相关借款费用。

7. 附注关联方及关联方交易部分中，是否已完整披露当期关联借款所发生的利息收入和费用相关信息。

13 交易性金融资产（含衍生金融资产）

一、重大错报风险

1. 交易性金融资产分类判断错误，导致分类认定存在重大错报风险。

2. 交易性金融资产公允价值计量错误，导致准确性、计价和分摊存在重大错报风险。

3. 通过交易性金融资产的质押、担保、隐瞒收益等方式转移资金或为关联方提供资金导致舞弊风险。

4. 未对衍生工具及嵌入衍生工具等进行恰当地分类或指定、未合理判断嵌入衍生工具与主合同的关系等导致的重大错报风险。例如，嵌在客户贷款中的、允许借款人以大致等于贷款摊余成本的金额提前还款的权利，不应当从相关混合工具中分拆。

5. 未充分披露衍生金融资产持仓风险导致的重大错报风险。例如，未说明风险敞口形成的原因、风险敞口的数据、应对风险敞口的方法及其有效性，以及金融衍生活动未来价格变动趋势对持仓风险的影响等。

6. 未能准确理解各层次输入值的区别，公允价值层次划分不正确导致列报存在重大错报风险。例如，将其购买的资产管理计划基金分类作为第一层次公允价值计量的项目，并以基金管理公司提供的资产管理计划资产结构估值表中列示的单位净值作为其公允价值，该输入值明显不符合第一层次输入值的判断标准。

二、常见审计问题

1. 未获取或者获取的被审计单位分类为交易性金融资产的依据不充分，导致未能发现被审计单位交易性金融资产分类错误。

2. 对交易性金融资产基础资料、交易流水等检查不到位，导致未发现被审计单位可能存在的资金占用等舞弊。

3. 未核对混合金融工具合同中的条款，未识别混合合同中包含的嵌入衍生工具分拆的错报。

4. 未执行函证程序或者函证程序执行不到位，导致未发现被审计单位交易性金融资产存在的错报和舞弊。

5. 仅关注余额的存在和准确，忽略交易频繁后面隐藏的资金占用和舞弊的风险。

6. 未独立复核交易性金融资产公允价值计量所采用的方法、假设、输入值等合理性。

三、审计关注要点

（一）获取交易性金融资产交易的基础资料

1. 交易账户开立资料

获取被审计单位在所有证券公司营业部开立的资金账户及证券账户信息和开户资料（在中国境内同一个投资者的名义所拥有的合法证券账户最多只能是上海证券交易所和深圳证券交易所各 1 个），核对资金账户和证券账户是否为被审计单位，是否经过管理当局授权审批。若存在以他人名义的资金账户或证券账户，则需进一步确认账户内的资金及证券的所有权。

若为连续审计，以前年度已经查验过开立股票、债券等账户手续及相关文件、查验账户合法性并已形成相应底稿，且本期内账户数量未发生增减变动，则本期该程序可以简化，但必须有相关情况描述的底稿。

2. 交易流水

获取审计期间内所有证券资金账户股票、债券、基金等金融资产交易的资金流水（包括交易流水）清单或对账单，而不仅仅是期末余额。

3. 管理层认定相关依据

获取管理层将投资划分为交易性金融资产的依据，包括管理层管理金融资产的业务模式、金融资产现金流量特征的相关依据。例如，董事会纪要、总经理办公会纪要、被审计单位评价和向关键管理人员报告金融资产业绩的方式、影响金融资产业绩的风险及其管理方式以及相关业务管理人员获取报酬的方式、金融产品合同等。审计人员应逐一核对产品条款，确定被审计单位金融产品的分类是否符合企业会计准则的规定。

（二）核查交易性金融资产增减及受限情况

实施交易性金融资产检查程序时，审计人员需要着重关注三点：一是持有期间收益（利息收入、股利收入等）是否全部入账，是否形成“小金库”；二是核对交易流水时，核实是否存在“一进一出”，证券投资本金、收益或损失未在账内核算的情况，该种情形涉嫌挪用公款；三是交易性金融资产处置收益是否正确。

特别需要关注的是，交易性金融资产系有价证券，可用于质押、对外担保。

审计人员需要关注该等有价证券权属是否受到限制，尤其是涉诉时被冻结、查封，或被审计单位主动性质押给金融机构或其他单位以取得借款，或用于为关联方提供担保等。审计人员可以通过以下方法判断是否存在质押事项：向客户询问有价证券是否存在抵押情况；根据客户提供的声明书中有关资产抵押、质押的描述；通过相应负债项目质押合同的取得了解；通过询证或检查原始单据的存在。如存在上述事项，需进一步取得董事会决议、会议记录等授权批准资料，并进行恰当披露，同时需关注有价证券的可收回性。

审计人员若发现被审计单位划分为交易性金融资产的股票、债券等金融工具，超过 1 年以上未发生交易（变动），应当向管理层询问原因，分析是否与管理层管理模式不一致，从而判断企业列报为交易性金融资产是否恰当。

此外，在审计本科目时，应当将债权投资、其他债权投资、其他权益工具投资、交易性金融负债一并审计，形成的底稿分别归入相关实质性测试科目。

（三）关注理财产品、结构性存款分类列报恰当性

实务中，随着理财产品、结构性存款业务的推广，越来越多的企业选择将暂时闲置的资金用于购买不同期限的理财产品、结构性存款。具体而言，被审计单位应根据理财产品、结构性存款的具体条款决定其金融资产分类。审计人员应获取产品协议，仔细核对条款确定被审计单位的分类是否符合企业会计准则的规定。具体分类标准可参考表 6–34 金融工具分类和列报常见问题列示。

表 6–34 金融工具分类和列报常见问题列示

金融资产项目	示例	企业管理金融资产的业务模式	合同现金流量特征	新金融工具分类
结构性存款	例 1: 提供保本承诺（有的同时提供最低收益承诺），利息收益金额根据利率、汇率、国际市场上某种大宗商品行情等因素而相应变动	以收取合同现金流量为目标	不符合“本金 + 利息”的合同现金流量特征	由于嵌入金融衍生产品的金融资产通常不能通过 SPPI 测试，因此应分类为以公允价值计量且其变动计入当期损益的金融资产，会计科目为“交易性金融资产”，并根据流动性分别在“交易性金融资产”或“其他非流
	例 2: 名为“结构性存款”，实际上提供固定本息承诺，利率事先约定	以收取合同现金流量为目标	符合“本金 + 利息”的合同现金流量特征	根据业务模式和现金流量特征，应分类为以摊余成本计量的金融资产。如果能够获取存款开户证实书，可列报为“货币资金”；如果不能获取存款开户证实书，可列报为“债权投资”，并根据流动性考虑报表列报项目

续表

金融资产项目	示例	企业管理金融资产的业务模式	合同现金流量特征	新金融工具分类
银行理财产品、信托计划、资管计划	例 1：该理财产品为非保本浮动收益型，期限为 6 个月，不可转让交易，不可提前赎回。根据理财产品合约，基础资产为指定单一固定利率信贷资产，该信贷资产的剩余存续期和理财产品相同，信贷资产利息收入是理财产品收入的唯一来源。公司购买理财产品的主要目的是取得理财产品	以收取合同现金流量为目标	符合“本金+利息”的合同现金流量特征	分类为以摊余成本计量的金融资产，会计科目为“债权投资”，并根据流动性分别在“一年内到期的非流动资产”“其他流动资产”或“债权投资”列报
	例 2：该理财产品为非保本浮动收益型，期限为 6 个月，不可转让交易，不可提前赎回。根据理财产品合约，基础资产为固定收益类资产池，资产池主要包括存放同业、债券投资及回购交易等，银行有权根据市场情况随时对资产池结构进行调整，目的在于最大化投资收益。理财产品投资收益来源于资产池的投资收益。公司购买理财产品的主要目的是取得理财产品	以收取合同现金流量为目标	不符合“本金+利息”的合同现金流量特征	分类为以公允价值计量且其变动计入当期损益的金融资产，会计科目为“交易性金融资产”，并根据流动性分别在“交易性金融资产”或“其他非流动金融资产”列报

对于理财产品的收益构成经常性损益还是非经常性损益，应谨慎从严把握。对于非投资类公司，除非有确凿证据证明购买及持有理财产品是企业日常资金管理行为，否则应将理财产品持有期间和处置收益均作为非经常性损益。

（四）关注信托、资管产品的分类列报恰当性

当被审计单位的交易性金融资产为信托产品、私募投资基金、资产管理计划等金融产品时，审计人员应当关注被审计单位是否通过此类投资向控股股东、其他关联方等提供资金。必要时，应穿透检查，明确最底层金融产品的资金投向，是否存在定向投资要求、投资对象是否与控股股东存在关联关系等。

（五）关注衍生金融资产会计处理

获取企业管理金融资产的业务模式的相关制度以及金融资产的合同资料，将获取的所有相关资料与实际情况进行相互印证，以确认金融资产是否符合衍生工具的特征。应当了解被审计单位对衍生金融资产的会计处理方法，包括是否将衍生金融资产指定为套期工具并采用套期会计，以及套期关系是否高度有效。

对于混合合同，审计人员应该查看相关协议，根据对主合同是否属于金融资产、嵌入衍生工具与主合同的风险敞口是否相似，嵌入衍生工具是否可能会对混合合同的现金流量产生重大变化等判断结果，考虑嵌入的衍生工具是否应从混合合同中分拆出来单独确认。

审计人员对衍生金融资产相关认定实施的检查程序包括：

1. 检查支持报告金额的协议或其他支持文件（包括被审计单位收到的有关报告金额的书面或电子形式的确认函）。

2. 检查贷款或权益协议、销售合同等，以了解这些协议或合同是否包含嵌入衍生金融工具。

3. 检查买入价格的支持文件。

4. 检查报告期后实现或结算的支持文件等。

5. 考虑套期活动，针对管理层在交易之初指定衍生金融工具为套期的，审计人员应获取指定要求和记录要求等审计证据。关注记录中是否包括套期关系、套期风险管理目标和战略、被套期交易现金流量变动风险的有效性等，以确定管理层是否遵守了适用的会计准则和相关会计制度中有关套期会计的规定。

如果被审计单位在套期策略中使用衍生金融工具，而分析程序的结果表明已发生大额的利得或损失，注册会计师应当怀疑套期的有效性，以及运用套期会计的适当性。

（六）关注对有限合伙企业投资的分类

实务中，针对有期限的有限合伙企业投资，有的被审计单位将其作为“以公允价值计量且其变动计入其他综合收益的金融资产”核算和列报，审计人员需要关注是恰当性，是否符合准则规定。

示例 6-61

2×20 年，A 公司参与成立了 B 合伙企业并作为有限合伙人，出资金额为 1000 万元，持股比例为 1%，由于没有重大影响，作为可供出售金融资产核算。B 合伙企业的约定的存续期限为 20 年。2×21 年 1 月 1 日，A 公司执行新金融工具准则，管理层认为对该项投资的持有目的不是近期出售，所以将其指定为以公允价值计量且其变动计入其他综合收益的金融资产。

审计人员了解了 A 公司对 B 合伙企业投资有关情况后，对 A 公司的处理提出了异议。审计人员认为：在本示例中，B 合伙企业的存续期限为 20 年，如果满足准则规定的其他条件，B 合伙企业的份额可能属于发行方仅在清算时才有义务向另一方按比例交付其净资产的特殊金融工具，在 B 合伙企业层面可以作为权益工具核算。但是，这类特殊金融工具属于有限寿命主体，并不满足权益工具的定义，所以 A 公司不能将其指定为以公允价值计量且其变动计入其他综合收益的金融资产，只能作为以公允价值计量且其变动计入当期损益的金融资产。

（七）实施函证程序证实交易性金融资产的真实性

被审计单位拥有的库存证券，应当参照货币资金、应收票据等科目实施监盘程序，编制“库存有价证券盘点表”，以确认期末有价证券的存在性。但是，现代证券市场已经实现了无纸化交易，证券持有人需要委托专门的证券经营机构代理，以及金融机构托管有价证券，通过监盘程序难以证实余额的存在性。因此，函证程序十分重要。实务中，审计人员可向下列机构函证：

1. 向证券公司函证

该函证为专项函证，函证信息包括：证券名称、数量、期末金额；资金账户期末存款余额，以及是否受到限制；账户操作人员；证券是否被质押等信息。

示例 6-62

有价证券询证函（适用于股票、基金）

函证编号：

______（公司）：

本公司聘请的 ×× 会计师事务所（特殊普通合伙）正在对本公司年度财务报表进行审计，按照中国注册会计师审计准则的要求，应当询证贵公司代理本公司办理的有价证券交易等事项。下列信息出自本公司账簿记录，如与贵公司记录相符，请在本函下端“信息证明无误”处签章证明；如有不符，请在“信息不符”处列明不符金额。回函请直接寄至 ×× 会计师事务所（特殊普通合伙）××× 注册会计师。

地址：　　　　　　　　　　　　邮编：

电话：　　　　　　　　　　　　传真：

1. 截至______年____月____日，本公司持有的有价证券列示如下：

资金账户名称及资金账号	股东账户名称及股东账号	证券代码	证券名称	计量单位	数量	币种	期末市价

2. 本公司投资被贵公司做质押和回购情况

资金卡账户______年________月________日的存款余额为：______________元。

同时，请贵公司根据本公司投资的实际情况确认下述事项：

（1）本公司在贵公司________________________营业部以________公司股东账户名称（股东账号为_________________）开设_____________________（资金账号），此账号属于经纪类客户。在此账号中进行的投资行为均为本公司业务人员操作。

（2）该股东账户名下不存在子账户。

（3）该资金账号的资金余额调回不受任何限制，可由本公司随时支取。

（4）其他：____。

本函仅为复核账目之用，请及时复函为盼。

______公司（盖章）

____年___月___日

====================== 以下由被询证方填写 ======================

结论：

1. 信息证明无误。	2. 信息不符，请列明不符项目及具体内容。
（公司盖章） 日期：____年___月___日 经办人：	（公司盖章） 日期：____年___月___日 经办人：

注：若是审计人员亲自前往询证，请列示以下内容：

上述事项由审计人员________在被审计单位员工______陪同下于______年________月________日前往__________________________（被询证单位名称、地址）进行询证。

陪同人员 1:________（签章）　　审计人员 1:________（签章）
陪同人员 2:________（签章）　　审计人员 2:________（签章）

示例 6-63

有价证券询证函（适用于债券）

函证编号：

______（公司）：

本公司聘请的 ×× 会计师事务所（特殊普通合伙）正在对本公司年度财务报表进行审计，按照中国注册会计师审计准则的要求，应当询证贵公司代理本公司办理的有价证券交易等事项。下列信息出自本公司账簿记录，如与贵公司记录相符，请在本函下端“信息证明无误”处签章证明；如有不符，请在“信息不符”处列明不符金额。回函请直接寄至 ×× 会计师事务所（特殊普通合伙）××× 注册会计师。

地址：　　邮编：
电话：　　传真：

1. 截至 ×××× 年 ×× 月 ×× 日，本公司持有的有价证券列示如下：

单位：元

资金账户名称及资金账号	股东账户名称及股东账号	证券代码	证券名称	计量单位	数量	面值	到期日	票面利率	期末应收本金	期末应收利息	期末市价

2. 本公司投资被贵公司做质押和回购情况

资金卡账户_____年____月___日的存款余额为：_____________元。

同时，请贵公司根据本公司投资的实际情况确认下述事项：

1. 本公司在贵公司______________营业部以____公司股东账户名称（股东账号为）开设________（资金账号），此账号属于经纪类客户。在此账号中进行的投资行为均为本公司业务人员操作。

2. 该股东账户名下不存在子账户。

3. 该资金账号的资金余额调回不受任何限制，可由本公司随时支取。

4. 其他：________________________________。

本函仅为复核账目之用，请及时复函为盼。

______公司（盖章）

________年_____月_____日

====================== 以下由被询证方填写 ======================

结论：

1. 信息证明无误。 （公司盖章） 日期：____年___月___日 经办人：	2. 信息不符，请列明不符项目及具体内容。 （公司盖章） 日期：____年___月___日 经办人：

注：若是审计人员亲自前往询证，请列示以下内容：

上述事项由审计人员________在被审计单位员工_____陪同下于______年月________日前往__________________________（被询证单位名称、地址）进行询证。

陪同人员 1:________（签章）　　审计人员 1:________（签章）

陪同人员 2:________（签章）　　审计人员 2:________（签章）

2. 向中国证券登记结算有限责任公司函证（查询）证券数量

若被审计单位系证券公司，可以向中国证券登记结算有限责任公司上海分公司和深圳分公司查询期末客户持有证券的种类、数量、所有权状态等，并与明细账核对。若向中登公司查询结果表明有“冻结数量”，则需进一步取证有关冻结事由，并判断是否需要充分披露相关事项。

3. 代保管证券函证（由证券经销商之外第三方保管的交易性金融资产询证函）

询证函中应列明证券名称、数量、金额、所有权等事项。

因交易性金融资产种类较多，性质各异，审计人员在设计函证内容时，应当具有个性化和针对性。

示例 6-64

针对衍生金融资产，审计人员设计函证程序考虑的因素为：

第一，衍生金融资产属于非标准化产品或场外交易产品的（如远期合同、非标准化互换合同等），函证通常应发给被审计单位所持有衍生金融资产的对手单位；属于标准化产品或场内交易产品的（如期货、标准化期权等），函证通常应发给被审计单位所持有衍生金融资产的托管单位或交易商（代理商）。

第二，函证内容包括衍生金融资产的合约持仓情况、交易明细、保证金账户余额等。其中，合约持仓情况应包括合约名称、合约面值、合约份数、到期日、成交价格、资产负债表日市价、初始保证金比例等内容；交易明细应包括各份合约的损益、交割或平仓等内容；保证金账户余额应包括账户的期初余额、本期增加及减少、期末余额等内容。

（八）关注交易性金融资产披露情况

交易性金融资产除单独作为财务报表科目在附注中披露外，还应当按照《企业会计准则第 39 号——公允价值计量》的要求披露相关信息。实务中，一些被审计单位公允价值层次披露容易存在错误。例如，结构性存款业务嵌入了金融衍生产品，与汇率、利率、指数等的波动挂钩，若其存在公开市场报价或其他可参考信息，被审计单位应结合合同约定、产品类型及风险等级等信息对其进行公允价值计量，一般情况下应将结构性存款公允价值列为第二层次。又如，列报在交易性金融资产的非上市股权的公允价值采用市场法的估值技术计量，相关输入值包括市净率、流动性折价等，如果被审计单位使用该流动性折价对可观察的输入值进行调整，该调整对该金融资产的公允价值计量具有重大影响，则公允价值计量结果应当被划入第三层次的公允价值计量。

此外，被审计单位是否将超过一年到期且预期持有超过一年的以公允价值计量且其变动计入当期损益的金融资产列报于其他非流动金融资产。

四、审计案例

案例 6-25

A 公司在澳大利亚拥有一个铁矿项目，该项目是西澳最大的磁铁矿项目，项目中需要的设备和大量成本支出都必须以澳元来支付。为了降低澳元升值带来的货币风险，锁定公司位于澳洲铁矿的项目开支成本，在 2 年时间中，公司签订了 24 款外汇累计期权合约，购买的澳元累计期权合约共计 90 亿澳元。

累计期权合约是一种以合约形式买卖资产（股票、外汇、商品期货等）的金融衍生产品。这种衍生品的吸引力在于当市场上升时令投资者可以平价买到看涨的股份或资产，但是，当资产价格下跌时，投资者将损失惨重。根据签订的合约，在澳元兑美元汇率高于0.87时，A公司可以赚取差价，但每份澳元合约都有最高利润上限，当公司累计盈利达到350万美元时，合约将终止。如果该汇率低于0.87，即当汇率跌破约定的协议汇率时，投资者就必须以协议汇率购入资产，当汇率跌至0.6时，A公司将每月亏损约750万美元，总亏损超过1亿美元。即收益有限，但亏损可能是无限的。因此，公司签订的外汇累计期权合约是一种投机的工具，没有套期保值功能。最终，A公司的澳元累计期权合约亏损超过百亿港元。

案例讨论：

1. 审计人员对衍生金融资产执行审计程序时，需要重点关注被审计单位针对衍生金融资产的内部控制，检查其针对监管金融衍生品风险控制的相关风险管理办法，以及相关制度执行情况。

该案例中，造成A公司巨额亏损的直接原因是澳元的汇率波动、投行的欺诈或诱导，但深层次的问题是公司的内部控制存在问题。根据公司公告信息，澳元累积外汇期权合约是集团财务董事和财务总监私自与香港多家主要银行签订的，董事局主席并不知情。诸如这样的公司决策，理应经过由5~6人组成的投资委员会集体决定，对于标的金额较大的项目，理应必须通过董事局主席的批准。显然，A公司在签订期权澳元累计期权合约时无视授权审批制度，越权做出重大决策，导致因为个别人员的失误，造成难以挽回的损失。

2. 关注被审计单位衍生金融资产会计处理是否恰。

审计人员应关注被审计单位是否选择了风险相对小的衍生产品，如案例中签订的外汇累计期权合约有盈利的上限，但却没有止损点。同时，审计人员应关注被审计单位的衍生品的合约头寸应与实际的业务头寸是否相接近。本案例中，根据A公司预算，直至2010年铁矿开始运营，其在澳大利亚铁矿项目的各种资本开支对澳元的需求为16亿澳元，但其买入的外汇合约远超该需求。另外，审计人员应关注被审计单位对衍生金融资产的相关信息披露是否充分。本案例中，A公司在9月7日发现有关合约的问题，但直到10月20日才正式公布，在之前的半年报中根本没有提及投资外汇这项业务。

14 其他流动资产

一、重大错报风险

1. 其他流动资产分类错误，导致分类认定存在重大错报风险。例如，被审计单位将往来款列报于其他流动资产，将剩余期限在 1 年内的长期资产项目列报于其他流动资产。

2. 其他流动资产存在减值迹象但未计提减值准备，导致准确性、计价和分摊存在重大错报风险。

3. 可能通过其他流动资产的质押、担保、隐瞒收益等方式转移资金和为关联方提供资金导致舞弊风险。

二、常见审计问题

1. 未获取或者获取的分类为其他流动资产的依据不充分，导致未能发现被审计单位其他流动资产存在错报。

2. 未按照被审计单位其他流动资产核算的具体项目执行相应的审计程序。

3. 未关注长期挂账的其他流动资产的合理性，未执行进一步的审计程序。

三、审计关注要点

（一）关注其他流动资产核算内容恰当性

其他流动资产包含各种不同性质的资产，审计人员应通过询问、检查业务发生记录及其佐证资料等，了解其核算内容，并据以判断作为其他流动资产核算是否符合会计准则的规定。被审计单位其他流动资产项目主要包括以下类型：

1. 相关金融资产

符合列报于其他流动资产的金融产品是指购入期限 1 年以内且按照《企业会计准则第 22 号——金融工具确认和计量》的规定分类为以摊余成本计量的金融资产，或分类为以公允价值计量且其变动计入其他综合收益的金融资产。例如，通过 SPPI 测试的债券、结构性存款、理财产品、资管计划等。根据目前银监会的监管要求，市场上大部分结构性存款、理财产品可能难以通过 SPPI 测试。审计人员应仔细阅读产品合同条款，判断列报是否正确。

2. 合同取得成本和应收退货成本

按照《企业会计准则第 14 号——收入》的相关规定，确认为资产的合同取得成本，初始确认时摊销期限未超过一年或一个正常营业周期，列报于其他流动资产。确认为资产的应收退货成本，在一年或一个正常营业周期内出售，列报于“其他流动资产”。

3. 待抵扣进项税、待认证进项税、增值税留抵税额、预缴税金等，预计 1 年内进行抵扣或可以结转的税金列报在其他流动资产。

4. 预付摊销期 1 年内的费用支出，如预付 1 年期的房租、保险费、物业费等。

其他流动资产不应列报资金拆借、往来款以及代垫款项，这些款项应根据期限列报于其他应收款或者长期应收款。

示例 6-65

会计师事务所在审计 H 公司时，存在其他流动资产审计程序执行不到位，具体情况为：H 公司的其他流动资产主要为私募基金投资款，但审计时获取的投资合同未注明投资起始日至终止日等关键信息，亦未对此予以函证，借以判断该投资款被归类为“其他流动资产”的审计证据不充分。同时，审计底稿中未见记录该私募基金未按《私募投资基金管理人登记和基金备案办法》（中基协发［2014］1 号）以及合同约定在中国证券投资基金业协会备案的情况和原因，未见关注上述投资的合规性风险。

（二）核查其他流动资产真实性和计量准确性

针对大额其他流动资产，审计人员应当逐项检查核实发生情况，获取相关交易资料，必要时实施函证程序，关注其是否真实存在，以及价值计量是否准确。

15 债权投资和其他债权投资

一、重大错报风险

1. 未按照金融工具分类原则准确划分金融资产，从而导致债权投资 & 其他债权投资分类认定存在重大错报风险。

2. 债权投资和其他债权投资减值准备计提不恰当或不充分，从而导致债权投资 & 其他债权投资准确性、计价和分摊认定存在重大错报风险。

3. 未充分披露债权投资和其他债权投资的质押、担保情况，导致债权投资和其他债权投资列报存在重大错报风险。

4. 利用债权投资和其他债权投资转移资金或为控股股东、其他关联方提供资金，导致债权投资和其他债权投资列报存在重大错报风险。

二、常见审计问题

1. 未逐一核对合同条款，复核被审计单位合同现金流量特征是否符合本金加利息的特征，未获取被审计单位管理金融产品的业务模式的依据。

2. 未复核被审计单位预期信用减值损失计算所使用的假设、参数等是否合理。

3. 未复核被审计单位其他债权投资公允价值计量估计所使用的模型、方法是否合理，公允价值估计金额是否准确。

三、审计关注要点

（一）关注债权投资 & 其他债权投资核算内容的恰当性

债权投资和其他债权投资的金融产品主要为购入时期限 1 年以上的国债、企业债、公司债、中期票据等。根据企业管理金融资产的业务模式不同，分别确认为债权投资、其他债权投资，其中将以收取合同现金流量为目标的金融资产确认为债权投资，以摊余成本计量；将既以收取合同现金流量为目标又以出售该金融资产为目标的金融资产确认为其他债权投资，以公允价值计量。审计人员在对债权投资和其他债权投资进行审计时，需关注下列事项：

1. 就管理层管理金融资产的业务目标、业务模式以及对合同现金流量特征的评估获取书面声明，考虑管理层对合同现金流量特征的评估是否恰当。

2. 向管理层询问，考虑管理层以前所述的管理金融资产的业务目标、业务模式的实际情况，关注考虑管理层划分为债权投资 & 其他债权投资的理由。

3. 检查包括预算、会议纪要、购买金融产品的相关协议等文件资料，关注是否存在不符合基本借贷安排的其他特殊安排。例如，利率与外汇、商品价格挂钩、不含有除基本借贷风险以外的其他风险（例如转股条款、参与经营、参与利润分享等）、基础资产入池或退出时无折溢价或存续时杠杆交易策略等。对于理财产品、信托产品、资管产品等，审计人员应穿透至底层资产进行判断。

（二）关注其他债权投资公允价值的计量是否准确

关注其公允价值的确定方法，依据是否充分，前后期是否保持一致，如果确定方法前后期不一致，应进一步了解导致前后期不一致的理由是否充分。当其他债权投资无活跃市场报价时，应评估被审计单位所使用的估值技术是否恰当、输入值是否合理、计算是否正确，必要时考虑利用专家工作；

（三）关注债权投资、其他债权投资与交易性金融资产等相互重分类的依据是否充分

企业通常不会轻易改变其管理金融资产的业务模式，当审计人员发现被审计单位存在债权投资、其他债权投资与交易性金融资产等相互重分类的情形时，应保持应有的职业怀疑，并关注其内外部环境发生的重大变化。在审计证据方面，企业管理金融资产业务模式的变更必须由企业的高级管理层进行决策，并形成书面记录。

（四）关注预期信用损失三阶段划分标准是否恰当

金融工具发生信用减值的过程划分为三阶段，企业应按照准则的规定评估资产负债表日金融工具信用风险的变化以及信用减值所处的阶段。审计人员应了解被审计单位评估时考虑的因素、信用风险显著增加的判断标准、如何定义违约、

如何定义已发生信用减值，判断被审计单位的评估是否合理，是否有证据支持。

示例 6-66

甲公司是一家大型全国性物流上市公司，乙公司购买了甲公司发行的债券。乙公司在初始确认时认为：债券的违约风险较低，并且甲公司在短期内具有较强的偿债能力。长期来看，经济形势和经营环境存在发生不利变化的可能，但未必一定导致甲公司偿付该债券能力降低。因此，乙公司对该债券内部信用评级等同于国际信用评级的投资级。并将该债券认定为具有较低信用风险而简化处理。

资产负债表日，甲公司营业收入同比下降 20%，营业利润同比下降 12%。外部评级仍保持 AA 级。债券价格显著下跌，导致到期收益率增高。乙公司认为市场环境没有改变，与其同行业企业发行债券比较发现，债券价格下跌是甲公司特有因素导致的。乙公司据此判断该债券价格的下跌是甲公司信用风险增加引起的。尽管甲公司目前尚能履行合同义务进行偿付，但其所处的不利经济形势和经营环境导致了重大不确定性因素，增加了债券的违约风险。因此，乙公司评估该债券自初始确认后信用风险已显著增加。

审计人员应获取乙公司进行上述评估时所取得的依据，包括甲公司的财务报表、乙公司分析甲公司同行业债券价格比较的相关资料等。审计人员应判断乙公司的分析是否合理，其所依据的资料是否能支持评估结果，必要时审计人员应从其他途径获取相关信息与乙公司的资料相映证。

（五）关注预期信用损失的计量是否准确

审计人员应了解被审计单位计量预期信用损失所采用的方法以及相关假设、参数，并获取相应依据和计算过程。审计人员应结合企业会计准则的规定，独立复核被审计单位所使用的模型、参数、假设是否合理，依据是否充分。如果被审计单位聘请专业机构进行测算，应获取相关测算依据并复核所使用的模型、参数、假设的合理性，不能完全依赖该专业机构的报告。债权投资预期信用损失计量主要采用违约概率 / 违约损失率法和直接损失率法。

1. 违约概率 / 违约损失率法

违约概率 / 违约损失率法公式：$ECL=PD \times LGD \times EAD$

违约概率 / 违约损失率法计算涉及三个参数，即违约概率、违约损失率和违约风险余额。审计人员应了解计算三项参数所使用的方法以及在这些方法下所使用的内部和外部的各种数据来源，包括：关于信用损失的企业内部历史经验、内部评级、其他企业的信用损失经验、外部评级、外部报告和外部统计数据等，如表

6–35 所示。

表 6–35 违约概率、违约损失率常用方法

违约概率计算方法	违约损失率计算方法
1. 建立内部评级模型，通过违约概率校准、内部评级迁移矩阵、映射外部评级主标尺（或历史违约率）等方法来估计违约概率； 2. 基于外部评级结果和外部评级主标尺（或历史违约率）确定违约概率； 3. 基于历史数据，通过滚动率分析或账龄分析法估计违约概率； 4. 在没有充足历史数据的情况下，基于行业基准和专家判断对违约概率进行合理估计； 5. 其他合理方法	1. 建立违约损失率模型，如统计模型、瀑布模型或结构模型等，估计资产的违约损失率； 2. 基于历史数据，根据债项的风险特征进行分类，将历史违约损失率的加权平均值作为违约损失率的参考； 3. 在历史数据不充足的情况下，可考虑基于行业基准违约损失率，根据债项和风险缓释工具的特征进行适当调整； 4. 可基于专家判断对违约损失率进行合理估计； 5. 其他合理方法

如果被审计单位使用模型计算违约概率或违约损失，审计人员应评估该模型的合理性，是否偏离行业所采用的通用方法。

2. 直接损失率法

对于难以估计违约概率与违约损失率的金融工具，可使用损失率方法计量预期信用损失，基于历史数据或专家判断等方式，对损失率直接进行合理估计。通常情况下，市场上销售的债券工具都有外部评级，计算违约概率和违约损失率的难度不大。审计人员应判断被审计单位债权投资核算的产品是否适用直接损失率法。

3. 前瞻性调整

会计准则规定企业在计算预期信用损失时，应当考虑无须付出不必要的额外成本或努力即可获取的前瞻性信息，包括但不限于宏观经济因素、行业政策和行业环境等，可以根据前瞻性信息对违约概率、违约损失率、损失率等参数进行调整，也可以直接调整预期信用损失的计量结果。审计人员应了解被审计单位对前瞻性信息的考虑和依据，并判断调整是否合理。

4. 方法连贯性和稳定性

关注被审计单位预期信用损失计提方法是否保持连贯和稳定。企业会计准则规定除非取得新信息、积累更多经验，使得新的计量方法能够更好地反映金融工具的预期信用损失，或法律法规有新的规定，否则一经确定不得随意变更。如果被审计单位变更了预期信用损失计量方法，审计人员应获取新的计量方法能够更好地反映金融工具的预期信用损失的审计证据。

16 长期股权投资

一、重大错报风险

1. 为了满足经营业绩等需要，错误划分或随意调节股权投资工具的类别，导致长期股权投资分类、准确性、计价和分摊认定存在重大错报风险。例如，被审计单位将本应分类为其他权益工具投资的投资分类为权益法核算的长期股权投资；将不满足控制条件的被投资单位纳入合并范围或未将满足控制条件的被投资单位纳入合并范围；持股比例未发生变化，通过增加或减少派出董事人数而改变长期股权投资核算方法。

2. 长期股权投资初始计量不准确，导致长期股权投资存在性、准确性、计价和分摊认定存在重大错报风险。例如，以实物、股权出资相关公允价值估计不准确；同一控制和非同一控制合并类型划分错误等。

3. 未正确抵销与联营企业之间的内部交易导致财务报表存在重大错报风险。例如，被审计的单位向联营企业购买其持有的子公司股权，该子公司构成业务。在对该交易进行会计处理时，错误地将联营企业因该交易形成的利得按持股比例予以抵销，同时错误地抵减了购买该子公司形成的商誉；被审计单位在确认联营企业的净亏损时，错误地将长期股权投资的账面价值冲减为负数。

4. 少计提或不计提长期股权投资减值准备操纵利润，导致长期股权投资准确性、计价和分摊认定存在重大错报风险。

5. 通过处置长期股权投资调节利润，导致长期股权投资的完整性、截止性认定存在重大错报风险。例如，被审计单位为了业绩要求可能会在临近资产负债表日提前确认处置股权投资损益，或向关联方转让股权。

6. 通过转让长期股权投资获取借款或者抵押、担保，导致长期股权投资列报存在重大错报风险。

7. 通过长期股权投资转移资金或关联方资金占用导致长期股权投资列报存在重大错报风险。例如，通过投资于多层的有限合伙企业、资管产品等向控股股东实际控制的主体或其他关联方进行投资以转移资金。

8. 未充分披露相关信息，导致财务报表列报存在重大错报风险。例如，未披露构成控制、重大影响的依据，未披露期后处置子公司、联营或合营企业股权重大事项等。

二、常见审计问题

1. 未获取被审计单位长期股权投资的分类依据，或对长期股权投资分类判断错误，导致未发现被审计单位长期股权投资分类错误。例如，仅获取章程，依据章程中表决权比例即认可被审计单位控制的判断，未结合投资目的、交易实质以及是否存在其他影响可变回报的安排等因素；连续审计时未获取最新的长期股权投资相关协议、章程等资料，导致未发现被审计单位对被审计单位的影响程度已发生实质性变化的情况。

2. 未对长期股权投资的异常情况保持必要的怀疑态度，导致未能发现被投资单位长期股权投资可能存在的错报。例如，长期未实缴注册资本；进行权益性投资的同时提供大额的债权性投资等。

3. 对被审计单位初始确认和计量审计程序执行不充分，导致未发现被审计单位长期股权投资初始确认和计量存在错报。

4. 未复核被审计单位长期股权投资减值准备计提所采用的方法、假设、参数等合理性和准确性，导致未能发现被审计单位减值计提存在的错报。

5. 未关注被审计单位处置股权的真实性和会计处理的准确性，导致未发现被审计单位处置股权存在的错报。

6. 未分析被审计单位长期股权投资的商业合理性，未对被审计单位投资项目进行穿透审计，导致未能发现被审计单位通过转移资金或关联方资金占用。例如，审计人员未关注被审计单位股权投资款经被投资企业流入被审计单位关联方的事项，且未执行有效审计程序。

三、审计关注要点

（一）获取长期股权投资相关原始资料

审计人员应获取被审计单位股权投资协议、投资合同、章程、工商登记情况、股东大会决议、董事会决议、相关会议纪要等资料。此外，还可通过调阅工商底档或从国家企业信用信息公示系统、天眼查、企查查等网站查询被投资单位的股东信息、出资情况、经营状态，若查询结果与被审计单位提供信息不一致，应进一步执行程序落实原因。

被审计单位为公开披露信息的公司（如上市公司），或审计人员认为有必要，可通过天眼查、企查查等信用网站追查被投资单位的其他股东身份，是否与被审计单位及其控股股东、其他关联方存在关联关系。

对于连续审计业务，获取最新的工商登记资料等信息，确定被审计单位股权投资情况是否存在变化。例如，由于被审计单位一直未实际出资，已被股东会决议中止资格，被审计单位仍列报该长期股权投资，若审计人员未获取最新的工商信息资料无法发现该错报。

示例 6–67

2004 年 12 月，成城股份（600247）发布公告称公司签署了《安华农业保险股份有限公司发起人协议书》，拟出资 5 000 万元认购安华农业保险股份有限公司 20% 股权。在 2004~2012 年度财务报告中，成城股份一直披露对安华保险的长期股权投资金额为 5 000 万元。2005 年，因成城股份一直未履行出资义务，安华保险已足额出资的股东通过股东会决议中止成城股份的股东资格。

会计师事务所在审计过程中，执行审计程序不到位，未能发现成城股份股东资格被中止及其对财务报表的影响。一是未能保持职业谨慎，对异常迹象未予以充分关注。审计人员获取的"机读档案登记资料"显示安华保险实收资本为 41 000 万元，股东成城股份出资 5 000 万元，该工商登记资料显示的最后一次年检时间为 2009 年 5 月 7 日。审计人员并未对 2009~2011 年的变动情况执行进一步的审计程序。二是未关注成成股份对安华保险的实际出资情况。成城股份对安华保险的长期股权投资 5 000 万元并未实际完成出资，其中未出资的 3 900 万元一直在"内部往来 – 安华保险公司"挂账，已经超过 5 年，审计人员未针对该异常情况实施进一步审计程序。三是未采取有效措施获取进一步审计证据，例如询问管理层、向安华保险函、结合安华保险历年分配情况分析长期股权投资后续计量的准确性等。

综上所述，对于成城股份就该笔初始投资会计处理的异常，以及 2011 年在安华保险实收资本发生重大变化的情况下，会计师事务所未实施必要的审计程序，导致未发现成城股份对安华保险的 100 万元原始投资虚假记账为 5 000 万元的情况。

资料来源：中国证监会网站。

（二）关注长期股权投资分类的恰当性

权益工具投资通常分为三类：第一，能够控制被投资企业，按照成本法核算的长期股权投资；第二，能够对被投资单位实施重大影响，按照权益法核算的长期股权投资；第三，不属于前述两种情形，列报于金融资产的权益工具投资。

不同的分类将导致被审计单位个别报表和合并报表产生重大差异，审计人员应仔细核对被投资单位公司章程、投资协议及其他相关协议关于权利、利润分配、违约责任、回购义务等约定，检查被审计单位对股权投资的分类是否符合企业会计准则的规定。

具有控制权的长期股权投资，以控制的三要素作为判断标准。

具有重大影响的长期股权投资，是指投资方对被投资单位的财务和经营政策有参与制定和决策的权力，但并不能够控制或者与其他方一起共同控制这些政策的制定。判断重大影响应综合表决权比例和实质性参与决策权力判断。多数情况下表决权比例超过 20% 的投资方能相应拥有实质性参与决策权力，对被投资企业存在重大影响。但也存在一些特殊安排使得表决权比例超过 20% 的投资方未获得实质性参与决策权力。重大影响的判断关键是分析投资方是否有实质性的参与权而不是决定权。投资方有权力向被投资单位委派董事，一般可认为对被投资单位具有重大影响，除非有明确的证据表明其不能参与被投资单位的财务和经营决策。投资方向被投资单位派驻了董事，但存在明确的证据表明其不能实际参与被投资单位的财务和经营决策时，不应认定为对被投资单位具有重大影响，例如，存在被投资单位控股股东等积极反对投资方欲对其施加影响的事实，可能表明投资方不能实质参与被投资单位的经营决策。一般而言，在被投资单位的股权结构以及投资方的持股比例等未发生实质变化的情况下，投资方不应在不同的会计期间，就是否对被投资单位具有重大影响，作出不同的会计判断。

审计人员应结合被审计单位的具体情况、章程中关于重大事项决策权的约定，综合分析被审计单位是否拥有对其投资单位具有重大影响的权力以及是否存在明显影响其不能实质参与决策的证据。实务中，一些投资协议存在回售条款，即投资方除拥有与普通股股东一致的投票权及分红权等权利之外，还拥有一项回售权。对于此类投资，应首先分析被审计单位是否对被投资单位存在重大影响，再分析回售条款触发回售的条件以及回售价格是否满足金融工具列报准则权益工具的定义。

（三）关注企业合并方式取得的长期股权投资

1. 关注合并类型认定

同一控制企业合并和非同一控制企业合并取得的长期股权投资初始成本确认会计处理不一致，两种合并类型呈现不同的会计结果。被审计单位有时会选择有利于其自身利益目标的合并类型进行会计处理。审计人员应检查被审计单位判断合并类型的依据，确定是否符合会计准则的规定。除了检查前述基本资料外，还应了解被审计单位与被投资单位合并前后股权结构，历史股权变化情况、其他投资方的身份，投资时间长短等，综合评估确定被审计单位对合并类型的判断是否正确。以下是合并类型判断的一些特殊情形：

（1）短期内出售新合并的被投资单位

有的被审计单位通过资产置换等形式获得控股股东的优质资产、主营业务或子公司股权，然后在不到一年的时间内再将该优质资产、主营业务或股权对外出售，从而实现收益、创造利润，达到扭亏为盈的目的。

例如，某些交易中，集团出于内部重组目的设立一个新主体，新主体作为合并方取得同一集团内其他部分公司的控制权，且集团拟短期内将新主体对外出售。在这种情况下，新主体取得集团内其他公司控制权的交易能否作为同一控制下的企业合并处理，取决于新主体的合并财务报表是作为原控股股东的延伸还是作为新控股股东的延伸。如果集团内部重组交易完全由原控股股东主导，无论其在一年内能否成功将新主体出售，该重组交易均不会被撤销，则新主体的合并财务报表作为原控股股东的延伸，按照同一控制下企业合并处理较为合理。反之，如果该重组交易与原控股股东后续丧失对新主体的控制权的交易互为前提，构成“一揽子交易”，若原控股股东最终未将新主体成功出售，新主体取得集团内其他公司控制权的交易将全部撤销的情况下，则新主体的合并财务报表作为新控股股东的延伸，按照非同一控制下企业合并处理较为合理。

（2）家族内成员之间转让股权

同一控制下企业合并是指参与合并的企业在合并前后均受同一方或相同的多方最终控制且该控制并非暂时性的企业合并。对于同一控制下的企业合并，可将其看作是两个或多个参与合并企业权益的重新整合，原因在于从最终控制方的角度来看，该类企业合并一定程度上并不会造成构成企业集团整体的经济利益流入和流出，最终控制方在合并前后实际控制的经济资源并没有发生变化。

对于家庭成员之间的股权转让一般不能直接认定为同一控制下企业合并，审计人员应关注交易的商业实质，如果依据实质重于形式的原则得出“代持归位”的结论，则需要获取充分的证据，综合公司设立时的资金来源、交易的股权对应的决策权的行使情况、交易价格的确定等因素综合判断。

2. 关注合并日的认定

购买日是购买方获得对被购买方控制权的日期，即企业合并交易进行过程中，发生控制权转移的日期。确定购买日的基本原则是控制权转移的时点。审计人员在实务操作中，应当结合合并合同或协议的约定及其他有关的影响因素，按照实质重于形式的原则进行判断。同时满足了以下条件时，一般可认为实现了控制权的转移，形成购买日。

（1）企业合并合同或协议已获股东大会等内部权力机构通过。企业合并一般涉及的交易规模较大，该交易或事项应经过企业的内部权力机构批准，如对于股份有限公司，其内部权力机构一般指股东大会。

（2）按照规定，合并事项需要经过国家有关主管部门审批的，已获得相关部门的批准。

（3）参与合并各方已办理了必要的财产权交接手续。作为购买方，其通过企业合并无论是取得对被购买方的股权还是取得被购买方的全部净资产，能够形成与取得股权或净资产相关的风险和报酬的转移，一般需办理相关的财产权交接手续，从而从法律上保障有关风险和报酬的转移。

（4）购买方已支付了购买价款的大部分（一般应超过50%），并且有能力、有计划支付剩余款项。

（5）购买方实际上已经控制了被购买方的财务和经营政策，享有相应的收益并承担相应的风险。

审计人员应取得股权转让等协议、董事会或股东大会决议、监管机构的审批或备案文件、价款支付凭证、董事会改选记录、财产过户交割文件、工商登记变更资料等相关证据，从而判断合并日的确定是否符合准则规定。

3. 关注业绩补偿会计处理

非同一控制企业合并交易存在业绩补偿约定时，审计人员应关注被审计单位或有对价的相关会计处理是否符合企业会计准则的规定。

（1）或有对价初始和后续公允价值计量。购买方在购买日和后续资产负债表日确定或有对价的公允价值时，应当综合考虑标的企业未来业绩预测情况、或有对价支付方信用风险及偿付能力、其他方连带担保责任、货币时间价值等因素。涉及股份补偿的，或有对价的公允价值应当以根据协议确定的补偿股份数，乘以或有对价确认时该股份的市价（而非购买协议中约定的发行价格）计算，并同时考虑上述因素。值得注意的是，或有对价公允价值的变化即使发生在购买日后12个月内，也不属于计量期间的调整事项，不应对购买日合并成本及商誉的金额进行调整。审计人员应获取被审计单位上述公允价值计量依据，符合被审计单位或有对价公允价值计量是否合理。

（2）或有对价的结算方式。实务中，或有对价结算方式有以自身股份结算有对价、以标的公司少数股权结算、向股权转让方以外的标的公司其他股东支付业绩补偿等。审计人员应根据不同结算方式，按照企业会计准则的规定检查被审计单位或有对价应作为权益工具核算还是金融资产核算。需要注意或有对价构成金融资产的，该金融资产应当分类为以公允价值计量且其变动计入当期损益的金融资产，通常列报为交易性金融资产，不应分类为以摊余成本计量的金融资产，并列报为其他应收款。

（四）关注异常股权投资的商业合理性

正常的投资业务具有符合投资逻辑的商业合理性，构造的交易通常存在不符合常理之处。对于缺乏商业合理性的投资，审计人员应保持警觉，考虑是否可能是舞弊或关联方资金占用等。例如，以下情形可能都表明缺乏商业合理性：

1. 投资单位的主营业务与被审计单位主营业务或战略目标不一致。

2. 被投资单位经营状况不佳，如没有实际经营业务；没有固定员工或员工极少。

3. 长期未实缴出资或支付投资款但未办理工商登记。例如，上市公司作为有限合伙人出资参与产业投资基金等有限合伙企业，投资金额重大，且上市公司与被投资企业的其他股东存在关联方关系。上市公司支付投资款后，一直未办理工商登记，后续以投资款可能被其他合伙人挪用为由，对投资全额计提减值，导致财务报表确认大额资产减值损失。

4. 交易价格明显不合理。

（五）关注具有重大性的联营企业及合营企业审计方式

获取具有财务重大性的联营企业、合营企业经审计的财务报表，如果未经其他注册会计师审计，则应考虑对被投资单位的财务报表实施适当的审计或审阅程序。若经评估，该项被投资单位构成重要组成部分，应按照《注册会计师审计准则第 1401 号——对集团财务报表审计的特殊考虑》执行相关审计程序。

示例 6-68

截至 2019 年 12 月 31 日，合纵科技（000925）对联营企业天津茂联的投资款 46 254.56 万元和担保金额 43 000.00 万元，合计 89 254.56 万元，占其净资产的 44.51%，占比较大，可能存在导致集团财务报表发生重大错报的特别风险。会计师事务所未对天津茂联是否构成重要组成部分作出评估，仅基于天津茂联未经审计的财务报表净利润进行权益法核算。

资料来源：巨潮资讯网站。

（六）关注长期股权投资减值情况

了解被投资企业基本信息、经营状况、财务状况以及管理层对被投资单位经营状况和财务状况的评估，识别长期股权投资减值迹象。例如，了解被投资单位的规模、性质（国有、民营、上市公司）、工商登记状态（开业、注销）、营业范围、营业状况等。财务状况相关资料主要包括财务报表、审计报告等。必要时，审计人员可通过企查查、天眼查等网络工具验证被审计单位提供的被投资企业的基本信息和经营状况是否属实，检查管理层提供资料是否足以支持其做出的结论。如果被审计单位无法提供被投资单位相关经营状况、财务状况资料，审计人员应考虑对审计意见的影响。

审计人员可结合期后事项审计程序，了解是否存在被审计单位长期股权投资可能已存在减值迹象的事项。例如，资产负债日后审计报告日前，被审计单位以低于账面价值价格出售股权。

若存在减值迹象，审计人员应复核被审计单位减值准备测算过程、检查被审计单位所使用的模型、相关假设、参数等依据是否合理，计算是否正确。对于重要的股权投资减值准备，应取得专业评估机构的评估报告。同时，复核评估机构评估所使用的模型、方法、假设、参数等合理性和准确性，不能仅依赖评估机构的报告。

示例 6-69

上市公司 A 持有联营企业 B 公司 48% 的股权，2021 年 12 月 31 日长期股权投资账面价值 2238 万元，2021 年 12 月 31 日 A 董事会决议通过转让 B 公司 21% 的股权议案，披露的转让价格 875 万元。2022 年 1 月，A 公司办理完股权转让过户等手续。A 公司 2021 年 12 月 31 日未计提长期股权投资减值准备，理由是其控股股东 C 集团为其出具未签署日期的《承诺函》保证：若日后 A 公司所持有的 B 公司股权投资可回收金额低于 2021 年 12 月 31 日账面价值，由 C 集团补足给 A 公司以保证上市公司利益。A 公司的审计师将该《承诺函》作为 A 公司 2021 年 12 月 31 日不计提长期股权投资减值准备的审计证据，认可了 A 公司的会计处理。

本示例中，会计师事务所存在以下问题：

一是未适当考虑期后事项对评估长期股权投资减值的影响。A 公司于 2022 年 1 月出售了其持有的 B 公司 48% 股权中的 21%。出售时间与资产负债表日（2021 年 12 月 31 日）非常接近，该期后事项是长期股权投资于资产负债表日已发生减值的明显迹象。审计人员应当关注上述减值迹象，分析判断是否应计提减值准备，并将评估和判断的依据和结论记录在审计工作中底稿中。

二是未保持职业怀疑和应有的谨慎。C 集团对 A 公司可回收金额的保证并不影响长期股权投资存在减值的事实，不构成不计提资产减值准备的依据。此外，该承诺函存在一些程序性瑕疵：承诺函出具日期空白；A 公司没有公告该承诺函；C 集团履行承诺的能力及亿元不明确。上述情况说明审计人员在长期股权投资审计中缺乏应有的职业怀疑，未审慎评价审计证据，基于不适当的审计证据得出审计结论，违反了审计准则的有关规定。

（七）关注长期股权投资处置

一方面，关注股权处置交易的真实性。实务中，一些被审计单位为了融资或是经营业绩需要，可能会利用处置股权投资调节报表数据。例如，通过减少股权比例，将长期股权投资由成本法转为权益法核算，或改为金融资产。又如，以转让股权方式取得借款。如股权转让协议明确约定以购买成本加资金成本回购，则该转让行为可能实质为质押借款。审计人员应逐一核对被审计单位处置长期股权投资协议的主要条款，检查是否存在特殊约定。如果对处置的合理性存在疑虑，该处置对被审计单位报表产生较大影响，还应考虑向交易对手方函证、了解交易对手方的身份是否为被审计单位的关联方。另外，关注转让时点的恰当性。审计人员应检查股权转让款支付和交割情况，判断被审计单位股权转让时点是否正确。

示例 6-70

2018 年 12 月 24 日，长城集团（300089）将所持银川长城神秘西夏医药养生基地有限公司 100% 股权转让给杭州文韬股权投资基金合伙企业（有限合伙）和杭州武略股权投资基金合伙企业（有限合伙）。2018 年 12 月 30 日，天目药业（600671）控股子公司银川天目山温泉养生养老产业有限公司与文韬基金、武略基金签订《股权转让框架协议》，拟支付 5 500 万元购买文韬基金、武略基金所持银川西夏 100% 股权。天目药业时任董事长赵非凡、总经理李祖岳、总经理助理兼银川天目执行董事翁向阳在印章使用审批单上签字。2019 年 4 月 1 日，银川天目向文韬基金、武略基金转账 5 414 万元。赵非凡、李祖岳、翁向阳在相关付款申请单上签字。相关股权尚未过户。文韬基金、武略基金由长城集团筹备并募集设立，委托代表人和管理人员叶某英、秦某义、洪某媛、郑某英等均接受赵锐勇领导和指派，相关合伙人进出、增减资、对外投资决策、资金收付均需经由赵锐勇同意才能实施，定期合伙人会议也由赵锐勇主持召开。审计人员在审计过程中，未对交易的真实性保持合理怀疑。

资料来源：中国证监会网站。

（八）其他关注事项

1. 发行费用。关注被审计单位发行费用的界定是否符合相关规定，从发行溢价中抵减的发行费用所取得的依据是否充分；“新三板”拟挂牌企业在挂牌过程中发生的审计、评估、律师等费用不得通过挂账预付账款再待发行新股时从发行溢价中抵减。

2. 未出资的股权投资。如果被审计单位存在未出资股权投资，审计人员应结合法律规定与具体合同协议安排判断被审计单位会计处理是否正确。对于投资的初始确认，合同明确规定认缴出资的时间和金额，应确认一项金融负债及相应的资产；合同没有明确的，属于一项未来的出资承诺，不确认长期股权投资和相应的负债。对于投资的后续计量，根据股东间合同协议约定，未实缴出资前即享有分红权等公司权益或承担损失的，应确认与相关分红权或承担损失相关的资产或负债；如果股东之间未做出约定，根据《公司法》，公司在实缴出资前并不享有股东权益，不应确认相关资产或负债。对于亏损部分，无论合同是否约定，根据法律规定，被投资企业的亏损已对公司形成了一项现时义务的，应确认负债。

需要注意的是，审计人员应关注未实缴出资是否已在资产负债表日后事项或其他重大事项进行披露。

3. 权益法核算的长期股权投资递延所得税的确认问题。长期股权投资权益法核算产生的税会差异是否确认递延所得税应根据其持有意图确认。如果被审计单位拟长期持有，暂时性差异预计未来期间不会转回，不应确认递延所得税。但如果被投资单位改变持有意图拟对外出售的情况下，应确认递延所得税。实务中，多数情况都不会确认递延所得税。如果确认为递延所得税，则应获取充分的审计证据。

4. 被审计单位与联营企业之间的未实现内部交易损益大于长期股权投资账面价值时，应将超出部分的未实现损益应确认为负债，该负债不代表被审计单位公司对被投资单位负有承担额外损失义务，而是一项递延的未实现收益，待实现时再结转损益。

5. 对子公司、联营企业和合营企业的抵押、担保审计人员应通过对银行函证对外担保、抵押等事项、收集贷款信息、向律师询证诉讼事项、获取公司管理声明书等方法，检查被审计单位是否对这些公司存在其他责任。

17 商誉

一、重大错报风险

1. 商誉初始计量不正确，导致商誉存在、准确性、计价和分摊认定存在重大错报风险。例如，未准确识别购买日（合并日），可辨认净资产公允价值估计不准确；未能充分识别和确认被购买方拥有的但其财务报表中未确认的无形资产等。

2. 未定期或及时进行商誉减值测试及关注特定减值迹象。例如，未至少在每年年度终了进行商誉减值测试；未充分关注商誉所在资产组或资产组组合的宏观环境、行业环境、实际经营状况及未来经营规划等因素；未合理判断商誉是否存在减值迹象。在商誉出现特定减值迹象时，未及时进行减值测试，且无合理理由；简单以并购重组相关方有业绩补偿承诺、尚在业绩补偿期间为由，不进行商誉减值测试。

3. 未合理将商誉分摊至资产组或资产组组合进行减值测试。例如，对资产组的认定不符合资产组的概念，未充分考虑资产组产生现金流入的独立性；未充分辨识与商誉相关的资产组或资产组组合，未充分考虑企业合并所产生的协同效应，简单将形成商誉时收购的子公司股权作为商誉减值测试对象；未合理对商誉账面价值进行分摊，相关分摊基础（如公允价值）的确定缺乏合理依据；未将归属于少数股东的商誉调整计入相关资产组或资产组组合账面价值；因重组等原因导致商誉所在资产组或资产组组合的构成发生改变时，未重新认定相关资产组或资产组组合并重新对商誉账面价值进行合理分摊；无合理理由随意变更商誉所在资产组或资产组组合，如商誉减值测试时的资产组或资产组组合与商誉初始确认时的不一致，或前后会计期间将商誉分摊至不同资产组或资产组组合。

4. 商誉减值测试过程和会计处理不恰当。例如，未按《企业会计准则第8号——资产减值》所规定的步骤进行商誉减值测试，未将减值金额在归属于母公司股东和少数股东的商誉之间进行分摊，未恰当计提商誉减值损失和相关资产组或资产组组合的减值损失；采用公允价值减去处置费用后的净额估计可收回金额时，对公允价值、处置费用的预测合理性不足，缺少充分、适当的证据支持；采用预计未来现金净流量的现值估计可收回金额时，资产组或资产组组合的可收回金额与其账面价值的确定基础不一致，如资产组的账面价值中未包括营运资金，但在确定可收回金额的未来现金流量时却考虑了期初营运资金的影响；对未来现金净流量、折现率、预测期的预测合理性不足，与可获取的内部、外部信息有较大差异，且缺少充分、适当的证据支持；利用资产评估机构的工作辅助开展商誉减值测试时，未聘请具有胜任能力的资产评估机构，未在业务约定书或类似文书中明确与商誉减值测试相关的委托事项，未恰当调整资产评估机构的工作成果以用于商誉减值测试。

5. 商誉减值的信息披露不充分。例如，仅简单披露商誉减值金额，未充分披露与商誉减值相关的其他重要、关键信息，披露的信息缺乏实质性内容；未如实披露与商誉减值测试相关的信息；当商誉减值损失构成重大影响时，未按公司内部制度要求，及时履行对商誉减值计提的内部审批流程和信息披露义务。

二、常见审计问题

1. 未对商誉初始确认和计量执行充分的审计程序。例如，在获取的控制时点证据不充分的情况下，认可被审计单位对购买日（合并日）的认定；以股权价值评估报告作为可辨认净资产公允价值的确认依据；未对交易价格的合理性保持职业怀疑。

2. 在识别和评估重大错报风险时，未充分关注并评估商誉账面金额及其减值风险的重要程度及不确定性程度，未将重大的商誉减值事项识别为重大错报风险领域，未考虑商誉减值事项的不确定性是否会导致特别风险。

3. 在设计风险应对措施时，未对重大的商誉减值事项设计有针对性地进一步审计程序。

4. 在实施进一步审计程序，尤其是进行细节测试时，未充分关注并复核公司在商誉减值测试过程中所做的各项职业判断（包括但不限于减值迹象分析、资产组或资产组组合的划分、减值测试方法和模型的确定、减值测试关键参数的选取、减值损失的分摊等）的合理性与恰当性，未识别可能存在的管理层偏向的迹象，也未充分考虑期后事项对商誉减值测试及其结论的影响。

5. 在利用专家的工作时，未恰当评价专家的胜任能力、专业素质和客观性，未就专家工作的内容达成一致意见，未充分复核并评价专家工作的恰当性及其对审计工作的支持程度，便直接依赖专家的工作成果。

6. 当商誉归属于集团的一个组成部分，且商誉减值事项的审计由组成部分会计师事务所实施时，未与组成部分会计师事务所保持充分、必要的沟通，未充分关注并评价组成部分审计工作的恰当性和审计证据的充分性与适当性。如果商誉减值是风险评估程序识别出的导致集团财务报表发生重大错报的特别风险，集团会计师事务所未复核组成部分会计师事务所对该特别风险形成的审计工作底稿。

7. 在形成审计报告时，未考虑将金额重大且涉及重大判断的商誉减值事项确定为关键审计事项，未在审计报告中充分描述关键审计事项的基本情况、应对措施，或描述的应对措施并未有效实施。

8. 在实施质量控制复核时，未充分关注并复核与商誉减值事项有关的审计程序与审计证据的充分性、适当性及职业判断与审计结论的恰当性。

9. 未充分关注公司财务报告对商誉减值相关重要信息的披露不充分，未充分关注公司年度报告中其他信息部分对商誉减值事项披露与财务报表、已获取的审计证据的重大不一致。

三、审计关注要点

（一）关注商誉初始确认和计量的恰当性

1. 关注合并成本的准确性

合并成本包含合并对价公允价值、因合并发生或承担的债务公允价值、或有对价的公允价值。审计人员应检查收购协议交易价格、业绩承诺、权利义务、违约责任等主要条款的约定，判断被审计单位交易价格的合理性、合并成本计算是否完整、准确。有必要时获取被收购企业股权价值评估报告。

2. 关注可辨认净资产公允价值合理性

获取被审计单位可辨认净资产公允价值的确定依据并判断依据是否合理。对于产生大额商誉情形，获取资产评估机构出的以财务报告目的的 PPA 评估报告确认被审计单位的可辨认净资产公允价值。PPA（Purchase Price Allocation，购货价格分配）评估报告，即以并购价格分配目的的评估。需要注意的是PPA报告与收购前进行的以交易或国资备案为目的的股权价值评估报告目的不同，不能混淆。审计人员在复核PPA评估报告时应注意：基准日，PPA评估报告的基准日与企业会计准则定义的合并日一致；评估对象，商誉是非独立存在的资产，通常不能作为直接评估对象，商誉的价值也不能直接作为评估目的出现在评估报告中。以合并对价分摊为目的的评估，评估对象一般表述被收购企业的可辨认资产、负债及或有负债。

复核评估结果时，审计人员需关注：

（1）评估方法及模型。PPA的评估时依据被收购企业不同的资产情况采用不同的方法，如无形资产等可能采用收益法，房产等可能采用市场法，设备等可能采用重置成本法等，很有可能是多种方法的综合运用。审计人员应利用管理层聘请的评估专家提供的工作成果，评价上述评估或估值报告的评估方法和结果的合理性，以及折现率等评估参数；检查合并对价分摊的有关会计处理及相关的披露适当性。

（2）关注WARA与WACC测试方法的运用。关注评估师在进行合并对价分摊相关评估时，是否采用了WARA和WACC相等的测试方法验证各项资产、负债评估结果的合理性，以及WARA和WACC数值的得出是否具有其内在合理性。WACC和WARA一般是近似的，其绝对值相差1%之内是可以接受的。但如果差异太大，合并对价分摊很可能出现问题，例如，可能存在未被辨认的其他无形资产、已被辨认的无形资产价值高估、资产回报率不合理等。

（3）关注相关财务指标的合理性。对于实务操作而言，WARA和WACC在数据的得出过程中存在较多的主观估计和不确定性，这会在一定程度上影响计量结果的准确性。根据公允价值计量的特点和合并对价分摊的要求，审计人员应关注资产盈利能力、风险控制能力和发展能力三方面财务指标的合理性。

资产盈利能力一般包括对毛利率和销售净利率等主要财务指标的考察；风险控制能力包括对资产负债率和流动比率两项财务指标的考察；发展能力包括对营业收入增长率和资本保值增值率两项财务指标的考察。

例如，可选取几家可比公司，逐年逐项比较目标公司某项财务指标与可比公司该项财务指标的均值。若结果大体相等，则可进一步证明各项资产、负债评估结果的合理性；若结果大相径庭，且评估师在评估说明中未给予合理的解释，则审计人员需质疑评估结果的合理性，尤其要关注无形资产的识别和估值过程。

3. 识别可辨认资产、负债

一是企业合并中取得无形资产的确认。在企业合并可辨认净资产价值确认中，无形资产的识别和确认普遍不充分。造成的直接结果是应确认为无形资产的被计入商誉，进而对购买日后上市公司的经营业绩产生影响。实务中，如果收购方支付的对价明显高于被收购方账面净资产公允价值，在确认被收购方可辨认净资产公允价值时应考虑账面未予记载的无形资产的影响。该类无形资产一般具有如下特征：源于合同性权利或其他法定权利；能够从被收购方中分离或者划分出来，并能单独或与相关合同、资产和负债一起，用于出售、转移、授予许可、租赁或交换。

二是企业合并中产生或有负债的确认。为了尽可能反映收购方因为进行企业合并可能承担的潜在义务，对于收购方在企业合并时可能需要代被收购方承担的或有负债，即使在购买日该或有负债导致经济利益流出企业的可能性还比较小，但在其公允价值能够合理确定的情况下，应该作为合并中取得的负债确认。

三是被合并方原确认商誉、递延所得税项目的处理。对于被收购方在企业合并之前已经确认的商誉和递延所得税项目，收购方在对企业合并成本进行分配、确认合并中取得可辨认资产和负债时不应予以考虑。

四是与母公司会计政策、会计估计差异的调整。因编制合并报表的需要，被收购方应按照母公司的会计政策、会计估计进行调整，如坏账准备的提取政策差异等情况。因会计政策、会计估计进行的调整，不应该调整被收购方可辨认净资产公允价值。如被收购方的坏账准备在评估时评估值为零，如果按照母公司的坏账政策计提坏账准备并调整被购买方可辨认净资产公允价值，则会使公允价值变小从而会增加商誉的价值，使之与实际情况不符。

（二）识别商誉减值迹象

审计人员应结合可获取的内部与外部信息，合理判断并识别被审计单位商誉减值迹象。当商誉所在资产组或资产组组合出现特定减值迹象时，应提请被审计单位及时进行商誉减值测试，并恰当考虑该减值迹象的影响。与商誉减值相关的前述特定减值迹象包括但不限于：

（1）现金流或经营利润持续恶化或明显低于形成商誉时的预期，特别是被收购方未实现承诺的业绩。

（2）所处行业产能过剩，相关产业政策、产品与服务的市场状况或市场竞争程度发生明显不利变化。

（3）相关业务技术壁垒较低或技术快速进步，产品与服务易被模仿或已升级换代，盈利现状难以维持。

（4）核心团队发生明显不利变化，且短期内难以恢复。

（5）与特定行政许可、特许经营资格、特定合同项目等资质存在密切关联的商誉，相关资质的市场惯例已发生变化，如放开经营资质的行政许可、特许经营或特定合同到期无法接续等。

（6）客观环境的变化导致市场投资报酬率在当期已经明显提高，且没有证据表明短期内会下降。

（7）经营所处国家或地区的风险突出，如面临外汇管制、恶性通货膨胀、宏观经济恶化等。

（三）关注减值测试的价值类型是否正确

商誉减值测试，目的是评估商誉所在资产组或资产组组合未来现金流量现值，即资产组的使用价值。实务中，不少资产评估机构以商誉减值测试为目的的评估，针对的是标的全部资产负债进行的股东权益评估，即企业价值评估。两者在评估目的、资产范围、评估方法、参数选择、评估结果等方面存在较大差异，企业价值评估主要用于产权交易定价，资产组的使用价值评估是企业合并产生商誉后续计量的会计行为，服务于企业商誉减值测试，审计人员直接利用企业价值评估结果严重违反准则规定，将导致商誉减值测试出现原则性、系统性错误。

示例 6-71

宝馨科技（002514）披露的 2016 年度财务报告显示，对收购南京友智科技有限公司形成的商誉 3.64 亿元进行减值测试后，认为不减值并经会计师事务所审计认可，未计提减值损失。2017 年，该公司更换会计师事务所，后任注册会计师认为应当将南京友智科技有限公司整体股东权益，即企业价值作为资产组进行减值测试，测试后商誉减值 9 766 万元，并作为会计差错更正调整了 2016 年度财务报表，导致上市公司 2016 年由亏损 0.81 亿元，增至亏损 1.79 亿元。

2019 年 3 月，证券监管部门对后任会计师事务所及签字注册会计师出具了警示函的行政监管措施，原因为注册会计师在商誉减值审计中，未充分辨识与商誉相关的资产组，即商誉减值测试的价值类型认定不当，使得错误地更正了上市公司前期财务报表。该案例说明，商誉减值测试价值类型选择不当，将对减值测试的结果产生极其重大的影响。

资料来源：中国证监会网站。

（四）关注资产组划分是否合理，前后期是否一致

1. 确定资产组的数量合理性

资产组是独立于其他资产或资产组合所产生现金流入的最小可辨认资产组合，即资产组应当符合“业务”的定义，具备完整的投入、加工处理过程和产出能力。确定资产组时，可以参照《企业会计准则第 35 号——分部报告》关于业务分部和地区分部的划分方法，但资产组不应当大于分部报告，资产组数量需要

持续评估。

（1）企业合并日，应当将被收购资产划分为一个或一个以上的资产组。若被收购单位本身有商誉，需要考虑是否至少划分为一个以上资产组。

（2）被审计单位后续经营中，除原有业务产能扩大、升级改造，或者具有上下游关系及协同效应外，与原有业务无关的再并购、再投资形成的资产，不应纳入原有资产组测试范围，以防范不相关的资产组弥补抵减原资产组已发生减值的情形。需要注意的是，同一管理层并不是无关的不同资产组合并的充分理由。

（3）因吸收合并等重组原因，原有资产组发生变化，应当将商誉重新分摊至受影响的资产组。

2. 确定资产组的“资产”构成范围的恰当性

实务中，关于不包含商誉的资产组具体范围有三种做法：一是以整体资产负债，即全部净资产作为资产组。二是以固定资产、无形资产等长期资产与相关的流动资产和流动负债作为资产组，即长期资产 + 初始营运资金。这种做法之所以将运营资金作为资产组的组成部分，可理解为仅有长期资产是不能产生现金流量的，必须要有运营资金的推动长期资产才能发挥作用。三是只包括相关的长期资产。这种做法将运营资金视为企业经营必须要垫付的资金，即资产组产生的现金流量有部分不能收到现金，如确认收入后形成部分应收账款等，类似于现金流量表中经营活动产生的现金净流量，因此在计算现金流现值时必须扣除该部分垫付的资金。

前述三种做法，其资产组的范围逐步缩小。第一种方法实际为股东权益评估，显然不符合准则规定，因此后两种方法使用较多。从准则规定看，第三种方法更符合准则规定，也与资产组是“最小现金产出单元”的内涵相符，这是因为：一方面，资产组的经济属性是生产资料，运营资金并非直接的生产资料。资产组的可收回金额是站在测试日，计算资产组未来净现金流入，而货币资金、应收账款在测试日已经是货币性资产，是资产组过去产生的已经或尚未流入的现金，存货则将通过未来变现，体现在未来预测的现金流入之中，因此，将货币资金、应收账款、存货等营运资金作为资产组构成要素值得商榷。另一方面，若将运营资金包含于资产组，则资产组将不断变化，导致不符合准则“对于同一资产或资产类别所认定的现金产出单元在各期间应保持一致”的规定。

国际会计准则规定：现金产出单元（即资产组）的账面金额，仅包括下列资产的账面金额，即直接归属于、或能在合理和一致的基础上分摊到该现金产出单元，并且能产生估计该现金产出单元使用价值时所使用的未来现金流量流入，并且不包括已确认负债的账面金额，除非不考虑该负债就无法计量现金产出单元的可收回金额。

第三种方法确定的资产组账面金额，通常小于包含运营资金的资产组金额，但同时需要将未来现金净流入中扣除初始运营资产，即可收回金额和资产组账面金额同时减小，两种方法的结果一致。

3. 特殊行业资产组的考虑

某些特殊行业的资产组构成，可能不同于一般企业，需要具体分析。例如，金融行业，贷款资产为生息资产，具有生产资料的属性，显然属于资产组的资产构成范围。

（五）关注商誉分摊至资产组的方法是否合理

若有一个以上的资产组，则需要将商誉分摊至不同的资产组。被审计单位应在充分考虑能够受益于企业合并的协同效应的资产组或资产组组合基础上，将商誉账面价值按各资产组或资产组组合的公允价值所占比例进行分摊。

（六）关注可收回金额预测期间是否恰当

资产组包含的主要固定资产、无形资产的持续经营期间有三种情形：一是具有明确的经营期间，包括约定了期限的特许经营权，以及矿产资源的开采经营权；二是没有明确的经营期限，如多数轻资产行业；三是资产组主要资产有一定的物理使用年限，如制造业固定资产为有限使用年限，但是可以通过更新、重置资产组维持继续经营。

对于第一、二两种情形，确定资产组未来现金净流量的预测期间比较明确，即分别应当在剩余经营期限和永续期进行预测。对于第三种情形，存在不同的观点：有的认为应当在主要资产剩余可使用年限内预测，理由为准则规定，应当以资产的当前状况为基础估计资产未来现金流量。未来现金流量估计数不包括预期从下述事项中产生的估计未来现金流入或流出，即尚未承诺的未来重组，或对资产绩效的改进或提高。另一种观点则认为，应当采用永续期进行预测，理由为虽然资产有剩余年限，但只要技术、市场、管理等仍然能够带来绩效回报，且不存诸如情形一法律规定的经营期限，企业完全可以通过更新或重置资产继续经营，这也与收购企业时测算的期间保持一致。还有的观点认为，对于非因企业合并形成的固定资产、无形资产等长期资产减值测试，只能考虑该等资产剩余使用年限，而对于包含商誉的长期资产，一般应考虑永续期。若不考虑永续期，商誉通常会减值，形成事实上的“摊销”模式，企业管理层往往不接受。

实务中，上市公司披露商誉减值测试，绝大多数预测期间为永续期。需要注意的是，若采用永续期，需要预测资本性投入金额，且应考虑投入时点。

（七）关注折现率的选用是否合理

折现率，又称期望投资回报率，是基于收益法确定评估价值的关键参数，对计算可收回金额具有放大或缩小的效应。折现率通常采用加权平均资本成本定价模型（WACC），即：

R=ReXWe+RdX（1-T）XWd

其中；

Re：权益资本成本，Rd：付息负债资本成本，We：权益资本价值在投资性资产中所占的比例，Wd：付息负债价值在投资性资产中所占的比例，T：适用所得税税率。

而权益资本成本采用资本资产定价模型（CAPM）计算，计算公式如下：

Re=Rf+0eXERP+Rs+Rc

其中，Re 为股权回报率，Rf 为无风险回报率，0e 为风险系数且 0e=0tX（1+（1—T）XD/E）ERP 为市场风险超额回报率，Rs 为公司特有风险，Rc 为公司个别风险。

折现率的确定涉及较多的行业数据和专业判断和分析，主要参数分为两类：一类是客观性较强或确定性参数。例如，付息负债资本成本，以测算对象实际融资成本确定；适用所得税率，以企业实际税率为依据；无风险回报率，通常以国债收益率为依据，如选取证券交易所上市交易的剩余期限为 10 年以上的长期国债到期收益率平均值（目前为 4% 左右）确定为无风险收益率。另一类是存在一定主观性的参数，包括市场风险超额回报率、贝塔系数、公司特有及个别风险等。不同行业的市场风险溢价，差异较大；选取不同的可比公司，得出的贝塔系数可能会有差异；公司特有风险主要与资产规模相关，资产规模越大，投资风险就会相对减小；公司个别风险系数取值一般在 0%~3%。

确定折现率是否合理，需要关注每一个参数取值依据是否充分，计算是否正确，应当有大量行业数据支持。以当前我国的资本回报率，多数企业的折现率在 12%~18% 较为合理。特别需要关注的是，现金流现值不应当考虑所得税支出，折现率为税前折现率。由于前述计算均是以税后为基础确定的折现率，最后还必须还原为税前折现率。例如，假设确定加权平均资本成本 WACC 为 11.38%，则还原为税前口径的折现率为 11.38/（1-25%）=13.39%。若不还原，将虚增资产组净现金流入现值。

WACC 模型出发点为权益价值评估，内在逻辑上与资产组商誉减值测试存在一定的不一致性，实务中也有的运用累加法确定折现率。

（八）关注主要业务与财务数据预测依据是否充分

在确定未来现金净流量的预测期时，应建立在经管理层批准的最近财务预算或预测数据基础上，原则上最多涵盖 5 年，分析判断销量、价格、成本、费用、预测期增长率、稳定期增长率等是否合理，并重点关注：

一是预测趋势是否与行业发展相一致。充分了解分析行业及可比公司情况，据以判断收入增长、毛利率水平等关键指标预测的合理性。

二是预测趋势是否与公司历史数据相一致。经济学的竞争理论表明，一个行业总是由超额利润向社会平均利润方向发展，企业不可能一直处于高增长趋势，预测数据处于单边增长是否合理。若多次预测均未能实现，应当慎重采用公司的预测数据。

三是业绩不达标是否存在减值。未完成业绩承诺但商誉不减值的依据是否充分，特别是大比例未完成业绩承诺，除下列两种情形外，商誉通常应减值：未完成业绩承诺系偶发性因素，如某种原因导致停产，该因素已经消除；已经有足够的在手订单，或即将投产的新项目等可预期的现金流入。

四是期后验证。对于业务较为稳定的行业，观察首个预测期在审计报告日前的数据情况，若差异较大，考虑预测数据的合理性。

（九）关注投资方长期股权投资是否减值

企业合并形成的投资方长期股权投资，判断是否减值不同于商誉减值测试方法，其针对的是股东权益价值，只要是享有的股东权益价值大于投资的账面价值，通常情况下不应减值。因此，商誉减值并不必然导致投资方长期股权投资减值。但是，若商誉存在大额减值，通常表明长期股权投资减值迹象明显，除非有较大金额的非经营性资产、溢余资金等不涉及资产组的资产及负债，应关注投资方长期股权投资减值。

（十）关注商誉减值信息披露是否充分

准则规定，商誉减值应当披露资产组的相关信息、减值测试的过程及方法等。证监会要求，上市公司存在业绩承诺的，还应当披露业绩完成情况及对商誉减值测试的影响。实务中，不少被审计单位商誉减值信息披露较为简单，财务报告附注中，应当着重披露商誉减值及测试的重要量化信息，并辅以定性描述，避免大篇幅缺乏针对性的冗余信息。

此外，在出具审计报告时，应当根据商誉的重大性，决定是否作为关键审计事项披露。

（十一）合理利用专家工作

在利用专家工作时，审计人员应与专家保持必要的沟通，充分关注专家的独立性和专业胜任能力，并对专家工作过程及其所作的重要职业判断（尤其是数据引用、参数选取、假设认定等）进行复核，以判断专家工作的恰当性，不得直接将专家工作成果作为判断商誉是否减值的依据。当公司或会计师事务所聘请的资产评估机构未对商誉所在资产组或资产组组合的可收回金额发表专门意见时，审计人员应着重考虑专家工作对审计工作的支持程度，并对专家工作成果进行必要调整，以适应财务报表审计目的。

四、审计案例

案例 6-26

商誉减值审计

A 公司为上市公司，于 2015 年通过重大资产重组取得 B 公司 70% 股权，根据 ×× 资产评估机构出具的以股权价值评估为目的的《A 公司拟重大资产重组涉及的 B 公司部分股东权益价值评估报告》（×× 评报［2015］01 号），B 公司 70% 股权价值为 424 000.00 万元。双方协商后确定，A 公司支付价款 424 501.39 万元，形成非同一控制下企业合并。

B 公司为非上市公司，主要从事电子设备制造业，2015 年时设有 X、Y 两个分厂，2017 年新设 Z 分厂，三个分厂独立经营、自负盈亏。根据 ×× 资产评估机构出具的以企业合并对价分摊为目的的《A 公司拟重大资产重组涉及的 B 公司企业合并对价分摊评估报告》（×× 评报［2015］02 号），B 公司于购买日可辨认净资产公允价值为 232 000.00 万元，A 公司在合并报表确认商誉 262 101.39 万元（424 501.39−232 000.00×70%）。

重大资产重组协议中约定了业绩对赌条款，B 公司原控股股东承诺 B 公司 2016~2018 年税后净利润（以扣除非经常性损益前后孰低为计算依据）分别不低于 10 000.00 万元、20 000.00 万元和 30 000.00 万元。

案例讨论：

审计人员针对类似上述商誉减值业务应保持必要的职业怀疑，执行的关键审计程序如下：

（一）独立进行商誉减值审计（即未利用评估师工作）

1. 商誉减值迹象分析

2018 年，中国经济受去杠杆及贸易摩擦影响增速放缓。展望 2019 年，中国经济发展具有较大不确定性。B 公司所在行业为智能消费电子精密结构件行业，受国家整体去杠杆影响，近两年行业发展趋缓。B 公司受宏观经济和行业发展状况影响，增长趋缓。2016~2018 年收入增长率由 32.30% 下降为 17.65%。B 公司 2016~2018 年实现业绩分别为 12 635.42 万元、21 236.44 万元、19 476.91 万元。B 公司 2018 年未完成业绩承诺。综上分析，商誉存在减值迹象。

2. 资产组或资产组组合的确定

（1）资产组认定及商誉分摊

2015 年重组时，X、Y 分厂可以独立产生现金流，A 公司管理层将 X、Y 分厂认定为两个资产组，并按照购买日资产组的公允价值占相关资产组公允价值总额的比例对商誉进行了分摊。购买日，X、Y分厂可辨认净资产公允价值分别为21.67亿元、1.53亿元。X、Y分厂可独立于其他资产产生现金流入的资产组的公允价值分别为20.77亿元、1.23亿元。

直接归属于资产组的资产包括固定资产、无形资产等长期资产及其他相关的经营性资产，通常不包括非经营性的资产、负债、溢余资产，比如非必要的现金、其他应收及应付款项、有息负债、其他长期负债等。

按照资产组的公允价值相对比例进行分摊，X分厂分摊的商誉金额为247 447.54万元、Y分厂分摊的商誉金额为14 653.85万元。

2018年，A公司管理层商誉减值测试时仍按重组时认定的资产组对商誉进行分摊。

（2）还原为全部商誉

A公司将分摊到X、Y分厂资产组的商誉金额进一步还原为包含少数股东权益的商誉金额，具体见表6–36：

表6–36 金额单位：万元

名称	资产组公允价值（A）	归属于母公司商誉分摊金额（B）	还原为全部商誉后分摊金额（C=B/70%）
X分厂	207 700.00	247 447.54	353 496.49
Y分厂	12 300.00	14 653.85	20 934.07
合计	220 000.00	262 101.39	374 430.56

3. 资产组可收回金额的确定

因X分厂的公允价值减去处置费用后的净额无法可靠估计，A公司管理层以该资产预计未来现金流量的现值作为其可收回金额。

未来现金流量现值预测程序如下：

（1）预计未来现金流量现值模型

$$P=\sum_{i=1}^{t}\frac{R_i}{(1+r)^i}+\frac{R_{t+1}}{r(1+r)^t}\left[1-\frac{1}{(1+r)^{n-t}}\right]$$

其中：

P为预计未来现金流量现值，R_i为预测对象未来第i年的预期收益，r为折现率，t为现金流量变化期间，n为预测对象的未来预测期。

（2）主要假设

1）假设预测对象所涉及企业将按照原有的经营目的、经营方式持续经营，其收益可以预测。

2）假设预测对象所涉及主要资产剩余使用寿命为20年，残值较小可忽略不计，在剩余期限内按照预定开发经营计划、开发经营方式持续开发或经营。

3）预测对象生产经营所耗费的原材料、辅料的供应及价格无重大变化；预测对象产品价格无不可预见的重大变化。

4）预测对象在未来的经营期限内的财务结构、资本规模未发生重大变化。

5）根据《关于实施高新技术企业所得税优惠有关问题的通知》国税函［2009］203号预测对象通过高新技术企业认定，所得税税率为15%。证书编号：GF201744201890，有效期三年，在2017年度至2020年度按15%享受所得税优惠税率，假设预测对象未来年度高新技术企业复审能通过，能够继续享受高新技术企业15%的所得税税收优惠政策。

6）国家现行的经济政策方针无重大变化，在预测年份内银行信贷利率、汇率、税率无重大变化，预测企业所占地区的社会经济环境无重大变化，预测企业所属行业的发展态势稳定，与预测企业生产经营有关的现行法律、法规、经济政策保持稳定。

（3）未来现金流量预测

未来现金流量模型采用税前的全投资现金流量模型。

未来现金流量＝考虑可回收性后的营业收入－营业成本－销售费用－管理费用－税金及附加＋折旧及摊销－经营性营运资金变动－资本性支出（假设本案例无）

A公司管理层对X分厂未来现金流量预测结果见表6–37：

表6–37　A公司管理层对X分厂未来现金流量预测结果　金额单位：万元

项目	2019年	2020年	2021年	2022年	2023年	2024~2038年
考虑可回收性后营业收入	246 737.46	268 990.30	295 889.34	320 205.54	346 531.55	346 531.55
营业成本	199 289.52	217 279.85	239 007.84	258 686.30	279 994.84	279 994.84
销售、管理费用	23 035.26	25 113.21	27 624.53	29 895.67	32 354.61	32 354.61
税金及附加	1 296.37	1 317.17	1 431.12	1 622.60	1 797.66	1 797.66
＋折旧及摊销	10 249.38	10 164.25	9 742.11	6 604.37	6 390.72	6 390.72
－经营营运资本变动	3 729.98	6 015.78	7 272.73	6 572.61	7 115.69	—
未来现金流量	29 635.7	29 428.5	30 295.2	30 032.7	31 659.5	38 775.16

根据证监会《会计监管风险提示第 8 号——商誉减值》，预测现金流量应建立在经管理层批准的最近财务预算或预测数据基础上，预测期原则上最多涵盖 5 年。固定资产、无形资产应考虑剩余可使用年限，不应存在显著差异。此案例中，主要资产剩余可使用年限为 20 年，因此预测未来 20 年现金流。

预测过程如下所示：

1）考虑可回收性后的营业收入的预测

①营业收入的预测

根据 X 分厂 2016~2018 年分项营业收入明细可以看出，X 分厂收入包括手机结构件收入、平板电脑结构件收入和其他业务收入。

X 分厂主要产品手机结构件 2016~2018 年收入处于增长趋势，因价格增速放缓趋于稳定，增长率由 36.55% 下降为 15.05%。X 分厂手机结构件销量 2017 年与 2018 年增长率均为 13% 左右，根据 X 分厂发展历史、客户定位、业绩增长数据的分析，以及对期后发展规划、精密结构件市场需求的了解，预测期内 X 分厂手机结构件销量将保持上涨趋势，预测销量增长率参考历史增长水平，预测期前三年销量增长率保持为 10%，后两年降低至 8%。手机结构件单价根据历史价格水平，并考虑前两年逐渐减少，后三年保持稳定。

对 X 分厂平板电脑结构件收入和其他业务收入采用类似的方式进行了预测。

②应收款项坏账损失的预测

应收账款坏账损失按照历史损失率进行预测，X 分厂大客户较为集中且为长期合作单位，根据前五年数据统计，应收款项历史损失率为 10%。

考虑可回收性后的营业收入 = 营业收入 – 应收款项坏账损失

2）成本预测

X 分厂 2016~2018 年销售总体毛利基本稳定，分别为 28.42%、28.46%、28.41%。未来成本预测根据各产品历史年度的平均毛利率水平进行预测。

3）销售费用、管理费用的预测

X 分厂历史销售费用占营业收入比重不到 1%，历史管理费用占营业收入比重不到 8%，且历史水平较稳定。A 公司管理层根据历史各项费用占营业收入比重平均水平来确定。

4）税金及附加的预测

X 分厂的税项主要有增值税、城建税、教育费附加、地方教育费附加、印花税等。增值税按 17% 计算缴纳销项税，城建税、教育费附加、地方教育费附加分别按增值税 7%、3% 和 2% 预测，印花税按占营业收入比例的历史评估水平为基础进行预测。

5）折旧摊销的预测

X分厂2018年12月31日固定资产主要包含机器设备、电子设备、运输设备等，无形资产主要为软件使用权、土地使用权、著作权、专利权。A公司管理层根据2018年末账面价值及折旧摊销方法对资产折旧摊销进行预测。

6）经营性营运资金的预测

对X分厂经营性营运资金的预测主要参考历史年度X分厂的各项营运资金的周转情况分析确定。应收、应付票据，应收、应付账款，预收、预付账款，存货主要以X分厂近两年平均周转率为基础进行预测；最低现金保有量按照企业1.2个月付现成本预测；应付职工薪酬假设企业每月发放工资，故应付职工薪酬占用的营运资金应为一个月的工资金额。由此得到预测期各年年末营运资金数据。X分厂2018年12月31日经营性营运资金根据公司实际经营数据以公式“经营性营运资金=经营性流动资产－经营性流动负债”测算确定。最终得到经营性营运资金追加额预测数。

7）后续期间的现金流测算

一般认为5年为一个经济周期，注册会计师甲对X分厂2019~2023年度的营业收入、营业成本和相关税金进行了测算，认为X分厂2024~2038年能保持在2023年的水平上持续经营。

（4）折现率的估算

注册会计师甲采用的折现率为加权平均资本成本（WACC），根据企业会计准则，折现率应采用税前折现率，因此，注册会计师甲将WACC折算为税前折现率，采用的公式如下：

$$R=[Re\times We+Rd\times Wd\times(1-T)]/(1-T) \quad (2)$$

其中，

R为税前折现率，Re为权益资本成本，Rd为付息负债资本成本，We为权益资本价值在投资性资产中所占的比例，Wd为付息负债价值在投资性资产中所占的比例，T为适用所得税税率。

1）确定权益资本成本Re

权益资本成本采用资本资产定价模型（CAPM）计算，采用的公式如下：

$$Re=Rf+\beta e\times(Rm-Rf)+Rc \quad (3)$$

式中：

①无风险收益率Rf。注册会计师甲选取全部证券交易所上市交易的长期国债（截至2018年12月31日剩余期限10年以上），共40只，将其到期收益率平均值4.20%作为本次测算的无风险收益率。

② 确定 βe 值。A 公司管理层通过 Wind 系统，查询 3 家可比公司 2015 年、2016 年及 2017 年资本结构。计算得出 βe 为 1.1806。

③ 确定市场风险溢价 ERP（Rm–Rf）。A 公司在国内认可的 ×× 智库购买了一份市场风险溢价为 7.43% 的研究报告，注册会计师甲复核了此研究报告并检查了报告来源，同时参考国内外针对市场风险溢价的理论研究及实践成果，结合对 X 分厂的了解，最终认定预测市场风险溢价取 7.43% 是合理的。

④ 确定公司个别风险 Rc。公司个别风险是指发生于个别公司的特有事件造成的风险，这类风险只涉及个别企业和个别是投资项目，不对所有企业或投资项目产生普遍的影响，该风险系数取值一般在 0%~3%。为简化处理，此案例个别风险取 0%。

⑤ 确定股权收益率 Re。按照上述数据，计算股权收益率为 12.97%。

2）确定债务资本成本 Rd

债务资本成本按基准日五年期以上贷款利率 4.90% 确定。

3）确定资本结构

A 公司管理层选取可比上市公司资本结构的平均值 10.72% 作为计算基础，得出付息债务资本占全部资本比例为 9.68%，权益资本占全部资本比例为 90.32%。

4）确定折现率

R=［Re×We+Rd×Wd×（1–T）］/（1–T）

=（12.97%×90.32%+4.90%×9.68%×（1–15%））/（1–15%）=14.25%

故未来现金流量折现率为 14.25%。

A 公司管理层由以上数据计算得出 X 分厂资产组 2018 年 12 月 31 日可收回金额为 223 523.40 万元。

4. 包含商誉的资产组减值损失的确定

包含商誉的资产组的减值金额 = 包含商誉的资产组的账面价值 – 包含商誉的资产组的可收回金额

包含商誉的资产组的账面价值 = 资产组在购买日公允价值基础上持续计算的在资产负债表日的金额 + 应分摊的合并报表确认的商誉账面价值 + 未确认的归属于少数股东权益的商誉价值

在 2018 年 12 月 31 日，X 分厂包含商誉的资产组的可收回金额为 223 523.40 万元，审计后 X 分厂不包含商誉的按购买日持续计算的资产组账面价值（包括固定资产、无形资产等长期资产，经营性的营运资金）为 157 685.67 万元，分摊至 X 分厂商誉（全部商誉）金额为 353 496.49 万元，X 分厂包含商誉的资产组的账面价值为 511 182.16 万元（157 685.67+353 496.49），低于可收回金额，包含商誉的资产组应计提减值 287 658.76 万元（511 182.16–223 523.40）。

5. 减值损失的分摊和处理

根据企业会计准则，包含商誉的资产组减值应首先抵减商誉，然后根据资产组中各项资产的账面金额按照比例抵减其他资产。

A 公司管理层对减值损失按表 6–38 进行了分摊和处理，得出 X 分厂资产组应计提商誉减值 201 361.13 万元，见表 6–38：

表 6–38　　金额单位：万元

项目	X 分厂资产组
未确认归属于少数股东权益的商誉账面金额①	247 447.54
包含归属于少数股东权益的商誉账面金额②	353 496.49
资产组的账面价值③	157 685.67
包含整体商誉的资产组的账面价值④ = ② + ③	511 182.16
资产组预计未来现金流量现值（可收回金额）⑤	223 523.40
商誉减值损失（大于 0 时）⑥ = ④ – ⑤	287 658.76
归属于母公司商誉减值损失⑦ = ⑥ × 70%	201 361.13

注册会计师甲对上述 A 公司管理层商誉减值测试过程中 X 分厂资产组减值进行了复核，未发现异常。

6. 获取的主要审计证据

（1）2015 年重大资产重组协议；

（2）×× 资产评估机构出具的以股权价值评估为目的的《A 公司拟重大资产重组涉及的 B 公司部分股东权益价值评估报告》（×× 评报［2015］01 号）；×× 资产评估机构出具的以企业合并对价分摊为目的的《A 公司拟重大资产重组涉及的 B 公司企业合并对价分摊评估报告》（×× 评报［2015］02 号）；

（3）管理层在合并日将商誉按照资产组相对公允价值分摊的过程及结果；

（4）X、Y 分厂资产组 2016~2018 年历史财务数据及相关业务数据；

（5）X、Y 分厂资产组 2019~2023 年财务预测数据。相关合同、运营计划、销量、价格、成本、费用、预测期增长率、稳定期增长率的相关资料和说明；

（6）行业数据、行业研究报告、宏观经济运行状况分析，及管理层关于近三年收入增长趋缓、未完成 2018 年业绩承诺的相关说明；

（7）与被收购单位可比的上市公司近三年财务报表；

（8）A 公司管理层商誉减值测试过程；

（9）A 公司管理层从 ×× 智库购买的市场风险溢价研究报告等。

（二）利用评估机构工作进行商誉减值审计

A 公司聘请了 ×× 资产评估机构对其 2018 年商誉减值出具《A 公司拟进行商誉减值测试涉及的 B 公司可收回金额评估报告》（×× 评报［2018］01 号），注册会计师对 X 分厂商誉减值测试执行了如下审计程序：

1. 了解专家的独立性及专业胜任能力

A 公司聘请的 ×× 资产评估机构为管理层专家。注册会计师甲登录中国评估师协会官方网站了解 ×× 资产评估机构的证券期货相关业务资格等情况。通过电话询问 ×× 资产评估机构相关人员等方式进一步了解，×× 资产评估机构及评估专业人员符合独立性要求，具备专业胜任能力。

2. 了解评估目的

注册会计师甲通过检查资产评估委托合同、检查评估报告正文以及询问管理层等方式进行了解，满足商誉减值测试要求。

3. 了解评估对象和范围

注册会计师甲检查了评估报告正文中的评估对象，为包含商誉的资产组，即 B 公司的 X 分厂和 Y 分厂，并非 B 公司股权，与管理层确定的资产组一致，满足商誉减值测试要求。

4. 了解价值类型、评估方法及关键假设

注册会计师甲检查评估报告正文，了解到此次评估的价值类型为资产组的可收回金额，符合会计准则规定。评估方法主要采用收益法，采用的现金流量折现模型，适用于测算资产组的使用价值。符合《以财务报告为目的的评估指南》的要求以及商誉减值测试的目的。

5. 重要评估参数复核

（1）复核现金流预测数据。注册会计师甲获取了重组时资产评估机构对 X 分厂 2016~2020 年现金流预测数据、此次评估机构对 X 分厂 2019~2020 年预测数据以及 X 分厂 2016~2018 年实际生产、销售及财务数据，通过数据对比完成对预测现金流量的印证。注册会计师甲发现实际数与重组评估报告（×× 评报［2015］01 号）现金流量预计数存在重大偏差。商誉减值评估报告（×× 评报［2018］01 号）中预测的收入增长率与收入变动趋势也不符。遂将该偏差和变动原因记录于审计工作底稿。

（2）复核现金流预测期限。（×× 评报［2018］01 号）评估报告正文中现金流预测期限为 20 年，注册会计师甲通过询问、检查等程序得知 X 分厂主要资产的剩余使用寿命为 20 年，合理。

（3）企业所得税影响。注册会计师甲复核评估报告正文发现评估报告中采用的为税后现金流量，与企业会计准则规定不符。

（4）折现率。注册会计师甲了解到评估报告采用的折现率模型为加权资本成本（WACC）模型。

① WACC。评估报告中采用的为税后折现率，与企业会计准则规定不符。

② Rf、Be。注册会计师甲查阅了重组时评估报告（××评报［2015］01号），Rf、Be取值差异不大。注册会计师甲进一步通过WIND数据终端数据进行了验证，差异不大。

③ ERP。注册会计师甲在国内认可的××智库购买了一份市场风险溢价研究报告，并在参考国内外针对市场风险溢价的理论研究及实践成果的基础上对此报告进行了复核，结合对X分厂的了解，认为研究报告结论合理。报告结论与此次评估取值差异不大。

6. 注册会计师聘请评估师对现金流量重新预测

因管理层聘请的评估机构对现金流预测、折现率估计等存在不合理之处，注册会计师甲独立聘请了评估机构对商誉减值进行了重新评估。注册会计师甲对资产评估报告进行了复核，未发现重大问题。

最后，注册会计师甲提请A公司管理层对商誉减值进行了重大调整。

7. 获取的主要审计证据

（1）评估报告

（2）……

注：可参考独立进行减值测试获取部分审计证据。

18 其他权益工具投资

一、重大错报风险

1. 非交易性权益工具投资分类不准确，或为了经营业绩故意错误列报其他权益工具投资，导致其他权益工具投资分类认定存在重大错报风险。例如，被审计单位将具有重大影响的股权投资列报在其他权益工具投资。

2. 通过其他权益工具投资公允价值调节利润，导致其他权益工具投资准确性、计价和分摊认定存在重大错报风险。

3. 通过其他权益工具投资转移资金或隐瞒关联方资金占用导致财务报表列报存在重大错报风险。

二、常见审计问题

1. 其他权益工具投资分类检查程序执行不充分。例如，未取得完整的其他权益工具相关投资协议、合同等资料；未逐一分析合同条款以确定被审计单位其他权益工具投资分类是否正确。

2. 未复核其他权益工具投资公允价值计量所采用的方法、假设、输入值等合理性，导致未发现被审计单位公允价值估计不准确。

3. 未对被审计单位其他权益工具投资进行穿透审计，导致未发现被审计单位通过其他权益工具投资转移资金或隐瞒关联方资金占用等情形。

三、审计关注要点

（一）关注金融资产分类为其他权益工具投资是否恰当

会计准则规定，非交易性权益工具投资可以指定为以公允价值计量且其变动计入其他综合收益的金融资产，并列报于其他权益工具投资。这是金融资产分类的特殊规定，审计人员应关注被审计单位的非交易性权益工具投资是否能满足非交易性和权益工具两个条件，在具体执行审计工作时，可执行以下审计程序：

1. 了解被审计单位对金融资产进行管理的业务目标，评估其管理金融资产的业务模式以及合同现金流量特征

（1）就管理层持有投资的目的是非交易性以及划分为其他权益工具投资获取书面声明；

（2）向管理层询问，并通过下列方式对管理层的答复予以印证：考虑以前所述管理其他权益工具投资的业务模式实际情况；复核包括预算、会议纪要等在内的书面计划和其他文件记录；考虑管理层选择划分为其他权益工具投资的理由。

2. 分析企业持有其他权益工具投资的目的是否是非交易性，并同时关注被审计单位是否存在频繁交易等短期获利情形

3. 分析合同条款，确定对于工具发行方来说，是否满足“金融工具列报准则”中权益工具定义

准则对于可以指定为以公允价值计量且其变动计入其他综合收益的金融资产的权益工具做出了严格的限制，满足《企业会计准则第 37 号——金融工具列报》中权益工具定义的工具才能被指定。符合金融负债定义但是被分类为权益工具的特殊金融工具不符合指定为以公允价值计量且其变动计入其他综合收益的金融资产的条件。例如，被审计单位持有的优先股，如果协议存在嵌入衍生条款以及固定股息率的强制分红、强制赎回等条款，表明从发行方角度没有整体满足权益工具定义，相应地从投资方角度不满足指定为以公允价值计量且其变动计入其他综合收益的金融资产的条件，不能列报为其他权益工具投资。此外，集合资产管理计划（主要投资于股票、债券、基金等金融资产）等有存续期的资管计划投资、有存续期的有限合伙企业，在不满足控制、共同控制或重大影响情况下不满足权益

工具的定义，不应列报于其他权益工具投资。审计人员在审计时应获取相关投资协议，核对协议中的利润分配条款、回购条款、违约条款等判断是否满足企业会计准则的规定。

（二）关注其他权益工具投资公允价值确定的恰当性

1. 关注限售股的公允价值

《企业会计准则解释第 3 号》规定："企业在确定上市公司限售股权公允价值时，应当按照《企业会计准则第 22 号——金融工具确认和计量》有关公允价值确定的规定执行，不得改变企业会计准则规定的公允价值确定原则和方法。"由于限售股在限售期内的流通受到限制，因此不能直接依据对应的无限售条件股份的收盘价作为限售股的公允价值，而是应当采用估值技术加以确定。限售股公允价值的确定，属于《企业会计准则第 39 号——公允价值计量》公允价值层次中的第二层次输入值，估值时应当考虑流通受限对价值的影响，可根据离解禁的时间长短在流通股的基础上给予一定折扣确定。特别地，若限售期已经非常临近结束，此时限售股的公允价值应当已经与无限售条件股份收盘价基本一致。

2. 关注境内企业持有 H 股、红筹股股权的公允价值

中国境内企业持有内地境外上市企业股权，如持有在香港上市的 H 股、港股投资，是否应当按照公允价值计量？不同于 A 股全流通，受制于外汇管制等规定，中国内地企业持有上述境外上市企业股权不能通过股票二级交易市场随时买卖，只能通过协议转让，这类似于我国股票市场股权分置改革前的"法人股"或"国家股"。境内企业所持有的股权不属于公允价值的第一层次，因为第一层次输入值要求企业在计量日能够取得的相同资产在活跃市场上未经调整的报价，交易对象具有同质性，可随时找到自愿交易的买方和卖方，而境内企业持有该等股权转让受限，且转让价格通常与股票价格存在一定差异，如有的股票股价低于每股净资产等。因此，如果不能按照类似资产在活跃市场或非活跃市场的报价进行调整，也未进行专门的估值，实务中，可以按照成本法计量持有的 H 股、港股股权的投资。

3. 关注"新三板"股票的公允价值

"新三板"股票交易有两种方式：一是"协议转让"交易方式，即投资者买卖双方在场外自由对接，协商并确定买卖意向，再回到新三板市场，委托主办券商办理申报、确认成交并结算；二是"做市商"交易方式，即买卖双方向主办券商做出定价委托，委托主办券商按其指定的价格买卖不超过其制定数量的股份，主办券商接到此委托后，并不积极作为，寻找相应的买家或卖家，而是将定价委托申报至股权代办转让系统登记备案，并等待一个认可此价格的买家或卖家出现，对手方如同意此定价且愿意为此交易，仍需委托主办券商做出成交确认委托，一旦该委托由主办券商做出成交确认申请，并在标的股份存在且充足、买方资金充

足的情况下，交易才能成立。

显然，“协议转让”方式没有活跃报价，采用估值技术计量公允价值时使用第三层次输入值。确定买卖“做市商”股票公允价值应根据交易量及交易频率确定采用哪种估值技术，如果交易量及交易频率足以持续提供定价信息的，按估值日收盘价估值；交易量或交易频率不足以反映公允价值的情况下，应综合考虑交易活跃程度、转让方式等，对收盘价进行调整或采取其他估值技术确定公允价值。

4. 关注非上市企业股权投资的公允价值

非上市公司股权，应综合考虑被审计单位实际情况、市场交易情况及其他可获得的信息，采用市场法、收益法、成本法等估值技术，结合流动性折扣等因素评估公允价值。若非上市企业股权投资金额较大，且公允价值变动较初始投资成本变化很重大，对财务报表产生重大影响（如可能导致盈亏变化），应建议被审计单位聘请专业估值机构进行评估。如果聘请专业机构进行评估，审计人员应独立复核被审计单位聘请的评估机构评估所采用的模型、方法、假设及参数的合理性。

（三）关注影响其他权益工具公允价值计量的因素

权益工具、债务工具的发行方发生以下情况时，审计人员需判断被审计单位金融工具的公允价值是否产生重大变动：

1. 与预算、计划或阶段性目标相比，公司的业绩发生重大的变化。
2. 对技术产品实现阶段性目标的预期发生变化。
3. 所在市场或其产品或潜在产品发生重大变化。
4. 全球经济或者所处的经济环境发生重大变化。
5. 可观察到的可比公司的业绩，或整体市场的估值结果发生重大变化。
6. 内部事件，如欺诈、商业纠纷、诉讼、管理层或战略的改变。
7. 其他影响公允价值的重大事件。

19 投资收益

一、重大错报风险

1. 通过虚增投资收益调节利润，导致投资收益发生、列报存在重大错报风险。例如，通过将股权处置给关联方增加投资收益；调节股权投资比例方式，将成本法改为权益法核算增加投资收益等。

2. 提前或延迟确认处置金融资产或长期股权投资，导致投资收益截止性认定存在重大错报风险。

3. 将应计入其他综合收益的损益计入投资收益，导致投资收益的发生和准确性存在重大错报风险。

4. 漏记或故意不计投资收益，隐瞒资金占用，导致投资收益完整性存在重大错报风险。

二、常见审计问题

1. 未对重大投资收益合理性保持怀疑，未对重大投资收益来源执行充分的检查，导致没有发现被审计单位虚增投资收益。

2. 对权益法核算下收到收益，未查验并取证被投资单位会计报表、董事会利润分配决议并审查是否与投资匹配；未获取被审计单位子公司利润分配相关决议，导致未发现被审计单位未记录投资收益。

3. 未关注金融工具准则对应计入其他综合收益的特殊规定，导致未发现被审计单位的错报。例如，会计准则规定，对于指定为以公允价值计量且其变动计入其他综合收益的非交易性权益工具投资，除了当期损益外，其他相关利得和损失均应计入其他综合收益。

三、审计关注要点

（一）关注投资收益核损的内容

结合交易性金融资产、债权投资、其他权益工具投资、长期股权投资等相关科目的审计，获取投资项目的有关资料，了解投资收益的具体构成，检查重大的投资收益确认情况。

（二）关注权益法核算投资持有期间投资收益确认依据是否充分

如果被审计单位采用权益法核算的被投资单位系其他会计师事务所审计，审计人员应当获取经审计的财务报告，并履行进行必要的复核程序。若对被审计单位影响极其重大，审计人员应当重点复核，必要时可对某项项目实施重新审计。

（三）关注重大股权处理的真实性及确认时点恰当性

对于被审计单位处置子公司股权，或者处置权益法核算的股权，关注是否满足终止股权确认条件，即是否满足以下条件：

1. 股权转让合同或协议已获股东大会等通过。

2. 股权转让事项需要经过国家有关主管部门审批的，已获得批准。

3. 双方已办理了必要的财产权转移手续。

4. 已经收到购买方支付的大部分款项（一般应超过 50%），并且有能力、有计划支付剩余款项。

5. 购买方实际上已经控制了转让股权公司的财务和经营政策，并享有相应的利益、承担相应的风险。

示例 6–72

天业股份（600807）2017 年度投资收益 2.98 亿元，其中处置子公司深圳天盈实业有限公司股权产生投资收益 1.49 亿元，对当年利润影响重大。

会计师事务所在 2017 年总体审计策略底稿中将投资收益分类为“非重大账户”，原因系“可以通过审计或复核过的联营企业净利润验证”；在重大账户及认定和重大流程评估底稿中，将投资收益列为“无重大错报风险”、识别为“非重大账户”，未识别出该账户可能存在的重大错报风险。

审计人员执行访谈程序形成的审计底稿显示，受让方吉林省中青股权投资基金管理有限公司负责人在访谈记录中称：“公司收购后，还未参与深圳天盈实业公司管理，不了解现在的经营情况。”对此，审计人员没有保持合理的职业怀疑，未对天盈实业被转让后实质控制权归属问题获取进一步的审计证据，未发现天盈实业被转让后实质上仍由天业股份控制，导致未能识别天业股份虚增投资收益，虚增当年利润。

资料来源：中国证监会网站。

（四）复核投资收益计算过程及结果是否准确

对于重大且复杂的投资收益，如处置子公司股权后丧失控制权但具有重大影响产生的投资收益，审计人员应关注被审计单位对已经减持部分股权和剩余股权所产生的投资收益计算是否正确。

四、审计案例

案例 6–27

审计人员未关注投资收益确认时点恰当性

2015 年 12 月，为提升考核利润和管理层薪酬，时任香溢融通（600830）董事、总经理邱樟海决策转让香溢融通子公司持有的资管产品收益权。

2015 年 12 月下旬，香溢融通子公司香溢融通（浙江）投资有限公司将其持有的东海瑞京—瑞龙 7 号专项资产管理计划的收益权转让给宁波开泰投资合伙企业（有限合伙），转让价款 6 000 万元。香溢融通子公司浙江香溢金联有限公司将其持有的浦银安盛—浦发银行—君证 1 号资产管理计划的收益权转让给宁波超宏投资咨询有限公司和宁波九牛投资咨询有限公司，转让价款共计 4 300 万元。收益权转让同时，香溢融通子公司浙江香溢担保有限公司（2018 年 9 月变更企业名称为浙江香溢融资担保有限公司）与开泰投资、超宏投资、九牛投资签订担保合同，香溢融通向超宏投资、九牛投资出具承诺函，约定对转让价款和年化12%的收益（税前）承担差额补足义务。2015年12月28—29日，香溢投资分2笔收到开泰投资汇入的转让价款合计6 000万元，并于当月29日确认投资收益6 000万元。2015年12月30日，香溢金联分别收到超宏投资、九牛投资汇入的转让价款合计4 300万元，并于当日确认投资收益4 300万元。

2016年3月，瑞龙7号清算后，实际收益不足以覆盖转让价款和约定收益。2016年5月，香溢融通子公司浙江香溢租赁有限责任公司虚构融资租赁业务，将3550万元以支付融资租赁款的形式转至开泰投资指定的公司，履行了瑞龙7号的差额补足义务。2018年1月，香溢投资虚构投资项目，将资金转回香溢租赁以掩盖此前虚构的融资租赁业务。2016年6月，君证1号清算后，实际收益也不足以覆盖转让价款和约定收益，嗣后香溢担保与超宏投资、九牛投资签订了担保补充协议，香溢融通出具承诺函，对剩余转让款和约定收益进行担保。2017年7月，香溢投资虚构投资项目，将2606万元转至超宏投资和九牛投资指定的公司，履行了君证1号的差额补足义务。

资料来源：中国证监会网站。

案例讨论：

根据《企业会计准则第23号——金融资产转移》第七条、第八条、第十五条的规定，因瑞龙7号和君证1号收益权转让附带担保，香溢融通当期不得确认投资收益，但香溢融通隐瞒担保事项，提前确认投资收益，并为了履行担保义务，虚构投资业务，导致香溢融通2015年虚增利润总额1.03亿元，占2015年更正前利润总额的48.76%，虚增净利润77 580 324.37元，占2015年更正前净利润的49.96%；2016年虚减利润总额40 976 005.77元，占2016年更正前利润总额的26.54%，虚减净利润29 278 006.30元，占2016年更正前净利润的24.97%。

审计人员未核查收益权相关条款，未能识别香溢融通提前确认投资收益，使得被审计单位虚增当年利润。

20 净敞口套期收益

一、重大错报风险

1. 不当运用以净额为基础的套期会计导致的重大错报风险。例如，企业仅为了特定的会计结果，却无法反映企业的风险管理策略和风险管理目标，风险净敞口不符合运用套期会计的条件。

2. 错误指定风险净敞口运用套期会计导致的重大错报风险。例如，在现金流量套期中，仅可将外汇风险净敞口指定为被套期项目。

3. 未将净敞口套期收益单独列示，而是影响利润表中与被套期项目相关的损益科目，从而导致净敞口套期收益的完整性和列报存在重大错报风险。

二、常见审计问题

1. 未对被审计单位关于套期关系、风险管理策略、业务开展的审批及执行流程进行详细复核，未充分判断被审计单位使用净敞口套期的合理性。

2. 未复核被审计单位在实际操作中是否以净额为基础进行套期，其对被套期项目的指定是否符合准则要求。

3. 未充分关注被审计单位对净敞口套期收益项目金额列示是否准确。例如，被审计单位是否将相关套期利得或损失单独列示，或是错误地计入利润表中与被套期项目相关的损益项目；对于被套期的费用将分期摊销的，之前对费用确认的套期利得或损失，未在以后期间重分类至损益，并单独列示。

三、审计关注要点

（一）关注以净额为基础进行套期的恰当性

获取被审计单位关于套期关系、风险管理目标和套期策略以及套期业务获得批准的正式书面文件，复核被审计单位是否满足以下条件：

1. 对项目组合管理是基于企业风险管理目的进行的，是既定风险管理策略的组成部分。

2. 组合中的每一个项目都是符合条件的被套期项目。

3. 组合项目的风险可以相互抵销。

4. 净敞口套期已获得企业关键管理人员的批准。

（二）关注确认被套期项目的准确性

1. 一组风险相互抵消的项目形成风险净敞口，审计人员需落实企业是否以风险净敞口净额为基础进行套期。

2. 关注被审计单位的具体操作来判断其是否以净额为基础进行套期，而不仅仅是声明或文件记录。

3. 确认被审计单位企业是否将构成净敞口的所有项目的项目组合整体指定为被套期项目。

示例 6-73

某公司拥有一组在 9 个月后履约的金额为 100 万美元的确定销售承诺，以及一组在 18 个月后履约的金额为 120 万美元的确定购买承诺。在这种情况下，该公司不能将一个最大金额为 20 万美元的抽象金额的净头寸进行指定，而必须对形成该被套期净头寸的购买总额和销售总额进行指定。

（三）重新计算净敞口套期损益金额的准确性

1. 对于被套期风险影响利润表不同列示项目的，关注被审计单位是否将对应的套期利得或损失单独列报在净敞口套期收益项目，套期利得或损失是否影响了与被套期项目相关的损益列示项目金额（如营业收入或营业成本）。

示例 6-74

A 公司利用 10 万美元的外汇远期合同对一笔 100 万美元的预期外币销售收入和 90 万美元的预期外币费用构成的外汇风险净头寸进行套期，当该外汇风险净头寸影响损益时，该外汇远期合同产生的现金流量套期储备重分类至损益的利得或损失应当与被套期的销售收入和费用区分开来并单独列示。

2. 对于风险净敞口的公允价值套期，套期风险影响资产负债表项目的，被审计单位是否基于套期利得或损失，对被套期项目相关的各项资产或负债项目的账面价值作出了调整，并在以后期间，对于调整相关资产和负债账面价值的部分，在相应的资产和负债通过折旧、摊销、出售等方式影响利润表时，相关套期利得或损失应该单独计入净敞口套期损益科目。

示例 6-75

A 公司利用 200 万美元的 1 年期外汇远期合同（1 美元 =6.5 元人民币）对预期 1 年后发生的一项 1 000 万美元销售交易和一项 1 200 万美元固定资产采购交易所产生的 200 万美元外汇净头寸进行套期。结算日，美元即期汇率为 1 美元 =6.4 元人民币，外汇远期合同公允价值为亏损 20 万人民币。其中，套期工具的累计损失中对应预期固定资产采购的部分为亏损 120 万人民币，应将该部分损失计入固定资产的初始确认金额，在以后期间，应将该部分套期调整在固定资产折旧期间的摊销计入净敞口套期损益。

（四）关注净敞口套期交易列报是否恰当

复核被审计单位对套期会计的相关信息披露是否充分，不仅需要披露套期工具、被套期项目名称、被套期风险的性质和高度有效的结论，还需要披露风险管理策略、套期活动对企业风险敞口的影响，以及采用套期会计对财务报表的影响等信息。

21 公允价值变动收益

一、重大错报风险

1. 因金融资产分类发生错误或舞弊，导致公允价值变动收益科目分类和准确性认定存在重大错报风险。例如，被审计单位将应分类为交易性金融资产的金融资产分类为债权投资，将导致少记公允价值变动收益。

2. 通过调节公允价值估值方法、参数等方式增加公允价值收益，导致公允价值变动收益发生、准确性认定存在重大错报风险。

3. 处置金融资产、投资性房地产会计处理错误，导致公允价值变动收益科目准确性认定存在重大错报风险。

二、常见审计问题

1. 未对公允价值变动收益异常变动保持职业怀疑和应有的关注，导致未识别被审计单位存在舞弊或错报。

2. 未与产生公允价值变动收益的相关报表项目互相勾稽核对，导致未发现被审计单位公允价值变动收益存在错报。

3. 金融资产、投资性房地产等公允价值计量审计程序执行不到位，导致未发现被审计单位公允价值变动收益存在错报。

三、审计关注要点

关注大额公允价值变动收益，结合相关金融资产项目的审计，判断被审计单位公允价值收益的确认依据是否充分，是否符合准则规定，同时获取公允价值变动收益的计算过程，复核被审单位计算结果是否准确。

第六节　固定资产及其他长期资产循环

1 持有待售资产

一、重大错报风险

1. 将不满足持有待售资产条件的资产划分为持有待售资产。例如，被审计单位出售对子公司投资但并不丧失对其控制权，不符合划分为持有待售的条件而被划分为持有待售；又如，有关规定要求需由相关权力机构或者监管部门批准后企业方可出售资产，被审计单位在没有获得批准的情况下，仅根据资产处置协议条款以及处置决议上的日期，将长期资产划分至持有待售资产，从而导致该类非流动资产的折旧、摊销金额计提不足。

2. 划分为持有待售资产的初始计量不准确。例如，未在初始计量时比较假定其不划分为持有待售类别情况下的初始计量金额和公允价值减去出售费用后的净额后孰低计量，导致持有类别的非流动资产或处置组的初始计量不准确、资产减值损失计提不充分。

3. 划分为持有待售资产或处置组的公允价值确定方式不正确，导致持有类别的非流动资产或处置组的计量不准确、资产减值损失计提不充分。例如，对已经获得确定的购买承诺，应当参考交易价格确定而未参考交易价格；对尚未获得确定的购买承诺，应优先使用市场报价等可观察输入值进行估计而采用了其他方法等。

4. 未将不再满足持有待售类别划分条件的非流动资产从持有待售类别移除，而继续将该类非流动资产作为持有待售资产核算，以达到减少非流动资产后续折旧、摊销的目的。

5. 可能通过处置组减值损失转回的核算，将划分至持有待售资产类别前确认的资产减值损失予以转回，不计或者少记处置组中包括的负债所涉及的利息和其他费用，导致不应转回的资产损失转回、少计费用的重大错报风险。

6. 可能存在虚增利润的主观意图，为达到减少长期资产或资产组的折旧、摊销的目的，违规或通过关联方虚构资产处置计划，将不符合持有待售资产的长期资产或资产组划分至持有待售资产，以达到少计成本、费用，虚增利润的目的。

二、常见审计问题

1. 未充分了解企业处置非流动资产或者资产组的交易背景、必要性，未对被审计单位将资产或者资产组作处置计划的商业合理性进行判断。

2. 未对受让资产组或处置组的受让方背景进行核查，排除企业虚构资产处置计划。

3. 未关注拟转让或者处置的资产组是否为特定资产、是否需要取得企业相关权力机构或者监管部门审批。

4. 未结合处置协议签订日、企业董事会（股东会）批准日、相关机构的批复日等信息，对资产划分日进行综合判断。

5. 未审核被审计单位拟转让资产或者处置组公允价值、处置费用的获取途径和依据是否恰当。

6. 未关注期后是否存在将持有待售资产转回的情况。

7. 未充分关注被审计单位对处置组中包括的负债所涉及的利息和其他费用计量的完整性。

三、审计关注要点

（一）了解被审计单位处置非流动资产、资产组的背景

被审计单位拟转让生产经营用的固定资产、无形资产或者部分业务的终止经营，属于企业的特殊交易和事项，审计人员应通过实施以下程序，核实该类交易的真实背景、合理性：

1. 询问被审计单位管理层、资产管理部门人员。

2. 对资产受让方进行背景调查，必要时访谈受让方，核实受让方与被审计单位是否存在特殊关系，是否有通过与关联方虚构资产交易计划，以达到减少长期资产计提大额折旧、摊销的目的。

3. 向受让方函证，核实被审计单位转让重大资产及处置组的处置日、资产交割日等关键信息。

示例 6–76

2017 年 12 月 29 日，通达股份（002560）与易合仓有限公司签订收购协议书，约定将拥有子公司河南通达铜材科技有限公司 100% 的股权以 8 600 万元的价格出售。厂区内现有工程和未完工工程，在协议签字生效后，双方即开始移交交接工作，预计将于 2018 年处置完毕。通达股份将待售子公司作为持有待售资产列报，2017 年度财务报告附注披露资产处置组列示见表 6–39：

表 6–39　2017 年度财务报告附注披露资产处置组

资产类别	期末账面价值（元）
货币资金	3 019 123.84
其他流动资产	832 126.39
固定资产	309 850.07
在建工程	32 597 284.80
工程物资	1 631 840.99
无形资产	19 264 549.24
递延所得税资产	1 355 386.45
其他非流动资产	6 950 000.00
持有待售资产合计	65 960 161.78

该项持有待售资产原预计 2018 年前完成，后变更为预计 2019 年 6 月前完成，最终直到 2019 年 12 月完成，前后经历两年，时间远超过一年。审计人员未充分关注实际处置时间较预计时间相差较大的原因，2017 年划分为持有待售资产是否恰当。

资料来源：巨潮资讯网站。

（二）关注拟处置资产或者资产组划分是否准确，是否需要经权力机构或监管部门批准

审计人员应当关注被审计单位出售子公司时对处置资产组的划分情况。准则规定，企业出售对子公司投资但并不丧失对其控制权，不应当划分为持有待售。企业因出售对子公司的投资等原因导致其丧失对子公司的控制权，应当在拟出售的部分对子公司投资满足持有待售类别划分条件时，在母公司个别财务报表中将对子公司投资整体划分为持有待售类别，而不是仅将拟处置的部分投资划分为持有待售类别；在合并财务报表中将子公司所有资产和负债划分为持有待售类别，而不是仅将拟处置的部分投资对应的资产和负债划分为持有待售类别。企业出售对子公司投资后保留的部分权益性投资，应当区分以下情况，分别按照长期股权投资准则或金融工具准则处理：

1. 如果企业对被投资单位施加共同控制或重大影响，在编制母公司个别财务报表时，应当按照《企业会计准则第 2 号——长期股权投资》有关成本法转权益法的规定进行会计处理，在编制合并财务报表时，应当按照《企业会计准则第 33 号——合并财务报表》的有关规定进行会计处理；

2. 如果企业对被投资单位不具有控制、共同控制或重大影响，应当按照《企业会计准则第 22 号——金融工具确认和计量》进行会计处理。

按照《企业会计准则第 2 号——长期股权投资》规定，对联营企业或合营企业的权益性投资全部或部分分类为持有待售资产的，应当停止权益法核算；对于未划分为持有待售类别的剩余权益性投资，应当在划分为持有待售的那部分权益性投资出售前继续采用权益法进行会计处理

此外，对于一些特殊行业，相关资产的取得和转让需要经过上级主管机构或监管机构的批准。此种情况下，审计人员应核查上级主管机构或监管机构对被审计单位转让该类资产或资产组的明确批复，并结合处置协议和股东会或董事会决议等，判断该类资产是否能划分为持有待售资产以及划分日是否恰当。

（三）关注持有待售资产初始计量是否合理

被审计单位可能利用资产处置计划减少对资产折旧、摊销的计提，或者利用资产划分日操纵折旧计提、资产摊销的金额。审计人员应结合前述的关注要点，

核实被审计单位停止对长期资产计提折旧、摊销的时点是否正确，以及处置交易执行过程中，持有待售资产转回长期资产，折旧、摊销的金额是否充分；核实减值损失的计提是否充分、恰当，关注被审计单位是否将资产作为非流动资产时计提的减值损失予以转回。

（四）关注划分为持有待售资产或处置组的公允价值确定方式是否合理

如果被审计单位已经获得确定的购买承诺，应当参考交易价格确定；如果企业尚未获得确定的购买承诺，优先使用市场报价等可观察输入值进行估计。“公允价值减去出售费用”属于非持续的公允价值计量，适用《企业会计准则第39号——公允价值计量》的计量与披露要求。企业以公允价值计量相关资产或负债，应当采用在当前情况下适用并且有足够可利用数据和其他信息支持的估值技术。企业在估值技术的应用中，应当优先使用相关可观察输入值，只有在相关可观察输入值无法取得或取得不切实可行的情况下，才可以使用不可观察输入值。在企业已经获得确定的购买承诺的情况下，交易价格是可观察输入值，因此应当参考交易价格确定公允价值；在企业尚未获得确定的购买承诺的情况下，可以参考类似交易价格，或采用收益法确定公允价值。

审计人员在判断被审计单位对划分为持有待售资产或处置资产组的公允价值确定方式时，应注意核查其公允价值获取的方式、支持性证据等，以确定其公允价值的确定是否符合准则规定。

（五）关注是否存在不满足持有待售类别却不转回的情形

企业会计准则规定满足持有待售条件的出售合同是“几乎不可撤销”，因此通常情况下被审计单位不应发生持有待售资产不再满足划分条件的情形，但不排除存在极端情况。

审计人员应保持职业怀疑，获取被审计单位不再执行资产处置计划的审计证据。例如，因战略或生产经营发生变化，不准备执行资产处置计划，那么此部分持有待售资产就不再满足划分条件，应将此部分资产转回到非流动资产核算，继续计提折旧和摊销。审计人员应核实被审计单位不再执行资产处置计划的原因、决议以及与拟受让方的解约是否完成，综合判断持有待售资产转回非流动资产的时间，判断企业是否已根据交易的实际情况，做出恰当、准确的会计处理，必要时应对受让方进行访谈、执行函证程序。

（六）复核处置组中包括的负债及所涉及的利息和其他费用的计量

审计人员应收集并核实资产处置协议和企业董事会、股东会决议相关资料，关注处置协议中负债及所涉及的利息和其他费用的有关条款，必要时向受让方、监管机构函证关键性条款，核实、重新计算企业处置组中包括的负债及所涉及的利息和其他费用计量的完整性。

四、审计案例

案例 6－28

会计师事务所接受委托对甲公司 2×21 年度财务报表进行审计，审计人员在审计过程中发现以下事项：

2×20 年 9 月，为整合资产，甲公司经董事会决议处置部分生产线。2×20 年 12 月 31 日，甲公司与乙公司签订某生产线出售合同。合同约定：该项交易自合同签订之日起 10 个月内完成，原则上不可撤销，但因外部审批及其他不可抗力因素影响的除外。如果取消合同，主动提出取消的一方应向对方赔偿损失 560 万元。生产线出售价格为 2 600 万元，甲公司负责生产线的拆除并运送至乙公司指定地点，经乙公司验收后付款。甲公司该生产线 2×20 年年末账面价值为 3 200 万元，预计拆除、运送等费用为 120 万元。2×21 年 3 月，在合同实际执行过程中，因乙公司所在地方政府出台新的产业政策，乙公司购入资产属于新政策禁止行业，乙公司提出取消合同并支付了赔偿款。甲公司对于上述事项的会计处理情况如下：

1. 甲公司自 2×21 年 1 月起对拟处置生产线停止计提折旧；
2. 2×20 年资产负债表中该生产线列报为 3 200 万元；
3. 2×21 年将取消合同取得的乙公司赔偿款确认为营业外收入；
4. 自 2×21 年 3 月知晓合同将予取消时起，同时对生产线恢复计提折旧。

案例讨论：

审计人员对甲公司上述会计处理的第 1 项及第 3 项予以认可，但对第 2 项及第 4 项提出了异议，并与甲公司相关负责人进行了讨论。

针对第 1 项会计处理，根据准则划分持有待售的固定资产后不应再计提折旧，所以自 2×21 年 1 月起对拟处置生产线停止计提折旧符合企业会计准则的规定。

针对第 2 项会计处理，因为划分为持有待售的资产后，应该按可出售净额来确认资产账面价值，可出售净额是指公允价值（卖价 2 600 万元）减去出售费（本案中为预计拆除、运送等费用 120 万元），2×20 年资产负债表中该生产线应当列报金额 =2 600－120=2 480（万元），甲公司会计处理错误。

针对第 3 项会计处理，甲公司收到的赔偿款应确认营业外收入，符合企业会计准则的规定。

针对第 4 项会计处理，对于持有待售类别的重分类，应采用追溯调整法处理，不是知晓合同将予取消时起恢复计提折旧，甲公司会计处理错误。

甲公司财务人员根据审计人员意见对相关会计处理进行了调整纠正，并进行了追溯调整。

案例 6-29

南威软件（603636）2017 年 12 月 18 日与珠海汇垠意中投资合伙企业（有限合伙）（以下简称乙方）签订了《股权转让协议》，乙方以人民币 2 550 万元受让南威软件之子公司福建神威系统集成有限责任公司 51% 的股权，预计外置费用为零。合同约定乙方应在股权转让协议签署后 15 个工作日内向南威软件以货币方式支付 50% 的股权转让款 1 275 万元，剩余 50% 的股权转让款在本次股权转让完成工商变更登记手续之日后 15 个工作日内支付完毕。南威软件应在收到乙方首期股权转让款后的 30 日内，完成股权过户的工商变更登记等相关工作。

截至 2017 年 12 月 31 日，南威软件已收到乙方股权受让款 1 275 万元。截至 2018 年 2 月 5 日，已完成本次股权转让完成工商变更登记手续。南威软件 2017 年关于持有待售资产及持有待售负债的披露情况如下：

（一）持有待售资产（见表 6-40）

表 6-40 持有待售资产 单位：元

项目	期末账面价值	公允价值	预计处置费用	预计处置时间
货币资金	10 047 684.69	10 047 684.69	—	2018 年 2 月
预付款项	679 803.64	679 803.64	—	2018 年 2 月
其他应收款	473 322.21	473 322.21	—	2018 年 2 月
存货	69 741 200.50	69 741 200.50	—	2018 年 2 月
其他流动资产	1 410 490.11	1 410 490.11	—	2018 年 2 月
固定资产	756 426.07	756 426.07	—	2018 年 2 月
无形资产	3 630 283.88	3 630 283.88	—	2018 年 2 月
长期待摊费用	48 719.33	48 719.33	—	2018 年 2 月
递延所得税资产	4 692 913.39	4 692 913.39	—	2018 年 2 月
合计	91 480 843.82	91 480 843.82	—	

（二）持有待售负债（见表 6-41）

表 6-41 持有待售负债 单位：元

项目	期末余额	期初余额
应付账款	2 945 205.40	—
预收款项	58 763 346.07	—

续表

项目	期末余额	期初余额
应付职工薪酬	602 295.15	—
应交税费	56 950.31	—
其他应付款	11 087.00	—
合计	62 378 883.00	—

资料来源：巨潮资讯网站。

案例讨论：

企业因出售对子公司的投资等原因导致其丧失对子公司的控制权，企业应当在拟出售的部分对子公司投资满足持有待售类别划分条件时，在母公司个别财务报表中将对子公司投资整体划分为持有待售类别，而不是仅将拟处置的部分投资划分为持有待售类别；在合并财务报表中将子公司所有资产和负债划分为持有待售类别，而不是仅将拟处置的部分投资对应的资产和负债划分为持有待售类别。

持有待售资产或持有待售负债在披露时，应当站在合并报表的角度，该持有待售子公司对母公司或合并范围内其他子公司的资产、负债首先应当进行合并抵销，然后在合并抵销后的往来余额基础上区分其中的持有待售部分，即持有待售资产或负债必须是对外（合并范围以外）的资产或负债。

2 一年内到期的非流动资产

一、重大错报风险

1. 可能存在虚增资产，将已到期收回的债权投资、其他债权投资、长期应收款等，不做正确的账务处理，仍继续划分至一年内到期的非流动资产核算，导致该资产的真实性存在重大错报风险。

2. 可能存在掩盖不良投资、不良债权已发生实际损失等重大风险的事实，将应划分为一年内到期的非流动资产不作划分，仍在债权投资、其他债权投资、长期应收款科目核算，降低审计人员或者报表预期使用者对其收回情况的关注。

3. 对一年内到期的非流动资产核算不符合会计准则的规定，将不应该在一年内到期的非流动资产计入该科目核算，或者将部分长期资产随意转换核算科目。

二、常见审计问题

1. 未关注企业在一年内到期的非流动资产核算的具体内容，未对风险较高的债权投资、其他债权投资、长期应收款实施函证。

2. 未关注一年内到期的非流动资产中债权投资、其他债权投资、长期应收款等收回风险情况，对实际存在减值迹象的资产未计提减值损失。

3. 未关注一年内到期的非流动资产在报表日后、审计报告日前的回收情况。

4. 未分析长期资产随意转换核算科目的动机和原因。

三、审计关注要点

（一）了解一年内到期的非流动资产核算的内容

审计人员在对一年内到期的非流动资产审计时，首先应获取或编制一年内到期的非流动资产明细表，查阅有关合同、协议等资料，分析核算内容是否符合会计准则的规定。

（二）对一年内到期的非流动资产的具体内容实施函证

部分被审计单位一年内到期的非流动资产中存在金额较大的债权投资、其他债权投资、长期应收款等重要资产，审计人员可对金额较大或者存在重大风险的资产实施函证，以判断该等资产的列报是否恰当，是否存在减值。

（三）关注将部分长期资产随意转换核算的原因

关注被审计单位将部分长期资产在其他会计科目与一年内到期的非流动资产间随意转换核算的情况，核实其转换科目的真实原因，分析长期资产是否存在重大的减值风险或回收风险，以及列报、披露是否恰当。

3 投资性房地产

一、重大错报风险

1. 可能存在虚假的投资性房地产余额或交易，从而导致投资性房地产账面余额的存在性或交易的发生存在重大错报风险。

2. 未将所有已出租的土地使用权、持有并准备增值后转让的土地使用权、已出租的建筑物认定为投资性房地产，从而导致投资性房地产的完整性存在重大错报风险。

3. 将不应作为投资性房地产核算的其他资产作为投资性房地产核算，从而导致投资性房地产的分类存在重大错报风险。

4. 投资性房地产与其他资产进行相互转换的依据不充分、会计处理不正确，从而导致投资性房地产的准确性、计价和分摊以及分类认定存在重大错报风险。

5. 采用不恰当的计量基础，从而导致投资性房地产的准确性、计价和分摊，以及分类存在重大错报风险。

6. 投资性房地产以公允价值模式计量的情况下，可能存在公允价值确定不恰当，从而导致投资性房地产的准确性、计价和分摊认定存在重大错报风险。

7. 投资性房地产减值准备计提不恰当或不充分，从而导致投资性房地产的准确性、计价和分摊认定存在重大错报风险。

8. 可能存在尚未办妥产权证书的投资性房地产，以及投资性房地产抵押事项，但未充分披露，从而导致投资性房地产列报存在重大错报风险。

二、常见审计问题

1. 对投资性房地产的核算内容不清楚，不能准确判断一项资产是否应确认为投资性房地产，以及确认时点是否恰当。

2. 未结合对固定资产、在建工程、租赁收入的审计，以及管理层对相关资产的持有意图，识别出所有应确认为投资性房地产的资产项目。

3. 未对投资性房地产执行实地检查，或在执行实地检查中仅关注其是否存在，未结合权证、租赁合同等进行查验，未观察其使用情况、质量状况等。

4. 仅获取投资性房地产权证的复印件，未获取原件并予以检查，未充分关注是否存在抵押情况。

5. 对投资性房地产项目进行发生额检查时，获取证据不充分，或对所获取证据的真伪缺乏判断。

6. 在投资性房地产以公允价值模式计量的情况下，对公允价值的确定依据复核不到位，如未将被审计单位的投资性房地产基础信息与所选取的同类或类似房地产基础信息进行比较，未亲自查验被审计单位所选取的同类或类似房地产的市场价格及其他相关信息等，以判断其是否具有参照性。

7. 未充分关注投资性房地产存在的减值迹象，对投资性房地产减值准备计提的充分性判断不当。

三、审计关注要点

（一）了解被审计单位作为投资性房地产核算的具体情况，关注其作为投资性房地产核算是否恰当

审计人员在执行投资性房地产审计过程中，应首先了解被审计单位作为投资性房地产核算的具体项目，并对照企业会计准则的相关规定，判断其作为投资性房地产核算是否恰当，重点关注以下情形：

1. 房地产尚未实际出租，也未与承租方签订相关的协议，仅以管理层的目的即划分为投资性房地产。

2. 整体性房地产部分出租，是否进行了合理划分。

3. 以土地使用权将转让为由，单独将土地使用权资产作为投资性房地产。

4. 出租给集团内单位的投资性房地产，被审计单位在编制合并报表时是否冲回。

（二）结合对固定资产、在建工程、租赁收入的审计，关注是否存在投资性房地产确认不完整的情形

结合对列报于固定资产的房屋建筑物使用情况的检查以及在建工程的检查，关注是否存在以备经营出租的空置建筑物或在建建筑物。对租赁收入进行分析，将收入来源与投资性房地产进行一一核对，检查是否存在产生租赁收入的对外出租房地产未列报于投资性房地产的情形。

（三）关注投资性房地产的抵押情况、权证办理情况

审计人员应获取投资性房地产的权证原件进行检查，必要时复印留存。对于尚未办理完毕权证的投资性房地产，结合投资性房地产的取得方式，查阅有关合同以及支出凭证，判断其是否应确认为投资性房地产，并做好记录，同时提请被审计单位作恰当披露。关注投资性房地产的抵押、担保情况。结合对银行借款等的检查，了解投资性房地产是否存在重大的抵押、担保情况。如存在，应取证并做好记录，同时提请被审计单位作恰当披露。

（四）实地检查投资性房地产，关注其是否真实存在以及实际对外出租情况与租赁合同是否相符

审计人员在实地检查前，获取投资性房地产项目清单，项目清单至少应包括房地产编号、名称、账面净值、坐落地点、面积及租赁方名称、租赁期限、租金约定等，并与权证资料、租赁合同核对一致。

根据项目清单进行实地检查时，对已经实现对外出租的，审计人员应与租赁方核对租赁信息是否属实，并签字确认；对尚未实现对外出租的，关注是否存在正在使用但未登记或未确认租赁收入的情形，在判断房地产是否正在使用时，可通过观察尚未出租房地产的内部环境，是否存在使用痕迹等情形。在对投资性房地产进行实地检查时，审计人员还应关注投资性房地产的可使用情况，如房屋是否有毁损导致无法居住、是否存在短期内需要拆除的情形等，从而判断是否存在减值迹象。

（五）关注投资性房地产采用公允价值模式计量是否符合会计准则的规定，公允价值确定是否恰当

审计人员核查被审计单位投资性房地产采用公允价值模式计量，是否同时满

足以下两个条件：一是投资性房地产所在地有活跃的房地产交易市场；二是能够从房地产交易市场上取得同类或类似房地产的市场价格及其他相关信息，从而对投资性房地产的公允价值做出科学合理的估计。

采用公允价值模式对投资性房地产进行后续计量的被审计单位，对于在建投资性房地产（包括被审计单位首次取得的在建投资性房地产），如果其公允价值无法可靠确定但预期该房地产完工后的公允价值能够持续可靠取得的，应当以成本计量该在建投资性房地产，其公允价值能够可靠计量时或完工后（两者孰早），再以公允价值计量。

针对公允价值的确定是否恰当，审计人员不能仅仅直接利用评估报告，应当实施以下程序：

1. 查验被审计单位或评估报告中所选取的同类或类似房地产的市场价格及其他相关信息等。

2. 将投资性房地产基础信息与被审计单位或评估报告中所选取的同类或类似房地产基础信息进行比较，以判断其是否具有参照性，其中投资性房地产为建筑物的，比较内容应包括：所处地理位置和地理环境、建筑物性质、结构类型、新旧程度，可使用状况等；投资性房地产为土地使用权的，比较内容应包括所处地理位置和地理环境、可使用状况。

（六）关注投资性房地产与其他资产进行相互转换时转换日的确定是否恰当，会计处理是否正确

作为存货的房地产以及自用房地产转换为投资性房地产时，审计人员应关注转换日是否为房地产的租赁期开始日。自行建造或开发完成但尚未使用的建筑物，以及不再用于日常生产经营活动且经整理后达到可经营出租状态的建筑物等，如董事会或类似机构作出书面决议，明确表明将其用于经营租出、持有意图短期内不再发生变化的，关注其转换日是否为董事会或类似机构作出书面决议的日期。

投资性房地产转换为自用房地产的，关注其转换日是否为房地产达到自用状态，开始将房地产用于生产商品、提供劳务或者经营管理的日期。投资性房地产转换为存货的，关注其转换日是否为租赁期届满、被审计单位董事会或类似机构作出书面决议明确表明将其重新开发用于对外销售的日期。

在对相互转换的业务发生记录进行检查时，审计人员应关注相关会计处理是否符合会计准则的规定。

（七）关注投资性房地产计量模式转换依据是否充分

对于被审计单位投资性房地产由成本计量模式转换为公允价值计量模式的，审计人员应当关注依据是否充分，会计处理是否恰当，是否以会计政策变更代替

实质为会计差错的情况。

示例 6-77

证监会《2021 年上市公司年报会计监管报告》指出：年报分析发现，部分上市公司对投资性房地产转换的会计处理存在以下问题：

一是将自用房地产转换为投资性房地产依据不充分。个别上市公司本年度通过董事会决议，拟将自用的房地产、土地使用权转为对外出租，并据此将相关资产转换为投资性房地产，按照公允价值进行后续计量。对于此类投资性房地产转换，除董事会决议以外，上市公司还应有确凿证据表明相关资产已因用途改变而发生实际状态上的改变，如已签订出租协议，或虽然尚未签订出租协议、但相关资产已不再用于日常生产经营活动，已进行重大的结构性调整且在功能上、性能上已达到可经营出租状态等。

二是计量模式变更时相关会计处理不恰当。个别上市公司近年来根据市场情况对外出租房产，并根据出租情况，将已出租的房产转换为投资性房地产，房产出租比例逐年提升。本年度，上市公司将投资性房地产的计量模式由成本模式转为公允价值模式，并采用追溯调整法进行会计处理。上市公司在进行追溯调整时，对于以前年度尚未对外出租、确认为固定资产的房产，错误按照公允价值调整了固定资产账面价值。该部分资产由前期的固定资产转换为本期的投资性房地产，为资产实际使用状况发生变化，不属于会计政策变更范畴，不应对前期固定资产账面价值进行追溯调整。

四、审计案例

案例 6-30

投资性房地产公允价值及其变动合理性审计

2022 年 5 月 9 日，皇庭国际（000056）及审计机构收到深圳证券交易所下发的《关于对深圳市皇庭国际企业股份有限公司 2021 年年报的问询函》，要求就投资性房地产公允价值确定依据作出回复，具体问题为：

年报投资性房地产主要项目情况显示，重庆皇庭珠宝城 2021 年 12 月 31 日公允价值为 711 015 136.20 元，其变动幅度为 –10.25%，根据公司的会计政策，2021 年该项投资性房地产期末公允价值调减 81 160 163.80 元。皇庭国商购物广场 2021 年 12 月 31 日的公允价值为 6 917 810 200.00 元，其变动幅度为 –9.54%，根据公司的会计政策，2021 年该项投资性房地产期末公允价值调减 729 841 700.00 元。请你公司：

1. 说明前述两项投资性房地产期末公允价值评估的具体过程，关键假设与参数，包括但不限于土地与房地产租赁情况、未来现金流、折现率、同类土地与物业估值等，并结合上述内容说明评估价值变动的公允性与合理性。

2. 根据你公司2020年年报，重庆皇庭珠宝城基于2020年12月31日的评估公允价值为764 999 700.00万元，评估减值3.43%。请结合市场环境变化、可比同类土地与物业估值的具体情况、关键假设与参数变化情况等，对比分析重庆皇庭珠宝城在2020年未发生大额减值，却在2021年出现大额减值的原因及合理性。

3. 根据你公司2022年3月29日披露的《关于预挂牌转让深圳融发投资有限公司及重庆皇庭珠宝广场有限公司各不少于51%股权的进展公告》显示，融发投资100%股权的挂牌参考价格为56.2亿元，而皇庭国商购物广场作为融发投资的主要资产，其2021年12月31日的公允价值为69.18亿元，请你公司结合融发投资挂牌参考价、资产债务结构等，详细说明皇庭国商购物广场评估价值的公允性与合理性。

4. 你公司会计政策显示，若市场调研报告或评估报告表明公司投资性房地产公允价值发生大幅变动（变动幅度超过5%），经公司董事会批准后，公司财务管理部门根据市场调研报告或评估报告的估价结论进行会计处理；若市场调研报告或评估报告表明公司投资性房地产公允价值未发生大幅变动，经公司董事会批准后，公司财务管理部门可不进行会计处理。请说明你公司前述会计政策是否与同行业公司存在差异，如是，请进一步说明原因。请明确你公司对“投资性房地产公允价值未发生大幅变动”的具体执行标准，与2020年的具体执行情况是否存在不一致的情形。

5. 你公司是否存在通过大幅调整投资性房地产公允价值进行业绩洗澡的情形？请年审机构核查并发表明确意见。

案例讨论：

会计师事务所从以下两个方面进行了回复：

一、审计人员实施的主要核查程序

1. 获取评估机构出具的投资性房地产评估报告，并评价第三方评估机构的胜任能力、专业素质和客观性。

2. 对评估过程中的建筑物所在的房地产市场价格、房租、未来现金流、折现率、空置率、同地段以及同区域或同类型的周边资产询价等数据进行复核。

3. 走访周边中介了解市场行情和实地考察观察投资性房地产的出租状态，判断其价值是否与评估底稿中周边参考资产价值相符。

4. 通过查询相关不动产交易网站（房天下、安居客）复核参照物的交易价格。

二、审计人员对评估报告进行的具体复核过程

1. 针对问题 1

（1）重庆皇庭珠宝城 2021 年评估过程

①市场法

评估人员根据对评估对象进行全面分析的基础上，通过“房产中介”现场调查同类物业的挂牌交易情况，并选取三宗可比交易案例，评估人员经过比较分析，并对交易可比案例进行实地查勘、中介走访、电话咨询。按选择的三个可比案例针对评估对象的区位状况、权益状况和建筑物实物状况等具体条件进行比较参照。选取案例见表 6–42：

表 6–42 选取方案比较

项目名称	估价对象	案例 A	案例 B	案例 C
	皇庭珠宝城	同创奥韵	力扬西西购物中心	玖城壹号
交易方式	正常转让	正常转让	正常转让	正常转让
物业位置	九龙坡区彩云大道 10 号	奥体运动街 63 号	兴胜路 55 号	石杨路 66 号
价值时点 / 交易日期	2021/12/31	2021/12/31	2021/12/31	2021/12/31
房屋用途	商业	商业	商业	商业
成交价格（元 / ㎡）	—	17 500	19 300	18 900
价值定义	公开市场价格	公开市场价格	公开市场价格	公开市场价格
土地年限	40 年，终止日期为：2053/8/30	40 年，终止日期为：2053/1/1	40 年，终止日期为：2055/1/1	40 年，终止日期为：2055/1/1

根据所选可比案例房地产的各种价格影响因素具体条件，编制因素条件说明表，具体情况如表 6–43 所示：

表 6–43 因素因子修正说明

比较因素	因子说明	档次级别	修正幅度
交易情况	物业及可比案例的交易情况是否正常	正常交易、其他	—
交易类型	房产交易类型	一手房、二手房	一般取同类交易类型
交易日期	物业买卖交易日期	根据房地产价格指数等修正	
交易价格（元 /m^2）	物业在交易日成交时的客观价格	—	—

续表

比较因素	因子说明	档次级别		修正幅度
区位状况	区域规划	物业所在区域的规划布局、区域发展速度、生活环境、片区品质、区域治安等	依据区域规划，判断其对物业的利好弊端	2
	区域繁华度	物业所在区域的商业氛围、商业繁华程度、距离各级商圈距离等	好、较好、一般、较差、差	2
	交通便捷度	物业所在区域的地铁便捷度、公交便捷度、路网分布情况	好、较好、一般、较差、差	2
	人流量	物业所在区域的人口密度、日均人流量等	好、较好、一般、较差、差	2
	基础设施完备度	物业所在区域的水、电、燃气、通信、有线电视等基础设施	好、较好、一般、较差、差	2
	外部配套设施	物业所在区域的教育、金融、商业、体育、医院、文化、教育等配套设施	好、较好、一般、较差、差	2
	楼层	物业所对应的楼层，与物业所在楼栋的总楼层进行对比判断	好、较好、一般、较差、差	2
	环境质量	物业所在区域的空气质量、污染源情况、卫生状况等	好、较好、一般、较差、差	2
实物状况	临街情况	物业是否临交通干道、小区干道，一般可分为多面临街、双面临街、单面临街、不临街	好、较好、一般、较差、差	2
	新旧程度	根据物业的建筑年代及其维护保养状况确定其成新度	好、较好、一般、较差、差	2
	装饰装修	物业内部及公共部分的装修情况、装修档次等	好、较好、一般、较差、差	2

续表

<table>
<tr><th>比较因素</th><th>因子说明</th><th colspan="2">档次级别</th><th>修正幅度</th></tr>
<tr><td rowspan="3">实物状况</td><td>空间布局</td><td>物业的功能分区，户型设计，通风采光，使用率等</td><td>好、较好、一般、较差、差</td><td>2</td></tr>
<tr><td>建筑结构</td><td>物业建筑结构、砖混、钢混等</td><td>好、较好、一般、较差、差</td><td>2</td></tr>
<tr><td>物业管理</td><td>物业管理公司资质，物业服务品质等</td><td>好、较好、一般、较差、差</td><td>2</td></tr>
<tr><td rowspan="4">权益状况</td><td>土地剩余使用年限（年）</td><td>指物业截止价值时点时的剩余使用年限</td><td colspan="2">根据可比案例与估价对象的剩余年限对比，依地价指数或基准地价年期系数修正，并结合《物权法》相关规定分析</td></tr>
<tr><td>规划条件限制</td><td>规划条件（含容积率）对物业价值的影响</td><td>无影响、影响较小、有一定影响</td><td>2</td></tr>
<tr><td>共有情况影响</td><td>共有情况对物业价值的影响</td><td>无影响、影响较小、有一定影响</td><td>2</td></tr>
<tr><td>权属清晰情况</td><td>权属是否清晰及对物业价值的影响</td><td>无影响、影响较小、有一定影响</td><td>2</td></tr>
</table>

通过上述修正因素进行分别修正，测算出委估对象的评估值。

②收益法

皇庭珠宝城为综合型商业物业，截至评估基准日已对外进行出租，出租率为38%，具体租约情况见表6–44：

表6–44　皇庭珠宝城具体租约情况

序号	签订日期	租户名称	合作模式	合同面积	租赁年限
1	2016/6/29	重庆市华尔顿餐饮文化管理有限公司	固定租金	4 740.0	15年
2	2016/11/18	邓洪梅	固定租金	34.0	5年
3	2016/11/18	巫婷	固定租金	87.0	6年
4	2016/12/24	重庆市九龙坡区民政局	固定租金	1 096.8	10年
5	2017/5/2	重庆加十分教育科技有限公司	固定租金	362.10	5年
……		（中间过程略）			
23	2021/1/26	黄芳	固定租金	252.08	5年

续表

序号	签订日期	租户名称	合作模式	合同面积	租赁年限
24	2021/4/19	陈丹	固定租金	32.30	3 年
25	2021/4/30	李红琼	固定租金	146.57	5 年
26	2021/4/30	悦达智慧停车服务（重庆）有限公司	固定租金	657 个车位	8 年
27	2021/5/31	金炼	固定租金	91.29	5 年

本次对租金预测按已出租部分按合同约束租金进行预测，未出租部分按市场平均租金预测计算。

a. 收益期内租金的确定

根据评估人员对委估对象及市场同类物业的调研，截至评估基准日，委估对象已对外出租，本次对租金预测按已出租部分按合同约束租金进行预测，未出租部分按市场平均租金预测计算。

b. 空置率的确定

评估人员通过现场调查了解到：委估对象 2019 年、2020 年出租率分别为 84%、86%；截至评估基准日出租率为 38%，已出租面积为 11 214.41m^2，未出租面积为 18 474.80m^2。由于 2021 年委估对象所在地区受疫情影响导致重庆珠宝城租赁情况相较前年度有所下降，随着目前对疫情防控力度的加强以及经济的稳步恢复态势，商业租赁情况也会稳步发展；预测期间，空置率下降，稳定年度空置率按 5% 估算。

c. 年递增系数的确定

经分析委估对象的租赁合同，确定年增长率约在 1%~5% 范围内，基于谨慎考虑，确定年递增系数为 3%。

d. 折现率

报酬率的确定方法有市场提取法、累加法、投资收益率排序插入法等方法。本次采用累加法确定报酬率（见表 6–45）。

报酬率 = 安全利率 + 投资风险补偿率 + 管理负担补偿率 + 缺乏流动性补偿率 + 投资带来的优惠率。

表 6–45 累加法求取报酬率一览表

项目	数值	取值理由	取值
安全利率	1.50%	价值时点一年期定期存款利率 1.5%	1.50%

续表

项目	数值	取值理由	取值
投资风险补偿率	4.5%~5.5%	目前同类房地产经营稳定，因此投资风险补偿率按 4% ～ 5% 考虑	5.00%
管理负担补偿率	0.10%	按照评估人员的经验按 0.1% 考虑	0.10%
缺乏流动性补偿率	1.00%	按照评估人员的经验按 1.0% 考虑	1.00%
易于获得融资的优惠率	–0.50%	按照评估人员的经验按 –0.5% 考虑	–0.50%
所得税抵扣的优惠率	–0.60%	按照评估人员的经验按 –0.6% 考虑	–0.60%
报酬率区间	6.0%~7.0%	6.50%	

根据上述方法收益价值测算结果的评估值为 213 663 500.00 元。

（收益法计算过程略）

（2）皇庭国商购物广场 2021 年评估过程

①市场法

评估人员根据对评估对象进行全面分析的基础上，通过“安居客”“房天下”查询同类物业的挂牌交易情况，并选取三宗可比交易案例，评估人员经过比较分析，并对交易可比案例进行实地查勘、中介走访、电话咨询。按选择的三个可比案例针对评估对象的交易情况、交易时间、区位因素、个别因素、权益因素等具体条件，将选择的市场交易可比案例进行比较参照。选取案例见表 6–46：

表 6–46　选取案例比较

项目名称	估价对象	案例 A	案例 B	案例 C
	皇庭国商购物广场	侨福大厦	深圳国际商会大厦	共和世家
交易方式	正常转让	正常转让	正常转让	正常转让
物业位置	福田区中心区	福田区新闻路	福田区福华一路 138 号	福田区委旁益田路东侧
价值时点 / 交易日期	2021/12/31	2021/12/31	2021/12/31	2021/12/31
房屋用途	商业	商业	商业	商业
成交价格（元 /m^2）	—	118 280	100 000	117 000
建筑面积（m^2）	14 377.30	93	370	341.44
价值定义	公开市场价格	公开市场价格	公开市场价格	公开市场价格
土地年限	40 年，终止日期：2042/10/7	50 年，终止日期：2050/8/1	50 年，终止日期：2046/1/10	50 年，终止日期：2051/9/1

根据所选可比案例房地产的各种价格影响因素具体条件，编制因素条件说明

表，具体情况如表 6–47 所示：

表 6–47　　因素因子修正说明

比较因素		因子说明	档次级别	修正幅度
交易情况		物业及可比案例的交易情况是否正常	正常交易、其他	—
交易类型		房产交易类型	一手房、二手房	一般取同类交易类型
交易日期		物业买卖交易日期	根据房地产价格指数等修正	
交易价格（元/平方米）		物业在交易日成交时的客观价格	—	—
区位状况	区域规划	物业所在区域的规划布局、区域发展速度、生活环境、片区品质、区域治安等	依据区域规划，判断其对物业的利好弊端	2
	区域繁华度	物业所在区域的商业氛围、商业繁华程度、距离各级商圈距离等	好、较好、一般、较差、差	2
	交通便捷度	物业所在区域的地铁便捷度、公交便捷度、路网分布情况	好、较好、一般、较差、差	2
	人流量	物业所在区域的人口密度、日均人流量等	好、较好、一般、较差、差	2
	基础设施完备度	物业所在区域的水、电、燃气、通信、有线电视等基础设施	好、较好、一般、较差、差	2
	外部配套设施	物业所在区域的教育、金融、商业、体育、医院、文化、教育等配套设施	好、较好、一般、较差、差	2
	楼层	物业所对应的楼层，与物业所在楼栋的总楼层进行对比判断	好、较好、一般、较差、差	2
	环境质量	物业所在区域的空气质量、污染源情况、卫生状况等	好、较好、一般、较差、差	2

续表

比较因素		因子说明	档次级别	修正幅度
实物状况	临街情况	物业是否临交通干道、小区干道，一般可分为多面临街、双面临街、单面临街、不临街	好、较好、一般、较差、差	2
	新旧程度	根据物业的建筑年代及其维护保养状况确定其成新度	好、较好、一般、较差、差	2
	装饰装修	物业内部及公共部分的装修情况、装修档次等	好、较好、一般、较差、差	2
	空间布局	物业的功能分区，户型设计，通风采光，使用率等	好、较好、一般、较差、差	2
	建筑结构	物业建筑结构、砖混、钢混等	好、较好、一般、较差、差	2
	物业管理	物业管理公司资质，物业服务品质等	好、较好、一般、较差、差	2
权益状况	土地剩余使用年限（年）	指物业截止价值时点时的剩余使用年限	根据可比案例与估价对象的剩余年限对比，依地价指数或基准地价年期系数修正，并结合《物权法》相关规定分析	
	规划条件限制	规划条件（含容积率）对物业价值的影响	无影响、影响较小、有一定影响	2
	共有情况影响	共有情况对物业价值的影响	无影响、影响较小、有一定影响	2
	权属清晰情况	权属是否清晰及对物业价值的影响	无影响、影响较小、有一定影响	2

通过上述修正因素进行分别修正，测算出委估对象的评估值。

②收益法

皇庭国商购物广场为大型商业物业，截至评估基准日已对外出租面积为90 738.88平方米，出租率约为97%，具体租约情况见表6-48：

表 6-48 具体租约情况

序号	楼层	商户名称	店铺	合同租期	建筑面积（平方米）
1	B1 层	深圳市渔舶汇餐饮管理有限公司	B1-1, G-1	96 个月	2 047.24
2	B1 层	上海张啦啦餐饮管理有限公司	B1-12	36 个月	182.60
3	B1 层	深圳世纪华腾商贸有限公司	B1-15	48 个月	235.91
4	B1 层	深圳市调色师化妆品有限公司	B1-16	41 个月 14 日	207.09
5	B1 层	深圳市国洋商业连锁管理有限公司	B1-18	36 个月	69.09
……		（中间过程略）			
256	L2	百朗商贸（深圳）有限公司	L2-71	36 个月	199.52
257	L2	广州欧御贸易有限公司深圳第二分公司	L2-71A	24 个月	43.72
258	L2	不止一杯咖啡（深圳）有限公司	L2-72	36 个月	116.84
259	L2	深圳一方撒露餐饮管理有限公司	L2-73	36 个月	95.33
260	L2	北京盛世云端科技有限公司	L2-8	14 个月 4 日	428.18
261	L2	日日香餐饮（深圳）有限公司	L2-9	60 个月	189.91
262	L2	深圳市共达荣商贸有限公司	L2-W1-07	24 个月	21.20

a. 收益期内租金的确定

根据评估人员对被评估对象及市场同类物业的调研，截至评估基准日，委估对象已对外出租面积约为 97%，本次对租金预测按已出租部分按合同约束租金进行预测，未出租部分按市场平均租金预测计算。

b. 空置率的确定

目前委估房地产计租面积为 93 866.35 平方米，实际已出租面积为 90 738.88 平方米，未出租面积为 3 127.47 平方米，出租率约 97%，空置率约 3%。通过企业历史实际租赁情况及其他同类物业的租赁情况，并结合现在的宏观经济发展情形及深圳市商业物业实际情况。本着谨慎性原则，确定 3% 的空置率。

c. 年递增系数的确定

委估对象位于深圳市福田区中心区，商业繁华，评估人员参考委估对象租约期内商铺年租金增长率，同时结合宏观经济发展情况、周边商铺市场租赁情况及同花顺数据库查询，深圳市商铺租金环比增长率为 2.42%~5.34%，基于谨慎考虑，确定年递增系数为 3%。

d. 折现率

报酬率的确定方法有市场提取法、累加法、投资收益率排序插入法等方法。本报告采用累加法确定报酬率（见表 6-49）。

报酬率 = 安全利率 + 投资风险补偿率 + 管理负担补偿率 + 缺乏流动性补偿率 + 投资带来的优惠率

表 6-49 累加法求取报酬率一览表

项目	数值	取值理由	取值
安全利率	1.50%	价值时点一年期定期存款利率 1.5%	1.50%
投资风险补偿率	4.5% ~ 5.5%	目前同类房地产经营稳定，因此投资风险补偿率按 4% ~ 5% 考虑	5.00%
管理负担补偿率	0.10%	按照评估人员的经验按 0.1% 考虑	0.10%
缺乏流动性补偿率	1.00%	按照评估人员的经验按 1.0% 考虑	1.00%
易于获得融资的优惠率	-0.50%	按照评估人员的经验按 -0.5% 考虑	-0.50%
所得税抵扣的优惠率	-0.60%	按照评估人员的经验按 -0.6% 考虑	-0.60%
报酬率区间	6.0%–7.0%		6.50%

根据上述方法收益价值测算评估值为 5 533 091 000.00 元。

（收益法测算计算表略）

综上所述，通过分别采用市场法及收益法对评估对象进行评估，考虑目前房地产市场整体租售比偏低，收益法测算结果无法完整体现该项资产的市场价值，故重庆皇庭珠宝城和深圳皇庭国商广场均采用市场法测算结果作为最终评估结果，是公允且合理的。

重庆皇庭珠宝城本报告期初公允价值为 792 175 300.00 元，2021 年 12 月 31 日公允价值为 711 015 136.20 元，其公允价值变动幅度为 -10.25%，根据公司的会计政策及评估结果，2021 年该项投资性房地产期末公允价值调减 81 160 163.80 元。皇庭国商购物广场本报告期初公允价值为 7 647 651 900.00 元，2021 年 12 月 31 日的公允价值为 6 917 810 200.00 元，其变动幅度为 -9.54%，根据公司的会计政策及评估结果，2021 年该项投资性房地产期末公允价值调减 729 841 700.00 元。

2. 针对问题 2

评估人员通过现场调查了解到：委估对象 2020 年、2021 年出租率分别为 86%、38%，2020 年新冠肺炎疫情暴发，重庆旅游人数大幅下降，市场以及经营环境遭受到不可抗力的冲击，重庆皇庭珠宝城及周边同类商业物业出现部分退租情况，2021 年新冠肺炎疫情仍在国内断断续续地出现，重庆皇庭珠宝城 2021 年出租率仅为 41.86%，大的主力商铺如盒马超市、优悦健身、大地影院，因经营困难先后撤场退铺；其他拟签约品牌商户则采取缩减扩店及延迟开业的决策，周边商业物业亦呈现持续下降趋势，本次评估采用市场法评估，选取周边同类物业进行对比，导致评估值较2020年出现大额减值。

3. 针对问题3

对于皇庭国商购物广场的公允价值评估，评估人员选取了三宗可比交易案例，并对可比交易案例进行实地查勘、中介走访、电话咨询。

（1）采用市场法对选取的三宗可比交易案例的交易情况、交易时间、区位因素、实物因素、权益因素等具体条件进行分析、修正，并测算出皇庭国商购物广场的公允价值为69.18亿元。

（2）采用收益法对皇庭国商购物广场的租金收入进行测算，根据土地剩余使用年限为预测年限，测算出皇庭国商购物广场的公允价值为55.33亿元。

通过分别采用市场法及收益法对评估对象进行评估，考虑目前房地产市场整体租售比偏低，收益法测算结果无法完整体现该项资产的市场价值，故采用市场法测算结果作为最终评估结果，即69.18亿元。

公司分别于2022年3月24日（详见公告编号2022-17）和2022年3月29日（详见公告编号2022-18）发布了《关于深圳融发投资有限公司及重庆皇庭广场有限责任公司相关股权拍卖情况的进展公告，向市场充分披露了资产挂牌相关情况。第一次拍卖，2022年3月18日，联交所对外发布了《深圳融发投资有限公司100%股权转让意向征集公告》，公告期为5个工作日。参考价格为人民币74.93亿元。第二次拍卖，2022年3月25日，联交所对外发布了《深圳融发投资有限公司100%股权转让意向征集公告》，公告期为5个工作日。参考价格为人民币56.20亿元。二次挂牌价的下调，公司参考了《关于人民法院民事执行中拍卖、变卖财产的规定》第八条："人民法院确定的保留价，第一次拍卖时，不得低于评估价或者市价的80%；如果出现流拍，再行拍卖时，可以酌情降低保留价，但每次降低的数额不得超过前次保留价的20%。"之规定，对拍卖参考价格进行了合理下调，符合拍卖常规。

公司根据流拍规则下调挂牌价格，以低于公允评估值的价格争取市场成交机会，是合理行为，不构成对公允评估值的否定。

4. 针对问题4

（1）公司前述会计政策与同行业公司不存在差异，公司投资性房地产公允价值计量是按照《公司投资性房地产公允价值计量管理办法（试行）》的有关规定执行。具体对比可参阅金融街、招商积余、阳光城等公司的《投资性房地产公允价值计量管理办法》的相关规定。

（2）公司每年度会聘请专业房地产评估机构，对公司投资性房地产每年末公允价值进行估价，并出具评估报告。根据《公司投资性房地产公允价值计量管理办法（试行）》的规定，对于单项投资性房地产的期末公允价值与期初公允价值相比，变动幅度小于5%时，公司不进行会计处理，与2020年的具体执行情况一致。

5. 针对问题5

公司二〇二二年四月二十六日下午召开的第九届董事会二〇二二年第七次会议审议通过《关于投资性房地产公允价值处理的议案》，对2021年度末公司投资性房地产公允价值计量情况进行了审议。

公司聘请的专业房地产评估公司于2021年末对投资性房地产公允价值进行估价并出具了评估报告。公司本期原有的成都环球时代中心和广州解放北路大北新街招待所22号两项投资性房地产的期末与期初公允价值相比，变动幅度小于5%，对于成都环球时代中心和广州解放北路大北新街招待所22号两项房产公司认定其公允价值未发生大幅变动，不进行会计调账处理，期末投资性房地产仍按期初账目价值确定。皇庭国商购物广场、中泰松园南九巷804#、重庆公寓和重庆皇庭广场四项投资性房地产的期末与期初公允价值相比，变动幅度大于5%，对于皇庭国商购物广场等上述四项房产公司认定其公允价值发生大幅变动，进行会计调账处理，期末投资性房地产按其公允价值确定。2021年末，此类项目本期确认税前投资性房地产公允价值变动损益共计–823 413 925.40元。公司不存在通过大幅调整投资性房地产公允价值进行业绩洗澡的情形。

6. 会计师核查结论

根据我们的核查程序，我们认为受国家宏观经济调控、疫情、市场资金面偏紧等因素的影响，商业地产的价格略有下跌符合市场趋势，评估结果与当地整个房价行情趋势是一致的，评估报告所采用的评估方法及评估过程所采用参数修正系数恰当且合理。

资料来源：巨潮资讯网站。

4 固定资产

一、重大错报风险

1. 可能存在虚假的固定资产余额或交易，从而导致固定资产账面余额的存在性或交易的发生存在重大错报风险。

2. 固定资产已毁损或灭失、处置、赠予他人等情形但未进行账务处理，从而导致固定资产账面余额的存在性存在重大错报风险。

3. 固定资产计价范围不恰当、人为多计或少计新增固定资产价值等情形，从而导致固定资产准确性、计价和分摊存在重大错报风险。

4. 固定资产后续支出处理不恰当，资本化支出和费用化支出划分不正确，从而导致固定资产准确性、计价和分摊存在重大错报风险。

5. 累计折旧计提不准确，从而导致固定资产准确性、计价和分摊存在重大错报风险。

6. 固定资产减值准备计提不恰当或不充分，从而导致固定资产准确性、计价和分摊存在重大错报风险。

7. 存在尚未办妥产权证书的固定资产、暂时闲置的固定资产、已提足折旧仍继续使用的固定资产以及固定资产抵押等事项，但未充分披露，从而导致固定资产列报存在重大错报风险。

二、常见审计问题

1. 未结合设计产能、实际产能等非财务数据，对被审计单位固定资产规模及折旧计提进行合理性分析。

2. 未对重要固定资产执行实地检查，或在执行实地检查中仅核对数量，未观察其使用情况、质量状况等。在检查范围方面，仅抽盘新增固定资产，未对期末所有固定资产结合风险评估结果选择样本。

3. 核查固定资产权属时，仅获取复印件，未获取原件并予以检查，未充分关注是否存在抵押情况。

4. 检查期初重要固定资产或本期新增固定资产时，获取证据不充分、或对所获取证据的真伪缺乏判断。

5. 未充分关注固定资产的闲置、已提足折旧仍继续使用固定资产情况。

6. 未充分关注固定资产存在的减值迹象，在利用专家工作成果进行减值测试时未充分评估相关专家的工作，未对相关主要参数进行必要复核。

三、审计关注要点

（一）对固定资产及折旧计提总体合理性实施分析性程序

对固定资产及折旧计提进行合理性分析，有助于检查固定资产相关金额的合理性和准确性。例如，将被审计单位固定资产原值与设计产能、实际产能进行比较，以及与同行业可比固定资产投资规模比较，分析判断固定资产原值总体合理性，若差异较大，关注是否存在通过固定资产进行财务舞弊的情况。又如，通过将固定资产增加月份与被审计单位实际产量波动月份的对比分析，有助于发现被审计单位固定资产增加的入账时间是否恰当。再如，通过计算各类固定资产的当期综合折旧率，并与被审计单位会计政策规定的折旧率进行对比分析，有助于发现被审计单位当期折旧计提是否合理。需要注意的是，在计算各类固定资产的当期综合折旧率时，应剔除已提足折旧仍继续使用固定资产的影响。主要分析方法及其可能发现的问题如表 6–50 所示。

表 6–50　固定资产分析方法及其可能发现的问题

分析方法	可能发现的问题
固定资产原值与设计产能对比分析	总体合理性
固定资产原值与实际产能对比分析	总体合理性
固定资产投资规模与同行业可比项目投资规模对比	总体合理性
固定资产增加与各月实际产量波动的对比分析	增加合理性
固定资产的当期折旧率与政策规定折旧率的对比分析	折旧计提合理性
固定资产折旧年限、残值率等与同行业可比固定资产对比分析	折旧政策合理性

（二）实地查看固定资产，关注其是否真实存在以及存在状态

1. 参与固定资产现场监盘和抽盘，抽盘比例根据客户风险等级以及固定资产的错报风险评估情况确定。审计人员可以考虑：IPO 以及新承接的证券审计业务，抽盘比例大于 50%；连续承接的上市公司，抽盘比例大于 30%；一般客户的抽盘比例不应低于 20%。监盘范围至少应包括：当期新增的主要固定资产、易于移动的运输工具以及根据风险评估结果确定的其他固定资产等。对于长期在外、无法实施盘点的运输工具等固定资产，审计人员应考虑该项固定资产是否仍由被审计单位所控制，判断被审计单位提供的用以证明实施控制的证据是否充分。

2. 未能实施现场监盘的，应在现场审计时实施抽盘，同时应获取被审计单位的固定资产盘点记录（盘点日期最好与审计基准日接近），检查是否存在盘盈盘亏以及闲置待报废资产情况，是否已进行账务处理。

3. 在实地查看前，审计人员应要求被审计单位对固定资产实物张贴标识牌，标识牌应张贴在醒目位置，标识牌内容至少应包括资产编号、资产名称、购入日期等。

4. 在实地查看过程中，综合考虑固定资产的真实性、完整性，一方面应按照固定资产盘点清单查看实物，另一方面应将所盘点到的实物与台账进行核对。

5. 在对固定资产进行实地检查时，除核对数量之外，还应关注固定资产的存在状态，如固定资产是否闲置，是否存在已报废但仍未核销等。

6. 妥善保存抽盘原始资料，抽盘原始资料应体现抽盘轨迹，标识清晰，并有

抽盘人员以及被审计单位陪同人员、固定资产管理人员的签字确认。

（三）检查固定资产的所有权或控制权，关注固定资产抵押情况、权证办理情况

1. 获取、收集不同的证据以确定固定资产是否归被审计单位所有。对外购的机器设备等固定资产，审核采购发票、采购合同等；对于房地产类固定资产，查阅有关的合同、产权证明、财产税单、抵押借款的还款凭据、保险单等书面文件；对汽车等运输设备，检查有关运营证件等；对受留置权限制的固定资产，结合有关负债项目进行检查。需要注意的是，权证查验必须查验权证原件，不能仅获取被审计单位提供的复印件。

对于尚未办理完毕权证的固定资产，审计人员应结合实际占有和使用情况，判断其是否应确认为被审计单位的固定资产，并做好记录，同时提请被审计单位恰当披露。

2. 关注固定资产的抵押、担保情况。结合对银行借款等的检查，了解固定资产是否存在重大的抵押、担保情况。如存在，应取证并做好记录，同时提请被审计单位恰当披露。

（四）检查固定资产的增加，关注入账价值是否正确，入账时点是否恰当

1. 对于外购固定资产，关注采购合同、采购发票的一致性，并查验采购发票的真伪，必要时与供应商电话沟通、实地走访、实施函证程序等。关注外购固定资产入账日期是否与发运凭证日期、验收日期等相一致。

2. 对于在建工程转入的固定资产，关注固定资产确认时点是否符合会计准则规定，达到预定可使用状态的判断标准是否恰当，入账价值与在建工程的相关记录是否核对相符，是否与竣工决算、验收和移交报告等一致，是否已按规定计提折旧。

3. 对于投资者投入的固定资产，关注投入固定资产是否按投资各方确认的价值入账，确认价值是否公允，交接手续是否齐全，涉及国有资产的，是否有评估报告并经国有资产管理部门评审备案或核准确认。

4. 对于更新改造增加的固定资产，关注增加的原值是否符合资本化条件，是否真实发生，会计处理是否正确，被替换部分的账面价值是否已扣除，重新确定的剩余折旧年限是否恰当等。

检查更新改造增加的固定资产时，首先，应向被审计单位了解更新改造内容，相关预算情况等，并与账面记录进行核对；其次，对大额资本化支出进行检查，关注其是否与资本化项目相关；再则，检查被替换部分的账面价值是否已做扣除，尤其关注以前发生的辅助性支出，如安装调试费、进行负荷联合试车支出等是否已包含在被替换部分。

5. 对于被审计单位合并、债务重组和非货币性资产交换增加的固定资产，关注产权过户手续是否齐备，入账价值的确认依据是否充分等。

6. 关注固定资产是否存在弃置费用，如果存在弃置费用，审计人员应检查弃置费用的估计方法和弃置费用现值的计算是否合理，会计处理是否正确。

7. 首次接受委托时，审计人员还应关注期初重要固定资产入账依据是否充分，计价是否正确。

（五）关注折旧政策确定是否合理，折旧计提是否正确

1. 关注固定资产卡片的建立对折旧计提的影响。实务中，部分被审计单位对于构成固定资产的各组成部分，如成套设备，合并建立固定资产卡片，日后新增组成部分时，将新增金额直接计入该固定资产原值，可能导致折旧计提不准确。固定资产的各组成部分具有不同使用寿命或者以不同方式为被审计单位提供经济利益，适用不同折旧率或折旧方法的，应当分别将各组成部分确认为单项固定资产。对于存在合并建立固定资产卡片的情形，审计人员关注被审计单位是否分拆，分别计提折旧。

2. 关注折旧政策是否符合规定，计提折旧范围是否正确，确定的使用寿命、预计净残值和折旧方法是否合理。判断折旧政策合理性时，审计人员可进行分析。例如，将被审计单位采用的折旧政策与同行业可比公司进行比较；对被审计单位历史数据进行分析，如果存在较多未提足折旧固定资产报废的情形，可能表明折旧年限偏长；如果存在较多已提足折旧继续使用固定资产的情形，可能表明折旧年限偏短。

示例 6-78

某海洋运输公司在计提船舶折旧时，按预计废钢单价乘以船舶轻吨位预计净残值。公司采用的废钢价格自 2010~2017 年一直未有变动，船舶预计净残值一直未做调整。期间废钢价格波动较大，公司未按会计估计规定对废钢价格变动影响预计净残值，进而对利润总额造成的影响进行必要测试，会计师事务所亦未执行相应的审计程序。

3. 关注已计提减值准备的固定资产折旧计算是否考虑了减值准备影响。

4. 对于折旧金额的分配，关注分配计入各项目的金额占本期全部折旧计提额的比例与上期比较是否有重大差异，并分析差异原因。

（六）关注固定资产减值迹象，是否恰当计提减值准备

1. 实施下列程序判断是否存在应提未提减值准备的情形

（1）结合实地检查程序，了解是否存在已经陈旧过时或者实体已经损坏的固定资产；

（2）了解闲置固定资产情况，以及被审计单位的固定资产终止使用或者资产处置计划；

（3）了解被审计单位经营所处的经济、技术或者法律等环境以及资产所处的市场是否在当期或者将在近期发生重大变化，从而对被审计单位固定资产产生不利影响；

（4）了解是否有证据表明资产的经济绩效已经低于或者将低于预期，如资产所创造的净现金流量或者实现的营业利润（或者亏损）远远低于（或者高于）预计金额等。

2. 关注计提固定资产减值准备的依据是否充分时，审计人员应详细复核被审计单位减值准备的计算过程，所选用关键参数是否恰当，如聘请了评估师等外部专家，还应获取及复核评估报告。

确定固定资产减值准备金额的关键是估计其可收回金额。根据企业会计准则的规定，固定资产可收回金额的估计，应当根据其公允价值减去处置费用后的净额与资产预计未来现金流量的现值两者之间较高者确定。在估计固定资产的可收回金额时，需要考虑以下因素：

（1）固定资产的公允价值减去处置费用后的净额与固定资产预计未来现金流量的现值，只要有一项超过了固定资产的账面价值，就表明资产没有发生减值，不需再估计另一项金额。

（2）没有确凿证据或者理由表明，固定资产预计未来现金流量现值显著高于其公允价值减去处置费用后的净额的，可以将固定资产的公允价值减去处置费用后的净额视为资产的可收回金额。如房屋、车辆、用于日常被审计单位管理的电子设备等非生产经营性固定资产，往往属于这种情况，即该资产在持有期间（处置之前）基本不产生现金流量，其最终取得的未来现金流量往往就是资产的处置净收入，在这种情况下，以资产公允价值减去处置费用后的净额作为其可收回金额是适宜的。

（3）生产经营性固定资产的持有目的主要是用于生产产品、在产品实现销售后产生现金流量，因此通常以该资产预计未来现金流量的现值作为其可收回金额。

审计人员对固定资产可收回金额进行复核时，应关注公允价值的确认方法是否恰当，是否充分考虑了处置费用；被审计单位固定资产预计未来现金流量的现值进行估计时，所依据的收入预测是否可实现、是否充分考虑了所有成本费用因素（如生产成本、与之密切相关的销售费用等）、预测期间是否未超出资产的预计使用寿命、折现率的选用是否恰当等。

示例 6-79

监管部门对会计师事务所执行奋达科技（002681）2018 年度财务报表审计项目检查时，指出：审计人员在审计时发现奋达科技子公司深圳市富诚达科技有限公司部分固定资产闲置，在固定资产在明显减值迹象的情况下，审计人员未保持应有的职业怀疑，未了解该部分固定资产的实际使用情况、生产的产品类型、产品订单情况及固定资产的可收回金额，未实施充分的审计程序并审慎考虑对固定资产计提相应的资产减值。

资料来源：中国证监会网站。

对于周期性行业，生产性固定资产是否减值不能仅仅依据当期产出经营亏损作为判断依据，如发电企业可能因煤炭价格周期性上涨，在电价未同步上涨的情况下，可能出现行业性的重大亏损，如 2021 年度煤炭价格大幅上涨，导致火力发电企业全行业亏损。审计人员在判断该类企业固定资产是否减值时，应考虑周期性影响，不应一旦出现经营亏损，就认定生产性资产发生减值。此外，对于暂时闲置的固定资产是否减值，审计人员需要获取证据，表明闲置是临时性的，否则应当考虑计提固定资产减值。

示例 6-80

伊犁川宁生物技术股份有限公司在 IPO 申报过程中，报告期内其子公司瑾禾生物存在断续生产的情况，其部分设备受新冠肺炎疫情等影响存在闲置的情形，该条生产线原定用于哈萨克斯坦进口大豆、大麦、油葵等农产品进行加工，截至 2021 年末相关资产组账面价值为 14 939.82 万元。

2020 年初新冠肺炎疫情在国内暴发，且自 2020 年 6 月起，全国多地海关部门于进出口货物包装袋等检验到新冠病毒阳性样本，货物进出口相关的疫情防控形势持续严峻。瑾禾生物位于中哈边境霍尔果斯综合保税区内，主要生产原料需从哈萨克斯坦进口，因受到境内外防疫政策、海关进出口管制等不可抗力因素影响，暂无法获取足够生产原料，导致该条产线截至 2022 年 2 月处于闲置状态；2022 年 3 月至发行人为尽快消化瑾禾生物剩余库龄较长的大豆，瑾禾生物短暂开工，原材料消耗完毕后已于 4 月停产；2022 年 1~6 月，瑾禾生物实现收入 10 493.29 万元（未经审计），息税前利润 1 491.16 万元（未经审计）；待疫情形势缓和，以及对保税区内企业进出口影响消除后，瑾禾生物将及时获取生产所需农作物原料，尽快恢复正常、连续生产。

审计人员关注到该闲置固定资产，了解了闲置的具体原因。经分析论证，判断该固定资产为临时性闲置，因为瑾禾生物相关产线状态良好，均能正常使用，具备即时开工的条件。同时，获取了以 2021 年 12 月 31 日为基准日的评估报告，瑾禾生物资产组按收益法评估的公允价值为 16 000.00 万元，与其账面价值 15 104.31 万元相比，评估增值 895.69 万元，瑾禾生物相关资产不存在减值迹象且未发生减值。

资料来源：巨潮资讯网站。

（七）关注应予披露事项是否均已充分披露

在财务报告中，与固定资产相关的披露事项主要包括：期末已经提足折旧仍继续使用的固定资产原值；期末未办妥产权证书的固定资产账面价值及原因；期末暂时闲置固定资产情况；期末通过经营租赁租出的固定资产情况；期末因被抵押等导致所有权或使用权受到限制的固定资产情况。

四、审计案例

案例 6－31

固定资产审计程序不到位

河南天丰节能股份有限公司（以下简称天丰节能）成立于 2007 年 11 月，主要从事高强度聚氨酯复合板等建筑材料的生产和销售，实际控制人为李某。2010 年 11 月，天丰节能完成股份制改造，2012 年 4 月，向证监会提交 IPO 申报材料。经证监会查实，天丰节能虚构从中国台湾、意大利等供应商处采购设备的交易，截至 2012 年末共计虚增固定资产 2 581.3 万元。

案例讨论：

在天丰节能财务舞弊案中，申报会计师对固定资产的审计程序未能有效执行，检查固定资产新增发生额时，未关注原始凭证异常情况，盘点时未关注大额进口设备及构件，未核对设备编号，检查付款凭证时没有关注合同异常情况，具体而言：

1. 申报会计师在对新增发生额进行检查时，未将取得的发票、报关单等与合同原件进行核对，对报关单存在的明显异常没有关注。申报会计师 2011 年审计工作底稿显示，申报会计师检查了易板生产线的有关资料，获取了相关凭证及所附发票、验收单及海关进口货物报关单，却未关注到以下异常：海关进口货物报关单的签发日期早于天丰节能的申报日期；部分报关单协议编号显示为 1999 年，早于易板生产线的立项时间（2011 年 4 月）；凭证所附发票的金额虽然不同，但发票编号、签字字迹和盖章位置完全一致。

2. 申报会计师未有效执行固定资产抽盘程序。申报会计师了解到易板生产线已发生支出6 460万元，部分已于2012年9月转入固定资产。申报会计师在检查固定资产新增发生额时，抽查了易板生产线，但仅限于简单画钩确认，未对设备编号进行核对，未对该生产线主要构成部分（进口设备及构件）是否存在进行检查。

3. 申报会计师在检查设备付款凭证时，未对凭证后附的购置合同在格式、约定条款、签名等方面存在的明显异常予以关注。2012年工作底稿显示，申报会计师对采购设备的付款凭证进行了检查，依据天丰节能提供的购置合同核对了付款进度，却未对购置合同的格式、约定条款、签名等进行检查。申报会计师获取的部分购置合同在合同格式、约定条款上存在明显异常，如合同无封面、合同价格无大写金额，未约定具体运输港口、货款支付方式、合同延期的处理方法、双方争议处理方法等合同关键信息。

资料来源：中国证监会网站。

案例6－32

通过虚构收入方式虚增固定资产

某上市公司公司拟收购M公司100%股权，该收购行为构成重大资产重组，需聘请会计师事务所对M公司2017~2018年度财务报表进行审计。M公司是以传感器自主核心技术为基础，研发生产压力变送器、热量表、智能水表、流量计等核心产品的国家高新技术企业，并从事以核心产品为基础，利用相互协同的产品线，为城市集中供热自动化、城市供水自动化等项目提供整体解决方案，系中国仪器仪表行业协会常务理事单位。

报告期内，M公司产品由热量表向智能水表转产，原有厂区条件无法满足智能水表的生产，公司在新区新上了一条智能水表生产线。截至2018年末，在建工程（设备款）账面金额11 784.82万元。但是，M公司未核算该等设备的明细项目，经多次催促，公司向审计人员提供了设备明细：流量标定/检定装置DCS自控系统等16套监测控制系统含税采购金额10 695.88万元（已全额支付），该等系统向甲、乙、丙三家公司订购，其中：向甲公司含税采购金额为5 410万元，向乙公司含税采购金额3 238万元，向丙公司含税采购金额2 047.88万元。审计人员现场未观察到该等设备，仅实地查看到智能水表生产线管理系统、流量计（水表）DCS自动化生产标定管理系统、净化车间新风净化洁净系统等3套系统在使用，造价不过数百万元（其价值在生产设备中列示），审计人员怀疑M公司虚增固定资产。

同时，审计人员关注到M公司报告期收入、毛利率以及净利润相对稳定且保持小幅增长，但分析收入构成发现，收入结构发生了重大变化，软件收入、电子产品收入大幅增长，而传统的成套业务大幅减少。报告期内A、B公司新晋为M公司第一、第二大客户，其中A公司为创业板上市公司，主要产品及服务为集成电路和计算机软件及硬件产品、安防业务、测绘及信息系统工程、数据中心建设及运营服务等；B公司为中央企业控股子公司，主要从事MEMS器件与系统的研发、生产和销售。2017~2018年度，公司对A公司、B公司累计销售收入为6 870.87万元（含税销售额7 720万元），毛利分别占当年净利润的64.87%和84.90%。其中：2017年度，M公司向A公司不含税销售收入2 362.84万元（含税销售额2 640万元），包括软件开发收入1 132.07万元、板卡销售收入1 230.77万元。2018年度，A公司软件开发含税销售额为1 580万元，销售款全部收回；2018年M公司向B公司含税销售额为3 500.26万元，货款全部收回。

案例讨论：

针对实际观察到的固定资产与账面金额的巨大差异，结合收入的异常现象，审计人员怀疑M公司可能存在财务造假，通过虚构收入和虚增固定资产形成闭环交易，虚增的固定资产来源于虚构的收入形成的利润。审计人员进一步实施的主要程序为：

1. 实地走访核查新增固定资产的供应商

甲公司：主营新风净化洁净系统，M公司账面列示向其采购的智能安防系统、流量标定/检定装置DCS自控系统等，不在该公司生产经营范围之内；甲公司负责该项业务的受访人员介绍报告期内双方交易的清单中，未包括流量标定/检定装置DCS自控系统。

乙公司：主要从事阀类、仪器仪表国内和进出口贸易的小微企业，无与软件开发相关的技术资质，不具备为M公司开发生产上位机软件/自控系统、流量控制系统、热表控制系统和传感数据转换系统等系统及软件开发的资质及能力。受访的该公司董事长称，其向M公司销售的设备为向国内或国外采购，控制、监测类软件为该公司外聘技术人员、组织团队研发。

丙公司：小规模工程施工类企业，不具备为M公司提供流量控制系统、无线传输的传感器数据采集终端、多路压力传感器接口数据转换软件，以及传感器输出信号噪声滤波处理软件等系统及软件开发的资质及能力。受访的该公司总经理称，该公司为M公司提供的软件及系统为其向第三方定制。其提供的其与第三方签订的合同签订日期均为2018年6月1日（含2017年采购的设备软件项目）；均无法定代表人或代理人签字；格式、印鉴、新旧程度一致，为近期伪造。

受访的3家公司均表示未向M公司提供系统安装调试，但M公司提供的系统造价中包括支付安装调试费用1 193.72万元。

经现场观察和实地走访了解到的情况，审计人员判断M公司存在大额虚增固定资产现象，拟结合收入审计进一步核实虚增固定资产的方式。

2. 核查新增客户异常客户 A 公司销售真实性

（1）识别异常交易迹象

①项目承接异常。一是 M 公司在客户 A 公司所在地区无驻外销售人员，按照惯例对有销售业务，尤其是大客户所在地区，M 公司应有专门的销售人员进行对接，提供售前、售中和售后服务；二是软件受托开发项目按 M 公司业务分工应由软件开发部门负责，实际却由成套项目部承接，而成套项目部日常业务为成套设备供应及（系统）集成类业务，该部门无相关软件开发人员；三是成套项目部负责该项目的维护人员在 2017 年度、2018 年度均存在 3 000 万元左右的巨额借款。

②回款异常。2017 年末及 2018 年末，A 公司的应收账款余额分别为 240 万元、0 元，其中 2017 年收入分别于 11 月 30 日确认 1 440 万元（含税），12 月 23 日确认 1 200 万元，12 月份 A 公司支付货款 2 400 万元，余款 240 万元于次年 3 月份全部收回。该客户高毛利率、回款快，与公司其他客户回款周期存在较大差异。

③未留保证金。技术服务合同约定技术服务质量期限为 1 年，但双方未对预留保证金作出约定，不符合商业惯例。

④成本异常。2018 年度，M 公司账面实现对 A 公司软件销售收入 1 490.57 万元，账面无受托开发软件外包或自行研发的相关成本。

（2）查询公开信息比对交易信息一致性

经过查询公开信息显示：M 公司收入与 A 公司公告信息不符。A 公司为创业板上市公司，审计人员查阅了其 2017 年年度报告，该报告披露的前 5 名供应商资料中第一名供应商年采购金额仅 900 多万元，远远低于 M 公司对其销售额，仅为 M 公司对其销售金额的 42.02%。

此外，上述委托研发项目技术协议记载，M 公司要协助 A 公司申请该等软件开发的著作权，经查中国版权保护中心官网，上述软件均未按技术协议申著。

（3）访谈研发部门

审计人员在排除软件委外研发之后，访谈了研发部门负责研发的负责人。经了解，报告期内研发部门未研发 A 公司委托的软件开发项目，同时，审计人员获取了报告期内研发部门研发项目目录及截至基准日 M 公司已申著的软件名册，经与研发部门提供的该部门近两年研发项目比对，M 公司受托为 A 公司开发的软件项目均未在该部门研发项目之列，且 M 公司原有已申著的软件名册中不含受托开发软件。

（4）实地走访客户

审计人员就 M 公司确认收入与 A 公司年报报告公告不符、回款情况、申著等事宜访谈了 A 公司的副总经理和董秘，A 公司受访人员解释：

①未再要求 M 公司提供申著协助。

② M 公司收入与 A 公司年报报告公告不符系财务人员误将应付 M 公司的余额

当成年度采购金额，故未将 M 公司纳入前五大供应商。审计人员进一步询问：其 2017 年报披露的前 5 名供应商采购金额是否均为年末应付款余额？还是仅将标的公司的应付款余额当成采购金额？该公司的董秘和财务人员皆保持沉默。

③对于回款异常问题，受访人员称：A 公司与 M 公司签订的为定制合同，与该公司其他技术服务类定制合同一样无信用期，货到付款。经查 A 公司 2017 年报、2018 半年报，该公司应付技术服务费余额为 6 127.41 万元、8 657.35 万元，分别占期末应付账款余额的 30.95%、44.70%。A 公司服务费实际支付情况与受访人员解释不相符，其解释难以采信。

3. 核查新增客户异常客户 B 公司销售真实性

（1）识别异常交易迹象

①大额销售可信度不高。B 公司的电子产品主要运用于卫星及军工领域，产品质量及稳定性要求较高，新供应商准入一般需经过严格的资质审查，现场考察，以及质量保证体系、工序、交期等评审，试制、小批量试产等环节，新入围的标的公司当年供应量一下放到 3 500 万元的可信度不高。

②转手贸易毛利奇高且回款异常。M 公司向 B 公司销售的信号集中传输处理板、信号采集模块等 12 个产品为向某公司外购，该产品不含税销售额为 2 586.17 万元，不含税采购金额为 689.65 万元，毛利率高达 73.33%。上述产品分别于 11 月、12 月分别交付及确认收入，货款于 12 月底前全部收回。

③合同重要条款缺失。合同约定质保期为 1 年，但未对质保金做出明确约定，有违商业惯例。同时，合同法定代表人、代理人栏均无人签字。

④签收单加盖合同专用章，且专用章编号与签订的合同专用章编号不一致。M 公司提供的购销合同均加盖某公司“（3）”号合同专用章；签收单，加盖“（3）”号合同专用章的 9 份，加盖“（2）”号合同专用章的 34 份。

（2）实地走访客户

审计人员就 M 公司产品销售、验收及签收、合同签章等事宜访谈了 B 公司的副总经理和负责采购业务的综合部主任，B 公司受访人员解释：

① 2018 年度，B 公司向 M 公司采购的电子元器件为该公司生产产品所需的传输处理板、电源等两种产品，该公司集成后用于对外出售，而 M 公司账面记载其向 B 公司销售的产品品种却为 17 种。从 B 公司生产的产品来看，M 公司账面销售给 B 公司的电子元器件，大部分与 B 公司的产品无关。

②对于审计人员要求访谈 B 公司的财务人员及仓库验收人员，受访人员称：该公司的财务由集团公司统一管理，财务人员不接受访谈；仓库验收人员出差在外，无法访谈。

③关于合同签章。B公司综合部主任介绍：B公司合同的签订与管理分别由综合部与市场部负责，其中：综合部负责采购业务，市场部负责销售业务。综合部合同签订由董某和她负责签订，2018年度该部门签订的合同不存在无人签字现象。“(3)”号合同专用章由综合部门使用管理，负责签订采购类业务合同；“(2)”号合同专用章由市场部使用管理，负责签订销售类业务合同。即B公司采购部门与M公司签订采购合同，货物签收单却由销售部门加盖销售业务的合同专用章。

4. 审计结论

经审计，M公司账面确认的A公司软件研发收入项目，M公司既未自行研发也未外包，无证据证明该等软件存在的真实性；B公司受访人员虽然肯定了M公司对该公司销售金额，但其表示B公司2018年度向M公司采购的产品为传输处理板、电源二种产品，远远低于M公司账面销售列示的17个品种。

M公司虚构销售收入收取的货款、假借他人之手收回的应收账款（7 720+3 000=10 720万元），与支付虚增的监测控制系统工程款10 695.88万元，形成了一个完整的资金闭环，系虚构收入、虚增固定资产的财务舞弊行为。鉴于此，会计师事务所解除了业务约定书，不再接受上市公司重组审计委托。2个月后，上市公司终止了重大资产重组。

5 在建工程

一、重大错报风险

1. 将经营性支出列报于在建工程，从而导致在建工程的存在性存在重大错报风险。

2. 完工未结算的工程款项以及工程项目领用的货到票未到的设备等未暂估入账，从而导致在建工程的完整性存在重大错报风险。

3. 资本化利息的确定不恰当或不准确，从而导致在建工程的准确性、计价和分摊认定存在重大错报风险。

4. 将已达到预计可使用状态但尚未办理竣工决算手续的资产仍作为在建工程核算的情况，从而导致在建工程的列报存在重大错报风险。

5. 在建工程转固前试运行期间产生的收入冲减工程成本，导致在建工程及收入确认存在错报。

6. 在建工程减值准备可能计提不恰当或不充分，从而导致在建工程的准确性、计价和分摊存在重大错报风险。

二、常见审计问题

1. 对在建工程发生额进行检查时，未能恰当判断相关支出是否为资本化支出。

2. 未能关注到未入账的在建工程支出。

3. 对资本化利息金额的复核不到位。

4. 未充分关注在建工程转换为固定资产的时点不恰当、金额不准确。

5. 对于停建项目是否发生减值缺乏判断。

三、审计关注要点

（一）实地观察在建工程，关注在建工程的真实存在性

实地观察在建工程，关注是否存在完工进度与实际情况不一致、已达到预计可使用状态但尚未办理竣工决算手续的资产仍作为在建工程核算的情况，是否存在长期停建的工程项目等。审计人员实地观察在建工程时，可实施下列程序：

1. 查阅在建项目的立项资料、可行性研究报告等，了解在建项目的基本情况，项目位置等信息，最好准备一张在建工程分布图。

2. 观察在建工程的形象进度，并与监理人员沟通，获取监理报告，根据所了解的信息判断被审计单位披露的完工进度是否恰当。

3. 观察工程项目是否已达到预计可使用状态。

4. 观察是否存在已停建的工程项目，如有，应进一步了解其停建原因、是否有续建计划等信息，并获取相关佐证资料。观察项目现场，了解停建建筑物是否有毁损、与工程项目相关的机器设备包装或外观是否受损等。

5. 对已计入工程项目的主要设备，检查相关设备是否存在。

6. 形成的实地观察记录，由审计人员和被审计单位陪同人员共同签字确认，必要时附盘点照片。

（二）关注在建工程发生额的准确性、完整性

审计人员对在建工程发生额，重点关注两个方面：

1. 是否存在超范围列支工程成本，将不属于工程成本列支的人工费用、生产经营费用计入在建工程，虚增在建工程的情况

例如，对于待摊投资金额较大的工程项目，关注是否应费用化。待摊支出是指在建设期间发生的，不能直接计入某项固定资产价值、而应由所建造固定资产共同负担的相关费用，包括为建造工程发生的管理费、可行性研究费、临时设施费、公证费、监理费、应负担的税金、符合资本化条件的借款费用、建设期间发生的工程物资盘亏、报废及毁损净损失等。

又如，对负荷联合试车费，是否超范围列支，审计人员需要关注：

（1）向被审计单位或施工单位询问工程项目达到预计可使用状态的具体要求，如连续运行时间要求、产品合格率要求等，并了解工程项目全部安装完成及开始进行负荷联合试车的时间，以及达到预计可使用状态的时间等信息，并获取相关佐证资料。

（2）将负荷联合试车期内各月的投入产出情况与进入正常经营状态的投入产出情况进行比较，关注是否存在异常情况，如试车期内的材料领用数量或金额明显高于正常期间而产量很低，对废料预计数量与实际盘存数量存在较大差异等。

（3）检查负荷联合试车费的业务发生记录，关注其原始单据所记载的发生时间是否均在负荷联合试车期间内，材料领料单是否存在材料领用的部门和用途未注明、领用人与正常生产车间的领用人为同一人等异常情况。

（4）检查负荷联合试车期内的产销情况，关注被审计单位是否将已实现销售的产品销售收入冲减了在建工程，对于报告期末尚未实现销售的试生产产品，是否已按预计售价计入存货并冲减在建工程。

2. 是否存在已经实际施工，尚未支付工程款的情况下，未及时将已发生工程量入账，导致同时少计在建工程和应付账款

审计人员具体可实施下列程序，核查在建工程发生额：询问管理层当年在建工程的增加情况，并与获取或编制的在建工程明细表进行核对；查阅公司资本支出预算、公司相关会议决议等，检查本年度增加的在建工程是否全部得到记录；查阅具体工程项目的立项资料、可行性研究报告以及主要的工程施工合同，了解项目预算情况、开工时间、建设工期等基本信息，并与账面实际发生记录进行核对，关注是否存在差异；检查本年度增加的在建工程的原始凭证，如立项申请、工程借款合同、发票、工程物资请购申请、付款单据、运单、验收报告等是否完整，计价是否正确；分析在建工程成本构成。

（三）关注借款费用利息资本化是否恰当

1. 关注开始资本化的时点是否正确

关注被审计单位利息费用开始资本化时是否已同时满足三个条件，即资产支出已经发生、借款费用已经发生、为使资产达到预定可使用或者可销售状态所必要的购建或者生产活动已经开始。

示例 6-81

某被审计单位以出包方式新建生产线，于资产负债表日，已完成前期的可行性研究以及立项审批手续，并已与施工方签订了工程施工合同，按照合同预付了10% 的工程款，但施工方尚处于前期的施工方案设计过程中，并未进驻被审计单

位开始施工。此种情况下借款费用是否可以开始资本化？

本示例中，虽然前期活动已经完成，可能发生了必要的支出，还预付了10%的工程款，满足资产支出已经发生的条件，但是施工方尚未进驻现场开始施工，不满足条件三，因此借款费用尚不能开始资本化。

2. 关注是否存在暂停资本化的情形

根据实地观察情况，了解被审计单位是否存在停建项目，对于已发生停建的项目，审计人员应进一步了解开始停建时间以及停建原因，判断是否为非正常原因导致的，并检查在停建期间的利息费用是否已暂停资本化。

3. 关注停止资本化的时间是否正确

根据企业会计准则的规定，当在建项目达到预计可使用状态时，利息费用应当停止资本化，即利息停止资本化时间应与结转固定资产时间保持一致。

4. 关注利息资本化的计算过程是否正确

为购建固定资产而借入的专门借款，应当以专门借款当期实际发生的利息费用，减去将尚未动用的借款资金存入银行取得的利息收入或进行暂时性投资取得的投资收益后的金额，确定专门借款应予资本化的利息金额。为购建固定资产而占用了一般借款的，被审计单位应当根据累计资产支出超过专门借款部分的资产支出加权平均数乘以所占用一般借款的资本化率，计算确定一般借款应予资本化的利息金额。资本化率应当根据一般借款加权平均利率计算确定。

（四）关注在建工程转固前试运行期间产生收入会计处理是否恰当

企业将固定资产达到预定可使用状态前产出的产品或副产品对外销售的，应当按照《企业会计准则第14号——收入》《企业会计准则第1号——存货》等规定，对试运行销售相关的收入和成本分别进行会计处理，计入当期损益，不应将试运行销售相关收入抵销相关成本后的净额冲减固定资产成本。试运行产出的有关产品或副产品在对外销售前，符合《企业会计准则第1号——存货》规定的应当确认为存货，符合其他相关企业会计准则中有关资产确认条件的应当确认为相关资产。固定资产达到预定可使用状态前产出的产品或副产品，包括测试固定资产可否正常运转时产出的样品等情形。审计人员应当关注被审计单位试运行收入会计处理是否符合上述规定。

（五）关注在建工程结转固定资产时点及金额是否恰当，是否存在推迟转固的情况

复核被审计单位结转固定资产时间是否恰当，即判断在建工程是否已达到预计可使用状态时，审计人员可以考虑执行以下审计程序：

1. 判断被审计单位对在建工程达到预计可使用状态的标准是否恰当，是否符合企业会计准则的规定。

2. 检查办理竣工决算的时间以及验收和移交报告的签署时间，判断被审计单位结转固定资产的时间是否符合逻辑。

3. 在建项目如与生产经营密切相关，还需关注在建工程结转固定资产前后的投入产出对比是否存在显著差异。除非特殊原因，通常情况下，被审计单位出于对成本考虑，负荷联合试车的投入量及产出量应显著低于正常生产的投入量及产出量。如果前后期对比差异较小，那么结转固定资产时间可能不够恰当。

被审计单位在建工程项目，在实际支出与概算相差不大，很少再发生较大支出的情况下，如果被审计单位相当长时间仍未转固，审计人员应当保持职业怀疑，获取证据表明不转固的依据是否充分。

示例 6-82

审计人员在对某自来水公司 2021 年度财务报表决算进行审计，其中对被审计单位投资建设的 YZ 水厂一期工程在建工程审计监盘中，审计工作底稿显示：监盘情况为“配水管线一标段总长 2.879 公里全部完成；三标完成 5.06 公里；二标完成 108 米。总计完成 8 公里。2021 年 7 月 30 日全线通水。2021 年 3 月 30 日，YZ 水厂兴业变电站正式发电，4 月 6 日，YZ 水厂第二路电源发电完成。水厂东系列于 2021 年 5 月 31 日投产运行，西系列于 2021 年 7 月 31 日通水”。

YZ 水厂一期工程，项目概算金额 287 518.00 万元，建设规模及内容：水厂规模 50 万立方米 / 日，主要建设提升泵房、砂滤池、臭氧接触池、碳吸附池等，同步建设配水管线 16.8 公里。该项目于 2016 年 12 月开工，2021 年 5 月 31 日投产运行，2021 年 11 月 15 日该项目预验收合格。截至 2021 年 12 月 31 日在建工程期末余额 2 841 148 265.67 元。

审计人员对 YZ 水厂已通水但未转资进行了核查，获取了被审计单位的情况说明及相应证据，认为在建工程尚未达到预计可使用状态。

1. 尚未达到设计要求。YZ 水厂一期工程设计日供水能力 50 万立方米，试运转期间日供水约 10 万立方米，仅达到设计能力的 20%（见 12 月 31 日供水截图，略）。水厂投产试运行到正式供水一般需要 3–6 个月的时间，一般先空载运行，逐渐增加水量，小负荷处理的水达标后再慢慢增加到正常负荷水平。

2. 资产建设尚未完成，后续仍将发生建设支出。YZ 水厂一期工程仍处于试运行状态，还有配水泵房大饶度连接漏水、机械加速澄清池进水闸板不严等 100 余项待整改完善，部分特种设备如天车、压力容器等未完成监管部门的报备验收，不能使用，后续仍将继续发生建设支出。

3. 工程建设资料不完备，不能履行验收手续，结算资金无法合理预计。YZ 水厂一期工程的设计、施工图纸，合同，项目验收单等资料、台账至今未移交给集团。因无施工证、规划证、建设证、土地证等，尚不能启动总验收手续。

本示例中，YZ 水厂是否应当转固，关键是判断实际日供水未达到设计日供水的原因，是属于市场原因（用户数量），还是水厂工艺原因所致，如属于前者，不转固的理由不充分，审计人员可通过向被审单位相关技术专家进一步了解落实。至于尚未办理工程验收等手续性工作，并不是达到预计可使用状态的条件和判断标准。

复核被审计单位结转固定资产的金额是否正确时，审计人员可以考虑执行以下审计程序：

1. 结转后相关工程项目无余额。按照合同分析对比计入在建项目的金额与合同金额是否一致，对尚未结算的工程款、设备款是否已充分暂估；结合对预付款项的审计，了解是否存在仍作为预付款项核算的与该工程项目相关的款项，如存在，应进一步核实仍作为预付款项核算的原因。

2. 结转后相关工程项目尚有余额。审计人员应向被审计单位了解分步结转固定资产的原因，并复核结转固定资产金额的确定过程。

（六）关注在建工程减值准备的计提是否恰当、充分

对于存在停建、缓建的项目，审计人员应关注被审计单位是否已计提减值准备；对于已计提减值准备的，复核减值准备的确定依据是否恰当、充分；对于未计提减值准备的，进一步了解未计提减值准备的原因，判断其合理性。

四、审计案例

案例 6-33

在建工程转固时点恰当性

HD 公司主要从事聚氯乙烯树脂及专用料、纯碱的生产和销售，2013 年投资建设“年产 60 万吨氯碱一体化项目（年产 PVC、烧碱各 30 万吨）”，2015 年 5 月开始试车，22015 年 7 月开始产出产品聚氯乙烯树脂。截至 2015 年 12 月 31 日，在建工程 – 年产 60 万吨氯碱一体化项目余额 3 179 158 786.11 元，2016 年 1~6 月在建工程发生额为 96 780 280.07 元，其中借款费用资本化金额 69 260 9 02.35 元，HD 公司于 2016 年 6 月 30 日将该项目转入固定资产。自试生产以来，产生的收入、成本（不含折旧费）见表 6–51：

表 6-51 年产 60 万吨氯碱一体化项目转固前收入、成本表 单位：元

项目	2015 年 7~12 月	2016 年						累计
		1 月	2 月	3 月	4 月	5 月	6 月	
收入	298 234 450.21	93 851 019.28	92 066 775.79	110 905 679.54	98 899 559.54	110 457 277.11	192 583 513.27	996 998 274.74
成本	369 432 113.25	86 399 797.18	85 360 428.45	95 405 457.39	81 181 833.72	83 078 889.06	142 745 276.95	943 603 796.01
利润	-71 197 663.04	7 451 222.10	6 706 347.34	15 500 222.15	17 717 725.82	27 378 388.05	49 838 236.32	53 394 478.73

案例讨论：

一方面，从发生在在建工程支出的金额看，试生产以后已经很少，2016 年 1~6 月几乎不再发生支出（利息资本化除外）。另一方面，试运行期间较长，收入规模较大，尤其是 2016 年 1~6 月，收入规模逐渐增大，不含折旧费用已经实现盈利，HD 公司在 2016 年 6 月末转固是否存在推迟？是否在 2015 年末已经达到预计可使用状态而应当转固？

审计人员制订了核查计划，拟要求 HD 公司从生产工艺方面论证是否仍处于调试阶段，相关技术指标是否满足设计要求，并提供数据支撑。审计人员获取了被审计单位下列数据：

1. 反映产品质量的杂质粒子数、表观密度、白度指标趋势图（见图 6-2，图 6-3，图 6-4）

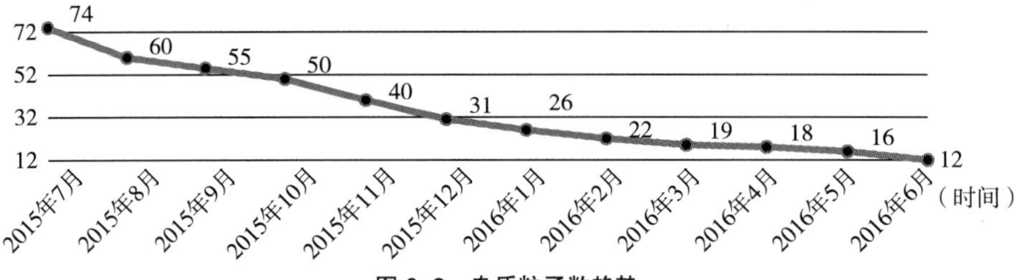

图 6-2 杂质粒子数趋势

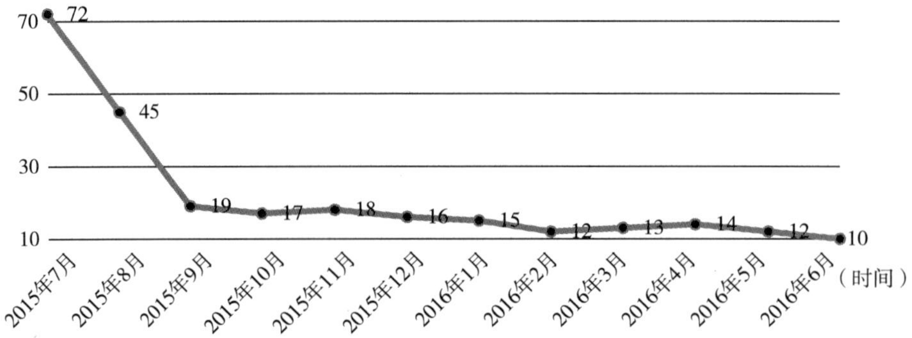

图 6-3 “鱼眼”数趋势

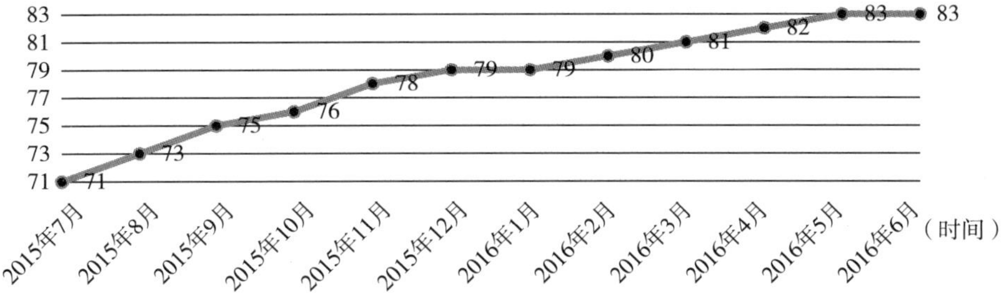

图 6-4　白度趋势

2. 2016 年 1~6 月达产率、主要原材料单耗情况（见表 6-52）

表 6-52　　2016 年 1~6 月达产率、主要原材料单耗情况

主要产品	1 月	2 月	3 月	4 月	5 月	6 月	设计指标
一、聚氯乙烯产量(吨)	18 690.11	22 487.00	23 611.00	18 850.00	22 584.00	23 891.00	设计产能：2.5 万吨 / 月
1. 达产率	0.75	0.9	0.94	0.75	0.9	0.96	
2. 电石单耗	1.48	1.47	1.38	1.37	1.36	1.36	设计指标：1.35
二、液碱产量（吨）	16 488.81	18 346.02	21 314.24	15 793.93	18 768.76	21 391.29	
1. 达产率	0.66	0.73	0.85	0.63	0.75	0.86	设计产能：2.5 万吨 / 月
2. 原盐单耗	1.75	1.68	1.59	1.54	1.5	1.47	设计指标：1.4 左右

3. 审计结论

从具体数据分析，审计人员认为“年产 60 万吨氯碱一体化项目”在 2015 年末转固较为恰当，HD 公司在 2016 年 6 月转固涉嫌推迟转固，主要理由为：

（1）试生产后，几乎不再发生在建工程支出；

（2）2015 年末以后，相关技术指标基本趋于稳定；

（3）2015 年末以后，达产率、单耗已与设计指标相差不大。

6 生物资产

一、重大错报风险

1. 可能存在虚假的生物资产，从而导致生物资产账面余额的存在或交易的发生存在重大错报风险。

2. 生物资产盘点不准确，从而导致生物资产的存在、完整性认定存在重大错报风险。

3. 饲养、管护费用的归集和分配不合理，从而导致生产性生物资产和消耗性生物资产的准确性、计价和分摊认定存在重大错报风险。

4. 生产性生物资产达到预定生产经营目的的时点判断不准确，从而导致生产性生物资产计价和累计折旧计提存在重大错报风险。

5. 生物资产销售或处置时成本结转不准确、减值准备计提不恰当或不充分，从而导致生物资产的准确性、计价和分摊认定存在重大错报风险。

6. 生物资产抵押、担保事项，但未充分披露，从而导致生物资产的列报认定存在重大错报风险。

二、常见审计问题

1. 未充分考虑风险评估结果及相关内部控制有效性对实质性程序的影响。

2. 未能有效利用分析性程序，判断生物资产期末余额的整体合理性。

3. 对生物资产发生额进行检查时，未能恰当判断相关支出是否真实，资本化是否合理。

4. 对生物资产销售或处置业务进行检查时，未能获取充分适当证据以判断销售或处置的生物资产与成本结转对象是否一致，未对成本结转金额的准确性进行必要复核。

5. 未针对生物资产的特点设计合理、有效的监盘程序，致使监盘程序未能达到应有的效果。

6. 未充分关注生物资产存在的减值迹象，利用专家工作成果进行减值测试时未充分评估相关专家的工作，未对相关主要参数进行必要复核。

三、审计关注要点

（一）设计实质性测试程序充分考虑风险评估结果

由于生物资产具有难以准确计量的特点，对被审计单位内部控制有效性的要求较高，审计人员在设计实质性测试程序时应充分关注生物资产相关内部控制在设计合理性和执行有效性方面的测试结果，重点关注以下几个方面：

1. 关注生物资产的初始计量

（1）生物资产郁闭或达到预定生产经营目的时点的确定是否具有具体标准，该标准制订是否履行了合理性论证及相关决策程序，是否具有可操作性。

（2）被审计单位同时存在消耗性生物资产、生产性生物资产（如种猪、家禽养殖）时，是否制订了具体的划分标准和流程，以及相互之间转换的流程。

（3）饲养、管护费用发生、计量、分配相关的内部控制的设计和执行是否有效，是否可以保证相关费用的发生均能够及时准确计量，是否可以保证生物资产不同阶段之间（郁闭或达到预定生产经营目的前后）以及消耗性生物资产、生产性生物资产之间的恰当归集和分配。

（4）生物资产的数量统计是否制订了具体合理的统计方法和步骤，并一贯遵守，尤其是林木类企业、水产养殖类企业。

2. 关注生产性生物资产折旧计提相关内部控制的设计和执行

各类生产性生物资产预计使用寿命、预计净残值和折旧方法的确定是否履行了合理性论证及相关决策程序，每年年度终了是否进行了必要复核，实际执行时是否按生物资产的品种和成熟时间建立固定资产卡片。

3. 关注生物资产销售或处置相关内部控制的设计和执行，是否能够保证对处置对象的准确定位以及对成本结转的准确核算。

（二）关注生物资产的总体合理性

1. 实施分析性程序，关注消耗性生物资产的总体合理性

（1）初级农产品生产企业，分析每亩种子、肥料、农药用量以及亩均人工费等，并与被审计单位历史数据以及同业公司数据对比；分析种植面积增减变动的合理性。

（2）林木类企业，分析种植面积增减变动的合理性，分析各树龄段单位面积造林费、抚育费的发生情况，并进行前后期对比分析。

（3）畜牧养殖类企业，分析各年龄段生物资产（或各月龄段）的数量变动情况，关注是否符合自然生长规律，分析各阶段生物资产单位饲喂成本的月度以及年度波动情况。

（4）水产养殖类企业，分析单位水域面积的养殖数量，并与理论养殖数量进行比较；分析苗种投放、死亡淘汰率以及销售情况，判断期末数量的逻辑合理性，分析各月饲料、肥料的耗用情况及其波动。

2. 实施分析性程序，关注生产性生物资产的总体合理性

（1）分类计算本期计提折旧额与成熟生产性生物资产原值的比率，并与上期比较。

（2）计算生产性生物资产管护费用占生产性生物资产原值的比例，并进行本期各月以及本期与以前各期的比较。

（三）制定并实施具有针对性的监盘程序

1. 农业和林业类生物资产的监盘

由于农业和林业类植物监盘涉及内容较广泛和复杂，必要时可聘请专家参与从监盘计划制定到完成监盘和抽盘的整个过程，并获取其完成的评估报告，在此

过程中可利用高空摄影的方式来进行监盘。例如，林木存货常采用的局部实测法依调查方法不同可分为标准地法、样地调查法、角规测树法等。对于大面积的粮食作物可采用无人机成像，然后再对影像中的粮食作物进行计数的方法进行（抽样）盘点。小面积的粮食作物可以采取多次抽样的方法进行盘点。在监盘时应关注粮食作物的存活率、成熟率等情况，区分外包的种植地和被审计单位所有的种植地。

2. 水产类生物资产的监盘

水产类生物资产具有流动性强，且易死亡的特点，根据养殖方式的不同，可以采用不同的监盘方法。

对于标准化工厂养殖和池塘养殖，可观察饵料托盘中饵料的消耗量，根据水生生物的日龄，推断数量和重量。也可根据账面历史记录来进行盘点核实，关键点为对存货账面永续记录中以历史成本计量的投入是否真实存在。采用回归分析法找出与账面历史成本最为相关的要素，再采用数理推理方法推导出理论账面成本，并与实际账面成本对比分析，得出实际账面成本是否真实、完整反映库存存货的结论。标准化工厂养殖方式也可通过观测生物密度方式进行盘点，即通过观测每立方水体或每平米水面生物数量，结合养殖指标要求最终计算所有水池面积的水生生物数量。此类养殖方式也可采用逐池按个盘点的方法。

对于网箱、笼养方式养殖的生物可以按照不同规模分别养殖，可逐箱、笼按个盘点。也可由参与盘点人员随机抽查网箱或笼网并抛网，获取一定数量的水产品称重，求出总重量及平均重量，对账面记录水产品进行验证。

海参、扇贝类生物移动缓慢并且生活在海底或池塘底部，所以可划分成网格，采用抽盘方式再推算总体。当水产品存在不同规格时，应抽标测重，结合不同规格的数量折算出全部水产品的总重量。

3. 畜牧类生物资产的监盘

通过高空摄影以确定其存在性，对不同时点的数量进行比较，并依赖永续存货记录。对于分群分栏饲养的牛等体积较大型生物资产，可以在栏内实施具体盘点程序，还可以按照每头牲畜的耳标号等物联网微型设备检查牲畜的存活情况及所处位置，结合实际物理盘点程序来完成监盘。

（四）关注林木类企业郁闭时点的确定是否恰当

由于郁闭是判断林木类消耗性生物资产相关支出（包括借款费用）资本化或费用化的时点，审计人员应关注：

1. 了解被审计单位与郁闭时点确定相关的政策和程序。

2. 结合林木的种植时间、生长周期判断其合理性。

3. 结合实地盘点程序分析其合理性。

（五）关注生产性生物资产达到预定生产经营目的时点的确定是否恰当

由于达到预定生产经营目的是区分生产性生物资产成熟和未成熟的分界点，同时也是判断其相关费用停止资本化的时点，是区分其是否具备生产能力，从而是否计提折旧的分界点，审计人员应关注：

1. 了解被审计单位与生产性生物资产达到预定生产经营目的时点确定相关的政策和程序。

2. 结合对未成熟生产性生物资产的了解以及其生长周期判断其合理性。

3. 结合实地盘点程序分析其合理性。

（六）关注生物资产分类是否恰当

对于同一物种，可能因为品种、所处生长阶段的不同，饲喂、管护成本存在显著差异，审计人员应关注被审计单位在生物资产分类上是否考虑了各类别成本支出的差异化。

（七）关注饲养、管护费用的发生是否真实完整，分配是否合理

饲养、管护费用是构成各类生物资产账面价值的主要组成部分，同时也可能作为已郁闭的林木类消耗性生物资产、成熟性生物资产直接计入当期损益的后续支出，因此对其发生的真实、完整性，以及分配的合理性需重点关注。

1. 相关支出凭证后附证据是否充分，领料单、发票等佐证证据是否可靠。

2. 实施截止性测试，关注相关支出是否存在跨期入账的情况。

3. 相关支出的归集分配过程，评估分配方法是否合理，是否能公允反映各类消耗性生物资产、未成熟生产性生物资产应分担的资本化支出和应予费用化的支出。

（八）关注生物资产销售或处置时成本结转是否准确

生物资产各项目的辨识度通常不高，各项目成本可能存在显著差异，因此，审计人员在复核成本结转时应关注：

1. 获取销售或处置清单以及月度、年度销售报表，关注各类生物资产的销售或处置数量与成本结转数量是否一致。

2. 对销售毛利率进行月度、年度分析，关注是否存在异常情况。

3. 对成本结转过程应进行必要复核。

（九）关注生物资产减值迹象及减值计提是否充分

1. 识别生物资产可能存在的减值迹象

（1）因遭受火灾、旱灾、水灾、冻灾、台风、冰雹等自然灾害，造成消耗性生物资产或生产性生物资产发生实体损坏，影响该资产的进一步生长或生产，从而降低其产生经济利益的能力。

（2）因遭受病虫害或者疯牛病、禽流感、口蹄疫等动物疫病侵袭，造成消耗

性生物资产或生产性生物资产的市场价格大幅度持续下跌，并且在可预见的未来无回升的可能。

（3）因消费者偏好改变而使消耗性生物资产或生产性生物资产收获的农产品的市场需求发生变化，导致市场价格逐渐下跌。

（4）因企业所处经营环境，如动植物检验检疫标准等发生重大变化，从而对企业产生不利影响，导致消耗性生物资产或生产性生物资产的市场价格逐渐下跌。

（5）其他足以证明消耗性生物资产或生产性生物资产实质上已经发生减值的情形。

2. 关注被审计单位计提生物资产减值准备的依据是否充分时，审计人员应详细复核被审计单位减值准备的计算过程，所选用关键参数是否恰当（如聘请了评估师等外部专家），还应获取相关评估报告，并形成对评估报告的复核记录。

四、审计案例

案例6－34

利用专家工作监盘生物资产（海参）

A渔业公司主要从事海参的繁殖、培育和销售。海参有固定的繁殖期、生长期和收获期，具有明显的季节性特征，每年的4月初至6月初以及10月初至12月初海参成熟，进入采捕期。公司需要通过对海洋底播增养殖区域海参的盘点来确认其数量以及价值，以便与期末海参账面数量以及账面价值核对。公司对海参产品的盘点安排在采捕期开始的一段时间进行，主要通过对海底中海参的种类、个体大小以及生物量的分析，评估海参数量与价值。

作为一种无规律栖息于养殖区域的动物，其可计量性较差，若将海参全部打捞出来盘点则会耗费大量的成本，也会影响正常的生产经营。此外，海参的养殖区域在海底，可见性较差。会计师事务所接受委托对A渔业公司2020年12月31日的财务报表进行审计。

案例讨论：

审计人员通过分析财务报表发现，2020年12月31日A渔业公司存货余额占资产总额的30%，因此将其确定为认定层次的重大错报风险。为了对存货是否存在和品质状况获取充分、适当的审计证据，审计人员计划实施监盘程序。由于被审计单位存货的特殊性，审计人员计划利用海域专家的工作作为存货计价测试的审计证据。审计人员实施了下列主要程序：

1. 选择专家

审计人员通过查阅资料，了解国家海洋局下发了《关于公布海域评估机构推荐名录的通知》(国海管字［2012］246号，详见附录1)，与A渔业公司技术、财务和养殖海域巡逻人员讨论，确定由A渔业公司委托K中心，确定企业的海洋底播海参生物资产的数量。

2. 评价专家的专业胜任能力、专业素质及客观性

（1）经过询问、检查，审计人员了解到K中心具备以下相关资质:《海域使用资质论证证书》《测绘资质证书》《工程勘察证书》《建设项目环境影响评价资质证书》《质量管理体系认证证书》《计量认证证书》等。

（2）通过讨论监盘方案，对方案中按照经度、纬度选择监盘海域点（n）的科学性进行分析；对比样本总体比（$n\times4\times4m^2$／养殖海域总面积），根据所选海域点的代表性、推断总体的相对准确性；通过咨询其他行业专家（如W海洋研究所专家)、回归分析等程序进行评价。

（3）经过查询确认K中心和A公司没有任何关联关系，K中心派出参与盘点的专家与A渔业公司及其高级管理人员不存在关联关系和影响独立性的利益关系，不存在影响K中心独立工作、客观反映盘点结果的事项。

3. 了解监盘用主要设备

（1）定位设备。审计人员根据已选定的监盘站点总数，监盘航路，储存航点数，站点精度要求，防水防震环境要求；确定定位设备采用GARMIN奇遇手持GPS，正常条件下标称定位精度5m。正式调查工作开始前，在已知坐标点进行比测，求得平移改正差，对设定调查站位坐标进行改正后输入手持GPS。调查时利用手持GPS地图和导航功能进行实时导航定位。

（2）样方。按照常规盘点使用标准的$2m\times2m$（$4m^2$）的样方框，在每个站位点将4个样方框放入海中，自然沉到海底，采集样方内的海珍品；样方框要求焊接牢固，便于在海底识别。

（3）称量设备。审计人员根据称量质量范围、精度需求，选定ACS-A型台式电子秤（称量范围：6kg；检定分度值：2g)。准备对所采集养殖生物样品分类进行称重，并在资源调查原始记录表中记录生物量。

4. 与专家共同实施监盘

（1）观察监盘地点的准确性。监盘人员首先需要观察盘点地点是否与盘点方案中的站点分布表所列地点和站点一致。

（2）实施具体监盘程序。

①在盘点过程中潜水员在已确定的盘点地点将$2m\times2m$的方框随机抛入海中。

②待样方框沉到海底，由潜水员潜入水下，采集整个样品框内海底养殖海珍

品，并将其全部带入调查船上以备调查。

③潜水员把样品框内的海珍品捕捞上来后，交给调查船上K中心的监测人员。监测人员随后进行照相、样品分类标记保藏和数据记录。全部样品待调查结束后，到实验室计数、用电子天平称量，记录生物量数据。

④全部站位调查完毕后，由专家和被审计单位工作人员负责人在调查的原始记录上签字确认。

⑤K中心根据现场原始记录和调查海域面积完成调查和评估报告并提供报告。

（3）将监盘结果汇总（见表6–53、表6–54）。

表6–53 A公司海底增养殖区域现场监盘结果

站位种类		D–1	D–2	D–3	D–4	D–n
苗种规格海刺参	数量（个）					
	生物量（g）					
商品规格海刺参	数量（个）					
	生物量（g）					
海盘车	数量（个）					
	生物量（g）					
花冠螺	数量（个）					
	生物量（g）					

表6–54 A公司海底增养殖区域现场监盘结果统计表

项目种类	站位总数	采集到样品站位数	总样方面积（m^2）	总生物量（g）	总个体数（个）	单位面积生物量（g/m^2）	密度（个/m^2）
苗种规格海刺参							
商品规格海刺参							
海盘车							
花冠螺							

5.组织专家评审

审计人员选择行业内M大学教授、W研究所、Q咨询评估中心等专家，由A渔业公司聘请已选定专家，K中心参与，由专家对盘点过程和盘点结论进行评审并形成评审结论。

6. 审计结论

审计人员通过参与制定监盘计划，评价监盘方案，选择监盘机构、人员，选定监盘设备等组织准备、人员准备和设备准备。全程跟踪确认调查站位和经纬度、观察样方框随机抛入海中、采集海底整个样品框内生物资产，记录采集海底生物资产分类、称量和数据，选定专家对盘点过程和盘点结论进行评审等程序。审计人员认为，A渔业公司海底增养殖区域现场监盘统计结果，反映了A渔业公司盘点日苗种规格海刺参和商品规格海刺参的实际数量。

7 油气资产

一、重大错报风险

1. 可能存在虚假的油气资产余额或交易，从而导致油气资产账面余额的存在或交易的发生存在重大错报风险。

2. 存在油气资产已毁损或灭失、处置、赠予他人等情形但未进行账务处理，从而导致油气资产账面余额的存在认定存在重大错报风险。

3. 累计折耗计提不准确，从而导致油气资产准确性、计价和分摊存在重大错报风险。

4. 油气资产减值准备计提不恰当或不充分，从而导致油气资产准确性、计价和分摊存在重大错报风险。

5. 可能存在尚未办妥产权证书的油气资产、暂时闲置的油气资产、已提足折耗仍继续使用的油气资产以及油气资产抵押等事项，但未充分披露，从而导致油气资产列报存在重大错报风险。

二、常见审计问题

1. 对油气资产及折耗计提未进行合理性分析。

2. 对重要油气资产未执行实地检查程序。

3. 对油气资产权证仅获取复印件，未获取原件并予以检查，未充分关注是否存在抵押情况。

4. 未充分关注油气资产存在的减值迹象，利用专家工作成果进行减值测试时未充分评估相关专家的工作，未对相关主要参数进行必要复核。

三、审计关注要点

（一）分析油气资产及折耗计提，关注合理性

对油气资产及折耗计提进行合理性分析，有助于检查油气资产相关金额的合

理性和准确性。通过计算各类油气资产的当期综合折耗率，并与企业会计政策规定的折耗率进行对比分析，有助于发现企业当期折耗计提是否合理。

（二）实地检查油气资产，关注是否真实存在

通过对油气资产执行实地检查程序，能够证实油气资产是否真实存在以及其存在状态。审计人员执行实地检查程序的关注要点：

1. 参与油气资产现场监盘，考虑该项油气资产是否仍由被审计单位所控制、判断被审计单位提供的用以证明实施控制的证据是否充分。

2. 在实地检查前，要求企业对油气资产实物张贴标识牌，标识牌应张贴在醒目位置，标识牌内容至少应包括资产编号、资产名称、购入日期等。

3. 在对油气资产进行实地检查时，除核对数量之外，还应关注油气资产的存在状态，如油气资产是否闲置、是否存在已报废但仍未核销的油气资产等。

4. 妥善保存抽盘原始资料，抽盘原始资料应能体现抽盘轨迹，标识清晰，并由抽盘人员以及被审计单位陪同人员、油气资产管理人员的签字确认。

（三）检查油气资产的所有权或控制权，关注油气资产抵押情况、权证办理情况等

对各类油气资产，获取和收集不同的证据以确定其是否归被审计单位所有，权证查验必须查验权证原件，不能仅获取企业提供的复印件。结合对银行借款等的检查，了解油气资产是否存在重大的抵押、担保情况。如存在，应取证，并作相应的记录，同时提请企业作恰当披露。

（四）检查油气资产的增加，关注其入账价值是否正确，入账时点是否恰当

1. 对于外购油气资产入账价值的正确性，关注采购合同、采购发票的一致性，并查验采购发票的真伪，必要时与供应商电话沟通、实地走访、实施函证程序等。

2. 对于投资者投入的油气资产，关注投资者投入的油气资产是否按投资各方确认的价值入账，确认价值是否公允，交接手续是否齐全；涉及国有资产的，是否有评估报告并经国有资产管理部门评审备案或核准确认。

3. 对于企业合并、债务重组和非货币性资产交换增加的油气资产，关注产权过户手续是否齐备，入账价值的确认依据是否充分等。

4. 关注油气资产是否存在弃置费用，如果存在弃置费用，检查弃置费用的估计方法和弃置费用现值的计算是否合理，会计处理是否正确。

5. 首次接受委托时，关注期初留存的重要油气资产入账依据是否充分，计价是否正确。

（五）对折耗计提金额进行复核，关注企业折耗政策的确定是否合理，折耗计提是否正确

1. 关注被审计单位折耗政策是否符合规定，计提折耗范围是否正确，确定的使用寿命、预计净残值和折耗方法是否合理。

2. 关注已计提减值准备的油气资产的折耗计算是否考虑了减值准备的影响。

3. 对于折耗金额的分配，关注分配计入各项目的金额占本期全部折耗计提额的比例与上期比较是否有重大差异，并分析差异原因。

（六）关注企业是否针对存在的油气资产减值迹象恰当计提油气资产减值准备，计提依据是否充分

1. 了解是否有证据表明资产的经济绩效已经低于或者将低于预期，如资产所创造的净现金流量或者实现的营业利润（或者亏损）远远低于（或者高于）预计金额等。

2. 关注被审计单位计提油气资产减值准备的依据是否充分时，复核企业减值准备的计算过程，所选用关键参数是否恰当，如聘请了评估师等外部专家，还应获取相关评估报告，并形成对评估报告的复核记录。

示例 6-83

T 公司以其海外油气资产的《预评估报告》的评估结论作为相关债权未进一步减值的主要依据。评估师在《预评估报告》中说明其未获取经审计财务报表、由于海外疫情影响未执行现场勘查程序等，故未出具正式的评估报告。U 会计师事务所仅对《预评估报告》中的油气价格进行复核，由于评估标的未经审计和疫情影响，未对《预评估报告》中相关油气资产的产量及财务数据等基础数据进行确认，也未对《预评估报告》作为审计证据的可靠性保持充分关注，审计程序不到位。

确定资产减值准备金额的关键是估计其可收回金额，根据企业会计准则的规定，资产可收回金额的估计，应当根据其公允价值减去处置费用后的净额与资产预计未来现金流量的现值两者之间较高者确定。在估计资产的可收回金额时，需要考虑以下因素：

一是资产的公允价值减去处置费用后的净额与资产预计未来现金流量的现值，只要有一项超过了资产的账面价值，就表明资产没有发生减值，不需再估计另一项金额。

二是没有确凿证据或者理由表明，资产预计未来现金流量现值显著高于其公允价值减去处置费用后的净额的，可以将资产的公允价值减去处置费用后的净额视为资产的可收回金额。

（七）关注应予披露事项是否均已充分披露

在财务报告中，与油气资产相关的披露事项主要包括：期末未办妥产权证书的油气资产账面价值及原因；期末因被抵押等导致所有权或使用权受到限制的油气资产情况。对于上述事项，审计人员应关注是否均已披露，披露金额是否正确。

四、审计案例

案例 6－35

油气资产减值审计

H 公司是一家从事油气田投资开发的上市公司，其境外子公司 F 在美国拥有油气区块权益，并从事页岩油气区块的勘探开发与生产活动，其中在 A 区块以联合作业的方式开采页岩油气，在 B 区块以独立作业方式开采页岩油气。

2020 年 6 月，公司管理层在反复分析判断美国新冠肺炎疫情、国际油价及国际政治经济形势后，作出了不再向美国油气资产提供后续资金投入的决定。H 公司基于上述投资策略的变化，于 2020 年 6 月，分别对 A、B 区块油气资产计提了 4 500 万美元、1 950 万元的减值准备，计提减值后油气资产账面价值分别为 500 万美元、50 万美元。

案例讨论：

审计人员在对 H 公司 2020 年度财务报表进行现场审计时，将油气资产减值计提的准确性确定为重大错报风险领域，并设计实施了以下审计程序：

1. 了解油气资产计提大额减值的背景

审计人员通过询问管理层、查阅相关资料得知，F 公司油气资产的持续开发、运营所需资金主要由国内母公司投入、油气销售取得资金及当地金融机构的融资信贷。2020 年 6 月，美国能源行业有 7 家石油和天然气公司提交破产申请，达到历史高峰，美国能源行业的融资窗口已基本关闭，F 公司在当地取得金融机构和其他投资资金都存在极大的困难。同时，母公司管理层在反复分析判断美国新冠疫情、国际油价及国际政治经济形势后，于 2020 年 6 月作出了不再向美国油气资产提供后续资金投入的决定，并提交董事会讨论通过（已查阅相关董事会决议）。

审计人员认为，基于上述内外部环境的重大变化，导致 2020 年度 F 公司油气资产出现大额减值具有合理性。

2. 复核评估机构出具的 A 区块以财务报告为目的的减值评估报告

对于 A 区块，公司于 2020 年 7 月聘请美国当地的评估机构对 A 区块探明已开发油井的储量进行评估，并向境内的资产评估机构进行专业咨询，根据储量报告和咨询意见，确定 A 区块已开发油井的合理储量价值为 500 万美元。审计人员在对减值计提依据进行复核时发现：

（1）在对 A 区块进行估值时，仅考虑了探明已开发油井部分，并未考虑已探明待开发井权益以及未探明矿区权益，估值范围不完整。经进一步了解和取证，F 公司于 2021 年 2 月同独立第三方公司签订了权益转让协议，将已探明待开发井权益以300万美元的价格转让给对方。截至财务报表批准报出日，未探明矿区权益未做处置，经咨询专家意见，由于未探明矿区权益储量不确定，在产生效益前，还需经勘探、开发过程，投资风险较大，基本无转让价值。

（2）在对A区块探明已开发油井部分（继续经营）进行估值时，采用方法为预计未来现金流量的现值，而在预计未来现金流量时，对未来原油价格的估计过于悲观，预测值与2020年下半年及2021年初的走势偏离值较大。

基于此，审计人员建议公司重新考虑原油价格的估计，经重新测算，A区块已开发油井的合理储量价值调整为700万美元。

3. 分析判断咨询机构关于B区块资产的估值合理性

对于B区块，公司根据美国当地的某家咨询机构就两家潜在买家的询价及报价信息，取其最高报价确认该块资产的价值为50万美元。

在对B区块进行估值时，预期处置方式为直接一次性转让，而经进一步了解和取证，F公司于2021年1月同独立第三方公司签订了权益转让协议，约定公司转让B区块80%权益给第三方公司，并由其负责后续开发业务，根据开发情况预估公司转让收益不少于200万美元。

4. 审计结论

经审计，审计人员重新确定A区块可收回金额为1 000万美元，B区块可收回金额为200美万元，A、B区块油气资产减值分别调整冲回500美万元、150美万元。

8 使用权资产

一、重大错报风险

1. 对新租赁准则的理解不恰当，发生租赁资产识别错误。例如，将不应识别为租赁的资产确认为使用权资产；未能识别租赁的合并与分拆；未能正确划分短期租赁与低价值资产租赁等。

2. 未正确计量使用权资产，导致在使用权资产的确认与计量方面存在重大错报。例如，未能合理估计租赁资产的租赁期；未能正确确定租赁期的折现利率；未能正确计提使用权资产的折旧、减值准备；未能正确核算融资租赁承租人的初始直接费用等。

3. 使用权资产已毁损或灭失、处置等情形但未进行账务处理，从而导致使用权资产账面余额的存在性存在重大错报风险。

4. 通过与关联方签署虚假长期租赁合同，支付大额租金等方式掩盖关联方资金占用。

5. 首次执行日前的融资租赁相关的资产和负债，仍列报在固定资产和长期应付款项目，未重分类至使用权资产和租赁负债项目。

二、常见审计问题

1. 未根据经济实质判断被审计单位在租赁识别方面是否存在重大错报，如被审计单位以租赁形式进行的分期付款业务、以租赁形式进行的金融借款业务等不符合租赁准则的相关规定，而仍将相关资产确认为使用权资产。

2. 未关注租赁合同的具体条款，未能识别租赁的合并与分拆方面的处理错误。例如，被审计单位在一份合同中同时包含多项单独租赁的，应分别各项进行会计处理；合同中同时包含租赁和非租赁部分的，应当分拆后分别处理；如果存在与同一交易方或其关联方在同一时间或相近时间订立的两份或包含多份租赁的合同，符合合并条件的，应当合并处理。

3. 未关注被审计单位对于短期租赁与低价值资产租赁的判断是否准确，未能识别应当确认为使用权资产的租赁合同被遗漏，导致使用权资产的完整性认定存在重大错报。

4. 审计人员仅以检查租赁合同、租赁付款等方式来确认使用权资产，忽略对租赁资产的实地观察，导致未能发现被审计单位通过以虚假租赁合同及租金支付方式进行资金占用、虚增资产等舞弊行为。

5. 未对使用权资产的确认与计量保持充分关注，导致未能识别被审计单位在使用权资产确认与计量过程中存在的重大错报，如被审计单位对使用权资产在初始入账价值、折旧计提、减值准备等方面存在重大错报。

6. 未能识别使用权资产列报与披露方面存在重大错报，如对于租赁准则首次执行日前的融资租赁相关的资产和负债，仍列报在固定资产和长期应付款项目，未重分类至使用权资产和租赁负债项目。

三、审计关注要点

（一）关注被审计单位关于租赁识别是否存在重大错报

审计人员应对被审计单位与租赁资产出租方签署的相关合同条款进行认真审阅，评估被审计单位将该项合同识别为租赁或者包含租赁的理由是否充分合理。

1. 评估被审计单位对租赁准则的运用是否恰当

有的合同具有租赁的特征，但并不一定适用租赁准则，表 6–55 为具有租赁特征的业务及其出租人和承租人适用的会计准则。

表 6-55　具有租赁特征的业务及其适用准则

序号	租赁内容	承租人	出租人
1	通过许可使用协议取得的电影、录像、剧本、文稿等版权、专利等项目的权利	《企业会计准则第 6 号——无形资产》	《企业会计准则第 14 号——收入》
2	授予除电影、录像、剧本、文稿等版权、专利外的其他知识产权许可	可以适用《企业会计准则第 21 号——租赁》	《企业会计准则第 14 号——收入》
3	以出让、划拨或转让方式取得的土地使用权	《企业会计准则第 6 号——无形资产》	
4	以租赁方式取得的土地使用权	《企业会计准则第 21 号——租赁》	《企业会计准则第 21 号——租赁》
5	除上述 1~4 之外的其他无形资产	《企业会计准则第 21 号——租赁》	《企业会计准则第 21 号——租赁》
6	勘探或使用矿产、石油、天然气及类似不可再生资源的租赁	《企业会计准则第 27 号——石油天然气开采》	
7	生物资产的租赁	《企业会计准则第 5 号——生物资产》	《企业会计准则第 21 号——租赁》
8	投资性房地产的租赁	《企业会计准则第 21 号——租赁》	投资笥房地产的确认和计量适用《企业会计准则第 3 号——投资性房地产》；租金收入适用《企业会计准则第 21 号——租赁》
9	采用建设经营移交等方式参与公共基础设施建设、运营的特许经营权合同，不适用本准则。	《企业会计准则解释第 14 号》	

示例 6-84

A 公司向租赁公司租入建筑材料（如钢材等），用于办公用房的建设。租赁期为 5 年；租金总额 300 万元，每年末支付；包含购买选择权，租期届满后，A 公司可以按 1 元的价格购买建筑材料，A 公司将行使购买选择权。房屋建设周期为 2 年，属于“符合资本化条件的资产”，房屋建成后的使用年限为 40 年。开工时间为 2021 年 1 月 1 日，当日，租赁钢材运抵施工现场。

审计分析：

本案例需要对通过租赁方式取得用于在建工程的租赁物交易实质的判断。案例中租赁的钢材用于办公用房建设，使用后构成办公用房不可分割的一部分，租赁期满不会归还租赁公司，企业控制了钢材本身而非控制了“钢材的使用权”，因此，该交易不适用租赁准则，应当按照分期付款购买资产处理。

示例 6-85

为建造一项工程项目，甲公司与供应商以及金融租赁公司做出了如下安排：

华为公司是一家融资租赁公司。根据甲公司的选择和要求，与供应商签订标的物的建造合同，并按照建造合同支付价款，建设期为一年半。同时，华为公司与甲公司签订融资租赁合同，租赁物为建造合同的标的物，起租日为租赁合同生效日即签约日，租赁期为5年，甲公司按时足额支付全部租金后，租赁期满可支付1元留购费后取得租赁物的所有权。该工程项目建设在甲公司拥有的土地上。

合同约定：华为公司仅承担甲公司的信用风险。针对标的物的其他权利，均由甲公司行使，例如若甲公司发现标的物质量问题、供应商延迟交货等属于供货方责任的情况时，华为公司不承担责任，不构成甲公司减免或推迟支付租金的理由；同时因上述事项给甲公司造成损失的，由甲公司依据建造合同向供应商行使索赔权等。自租赁合同生效日起，不论甲公司实际使用租赁物与否，或者发生其他任何情况（包括但不限于租赁物毁损、灭失等），均不影响甲公司向华为公司支付租金的义务。

审计分析：

本案例需要对适用租赁准则还是金融工具准则作出判断。由于该工程项目在甲公司的土地上建设，且华为公司仅承担来源于甲公司的信用风险，不承担工程项目的建造风险，因此本例中在建期间甲公司控制在建项目，其交易实质是甲公司向华为公司借款开展自建项目，甲公司应当按照相关准则的规定分别确认在建工程和金融负债，本案例不适用租赁准则。

2. 评估被审计单位对已识别资产的认定是否正确

新租赁准则完善了租赁的定义，将租赁定义为“在一定期间内，出租人将资产的使用权让与承租人以获取对价的合同”，该定义中包含了租赁的三要素，即租赁期、已识别资产、资产供应方向客户转移对已识别资产使用权的控制。只有存在已识别资产的合同，才有可能属于租赁合同或包含租赁。

审计人员需要注意的是，在确定“已识别资产”时，通常需要在合同中指定。但是，即使合同已对资产进行指定，如果资产供应方在整个使用期间拥有对该资产的实质性替换权，那么该资产也不属于已识别资产。其原因在于，如果资产供应方在整个使用期间均能自由替换该资产，那么实际上合同只规定了满足客户需求的一类资产，而不是被唯一识别出的一项或几项资产。也就是说，在这种情况下，合同中的资产并未和资产供应方的其他同类资产明确区分开来，从而不能被单独识别出来。

资产供应方的实质性替换权要综合考虑资产供应方的替换能力、替换权涵盖的期限、替换的经济动因等因素。按照准则规定，同时符合下列条件时，表明资产供应方拥有资产的实质性替换权：一是资产供应方拥有在整个使用期间替换资产的实际能力。例如，客户无法阻止供应方替换资产，且用于替换的资产对于资产供应方而言易于获得或者可以在合理期间内取得；二是资产供应方通过行使替换资产的权利将获得经济利益，即替换资产的预期经济利益将超过替换资产所得成本。

如果合同仅赋予资产供应方在特定日期或者特定事件发生日或之后拥有替换资产的权利或义务，考虑到资产供应方没有在整个使用期间替换资产的实际能力，资产供应方的替换权不具有实质性。资产供应方在资产运行结果不佳或者进行技术升级的情况下，因修理和维护而替换资产的权利或义务不属于实质性替换权。如果企业难以确定资产供应方是否拥有实质性替换权的，应视为资产供应方没有对该资产的实质性替换权。

示例 6-86

A 公司（客户）与 B 公司（供应方）签订合同，以获得一套机器设备的 5 年使用权。判断下列情况下 A 公司的替换权是否具有实质性：

情形一：B 公司有权在合同开始 4 年之后的任何时间替换该设备（即 B 公司在前 3 年没有替换权）。

情形二：B 公司有权在合同签订 3 年之后的 6 月 1 日至 30 日期替换该设备，而无权在其他时间替换。

情形三：B 公司仅在发生该设备因设计原因存在故障时有权替换该设备。

审计分析：

上述三种情形下，甲公司均不能在整个使用期间内行使替换权，因此该替换权不具有实质性，本例中存在已识别资产。

示例 6-87

甲公司是一家便利店运营企业，与某机场运营商乙公司签订了使用机场内某处商业区域销售商品的 3 年期合同。合同规定了商业区域的面积，商业区域可以位于机场内的任一登机区域，乙公司有权在整个使用期间随时调整分配给甲公司的商业区域位置。甲公司使用易于移动的自有售货亭销售商品，机场有很多符合合同规定的区域，可供甲公司使用。

审计分析：

乙公司在整个使用期间有变更甲公司使用的商业区域的实际能力。机场内有许多符合合同规定的商业区域，乙公司有权随时将甲公司使用的商业区域的位置变更至其他区域，而无需甲公司批准。乙公司通过替换商业区域将获得经济利益。因为售货亭易于移动，所以乙公司变更甲公司所使用商业区域的成本极小。乙公司能够根据情况变化最有效地利用机场登机区域，因此乙公司能够通过替换机场内的商业区域获益。

甲公司控制的是自有的售货亭，而合同约定的是机场内的商业区域，乙公司可随意变更该商业区域，因此乙公司有替换甲公司所使用商业区域的实质性权利。从而尽管合同具体规定了甲公司使用的商业区域的面积，但合同中不存在已识别资产。

示例 6–88

中兴通讯（000063）2019 年度年度报告披露：本集团签订了关于海外仓库、通勤车辆的租赁协议。本集团认为，根据租赁协议，不存在已识别资产，资产供应方对该仓库、车辆等拥有实质性替换权，协议未授予本集团改变仓库、车辆的使用目的和使用方式的权利，也未授予本集团自行或主导他人按照本集团确定的方式运营该仓库、车辆，因此，该租赁协议不包含租赁，本集团将其作为接受服务进行处理。

资料来源：巨潮资讯网站。

（二）关注租赁合同的具体条款，评估被审计单位对租赁合同的合并与分拆处理是否正确

审计人员应审阅租赁合同的具体条款，关注被审计单位在一份合同中是否同时包含多项单独租赁或者同时包含租赁和非租赁部分；是否存在与同一交易方或其关联方在同一时间或相近时间订立的两份或包含多份租赁的合同等情况，识别被审计单位对租赁合同的合并与拆分处理是否正确。租赁的合并与分拆相关规定如表 6–56。

表 6–56 租赁的合并与分拆

<table>
<tr><th>租赁的合并</th><th colspan="3">租赁的分拆</th></tr>
<tr><td rowspan="3">合并情况
企业与同一交易方或其关联方在同一时间或相近时间订立的两份或包含多份租赁的合同，满足下列条件之一的应合并为一份合同：
（1）该两份或者多份合同基于总体的商业目的而订立并构成一揽子交易，若不作为整体考虑则无法理解其总体的商业目的；
（2）该两份或者多份合同中的某份合同的对价金额取决于其他合同的定价或履行情况；
（3）该两份或者多份合同让渡的资产使用权合起来构成一项单独的租赁</td><td colspan="2">分拆情况</td><td>（1）合同中同时包含多项单独租赁的，分别各项进行会计处理；
（2）合同中同时包含租赁和非租赁部分的，分拆后分别处理</td></tr>
<tr><td colspan="2">构成单独租赁的判断</td><td>（1）承租人可从单独使用该资产或将其与易于获得的其他资源一起使用中获利；
（2）该资产与合同中的其他资产不存在高度依赖或高度关联关系</td></tr>
<tr><td rowspan="2">会计处理</td><td>承租人</td><td>承租人应当按照各项租赁部分单独价格及非租赁部分的单独价格之和的相对比例分摊合同对价</td></tr>
<tr><td>【注】两份或多份合同合并为一份合同进行会计处理仍然需要区分该一份合同中租赁部分和非租赁部分。</td><td>出租人</td><td>出租人应当分拆租赁部分和非租赁部分，根据收入准则关于交易价格分摊的规定分摊合同对价</td></tr>
</table>

按照租赁准则规定，为简化处理，承租人可以按照租赁资产的类别选择是否分拆合同包含的租赁和非租赁部分。承租人选择不分拆的，应当将各租赁部分及与其相关的非租赁部分分别合并为租赁，按照租赁准则进行会计处理。但是，对于按照《企业会计准则第22号——金融工具确认和计量》应分拆的嵌入衍生工具，承租人不应将其与租赁部分合并进行会计处理。

（三）关注被审计单位关于短期租赁和低价值资产租赁的判断是否正确

短期租赁是指在租赁期开始日租赁期不超过12个月的租赁，包含购买选择权的租赁不属于短期租赁。低价值资产租赁是指单项租赁资产为全新资产时价值较低的租赁。低价值资产租赁的判定仅与资产的绝对价值有关，不受承租人规模、性质或其他情况影响。通常情况下，符合低价值资产租赁的资产全新状态下的绝对价值应低于40 000元。承租人转租或预期转租租赁资产的，原租赁不属于低价值资产租赁。

对于短期租赁和低价值资产租赁，承租人可以选择不确认使用权资产和租赁负债。但对于短期租赁发生租赁变更或者因租赁变更之外的原因导致租赁期发生变化的，承租人应当将其视为一项新租赁进行会计处理。

审计人员应当根据上述要点评估被审计单位对于短期租赁和低价值租赁的判断是否正确，识别被审计单位在使用权资产确认的完整性方面是否存在重大错报。

（四）注重使用权资产的监盘观察，关注其是否真实存在

关注被审计单位是否在资产负债表日对使用权资产进行了盘点，并取得盘点明细表，必要时对使用权资产实施现场观察或监盘，将监盘情况与账面数进行核对。如果某项使用权资产标的额较大、租期较长，且对应的租赁负债为零或很小时，审计人员应当关注出租人是否与被审计单位存在关联方关系，核查使用权资产的实质是否为关联方资金占用。

（五）关注使用权资产入账价值、折旧计提及减值准备的会计处理是否正确

1. 检查使用权资产的增加

（1）获取相关租赁合同/协议，检查其原始凭证，确认其计价是否正确、会计处理是否正确。当存在将短期租赁和低价值资产租赁进行简化处理情形时，对本期直接计入当期损益的短期租赁费用和低价值资产租赁费用进行复核。

（2）当存在续租选择权、购买选择权和终止租赁选择权时，了解被审计单位对是否行使相关权利做出的判断，检查其判断依据是否充分，并评估对使用权资产入账价值的影响。

（3）当存在承租人需重新计量租赁负债情形的，检查使用权资产是否已做出相应调整。

2. 检查使用权资产的减少

（1）对于因不再使用租赁资产导致的减少，检查使用权资产减少是否与租赁合同 / 协议约定的租赁结束日一致，租赁资产移交手续是否齐全，会计处理是否正确。

（2）对于因转租使用权资产形成融资租赁导致的减少，获取转租合同，检查转租手续是否齐全，判断其会计处理是否正确。

3. 复核使用权资产累计折旧

（1）获取或编制使用权资产累计折旧明细表，复核加计是否正确，并与总账数和明细账合计数核对是否相符。

（2）检查折旧年限的确定是否恰当，续租选择权、购买选择权和终止租赁选择权对租赁期的影响是否已充分考虑，是否根据租赁的具体情况，已合理选择租赁期或者租赁资产预计剩余使用寿命作为折旧年限。

（3）复核本期折旧金额是否正确，与相关科目核对是否相符。当存在减值时，是否按照扣除减值损失之后的使用权资产账面价值进行后续折旧。

4. 使用权资产减值测试

（1）获取或编制使用权资产减值准备明细表，复核加计是否正确，并与总账数和明细账合计数核对是否相符。

（2）检查使用权资产减值准备计提和转销的批准程序，取得书面报告等证明文件。

（3）检查被审计单位计提使用权资产减值准备的依据是否充分，会计处理是否正确。

（4）检查使用权资产转销时，相应的减值准备是否一并结转，会计处理是否正确。

（5）通过检查期后事项，以及比较前期使用权资产减值准备数与实际发生数，评价使用权资产减值准备的合理性。

（六）检查使用权资产是否已按照企业会计准则或其他适用的财务报告编制基础的规定在财务报表中作出恰当列报

四、审计案例

案例 6－36

利用虚假租赁合同实现资金占用

某会计师事务所接受委托，对 A 上市公司 2021 年度财务报表进行审计。会计师事务所委派由注册会计师甲、乙等组成的项目组前往 A 公司进行审计，乙为项目经理。在审计过程中，审计人员甲了解到 A 公司以下情况：

2021年1月1日，A公司与B公司签署了一项科研大楼的租赁合同。合同约定：

1. A公司向B公司租赁其名下科研大楼的第15层及16层，总建筑面积约3 000平方米，租期为10年，年租金为864万元，租金总额为8 640万元。租赁用途为A公司某产品的研发办公。

2. A公司可以选择按年支付租金，也可以选择一次性支付租金。如果一次性支付租金，B公司给予一定的折扣，即A公司只需支付8 000万元。A公司选择了一次性支付B公司8 000万元。

A公司根据租赁准则的相关规定确认了该项租赁资产为使用权资产，并按十年计提折旧，2021年计提的折旧计入了研发费用，并按国家有关政策在所得税申报时进行了加计扣除。

案例讨论：

审计人员甲对上述事项执行了相关审计程序，并形成如表6–57所示的审计记录：

表6–57　A公司使用权资产审计记录稿

序号	执行的审计程序	收集的审计证据	异常记录
1	获取使用权资产明细表及租赁合同台账，检查是否相符	合同台账、明细表	未见异常
2	审阅租赁合同，检查相关合同条款，复核使用权资确认是否正确	租赁合同	未见异常
3	重新计算使用权资产、租赁负债、未确认融资费用、折旧摊销，检查使用权资产的计量是否正确	重新计算记录稿	未见异常
4	检查租金支付银行流水回单，检查租金支付是否属实	租金支付流水	未见异常
5	就租赁合同及相关条款向B公司独立函证并取得回函	租赁资产询证函	未见异常
6	查询B公司工商注册地址，核实租赁资产地址是否真实	查询记录	未见异常
7	复核使用权资产折旧计入研发费用的相关立项文件，检查其折旧费用分摊列报是否正确	研发费用立项文件	未见异常
8	收集B公司科研大楼所在地的租金市场价格水平，分析租金支付价格是否合理	科研大楼周边写字楼租金水平信息表、租金价格测算表	未见异常
9	收集A公司使用权资产盘点表并与明细表核对	A公司使用权资产盘点表、与明细表核对记录	未见异常
10	审计结论：经审计，未见异常，可以确认		

审计人员甲将上述审计工作底稿提交至项目经理乙进行复核，项目经理乙复核后对甲执行审计过程的相关细节进行了询问，并询问甲是否参与了A公司使用权资产的盘点并实施了监盘。甲回答只收集了A公司自行的盘点表，因对A公司租赁资产的实际地址进行了网上查询，且该租赁资产系××科技大厦，比较有名，无需现场盘点。

项目经理乙追查了A公司与B公司的股权结构及过往工商变更信息，查询到2019年A公司与B公司曾共同拥有同一名股东丙，2019年丙持有A公司股权20%，为A公司第二大股东；丙持有B公司51%股权，为B公司实际控制人。2019年底，丙将持有B公司51%股权转让给了丁。截至2021年12月31日，丙仍持有A公司20%股权，为A公司第二大股东；丙不再持有B公司股权。

项目经理乙根据上述查询情况，保持了合理的职业怀疑，在未通知A公司的情况下，亲自前往B公司科研大楼第15层及16层进行了观察。项目经理乙在实地观察中发现，B公司科研大楼15层及16层均悬挂B公司名称标识，未见A公司相关标识，其中15层有相关人员办公，16层为两间大会议室及一间员工运动活动室，其间有2名工作人员在值守。项目经理乙随机询问了15层一名工作人员及16层正在值守的工作人员，了解到15层及16层并没有开展所谓的科研活动，也不存在对外出租的情况。项目经理乙对相关现场进行了拍照记录。

项目经理乙与审计人员甲就上述事项进行了讨论，并认为A公司存在重大舞弊行为，并拟与A公司相关负责人讨论上述事项。后经项目经理乙与审计人员甲进一步核实，B公司现实际控制人丁与丙系夫妻关系，因B公司资金周转需要，采用租赁合同的方式一次性支付的8 000万元租金系B公司向A公司的借款。A公司在审计人员获取的证据面前承认了相关事实，并进行了自查整改，对存在的关联方资金占用违规事项进行了公开披露，并限期收回了上述关联方占用的资金。

9 无形资产

一、重大错报风险

1. 可能存在虚假的无形资产余额或交易、无形资产的产权存在瑕疵以及划拨的公益性土地使用权，从而导致无形资产账面余额的存在认定存在重大错报风险。

2. 外部购入、股东投入取得的无形资产，作价依据可能不充分，从而导致无形资产账面余额的存在认定存在重大错报风险。

3. 无形资产后续支出处理不恰当，资本化支出和费用化支出划分不正确，从而导致无形资产准确性、计价和分摊存在重大错报风险。

4. 累计摊销不准确（包括摊销计算方式是否反映了被审计单位无形资产实际带来经济利益的形式、摊销政策是否具有一贯性等），从而导致无形资产准确性、计价和分摊存在重大错报风险。

5. 无形资产减值准备计提不恰当或不充分，从而导致无形资产准确性、计价和分摊存在重大错报风险。

6. 可能存在尚未办妥产权证书的无形资产、暂时闲置的无形资产、已提足折旧仍继续使用的无形资产以及无形资产抵押等事项，但未充分披露，从而导致无形资产列报与披露存在重大错报风险。

二、常见审计问题

1. 仅获取无形资产权证复印件，未获取原件，并检查其权属、抵押情况。

2. 对于外购、股东投入取得的无形资产未取得评估报告，或者未对评估结果进行充分复核。

3. 未对无形资产的摊销金额、摊销政策进行复核。

4. 未关注无形资产的剩余经济寿命，尤其对于使用寿命无限的无形资产未根据准则的要求在每个资产负债表日进行减值测试，利用专家工作成果进行减值测试时未充分评估相关专家的工作，未对相关主要参数进行必要复核。

5. 未结合短期借款、长期借款等金融负债关注无形资产是否存在抵押或其他受限情况。

三、审计关注要点

（一）检查无形资产权属，是否为被审计单位拥有

无形资产通常包括专利权、非专利技术、商标权、著作权、特许权、土地使用权等。为核实被审计的单位账面列报的无形资产是否存在、是否为被审计单位所拥有、拥有的是所有权还是使用权，审计人员应检查无形资产的权属证书原件、非专利技术的持有和保密状况等，获取有关协议和董事会纪要等文件、资料，检查无形资产的性质、构成内容、计价依据、使用状况和受益期限，确定无形资产是否存在，是否由被审计单位拥有或控制，取得无形资产证明文件时进行适当的真伪判断。审计人员在检查专利技术等知识产权的权属及有效期时，还可通过“中国商标局商标查询系统”“中国版权保护中心”等知识产权网站查询了解。

（二）关注无形资产入账价值是否合理

1. 检查自创无形资产的研究开发费用资本化是否合理

对于自创无形资产，审计人员重点检查研究开发费用的处理，计入无形资产成本的开发费用是否符合资本化的条件，判断是否正确区分了收益性支出与资本

性支出，验证自创无形资产入账价值的准确性。

2. 检查外购、股东投入等非自创无形资产的作价依据是否充分

相对于存货和固定资产等有形资产而言，无形资产不具有实物形态，并且每一项无形资产都具有特定用途，在市场上很难找到与之相同的资产，因此无形资产交易中，一般都需要对无形资产进行评估，交易作价很大程度上参照评估结果。

无形资产的非实物性，加大了评估工作的难度，不同评估机构在方法制定、参数选择和专业判断方面存在差异性，导致评估结果各不相同，造成了无形资产价值的不准确。此外，无形资产评估范围设置过于狭窄，随着技术更新和社会发展，无形资产呈现的新形式未列入在内，增大了评估难度。另外，评估结果在较大程度上取决于评估者的能力与专业素质，不同的评估主体采用不同的评估方法对同一对象进行评估时，结果应该是基本趋于一致的，但因评估人员在选择参数时的个人判断能力的差异经常会导致评估结果的差异，这也在很大程度上影响评估结果的准确性。还有的被审计单位存在购买评估结果的情况，这使得无形资产的作价依据更加难以确定。

审计人员应了解被审计单位外购的无形资产用途，是否能为企业带来收益或者节约成本，关注交易对手是否为关联方或隐性关联方，是否存在利用无效的专利权等与被审计单位交易，套取企业资金。审计人员还应对评估人员的专业胜任能力作出评价，复核评估报告，考虑咨询类的评估报告、非证券评估机构出具的评估报告公信力，复核评估方法、关键假设、依据是否合理。

（三）检查无形资产摊销是否合理

根据会计准则的规定，企业应当于取得无形资产时分析判断其使用寿命。无形资产的使用寿命如为有限，则应当估计该使用寿命的年限或者构成使用寿命的产量等类似计量单位数量；无法预见无形资产为企业带来未来经济利益期限的，应当视为使用寿命不确定的无形资产。对于使用寿命不确定的无形资产，在持有期间内不需要摊销，如果期末重新复核后仍为不确定的，应当按照《企业会计准则第 8 号——资产减值》的规定考虑是否需计提减值准备。

1. 检查使用寿命有限的无形资产摊销年限是否合理

无形资产的预计使用年限不像有形资产，通常有明确的同类参照对象，可以很方便地得到。无形资产的使用年限计量往往存在较多因素，除了国家政策、相关法律的规定外，无形资产预计使用年限还与该项无形资产在相关领域的先进程度、是否存在可替代的类似产品以及产品存在的缺陷对其长期稳定发展的制约等因素有关。无形资产使用年限的不确定性，增加了审计风险。

审计人员在复核无形资产的使用寿命时，需考虑无形资产的法定寿命和经济寿命，有些无形资产的使用寿命受法律、规章或合同的限制，称为法定寿命。如我国

法律规定发明专利权有效期为20年，商标权的有效期为10年。有些无形资产如永久性特许经营权、非专利技术等的寿命则不受法律或合同的限制。经济寿命是指无形资产可以为企业带来经济利益的年限。由于受技术进步、市场竞争等因素的影响，无形资产的经济寿命往往短于法定寿命，因此，在估计无形资产的使用寿命时，应当综合考虑各方面相关因素的影响，合理确定无形资产的使用寿命。

审计人员在复核无形资产的经济使用寿命，通常应考虑以下因素：

（1）该资产通常的产品寿命周期，以及可获得的类似资产使用寿命的信息；

（2）技术、工艺等方面的现实情况及对未来发展的估计；

（3）以该资产生产的产品或服务的市场需求情况，现在或潜在的竞争者预期采取的行动；

（4）为维持该资产产生未来经济利益的能力预期的维护支出及企业预计支付有关支出的能力；

（5）对该资产的控制期限，对该资产使用的法律或类似限制，如特许使用期间、租赁期间等；

（6）与企业持有的其他资产使用寿命的关联性等。

2. 检查使用寿命有限的无形资产摊销方法是否合理

关注被审计单位选择的摊销方法是否恰当反映了该项无形资产有关经济利益的预期实现方式，验证受技术陈旧因素影响较大的专利权等无形资产，是否采用类似固定资产加速折旧的方法进行加速摊销；有特定产量限制的特许经营权或专利权，是否采用产量法进行摊销；无法可靠确定预期实现方式的无形资产，是否采用直线法进行摊销，所选用的摊销方法在不同的会计期间是否一致。

由于收入可能受到投入、生产过程和销售等因素的影响，这些因素与无形资产有关经济利益的预期消耗方式无关，因此，企业通常不应以包括使用无形资产在内的经济活动所产生的收入为基础进行摊销，但是，下列极其有限的情况除外：

（1）企业根据合同约定确定无形资产固有的根本性限制条款（如无形资产的使用时间、使用无形资产生产产品的数量或因使用无形资产而应取得固定的收入总额）的，当该条款为因使用无形资产而应取得的固定的收入总额时，取得的收入可以成为摊销的合理基础，如企业获得勘探开采黄金的特许权，且合同明确规定该特许权在销售黄金的收入总额达到某固定的金额时失效。

（2）有确凿的证据表明收入的金额和无形资产经济利益的消耗是高度相关的。

企业采用车流量法对高速公路经营权进行摊销的，不属于以包括使用无形资产在内的经济活动产生的收入为基础的摊销方法。

3. 核查分类为使用寿命不确定的无形资产的依据是否充分，是否存在减值

被审计单位可能为了少计提摊销成本、费用，从将使用寿命有限的无形资产分类为使用寿命不确定的无形资产。审计人员应了解无形资产的性质，谨慎分析，有确凿证据表明无法合理估计其使用寿命的无形资产，才能作为使用寿命不确定的无形资产，被审计单位不得随意判断使用寿命不确定的无形资产。审计人员需要在每个资产负债表日都需要根据最新的情况复核该无形资产的使用寿命是否无法确定，并检查是否存在减值。

（四）检查大额重要无形资产期末是否存在减值

关注被审计单位各项无形资产预计给被审计单位带来未来经济利益的能力是否可靠，验证在资产负债表日是否确实存在减值迹象并进行减值测试，减值测试方法是否按照资产减值的原则进行、减值准备计提是否达到资产减值规定的条件。

当大额重要无形资产存在减值迹象时，被审计单位可聘请资产评估机构对其可收回金额进行评估，审计人员应对评估人员的专业胜任能力作出评价，复核评估方法、关键假设、依据是否合理。

示例 6-89

中国宝安（000009）2012 年收购集安市古马岭金矿有限责任公司的股权，2016 年古马岭金矿对该项无形资产（采矿权）计提了 389.26 万元减值准备。公司在进行减值测算时预计生产规模为每年处理原矿石规模 105 万吨，且公司预测 2017~2024 年的选矿回收率高达 82.49%。吉林省国土资源厅 2012 年 3 月 31 日颁发给古马岭金矿的《采矿许可证》中规定的生产规模为 66 万吨 / 年，2016 年选矿回收率实际只有 49.50%，上述数据与预测值存在较大差异。

审计人员未具体分析古马岭金矿预测数据的合理性，未对预测数据与实际数据存在较大差异的原因获取进一步的证据。

资料来源：中国证监会网站。

（五）关注无形资产是否用于抵押、担保

结合长、短期借款等金融负债科目审计，了解被审计单位是否存在用于债务担保的无形资产，尤其是对于土地使用权，审计人员应检查土地使用权原件，并查看是否存在抵押事项、限制性权利事项。例如，有的地方平台公司从政府部门无偿划拨取得了土地使用权，该土地使用权属受到限制，土地使用权证上注明“该土地使用权仅为公司融资使用”。

10 开发支出

一、重大错报风险

1. 研究阶段与开发阶段的划分不合理，将不符合开发阶段条件的项目资本化，从而导致开发支出账面余额的存在性、权利与义务、分类存在重大错报风险。

2. 将非开发项目的成本、费用计入项目的开发支出，从而导致开发支出账面余额的存在性、权利与义务、分类存在重大错报风险。

3. 未合理区分委托研发是劳务外包还是外购研发成果，从而导致委托研发会计处理有误，开发支出账面余额的存在性、权利与义务、分类存在重大错报风险。

4. 已经计入开发支出资本化的研发项目可能随着业务、行业技术发展等，不再满足资本化的条件，从而可能导致开发支出账面余额的存在性、分类存在重大错报风险。

二、常见审计问题

1. 未充分了解被审计单位产品的核心技术及与同行业的可比性，未了解研究阶段与开发阶段划分会计政策的合理性及前后期一致性。

2. 未关注被审计单位研发支出资本化是否同时满足企业会计准则规定的条件，如有的企业持续经营能力存疑，很可能表明没有足够的技术、财务资源和其他资源支持，以完成该无形资产的开发，企业不应将研发支出资本化。

3. 未分析被审计单位研发人员人数、职工薪酬的合理性，未检查开发支出中分摊的折旧费、材料费等是否准确。

4. 未关注大额委托研发的合理性、委托研发项目是否真实存在，未充分了解交易实质是劳务外包还是外购技术。

三、审计关注要点

（一）关注研究与开发阶段划分的合理性

审计人员需要了解被审计单位技术研发领域和行业特点，研究阶段与开发阶段划分的会计政策是否合理、是否保持了前后期的一致性。研究是指为获取并理解新的科学或技术知识而进行的独创性的有计划调查；开发是指在进行商业性生产或使用前，将研究成果或其他知识应用于某项计划或设计，以生产出新的或具有实质性改进的材料、装置、产品等。开发阶段是将研究阶段的结果进行开发以生产出新产品，或进行实质性技术的改进阶段。相对于研究阶段而言，开发阶段应当是已完成研究阶段的工作，在很大程度上具备了形成一项新产品或新技术的基本条件。审计人员应关注被审计单位研究阶段和开发阶段的划分是否合理，是否与项目流程相联系，是否遵循行业惯例。实务中，可以考虑以流程节点划分研究阶段和开发阶段。研究阶段和开发阶段的划分往往因行业特点和企业具体情况而有所不同。

以医药研发为例，药品研究过程主要分为有效成本研究、工艺研究、药理药效研究、毒理研究、临床研究、申报生产批文等阶段。在进入临床阶段前，企业可自行立项研究，不需进行临床试验，也不需取得外部监管部门的批文；进入临床研究阶段时，需取得国家药监部门的批文，方可进行临床研究。经过了解、分析、查阅行业资料，并利用医药行业专家的工作发现，药品在研究工作进入临床阶段前，研究是否能取得成功的不确定性较大，而在取得临床批文后，取得生产批文的可能性则较大。

对于新药研究来说，研发所有需费用高、时间长、风险大，新药从临床前研究到新药最终获批理论上需要 8~13 年，在临床前研究、临床试验等阶段，均可能由于化合物不符合要求、疗效不确定、安全性问题等多种原因导致研发失败。所以，新药研发一般在Ⅲ期临床试验前，研究是否能取得成功的不确定性都比较大，新药研发自开始开展实质性Ⅲ期临床试验至取得生产批件的期间为开发阶段。

对于仿制药来说，药品在境外已经上市，公司只需要研究其配方、工艺流程，最终达到与原研药品相同的活性成分、剂型、适应症、疗效等即可，研发成功的可能性较大，通常公司将仿制药研发自取得临床试验批件后至取得生产批件的期间为开发阶段。

示例 6–90

在科创板上市中，选择研发费用资本化的企业大多属于医疗行业，医药企业研发具有投入大、风险高、周期长的特点，使得研发费用资本化的问题更为突出，研发投入费用化一次性计入当期损益会降低当期利润，若研发投入资本化最终形成无形资产，则在后续期间分期摊销提升了当期利润。但由于医药企业研发项目能否成功变现面临很大的不确定性，对研发费用的资本化处理需要非常谨慎。表 6–58 为部分科创板企业研发费用资本化条件。

表 6–58　　部分科创板企业研发费用资本化条件

公司	所属行业	研发费用资本化条件
中国通号（688009）	新一代信息技术产业	满足“（1）完成该无形资产以使其能够使用或出售在技术上具有可行性；（2）具有完成该无形资产并使用或出售的意图；（3）无形资产产生经济利益的方式，包括能够证明运用该无形资产生产的产品存在市场或无形资产自身存在市场，无形资产将在内部使用的，应当证明其有用性；（4）有足够的技术、财务资源和其他资源支持，以完成该无形资产的开发，并有能力使用或出售该无形资产；（5）归属于该无形资产开发阶段的支出能够可靠地计量”五个条件时确认

续表

公司	所属行业	研发费用资本化条件
中微公司（688012）	新一代信息技术产业	Alpha机初步试制成功，机台的技术测试基本完成，取得“模拟生产线寿命测试”报告
心脉医疗（688016）	生物医药	产品成功完成首例人体临床试验时
赛诺医疗（688108）	生物医药	需要临床试验的研发项目：不需要临床批件情况下以主中心医院伦理委员会通过并取得伦理批件为资本化时点；需要临床批件情况下以取得临床批件为资本化时点。不需要临床试验的研发项目，以第三方检测机构检测合格并取得《检测报告》为资本化时点
西部超导（688122）	新材料产业	开题申请通过批准
微芯生物（688321）	生物医药	在药品上市前取得最后一次临床试验批件
国盾量子（688027）	新一代信息技术产业	通过公司立项评审，技术成熟度评定达到5级且符合资本化条件
爱博医疗（688050）	生物医药	在产品进入“设计和开发的确认及转换”阶段（研发第五阶段）并完成首例人体临床入组并使用时进行资本化，此时，研发项目的产品设计和工艺已定型，并获得临床试验机构伦理委员会批件
康希诺（688185）	生物医药	实质开展Ⅲ期临床试验时
道通科技（688208）	高端装备制造产业	计划决策评审点（PDCP）会议时与会人员一致认为项目设计文档清晰，技术方案可行，项目计划合理、符合预期需求，产品测试方案完备，能充分识别相关风险，经评审会一致决议通过PDCP评审
成大生物（688739）	生物医药	2类改良型疫苗和3类境内或境外已上市的疫苗，公司以实质开展Ⅲ期临床试验时
凯因科技（688687）	生物医药	生物制品和第1、2类化学药品，取得Ⅲ期临床批件，第3、第4、第5类化学药品的研发进入临床试验时
复旦张江（688505）	生物医药	仿制药的资本化时点为中试开始，新药已获得GMP生产证书
百克生物（688276）	生物医药	取得临床批件进入临床阶段且经评估失败风险小于30%后

资料来源：上海证券交易所网站。

（二）关注开发支出资本化条件依据是否充分

企业内部研究开发项目开发阶段的支出，同时满足下列条件的，才能确认为无形资产：完成该无形资产以使其能够使用或出售在技术上具有可行性；具有完成该无形资产并使用或出售的意图；无形资产产生经济利益的方式，包括能够证明运用该无形资产生产的产品存在市场或无形资产自身存在市场，无形资产将在内部使用的，应当证明其有用性；有足够的技术、财务资源和其他资源支持，以完成该无形资产的开发，并有能力使用或出售该无形资产；归属于该无形资产开发阶段的支出能够可靠地计量。

审计人员在审计过程中，可以实施以下审计程序，逐一审慎判断被审计单位开发支出是否满足五个资本化条件。

1. 检查需依赖主观判断的五项条件，是否具有较强证明力的外部证据。例如，技术可行性是否取得外部专家报告，新技术或产品是否有商业化合同为支持等。

2. 检查研发项目的基本资料，包括有关协议、董事会纪要、立项文件、可行性研究报告等，通过这些资料，判断企业的研发项目是否真实存在、立项程序是否完整有效。

3. 检查可行性研究报告、盈利预测报告、项目开发预算报告等资料，判断相关资料的程序、思路是否符合逻辑，以防止被审计单位为资本化目的修改初始设计。

4. 检查研发活动是否与国家重点支持的高新技术领域、优先发展的高技术产业化重点领域等指导政策相关，对研发活动的认定是否结合了研发费用加计扣除所得税和高新技术企业资质认定政策规定。如果研发活动不属于上述领域的范畴，应取得证明其创新性的实质证据。

5. 检查研发项目实际收益及效果是否足以支持创新性的认定，如形成专利权、新产品具有明显效益、产品档次和性能明显提高等。

6. 检查合理预期产生未来收益的必要条件是否具备。例如，被审计单位以产业化合作合同为可产生收益的条件，而合作方尚不具备生产此类产品的资质条件；再如，以设计为主的被审计单位拟将设计结果产品化，但其无法证明业务模式改变是否具备足够的财力资源支持等；还有的被审计单位持续大额亏损，现金流较差，也未取得其他的资金支持，持续经营可能存疑等；这些情况都不足以支撑资本化的条件。

7. 分析资本化期间是否存在与项目进程不匹配的情况，资本化金额是否存在与项目规模或工作量不相符的情形；可以参考行业惯例，与同行业公司的研发支出情况进行比较，若差异较大是否能够得到合理解释。

8. 在资产负债表日对已经资本化的研发支出进行复核，判断其赖以资本化的条件是否仍然存在。如果研发项目发生变更，导致研发支出不再符合资本化的条件，应将已经资本化的部分转入当期损益。

在审计实务中，审计人员有可能难以取得确凿证据对研发支出资本化的合理性做出判断，这种情况下，应遵循谨慎性原则，审慎判断。

（三）关注是否存在非研发人员的职工薪酬等计入研究开发费用的情况

《科创板企业发行上市申报及推荐暂行规定（2021年4月修订）》规定，同时符合下列4项指标的企业申报科创板发行上市：（一）最近3年累计研发投入占最近3年累计营业收入比例5%以上，或者最近3年研发投入金额累计在6 000万元以上；其中，软件企业最近3年累计研发投入占最近3年累计营业收入比例10%以上；（二）研发人员占当年员工总数的比例不低于10%；（三）形成主营业务收入的发明专利（含国防专利）5项以上，软件企业除外；（四）最近3年营业收入复合增长率达到20%，或者最近一年营业收入金额达到3亿元。采用《审核规则》第二十二条第二款第（五）项上市标准申报科创板发行上市的发行人除外。

《高新技术企业认定管理工作指引》也对科技人员、人员人工费用作出了明确规定：企业科技人员是指直接从事研发和相关技术创新活动，以及专门从事上述活动的管理和提供直接技术服务的，累计实际工作时间在183天以上的人员，包括在职、兼职和临时聘用人员。研究开发费用的归集范围中人员人工费用包括企业科技人员的工资薪金、基本养老保险费、基本医疗保险费、失业保险费、工伤保险费、生育保险费和住房公积金，以及外聘科技人员的劳务费用。

被审计单位可能为了满足科创板上市条件、高新技术企业认定条件等，将非研发人员的职工薪酬计入研发费用，或者将兼职研发人员的职工薪酬全部计入研发费用，还可将客户委托企业进行技术开发的相关支出计入研发费用。在申请科创板上市过程中，研发人员的界定、研究开发费用的归集等都作为审核重点。

被审计单位应制定《研究开发费用会计核算办法》《研发工时统计管理办法》等制度，对研究开发费用按项目进行核算，职工薪酬应按研发工时在成本 / 费用、研究开发费用，以及研发项目之间分摊。审计人员可以实施以下审计程序：

1. 获取并核查员工花名册，了解员工类别划分标准，验证员工分类准确性；复核报告期内研发人员数量、占比及变化情况；获取公司研发活动相关制度，了解与被审计单位研发活动相关的内部控制活动，并测试相关研发内控制度的有效性及执行情况。

2. 访谈被审计单位财务人员，了解项目成本核算方法、研发费用核算方法，访谈被审计单位研发负责人，了解研发相关活动的执行情况、工作量及工时记录过程等。

3. 查阅同行业可比公司毛利率、销售费用率、管理费用率、研发人员占比等，分析被审计单位毛利率、销售费用、管理费用是否存在异常，是否可能存在将成本费用支出计入研究开发费用，以及研发人员占比合理性。

4. 获取研发人员各月工时表及薪酬分配计算表，复核薪酬分配的合理性。

5. 检查固定资产等是否由研发人员使用，折旧摊销分配是否合理。

6. 抽样检查其他研究开发费用，检查合同、发票、付款审批单等原始单据，检查账务处理是否正确，核对研发费用的界定标准及归集方法，检查研发费用是否合理归集。

（四）关注合作开发、委托开发业务的真实性及会计处理的恰当性

被审计单位可能在项目研发的某些领域需要与其他企业、科研机构、学校等进行合作开发、委托开发，虚构合作开发、委托开发支出是研究开发费用舞弊的高发领域。

当被审计单位将研究开发活动外包给其他方时，首先应判断该交易的经济实质是相当于公司自主研发还是外购技术。审计人员可以根据相关合同安排、研究项目的计划与实际开展情况、相关风险承担等因素综合分析做出职业判断。

在审阅相关合同安排时，需要关注由谁制定委托开发无形资产的设计标准、承担开发过程中的技术风险、经济风险，谁拥有研发成果的产权和经济利益等条款。如果开发过程中的相关风险均由受托方承担，如受托方承担研发失败的财务风险和其他风险等，那么该交易经济实质属于委托方外购技术；如果开发过程中相关风险均由委托方承担，则该交易经济实质属于受托方接受委托为委托方内部研究开发提供技术咨询等相关服务。

对于外购技术，审计人员应进一步确认该项无形资产是否已经达到委托方的预定用途。如果被审计单位需要对该项外购技术继续研发，应合理判断外购技术的未来经济利益能否流入企业，考虑到企业研究和开发的项目尚未达到预定用途，该外购技术应视同委托方正在进行中的研究开发项目支出，不单独确认为独立的无形资产，待该研发项目整体达到预定可使用状态时再统一结转为无形资产。

如果委托开发行为仅是将开发活动中的劳务全部或部分外包给第三方，实质上属于企业自行开展的内部研究开发活动，应当与企业自行研发采用相同的会计政策区分是研究阶段还是开发阶段，是否满足资本化条件。对于预付的研发费用应根据研发项目进展区分尚未使用部分与已使用部分，对于已使用部分根据准则的要求，区分费用化支出与资本化支出，据此确定相应计入当期损益与开发支出的金额，不能将预付款项长期挂账。

四、审计案例

案例6-37

研发项目及资本化审计核查

道通科技（688208）专注于汽车智能诊断、检测分析系统及汽车电子零部件

的研发、生产、销售和服务。IPO 申报材料显示，2016 年、2017 年和 2018 年，公司研发费用分别为 17 371.71 万元、17 351.46 万元和 12 519.98 万元，占营业收入的比例分别为 29.71%、24.05% 和 13.91%。公司的研发费用主要由职工薪酬及福利费构成。2018 年，公司的研发费用金额有所下降，且占营业收入的比例有所降低，主要系公司于 2017 年 8 月将无人机业务剥离，因而公司 2018 年的研发费用绝对金额有所减少。剔除无人机业务的影响，在备考口径下，2016 年、2017 年和 2018 年的研发费用分别为 6 677.54 万元、8 948.88 万元和 12 519.98 万元，随着业务规模扩大而逐年增长，占备考口径营业收入的比例分别为 12.73%、12.76% 和 13.91%，占比较为稳定。报告期内，公司将满足资本化条件的研发投入计入开发支出，2016 年 12 月 31 日、2017 年 12 月 31 日和 2018 年 12 月 31 日，公司开发支出的账面余额分别为 262.43 万元、200.48 万元和 517.46 万元。报告期内公司存在少量委托研发费。

审核部门反馈阶段，要求发行人及申报会计师核查说明：(1) 说明研发环节组织架构及人员具体安排、业务流程及内部控制措施；(2) 请结合研发人员人数和占比在报告期内的变动情况披露并说明 2018 年职工人数上升而研发费用下降的原因；(3) 披露报告期各期研发费用与各期研究成果的对应关系，研发成果对公司业务的实际作用，研发投入是否主要围绕核心技术及其相关产品；(4) 说明委托研发的主要内容，是否存在与其他方如上下游联合开发的情形，具体的研发项目及研发金额，合作研发及委托研发的具体合作形式、开展方式，报告期内是否发生变化，研发开支是否由各方独立核算，是否存在其他方为公司或公司为其他方承担成本或费用的情形；(5) 是否明确研发支出的开支范围、标准、审批程序以及研发支出资本化的起始时点、依据、内部控制流程，并按研发项目设立台账归集核算研发支出，结合研发项目内容、项目进度、资本化开始时点、结束时点、资本化金额、资本化金额占研发费用比重，说明研发支出资本化的合理性，是否审慎制定研发支出资本化的标准，并在报告期内保持一致，相关内控制度是否健全有效；(6) 逐项比对说明研发费用资本化是否符合企业会计准则的规定。

此外，审核部门还要求申报会计师核查下列事项：(1) 对研发投入的认定是否准确，研发投入的归集和会计核算是否准确，相关数据来源及计算是否合规核查并发表意见；(2) 对研发人员的划分是否准确核查并发表意见；(3) 对发行人研发相关内控制度是否健全且被有效执行进行核查，就以下事项作出说明，并发表核查意见：发行人是否建立研发项目的跟踪管理系统，有效监控、记录各研发项目的进展情况，并合理评估技术上的可行性；是否建立与研发项目相对应的人财物管理机制；是否已明确研发支出开支范围和标准，并得到有效执行；报告期内是否严格按照研发开支用途、性质据实列支研发支出，是否存在将与研发无关的费用在研发支出中核算的情形；是否建立研发支出审批程序。

资料来源：上海证券交易所网站。

案例讨论：

在IPO过程中，监管部门对研究开发项目及其资本化的审核很细，要求很高，审计人员应当在全面深入了解被审计单位业务的基础上，严格对照会计准则规定的核算内容，逐项核查落实。申报会计师对本案例问询回复意见略。

11 长期待摊费用

一、重大错报风险

1. 可能存在虚增资产，将已摊销完的待摊费用，不进行账务处理，仍继续划分至长期待摊费用核算，导致长期待摊费用真实性存在重大错报风险。

2. 以调节利润为目的，随意调整摊销期限，不能为带来经济利益的长期待摊费用项目的摊余价值不及时予以转销。

二、常见审计问题

1. 未关注被审计单位长期待摊费用核算的具体内容，检查会计处理是否正确。

2. 未关注检查摊销政策是否符合会计准则的规定，复核计算摊销额及相关的会计处理是否正确。

3. 未关注长期待摊费用中预期不能为企业带来经济利益的项目是否已发生减值未及时核销。

三、审计关注要点

（一）充分了解企业长期待摊费用核算的具体内容

1. 获取或编制长期待摊费用明细表，核对总账数和明细账合计数是否相符，与报表数是否相符。

2. 对于本期增加的项目，复核其入账依据是否充分，关注其转入长期待摊的时点是否正确。

（二）检查长期待摊费用的原始凭证和会计处理是否真实、准确

查阅有关合同、协议等资料，分析核算内容是否符合会计准则的规定，检查会计处理是否正确，重点实施下列程序：

1. 对于大额费用要抽查原始凭证，复核其计价和记录是否正确，检查是否有董事会决议或经有关授权部门批准。

2. 对于固定资产大修理支出，结合固定资产项目审计，查阅与之有关的合同、协议，审核费用支出的真实性和合理性，确认本项目并不包括应计入固定资产购建成本的内容。

3. 对于经营租赁方式租入的固定资产发生的改良支出，检查相关的原始资料（如承租合同、装修合同和决算书等），确定改良支出金额是否正确，摊销期限是否合理，摊销额的计算及会计处理是否正确。

4. 检查被审计单位筹建期间发生的开办费是否在发生时直接计入管理费用。

5. 检查被审计单位是否将预期不能为其带来经济利益的长期待摊费用项目的摊余价值予以转销。

（三）核实长期待摊费用摊销的合理性

检查摊销政策是否符合会计制度的规定，复核计算摊销额及相关的会计处理是否正确，前后期是否保持一致，是否存在随意调节利润的情况。

（四）检查长期待摊费用是否已恰当列报

检查长期待摊费用是否已按照企业会计准则或其他适用的财务报告编制基础的规定在财务报表中作出恰当列报。注意剩余摊销期 1 年以内的长期待摊费用是否在财务报表中一年内到期的非流动资产项目反映。

示例 6-91

自 2016 年起，世纪鼎利（300050）投资运营“鼎利学院”，相关合作办学投入计入长期待摊费用，截至 2020 年末，长期待摊费用——合作办学权余额为 42 777.55 万元，占公司资产总额的 13.9%。受新冠肺炎疫情影响，职业高等院校普遍存在停课、封校的情况，公司相关业务运营受到较大影响，且部分学院在 2020 年度存在办学收入小于运营成本的情况，长期待摊费用存在潜在的减值风险。

DH 会计师事务所未对长期待摊费用是否存在减值风险实施有效的审计程序，且未对异常情况保持职业怀疑。一是未对世纪鼎利持有的合作办学权进行减值测试；二是对上海智翔、西藏云在线信息科技有限公司、上海世纪鼎利教育科技有限公司持有的合作办学权仅通过比对“鼎利学院”当期总体收入与长期待摊费用—合作办学权当期摊销额，即认定长期待摊费用不存在减值风险，相关依据不充分；三是对于部分“鼎利学院”存在收入总额小于成本总额的情况，除简要分析外，未保持应有的职业怀疑并有效实施进一步审计程序。

资料来源：中国证监会网站。

12 其他非流动资产

一、重大错报风险

1. 可能存在虚增资产，将已到期收回、已处置的资产，不做正确的账务处理，仍继续划分至其他非流动资产核算，导致该项资产的真实性存在重大错报风险。

2. 其他非流动资产的计价和分摊不准确，如合同履约成本、合同取得成本摊销政策、减值计提等不符合企业会计准则的规定；摊销额及相关的会计处理不正确，前后期未保持一致。

3. 其他非流动资产核算不符合会计准则的规定，将不应该在其他非流动资产核算的项目计入该科目核算，或者将部分长期资产随意转换核算科目。

二、常见审计问题

1. 未关注其他非流动资产核算的具体内容，未对风险较高的其他非流动资产实施函证或监盘。

2. 未关注其他非流动资产存在减值迹象的资产未计提减值损失。

3. 未关注其他非流动资产的合同履约成本、合同取得成本摊销政策、减值计提等是否符合会计准则的规定，摊销额及相关的会计处理是否正确，前后期是否保持一致。

4. 未分析长期资产随意转换核算科目的动机和原因。

三、审计关注要点

（一）关注其他非流动资产核算的具体内容是否合理

审计人员应注意抽查其他非流动资产的记账凭证，重点查阅有关合同、协议等资料，分析判断被审计单位其他非流动资产是否真实，检查其会计处理是否正确。

对重要的其他非流动资产实施函证或监盘及其他程序，区别其他非流动资产的具体内容，采取不同的审计方法：

1. 对于具有往来和投资性质的债权类其他非流动资产，如委托贷款、长期投资性质的资产、长期债权资产等，审计人员应当参照应收账款、投资等项目审计，实施包括函证在内的审计程序。

2. 对于预付的投资性款项（将转为长期股权投资或其他长期债权投资），审计人员应当获取投资合同，对照合同约定，检查交易是否真实，必要时实施函证或实地走访。

3. 对于预付的在建工程或固定资产款项，检查采购合同，关注是否存在长期未到货的情况，是否存在通过该账户占用资金的财务舞弊行为。

（二）关注其他非流动资产是否存在减值

审计人员应当注意分析长期资产是否存在长期挂账未得到妥善处理的情况，分析其列报在其他非流动资产的合理性，重点检查其是否存在减值风险或者回收风险。

（三）复核其他非流动资产的履约成本和摊销金额的计价和摊销是否准确

审计人员应注意检查计入其他非流动资产的合同履约成本、合同取得成本摊销政策、减值计提等是否符合企业会计准则的规定。在复核过程中，考虑执行重新计算程，复核相关的会计处理是否正确，前后期是否保持一致。

（四）关注长期资产随意转换核算的动机，分析是否存在舞弊风险

审计人员应充分关注被审计单位将部分长期资产在其他会计科目与其他非流动资产随意转换核算的情况，核实其转换科目的真实原因，分析是否存在舞弊风险。

四、审计案例

案例 6－38

2019 年 9 月至 2020 年 11 月，松炀资源（603863）使用募集资金向深圳市福祥机械设备有限公司等 15 家设备供应商累计支付 2.39 亿元（通过其他非流动资产核算），相关募集资金通过若干次转账后支付至王壮鹏指定的银行账户，形成关联方资金占用。Z 会计师事务所“其他非流动资产”项目审计程序不到位，未能发现被审计单位通过该项目的舞弊行为。

案例讨论：

截至 2019 年底，松炀资源其他非流动资产账面价值为 3.04 亿元，占资产总额的 23.22%，Z 会计师事务所审计人员认为该项金额重大，同比增长幅度高，将其识别为关键审计事项，重点执行了了解和评价其他非流动资产管理相关的关键内部控制、查验相关采购合同及银行流水、检查设备期后到货情况、对大额预付设备款供货方进行走访等若干审计程序，但对松炀资源如下问题未执行适当的审计程序：

一是 15 家虚构的设备供应商中的深圳市华瑞广通机械设备有限公司等 6 家供应商使用同一个手机号、邮箱注册工商资料，深圳市福祥机械设备有限公司等 6 家供应商均为 2019 年 10 月新设立公司，规模尚小，却立即成为公司重要设备供应商，上述供应商企业背景、人员规模、经营状况等相关情况明显存疑。

二是松炀资源为了形式上合规，与福祥机械等 15 家设备供应商签订了虚构的设备采购合同，相关合同资金支付基本按照采购合同规定的进度支付，但也有部分没有完全按照合同执行，相关供应商款项支付与合同约定匹配性存疑。

三是因相关虚构的设备一直未能交付给松炀资源，福祥机械等15家设备供应商中的部分供应商表示，约定交付设备的地点在上海市而不是松炀资源且不负责安装，但相关设备采购合同约定为交付给松炀资源且负责安装，此外，部分供应商走访获得的名片地址与其工商注册地址不一致。审计人员未充分关注和针对上述异常情况设计和实施恰当的进一步审计程序，在未能获取充分审计证据情况下评价认定松炀资源与财务报告相关的内部控制运行有效，未充分关注获取的审计证据之间存在不一致，并针对审计证据可靠性存在疑虑的事项实施进一步审计程序。

资料来源：中国证监会网站。

13 租赁负债

一、重大错报风险

1. 对新租赁准则的理解不恰当，错误地核算与租赁相关的资产和负债。例如，对于首次执行日前的融资租赁相关的资产和负债，仍列报在固定资产和长期应付款项目，未重分类至使用权资产和租赁负债项目；将不应识别为租赁的资产或者包含租赁的资产，按照租赁准则核算，从而导致租赁负债的完整性、列报认定存在重大错报风险；对短期租赁和低价值资产租赁业务判断不准确，从而导致租赁负债的完整性、列报认定存在重大错报风险。

2. 在租赁期开始日，被审计单位可能存在未正确计量租赁负债的情况，从而导致租赁负债的计价和分摊认定存在重大错报风险。

3. 租赁负债后续计量不正确，未能正确核算未确认融资费用等，从而导致租赁负债的计价和分摊认定存在重大错报风险。

4. 当发生租赁变更情况时，如租赁范围变更、租赁期限调整等，被审计单位可能存在对租赁负债的调整金额不正确，从而导致租赁负债的计价和分摊认定存在重大错报风险。

5. 可能存在显失公允的租赁业务，从而导致租赁负债的列报存在重大错报风险。

二、常见审计问题

1. 未获取并检查租赁合同，或对租赁合同的检查不细致，从而未能对租赁负债初始确认金额的准确性作出恰当判断。

2. 未对租赁负债的后续计量进行重新计算，未能有效复核租赁负债利息的确认是否正确。

3. 当发生租赁变更时，未获取最新的租赁合同或补充合同，未能发现租赁负债未作出调整的情况。

4. 未对重要的租赁负债实施函证。

5. 未充分关注被审计单位向关联方或潜在关联方租赁的情况，对租赁业务的商业合理性、租赁价格的公允性缺乏判断。

三、审计关注要点

（一）关注租赁负债的确认是否完整

结合对租赁费用、预付款项或其他应收款的审计，识别租赁业务。检查销售费用、管理费用、研发费用、生产成本、制造费用、在建工程中有关租赁费的发生情况，并索取相关租赁合同。有的被审计单位可能存在将已经发生的租赁费用，未做费用化处理，而是作为预付款项、其他应收款挂账，审计人员应结合对预付款项、其他应收款的审计，关注租赁费用挂账情况。

对于未确认租赁负债的租赁业务，审计人员应判断相关租赁是否属于短期租赁或低价值资产租赁。短期租赁是指在租赁期开始日，租赁期不超过 12 个月的租赁，而包含购买选择权的租赁不属于短期租赁。对于未确认租赁负债，经判断又不属于短期租赁、低价值资产租赁的租赁项目，审计人员应进一步了解具体情况，必要时进行审计调整。

（二）关注租赁负债初始确认是否准确

1. 关注租赁付款额的确认是否完整

识别应纳入租赁负债的相关付款项目是计量租赁负债的关键，审计人员应识别纳入租赁负债的相关付款项目，主要包括：（1）固定付款额及实质固定付款额；（2）仅取决于指数或比率的可变租赁付款额；（3）购买选择权的行权价格；（4）行使终止租赁选择权需支付的款项；（5）根据承租人提供的担保余值预计应支付的款项 .

2. 关注折现率的选用是否恰当

折现率应首先采用租赁内含利率，无法确定租赁内含利率的，应采用承租人增量借款利率作为折现率。租赁内含利率确定的关键是确定租赁资产的公允价值。审计人员应关注租赁资产是否存在活跃市场，近期是否由评估师按照现行市价法等评估方法进行评估等。

（三）关注租赁负债利息的确定是否准确

审计人员应对报告期内以及累计确认的租赁负债利息进行必要复核，在对相关资料进行复核时应关注：

1. 租赁负债利息的计算过程是否恰当。

2. 各期支付的租赁款是否与实际支付金额一致。

3. 所使用的折现率是否与租赁负债初始确认时保持一致，如果租赁款并非每年支付一次，是否对年折现率进行了换算。

（四）当因重估或租赁变更等原因导致租赁付款额发生变动时，关注租赁负债的重新计量是否正确

若发生租赁负债需重新计量的情况，审计人员应检查被审计单位是否按照租赁负债初始确认的原则进行重新计量，并重点关注租赁付款额以及未确认融资费用的重新计量过程。

（五）对重要的租赁负债实施函证

审计人员应对重要的租赁负债实施函证。在函证时，函证事项应至少包括合同名称、租赁期间、合同约定的租赁付款总额、租金支付方式（付款周期、各期支付金额等）、截至期末尚未付款金额等，如果规定了续租选择权或终止租赁选择权的，还应补充函证相关信息。具体参考格式如表 6–59 所示。

表 6–59 租赁询证函

函证编号：

________公司

本公司聘请的 ××× 会计师事务所（特殊普通合伙）正在对本公司 201× 年度财务报表进行审计，按照《中国注册会计师审计准则》的要求，应当询证本公司与贵公司交易及往来账项。下列数据出自本公司账簿记录，如与贵公司记录相符，请在本函下端“信息证明无误”处签章证明；如有不符，请在“信息不符”处列明不符金额。回函请直接寄至 ××× 会计师事务所（特殊普通合伙）审计 × 部（或 ×× 分所）××× 注册会计师。

地址：________________ 邮编：________________

电话：________________ 传真：________________

1. 租赁合同及款项支付情况（单位：人民币元）

合同名称	租赁期间	合同约定租赁付款总额	月租金	租赁内含利率	截至 20×× 年 ×× 月 ×× 日未付款金额
合同名称	续租期间	续租期间月租金	行使购买租赁资产的选择权有效期间	购买租赁资产选择权的行权价格	租赁保证金

2. 其他事项

需说明的具体情况	

本函仅为复核账目之用，并非催款结算。若款项在上述日期之后已经付清，仍请及时函复为盼。

（公司印鉴）

______ 年 ___ 月 ___ 日

====================== 以下由被询证方填写 =========================

结论：

1. 信息证明无误。	1. 信息证不符，请列示不符项目及具体内容
（×× 公司盖章） 年 月 日 经办人：	（×× 公司盖章） 年 月 日 经办人：

注：若是审计人员亲自前往询证，请列示以下内容：

上述事项由审计人员　　　　　　在被审计单位员工　　　　　　陪同下于　　年　　月　　日前往（被询证单位名称、地址）进行询证。

陪同人员 1:________（签章）　　审计人员 1________（签章）

陪同人员 2:________（签章）　　审计人员 2________（签章）

（六）关注租赁业务的商业合理性和租赁价格的公允性

对于重要的租赁业务，审计人员还应关注租赁业务的商业合理性和租赁价格的公允性，核实是否存在显失公允的关联方（或潜在关联方）交易。

审计人员应结合被审计单位的实际情况以及租赁资产的使用状况，判断相关租赁是否具有商业理由，对租赁价格的公允性进行必要复核，如向被审计单位了解定价依据，并查阅相关资料以及同类资产租赁价格等。

14 研发费用

一、重大错报风险

1. 可能为了实现提高公司毛利率、满足科创板上市条件、申请高新技术企业等目的，将非研发项目的成本、费用计入研发费用，从而可能导致研发费用的发生、分类存在重大错报风险。

2. 研究阶段与开发阶段的划分可能不合理，可能将不符合开发阶段条件的项目资本化，从而可能导致研发费用的完整性存在重大错报风险。

3. 研发费用可能与企业所得税汇算清缴中加计扣除金额不一致，从而可能导致研发费用的发生、准确性存在重大错报风险。

二、常见审计问题

1. 未对研发费用进行深入了解，未对研发项目相关资料进行适当的检查。

2. 未复核被审计单位研发项目研究阶段与开发阶段的划分标准、前后期政策是否一致。

3. 未核对被审计单位企业所得税汇算清缴中加计扣除的研发费用与账面研发费用的差异。

三、审计关注要点

（一）关注与研发相关的内部控制及执行情况

被审计单位与研发相关的内部控制是否健全且有效执行，要求审计人员在执行研发费用审计时，加强对内部控制的了解和测试工作。通过实施控制测试，审计人员应对被审计单位与研发相关的内部控制的设计有效性及运行有效性作出评价，在此基础上设计针对性的实质性程序。审计人员重点关注：

1. 被审计单位是否已建立健全与研发活动相关的内部控制，且控制设计有效。

2. 研发项目是否已按公司的内部控制要求执行项目立项工作，项目立项资料是否真实合理。

3. 研发项目执行过程中的相关活动是否已按公司的内部控制要求执行，相关活动是否得到有效审批。

4. 研发项目结项工作是否经过合理评审，相关流程执行是否符合制度规定。

5. 研发支出核算管理是否符合企业会计准则且有效执行，财务部门是否及时监督，实际研发投入与研发项目预算是否存在差异，如存在差异，是否经过有效审核。

（二）研发人员及薪酬情况

在研发人员及薪酬方面，审计人员应当关注：研发人员划分是否明确；是否存在为满足高新技术企业研发投入，而归集非研发人员薪酬的情况；研发人员实际参与多个研发项目的情况下，其薪酬是否合理归集到对应项目研发投入；是否存在研发人员从事非研发活动的情况，相应费用在研发活动及非研发活动之间划分的准确性等。具体而言，审计人员在执行实质性程序或核查程序时，应重点关注以下方面：

1. 被审计单位是否设立专门的研发部门，获取员工花名册检查研发部门人员的学历、专业、入职年限等信息，评价公司是否已对研发人员作出明确划分。

2. 获取公司职工薪酬计提发放明细及研发费用台账，检查研发人员薪酬分配是否符合准则要求，是否存在为虚增研发费用人员投入而归集非研发相关部门人员薪酬的情况。

3. 获取公司研发费用薪酬分配明细表，检查研发人员参与不同项目的情况下公司如何将其薪酬分配至不同研发项目，分配标准是否合理并具有一贯性。

4. 获取公司职工薪酬分配明细表，检查是否存在研发人员从事非研发活动的情况，如存在，检查其分配的合理性及一贯性。

示例 6-92

宁波均普智能制造股份有限公司申请科创板上市，2020 年平均研发人员数量为 535 人，占当年平均总人数的 32%，2020 年度研发人员薪酬 3 823 万元（2019 年度、2018 年度分别为 4 747 万元、6 593 万元），仅占当年发行人员工薪酬总额的 5%，人均薪酬仅 7 万元，同期生产人员、管理人员、销售人员人均薪酬分别为 73 万元、51.4 万元、51.44 万元。

审核人员要求发行人及申报会计师说明：（1）研发人员数量占比与薪酬占比及与其他岗位人员相比出现重大差异，以及报告期人工薪酬持续下降的原因，人均薪酬水平是否符合行业惯例；（2）研发人员主要构成情况、工作单位及地点、管理方式；（3）研发人员是否为专职人员，是否与生产装配人员、项目管理人员及生产支持人员，以及其他人员是否存在混用的情况，生产成本与期间费用划分是否准确。

资料来源：上海证券交易所网站。

（三）研发领料情况

材料投入是研发费用的主要构成部分，审计人员需要重点关注研发领料的具体过程，如涉及的单据、人员、入账价值是否能够与生产领料予以区分，结合研发项目的具体工艺及技术方向，说明主要原材料领用的合理性以及研发领用相关材料的最终去向。细节测试时，审计人员应重点关注以下方面：

1. 获取研发领料的相关单据，检查其是否按部门或项目进行单独领用，能否与生产领料予以区分，相关单据保管是否完善齐全。

2. 结合项目立项材料及过程资料，根据研发项目的具体工艺改进方向或技术研究目标，检查主要原材料的领用与研发投入是否相匹配，是否存在虚增研发投入而将生产投料不当归集的情况。

3. 检查被审计单位研发材料管理流程，关注研发领用材料的最终去向，是否形成产品对外销售或材料报废形成废料收入；针对材料报废形成废料收入的情况，要关注研发材料投入量与材料报废量是否存在一定的匹配关系，研发领料报废是否划分单独区域进行专门存储保管，形成的废料收入是否与研发领料报废量相匹配等。必要时需要实施对研发领料报废保管仓库中物资的监盘，访谈公司长期合作的废料收购合作方等程序。

（四）研发资本化

研发资本化历来是研发费用审计的重点，应主要关注开发阶段认定、资本化时点是否符合准则要求，资本化后续处理是否符合准则要求，与同行业公司开发支出资本化的情况进行比较是否存在差异，研发费用资本化对公司经营业绩的影响等方面。审计人员应重点关注以下方面：

1. 根据《企业会计准则第 6 号——无形资产》，开发阶段的支出同时满足下列条件时，才能确认为无形资产，不能满足下述条件的开发阶段的支出应当于发生时计入当期损益：

（1）完成该无形资产以使其能够使用或出售在技术上具有可行性；

（2）具有完成该无形资产并使用或出售的意图；

（3）无形资产产生经济利益的方式，包括能够证明运用该无形资产生产的产品存在市场或无形资产自身存在市场，无形资产将在内部使用的，能够证明其有用性；

（4）有足够的技术、财务资源和其他资源支持，以完成该无形资产的开发，并有能力使用或出售该无形资产；

（5）归属于该无形资产开发阶段的支出能够可靠地计量。

审计过程中应获取研发相关资料，根据准则内容逐条比对检查是否满足准则要求，如存在一定的不确定性，应慎重对待研发投入资本化的情况。

2. 获取同行业上市公司研发投入开始资本化时点的情况，检查公司是否与同行业可比上市公司存在差异。

3. 根据结题验收材料，了解公司研发成果与技术运用情况，对应产品是否产生了实际的效益。

4. 针对审核发行条件的业绩要求，还需要关注研发资本化对经营业绩的影响，是否存在为提高业绩水平而不当将不满足条件的研发投入资本化的情况。

5. 关注企业对自行研发的无形资产所采用的摊销年限是否符合企业会计准则的规定，可实施的审计程序包括并不限于与同行业的情况进行比较、参考历史经验，或聘请相关专家进行论证等。

（五）委外与合作研发费用

委外费用是通过外包、合作研发等方式委托其他单位、个人或者与之合作进行研发而支付的费用。被审计单位可能在项目研发的某些领域需要与其他企业、科研机构、学校等进行合作开发、委托开发，虚构合作开发、委托开发支出是研究开发费用舞弊的高发领域。

委外费用如果金额较大，审计人员应当关注：受托方是否具有相应的研发资质、人员和研发能力；受托方与被审计单位的关系，是否存在潜在的关联方关系，是否通过委外研发方式变相套取和占用被审计单位资金；研发投入与研发成果之间的关系，是否存在投入较大但是很少有研发成果的情况。具体可实施下列程序：

1. 与研发部门负责人及其员工进行访谈，了解合作研发、委托研发的必要性，具体合作形式和开展方式，报告期内是否发生变化。

2. 获取合作开发、委托开发合同，检查合作的方式、开发的内容、验收交付、开发结果权利的归属、付款条款等。

3. 检查合作开发、委托开发支出的会计凭证和原始凭证，检查支付的款项是否与合同约定一致，是否存在阶段性成果验收。

4. 通过“天眼查”等工具查询合作方工商背景资料、公司规模、是否存在关联关系等。

5. 查看合作方交付的开发成果，如交付的系统、平台等，审计人员可要求被审计单位打开相关系统、平台，检查其功能的复杂程度，是否与合同价值相匹配。

6. 必要时对合作方进行访谈，实地查看合作方办公地点、员工人数等，核实是否具备开发能力。

示例 6-93

蓝山科技（830815）2017~2019 年，研发支出（含研究阶段支出和开发阶段支出）共计 44 237.03 万元，均采取合作研发方式，主要研发服务供应商为公司关联方成都蜀晟、拓普星际等公司。蓝山科技自身不具备实际研发能力、项目研发人员及验收专家未实际参与研发和验收工作、研发成果未与生产对接、伪造现场应对中介机构走访、编造研发资料应对全国股转公司审查问询等情况，无真实研发业务。

蓝山科技 2017~2019 年，虚构与成都蜀晟、拓普星际的研发合同及付款，虚构研发支出共计 24 858.80 万元（不含税），从而虚增资产和虚增管理费用。其中：2017 年虚构研发支出 5 144.39 万元，虚增管理费用 4 682.12 万元，2017 年年末虚增资产总额 462.27 万元；2018 年虚构研发支出 13 172.78 万元，虚增管理费用 3 032.16 万元，2018 年年末虚增资产总额 10 602.89 万元；2019 年虚构研发支出 6 541.63 万元，虚增管理费用 3 534.44 万元，2019 年年末虚增资产总额 13 610.08 万元。

资料来源：中国证监会网站。

（六）研发费用加计扣除

随着监管的趋严，研发费用加计扣除的受关注度日益增强。例如，IPO 审核监管机构除关注研发费用与申请研发费用加计扣除时所用研发费用的差异情况外，还需关注公司申报高新技术企业所用财务数据，与公司税务申报所用财务数据，以及 IPO 申报所用财务数据是否存在差异。

因此，审计人员在执行研发费用投入真实性、合理性检查程序的同时，还需要结合《国家税务总局关于企业研究开发费用税前加计扣除政策有关问题的公告》（税务总局公告 2015 年第 97 号）、《财政部、国家税务总局、科技部关于完善研究开发费用税前加计扣除政策的通知》（财税［2015］119 号）、《国家税务总局关于研发费用税前加计扣除归集范围有关问题的公告》（国税［2017］40 号）、《关于提高研究开发费用税前加计扣除比例的通知》（财税［2018］99 号）等文件，确认被审计单位研发加计扣除是否合规。表 6–60 为会计核算口径与加计扣除税法口径差异。

表 6–60 会计核算口径与加计扣除税法口径

<table>
<tr><th>项目</th><th>会计核算口径</th><th>加计扣除税法口径</th></tr>
<tr><td>人员人工费用</td><td>根据财企［2007］194 号：企业在职研发人员的工资、奖金、津贴、补贴、社会保险费、住房公积金等人工费用以及外聘研发人员的劳务费用</td><td>根据财税［2015］119 号：直接从事研发活动人员的工资薪金、基本养老保险费、基本医疗保险费、失业保险费、工伤保险费、生育保险费和住房公积金，以及外聘研发人员的劳务费用</td></tr>
<tr><td rowspan="2">直接投入费用</td><td colspan="2">根据财企［2007］194 号、财税［2015］119 号：研发活动直接消耗的材料、燃料和动力费用；用于中间试验和产品试制的模具、工艺装备开发及制造费、样品、样机及一般测试手段购置费、试制产品的检验费等</td></tr>
<tr><td>根据财企［2007］194 号：用于研发活动的仪器、设备、房屋等固定资产的租赁费，设备调整及检验费，以及相关固定资产的运行维护、维修等费用</td><td>根据财税［2015］119 号：用于研发活动的仪器、设备的运行维护、调整、检验、维修等费用，以及通过经营租赁方式租入的用于研发活动的仪器、设备租赁费</td></tr>
</table>

项目	会计核算口径	加计扣除税法口径
折旧费用与长期待摊费用	根据财企［2007］194号：用于研发活动的仪器、设备、房屋等固定资产的折旧费	根据财税［2015］119号：用于研发活动的仪器、设备的折旧费
设计试验等费用	符合会计核算要求的设计试验费用	根据财税［2015］119号：新产品设计费、新工艺规程制定费、新药研制的临床试验费、勘探开发技术的现场试验费
其他相关费用	根据财企［2007］194号：与研发活动直接相关的其他费用，包括技术图书资料费、资料翻译费、会议费、差旅费、办公费、外事费、研发人员培训费、培养费、专家咨询费、高新科技研发保险费用等	1. 根据财税［2015］119号：与研发活动直接相关的其他费用，如技术图书资料费、资料翻译费、专家咨询费、高新科技研发保险费，研发成果的检索、分析、评议、论证、鉴定、评审、评估、验收费用，知识产权的申请费、注册费、代理费、差旅费、会议费等。此项费用总额不得超过可加计扣除研发费用总额的10%； 2. 根据国税［2017］40号：与研发活动直接相关的其他费用，如技术图书资料费、资料翻译费、专家咨询费、高新科技研发保险费，研发成果的检索、分析、评议、论证、鉴定、评审、评估、验收费用，知识产权的申请费、注册费、代理费，差旅费、会议费，职工福利费、补充养老保险费、补充医疗保险费。此类费用总额不得超过可加计扣除研发费用总额的10%
委托外部研究开发费用	根据财企［2007］194号：通过外包、合作研发等方式委托其他单位、个人或者与之合作进行研发而支付的费用	根据税务总局公告2015年第97号：委托外部单位研发支出在计算加计扣除时，按实际发生额的80%作为加计扣除数，该类研发费用的20%不能申请加计扣除

15 资产减值损失

一、重大错报风险

1. 未对存在减值迹象的资产项目计提资产减值准备，从而导致资产减值损失的完整性存在重大错报风险。

2. 资产减值准备计提不恰当，从而导致资产减值损失的准确性存在重大错报风险。

3. 资产减值损失未计入恰当的会计期间，从而导致资产减值损失的截止存在重大错报风险。

二、常见审计问题

1. 未核对资产减值损失金额与相关资产减值准备发生额是否一致。

2. 未对资产减值损失执行截止性测试，未对其是否计入恰当的会计期间做出判断。

三、审计关注要点

（一）将资产减值损失全额与相关资产减值准备的贷方发生额进行比较，关注金额是否一致

通常情况下，对相关资产项目计提资产减值准备时，应全额计入资产减值损失，资产减值损失金额与相关资产减值准备的贷方发生额应保持一致。当两者出现差异时，应查明原因，检查被审计单位是否购入了已计提减值准备的资产。对本期转销的资产减值损失，结合相关科目的审计，检查会计处理是否正确。

（二）对资产减值损失执行截止测试，关注资产减值损失是否计入了恰当的会计期间

1. 对本期资产减值损失发生金额进行检查，了解相关资产产生减值迹象的时间是在本期还是在前期，从而判断相关资产减值损失是否需追溯调整至前期。

2. 对报表日后的资产减值损失发生金额进行检查，了解相关资产是否在报告期内已经存在减值迹象，从而判断相关资产减值损失是否应确认在当期。

3. 关注被审计单位是否存在利用资产减值损失进行利润调节的情况，如对前期已计提的大额减值在本期转回等。

16 资产处置收益

一、重大错报风险

1. 将非流动资产损坏报废损失列报于资产处置收益，从而导致资产处置收益的列报存在重大错报风险。

2. 将资产处置过程中产生的净损益列报于营业外收入或营业外支出，从而导致资产处置收益的完整性存在重大错报风险。

3. 可能存在未将资产处置收入入账，从而导致资产处置收益的完整性存在重大错报风险。

4. 资产处置收益未计入恰当的会计期间，从而导致资产处置收益的截止认定存在重大错报风险。

二、常见审计问题

1. 检查资产处置收益发生额时，未能恰当判断相关交易是否应作为资产处置收益。

2. 对资产处置业务未获取充分适当的审计证据，未能发现未入账的资产处置

收入。

3. 截止测试执行不到位，未能发现跨期入账情形。

三、审计关注要点

（一）关注资产处置收益和非流动资产损坏报废损失的区别

资产处置收益反映被审计单位出售划分为持有待售的非流动资产（金融工具、长期股权投资和投资性房地产除外）或处置组（子公司和业务除外）时确认的处置利得或损失，以及处置未划分为持有待售的固定资产、在建工程、生产性生物资产及无形资产而产生的处置利得或损失。债务重组中因处置非流动资产（金融工具、长期股权投资和投资性房地产除外）产生的利得或损失和非货币性资产交换中换出非流动资产（金融工具、长期股权投资和投资性房地产除外）产生的利得或损失也包括在本项目内。

非流动资产毁损报废损失通常包括因自然灾害发生毁损、已丧失使用功能等原因而报废清理产生的损失。资产处置收益与非流动资产毁损报废损失的区别如表 6–61 所示。

表 6–61 资产处置收益与非流动资产毁损报废损失的区别

项目	资产处置收益	非流动资产毁损报废损失
处置或报废对象	所处置资产通常仍具有一定的使用价值	所报废资产通常已丧失使用功能
变现能力	变现金额通常能够反映其实际使用价值，一般不存在大额损失	无报废收入，或相关资产按废品处置，变现金额较小

（二）关注资产处置收益入账金额是否正确，证据是否充分

1. 了解相关处置资产的基本情况，判断处置收入是否公允。

2. 检查与资产处置相关的合同、发票，关注相关合同是否存在涂改痕迹，核对入账金额是否与其一致。

3. 关注被审计单位是否考虑了与资产处置相关的其他必要支出。

4. 关注资产处置收益确认时点是否恰当。

（三）关注报告期末（年末或中期末）突击处置资产行为

审计人员应抽取资产负债表日前后的会计凭证，实施截止测试，若存在异常迹象，应考虑是否有必要追加审计程序，对于重大跨期项目做必要调整。

特别需要注意的是，关注被审计单位报告期末突击性处置资产制造利润的现象，如果交易缺乏商业实质，审慎确认被审计单位的交易行为。

示例 6-94

2019 年 11 月 27 日，兆新股份（002256）公告称，公司拟以 1.5 亿元向深圳科恩斯实业有限公司出让深圳市宝安区石岩街道兆新能源工业园城市更新单元项目的全部土地及物业权益。《评估报告》显示，标的资产采用市场法评估，截至 9 月 30 日，标的资产账面价值为 836.69 万元，评估价值为 1.4 亿元，增值率为 1 576.50%。兆新股份 2018 年亏损 –2.03 亿元，出售标的资产，如果相关转让手续能在年度内完成，按 1.5 亿元价格出售，公司将产生约 1.416 亿元收益。

兆新股份披露拟处置资产后，收到交易所问询，要求公司说明交易对手具体情况，是否存在关联方关系，是否突击交易以实现当年盈利。2019 年 12 月 10 日，兆新股份发布公告称，鉴于近期市场环境发生导致相关交易条件变化的情形，双方虽经沟通，但基于商业考量，最终未能达成一致。董事会同意撤销第五届董事会第十六次会议关于此次出售资产的相关决议。

资料来源：巨潮资讯网站。

示例 6-95

对于企业搬迁补偿的会计处理，是适用《企业会计准则第 16 号——政府补助》《企业会计准则解释第 3 号》规定，还是适用《企业会计准则第 4 号——固定资产》《企业会计准则第 6 号——无形资产》等准则规定，实务中存在不同理解，导致对搬迁补偿的会计处理不一致。

证监会《2021 年上市公司年报会计监管报告》指出：根据企业会计准则及相关规定，政府补助是指企业从政府无偿取得货币性资产或非货币性资产；政府补助具有无偿性，即企业取得来源于政府的经济资源，不需要向政府交付商品或服务等对价。年报分析发现，部分上市公司按照政府要求进行搬迁，约定将拆除房屋建筑物后的土地交付给政府，同时政府综合考虑地上房屋建筑物价值、土地使用权价值、停工损失及其他搬迁支出等因素后，向公司支付搬迁补偿款。对此，有的公司根据搬迁协议约定的具体补偿项目和相应的补偿金额，分别在完成拆除房屋建筑物、发生搬迁费用、停工损失以及交付土地时将相应补偿金额计入损益；亦有公司将取得的搬迁补偿款整体作为资产处置对价，在最后交付土地时点一次性计入损益。一般情况下，在满足市场化原则、补偿价格公允的前提下，为搬迁补偿而发生的多项补偿项目，整体是一项交易，政府支付对价的主要目的在于取得土地，上市公司通常应当将此整体作为资产处置交易进行会计处理，除非有确凿证据表明存在政府补助，且政府补助与资产处置部分能够明确区分，则对于政府补助部分，上市公司应按照政府补助准则相关规定进行会计处理。

第七节　货币资金循环

1 货币资金

一、重大错报风险

1. 可能因收入舞弊或大股东和管理层侵占等原因，虚增货币资金，导致货币资金存在性存在重大错报。

2. 通过不记录收款和付款等方式隐藏收款，导致货币资金完整性存在重大错报。

3. 对账不及时，未达账项较多，导致货币资金准确性存在重大错报。

4. 未披露货币资金受限情况，导致货币资金列报存在重大错报。

二、常见审计问题

1. 未对货币资金舞弊迹象保持应有的关注，导致未发现被审计单位存在的舞弊。

2. 银行存款函证程序执行不到位，导致未发现货币资金存在错报或舞弊，如函证项目不完整、未核对函证轨迹等。

3. 现金监盘程序执行不到位，导致未发现货币资金存在重大错报或舞弊。

4. 未对大额货币资金收支进行检查，或检查程序流于形式，导致未能发现被审计单位可能存在的舞弊和错报。

5. 未关注银行账户的完整性，导致未发现账外货币资金情形。

6. 对账单检查程序执行不到位，导致未发现存在的舞弊或错报。

7. 未关注长期或大量银行未达账项的异常情况或未对异常情况执行进一步审计程序。

三、审计关注要点

（一）关注货币资金可能存在的舞弊迹象

货币资金是舞弊风险较高的项目，尤其上市公司等高风险审计业务，审计人员应当保持职业谨慎，识别可能存在的迹象。存在下列迹象的审计人员应当高度关注，并实施进一步的核查程序：

1. 被审计单位的现金交易比例较高，并与其所在的行业常用的结算模式不同。

2. 库存现金规模明显超过业务周转所需资金。

3. 银行账户开立数量与企业实际的业务规模不匹配，或存在多个零余额账户且长期不注销。

4. 在没有经营业务的地区开立银行账户，或将大额资金存放于其经营和注册地之外的异地。

5. 企业资金存放于管理层或员工个人账户，或通过个人账户进行交易的资金结算。

6. 货币资金收支金额与现金流量表不匹配，如货币资金收支金额与现金流量表中的经营活动、筹资活动、投资活动的现金流量不匹配，或经营活动现金流量净额与净利润不匹配。

7. 不能提供银行对账单或银行存款余额调节表，或提供的银行对账单没有银行印章、交易对方名称或摘要。

8. 存在长期或大量银行未达账项。

9. 银行存款明细账存在非正常转账，如短期内相同金额的一收一付或相同金额的分次转入转出等大额异常交易。

10. 存在期末余额为负数的银行账户。

11. 受限货币资金占比较高。

12. 存款收益金额与存款的规模明显不匹配。

13. 针对同一交易对方，在报告期内存在现金和其他结算方式并存的情形。

14. 违反货币资金存放和使用规定，如上市公司将募集资金违规用于质押、未经批准开立账户转移募集资金、未经许可将募集资金转作其他用途等。

15. 存在大额外币收付记录，而被审计单位并不涉足进出口业务。

16. 以各种理由不配合注册会计师实施银行函证、不配合注册会计师至人民银行或基本户开户行打印《已开立银行结算账户清单》。

17. 与实际控制人（或控股股东）、银行（或财务公司）签订集团现金管理账户协议或类似协议。

示例 6-96

公准股份（830916）2014~2016 年虚增货币资金，审计人员未对货币资金异常保持职业怀疑并执行分析程序。公准股份长期存在大额活期银行存款，其中 2014 年末资金余额的 42 847.73 万元，占资产总额的 84.2%；2015 年末货币资金余额 66 148.1 万元，占资产总额 87.8%；2016 年末货币资金余额 66 821.88 万元，占资产总额的 79.34%。大量流动资金闲置，未进行定期存款或购买理财产品，仅获取活期存款利息，也未见需要大额资金的生产经营或者投资计划，审计人员对此未保持应有的职业怀疑并对其合理性进行分析，导致未能发现被审计单位的货币资金舞弊行为。

资料来源：中国证监会网站。

（二）关注其他账务报表项目异常可能存在货币资金舞弊的迹象

审计人员发现其他财务报表项目或事项存在异常时，也可能反映货币资金存在舞弊迹象，审计人员应当保持警觉，这些迹象包括：

1. 存在没有真实业务支持或与交易不相匹配的大额资金或汇票往来。

2. 存在长期挂账的大额预付款项等。

3. 存在大量货币资金的情况下仍高额或高息举债，即“存贷双高”情况。

4. 付款方全称与销售客户名称不一致、收款方全称与供应商名称不一致。

5. 开具的银行承兑汇票没有银行承兑协议支持。

6. 银行承兑票据保证金余额与应付票据相应余额比例不合理。

7. 存在频繁的票据贴现。

8. 实际控制人（或控股股东）频繁进行股权质押（冻结）且累计被质押（冻结）的股权占其持有被审计单位总股本的比例较高。

9. 存在大量货币资金的情况下，频繁发生债务违约，或者无法按期支付股利或偿付债务本息。

10. IPO 企业申报期内持续现金分红。

11. 工程付款进度或结算周期异常等。

（三）现金监盘与检查

1. 现金监盘及差异处理

现金监盘为必须实施的审计程序，监盘时间可以在资产负债表日，也可以在资产负债表日前后。为了增加审计程序的不可预见性，现金监盘应当实施突击监盘，审计人员不应事前通知被审计单位现金监盘计划安排，且存放于不同地点的库存现金同时监盘，以防止相互挪用。监盘结果记录于现金盘点表，并由出纳、会计负责人及审计人员签字。

监盘发现职工借款、无发票的费用支出等白条抵库，或未提现支票，已报销未领取款项，导致实盘库存现金与账面金额不一致，应查明款项性质，进行相应调整。审计人员还应当特别关注监盘中发现多出的款项、存单、有价证券等，检查是否属于“小金库”等账外资金。

现金监盘差异是否调整应当综合考虑重要性水平、款项性质、期限长短等因素。

2. 现金收支检查

抽样检查现金收支，目的是检查原始凭证是否齐全、记账凭证与原始凭证是否相符、账务处理是否正确、是否记录于恰当的会计期间等。抽取样本时，应当把握以下原则：符合准则及审计抽样的规定；抽查金额重大或异常的现金收支，没有重大异常现金收支，则随机抽取少量样本检查；抽样金额不要求达到一定比例。

特别地，对于农业、餐饮、服务等行业，不同于一般企业现金仅用于零星开支，该类企业主要经营活动，如销售、采购均大量使用现金交易，实施本科目审计时，即使抽取大量的现金收支凭证，也不一定能够达到审计目标，如难以判断现金入账的完整性。因此，审计该类企业现金科目，重点在于结合收入确认、原材料采购，以及企业内部控制进行审计，并非仅独立地抽取大量凭证进行检查。

如有外币现金余额，根据资产负债表日该外币基准折算汇价，计算人民币余额，确认账面余额是否正确及是否需要进行账务调整。

3. 关注现金舞弊

若被审计单位现金管理薄弱，存在现金舞弊疑虑，审计人员应当关注下列问题：库存现金是否超过规定限额；是否存在坐支现金现象；是否存在超标准、超范围使用现金；现金日记账是否健全、是否存在私设“小金库”等。

企业私设“小金库”的主要手法有：截留各种收入款项；非法侵占其他收入；虚列支出，虚报冒领；私自将投资、联营所得转移，存放于外单位或境外；隐匿佣金、回扣等；截留企业的各种罚没收入等。

审计人员可通过以下方法核查：

（1）检查“固定资产清理”“包装物”“低值易耗品”等账户的明细账，查看这些账户中所反映的有关残值收入的记录；

（2）检查并核对“产品销售收入”“产成品”等账户明细账中的记录，可以发现被审计单位是否存在销售收入未入账的情况；

（3）检查“长期股权投资”账户的明细记录及相关资料，查看被审计单位是否足额、及时地收回投资利润，如果存在不及时、不足额收取投资利润的现象，则需要进一步查明原因等。

（四）关注银行账户纳入账内核算的完整性

当被审计单位可能存在账外账或资金体外循环，审计人员对其银行账户完整性存在疑虑时，可考虑实施下列程序：

1. 了解报告期内被审计单位开立账户的数量及分布，与被审计单位实际经营的需要进行比较，判断其合理性，分析是否存在异常情况。

示例 6-97

某上市公司，注册地和经营地均在北京，且外地没有设立分子公司。公司以往银行账户均在北京设立。2021 年 12 月，该公司在广州新开立银行账户并存入

5 000 万元定期存款。2022 年 2 月，上市公司提前支取定期存款，并注销了银行账户。

被审计单位在异地新设银行账户，且没有正常经营往来，属于异常情形。审计人员应对此保持警觉，询问被审计单位管理层异地设立银行账户的原因，除执行必要的函证程序外，还应获取定期存单原件，检查是否被质押，是否被资金占用。

2. 审计人员应在被审计单位陪同下到人民银行或基本存款账户开户行查询并打印《已开立银行结算账户清单》，观察银行办事人员的查询、打印过程，并检查被审计单位账面记录的银行人民币结算账户是否完整。

示例 6-98

LK 集团公司开户清单中已开立账户与账面核算银行账户不一致，开户清单存在而账面无记录的账户有：某黄河农村商业银行股份有限公司银川黄河路支行 5003250600*** 户、中国工商银行股份有限公司某西城支行 290200210906406*** 户、上海浦东发展银行股份有限公司某分行 33010078801900001*** 户、某银行股份有限公司广场支行 03000140400000*** 户和某黄河农村商业银行股份有限公司某黄河路支行 5003250600***，上述账户属于 LK 集团公司所有，期末余额共 22 041 345.69 元，但账面均未体现且未纳入报表核算，审计人员对该异常情况未执行进一步审计程序，且底稿未记录具体原因。

同时，LK 集团公司子公司和分公司开户清单中不存在而账面有记录的账户有：农业银行某分理处 29173001040001*** 户（属于 LK 集团公司某子公司基本结算账户）和农业银行某支行 29173001040002*** 户（属于 LK 集团公司某分公司基本结算账户），上述账户不属于 LK 集团公司某子公司和某分公司所有，期末余额共 1 580 549.22 元，审计人员对该异常情况未执行进一步审计程序，且底稿未记录具体原因。

3. 结合其他相关细节测试，关注交易相关单据中被审计单位的收付款银行账户是否均包含在审计人员已获取的开立银行账户清单内。

4. 外币银行账户无法从已打印的《已开立银行结算账户清单》得到验证，所以外币账户的完整性很容易出问题，审计人员应特别注意。若被审计单位以前年度或审计当期存在外币业务，要关注外币账户的完整性，可从公司收发文记录、公章使用登记记录等查找审计线索，必要时去外管局进行核实。

示例 6-99

2014 年前，许多清洁能源上市公司都存在 CDM 收入（碳排放权交易收入），由于《京都议定书》2012年到期，2014年后各上市公司CDM收入陆续锐减。某上市公司所属风电子公司A公司2013年之前一直存在CDM收入，2013年之后再未确认过上述收入。2018年地方证监局对该上市公司检查，发现A子公司存在未入账外币存款200多万美元。经查，A子公司2012年与境外机构进行了碳排放权交易，由于该交易需相关咨询机构核查、公示等，交易周期较长，因此，尽管上述交易已完成，但参与交易的境外机构由于财务状况恶化，所以未向A公司支付相关交易价款。2017年境外机构财务状况好转，向A公司支付了所欠价款200多万美元，A公司将上述款项存入外币账户，未确认收入，也未确认银行存款，把上述款项在账外核算，直到证监局巡检时才被发现。证监局查看了审计工作底稿，并询问了审计人员，发现审计人员已查询打印了《已开立银行结算账户清单》，并与公司银行明细账进行了核对，但由于公司多年不存在外币业务，因此，审计人员并未考虑公司存在外币存款的可能，因此，也没有设计和执行有针对性的审计程序。

（五）关注定期存款受限情况

定期存款容易被用于质押、担保，导致货币资金受限，被审计单位可能隐瞒受限情况。一般情况下，单位定期存款只有开户证实书没有存单。根据银保监会2007年公布的《单位定期存单质押贷款管理规定》，单位定期存单只能以质押贷款为目的开立和使用，单位在金融机构办理定期存款时，金融机构为其开具的《单位定期存款开户证实书》不得作为质押的权利凭证。因此，如果企业提供的是存单，而非开户证实书，则可能表明存在定期存款质押。虽然开户证实书不能作为质押权利凭证，但在办理质押贷款时，需向银行提交开户证实书。因此，审计人员应检查开户证实书的原件，并由审计人员亲自复印取证，如果由公司代复印，审计人员还应核对正本，确认是否可能存在已提前支取、存款已被质押、存款已背书转让等情形。

示例 6-100

20×8年，审计人员对A上市公司审计时，对其3亿元的定期存单原件进行了检查并复印留底，同时，对该定期存款进行了函证。银行在不符事项栏盖章，并注明：存单账号不符，其余事项都一致。被审计单位财务经理解释系银行系统升级导致系统内记录的账号和存单号不一致所致。审计人员认为已检查了定期存单原件，财务经理的解释合理。

20×9年监管部门检查，发现A公司定期存单实际被大股东用于质押贷款。A公司在银行先办理了定期存单1，之后在银行挂失，并补办定期存单2，用定期存单2为大股东质押贷款。在审计人员监盘时，提供给审计人员已挂失的定期存单1。审计人员函证所列信息系全部定期存单1的主要要素，因此，银行回函存单账号不符。

审计人员听信被审计单位财务经理的一面之词，未亲自向银行询问差异的具体原因，导致未能发现被审计单位定期存单质押的事实。

示例 6-101

审计人员在审计九好集团货币资金时，向被审计单位基本账户银行发送函证证，未取得回函。审计人员查询了网银和征信中心的企业信用报告，经核对未发现异常，出具了标准无保留意见的审计报告。

证监局检查时，发现九好集团存在3亿元银行存款质押未披露。证监局检查会计师事务所工作底稿后认为，网银页面仅显示存款是否存在，而企业信用报告由商业银行进行信息录入，存在滞后性，不能作为函证的替代程序。此外，审计工作底稿中存有一份单位存款质押合同，合同附件明确可见九好集团其中一笔1.5亿元的定期存款在2015年9月22日被质押。在此情况下，审计人员仅进行简单查询，在查询结果与相关信息明显矛盾的情形下，未获取进一步审计证据，即出具了审计报告。

资料来源：中国证监会网站。

此外，审计人员应关注大额定期存款利息计提情况。有的被审计单位暂时闲置大量资金，如IPO企业、上市公司募集资金尚未使用，为提高资金收益而将闲置资金存入定期，在资产负债表日通常应当按照权责发生制计提存款利息收入，计入当期损益。但是，若定期存款本金及利息收入较小，对财务报表整体不具有重要性，可不需计提利息收入。

（六）关注是否存在“公款私存”账户

有的被审计单位以员工、负责人、关联自然人、销售人员、会计、出纳等名义开设银行账户、银行存折、信用卡等资金账户，应当区别不同情况处理。

1. 纳入被审计单位货币资金核算。若满足下列条件，通常可以视为单位资金账户：

（1）账户只用于被审计单位经济业务资金收支；

（2）开户人不能独立控制、接触或保管该账户；

（3）通过该账户的资金收支有审批等控制程序。

纳入被审计单位货币资金核算的个人账户，审计人员应当取得开户人签字确认账户所有权的书面声明。以下可作为声明参考：

“以本人名义开立的银行账户（账户名称），账号 ××××，截至 201× 年 12 月 31 日余额 ×× 元，该账户及所有资金收支均系 ×× 公司所有。”

2. 不纳入被审计单位货币资金核算。若个人账户主要用于与单位经济业务无关，或仅少量相关的资金收支，大量资金收支为个人或其他关联方往来，也没有任何货币资金内部控制程序，则应当将与被审计单位发生的资金收支作为往来。

3. 对于“公款私存”账户，不论是否纳入被审计单位货币资金核算，均违反相关规定，表明企业内部控制存在缺陷。因此，审计人员应当提请企业整改，在资产负债表日注销该等账户，或最迟应当在出具审计报告日注销。若审计报告日企业主要资金账户以个人名义开立仍未注销，应考虑建议推迟审计基准日，或出具非标意见审计报告。

（七）关注募集资金专用账户

上市公司或发债企业募集的资金，按照监管部门规定应当专户存储，并按照承诺用途使用，不得随意变更。《上市公司监管指引第 2 号——上市公司募集资金管理和使用的监管要求》（中国证券监督管理委员会公告［2012］44 号），在该文件第四项规定：上市公司应当将募集资金存放于经董事会批准设立的专项账户集中管理和使用，并在募集资金到位后一个月内与保荐机构、存放募集资金的商业银行签订三方监管协议按照上述规定，募集资金一般应该存放于商业银行，不得存放于实际控制人（或大股东）控制的财务公司。上海证券交易所发布的《上市公司信息披露监管问答》（汇编版，2019 年 12 月 13 日）在“十、募集资金”部分也明确规定“上市公司应当在募集资金到位后 1 个月内与保荐机构、存放募集资金的商业银行签订三方监管协议。存放募集资金的机构需为具备独立性的商业银行，公司不得将募集资金存放在实际控制人、控股股东等关联方属的财务公司”。

审计人员应当获取募集资金专户对账单，并对发生额实施详细审计，关注是否存在挪用等违规行为。审计该账户时，通常与在建工程等募集资金使用项目相结合，编制审计工作底稿以在建工程等科目为主，注明交叉索引号。

（八）关注其他货币资金

其他货币资金通常包括：银行汇票存款、银行本票存款、信用卡存款、信用证保证金存款、存出投资款、外埠存款等，审计人员应当关注：

1. 结合采购业务，核实保证金存款是否具有真实业务，以及保证金是否与采购或借款金额一定比例相匹配，如银行承兑汇票保证金大于应付票据余额，则可能存在错报。检查信用证的开立协议与保证金是否相符，检查保证金与相关债务的比例是否与合同约定一致，特别关注是否存在有保证金发生而被审计单位无对应保证事项的情形。

2. 对于存出投资款，应当获取董事会决议等批准文件、开户资料，授权操作资料，核对证券账户名称是否与企业相符。获取资金对账单，对于交易的资金流水记录结合金融资产的审计，抽查大额的资金存取，关注资金存取的财务账面记录与资金流水是否相符。审计本科目获取的上述审计证据，通常作为“金融资产（交易性金融资产、其他权益工具投资）”科目底稿，审计时应当相互索引，审计程序及审计证据避免重复。

3. 对于存放于第三方支付平台的资金，应了解是否开立支付宝、微信等第三方支付账户，如是，获取相关开户信息资料，了解其用途和使用情况，获取与第三方支付平台签订的协议，了解第三方平台使用流程等内部控制，比照验证银行存款或银行交易的方式对第三方平台支付账户函证交易发生额和余额（如可行）。获取第三方支付平台发生额及余额明细，并与账面记录进行核对，对大额交易考虑实施进一步的检查程序。

4. 对重要的其他货币资金实施函证程序，不重要的其他货币资金比照银行存款账户可以不实施函证程序，但应当在底稿中说明不实施函证的理由。

5. 其他货币资金通常按类别“一单一审”，无需合在一起进行抽样检查。

6. 如同定期存单一样，有的其他货币资金（如银行汇票、本票存款）也应当关注是否已用于质押、担保、贴现或背书转让等使用权受到限制及已兑付的情形。

（九）关注资金池业务

资金池业务属于商业银行和其他金融机构为客户建立用于资金集中管理账户架构，根据客户需求进行各账户间资金归集、余额调剂、资金计价、资金清算的现金管理产品。资金池业务主要包括的事项有客户成员企业账户余额上划、成员企业之间透支、主动拨付与收款、成员企业之间委托借贷以及成员企业向集团总部的上存、下借分别计息等。不同的商业银行和其他金融机构对资金池业务有不同的表述。资金池业务的客户一般为采用总分公司结构的统一法人客户和采用母子公司形式的集团客户（见图 6–5）。

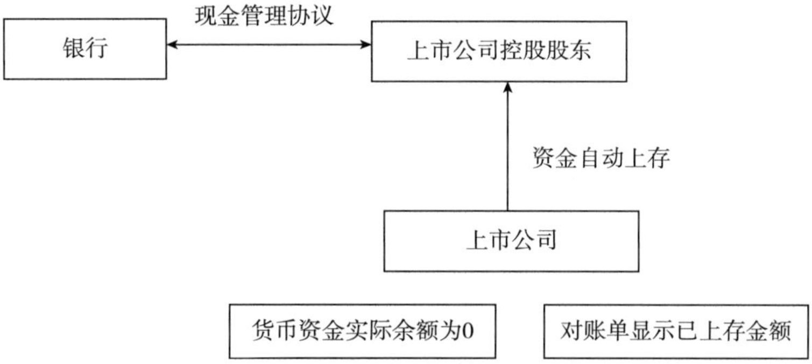

图 6–5 资金池业务

上市公司控股股东、实际控制人与上市公司应当实行资产分开，控股股东、实际控制人及其关联方不得占用、支配上市公司资产。因此，如果被审计单位为上市公司，审计人员应当特别关注其参与此类资金池业务的合规性以及是否按照相关规定进行了恰当的授权和披露。审计人员可以通过下列程序检查被审计单位是否存在资金池业务：

1. 了解被审计单位与银行账户有关的内部控制和操作规程。

2. 询问被审计单位相关管理层及资金管理人员。

3. 查阅董事会会议等有关会议纪要。

4. 向开立银行账户的银行进行函证，确认相关账户是否有资金池安排。

5. 检查被审计单位与控股股东、实际控制人及其关联方的资金往来。

需要注意的是，资金池协议可能约定，参与资金池安排的账户之间的资金划转可能不予在银行对账单或网银中显示。如果被审计单位存在资金池业务，审计人员需要了解和评估被审计单位加入资金池业务的合法合规性、资金池资金在各企业之间和集团层面的集中方式、是否采取了适当措施保证资金安全等。审计人员可以考虑实施以下审计程序：

1. 获取资金池协议、股东大会或有权机构同意加入资金池协议的决议等批准文件，关注相关协议签订的授权审批情况。

2. 阅读资金池协议，了解资金集中方式、相关账户的余额显示模式，关注账户支付控制及其变更的设定等重要内容。

3. 在理解银行对账单上关于资金池资金使用的各种银行术语释义的基础上，函证实际余额（即截至函证基准日被审计单位参与资金池业务的银行账户中实际存在的余额，不包括诸如已上存集团归集账户而不实际存放在被审计单位账户的金额）。在必要且可行的情况下，可以进一步函证截至函证基准日，被审计单位已被归集的上存资金余额或向上级借款余额（如为子账户）或者被审计单位从各级子账户归集的资金余额或向下级账户提供的借款余额（如为主账户）；必要时，关注函证基准日前后资金池账户之间的资金划拨，以识别是否存在被审计单位为应付注册会计师的函证程序而突击划转资金的情况。

4. 在必要的情况下，了解被审计单位的控股股东、实际控制人或其他相关关联方的财务状况，关注上述各方是否存在资金紧张或长期占用被审计单位资金的情况，是否存在被审计单位资金可能被占用无法按期归还的情形，是否需要计提坏账准备。

5. 如果审计人员识别出被审计单位的收入真实性存在重大异常，同时存在被审计单位大额资金通过资金池业务被归集的情形，需要考虑是否存在控股股东或实际控制人通过资金池业务套取资金，配合被审计单位虚构销售交易的可能性，并在必要时实施“延伸检查”程序。

6. 关注被审计单位是否将资金池资金按照企业会计准则的要求在财务报表中予以恰当列报，是否在财务报表附注中对资金池业务及其相关余额、由此产生的关联方交易（如有）进行充分披露。在资产负债表中，如被审计单位通过资金池业务向其他关联公司提供融资，已上存资金余额可能并不符合货币资金的定义，不应在货币资金列报而应列报为其他应收款等相关项目；在现金流量表中，已上存资金余额可能并不符合现金及现金等价物的定义。

示例 6–102

永煤控股自 2007 年成立至证监会调查前，均按照控股股东河南能源化工集团（以下简称河南能化）的要求进行资金归集，永煤控股资金被自动归集至其在河南能源化工集团财务有限公司（系河南能化控股子公司，以下简称财务公司）开立的账户。随后河南能化资金管理中心通知永煤控股将大部分归集资金转到河南能化在财务公司开立的账户。不同于永煤控股自身库存现金、银行存款等可以被随时支取的货币资金，被归集的资金由河南能化资金管理中心负责调度，永煤控股需经审批后方可使用。因被归集的资金由河南能化资金管理中心调度，上述资金事实上已由河南能化统筹用于其他项目。

2018 年 1 月至 2020 年 10 月，永煤控股累计发行银行间债务融资工具 21 期（以下简称 21 期债务融资工具），非公开发行公司债 3 期（以下简称私募债）。在相关债务融资工具和私募债募集说明书、定期报告等文件中，永煤控股将被河南能化资金管理中心调度的资金作为货币资金列报，导致其合并报表层面虚增货币资金，其中，2017~2020 年 9 月 30 日财务报表分别虚增 112.74 亿元、235.64 亿元、241.07 亿元、271.74 亿元，分别占其当期披露货币资金总额的 54.03%、62.56%、57.28%、57.86%，分别占其当期披露资产总额的 7.94%、14.52%、14.68%、15.74%。

证监会认为，上述被河南能化资金管理中心调度的资金属于永煤控股债权性质的往来款，应列报在其他应收款。

资料来源：中国证监会网站。

示例 6–103

2015~2018 年，康得新通过虚构销售业务、虚构采购、生产、研发费用、产品运输费用等方式，虚增营业收入、营业成本、研发费用和销售费用。

根据康得集团北京银行西单支行签订的《现金管理业务合作协议》，康得新及其合并财务报表范围内 3 家子公司在北京银行西单支行尾号为 3796、3863、4181、5278 账户（以下简称北京银行账户组）的资金被实时、全额归集到康得集团北京银行西单支行尾号为3258的账户。康得新北京银行账户组各年末实际余额为0。康得新2015~2018年财务报告中披露的银行存款余额分别为9 571 053 025.20元（其中北京银行账户组余额为4 599 634 797.29元）、14 689 542 575.86元（其中北京银行账户组余额为6 160 090 359.52元）、17 781 374 628.03元（其中北京银行账户组余额为10 288 447 275.09元）、14 468 363 032.12元（其中北京银行账户组余额为12 209 443 476.52元）。康得新2015~2018年财务报告中披露的银行存款余额存在虚假记载。

资料来源：中国证监会网站。

（十）关注银行对账单的真实性及异常流水

1. 关注银行对账单的真实性。

审计人员应关注银行对账单的真实性，检查银行对账单的编号是否重复或不连续，同一对账单或不同月份的对账单字体是否一致，结息日及结息金额是否合理，存款余额是否连贯，对公账户是否包含“积分”等异常信息，同一银行账户对账单所列的户名、账号、开户行名称、银行业务章等在审计期内不同阶段是否一致。

如果对被审计单位提供的银行对账单的真实性存有疑虑，审计人员可以采取以下审计程序：

（1）审计人员可以在被审计单位协助下亲自到银行获取银行对账单。在获取银行对账单时，审计人员要全程关注银行对账单的打印过程。

（2）核对网银中显示和下载的信息与提供给审计人员的信息在内容、格式及金额上的一致性。

示例6-104

蓝山科技（830815）2017年末、2018年末，银行存款账面余额分别为8 864.99万元、4 743.07万元，实际银行存款余额分别为630.05万元、333.87万元，虚增银行存款比例分别为92.89%、92.96%。ZX会计师事务所在对蓝山科技财务报表审计过程中，未对2017年度和2018年度银行对账单异常情况保持职业怀疑：

一是未能识别虚假银行对账单的明显异常之处。对蓝山科技及下属子公司北京中经赛博科技有限公司、北京蓝山量子科技有限公司2017年度至2019年度的审计工作底稿中，中国工商银行北京大屯路支行银行对账单系蓝山科技伪造，且内容与真实对账单不符。审计人员未对虚假银行对账单明显异常保持职业怀疑，导致其未能发现蓝山科技账实不符。

二是获取银行对账单过程失控。在2019年度审计过程中，审计人员李×庆与蓝山科技出纳一同前往银行打印银行对账单，因李×庆在银行门外等候，导致其未能发现对账单虚假。

三是项目组回复复核意见时称银行对账单系亲自下载或打印，与实际情况不符。ZX 会计师事务所审计工作底稿显示，ZX 会计师事务所内部复核人员询问蓝山科技审计项目组银行对账单来源时，项目组人员回复称系由项目组人员亲自在网上打印或者亲自到银行打印，但实际上并未亲自上网下载打印，也未亲自进入到银行打印对账单，相关银行对账单均由蓝山科技提供

由于未对获取银行对账单的整个过程保持控制，导致 ZX 会计师事务所最终从蓝山科技工作人员处获取了虚假银行对账单，从而未能发现蓝山科技银行存款账实不符。

资料来源：中国证监会网站。

2. 实施银行流水与日记账双向核对。

审计人员可利用数据分析等技术，对比银行对账单上的收付款流水与被审计单位银行存款日记账的收付款信息是否一致，对银行对账单及被审计单位银行存款日记账记录进行双向核对。

审计人员通常可以考虑选择以下银行账户进行核对：基本户，余额较大的银行账户，发生额较大且收付频繁的银行账户，发生额较大但余额较小、零余额或当期注销的银行账户，募集资金账户等。对于 IPO 等审计业务，应当按照财务核查要求，获取被审计单位所有银行对账单流水，逐一核对账实是否相符。

针对同一银行账户，审计人员可以根据具体情况实施下列审计程序：

（1）选定同一期间（月度、年度）的银行存款日记账、银行对账单的发生额合计数（借方及贷方）进行总体核对。

（2）对银行对账单及被审计单位银行存款日记账记录进行双向核对，即在选定的账户和期间，从被审计单位银行存款日记账上选取样本，核对至银行对账单，以及自银行对账单中进一步选取样本，与被审计单位银行存款日记账记录进行核对。

在运用数据分析技术时，可选择全部项目进行核对。核对内容包括日期、金额、借贷方向、收付款单位、摘要等。对相同金额的一收一付、相同金额的多次转入转出等大额异常货币资金发生额，检查银行存款日记账和相应交易及资金划转的文件资料，关注相关交易及相应资金流转安排是否具有合理的商业理由。

收付款对方为个人、关联公司的，可以详查，核对银行存款日记账记录、银行对账单记录及原始收付单据，保持职业怀疑，关注是否存在虚构交易、关联方非经营性资金占用的情形。在注意到存在关联方（例如被审计单位控股股东、实际控制人、关键管理人员）配合被审计单位虚构收入的迹象的情况下，获取并检查相关关联方的银行账户资金流水，关注是否存在与被审计单位相关供应商或客户的异常资金往来。

3. 浏览资产负债表日前后的银行对账单和被审计单位银行存款账簿记录，关注是否存在大额、异常资金变动以及大量大额红字冲销或调整记录，如存在，需

要实施进一步的审计程序。

4. 现场观察被审计单位财务人员登录和操作网银系统的过程，观察制单和审核等不相容职责是否分离，突击检查网银密钥（UKey）是否分别持有，而不是集中在同一人手里。

5. 突击检查被审计单位支票等重要凭证存根联，并与银行对账单进行核对。对于长期未使用且不销户的银行账户，审计人员可以在被审计单位协助下亲自到银行获取银行对账单，检查是否存在发生额。

6. 在细节测试中对银行回单等凭证存在的异常情况保持警惕。如存在疑虑，审计人员可以通过银行官网中的电子回单验证网页（如有）查询电子回单的内容并比对；此外，也可经授权通过被审计单位的“回单卡”或单位结算卡在适用银行营业网点的自助服务机直接打印一定期间的银行对账单。

7. 检查银行存款收支。银行存款发生额均与其他账户相联系，检查银行存款收付时，抽样样本规模根据企业货币资金及相关业务内部控制、风险评估结果等确定，不要求最低抽样数量。检查银行存款收支时，审计人员应当关注：对于重要的银行账户，审计人员应当将报告期内银行日记账与银行对账单核对，核实是否存在“一进一出”而银行日记账未记录的情形。该种情形可能会出现：出借出借账户、与生产经营无关资金往来、关联方资金过程占用等违规行为。对于大额或异常资金收付，检查是否存在异常现象。

8. 实施截止性测试，重点关注自资产负债表日至审计外勤日之间的大额异常收支，以防止出现重大舞弊或跨期收支事项。

示例 6-105

2021 年 9 月，证监会对深圳市索菱实业股份有限公司审计机构和注册会计师进行了处罚，指出货币资金审计过程中，会计师事务所存在以下问题：执行索菱股份子公司九江妙士酷实业有限公司（以下简称九江妙士酷）货币资金执行审计程序时，九江妙士酷中国农业银行 1434××××2578 账户开立于 2017 年 6 月 20 日，销户于 2017 年 11 月 29 日，账户当期开户后又销户，当事人未对该账户发生额情况进行审慎核查，仅以“索菱股份反馈德安县那边没有员工，难以协调打印银行对账单”、账面无发生额以及余额较小等为由，未对该账户设计和实施有效的进一步审计程序，导致未能发现该账户存在 7500 万元借款未入账的情况；执行索菱股份子公司广东索菱电子科技有限公司（以下简称广东索菱）货币资金审计程序时，使用的平安银行 2000××××1882 账户 2017 年流水是索菱股份提供的虚假网银流水，未发现该账户 3 亿元借款及相关大额资金往来未入账的情况；执行索菱股份审计程序时，2016 年、2017 年分别抽取了 7 个、9 个银行账户核对发生额，使用的全部是索菱股份提供的对账单，其中每年均有6个银行的对账单为虚假对账单。会计师事务所未设计和实施有效的进一步审计程序审慎核查该账户发生额，导致未能发现银行账户存在大额借款未入账和虚假银行流水的情况。会计师事务所提出的“审计机构不具备鉴定文件真伪的能力”等申辩意见，不能成为其免责的理由。

资料来源：中国证监会网站。

9. IPO审计业务资金流水核查。

针对IPO审计业务，证监会等监管部门明确要求会计师事务所核查发行人及相关方资金流水，审计人员在符合银行账户查询相关法律法规的前提下，资金流水核查范围除发行人银行账户资金流水以外，结合发行人实际情况，还可能包括控股股东、实际控制人、主要关联方、董监高、关键岗位人员等开立或控制的银行账户资金流水等。审计人员应结合重要性原则，重点核查大额资金往来较多且无合理解释，或者频繁出现大额存现、取现情形等。

示例6-106

证监会《2021年度证券审计市场分析报告》指出：监管发现，个别发行人的实际控制人于某年内分两次向为发行人建设生产基地的施工方进行大额转账，相关情况未如实在审核问询回复中说明。审计人员未审慎核查实控人与发行人工程施工方的业务和资金往来，未识别发行人对其实际控制人资金流水说明不完整的问题，资金流水核查不充分。

（十一）关注未达账项及其原因和影响

未达账项导致跨期，或可能涉嫌舞弊，可能影响利润，也可能影响资产负债。在检查银行余额调节表时，审计人员应当充分关注：

1. 大额未达账项。金额越大，其可能的错报对财务报表影响越大。

2. 长期未达账项。时间越长，错报或舞弊的可能性越大。

3. 手续不全的未达账项。未经授权或授权不清、异常领款（如没有载明收款人）、签字不全、收款地址不清、金额较大票据调整等，核查是否存在舞弊行为。

对于大额、异常未达账项，审计人员测试时应当考虑：

1. 企业已付、银行未付款项。测试其是否已经记入当期银行存款日记账，并在期后银行对账单上得以反映。审查对账单上所记载的内容（如支票编号、金额等）是否与支票存根一致。如果在一段合理时间内银行仍未付款，查找原因，考虑支票、汇票等支付凭据是否会作废，据以提出调整意见。

2. 企业已收，银行未收款项。审查其原始凭证，并检查其是否已过入本期银行存款日记账，并与期后银行对账单核对一致。如较长时间内银行尚未收到，查找原因，考虑该支票、汇票等收款凭据是否有效，并确定是否需要进行调整。

3. 企业未付、银行已付款项。审查期后的银行存款日记账，以确认是否已经入账；并审核其相应的原始凭证和会计处理，核对付款单位及金额，确定是否需要进行调整。如期后仍未入账，则要求企业向银行索取付款回单，检查其款项性质，视其金额大小做相应调整。

4. 企业未收、银行已收款项。审查期后的银行存款日记账，以确认是否已经入账，并审核其相应的原始凭证和会计处理，核对收款单位及金额，并确定是否需要进行调整。如期后仍未入账，则要求企业向银行索取收款回单，检查其款项性质，视其金额大小做相应调整。

（十二）严格实施银行存款函证程序

1. 函证样本选择。

银行存款通常被评估为高风险审计领域，函证为证实存在性最有效的审计程序。但是，这并不意味一定要对所有银行账户实施函证程序。如果有充分证据表明某一银行存款、借款及与金融机构往来信息对财务报表不重要且与之相关的重大错报风险很低，可以不实施函证程序，但应当实施相应的替代审计程序，如获取银行对账单，并在审计工作底稿中说明不实施函证程序的理由。以下为可不实施函证的例子：

（1）保证金账户；

（2）纳税专户；

（3）很少发生资金收支且余额较小的“休眠”账户；

（4）其他专用账户。

特别地，对于零余额账户，也应当实施函证程序，除非存在前述可不函证的情形。对于本期注销的账户，应当获取银行销户通知书，同时视情况确定是否实施函证程序。

2. 函证金额填列。

资产项目审计目标之一为确认期末余额的存在性及准确性。因此，函证金额通常为被审计单位会计账簿记录的账户余额。若存在较多的未达账项，以账载金额向银行函证，将导致大量的回函不符，增加进一步审计工作量。因此，也可以银行对账单显示的金额进行函证。无论采取何种金额函证，审计人员均需核实、调节银行未达账项。

如系初次承接审计的客户，或 IPO 项目等多期财务报表审计，应当调整函证格式，将审计期间内期末余额一并函证。

3. 存、贷款合并函证。

若被审计单位在同一银行既有存款（或包括多个账户），又有贷款户，为提高审计效率，可以通过一份银行函证完成两个科目的函证程序。

4. 函证事项。

银行询证函模板中，函证的事项包括：银行存款、银行借款、应付利息、截止函证日之前12个月注销的账户、委托存款、委托贷款、担保、本公司为出票人且由贵行承兑而尚未支付的银行承兑汇票、本公司向贵行已贴现而尚未到期的商业汇票、本公司为持票人且由贵行托收的商业汇票、本公司为申请人，由贵行开具的未履行完毕的不可撤销信用证、本公司与贵行之间未履行完毕的外汇买卖合约、本公司存放于贵行的有价证券或其他产权文件、其他重大事项等。

5. 函证控制。

审计人员亲自控制函证是实施函证程序的关键环节，应在审计工作底稿记录函证的控制轨迹。审计时，区别下列情况执行控制函证程序：

（1）现场函证。对于重要账户建议实施现场函证，即“跟函”方式。审计人员应当在客户的陪同下，亲自到有关银行询函，函证过程中，审计人员必须在询证回函上注明：函证时间、地点、客户陪同人员、银行接待人员及其工号等信息，由银行盖章确认并签名，并同时要求陪同人员在询证函下方签名。必要时，应拍照记录证明为亲函。

（2）邮寄函证。邮寄函证时，审计人员应当亲自寄发询证函，保留寄发、收件信函证据于审计工作底稿。同时，寄发的银行询证函，审计人员应当在本所办公场所亲自寄信并要求银行寄往事务所，寄发函证的相关凭证应保存在底稿中，并将回函的信封保存在底稿中。

（3）回函印章。回函印章通常为银行业务公章。可通过对比不同客户同一银行、同一客户不同银行、同一客户同一银行不同年度的询证函盖章情况。必要时打银行专用电话，咨询银行函证业务盖章类型。

6. 回函差异处理。

审计人员应当结合银行对账单、企业会计记录，查明回函不符事项，根据重要性水平，确定是否应当审计调整。若不进行调整，应当予以说明。

7. 如果资产负债表日银行存款余额为零且已经销户，则应该索取相关的银行销户通知书，并对该账户银行对账单的真实性特别进行关注，必要时进行函证。

示例 6–107

Y会计师事务所在执行格林美（002340）2020年度财务报表审计时，对货币资金函证程序执行不到位，主要存在以下问题：

一是审计人员未亲自获取公司《已开立银行结算账户清单》，仅要求公司提供，对公司银行账户完整性执行的审计程序不到位。

二是函证填写存在风险，部分银行询证函大量空白表格未划线或填写“无”；部分银行账户未直接填写于询证函正文中，而是以附件的形式附在询证函后，但银行未对上述附件盖章确认。

三是未对函证保持应有的控制，未编制函证控制表，记录发函、回函信息及核对情况，也未保留原始银行询证函复印件、发函快递单，部分回函快递单保留不全，对函证的控制执行不到位。

四是未对个别2020年销户账户进行函证，也未取得销户证明。

五是对未回函或回函异常情况执行的审计程序不到位，如未对未回函的银行账户执行替代程序；个别询证函回函非原件但无法提供合理解释，也未执行进一步审计程序；未采取进一步审计程序调查回函不符事项；未对两次函证结果不一致的情况进行说明，也未执行进一步审计程序等。

资料来源：中国证监会网站。

（十三）关注货币资金披露

1. 保证金。

对于银行承兑汇票等票据及其他类似保证金，若资产负债表日后三个月以内到期，编制现金流量表时作为现金及现金等价物反映；若超过三个月，应当根据保证金用途，如筹资保证金、开立经营性应付票据保证金等，在编制现金流量表时予以扣除。

2. 定期存单。

对于用于质押、担保的定期存单或类似资金，财务报表附注应担披露为其他货币资金，并根据期限（三个月）确定是否应当在编制现金流量表时扣除。对于存单使用无任何限制，则应当作为银行存款披露，且现金流量表中不做任何调整，而将定期存单单独作为投资活动现金流量并不恰当。

2 其他应收款

一、重大错报风险

1. 通过其他应收款转移资金，导致其他应收款存在、列报认定存在重大错报风险。例如，关联方资金占用。

2. 通过少计提其他应收款坏账准备调节利润，导致其他应收款准确性、计价和分摊存在重大错报风险。

3. 少记费用，未及时结转其他应收款，导致其他应收款存在、准确性、计价和分摊认定存在重大错报风险。

4. 可能未充分披露关联方资金往来，导致其他应收款列报存在重大错报风险。

二、常见审计问题

1. 大额其他应收款检查执行不到位，导致未发现被审计单位非正常资金往来情形，如大额个人往来、大额关联方往来、大额非经营性往来等。

2. 仅重视其他应收款余额审计，忽视发生额审计，导致未能识别被审计单位可能存在的关联资金过程占用、违规资金往来等问题。

3. 未关注长期挂账其他应收款，导致未能发现被审计单位可能存在的错报、资金占用等情形。

4. 其他应收款函证程序执行不到位，导致未能识别被审计单位错报或舞弊。

5. 未独立复核其他应收款坏账准备计提的合理性和准确性。

三、审计关注要点

（一）关注大额其他应收款的性质

其他应收款主要核算被审计单位往来款、代垫款、备用金、保证金等内容。实务中，关联方资金占用、隐形投资、费用挂账等可能通过其他应收款科目核算和过渡，审计人员不仅应关注大额其他应收款余额，还应关注其他应收款大额发生额。

对于大额往来款，一般可分为以下四类进行核查：

1. 合并范围内的关联方往来款。审计人员应在合并层面与合并范围内的关联方账面记录进行对账，核对发生额和余额。单边挂账导致的内部往来不一致的，审计人员应考虑对财务报表的影响。

2. 合并范围外的关联方往来。结合货币资金核实资金流向，检查已归还款项是否确实归还，检查是否构成资金占用以及资金占用金额。

3. 第三方单位往来款。了解与第三方往来款的必要性，核实资金流向，并关注第三方的身份，是否可能是隐藏的关联方。

4. 个人大额往来。关注个人大额往来款用途，核实资金流向，是否存在未报销的费用挂账。对于备用金、代垫款等款项，审计人员应结合被审计单位的资金管理制度，检查是否存在明显超出备用金额度的款项。如果期末余额较大，应询问被审计单位财务人员，并结合期后凭证检查核实是否存在未及时结转费用的情形。

示例 6-108

宝硕股份通过其分、子公司宝硕股份氯碱分公司、型材公司、德玛斯公司和绿源公司银行账户办理53笔票据贴现业务，贴现资金划归宝硕股份使用，发生的

21 882 067.42 元的贴现利息没有计入财务费用，宝硕股份将其计入其他应收款—德利得科目的借方中。

资料来源：巨潮资讯网站。

示例 6–109

陶荣、居年丰、张和兵签署了《共同控制协议》，系博腾股份实际控制人，与博腾股份（300363）构成关联关系。2018 年 4 月至 2019 年 4 月，在博腾股份实际控制人陶荣指使及组织下，博腾股份用备用金形式通过公司员工颜某淞提供资金 1 250 万元，通过关联方重庆聚心投资有限公司提供资金 11 951 万元。以上款项最终划转至实际控制人陶荣、居年丰、张和兵个人账户以及实际控制人银行的债权人银行账户。

资料来源：中国证监会网站。

（二）关注长期挂账其他应收款

审计人员应获取长期挂账合理性的审计证据，并考虑是否可能是资金占用，评估收回其他应收款的可能性。如果收回长期挂账其他应收款，应关注收回的真实性。具体可考虑实施以下程序：

1. 获取形成其他应收款的相关原始资料。检查初始发生时的相关原始依据、公司董事会（或股东会）决议、支付授权、查证是否为关联方、是否为股权投资、是否为非法谋利、是否为未经授权的非正常支付等情况；如无回函，也无债务人最近相关资料，应利用专家（如律师）工作，查清形成往来的真实情况，根据实际情况做进一步处理。

2. 询问长期挂账原因，判断可回收性。例如，如果为双方纠纷引起的，询问法务部是否开始诉讼及讼诉进度，如果是对方财务状况恶化或破产，询问经办人员该款项的可收回性。

3. 向债务人函证。对余额较大长期挂账而一直有发生额的其他应收款，即使有函证回函确认，仍应进一步取证核实债务人是否有实际偿还能力，是否一直处于亏损状态等状况。相关交易的真实、合法性需要从独立第三方的谨慎性角度进行判断，而非仅仅依赖于函证。

4. 检查收回长期挂账其他应收款。对于本期收回长期挂账其他应收款，审计人员应关注收回长期挂账其他应收款相关收款凭证、必要时核实资金来源，是否为第三方代为还款。

示例 6-110

闽越花雕（600659）与其合并报表范围内的子公司上海福联国际贸易有限公司签订债务重组协议，将其他应收款中应收福建省丝绸联合公司 5 562 764.90 元的债权（账龄为 3 年以上）转让给上海福联。在债务人福建省丝绸联合公司的偿债能力并没有发生变化的情况下，上海福联在受让该笔债权时，将其账龄由原来的 3 年以上调整为 1 年以内并少提坏账准备。从集团整体角度考虑，转让给子公司上海福联的债务在合并报表层面，应还原为闽越花雕账面的账龄，并据此计提坏账准备。

资料来源：中国证监会网站。

（三）选择重要或异常项目实施函证程序

审计人员应对其他应收款实施必要的函证程序，并注意：对重要项目、异常项目及关联方欠款即使回函相符，仍应取证并审核相关交易合同判断交易的合法性、真实性及交易是否具有充分的商业逻辑；对于公司员工大额欠款，应面函，核对身份证号等信息，取得员工身份证号复印件，询问借款用途、还款计划及相关借款是否已费用化等，与由员工签字按手印确认。

（四）关注坏账准备计提是否充分

关注其他应收款坏账准备计提组合划分是否合理。例如，按照款项性质划分、债权人信用风险等级划分等。实务中，政府款项、关联方款项确定为无风险组合或低风险组合，审计人员应关注政府、关联方的信用风险、财务状况，不能仅因为是政府或关联方而不计提坏账准备。

其他应收款减值准备需按照三阶段进行披露，审计人员应复核被审计单位其他应收款三阶段划分是否合理，常见的划分方式如表 6-62 所示。

表 6-62　其他应收款三阶段划分标准

	第一阶段	第二阶段	第三阶段
	未来 12 个月预期信用损失	整个存续期预期信用损失（未发生信用减值）	整个存续期预期信用损失（已发生信用减值）
账龄计提	1 年以下（计提比例 5%）	2~5 年（计提比例 10%~80%）	5 年以上（计提比例 100%）
单项计提		5%~99%	100%

审计人员还应关注其他应收款坏账准备计提和核销的批准程序，取得相关审计证据；检查本期核销坏账是否已有法院破产清算通知、债务人死亡证明等外部证据以及相关经理办公会议或董事会决议等内部审批手续，查验外部证据及内部

审批手续是否核对无误；检查是否有税务部门的审批手续，若转作坏账损失的项目未经税务部门批准，须调整应纳税所得额；若实际核销的款项涉及关联方的，需要检查被审计单位是否做出适当披露。

3 其他应付款

一、重大错报风险

1. 通过其他应付款虚挂资产、费用项目，导致其他应付款存在性重大错报风险。

2. 隐瞒关联方借款，少记利息费用情形，导致其他应付款完整性、列报存在重大错报风险。

3. 未披露关联方资金往来，导致其他应付款列报存在重大错报风险。

二、常见审计问题

1. 未对大额其他应付款执行充分适当的检查程序执行，导致未能发现被审计单位存在的舞弊和错报。

2. 函证程序执行不到位，导致未能发现被审计单位存在的舞弊和错报。

三、审计关注要点

（一）关注大额其他应付款的性质

其他应付款与其他应收款一样，可能被企业作为资金占用、虚增资产等过渡科目。审计人员除关注与关联方资金往来情况外，还应关注是否存在与被审计单位无正常业务的单位之间发生的大额、长期往来，核查大额其他应付款的性质和真实性，以及对财务报表其他项目的影响。

示例 6-111

2015 年 11 月、12 月，华意隆（831356）以支付合同工程款名义向深圳市联华绿建工程有限公司均以在建工程名义转出资金 7 941.76 万元。华意隆以支付合同工程款为名转出的上述款项中，4 640.54 万元经有关主体中转后回流至华意隆，华意隆收回上述款项后，将 4 440.54 万元记为应收账款收回，200 万元记为其他应收款收回。另有 3 301.22 万元经有关主体中转后回流至华意隆，华意隆收回款项后，作为其他应付款核算，以此虚增 2015 年其他应付款 3 301.22 万元。

华意隆 2015 年虚增在建工程 7 941.76 万元，占其公开披露当期总资产的

15.15%，虚增其他应付款 3 301.22 万元，虚构应收账款收回 4 440.54 万元；虚构其他应收款收回 200 万元。审计人员对大额其他应付款，未实施进一步审计程序核查其真实性，未能发现被审计单位通过其他应付款账户舞弊的行为。

资料来源：中国证监会网站。

（二）关注通过其他应付款核算的借款融资

若存在通过其他应付款向非金融机构拆借资金的情况，审计人员应当关注：一是合规性，是否存在违法集资等违反国家金融监管法律法规的行为，若存在，应当考虑对审计意见的影响；二是利息是否入账，被审计单位可能为了虚增利润，而少记利息费用。如果借款属于无息合同，应关注不计提利息的合理性，审计人员应获取相关借款协议、担保合同等资料，必要时向债权人函证。

对于控股股东、实际控制人及其关联方的无息借款，关注被审计单位是否作为权益性交易，即按照同期银行借款利率确认财务费用，同时增加资本公积。

此外，特别需要注意的是，结合其他项目的审计，关注被审计单位是否存在未入账的非金融金融借款，少计负债的情况。

（三）关注大额其他应付款核销转入损益

对于大额长期其他应付款，被审计单位以无需支付为由转入当期损益的，审计人员应当获取充分依据，包括债权人的背景信息、是否得到债权人的确认、债务豁免的商业合理性等。特别地，连续多年没有任何新的变化情况下，当期转入损益是否恰当，是否存在前期差错的情形。

（四）选择重要或异常项目实施函证程序

审计人员应对其他应付款实施必要的函证程序，对重要项目、异常项目及关联方款项即使回函相符，仍应取证并审核相关交易合同判断交易的合法性、真实性及交易是否具有充分的商业逻辑。若回函率较低，审计人员应实施替代审计程序，关注其他应付款的真实性。

（五）关注其他应付款期后付款

通过检查付款凭证、银行对账单等支持性凭证，分析入账日期发生的合理性，对资产负债表日至审计现场工作日已支付的金额较大的其他应付款项进行重点关注，确定有无未及时入账的其他应付款。审计人员可实施下列程序：询问被审计单位，让其提供截至审计日已支付的金额较大的其他应付款项；查阅期后银行大额付款凭证，发现有无未及时入账的其他应付款；查阅期后其他应付款明细账，如被审计单位在审计日前尚未编制记账凭证，则查阅相关原始票据，核查有无未及时入账的其他应付款。

4 管理费用

一、重大错报风险

1. 可能通过少记管理费用虚增利润，导致管理费用完整性认定存在重大错报风险。

2. 管理费用与销售费用、研发费用及营业成本归集和划分不当，导致成本费用核算和列报存在重大错报。

3. 提前或滞后确认管理费用，导致管理费用截止性认定存在重大错报风险。

4. 管理费用披露缺乏针对性、明晰性。

二、常见审计问题

1. 分析性程序执行不到位，未能识别被审计单位管理费用及相关项目的异常变化，以及实施进一步审计程序核查原因。

2. 管理费用检查缺乏针对性，导致未能发现管理费用错报。例如，未设计和选择恰当样本，检查工作存在随意性，或者存在“放飞机”现象，抽取检查的管理费用项目，并未实际查阅原始凭证等资料。又如，检查中未关注管理费用归集与营业成本和其他费用的划分是否恰当。

3. 截止性测试流于形式，导致未能发现被审计单位跨期事项。例如，审计人员对资产负债表日后前五笔或十笔管理费用凭证检查，凭证中包含金额极小项目或是折旧等项目，金额极小项目即使跨期也不会导致进行审计调整，折旧项目已在固定资产底稿测算，采用折旧凭证检查跨期毫无意义。

4. 未关注管理费用披露存在的问题。

三、审计关注要点

（一）实施分析性程序，判断管理费用波动的合理性

通过对管理费用实施上期和本期对比等分析程序，发现被审计单位可能存在的异常情况。对于期间变动较大、新增大额支出等情形，审计人员应询问原因，并获取充分适当的审计证据。例如，职工薪酬较上年增加40%，应结合应付职工薪酬底稿核实员工人数是否相应增加。

（二）核查大额管理费用项目，关注发生额的真实性

管理费用明细项目主要由职工薪酬、折旧、差旅费、办公费等构成，审计人员应根据具体明细项目的特点实施凭证检查。检查管理费用应当注意方法：

1. 对于大额、性质特殊的管理费用，如大额诉讼费、罚款等，逐项单独进行

检查，获取费用发生的原始凭证，判断真实性。

2. 对于频发发生的费用，如办公室、差旅费等，在实施分析性程序的基础上，采取审计抽样的方式，根据风险评估结果，抽取一定数量样本实施检查。

3. 对于很小金额的管理费用，可不予检查。

需要注意的是，管理费用中有的项目，如固定资产折旧、长期资产的摊销、职工薪酬等往往在相关项目审计，审计人员仅需交叉索引即可，无需在管理费用中单独重复审计。

（三）关注大额管理费用是否存在跨期

审计人员应当实施截止日测试，核查被审计单位是否存在大额管理费用跨期。选择资产负债表日前后期间时，注意选择适合的时间跨度，不仅仅限于“前五后五”，或“前十后十”，若被审计单位存在较高的审计风险，或根据以前年度审计经验，被审计单位经常发生费用跨期，审计人员应当扩大截止日测试的期间，必要时扩大至审计报告日前。

（四）关注管理费用披露的“其他”项目

若审计人员发现被审计单位财务报告附注管理费用披露的“其他”项目过大，应当查明原因，是否存在隐瞒重要信息，或不当合并费用披露情形，必要时提请恰被审计单位当披露。

5 其他收益

一、重大错报风险

1. 可能通过确认关联方等虚增其他收益，导致其他收益发生存在重大错报风险，如确认应由关联方享有的政府补助；通过向关联方转让债务，确认债务重组收益等。

2. 提前确认其他收益，导致其他收益截止性认定存重大错报风险，提前确认不符合确认条件的政府补助。

3. 递延收益分摊不准确，导致其他收益准确性重大错报风险。

二、常见审计问题

1. 未获取充分的政府补助相关文件，导致未发现被审计单位其他收益确认存在错报。例如，仅依据收款单据认可被审计单位确认其他收益，未获取政府补助政策、批文等资料进行核对。

2. 政府补助检查程序执行不充分。例如，未核对被审计单位政府补助文件列明的补助对象、范围、条件等相关信息；未核对收款凭证上付款单位是否为政府单位等。

三、审计关注要点

（一）关注其他收益项目核算的内容

财政部《一般企业财务报表格式（适用于已执行新金融准则、新收入准则和新租赁准则的企业）》规定，“其他收益”项目，反映计入其他收益的政府补助，以及其他与日常活动相关且计入其他收益的项目。审计人员应关注被审计单位其他收益核算范围是否正确，是否与被审计单位日常经营活动相关。其他收益主要核算以下内容：

1. 与企业日常活动相关的政府补助。

2. 特定纳税人加计抵减税额，生产、生活性服务业纳税人取得资产或接受劳务时，应当按照《增值税会计处理规定》的相关规定对增值税相关业务进行会计处理；实际缴纳增值税时，按应纳税额借记“应交税费—未交增值税”等科目，按实际纳税金额贷记“银行存款”科目，按加计抵减的金额贷记“其他收益”科目。

3. 债务重组收益。

4. 个税扣缴手续费。

（二）关注政府补助收益确认

政府补助是其他收益核算的重要内容，审计人员应当结合“递延收益”等项目的审计，关注政府补助收益确认的恰当性。

（三）关注债务重组收益

债务重组收益是被审计单位作为债务人通过债务重组获取的收益。审计人员应关注债务重组的真实性、债务重组收益确认时点的准确性以及是否构成权益性交易。对于债务重组构成权益性交易的，债务重组收益不应计入其他收益，而应计入资本公积。例如，债权人是债务人股东、债务人是债权人的股东、债权人和债务人同属于一个集团，债权人在债务人没有出现财务困难情形下，豁免了全部债务，则应属于权益性交易；或者在债务人出现财务困难情形下，作为股东的债权人比其他债权人多豁免债务，则多豁免的债务部分应按照权益性交易处理。

示例 6-112

证监会《2021 年度证券审计市场分析报告》指出：根据审计准则及相关规定，注册会计师应充分了解被审计单位及其环境，充分关注债务重组交易的合规性，评价交易的商业合理性，债务豁免是否满足条件，设计及实施进一步的实质性审计程序，重点关注债务重组交易涉及的债务豁免事项是否履行审批程序、豁免是否具备法律效力、豁免的相关承诺事项是否存在撤销的可能性。

年报审阅发现，个别上市公司前期承担了对实控人借款的连带还款义务或财务担保。对于上述违规借款、违规担保，上市公司与实控人、重整投资人等（不包括债权人）签订《债权债务重组协议》，重整投资人承诺后续向债权人收购相关债权并豁免公司义务，公司以此为由未确认或有还款、担保义务。注册会计师未恰当评估相关还款、担保的现时支付义务，未审慎判断签署债务重组协议是否满足终止确认负债的条件，债务重组审计不到位。

6 营业外收入和营业外支出

一、重大错报风险

1. 未正确区别其他收益、资产处置收益与营业外收支的区别，导致营业外收支列报错报。

2. 大额营业外收支确认不当，或者存在将获取的股东捐赠等权益性交易利得计入营业外收入，导致营业外收入发生存在重大错报风险。

3. 通过提前和延迟确认营业外收入或支出调节利润，导致营业外收支发生和完整性存在重大错报风险。

二、常见审计问题

1. 未识别被审计单位混淆其他收益、资产处置收益与营业务收支的区别，导致未能发现利润表项目列报错报。

2. 对大额营业外收入或支出审计程序执行不到位，未获取充分适当的审计证据，导致未能发现被审计单位营业外收支存在的舞弊和错报。

3. 未识别权益性交易，导致未发现被审计单位营业外收入存在错报。

三、审计关注要点

（一）关注营业收支的核算范围

“营业外收入”项目，反映企业发生的除营业利润以外的收益，主要包括与企业日常活动无关的政府补助、盘盈利得、捐赠利得（企业接受股东或股东的子公司直接或间接的捐赠，经济实质属于股东对企业的资本性投入的除外）、非流动资产毁损报废利得等。

"营业外支出"项目，反映企业发生的除营业利润以外的支出，主要包括公益性捐赠支出、非常损失、盘亏损失、非流动资产毁损报废损失等。其中，"非常损失"，指企业对于因客观因素（如自然灾害等）造成的损失，在扣除保险公司赔偿后计入营业外支出的净损失。"非流动资产毁损报废损失"通常包括因自然灾害发生毁损、已丧失使用功能等原因而报废清理产生的损失。

审计人员应当注意，被审计单位是否将营业外收支核算范围与其他收益和资产处置收益相混淆：

"1. 其他收益"项目，反映计入其他收益的政府补助，以及其他与日常活动相关且计入其他收益的项目。

2. "资产处置收益"项目，反映被审计单位出售划分为持有待售的非流动资产（金融工具、长期股权投资和投资性房地产除外）或处置组（子公司和业务除外）时确认的处置利得或损失，以及处置未划分为持有待售的固定资产、在建工程、生产性生物资产及无形资产而产生的处置利得或损失。债务重组中因处置非流动资产（金融工具、长期股权投资和投资性房地产除外）产生的利得或损失和非货币性资产交换中换出非流动资产（金融工具、长期股权投资和投资性房地产除外）产生的利得或损失也包括在本项目内。

此外，审计人员还应关注：

1. 被审计单位是否存在将"应交税费"核算的税费、"应付职工薪酬"核算的职工薪酬项目，错误地在"其他应付款"核算的现象。

2. 营业外收支中"其他"项的核算内容，检查银行进账单或现金收据等原始凭证，检查入账金额及会计处理是否正确，防止被审计单位将罚款等敏感事项隐瞒。

（二）关注大额营业外收支的真实性

审计人员应关注被审计单位大额营业外收支的真实性和合理性，检查相关协议、收款凭证等，必要时还应执行函证程序、检查资金来源和流向。

示例 6-113

2019 年 12 月，*ST 新亿子公司深圳市阳云科技有限公司受 *ST 新亿委托，与深圳德福商业保理有限公司签订保理合同，约定将 *ST 新亿享有的 2.38 亿元债权作价 2.66 亿元转让给德福保理。*ST 新亿在收到 7 590 万元应收债权转让款后，又通过孙公司新疆恒泊今盛科技发展有限公司以产品采购款和对外借款的形式转出上市公司。

T 会计师事务所审计发现，*ST 新亿 2019 年 7 590 万元保理资金在收到后以预付账款和其他应收款的形式转出，并将预付账款调整至其他应收款，审计人员仅获取了保理合同、委托付款协议、与所转让债权相关的民事判决书、收款单据，对资金来源和去向以及交易的商业实质存疑，认为存在与债务人串通舞弊风险并明确提出了需进一步执行向债务人核实的程序。T会计师事务所营业外收入审计底稿记录，2019年*ST新亿将享有的2.38亿元债权作价2.66亿元转让给德福保理，并在收到7 590万元应收债权转让款后，确认为营业外收入。T会计师事务所对德福保理和深圳市百盛易威科技有限公司实施函证程序。审计人员根据林某杰提供的德福保理和百盛易威联系人、联系方式及联系地址进行函证，关注到林某杰提供的百盛易威与德福保理的函证地址一致的异常情形未保持职业怀疑，发现百盛易威的函证地址和其注册地址深圳市福田区福田街道彩田南路星河世纪大厦B栋1708号不一致的异常情形，仅向林某杰确认，未向函证对象确认其身份，也未将函证中发现的异常情况记录在底稿中。审计人员在函证程序存在瑕疵的情况下未保持职业怀疑，最终并未进一步执行审计程序核实相关该笔营业外收入的真实性，未发现*ST新亿虚增营业外收入。

资料来源：中国证监会网站。

（三）关注债务豁免或捐赠确认的营业外收入

对于债权人豁免的其他应付款、接受的捐赠等非常规确认的营业外收入，审计人员应关注交易是否符合商业常识，是否具有合理性。例如，对于大额捐赠利得审计时应关注：相关交易是否合理，是否符合一般商业逻辑；捐赠资产是否按照公允价值计价；捐赠方是否与被审计单位存在关联或其他亲密关系；捐赠资产所有权是否已转移等。

对于接受控股股东、实际控制人及其他关联方的债务豁免、捐赠、同一控制下业绩补偿款及非公允性交易价格部分，关注被审计单位是否作为权益性交易核算，不应当计入营业外收入项目。

示例 6–114

2014年12月，仅持有*ST博元1 400股的小股东郑伟斌自愿将其持有的福建旷宇95%的股权无偿捐赠于珠海市博元投资股份有限公司。经评估，福建旷宇股东全部权益价值评估值为9.04亿元，郑伟斌持有的福建旷宇95%股权对应价值为8.59亿元。按照财政部、证监会对接受捐赠的会计处理规定，郑伟斌持有*ST博元1 400股股票，其身份是股东，该项捐赠应计入资本公积。

资料来源：巨潮资讯网站。

（四）关注未决诉讼等产生的大额预计负债

审计人员应取得相关诉讼、仲裁或法院判决书等法律文件，结合预计负债的审计，检查计入营业外支出的金额是否适当，有关会计处理是否正确。因对外担保计提的或有损失，属于对外财务担保合同，应计提相关预期信用损失，计入预期信用损失项目，而不是计入营业外支出。但是若法院判决担保合同无效，仅基于过错义务承担法律责任，相关损失应计入营业外支出。

示例 6-115

L 会计师事务所在对 ST 中天（600856）2020 年度财务报表审计中，对 ST 中天违规担保预计负债计提不符合《企业会计准则第 13 号——或有事项》规定的情况未保持充分关注。对已被判决或仲裁承担连带责任的 2.38 亿元违规担保，ST 中天仍按 20% 计提预计负债，预计负债计提不足，审计人员未识别出相关错报。

项目组对 ST 中天 2020 年财务报表发表带强调事项段和持续经营存在重大不确定性段落的无保留意见，对应收九头风和加拿大优势债权减值事项和违规担保预计负债计提事项作为强调事项披露。

L 会计师事务所质控复核合伙人对违规担保预计负债计提充分性，以及该事项作为强调事项是否合适提出复核意见，但是在项目组回复仅为审计底稿既有内容，未取得进一步有说服力证据的情况下，未进一步质疑，使得 L 会计师事务所出具的审计意见不恰当。

（五）关注大额非正常损失恰当性

审计人员应当逐项检查大额检查非常损失具体情况，获取实际损失及理赔等依据。对于盘亏损失，应与相关资产的管理人员保持沟通，查阅盘点、监盘资料和处置审批单，检查损失金额计算是否正确，审核其内容的真实性和依据的充分性，检查会计处理符合相关规定，并询问会计人员，检查内部会议记录等确定是否存在未入账损失。

示例 6-116

2012 年，济南固锝（002079）根据客户台湾某科技股份有限公司向其出具的《扣款通知单》，将质量索赔款 536 万元确认为营业外支出。济南固锝对涉案索赔款项的会计处理与对其他类似索赔款项的处理方式明显不同。此前和此后发生的类似质量索赔事项的会计处理凭证显示，均附有双方实质性认可相关赔偿金额的文件，而对涉案索赔款项的会计处理仅凭对方出具的《扣款通知单》，未经相关认可程序便直接确认营业外支出，处理方式明显不同于一般惯例做法。

2013 年 10 月，鉴于质量索赔款未实际支付且具体赔偿金额尚不能合理确定，济南固锝认为 2012 年确认营业外支出时会计估计不准确，遂冲减 2013 年营业外支出536万元，审计人员未获取充分证据，审计程序不到位。

资料来源：中国证监会网站。

（六）关注营业外支出的纳税调整

审计人员应关注被审计单位捐赠协议、审批表，同时检查公司是否将捐赠区分为公益性和非公益性捐赠，对已计提减值准备的捐赠资产是否已于捐赠时相应结转减值准备；检查公益性捐赠按税法规定进行企业所得税纳税调整情况等情况；检查非公益性捐赠支出、税收滞纳金、罚金、罚款支出、各种赞助费支出，核实原始凭证和关注会计处理的正确性，是否进行了纳税调整。

此外，无论是IPO申报，还是重大资产重组和非公开发行，对被审计单位过去36个月是否受到重大行政、刑事处罚都比较关注。若被审计单位存在税收滞纳金、罚金、罚款支出等事项，审计人员可考虑已确认相关处罚的严重程度及其影响。

附录：新收入准则百问百答

【问题1】收入准则较原收入准则发生哪些主要变化？

答：主要变化体现在下列五个方面。

一是将原收入准则和建造合同准则统一纳入收入准则确认模型；二是以控制模型代替风险报酬模型作为收入确认时点的判断标准，不再区分销售商品和提供劳务的界限，控制模型将同一合同内的不同履约义务进行分拆后分别考虑每个履约义务控制转移的时点（或时段），原收入准则中的“风险报酬模型”没有强调对混合销售中的不同部分是否应单独进行风险报酬转移的分析；三是收入计量应当根据合同条款并结合以往的习惯做法予以确定合同价格；四是对于特定交易安排明确了实务指引；五是从定性和定量提出了更多披露要求。

【问题2】如何理解收入确认时“控制权”转移的内涵？

答：一项资产是在客户获得对该资产的控制时（或过程中）被转让的。控制，是指能够主导商品或服务的使用并获得商品或服务几乎所有剩余利益的能力，对商品或服务的控制可能在某一时点转移也可能在一段时间内转移。利益可通过直接或间接的方式获取，包括：使用该资产以生产商品或提供服务；使用该资产以提升其他资产的价值；使用该资产以清偿负债或减少费用；出售或交换该资产；将该资产作为贷款的抵押担保品；以及持有该资产。

【问题3】收入准则的“五步法”模型是指哪五步？

答：第一步，识别与客户的合同；第二步，识别合同中的单项履约义务；第三步，确定交易价格；第四步，将交易价格分摊至各单项履约义务；第五步，在履行各项履约义务的同时确认收入。其中，第一步、第二步和第五步主要与收入的确认有关，第三步和第四步主要与收入的计量有关。

【问题4】以存货换取非货币性资产是否适用收入准则？

答：以存货换取客户的存货、固定资产、无形资产等非货币性资产，按照收入准则进行会计处理；其他的非货币性资产交换按照《企业会计准则第7号——非货币性资产交换》的规定处理。

【问题5】债务人以日常活动产出的商品或服务清偿债务是否适用收入准则？

答：收入为企业日常活动中形成的。通常情况下，债务人以日常活动产出的商品或服务清偿债务，不属于企业的日常活动，因此债务重组不适用收入准则，不应作为存货的销售处理。债务重组业务应适用《企业会计准则第12号——债务重组》准则，所清偿债务账面价值与存货账面价值之间的差额，记入“其他收益”。

【问题6】企业在处置固定资产、无形资产等，在确定处置时点以及计量处置损益时应按照哪个准则进行处理？

答：对于固定资产、无形资产等长期资产处置交易，因为相关准则中对于确定处置时点以及计量处置损益的规定较为原则，应按照收入准则的有关规定进行会计处理。

【问题7】收入准则下，是否会存在相同的经济业务采用不同的会计处理？

答：《企业会计准则——基本准则》规定，同一企业不同时期发生的相同或者相似的交易或者事项，应当采用一致的会计处理，不同企业发生的相同或者相似的交易或者事项，应当采用规定的会计政策，确保会计信息口径一致、相互可比。收入准则以合同约定的权利义务为会计处理的核心点，可能出现相同或类似的交易，因合同条款约定不同会计处理有别。例如，造船企业根据与客户签订的合同，若合同条款满足“企业履约过程中所产出的商品具有不可替代用途，且该企业在整个合同期间内有权就累计至今已完成的履约部分收取款项”时，按照时段法确认收入，否则按照时点法确认收入。

【问题8】如何区分使用权性质的收入是适用收入准则还是租赁准则？混合业务如何进行合同分拆？

答：若合同整体性适用租赁准则，应按照租赁准则进行会计处理。若某项交易部分适用收入准则，部分适用租赁准则，应当进行合同分拆。例如，某医疗服务企业与客户签订合同，约定企业免费向客户提供医疗检测设备，但客户在使用设备时必须向企业购买检测试剂。该案例中，应当先判断企业提供医疗检测设备是否属于租赁（即出租设备），如果属于租赁，则需要按租赁准则对合同中的租赁成分和非租赁成分进行分拆，租赁准则对于承租人给予了是否进行分拆的选择权。

【问题 9】如何识别与客户定立的合同？

答：企业与客户之间的合同同时满足下列五项条件的，企业应当在履行了合同中的履约义务，即在客户取得相关商品控制权时确认收入：一是合同各方已批准该合同并承诺将履行各自义务；二是该合同明确了合同各方与所转让商品相关的权利和义务；三是该合同有明确的与所转让商品相关的支付条款；四是该合同具有商业实质，即履行该合同将改变企业未来现金流量的风险、时间分布或金额；五是企业因向客户转让商品而有权取得的对价很可能收回。

【问题 10】“客户”的范畴包括哪些？

答：收入准则所称客户，是指与企业订立合同以向该企业购买其日常活动产出的商品或服务并支付对价的一方。客户的范围包括合同相关的分销链条上的主体。如果一项交易包括主要责任人、代理人和最终用户，其中企业是代理人，则主要责任人及最终用户都是企业的客户。例如，企业向多家公司提供互联网广告服务，但仅将广告客户与发行商组合提供的广告空间进行匹配，并不提供任何精细的广告定位服务，即企业是代理人，按净额法确认收入，则广告客户和发行商可能都是企业的客户。

【问题 11】如何理解合同约定的权利与义务的法律约束力，以及对识别合同的影响？

答：合同约定的权利和义务是否具有法律约束力，需要根据企业所处的法律环境和实务操作进行判断。合同各方均有权单方面终止完全未执行的合同，且无需对合同其他方作出补偿的，该合同应当被视为不存在。其中，完全未执行的合同，是指企业尚未向客户转让任何合同中承诺的商品，也尚未收取且尚未有权收取已承诺商品的任何对价的合同。

【问题 12】合同变更如何影响原合同及履约义务？

答：如果合同变更增加了可明确区分的商品及合同价款，且新增合同价款反映新增商品单独售价，则合同变更作为一项单独的合同（未来适用法）；如果未增加可明确区分的商品及合同价款，需要判断未转让的商品与已转让的商品之间能够明确区分，若能够明确区分，作为原合同终止和新合同订立（视同重新订立合同），若不能明确区分，则作为原合同的组成部分（累计追加调整法）。

【问题 13】工程施工行业追加合同收入属于合同变更的何种形式？

答：工程施工企业追加合同可能是因为下列原因：工程质量优良，业主给予的工程奖励款；施工期间，施工企业采购的材料、设备（乙供材）因市场价格上涨，业主给予的追加工程款；施工范围发生变化，导致工程量增加给予的追加收入。上述前两种情形，并未增加新的履约义务，应当为原合同的组成部分。第三种情形，若企业提供的剩余商品或服务，与合同修改日当日或之前已经转移的商品或服务是不可明确区分的，该合同仍然是一项单一履约义务，属于原合同的组成部分。

【问题 14】合同变更与可变对价在实务中如何区分并应用？

答：通常情况下可变对价具有两个明显特点：

第一，累计已确认的收入在期后极可能不会发生重大转回；

第二，合理预期合同双方均可能对合同价格提出调整。

合同变更则主要体现为需要合同签订双方重新谈判及修订。例如新冠肺炎疫情导致的合同价格发生变化，但未在之前签订合同中予以明确的约定，则可能属于合同变更，而不作为对可变对价的调整，从而应当按照有关合同变更的规定进行会计处理。

【问题 15】合同中如果缺乏合同对价收取时间的相关约定，是否符合收入准则？

答：合同成立的条件之一是应有明确的与所转让商品相关的支付条款，如果合同中缺乏对合同对价收取时间的相关约定，则很可能不符合合同成立的条件，合同未成立也自然不能根据收入准则确认相关合同收入。

【问题 16】如何理解合同成立五个条件中的“对价很可能收回”？

答：企业在评估其因向客户转让商品而有权取得的对价是否很可能收回时，仅应考虑客户到期时支付对价的能力和意图（即客户的信用风险）。此处的“很可能”是指满足收回对价大于 50% 的可能性。

【问题 17】如何理解计入交易价格的可变对价金额的限制？

答：企业按照期望值或最可能发生金额确定可变对价金额之后，计入交易价格的可变对价金额应该满足限制条件，即包含可变对价的交易价格，应当不超过在相关不确定性消除时，累计已确认的收入极可能不会发生重大转回的金额。企业在评估不确定性时，应当同时考虑收入转回的可能性及转回金额的比重。其中，“极可能”是一个比较高的门槛，其发生的概率应远高于“很可能（可能性超过 50%）”，但不要求达到“基本确定（可能性超过 95%）”，其目的是避免因为一些不确定性因素的发生导致之前已经确认的收入发生转回；在评估收入转回金额的比重时，应同时考虑合同中包含的固定对价和可变对价，也就是说，企业应当评估可能发生的收入转回金额相对于合同总对价（包括固定对价和可变对价）而言的比重。

【问题 18】在签订合同后，当客户信用风险显著升高时是否需要重新评估可收回性？之前确认的收入是否可以调整？

答：如果在合同开始日，企业认为该合同满足收入准则第五条规定的合同成立的五项条件，但是，在后续期间，客户的信用风险显著升高，企业需要评估其在未来向客户转让剩余商品而有权取得的对价是否很可能收回，如果不能满足很可能收回的条件，则该合同自此开始不再满足收入准则第五条规定的合同成立的五项条件，应当停止确认收入。同时之前确认的收入不应调整，一般情况下应该考虑之前确认收入对应的合同资产和（或）应收款项余额是否存在减值，如存在减值，应按照《企业会计准则第 22 号——金融工具确认和计量》计提减值准备。

在停止确认收入的后续期间内，当合同成立条件再度满足时，或者当企业不再负有向客户转让商品的剩余义务，且已向客户收取的对价无需退回时，才能将已收取的对价确认为收入。

【问题 19】两份或多份合同合并为一份合同应如何进行会计处理？

答：两份或多份合同合并为一份合同进行会计处理的，仍然需要根据五步法对该“大”合同进行第二到第五步的会计处理，包括区分该合并后“大”合同中包含的各单项履约义务，确定“大”合同的交易价格及分摊，在履行各单项履约义务时确认收入。

【问题 20】如何确定合同期限？

答：合同期限，是指合同双方拥有的现时可执行的具有法律约束力的权利和义务的期间，其长短会影响交易价格的确定和分摊，以及收入的确认。实务中，存在企业与客户一次签订多年服务或授予技术许可的合同，特别是在软件、专利、特许经营权等知识产权领域较为普遍。例如，某软件企业与客户签订了一项为期 3 年的软件许可权安排，允许客户使用企业的软件设计产品，在未来 3 年内，每年支付 100 万元授权许可费。合同约定，如果双方违约（如客户未按期支付授权许可费），应当支付相当于合同总金额 50% 的违约金。

该案例中，如何确定合同期限？是作为一个合同，一次性确认收入（假设满足时点法），还是作为分拆为三个合同，分期确认收入？确定合同期限的关键，是判断合同终止时赔偿条款对合同期限的影响，如果合同各方均有权单方面终止完全未执行的合同，且无需对合同其他方作出补偿的，该合同视为不存在。本案例中，因双方违约均需支付重大、实质性的违约金，合同的期限很可能等于合同中约定的 3 年，这是因为具有法律约束力的权利与义务存在于整个合同约定的 3 年期限内。

【问题 21】在确定合同存续期时，如何评价合同终止条款及违约金的影响？

答：如果合同约定任何一方可以无代价地随时终止合同，那么该合同只能视为逐期（年 / 月）订立的合约。如果合同存在重大的违约罚金，则无论合同双方或仅客户一方有权终止合同，合同存续期都很可能与合同条款的约定一致。如果仅客户能够无代价地终止合同，那么该权利将会视为一项客户续约选择权，当其给予客户重大权利时，会作为一项履约义务。如何判断违约金是否重大？一般而言，违约金超过交易对价的 30%，可视为具有重大性。

【问题 22】先干活，后签合同，如何判断收入确认时点或起点？

答：实务中，存在企业先干活，后签订合同的情况。例如，产品已经交付客户，或者需要一段期间建造的产品或服务已经开工，但未签订合同。准则规定，收入确认的前提条件是合同成立，必须明确双方的权利和义务，以及对价支付条款等，即应当满足“五步法”模型的第一步。因此，上述情形应当按照合同签订与商品交付或建造活动孰晚，作为收入确认的时点（一个时点履约）或起点（一段时间履约）。

【问题 23】履约义务分拆应当同时满足什么条件？

答：一是客户能够从该商品本身或从该商品与其他易于获得资源一起使用中收益，二是企业向客户转让该商品的承诺与合同中其他承诺可单独区分。下列情形为不可单独区分，即：企业需提供重大服务以将该商品与合同中承诺的其他商品整合成合同约定的组合产出转让给客户、该商品将对合同中承诺的其他商品予以重大修改或定制、该商品与合同中承诺的其他商品具有高度关联性。

【问题 24】履约义务是否就是合同约定的企业所承担的合同义务？

答：履约义务，是指合同中企业向客户转让可明确区分商品的承诺。履约义务既包括合同中明确的承诺，也包括由于企业已公开宣布的政策、特定声明或以往的习惯做法等导致合同订立时客户合理预期企业将履行的承诺。

合同中约定的企业所承担的合同义务不能简单等同于收入准则下的履约义务：

第一，企业为履行合同而应开展的初始活动，通常不构成履约义务，除非该活动向客户转让了承诺的商品。

第二，合同义务中通常会包含的保证性质量保证，这一类质保在收入准则下不会被识别为一项履约义务。

第三，除上述两类合同义务外，当合同义务大于一项时，需要考虑合同义务是否本身明确可区分，如本身可区分，需进一步考虑各合同义务（即商品或服务）之间是否存在重大整合、重大修改或定制、具有高度关联性。企业向客户转让一系列实质相同且转让模式相同的、可明确区分商品的承诺也应当作为单项履约义务。

第四，当企业识别合同中的承诺时，需考虑站在客户的角度是否存在有效预期，即预期企业将提供一项商品或服务。即履约义务的概念也包括基于书面合同以外的因素（如以往商业惯例、行业规范）的推定履约义务。例如对于电信企业免费提供手机、汽车制造商免费提供维修、超市提供积分等，需要视为客户付款购买，将分配对价至这些履约义务中。

因此履约义务的范畴及数量不一定等同于合同所约定义务。

【问题 25】系统集成业务能否分拆为多个履约义务（如硬件、软件产品分拆）？是否能够按照时段法确认收入？

答：系统集成通常是指将软件、硬件与通信技术组合起来为用户解决信息处理问题的业务，集成的各个分离部分原本就是一个个独立的系统，集成后的整体的各部分之间能彼此有机地和协调地工作，以发挥整体效益，达到整体优化的目的。由于系统集成上述特点，通常难以满足履约义务分拆的条件，即单个组成部分往往不能为客户带来经济利益，因此多数情况下系统集成作为一项履约义务。

系统集成如果是“交钥匙”工程，可以理解为一种“合并产出”，只有整体完成并验收合格后，才能发挥作用。企业建造过程中，如果客户既不能取得并消耗企业履约所带来的经济利益，也不能控制企业履约过程中的在建商品，所以一般按照时点法确认收入（除非符合收入准则第十一条第三款所规定的条件）。

【问题 26】工程承包商能否将设计服务、设备供货、建筑安装工程（EPC）分拆为单独的履约义务？

答：履约义务分拆应当满足两个条件，即客户能够从该商品本身或从该商品与其他易于获得资源一起使用中受益、企业向客户转让该商品的承诺与合同中其他承诺可单独区分。实务中，总承包商需要对其所承包的各项服务和工程（单个承诺）的质量、安全、费用和进度进行总体协调和负责，以便能够按照合同约定的时间和质量规格向客户交付。承包方需要提供重大服务将这些单个承诺作为投入整合为组合产出才能向客户交付，这表明合同中的各个单个承诺是不能够单独区分的。因此，一般而言，工程总承包中的设计服务、设备供货、建筑工程和安装工程应当作为一项履约义务。

【问题 27】赠品是否为一项单独履约义务？

答：对于企业“买一赠一”“买大赠小”等促销活动，“销售商品”和“赠送商品”都是合同中的承诺，应作为两项履约义务。应采用类似于捆绑销售的方式进行会计处理，即按照售出商品和赠品单独售价的相对比例，将合同对价进行分摊确认收入，所售出商品和附送赠品的成本均转为营业成本，不应单独把其中的赠品成本确认为销售费用。

企业为促销目的无偿赠送的样品、试用装、礼品等，无须受赠方履行一定义务（如购买一定价值的商品）即可获赠的（如所谓“来就送”），此时的赠品成本应确认为销售费用，不确认收入和结转成本。因为此时赠品成本的付出并无对应的经济利益流入，所以不满足确认收入的条件。

【问题 28】从成本效益考虑，不重大的商品或服务是否无需判断其是否构成单独履约义务？

答：FASB 明确规定，如果某些承诺提供的商品或服务就某项与客户签订的合同而言是不重要的（无论单独还是合并，无论金额还是性质都不重要）则企业可以不必判断该商品或服务是否构成履约义务（但不适用于客户的额外购买选择权）。IFRS15 及我国收入准则未作出明确规定（豁免），但重要性是所有准则都适用的原则。例如，销售商品合同约定，商品交付后由客户安装但并不复杂，企业需要对客户进行技术指导或培训，虽然构成单项履约义务，但不具有重大性，可不单独判断一项履约义务。

【问题 29】汽车零部件制造商参与模具的研发和制作，为客户提供零部件的相关收入如何确认？

答：汽车零部件制造商参与模具的研发、制作及采购后，模具的所有权销售给客户，但使用权仍归属于零部件制造商，在实务中通常有以下两种情形。

情形一，客户一般与零部件制造商单独签订模具采购合同，客户提供模具的技术要求，汽车零部件制造商联系模具供应商采购、制作模具，客户对模具单独进行验收，达到批量生产条件时支付模具费用。合同通常约定模具的所有权归属于客户，但使用权归属于汽车零部件制造商。

汽车零部件制造商虽与客户对模具单独签订合同，客户对模具单独验收，但是客户是从零部件产品中受益，而不是为了取得模具从模具本身受益，客户也不能与其他易于获得资源一起使用中受益，故倾向于模具的研发和制作不作为单独的履约义务，应与零部件产品销售一并构成一项履约义务，相关成本应作为合同履约成本在满足条件时资本化计入存货或其他非流动资产。

情形二，汽车零部件制造商未参与模具的研发，只是代客户采购模具，客户收回模具后仍可继续使用，并且客户较容易更换零部件制造商。此种情况则可能表明客户可以从模具中获益，模具的制作作为一项单独的履约义务可能更为恰当。此种情况下汽车零部件制造商需根据具体合同判断是主要责任人还是代理人。

其他实务情况可参考上述两种情形根据具体情况进行分析判断。

【问题 30】按照时段法确认收入应当满足什么条件？

答：采用时段法确认收入，必须满足下列条件之一。

第一，客户在企业履约的同时即取得并消耗企业履约所带来的经济利益；

第二，客户能够控制企业履约过程中在建的商品；

第三，企业履约过程中所产出的商品具有不可替代用途，并且该企业在整个合同期间内有权就累计至今已完成的履约义务收取款项。

收入准则不再根据业务模式或类型的不同要求采用一个时段或一个时点进行收入确认，而是全部业务均需要首先考虑是否满足上述三个条件之一，如满足其中之一则需要在一个时段内确认收入，否则应在一个恰当时点确认收入。

【问题 31】满足时段法确认收入条件时是否可选择按时点法确认收入？

答：如果满足时段法确认收入的三个条件之一，则应当在一个时段内按照履约进度进行收入确认，履约进度不能合理确定的除外。收入准则并非给予企业在满足一个时段内确认收入的条件下，可自行选择在一个时段内或一个时点进行收入确认的权利。

【问题 32】按时段法确认收入履约进度不能合理确认时如何处理？

答：对于在某一时段内履行的履约义务，只有当其履约进度能够合理确定时，才应当按照履约进度确认收入。企业如果无法获得确定履约进度所需的可靠信息，则无法合理地确定其履行履约义务的进度。当履约进度不能合理确定时，企业已经发生的成本预计能够得到补偿的，应当按照已经发生的成本金额确认收入，直到履约进度能够合理确定为止。

【问题 33】如何理解满足在一个时段内履约的第一个条件“客户在企业履约的同时即取得并消耗企业履约所带来的经济利益”？

答：客户在企业履约的同时即取得并消耗企业履约所带来的经济利益在较复杂情形下可采用假设法，即假定在更换为其他企业继续履行剩余履约义务时，实质上无需重新执行企业累计至今已完成的工作。判断其他企业是否实质上无需重新执行企业累计至今已经完成的工作时，应当基于下列两个前提：一是不考虑可能会使企业无法将剩余履约义务转移给其他企业的潜在限制，包括合同限制或实际可行性限制；二是假设继续履行剩余履约义务的其他企业将不会享有企业目前已控制的，且在剩余履约义务转移给其他企业后仍然控制的任何资产的利益。

【问题 34】在客户生产经营场所为其制造大型设备或生产线，是否属于“客户能够控制企业履约过程中在建的商品”的情形？

答：企业利用自身的技术，在客户现场为其建造生产线或集成设备，如在汽车厂商车间内建造焊接生产线、在家电制造企业车间内建造智能检测线等，因生产线建造往往较为复杂，客户不能主导和参与建造活动，若企业违约，不能在已完成部分的基础上继续建造，因而在建造完成之前，不能为客户带来经济利益，客户并不能控制企业履约过程中在建的生产线，因而不符合时段法确认收入的条件。

判断“客户能够控制企业履约过程中在建的商品”的关键，是客户能否主导建造产品的使用，并从中获得几乎全部的经济利益，而不应仅以建造产品的空间场所来判断。

【问题 35】在理解时段法确认收入的第三个条件时，是否只有定制化的商品和服务才符合“不可替代”？

答：由于合同限制，企业在商品创建或改良过程中不能将其轻易用于其他用途，或由于实际限制不能将完工的商品轻易用于其他用途，则企业履约创建了具有不可替代用途的资产。定制化是一个考虑因素，但不是决定性因素，即某些情况下商品可能是标准化的，但仍可能具有不可替代的用途，因为合同约定限制企业重新指定商品的使用。例如房地产销售合同中所预售房产是客户特别“指定”的标准化商品，从而满足具有“不可替代用途”的条件，但难以满足合格收款权的条件，因此，不能按照时段法确认收入。

【问题 36】时段法确认收入中的“在整个合同期间内有权就累计至今已完成的履约义务收取款项”需要满足哪些条件？

答：企业在整个合同期间内有权就累计至今已完成的履约义务收取款项（以下简称合格收款权），是指在由于客户或其他方原因终止合同的情况下，企业有权就累计至今已完成的履约部分能够收取补偿其已发生成本和合理利润的款项，并且该权利具有法定约束力。合格收款权应同时满足下列四个条件：

第一，合同终止必须是由于客户或其他方的原因导致的，而不是企业自身的原因；

第二，企业有权收取的该款项应当大致相当于累积至今已经转移给客户的商品的售价，该金额应当补偿企业已经发生的成本和合理利润，补偿的合理利润并不一定要等于该合同的整体毛利水平；

第三，该权利具有法定约束力，既要考虑合同条款的约定，还要充分考虑适用的法律法规，补充或者凌驾于法律合同条款之上的以往的司法实践、司法解释以及类似案例的结果等；

第四，在整个合同期间内的任何时点，企业均应当拥有此项权利。合格收款权不代表企业需要在整个合同期内无条件收款的权利，但是在整个合同期间内，当因客户原因终止合同时，企业需要具有就累计至今已完成的履约部分收取款项的可执行权利。

【问题 37】影响对“合格收款权”进行判断的常见合同条款有哪几种情形？

答：企业有权收取的款项应当大致相当于累计至今已经转移给客户的商品的售价，即包括成本和合理利润。如果合同约定的企业有权收取的款项为保证金性质或仅是补偿企业已经发生的成本或可能损失的利润，不认为满足“合格收款权”的条件。

情形一，合同中未明确任何客户违约赔偿事项。《合同法》第 113 条（如客户违约则有权收取成本加利润）是否与会计上的“成本加利润”的内涵一致尚无定论。在监管机构无明确意见之前，没有约定任何客户违约赔偿事项的合同，不满足合格收款权的条件。

情形二，合同约定如客户违约，企业可获得相当于直接经济损失的补偿。该情形下企业有权收取的是成本，没有包括合理利润部分，不满足合格收款权条件。

情形三，合同约定如客户违约，企业仅可获得相当于已发生成本和10%合同总价的补偿。10%的补偿金额如果与同类合同的正常利润水平（如30%）存在显著差异，则表明该合同条款不满足“成本加利润”的合格收款权条件。无法估计合理利润，一般不作为满足该条件的理由。

情形四，在合同开始日，企业如果已收到“无论如何”都不可退还的整个合同对价，一般可表明企业具有就累计至今已完成的履约部分收取款项的可执行权利。

【问题38】合同约定了“里程碑”验收，对“合格收款权”如何进行判断？

答：如果甲、乙（客户）双方约定，组织里程碑验收和终验，并按照合同约定分阶段付款，其中预付款比例为合同价款的5%，里程碑验收时付款比例为合同价款的65%（其中又分为若干个小里程碑），终验阶段付款比例为合同价款的30%。如果乙公司违约，需支付合同价款10%的违约金。该约定不满足“合格收款权”条件，原因为合同约定的付款进度和企业的履约进度可能并不匹配。乙公司按照合同约定分阶段付款，预付款仅5%，后续进度款仅在相关里程碑达到时才支付，且如果乙公司违约，仅需支付合同价款10%的违约金，表明甲公司并不能在整个合同期内任一时点就累计至今已完成的履约部分收取能够补偿其已发生成本和合理利润的款项。

【问题39】亏损合同影响对“合格收款权”的判断吗？

答：对亏损合同的判断一般不影响对“在整个合同期间内有权就累计至今已完成的履约义务收取款项”的判断。

【问题40】某些特殊行业中，对“合格收款权”如何进行判断？

答：造船、设计、房地产行业对“合格收款权”的判断常见以下情形。

情形一，造船合同。造船企业与客户签订了一份船舶建造合同，整个合同仅包含一项履约义务，即按照客户要求设计和建造船舶。在建造过程中，客户无法控制在建过程中的船舶。造船企业如果想把该船舶出售给其他客户，需要发生重大的改造成本，因此该船舶具有不可替代用途。双方约定，如果客户单方面解约则仅需向造船企业支付相当于合同总价30%的违约金，表明造船企业无法在整个合同期间内都有权就累计至今已完成的履约部分收取能够补偿其已发生成本和利润的款项。

情形二，设计合同。设计合同约定分期收款，客户因非企业原因要求终止或解除合同，企业未开始设计工作的，不退还客户已付的定金或客户向企业支付违约金；已开始设计工作的，客户应按照企业已完成的实际工作量计算设计费，完成工作量不足一半时，按该阶段设计费的一半支付设计费；超过一半时，按该阶段设计费的全部支付设计费。该情形下企业有权收取的是成本和合理利润，在整个合同期限内满足拥有“在整个合同期间内有权就累计至今已完成的履约义务收取款项”条件。

情形三，房地产销售合同。国际会计准则并未规定房地产企业不能采用时段法确认收入，例如，香港上市企业碧桂园（HK02007），对部分房地产开发项目采用了时段法确认收入。但是，基于我国关于房地产行业的法律环境和商业惯例，如房地产企业在取得预售许可证之前不得销售、业主在违约时企业执行权可能受到限制。实务中，若业主违约，开发商可以将商品房重新进行销售而不需额外付出成本，即商品房事实上并非具有不可替代性，尤其是在卖方市场为主的房地产市场。即使期房通过合同限制具有不可替代用途，但未必满足“有权就累计至今已完成的履约部分收取款项”这一条件，除非期房销售收到全款或者期房付款进度与房屋建造进度匹配，且已收到的款项不可返还并有相关法律法规支持。因此，我国房地产企业不宜采用时段法确认收入。

房地产企业在客户的土地上，按照客户的设计为其建造房屋，若合同终止，已建造的部分归客户所有，该情形可能满足“客户能够控制企业履约过程中在建的商品”而应采用时段法确认收入。

【问题 41】定制软件开发服务如何确认收入？

答：若双方定制软件合同存在下列约定或事实，应当按照时点法确认收入：一是软件开发商若被更换，其他软件开发商无法利用前任已完成的工作，需重新执行软件定制工作；二是客户不能合理利用开发过程中形成的半成品，并从中获得几乎全部的经济利益，即客户不能够控制软件开发商履约过程中的半成品；三是企业不能在整个合同期内任一时点就累计已完成的履约部分收取能够补偿其已发生成本和合理利润的款项。

【问题 42】合同终止无权收取剩余款项的专业服务如何确认收入？

答：企业向客户提供专业服务，合同约定如果因客户或其他方原因终止合同时，已收取的款项无需返还，企业无权收取剩余款项，但可就其发生的差旅费等直接费用获取补偿，通常属于在某一时点履行的履约义务，应在履约完成时确认收入。

例如，证券公司与客户签订合同，在客户申请首次公开发行股票时，提供包括依法对客户申请文件、证券发行募集文件进行核查，出具保荐意见等保荐服务。客户在签订合同后支付 10% 保荐费，在首次公开发行股票申请被受理后再支付 50% 的保荐费，其余 40% 的保荐费在首次公开发行股票完成后支付，如果公开发行审批不通过，客户无需支付剩余款项，并且已支付的费用无需返还。根据相关监管要求，保荐人应当结合尽职调查过程中获得的信息对发行人进行审慎核查，对其提供的资料和披露的内容进行独立判断，保荐人的工作底稿应当独立保存至少 10 年，如果客户更换保荐机构，新的保荐机构需要重新执行原保荐机构已完成的保荐工作，并且客户需要重新履行申报程序。假定该合同不涵盖承销服务及上市后的持续督导等其他服务。保荐合同中承诺的各项服务在合同层面是不可单独区分的一项履约义务，且证券公司提供的保荐服务不满足在某一时段内履行履约义务的条件，属于在某一时点履行的履约义务。

【问题 43】采用产出法计量履约进度存在什么限制？

答：产出法是根据已转移给客户的商品对于客户的价值确定履约进度的方法，通常可采用实际测量的完工进度、评估已实现的结果、已达到的里程碑、时间进度、已完工或交付的产品等产出指标确定履约进度。

收入准则应用指南明确规定，当选择的产出指标无法计量控制权已转移给客户的商品时，不应采用产出法。例如，当处于生产过程中的在产品在其完工或交付前已属于客户时，如果该在产品对本合同或财务报表具有重要性，则在确定履约进度时不应使用已完工或已交付的产品作为产出指标，这是因为处于生产过程中的在产品的控制权也已经转移给了客户，而这些在产品并没有包括在产出指标的计量中，因此该指标并未如实反映已向客户转移商品的进度。如果企业在合同约定的各个里程碑之间向客户转移了重大的商品的控制权，则很可能表明基于已达到的里程碑确定履约进度的方法是不恰当的。

【问题 44】采用投入法计量履约进度时，有哪些情形不能计入履约进度？

答：一是已发生的成本未反映履约进度，如非正常消耗；二是已发生的成本与履约义务不成比例，如施工中尚未安装、使用或耗用的商品或材料成本；三是企业自第三方采购的未深入参与设计和制造的商品或材料不构成单项履约义务，且金额重大，客户先行已取得控制权。

【问题 45】采用投入法计量履约进度时，自第三方采购的商品或材料，何时确认收入？如何确认收入？

答：对于企业自第三方采购的商品或材料，如果满足下列所有条件：第一，该商品或材料不可明确区分，即不构成单项履约义务；第二，客户先取得该商品或材料的控制权，之后才接受与之相关的服务；第三，该商品或材料的成本相对于预计总成本而言是重大的；第四，企业自第三方采购该商品或材料，且未深人参与其设计和制造，对于包含该商品的履约义务而言，企业是主要责任人。此时，对于企业自第三方采购的商品或材料，在客户取得控制权时，按照采购成本确认转让收入。例如，企业为客户装修办公楼，自第三方购买的电梯，运抵施工现场但未安装，客户已验收并由其自行保管。电梯采购成本占预计总成本 30% 以上。假设企业按照时段法确认收入，并采用投入法计量履约进度。企业未安装的电器成本不构成单项履约义务，且无建造过程，因此不应计入履约进度，但可以在客户取得控制时按照采购成本确认转让收入。

【问题 46】对于一个时点履行的履约义务，如何判断控制权转移？

答：企业在判断商品的控制权是否发生转移时，应当从客户的角度进行分析，即客户是否取得了相关商品的控制权以及何时取得该控制权。取得商品控制权同时包括下列三项要素：

一是能力。企业只有在客户拥有现时权利，能够主导该商品的使用并从中获得几乎全部经济利益时，才能确认收入。二是主导该商品的使用。三是能够获得几乎全部的经济利益。在判断客户是否已取得商品控制权时，企业应当考虑下列几项：

一是企业就该商品享有现时收款权利，即客户就该商品负有现时付款义务；二是企业已将该商品的法定所有权转移给客户，即客户已拥有该商品的法定所有权；三是企业已将该商品实物转移给客户，即客户已实物占有该商品；四是企业已将该商品所有权上的主要风险和报酬转移给客户，即客户已取得该商品所有权上的主要风险和报酬；五是客户已接受该商品；六是其他表明客户已取得商品控制权的几项。

实务中，需要根据交易实质和合同条款两方面进行综合判断。企业还应从给客户的角度进行评估，不应仅考虑企业自身的看法。

【问题 47】“售后代管商品”确认收入应当满足哪些条件？

答：一是该安排必须具有商业实质，如客户要求订立该项安排；二是属于客户的商品必须能够单独识别，如将属于客户的商品单独存在指定地点；三是该商品可随时交付给客户；四是企业不能自行使用该商品或将该商品提供给其他客户。

【问题 48】商品（设备）需要验收的情况下，不同验收条款对收入确认时点有何影响？

答：商品（设备）的验收在实务中常见以下三种情形。

情形一，当企业能够客观地确定其已经按照合同约定的标准和条件将商品的控制权转移给客户时，客户验收只是一项例行程序，并不影响企业判断客户取得该商品控制权的时点。

情形二，当企业无法客观地确定其向客户转让的商品是否符合合同规定的条件时，在客户验收之前，企业不能认为已经将该商品的控制权转移给了客户。

情形三，如果企业将商品发送给客户供其试用或者测评，且客户并未承诺在试用期结束前支付任何对价，则在客户接受该商品或者在试用期结束之前，该商品的控制权并未转移给客户。

【问题 49】“随时准备提供”履约义务的性质是什么？此类履约义务是否都是在一段时间内履行？

答：随时准备提供的履约义务指的是保证客户在需要的时候能够获取相关商品或服务的承诺，而不是提供具体商品或服务本身的承诺。例如，随时提供售后维修，健身俱乐部随时为会员提供服务等。

如果随时准备提供的履约义务是一项服务，那么通常是在一段时间内履行（往往按直线法摊销确认收入）。如果是承诺供货的框架协议，则应根据客户实际提交的采购订单将具体数量的商品作为履约义务。

【问题 50】“相关的已发生或将发生的成本能够可靠地计量”如何影响收入的确认？

答：原收入准则规定收入确认必须满足“相关的已发生或将发生的成本能够可靠地计量”。收入准则的控制权观，更多的是站在客户的角度，只要客户控制了商品，通常应当确认收入。成本能否可靠计量，属于企业内部控制和管理的范畴，已经销售商品而不知成本的情况较为少见。如果因为与供应商暂定价格等原因，通常也可以做出成本金额方面的估计。在此种情形下，收入准则不再将相关已发生成本能够可靠地计量作为收入确认的条件之一。另外，根据收入准则第二十六条至二十八条的相关规定，合同相关支出应在实际发生时计入损益或者资本化处理，即未实际发生的成本不能预提。保证性质保发生的相关支出，按照《企业会计准则第 13 号——或有事项》的相关规定，进行预提确认为销售费用和预计负债，而不是合同成本。

【问题 51】合同中包含多项履约义务的，交易价格分摊至各单项履约义务的方法有哪些？

答：一是单独售价法，在类似环境下向类似客户单独销售商品的价格；二是市场调整法，根据某商品或类似商品的市场售价考虑本企业的成本和毛利等进行适当调整后的价格予以确定；三是成本加成法，根据某商品的预计成本加上其合理毛利后的价格确定单独售价；四是余值法，根据合同交易价格减去合同中其他商品可观察的单独售价后的余值，确定单独售价。需要注意的是，余值法仅在有限情况下才允许使用。

【问题 52】确定交易价格时，是对每一份合同还是合同组合整体来考虑“因向客户转让商品而有权取得的对价很可能收回”的条件？

答：实务中，企业在对合同组合中的每一份合同进行评估时，均认为其合同对价很可能收回，但是，根据历史经验，企业预计可能无法收回该合同组合中的全部对价。此时，企业应当认为这些合同满足“因向客户转让商品而有权取得的对价很可能收回”这一条件，并以此为基础估计交易价格。同时，企业应当考虑这些合同下确认的合同资产或应收款项是否存在减值。例如，一个合同组合中有100个合同，每个合同的合同价格为100元，历史上该合同组合的应收账款回收率为95%，每个合同的交易价格应为100元。此时，应当按照10 000元的合同价格确认收入。另外，历史回收率为95%这一信息，企业将根据预期信用损失法，考虑已确认的合同资产或应收款项的减值情况。

【问题53】可变对价有哪些形式？如何进行最佳估计？

答：可变对价的形式包括：折扣、返利、退款、激励、履约奖金、履约罚金、价格优惠、退货权或其他项目等。可变对价最佳估计数，应当按照期望值或最可能发生金额确。期望值是按照各种可能发生的对价金额及相关概率计算确定的金额，如果企业拥有大量具有类似特征的合同，据此估计合同可能产生多个结果时，通常可用期望值估计。最可能发生金额是一系列可能发生的对价中最可能发生的单一金额。

【问题54】收入准则规定的交易价格是否就应当为合同标价？

答：当合同对价方式是可变对价时，或者企业与客户约定的合同价格为固定价格，但可能会向客户提供价格折让，此时企业有权收取的对价金额可能会低于合同标价。企业向客户提供价格折让无论是明确约定、合理预期还是企业在与客户签订合同时即打算向客户提供价格折让，均应当在估计交易价格时进行考虑。

【问题55】军品“开口合同”中，交易价格尚未最终确定是否满足收入确认条件？

答：军品“开口合同”中，企业已经将商品交付给客户（军方），商品的控制权已转移，但客户尚未最终审定价格，合同约定价格为暂定价。由于军品合同的特殊性，并不表明销售商品的主要风险和报酬没有转移给客户。在满足收入确认的其他条件下，企业应当结合以往的习惯做法确定交易价格确认收入。

【问题56】包含嵌入衍生工具或存在外币交易的合同，如何确定交易价格？

答：包含嵌入衍生工具或存在外币交易在实务中常见以下三种情形。

情形一，企业在与客户签订大宗商品销售合同时会约定延迟定价条款（如定价机制为合同开始日后第4个月的大宗商品伦敦市场的现货交易价格）。暂定销售价格的交易安排中，企业应分析导致应收合同对价发生变动的具体原因。其中，与交易双方履约情况相关的变动（如基于商品交付数量、质量等进行的价格调整）通常属于可变对价，企业应按照可变对价原则进行会计处理；与定价挂钩的商品或原材料价值相关的变动（如定价挂钩不受双方控制的商品或原材料价格指数，因指数变动导致的价款变化）不属于可变对价，企业应将其视为合同对价中嵌入一项衍生金融工具进行会计处理，通常应按所挂钩商品或原材料在客户取得相关商品控制权日的价格计算确认收入，客户取得相关商品控制权后上述所挂钩商品或原材料价格后续变动对企业可收取款项的影响，应按照金融工具准则的有关规定进行处理，不应计入交易对价。

情形二，企业为客户生产一项商品并约定，如果企业能够在 30 天内交货，则可以额外获得 100 股客户的股票作为奖励。合同开始日，该股票的价格为每股 5 元；由于缺乏执行类似合同的经验，当日，企业估计，该 100 股股票的公允价值计入交易价格将不满足累计已确认的收入极可能不会发生重大转回的限制条件。因此企业不应将该 100 股股票的公允价值 500 元计入交易价格。合同开始日之后的第 25 天，企业将该商品交付给客户并获得 100 股股票，该股票此时价格为每股 6 元。企业应当将股票（非现金对价）的公允价值因对价形式以外的原因而发生的变动，即 500 元（5 × 100）确认为收入，因对价形式原因而发生的变动，即 100 元（600–500）计入公允价值变动损益。

情形三，收入准则中未对外币销售收入的计量做出明确规定。根据《企业会计准则第 19 号——外币折算》，外币交易应当在初始确认时，采用交易发生日的即期汇率将外币金额折算为记账本位币金额；也可以采用按照系统合理的方法确定的、与交易发生日即期汇率近似的汇率折算。因此，企业在确认外币销售收入时，应采用控制权转移日即收入确认日的即期汇率进行折算。如果企业是一个时段内确认收入，则每期确认收入的折算汇率是不同的，折算为记账本位币的合同总收入金额也在不断变化。

【问题 57】销售返利、数量折扣激励、促销激励、现金折扣如何进行会计处理？

答：在原收入准则下，企业按照产品销售数量、金额或其他方式给与客户的销售返利，有的作为销售折让冲减收入，也有的作为促销支出计入销售费用。

根据修订后的收入准则，企业应当基于返利的形式和合同条款的约定，考虑相关条款安排是否会导致企业未来需要向客户提供可明确区分的商品或服务，在此基础上判断相关返利属于可变对价还是提供给客户的重大权利。一般而言，对基于客户采购情况等给予的现金返利，企业应当按照可变对价原则进行会计处理；对基于客户一定采购数量的实物返利或仅适用于未来采购的价格折扣，企业应当按照附有额外购买选择权的销售进行会计处理，评估该返利是否构成一项重大权利，以确定是否将其作为单项履约义务并分摊交易对价。

如果合同约定，企业在向客户转让商品的同时，客户因提供促销服务，给予客户一定优惠。该种情形，企业应付客户对价是为了自客户取得其他可明确区分的商品或服务，比如企业向商超供货，因商超提供促销活动而给予的促销激励，应当采用与企业其他采购相一致的方式确认所购买的服务，即作为销售费用处理。企业应付客户对价超过自客户取得的服务的公允价值的，超过部分作为应付客户对价冲减交易价格。公允价值不能合理估计的，企业应当将应付客户对价全额冲减交易价格。应付客户对价冲减交易价格进行会计处理时，企业应当在确认相关收入与支付（或承诺支付）客户对价二者孰晚的时点冲减当期收入。

现金折扣，是指企业为鼓励客户在规定的期限内付款而向客户提供的合同价款扣除。企业销售相同商品，因客户不同付款时间导致销售价格有所差别时，应当考虑此类合同中是否包含重大融资成分。如果不包含重大融资成分，且客户未向企业提供任何可明确区分的商品和服务，则支付的现金折扣或少收取的款项应作为可变对价调整交易价格。

【问题 58】如何区别收入抵减和应收账款减值?

答：因提供商品或服务的原因导致合同价款发生变化或调整，或者对可收回价款金额的估计发生变化，应当作为收入抵减。例如，企业销售的商品或提供的劳务本身未达到合同要求，向客户提供商业折扣、销售折让。由于客户的信用风险导致款项很可能无法收回，则应当对该款项进行减值测试，并根据减值测试的结果计提坏账准备。

【问题 59】企业转让商品与客户支付款项之间存在时间间隔，但不包含重大融资成分的情形有哪些?

答：一是客户就商品或服务支付预付款，且这些商品或服务转移给客户的时间点由客户自己决定，如电话预付卡和积分奖励；二是交易对价重大组成部分是可变的，且对价的金额或时间是不受客户或企业控制的，如交易对价为基于销售金额的版税；三是已承诺对价与商品或服务的现金售价之间的差额是由于融资以外的其他原因所致，如应收客户质保金款项。

【问题 60】国家给予的绿色能源补贴是否包含重大融资成分?

答：如果发电企业根据相关政策及历史经验可以确定其将取得目录的登记批准，则通常表明发电企业已无其他履约义务，并可将该补贴计入交易价格。虽然实务中该部分补贴通常在发电企业取得可再生能源电价附加资金补助目录（以下简称目录）登记批准后，才会由国家相关部门将补贴资金拨付至购电人，然后由购电人支付给发电企业。而发电企业申请目录的时间由国家相关部门统一安排，上网批准至目录登记批准之间的时间间隔往往超过 1 年。该时间间隔是履行上述程序的必要时间，并非是企业为国家有关部门提供融资利益，因此实务中认为发电企业所取得的可再生能源电价补贴款不存在重大融资成分。

另外，企业从事新能源汽车的生产与销售，作为新能源汽车销售对价组成部分的新能源汽车补贴款的收取时间与销售新能源汽车并确认收入的时间间隔可能超过一年，如果相关事实和情况表明，导致该时间间隔的主要原因是国家有关部门需要履行相关的审批程序，且该时间间隔是履行上述程序所需经历的必要时间，其性质并非是提供融资利益，也同样可认为企业取得的新能源汽车补贴款等款项不存在重大融资成分。

【问题 61】供应链金融模式下，客户支付的价款是否包含重大融资成分？

答：供应链金融模式下，客户实际支付的价款为“直采成本 + 资金成本”，实务中一般认为融资成本在 5% 以上就属于有重大融资成分。

【问题 62】附有销售退回条款的销售如何进行会计处理？

答：当销售退回率能够合理估计时，按照因向客户转让商品而预期有权收取的对价金额（不包含预期因销售退回将退还的金额）确认收入，按照预期因销售退回将退还的金额确认为应付退货款，同时，将预期可能退回商品对应的成本（扣除预计发生的退货成本）确认为应收退货成本，并在资产负债表日对退货率进行重新评估。收入准则下视其流动性在报表中列报：应付退货款列报为“其他流动负债”或“预计负债”，应收退货成本列报为“其他流动资产”或“其他非流动资产”。

收入准则和原收入准则下退款负债的金额不同，收入准则下确认的“退款负债”是预计无权获得的对价金额，原收入准则下确认的“退货相关的负债”是预计无权获得的毛利金额。

【问题 63】主要责任人和代理人区分依据是什么？

答：企业根据其在向客户转让商品（或服务、或组合产出）前是否拥有对商品（或服务、或组合产出）的控制权来判断其从事交易时的身份是主要责任人还是代理人。收入准则规定了企业向客户转让商品前能够控制该商品的情形包括：

1. 自第三方取得商品或其他资产控制权后，再转让给客户。

2. 能够主导第三方代表本企业向客户提供服务。

3. 自第三方取得商品控制权后，通过提供重大的服务将该商品与其他商品整合成某组合产出转让给客户。

实务中，企业进行判断时应综合考虑所有相关事实和情况，包括但不仅限于：

1. 企业承担向客户转让商品的主要责任；

2. 企业在转让商品之前或之后承担了该商品的存货主要风险；

3. 企业有权自主决定所交易商品的价格；

4. 其他相关事实和情况。

上述相关事实和情况仅为支持对控制权的评估，不能取代控制权的评估，也不能凌驾于控制权评估之上，更不是单独或额外的评估。

【问题 64】以购销合同方式进行的委托加工如何确认收入？

答：公司（委托方）与无关联第三方公司（加工方）通过签订销售合同的形式将原材料“销售”给加工方并委托其进行加工，同时，与加工方签订商品采购合同将加工后的商品购回。在这种情况下，公司应根据合同条款和业务实质判断加工方是否已经取得待加工原材料的控制权，即加工方是否有权主导该原材料的使用并获得几乎全部经济利益，例如原材料的性质是否为委托方的产品所特有、加工方是否有权按照自身意愿使用或处置该原材料、是否承担除因其保管不善之外的原因导致的该原材料毁损灭失的风险、是否承担该原材料价格变动的风险、是否能够取得与该原材料所有权有关的报酬等。如果加工方并未取得待加工原材料的控制权，该原材料仍然属于委托方的存货，委托方不应确认销售原材料的收入，而应将整个业务作为购买委托加工服务进行处理；相应地，加工方实质是为委托方提供受托加工服务，应当按照净额确认受托加工服务费收入。

【问题 65】零售百货行业联营模式，收入确认是按总额法，还是净额法？

答：联营模式是零售百货行业普遍采用的业务模式。该业务模式下，供应商在百货商场分配的专柜向顾客销售商品，百货商场根据约定的分成比例与供应商进行结算，部分供应商对商场收取的分成有保底承诺。百货商场与供应商签订合同，约定各自的权利义务。商品向顾客售出之前，所有权属于供应商，供应商负责保管商品，并承担商品毁损和灭失的风险。供应商有权决定商品的上架和下架时间，以及在不同的门店或专柜之间调换货物。商品价格主要由供应商制定，有时需要经过百货商场的审核，其主要目的是避免供应商定价过高或过度打折，从而对该商品在本商场的销售情况或商场的整体商业定位造成不利影响。专柜销售人员由供应商直接委派，但需要接受商场的培训，遵循商场的管理要求并接受商场的监督。百货商场为供应商提供经营场地以及相应的综合管理服务，监督进店的商品，并提供统一收银等服务。供应商在商场售出的商品出现质量问题，百货商场负责先行赔付，随后再根据与供应商的协议约定向供应商进行追偿。

实务中，虽然百货商场按照商品的销售金额向客户开具销售凭证，但是，在确认收入时，应当按照收入准则中有关主要责任人和代理人的原则判断收入确认金额。在上述联营模式下，顾客直接在供应商的专柜购买商品，在此之前，商品的所有权归属于供应商，供应商有权主导商品的销售活动，例如决定商品的上架和下架时间，是否在不同的门店、专柜之间调换货物，主导商品定价以及促销方式等，并获取销售商品的经济利益，也承担因商品滞销或打折销售等造成的损失。相反，在商品销售给顾客之前，百货商场不能决定如何销售这些商品，不能自行或者要求供应商将商品用于其他用途，也不能禁止供应商把商品用于其他用途；某些情况下，虽然百货商场可能有权对供应商销售的商品进行干预，例如新增商品品牌需要经过百货商场认可，滞销或过季的商品应及时下架等，但其目的主要是为了维护百货商场的商业定位和形象，并不表明百货商场能够主导这些商品的销售。因此，特定商品在销售给顾客之前由供应商控制，供应商有权主导商品的使用并获取其经济利益；百货商场并未取得商品的控制权，其身份是协助供应商销售特定商品，应被认定为代理人，按照净额确认收入。

除零售百货业务外，代为执行采购或销售的供应链企业、代理外贸进出口或跨境业务企业、大宗商品配送或医药配送企业、电子商务平台企业及以电商平台为依托开展电商业务的企业等，应参照上述原则和分析，结合业务模式和合同约定，判断在将商品销售给客户之前是否取得对商品的控制，并确定是以总额还是净额确认收入。

【问题 66】软件开发企业通过运营平台出售软件产品，按照总额法还是净额法确认收入？

答：企业通过代理人（第三方平台，如 Apple Store、Google Play、腾讯平台等）向终端客户进行销售，在软件、游戏等行业具有普遍性。根据收入准则，主要责任人应当按照向客户已收或应收对价总额确认收入。一些企业对于上述业务模式在首次执行新收入准则时继续按净额确认收入，个别公司由净额改为总额确认收入。具体分析原因，可能是因为主要责任人不知道运营平台向客户销售的最终价格，从而难以按照总额确认收入。收入准则规定，该种情形下应作为可变对价进行估计。无法估计的，实务中只能按照运营平台分回的金额确认收入。

【问题 67】破产重整后预计可收回款项是确认收入还是债务重组损益？

答：企业与客户签订合同约定价款 1 000 万元，货款应于交付之日起 3 个月内支付。企业如期向客户交付了货物。此时，客户出现严重资金周转问题，企业管理层预计仅能收回 600 万元，并按照此金额确认销售收入和应收账款。下一年度，客户进行破产重整，企业按照销售合同的约定申报了 1 000 万元债权，并被法院确认。根据破产重整计划，客户以债转股方式偿还企业债权，1 000 万元应收账款获得 900 万公允价值的客户股份。企业以前年度未确认的合同价款 300 万元，破产重整后应确认为收入而不是债务重组损益。

根据收入准则规定，合同应当持续评估。当该合同开始不再满足“很可能收回”的相关条件，应当停止确认收入，并且只有当后续合同条件再度满足时或者当企业不再负有向客户转让商品的剩余义务，且已向客户收取的对价无需退回时，才能将已收取的对价确认为收入，但是，不应当调整在此之前已经确认的收入。

【问题 68】企业计提的“三包”等产品质量维修费用（保证类售后服务），通过什么会计科目核算？

答：收入准则明确了售后服务分为保证类质保和服务类质保，企业在计提保证类质保时，产品的控制权已经转移给客户，并且产品销售收入已经确认完毕，保证类质保属于产品控制权转移以后有可能将要发生的支出，不属于收入准则规定的为履行合同发生的成本范围。所以，在新收入下，企业计提的保证类质保费用与原收入准则一致，根据《企业会计准则第 13 号——或有事项》的规定在“销售费用”中列报。

【问题 69】知识产权许可包括哪些内容？什么情况下授予知识产权许可属于在某一时段履行的履约义务？

答：常见的知识产权包括：软件和技术版权、影视和音乐版权、特许经营权、专利权、商标权，以及其他版权等。

同时满足下列条件的知识产权许可授予，属于接触权性质（相对于按照时点法确认的使用权而言），应当按照时段法确认收入：一是合同要求或客户能够合理预期企业将从事对该项知识产权有重大影响的活动；二是该活动对客户将产生有利或不利影响；三是该活动不会导致向客户转让某项商品。

【问题 70】如何判断对知识产权授予后有“重大影响活动”的情形？

答：企业从事的活动存在下列情况之一的，将会对知识产权有重大影响：一是这些活动预期将显著改变该项知识产权的形式（如知识产权的设计、内容），或者功能（如执行某任务的能力）；二是客户从该项知识产权中获益的能力在很大程度上来源于或者取决于这些活动，即这些活动会改变知识产权的价值。

【问题 71】企业一次性授予客户多期（年）的软件授权许可，收入确认较原准则有何变化？

答：在原收入准则下，可以根据合同约定分期确认收入。新收入准则下，需要判断是一个时段，还是一个时点履约，如果许可证事关某个实体知识产权的使用权利，且在许可证的授予时点，该项知识产权已经存在，后期不存在对软件产生重大影响的活动，应当按授予时点一次性确认收入。

对于软件年金合同（on-premises annuity contract），合同期内客户每年支付软件费用相同。原收入准则下，如果合同或协议规定分期收取使用费的，通常应按合同或协议规定的收款时间和金额或规定的收费方法计算确定的金额分期确认收入。收入准则认为，合同识别为两个单独的履约义务，即软件许可（license）的授权，软件许可的初始授权符合条件可以一次性确认；软件的保障服务（assurance），按照合同期限分摊计入收入。若保障服务很简单，几乎无成本，也难以分摊交易价格，可基于重要性不单独作为一项履约义务。

【问题 72】根据实际销售或使用情况支付知识产权许可费如何进行会计处理？

答：应在客户后续销售或使用行为实际发生和企业履行相关履约义务孰晚

的时点确认收入。这是估计可变对价的一个例外规定，该例外规定只有在下列两种情形下才能使用：一是特许权使用费仅与知识产权许可相关；二是特许权使用费可能与合同中的知识产权和其他商品都相关，但是与知识产权相关的部分占有主导地位。例如一家足球俱乐部，授权企业在其设计生产的各类产品上使用俱乐部球队的名称和图标，授权期间为 2 年。假设该授予知识产权许可属于在某一时段履行的履约义务。合同中约定合同对价由两部分组成：一是 200 万元固定金额的使用费；二是按照企业销售上述商品所取得销售额的 5% 计算的提成。按照企业销售相关产品所取得销售额的 5% 计算的提成应在企业的销售发生时确认收入。

【问题 73】 积分兑换（奖励）如何进行会计处理？

答： 积分兑换属于“附有客户额外购买选择权的销售”，需要评估该选择权是否向客户提供了一项重大权利。如果构成重大权利，应当作为单项履约义务，客户在该合同下支付的价款实际上购买了两项单独的商品：一是客户在该合同下原本购买的商品；二是客户可以免费或者以折扣价格购买额外商品的权利。企业应当将交易价格在这两项商品之间进行分摊。其中，分摊至后者的交易价格与未来的商品相关，企业应当在客户未来行使该项选择权取得相关商品的控制权时，或者在该选择权失效时确认收入。

【问题 74】 如何评价客户拥有的额外购买选择权是一项重大权利？

答： 如果客户只有在订立了一项合同的前提下才取得了额外购买选择权，并且客户行使该选择权购买额外商品时，能够享受到超过该地区或该市场中其他同类客户所能够享有的折扣，则通常认为该选择权向客户提供了一项重大权利。

但客户在行使该选择权购买商品的价格反映了该商品单独售价的，该选择权不应被视为企业向该客户提供了一项重大权利。例如，电信公司与客户签订合同，以套餐的方式向客户销售一部手机和两年的通信服务，包括每月 200 分钟的语音服务和 4G 的数据流量，并按月收取固定费用；同时，客户可以根据需要，在任何月份按照约定的价格购买额外的语音服务和数据流量。如果该约定的价格与其他客户单独购买语音服务和数据流量时的价格相同，则表明电信公司向客户提供的该额外购买选择权并不构成一项重大权利，企业无需分摊交易价格，只有在客户行使选择权购买额外的商品时才需要进行相应的会计处理。

【问题 75】 企业向客户提供续约选择权，哪种情况下可进行简化处理？

答：企业向客户提供续约选择权，且是一项重大权利时，如果客户行使该权利购买的额外商品与原合同下购买的商品类似，且企业将按照原合同条款提供该额外商品的，则企业可以无需估计该选择权的单独售价，而是直接把其预计将提供的额外商品的数量以及预计将收取的相应对价金额纳入原合同，并进行相应的会计处理。这是一种便于实务操作的简化处理方式。例如，企业与客户签订为期一年的合同，以每件 2 000 元的价格向客户销售 A 产品，数量不限，客户可以选择在合同到期时以与原合同相同的条款续约一年。这款产品通常每年提价 20%，由于行使续约选择权的客户可以按原合同价格（低于当年的市场价格）购买 A 产品，企业认为该续约选择权向客户提供了重大权利，且符合简化处理的条件。因此，企业可以无需将原合同的交易价格分摊至该续约选择权，而是直接按照每件 2 000 元的价格确认原合同和续约后的合同下销售的 A 产品收入。

【问题 76】初装费、入会费、接驳费等向客户收取的无需退回的初始费，能否在收取时一次性确认收入？

答：收入准则要求在企业履约时确认收入。企业收取的初装费、入会费、接驳费等费用，实质上并不是无偿收费，而是向客户转让商品或提供服务所收取对价的一部分，企业在履约之前，不应当确认收入。

【问题 77】俱乐部会员注册费等不可返还的初始费部分作为合同准备过程中的补偿，如何进行会计处理？

答：企业为履行合同而应开展的初始活动，通常不构成履约义务，除非该活动向客户转让了承诺的商品。实务中，企业可能会为订立合同而开展一些行政管理性质的准备工作，这些准备工作并未向客户转让任何承诺的商品，因此，不构成单项履约义务。例如，某俱乐部为注册会员建立档案，该活动并未向会员转让承诺的商品，因此不构成单项履约义务。在收入确认之前，应当按照准则有关合同履约成本的相关规定确认为一项资产或计入当期损益，并且企业在确定履约进度时，也不应当考虑这些成本，因为这些成本并不反映企业向客户转让商品的进度。

【问题 78】储值卡、尚未退回的过期票款等存在沉淀资金，如何进行会计处理？

答：某些情况下，企业收取的预收款无需退回，但是客户可能会放弃其全部或部分合同权利，如放弃储值卡的使用等。企业预期将有权获得与客户所放弃的合同权利相关的金额的，应当按照客户行使合同权利的模式按比例将上述金额确认为收入；否则，企业只有在客户要求其履行剩余履约义务的可能性极低时，才能将相关负债余额转为收入。企业在确定其是否预期将有权获得与客户所放弃的合同权利相关的金额时，应当考虑将估计的可变对价计入交易价格的限制要求。

如果有相关法律规定，企业所收取的、与客户未行使权利相关的款项须转交给其他方的（如法律规定无人认领的财产需上交政府），企业不应将其确认为收入。

【问题 79】收入准则规范的合同成本有哪些？

答：收入准则规范的合同成本包括两类：合同履约成本和合同取得成本。

合同履约成本。企业为履行合同可能会发生各种成本，企业应当对这些成本进行分析，属于其他企业会计准则（如《企业会计准则第 1 号——存货》《企业会计准则第 4 号——固定资产》以及《企业会计准则第 6 号——无形资产》等）规范范围的，应当按照相关企业会计准则进行会计处理；不属于其他企业会计准则规范范围且同时满足下列三项条件的，应当作为合同履约成本确认为一项资产：一是该成本与一份当前或预期取得的合同直接相关；二是该成本增加了企业未来用于履行（包括持续履行）履约义务的资源；三是该成本预期能够收回。

合同取得成本。企业为取得合同发生的增量成本预期能够收回的，应当作为合同取得成本确认为一项资产；但是，该资产摊销期限不超过一年的，可以在发生时计入当期损益。合同取得成本是取得合同的相关增量成本，通常与履行履约义务无关，沉没成本不能确认为合同取得成本，例如无论是否取得合同均会发生的差旅费、投标费、为准备投标资料发生的相关费用等，应当在发生时计入当期销售费用，除非这些支出明确由客户承担。此外，企业因现有合同续约或发生合同变更需要支付的额外佣金，也属于为取得合同发生的增量成本。

【问题 80】与合同直接相关的销售佣金如何进行摊销和会计处理？

答：企业为取得合同发生的增量成本预期能够收回的，应当作为合同取得成本确认为一项资产，并采用与该资产相关的商品收入确认相同的基础（即在履约义务履行的时点或按照履约义务的履约进度）进行摊销，计入销售费用。与合同直接相关的销售佣金通常满足资本化条件。

与合同直接相关的销售佣金，如果包含合同续约佣金，应当在各自合同期限内进行摊销。虽然实务中，与取得原合同相比，现有合同续约的难度可能较低，但仍可能表明这两份合同的佣金水平是相当的。取得原合同时支付的佣金与未来预期取得的合同无关，该佣金只能在原合同的期限内进行摊销。

与合同直接相关的销售佣金包含多项履约义务，且这些履约义务在不同的时点或时段内履行。在确定该项资产的摊销方式时，企业可以基于各项履约义务分摊的交易价格的相对比例，将该项资产分摊至各项履约义务，再以与该履约义务（可明确区分的商品）的收入确认相同的基础进行摊销；或者，企业可以考虑合同中包含的所有履约义务，采用恰当的方法确定合同的完成情况，即应当最能反映该资产随相关商品的转移而被“耗用”的情况，并以此为基础对该资产进行摊销。通常情况下，上述两种方法的结果可能是近似的，但是，后者无需将合同取得成本特别分摊至合同中的各项履约义务。

【问题 81】制造企业将已签订销售合同所发生与履约相关的支出归集为“合同履约成本”，而将未签订销售合同的相关支出归集在“在产品”科目中是否恰当？

答：在哪个科目归集所发生的成本，关键是看适用哪个会计准则。适用收入准则的合同履约成本，满足确认为一项资产条件的，在“合同履约成本”科目中归集。适用《企业会计准则第 1 号——存货》，企业发生的、尚未完工的制造成本，在“在产品”科目中归集。

是否已签订销售合同不是确定所发生支出适用收入准则还是存货准则的考虑因素。实务中，“合同履约成本”常见用于归集时段法确认收入的合同，例如工程施工及服务等相关支出。按照某个时点确认收入的合同，其制造成本如要资产化，必须符合存货准则，通常在“在产品”科目中归集。

【问题 82】合同履约成本与合同取得成本如何在资产负债表中进行列报？

答：根据收入准则规定确认为资产的合同履约成本，初始确认时摊销期限不超过一年或一个正常营业周期的，在资产负债表中计入“存货”项目；初始确认时摊销期限在一年或一个正常营业周期以上的，在资产负债表中计入“其他非流动资产”项目。根据收入准则规定确认为资产的合同取得成本，初始确认时摊销期限不超过一年或一个正常营业周期的，在资产负债表中计入“其他流动资产”项目；初始确认时摊销期限在一年或一个正常营业周期以上的，在资产负债表中计入“其他非流动资产”项目。

根据《企业会计准则第 30 号——财务报表列报》指南，一个正常营业周期，通常是指企业从购买用于加工的资产起至实现现金或现金等价物的期间。正常营业周期通常短于一年，在一年内有几个营业周期，但是也存在长于一年的情况，如房地产开发企业开发用于出售的房地产开发产品，造船企业制造用于出售的大型船只等，往往超过一年才变现、出售或耗用，仍应划分为流动资产。

【问题 83】运输支出在计入损益时，是计入营业成本还是销售费用？

答：在企业向客户销售商品的同时，约定企业需要将商品运送至客户指定的地点的情况下，企业需要根据相关商品的控制权转移时点判断该运输活动是否构成单项履约义务。

通常情况下，控制权转移给客户之前发生的运输活动不构成单项履约义务，而只是企业为了履行合同而从事的活动，相关成本应当作为合同履约成本，因此应该计入营业成本。

控制权转移给客户之后发生的运输活动可能表明企业向客户提供了一项运输服务，一般情况下该项服务应构成单项履约义务。该运输服务的收入确认时，相应的成本也应当作为合同履约成本计入营业成本。

【问题 84】1 年以上到期或初始确认时摊销期间超过 1 年或 1 个营业周期的合同履约成本和合同取得成本资本化后，所计提的资产减值准备是否可转回？

答：无论所确认的与合同履约成本或合同取得成本相关资产列报为长期资产还是流动资产，以前期间减值的因素在之后期间发生变化，使得企业因转让该与合同成本相关资产对应的商品预期能够取得的剩余对价减去为转让该相关商品估计将要发生的成本后的差额高于该与合同成本相关资产账面价值的，应当转回原已计提的资产减值准备，并计入当期损益，但转回后的资产账面价值不应超过假定不计提减值准备情况下该资产在转回日的账面价值。

【问题 85】以投入法在一个时段内确认收入时，所发生的相关利息支出是否可以资本化处理？

答：企业在合同期内按照履约进度确认收入并确认合同资产或应收账款。合同资产或应收账款代表企业向客户收取对价的权利，不属于需要经过相当长时间的购建或者生产活动才能达到预定可使用或者可销售状态的资产，即不属于《企业会计准则第 17 号——借款费用》所规定的符合资本化条件的资产。投入法下将已实际发生的成本结转并确认相关收入，除未安装物料外，基本不存在控制权转移之后的存货，因此借款费用应当在发生时确认为费用，计入当期财务费用。

【问题 86】酒店等服务行业与经营相关的固定资产折旧费用计入营业成本还是期间费用？

答：酒店主要通过提供客房服务赚取收入，而客房服务的提供直接依赖于酒店物业（包含土地），以及家具等相关资产，即与客房服务相关资产的折旧和摊销属于为履行与客户的合同而发生的服务成本，应当计入营业成本，而不应计入期间费用（管理费用）。

【问题 87】将预收款项全额列报为合同负债是否恰当？

答：合同负债核算企业已收或应收客户对价而应向客户转让商品的义务。已收或应收价款中的增值税部分，不符合合同负债的定义，不应计入合同负债。已收价款中在尚未达到法定的纳税义务时应计入“应交税费——待转销项税”科目。另外，预收款中不能对应到合同的，不应列报为合同负债。代理人收取的不属于佣金性质的款项，不能列报为合同负债。例如，电商平台在商品买卖交易中为代理人，仅为商家和消费者提供平台及结算服务，并收取佣金，因此仅佣金部分确认为合同负债，其余部分为电商平台代商家收取的款项，作为其他应付款，待未来消费者消费时支付给相应的商家。

【问题 88】合同资产与应收账款如何区别列报？

答：合同资产是指企业已向客户转让商品而有权收取对价的权利，且该权利取决于时间流逝之外的其他因素，应收账款则是企业拥有的、无条件（即仅取决于时间流逝）向客户收取对价的权利。

区别合同资产与应收账款应当注意：

一是反映的权利义务不同。合同资产或合同负债，存在剩余权利或义务。客户合同中的权利与义务相辅相成，向客户收取对价的权利取决于企业的履约；同时，也仅当客户继续支付价款时企业才会履约。而应收账款不存在（重大）剩余权利和义务，即具有无条件收款权。

二是合同资产与应收账款的风险不同。二者均面临信用风险，但是，合同资产同时还面临其他风险，如履约风险。

三是两者的划分要符合《企业会计准则第 30 号——财务报表列报》的规定。即企业应当采用财务报表列报的一般原则来确定是否应在财务报表中单独列报合同资产和合同负债。

【问题 89】合同约定开具发票后才能付款，企业开票前确认的对价是否列报为合同资产？

答：客户需开具发票后才能付款在实务中常见以下两种情形。

情形一，在企业与客户的合同中应客户要求，一般会约定在产品交付后企业需要根据合同约定价格给客户开具发票后，客户方才支付合同价款。因为合同标的是较为简单通用产品，通常企业将合同内相关履约义务已执行完毕后，为客户开具发票之前，企业的业务人员会电话与客户沟通确定开票金额之后给客户开具增值税发票。

情形二，在产品交付后企业需要根据合同约定价格给客户开具发票，同时将所有产品相关资料，例如原产地证书、数量和品质证明书、使用说明书等一起交付后，客户方才支付合同价款。

收入准则中所指区分于应收账款还是合同资产的其他因素是指明确的影响收款的条件。企业分别需要为客户提供发票、产品证明书等虽然也是合同中约定的，但不构成履约义务的合同义务，这些仅是一般商品、服务交易中的惯例且较易执行，同时发票为中国税务法规要求的法定入账凭证，因此不应构成合同资产定义中“取决于时间流逝之外的其他因素”，在企业与客户采用口头或其他形式确认结算金额并进行收入确认时，应当确认应收款项而非合同资产。

【问题 90】企业估计的可变对价部分是否应列报为合同资产？

答：企业有部分主要客户采用月结方式进行结算，未要求提前开具发票为合同付款的条件，但是约定在下月上旬结算上一个月份的金额，客户经常会针对产品质量等方面情况提出降低价格的要求，结算价款在合同价格基础上予以扣除，但扣除金额相对结算金额比例较小，低于 5%。

该情形下，当月收入确认金额中包含可变对价成分较小，同时结算也是在下月上旬，距离时间较短，因此可认为该结算是形式上的结算而非实质结算，可在确认收入同时列报为应收款项。当建筑工程项目存在实质性结算环节时，仅业主方认可并确认在一定期间内支付的金额列报为应收款项，而认可工程量但暂不结算的部分仅可能列报为合同资产。

【问题 91】合同约定对账或结算后才能付款，企业对账前确认的对价是否列报为合同资产？

答：约定对账或结算才能付款在实务中常见以下两种情形。

情形一，律师事务所为客户提供法律咨询服务并按时收费，合同约定是每月末 25 日开具账单，与客户在月末前确认一致，之后开具发票给客户，客户将在收取发票后 10 日内付款。律师事务所在每个月末会根据当月每个客户的咨询时长准备账单发给客户，但部分客户在 1~2 个月后才予确认。该种情形下需要考虑试结算环节为实质结算还是形式结算。如果是实质性结算，即为双方对履约义务达成一致认可的过程，则一般在结算前应列报为合同资产，如果是形式结算则可在确认收入时即列报为应收款项。律师事务所的服务单价较为明确，服务时长不易产生分歧。该对账的过程仅为流程和手续以及双方债权债务的确认过程，因此应在确认收入的同时，将对价列报为应收款项。

情形二，工程施工企业采用“投入法”中的“成本法”确认收入。控制权按照履约进度持续转移。合同双方需定期结算，但结算进度有可能与履约进度不一致。对账结算（考核）确认质量、工作量之前，企业并无无条件收款权，因此这类结算为实质类结算，在结算之前所确认收入对应科目不应为应收款项而是合同资产。

【问题 92】国家给予的可再生能源补贴部分，在目录登记批准之前确认的对价列报为合同资产还是应收账款？

答：国家给予的可再生能源补贴在实务中常见以下两种情形。

情形一，发电企业应收电费中所包含国家给予的可再生能源补贴部分。通常在发电企业取得可再生能源电价附加资金补助目录（以下简称目录）登记批准后，才会由国家相关部门将补贴资金拨付至购电人，然后由购电人支付给发电企业。而发电企业申请目录的时间由国家相关部门统一安排，上网批准至目录登记批准之间的时间间隔往往超过 1 年。在目录登记批准之前，发电企业已无其他履约义务，该款项收取仅取决于时间流逝，一般情况下可列报为“应收款项”。

情形二，新能源汽车制造企业销售汽车，将从政府取得相应补贴，此部分补贴金额需要在所销售汽车行驶 2 万公里后才有权收取。在所销售汽车行驶 2 万公里之前，新能源汽车制造企业尚未拥有“无条件收款权”，因此应将收取合同款项的权利列报为合同资产。在后续期间符合“无条件收款权”条件时再转入应收款项。

【问题 93】合同约定了保证性质保，确认合同收入时质保对价列报为合同资产还是应收账款？

答：合同约定了保证性质保，企业质保金能否收回，取决于发生质量问题后，企业能否按照合同规定予以解决，即质保金不仅存在信用风险，还存在潜在的义务和风险，不属于无条件收取合同的权利，因此应当列报为合同资产。

【问题 94】业主批复工程结算量大于企业收入确认金额，是否确认合同负债？

答：企业为客户建造某工程，满足在一段时间内确认收入的条件。业主批复的工程结算单金额大于企业按照履约进度确认的金额。根据收入准则，合同负债既包括企业已收对价也包括应收对价，而应向客户转让商品的义务。因此，企业应按照履约进度确认收入，大于部分借记应收账款，贷记合同负债。

【问题 95】收入准则中涉及的新增会计核算科目和报表科目有哪些？

答：收入准则下新增会计核算科目基本为资产负债表相关科目，新增科目见表 6–63。

表 6–63　收入准则下新增会计核算科目基本为资产负债表相关科目，新增科目

科目名称	1 年内到期或初始确认时摊销期间小于 1 年或 1 个营业周期	1 年以上到期或初始确认时摊销期间超过 1 年或 1 个营业周期
合同资产（报表项目）	列报为“合同资产”	列报为“其他非流动资产”
合同负债（报表项目）	列报为“合同负债”	列报为“其他非流动负债”
合同取得成本	列报为“其他流动资产”	列报为“其他非流动资产”
合同履约成本	列报为“存货”	列报为“其他非流动资产”
应收退货成本	列报为“其他流动资产”	列报为“其他非流动资产”
预计负债——应付退货款	列报为“其他流动负债”	列报为“预计负债”

同一合同下的合同资产和合同负债应以净额列示在资产负债表，也可设置“合同结算”科目对合同资产和负债进行核算，按其余额方向列报为“合同资产”或“合同负债”。资产类科目（除应收退货成本）需减除相应资产减值准备后列报。

【问题 96】施工行业发生亏损合同，预计损失如何进行会计处理？

答：根据原建造合同准则规定，如果建造合同的预计总成本超过合同总收入，则形成合同损失，应提取损失准备，并借记“资产减值损失”和贷记“存货跌价准备”。如果预计亏损超过减值损失或不存在存货等标的资产的，则应根据《企业会计准则第 13 号——或有事项》的规定，将超过部分或预计亏损整体确认为预计负债，借记“营业外支出”科目的同时贷记“预计负债”科目。

收入准则下，预计损失为或有事项，适用《企业会计准则第 13 号——或有事项》，存在标的资产时，应对标的资产进行减值测试并按规定确认减值损失，借记“资产减值损失”科目，同时贷记“存货跌价准备”“合同履约成本减值准备”等科目。如果预计亏损超过减值损失或不存在存货等标的资产的，则应将超过部分确认为预计负债，借记“主营业务成本”科目的同时贷记“预计负债”科目。

【问题 97】合同资产是否应当计提资产减值损失？

答：根据《企业会计准则第 22 号——金融工具确认与计量》第四十六条的规定，合同资产应当以预期信用损失为基础，计提减值准备，列报于利润表的资产减值损失项目。

【问题 98】如何区分合同负债和金融负债？

答：合同负债是企业已收或应收客户对价而承担的应向客户转让商品的义务，由收入准则规范；而金融负债是企业承担的不可避免的向其他方交付现金或其他金融资产的义务，由金融工具准则规范。例如，企业向客户授予的积分奖励，若构成一项单独履约义务，且客户购买企业的商品或服务，则属于合同负债；若客户选择兑换其他方销售的商品或提供的服务时，企业承担向其他方支付相关商品或服务价款的义务，企业收到合同价款时先确认为合同负债，在客户实际兑换其他方的商品或服务时，积分兑换义务解除，应从合同负债重分类至金融负债。

【问题 99】准则衔接是否可能导致同一公司在收入准则变更的前后两个会计期间的财务报表不可比？

答：根据收入准则第四十三条，对首次执行日尚未完成的合同的累积影响数进行调整，对可比期间信息不调整。由此产生问题为同一合同，在收入准则适用的前后两期损益表中累计确认的收入金额可能大于该合同整体金额。例如某合同金额 100 万元，在收入准则适用的前一期企业采用完工百分比法确认了 50 万元的收入，在收入准则修订后收入确认政策修订为按照时点法，在适用修订收入准则的第一个会计期间确认了整个合同收入 100 万元。该事项为收入准则首次采用的一次性问题，产生的主要原因是对可比期间信息不调整，这是考虑减少企业首次执行收入准则成本的目的出发，未要求追溯调整到对比期的期初余额，因此在实务中按照收入准则所要求的衔接方式进行处理即可。

根据证监会发布的《发行监管问答——关于申请首发企业执行新收入准则相关事项的问答》，首发企业应披露实施新收入准则对首次执行日前各年合并财务报表主要财务指标的影响，即假定自申报财务报表期初开始全面执行新收入准则，对首次执行日前各年（末）营业收入、归属于公司普通股股东的净利润、资产总额、归属于公司普通股股东的净资产的影响程度。如报告期任意一年上述一项指标的影响程度超过10%，企业应当假定自申报财务报表期初开始全面执行新收入准则并编制备考合并财务报表（合并资产负债表及合并利润表）。

【问题100】企业在时段法下确认履约进度时，在原收入准则下采用产出法计量，在新旧准则转换时拟采用成本法计量，这种调整为会计估计变更还是会计政策变更？

答：这种调整是新收入准则和原收入准则会计政策变更其中一项调整内容，因此不同于一般的会计估计变更，属于会计政策变更。

第七章　特殊行业或业务审计的考虑

第一节　房地产行业审计的特殊考虑

一、收入确认

（一）重大错报风险

房地产企业具有单位销售价格高、销售周期长的特点，需要考虑收入确认方法的选择判断及获取证据的充分性、预售收入和销售退回等交易的合理性，加上企业会计准则与税法的差异，很大程度上影响收入确认的准确性，房地产企业的收入确认存在提前或推迟确认的重大错报风险。

（二）常见审计问题

1. 未查看《商品房预售许可证》或《商品房销售许可证》，以及竣工备案表、测绘报告等，以判断商品房是否达到可交付状态。

2. 未获取独立于财务核算的数据，如销售台账、销售报表等资料，以确定楼宇销售进度表与实际销售情况是否相符。

3. 未从物业管理公司取得已售和未售住宅物业管理费的收取情况统计表，以确定商品房是否已经移交给业主。

4. 未关注虚假销售，如虚假按揭、与关系人达成默契尤其在公司需要利润时购买房产，等房屋实际卖出时再办理退回。

（三）审计关注要点

1. 复核收入确认政策是否符合准则规定，是否和前期一致

获取被审计单位收入确认的会计政策，与前期采用的会计政策、同行业收入确认政策进行比较，结合被审计单位实际情况及相关合同条款约定，判断收入确认会计政策的合理性和延续性。

（1）按时段法确认收入的条件

按时段确认收入需满足以下三个条件之一：

第一，客户在企业履约的同时即取得并消耗企业履约所带来的经济利益；

第二，客户能够控制企业履约过程中在建的商品；

第三，企业履约过程中所产出的商品具有不可替代用途，且该企业在整个合同期间内有权就累计至今已完成的履约部分收取款项。

对于房地产行业来说，条件一和条件二通常不适用，企业在履约过程中客户无法对商品进行处置及取得商品房带来的经济利益的，收入准则对于控制的定义，即主导该商品的使用并从中获得几乎全部经济利益，客户对在建的商品房是没有这样的权利。

房地产企业按时段法确认收入能适用的只有第三条，即需同时满足以下两个条件：①合同履行过程中的产出商品，具有不可替代用途。需在合同开始日进行评估，预售合同一旦签订，就明确特定单位不能出售给其他人；②企业有强制付款请求权条件。对于已经建造出来的部分（虽然还没完工），企业有权向客户收钱（准则强调该权利要有法律约束力），以弥补企业的建造成本和合理的利润。

企业是否适用时段法确认收入，必须要结合销售合同的条款、销售流程、房地产销售相关法律法规等进行综合判断，实务中房地产企业通常以时点确认收入。

示例 7–1

国际会计准则并未规定房地产企业不能采用时段法确认收入，例如，香港上市企业碧桂园（HK02007），对部分房地产开发项目采用了时段法确认收入。但是，基于我国关于房地产行业的法律环境和商业惯例，如房地产企业在取得预售许可证之前不得销售、业主在违约时企业执行权可能受到限制。实务中，若业主违约，开发商可以将商品房重新进行销售而不需额外付出成本，即商品房事实上并非具有不可替代性，尤其是在卖方市场为主的房地产市场。即使期房通过合同限制具有不可替代用途，但未必满足“有权就累计至今已完成的履约部分收取款项”这一条件，除非期房销售收到全款或者期房付款进度与房屋建造进度匹配，且已收到的款项不可返还。因此，我国房地产企业不宜采用时段法确认收入。

房地产企业在客户的土地上，按照客户的设计为其建造房屋，若合同终止，已建造的部分归客户所有，该情形可能满足“客户能够控制企业履约过程中在建的商品”而应采用时段法确认收入。

（2）按时点法确认收入的条件

在房产完工并验收合格，签订了销售合同，取得了买方付款证明并交付使用时确认销售收入的实现。买方接到书面交房通知，无正当理由拒绝接收的，于书面交房通知确定的交付使用时限结束后即确认收入的实现。

2. 针对销售循环与收入确认时点相关的错报风险实施测试

（1）检查商品房预售许可证。取得商品房销（预）售许可证，检查内部审核记录是否完整，以确定被审计单位是否按规定办理销（预）售许可证。

（2）检查销售合同。检查合同条款及签章和签字是否齐全，以确定合同签订流程规范性，合同主要条款是否经过审核；网上查询销售合同、物业合同是否备案登记，检查合同存档备案记录，以确定是否按照政府部门要求将销售合同范本进行公示。

（3）检查销售收款环节。检查银行进账单与会计凭证是否相符，以确定销售收款是否及时或全额入账；检查银行进账单与销售合同是否相符，POS 机刷卡单签字与合同是否相符，以确定收款金额与销售合同条款相符；取得销售控制进度表，检查销售控制表的复核记录是否完整，以确定楼宇销售进度表与实际销售情况相符。

（4）检查办理入住手续及确认收入相关文件。取得入住通知书，检查签字、日期是否齐全，与合同签字是否一致，查看竣工备案表、测绘报告以确定办理入住时房屋已达到可入住状态；检查物业服务合同是否已经签署，受益期间是否在入住通知书签署日期以后期间，以确定入住通知与实际办理入住时间是否相符；将入住通知书签署日期、物业公司交钥匙记录与营业收入入账时间进行比较，已确定入住手续是否完整，是否存在缴纳费用记录及交钥匙记录。

3. 检查合同履行情况

（1）获取被审计单位房地产开发项目的《建设用地规划许可证》《建设工程规划许可证》《建筑工程施工许可证》《国有土地使用证》《商品房预售许可证》或《商品房销售许可证》，以及竣工备案表、测绘报告等，以判断商品房是否达到可交工状态。

（2）对于已签的《商品房买卖合同》，查询预售项目是否已办理入网手续，买卖合同是否已到房地产相关部门进行备案并网上公布。

（3）获取独立于财务核算的数据，如销售台账、销售报表等资料，重新计算主营业务收入，与实际入账收入金额核对。

（4）结合商品房监盘程序，实地查看业主入住情况，对售楼处销售进度表的检查，判断已开发商品房的实际销售情况。

（5）获取业主签字确认的入住流转单、物业公司的起费登记表等，检查商品房是否已经移交给业主。

（6）以交房凭证为起点，从资产负债表日前后若干天的交房入住通知单追查到合同、账簿记录是否一致。

示例 7-2

J 公司虚构售房收入，占当年收入总额的 90% 以上。J 公司出售房产时签订的购房协议书中特殊约定了甲方应当在满足签署网签条件的前提下，与乙方签署《商品房买卖合同》并办理完毕所有网签手续，否则应退还房款并支付违约金。J 公司未实际办理网签及交接手续。会计师事务所未对购房协议书中涉及购房合同履行的重要前提即“网签条款”约定予以核实，未向售房对手方函证，也未对该约定的履行情况采取其他审计程序。

4. 关注预收款长期挂账原因及合理性

结合预收账款（或应收账款）的账龄，判断被审计单位是否存在少计收入或虚计收入的情况，尤其是长期未办妥按揭贷款的客户。对于存在销售退回的事项，检查手续是否符合规定，结合原始销售凭证检查其会计处理是否正确。

5. 实施截止测试

（1）检查资产负债表日前后几天的账簿记录、销售发票存根联、入住通知单、物业起费登记表，检查收入记录有无跨期的现象。

（2）取得资产负债表日后所有的退房记录，检查是否存在提前确认收入的情况。

（3）结合对资产负债表日应收账款的函证程序，检查有无未取得对方认可的大额销售。

（4）结合预收款长期挂账原因及合理性检查，判断是否存在应计未计收入的情况。

6. 其他应关注的事项

（1）关注是否存在签署鸳鸯合同，规避房价政策调控和避税情况，如对同一客户，分别签署房屋买卖合同，同时与关联公司签署服务合同；关注是否存在虚假按揭，签订假合同套取银行信用。

（2）关注是否存在调节账外开发项目收益的情况，对与被审计单位现有账内开发项目无关的大额往来账目，必要时进行延伸审计，以确定付至账外开发项目资金的可回收性和已实现账外开发利润是否全部入账。

（3）关注是否存在隐瞒待售房屋租赁收入，从而达到隐瞒收益、逾逃税金的目的。

（4）关注是否存在提前或延迟确认房屋销售收入，如在与购房人签订房屋销售合同并在未完成开发项目竣工验收提前确认收入，故意推迟商品房竣工决算，并以无法最终确定开发成本为由将预售房款长期挂账。

（5）关注预售时是否取得房屋预售许可证，且是否存在为规避税收而将预售款在其他应付款中核算。

（6）代建项目收入的确认是否符合会计准则的要求，在满足一个时段内确认收入时，按照恰当的履约进度分期确认工程收入。

（四）审计案例

案例 7-1

某K上市房地产公司开发了甲楼盘，在取得商品房预售许可证后，于20×1年3月开始销售。K公司与客户签订的商品房销售合同约定，于20×2年12月31日前正式办理交付手续。20×2年12月，楼房已竣工，而小区配套设施因受天气因素影响未完全竣工。因此，甲楼盘亦未能于约定日期即年底前办妥综合验收手续。K公司担心逾期交房客户会提出索赔，于20×2年12月20日提前将钥匙交付客户，声称房屋未通过综合验收皆因不可抗力，并保证将于20×3年3月31日前办妥一切手续，客户领取钥匙后便开始装修。

K公司认为，20×2年12月20日已将房屋钥匙交付客户并经客户验收，控制权已转移，因此在20×2年12月确认了收入。

案例讨论：

根据国家房地产管理的有关规定，至少应当具备以下证明及相关文件后方可确认房屋已销售：（1）房地产管理部门通过的综合验收合格证书及房屋面积测定表；（2）与客户签订正式销售合同。一般在预售合同后，再签订补充合同确定房屋实测面积，并明确价款、质量、违约金等相关事宜的权利、义务；（3）交接单—房屋业经客户验收、对房屋的结构、销售面积及房款购销双方均无异议；（4）与客户办妥交付入住手续，客户领取钥匙。

本案例中，即使K公司开发的甲楼盘无法通过综合验收的可能性很小，仍然不宜根据交钥匙的情况确认收入。K公司收入确认时点，应为正式通过综合验收手续的时间。审计人员应获得以下审计证据并与公司沟通审计调整事宜：

1. 期后证明综合验收手续所处流程的审计资料，包括不限于K公司提交验收报告、配套设施建设进展资料等；

2. 将房屋移交客户的相关证据及办妥一切手续的承诺；

3. 检查售房合同中对于延期交房约定情况；

4. 其他相关审计证据。

二、存货

（一）重大错报风险

1. 成本核算不准确。房地产行业的存货建造周期较长，涉及的成本项目类别较多，部分成本项目的合同结算、付款及发票取得等滞后于存货的建造活动，易造成总成本核算不准；不同配套设施的成本归集和分摊方式及商铺、地下室与普通住宅之间成本分摊也易发生错报。

2. 利息资本化核算不准确。房地产企业通常具有资产负债率高、项目建设周期长的特点，企业对于借款资本化的起止时间、资本化的借款范围等的判断是发生错报风险的重点领域。

3. 减值计提不充分。房地产企业的开发经营涉及从征地、拆迁、勘察、设计、施工、销售、售后服务等全过程，具有开发周期长、投资数额大、经营风险大，受政策环境影响大等特点，同时建造过程中的房地产不容易随时变现，进一步加大了可能存在减值计提不充分的风险。

（二）常见审计问题

1. 未识别出非货币性义务形式支付的土地出让金、拆迁补偿款。

2. 未关注到被审计单位将因违反土地出让合同延期付款而产生的罚息及滞纳金资本化。

3. 未关注存货成本的确认不完整的情况，特别是对于在建项目，未定期获取体现造价金额的监理报告。

4. 未关注是否能够区分有偿转让还是不能转让，或是需要无偿移交的配套设施，造成未将相应的配套设施成本合理分摊到对应的可销售产品成本，从而导致低估销售成本。

5. 未关注被审计单位以购买企业股权形式取得开发项目时，对被收购项目在收购时点是否构成业务的判断是否恰当。

6. 针对企业借款资本化的起止时间、资本化的借款范围等的判断和检查流于形式，审计人员未执行必要的重新计算等审计程序。

7. 未关注存货减值计提是否充分。

（三）审计关注要点

1. 关注存货成本项目的完整性

房地产行业的存货一般按房地产开发产品、非开发产品分类。开发产品包括已完工开发产品、在建开发产品和拟开发产品；非房地产开发产品为库存商品及其他。已完工开发产品是指已建成、待出售的物业，在建开发产品是指尚未建成、以出售为目的的物业，拟开发产品是指所购入的、已决定将之开发为已完工开发产品的土地。项目整体开发时，拟开发产品全部转入在建开发产品；项目分期开发时，将分期开发用地部分转入在建开发产品，后期未开发土地仍保留在拟开发产品。存货按成本进行初始计量，房地产开发产品成本包括土地成本、施工成本和其他成本。符合资本化条件的借款费用，亦计入房地产开发产品成本。非房地产开发产品成本包括采购成本、加工成本和使存货达到目前场所和状态所发生的其他支出。

房地产企业一般按照开发项目、综合开发期数并兼顾产品类型等确定成本核算对象，企业一般设置土地征用及拆迁补偿费、前期工程费、建筑安装工程费、基础设施建设费、公共配套设施费、开发间接费、借款费用等成本项目，核算内容包括：

（1）土地征用及拆迁补偿费。取得土地开发使用权（或开发权）而发生的各项费用，包括土地买价或出让金、大市政配套费、契税、耕地占用税、土地使用费、土地闲置费、农作物补偿费、危房补偿费、土地变更用途和超面积补交的地价及相关税费、拆迁补偿费用、安置及动迁费用、回迁房建造费用等。

（2）前期工程费。项目开发前期发生的政府许可规费、招标代理费、临时设施费以及水文地质勘察、测绘、规划、设计、可行性研究、咨询论证费、筹建、场地通平等前期费用。

（3）建筑安装工程费。开发项目开发过程中发生的各项主体建筑的建筑工程费、安装工程费及精装修费。

（4）基础设施建设费。发项目在开发过程中发生的道路、供水、供电、供气、供暖、排污、排洪、消防、通讯、照明、有线电视、宽带网络、智能化等社区管网工程费和环境卫生、园林绿化等园林、景观环境工程费用等。

（5）公共配套设施费。开发项目发生的、独立的、非营利性的且产权属于全体业主的，或无偿赠与地方政府、政府公共事业单位的公共配套设施费用等。

（6）开发间接费。企业为直接组织和管理开发项目所发生的，且不能直接归属于成本核算对象的工程监理费、造价审核费、结算审核费、工程保险费等。为业主代扣代缴的公共维修基金等不得计入产品成本。

（7）借款费用。符合资本化条件的借款发生的利息支出。

2. 关注土地成本核算的准确性

（1）关注是否存在非货币性义务

房地产存货的土地成本除了体现为以货币形式支付的土地出让金、拆迁补偿款外，还可能存在非货币形式的义务。例如，土地合同中可能约定该项目需要建设一定比例的保障性住房或回迁房，或是约定在项目完工后需要按指定价格向指定方销售特定数量的商品房等。被审计单位在核算时可能非货币义务对于财务报表的影响，审计人员可实施下列核查程序：

①查看与土地出让相关的文件，如土地招拍挂公告、成交确认书、土地使用权出让合同、储备土地开发补偿协议、项目开发合作框架协议等，确认是否存在企业未识别的非货币性义务；

②如若存在非货币性义务，根据《企业会计准则第7号——非货币性资产交换》的相关规定，复核企业是否已经正确核算了相关义务对于土地成本的影响。

（2）关注是否存在因延期支付土地出让金所产生的利息及滞纳金

土地出让金是房地产项目较大的成本支出，国土资源部门有时给予企业分期支付土地出让金，企业需缴纳同期银行借款利息，如果未能按期支付土地出让金，企业还可能需要缴纳滞纳金。

审计人员需要查阅土地出让合同，判断延期支付土地出让金的行为是否符合土地出让合同的约定。对于符合土地出让合同约定而延期支付的土地出让金，实质上构成了被审计单位的有息债务，产生的利息在符合《企业会计准则第17号——借款费用》的相关规定时，应当进行资本化。违反土地出让合同延期付款而产生的不符合资本化要求的罚息及滞纳金，需检查是否已经正确列示在营业外支出中。此外，审计人员还应关注是否存在虚报土地征用和前期工程费用。在土地征用和拆迁补偿环节，被拆迁人和补偿对象众多，是否假冒手续虚报土地征用和拆迁补偿费用或虚列各类勘察、测绘、设计、咨询、筹备等费用名目。

3. 关注存货成本的暂估金额是否准确

房地产建造过程中的付款及结算通常滞后于施工进度，施工中经常出现的洽商变更，也会进一步延长付款时间，被审计单位在资产负债表日需要对存货成本进行合理确认。实务中，不少企业存在工程报量核算管理能力薄弱的情况，使得成本核算的完整性和准确性容易产生错报。审计人员可通过控制测试对被审计单位成本计提相关控制运行的有效性进行评估，并实施下列实质性程序核查暂估成本核算情况：

（1）检查管理层是否定期取得第三方监理报告，监理报告是否已由施工方、监理公司和开发商三方审核后签字确认并妥善保存。

（2）对监理公司的资质进行了解，评价专业胜任能力、专业素质和客观性。

（3）对于在建项目，取得报告期末的项目监理报告，结合对项目现场工程进度的观察，复核监理报告的工程进度是否存在重大不合理。必要时，考虑对监理公司实施函证。

（4）结合工程合同台账，检查被审计单位是否根据合同签订及结算情况，定期对项目总成本预算进行复核及更新，并复核项目总预算的合理性。

（5）结合项目成本预算及工程合同台账，复核在建项目期末监理报告的工程报量金额是否存在重大遗漏或是不合理。

（6）将监理报量的造价金额核对至存货及应付账款科目明细账，确认在建项目工程报量是否已经正确计提，如监理报量不能体现造价金额的，则需进一步取得基于监理报量做出的工程造价金额，核对相关成本是否已经正确计提，必要时考虑利用专家的工作。

（7）对于完工项目，复核项目总成本与工程合同台账的差异，逐项分析差异原因，以确认是否存在遗漏或是超额计提的成本项目。

4. 关注借款费用资本化的会计处理

（1）关注借款费用是否符合资本化的条件

房地产开发企业符合资本化条件的资产包括计入存货核算的开发项目、在建投资性房地产和固定资产。审计人员需要关注被审计单位是否已取得符合资本化条件的资产的所有权凭据，如已签署的国有土地出让合同等。

涉及内部资金往来时，审计人员应考虑集团层面资金投入及调拨对合并财务报表利息资本化金额的影响。例如，母公司将借款作为实收资本投入子公司用于存货的建造，母公司应在合并财务报表层面反映借款利息的资本化金额，子公司支付的利息不应高于母公司的借款成本，超出部分应在合并层面予以费用化。

（2）关注资本化期间是否合理

①利息费用开始资本化时点是否恰当。《企业会计准则第 17 号——借款费用》第五条规定“为使资产达到预定可使用或者可销售状态所必要的购建或者生产活动已经开始”时，借款费用才可以资本化。房地产项目购建活动开始的标志不一定是如挖坑、打桩等物理上的开工，在签订土地出让协议并部分交纳土地出让金后，勘察设计活动，或土石开工已经进行，即视为购建或者生产活动已经开始。审计人员可复核被审计单位提供的项目开工支持性文件，以及勘察设计合同等，判断借款费用资本化开始时点是否恰当。

②利息费用暂停资本化时点是否恰当。《企业会计准则第 17 号——借款费用》第十一条规定“符合资本化条件的资产在购建或者生产过程中发生非正常中断且中断时间连续超过 3 个月的，应当暂停借款费用的资本化。”即如属于正常中断或中断不超过 3 个月的，相关借款费用仍可资本化。某些工程建造到一定阶段必须暂停下来进行质量或者安全检查，检查通过后才可继续下一阶段的建造工作，这类中断是在施工前可以预见的，而且是工程建造必须经过的程序，属于正常中断。某些地区的工程在建造过程中，由于雨季或冰冻季节等可预见的不可抗力因素导致施工出现停顿，也属于正常中断。非正常中断，通常是指由于企业管理决策上的原因或者其他不可预见的原因等所导致的中断。

如果房地产项目建设中断时间较长（超过 3 个月），审计人员应检查开发项目工期是否超过国有土地出让合同中约定的开发周期，实地查看项目开发进展情况，判断是否可能存在非正常中断情形。

示例 7-3

上市公司凯迪生态环境科技股份有限公司（简称“凯迪生态”）在 2016 年期间，部分在建电厂存在非正常中断且中断时间连续超过 3 个月的情形。建设中断期间，凯迪生态未按照会计准则暂停停建电厂的借款费用资本化，导致 2016 年财务报告存在虚增在建工程、虚减财务费用、虚增利润总额的情形，虚增在建工程、虚减财务费用、虚增利润总额 272 808 639.77 元。该企业因虚增利润被行政处罚，会计师事务所及注册会计师也被行政处罚。

资料来源：中国证监会网站。

③利息费用停止资本化的时点是否恰当。根据《城市房地产管理法》《城市商品房预售管理办法》等规定，满足“投入开发建设的资金达到工程建设总投资的 25% 以上，并已经确定施工进度和竣工交付日期”及其他相关条件的可以申请预售许可进行预售。达到可预售状态并不意味着满足准则“预定可使用或可销售状态”从而应停止资本化，而是应结合达到法律法规及合同约定的可交房状态判断停止资本化的时点。

房地产开发项目通常办理竣工验收后停止资本化，但审计人员仍需根据项目具体情况，判断达到预定可使用状态的时点。例如，有的公司可能会选择延期办理竣工验收手续，若除利息费用外无其他费用或仅发生极少的其他费用，且该情况已持续一段时间的开发项目，可能存在延长资本化期间的问题。房地产项目实质上是否已达到预定可使用或可销售状态，可以结合销售合同中约定的房屋交付日期、施工方交付使用记录及质检、消防等相关部门的验收记录，判断资本化期间是否合理。

（3）关注利息资本化金额是否准确

专项借款和一般借款的利息资本化原则不同，审计人员应检查借款合同，复核被审计单位对于专项借款和一般借款的划分是否正确，专项借款和一般借款相对应的利息支出是否按照各自的资本化原则进行核算。涉及外币借款的，核查汇兑差额及借款辅助费用的资本化是否符合规定。

5. 关注房地产项目成本费用分配的准确性

（1）土地成本及其他成本分摊

土地成本一般按照各业态的占地面积计算土地价款归集到对应业态。若同一楼栋同时有两个及以上产品类型时，为客观地反映土地在相同位置、不同产品上的价值差异，土地成本按各产品的计容建筑面积乘以相应指定土地加成系数后再参与土地成本分摊较为合理。其他主要成本分摊，主要包括：

①行政事业性收费与前期工程费用：场地平整按占地面积分摊，临建板房及临建售楼部按受益产品可售面积分摊，其余按照总建筑面积分摊。

②景观环境工程：按占地面积分摊。

③社区管网工程：按地上建筑面积分摊。

④公共配套设施：按地上可售面积分摊。若项目分期开发且受益区域存在未开发部分，按占地面积在各期中分摊，再按可售面积在同期不同产品间分配；若项目的公配与有产权资产在当期未建设，但当期受益的，根据占地面积按受益原则预提承担对应成本。

⑤工程建设其他费用、开发间接费用：按照总建筑面积或其他合理方法分摊。

审计人员可从以下方面关注开发成本分配的恰当性：

第一，分摊之前检查以下内容：

a. 土地取得相关证件以及出让合同、结算资料，关注土地成本的真实与完整；

b. 开发商的预算资料，与工程完工进度报告进行比较，分析开发商是否足额暂估开发产品成本费用；

c. 检查已完工的工程结算资料，关注成本费用的完整性。

第二，复核成本费用所采用的分配方法合理性，分摊方法是否一贯采用。

第三，查看开发项目成本分配与分摊表，重新计算各业态成本费用分配数额计算正确性。

第四，关注是否存在重复分摊或者前期项目少分摊成本的情况。

第五，检查已完工项目及其他转出数原始凭证是否齐全，会计处理是否正确。

（2）关注配套设施的成本分配

配套设施是根据城市建设规划的要求，或开发项目建设规划的要求，为满足居住需要而与开发项目配套建设的各种服务性设施，例如，道路、绿地、社区用房、幼儿园、学校、车位等。配套设施的设计规范、建设标准和移交规定，通常由各地方政府按照当地实际情况进行规范。因此，不同配套设施的成本归集和分摊方式也会存在明显差异。配套设施核算发生错报的风险较高，审计人员可执行下列核查工作：

①取得项目建设用地规划许可证、建筑工程规划许可证等规划文件及其附图，结合项目总平面图，复核企业对于配套设施的识别是否完整。

②参考当地政府关于配套设施的相关政策文件，复核企业对于各项配套设施是否需要移交，是否能够有偿转让的判断是否正确。

③对于能够有偿转让（包括出售方式或出租方式）的配套设施，复核被审计单位是否已经对其成本单独归集，合理分配。

④对于不能转让或是需要无偿移交的配套设施，需结合项目规划，分析对应产品受益范围，复核被审计单位是否已经按照恰当的产品受益范围，将相应的配套设施成本合理分摊到对应的可销售产品成本。

6. 关注存货的减值核算

审计人员应关注可能导致存货跌价的下列情形：

（1）房地产项目受宏观经济政策、经济环境、市场环境、设计落后等因素的影响，可能导致已开发产品不能及时销售，或销售价格低于成本。

（2）受资金、土地条件、征地补偿中存在纠纷等因素的影响，可能导致开发项目长时间停滞。

（3）由于施工质量问题，可能导致开发项目未能通过验收。

（4）“停工”“烂尾”“空置”项目，周边地区房产滞销，难以按成本价销售。

（5）项目所在地区房地产市场价格持续下跌，并且在可预见的未来无回升的希望，导致可变现净值低于账面成本。

（6）开发项目未取得《建设用地规划许可证》《建设工程规划许可证》《建筑工程施工许可证》《国有土地使用证》《商品房预售许可证》，导致开发项目长期搁置，无法销售。

（7）户型不好、配套设施不全、所在地区环境不好，导致售价低于成本。

（8）在建开发项目已支出的成本及预算将要开发支出，估计在建开发项目总成本高过市价。

审计人员应区别开发成本、开发产品减值，实施不同的核查工作。对于在建开发项目跌价，重点执行下列程序：

第一，结合现场监盘程序，确定在建项目的现状是否属于正常的建设状态，对于监盘发现的异常停建项目应关注其是否存在跌价情形。房地产行业专业性较强，审计人员对在建项目进行监盘时可能无法判断项目进展或建设状态，必要时应考虑利用专家的工作，如提请被审计单位聘请房地产评估师或造价师对在建项目的建设状态、完工程度进行确认，以确定其是否存在跌价情形。

第二，复核计提开发成本跌价的方法、依据及假设、结果，通过以下措施检查可变现净值的合理性：获取与在建项目相同、类似地区、同质项目的市场价格、企业定价，确定开发项目采用估计售价的合理性；结合在建项目开发成本审计结果，获取该项目预算资料，必要时利用专家工作复核项目至完工时估计将要发生成本；结合销售费用和税项的审计结果，复核在建项目估计销售费用、相关税费的合理性；结合期后事项，复核存货可变现净值测试时的会计估计是否合理。

对于开发产品跌价，审计人员重点执行下列程序：

第一，结合现场监盘程序，确定开发产品是否存在户型陈旧、建筑质量低劣、周边环境较差等情况。

第二，结合收入审计结果，确定开发产品扣除销售相关税费后的价格是否低于账面成本，参考相同地段、类似项目的市场价格，关注是否存在跌价情形。

第三，复核计提开发产品跌价的方法、依据及假设、结果，通过以下措施检查可变现净值的合理性：获取与开发产品相同、类似地区、同质项目的市场价格、企业销售价格，及其变动趋势，确定估计售价的合理性；结合销售费用和税项的审计结果，复核开发产品估计销售费用、相关税费的合理性；结合期后事项，复核可变现净值测试会计估计是否合理；实施实质性分析程序，以判断其开发产品可变现净值测试是否恰当。

第四，就同地区、同质性的开发产品获取同行业其他企业计提跌价的情况进行对比分析，判断被审计单位存货跌价准备的计提是否存在重大异常，整体复核各项开发产品跌价计提的合理性。

7. 关注存货监盘

房地产开发及销售企业实施存货监盘，以被审计单位组织全面存货盘点为基础，在存货盘点现场实施监盘，审计人员重点做好下列工作：

（1）监盘前，获取销售部门提供的销售控制表（销控表），包括户型面积、价格、总价，已销售或已订出房间等信息。

（2）“销控表”记录已经交付业主的房间，随机抽取部分房号，查看业主收楼交接单和领取钥匙的记录。

（3）复核业主签字与销售合同上签字一致性，证实开发产品确实于盘点日已出售并确认收入。

（4）取得开发产品清单与“销控表”进行核对，关注“销控表”上标注已售的房号是否出现在开发产品清单上。

（5）监盘时，到物业部门现场查看钥匙摆放情况，抽取部分钥匙，实地查看该钥匙是否与房屋对应，且核对该房号是否已经列示在开发产品清单中。

（6）现场查看工程形象进度，并通过与工程现场资产管理部人员、监理人员进行访谈，了解实际工程进度与开发成本结转进度是否存在重大差异。

8. 关注是否存在并购形成的存货项目

以购买企业股权形式取得开发项目，是房地产开发企业常见的操作方式。这种方式下的存货成本，除了股权收购协议及合作框架协议列明的对价外，审计人员还需关注以下事项可能对财务报表的影响：

（1）通过询问、观察等程序对被收购项目进行了解，并复核股权收购协议、合作框架协议等与项目收购相关的协议，分析被收购项目是否构成业务。

（2）若被收购项目构成业务，复核被审计单位是否按照《企业会计准则第20号——企业合并》的相关规定进行处理。获取被收购公司资产公允价值的估值报告，复核估值方法及相关参数的合理性，必要时考虑根据《中国注册会计师审计准则第1421号——利用专家的工作》的相关规定利用专家的工作。同时，关注被审计单位是否已经按照估值结果在合并财务报表中对相应资产的价值进行了调整，且确认了相关的递延所得税资产或负债。

（3）若被收购项目不构成业务，复核被审计单位是否按照购买资产进行会计核算，不单独确认商誉，取得控制权时支付对价在扣除其他可辨认资产的公允价值后，剩余金额全部归属于该项特定的可辨认资产，并随着房地产开发项目经济利益的逐步消耗而转入损益，此类收购项目在合并报表层面不应确认递延所得税负债。

（4）关注是否存在应有受让股东方承担的股权转让款在项目公司的开发成本列支，存在虚增开发成本现象。

9. 其他关注要点

（1）关注是否混淆自建项目与开发项目，如将拟用于经营或管理目的的房屋、建筑物、场地等购建成本混入商业开发项目，人为加大开发成本，或形成账外资产。

（2）关注合作开发项目是否存在将合作方应分的收益计入开发成本，从而虚增项目的开发成本。

（3）关注与关联方交易的真实性及价格合理性，如部分开发项目将建安、设计、配套工程委托关联方进行施工，定价是否合理，是否存在虚增开发成本，转移利润。

（四）审计案例

案例7-2

Z房地产公司20×4年1月拍得土地一块2万平方米，容积率为2.0，可建设商品房4万平方米。取得发改委项目批准文件（项目B），分两期开发：一期项目占地面积1万平方米，建设商品房2万平方米，已开工建设。其中：写字楼占地面积6千平方米、建筑面积5千平方米，普通住宅，占地面积4千平方米，建筑面积1.5万平方米。二期项目占地面积1万平方米，建设洋房2万平方米，尚未开工建设。

Z公司20×4年度发生了下列有关开发支出：

1.1 月份用银行存款支付征地及折迁费 6 000 万元，契税 240 万元。

（1）分期分配，按占地面积法计算出一期项目负担 3 120 万元，二期项目负担 3 120 万元（6 240 × 10 000/20 000）。

（2）分产品类型分配，一期分摊土地成本 3 120 万元，按占地面积法计算出。写字楼、普通住宅应负担的成本写字楼：3 120 × 6 000/10 000=1 872（万元）；普通住宅：3 120 × 4 000/10 000=1 248（万元）。

2.2 月份用银行存款支付设计院一期设计费 100 万元。

设计费按照建筑面积法为单位收费。写字楼分摊的设计费：100 万 × 5 000/20 000=25(万元)；普通住宅分摊的设计费：100 万 × 15 000/20 000=75(万元)

3.3 月份用银行存款支付承包施工企业一期基础设施工程款为 80 万元。

假定，基础设施费按照建筑面积法进行成本分配。写字楼应分摊：80 × 5 000/20 000=20（万元），普通住宅应分摊：80 × 15 000/20 000=60（万元）。

4.10 月份，根据工程结算单，应付甲公司建筑安装工程款 3 000 万元，根据甲乙双方签订的施工合同，经双方最终决算确认：建筑安装工程费按照直接成本法进行成本分配写字楼应负担的工程款为 700 万元，普通住宅应负担的工程款为 2 300 万元。

5. 小区内建设一公共配套锅炉房，成本 160 万元发生时单独归集。

公共配套费按建筑面积法分配一期应分摊 160+20 000/40 000=80（万元），写字楼负担 80 × 5 000/20 000=20（万元），普通住宅负担 80 × 15 000/20 000=60（万元）。二期应分摊：160 × 20 000/40 000=80（万元）。

6.12 月份一期共发生开发间接费用 20 万元。

开发间接费假定按照建筑面积法分配成本，写字楼负担 20 × 5 000/20 000=5（万元）；普通住宅负担 20 × 15 000/20 000=15（万元）。

7. 发生贷款利息（信托公司）500 万元，全部用到一期项目建设中资本化利息列入“开发成本一借款费用”，利息支出一般根据预算造价法（或直接成本法）分配。

写字楼预算造价：1 872+25+20+700+20+5=2 642（万元）；普通住宅预算造价：1 248+75+60+2 300+60+15=3 758（万元）；写字楼分配：500 × 2 642/_（2 642+3 758）=206（万元）；普通住宅分配：500 × 3 758/（2 642+3 758）=294（万元）。

案例讨论：

审计人员可执行如下程序，检查成本归集与分配是否合理：

1. 检查土地取得相关证件以及出让合同、结算资料，关注土地成本的真实与完整。

2. 检查开发商的预算资料，与工程完工进度报告进行比较，分析开发商是否足额暂估开发产品成本费用。检查已完工的工程相应的结算资料，关注成本费用的完整性。

3. 检查公司借款合同，关注借款合同是否与房地产项目开发有关，并通过查看合同中明确的借款利率、借款期限等判断企业已资本化利率的合理性。

4. 检查施工方交付使用记录及质检、消防等相关部门的验收记录，判断资本化期间合理性。

5. 查看开发项目的成本分配与分摊表，复核成本费用所采用的分配方法合理性和一致性，重新计算各业态成本费用分配数额的正确性。

6. 检查已完工项目及其他转出数原始凭证是否齐全，会计处理是否正确。

三、土地增值税及企业所得税

（一）重大错报风险

房地产企业的税收具有金额大、税务核算复杂的特点，土地增值税、企业所得税企业财务报表影响较大，核算不准确涉及重大错报风险。

（二）常见审计问题

1. 未充分关注被审计单位的舞弊风险。房地产企业为了减少资金流出，可能通过签订“阴阳合同”等方式达到少缴各类税费的目的。在开发项目清算前，为平衡房地产开发项目清算前各年度的利润，土地增值税和企业所得税预缴计提可能存在低估风险。土地增值税和企业所得税汇算清缴环节，由于可能面临较大金额的现金流出，被审计单位可能推迟符合清算条件项目的清算，或以少计收入、加大扣除项目等方式少缴土地增值税。

2. 审计人员仅依赖税务师事务所出具的报告，未对土地增值税和企业所得税计提的准确性、完整性进行审核。

3. 房地产企业所得税费用计算复杂，存在大量成本、费用扣除项目，审计人员未关注递延所得税资产或者递延所得税负债核算的准确性。

（三）审计关注要点

1. 土地增值税计算与缴纳

（1）关注土地增值税的预缴

房地产项目竣工交付使用前预售并取得预售房款（会计上尚不符合收入确认条件），《土地增值税暂行条例》规定，企业应当预缴土地增值税。各省、自治区、直辖市地方税务局根据当地情况和不同类型房地产确定具体的预征率，如东部地区省份不低于2%，中部和东北部地区省份不低于1.5%，西部地区省份不低于1%。审计人员应关注企业是否按规定的预征率，足额预缴了土地增值税，并执行以下审计程序：

①通过访谈、查阅项目立项审批相关文件，了解核实该房地产项目的具体类型，如经济适用住房、普通住宅、别墅、写字楼等。

②结合预收款明细账及相关备案材料，关注是否存在预收房款之外的其他手续费、代理费等收入，检查企业是否按适用的预征率，足额预缴土地增值税。

③结合房屋销售记录和房屋存量记录，实地查看是否存在视同销售未入账而未足额预缴土地增值税的情况。

（2）复核土地增值税计提及增值额计算是否与收入配比

符合收入确认条件的房地产项目，确认收入时应配比结转预缴的土地增值税；达到清算条件的开发项目，按照税法的规定，计算增值额，测算需补缴的土地增值税。项目尚未全部竣工决算前，对增值额的测算存在一定难度，可能导致计提的土地增值税不完整或出现重大偏差，也可能成为企业调节利润的“蓄水池”。审计人员需要关注：

①参照《土地增值税清算管理规程》《关于土地增值税清算有关问题的通知》等规定，对土地增值税进行测算，考虑各项成本、费用的扣除调整因素，确认增值额计算的合理和完整，并关注建筑安装工程费、公共配套设施费、利息支出等成本费用的处理是否合理，关联交易是否公允。

②复核增值额的计算过程，重点关注相关数据取数的一致性、准确性，有无重大遗漏；关注同一项目在不同期间（年度、季度、月份）计算土地增值税时使用的预计增值率是否有重大差异；将被审计单位测算的预计增值率与此前已清算的同类型项目或其他企业已清算的同类型项目的增值率比较，分析计提的土地增值税是否合理。

③关注土地增值税计提的依据、基础是否发生重大改变及其改变原因，是否存在土地增值税长期挂账或前期计提在本期大额冲回等情况。

（3）关注土地增值税的清算

房地产开发项目全部竣工、完成销售、整体转让未竣工决算房项目、直接转让土地使用权等，在满足条件之日起 90 日内应到主管税务机关办理清算手续。已竣工验收的开发项目，已转让的房地产建筑面积占整个项目可售建筑面积的比例在 85% 以上，或该比例虽未超过 85%，但剩余可售建筑面积已经出租或自用，主管税务机关可要求企业进行土地增值税清算。审计人员应重点关注符合清算条件的房地产项目，是否及时进行清算，并实施下列审计程序：

①获取开发项目明细表，了解项目的立项、用地、开发、销售等情况，判断是否存在应清算而未清算的开发项目和视同销售未入账而造成不符合清算条件的项目，对应清算项目关注是否足额计提土地增值税。

②当期清算完毕的开发项目，对清算结果进行复核。土地增值税清算工作，

企业一般委托税务师事务所进行，审计人员应取得土地增值税清算的鉴证报告，并根据《注册会计师审计准则第 1421 号——利用专家的工作》的要求，对鉴证报告的合法性、真实性进行复核。

2. 企业所得税的计算与缴纳

（1）关注企业所得税的预缴

房地产企业所得税的计算缴纳与其他企业相比有其特殊性，主要表现在：一是销售未完工开发产品取得收入应计算预计毛利额，计入当期应纳税所得额；二是开发产品完工或视同完工时，应及时结算计税成本并计算此前销售收入的实际毛利额，同时将实际毛利额与预计毛利额之间的差额，计入当期应纳税所得额。审计人员应当复核被审计单位是否按由省、自治区、直辖市税务机关规定的计税毛利率，计算预缴销售未完工开发产品取得收入应纳所得税额，同时复核收入确认是否及时、完整，核查代收款项是否及时申报纳税，扣除项目是否恰当。

（2）关注企业所得税的汇算清缴

年度企业所得税的汇算清缴较为复杂、专业性强，审计人员应关注毛利差的计算审核是否准确：

①关注对已完工或视同完工的开发产品，企业是否推迟结转完工收入、成本，不计毛利差，企业计算的毛利差是否经税务师事务所审核并出具鉴证报告。如已出具鉴证报告，应进行复核；如未由税务师事务所进行鉴证，审计人员应对被审计单位计算的毛利差进行审核。

②复核用于计算所得税费用的开发产品项目收入的完整性、成本和费用扣除项目的恰当性。关注开发项目中存在安置回迁户的，安置房是否视同销售；是否与购房者签订阴阳合同而少计收入；是否未按规定将应计入营业收入的停车位、车库、阁楼等款项收入错计入往来款；将已计入销售收入的共用部位、共用设施设备维修基金按规定移交给有关部门、单位时，是否及时做代扣缴处理等情况。

③关注计税成本对象的确定是否符合《关于印发〈房地产开发经营业务企业所得税处理办法〉的通知》《国家税务总局关于房地产开发企业成本对象管理问题的公告》的相关规定，是否合理区分已完工成本对象、在建成本对象和未建成本对象，是否在报送主管税务机关后进行了调整。各项成本分摊是否合理、准确，共同成本和不能分清负担对象的间接成本是否遵循一定的分配方法，按受益原则和配比原则分配至各成本对象。

④关注成本费用的会计口径与税务口径（计税成本）的差异调整情况，是否将应该费用化的支出项目资本化等。对成本费用扣除的税务处理、计税成本的核算、特定事项的税务处理等应按《国家税务总局关于印发〈房地产开发经营业务企业所得税处理办法〉的通知》（国税发〔2009〕31 号）的相关规定处理。

四、其他审计关注事项

（一）金融负债和权益的区分

房地产企业可能为解决资金问题而进行明股实债等特殊交易的会计处理，审计人员未对照会计准则的规定分析企业投融资协议的经济实质，未关注法律和会计准则框架下对股东界定的差异。由于对“股权”“债权”的确认涉及重大会计判断，且对财务报表会产生重大影响，房地产企业融资性质的判断已成为注册会计师审计的重点领域之一，审计人员需要关注：

1. 访谈管理层，查阅公开信息

了解被审计单位的总体经营情况，分析股权转让交易的动机和财务目的，关注报告期间发生的重大股权变动情况，特别是对于资产负债率较高，正常融资难度大，若新引入的投资者是信托公司或者（房地产）投资基金的企业。

2. 索取完整的合同协议等资料

有的投资协议中并未体现回购安排条款，而是另行签署补充协议约定，审计人员应关注是否存在“抽屉协议”。对集团合并财务报表进行审计时，集团审计人员需要根据审计期间子公司股权变动情况，获取与股权变动（出售或转让）相关的全部协议合同，尤其关注组成部分注册会计师审计的单位发生增资或者股权变动时，组成部分注册会计师可能并不知晓母公司或集团内其他子公司承担了现金支付义务，可能导致无法及时发现集团合并财务报表存在的重大错报。

3. 分析协议条款，判断金融负债和权益工具分类的恰当性

（1）识别合同协议中是否存在股份回购或支付投资方固定收益的相关条款

审计人员在阅读合同协议中的相关条款时，注意识别是否存在投资机构要求被审计单位（或关联方）进行股份回购的条款。某些特定条件下要求回购的条款，分析约定条件触发是否由被审计单位决定。若不能由被审计单位自主决定，则可以判断承担了无条件交付现金的合同义务，应确认为金融负债。如存在由某些被审计单位无法控制的外部因素导致或者触发的向投资方支付固定收益的条款，如业绩指标完成情况、缴纳国有资本收益、在限定时间内完成 IPO、被法院冻结资产、被迫清算等等，被审计单位承担了不能无条件地避免交付现金的合同义务，也应确认为金融负债。

（2）金融负债和权益工具在集团整体层面区分的考虑

现金交付义务的承担者有可能是被审计单位本身，也可能是被审计单位控股股东等关联方。若由被审计单位自身承担了现金交付义务，则应该将其作为金融负债列报于被审计单位个别财务报表中；若由控股股东等关联方承担现金交付义务，需要在集团合并报表中考虑金融负债和权益工具的分类。

（二）资产证券化“出表”与“合表”

1. 判断是否满足“出表”要求

实务中，房地产企业有时采用资产证券化的方式降低资产负债率。审计人员应当分析资产买卖合同条款以及资产证券化方案中的信用增级方式，被审计单位保留了金融资产所有权上几乎所有风险和报酬，判断资产所有权的风险和报酬是否转移，重点关注下列不应终止确认的交易：

（1）出售金融资产并与转入方签订回购协议，约定被审计单位将回购原被转移的金融资产，价格并非按照回购日的公允价值；或者被审计单位将要回购的金融资产与售出的金融资产相同或实质相同、回购价格固定或原售价加上回报。

（2）出售金融资产，同时与转入方签订看跌期权合同或看涨期权合同，且根据合同条款判断，该看跌期权或看涨期权为一项重大价内期权（即资产的转入方或转出方很可能会行权）。

（3）出售金融资产并附有将市场风险敞口转给其的总回报互换。

（4）出售信贷资产并全额补偿转入方可能因被转移金融资产发生的信用损失等。

此外，资产证券化业务涉及“过手安排”的，审计人员应关注是否满足《企业会计准则第23号——金融工具转移》中的三个条件，即“不垫付”“不抵押”“无重大延误”。若不满足，金融资产不能终止确认。例如，在对转出方短期垫付安排的证券化业务中，如果被审计单位收回该垫款的权利仅优先于次级资产支持证券持有人，但劣后于优先级资产支持证券持有人，或者被审计单位对于短期垫付资金不收取利息等情形，则不满足“不垫付”条件。

2. 关注证券化的结构化主体是否纳入合并范围

审计人员应关注证券化的SPV是否由被审计单位控制，从而应纳入其合并报表范围。例如，公募基金通过资产支持专项计划和项目公司等载体取得基础设施项目完全所有权或经营权利，同时原始权益人（如房地产公司）或其同一控制下的关联方在基础设施基金中持有超过20%以上的份额，并且可能还以提供运营管理服务、承担基金管理人的角色等方式参与公募REITs的运营管理。审计人员应关注原始权益人，还是基金管理人对公募REITs运营管理拥有实质性权力，原始权益人是否控制基金。根据《企业会计准则第33号——合并财务报表》对“控制”的规定，结合具体情况分析判断。《公开募集基础设施证券投资基金指引（试行）》指出基金管理人主动运营管理基础设施项目，以获取基础设施项目租金、收费等稳定现金流为主要目的。原始权益人持有20%以上基金份额，且可能继续参与运营管理项目资产。原始权益人是否控制基金，需要根据控制三要素，结合基金的权利和义务安排、原始权益人的持有基金份额和可变回报、是否承担项目资产的运营管理等因素综合考量后，对原始权益人是否控制基金进行判断。

（三）列报与披露

关注房地产业务是否按照相关监管要求进行了恰当的披露，对具有行业特点的重要报表项目在附注中是否进行了进一步注释及说明。例如，被审计单位是否依据其自身的经营模式和结算方式，细化年度报告财务报表附注中存货、维修基金、质量保证金、借款费用、资产减值准备、各经营业态（住宅、商业、工业等）销售收入等会计政策，并披露确认条件、确认时点、计量依据等主要会计政策。是否已在报表项目附注中对部分项目进行详细披露，附注中“存货”项目是否已按开发成本、开发产品披露主要项目信息，是否已披露存货余额中的利息资本化金额及利息资本化率情况、截至报告期末权属受限存货的期末账面价值、受限原因等和存货跌价准备情况等。

示例 7-4

某大型上市房地产公司，2021 年末资产总额 1.5 万亿元，存货（主要为房地产项目）7 800 亿元，其中：开发成本 5 400 亿元，开发产品 1 700 亿元。公司在财务报告附注“存货”项目中，仅披露了开发成本和开发产品前 10 名的房地产项目，金额分别为 750 亿元、250 亿元，分别占相应项目的 13.89%、14.7%。审计人员对其披露不充分未指出，审计报告予以了确认。

（四）审计案例

案例 7-3

A 公司为上市公司，A 公司与 B 公司合资成立设立 C 房地产公司，注册资本 5 亿元，其中 A 公司出资 3 亿元，占注册资本的 60%，B 公司出资 2 亿元，占注册资本的 40%。20×1 年 6 月，A 公司与 D 信托签署了增资协议，由 D 信托发起设立“×× 股权投资集合信托计划”，D 信托向 C 公司增资 5 亿元。增资完成后，C 公司的注册资本增加至 10 亿元，其中 A 公司持有 30% 股权、B 公司持有 20%、D 公司持有 50%。该信托规模为 10 亿元。根据相关协议安排，A 公司仍然控制 C 公司。C 公司定期向信托计划支付固定收益的利息，且 3 年后，信托计划收回所投入全部资金。

案例讨论：

审计人员应如何判断 D 信托的入资为权益还是金融负债，应当执行哪些审计程序？

本案例中，C 公司需要定期向信托计划支付固定收益，且该信托有期限，到期需支付所有投资本金，因此，法律上虽然信托是作为股权投资方，但该交易实质上是A公司通过D信托从外部引入新的债权人。C公司应当将该信托计划分类为一项金融负债。因此，在A公司合并报表层面，C公司权益归属于母公司比例应该是60%，而不是法律形式上的30%。

由此可见，法律形式上的债务，可能并不一定是会计上的债务；法律形式上的股权，也可能并不一定是会计意义上的权益。审计人员应该根据《企业会计准则第37号——金融工具列报》第八条及第九条的规定具体判断，并获取“××股权投资集合信托计划”及增资协议等全部、完整的相关协议，分析A公司仍然控制C公司的迹象，与A公司和C公司管理层沟通了解该业务的商业实质。

第二节 建筑行业审计的特殊考虑

一、收入确认

（一）重大错报风险

1. 未能正确识别与客户订立的合同或工程施工过程中的签证单，未能根据工程施工合同的商业实质以及履约义务的变化正确判断该项变化是属于合同合并、合同分立或是合同变更，导致合同收入确认存在重大错报风险。

2. 未能识别与客户签署的合同中包括可变对价，在确定合同对价时，未能正确估计可变对价，导致合同收入确认存在重大错报风险。

3. 未能识别与客户签署的合同中包含的重大融资成份，在确定合同对价时，未能剔除货币时间价值的影响，导致合同收入确认存在重大错报风险。

4. 未正确考核合同对价的税费问题，导致合同收入以及待转销项税确认不准确，出现重大错报风险，如合同对价中是含税价，在确定合同总金额时未能剔除税费影响。

5. 履约进度核算不正确，或者通过人为操纵履约进度进行舞弊，导致合同收入确认存在重大错报风险。

6. 重复确认收入，如当总公司下设多个分公司时，有时几个分公司共同承建一个工程项目，各个分公司会出现重复确认收入的情况而未被正确抵销。

（二）常见审计问题

1. 对被审计单位与客户签署的合同、签证单及补充协议未予以充分关注，未能发现合同合并、合同分立或合同变更处理错误，未能识别出合同收入确认中存在的重大错报风险。

2. 未对合同中存在的可变对价予以充分关注，未能识别合同收入确认中存在的重大错报风险。

3. 未能关注建筑施工合同中隐含的重大融资成份的相关条款，未能对合同总金额中的未确认的融资费用进行拆分，未能识别出合同收入确认中存在的重大错报风险。

4. 未对合同金额中的税费进行测算与分拆，并与相关施工合同进行比对，未能识别被审计单位合同收入及税费确认中的重大错报风险。

5. 未对履约进度的准确性进行核实，或未结合工程实地盘点程序评估账面合同履约进度与工程实际进度差异的合理性，未能识别合同收入确认中存在的重大错报风险。

6. 对于同一工程项目多个分子承建的情况未保持充分关注，并核对内部单位对合同金额拆分的合理性，未能识别内部单位共建及内部交易发生额的抵销中的错误，未能识别被审计单位合同收入确认的重大错报风险。

（三）审计关注要点

1. 审阅建筑施工合同具体条款，关注合同合并与合同分立是否正确

工程合同一般由合同协议书、通用合同条款和专用合同条款三部分组成，主要包括：工程概况、合同工期、质量标准、签约合同价和合同价格形式、项目经理、合同文件构成、承诺以及合同生效条件等重要内容。另外，在建筑施工业务中，由于工程量根据业主方以及施工具体情况，可能会对原计划的工程量做一些调整或变化，被审计单位可能还会与委托方签署补充协议或工程量签证单等。审计人员在审核合同时，应当重点审核以下事项：

（1）检查就某工程项目签署的工程施工合同，其合同协议书、通用合同条款和专用合同条款的合同编号是否一致或具有关联性。如果不一致，需核实是否存在补充合同或其他原因。

（2）关注合同协议书中工程概况对具体工程项目的描述，检查拟施工的工程项目是否具有经批准、核准或备案的文号，是否存在未批先建的工程项目。

（3）审核工程概况中对工程内容及规模的描述，包括占地面积及建筑面积以及工程承包范围、地址等；并结合实地盘点检查是否存在异常。

（4）关注工程项目的计划开工日期、竣工日期，总工期天数等，检查与实际是否一致。

（5）结合合同协议及专用条款，检查合同价格及付款条件、付款方式、支付时间等。要特别关注合同价格调整条款；关注预付款条款，以及预付款支付方式、预付款抵扣安排等；

（6）关注合同中对工程质量方面的约定，比如缺陷责任、保修金的暂扣与支付条款、奖励与索赔款的约定等。

审计人员通过对合同上述条款及补充协议的审核，注意对签署合同的商业实质以及构成合同单项履约义务的识别，以判断所签署的工程施工合同中是否存在需合并或分立，从而合理确定合同收入总金额的核算基础，以保证合同收入的确认正确。

示例 7-5

甲公司是一家具有施工总承包特级资质的建筑施工企业，2022 年 1 月，甲公司与乙公司就建造一个冶炼厂签订了三项合同，即分别建造一个选矿车间、一个冶炼车间和一个污水处理系统。合同规定，此三项工程由甲公司同时施工，并根据整个项目的施工进度办理价款结算。

针对该项业务，甲公司虽然与乙公司签署了三项合同，但这个冶炼厂的建造合同核算应将三项合同合并为一个建造合同进行会计核算。因为这三项合同是一揽子签订的；对乙公司而言，只有三项合同全部完工交付使用时，该冶炼厂才能投料生产；对甲公司来说，这三项合同的完工进度，直接关系到整个建设项目的完工进度和价款结算，三项资产需同时建造或一次建造但必须一次性完工。鉴于此，该冶炼厂的三项资产建造合同应合并为一项合同进行会计核算。

示例 7-6

2019 年 5 月，中国与非洲 M 国政府签订一项援助协议，内容为该国北部城市修建一条长 105 公里的二级公路，两层沥青表处理。根据中国政府与该国政府商定，前 15 公里率先施工，由中国公司承建，投资方与国内施工单位 Z 公司签订了施工合同，合同额 4 000 万元人民币，工期为 9 个月，开工时间为 2019 年 10 月 1 日，完工日期为 2020 年 6 月 30 日。Z 公司施工后得到当地政府好评，通过竞标，Z 公司获得后 90 公里公路项目的建设资格。随即，2020 年 5 月，投资方与 Z 公司签订了施工合同，合同额 3.5 亿元人民币，工期为 2 年，开工日期为 2020 年 7 月 1 日，完工日期为 2022 年 6 月 30 日。

从以上案例内容来看，此 105 公里公路项目，分两个阶段施工，有独立的造价，施工单位在签订前 15 公里公路项目合同后，尚未知道后 90 公里公路项目是否由本单位承建。所以，前 15 公里公路项目率先施工后即作为一个独立的建造项目进行会计核算。在签订后 90 公里公路项目合同后，承建方 Z 公司将其单独作为另一项公路建造项目核算。由此看来，承建方分别与投资方就该 105 公里公路项目先后签订了两份合同，分两个阶段施工，有独立的建造计划，两段公路的收入与成本分别相互匹配，可单独辨认，符合合同分立核算的原则。因此两段公路合同需分立核算，作为两个建造项目核算。

2. 审阅工程施工补充合同或工程量签证单，评估合同变更处理是否正确

审计人员需就可能发生的合并变更进行识别，并核查被审计单位的会计处理是否正确。合同变更，是指经合同各方批准对原合同范围或价格作出的变更。

示例 7–7

接示例 7–6，假设 2022 年 3 月，根据 M 国工程部对该 105 公里公路项目提高施工质量的要求，在原来两层沥青表处理基础上增加一层沥青表处理，即三层沥青表处理，并在三层沥青表处理上再加一层稀浆封层工程。投资方将增加的沥青表处理和稀浆封层工程视为此 105 公里公路项目的增项工程与 Z 公司于 2022 年 5 月 31 日签订了施工合同，合同造价为 1 500 万元人民币，工期为 6 个月，即 2022 年 7 月 1 日至 2022 年 12 月 31 日为施工期，该 105 公里公路需全面竣工方能验收。Z 公司签订合同后，随即安排施工方案。

由于该项变更属于对原公路项目的重大设计变更，且该 105 公里公路需全面竣工方能验收，原合同与变更部分不可明确区分，因此在 105 公里公路工程项目上增加的沥青表处和稀浆封层工程不应作为这 105 公里公路工程项目的增项工程看待，而应将增加的沥青表处和稀浆封层工程纳入到前 15 公里公路工程项目和后 90 公里公路项目里进行核算。

具体处理：根据公司将全线 105 公里第三层表处及稀浆封层工程分为两段施工的要求，将该设计变更合同拆分为两部分，再分别合并到前 15 公里公路项目合同和后 90 公里公路项目合同分别核算，拆分金额为前 15 公里增加的沥青表处和稀浆封层工程造价 200 万元人民币，后 90 公里增加的沥青表处和稀浆封层工程造价 1 300 万元人民币。那么从现在来看，前 15 公里公路项目总造价应为 4 200 万元人民币，即原合同价款 4 000 万元人民币加上 200 万元人民币第三层表处及稀浆封层工程合同额；后 90 公里公路项目总造价应为 3.63 亿元人民币，即原合同价款 3.5 亿元人民币加上 1 300 万元人民币。

3. 关注建筑施工合同中明确或隐含的可变对价条款或在合同实际履行中发生的合同可变对价，评估合同收入确认是否正确

通常情况下，建筑施工企业应当根据合同条款，并结合其以往的习惯做法确定交易价格。在确定交易价格时，应当考虑可变对价对合同金额的影响。合同中

有些可变对价可能是明确的（比如按期完工可以得到固定的奖励条款），也有一些是隐含的（比如按照行业惯例不可能完全收回的质保金部分）。审计人员应当对合同中涉及可变对价的条款保持必要的关注，特别是隐含的可变对价条款。

对于合同中存在可变对价的，审计人员应当根据《企业会计准则第 14 号——收入》有关规定，关注被审计单位是否按照期望值或最可能发生金额确定可变对价的最佳估计数，且包含可变对价的交易价格，是否符合不超过在相关不确定性消除时累计已确认收入极可能不会发生重大转回的金额的条件。如果企业在评估累计已确认收入是否极可能不会发生重大转回时，还应当同时考虑收入转回的可能性及其比重。

审计人员还应当关注每一资产负债表日，企业是否对应计入交易价格的可变对价金额进行了重新估计；对于可变对价金额发生变动的，是否按照收入准则的相关规定进行了恰当的会计处理。

示例 7-8

某火锅店铺欲改造装修，与建筑公司 A 签订装修合同。合同约定，3 个月内必须装修完毕。合同约定了提前完工的奖励条款或延期完工的处罚条款。下面分三种情形讨论合同奖励款作为可变对价的处理。

情形一：每延期一天扣建筑公司 2 000 元。如果提早完工，则每提早一天，奖励 2 000 元。

针对该种情况，由于奖励和罚款是随延期或提前完工连续波动的，不存在一个最可能收到或扣除的确定金额，延期和提前的结果有很多种；A 公司需要根据历史经验，估算各种情况的概率，然后计算期望值。

情形二：如果延期超过 3 天，一次性扣除 10 000 元。延期 3 天以内或未延期则按照合同总价款支付。假设根据 A 公司历史经验，预计延期超过 3 天的概率是 80%，延期 3 天以内或不延期的概率是 20%。

针对该种情况，因为上述结果是固定的，只能是两种结果中的一种，因此，A 公司选择最可能的情况确认可变对价金额为 10 000 元。

情形三：如果延期超过 3 天，扣除 10 000 元；延期 3 天以内，扣 1 000 元；刚好完工，不奖励也不扣钱；提前完工 3 天以内，奖励 1 000 元；提前完工 3 天以上，奖励 10 000 元。假设根据 A 公司历史经验，延期超过 3 天的概率为 5%；延期 3 天以内的概率为 10%；刚好完工的概率为 10%；提前完工 3 天以内的概率为 70%，延期超过 3 天的概率为 5%。

针对该种情况，因为无论发生什么，结果一定会落在这 5 个金额中的一个；因此 A 公司应该选择最可能发生的结果，即提前完工 3 天以内的奖励款作为可变对价，即可变对价金额为 1 000 元。

审计人员应当注意的是，上述例子是在合同中明确约定了可变对价条款。实务中还有一种在合同中未进行明确约定，但在实际履行中依照行业惯例或以往经验，隐含存在可变对价事项，需按照可变对价进行处理。如下例所示。

需要说明的是，审计人员在核查被审计单位对于可变对价的最佳估计数时，应当注意被审计单位是否在整个合同期间一致地采用同一种方法进行估计。

实务中，对于可变对价最佳估计数的确定，企业可以按照期望值或最可能发生金额确定可变对价的最佳估计数。但这并不意味着企业可以在两种方法之间随意进行选择，而是应当选择能够更好地预测其有权收取的对价金额的方法，并对于类似的合同，应当采用相同的方法进行估计。

此外，企业按照期望值或最可能发生金额确定可变对价金额之后，计入交易价格的可变对价金额还应当满足限制条件，即包含可变对价的交易价格，应当不超过在相关不确定性消除时，累计已确认的收入极可能不会发生重大转回的金额。这里的极可能是一个比较高的门槛，其发生的概率应远高于“很可能”但不要求达到“基本确定”，即可能性超过 50% 但小于 95%。

审计人员对可变对价确认的合理性应保持必要的职业怀疑，注意被审计单位是否存在利用可变对价的不确定性人为调节合同收入，增加报告期利润的情况。因此，对于因可变对价调增合同收入的情况应予以特别关注。审计人员在考虑被审计单位确认的可变对价确认的合理性时，要分析已确认的可变对价金额占合同总对价的比重，如果比重较高，应当注意考虑未来转回的可能性。在考虑未来转回的可能性时，应当考虑包括但不限于以下因素：

（1）可变对价金额极易受到企业影响范围之外的因素影响，例如市场波动性、第三方的判断或行动、天气灾害情况、疫情影响、已承诺商品存在较高的陈旧过时风险等。

（2）可变对价金额的不确定性预计在较长时间内无法消除。

（3）企业对类似合同的经验（或其他证据）有限，或者相关经验（或其他证据）的预测价值有限。

（4）企业在以往实务中对于类似情况下的类似合同，或曾提供了多种不同程度的价格折扣，或曾给予不同的付款条件

（5）合同有多种可能的对价金额，且这些对价金额分布非常广泛。

4. 关注建筑施工合同中隐含的重大融资成份的相关条款，评估合同收入确认是否正确

如果建筑施工合同中存在重大融资成分的，审计人员还应当注意检查被审计

单位是否按照假定客户在取得商品控制权时即以现金支付的应付金额确定交易价格。对于该交易价格与合同对价之间的差额，是否在合同期间内采用实际利率法摊销。如果自合同开始日，被审计单位预计客户取得商品控制权与客户支付价款间隔不超过一年的，可以不考虑合同中存在的重大融资成分。

需要注意的是，实务中被审计单位可能存在向客户转让商品与客户支付相关款项之间虽然存在时间间隔，但两者之间的合同没有包含重大融资成分。这种情况主要包括：一是客户就商品支付了预付款，且可以自行决定这些商品的转让时间，二是有关质保金支付条款的约定。

示例 7-9

建筑施工企业 A 与 B 公司签订了一项办公科研综合大楼施工合同，约定工期三年，合同总金额为暂定价为 6 亿元（不含税价）。合同约定：工程款根据实际已完成的工程量每季度确认一次；建设期间由 A 公司全部垫资，工程款项在三年全部完工验收后由 B 公司根据最终的竣工结算审计报告确定的价款进行支付，其中完工验收 5 个工作日支付工程款的 97%，另 3% 作为工程质保金，5 年质保期满后如无问题则一次性支付。

本示例中，A 公司在建设期垫资，每个季度确认结算一次，应当根据每期结算金额以及确定日后收款时间的对应关系，采用每期收款折现后累计的工程结算总额确定为折现后合同对价（不考虑税金），然后将折现后合同对价与预估 B 公司实际支付的款项间的差异，确认为未确认的融资收益。

5. 关注被审计单位合同金额中税费核算是否正确

审计人员应通过审查建筑工程施工合同，查阅关于合同金额的相关条款，核实合同金额是含税价还是不含税价；同时还应检查被审计单位在确认不同期间的合同收入时，计算基础是否含税。如果是以含税价的合同总金额为基础计算，则计算的收入应为含税口径，且不同会计期间计算口径应保持一致。在确认合同收入时，还应剔除税费的影响。实务中，审计人员可以通过执行重新计算程序来发现被审计单位合同收入确认过程中的错误。

按照税法规定，建筑行业增值税的纳税义务时点是建筑施工企业收取工程款或取得收取工程款的权利凭证的时点，其主要依据是业主签认的工程结算单或支付的工程款、开具的建筑业发票等。会计上确认收入时点是根据履约进度以及合同总金额计算得出，由此会计与税法上存在时间上的差异。审计人员应当关注被审计单位在确认合同收入时，是否按照《增值税会计处理规定》（财会〔2016〕22

号）的有关要求及时确认了待转销项税。

6. 关注实际履约进度与账面确认的履约进度是否存在重大差异

建筑施工企业对于工程项目的履约进度的确定的方法有投入法与产出法。但不论是投入法还是产出法，都需要大量的会计估计与职业判断。这不仅给审计人员带来了难度，也给被审计单位带来了很大的人为操纵利润空间。如履约进度采用投入测算法，企业收入不够时，可加大成本投入，但工程实际进度可能变化不大；如账面利润过多或不够时，企业可通过调整预计总成本以及目标利润的方法，进行人为调节，导致收入与利润失真，而施工项目跨年度、工程量大的特点，使得此类人为操作行为很难被辨认。更有甚者通过虚构工程项目合同、虚构采购及出库单、出口报关单等单据、虚构资金流等虚构履约时度，实现虚构工程收入，达到调节利润之目的。常见的针对性审计程序包括：

（1）实地查看工程项目。现场查看时，可通过与相关人员如工程监理人员、工程施工人员现场了解业主情况、施工方情况；观察施工现场相关标识牌、门牌等非财务信息，验证是否为被审计单位承接的工程项目；观察工程项目的形象进度；确认形象进度与账面核算的进度是否存在重大差异。

（2）注意检索相关宣传报道。部分政府重大项目工程或业主方的重大项目工程，往往对重要时间节点会进行宣传报道，可以通过互联网查询工程项目情况、客户官方网站查询工程立项开工信息等审计程序，并结合招投标文件及中标通知书、相关工程协议及合同等信息，了解相关项目的具体情况，检查工程项目的相关进展与实际是否相符。

（3）了解工程项目的预计总成本的测算情况，并关注不同会计期间，预计总成本是否发生重大变化，如果发生重大变化，应查明变化的原因是否合理，是否符合实际情况。

（4）对合同金额较大、当期确认收入金额较大的项目及客户回款进行检查，检查相关银行原始单据，核实进账单中付款单位是否为客户，是否存在第三方代为支付款项，若存在，应核查第三方单位性质，与付款方关系，是否为关联方或内部员工、关联方个人开办的公司，付款进度是否明显不符合商业惯例，如提前预付大额款项、小额零星货款回收等异常情况。

（5）对工程项目已完成产值、工程量的结算情况以及应收账款、关键合同条款等向业主方进行函证，并对函证进行有效控制。

（6）现场查看工程项目实施计划进度表，并与现场施工人员访谈，获取工程项目实际履约进度的相关信息，并与账面核算的履约进度进行比较，检查是否存在重大差异。如果发生重大差异，应当查明原因。

（7）对于特殊工程项目考虑利用专家的工作或实施有效的替代程序。比如水下施工工程项目、海外工程项目等；可能会受到客观因素的影响，审计人员无法亲自实地查看。此时审计人员应考虑利用其他注册会计师及专家的工作，并对专家胜任能力及工作成果进行审核。

（8）根据获取的审计资料及相关信息，对工程项目的履约进度进行重新计算，并与企业核算的履约进度进行对比，检查是否存在重大差异。

示例 7-10

会计师事务所承接 Q 公司 2021 年年报审计，Q 公司是一家建筑施工企业，因积极响应国家“一带一路”倡仪，积极在海外承接了部分工程项目。A 公司对工程项目履约进度采用投入法核算。因新冠肺炎疫情影响，某事务所审计人员无法到达海外现场进行项目的盘点，核实项目的履约进度，审计人员实施了以下替代程序：

（1）通过互联网查询相关国家政府网站或公司网站公告，查询政府文件等，结合财务人员提供的工程项目合同、招投标文件、履约进度计算表以及工程款项收取流水核查等分析判断被审计单位对海外工程项目的履约进度的核算是否存在异常；核对非财务信息，核实海外项目及其履约进度是否存在异常。

（2）了解海外工程项目供应商情况，区分国外供应商与国内供应商，就供应商供料情况进行核查，主要核查相关材料采购报关出口情况。包括检查出口报关单；检查出口地是否为项目所在地；签收人是否与海外工程项目约定的签收人一致。

（3）对国内外与海外工程项目有关的供应商进行函证，就供料的物品、数量、金额，已结未结款项进行核实，检查有无重大差异。

（4）对海外委托方进行函证，函证工程量结算确认情况。

（5）了解被审计单位是否对海外项目派驻有项目经理及工程监理人员；检查项目经理及工程监理人员是否有报销来往机票、出入境记录，并了解海外项目资金回收、货物发运、货物签收、工程量结算、工程施工、劳务外包人员委托等内部控制流程过程，对派驻的项目经理及工程监理人员进行视频或电话访谈，了解工程项目的实际履约进度情况。

（6）聘请当地第三方独立调查机构对工程项目现场进行实地盘点．

（7）获取工程部成本预算文件，复核海外工程项目的预计总成本，并检查报告期初期末是否一致。

（8）根据核实的投入工程量及核实后的预计总成本重新计算履约进度。

7. 关注内部单位共建情况，检查内部交易会计处理是否正确

大型建筑施工企业通常都是采取集团总承包，所属子分公司具体施工的二级

项目管理模式。因此，内部单位对同一项目共建的情况非常普遍。这样，发包方（集团公司）与分包方（子分公司）都要按照企业会计准则的规定确认已完成的合同收入与合同成本。但对于整个企业来说，这属于内部交易事项，如果发包方与分包方认定的完工进度或合同总金额不一致时，会造成分包方确认的收入与发包方对分包工程确认的成本不相等，不仅给报表合并时内部交易事项的抵销带来一定的难度，还会影响整个企业集团收益的准确性。甚至有的被审计单位为了扩大业务规模，争取业务排名，对内部交易不予抵销或重复计算，导致合同收入、合同成本同时虚增。

此外，被审计单位还可能存在因内部计价结算不及时造成企业的资产负债同时虚增。比如，在施工生产过程中，由于种种原因，发包单位对内部分包单位的计价结算工作不能及时完成，期末，会形成发包单位的已结算未完工款（在合同负债项下反映）和内部分包单位的已完工未结算款（在合同资产中反映）的双边挂账，而对于整个集团而言，根据企业会计准则的规定，其同一工程项目的合同资产及合同负债应以净额法列示，如此一来，报表合并后，会形成资产与负债的同时虚增，影响整个企业的资产质量。

审计人员应获取被审计单位内部交易及包含合同资产与合同负债的内部往来明细表，并结合工程项目合同及分子公司共建情况，核实被审计单位对内部交易以及内部往来是否全部抵销以及正确抵销。

（四）审计案例

案例7-4

雅百特虚构工程项目，虚构收入虚增利润

雅百特（002323）始建于2009年，公司于2015年借壳江苏中联电气股份有限公司在深圳证券交易所成功上市，自上市以来发展极其迅速，利润成倍增长。公司主要从事金属屋面、墙面围护系统新材料的设计研发制作安装业务。2017年12月14日，中国证监会出具了对雅百特的《行政处罚决定书》，证监会认为雅百特通过虚构巨额跨境订单、虚构建材进出口业务等手段，2015年至2016年9月，共虚增营业收入58 312.41万元，虚增利润25 650.11万元。其中，2015年虚增收入48 182.17万元，虚增利润23 226.34万元，虚增利润金额占当年披露利润总额的73.08%；2016年1至9月虚增收入10 130.24万元，相应虚增当期利润2 423.77万元，占当期披露利润总额的19.74%。其中2015年雅百特以虚构海外工程项目的方式虚增收入20 182.50万元。

表 7-1　　2015~2016 年主要财务数据如下表（更新后）　　单位：万元

项目	2016 年 12 月 31 日 /2016 年度	2015 年 12 月 31 日 /2015 年度
资产总额	204 461.64	79 595.49
其中：应收账款	64 092.99	14 256.34
其中：存货	96 073.97	44 579.18
商誉	14 237.96	
负债总额	142 598.24	38 281.11
净资产	61 883.40	41 304.38
营业收入	128 528.47	44 380.87
营业成本	83 166.53	27 734.23
净利润	23 887.49	6 932.61

2015 年，山东雅百特通过签订《木尔坦地铁公交工程建设施工合同》，虚构木尔坦地铁公交工程项目，利用李某松安排的公司构建资金循环，制造海外回款的假象，同时伪造木尔坦项目的工程进度单、人工成本计算单、材料成本等相关资料，安排公司相关人员负责工程相关建设，并将报关出口至巴基斯坦的建筑材料运送到香港、新加坡等地，然后再安排有关公司将货物进口回中国，制造项目施工假象。2015 年，雅百特以虚构木尔坦项目方式虚增营业收入 20 182.50 万元，相应虚增当期营业利润 14 967.52 万元，占当期披露利润总额的 47.09%。

该项目系巴基斯坦木尔坦市的城市快速公交专线项目，业主方为木尔坦发展署（Multan Development Authority）。木尔坦项目路线全长约 18.5 公里，共 21 个公交车站，总投资约 3.50 亿美元，其中工程建设款约 1.79 亿美元。该工程第 3 标段由中铁一局与巴基斯坦 Habib Rafiq Limited 公司、Matracon 公司组成的联合体承建，该标段标的为 1.71 公里长的高架桥、桥面及该路段所包含的 3 个公交车站和附属工程等，合同金额约 2 424 万美元。2015 年，山东雅百特通过上海联赢国际物流有限公司（以下简称“联赢物流”）等安排木尔坦项目货物虚假出口的海关报关、货物运输等。山东雅百特通过联赢物流等货运代理公司向海关报关出口了价值 2 255.57 万元的建筑材料，用于木尔坦项目的建设，报关出口目的地为巴基斯坦卡拉奇。根据海关报关单、航运公司货物提单等有关证据，山东雅百特出口至巴基斯坦的建筑材料只有 6 个标准集装箱（共 118 个标准集装箱）运抵巴基斯坦，收货人为中国建筑，其他货物在获取海关放行信息后，山东雅百特通过联赢物流等货运代理公司，要求上海市新海丰集装箱运输有限公司等货运公司将报关出口至巴基斯坦的建筑材料运送到香港、新加坡等地，然后再由李某松安排的上海罗雄国际贸易有限公司将货物进口回中国，虚构建筑材料出口。

2016 年，雅百特先后向监管机构提供了部分其承建的木尔坦公交车站现场照片。根据有关证据，雅百特提供的木尔坦公交车站照片实际为伊斯兰堡公交车站照片。2015 年 9 月至 2016 年 3 月，雅百特通过中国香港、迪拜、美国、马来西亚等地的 16 家第三方公司以大批小额方式取得木尔坦项目工程回款，制造海外回款假象。

案例讨论：

1. 审计人员未保持应有的职业审慎

（1）在公司治理结构方面，雅百特为典型的“一股独大”。在重大事务中，陆永家族处于掌握绝对控制权的第一地位，其利用“一股独大”的状况极有可能从中获利，出现管理层凌驾于内部控制制度之上的局面，从而去损害中小股东的利益。但是这些内在风险，并未能引起注册会计师的关注，也没有实施进一步的审计程序。

（2）在雅百特企业案例中，涉外项目利润占比高，应收账款以及存货科目数额存在较大的问题，可在得知企业上述风险以后，审计人员未对异常财务指标保持必要的关注与职业怀疑。

（3）审计人员工作底稿显示存在回函异常，注册会计师未给予高度的关注。安美国际给会计师事务所的邮件回函中包含游某的名片，显示游某有多个身份，审计人员在得知游某具有国外客户安美国际工作人员和国内客户上海久仁工作人员的双重身份后，缺乏职业怀疑，未进一步核实雅百特与国外销售客户材料购销业务的真实性等情况。

2. 分析程序实施不到位

审计人员分析性程序实施不到位，未关注到雅百特相关指标的异常，也未实施进一步的审计程序：

（1）收入及存货。从上述雅百特两年财务状况分析，该公司在 2016 年非同一控制下企业合并后，资产规模上升了 12.5 亿元，上升率 157%，但净资产只增加了 2 亿元；收入大幅度增加，增加了 8 亿元，净利润只增加了 2 亿元，资产增加的主要为存货及应收账款，因此，收入及存货确认显得比较异常。

（2）毛利率。公司海外项目收入及利润占当期利润总额比例较大，且毛利率 70% 明显高于公司平均毛利率 37%，因此毛利率奇高显得比较异常。

（3）第三方回款大量小额。2015 年 9 月至 2016 年 3 月，雅百特通过中国香港、迪拜、美国、马来西亚等地的 16 家第三方公司以大批小额方式取得木尔坦项目工程回款，这种情况比较异常。

3. 未能实施有效函证程序

雅百特海外工程项目获得收入超过两亿人民币，审计底稿中却只有一份雅百特与首都工程建设有限公司的合同。没有获得到雅百特的中标文件，也没有获得总包方 HRL 公司将工程分包给首都工程建设公司的分包合同，审计人员却没有采取函证程序来核实木尔坦项目来源的真实性。

雅百特的国内物料销售业务以加盖销售客户公章的交货确认单作为收入确认的依据，但审计人员获得的交货确认单明显有同一收货人前后签字字迹不一样、加盖的销售客户公章前后不一致的情况。会计师事务所在获取销售合同和发货确认单作为审计证据时，没有保持应有的职业审慎，未实施函证来确认该项交易是否属实。

4. 现场核查程序不到位

由于木尔坦项目在 2015 年底仍未完成并结算，因此雅百特在期末结算时将其列入“存货”账户。审计人员在 2016 年 2 月 3 日去往巴基斯坦实地检验公交站台项目建设情况，在不能确定考察的公交站台确为雅百特建造的情况下，俞某仍拍摄了照片作为审计证据，没有实施有效的审计程序识别存货所有权。

资料来源：中国证监会网站。

案例 7－5

园林工程项目收入确认与实际情况不一致

M 公司主要从事园林项目承包工程，2022 年对以前年度的 24 个项目的收入及成本进行了差错更正调整，调整减少以前年度营业收入 25 278.93 万元，增加以前年度营业成本 6 354.25 万元，调整减少净利润（未考虑所得税的影响）31 633.19 万元。调整因素包括以下三个方面：

1. 合同额变动影响

部分项目在初始施工时公司与甲方签署了施工合同，同时根据约定的施工内容预估合同金额。竣工验收时，双方根据实际施工内容进行了工程施工完成额的工程审计，并根据初步审计或审核的工程额重新签署新的施工合同。从具体项目来看，新签合同额均较原施工合同额减少较大。

因重新签署的施工合同未及时传递至财务部门，财务部门未能根据新合同调整账面营业收入，导致账面及财务报表多确认营业收入。此类原因导致的差错更正的金额为 10 731.90 万元。

2. 合同未执行完存在甩项的影响

部分项目在实际竣工验收时，存在部分合同内容未实际施工的情形。因实际未施工部分的成本预算编制不准确或未充分估计此部分成本预算，同时财务部门未与业务部门就未施工部分的预算进行核实确认并调整完工百分比，导致此类项目按照 100% 的完工百分比全额确认合同收入，存在多确认合同收入的问题。

如项目成本预算编制准确且随着施工进度准确修正，则此类项目完工百分比不应为 100% 的完工状态。此问题导致该类项目多确认营业收入 14 547.03 万元。

3. 少记成本的影响

部分工程项目在竣工时点未能将全部已施工未支付的应付款项暂估入账，存在少计应付账款的问题。此问题导致该类项目少确认成本、利润多计 6 354.25 万元。

案例讨论：

工程项目涉及环节和部门较多，审计单位内部控制不健全时难以准确核算工程项目收入，且容易产生舞弊行为。本案例中，导致数量众多的工程项目核算出现问题，看似属于业务与财务规范性不够，深层次的原因可能系管理层有意舞弊。审计人员未能识别如此大规模的错报，审计程序可能严重不充分，如未逐项核查重要工程项目的执行情况，导致未能发现账面记录与实际状况的差异。

二、成本归集与分配

（一）重大错报风险

1. 工程施工成本记录不真实，存在通过虚增工程施工成本调节履约进度，进而虚增合同收入及合同成本，调节利润，导致合同成本存在重大错报风险。

2. 工程施工成本入账不及时，比如对资产负债表日前已投入的工程施工成本在资产负债表日后记入，或对甲方供料成本未及时入账，实际已发生但尚未结算的分包成本没有正确暂估等情况，导致工程施工成本归集不完整，从而合同成本存在重大错报风险。

3. 公共费用在不同项目之间未正确分配或将较大金额的临时设施费未在建设期间正确摊销；导致合同成本核算不准确，存在重大错报风险。

4. 亏损工程项目未及时计提预计损失或预计损失计提不充分，导致工程项目的合同成本被低估，从而合同成本存在重大错报风险。

5. 未能正确核算合同取得成本，导致合同成本核算存在重大错报风险。

（二）常见审计问题

1. 对工程施工成本的真实性未予充分关注，导致未能识别被审计单位通过虚增工程施工成本调节合同收入、合同成本以及合同毛利的情况。

2. 对工程施工成本的完整性未予充分关注，导致未能发现尚未入账的工程施工成本。比如存在尚未入账的大额分包费、工程施工成本滞后入账、漏记甲方供料成本等。

3. 未关注工程项目临时设施的摊销情况以及公共费用在不同项目之间的分配情况，导致未能发现同成本核算不准确的情况。

4. 未关注到被审计单位存在亏损合同的情况，导致未能发现合同成本被低估，预计损失未计提或计提不充分的情况。

5. 未发现被审计单位合同取得成本核算错误的情况，导致未能识别合同成本重大错报风险。

（三）审计关注要点

1. 关注工程施工成本是否真实、准确、完整

建筑施工企业通过工程施工成本科目来归集合同履约过程中所发生的合同成本。由于被审计单位可能存在通过虚增工程施工成本调节履约进度，进而虚增合同收入及合同成本，调节利润的舞弊风险，因此审计人员应高度重视工程施工成本的真实性检查；同时还应通过截止性测试、对材料供应商及分包商的函证等程序检查工程施工成本的完整性，通过抽查或重新计算、分析性复核等程序来验证工程施工成本的准确性。建筑行业工程施工成本主要由人工费、材料费、机械使用费、其他直接费用、间接费用等组成。

（1）人工费用的审计

建筑施工企业人工费主要包含两部分，一部分是建筑施工企业自有人员，另一部分是通过建筑劳务公司的劳务分包费用。审计人员在审计过程中应当了解建筑施工企业的用工形式，并区分不同情况进行人工费用的核实。

①对于通过劳务公司进行的劳务分包，应当结合劳务分包合同、工程项目人员工时记录、与劳务公司结算银行流水，相关部门的签字确认记录、对劳务分公司劳务分包情况进行函证等进行核实，检查相关记录或证明是否存在重大差异。

②对于建筑企业自有人员，应当检查工程项目人员工资表、工时记录单、人员委派单、支付的工资流水等进行查验。

③检查人工费中的核算内容是否正确，关注有无将管理人员工资错误地记入工程施工成本的情况。

④运用分析性复核程序，检查年度工资有无异常变动，并查明原因。比如，抽查应付工资计算的合规性和准确性，关注工资核算是否以签名的工资结算单为依据，以免随意开单；抽查工资结算凭证用以确定工资、奖金、津贴的计算是否合规，手续是否齐全，是否按照规定代扣款项等。

此外，为查明施工企业、建设单位与施工队是否串通舞弊，除通过分析性复核以检查工资有无异常变动外，还应当与预决算的工程量加以对比，检查有无重大异常；通过实地考察、查询施工日记等方法，核对应付工资账户贷方发生额累计数与工程施工人工费用发生额，检查有无重大异常。

（2）材料费审计

①结合对工程物资的盘点，检查材料出入库凭证、工程领料凭证；检查领料单的签发是否经过授权，材料发出汇总表是否经过适当人员的复核，材料成本计价方法是否适当；注意有无将放置工地尚未投入到工程项目的材料物资计入工程施工成本。

②检查工程施工合同及相关补充协议，注意有关甲方供料的约定条款；检查工程施工成本是否已包含甲方供料成本以及甲方供料成本与合同约定的验收方式、计价方式是否一致。

③审查材料耗用数量的真实性，检查有无将非施工用材料记入材料费。

④对采用计划成本法核算库存材料的项目部，应检查材料成本差异的计算、分配与会计处理是否正确。

⑤对重要的材料供应商进行函证，关注有应付未付的材料供应商款项未及时记录工程施工成本的情况。

（3）机械使用费审计

机械使用费指作业于该工程项目中各种机械的费用，包括租赁使用费、大型机械场外运费、安装拆卸费、塔吊路基费、企业自有中小型机械费用等。机械设备一般使用周期长，发生费用大，审计时应对前后期发生的费用对比分析检查，关注各期费用增减变动较大的原因是否合理。

①对机械使用费明细账复核加计正确，并与工程结算成本中的对应成本项目相核对，检查是否一致。

②对采取租赁方式审阅租赁合同，重点关注租赁合同是否经过相应的审批程序批准，并结合租赁合同，对租赁资产进行实地察看，检查租赁业务是否真实。对自有机械，结合固定资产盘点程序，检查是否为工程项目所使用。

③抽查成本计算单，检查机械使用费的分摊、租赁费的计算是否正确。

④检查租赁的机械或自有机械是否为施工必须的，重点关注有无闲置不用的租赁机械或自有机械；是否存在到期还未归还的机械；分析机械使用发生是否合理。

⑤对大额租赁机械使用费，应结合租赁合同，考虑实施必要的函证程序，并保持对函证过程的控制；检查是否存在应计未计的机械使用费。

（4）其他直接费用的审计

其他直接费用是指与工程项目直接相关除人工费、材料费、机械使用费之外的其他费用。比如工程项目按产值计提的安全生产费用、水电费、劳动保护费等。

①审计人员应注意检查被审计单位是否按照《企业安全生产费用提取和使用管理办法》（财企〔2012〕16号文）的相关规定足额计提安全生产费。

②对于其他直接费用，审计人员可以采取抽样检查的方法，核实相关费用发生的真实性，通过期后截止性测试，检查相关费用的记录是否完整、准确。

（5）间接费审计

建筑施工企业分摊计入到工程施工成本的主要是工程项目管理过程中发生的相关费用，包括项目管理人员的人员薪酬、办公费用、办公用固定资产的折旧摊销以及其他管理费用等。

①通过了解工程项目的管理流程，确定相应的工程项目共同应分担的项目管理费用，检查被审计单位对间接费用的归集与分配方法是否合理。

②通过抽取间接费用分摊计算表，检查相关费用发生的原始凭证，核实相关费用的真实性；通过截止性测试，检查相关间接费用记录的完整性；通过重新计算等方法，核实间接费用分摊的准确性；通过分析性复核，比较前后不同会计期间相关费用增减变动情况，检查是否存在重大异常。

2. 结合工程项目的预期毛利率，分析合同收入、合同成本的匹配性，检查工程施工成本是否合理，合同成本的结转是否正确

建筑施工企业对工程项目履约进度的确认方法有产出法与投入法。一般来说，如果按投入法确认履约进度时，工程施工成本结转与合同成本的确认不存在差异；但如果按产出法确认履约进度时，工程施工成本结转与合同成本的确认可能会存在不一致的情况。

审计人员应当结合工程项目预期毛利率，分析工程项目合同收入、合同成本的匹配性，分析工程施工成本构成及其占比关系，检查合同成本确认、工程施工成本的归集与核算等是否存在重大异常。建筑行业成本结构通常受所在企业成本控制好坏的影响，每家企业以及每个项目的成本构成占比可能都不太一样。下表给出了目前建筑行业成本结构与工程产值的占比关系的经验值（如表 7–2），可供审计人员参考。

表 7–2　　建筑行业成本结构占比及占产值比例经验值

成本项目	成本结构占比（%）	占产值比例（%）
直接人工	20~25	15~25
直接材料	50~60	45~55
机械使用费	3~5	2~5
其他直接费用	5~10	5~8
分摊的间接费用	5~10	5~8

随着科学技术的不断发展，自动化应用水平越来越高，上表中所述数据可能随着时代的进步不断发展变化。因此上表经验值仅供参考，如果实际运用中发生较大偏差，并非表明就一定存在问题，需审计人员结合具体情况判断是否存在异常。此外，上表未单独考虑分包成本，如果工程项目存在分包的情况，除单纯的劳务分包或并入直接人工中进行分析外，其他存在料工费的分包，应当将分包成本先按成本结构进行分拆，再按成本类别合并分析。

示例 7-11

某会计师事务所接受委托，对 A 建筑施工企业 2021 年年报进行审计。公司工程项目按照投入法核算履约进度，审计人员在审计过程中发现，A 公司承建的 B 项目有关情况见表 7-3：

表 7-3　　A 公司承建的 B 项目有关情况

工程项目名称	合同总金额	预计总成本	开工时间	预计完工时间	2021 年度确认的合同收入	2021 年度确认的合同成本	累计已收到的工程款
B 项目	2.18 亿元（含税）	1.8 亿元（不含税）	2021 年 1 月 4 日	2022 年 12 月 31 日	1 亿元	0.63 亿元	1 亿元

审计人员根据 B 项目相关信息对收入成本的匹配性进行了分析性复核，具体过程如下：

第一，分析 B 项目预期毛利率与 2021 年确认收入成本的实际毛利率是否存在差异（见表 7-4）

表 7-4　　预期毛利率与实际毛利率是否存在差异

预期毛利率			
项目名称	合同总金额（不含税）	预计总成本（不含税）	预期毛利率①
B 项目	2 亿元	1.8 亿元	10%
实际毛利率			
项目名称	2021 年确认的合同收入	2021 年确认的合同成本	实际毛利率②
B 项目	1 亿元	0.63 亿元	37%
预期毛利率与实际毛利率差异② - ①			27%

第二，结合累计已收到的工程款及实际入账的工程施工成本分析差异可能产生的原因

审计人员检查了 B 项目的工程款项结算单等，查看了相关收款流水，了解到

B 项目实际完工进度可能已达到 50%，审计人员初步判断 B 项目可能存在低估合同成本的情况。

第三，结合对工程项目实地盘点，了解工程项目进度实际情况，进一步分析差异产生的具体原因

审计人员对 B 项目进行了实地盘点，观察了 B 项目的形象进度，并通过访谈 B 项目的项目经理，确认了 B 项目实际履约进度已达到 50%。审计人员结合了解到的情况，对该项目的工程施工成本项目组成结构进行分析，发现 B 项目账面记载的工程施工成本结构及产值占比情况见表 7–5：

表 7–5　　工程施工成本结构及产值占比情况

成本项目	2021 年发生额（亿元）	成本结构占比（%）	占产值比例（%）
直接人工	0.2	31.75	20
直接材料	0.22	34.92	22
机械使用费	0.05	7.94	5
其他直接费用	0.09	14.29	9
分摊的间接费用	0.07	11.11	7
合计	0.63	100	63

审计人员通过对 B 项目工程施工成本结构分析，并结合 A 公司其他项目的成本结构及过往经验，发现成本结构表中直接材料产值占比较低，与实际情况不符。后经与被审计单位讨论，发现系 B 项目的某材料供应商因一批价值约 2 700 万元的钢材已到并投入到工程项目上，但发票未到，A 公司暂未入账导致其直接材料少记，工程施工成本记录不完整，最终导致合同成本被低估。A 公司接受审计人员建议并调整了工程施工合同成本中的直接材料费。调整后的成本结构占比见表 7–6：

表 7–6　　调整后的成本结构占比

成本项目	2021 年发生额（亿元）	成本结构占比（%）	占产值比例（%）
直接人工	0.2	22.22	20
直接材料	0.49	54.44	49
机械使用费	0.05	5.56	5
其他直接费用	0.09	10.00	9
分摊的间接费用	0.07	7.78	7
合计	0.90	100.00	90

3. 关注可能存在的亏损合同

审计人员在具体审计过程中，要关注建筑施工企业承担的工程项目预计总成本的变动情况，如果出现预计总成本将超过预计的合同总收入，则表明被审计单位可能存在亏损合同的情况。比如被审计单位签署的建筑施工合同为包干合同或闭口合同时，很可能会因为材料价格及人工成本上涨或成本预测不准确或招投标过度竞争压价等形成亏损合同。

如果出现亏损合同，审计人员应关注被审计单位是否提取了合同损失准备以及合同损失准备计提是否充分；计提的合同损失准备是否计入当期费用等。

4．关注合同取得成本核算是否正确

根据《企业会计准则第 14 号——收入》的规定，“合同取得成本”是一个资产类科目。其核算的内容是：为了取得合同发生的增量成本，且该成本预期能够收回。在对合同取得成本进行检查时，审计人员一方面需要注意被审计单位是否对合同取得成本及合同履约成本进行了正确区分，是否将合同取得成本一并计入了合同履约成本或当期费用；另一方面还需要关注是否把不属于合同取得成本的费用进行了资本化，不恰当地计入了合同取得成本。对于合同取得成本会计处理的判断如图 7–1 所示。

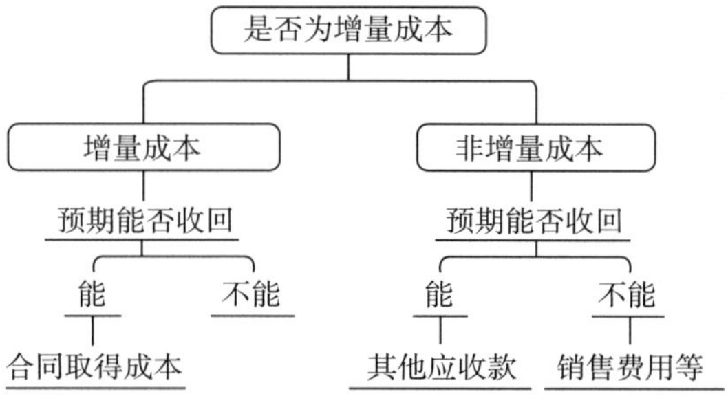

图 7–1 合同取得成本的判断

从上图中，我们可以清晰地看到，只有同时符合增量成本与预期能够收回两个条件时，才能将其作为合同取得成本。实务中，建筑施工企业常发生的合同取得成本的典型例子有因取得该项合同支付给市场部门的提成或销售人员的佣金。

审计人员应当注意，无论是否取得合同均会发生的差旅费、投标费、为准备投标资料发生的相关费用等不能作为合同取得成本来核算，而应计入当期费用。

（四）审计案例

案例 7-6

A公司工程项目收入成本审计

A公司成立于1956年，是国家特级建筑企业，具有房屋建筑工程、机电安装工程、矿山工程、市政公用工程施工总承包一级资质和压力管道GA1级安装资质，国家冶炼工程施工总承包资质同时还有钢结构工程、管道工程、炉窑工程、冶炼机电设备安装工程专业承包一级资质，化工石油工程、公路工程施工总承包二级资质，并且拥有承包境外工程及境内国际招标工程和从事境外工程所需的设备、材料出口和劳务派遣资质。

A公司收入符合在某一时段内履行的履约义务，因此收入确认按投入法（成本法）确认履约进度，即累计实际发生的成本占预计总成本的比例确认履约进度，累计实际发生的成本包括企业向客户转移商品过程中所发生的直接人工、直接材料、分包成本及其他与合同相关的成本。

A公司2020年度、2019年度营业收入和成本相关数据见表7-7。B会计师事务所连续接受委托对该公司2020年度会计报表进行审计。

表 7-7 营业收入和成本相关数据

项目名称	2020年度	2019年度
营业收入（万元）	1 564 420.93	1 194 355.09
营业成本（万元）	1 453 988.45	1 111 640.52
毛利率（%）	7.06	6.93

主要项目合同履约成本发生额及履约进度见表7-8。

表 7-8 主要项目合同履约成本发生额及履约进度

项目名称	账面本期发生履约成本（万元）	期末账面累计发生成本（万元）	项目预计总成本（万元）	期末履约进度（%）
董家埂乡社区工程	66 141.90	101 965.74	170 787.82	59.70
周口市开发区运粮河畔棚户区改造	51 407.51	96 369.24	132 266.22	72.86
泾河新城开发EPC总承包	41 952.26	41 952.26	59 994.13	69.93

续表

项目名称	账面本期发生履约成本（万元）	期末账面累计发生成本（万元）	项目预计总成本（万元）	期末履约进度（%）
广西 ×× 大学武新校区	38 490.11	43 002.18	103 018.63	41.74
曹家巷棚户区改造项目（兴庆御苑）	34 195.46	54 516.00	93 059.93	58.58
周口市东新区贵和家园棚户区改造	32 964.15	58 423.39	79 530.12	73.46
峰峰矿区棚户区改造	32 571.39	39 639.62	80 063.86	49.51

主要项目合同收入、预计总成本及毛利情况见表 7–9。

表 7–9　主要项目合同收入、预计总成本及毛利情况

项目名称	项目账面合同收入（万元）	项目预计总成本（万元）	合同毛利（%）
董家埂乡社区工程	183 775.66	170 787.82	7.07
周口开发区棚户区改造	142 201.83	132 266.22	6.99
泾河新城开发 EPC 总承包	63 823.54	59 994.13	6.00
广西 ×× 大学武新校区	108 099.30	103 018.63	4.70
曹家巷棚户区改造项目	99 299.52	93 059.93	6.28
周口市东新区贵和棚户改造	85 628.26	79 530.12	7.12
峰峰矿区棚户区改造	86 145.75	80 063.86	7.06

主要项目会计记录的当年收入及上年累计收入如表 7–10 所示。

表 7–10　主要项目会计记录的当年收入及上年累计收入

项目名称	上年末累计收入（万元）	当期确认收入（万元）	年末累计确认收入(万元）
董家埂乡社区工程	38 548.12	71 165.95	109 714.07
周口开发区棚户区改造	48 773.77	54 834.56	103 608.33
泾河新城开发 EPC 总承包		44 630.07	44 630.07
广西 ×× 大学武新校区	4 734.60	40 388.36	45 122.96
曹家巷棚户区改造项目	21 672.66	36 498.59	58 171.25
周口市东新区贵和棚户改造	27 336.42	35 566.71	62 903.13
峰峰矿区棚户区改造	7 605.15	35 045.61	42 650.76

案例讨论：

B会计师事务所的审计人员主要执行了以下的审计程序：

1. 分析公司总体毛利率与同行业其他公司当期及上年度毛利率情况，了解本公司毛利率是否与同行业存在较大差异，不同项目毛利率是否存在较大差异

（1）取得同类型上市公司中国建筑毛利率情况，并与公司总体毛利率进行了对比分析，公司总体毛利率与上市公司差异不大，见表7–11。

表7–11 公司总体毛利率与上市公司差异

单位	2020年毛利率（%）	2019年毛利率（%）
中国建筑601668	7.18	6.96
A公司	7.06	6.93

（2）公司总体毛利率及大额项目毛利率分析，公司主要项目毛利率情况见表7–12。

表7–12 公司总体毛利率及大额项目毛利率分析

项目名称	账面合同收入（万元）	项目预计总成本（万元）	项目合同毛利（%）
董家埂乡社区工程	183 775.66	170 787.82	7.07
周口开发区棚户区改造	142 201.83	132 266.22	6.99
泾河新城开发EPC总承包	63 823.54	59 994.13	6.00
广西××大学武新校区	108 099.30	103 018.63	4.70
曹家巷棚户区改造项目	99 299.52	93 059.93	6.28
周口市东新区贵和棚户改造	85 628.26	79 530.12	7.12
峰峰矿区棚户区改造	86 145.75	80 063.86	7.06

A公司部分主要项目中广西××大学武新校区毛利率低于平均毛利率比率较大外，其他项目因实施的具体项目不同，毛利率会有所差异，但相差不大。武新校区毛利率较低原因为承接的大学工程不同于工程项目，其具有一定的公益性特征，学校建成后主要用于建学及学生宿舍使用，不用于商业目的，因此A公司以较低的毛利率承接了该工程。

（3）分析同一项目各期之间收入是否存在重大波动，变动是否合理，经检查未见此类情形。

2. 获得项目收入明细表，确定抽样样本。确定样本时，按照特定样本及抽样样本方式确认抽取的样本量。抽取的较大金额样本情况如上述主要项目合同收入、

预计总成本及毛利情况表中的项目。

3. 获得样本的合同履约成本当年及累计合同履约成本数据信息，并对当年发生的合同履约成本进行检查，以确认当年成本是否真实发生，数据是否准确。

审计人员检查了样本项目当期成本发生额的相关原始资料，包括工程合同、工程分包结算单、劳务费用结算单、工程发票等资料，关注是否存在施工中未安装等、不计算履约进度的控制权转移满足收入确认条件的情况，检查会计处理是否正确。其中对董家埂乡社区工程当期发生的合同履约成本检查情况如表 7–13 所示：

表 7–13 董家埂乡社区工程当期发生的合同履约成本检查情况

内容	凭证号	发生日期	金额：元	后附资料	索引号
建安及分包	转账凭证 –0011	2020/1/2	11 540 196.24	四川贝嘉专业分包结算报账单、审批情况表、专业工程分包进度结算汇总表、专业工程分包结算明细表	SG1–3–6–1
劳务分包	转账凭证 –0003	2020/2/4	17 699 174.04	增值税专用发票、四川国祥专业工程（劳务）分包进度结算汇总表、专业工程（劳务）分包结算明细表	SG1–3–6–2
材料款	转账凭证 –0041	2020/2/27	11 653 114.94	增值税专用发票、商品混凝土进度结算单、发票传递表四川鸿仁混凝土款	SG1–3–6–3
建安及分包	转账凭证 –0042	2020/12/31	1 059 540.00	增值税专用发票、商品混凝土进度结算单、发票传递表	SG1–3–6–4
材料款					
………					

审计说明：经检查当期成本金额 60% 及以前年度成本费用发生额相关原始凭证，入账金额与结算单金额等原始单据一致，相关结算单价与合同核对一致。

4. 核实项目供应商是否为关联方。

经检查，A 公司提供的关联方清单及通过企查查等网上查询，上述公司建安分包及劳务、材料款供应商均与本公司不存在关联关系。

5. 对发生的成本进行截止性测试，以确认成本是否跨期。

审计人员抽取了资产负债表日前后十天相关记账凭证记载的一定金额以上的项目成本发生额，重点关注成本发生的期间是否存在跨期，包括建安分包工程是否为当期，材料领用是否为当期。检查情况如表 7–14 所示：董家埂乡社区工程合同履约成本截止性测试检查表。通过截止性测试，发现董家埂乡社区工程提前确认合同履约成本 106 万元，针对此种情况，审计人员扩大了该工程项目及其他项目抽样检查范围，除发现上述跨期外，其他项目未发现有跨期情况。

表 7-14　　董家埂乡社区工程合同履约成本截止性测试检查表

内容	凭证号	发生日期	金额：元	后附资料	索引号
建安及分包	转账凭证 -0042	2020/12/31	1 059 540.00	增值税专用发票、分包工程进度结算单、发票传递表	SG1-3-7-1
材料款	转账凭证 -0059	2021/1/10	2 484 818.35	增值税专用发票、商品混凝土进度结算单、发票传递表四川鸿仁混凝土款	SG1-3-6-2
………					

审计说明：经对合同履约成本进行截止测试发现，上述 2020 年 12 月份（转账凭证 -0042）分包成本 106 万元实际为预付 2021 年度工程款项，存在跨期，审计人员对相关成本和收入进行了审计调整。同时扩大了截止测试的范围和样本量，未见存在类似情况。

6. 获得样本对应的工程总承包合同及预算总成本资料，如表 7-15 所示，复核相关数据是否准确，特别关注是否存在合同变更的情形及变更原因、审批情况等。

表 7-15　　工程总承包合同及预算总成本资料

项目名称	开工日期	合同金额（含税）	折算为不含税收入	与明细表核对情况	索引号
董家埂乡社区工程	2019-4-1	200 315.47	183 775.66	核对一致	GSX11-15-1
周口市开发区棚户区改造	2018-7-18	155 000.00	142 201.83	核对一致	GSX11-15-2
曹家巷棚户区改造项目	2018-10-18	108 236.48	99 299.52	核对一致	GSX11-15-3
………					

预计总成本核对表，见表 7-16：

表 7-16　　预计总成本核对表

项目名称	经审批的预计总成本资料金额	明细表金额	核对情况	索引号
董家埂乡社区工程	170 787.82	170 787.82	核对一致	GSX11-16-1
周口市开发区棚户区改造	132 266.22	132 266.22	核对一致	GSX11-16-2
曹家巷棚户区改造项目	93 059.93	93 059.93	核对一致	GSX11-16-3
………				

7. 根据相关数据测算收入确认是否正确，比较账面收入与测算收入，核实是否存在重大差异，见表 7–17。

表 7–17 账面收入与测算收入的比较

项目名称	账面合同收入	期末履约进度（%）	上年末累计收入（账面）	测算当年收入	账面当年收入	差异
1	2	3	4	5=2*3–4	6	7
董家埂乡社区工程	183 775.66	59.70	38 548.12	71 165.95	71 165.95	0.00
周口市开发区棚户区改造	142 201.83	72.86	48 773.77	54 834.56	54 834.56	0.00
泾河新城开发 EPC 总承包	63 823.54	69.93		44 630.07	44 630.07	0.00
广西 ×× 大学武新校区	108 099.30	41.74	4 734.60	40 388.36	40 388.36	0.00
曹家巷棚户区改造项目	99 299.52	58.58	21 672.66	36 498.59	36 498.59	0.00
周口市东新区贵和棚户改造	85 628.26	73.46	27 336.42	35 566.71	35 566.71	0.00
峰峰矿区棚户区改造	86 145.75	49.51	7 605.15	35 045.61	35 045.61	0.00

注：上表中因期末履约进度列示为保留两位小数，尾数可能有差异，已忽略。

8. 检查合同预计损失计提是否正确。

审计人员检查了 A 公司提供的项目收入成本明细表，并检查了大额项目合同预计收入及预计总成本资料和在建项目的毛利率情况，未发现预计收入小于预计成本的亏损合同，也未见需要计提合同预计损失的其他情形。

9. 实地观察主要项目现场，评估工程履约进度。

审计人员选取了上述大额的工程项目，进行了实地现场观察，与项目经理、工程监理、业主方代表进行了访谈。经观察上述项目均正常施工，工程履约进度正常，通过访谈，了解到工程监理及业主方代表认可的工程进度与 A 公司确认的履约进度基本一致，审计人员获取了各方确认的工程进度结算表，对上述审计程序记录于审计工作底稿，编制了访谈记录及工程项目实地察看情况记录表，对现场工程状况进行了拍照，作为相关证据留存于审计工作底稿，项目相关人员在访谈记录及工程实地察看记录表中签字确认。

10. 对于存在大额应收账款、合同资产、合同负债及本期确认收入成本金额较大的工程项目，在函证相关报表项目余额的同时，对于项目的合同信息和工程开展、收款情况等进行了函证。

案例7-7

工程项目审计程序执行不到位

E公司某项目为国内首台（套）工程，实际建设过程中边施工边设计、边施工边改进，导致实际成本大幅超过预算成本，E公司于2016年少计该项目成本1.16亿元。F会计师事务所未对E公司实际归集的项目成本与预计总成本差异不大、重要分包（供应）商基本按照合同约定完成施工及设备供货工作等异常情形保持职业怀疑并采取进一步审计程序，导致未能发现E公司在设计施工过程中的设计变更等事项，未能发现E公司少计工程成本的舞弊行为。

此外，E公司某项目多计收入1.47亿元、多计施工成本1.02亿元，多计工程施工–合同毛利0.45亿元。F会计师事务所未对该项目2017年11~12月完成工程报审量激增、回填区域强夯施工完成面积远超已协调用地面积、工程进度报审加速与访谈记录中“因土地和资金到位影响施工进度”的表述存在矛盾等异常情形保持职业怀疑并采取进一步审计程序，导致未能发现部分工程多报或未实施的情形，未能发现相关舞弊行为。

案例讨论：

在E公司持续经营存在重大不确定性、客观上存在舞弊动机的情况下，F会计师事务所未对其工程核算异常情况保持充分职业怀疑，未能发现E公司利用工程核算较为复杂、较难核实、存在人为估计的特点进行舞弊的行为。

三、履约进度的确定

（一）重大错报风险

1. 对某一类项目的履约进度确认方法选用不合理，与实际情况不符，导致合同收入和成本存在重大错报风险。

2. 对某一类项目类似情况下的履约进度确认方法不一致，导致合同收入成本存在重大错报风险。

3. 通过人为调整实际发生的成本与产值，调节履约进度导致收入确认和成本结转重大错报。

（二）常见审计问题

1. 未结合被审计单位的实际情况，识别被审计单位在履约进度确认方法选用上的错误，导致未能发现合同收入成本存在重大错报风险。

2. 未对毛利率明显异常或履约进度明显异常的情况予以充分关注。

3. 未对重大或异常工程项目履约进度进行实地观察，导致未能发现被审计单位财务报表反映的履约进度与实际工程进度出现较大差异。

（三）审计关注要点

1. 关注对履约进度确认的方法是否合理

履约进度的确认方法主要有产出法与投入法，审计人员在具体审计过程中，应当关注一段时期内履行的履约进度相关指标是否符合被审计单位的实际情况，被审计单位选用的履约进度的确定方法是否能够如实反映履约进度。例如，对于满足一段时期内履行的履约的收入确认，应当关注被审计单位是否在考虑了商品的性质基础上，采用产出法或投入法时确定的履约进度是否恰当，并且在确定履约进度时，应当扣除那些控制权尚未转移给客户的商品和服务。

（1）产出法

产出法是根据已转移客户的商品对于客户的价值确定履约进度的方法，通常可采用实际测量的完工进度、评估已实现的幸福空间上、已达到的里程碑、时间进度、已完工或交付的产品等产出指标确定履约进度。

审计人员应考虑企业所施工程的性质、产出指标获得的难易程度等，复核产出法是否符合企业实际情况。例如，当被审计单位拟采用里程碑节点法确认收入时，需要特别考虑合同中约定的不同里程碑节点是否能恰当代表履约进度，如果里程碑节点能恰当代表履约进度，则表明采用“已达到的里程碑”确定履约进度是恰当的；如果被审计单位在合同约定的各个里程碑之间向客户转移了重大的商品控制权，例如资产负债表日存在较大金额的存货余额或不同会计期间的毛利率变动非常大等情况，则可能表明采用“已达到的里程碑”确定履约进度是不恰当的，被审计单位应当选择其他产出指标或其他方法来确定履约进度。

（2）投入法

投入法是根据企业履行履约义务的投入确定履约进度的方法。通常可采用投入的材料数量、花费的人工工时或机器工时，发生的成本和时间进度等投入指标确定履约进度。对建筑施工企业而言，投入法通常按照累计实际发生的成本占预计总成本的比例确定履约进度；即通常所说的成本法。

需要注意的是，投入法所需的投入指标虽然易于获得，但投入指标与企业向客户转移商品的控制权之间未必存在直接的对应关系。因此在审计实务中，对投入法发生的成本进行审计时，应当特别关注被审计单位在采用投入法确定履约进度时，是否已扣除那些虽然已经发生、但是未导致向客户转移商品的投入。比如，企业为履行合同应开展的一些初始活动，如果这些活动并没有向客户转移企业承诺的服务，则企业在使用投入法确定履约进度时，不应将为开展这些活动发生的相关投入包括在内。

审计人员应当关注，在下列情形下，被审计单位在采用成本法确定履约进度时，是否对已发生的成本进行适当调整：

①已发生的成本并未反映企业履行履约义务的进度。因非正常原因导致的直接材料、直接人工及其他费用的消耗，不应包括在累计实际发生的成本中。这是因为这些非正常的消耗并没有为合同进度做出贡献，应当在发生的当期直接费用化，但如果企业和客户在订立合同时，已经预见会发生这些成本并将其包括在合同价款中的除外。

示例 7-12

某建筑公司为A炼油厂建设一座炼油车间，约定工期为8个月。开工建设3个月后，因安全措施不达标，被安监部门下令停产整顿1个月并罚款5万元。该建筑公司将停产整顿期间的建筑施工人员的工资以及整改费用、罚款5万元等均计入了该工程项目的工程施工成本。

审计人员在检查发现后，要求该建筑公司对停产整顿期间的建筑施工人员的工资以及整改费用、罚款5万元从合同履约成本－工程施工成本中调出，计入当期损益。

②已发生的成本与企业履行履约义务的进度不成比例。当企业已发生的成本与履约进度不成比例，企业在采用成本法确定履约进度时需要进行适当调整，通常仅以其发生的成为为限确认收入。对于施工中尚未安装、使用或耗用的商品或材料成本等，当被审计单位在合同开始日就预期将能够满足下列所有条件时，应在采用成本法确定履约进度时不包括这些成本：

第一，该商品或材料不可明确区分，即不构成单项履约义务；

第二，客户先取得该商品或材料的控制权，之后才接受与之相关的服务；

第三，该商品或材料的成本相对于预计总成本而言是重大的；

第四，企业自第三方采购该商品或材料，且未深入参与其设计和制造，对于包含该商品的履约义务而言，企业是主要责任人。

示例 7-13

某会计师事务所接受委托，对甲公司2021年度财务报表进行审计。甲公司系一家建筑装饰公司，对工程项目采用投入法确定履约进度。审计人员在审计过程中发现：2021年10月，甲公司与客户签订合同，为客户装修一栋办公楼，包括安装一部电梯。其拟安装的电梯经甲公司与客户商定品牌及型号后，由甲公司负责采购并经客户验收合格后负责安装。该装修工程合同总金额为100万元。甲公司预计的合同总成本为80万元，其中包括电梯的采购成本30万元。

2021 年 12 月，甲公司将采购的电梯运达施工现场并经过客户验收确认，客户已取得对电梯的控制权，但是根据装修进度，预计到 2022 年 2 月才会安装该电梯。截至 2021 年 12 月，甲公司累计发生成本 40 万元，其中包括支付给电梯供应商的采购成本 30 万元以及因采购电梯发生的运输和人工等相关成本 5 万元。

截至 2021 年 12 月，甲公司根据账面记录的累计已发生的成本 40 万元与预计总成本的 80 万的比例确定本项装修工程履约进度为 50%，相应确认合同收入 50 万元（100 万元 *50%）。

审计人员对甲公司的该项会计处理提出了异议，认为其履约进度确定不合理。因为甲公司发生成本 40 万元中包括电梯采购成本 30 万元以及因采购电梯发生的运输和人工等相关成本 5 万元，其已发生的成本和履约进度不成比例，因此需要对履约进度的计算作出调整，应将电梯的采购成本排除在已发生成本和预计总成本之外。

审计人员根据该项业务合同判断，在该合同中，电梯采购及安装不构成单项履约义务，其成本相对于预计总成本而言是重大的，甲公司是主要责任人，但是未参与该电梯的设计和制造，客户先取得了电梯的控制权，随后才接受与之相关的安装服务，因此，甲公司在客户取得该电梯控制权时，按照该电梯采购成本的金额确认转让电梯产生的收入。

审计人员对该项合同的履约进度进行了重新计算。2021 年 12 月，该合同的履约进度为 20%［（40–30）÷（80–30）］，应确认的收入和成本金额分别为 44 万元［（100–30）×20%+30］和 40 万元［（80–30）×20%+30］。

2. 关注对某一类项目类似情况下的履约进度确认方法是否一致

对于每一项履约义务，企业只能采用一种方法来确定其履约进度，并加以一贯运用。对于类似情况下的类似履约义务，企业应当采用相同的方法来确定履约进度。审计人员应当关注被审计单位对某一类项目类似情况下的履约进度的确认方法的一致性加以关注。如果确实新的履约进度确认方法更能反映业务实质以及履约情况的变化，应当考虑提醒被审计单位作为会计估计变更进行会计处理。

3. 关注每一资产负债表日，被审计单位是否对履约进度进行重新评估以及评估结果是否合理

建筑施工企业在工程项目的具体建设过程中，会遇到各种各样的调整或变化，因此，每一资产负债表日，被审计单位都应当对履约进度进行重新评估，考虑是否应当根据客观环境的变化，重新评估履约进度确认是否合理，是否符合履约合同执

行的实际情况。审计人员应当关注被审计单位每一资产负债表日，对履约进度的相关调整是否合理，依据是否充分，是否存在人为调节履约进度的情况等保持高度关注。

在某些特殊情况下，企业可能无法获得确定履约进度所需的可靠信息，这样则无法合理地确定其履行履约义务的进度。审计人员应当注意评估被审计单位履约进度不能合理确定时，其已发生的成本是否预计能够得到补偿，如果预期已经发生的成本能够得到补偿，则应当按照已经发生的成本金额确认收入，直到履约进度能够合理确定为止。如果预期已发生的成本部分或全部不能得到补偿，则应将不能收回的部分或全部已发生成本确认为当期损益。

示例 7-14

某会计师事务所接受委托，对甲公司 2019 年度财务报表进行审计。甲公司系一家建筑施工企业，采用投入法核算履约进度。2019 年 12 月，因突发新冠肺炎疫情，甲公司接到政府指令，应急承建一家方舱医院，政府承诺在方舱医院建成之后，根据最终竣工决算审计情况支付相关工程款。因情况紧急，相关合同尚未签署，也未进行相关成本测算。截至 2019 年 12 月 31 日，甲公司为该项工程已累计投入工程施工成本 5 000 万元。甲公司按照预期已经发生的成本能够得到补偿确认合同收入 5 000 万元，合同成本 5 000 万元。审计人员对该项目有关的文件及成本资料核实后，对上述事项予以认可。

4. 关注对工程项目的毛利率复核，并与同行业比较，检查是否存在异常

审计人员可根据被审计单位行业分类情况，筛选同行业上市公司、新三板公司，分析对比与同行业公司在收入规模、资产规模、毛利率等是否有重大差异。分析时，应分别不同年度、不同季度及不同类别产品分别进行分析。分析与同行业各年度收入及毛利率是否存在重大差异，是否有大幅度波动，变动趋势是否一致，并对存在的重大差异及大幅度波动进行重点关注，继而实施进一步的审计程序。

四、PPP 工程项目

（一）重大错报风险

1. 对 PPP 项目合同的具体安排、运作模式等理解不正确，对 PPP 项目合同的准则适用范围的判断错误，如对“双特征”“双控制”的判断出现错误、未能正确区分 PPP 项目合同的相关安排与租赁资产、当 PPP 项目部分资产受到政府部门控

制时处理等），导致项目的会计处理出现重大错报风险。

2. 对 PPP 项目合同对价取得的形式未能准确判断，比如是属于金融资产模式、无形资产模式或混合模式等，导致 PPP 项目的会计处理出现重大错报风险。

3. 被审计单位作为社会资本方，参与 PPP 项目多项服务（如既提供 PPP 项目资产建造服务又提供建成后的运营服务、维护服务），可能存在未能根据合同条款正确区分其身份是主要责任人还是代理人以及未正确识别合同中的单项履约义务，并将交易价格按照各项履约义务的单独售价的相对比例分摊至各项履约义务；或者确认的时点或金额不正确，导致合同收入、合同成本以及合同资产的确认出现重大错报。

4.PPP 项目资产的建造过程中发生的借款费用未能正确核算，导致借款费用资本化出现重大错报风险。

5. 根据 PPP 项目合同，自政府方取得其他资产，可能存在未能正确区分政府补助或合同对价，导致合同收入或其他收益、递延资产等重现重大错报风险。

6.PPP 项目公司是否应纳入合并判断不正确或纳入合并范围但未正确披露，导致合并报表的合并范围或披露出现重大错报风险。

（二）常见审计问题

1. 未充分了解 PPP 项目合同的具体安排、运作模式等，导致未能识别被审计单位对 PPP 项目合同的准则适用范围的判断错误。比如“双特征”与“双控制”的判断，PPP 项目合同的相关安排与租赁资产的区别、PPP 项目部分资产受到政府部门控制等。

2. 对 PPP 项目合同对价取得的形式（比如是属于金融资产模式、无形资产模式或混合模式等）未能准确把握，导致未能识别被审计单位 PPP 项目会计处理出现的重大错报。

3. 忽略 PPP 项目合同中的某些重要条款，未能识别被审计单位在 PPP 项目中就其是主要责任人还是代理人的身份判断的错误，对 PPP 项目多项服务中单项履约义务识别错误以及对交易对价分摊不正确，导致未能发现被审计单位合同收入、合同成本以及合同资产的认定存在重大错报。

4. 未关注 PPP 项目资产的建造过程中借款费用资本化的情况，未能发现被审计单位在借款费用资本化方面出现的重大错报。

5. 未关注因 PPP 项目合同取得的政府相关资产的性质，未发现被审计单位在合同对价与政府补助确认方面的错误。

6. 未关注被审计单位对 PPP 项目公司是否纳入合并范围并在合并报表中是否正确披露，导致未识别合并报表范围及相关披露中的重大错报风险。

（三）审计关注要点

1. 了解 PPP 项目的运作模式及业务流程

PPP 取自“政府与社会资本合作”（Public–Private Partnerships）的英文首字母。PPP 模式是在基础设施及公共服务领域建立的一种长期合作关系，是目前各国基础设施建设常用的做法，近年来成为会计理论和实务界关注的热点问题。PPP 模式涉及的行业领域众多，通常包括城市供水、供暖、供气、污水和垃圾处理、保障性安居工程、地下综合管廊、轨道交通、医疗和养老服务设施等。运作方式多种多样，结构较为复杂，常见的运作方式包括 BOT、BOO、TOT、ROT 等。

（1）PPP 运作模式

PPP 项目模式通常是由社会资本承担设计、建设、运营、维护基础设施的大部分工作，并通过一定的回报机制收回投资并赚取利润；政府部门负责基础设施及公共服务价格和质量监管，以保证公共利益最大化。该合作模式适用于投资规模较大、需求长期稳定、价格调整机制灵活、市场化程度较高的基础设施及公共服务类项目。一般包括使用者付费、政府付费以及可行性缺口补助等方式，具体回报机制说明详见表 7–18。

表 7–18 PPP 项目常见运作模式

回报机制	简要说明	常见行业
使用者付费	指最终消费用户直接付费购买公共产品和服务。适用于可经营系数高、财务效益良好、政府授予社会资本在项目建成后的合同约定期限内特许服务的权利，并直接向最终使用者提供公共服务的基础设施项目。	市政供水、城市管道燃气、收费公路、城市交通、机场等。
政府付费	是指政府直接付费购买公共产品或服务。依据是设施可用性、产品和服务使用量和质量三要素。适用于不直接向最终使用者提供服务的基础设施项目或政府无法授予社会资本在项目建成后特许服务权利（不具备收益性）的基础设施项目。	市政污水处理厂、垃圾焚烧发电厂、保障房、市政道路、河道治理等。
可行性缺口补助	指使用者付费不足以满足社会资本成本回收和合理回报，而由政府以财政补贴、股本投入、优惠贷款、融资担保和其他优惠政策的形式，给予社会资本的经济补助。适用于可经营系数较低、财务收益欠佳、直接向最终使用者提供服务，但是该收费无法覆盖投资和运营回报的基础设施项目或价格调整滞后以及需求不足的网络型市政公用项目。	医院、学校、文化及体育场馆、公共交通、交通流量不足的收费公路等

目前，广义的 PPP 项目分为管理外包、特许经营以及私有化三大类。考虑公共责任和项目风险向社会资本转移的程度，将 PPP 分为不同的运作方式，具体 PPP 项

目运作方式的选择主要由收费定价机制、项目投资收益水平、风险分配基本框架、融资需求、改扩建需求和期满处置等因素决定。具体分类如表 7–19 所示：

表 7–19　　PPP 项目运作模式类别

类别	具体模式	简要说明
管理外包类	管理外包（MC）	指政府将存量公共资产的运营、维护及用户服务职责授权给社会资本或项目公司。政府保留公共资产的所有权，只向社会或项目公司支付管理费。
	服务外包（SC）	指政府将基础设施的服务外包给私企，但仍负责设施的运营和维护，承担项目的融资风险。
	委托运营（O&M）	指政府将存量公共资产的运营维护职责委托给社会资本或项目公司，社会资本或项目公司不负责用户服务。政府保留资产所有权，只向社会资本或项目公司支付委托运营费。
	设计–建设–运营（DBO）	指社会资本在公共部门以合理价格承包、设计建造公共设施或基础设施，并负责运营，合同期满后，资产所有权交回公共部门。
特许经营类	移交–经营–移交（TOT）	指政府将存量资产所有权有偿转让给社会资本或项目公司，并由其负责运营、维护和用户服务，合同期满后资产及其所有权等移交给政府。社会资本通过政府或者使用者付费实现运营回报。
	改扩建–运营–移交（ROT）	指政府在 TOT 模式的基础上，增加改扩建内容的项目运作方式。
	建设–运营–移交（BOT）	指社会资本或项目公司承担新建项目设计、融资、建造、运营、维护和用户服务职责，合同期满后项目资产及相关权利等移交给政府。社会资本通过政府或使用者付费实现运营回报。
	建设–租赁–运营–移交（BLOT）	指社会资本与公共部门签订租赁合同，由社会资本在公共土地上投资、建设基础设施，并在租赁期内经营该设施，合同结束后设施移交给公共部门。
	建设–租赁–转让（BLT）	指政府出让项目建设权，由社会资本负责项目的融资和建设管理，在项目建成后租赁给政府，并由政府负责项目运行和日常维护，社会资本用政府付给的租金收入回收项目投资、获得合理回报，租赁期结束后，项目所有权移交给政府。
	建设–移交–运营（BTO）	指社会资本为设施融资并负责其建设，完工后将设施所有权移交给政府，随后政府再授予其经营该设施的长期合同。
私有化类	建设–拥有–经营（BOO）	与 BOT 方式下社会资本和项目公司承担的公共职责和投资运营回报机制一致。在 BOO 方式下，社会资本或项目公司对项目拥有所有权，但必须在合同中注明保证公益性的约束条款，一般不涉及项目期满移交。
	购买–更新–经营（PUO）	指社会资本购买已有的基础设施，经过更新扩建后经营该设施，并永久拥有该设施的产权。

（2）PPP 业务流程

从社会资本的角度，BOT 为 PPP 模式中最为典型和完整的运作模式，其主要业务流程分为项目识别、项目准备、项目采购、项目执行以及项目移交五个阶段，具体如图 7–2 所示。

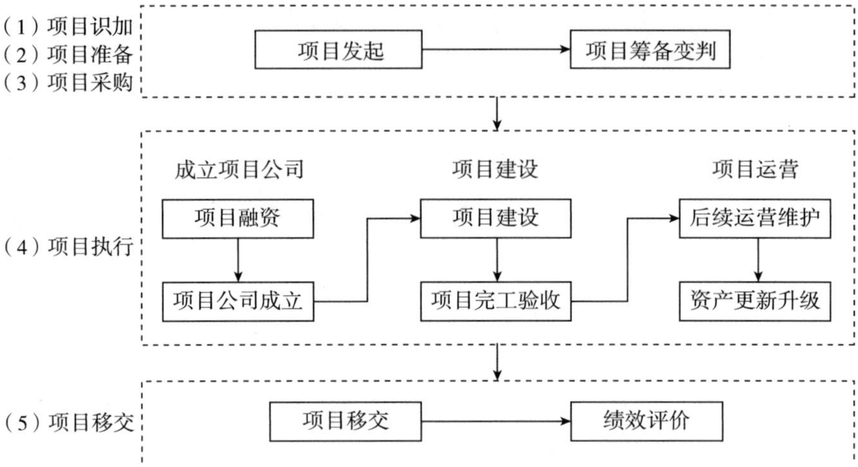

图 7-2 PPP 项目业务流程图

2. 关注 PPP 项目合同的“双特征”与“双控制”

如 PPP 业务运作模式中所述，社会资本方参与提供公共服务可以采取多种形式，合同的性质和规定因行业部门不同有所不同，但目前我国企业会计准则体系下，尚未出台能够涵盖所有情况的综合性指导原则。根据《企业会计准则解释第 14 号》规定，其适用范围限制在同时满足“双特征”和“双控制”的 PPP 项目合同。PPP 项目合同适用准则情形如表 7-20 所示。

表 7-20 PPP 项目合同准则适用情形

类别	承租人	服务提供方			所有者	
典型协议类型	租赁（例如社会资本方从政府方租赁资产）	服务及 / 或维护合同（特定任务，如债务收取）	复原 – 营运 – 转移	建造 – 经营 – 转移	建 – 拥有 – 经营	100% 出售 / 私有化 / 公司
资产所有权	政府方				运营方	
资本投资	政府方		运营方			
需求风险	共同承担	政府方	运营方及 / 或政府方		运营方	
典型存续期间	8~20 年	1~5 年	25~30 年		不确定的（或许可权限定）	
剩余权益	政府方				运营方	
适用准则	租赁准则	收入准则	《会计准则解释第 14 号》		固定资产准则	

审计人员需要注意，以上要求以“控制”为基础，社会资本对项目基础设施的“控制”判断，是基于“使用控制”，而不是基于其“所有权风险和报酬”，这是《企业会计企业会计准则解释第 14 号》的主要特征，决定了其他准则对 PPP 项

目合同安排的范围和适用性。根据《企业会计准则解释 14 号》相关规定，PPP 项目会计处理判断流程如图 7–3 所示。

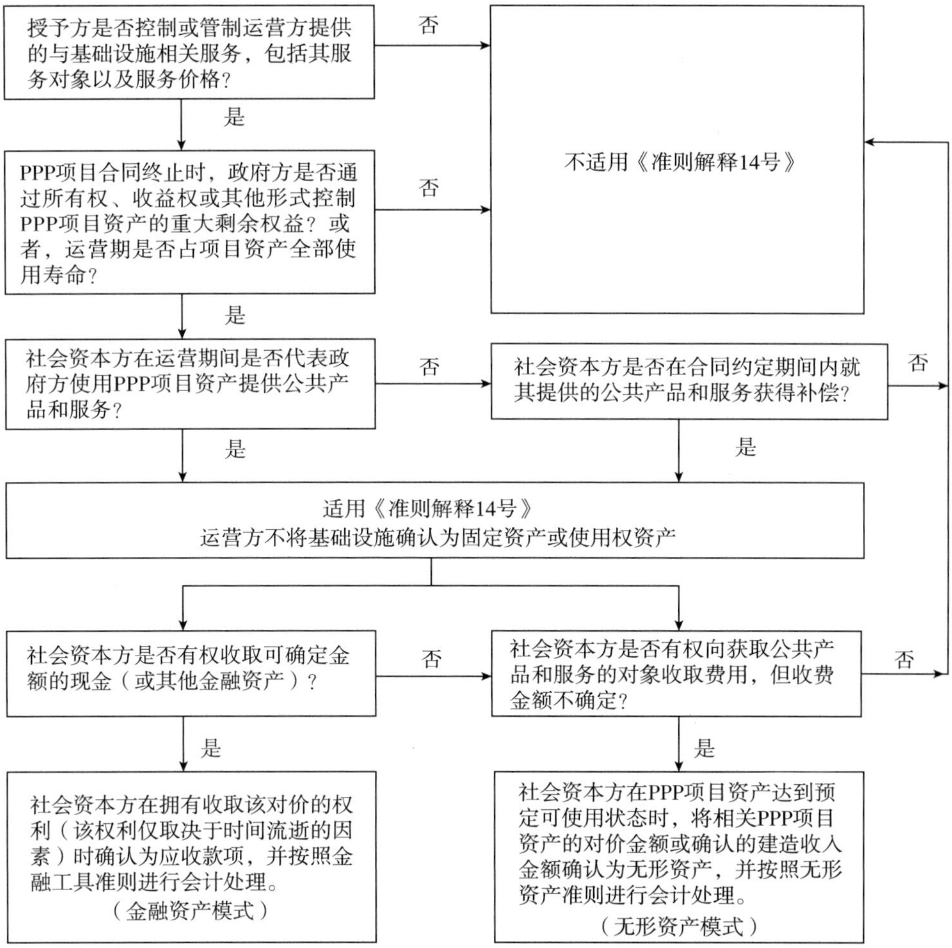

图 7–3　PPP 项目会计处理判断流程

示例 7–15　价格不受管制但支付拥堵费

A 公司与当地政府签订了一项合同，其获得了建设和运营收费公路特许权，特许经营期 40 年。A 公司能够向用户收取通行费，其价格在运营期前三年由政府方定价，从第四年起，A 公司能够根据自己的战略和业务情况，以其认为合适的价格向用户收费。然而，协议安排还约定了一种称为“拥堵费”的条款，即如果在使用补充公共基础设施（即，附近道路）出现交通拥堵时，A 公司将向政府方支付特定金额补偿。

在整个服务特许权协议的背景下，政府方在很短的时间内对定价行使绝对控制权。在本案例中，需要对拥堵支付机制进行分析，以确定它是否构成对收费价格的实质性监管。如果仅仅为了避免过高的价格而将这种机制包含在合同中，它可能并不具有实质性，因为A公司可以在合理范围内自由定价。唯一的限制是A公司不能收取市场无法承受的价格，因为这样做会造成其他附近道路的拥堵。

如果该机制被视为非实质性，则该安排不满足“双控制”条件，不属于《企业会计准则解释第14号》PPP业务会计处理规范的范围。

示例7-16 价格受政府监管

A公司与当地政府签订特许服务协议，根据该协议，A公司负责建造港口码头设施并运营，特许服务期为25年。A公司可自行决定在整个特许期内就使用港口设施向其客户收取的价格。A公司在决定更改价格时无需获得政府方的批准。然而，相关立法规定相关部门有责任确保公平的市场惯例并防止滥用定价。如果客户向当地政府方提出投诉，政府方有权调查市场并考虑A公司的定价是否不公允，如果他们基于与A公司同行业等对比确定A公司的定价不公允，政府方有权要求A公司调整价格。

在本案例中，政府方不控制A公司为其服务收取的价格；因此，其不符合《企业会计准则解释第14号》中“双控制”的标准。政府方的权力仅限于要求A公司根据独立的市场交易调整其价格的能力，其目的是防止不公平的市场行为，而不是控制A公司可以向其客户收取的价格。因此，A公司价格的“上限”最终是由市场交易驱动的，因此并不构成对收费价格的实质性监管。因此，该安排不属于《企业会计准则解释第14号》中PPP业务会计处理规范的范围。

示例7-17 竞争性招标程序

政府方寻求吸引社会资本方参与的PPP安排通常涉及一个招标过程，在该过程中，许多社会资本方参与其中。招标文件可以要求投标人（社会资本方）明确其将提供的服务类型和级别，以及对这些服务收取的费用。如果其成功中标，政府方与中标者商定的服务和定价将纳入合同安排。

《企业会计准则解释第14号》适用于“政府方控制或管制社会资本方使用PPP项目资产必须提供的公共产品和服务的类型、对象和价格”，如果协议安排的其他条款均满足《企业会计准则解释第14号》中的其他条件，则相关服务类型和价格在PPP项目开始前通过竞争性招标程序确定的事实不影响其适用于《企业会计准则解释第14号》PPP业务规范的范围。

示例 7-18 政府方设定价格上限

A 公司与当地政府签订 PPP 项目合同，合同约定，A 公司负责建造一条道路，并负责后续运营，其特许经营期为 30 年。政府方没有约定其可向道路使用者收取费用的价格，但是指定了最高定价，即给其设定了一个价格上限。

一般而言，政府方施加价格上限的权力意味着政府方控制或监管提供服务的价格，前提是上限机制并非实质性的。如果定价的基础或框架受到监管约束，政府方对价格的“控制或管制”不需要完全控制价格，这种情况下仍然符合控制或管制标准。如设定政府调价机制，社会资本方进行调价前应当经过政府方审核同意，或者设定有实质性的价格上限机制，即满足“双控制”条件①中的价格控制或管制要求。

此外，如果本例中，将价格上限设定为不太可能生效的水平，例如，在预计通行费为 10 元时，约定道路通行费不得超过 1 000 元，此种情况将被视为非实质性的约定，政府方将不会被视为对价格具有控制权，因此，导致其不适用《企业会计企业会计准则解释第 14 号》PPP 业务会计处理规范的范围。

示例 7-19 运营期满以公允价值作价移交给政府方

A 公司与当地政府签订了一项 PPP 项目合同，根据该合同，A 公司将建造一座桥梁并负责其后续运营，该特许经营期为 30 年。该 PPP 项目合同满足“双控制”中的条件①（即社会资本方在合同约定的运营期间内代表政府方使用 PPP 项目资产提供公共产品和服务）。此外，合同约定 A 公司不得将桥梁出售给第三方或质押，除非政府方同意。在特许经营期结束时，A 公司需要以当时的公允价值将桥梁出售给政府方。这座桥的经济使用寿命估计为 50 年。

根据《企业会计准则解释第 14 号》中“双控制”的条件②，即，PPP 项目合同终止时，政府方通过所有权、收益权或其他形式控制 PPP 项目资产的重大剩余权益。本例中，政府方在特许经营期结束时控制基础设施的剩余权益。政府方对所有重大剩余权益的控制，既限制了社会资本方出售或抵押基础设施的能力，也赋予政府方在协议期间持续使用的权利。在上述情况下，社会资本方将无法轻易出售或抵押基础设施，即使它可能出售或抵押其在基础设施剩余价值中的经济利益。此外，在安排结束时，政府方有权（和义务）回购桥梁。

《企业会计准则解释第 14 号》采用“控制”模型而非“风险与报酬”模型。在本例中，政府方在特许经营期结束时拥有基础设施资产的持续使用权，因此在桥梁的整个经济寿命期间控制桥梁的使用，即使政府方需要在安排期限结束时以资产的公允价值支付对价。换句话说，如果社会资本方不具备出售或质押基础设施资产的实际能力，政府方必须就剩余价值向运营商补偿，并不妨碍政府方控制基础设施的剩余权益。

示例 7-20 未约定无偿移交条款的特许经营项目

A 公司与某地政府签订了自来水供水业务的特许经营合同，当地政府出具了独家经营的证明。该特许经营所涉及的水厂、管网等主要供水设施的预计使用寿命与特许经营权年限相同，均为 30 年。对于当地政府而言，特许经营权期满时接收一套使用寿命已满的基础设施，并无实际意义。因此，该特许经营合同中并未约定在合同期满，A 公司需将水厂、管网等供水设施无偿移交给当地政府。

根据《企业会计准则解释第 14 号》规定的“双控制”条件以及“对于运营期占项目资产全部使用寿命的 PPP 项目合同，即使项目合同结束时项目资产不存在重大剩余权益，如果该项目合同符合前述“双控制”条件中的第①项，则仍然适用本解释。”的特别说明，即“在合同期满，合同投资方负有将有关基础设施移交给合同授予方的义务，并对基础设施在移交时的性能、状态等作出明确规定”并不是运用 PPP 会计模式的必要条件，不能仅仅因为特许经营合同中未对特许经营期满时基础设施的移交问题作出约定，而认为不满足该会计模式的适用条件。

根据上述案例背景所述，该特许经营所涉及的水厂、管网等主要供水设施的预计使用寿命与特许经营权年限相同，均为 30 年。虽然特许经营合同中并未约定在合同期满，A 公司需将水厂、管网等供水设施无偿移交给当地政府，但只要满足条件（1），即政府方控制或管制该自来水厂供水服务的类型、对象和价格，则该自来水供水特许经营合同仍然满足“双控制”条件，属于《企业会计准则解释第 14 号》的范围。

3. 关注与租赁资产的区分

PPP 项目合同中的相关安排可能与租赁的安排类似，实务中对于其相关合同是否适用租赁准则存在一定疑虑，财政部于 2018 年 12 月发布了《企业会计准则第 21 号——租赁》(2018)(以下简称“新租赁准则”)，于 2019 年分批分阶段实施。与原租赁准则不同，新租赁准则明确将“采用建设经营移交等方式参与公共基础设施建设、运营的特许经营权合同”从其适用范围排除。

新租赁准则将租赁定义为“在一定期间内，出租人将资产的使用权让与承租人以获取对价的合同。”即在合同期间内，承租人能够控制已识别资产的使用并获取几乎全部的经济利益，承租人能够主导资产的使用方式和使用目的，其授予承租方“控制资产使用的权利”。而在PPP项目合同中，虽政府方授予社会资本方“使用权”，但政府方仍保留“对资产使用权的控制”，对社会资本方使用相关基础设施资产提供的产品和服务类型、对象以及价格进行控制或管制，从而不满足租赁的定义，因此，新租赁准则将其从适用范围排除。

【延伸阅读】国际会计准则的相关规定之“运营方如何对包含租赁基础设施的服务特许权协议进行会计处理”

在2016年9月的会议中，IFRIC曾讨论了服务特许权协议中，基础设施属于租赁时，运营方应如何会计处理的问题。在这类安排中，运营方并不需要提供任何针对基础设施的建造或改良服务。

会议讨论的案例涉及授予方、运营方和出租方三方关系。运营方与授予方签订一项运营公共服务的协议。该协议中的部分或全部基础设施均从出租方租入。出租方和授予方可能受相同的政府机构控制。根据合同，运营方将向出租方支付使用基础设施相关费用。运营方具有向授予方无条件收取现金的合同权利，并用以偿还基础设施相关租赁费用。在某些出租方和授予方并非受相同的政府机构控制的合同中，授予方可能为承租方提供担保，包括租赁期内的应付租赁款，租赁期结束的剩余价值。授予方可能也就有续租选择权。

针对上述案例，主要问题包括：此类协议（包括租入的基础设施）是否属于《国际财务报告准则解释公告第12号——服务特许权协议》（IFRIC12）的范围。如果此类协议属于IFRIC12的范围，则对于运营方来说，基础设施不属于租赁准则范围。此时，运营方应当如何对源于出租方的相关资产和负债进行处理，包括如何确认及列报。

针对上述问题，IFRIC注意到：

（1）在评估此类协议（包括租入的基础设施）是否属于IFRIC12范围时，需要根据具体事实和情况进行判断。特别是，运营方需要考虑IFRIC12有关“双控制”条件【注1】及“双特征”条件【注2】。

（2）并不需要提供任何针对基础设施的建造或改良服务。

【注1】IFRIC12第5段规定，本解释公告适用于具备如下条件的公共—私营服务特许权协议：

①授予方控制或管制经营方使用基础设施必须提供的服务类型、提供服务的对象和服务的价格；

②在服务协议期末，授予方通过所有权、收益权或其他形式控制该基础设施的重大剩余权益。

该规定与《企业会计准则解释第14号》所称“双控制”条件实质一致。

【注 2】IFRIC12 第 7 段规定，本解释公告适用于以下两方面：

①为了服务协议，经营方建造的或者从第三方获得的基础设施；以及

②为了服务协议，授予方给经营方使用现有基础设施的权利。

该规定与《企业会计准则解释第 14 号》所称“双特征”条件实质一致。

对于确认和列报问题，如果此类协议（包括租入的基础设施）属于 IFRIC12 范围，IFRIC 注意到，是授予方而不是运营方控制了基础设施的使用权。因此，IFRIC 指出：

（1）运营方需评估是其自身有义务向出租方支付租赁款，还是授予方有义务支付。该评估需要根据具体事实和情况进行考虑。如果授予方有义务向出租方支付，则运营方仅仅是从授予方收取现金，并代其向出租方支付。即，运营方不会确认租赁基础设施相关资产、负债及费用，仅反映代收代付的现金。

（2）如果运营方有义务向出租方支付租赁款，并作为服务特许权协议的一部分，则运营方应在签订服务特许权协议且自出租方取得可用的基础设施时，确认该义务相关的负债。在确认负债的时点，运营方也同时确认一项金融资产，因为其具有无条件向授予方收取现金的合同权利，并用于偿还所支付的租赁款。

（3）上述（2）中运营方所确认的负债属于金融负债。因此，运营方仅在满足金融工具准则有关金融资产和金融负债抵销的条件时，才能将所产生的金融资产和金融负债抵销后列报。

【延伸阅读】国际会计准则的相关规定之“运营方在服务特许权协议中向授予方支付的款项如何进行会计处理”

在 2016 年 7 月的会议中，国际财务报告准则解释委员会（IFRIC）曾讨论了服务特许权协议（PPP 项目）中，运营方（社会资本方）向授予方（政府方）支付款项的会计处理问题。

IFRIC 注意到，实务中，除运营方向授予方缴纳的正常征费（如增值税等）外，还可能向授予方支付其他款项，主要包括以下几种情况：

（1）如果付款是为获得服务特许安排以外的商品或服务的权利，则运营方应根据其他相关国际财务报告准则进行会计处理；

（2）如果付款是为获得服务特许安排以外的基础设施的使用权，则运营方应评估该安排是否包含租赁。如果包含租赁，则按租赁准则进行处理。

（3）如果付款并不是为了获得单独的商品或服务，或单独的使用权，则运营方应按以下情况分别处理：

①如果服务特许权协议导致运营方仅具有向授予方收取现金的合同权利（即属于金融资产模式），则运营方应按照新收入准则有关应付客户对价的规定，将所支付款项作为交易价格的抵减；

②如果服务特许权协议导致运营方仅具有向公众服务使用者收取费用的权利（即属于无形资产模式），则运营方通过建设 / 改造服务加上向授予方支付的款项，换取了一项无形资产。因此，运营方应将支付款项按照无形资产准则的规定进行处理，即作为取得无形资产的初始成本。

③如果服务特许权协议属于无形资产和金融资产混合模式，则运营方需要进一步区分所支付款项归属于无形资产还是金融资产，或者二者皆有。

IFRIC 也注意到，当服务特许权协议属于无形资产模式时，运营方可能需要支付的款项为可变对价时，现行准则可能无法解决该问题。事实上，IFRIC 也就服务特许权协议中涉及的可变对价进行过多年讨论，但并未得出一致结论。

4. 关注 PPP 项目资产部分受到政府方控制时的处理是否正确

PPP 项目资产部分受政府方控制的，分为以下两种情形：

一是项目资产在功能设置和空间分布上可分割且能独立运营，并且满足《企业会计准则第 8 号——资产减值》（财会〔2006〕3 号）中资产组的定义，应当单独进行分析。如果政府方不能控制该部分资产，则该部分资产不适用《企业会计企业会计准则解释第 14 号》。

二是社会资本方使用 PPP 项目资产提供不受政府方控制的辅助性服务，并不减损政府方对 PPP 项目资产的控制，在应用“双控制”条件时不应当考虑该项服务。

社会资本方如果有权使用上述情形一中不受政府控制的项目资产组成部分，或者有权使用情形二中用于提供不受政府方控制的辅助性服务的项目资产时，应当根据其业务性质判断适用的企业会计准则，例如对于实质上构成政府方对社会资本方的租赁，则应按照《企业会计准则第 21 号——租赁》（财会〔2018〕35 号）进行会计处理。

5. 关注不同对价模式下 PPP 业务的处理是否正确

根据 PPP 项目合同的协议条款，社会资本方是服务的提供者。社会资本方建造或改良用于提供公共服务的项目资产，并在规定时期内运营和维持该项目资产。政府方没有将 PPP 项目资产的控制权移交给社会资本方。社会资本方仅有权按照合同规定条款，代表政府方使用基础设施来提供公共服务。

基于 PPP 项目资产的特殊性，社会资本方不应将 PPP 项目资产确认为固定资产，其对 PPP 项目资产拥有的权利的性质为其所提供的服务应得的对价，其提供建造服务所获得的对价，而非其建设或改良的 PPP 项目资产。该对价可以采取多种形式，包括取得金融资产或无形资产的权利。

社会资本方确认相关对价的性质取决于谁来保证社会资本方的现金流量，即谁来承担 PPP 项目资产的需求风险。需求风险是指使用者对基础设施的使用程度高于或低于预期承担的风险。社会资本方所确认的资产的性质取决于需求风险在社会资本方与政府方的分配和承担，而非风险的总量。基于需求风险的分配方式不同，可以将社会资本方对于PPP项目资产的权利划分为三种模式，即金融资产模式、无形资产模式和混合模式。

社会资本方通常依赖PPP项目合同条款来决定其现金流量的风险，当社会资本方的现金流可以由政府方保证，政府方承担PPP项目资产的需求风险，社会资本方所收取对价的性质应为金融资产；当社会资本方的现金流取决于使用情况时，社会资本方承担PPP项目资产的需求风险，社会资本方所收取对价的性质为无形资产；在很多情况下，也会出现需求风险由社会资本方和政府方共担的情况，此时，社会资本方应同时确认一项金融资产和无形资产（混合模式）。

（1）金融资产模式

金融工具准则将金融资产定义为“从其他方收取现金或其他金融资产的合同权利。”。“合同”是指“双方或多方之间的具有明确经济后果的协议，协议各方几乎无法选择以避免这种后果，因为该协议通常在法律上具有强制性”。社会资本方因建造服务直接从政府方无条件收取现金的现时权利应当确认为金融资产；因为协议通常由法律强制执行，政府方难以避免支付。如果政府方为社会资本方的现金流量提供保证，社会资本方就具有因提供建造服务而收取现金的合同权利。

①可确定的金额

在一些PPP项目合同中，政府方可以直接向社会资本方支付应收合同款项。支付方法仅是形式问题。在这种情况下，使用者或社会资本方具有现时的、无条件的合同权利从政府方收取可确定的现金流量。社会资本方资产的性质并没有仅因为应收合同款项可以直接由公共服务使用者支付而发生改变。

②收取的现金流量取决于是否满足具体的质量或效率要求而定

实务中，存在一些PPP项目合同约定，社会资本方收取的现金流量取决于其是否满足具体的质量或效率要求。在政府方因建造服务向社会资本方支付款项之前，社会资本方必须确保PPP项目资产有能力提供政府方确定的公共服务或者达到或超过政府方确定的运营标准或效率目标，以保证其能够提供特定水平的服务或能力。未符合规定的质量、业绩或者效率目标可能导致社会资本方受到处罚；对于这种性质的罚款或扣款与不动产是否可用状态有关，其性质与其他主体根据所购买的商品和服务的后续表现而支付的状况一样，并不反映需求风险的存在。因此，即使收到现金的合同权利视社会资本方是否满足具体的质量或效率要求或目标而定，仍符合金融资产的定义。

③政府方对使用者付款缺口的担保

在一些PPP项目合同中约定，如果从使用者处收取的金额与合同中约定的固定金额之间存在差额，政府方担保向社会资本方支付该差额，该担保不满足金融工具准则中财务担保的定义，因为社会资本方具有无条件从政府方收取现金的合同权利，社会资本方应将所担保的收款部分全额确认为一项金融资产。

（2）无形资产模式

在一些PPP项目合同中，社会资本方可以获得向使用者收费的权利，用以作为其提供建造服务的对价，其类似于一种许可权利。在这种情况下，社会资本方的现金流量视PPP项目资产的使用情况而定，在不存在能够确保社会资本方收到最小金额的合同协议时，社会资本方不具有收取现金的合同权利，即使收到现金非常有可能，社会资本方承担需求风险，因此其商业回报视公共服务使用者而定。社会资本方的资产是一项许可，是政府方给予社会资本方未来向使用者收费的权利。无形资产准则将无形资产定义为“没有实物形态的可辨认非货币性资产”。该准则将许可作为无形资产的例子，并将源于合同的权利描述为一项可辨认的资产。社会资本方向公共服务使用者收费的权利满足无形资产的定义，因此应当按照无形资产准则进行会计处理。

实务中，还存在一些PPP项目合同约定，社会资本方从使用者处收取费用，但社会资本方可通过调整价格的方式确保其收到充分固定的回报，或者允许社会资本方从使用者处取得收入直至合同约定的固定回报时协议终止，在这种情况下，虽然社会资本方的回报是低风险的，但其并未授予社会资本方无条件收取现金的合同权利，金融资产的定义只涉及无条件收取现金的合同权利是否存在，并未依据回报风险对其进行定义。因此，对于此类向社会资本方提供可预期的低风险回报的PPP项目合同，并不认为给予社会资本方收取现金的合同权利。社会资本方的资产是一项具有变动性的许可权，仍应分类为无形资产。

（3）混合模式

如前所述，社会资本方所确认的性质取决于需求风险的分配，而不是风险的总量。在很多情况下，PPP项目合同会通过一定的条款安排约定实现PPP项目资产的需求风险由社会资本方和政府方共担。如在一些可行性缺口补助安排中，社会资本方向使用者收费，政府方同时就某一最低限额提供差额担保，在此类安排中，需求风险由社会资本方和政府方共担，政府方承担最低限额部分的需求风险，而社会资本方承担超出最低限额部分的需求风险。此时，社会资本方应将最低限额担保部分的对价确认为金融资产，将剩余部分确认为无形资产。各类付款结构的需求和资产核算模式对应关系如表7–21所示。

表 7-21 各类付款结构的需求风险和资产核算模式表

付款结构	社会资本方所确认基础设施资产的性质	
	金融资产	无形资产
政府方向社会资本方支付规定的或可确定的付款，并承担需求风险	√	
政府方根据业绩或可用性，向社会资本方支付金额不等的款项	√	
使用者基于使用情况向社会资本方支付款项，社会资本方承担需求风险		√
政府方基于使用情况向社会资本方支付款项（金额按需求确定），社会资本方承担需求风险		√
使用者向社会资本方付款，但所收费用由监管者调整，以确保社会资本方获得实质上股东的回报。社会资本方承担需求风险，即使该风险很低		√
使用者向社会资本方付款，而特许权持续到社会资本方达成其投资回报为止。社会资本方承担特许权期间的经营风险		√
使用者基于使用情况向社会资本方付款，但政府方担保付款不会低于某一规定最低额（差额担保）。需求风险由政府方和社会资本方共担	√	

6. 关注 PPP 项目合同收入的确认和计量是否正确

（1）建造或改良收入的确认和计量

一般来说，大部分 PPP 项目的实施均涉及建造阶段，建造阶段通常由项目公司负责勘察、设计、采购、施工等流程，项目公司可以将这些外包给第三方，也可以全部由社会资本方或项目公司自行实施，具体取决于社会资本方在相关领域的优势及经验等。社会资本方对 PPP 项目资产不具有控制权，政府方仅授予其根据 PPP 项目合同代表政府方经营该项目资产，并提供公共服务的权利，项目公司在建造阶段为政府方提供了建造基础设施的服务，应按照收入准则中相关规定确认已收或应收的对价，其对价性质基于合同相关约定可能为金融资产，也可能为无形资产。

在大部分 PPP 项目合同中，社会资本方或项目公司所收取的对价并不只是针对建造服务的对价，其为整个 PPP 项目合同中在约定的特许服务期内所提供的全部服务的应收对价，在此类情况下，社会资本方应在建造阶段和运营阶段之间分配该应收对价，也就是说，社会资本方应当根据《企业会计准则第 14 号——收入》的相关规定，识别合同中的单项履约义务，将交易价格按照各项履约义务的单独售价的相对比例分摊至各项履约义务。如果单独售价无法直接观察的，或者缺少类似的市场价格的，企业可以考虑市场情况、企业特定因素以及与客户有关的信息等相关信息，采用市场调整法、成本加成法、余值法等方法合理估计单独售价。

（2）运营收入的确认和计量

项目公司应按照收入准则相关规定对其运营服务进行会计处理，一般来说，运营期提供的运营服务属于收入准则中“客户在企业履约的同时即取得并消耗企业履约所带来的经济利益”的情形，属于在某一时段内履行的履约义务，社会资本方应当在履行履约义务的期间（即“运营期”）确认收入。

示例 7-21 不存在建造或改良服务的安排

A 公司在某市运营公共交通服务。A 公司从相关部门取得相关基础设施资产（如公交车队、车站、车库、维修和维护设备等），并在特许期负责运营和维护服务。特许经营期为 10 年，经营期结束后将基础设施资产归还给政府方。PPP 项目合作协议并未规定升级或改扩建等服务，但合同规定 A 公司有义务将基础设施在经营期内维护在特定服务水平，并在经营期满将基础设施交还政府时将其恢复至特定水平。

情形一：政府方在 10 年特许经营期内，每年向 A 公司支付一笔固定金额的款项；

情形二：政府方授予 A 公司向使用者收费的权利；

情形三：A 公司为取得向使用者收费的权利而向政府方付款；

在以上三种情形下，A 公司应如何进行会计处理？

属于《会计准则解释第 14 号》范围的 PPP 项目合同，并不一定均需要社会资本方进行建造或改良活动。政府方可以授权社会资本方使用现有基础设施，以提供公共产品和服务，且该基础设施很少或几乎不需要升级或改良。对于提供公共服务的对价，政府方可以直接支付给社会资本方，或者授予社会资本方向使用者收费的权利，但其定价受到监管。

情形一：

在此情形下，A 公司提供了运营、维修及维护服务，所获得的对价是政府方每年支付的固定金额款项。政府方在 10 年内分期支付对价，很可能表明该交易包含重大融资成分。A 公司应根据新收入准则中有关具有重大融资成分的交易相关规定，对未来现金流量进行折现，以确定该合同的交易价格，并在运营、维修及维护服务等合同履约义务中进行分摊。在特许经营期间，A 公司在履行了各项履约义务时确认相应的收入和成本。

在此情形下，政府方每年支付的固定金额款项基于 A 公司提供的各项运营服务，并非无条件收取，该 PPP 项目合同不属于“金融资产模式”，在运营期开始时不应确认金融资产。

情形二：

在此情形下，政府方授予 A 公司向使用者收费的权利，但不提供任何差额担保，故A公司也承担了所有的需求风险。此时，由于该收费权利可以带来未来经济利益，A公司取得了一项满足定义的无形资产。但是，一方面，根据PPP项目会计处理模式，在建造阶段，会计处理目的是以无形资产的公允价值来确认建造服务收入，而不是以公允价值确认一项无形资产。另一方面，无形资产的初始计量遵循历史成本计量原则，A公司为取得该收费权利并未支付任何对价，该无形资产的历史成本为零。事实上，由于A公司并未提供基础设施建造服务，在合同开始日，如果以预计可从使用者收回对价的公允价值确认一项无形资产，则同时需确认一项收入。该处理结果将导致在未提供任何服务的情况下即确认了收入，显然不符合正常商业逻辑。

综上分析，在此情况下，如果在合同开始时，A公司未支付任何对价，则该合同应作为待执行合同，且任何一方均未履行相关义务。因此，在合同开始时，A公司不应既不应确认无形资产，也不应确认任何收入。A公司应于向使用者提供服务时确认相应收入，于相关费用发生时确认相应成本。

情形三：

在此情形下，A公司为取得向使用者收费的权利而向政府方付款，即A公司为取得向公共服务使用者收费的权利，向政府方支付了对价。此时，如情形二分析所述，在历史成本计量原则下，A公司可以将支付对价确认一项无形资产。在特许经营期内，A公司应对所取得无形资产进行摊销，并在提供相关服务时确认相应的收入和成本。

7. 关注总额法与净额法确认收入

对于建造阶段社会资本方提供的建造或改良服务，如果将其发包给其他方的，社会资本方应当按照收入准则相关规定确定其身份是主要责任人还是代理人，并进行会计处理，确认合同资产，在建造阶段完成转入无形资产或在取得无条件的收款权时转入金融资产。

原企业会计准则解释2号关于BOT的规定，未实际提供建造服务的，不确认收入，该规定为特殊业务模式下的会计处理规定。在新收入准则下，对主要责任人和代理人进行了明确的规定，原解释2号与新收入准则存在冲突，解释14号取代了解释2号BOT的规定。在新收入准则及解释14号的规定下，对于建造服务部分是否确认收入，应按照主要责任人和代理人的相关规定进行判断，而不是仅考虑是否实际提供建造服务这一情况。

在我国的PPP业务模式中，通常为社会资本方实质操盘并负责整个项目，承担了类似总包人的责任。无论社会资本方将建造服务是否外包给其他方，通常社会资本方需要对于PPP项目的施工进度、工程管理、预算管理、安全管理以及最后的工程质量承担最终责任，属于“企业能够主导第三方代表本企业向客户提供服务"的情形。而站在政府方的角度，其也会认为社会资本方承担主要责任。因此，除非有充分的证据表明社会资本方不是实质上 PPP 项目的总包负责人，不承担 PPP 项目各类事项与问题的最终责任的，一般来说，目前的 PPP 业务中，社会资本方应当按总额法确认建造服务收入。

8. 关注对基础设施维护的义务的会计处理是否正确

PPP 项目合同特许经营期通常期限较长，而且社会资本方还可能有各种形式的维护义务，包括在特许期结束前必须履行的资产重置和整修。在 PPP 项目合同安排中，存在基础设施相关维护合同的各种条款，其条款取决于双方在谈判时的目标、地域和行业，通常情况下，会要求社会资本方一直将基础设施资产维护至特定的服务水平，并在将基础设施资产归还给政府方前将其恢复至特定的状态。

一般来说，社会资本方可能需要承担以下义务：改造现有的基础设施或建造新的基础设施；承担主要寿命周期成本（如大检修）；重置或恢复已被完全损耗的项目；承揽常规维修和维护等。

当社会资本方承担维护或恢复基础设施资产的义务，并将其作为 PPP 项目合同承接的前提条件时，除改造部分外，社会资本方需根据或有事项准则的要求确认和计量上述义务。但这并不意味着被确认的建造资产的行踪是金融资产模式还是无形资产模式，均需要按照或有事项准则的规定进行会计处理，对维护义务的会计处理应取决于相关义务的性质、条款和情况，其因合同而异，并不应该受所确认的基础设施资产的性质所影响，因此，当政府方同意偿付基础设施维护所必需的重大支出的情况下，应视为单项履约义务，并在费用发生时对应确认相关收入和成本；当不要求政府方偿付上述支出时，随着基础设施的消耗应按照或有事项准则要求计提对应准备。

9. 关注借款费用的处理是否正确

《企业会计准则第 17 号——借款费用》第四条中规定：符合资本化条件的资产，是指需要经过相当长时间的购建或者生产活动才能达到预定可使用或者可销售状态的固定资产、投资性房地产和存货等资产。该准则将符合条件的资产定义为"需要经过相当长时间才能达到可使用或可销售状态的资产"。

就 PPP 项目合同而言，无形资产（即政府方给予社会资本方向公共服务使用者收费的权利作为建造服务的回报）满足社会资本方符合条件的资产的定义，因为一般而言，直到基础设施建造或改良完毕，许可权才可以使用。金融资产（即政府方给予社会资本方收取现金或其他金融资产的合同权利作为建造服务的回报）不满足借款费用准则中符合条件的资产的定义，金融资产按公允价值初始计量，所产生的借款费用并不会影响其初始计量金额，金融资产模式下社会资本方发生的借款费用不能资本化，应在发生时确认为费用。

因此，在PPP项目资产的建造过程中发生的借款费用，社会资本方应当按照借款费用准则的规定进行会计处理。对于确认为无形资产的部分，社会资本方在相关借款费用满足资本化条件时，应当将其予以资本化，并在PPP项目资产达到预定可使用状态时，结转至无形资产。除上述情形以外的其他借款费用，社会资本方均应予以费用化。

10. 关注自政府方取得的资产的会计处理是否正确

对于PPP项目合同，由于政府对基础设施具有控制权，社会资本方对基础设施不具有控制权，因此，政府方提供给社会资本方的基础设施项目不应确认为社会资本方的固定资产。但是，在某些情况下，社会资本方自政府方取得的资产，也可以由社会资本方保留或按照其意愿自行处理，即社会资本方对此类资产具有控制权，则社会资本方应考虑这些资产否符合《企业会计准则第16号——政府补助》中所定义的政府补助：政府补助是指企业从政府无偿取得货币性资产或非货币性资产。如果这些资产是政府方基于公平交易获得社会资本方服务而应付报酬的一部分，则不属于“无偿取得”，因此，其不符合政府补助的定义。该资产构成政府方应付合同对价的一部分的，社会资本方应当按照收入准则有关非现金对价的规定进行会计处理。

11. 关注PPP项目公司的合并主体问题

为确保风险隔离、财务核算独立、税收征管和政府监督，PPP项目的组织结构通常会设计为，由新成立的项目公司具体执行项目运作。在社会资本与政府方签署合同后，社会资本将开始发起设立项目公司。项目公司可能由社会资本全额出资，也可能由社会资本和政府方授权的单位共同出资。

实务中，根据项目合同中约定的运作方式，项目公司通常由社会资本方负责筹建、管理和运营，社会资本方应考虑其是否对项目公司具有控制、共同控制或重大影响，并根据长期股权投资等准则对其进行核算。

此外，合并财务报表的合并范围应当以控制为基础确定。任何投资方，无论被投资方属于表决权主体还是非表决权主体，均应评估其是否控制被投资方。控制，是指投资方拥有对被投资方的权力，通过参与被投资方的相关活动而享有可变回报，并且有能力运用对被投资方的权力影响其回报金额。因此，无论是对于表决权主体还是非表决权主体，当且仅当投资方满足下列所有条件时，投资方可控制被投资方：

（1）拥有对被投资方的权力（权力）；

（2）通过参与被投资方的相关活动而享有可变回报（可变回报）；

（3）有能力运用对被投资方的权力影响其回报金额（权力和可变回报的联系）。

投资方评估对其是否控制的一般程序如图 7–4 所示。

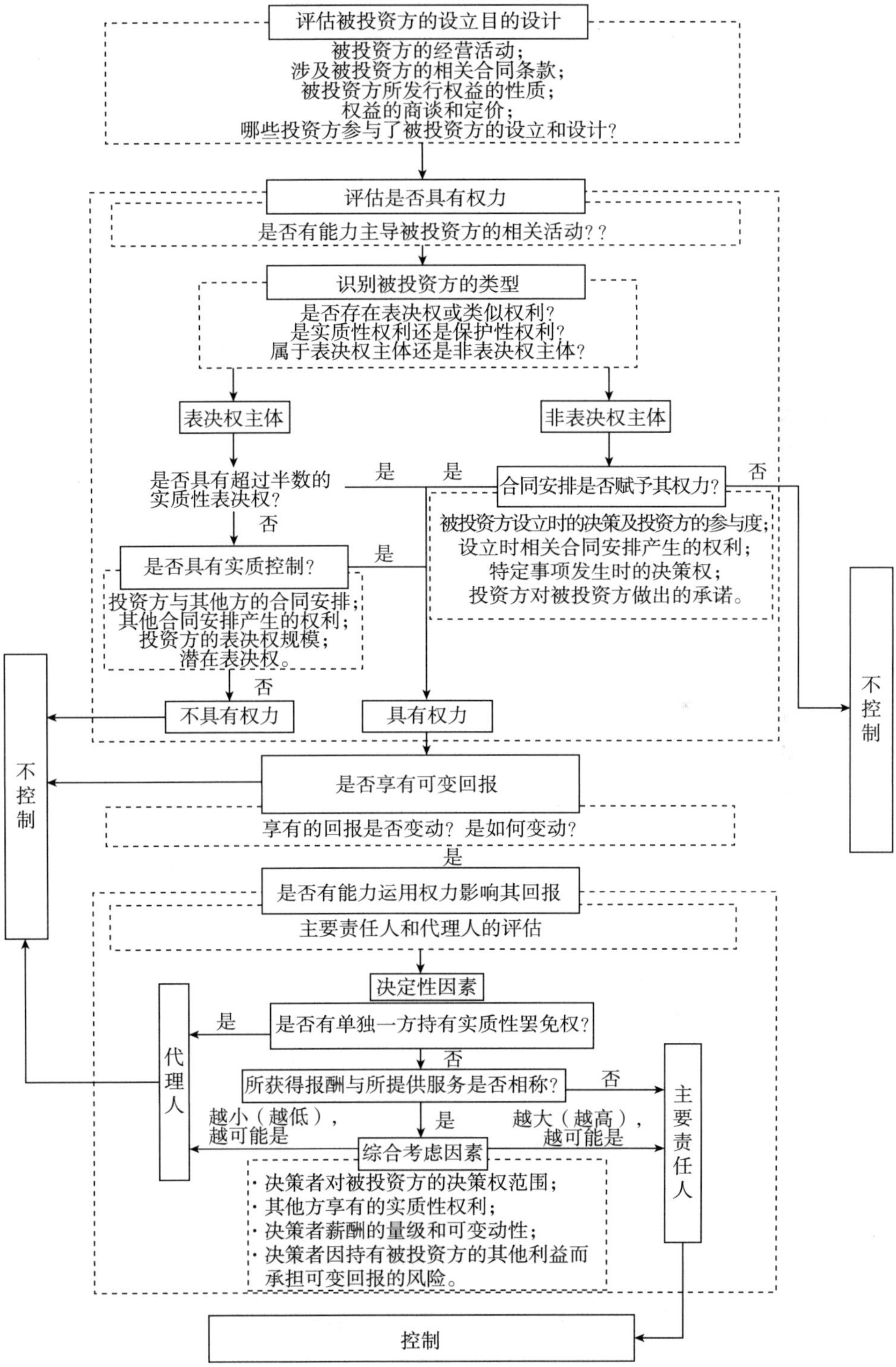

图 7–4 PPP 项目公司控制判断流程

示例7-22 社会资本方是否应将PPP项目公司纳入合并范围

A公司主要从事工程建设施工业务，与政府方代表签订某道路绿化PPP项目合同，项目合作期限十年，含建设期。项目总投资3.98亿元，其中项目资本金11 940万元，政府出资20%，社会资本出资80%；银行贷款27 860万元，占总投资的70%。

项目建设期内，A公司负责完成项目工程的初步设计方案及施工图的设计和审核，并按照经审查批准的工程设计图纸和施工技术标准施工。项目施工完成后当地政府建设行政主管部门进行竣工验收，开展项目工程竣工决算审计，确认项目实际投资。

项目运营期内，A公司提供绿化工程的养护服务。运营期结束前6个月，双方成立移交委员会，商定项目移交工作，A公司应及时清理债权债务，移交的资产在移交时不存在抵质押、留置等权利负担或瑕疵。

项目采用政府付费的回报机制，项目建成后，A公司的收入分为可用性服务费收入和运维收入，政府承担全部付费责任。其中，可用性服务费收入是指项目建成达到可用性标准并经政府方验收合格，政府方每年给予A公司的建设成本补偿及合理利润；运维收入是指A公司对项目设施进行日常维护，经过政府方考核合格后，政府方每年支付A公司的运维成本补偿及合理利润，合理利润率为8%。

按照合同约定，A公司与政府方代表共同出资设立项目公司，项目公司承担该项目的投融资、建设、运营维护和移交。A公司对项目公司的出资比例为80%，根据项目公司的章程，股东会决议必须经全体股东一致通过。项目公司董事会成员三人，其中董事长及另一名董事由A公司委派，董事会决议必须经全体董事一致通过；总经理亦由A公司委派。A公司与项目公司签订《建设施工合同》，负责PPP项目的建设施工，项目公司支付A公司工程款。

示例分析：

根据企业会计准则对于控制和共同控制的定义，一个企业只有在可以单方面主导被投资单位的相关活动时，才可能拥有被投资单位的控制权；如果任何一方都无法单方面主导被投资单位的相关活动，被投资单位的财务和经营政策需要相关投资方一致同意，则分享控制权的投资方对于被投资单位拥有共同控制。从表决权安排情况来看，项目公司的相关决策事项需要董事会决议必须经全体董事一致通过，A公司与政府方均无法单独通过行使权力对相关事项进行决策。在分析表决权安排时，应考虑设立目的、相关活动及表决权情况。按照合同约定，A公司与政府方代表共同出资设立项目公司，项目公司承担该项目的投融资、建设、运营维护和移交工作。对于项目公司是否应纳入A公司的合并范围，应当区分以下两种情况分别处理：

1. 若相关活动在合同中已进行了预先设定，项目公司按照预先设定的条款开展运营，则项目公司董事会相关决策事项非对项目公司可变回报产生重大影响的事项，此时表决权非判断权力的决定性因素，应考虑其他因素进行判断。因项目公司总经理由A公司委派，且A公司享有项目公司80%股权，同时A公司通过承接项目公司业务而获取回报等，A公司可能更具有单独控制项目公司的权力，此种情况下需要将项目公司纳入合并范围。

2. 若相关活动未在合同中进行设定，而是需要由项目公司董事会进行表决，此时A公司与政府方对项目公司形成共同控制。

12. 关注项目建造期间发生的建造支出在现金流量表列示是否正确

根据《企业会计准则第31号——现金流量表》的相关规定，对于社会资本方将相关PPP项目资产的对价金额或确认的建造收入金额确认为无形资产的部分，相关建造期间发生的建造支出应当作为投资活动现金流量进行列示。

除上述情形以外的社会资本方在PPP项目建造期间发生的建造支出，应当作为经营活动现金流量进行列示。社会资本方应当将PPP项目建造期间发生的重大建造支出的现金流量信息在财务报表附注中披露。

13. 关注PPP项目合同披露是否正确

根据《企业会计准则解释第14号》规定，社会资本方应当按照重要性原则，在附注中披露各项PPP项目合同的相关信息，或者将一组具有类似性质的PPP项目合同合并披露。

一组具有类似性质的PPP项目是指一组包含类似性质服务的PPP项目合同（如高速公路收费、污水处理服务、垃圾处理项目等）。例如，社会资本方同时承接多项高速公路收费的PPP项目合同，则社会资本方可以将该类合同的会计信息和合同信息分别进行合并披露。

14. 关注新旧准则解释规定衔接调整是否正确

根据《企业会计企业会计准则解释第14号》规定，2020年12月31日前开始实施且至《企业会计准则解释第14号》施行日尚未完成的有关PPP项目合同，未按照《企业会计准则解释第14号》及PPP项目合同社会资本方会计处理实施问答和应用案例等相关规定进行会计处理的，应当进行追溯调整，追溯调整时社会资本方需要合理估计PPP项目合同历史期间的折现率、单独售价等信息；追溯调整不切实可行的，社会资本方应当从可追溯调整的最早期间期初开始应用《企业会计准则解释第14号》的相关规定。社会资本方应当将执行《企业会计准则解释第14号》形成的累计影响数，调整2021年年初留存收益及财务报表其他相关项目金额，对可比期间信息不予调整。

需要注意的是，实务中，对于上述PPP项目合同尚未完成的含义曾不同理解，例如，有观点认为其仅指相关基础设施尚未建造或改良完成。鉴于此，财政部会计司通过“企业会计准则实施问答”明确，PPP项目合同尚未完成，指的是PPP项目合同的建造、运营和移交等一项或多项义务在《解释第14号》施行日之前尚未全部完成。

社会资本方为了向财务报表使用者提供与理解当期财务报表有关的信息，可以披露与追溯调整有关的信息，如假设调整可比期间信息，对财务报表相关项目的影响等。

根据《企业会计准则第30号——财务报表列报》的相关规定，不切实可行，指的是企业在采取所有合理的方法后，仍然不能获得PPP项目合同追溯调整所必需的相关信息，从而导致对追溯调整无法应用《企业会计准则解释第14号》的相关规定。

（四）审计案例

案例7-8

污水保底处理量及保底水价条款适用模式

A公司与当地政府签订了“污水处理及配套设施特许经营协议”，A公司负责建造污水处理厂及后续运营，协议约定经营期限为30年。该特许经营权协议属于《企业会计准则解释第14号》规范的PPP业务范围。在该特许经营权协议中，存在运营期污水保底处理量及保底水价条款。具体条款如下：

1. 在开始商业运营之前，A公司在污水处理厂出口安装经专业部门检验合格的流量计，经与政府方共同校核后用于计量污水处理厂供水量；污水处理厂供水量自正式运营日起开始计算，每月计算一次。

2. 自商业运营之日起，该项目第一个运营年的基本水量为项目设计规模的65%；第二个运营年的基本水量为本项目设计规模的75%；第三个运营年及以后各年的基本水量为本项目设计规模的85%。

3. 未达到基本水量的补贴。特许经营期内，污水处理厂月供水量低于月基本水量时，政府方按照下述公式向A公司计算补贴：（月基本水量－月供水量）×（批准的居民用水价格－水资源费－原水价格－配额费等）

4. 水价不到位的补贴。

（1）特许经营期内，当政府批准执行的居民生活用水价格低于2.5元/吨，政府方按照下述公式向 A 公司计算补贴：

（可收费的当期月居民生活用水量＋可收费的当期月售水量）×（2.5– 批准的居民生活用水价格）

（2）特许经营期内，当政府批准执行的工业企业用水价格低于 4.5 元 / 吨，政府方按照下述公式向 A 公司计算补贴：

可收费的当期月工业企业用水量 ×（4.5– 批准的工业企业用水价格）

问题：针对上述污水保底处理量及保底水价条款，A 公司应将该 PPP 项目作为“金融资产模式”“无形资产模式”，还是“混合模式”？

案例讨论：

本案例中，政府方基于明确的计算公式，可依据实际供水量、实际用水价格等变量确定政府方应补贴金额。虽然运营方 A 公司无法控制实际供水量、用水价格等变量，但并不妨碍其无条件收款的权利，政府方也没有或几乎没有拒绝支付的权利。这表明运营方 A 公司具有无条件收取可确定金额的现金（或其他金融资产）的权利，该部分补贴属于“金融资产模式”。同时，运营方 A 公司也具有向公共服务使用者按政府监管价格收取费用的权利，该部分权利属于“无形资产模式”。在本案例情况下，政府方实际是以金融资产和无形资产作为对价，换取了运营方 A 公司的建造、运营服务。因此，本案例属于“混合模式”。

此类存在保底处理量或保底价格的 PPP 合同分类问题，是近年来讨论较多的问题。争议的主要原因在于，现行国际国内准则下，对于如何理解“金融资产模式”中“无条件收取”和“规定或可确定的金额”缺少充分、明确的指引，导致实务中存在不同的理解。对于此类 PPP 合同分类问题，实务中可能存在以下三种观点：

观点一：属于“无形资产模式”

“金融资产模式”的条件是：经营方因建造服务而具有从授予方，或在授予方指示下，收取现金或其他金融资产的无条件的合同权利。在此类存在保底处理量或保底价格的 PPP 合同中，运营方自授予方获取相关补偿的前提是，向公共服务使用者提供相关服务并达到相应的质量标准。也就是说，运营方仍然需要在后续运营期履行相关履约义务，并满足相关政府方规定的条件。因此，此类 PPP 合同不满足“无条件收取”的条件。

“金融资产模式”中收取现金或其他金融资产的金额还应当是“规定或可确定的金额”，即应理解为金额是固定的数额。在此类存在保底处理量或保底价格的 PPP 合同中，基于实际供水量和实际供水价格（政府监管价格本身也会定期或不定期调整）计算的补贴金额，并不是固定金额。因此，不满足金融资产的确认条件。事实上，在运营期开始日，此类基于未来实际供水量或供水价格的补贴金额，也难以可靠估计。由于无法满足“金融资产模式”的“无条件收取”和“规定或可确定的金额”的条件，且其补贴金额无法可靠估计，应将此类存在保底处理量或保底价格的PPP合同分类为“无形资产模式”。

观点二：属于“金融资产模式”

“金融资产模式”的核心条件是，运营方具有“无条件收取现金或其他金融资产”的合同权利。根据金融工具准则，金融资产是指从另一主体收取现金或其他金融资产的合同权利。其中，合同是指双方或多方之间的具有明确经济后果的协议，协议各方几乎无法选择以避免这种后果，因为该协议通常在法律上具有强制性。IFRIC认为，在服务特许权协议中，经营方因建造服务直接从授予方无条件收取现金的现时权利应当确认为金融资产；因为服务特许权协议通常由法律强制执行，授予方难以避免支付，从而产生了满足定义的金融资产。

在此类存在保底处理量或保底价格的PPP合同中，合同已明确约定，在未达到保底处理量和保底价格时，运营方可无条件向政府方收取一定的现金，政府方也几乎没有权利避免该支付。因此，此类保底合同条款已产生了满足定义的金融资产。

向公共服务使用者提供相关服务并达到相应的质量标准，并不妨碍将此类合同条款认定为“无条件收取现金或其他金融资产”的合同权利。IFRIC12第16段强调，“即使支付是依经营方确保基础设施符合规定的质量或效率要求而定”，但只要是授予方保证支付规定或可确定的金额，就表明是无条件的。IFRIC也在结论基础强调，这种模式与一般购买商品或服务，根据资产的后续业绩而进行支付的条款一样，都构成无条件收取或支付的权利。因此，在此类存在保底处理量或保底价格的PPP合同中，虽然支付取决于后续实际处理水量及实际水价，仍然属于可无条件收取现金的权利。

“金融资产模式”中无条件收取的现金或其他金融资产不需要是固定金额，只需要是“规定或可确定的金额”。根据IFRIC12相关规定，并未明确提及收取的现金或其他金融资产必须是固定金额的。事实上，金额是否固定或可确定，涉及的是金融资产的计量问题，并不影响其确认。如前所述，合同已产生了满足定义的金融资产，则应当确认该金融资产，即使其金额是变动的。

判断金融资产还是无形资产时，关键在于判断是哪一方（授予方还是运营方）承担了需求风险。如果是授予方承担了需求风险，则运营方应确认金融资产。反之，如果运营方承担了需求风险，则运营方应当确认无形资产。需求风险，是指当项目提供的产品或服务的最终使用者不足时，授予方承担项目投资不能收回的风险。在此类存在保底处理量或保底价格的PPP合同中，授予方对实际污水处理量未达最低保底量的部分给予补偿，表明授予方承担了需求风险，运营方应确认金融资产；至于授予方对实际价格未定保底价格部分的补偿，由于其是对价格的调整，而不是对适用商品或服务量不足的补偿，即该部分并不属于对需求风险的补偿。

观点三：属于“混合模式”

该观点基本与观点二一致，不同的是，其认为此类存在保底处理量或保底价格的 PPP 合同中，运营方除向授予方无条件收取现金外，也有权向公共服务使用方收取现金或其他金融资产的权利，该部分权利属于无形资产。因此，此类 PPP 合同应分类为“混合模式”。

五、类工程项目收入确认

（一）重大错报风险

1. 合同的履约义务属于某一时段内还是某一时点履行履约义务判断不恰当，导致合同收入确认方法不合理，合同收入、合同成本产生重大错报风险。

2. 若为某一时点法确认收入，对类工程项目业务合同单项履约义务识别不正确，合同价款在各单项履约义务之间未正确分摊，导致合同收入、合同成本产生重大错报风险。

（二）常见审计问题

1. 未能了解类工程项目与一般建筑施工行业的区别，简单比照施工企业会计核算进行收入确认。

2. 未获得充分适当审计证据，错误判断被审计单位类工程项目业务收入确认方法，导致财务报表重大错报。

3. 当存在多项能够单独识别的履约义务时，审计人员未能实施审计程序予以区别，导致收入确认方法不恰当。

（三）审计关注要点

1. 了解类工程项目与建筑施工行业的区别

新收入准则实施后，建筑工程类业务的收入确认方法在实务中比较明确，即一般按照时段法确认收入，采用“产出法”或“投入法”来确认合同履约进度。实务中，存在不少类工程项目业务，如“整体解决方案”“系统集成业务”“定制性集成产品”等，这类业务收入确认，可能适用时段法，也可能适用时点法，关键看业务模式和合同条款的规定，审计人员不能简单比照建筑施工行业采用时段法确认收入。

2. 关注类工程项适用时段法，还是时点法确认收入

满足下列条件之一的，属于在某一时段内履行履约义务，相关收入应当在该履约义务履行的期间内确认：

（1）客户在企业履约的同时即取得并消耗企业履约所带来的经济利益；

（2）客户能够控制企业履约过程中在建的商品；

（3）企业履约过程中所产出的商品具有不可替代用途，且该企业在整个合同期间内有权就累计至今已完成的履约部分收取款项（合格收款权）。

实践中，系统集成类、软件开发类、工程施工或设计类业务普遍存在履约执行合同期限长、金额高的特点，对该类业务采用某一时点确认收入还是以某一时段确认收入对发行人影响重大，如处理不当，可能严重影响财务报表的公允反映，IPO 企业还可能影响发行上市条件。审计人员判断收入确认方法时，可重点考虑以下内容：

一是在判断其收入属于某一时点确认还是以某一时段确认时，应结合其合同所涵盖的各项业务的商业实质和商业合理性、合同具体条款约定，并对比同行业公司相关收入确认政策及差异情况，综合分析业务特点、具体履约过程、交付方式、收款约定等核心要素，逐条比照某一时段内履行履约义务的三种情形，充分分析论证后做出合理判断。相关业务满足新收入准则在某一时段内履行履约义务的三种情形之一的，即可采用时段法确认收入。

二是对于新收入准则在某一时段内履行履约义务的情形二的论证分析中，关键在于判断客户是否控制在建商品，也即客户能够主导在建商品并获得几乎所有经济利益。若相关事实表明，企业履约过程中形成的阶段性成果及最终交付成果均形成客户的一项资产（有形或无形），且在履约过程中如更换为其他企业履约，后续履约企业可在前期企业已完成的工作基础上继续履行剩余合同事项，无需重复执行前期已完成履约部分，也意味着客户可主导使用履约过程中形成的阶段性成果，并获得几乎全部的经济利益。具体合同或项目是否符合上述条件，应综合考虑企业业务模式、技术特点、可替代性等因素综合判断。若企业提供的相关商品或服务技术壁垒较低、技术和实施程序标准化程度较高，合同或项目实施对前期完成部分依赖程度较低，企业在执行合同过程中若终止履约，客户皆可替换其他企业继续履约、且无需重复执行发行人已履约部分，则企业相关业务收入确认属于情形二适用范畴。

三是对于新收入准则在某一时段内履行履约义务的情形三的论证分析中，除提供的商品具有不可替代用途外，原则上还需要在合同中明确约定企业在合同履约过程中的任何时点，由于非企业自身原因导致合同终止，企业均有权就累计至今完成的履约部分收取款项，包括已履约部分发生的成本和合理利润。如果企业相关业务合同中没有类似合同条款，原则上相关业务收入确认不属于情形三适用范畴。此外，企业在履约完毕前已收取较高比例的项目款并不一定代表企业具有合格收款权，还应重点论证企业有权收取的款项能否覆盖其已发生的成本并获得合理利润。

示例 7-23

某 IPO 企业（发行人）A 主营业务为提供信息化系统集成及技术服务，包括为智慧政务、智慧民生、智慧建筑等智慧城市细分领域客户提供项目设计、信息系统开发、软硬件采购、系统集成及运维服务的一站式综合解决方案。发行人系统集成业务主要系根据客户要求，进行设备采购和相应软件研发后，完成软硬件设备集成安装及系统测试后交付客户验收，客户验收后方可使用，发行人 A 认定其业务均不属于某一时段内履行的履约义务，因此采用时点法进行收入确认。

示例分析：

发行人 A 认为其系统集成业务在验收交付给客户之后才开始使用，客户无法在发行人履约的同时即取得并消耗发行人履约所带来的经济利益，不符合某一时段内履行履约义务的第一种情形；发行人项目存货主要为监控设备、电线电缆等材料，项目实施过程中均由发行人统一管理，在验收交付前，客户对发行人履约过程中形成的存货并无控制权，因此客户不能控制发行人履约过程中在建的商品或服务，不符合某一时段内履行履约义务的第二种情形；此外，发行人根据施工进度收款，竣工验收前工程收款总额通常为合同价的 50%~70%，无法覆盖项目发生的存货成本，不足以补偿其已发生的成本和合理利润，不符合某一时段内履行履约义务的第三种情形。因此，发行人 A 对其系统集成业务采用时点法确认收入。目前，发行人已发行上市。

示例 7-24

某 IPO 企业（发行人）B 主营业务为在智慧城市、智慧安全领域为客户提供业务咨询、方案设计、设备采购、产品研发、系统集成及运营维护的综合解决方案。发行人系统集成业务项目需严格按照经客户或监理确认的设计方案实施，终止履行后其他供应商可按已确定的设计方案继续履行剩余工作，发行人 B 认为该业务属于在某一时段内履行的履约义务，因此对合同金额较高的系统集成项目按照履约进度确认收入。

根据申报文件披露，发行人拥有自行研发的相关专利，项目实施过程中主要运用自身开发的软件，具有综合解决方案的能力，其业务有一定的技术先进性和竞争壁垒，发行人报告期内系统集成业务毛利率高于同行业公司平均毛利率；发行人报告期内未出现其他供应商接替履行合同的案例。

示例分析：

发行人 B 原认为其系统集成业务符合某一时段内履行履约义务的第二种情形，

对系统集成业务按照时段法确认收入。审核中，发行人结合审核关注进行了再次论证认为：发行人系统集成业务一般涉及方案设计、软硬件采购、平台开发等环节，上述业务实施过程中形成的阶段性及最终成果均需在交付客户后客户才可使用，因此不属于新收入准则在某一时段内履行履约义务的第一种情形；发行人拥有自行研发的相关专利，项目实施过程中主要运用自身开发的软件，具有提供综合解决方案的能力，其业务有一定的技术先进性和竞争壁垒，合同实施对前期完成部分依赖程度较高，不属于新收入准则在某一时段内履行履约义务的第二种情形；若合同终止，相关合同条款不能保证发行人收取的款项足以补偿其已发生的成本和合理利润，因此不属于新收入准则在某一时段内履行履约义务的第三种情形。此后，发行人 B 对其系统集成业务收入确认方法由时段法改为时点法，并对前期财务报表进行了会计差错更正。目前，发行人已发行上市。

示例 7-25

某 IPO 企业（发行人）C 主要从事农村环境治理工程服务、项目运营与设计咨询业务。申报文件披露，发行人的环境治理工程业务均采用自有工艺、技术或产品，若项目合同终止，新承包方可能存在因不掌握工艺、产品和技术，而需要对工程已完成部分重新执行相关工作的情况。在项目施工过程中，发行人对项目进行全面管理和控制，客户仅委托监理单位对施工过程进行监督。此外，若客户终止合同，发行人虽有权要求客户支付价款及其损失，但均无法覆盖发行人已发生的成本和合理利润。因此，发行人 C 认定其环境治理工程业务不属于在某一时段内履行的履约义务，对该业务采用时点法核算、在项目完工验收时一次性确认收入，而同行业上市公司及拟上市公司主要采用时段法确认收入。

示例分析：

该案例中，判断难点为发行人 C 的环境治理工程业务是否符合某一时段履行履约义务的第二种情形，核心在于“客户是否能够控制履约过程中在建的商品”。项目审核阶段，审核部门重点关注发行人 C 的客户能否控制发行人履约过程中的在建商品，尤其是项目实施过程中随时终止后，新承包方是否实质无需重新执行前期发行人累计至今已完成的工作。对于新承包方是否需重新执行发行人已完成工作，重点关注发行人技术、工艺的独特性、复杂性和先进性对新承包方接续履约的影响程度。

发行人 C 原认为其环境治理工程业务不符合第二种情形，后结合审核关注进行了再次论证。根据发行人回复，发行人在客户管理或所属的场地上进行工作，施工过程中形成的资料客户可以随时查阅，客户可以分片区对治理项目的实施效果进行验收；若项目合同终止改由其他方承包，对于发行人已完成的工作内容，新承包方实质上无需重新执行前期发行人累计至今已经完成的工作，节约了前期企业已履约部分的现金流出，表明客户已获得几乎全部的经济利益、可主导在建商品的使用，因此其环境治理工程属于某一时段内履行履约义务的第二种情形。此后，发行人 C 将收入确认方法由时点法改为时段法。目前，发行人已发行上市。

示例 7-26

某 IPO 企业（发行人）D 主营业务为测绘地理信息技术服务、地下管网安全运维保障技术服务和智慧城市建设运营服务。其中，测绘地理信息业务是通过现代测绘技术手段，对地理信息数据进行采集、处理、集成、应用的技术服务，主要交付成果为定制化的数据库、图件和软件。地下管网业务包含两类细分业务，一是使用管线探测仪等设备为地下管网管理、运行维护提供管线基础信息等，交付成果主要为定制化的数据库、图件和定制化软件；二是在管网监测基础上发现管道病害及缺陷，并提供病害处置与功能恢复的技术服务，交付成果为管网修复后的工程。智慧城市建设运营服务包括智慧城市解决方案、系统集成、工程施工、项目运维服务及定制软件五类细分业务，主要是将空间地理信息数据与物联网传感器采集的实时信息数据（如压力、浓度等）相融合，将数据通过网络传输至监控平台，实现市政设施、公共安全设施的数字化和智能化。新收入准则下，发行人 D 对上述业务均采用时段法确认收入。

示例分析：

对于发行人 D 的测绘地理信息技术服务、地下管网安全运维保障技术服务和智慧城市建设运营服务业务（不含定制软件），结合其业务特点、实施流程及交付成果来看，作业过程中客户能够控制在建商品，履约过程形成的阶段性成果及最终交付成果均形成客户的一项资产（有形或无形），且项目在任意工序执行过程中如更换实施方，后续实施方可在前期已完成的工作基础上继续执行剩余工作、无需重复执行，属于某一时段履行履约义务的第二种情形。对于地下管网业务中的清淤业务，是通过对管线进行疏通，清理管道内的淤泥等废弃物以保持管线畅通，客户在发行人履约的同时即取得并消耗其履约所带来的经济利益，属于某一时段履行履约义务的第一种情形。

对于智慧城市建设运营业务中的定制软件业务，客户并不能取得开发过程中形成的程序、文档，无法在发行人履约的同时获得并消耗软件开发过程中所带来的经济利益，因此不符合某一时段履行履约义务的第一种情形；如软件开发中途更换实施方，后续实施方需要重新执行软件定制工作，所以该业务也不符合某一时段履行履约义务第二种情形；发行人合同中未约定终止补偿条款或仅约定了固定比例与金额的补偿条款，无法保证发行人获得的补偿能覆盖已经发生的成本和合理利润，因此不满足某一时段履行履约义务的第三种情形。基于以上分析，发行人 D 对其定制软件业务收入确认由时段法改为时点法。目前，发行人已发行上市。

3. 关注类工程项目按时点法确认时，履约义务是否应当分拆

下列情况下，企业应当将向客户转让商品的承诺作为单项履约义务：企业向客户转让可明确区分商品（或者商品的组合）的承诺；企业向客户转让一系列实质相同且转让模式相同的、可明确区分商品的承诺。

所谓“可明确区分的商品”是指不满足下列条件的情形：

一是企业需提供重大的服务以将该商品与合同中承诺的其他商品进行整合，形成合同约定的某个或某些组合产出转让给客户。换言之，企业以该商品作为投入、生产或向客户交付其所要求的组合产出。因此，企业应当评估其在合同中承诺的每一单项商品本身就是合同约定的各项产出，还是仅为一个或多个组合产出的投入。

二是该商品将对合同中承诺的其他商品予以重大修改或定制。如果某项商品将对合同中的其他商品作出重大修改或定制，实质上每一项商品将被整合在一起（即作为投入）以生产合同约定的组合产出。例如，企业承诺向客户提供其开发的一款现有软件，并提供安装服务，虽然该软件无需更新或技术支持也可直接使用，但是企业在安装过程中需要在该软件现有基础上对其进行定制化的重大修改，为该软件增加重要的新功能，以使其能够与客户现有的信息系统相兼容。在这种情况下，转让软件的承诺与提供定制化重大修改的承诺在合同层面是不可明确区分的。

三是该商品与合同中承诺的其他商品具有高度关联性。也就是说，合同中承诺的每一单项商品均受到合同中其他商品的重大影响。合同中包含多项商品时，如果企业无法通过单独交付其中的某一单项商品而履行其合同承诺，可能表明合同中的这些商品会受到彼此的重大影响。例如，企业承诺为客户设计一种实验性的新产品并负责生产 10 个样品，企业在生产和测试样品的过程中需要对产品的设计进行不断地修正，导致已生产的样品均可能需要进行不同程度的返工。当企业预计由于设计的不断修正，大部分或全部拟生产的样品均可能需要进行一些返工时，在不对生产造成重大影响的情况下，由于提供设计服务与提供样品生产服务产生的风险不可分割，客户没有办法选择仅购买设计服务或者仅购买样品生产服务，因此，企业提供的设计服务和生产样品的服务是不断交替反复进行的，两者高度关联，在合同层面是不可明确区分的。

（四）审计案例

案例 7-9

向企业提供整套解决方案的收入确认

A 公司主营业务为各类智能制造装备的研发、生产和销售，现阶段主要为国内外中高端汽车生产企业及汽车零部件生产企业提供智能自动化生产线。A 公司提供智能自动化生产线的主要业务流程和节点，包括签订合同、设计完成、设备制造并集成软件、在 A 公司场地内的整线验收、在 B 公司场地内的安装调试完成、批量试生产系统验收合格及量产验收合格。

在 A 公司场地内的整线验收，是指客户根据技术协议的有关条款进行详细查验。设备安装完工，是指生产线运送至客户地址重新装配调试至可试样状态。在试运行阶段的验收目标，是使得生产节拍调试在满负荷运转状态下达到技术协议要求，批量生产出合格产品，客户可将这些合格品用于下道工序或销售。量产验收关注生产线在持续满负荷运转的情况下能否与前后道工序的设备配合，使得整线生产节拍满足技术协议的要求。

量产验收时间受车型其他设备供应商进度、新车型试车进度、客户在试车及产能爬坡过程中新增改造需求等多方面因素影响，因此可能在批量试生产系统验收合格后几个月到一二年的时间才完成。

A 公司与 B 汽车厂签订 MEB 平台电池装配线及测试线项目的销售合同，其主要条款如下：

1. 关于合同标的。A 公司为 B 汽车厂建造 MEB 平台电池装配线及测试线生产线。从在 B 公司场地内的安装调试完成到量产验收前，A 安排具体人员配合客户进行产能逐步爬坡，直至达到量产验收的技术支持服务活动。主要合同义务包括为客户提供生产线运行的操作指导、技术支持，并对量产中可能出现的一般问题进行及时响应和处理，但不涉及与系统的高度关联。

2. 关于合同结算。MEB 平台电池装配线及测试线项目（含技术支持服务）合同价款为 1.5 亿人民币（不含税）。合同生效后凭发票和银行履约保函支付 10%；设备样件审核后凭发票确认书支付 30%；货到现场后凭发票和到货确认书支付 40%；批量试生产设备验收合格后支付 9%；量产验收合格后凭发票和量产验收报告支付 11%。

3. 关于合同工期约定。合同签订后 1 个月内完成方案设计，6 个月内完成设备在 A 公司工厂内整线验收发货，8 个月完成安装调试，12 个月实现批量试生产。

4. 关于违约责任。供货方未按照合同约定交付设备并提供相应服务，或者交付设备不符合合同约定且未在约定期间内有效解决，构成违约。此时，应向采购方赔偿不能交货部分货款 20% 的违约金，造成其他直接经济损失的还应赔偿损失。采购方未按约定支付相关合同价款的，经供货方催收 10 个工作日后，供货方有权要求采购方按合同总额按每日万分之三支付违约金，逾期超过 30 个工作日采购方有权暂停工作，直至甲方付清延误款。

5. 关于质保条款。供应方提供的产品性能及质量，应符合我国关于该类产品质量或国家标准。质保期间为量产验收合格后 24 个月。

案例讨论：

1. 履约义务的识别

MEB 平台电池装配线及测试线项目中涉及软件部分与设备硬件重大整合，集成后才能形成对客户有价值的产品。这属于新收入准则第十条所述的“企业向客户转让该商品的承诺与合同中的其他承诺不可单独区分”的情形，因此应识别为一项单独的履约义务。技术支持服务活动，涉及的是技术指导、支持及对一般问题的及时应对处理，因此不存在与该生产线项目的重大整合、定制和高度关联。在生产线控制权转移之前的技术支持服务是 A 公司为履行提供生产线的合同义务发生的必要活动，不构成单项履约义务。而在生产线控制权转移之后的技术支持服务，是 A 公司提供的一项技术服务，构成了一项单独履约义务。

2. 提供生产线的收入确认时间

案例中的 MEB 平台电池装配线及测试线项目，不符合时段法收入确认条件①，因为客户不能在 A 公司履约过程中取得经济利益。同时，该项目也不符合时段法收入确认条件②，因为硬件制造、软硬件集成等主要生产过程不是在客户场地上。客户虽在 A 公司场地内进行整线验收程序，但并不能表明在 A 公司履约过程中对其实施控制活动。

时段法收入确认条件③包含两个需要同时满足的条件，一是商品是否具有不可替代用途，在本案例中因为该集成系统是为特定客户量身定制的用于其汽车品牌生产，可判断满足前一个条件。同时。合同中对于结算条款的约定。未表明 A 公司具有在整个合同期间内有权就累计至今已完成的履约部分收取款项的权利。因此，整体来看，该项目业务不能完全满足条件③，只能在某一时点确认收入。

具体确认时点根据新收入准则第十三条来分析。在 A 公司场地内的整线验收在此时点累计收款比例为 40%，无迹象表明控制权转移。在 B 公司场地内的安装调试完成在此时点累计收款比例为 70%，虽然此时客户已占有实物，但是对于定制化产品难以确定在此时即可批量生产合格产品。

只有在生产线批量生产可正常运行时，方可满足客户有能力主导该生产线的使用目的并获得几乎全部的经济利益。本案例中，在批量生产出的合格品可用于下道工序或销售时，表明客户已取得生产线的控制权。同时，考虑对于定制化较高的产品，客户的验收环节一般才表明控制权转移，而满足这些控制权转移条件的时点应是批量试生产系统验收合格。批量试生产与量产阶段的差异，在于批量生产的持续性，因技术与实务两个方面一般都不存在因生产持续性导致的生产线质量问题，量产阶段验收并不会影响对生产线的控制权转移时点的判断。

3. 提供技术支持服务收入确认时间

如前述分析，在批量试生产验收合格即生产线控制权转移后，提供技术支持服务作为一项单独履约义务满足新收入准则第十一条中的“客户在企业履约的同时即取得并消耗企业履约所带来的经济利益”。因此，可在批量试生产验收合格至量产验收合格这一段时间内确认服务收入。收入金额可按照独立售价原则，合理利用会计估计，在生产线和提供技术支持服务之间进行分摊。

4. 质保金处理

新收入准则第三十三条，对于质保金的会计处理区分于法定质保还是额外提供的一项单独服务而有所不同。在本案例中，根据约定的质保期限可判断这是符合相关质保法规的一项法定质保，因此不需考虑为单独一项履约义务，应按照《企业会计准则第13号——或有事项》和历史质保支出情况计提相关质保负债，即法定质保的会计处理与现行准则是一致的。

第三节　仓单性贸易审计的特殊考虑

一、重大错报风险

1. 未恰当区别主要责任人与代理人，从而导致贸易收入总额法与净额法确认不当产生财务报表错报风险。

2. 违规开展仓单性贸易收入，如融资性贸易、空转和走单贸易，导致收入确认存在重大错报风险，且可能未能如实反映仓单性贸易产生的损失。

3. 利用仓单性贸易业务，控股股东或其他关联方违规占用被审计单位资金，且未如实披露关联方资金往来。

二、常见审计问题

1. 审计人员未了解被审计单位开展仓单性贸易的背景和目标，风险评估程序不到位。

2. 对审计单位贸易性业务的模式不了解，未理解不同仓单性贸易模式的交易属性，未识别仓单性贸易业务的主要风险点。

3. 对仓单性贸易收入确认适用准则判断不当，如未正确判断正常商品贸易的主要责任人与代理人、融资性贸易和空转走单贸易虚假收入性质等。

4. 对被审计单位利用贸易性业务违规占用资金关注不够，导致未能识别未披露的关联方关系及交易。

三、审计关注要点

（一）了解贸易业务的主要模式

广义的贸易业务，是指买卖或交易行为的总称，不仅包括所从事的商品交换活动，还包括商品生产者或他人所组织的商品买卖活动。狭义的贸易，仅指商品流通领域的买卖行为，即《国民经济行业分类》中的“批发和零售业”，有时也称供应链、物流业。仓单是买卖活动的凭证，是持有人提取商品的依据。贸易业务主要有以下模式：

模式 1：生产领域的商品经过流通环节，进入下游生产，或者直接用于终端消费者。贸易商 A 通常为总经销，贸易商 B 为分销商，分销商可能还有二级、三级分销，该模式为商品贸易的一般模式，如图 7–5 所示。

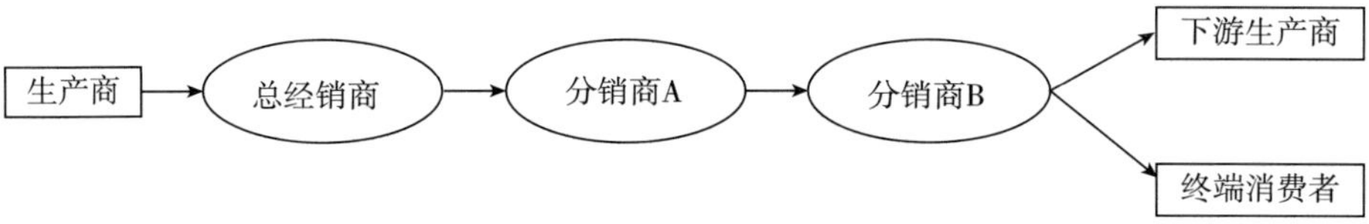

图 7–5　一般商品贸易模式

模式 2：生产领域的商品经过流通环节，进入下游生产，或者直接用于终端消费者。贸易商 A、B、C……并无明确的总、分经销关系，涉及的流通企业可能很多，商品流通链条比较长，如图 7–6 所示。

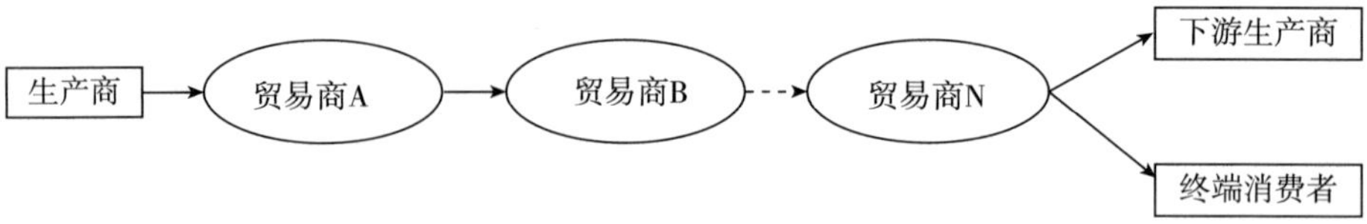

图 7–6　长链条贸易模式

模式 3：交易行为在贸易商之间进行，商品实物不流入生产、消费流域，或称为空转贸易，如图 7–7 所示。

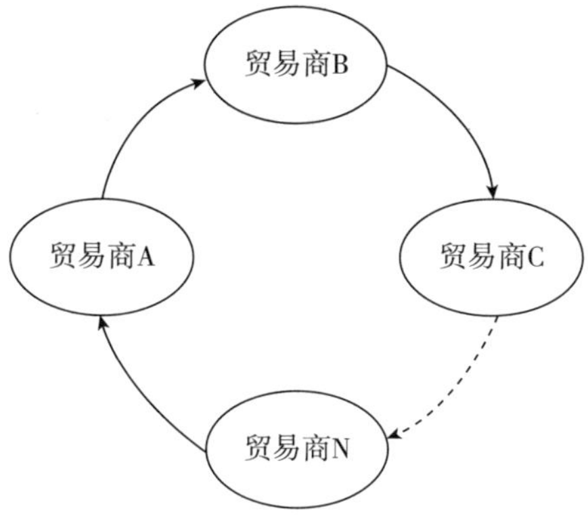

图 7–7 空转贸易模式

模式 1 中，各主体之间具有相对稳定的合作方式，经销模式是生产商的销售模式之一，总经销是其重要合作客户，总经销则与分销商存在区域上的分工，这种合作关系往往通过“框架协议”约定。对于客户数量多、分布广的行业，如医药行业，多采用该销售模式。这种模式是开状态的供应链式买卖，货物流、资金流、单据流实现了“三流合一”。

模式 2 中，各主体之间不具有稳定的合作关系，生产商可以销售给任何中间贸易商，也可直接销售给下游生产商或终端消费者，贸易商之间没有总分销关系。该模式的显著特点是人为增加交易环节，且不具有商业实质。

模式 3 中，交易在贸易商之间进行，通常没有实物流转，与生产或消费领域无关。该模式的特点是交易链往往呈现非典型的闭合状态，参与者不关心商品实物交付，也不控制贸易标的实物，同一批货物在历经若干手交易后又回到起点，构成循环交易。

（二）了解融资性仓单贸易的具体形式

1. 托盘贸易模式

托盘贸易是指托盘方与买卖双方企业分别签订采购合同，利用账期，为卖方提供融资的贸易形式。托盘贸易通常会发生真实的货物流转，但资金提供方不直接参与货物流转过程，托盘方的介入，可以使真实买方取得一个支付货款的差期，而托盘方从中收取一定的资金使用费。具体的模式为：作为买方的 B 公司委托 C 公司代其采购货物，并指定 A 公司为卖方，要求 C 公司全额代其垫付全部或部分货款，C 公司的收益为与 B 公司买卖合同中约定的在 B 公司与 A 公司签订买卖合同货物单价的基础上增加的固定利润，或直接与 B 公司约定资金占用利息。托盘之名由此而来，如图 7–8 所示。

此类贸易模式中，一是C公司为B垫付资金的形式可能是银行汇款、也可能是出具银行承兑汇票、提供担保等增信措施；二是通常在合同条款中约定货物质量责任不由己方承担，所以相应的货物入库检验等物流环节也不由C公司进行把控，甚至在实际货物流转过程中，由A公司直接将货物发送至B公司指定仓库，C公司对货物的运输流转、仓储、出入库等环节无实质把控能力，仅仅凭一纸货权转移证明来实现对货权的控制与转移，

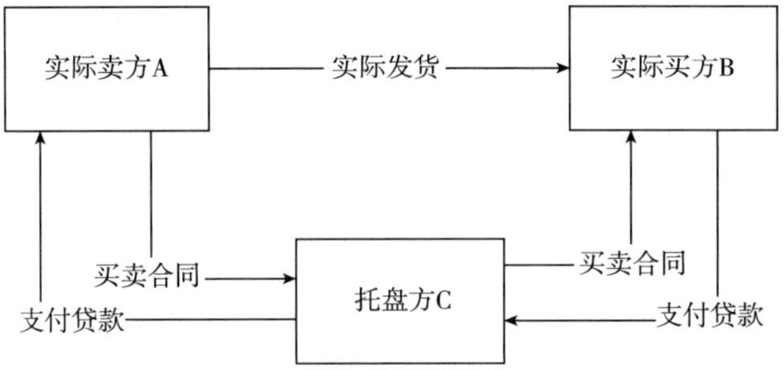

图 7-8 托盘贸易

在托盘贸易中，如果企业作为实际出货方与托盘方订立合同，再由托盘方将货物转售给实际用货方，则企业虽未直接参与融资，但也可能受到融资风险波及。如果企业作为托盘方直接联系实际出货方和实际用货方，则有可能面对既不能根据与下游卖方的合同要求给付货款，又不能根据与上游买方合同要求交付货物的尴尬局面。在C公司、E公司在没有还款能力的情况下，A物流公司成为了最后的买单人、托盘人。

托盘贸易是融资性贸易业务中最常见的一种模式，在前述案例的融资性贸易即属于托盘贸易。这种模式的核心特征在于，一是托盘方（出资方）为下游以汇款、银行承兑、担保、质押等形式为下游提供资金、增信支持；二是托盘方既不承担货物的损失、价格变动等与货物相关的风险，又不实际控制货物；三是获取相关固定回报（资金占用费）。因此在该种贸易模式中，作为托盘方的企业承担着由垫资行为而产生的资金损失风险、信用风险、由于不掌握货物流转而加大损失风险、法律风险。

示例 7-27

某再生资源公司与某投资公司于2011年8月18日签订《废钢购销合同》及《补充协议》。《补充协议》第一条约定：资源公司须在2011年10月31日前通过第三方回购货物；第三条约定：以投资公司实际付款金额作为基数，按照每月1.5%计

算加价，作为投资公司的固定收益，根据投资公司销售回款的实际时间计算最终结算价格。第六条约定：货物交付后存在的质量问题，投资公司不负任何责任，由资源公司承担。因资源公司一直未能按约还本付息，双方诉诸法律。天津高院经审理，最后认定投资公司以其实际付款金额作为基数，按照每月 1.5% 计算加价作为固定收益，投资公司在废钢销售合同中，不承担任何风险只享受固定回报，系典型的资金拆借行为，应依法确认无效。鉴于资源公司实际使用了该款项，根据公平原则，资源公司应当给付投资公司一定补偿为宜，给付标准按照中国人民银行同期贷款利率计算，而对投资公司关于双方为销售合同关系的主张，法院不予支持。

2. 委托采购模式

委托采购是指提供资金的企业接受融资方委托，代为采购货物；提供资金的企业将收购、保管、销售三环节全部交给融资企业完成，或将其中两个环节交由融资企业的关联方完成，企业不直接有效控制货权的委托性业务，如图 7–9 所示。委托采购（销售）形式的结构与托盘买卖非常相似，所不同之处就是以委托法律关系取代了买卖法律关系。

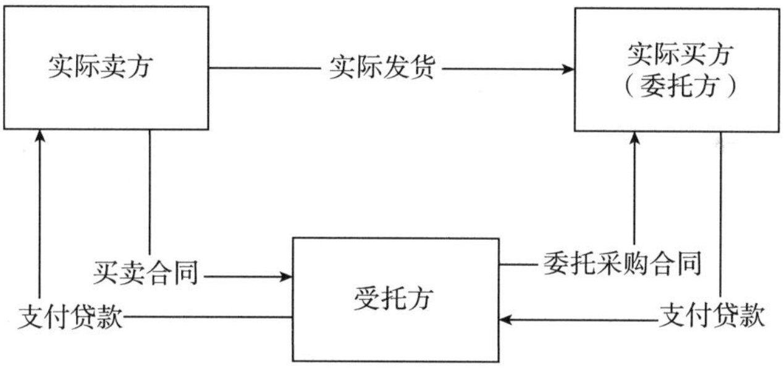

图 7–9 委托采购贸易

在托盘贸易模式中，托盘方通常分别与买方和卖方签订采购和销售合同，表现为自营贸易业务，而委托采购模式的受托方通常与买方签订委托采购协议，表现为代理贸易业务，但从贸易风险而言，其实质风险来源相同。

示例 7–28

2017 年 5 月，NY 能源公司开始与民营企业深圳市某供应链有限公司（以下统称上游公司）开展煤炭采购业务。下游公司为秦皇岛某公司。交易模式为：NY 公司与上游公司签订供应链服务协议，委托上游公司垫资向指定供应商采购货物，并在约定期限内无条件回购该批货物；合同签订后 NY 公司向上游公司支付合同金额 20% 或 30% 的履约保证金，并自下单之日起按 1% 或 1.2% 的月利率向上游公司支付资金使用费；NY 公司向上游公司支付余款后，上游公司负责将贸易标的物运输至合同约定交货地点；约 1–3 个月后下游公司将采购款及相应资金使用费分批支付给 NY 公司，NY 公司通知下游办理货权转移证明，将相应的货权转移至下游公司，NY 公司不承担仓储费及相关管理费用。

在本案例中，上下游公司存在特定利益关系。NY 公司与上游公司签订的委托供应链服务协议中存在诸多不合理条款，如委托上游公司向 NY 公司指定的供应商采购煤炭、且自上游公司下单之日起开始计算服务费，在约定期限内 NY 公司必须无条件回购货物。NY 公司通过开具货权转移证明与上游、下游公司完成货物交付，贸易标的物的运输和仓储由上游公司或下游公司负责，NY 公司仅通过款项结算及相关货权转移证明参与整个贸易过程，并不实质控制贸易标的货物。

3. 循环贸易模式

循环贸易是通过相同企业，或者关联企业之间签订内容相同的多份买卖合同，形成一个闭合的货物流转回路，帮助融资方取得资金在一定时间内的使用权，同时无须发生实际的货物流转。在典型的循环贸易法律关系中，其中 A、B、C……公司间分别订立货物买卖合同，履行方式为一方支付货款、一方交付货权凭证。货权凭证最初由 A 公司提供，并最终流向 A 公司，在整个交易过程中，A 公司并不需要实际交付货物，而取得了货款在一定期间内的使用权。随着中间环节的增加，或者货权凭证最终流向合同的关联企业而非直接流向 A 公司等因素的出现，循环贸易的交易结构可以变得更加复杂。

以图 7–10 为例，通过 B 公司（中间方）向 A 公司（融资方）购买货物，C 公司（出资方）向 B 公司（中间方）购买货物，A 公司（融资方）向 C 公司（出资方）购买货物的方式，实现货、款的闭合循环。在循环过程中，融资方可取得一定期限的融资，中间方和出资方则可以获取贷款差价（即借款利息）。中间方和出资方以获取差价而非占有货物为交易目的，因此，循环贸易中并没有真正的货物流转。

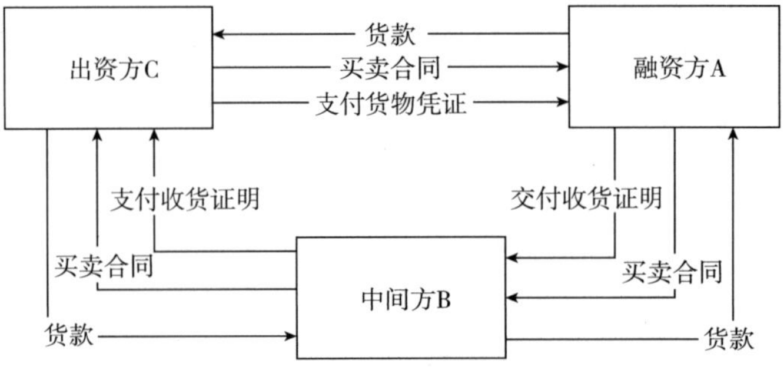

图 7–10 循环贸易

循环贸易中任何一方出现资金链断裂都将导致相关方之间的纠纷。其中：买卖合同中的买方往往主张已履行付款义务，要求卖方交付货物；卖方往往主张买卖合同实属“名为买卖实为借贷”性质，不涉及货物交付，合同应认定无效。

示例 7-29

JR 化工贸易公司（国有企业）分别于 2013 年 9 月开始与宁波某贸易公司开展钢材及塑料采购业务。下游企业固定为宁波某车业有限公司。经查询，下游公司宁波某车业持有上游公司 90% 股份、同时下游公司宁波某车业公司股东持有上游公司 10% 股份，即上游公司系下游公司宁波某车业公司的全资子公司。交易模式：与上游公司签订采购合同，约定采购品种、交货地点（买方指定仓库）、预付全部货款；与下游公司签订销售合同，约定采购品种、交货地点（买方指定仓库）、货到付款（14–251 日）；收到上游发票及送货单后填制入库单、出库单，并向下游开具发票、送货单；按照最初合同约定的价格、数量、合同总额与下游公司进行结算，完成整个贸易过程。在整个贸易过程仅有购销合同、上游公司出具的送货单、发票、出入库单（JR 公司自己开具）、给下游公司开具的送货单、发票，无其他货物流转过程资料。本案例中上下游公司互为关联方，JR 公司向上游公司预付全部货款，同时向下游公司赊销、或收取 10%、80% 的预付款，14 至 251 天后下游公司支付剩余货款，形成对 JR 公司资金的占用。上游公司负责将贸易标的物运输至合同约定交货地点或下游公司自提货物，JR 公司仅通过款项结算及相关货权转移证明参与整个贸易过程，并不实质控制贸易标的货物。下游公司结算单价为与上游公司结算单价加固定金额（5 元 / 吨、10 元 / 吨等，根据资金占用时间的长短决定加价金额），在整个贸易过程中，JR 公司不承担相关货物价格变动风险及报酬，只收取固定回报，是一种较为典型的循环式融资性贸易。

4. 质押监管模式

质押监管模式的融资性贸易的实质是商业银行等金融机构对贸易企业开展的授信业务，其方式是融资方以其自有或第三方所有的商品进行质押，由仓储企业对质押商品进行监管。在该模式下，货主（通常为融资方）与仓储企业签订货物保管合同，并在融资时书面通知仓储企业相关货物质押情况，实现商业银行等金融机构对质押货物的间接占有，如图 7-11 所示。

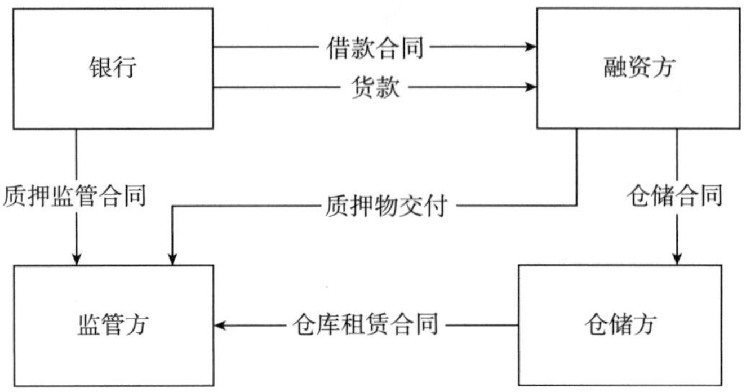

图 7-11 质押监管贸易

在该种贸易模式中，作为资金出借方的商业银行等金融机构主要承担着以下四个方面的风险：

（1）融资企业的信用风险。作为融资方的企业，如遇到市场环境恶化、经营管理不善及市场竞争力不足等情况时，其偿债能力将出现下降，商业银行等金融机构将面临企业违约风险，并承担质押货物处置等带来的费用。

（2）仓储企业的道德风险。质押监管模式成立的基础之一就是作为第三方的仓储企业能够尽职履约，保障融资企业以质押货物作为增信措施的可靠性。但如仓储企业与融资方出现串通，处置质押货物，则商业银行将面临融资方违约及无法以质押货物弥补损失的情况。

（3）仓储企业相关失误风险。在仓储企业对质押货物进行保管的过程中，如由于仓储企业操作疏忽导致质押货物误出库，或由于安全原因导致质押货物损毁、被盗时，商业银行将面临融资方增信措施效果弱化的风险。

（4）质押商品市场波动风险。作为金融机构，资金出借方对质押货物市场价格波动的掌握能力及货物变现能力均弱于一般贸易企业，且质押商品市场价格下行本身就对融资方的增信效果存在弱化作用；另一方面，当融资方所在的商品市场出现下行时，其本身的偿债能力就将与企业偿债意愿及质押商品的增信效果一同弱化，形成恶性的连锁反应。

5. 仓储保管模式

仓储保管模式与质押监管模式较为相似，但存在两个区别：一是在仓储保管模式中，提供资金融通的一方是企业，而非商业银行等金融机构；二是提供资金融通的企业作为贸易业务的买方，在取得货权的情况下，以支付货款的方式为融资方提供资金融通。因此，仓储保管模式下，提供资金融通的企业与融资企业从质押监管的借贷关系转化成了买卖关系，如图 7-12 所示。

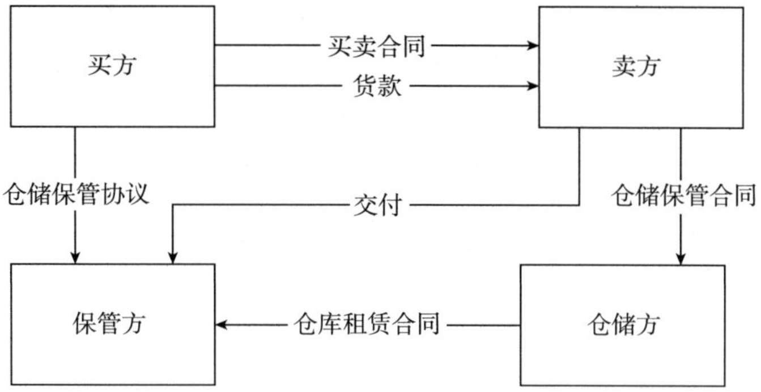

图 7-12　仓储保管贸易

在仓储保管模式下，作为提供资金融通的买方企业除存在与质押监管模式下商业银行所面临的相似风险外，还面临舞弊风险。某国企公司在开展仓储保管贸易中，某私营仓储保管企业的员工与第三方串通舞弊，以重复质押、私自变卖货物等方式，套取资金，从而给该公司造成巨额损失。

6. 保兑仓模式

保兑仓是指以银行信用为载体，以银行承兑汇票为结算工具，由银行控制货权，卖方受托保管货物并对承兑汇票保证金以外金额部分由卖方以货物回购作为担保措施，由银行向卖方和买方提供的一种金融服务。

保兑仓的法律关系如图 7-13 所示：A 公司与 B 公司之间为一般的货物买卖法律关系，B 公司以银行承兑汇票形式支付货款，A 公司以仓单等货权凭证方式交付货物。B 公司与银行间为票据法律关系。保兑仓交易结构的特点在于，A 公司向承兑银行提供回购承诺，从而增加 B 公司的信用，以方便其获取银行承兑。

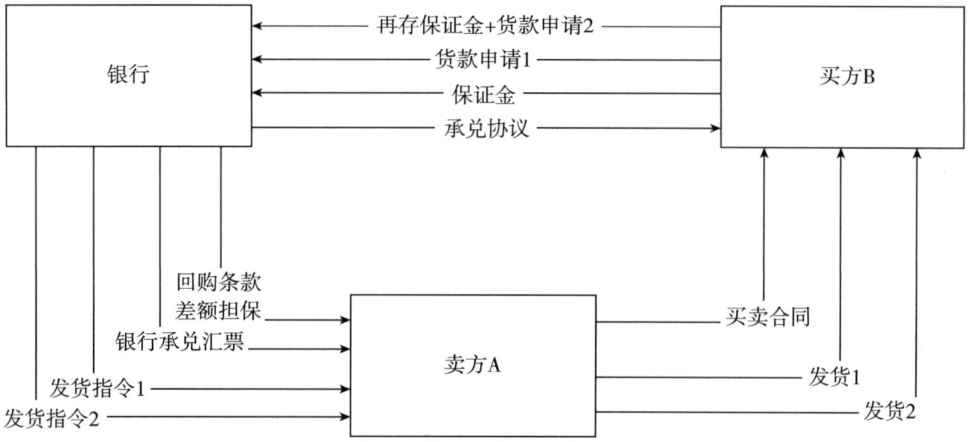

图 7-13　保税仓贸易

该模式下，A 公司实质上为 B 公司提供增信，从卖方的角度看，卖方承担更多的是市场风险及买方企业的经营风险。当买方到期无法偿还除保证金以外的差额部分时，卖方需无条件承担货物回购的责任。

7. 保理模式

保理，是指卖方将其现在或将来的基于其与买方订立的货物销售或服务合同所产生的应收账款转让给保理商（提供保理服务的金融机构），由保理商向其提供资金融通、买方资信评估、销售账户管理、信用风险担保、账款催收等一系列服务的综合金融服务方式。它是商业贸易中以托收、赊账方式结算货款时，卖方为了强化应收账款管理、增强流动性而采用的一种委托第三者（保理商）管理应收账款的做法，如图 7–14 所示。

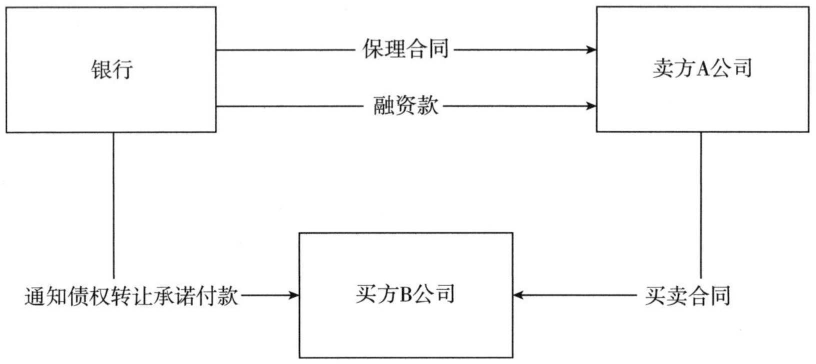

图 7–14　保理贸易

在上图中，A 公司、B 公司及银行（保理商）间存在两种法律关系，一是 A 公司与 B 公司间的货物买卖法律关系，二是 A 公司与银行间的应收账款转让法律关系。

保理本是一种合法的业务模式，但是如果 A 公司与 B 公司间没有真实的货物买卖关系，则会演变成一种违法的融资性贸易。即使在贸易背景真实的前提下，也可能产生到期不能及时付款的信用违约风险。

示例 7–30

Q 公司是玉米收购代理商，下游客户为 A 和 B 公司。2015 年 7 月，×× 银行同意给予其综合授信额度敞口人民币 4 亿元，期限 1 年，额度操作方式为卖方有追索权明保理融资，融资用于 Q 公司向上游收购玉米使用。之后，×× 银行陆续为该客户发放 3 笔保理融资，动用敞口共计 19 840 万元。到期的 8 750 万元出现逾期后，检查人员到 A 公司现场催收，其财务负责人核实后表示 Q 公司货款已全部结清，相关文件加盖的公章均系伪造，对相关文件的签署均不知情，资金往来余额情况亦与实际情况严重不符。检查人员随即到B公司催收，B公司对××银行提供资料中的公章、法人代表私章的真实性提出疑问，并对应收账款确认单内容予以否认。据悉，Q公司在××银行授信19 840万元全部出现逾期，交易对手对应收账款确认单予以否认。

（三）识别仓单性贸易的交易属性

1. 正常的商品流通贸易

贸易是联系生产厂商之间、生产厂商与消费之间的重要环节。贸易商的作用，是使商品在物理空间上发生改变，以实现生产要素的合理配置和商品的价值，这也是贸易的本质特征。“仓单”交易，除了买卖双方外，通常还涉及第三方仓储机构，负责实物商品的管理。如果仓单与实物商品流转完全一致，即买方、卖方实际交割商品实物，商品进入生产或消费领域，则仓单反映了商品贸易的本质特征，贸易商起着商品流通媒介的作用。该种情形下，仓单的性质为“提货单”，是货权转移的凭证。

2. 融资性贸易

融资性贸易以虚构买卖方式形成仓单、发票、合同等单据流和资金流，但没有实物交割，往往不具备商品交易的商业逻辑，主要目的是在企业之间开展借贷融资，实质是借签订买卖合同之名，掩盖企业间借贷之实。融资性贸易主要有以下几种方式：

（1）上游供应商融资。企业向上游供应商预付货款，上游供应商收到货款后，较长期间（如3~6个月）供货，供货价格以预付款占用时间和当期利率确定，低价采购价差反映为资金占用费。在企业财务报表上，反映为较大金额的“预付款项”。仓单贸易通常为大宗原材料商品，不需要定制，随时可采购，较长的供货周期实际为上游供应商融资。

（2）下游客户融资。企业向客户销售商品，给予客户较长的信用期（如3~6个月），销售价格以信用期和当期率确定，交易价差反映为资金占用费。下游客户收到货物（仓单）后立即变现，或者利用仓单向金融机构及其他企业质押借款，实现借贷融资。在企业财务报表上，反映为较大金额的“应收账款”。“托盘贸易模式”“委托采购模式”是典型的为下游客户融资行为。

（3）企业自身融资。企业通过仓单性贸易，向银行申请经营性贷款，或者申请开具商业票据，然后将票据贴现，获取金融机构信贷资金。在企业财务报表上，反映为新增货币资金和银行借款（或应付票据）。自我融资表现形式之一为“质押监管模式”，商业银行等金融机构对贸易企业开展授信业务，其方式是融资方以其自有或第三方所有的商品进行质押，由仓储企业对质押商品进行监管。在该模式下，融资方与仓储企业签订货物保管合同，并在融资时书面通知仓储企业相关货物质押情况，实现商业银行等金融机构对质押货物的间接占有。“保兑仓模式”“保理模式”等方式也可以实现企业自身融资。

融资性贸易标的主要是石油（成品油）、煤炭、钢材、有色金属、化工原料、铁矿石、粮食等大宗商品，这些商品价格透明，交易性强，具有准金融属性，交易差价主要是资金成本。因此，该模式下仓单具有资金借贷凭据性质，或者作为质押的有价权利凭证。

3. 空转、走单贸易

三方或三方以上主体间签订三份或三份以上标的物相同、价格和履行期间不同的买卖合同，各方快进快出，一手钱一手货（仓单），既不垫支，也不欠款。企业并不关心实物商品流转，“走单、走票、不走货”，合同履行过程中各方均只出具确认收货的单据并开具增值税发票，实际业务仅为资金的收付，标的货物并不存在或不实际交付货物。这类贸易也不以盈利为目的，几乎平进平出，主要目的是做大财务报表收入规模，以满足收入指标考核、排名等需要。国务院国资委《关于进一步排查中央企业融资性贸易业务风险的通知》（国资财管〔2017〕652 号）将空转、走单认定为虚假贸易业务，因其脱离贸易业务本质，实质为企业间资金往来，仓单则系资金往来凭证。

4. 关联方资金占用性贸易

如果仓单交易资金最终流向了关联方，则形成关联资金占用。例如，上市公司控股股东、实际控制人及关联方为了占用上市公司资金，通过构造仓单交易为掩护，设计多层交易主体，上游供应商和下游客户为同一实际控制人，或上下游之间存在特定利益关系（包括指定关系），资金最终流向关联方。这种交易通常体现为循环交易，关联企业之间签订内容相同的多份买卖合同，形成一个闭合的货物流转回路，帮助融资方取得资金在一定时间内的使用权，同时无需发生实际的货物流转。在财务报表上，反映为预付账款或应收账款长期存在较大的余额，年末清零，即关联资金过程占用。关联方资金占用性质的贸易，仓单性质为资金往来凭证。

5. 商品证券投资性贸易

企业购入的现货仓单形式的存货，根据商品的价格走势，在价格上涨的适当时机卖出，以赚取价差，即低买高卖。这种交易现货标的通常为大宗商品，且通过国家依法设立的交易场所进行，有竞价交易机制，仓单为标准化合约。企业开展标准化的仓单交易，与投资于股票、债券等金融资产类似，仓单属于有价证券中的商品证券。例如，大连商品交易所推出的“标准仓单交易业务”，交易双方通过大商所综合服务平台进行大连商品交易所标准仓单交易，并由平台完成标准仓单过户和货款收付的业务。

6. 金融与商品混合属性

商品期货仓单，具有金融产品与实物商品的混合属性：不进行实物交割的，仓单为金融有价证券；若进入实物交割，则为企业购买原材料的采购行为，仓单为“提货单”性质。商品期货仓单与融资性贸易、空转走单仓单具有显著区别：从交易动机看，前者是为了减小原材料价格波动风险，熨平生产成本所开展的一项风险对冲行为，后者则是为其他单位和自身融资，或者做大规模开展的业务；从交易标的的相关性看，商品期货对应的实物资产是企业生产所需原材料，融资性贸易或空转走单贸易标的往往与企业主营产品无关；从实物交割看，由于商品期货交易只能在国家设立的交易场所开展，有规范的交易流程，实物存货交割有保障，即有政府信用背书，而融资性贸易或空转走单贸易通常没有实物交割，即使有第三方仓库保管实物，也难以有足够的数量，不仅如此，还存在仓储资产重复质押等第三方道德风险问题，实物资产交割存在风险。

（四）判断仓单性贸易的会计处理恰当性

1. 具有商业实质的仓单性贸易

如模式 1，贸易业务具有商业实质，仓单为货权转移的销售凭证，即“提货单”，会计处理适用《企业会计准则第 14 号——收入》规定。在具体处理时，需要考虑贸易商是主要责任人，还是代理人，从而采用总额法，还是净额法确认收入。企业在向客户转让商品前能够控制该商品的，该企业为主要责任人，应当按照已收或应收对价总额确认收入，否则该企业为代理人，应当按照预期有权收取的佣金或手续费的金额确认收入，该金额应当按照已收或应收对价总额扣除应支付给其他相关方的价款后的净额，或者按照既定的佣金金额或比例等确定。企业在向客户转让商品前拥有对该商品的控制权，表现形式包括：企业承担向客户转让商品的主要责任；企业在转让商品之前或之后承担了该商品的存货风险；企业有权自主决定所交易商品的价格；其他相关事实和情况。只有有明显证据表明企业在一段时间内实际持有对相应存货的控制权，且该控制权是非过渡性、非暂时性的，才可能采用总额法核算。代采购业务、供应链服务、进出口贸易代理等业务模式，企业可能为代理人，收入确认可能按净额法。

实务中，有的观点认为企业承担了信用风险且开具了全额发票作为总额法确认的理由。新收入准则并未将“承担的信用风险”作为判断是否采用总额法的考虑因素，信用风险的影响应由金融工具相关会计准则规范，不属于收入准则的规范范围，资金损失风险是信用风险，不应作为采用总额法的依据。实行发票制度的主要目的，是便于税收征管，不是准则会计要素的确认依据。

2. 不具有商业实质的仓单性贸易

如模式2中人为增加的交易环节、模式3的空转和走单贸易，贸易业务不具有商业实质，会计处理不适用《企业会计准则第14号——收入》规定，应当根据仓单贸易的交易属性，分析判断适用的准则依据。

（1）对于融资性贸易，企业以自身融资或为供应商、客户提供融资为目的，不以买卖商品交易为目的，仓单实际为借贷凭证，应当适用《企业会计准则第22号——金融工具确认和计量》规定，不确认商品销售收入（总额法）或手续费收入（净额法），应当确认利息收入，采购和销售回款在现金流量表上应当列报为筹资活动而非经营活动现金流量。

（2）对于空转、走单贸易，其性质为虚构交易、循环交易人为做大收入规模，不符合《企业会计准则第14号——收入》规定，不应当确认收入，实质为资金往来，预付的“货款”、应收“货款”等均应当通过“其他应收款”科目核算，净收益或净损失通过“营业外收支”科目核算。

示例 7-31

某上市公司2020年被实施退市风险警示，2021年度营业收入2.25亿元，增长7倍以上，其中贸易收入2.22亿，占比99%，公司按照总额法确认收入。公司前五大客户销售占比64%，前五大供应商采购占比74%，并存在4家公司既是客户又是供应商的情况，其库存商品期初、本期发生额及期末余额均为0，应收款项期末余额仅为84万元，贸易收入的真实性及收入确认方法恰当性存疑。

根据审计准则及股票上市规则，注册会计师应当执行风险评估程序，通过了解被审计单位及其环境，了解内部控制，基于收入确认存在舞弊风险的假定，识别和评估财务报表重大错报风险；最近一个会计年度被实施退市风险警示后，出现扣非净利润为负且营业收入低于1亿元的，将被强制退市。

审计人员未充分考虑公司面临的退市压力，未充分关注贸易收入迅猛增长、供应商及客户重合等异常情况，未审慎判断贸易收入的真实性和收入确认方法恰当性，收入审计不到位。

（3）对于关联方资金占用，企业以贸易业务为名，实则为关联方套取、占用企业资金，仓单为资金往来凭证。该种情形下，应当适用《企业会计准则第36号——关联方披露》规定，冲减已确认收入，还原交易实质，如实披露关联方及资金占用事实。

示例 7-32

扬子新材（002652）2019 年报被会计师事务所出具保留意见，注册会计师质疑上市公司预付苏州汇丰圆物资贸易有限公司 3.42 亿元的真实性。公司自查后确认，该款项实际为关联方通过供应商占用上市公司资金。

资料来源：巨潮资讯网站。

（4）对于证券投资性质的仓单贸易，企业通常按照《企业会计准则第 1 号——存货》规定反映为“库存商品”，转让仓单时作为商品销售确认收入，同时结转库存商品。根据交易目的和仓单商品证券的性质，按照《企业会计准则第 22 号——金融工具确认和计量》分类为交易性金融资产，可能更符合交易实质，即将仓单作为“交易性金融资产”核算，持有期间的价格变动计入“公允价值变动损益”。

实务中，对于不具有商业实质的仓单贸易，多数会计处理是直接以净额法确认收入，虽然结果影响不大，但并不严谨。总额法与净额法需要有前提条件，即“企业应当根据其在向客户转让商品前是否拥有对该商品的控制权”，取得相关商品控制权，是指能够主导该商品的使用并从中获得几乎全部的经济利益。不具有商业实质的仓单贸易，不具备实物商品的“控制权”。如果不适用收入准则，那么就不存在总额法与净额法之分，应当按照相应的准则进行会计处理和披露。

3. 混合型仓单贸易

对于商品期货仓单，如果不进入实物交割，以平仓方式了结期货合约，则企业支付的期货保证金及追加资金作为“交易性金融资产”核算，持仓期间期货合约价格变化金额，计入“公允价值变动损益”，平仓时终止确认金融资产；如果进行实物交割，且满足套期条件的，则应当按照《企业会计准则第 24 号——套期会计》进行会计处理。实物交割时，买方按照《企业会计准则第 1 号——存货》，实物资产作为原材料采购入库核算，卖方作为商品销售收入处理，期货损益调整生产成本或销售价格，以消除或减小价格错配。

（五）识别仓单性及融资贸易迹象

企业为了规避不合规仓单贸易监管，可能设计复杂的交易结构，从形式看似乎具有商业目的，以支持其会计处理。企业内部审计与风险管理部门、监管机构、注册会计师等可以根据下列迹象，识别仓单性贸易的商业实质。

1. 贸易收入规模与人员数量匹配性。在正常贸易中，增加收入规模需要投入人力、资金进行上游资源、下游客户的维护和拓展，收入规模与企业人员数量存在一定的相关性。当企业的贸易收入规模与其拥有的资源和投入远远不匹配时，企业开展融资性贸易或虚假贸易的可能性较大。

2. 贸易标的商品品类。大宗商品因其同质化、可交易等特点，具备一定的准金融属性，是仓单性贸易，尤其是融资性和空转贸易的主要标的，如成品油、煤炭、钢材、有色金属、化工原料、铁矿石、粮食等。一方面，大宗商品数量大、单价高，动辄几千万或上亿元，能较好地配合融资或做大收入规模的需求，更适合作为贸易性融资的媒介。另一方面，大宗商品市场需求大，交易较为活跃，标的交割标准化，对于开展虚假贸易具有较好的隐蔽性。企业往往具有明确的主营业务，如果仓单性贸易标的物主要为大宗商品，但与企业经营范围无关，可能存在虚构交易的情形。

3. 上下游企业关系。融资性或空转仓单贸易为了保证资金安全，上下游往往具有关联关系或特定利益关系。2021 年爆发的“专网通信”案，多年上市公司卷入其中，上海电气（601727）计提坏账损失超过 80 亿元。该案为典型的融资性贸易骗局，上市公司未能识别上下游均由隋田力控制，终端客户多为虚构，实际并没有商业实质，导致企业虚增收入。

4. 毛利率水平。仓单性贸易的一个显著特点是毛利率低，通常不超过 5%。由于多数仓单贸易并不涉及实物流转，融资性贸易的资金提供方所获得的收益一般相当于同期市场的平均融资成本，销售毛利率按其资金周转次数进行年化后，与同期的委托贷款、信托、融资租赁等的融资成本相当。

5. 财务报表相关项目。财务报表是否存在大额资金收付、大额预付款及应收账款挂账，是否长期保持相对固定的余额。此外，关注仓储物流及其费用的列支情况，收入规模大但没有运输费用发生，可能为仓单贸易。从事仓单贸易的企业一般没有自己的仓库，若具有实物流转的贸易，应当发生第三方仓储费用，否则可能为融资性或空转走单贸易。

四、审计案例

案例 7－10

2014 年，太化股份（600281）通过子公司山西华旭物流有限公司和太化股份铁运分公司实施无商业实质的购销交易，虚增营业收入 4 113 万元；太化股份及其子公司作为中间商，实施无商业实质的购销交易，虚增营业收入 6.94 亿元，占合并报表收入总额的 21.8%，于 2017 年被证监会行政处罚，注册会计师及 ZT 会计师事务所也因未关注到贸易业务不具备商业实质，审计证据不充分等受到行政处罚。太化股份开展的上述贸易业务的特点：一是太化股份与供应商、客户分别签定采购合同与销售合同，除价格条款以外，商品名称、数量、规格、结算方式、提货方式等其他条款均基本相同；二是太化股份均不负责合同项下商品的运输、检验和仓储，全部由客户向供应商自提、供应商送货至客户或直接在商品存储地转移货权；三是在结算方面，主要为客户向太化股份交付货款后，太化股份再向供应商交付采购款。在购销过程中，太化股份未自主选择供应商及客户，未经手业务合同项下商品的实物流转，采取先收款后付款的结算方式，其开展上述贸易业务没有合理商业理由，属于无商业实质的购销交易，确认收入为虚增营业收入。

案例讨论：

证监会经过调查认为，ZT会计师事务所审计中存在以下问题：

1. 对收入政策审计程序不到位

（1）审计工作底稿“收入确认政策检查表”（索引号：D4–4）显示“对于无需检验的产品，通过客户自提方式销售商品的，自客户装好货物并在出门证上签字时确认收入，在此之前收到的货款先确认为负债；通过铁路运输方式销售商品的，自获取铁路货运站开具的货票时确认收入，在此之前收到的货款先确认为负债。对于需要检验的产品，自获取客户验收单时确认收入，在此之前收到的货款先确认为负债。”而审计工作底稿显示，太化股份2014年贸易业务收入确认单据主要为货物销售结算单、增值税发票、收货确认单据（部分有）等，其实际未按照上述记录的具体方法确认贸易业务收入。

（2）审计工作底稿“确定适当的会计处理方法控制测试程序表”（索引号：C2V–6）显示，审计人员通过询问和观察，在底稿中记录太化股份结合自身实际，制定收入会计政策，并经管理层、董事会审核。ZT会计师事务所认为，经测试被审计单位该项控制运行有效。但是，太化股份贸易业务实际未按照披露的会计政策确认收入，该测试程序未发现上述不一致。

2. 销售业务循环控制测试不恰当

（1）审计工作底稿“铁运分公司收集销售日期控制测试程序和过程记录表”（索引号：C2V–1）显示，该流程非常重要，与控制相关的风险为高，控制点是“将收入日期与发运日期进行核对”。在审计过程中，ZT会计师事务所只是将发票日期、记账日期和出库日期进行核对，没有核对发运日期。

（2）审计工作底稿显示，太化股份2014年贸易业务收入确认单据主要为货物销售结算单、增值税发票、收货确认单据（部分有）等，未见发运单据和发运日期，表明发运日期这一指标已经不适用于太化股份。

3. 贸易收入真实性审计程序不到位

（1）审计工作底稿“华旭物流主营业务收入审定表”（索引号：D4）显示，华旭物流2013年和2014年贸易业务收入分别为1 787万元和59 852万元，2014年比2013年贸易业务收入增加58 065万元，增长32.49倍，审计结论为未见异常。

ZT 会计师事务所未关注该贸易收入的大幅增长情况。

（2）ZT 会计师事务所对铁运分公司合同检查抽取了 4 家客户的 11 笔凭证，收入占比为 37.62%；对华旭物流合同检查抽取了 6 家客户的 8 笔凭证，收入占比为 55.59%。在抽取的合同样本中，除价格要素外，太化股份贸易业务销售合同的条款均相同。其中包括：2014 年 11 月 16 日，华旭物流、太化股份分别与其下游企业签署的两份《工矿产品购销合同》，除交易金额有差别外，在签约时间、合同标的、交货时间、交货地点等方面完全一致。但是，在实际业务中，上述合同标的物由华旭物流售出后，经第三方销售给铁运分公司，并由铁运分公司再次销售，重复确认收入，注册会计师审计过程中未关注太化股份贸易的商业实质。

（3）审计工作底稿“营业收入真实性测试表”（索引号：D4–6）显示，致同会计师所对铁运分公司贸易业务收入执行真实性检查抽取的 10 个样本，均未见出门证或客户验收单，仅 2 个样本执行了替代程序；对华旭物流贸易业务收入执行实质性检查抽取的 17 个样本，均未见出门证或客户验收单等相关原始类单据，仅 1 个样本执行了替代程序。ZT 会计师事务所未关注贸易收入缺失出门证或客户验收单等物流信息的情况。

资料来源：中国证监会网站。

第八章　财务舞弊审计实务

第一节　舞弊理论

一、舞弊三角理论

美国注册舞弊审核师协会（ACFE）创始人、美国会计学会会长史蒂文·阿伯雷齐特（W. Steve Albrecht）提出，企业舞弊的产生是由压力（pressure）、机会（opportunity）和自我合理化或借口（rationalization）三要素组成，就像必须同时具备一定的热度、燃料、氧气这三要素才能燃烧一样，缺少了上述任何一项要素都不可能真正形成企业舞弊。舞弊三角理论如图 8-1 所示。

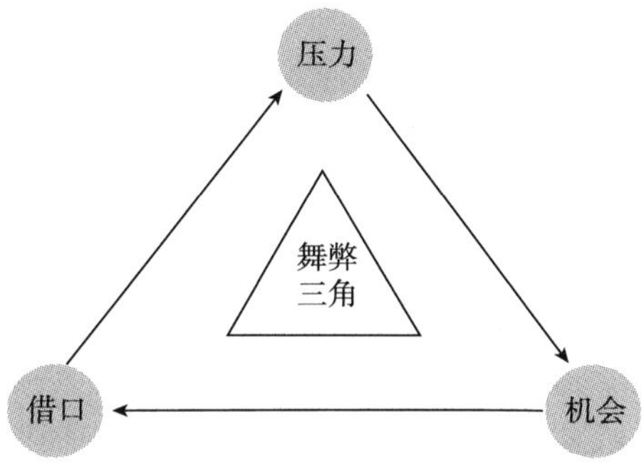

图 8-1　舞弊三角

（一）压力 / 动机

压力要素是舞弊者的行为动机，管理层或其他员工有动机或压力进行舞弊，这种动机或压力包括经济压力、工作压力及其他压力。压力或动机是舞弊的诱因，这种诱因可能很多。

（二）机会

机会要素是指可进行企业舞弊而又能掩盖起来，不被发现或能逃避惩罚的环境和时机，包括缺乏发现企业舞弊行为的内部控制、无法判断工作的质量、缺乏惩罚措施、信息不对称、能力不足、审计制度不健全以及特定条件。例如，2020年暴发的全球新冠肺炎疫情，影响了人们的出行，如果被审计单位处于疫情严重地区且进行严格的隔离管制，市计人员无法实施现场审计，这种情况下，可能给财务造假舞弊行为提供了机会。

（三）借口

借口，或称态度与合理化，舞弊者必须找到某个理由，使企业舞弊行为与其本人的道德观念、行为准则相吻合，无论这一解释本身是否真正合理。

二、舞弊的类型

（一）财务造假舞弊

这种舞弊是一种欺骗财务报表使用者的有意错报，即故意行为。多数财务造假，要么通过高估资产和收益，要么隐藏负债或费用，以达到提高收益的目的。但是，也有的是故意低估收益，如非上市公司低估收益，目的是少缴纳税金。还有的企业在盈利很高时，为了提高未来盈利水平，当期多计提准备金，进而有意低估收益，即所谓的“盈余管理”。从会计准则遵循度看，只要不符合准则的会计处理且是有意的，都应视为舞弊。上述情形虽然多为在不同期间调节收益以粉饰财务报表，因违背会计标准，区别于一般的错报，属于财务造假舞弊。最为严重的财务造假，是虚构经济业务，无中生有，伪造相关原始单据，并将虚构交易产生的会计核算结果记录于财务报表。

示例 8-1

管理层用以错报财务报表信息的两个最常用方法是不恰当地确认收入和高估资产。根据 COSO 委员会委托的一个研究结果，在 1987~1997 年美国从事过舞弊的公司中，有 50% 的公司提前记录或虚构收入交易。

除了这些收入和应收账款高估以外，有一半已确认涉嫌舞弊的公司也通过高估现有资产、记录虚构资产或不拥有所有权资产，或资本化本应费用化的项目而高估资产。这些公司一般都是高估存货、不动产、厂房和设备以及低估坏账准备进而高估应收账款净额，只有 18% 的舞弊公司低估费用或债务。大多数财务报表舞弊的个案都涉及有意的财务信息错报，只有 12% 的舞弊个案涉及公司资产的盗用。

舞弊金额平均为410万美元，就平均总资产为1570万美元的公司来说，这一舞弊金额是相当大的。83%的舞弊个案涉嫌CEO和CFO，这些人实施舞弊的目的是避免报告税前亏损、维持公司股价或抬高股价。由于公司管理人员与董事会成员平均拥有32%的公司股票，因此，他们进行舞弊的动机很强。

舞弊的影响后果巨大，超过50%的公司在舞弊期之后破产或更改所有权形式，许多涉案人员被迫辞职或被辞退，还有一些案例中涉案人员被判刑。另外，公司与涉案人员都要面对股东与SEC提起的诉讼。

（二）侵占资产舞弊

侵占资产是一种涉及盗窃公司资产的行为，侵占资产者就是“小偷”。在很多情况下，侵占资产涉及的数额可能对财务报表来说影响并不重大，但管理层非常关注，如果很多员工都侵占公司资产，导致内部控制实效，那么这家公司很难正常运行。通常而言，侵占或挪用资产发生于中低层员工，比较容易发生侵占资产舞弊的岗位包括：出纳或会计挪用侵占资金，他们直接接触现金资产，如果未能合理设置不相容职务，如公司财务印章与公章及法定代表人印鉴由一人保管，极易发生财务人员挪用资金；销售人员截留销售货款，与客户串通，将公司货款部分或全部据为己有；采购人员高价采购物资，从中收受回扣或佣金；负责工程项目建设的主管人员，高于市场价格发包工程，收取工程承包商的回扣；等等。但在我国社会环境下，职务比较高的人员发生侵占公司资产的舞弊行为并不少见，因为高管人员拥有较大的权利，侵占资产的机会更多，金额更大，对于财务报表可能构成重大影响。美国注册舞弊师审核协会进行的一项调查显示，涉及公司高管舞弊的平均损失，是其他员工舞弊平均损失的3倍多。

关于控股股东、实际控制人及关联方占用上市公司资金的行为，一直以来是资本市场的顽疾，且近年来似乎有愈演愈烈、金额越来越大的趋势。为什么出现关联方资金占用屡禁不止现象？也许是没有界定清楚关联方资金占用行为的性质。由于关联方将上市公司的资金挪用据为己有，显然是一种侵占、盗用公司资产的舞弊行为，这与出纳等员工侵占公司资产没有区别，唯一可能的区别是关联方占用资金一段时间后，又归还给上市公司，即过程占用。实际上，这并未改变侵占、盗用上市公司资金行为的性质。无论是从盗窃行为来看，还是挪用资金行为来看，关联方占用资金都是刑事犯罪行为，但现行这种违法行为至多被采取行政处罚，甚至仅是行政监管措施，或没有给予任何处罚，且主要处罚对象为上市公司，较少追究控股股东、实际控制人及关联方的刑事责任。资金占用严重损害了上市公司、全体股东特别是中小股东利益，危及资本市场的健康运行。此外，上市公司违规向关联方提供担保，如果因被担保方无力偿还债务而承担担保责任，这与向关联方提供资金性质完全相同，均是一种侵占上市公司资金的舞弊行为。

2006年，创维集团董事局主席黄宏生因涉嫌挪用盗取公司资金超过5000万港元，被香港区域法院判处有期徒刑6年。而我国上市公司关联方动辄占用公司资金上亿元，甚至数十亿元至百亿元，但鲜有被判处犯罪。因此，归根到底，是法律制度缺陷导致违法成本低，使得关联方侵占资产的舞弊行为屡禁不止，这也使得整个市场付出高昂的制度成本。

三、舞弊风险因素

导致舞弊风险的因素很多，尽管财务造假舞弊与侵占资产舞弊三角理论中的三大条件相同，但具体风险因素却有所区别。两类舞弊相关的风险因素如表8–1、表8–2所示。

表8–1 财务造假舞弊风险因素示例

压力 / 动机	机会	借口
①财务稳定性或盈利能力受到经济环境、行业状况或被审计单位经营情况的威胁，如客户需求大幅下降；所在行业或总体经济环境中经营失败的情况增多 ②管理层为满足第三方要求或预期而承受过度的压力，如投资分析师、机构投资者、重要债权人或其他外部人士对盈利能力或增长趋势存在预期；满足交易所的上市要求、偿债要求或其他债务合同要求的能力较弱 ③管理层的个人财务状况受到被审计单位财务业绩的影响，如在被审计单位中拥有重大经济利益；管理层的报酬中有相当一部分（如奖金、股票期权、基于盈利能力的支付计划）取决于被审计单位能否实现激进的目标（如在股价、经营成果、财务状况或现金流量方面）；存在业绩对赌协议	①所在行业或其业务的性质为编制虚假财务报告提供了机会，如资产、负债、收入或费用建立在重大估计的基础上，这些估计涉及主观判断或不确定性，难以印证，或者从事重大、异常或高度复杂的交易 ②对管理层的监督失效，管理层由一人或少数人控制且缺乏补偿性控制，治理层对财务报告过程和内部控制实施的监督无效 ③组织结构复杂或不稳定，如组织结构过于复杂，存在异常的法律实体或管理层级 ④内部控制要素存在缺陷，如会计系统和信息系统无效，包括内部控制存在值得关注的缺陷的情况	①管理层未能有效地传递、执行、支持或贯彻被审计单位的价值观或道德标准，或传递了不适当的价值观或道德标准 ②管理层向分析师、债权人或其他第三方承诺实现激进的或不切实际的预期 ③管理层总是试图基于重要性原则解释处于临界水平的或不适当的会计处理 ④管理层与现任或前任注册会计师之间的关系紧张，如在会计、审计或报告事项上经常与现任或前任注册会计师产生争议；对注册会计师提出不合理的要求，如对完成审计工作或出具审计报告提出不合理的时间限制

表 8–2　侵占资产舞弊风险因素示例

压力 / 动机	机会	借口
①如果接触现金或其他易被侵占（通过盗窃）资产的管理层或员工负有个人债务，可能会产生侵占这些资产的压力 ②接触现金或其他易被盗窃资产的员工与被审计单位之间存在的紧张关系可能促使这些员工侵占资产，如已知或预期会发生裁员；近期或预期员工报酬或福利计划会发生变动；晋升、报酬或其他奖励与预期不符	①资产的某些特性或特定情形可能增加其被侵占的可能性，如持有或处理大额现金；体积小、价值高或需求较大的存货；易于转手的资产，如无记名债券、钻石或计算机芯片 ②对管理层的监督失效，管理层由一人或少数人控制且缺乏补偿性控制，治理层对财务报告过程和内部控制实施的监督无效 ③组织结构复杂或不稳定，如组织结构过于复杂，存在异常的法律实体或管理层级 ④内部控制要素存在缺陷，如会计系统和信息系统无效，包括内部控制存在值得关注的缺陷的情况	①管理层未能有效地传递、执行、支持或贯彻被审计单位的价值观或道德标准，或传递了不适当的价值观或道德标准 ②管理层向分析师、债权人或其他第三方承诺实现激进的或不切实际的预期 ③管理层总是试图基于重要性原则解释处于临界水平的或不适当的会计处理 ④管理层与现任或前任注册会计师之间的关系紧张，如在会计、审计或报告事项上经常与现任或前任注册会计师产生争议；对注册会计师提出不合理的要求，如对完成审计工作或出具审计报告提出不合理的时间限制

四、财务造假舞弊的逻辑

以虚构交易进行财务造假的舞弊，往往涉及虚假的购销、虚假利润和虚假现金流，涉及的相关主体为供应商、客户和被审计单位。从客户端看，体现为收入、应收账款、银行存款等财务报表项目；从供应商端看，体现为原材料、库存商品、营业成本等财务报表项目；从被审计单位端看，体现为“收入 – 成本 = 毛利”，回款后毛利对应货币资金增加。

财务造假舞弊通常具备“三流”。一是单据流。采购方面，包括虚构采购合同、采购凭证、入库单、发票；生产方面，包括生产单据、费用单据；销售方面，包括销售合同、出库单、运单、签收单、验收单、安装单、发票等。二是资金流。虚构交易形成的应收账款，通常不会长期挂账，舞弊者会通过资金流予以配合。三是实物流。虚假销售的产品不能仍然存放在仓库中，虚假销售后的存货与真实存货数量不相符，舞弊者不让注册会计师观察到虚构的存货。例如，ST 昆机（600806）为避免虚计收入被注册会计师发现，采用在账外设立库房的方式，将存货以正常销售的方式出库，但存货并未实际发往客户，而是移送至账外库房，且为避免设立账外库房的事宜被注册会计师察觉，还要求出租外库的出租人将租金业务发票开具为运输费用发票。财务造假舞弊虚构“三流”，具体实施可能存在多种情形和方式：虚构单据流，可能是虚构的交易、交易真实但为尚未执行的交易、无法回款的交易、调整金额的交易、新增交易模式等；虚构资金流，可能通过现金收支、构建银行转账资金循环、利用汇票、伪造银行单据等；虚构实物流，存货转移。上述虚构交易，需要相关主体配合才能完成，这些主体可能包括被审计单位自身控制的公司、真实的客户或供应商、境外公司等。

财务造假舞弊的显著特征，通常体现在：系统的谋划过程、复杂的资金流转、复杂的相互关系、通过存货或长期资产消化毛利、具有长期性和较高的成本代价。从行业或业务看，农林牧渔、贸易业务、境外业务、游戏和电商、资源回收及再生业务、轻资产公司等存在较高的舞弊风险。

第二节　识别舞弊迹象

一、商业模式不清楚

商业模式，简单地说是一个组织通过什么途径或方式赚钱，它包含一些基本的要素，如价值主张、营销渠道、客户关系、资源配置、核心能力、成本结构、价值链、收入模型、裂变模式等。会计信息是商业模式运行的结果，如果看不清楚企业的商业模式，财务数据与商业模式之间就缺乏内在逻辑和因果关系，如没有核心能力但产品的毛利率却很高，则很可能存在财务报告舞弊行为。下面这些商业模式需要高度关注：

（一）盈利水平与竞争力不匹配

高盈利源于拥有核心竞争力，这种竞争力可能是领先和独创的技术，也可能是渠道优势和客户资源，在没有任何核心能力下销售产品或提供服务毛利率很高，可能涉嫌舞弊。例如，某公司从事互联网广告精准营销代理业务，其下游客户也为广告代理商，下游广告代理商对接广告主，其上游供应商也为广告代理商，上游广告代理商对接今日头条、阿里、腾讯、百度等互联网广告发布平台。也就是说，该公司类似于贸易公司地位，从事的业务是“过手”居间交易，既没有直接面对市场的渠道和客户资源，也没有用于发布广告的技术媒体平台，至多是客户供应商资金紧张时发挥一定的垫支作用。但是，该公司广告代理毛利率高达30%，盈利水平与其提供的服务价值完全不相匹配，涉嫌虚增收入和利润。

（二）生产与销售两头在外

这类企业以核心技术为产品设计、策划和创意之名，将所谓处于价值链中低端的生产外包，或者直接采购设备，加入核心的软件后销售给客户，有的则直接在客户现场进行生产组装产品。反映到财务报表，收入、成本规模可能很大，但公司几乎没有固定资产，很少或没有生产人员，现金流量表支付给职工的薪酬付现金额很少，而产品的毛利率却较高，若缺乏商业合理性，可能存在财务报告舞弊。

（三）价值实现方式不清

任何一种产品或服务，要么用于消费，要么用于生产。有的产品产业链比较长，有的则比较短，如光伏产业链包括硅料、铸锭、切片、电池片、电池组件、应用系统6个环节，各环节所涉及企业数量依次大幅增加，光伏市场产业链呈金字塔形结构。如果无法判断企业的产品或服务的最终用途，不能穿透追踪至上游或下游产业链，可能涉嫌虚构交易。

特别地，某些产品或服务以“涉密”为由，注册会计师无法延伸至产品或服务的最终实际用途，如某些军工产品，此时注册会计师需要考虑审计范围是否受到限制。

（四）交易对价难以衡量

某些新经济、新产品或新服务，诸如软件产品、技术转让、影视文化版权交易等无实物性交易，以及完全定制化产品，缺乏同类交易的市场可比价格，难以衡量交易价格的合理性，也为舞弊提供了机会。

（五）非主业贸易性业务

非专门从事贸易业务的企业，毛利率一般为1%~5%，有的甚至平进平出，考虑资金成本及相关费用后，贸易业务几乎无任何盈利，并不能增加企业价值。从商业模式分析，似乎缺乏从事贸易交易的商业理由，因为这些交易不仅不能赚取利润，还面临要么支付预付款后不能收到货物，要么销售后不能收回应收账款的风险，这样一种只有风险没有收益的商业模式，为何不少企业乐此不疲地做，是否存在其他可能涉嫌财务舞弊的动机？

实务中，有两类企业较多地开展贸易性交易：一是国有企业，主要原因是有些国资监管部门对收入规模设置了考核指标；二是某些行业，如煤炭、有色金属、医药等企业，为了行业内规模排名等需要，在自营产品之外，还大量开展贸易性交易以扩大收入规模。由于这些企业开展贸易性收入的目的并非为了盈利，所以其并不关心实物流转，多数为仓单式的空转交易、闭环交易，或者虚构交易，交易标的物并未进入实际的生产或服务领域。该商业模式的财务结果，大幅扩大财务报表收入规模，实际为虚增收入和成本的财务报告舞弊。

（六）商业模式显著异于行业特征

一个行业往往有其内在的运行特征和较为成熟的商业模式，这些特征是行业内各企业经验的总结，如果另辟蹊径，特立独行，注册会计师需要关注合理性，以及是否存在舞弊风险。

示例 8-2

养猪第一股“雏鹰农牧”自 2015 年起，开始对商业模式进行创新，创造了所谓独特的“雏鹰模式”，该模式是由合作方负责养殖场建设、设备投资、外部协调及日常维护、维修、粪污处理等，公司负责养殖场的土地租赁、合规性手续办理，农户主要负责单个猪舍的精细化管理，养殖过程中采用“六统一”的方式由公司统一管理。“雏鹰模式”反映到财务报表，就是将所有猪舍类固定资产出售给合作社及农户，新的固定资产投入也由合作社及农户投入，雏鹰农牧实现轻资产。新希望、温氏股份、牧原股份、正邦科技、天邦股份等同行业主要企业，没有任何一家采取了“雏鹰模式”所谓的轻资产模式。

实际运作过程中，农户购买公司固定资产的资金来源于借款，借款由雏鹰农牧提供担保，新建固定资产资金实际也来源于公司名义借款，且这些固定资产只能用于雏鹰农牧。从经济实质和准则规定看，这些资产并不应终止确认，公司终止确认后形成大量资产体外循环，且数十亿元资金也在体外循环。

注册会计师关注到该商业模式带来巨大审计风险，及时请辞担任审计机构。2019 年 3 月，雏鹰农牧因涉嫌违法违规，被证监会立案调查。因连续 20 个交易日股价低于 1 元，2019 年 8 月 19 日，雏鹰农牧终止上市。商业模式创新的结果是葬送了养猪第一股。

资料来源：巨潮资讯网站。

二、财务数据大幅偏离行业水平

绝大多数行业都有多家企业提供产品或服务，市场经济下企业之间相互竞争的结果，是价格趋向于行业平均水平，盈利能力趋向均衡，这是市场经济的基本规律。因此，同行业企业经营情况具有一定的可比性，如果企业与行业数据相比偏离过大，如无特殊因素，可能存在数据造假。注册会计师可从下列方面进行比较：

一是比趋势。被审计单位相关数据是否与行业数据方向一致，如产品或服务价格是上涨还是下降，如果行业整体出现价格下降，而仅有被审计单位产品价格上升，此情形与行业相悖是否合理；又如，行业内所有主要企业销售规模均为负增长，而仅有被审计单位出现正增长等。若财务数据显示出现完全相反的趋势，很有可能存在舞弊行为。

二是比程度。如果被审计单位相关数据与行业保持了一致性，则进一步比较与行业平均水平差异，或者与行业内主要可比企业之间的偏离程度，例如，比较销售毛利率，如果行业或主要可比企业毛利率为 20%，注册会计师认为偏离至

15%~25% 属正常，但如果被审计单位毛利率高到达 40% 以上，即偏离幅度超过 100%，则可能存在虚假交易。类似地，还可以比较销售费用率、存货周转率、产品单位成本、员工工资水平等财务指标偏离程度。

三是比模式。主要是采购模式和销售模式，行业惯例是否需要提前支付预付货款，销售产品应收账款信用期是否类似，如果被审计单位销售形成大额应收账款，而同行业可比企业几乎没有应收账款，则可能涉嫌虚假销售。

四是比原因。如果被审计单位相关财务数据与行业及可比企业出现较大偏离，注册会计师可从产品质量、采购与生产方式、销售模式、所处地区等方面比较差异，判断是否可接受偏离度。若仍然无法解释偏离度，则可能存在财务舞弊。

三、异常客户和供应商

不少财务造假案中，都会出现协助者的身影。例如，有的商业银行和上市公司串通，出具虚假银行询证函回函、虚假银行回单、虚假银行对账单，欺骗注册会计师；一些企业的供应商和销售客户也是造假的帮手，更有甚者，有的公用事业部门也与公司串通，出具虚假的供电费用、供气费用等，协助公司进行成本和销售造假。当前，注册会计师最大的审计风险是来自于客户、供应商与相关利益者的串通舞弊，相应地，风险导向审计也应从关注被审计单位延伸至其客户和供应商等外部主体。注册会计师应识别客户与供应商下列情形是否存在异常：

一是客户和供应商的“社会关系”。主要包括三个方面：首先，了解股权关系，关注股权结构和主要股东情况，必要时进一步穿透上一层股东直至最终实际控制人，了解被审计单位是国有企业还是民营企业；其次，了解所属集团情况，客户和供应商是单一企业，还是某集团中的成员之一；最后，了解管理层成员情况。注册会计师了解这些信息，主要是为了识别交易对手与被审计单位是否存在关联方关系。此外，必要时还可进一步了解客户和供应商的“社会关系”，如查询注册地址与办公地址、客户与供应商之间是否存在关系，是否为同一集团内的企业。

二是客户和供应商的资信能力。注册会计师可了解客户和供应商的注册资本及实缴资本、员工规模及缴纳社保的人数、主营业务范围、收入及资产规模等信息，据以判断是否具有与被审计单位进行交易的能力。例如，一家员工仅数人，实缴资本为零的客户，如果与被审计单位发生上亿元的采购或销售业务，这属于异常客户或异常供应商，可能存在虚假交易。

特别地，如果客户或供应商为自然人，注册会计师应了解是否符合行业的惯例，在此基础上核实自然人的背景信息，是否具有参与交易的相关经历、经验、资金实力等关键信息。

示例 8-3

2016 年 12 月至 2018 年 5 月，东方金钰（600086）为完成营业收入、利润总额等业绩指标，虚构其所控制的瑞丽市姐告宏宁珠宝有限公司（以下简称“姐告宏宁”）与普某腊、保某、李某青、凤某、自某堵、张某梅 6 名自然人名义客户之间的翡翠原石销售交易。涉案期间，姐告宏宁控制 19 个银行账户，虚构销售和采购交易资金流，该 19 个银行账户分为三组：第一组为普某腊、保某、李某青、凤某、自某堵、张某梅 6 名名义客户的银行账户；第二组为董某成、邵某丽、木某 1、木某 2、余某光、方某华、双某石 7 名自然人中转方的银行账户；第三组为李某退、蒋某东、宝某明、吴某龙、杨某荣、董某先 6 名名义供应商的银行账户。

姐告宏宁控制上述 19 个银行账户，将来源于或转入东方金钰及其控制的公司或银行账户的资金 47 930.19 万元，通过上述中转方和名义供应商账户转入上述 6 名名义客户账户，再控制上述名义客户账户支付销售交易款项，资金最终回流至姐告宏宁，上述资金流转构成资金闭环。同时，涉案销售交易涉及姐告宏宁与普某腊、保某、李某青、凤某、自某堵、张某梅 6 名名义客户之间的翡翠原石销售合同系虚假合同：第一，该销售合同上普某腊等 6 人的笔迹其真实笔迹明显不一致；第二，普某腊等 6 人称从未与姐告宏宁发生过任何翡翠原石交易，从未在与姐告宏宁翡翠原石销售合同或出库单等文件上签字；第三，从合同的履行情况看，姐告宏宁并无上述交易中交付合同标的物的记录，如提货人名称记录、提货单据、物流单据等，相关工作人员亦不知悉标的物的去向，也未见过前来看货和提货的客户；第四，普某腊等 6 名名义客户缺少翡翠原石交易的相关经历、经验、鉴定能力、资金实力及渠道，客观上缺少签订并履行翡翠原石交易合同的能力。综合考虑合同签字情况、履行情况、交易主体适格情况等，姐告宏宁与上述 6 名名义客户的翡翠原石交易合同系虚假合同，东方金钰通过其控制的姐告宏宁虚构上述销售交易的资金流及销售合同等，虚构销售交易。

资料来源：中国证监会网站。

三是客户和供应商所处产业链。注册会计师可关注客户和供应商是否为“圈内人”，即是否与被审计单位从事的业务具有相关性，是否为同一产业链的上下游，并追踪至最终的实际用户或生产商。例如，某房地产上市公司将从事房地产业务的控股子公司股权全部转让，产生转让收益 1 900 万元，股权受让方为与房地产业务无关的某投资公司。该上市公司当年归属于母公司的净利润仅 500 万元，股权转让行为使得上市公司扭亏为盈，涉嫌虚假交易。

四是客户和供应商的声誉。查阅公开信息，了解客户和供应商及其管理层人员是否属于失信者，是否存在较多负面信息。

五是客户和供应商的其他信息。例如，客户和供应商的成立时间可能有助于注册会计师判断是否为异常交易。

示例 8-4

W 公司 2019 年确认数据应用收入 15 亿元，主要来源于当年新增客户，新增主要客户信息如表 8-3 所示。

表 8-3 新增客户信息

客户	成立时间	注册资本（万元）	交易金额（万元）	应收账款余额（万元）
浙江某网络科技有限公司	2018 年 9 月	500	60 800	43 000
江苏某网络科技有限公司	2019 年 5 月	1 000	21 000	4 200
上海某移动技术有限公司	2019 年 8 月	500	11 700	10 000
南京某科技有限公司	2016 年 8 月	10 000	8 200	0
北京某信息技术有限公司	2018 年 11 月	100	3 900	3 900

从成立时间看，W 公司的这些客户多数成立较晚，有的甚至成立于当年后就与 W 公司发生大额交易，结合客户注册资本较小，期末应收账款余额较大等信息，注册会计师应将客户识别为异常客户，并采取相应的舞弊应对措施，但注册会计师只实施了检查合同、函证等常规审计程序，未实施进一步程序以获取充分、适当的证据。监管部门在审计质量检查中，指出对于客户成立时间较晚等明显异常现象，注册会计师未给予充分关注，并对会计师事务所及注册会计师给予处罚。

需要注意的是，如果被审计单位直接客户或供应商为“中间商”，或称“类经销商”模式，该中间商没有任何履约能力，只是因为有渠道、资源关系，再转手将产品或服务提供给直接用户或向上游采购，则注册会计师宜将这类直接客户视为异常客户或供应商，因为被审计单位的直接交易对手与其下家具有传递性，如中间商只有在收到其客户款项后，才能支付给被审计单位。这种情况下，需要进行穿透审计，将直接客户或供应商与下游直接用户或上游实际供应商作为一体审计，如获取直接客户或供应商与下游或上游签订的合同，并与被审计单位与直接客户或供应商签订合同条款比较，尤其是涉及安装或验收条款、付款进度及条件等关键内容，在确定收入确认条件时，应当综合两级合同条款判断，而不能仅仅停留于与直接交易合同条款，尤其是涉及“背靠背”条款的，将直接影响被审计单位收入确认条件。存在财务舞弊迹象的，除了现场实地核查产品或服务实际流向和用途外，注册会计师还可要求查阅下游直接用户或上游实际供应商的资金流水。

四、关联交易非关联化

当存在下列迹象时，可能存在关联方关系非关联化，即被审计单位未如实披露关联方关系：

（1）交易对方曾经与公司或其主要控制人、关键管理人员等存在关联关系。

（2）交易对方主要控制人、关键管理人员或购销等关键环节的员工姓名与公司管理层相近。

（3）交易对方注册地址或办公地址与公司或其集团成员在同一地点或接近。

（4）交易对方网站地址或其 IP 地址、邮箱域名等与公司或其集团成员相同或接近。

（5）发生非经常性交易后注销。

（6）交易对方名称与公司或其集团成员名称相似。

（7）交易对方和公司之间的交易与其经营范围不相关。

（8）通过互联网等公开信息难以检索到交易对方的相关资料。

（9）交易对方长期拖欠公司款项，但公司仍继续与其交易。

（10）交易对方是当年新增的重要客户或重要供应商。

当存在下列迹象时，可能存在关联方交易非关联化，即被审计单位未如实披露关联方交易：

（1）交易金额通常较大，为公司带来大额利润。

（2）交易时间往往接近资产负债表日，发生频次较少。

（3）发生额较大，但每到季度报告、半年度报告和年度报告资产负债表日时期末余额为零。

（4）交易价格、交付方式及付款条件等条款往往与其他正常客户明显不同。

（5）交易一般不通过银行转账结算，而是采用现金交易或多方债权债务抵销方式结算。

（6）付款人与销售合同、发票所显示的客户名称不一致。

（7）与同一客户或其关联公司同时发生销售和采购业务。

（8）交易对象与交易对方的经营范围明显不符。

（9）交易规模与交易对方业务规模明显不符。

（10）合同条款明显不符合商业惯例或形式要件不齐备。

（11）实际履行情况与合同约定明显不符，如未按约定日期发货或未按结算期付款。

（12）交易形成的款项长期以债权债务形式存在，购销货款久拖不结。

（13）长期预付大额预付款项。

（14）利用无商业实质的购销业务，直接或间接向交易对方支付采购资金或者开具汇票供其贴现、背书等。

（15）投资信托产品、私募投资基金、资产管理计划等金融产品，但实际投资款最终用途不是用于生产经营。

（16）以投资方式转移资金，如投资于多层的有限合伙企业，进行权益性投资的同时提供大额的债权性投资，或支付较长期限的投资预付款、意向金、保证金但未履行后续投资手续等。

（17）超合同金额，或提前支付工程款。

（18）其他商业理由明显不充分的交易。

示例 8-5

Z公司主营业务为房地产开发的上市公司，2020年成立供应链物流子公司，开展贸易业务，该贸易业务与房地产业务完全无关。供应链企业开展贸易业务时，约定向上游供应商（贸易公司）提前3~6个月预付货款，下游客户也为贸易公司，销售毛利率3%~5%。自上市公司供应链子公司开展业务以来，该子公司预付款项一直保持较大余额，截至2020年12月31日，预付款项余额高达6亿元，且主要为12月支付的预付款。

注册会计师对当年新增贸易业务产生疑虑，因Z公司主业为房地产开发，且当年净利润高达近10亿元，开展该项业务可能不是为了赚取收益。同时，注册会计师了解到，Z公司的控股股东及其关联方资金较为紧张，而上市公司资金充裕，期末货币资金余额高达30亿元，且没有任何有息负债。注册会计师怀疑Z公司涉嫌通过新设贸易公司，以预付款项方式，转移资金至关联方。经过进一步延伸审计供应商及客户，发现交易并无实物流转，供应商和客户实际均由Z公司的关联方控制，预付款实际被关联方占用。经与管理层沟通，所有贸易收入冲回不予确认，并要求上市公司及时收回关联方资金占用款项。

示例 8-6

不同于有的企业通过其他应收款、预付款项等较为显现的财务报表项目进行关联方非关联化占用资金舞弊，关联方非关联化的方式越来越隐蔽，如通过对外投资转移资金舞弊。某上市公司进行对外权益投资，2019年9月，向某信息科技有限公司增资4 000万元，持股20%；向深圳某公司增资4 000万元，持股20%；

向某星球公司增资 3 450 万元，持股 30%。2019 年 12 月，该上市公司向某合伙企业投资 1.35 亿元，持有合伙财产 35% 份额。

注册会计师审计发现，这些被投资单位并无实际经营业务，收到上市公司投资款后，立即转至上市公司实际控制人控制的企业，形成关联方侵占上市公司资金。经与管理层沟通，上市公司将上述“投资款”全部调整记录为其他应收款，并按照规定披露关联方资金占用情况。

上述关联方及交易非关联化舞弊的目的是侵占公司资产，关联方及交易非关联化还有另外一种舞弊类型，即财务报告舞弊，这种舞弊方式与侵占公司资产相反，是向公司输送利益，提高公司的业绩，以达到抬高股价等目的。由于关联方可能通过体外支付供应商货款，或支付应由公司承担的费用，注册会计师很难发现这种舞弊，需要结合其他实质性程序实施针对性的审计，尤其是当产品单位成本、原材料单耗、销售毛利率、销售费用率等指标显著低于同行业同类产品时，可能存在通过关联方进行舞弊的行为。

五、非常规交易

非常规交易，指交易内容、交易对象、交易价格、交易时间、付款方式等交易要素与常规交易不一致的情形。以交易价格为例，如果交易价格明显偏离正常市场价格、具有异常大额折扣、不收取或象征性收取对价等，可能存在财务信息虚假陈述或侵占资产行为。以交易时间为例，有的企业为实现年末调节利润的目标，进行突击交易，包括缺乏商业实质的资产变卖、处置；突击性债务重组；不符合准则规定的会计政策、会计估计变更；资产减值计提与转回，特别是商誉减值；产生大额收益的显失公允的关联交易；没有真实交易背景的商品销售等。

非常规交易是否存在舞弊，关键在于判断交易的商业理由，如果缺乏经济实质，明显不符合商业逻辑，可能表明非常规交易被用于构造虚假财务报告。

示例 8-7

2018 年 4 月 27 日，Y 上市公司与宁波梅山保税港区某投资管理合伙企业 B 共同成立上海某网络科技有限公司，注册资本 1 000.00 万元，Y 公司与 B 合伙企业投资分别持有 51% 和 49% 股权，Y 公司纳入合并报表范围，B 合伙企业于 2019 年 3 月实缴到位。Y 公司也经营与上海某网络科技有限公司相同的业务，B 合伙企业成立于 2017 年末，实缴资本为 0。上海某网络科技有限公司 2019 年 12 月 31 日、2020 年 12 月 31 日资产总额分别为 8 711.74 万元、10 213.69 万元，净资产分

别为 –302.41 万元、–575.97 万元，2019 年度、2020 年度净利润分别为 5.09 万元、–273.55 万元。2020 年 3 月，A 上市公司收购 B 合伙企业持有的 49% 股权，交易价款 1.11 亿元，B 合伙企业于 2021 年 3 月注销。

该项交易中，Y 公司收购控股子公司少数股权的商业理由存疑，一是没有必要收购少数股权至 100% 股权；二是以子公司经营情况，作价显然过高，B 合伙企业投资 300 万元，不到 1 年取得超过 1 亿元的投资回报；三是交易对手 B 合伙企业背景异常，且交易完成后立即注销。注册会计师怀疑该项异常交易的真实性，可能涉嫌套取资金，侵占上市公司资产的舞弊行为。因未能获取充分适当的审计证据以证实该交易的真实性与合理性，注册会计师对 Y 公司 2020 年度财务报告出具了保留意见审计报告。

六、财务指标异常

财务指标异常，一种情形是不同期间波动较大，如销售毛利率、销售费用率、单位成本、应收账款周转率、存货周转率等反映经常性经营活动的相对比率指标，以及重要资产负债表项目期初期末增减变化的绝对数额指标，如果在不同期间发生较大变化，注册会计师应核查原因及合理性，如果没有合理的理由，可能存在财务舞弊。另一种情形是某些财务报表项目偏离正常应有的金额。例如，相同产能的在建工程及固定资产，被审计单位的建造成本显著高于正常的建设概算成本，也高于同行业类似项目的投资，这可能存在虚增利润转移至建在工程和固定资产项目。又如，在主要为委托外单位研发的情况下，大比例将研发支出资本化，可能涉嫌将资金转出公司，再以收回应收账款的方式虚增收入和利润。再如，如果公司账面反映盈利能力较强，但长期不进行利润分配，或仅象征性地分配很少利润，资产负债表中“未分配利润”数额很大，注册会计师需要关注不分配利润的原因，该留存收益是否为累计虚增的利润，因为虚增的利润并没有真实的现金支持，自然没有实际的分配能力。

示例 8–8

注册会计师在对海联讯（300277）IPO 申报财务报表审计过程中，未对 2010 年和 2011 年上半年收入、成本和毛利率的重大波动情况予以适当关注并实施相应的审计程序，导致未能发现海联讯 2010 年 9 月、2011 年 6 月虚构合同虚增营业收入的舞弊行为，具体情况为：

（1）注册会计师编制的《重要产品主营业务收入、成本分析表》（2010 年）审计工作底稿显示，海联讯 2010 年 9 月信息应用系统建设业务的销售成本率为

22.45%，而当年其他 11 个月的销售成本率介于 52.47%~87.29%。

（2）注册会计师编制的《月度毛利率分析表》（2011 年 1~6 月）审计工作底稿显示，海联讯 2011 年 6 月的主营业务收入数额是当年 1~5 月主营业务收入总额的 1.1 倍、月平均数额的 5.5 倍，是上年 6 月主营业务收入数额的 2.97 倍；该月 46.52% 的主营业务毛利率，也远高于当年 1~5 月 15.05%~30.55% 和上年 6 月 37.85% 的主营业务毛利率水平。

注册会计师未对海联讯 2010 年 9 月信息应用系统建设业务销售成本率及 2011 年 6 月主营业务收入、毛利率的重大波动进行调查并获取充分审计证据的行为，违反了《中国注册会计师审计准则第 1313 号——分析程序》（2006）第二十一条关于应当对数据的重大波动进行调查并获取充分审计证据的规定。

资料来源：中国证监会网站。

示例 8-9

Advanced Grade International Limited（天合化工）是一家助剂及石油添加剂的化工企业，主要经营主体为全资子公司锦州惠发天合化学有限公司。天合化工于 2014 年 6 月在香港联交所上市，募集资金 35.2 亿港元。因涉嫌财务造假，天合化工于 2015 年 3 月停牌，2020 年 5 月被联交所强制摘牌。经香港证券监管机构核查，天合化工 2011~2013 年的销售收入和利润存在重大虚假及误导性信息，夸大了 126 亿元的收入，占该公司收入总额的 53%。香港证券监管机构要求天合化工退还全部募集资金，同时对天合化工 IPO 保荐人摩根士丹利、美银美林和瑞银分别处以 2.24 亿港元、1.28 亿港元和 3.75 亿港元罚款。

天合化工财务报告显示，2013~2015 年分别实现收入 51 亿元、68 亿元、45 亿元，毛利率分别为 60%、64%、59%，净利润分别为 26 亿元、35 亿元、21 亿元。2013 年末至 2015 年末未分配利润余额分别为 69 亿元、102 亿元、123 亿元，占净资产的比例超过 85%，在建工程余额分别为 26 亿元、62 亿元、62 亿元。天合化工财务指标至少在三个方面存在异常：一是毛利率异常，远高于同行业 30% 左右的水平；二是在建工程异常，逐年增加数额与当年实现净利润相当，且长期不转入固定资产；三是未分配利润异常，每年实现大额利润但不进行利润分配，累计形成巨额未分配利润。

资料来源：巨潮资讯网站。

需要注意的是，应收账款和预付款项两个财务报表项目，如果余额占收入或存货采购的比重很高，如应收账款余额超过当期收入总额的 50% 及以上，预付款项金额超过被审计单位 6 个月以上的采购量，或者应收账款或预付款项绝对金额较大且长期居高不下，则应关注这种异常指标背后是否存在舞弊行为。

此外，关注财务指标是否异常，除了关注财务报表余额或发生额外波动情况外，还要结合过程增减变动判断是否异常，尤其是资产负债表项目，有时候各报告期末并无重大波动，且注册会计师主要以函证、监盘等程序证实某一时点资产的存在性，容易忽略可能存在“过程”异常现象。

示例 8-10

华泽钴镍（000639）2013 年应收票据期末余额为 1 325 270 000 元，占其 2013 年总资产的 38.84%，具有重大性。相应票据于期前 2013 年 11 月、12 月集中背书转入，并于期后 2014 年 1 月、2 月集中背书转出，截至审计盘点日 2014 年 3 月 7 日，实存票据余额为零，具有异常性。华泽钴镍 2014 年应收票据期末余额为 1 363 931 170 元，占其 2014 年总资产的 32.43%，具有重大性。相应票据于期前 2014 年 11 月、12 月集中背书转入，并于期后 2015 年 1 月、2 月、3 月集中背书转出，截至审计盘点日 2015 年 3 月 26 日，实存票据余额为零，具有异常性。前述重大异常情况与 2013 年高度一致。注册会计师在审计华泽钴业 2013 年和 2014 年应收票据科目时，未对应收票据余额在审计基准日前后激增又剧减的重大异常情况保持必要的职业怀疑，未能及时识别财务报告的重大错报风险。

资料来源：中国证监会网站。

理论界在研究识别财务舞弊迹象时，提出各种理论和模型。例如，统计与业务相结合的识别舞弊的多因子模型 M-score 和 F-score。M-score 是传统的财务造假识别模型，通过对被审计单位关键领域的财务比率分析，对整体财务报表的合理性打分，从而判断是否存在财务造假的可能。打分的八个关键指标包括应收账款指数、毛利率指数、资产质量指数、营业收入指数、折旧指数、销售和管理费用指数、财务杠杆指数、应计项目与总资产比率，最终的 M 值越高，财务舞弊的可能性越大。F-score 模型是 M-score 模型的变体，从应计质量、财务绩效、非财务指标、表外活动和市场化指标五个方面构建七个核心变量来识别公司财务报表造假程度。核心变量包括非现金净运营资产、应收账款、存货、软资产、销售变化、资产回报率变化和债务或股权发行。

示例 8-11

自 2021 年 5 月上海电气（601727）曝出 85 亿元应收账款存在损失风险后，

凯乐科技（600260）、中天科技（600522）、汇鸿集团（600981）等10多家上市公司卷入隋田力打造的“专网通信业务”骗局，交易金额达千亿元，涉案公司披露的风险金额超250亿元，2021年半年度报告相关上市公司披露计提减值165亿元。

涉案上市公司风险项目的特点，要么是预付款项金额很大，要么是应收账款很高。预付款项很大，如果交易对方不再供货，则支付的预付款可能发生损失。例如，经过自查，凯乐科技披露，上游供应商新一代专网已出现交付逾期，公司专网通信业务预付账款余额为62.27亿元，其中出现供应商逾期供货合同金额11.51亿元。截至2020年末，凯乐科技预付款项超过60亿元，占资产总额比重为50%，占2020年营业成本的比重更是高达88%，且自开展专网通信业务以来，预付款项长期高位运行。2021年半年度报告披露，凯乐科技对预付款项计提损失48.78亿元。应收账款金额较大，可能涉嫌虚假收入，或者收回风险，上海电气2021年半年度报告显示，对涉案应收账款计提预期信用损失54.52亿元，对相关存货计提跌价准备19.15亿元。上海电气专网通信业务由其子公司上海电气通讯技术有限公司经营，相对于收入规模而言，应收账款余额及占该子公司资产总额的比例均很大。

对于涉及“专网通信业务”上市公司审计的注册会计师，是否关注到应收账款或预付款项奇高的异常现象？例如，专网通信业务设备供应商（上海星地通通讯科技有限公司等）要求上市公司提前300天左右预付货款，导致上市公司预付款项金额较大，但为何需要如此长的供货周期，注册会计师是否进行了延伸穿透审计，以核查被审计单位与客户或供应商是否存在合谋舞弊行为，值得反思。

资料来源：巨潮资讯网站。

此外，奔福德定律也是一种舞弊分析方法。奔福德定律由美国数学家、天文学家西蒙·纽卡姆于1881年偶然发现，他注意到人们对以“1”“2”“3”开头的所谓“小数字”的计算量，要大于以“7”“8”“9”开头的“大数字”，数字1出现在首位的概率大于数字2出现在首位的概率，数字2出现在首位的概率大于数字3出现在首位的概率，依此类推。1988年，奔福德定律首次被应用到会计领域。Carslaw假设当公司的净利润接近但低于心理预期值时，管理者会倾向于采用一些手段让数字达到预期值，如当净利润值为19 678万元时，管理者便会趋向于想办法让其达到20 000万元，这样，数字的第二位上出现“0”的概率便会人为地被放大，而第二位上出现数字“9”的概率则会被缩小，数字分布的情况符合奔福德定律。1997年，Nigrini首次在舞弊审计中系统引入奔福德定律，证实了该定律会计领域的有效性。奔福德定律是一个幂律，依据期望概率值，可以检测财务报表中的造假行为，识别财务造假可疑企业，因为被操纵的数字往往与预期的频率有很大偏差。奔福德定律与产品定价原则正好相反，产品定价尽可能不超过某个整数值，价格 10 元的产品，定价为 9.99 元，以给消费者低价格心理预期。

七、存贷双高

“存贷双高”现象是指被审计单位货币资金存款与银行借款、债券融资等有息债务金额均比较大的情况。通常而言，“存贷双高”现象不符合企业经营的内在逻辑，因为持有大量货币资金的成本较高，而同时存在大额带息债务时持有现金的成本更高，即使是货币资金用于购买理财产品、定期存款等财务性投资，但取得的收益仍然远远低于借款利息支出，如一年期银行贷款利率为 6%，定期存款及理财产品最多为 3%，且不少企业来源于债券、融资租赁，甚至民间拆借资金等借款的资金成本远高于银行正常借款利率。因此，除非有特定的商业模式，对于理性的管理层来说，不会长期为维持“存贷双高”这一不合理的财务结构而付出不必要的大额成本。特定商业模式，如某些季节性企业，为收购农副产品需要先储备较大量的货币资金；投资工程项目需要准备大额资金；供应链管理企业需要维持较大货币资金；房地产企业拟购买土地等，但这些货币资金随着物资采购和工程项目建设的推进，将转化为存货、在建工程等财务报表项目，而不会长期滞留在货币资金项目。

长期保持“存贷双高”，可能的原因包括：货币资金为虚构，并非真实的货币资金，当然也就不能用于任何实际支付；或者虽然货币资金为真实拥有，但已经被用于向关联方等单位提供担保质押，属于受限资金；货币资金被归集到“资金池”账户，实际所有权已经被关联方占用等。从舞弊类型看，出现问题的“存贷双高”企业，有的属于财务报告舞弊，将虚增利润最终计入虚构的货币资金，有的则属于侵占公司资产的舞弊行为。注册会计师对于“存贷双高”现象，应分析其合理性，如没有合理解释，考虑是否存在舞弊行为。近年来部分“存贷双高”暴雷的企业如表 8–4 所示。

表 8–4 部分“存贷双高”暴雷企业

企业名称	暴雷前三年货币资金平均余额（亿元）	货币资金占资产总额比例（%）	暴雷前三年有息债务平均余额（亿元）
康得新	159.24	50	120.33
康美药业	257.65	48	209.43
辅仁药业	14.55	15	32.93
永煤控股	335.40	21	731.79
东旭光电	196.21	28	235.08

续表

企业名称	暴雷前三年货币资金平均余额（亿元）	货币资金占资产总额比例（%）	暴雷前三年有息债务平均余额（亿元）
富贵鸟	17.97	55	7.22

资料来源：根据巨潮资讯整理。

八、高商誉

高商誉产生于并购重组的高估值和高溢价。根据《上市公司重大资产重组管理办法》规定，采取收益现值法、假设开发法等基于未来收益预期的方法对拟购买资产进行评估或者估值并作为定价参考依据的，上市公司应在重大资产重组实施完毕后3年内的年度报告中单独披露相关资产的实际盈利数与利润预测数的差异情况，并由会计师事务所出具专项审核意见。交易对方应与上市公司就相关资产实际盈利数不足利润预测数的情况签订明确可行的补偿协议，业绩补偿方式为：

1. 以收益现值法、假设开发法等基于未来收益预期的估值方法对拟购买资产进行评估或估值的，每年补偿的股份数量为：

当期补偿金额 =（截至当期期末累积承诺净利润数 – 截至当期期末累积实现净利润数）÷ 补偿期限内各年的预测净利润数总和 × 拟购买资产交易作价 – 累积已补偿金额

当期应当补偿股份数量 = 当期补偿金额 ÷ 本次股份的发行价格，当期股份不足补偿的部分，应现金补偿。

采用现金流量法对拟购买资产进行评估或估值的，交易对方计算出现金流量对应的税后净利润数，并据此计算补偿股份数量。

此外，在补偿期限届满时，上市公司应对拟购买资产进行减值测试，如：期末减值额 ÷ 拟购买资产交易作价 > 补偿期限内已补偿股份总数 ÷ 认购股份总数，则交易对方需另行补偿股份，补偿的股份数量为：

期末减值额 ÷ 每股发行价格 – 补偿期限内已补偿股份总数

2. 以市场法对拟购买资产进行评估或估值的，每年补偿的股份数量为：期末减值额 ÷ 每股发行价格 – 补偿期限内已补偿股份总数，当期股份不足补偿的部分，应现金补偿。

上市公司业绩承诺及补偿制度，使得并购重组完成后3年内是标的资产业绩承压期，也是容易发生财务造假的期间，主要是舞弊三角理论中的压力和动机使然。因为一旦不能完成业绩承诺，根据业绩补偿计算公式，原股东将面临大额的现金或股份补偿，甚至全部注销股份，相当于将标的资产无偿“赠送”给上市公司。因此，标的资产原管理层千方百计要完成业绩承诺，即使不能完成，为了少支付补偿款，也尽量提高完成率，如果并购重组时按照 30 倍市盈率作价，意味着标的资产只要多盈利 1 元钱，就可以少补偿 30 元，这个利益足以使原标的资产管理层不惜一切代价去提高业绩，包括可能采取财务舞弊行为。相应地，资本市场并购重组审计也是注册会计师风险最高的领域之一。

具体而言，高商誉可能带来以下几个方面的影响：

第一，公司治理出现问题。麦肯锡发布的一份研究报告发现，世界上 70% 的企业并购都以失败告终。企业并购完成后，新老股东及管理层未能有效融合，进而产生矛盾，甚至诉诸法庭，影响公司正常运转。双方各自为政，公司难以参与收购资产的经营管理，原管理层为了完成业绩承诺可能舞弊，上市公司无法知晓财务报表的真实性。有的上市公司以前年度对外收购子公司，出现子公司拒绝向上市公司提交财务报表、账簿等关键资料，或阻挠注册会计师进入办公现场进行审计等失控情形。并购重组导致的公司治理缺陷，为财务造假提供了舞弊三角理论中的“机会”，使得注册会计师审计风险加大。

示例 8-12

东方精工（002611）主要业务一是高端智能装备板块，二是汽车核心零部件板块。2016 年，东方精工以发行股份方式收购北京普莱德新能源电池科技有限公司（简称“普莱德”）100% 股权，交易估值 47.5 亿元，产生商誉 41.42 亿元。交易设置业绩补偿机制，宁德时代、北汽福田等 5 名普莱德原股东承诺，普莱德在 2016 年、2017 年、2018 年、2019 年的扣非净利润，分别不低于 2.50 亿元、3.25 亿元、4.23 亿元、5.00 亿元，若普莱德业绩未达标，普莱德原股东优先以取得的东方精工股份进行补偿。

在收购后的 2018 年度业绩完成认定上，双方产生分歧，上市公司认为，普莱德 2018 年亏损 2.19 亿元。一方面，上市公司认为普莱德与宁德时代发生的关联采购存在价格不公允，不公允部分应调整增加资本公积 3.32 亿元，相应调减利润 3.32 亿元；另一方面，上市公司认为普莱德通过向宁德时代购买动力电池产品，再销售给福田汽车所产生的营收，因不满足企业会计准则规定的确认条件，不应确认。因此，上市公司认为根据协议，原普莱德股东应对上市公司作出业绩补偿 26.45 亿元。而普莱德管理层则认为，普莱德 2018 年的净利润完成了 4.23 亿元承诺利润指标的近 80%。

2019 年 4 月 16 日，东方精工披露 2018 年度报告，年报显示实现营业收入 66.21 亿元，同比增长 41.34%，亏损额却高达 38.76 亿元，主要来自东方精工对普莱德计提的 38.48 亿元商誉减值。年报披露后，双方争议升级，并涉及审计机构。

普莱德管理层公开质疑会计师事务所在未与普莱德管理层就2018年财报数据进行确认，未出具普莱德2018年度专项审计报告的情况下，直接在合并报表层面对普莱德2018年度业绩予以确认，严重违反了注册会计师执业准则与道德规范。

2019年，上市公司以15亿元作为对价转让普莱德的全部股权，处置后普莱德不再纳入合并范围，同时获得普莱德原股东14.47亿元的业绩补偿款，至此普莱德退出上市公司。

资料来源：巨潮资讯网站。

第二，商誉减值。理论上，商誉在某个时点一定会发生减值，因为商誉是基于企业未来经营现金流折现的结果，而任何企业不可能一直处于收购时点评估的高额盈利能力，一旦盈利不及预期，商誉就存在减值迹象。但是，商誉何时减值，减值金额多少，涉及较为复杂的会计估计判断。实务中，要么不减值，要么一次性减值，即商誉"暴雷"，这都可能涉嫌财务报告舞弊行为，只是这种"舞弊"是公开披露的信息。自2013年以来，资本市场并购活跃，高估值、高溢价、高商誉的"三高"现象突出，自2016年商誉突破1万亿元后，一直在高位运行，对商誉减值带来较大压力。沪深上市公司商誉及减值情况如图8–2所示。

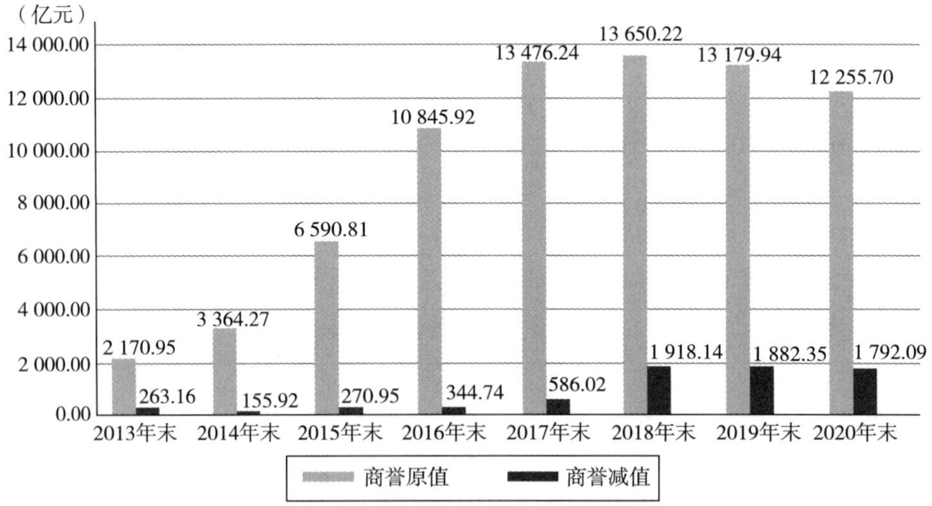

图8–2 沪深上市公司2013~2020年商誉及减值

资料来源：数据来自Wind资讯。

第三，财务造假。以下两个环节是并购重组发生财务造假的高发期间：一是资产收购环节。标的资产原股东为了提高交易对价，具有增加利润的强烈动机，甚至通过虚构交易方式达到增加业绩目的。二是并购重组完成后，处于业绩承诺期内，通常为 3 年。因为有业绩承诺的压力，且在收购作价时可能高估未来收益，可能为了完成业绩承诺而虚增利润，实务中不少收购标的精准达标、对赌承诺期满后业绩大变脸，折射出承诺期内可能存在利润不真实问题。需要注意的是，通常而言，收购方具有监督标的资产原股东完成业绩真实性的动机，但也有可能串通起来共同舞弊，尤其是在收购方业绩不佳，或者收购方控股股东及实际控制人股票被大比例质押，股价低至平仓风险的情形。

因此，并购重组产生的高商誉本身并不是最大的审计风险，最大的审计风险要么是因重组时虚增利润导致初始确认商誉不实，要么是收购标的资产为了完成业绩承诺而进行虚增利润的财务舞弊，因为商誉是其他财务数据的结果反映，如果其他财务数据不真实，商誉也就成为无本之源。因此，注册会计师需要高度关注高商誉背后财务数据的真实性。部分并购重组财务造假案例如表 8–5 所示。

表 8–5 并购重组财务造假案例

上市公司	交易标的	财务造假环节	财务造假时间
步森股份	康华农业	收购环节财务报告	2011~2014 年
鞍重股份	九好集团	收购环节财务报告	2013~2015 年
中安科	中恒汇志	收购环节财务报告	2013 年
康尼机电	龙昕科技	收购环节财务报告	2015~2017 年
宁波东力	年富供应链	收购环节及重组后财务报告	2014~2018 年
粤传媒	香榭丽	收购环节及重组后财务报告	2011~2015 年
辅仁药业	开药集团	收购环节及重组后财务报告	2016~2018 年
聚友网络	华泽钴业	重组后财务报告	2013~2015 年
佳电股份	阿继电器	重组后财务报告	2013~2015 年
中联电器	雅百特	重组后财务报告	2015~2016 年
中达股份	保千里电子	重组后财务报告	2015~2017 年
航天通信	智慧海派	重组后财务报告	2016~2018 年

资料来源：根据证监会网站披露行政处罚信息整理。

九、现金流量不匹配

通过现金流量表识别财务舞弊，需要拉长会计期间，如三年或五年，甚至更长，注册会计师可从更长的期间发现异常，如销售商品收到现金、采购商品支付现金在不同期间的变化，如果某个年度现金流量显著高于或低于其他年度，是否存在人为操纵行为。注册会计师可以进一步分析月度现金流量情况，若某年度集中于年底前收回大额应收账款，需要核查集中回款的真实性，是否存在第三方回款、关联方回款以操纵财务报表的舞弊行为。需要注意的是，对于伪造银行流水的系统性财务造假，通过分析现金流量表可能并无效果。

十、财务信息之间及与非财务信息背离

财务信息是经营活动的结果，一个企业几乎所有的活动都会反映到财务报表中，只是有的比较显现，有的需要查阅明细账方能知悉，如销售活动体现在财务报表，就是收入、营业成本、销售费用等财务数据。因此，财务信息与非财务信息之间存在一定的联系，如用电量、用水量与生产规模存在正向的关系，如果被审计单位生产规模扩大，收入大幅增长，但生产用水、电量维持不变，甚至降低，这种财务信息与非财务信息相悖可能涉嫌财务舞弊。

除了关注被审计单位内部财务信息与非财务信息外，注册会计师还可关注企业信息与外部相关主体信息的一致性，如收入、成本等与客户和供应商披露信息是否一致，是否与税务、海关、行业协会等机构监管的信息一致。

示例 8-13

注册会计师在对某上市公司拟收购的重组标的资产审计中，2019 年 1~9 月收入金额 11 425 万元，但获取的被审计单位 1~9 月增值税纳税申报表中按照适用的税率征税销售额为 8 011 万元，相差 3 414 万元，差异率 42%，且企业将未申报收入对应的税金计提并转入其他应付款。对于该差异，被审计单位解释“因为资金紧张，存在未申报纳税的收入，待以后进行申报，以往也存在纳税申报小于账面收入的情况。”

事后查明，标的资产涉嫌虚构收入，未申报纳税部分实际均为虚假收入。注册会计师在审计过程中虽然注意到异常现象，但未对证据之间的不一致未保持职业怀疑并实施进一步的审计程序。

示例 8-14

某申请科创板上市的 A 公司向境外第一大客户 B 及其关联公司销售产品，A 公司向 B 公司委托的货运方交付货物即完成交货，报关由 B 公司通过货运方间接委托报关经营单位具体实施。为配合 B 公司便捷报关，A 公司向货运方和报关经营单位提供了错误的货值、货物内容信息以满足快件出口的要求，2018~2020 年低报金额分别为 209.88 万元、2 472.32 万元、1 940.53 万元。之后，因报关单存在货

值低报和商品名称错报等情形，无法通过正常的出口收汇程序收回货款，A 公司与 B 公司分别于 2019 年 10 月、2020 年 11 月签署了不具备商业实质的《技术合作协议》，并以该协议的名义收回货款合计金额 284.04 万美元。

针对此事项，股票发行审核部门向会计师事务所出具《监管工作函》，指出注册会计师未充分关注并核查发行人海关报关数据与境外销售数据匹配情况，对境外销售回款等异常未予充分核查，经三轮审核问询，才完整披露相关事项并予以全面核查，履行专业职责不到位。

该事项虽然并不影响财务报表确认的销售收入，但这是一种另类舞弊行为，A 公司的行为不仅可能使产品购买方少缴关税，即协助 B 公司进行造假，还可能造成国家外贸出口统计信息不准确。从内部控制看，A 公司存在经营合规性问题，协助造假的舞弊行为是非财务报告相关的缺陷，可能影响注册会计师内部控制鉴证报告意见类型。

十一、审计证据之间的不一致

从不同来源获取的证据或获取的不同性质的证据可能表明某项证据不可靠，当从某一来源获取的证据与从另一来源获取的不一致时，该项证据可能不可靠。对于下列不一致的情形，注册会计师应重点关注：

（一）“两套账”或“多套账”不一致

被审计单位提供给注册会计师审计的财务账套，与真实的账套不一致，注册会计师获取的会计记录等证据可能为虚假。在不少民营企业中，存在反映企业实际经营情况的“内账”，又称管理账，以及为了应付税务机关的“外账”，又称税务账。企业在上市及并购重组等资本运作中，为了提高经营业绩实施的财务造假，也可能存在“两套账”。

示例 8-15

金亚科技（300028）2013 年大幅亏损，为了扭转公司的亏损，时任董事长周 ×× 在 2014 年初定下了公司当年利润为 3 000 万元左右的目标。每个季末，金亚科技时任财务负责人会将真实利润数据和按照年初确定的年度利润目标分解的季度利润数据报告给周 ××，最后由周 ×× 确定当季度对外披露的利润数据。

在周 ×× 确认季度利润数据以后，张 ××、丁 ×× 于每个季度末将季度利润数据告诉金亚科技财务部工作人员，要求他们按照这个数据作账，虚增收入、成本，配套地虚增存货、往来款和银行存款，并将这些数据分解到月，相应地记入每个月的账中。金亚科技的会计核算设置了 006 和 003 两个账套。003 账套核算的数据用于内部管理，以真实发生的业务为依据进行记账。006 账套核算的数据用于对外披露，伪造的财务数据都记录于 006 账套。

2015 年 4 月 1 日，金亚科技依据 006 账套核算的数据对外披露了《金亚科技股份有限公司 2014 年年度报告》，虚增收入 80 495 532.40 元，虚增银行存款 217 911 835.55 元，虚列预付工程款 3.1 亿元。

资料来源：中国证监会网站。

（二）财务数据与经营数据不一致

会计信息来源于业务数据，如果会计信息与业务数据不一致，财务报表可能存在错报。例如，水、电、气等公用事业单位，会计记录的收入与计费系统反映的收费情况不一致，收入可能存在错报，甚至舞弊行为。

具体而言，注册会计师可以将财务数据与以下经营数据相印证：

1. 主要产品的产能，固定资产规模与对应产品的产能变动是否匹配。

2. 主要产品产能、产量、销量及变动之间的对应关系，计算产能利用率、产销率，判断合理性，营业收入与产销量是否匹配。

3. 主要原材料和能源的实际耗用情况，是否与产量匹配，计算分析主要原材料、能源的投入产出比，与单位产品原材料耗用定额比较，判断单位耗用量是否合理，年度之间是否存在异常波动。

4. 主要原材料和能源的采购价格是否与市场价格相近，不同年度之间以及同一年度不同月份之间是否存在较大变动，若存在变动，是否与市场变化趋势一致。

5. 生产人员数量及人工成本是否与产量匹配，人均产量是否正常，是否明显高于经验值。单位人工成本难度间波动是否较大，变动原因是否合理，是否与劳动力市场价格变动、生产自动化改造、工艺改进等相匹配。

6. 报告期是否存在工艺调整、配方变动、生产流程改进等情况，与销售毛利率变动涉及的相关因素比较，是否保持一致性。

7. 主要产品销售价格是否与市场价格相近，不同年度之间以及同一年度不同月份之间是否存在较大变动，若存在变动，是否与市场价格变化趋势一致。

8. 若需要承担销售产品的运输费用，结合运费单价、运输半径、运输方式，以及客户地理位置的变化，分析运输费用是否与产品销售数量或收入相一致。

9. 存货构成与产销率的匹配性，是否存在产销率接近 100%，而期末存货余额大幅增加的情况。

10. 财务数据与行业趋势、市场竞争的印证，如经营环境变化和行业整体发展趋势，财务业绩变化与宏观经济形势变化及行业整体状况是否严重背离，以及与同行业可比公司主要财务数据比较，是否存在较大差异，变动趋势是否相反，是否有合理解释。

（三）证据与对外报送的文件信息不一致

注册会计师获取的证据，与被审计单位向财政、国资、税务机关、市场管理、海关、行业协会等部门报送的文件不一致，如财务报表确认的收入，与纳税申报表申报的收入存在较大差异。此外，对于涉及相关资质的，关注财务数据与自身业务资质是否一致。例如，高新技术企业、福利企业、软件开发企业、以劳务为主营业务的企业在财务和税收方面均有相应的指标口径和特征，包括是否存在非财务部分描述和财务部分描述的口径差异，高新技术企业列示的研发投入金额与资本化和费用化的研发支出合计数的比较，福利企业、软件开发企业享受的税收优惠金额与对应的收入、成本费用金额是否勾稽。

示例 8-16

某新能源企业申请科创板上市，2017~2019 年营业收入分别为 22.01 亿元、19.94 亿元、24.26 亿元，研发费用支出分别为 1 516 万元、2170 万元、3 386 万元。该公司为高新技术企业，按照 15% 税率缴纳所得税。在向相关部门提交的高新技术申请文件中，2017~2019 年申报的研发费用金额分别为 7 010 万元、7 665 万元、9 153 万元，与账面实际列报的研发费用差异较大。

根据科技部、财政部、国家税务总局修订印发的《高新技术企业认定管理办法》规定，认定为高新技术企业须满足最近一年销售收入在 2 亿元以上的企业近三个会计年度的研究开发费用总额占同期销售收入总额不低于 3%。该企业不同证据之间的差异，涉嫌为满足高新技术企业资格虚列研发支出。

（四）财务报表组成部分（分、子公司）数据不一致

规模较大的集团财务报表审计，因组成部分可能单独上市，或发行债券等需要单独披露财务信息，且组成部分由其他注册会计师审计，如果披露数据与纳入集团合并报表存在差异，应核查差异原因及判断对合并财务报表的影响。例如，“云峰债”违约事件中，涉及财务数据“打架”问题。“云峰债”发债主体上海云峰（集团）有限公司，2015 年前为上市公司绿地控股（600606）控股子公司，绿地控股 2015 年半年报显示，云峰集团净资产 3.5 亿元，资产负债率 99%，而云峰集团自身发债后的 2015 年半年度报告显示其净资产 49.7 亿元，资产负债率 79.9%，两者披露的净资产相差 14 倍。绿地控股审计与云峰集团发债审计分别为不同会计师事务所，该事件使相关审计机构被中国银行间交易商协会公开谴责处分，并暂停业务一年。

（五）证据与交易对手披露信息不一致

如对某客户的收入确认金额，与该客户公开披露的采购金额不一致；对某供应商的采购金额，与该供应商披露的收入确认金额不一致。若被审计单位交易对手是上市公司，可通过公开信息查阅与对方披露信息是否一致。

（六）证据之间数量、金额及其他相关内容不一致

一笔交易往往涉及多项原始单据，如收入确认相关单据包括合同、发票、出库单、运输单、签收单、安装验收单等，如果同一笔交易这些单据之间内容存在不一致，则交易可能存在真实性问题。

示例 8-17

索菱股份（002766）2016 年、2017 年财务报表存在重大错报，注册会计师审计工作底稿《控制测试——销售与收款流程——销售货物控制测试表》显示，审计人员查阅了货物出库单及其运货单后，针对索菱股份对同一客户销售的同类产品同时存在“XS”开头的出库单和“XOUT”开头的出库单，审计人员未采取恰当的审计程序获取排除此异常情况的充分、适当的审计证据，导致其未发现索菱股份“XS”开头的出库单有虚假的情况，控制测试结论为“经测试，我们认为销售与收款循环与销售货物有关的内部控制活动是有效的”。

资料来源：中国证监会网站。

（七）相同文件的格式不一致

同一单位（被审计单位、客户或供应商）的同一类单据，格式不一致，如出库单，有的有编号，有的没有编号；又如，同一单位的相同业务的合同，格式明显不同。

示例 8-18

注册会计师在对河南天丰节能板材料股份有限公司（以下简称“天丰节能”）IPO 审计中，在检查设备付款凭证时，未对凭证后附的购置合同在格式、约定条款、签名等方面存在的明显异常予以关注。2012 年审计工作底稿显示，申报会计师对采购设备的付款凭证进行了检查，依据天丰节能提供的购置合同核对了付款进度，却未对购置合同的格式、约定条款、签名等进行检查。申报会计师获取的部分购置合同在合同格式、约定条款上存在明显异常，如合同无封面、合同价格无大写金额，未约定具体运输港口、货款支付方式、合同延期的处理方法、双方争议处理方法等合同关键信息。

资料来源：中国证监会网站。

（八）书面证据与询问、观察证据不一致

注册会计师获取的书面证据，与通过访谈、观察了解的信息不一致，如工程项目收入确认审计，在确定完工进度比例时，书面证据显示完工进度为 80%，但注册会计师现场观察工程项目刚开始，目测进度不到 30%，则被审计单位涉嫌虚报进度以提前确认收入；又如，管理层、内部审计人员和其他人员对注册会计师的询问的答复不一致，或者治理层对询问的答复与管理层的答复不一致。

（九）复印件与原件不一致

被审计单位可能将原件的某些内容隐藏、篡改后复印，导致注册会计师获取的复印件证据不真实。

（十）函证结果与账面记录不一致

注册会计师实施函证程序，收到的回函显示函证信息不符，如数量、金额或交易内容存在差异。对于这种不一致，注册会计师不要轻易相信是被审计单位交易对方的原因造成的。

（十一）时间逻辑不一致

被审计单位经济业务，都是在一定的时空内发生，任何证据都有时间的烙印，时间有先后顺序，有期间和长短，不符合时间逻辑的证据可靠性存疑。例如，某公司采购一批服务器和软件，经简单组装集成后销售。采购入库单注明的时间为 7 月，而销售出库单注明的时间为 4 月，即销售先于采购，不同证据反映的时间相互矛盾。事实上，该交易为虚构交易。又如，某些政府采购项目，需要履行招投标程序，如果被审计单位收入确认早于招投标时间，与收入确认相关的证据可靠性值得怀疑。再如，注册会计师在对华泽钴镍（000639）2013 年度财务报表审计中，通过传真取得的 9 家不同单位的询证函回函上所记录时间，最早为 2014 年 4 月 17 日 15：44，最晚为同日 15：49，中间间隔仅 5 分钟。对于该询证函回函时间高度集中的异常现象，注册会计师未给予应有的关注。

此外，审计报告日后获取的证据，理论上不符合证据的质量要求，包括审计报告日后取得的函证、对交易确认有实质性影响的验收单等证据。例如，某公司从事房地产业务，监管部门检查发现 2013 年度该公司收入总额 9.49 亿元，其中 8.92 亿元为虚假收入。监管部门在对会计师事务所行政处罚决定书中，指出“审计意见出具前未事先取得相关审计证据。会计师事务所出具的 2013 年度审计报告的日期为 2014 年 6 月 22 日，但支持其确认 2013 年度 8.92 亿元售房收入的购房协议书真正用印盖章日期却为 2014 年 6 月 27 日，审计报告日期早于关键审计证据获取日”。

（十二）印章、印鉴不一致

对于同一客户或供应商，相关的合同协议、结算单据、验收单、询证函回函等印鉴是否一致，包括印鉴的名称、形状是否存在差异。

（十三）签名、笔迹不一致

签名的人员与交易不相关，或同一人员在不同单据上签字笔迹明显不一致。

（十四）地址、联系人、联系电话等不一致

被审计单位相关单据反映的地址等信息不一致，如注册地址与办公地址不一致、合同上注明的地址与发票上注明的地址不一致。不同客户或供应商，留存的联系人相同，或者不同的联系人，但留存的联系电话相同等不一致。

（十五）证据前后不一致

审计是流程化工作，初步业务活动、控制测试、实质性测试之间存在一定的逻辑联系，注册会计师在各个阶段获取的证据应当相互呼应，而不应互相矛盾。比较典型的是，计划阶段确定的审计重点与实际执行脱节，即风险导向审计“两张皮”现象。

示例 8-19

三峡新材（600293）2011 年、2012 年通过少转成本，分别虚增营业利润 7 542.58 万元、1 565.74 万元。注册会计师在 2011 年、2012 年的总体审计计划中，均认为三峡新材销售形势差于上一年度，公司可能虚增利润，认为公司的主营业务收入、主营业务成本、存货 / 生产成本有舞弊风险。在实施控制测试后，认为三峡新材对“生产成本的归集与结转”“准确记录所有出库与入库”等业务活动的控制是无效的，并识别出“材料的入库单、出库单无连续编号，对材料的完整性、成本的真实性有一定的影响”。

但是，注册会计师未能设计和实施进一步审计程序应对上述重大错报风险，在与存货相关的审计程序中未勤勉尽责，导致未能识别三峡新材 2011 年、2012 年少结转原材料成本以虚增利润的事实，具体体现在以下两个方面：

第一，与存货相关的实质性分析程序执行不到位。在执行与存货相关的实质性分析程序中，注册会计师只收集了相关数据，但未对数据进行比对分析，也未对分析结果进行评价判断，导致实质性分析程序流于形式。2011 年年报审计中，注册会计师仅收集了生产成本明细表、制造费用明细表、12 月份成本计算表，但未进一步分析生产成本波动原因，未对逐月数据进行比对分析，也未将其与往年数据或标准成本对比分析。2012 年年报审计中，仅收集了生产成本明细表及各生产线的原材料、人工、制造费用等统计表，但未进一步分析生产成本波动原因，未对相关数据进行比对分析。

第二，对重质碱、石油焦的存货监盘程序不当。在重质碱的监盘中，三峡新材重质碱一般为袋装，20袋一层，但存放位置较多，很多位置并未按照统一标准放置。对此，盘点人员对袋装碱以“一层一般为20包”进行简单估算，并对不规则摆放或未堆满部分进行了大量的目测估算，导致账实差异巨大。

在石油焦的监盘中，石油焦为不规则堆放的物品（类似于煤炭堆），无论体积还是重量都比较庞大，很难移动或逐一过磅。但盘点人员对石油焦的盘点方法极其简略，仅通过大致的体积测量乘以密度得出盘点结果。在体积测量中，石油焦堆放不规则，高低不平，但盘点人员简单以长宽高计算体积，高低不平以目测估计补实，导致其测量数据不准确。

资料来源：中国证监会网站。

（十六）相同证据出具不同结论审计报告

执业过程中，可能存在会计师事务所接受同一家单位委托的同一事项，依据相同的审计证据出具不同结论的审计报告。这虽然不是证据之间的不一致，而是审计报告之间的不一致，但性质更加严重，审计风险更大。

需要特别注意的是，注册会计师在发现证据存在不一致时，应当格外小心，不要轻易相信这些不一致是一个独立事件，从而放弃进一步的核查。财务造假中，往往是通过不一致的证据发现线索。注册会计师一旦发现证据之间的冲突或矛盾，要合理怀疑该信息已经暗示财务报表可能存在错报，包括舞弊引起的重大错报，此时应彻底查清楚这些问题，获取其他必要的证据证实或排除疑虑。

示例 8-20

注册会计师在对康美药业（600518）审计中，未关注不一致等明显异常或相互矛盾的证据，未保持职业怀疑，未执行进一步审计程序消除疑虑，其中：

1. 销售与收款循环控制测试审计证据

注册会计师在内部控制测试中，一是测试“销售出库单”时，抽取了49个样本，有5个样本记录的内容与实际会计记账凭证内容不符，实际抽样时未核查对应的样本凭证。二是执行“重新执行”程序时，审计计划包括检查随货同行单，抽取的50个样本中，仅4个样本包含有随货同行单，两个样本存在出库单、销售合同签署日期晚于随货同行单（客户签收单）日期的情况。三是测试“订立销售合同”时，抽取了58个样本，有35个样本的合同不存在编号且主要合同条款均为空白。

2. 货币资金审计证据

2016年报审计中，注册会计师针对货币资金科目获取的银行询证函、银行对账单等资料中，存在明显异常或相互矛盾的情况。一是康美药业交通银行基本户的询证函上所盖银行印章为“业务受理章”，与商业银行常规做法不一致。二是康美药业在工商银行询证函上仅加盖公司公章，未加盖财务章及法人私章，却能得到银行回函。三是康美药业与子公司广东康美之恋大药房有限公司均在工商银行开立有账户，康美之恋的询证函回函是银行固定格式的资信证明，而康美药业的询证函回函是直接在会计师事务所的询证函上盖章。四是建设银行的询证函回函自身内容前后矛盾：函件要求定期存款应当列明存款日期、到期日期、存款利率等信息，但回函中关于定期存款的信息中“存款日期”“到期日期”“存款利率”栏均为空白。五是注册会计师获取的交通银行基本户的对账单部分有银行印章，部分没有银行印章。

2017 年报审计中，注册会计师对康美药业货币资金科目获取的银行询证函、银行对账单、银行流水等资料中，存在明显异常或相互矛盾的情况。一是康美药业与子公司康美时代（广东）发展有限公司均在交通银行开立有银行账户，康美时代的询证函上银行所盖印章为“会计业务章”，且银行盖有骑缝章，银行经办人之一陈某鑫所盖私章为四方章，而康美药业询证函上银行所盖印章为“业务受理章”，无骑缝章，经办人之一陈某鑫所盖私章为长方形印章。二是获取的康美药业交通银行基本户对账单无银行印章，而康美时代交通银行账户对账单均有银行印章，二者存在明显差异。三是康美药业与康美之恋均在工商银行开立有银行账户，康美之恋的询证函上银行复核人印章为“纪某阳”四方章，康美药业的询证函上银行复核人印章为“现场审核纪某阳（3）”长方形印章。

3. 销售循环实质性审计证据

2016 年及 2017 年报审计中，注册会计师在进行销售合同检查及针对应交税费科目执行审计程序获取的审计证据中，存在明显异常或相互矛盾的审计证据。一是检查销售合同时，大量合同金额低于账务确认金额，注册会计师抽取了康美药业 2016 年的 115 个客户样本，76 个客户的合同金额远低于账务确认金额。二是印花税和增值税申报表列示的全年计税基础存在明显差异。

在 2018 年报审计中，注册会计师获取的多份审计证据存在明显异常或相互矛盾。一是获取的关于中药材贸易的业务单据没有客户签收，也没有客观证据表明康美药业收到中药材销售货款，康美药业的收入确认缺乏依据。二是获取的康美药业与田某武签署的《授权委托书》主要内容是康美药业委托田某武统筹负责冬虫夏草贸易业务，授权期限自 2008 年 1 月 1 日至业务终止。《授权委托书》所盖公章为“康美药业股份有限公司”，而康美药业前身为“广东康美药业股份有限公司”，2009 年 1 月 14 日才公告变更名称为“康美药业股份有限公司”。三是审计工作底稿记载，康美药业授权陈某涌负责管理西洋参业务，双方签署了《授权委托书》。但陈某涌在访谈中表示，康美药业不对其进行管理和监督，其仅向康美药业实际控制人许某瑾提供财务数据，未提供给康美药业。四是陈某涌在访谈中表示，其公司有员工40名，没有缴纳社保，但康美药业却提供了陈某涌等7名员工的社保缴纳记录，参保单位为康美药业。

资料来源：中国证监会网站。

第三节 应对舞弊措施

一、保持职业怀疑

职业怀疑，是指注册会计师执行审计业务的一种态度，包括采取质疑的思维方式，对可能表明由于错误或舞弊导致错报的迹象保持警觉，以及对审计证据进行审慎评价。职业怀疑要求注册会计师做到以下几方面：

1. 在本质上秉持一种质疑的理念。这种理念促使注册会计师在考虑相关信息和得出结论时采取质疑的思维方式。在这种理念下，注册会计师具有批判和质疑的精神，摒弃“存在即合理”的逻辑思维，寻求事物的真实情况。注册会计师不应不假思索全盘接受被审计单位提供的证据和解释，也不应轻易相信过分理想的结果或太多巧合的情况。

“理念”并不等于行动。事实上，对于会计师事务所及注册会计师来说，相信客户是一个基本前提，如果不相信客户，理性的举动是不承接该审计项目，在相信客户和规避风险的基础上，注册会计师绝大部分审计工作是证实性的。这就是“理念”与“行动”的区别。

2. 对引起疑虑的情形保持警觉。这些情形包括但不限于：相互矛盾的审计证据；引起对文件记录或对询问答复的可靠性产生怀疑的信息；明显不合商业情理的交易或安排；其他表明可能存在舞弊的情况等。

3. 审慎评价审计证据。审计证据包括支持和印证管理层认定的信息，也包括与管理层认定相互矛盾的信息。审慎评价审计证据包括质疑相互矛盾的审计证据、文件记录和对询问的答复以及从管理层和治理层获取的其他方面信息的可靠性，而非机械地完成审计准则要求实施的审计程序。在怀疑信息的可靠性或发现舞弊迹象时，注册会计师需要作出进一步调查，并确定需要修改哪些审计程序或追加实施哪些审计程序。需要强调的是，虽然注册会计师需要在审计成本与信息的可靠性之间进行权衡，但是，审计中的困难、时间或成本等事项本身，不能作为省略不可替代的审计程序或满足于说服力不足的审计证据的理由。

4. 客观评价管理层和治理层。由于被审计单位及其环境发生变化，或者管理层和治理层为实现预期利润或结果而承受内部压力或外部压力，即使以前正直、诚信的管理层和治理层也可能发生变化。因此，注册会计师不应依赖以往对管理层和治理层诚信形成的判断。即使注册会计师认为管理层和治理层是正直、诚实的，也不能降低保持职业怀疑的要求，不允许在获取合理保证的过程中满足于说服力不足的审计证据。

法国著名哲学家、数学家笛卡尔的名言“我思，故我在。”思，即普遍怀疑精神。职业怀疑并非怀疑一切，而是对高风险审计领域有针对性地提高警惕，尤其是可能存在的舞弊迹象。保持职业怀疑对于注册会计师发现舞弊、防止审计失败至关重要。舞弊可能是精心策划、蓄意实施并予以隐瞒的，只有保持充分的职业怀疑，注册会计师才能对舞弊风险因素保持警觉，进而有效地评估舞弊导致的重大错报风险。保持职业怀疑，有助于使注册会计师认识到存在由于舞弊导致的重大错报的可能性，不会受到以前对管理层、治理层正直和诚信形成的判断的影响；使注册会计师对获取的信息和审计证据是否表明可能存在由于舞弊导致的重大错报风险始终保持警惕；使注册会计师在认为文件可能是伪造的或文件中的某些条款可能已被篡改时，作出进一步调查。

保持职业怀疑不仅要怀疑被审计单位及相关人员，还要怀疑“自己人”。项目经理要怀疑项目组其他成员，项目合伙人要怀疑项目经理，独立复核人员要怀疑项目组成员。保持对“自己人”怀疑的目的，是根据不同人员的能力和职业道德水平，分配不同的督导和复核资源。例如，对于专业胜任能力不足，或者曾经因为执业质量被监管部门处罚等情形的，履行复核责任的人员应重点关注其工作底稿。盯住危险（风险）人员，有时比完全专注于审计工作底稿效果更好。事实上，职业道德守则关于审计轮换的规定，就是要合理怀疑会计师事务所内部人员的独立性问题。

实务中，保持职业怀疑并不容易，是另类审计“固有风险”。当注册会计师发现被审计单位舞弊迹象时，最初是持怀疑态度；当客户作出解释时，怀疑变为半信半疑；当客户提供一些证据时，可能就相信了。这与社会审计的委托制度和人的心理活动相关。由于注册会计师及会计师事务所收入来源于客户，注册会计师潜意识并不希望审计发现客户存在严重问题，因为在客户不愿意调整或披露严重问题时，注册会计师只能出具非无保留审计意见，这种情况下客户可能换掉会计师事务所，不利于维持客户关系，尤其是对会计师事务所有重大经济利益影响的项目。因此，注册会计师具有相信客户的交易或事项是“真实”的心理活动趋向，这或许也是项目组与质量复核人员意见不一致时，复核人员认为项目组总是站在客户一边的原因，因为复核人员没有客户压力，比较独立超然，不容易被说服。

二、明确审计思路与方法

针对舞弊迹象的审计，注册会计师应拥有更多的“证伪”思路，少一些“证实”思路。当我们不想相信一个结论时，趋向于问“我必须相信这个论点吗？”，这就是证伪的思路，而证伪是用证伪的证据，一直搜索并获取证伪的证据后才停止。也就是说，注册会计师要证明被审计单位没有舞弊行为，思维中却要认为其有舞弊行为，并通过审计程序获取证据证实是否有舞弊。当我们相信一个结论时，趋向于问“我可以相信这个论点吗？”这是一个证实的问题，证实是用证实的证据，而我们却不自觉地搜索到证实证据而忽略相反证据，或者在找到证实证据后停止搜索。实际上，“证伪”思路是保持合理怀疑，而“证实”思路是比较相信客户不存在舞弊行为。

思路决定行动，纳特·西尔弗在《信号与噪声》一书中写道：“莎士比亚借西塞罗的话警告我们‘人们按照自己的意思解释一切事情的原因，实际上却和这些事物本身的目的完全相反’。”人们很难从干扰他们的噪声中分辨出有用的信号，数据展示给我们的通常是数据提供者及我们想要的结果。因此，注册会计师要时刻保持清晰的思路，具体而言，针对可能存在的舞弊迹象，注册会计师可通过以下三个步骤应对：

首先，交易是否可解释。所谓交易可解释，是被审计单位的异常交易具有合理的理由，这时注册会计师是合理“相信”管理层，并在此基础上执行审计程序，获取证据以证实被审计单位的解释理由。如果对于异常交易没有合理的解释理由，如被审计单位技术、规模处于行业中等水平，但产品销售毛利率却远高于行业最高水平企业，注册会计师断定被审计单位存在舞弊的可能性很大，这时注册会计师应合理“怀疑”管理层，并在此基础上执行审计程序，以收集证实存在舞弊的方向开展审计工作。也就是说，注册会计师对异常交易可解释与不可解释，分别采取不同的审计思路和策略。

交易是否可解释，要多站在交易对方看问题，以对方是“经济人”为假设，所作出的决策都是理性的，都是以利益最大化作为决策的出发点和归宿，而不能仅仅站在被审计单位角度判断合理性。例如，某影视剧制作企业制作完成了一部电视连续剧，但因为涉及政治因素，两年来一直未能通过国家影视主管部门的审查，无法取得播放许可证。2020 年，该公司将部分收益权转让给某影视代理企业，产生大额利润，并使得公司由亏损转为盈利，但未收到任何转让款。该项交易站在交易对方看，需要承担极大的风险，如果不能取得播放许可证，购买的收益权支出将全部损失，这样的决策很难说是理性的，涉嫌虚构交易。又如，某公司对“库龄”较长的存货（电子产品）计提了金额较大的跌价准备，但次年均以正常产品价格（毛利率30%）实现了销售，确认大额毛利，并使得公司由亏损转为盈利。该交易行为难以合理解释，如果销售业务是真实的，则很难解释大额计提存货跌价准备；如果确实应计提存货跌价准备，则可能涉嫌虚假销售。事实上，该公司将计提存货跌价准备的产品按照正常价格销售，实际为虚假销售，涉嫌财务造假舞弊行为。

其次，轨迹是否可观察。任何交易都会留下痕迹，除非完全虚构的交易。在明确了交易可解释性的基础上，接下来是观察交易的轨迹。注册会计师观察轨迹可从两个方面着手：一是交易对象的物理轨迹，或者说物流路线图。对于没有实物流的软件销售、技术转让、版权交易和其他劳务服务性质的交易，仍然会留下交易的轨迹。二是核查交易的有用性，即了解交易标的物的用途，交易对手所处产业链的位置，产品或服务的最终使用方。对于没有实物形态的交易标的，必要时可前往交易对方实地观察使用情况，若对方未实际使用，或者根本就不需要，则可能涉嫌虚构交易。如果注册会计师获取的证据仅是一些书面证据，从未亲眼观察到交易标的物，也不清楚交易产品或服务究竟用于何处，这种脱离具体交易标的物的"单据式"核查审计，很容易被舞弊者欺骗。眼见为实，刨根问底的审计思路，对于反财务舞弊很重要。

轨迹可观察，从证据的质量和价值角度看，"书证"需要"物证"支持，"书证"不一定是事实证据，且很容易制作，造假成本几乎可以忽略不计。"物证"通常是事实证据，是"书证"的载体，是证实和判断交易或事项真实性的直接证据，"物证"的造假难度和成本通常较高。有的时候，注册会计师获取了看似很充分的书面证据，但仍然未能发现被审计单位舞弊行为，重要的原因可能是对"物证"重视不够。轨迹可观察，从审计方法和程序选择角度看，注册会计师要重视"观察"方法运用，"观察"不仅用于存货等监盘工作，几乎所有的交易和事项都可以运用"观察"，且重要的审计事项必须要用好做实"观察"程序。

注册会计师在观察中，需要保持思考，要肉眼、心眼"两眼"都要见。肉眼要见，肉眼不见不真；心眼要见，心眼不见不深。如果单纯地"眼见为实"，注册会计师可能会被眼见的物理现象欺骗，如存货监盘，看见的存货有可能是借来的，需要小心和用心求真。正如柏拉图"洞穴之喻"，常人所见的，实际是"真"与"美"的对象的影子，而不是其本身，常人即"囚徒"。走出洞穴，看到事物的本身，看到真实的情况，这才是柏拉图心目中的智者。

最后，期后是否可验证。时间是检验真理的试金石。在会计信息质量决策相关性为纲的情况下，公允价值计量被广泛运用，这需要对于未来做出估计和判断，如研发支出资本化条件，需要研发成果未来产生收益，商誉及其他长期资产减值测试，考量的是资产组未来现金流量折现数额的大小。站在财务报表基准日，这些属于需要估计的未来事项，时间往前推移，当覆盖之前的预测期间时，未来就变为现在，预测变为现实，预测数与实际数相差情况通过时间的流逝得到验证。如果实际结果与预测相去甚远，则当期可能存在预测操纵，如无确凿证据，属于前期会计差错，商誉减值就是典型可通过期后验证的会计事项。对于财务舞弊行为，虚假信息终究需要消化处理，如一次性大额计提或核销，将前期虚构交易产生的虚假资产一笔勾销。

注册会计师在运用质疑思维应对舞弊的基础上，实施审计时需注意处理好几个关系。

（一）实质风险与形式风险的关系

实质风险，指注册会计师实施审计程序后未能发现财务报表舞弊的重大错报导致的风险。形式风险，指财务报表本身并无重大错报，但注册会计师审计程序实施不到位可能导致的监管部门检查风险。审计理论、审计准则中，只有审计风险的概念，即审计风险相当于实质性风险意思，而并无实质风险与形式风险的定义，但审计实务中二者存在不同观点，由此形成了不同的审计风险观，进而影响注册会计师审计思路和获取的审计证据。

重实质主义者认为，会计问题定生死，只要没有导致被审计单位财务报表重大错报的会计确认、计量或披露事项，注册会计师就不会有遭致行政处罚的重大风险。坚持该观点的注册会计师，审计重点主要是查问题、纠错报、防报表风险，重实质性审计程序，轻风险评估和控制测试，不追求程序实施面面俱到，不够重视审计工作底稿编制的完备性，强调报表真实。会计师事务所合伙人多持该种观点，他们认为就中国当前注册会计师监管环境，只要客户存在实质性风险，即使审计程序执行再完美，以现行监管执法标准，也难逃“有罪推定”之责。重形式主义者认为，注册会计师作为独立审计师，必须分清会计责任与审计责任的关系。被审计单位对编制和公允列报财务报表负责，包括按照会计准则规定编制财务报表并使其实现公允反映，以及设计、执行和维护必要的内部控制，以使财务报表不存在由于舞弊或错误导致的重大错报。注册会计师的责任是按照审计准则规定执行审计工作，以对财务报表是否存在重大错报获取证据并发表审计意见。坚持该观点的注册会计师，工作重点是完成审计准则的“规定”动作，重视审计程序的实施和底稿编制的齐备性，包括风险评估、控制测试、实质性测试等，强调程序真实。执业一线注册会计师多持该观点。他们认为，按审计准则执业天经地义，且通常能够发现重大错报，即使不能发现舞弊导致的错报，根据最高人民法院《关于审理涉及会计师事务所在审计业务活动中民事侵权赔偿案件的若干规定》（法释〔2007〕12 号）规定，若属于“已经遵守执业准则、规则确定的工作程序并保持必要的职业谨慎，但仍未能发现被审计的会计资料错误”情形，注册会计师可以免责。因此，防范形式风险，必须做好审计工作底稿，因为底稿是“护身符”。

这两种观点均有失偏颇，注册会计师应坚持“实质与形式并重”，仅强调实质风险，可能会因程序实施不到位而不易发现财务舞弊等实质问题；仅强调形式风险，难免会偏离审计目标，即使能够免责，但这并非财务报表使用者所需要的审计结果。因此，实质与形式是审计目标与审计手段的关系，按照准则规定实施程序，是为了发现实质性风险，两者并无矛盾。

（二）余额审计与过程审计的关系

资产负债表反映时点数，利润表反映期间数，注册会计师分别以确认期末余额、当期发生额的真实性和准确性为审计目标，并据以设计相应的审计程序。审计实务中，注册会计师对资产负债项目余额形成过程关注不够，导致未能发现舞弊导致的重大错报。舞弊者通过期间违规、期末平账等方式可能存在期间舞弊行为，如上市公司年度内与关联方发生大量非经营性资金往来，年末全部归还。从期末余额看，财务报表其他应收款并无重大错报，但存在“期末为零，过程占用”的财务舞弊行为。

余额审计与过程关注，相辅相成，互为补充。注册会计师可从以下几方面把握：一是关注资金流。几乎所有交易都离不开资金流，上市公司、拟上市企业等高风险业务，核查资金流是至关重要的程序，包括账户完整性、未达账项、异地账户、账户数量或资金流量与业务匹配性等，并同财务报表异常项目挂钩。二是关注实物流。采购与销售业务及形成的资产、负债，仅审核合同、发票等证据还不够，物流轨迹也为关键证据。三是重视会计分录测试。通过关注异常会计分录，可识别腾挪、平账、虚构等交易。当然，余额审计时关注资产负债项目形成过程，并非等同于损益类科目审计，而是根据风险评估结果，关注重大、异常、疑虑等高风险账户。

（三）例外审计与常规审计的关系

科学管理之父泰勒认为，管理中大量的事务性工作应该尽可能实现规范化，企业的高级管理人员把一般的日常事务授权给下级管理人员去处理，自己只保留对例外事项（即重要事项）的决策和监督权。例外原则运用到审计实务中，注册会计师应更多地关注被审计单位出现异常的例外事项，评估为舞弊迹象的高风险领域，委派具有相应经验的审计人员，设计和实施总体应对措施及进一步审计程序，而对常规事项采取一般审计，以节约审计资源。不少会计师事务所对业务项目采取分级分类管理，不同等级项目，实施不同的质量控制流程，包括项目承接、业务执行、报告出具等，体现了例外管理原则，也与风险导向精神相适应。

被审计单位的“例外”事项通常包括：财务指标的异常波动，如资产负债及收入成本项目异常变动、毛利率大幅变动、期间费用波动等；复杂或特殊交易事项，如衍生金融工具、商誉等长期资产减值测试、精算福利、特定资产价值量确认、境外审计、创新业务会计处理等，需要较高的专业胜任能力；非常规重大交易，如复杂的股权交易，突然新增重要交易客户或供应商等。

（四）扁平思维与立体视角关系

企业财务信息来源同员工、客户、供应商、金融机构等内外部密切相关，数据生成呈系网状、立体式，因而财务信息之间、财务信息与非财务信息之间存在内在勾稽或联系。风险导向理念，必须了解财务报表背后的故事，仅从被审计单位财务部门完成全部审计工作蕴含风险，因为一张据以入账的原始凭证，在进入会计系统前也许经历了漫长、复杂的“旅行”，经过了不同地方、不同单位、不同部门、不同人员之手，最终形成财务报表上的一个数据。注册会计师对于存在舞弊迹象的异常数据，往往要从数据外寻找突破口。在以互联网快速发展催生的大数据时代，为了解财务数据生成相关主体及真实性印证提供了便利条件，公开信息、媒体报道、举报等成为获取审计线索的重要途径。

“由外至内，自上而下”的审计思维，注册会计师应实现两个转变：一是审计程序的执行，要由扁平化向立体化转变。例如，审计重要的收入项目，不仅要履行分析、抽查、核对等常规程序，还要进行交易函证，甚至现场走访核查，从立体视角核实印证收入确认真实性，切忌将审计工作变成“复印机”“留声机”。二是审计证据的获取，要由单一化向多维化转变。仅以询证回函确认应收账款余额可能存在风险，若辅之以收入核查、存货抽盘等证据，将降低检查风险，这也是不少注册会计师按照业务循环设计和实施审计程序的原因。拟上市企业审计中，监管部门要求申报会计师关注财务信息与非财务信息相互衔接与印证，目的是从不同维度获取证据，核实财务报表的真实性。例如，经营模式、产销量与营业收入、营业成本、应收账款、期间费用的关系是否匹配；产能与产量是否匹配；存货构成与产销量是否匹配；产量与水、电量是否匹配；销量与运费支出是否匹配；毛利率波动与生产工艺改进、原材料价格波动关系是否匹配；资产的形成过程是否与发行人历史沿革和经营情况相互印证；招股说明书披露的财务信息是否与经审计的财务报表一致等。

（五）审计不足与审计过度的关系

以最少的审计程序，发现包括舞弊在内的最多的错报，这是风险导向审计的最高境界和最佳效果。但要达到该效果并非易事，往往不是审计不足，就是审计过度。审计不足风险，指注册会计师未实施充分适当的审计程序，导致未能发现财务报表重大错报的风险；审计过度风险，指注册会计师实施了不必要的审计程序，获取的证据无助于形成审计结论的风险。前者影响审计效果，可能导致注册会计师发表不恰当的审计意见，后果影响审计效率，导致注册会计师实施额外工作，造成审计资源浪费。

导致审计不足与审计过度的原因，一方面，是注册会计师审计准则掌握理解不够，尤其是风险导向运用不到位所致。例如，集团财务报表审计平均用力，非重要组成部分也执行了详细、完整的审计程序；控制测试与实质性测试重复审计；审计抽样不考虑风险评估结果，不考虑重要性水平，漫无目的地抽样检查会计凭证，复印大量资料等，这种过度审计毫无意义。而对于风险点，审计的深度、广度不够，证据不足以支持审计结论。另一方面，会计师事务所管理也不容忽视，包括人力资源投入不足、项目组织不当、时间压力大、合伙人责任不到位、收费过低等，产生这些问题的根源是会计师事务所经营以质量为导向，还是市场为导向，是重品牌建设，还是重短期利益，不同理念形成质量文化差异。如何处理好二者的关系？经济学中“纳什均衡”理论，或许值得借鉴，即博弈中参与各方效用最大。具体而言，选择合适的审计程序是平衡审计不足与审计过度的关键。选择恰当，事半功倍，反之，事倍功半。

三、审慎选择审计意见

审计意见是注册会计师防范风险的最后防线。针对被审计单位的财务舞弊迹象，注册会计师在出具审计报告阶段，有三种决策方案：

情形一：注册会计师经过实施审计程序，获取的证据证实了被审计单位存在财务舞弊行为，经与管理层沟通，其同意更正因舞弊产生的财务报表错报，更正后的财务报表在所有重大方面公允反映了被审计单位的财务状况、经营成果和现金流量情况。此时，注册会计师应发表无保留意见审计报告。但是，由于发现了管理层舞弊，在是否继续保持承接该客户时，注册会计师应审慎评估。

情形二：注册会计师经过实施审计程序，虽然获取的证据仍不能直接证实被审计单位存在财务舞弊行为，但注册会计师根据已获取的证据分析，基本可以断定财务报表存在舞弊导致的错报，只是被审计单位拒不承认，也不配合提供相应的证据。此时，注册会计师应以审计范围“受限”为由，根据潜在错报的影响，出具保留意见或无法表示审计意见报告。

情形三：注册会计师经过实施审计程序，获取的证据难以判断被审计单位是否存在舞弊，或者有50%的可能性存在舞弊，50%的可能性没有问题。这时如何作出审计意见类型决策？如果出具无保留意见审计报告，害怕有问题而承担审计责任；如果出具非无保留意见审计报告，又担心真没问题而误伤被审计单位。这种情形实际上是风险导向审计不能最终落地时如何处理的问题。有的观点认为，注册会计师已经穷尽了所有程序，做到了“应做尽做”，即使事后发现被审计单位存在舞弊导致的财务报表错报，那也是会计责任，注册会计师不应承担审计责任，所以趋向于赌一把，出具无保留意见审计报告。另一种观点认为，虽然注册会计师尽最大努力，但获取的证据仍然未消除疑虑，且也不能再进一步执行延伸审计，这属于审计范围受限，应出具非无保留意见审计报告。在当前执业环境和监管政策下，要谨慎采取第一种观点，如果被审计单位确实存在财务舞弊，注册会计师很难做到“应做尽做”，即使审计程序做得比较完善，但以“未能保持应有的职业谨慎”仍然可以追究注册会计师的审计责任。因此，注册会计师应严把审计意见决策关，审慎出具审计报告。

附录：关于加大审计重点领域关注力度 控制审计风险进一步有效识别财务舞弊的通知

财会〔2022〕28 号

各省、自治区、直辖市财政厅（局），深圳市财政局，新疆生产建设兵团财政局，各注册会计师协会，各会计师事务所：

为贯彻落实《国务院办公厅关于进一步规范财务审计秩序 促进注册会计师行业健康发展的意见》（国办发〔2021〕30 号），指导会计师事务所和注册会计师提高应对财务舞弊的执业能力，充分发挥审计鉴证作用，现就有关事项通知如下。

一、充分认识加大审计重点领域关注力度、控制审计风险、进一步有效识别财务舞弊的重要意义

随着我国社会主义市场经济高质量发展深入推进，注册会计师行业规模和服务范围不断扩大，在社会主义市场经济建设中发挥着日益重要的作用。中央领导高度重视注册会计师行业，多次作出重要批示指示。国办发〔2021〕30 号文件明确要求各地区、各部门从经济社会发展和全面深化改革开放的大局出发，充分认识推动注册会计师行业健康发展的重要性，将相关工作摆到重要议事日程。注册会计师行业发展总体向好，为提升会计信息质量和经济效率、维护市场秩序作出了重要贡献。但仍然存在少数会计师事务所和注册会计师在执行审计业务时未严格遵守审计准则、在一些审计重点领域审计程序执行不到位、审计证据获取不充分、未能有效揭示财务舞弊等问题，引发社会各界对会计师事务所职责履行效果的高度关注。因此，指导会计师事务所和注册会计师加大审计重点领域关注力度、控制审计风险、进一步有效识别财务舞弊，是推动注册会计师行业切实履行审计

鉴证职责、合理保证会计信息质量、帮助财务报告使用者作出有效决策判断的重要举措，是保障注册会计师行业长远健康发展的重要基础，是回应社会关切、维护市场秩序和公众利益的重要手段。

二、会计师事务所要不断健全质量管理体系，完善审计程序

完善的质量管理体系是提升会计师事务所整体审计质量、防范审计风险的基石。各会计师事务所要高度重视，对标《会计师事务所质量管理准则第 5101 号——业务质量管理》《会计师事务所质量管理准则第 5102 号——项目质量复核》《中国注册会计师审计准则第 1121 号——对财务报表审计实施的质量管理》，充分认识构建完善质量管理体系任务的系统性、复杂性，扎实做好贯彻实施工作，确保按照时间要求建成并运行在全所范围内统一的质量管理体系。会计师事务所治理层要高度重视、深度参与和引领推动，依照事务所自身规模、服务范围、业务性质和具体情形，“量身定制”符合自身实际情况的质量管理体系框架，杜绝盲目“照搬照抄”。各会计师事务所要认真对照本通知要求，查找自身在审计环节中存在的突出问题与薄弱环节，及时有效识别、评价和应对其对执业质量的不利影响，相应完善自身审计程序。进驻企业前要多方渠道收集企业财务、经营信息并形成客户风险分析和应对报告，进驻企业后要对存在财务舞弊行为的重点领域采取针对性审计程序，切实防范、揭示会计造假行为。实施整合审计时，要高度关注管理层凌驾内部控制之上的风险。

三、注册会计师要严格执行审计准则，提高应对财务舞弊的执业能力

注册会计师要严格执行审计准则，在整个审计过程中保持充分的职业怀疑，对财务舞弊等风险因素保持警觉，当识别出可能存在由于财务舞弊导致的错报且涉及管理层时，应当考虑重新评价由于财务舞弊导致的重大错报风险的评估结果，以及该结果对审计程序的性质、时间安排和范围的影响。要针对相应风险点强化审计程序、扩大抽查比例、增加审计证据，有效控制审计风险。要在审计过程中对企业遵守会计准则情况作出职业判断；要在做好其他领域审计的同时，加大对货币资金、存货、在建工程和购置资产、资产减值、收入、境外业务、企业合并、商誉、金融工具、滥用会计政策和会计估计、关联方关系及交易等 11 个近年来财务舞弊易发高发领域的关注力度，做好有效应对（详见附件）。

四、财政部门、注册会计师协会要持续加强审计秩序管理和业务指导

财政部门、注册会计师协会在开展会计师事务所执业质量检查中，要对会计师事务所在上述重点领域是否贯彻风险导向审计理念、相关审计程序是否实施到

位、获取的审计证据是否足以有效支持审计报告意见类型等列入重点关注范围。要进一步规范审计秩序，严格依法依规处理处罚，坚决清理注册会计师行业“害群之马”，强化震慑，促进会计师事务所提升执业质量和职业声誉、注册会计师提升专业胜任能力和塑造职业精神。中国注册会计师协会要动态掌握注册会计师审计过程中遇到的新领域、新情况、新问题，在国务院财政部门指导下及时充实、完善审计准则，发布问题解答，加强对注册会计师审计业务的规范和指导。

本通知自 2022 年 11 月 1 日起施行。

附件：财务舞弊易发高发领域及重点应对措施

财政部

2022 年 9 月 30 日

附件：

财务舞弊易发高发领域及重点应对措施

会计师事务所和注册会计师在审计过程中，要严格执行执业准则规则，控制审计风险，在做好其他领域审计的同时，加大对下列近年来财务舞弊易发高发领域的关注力度，合理运用职业判断，对发现的可能存在的舞弊风险做好有效应对。

一、货币资金相关舞弊风险应对措施

（一）针对虚构货币资金相关舞弊风险。一是严格实施银行函证程序，保持对函证全过程的控制，恰当评价回函可靠性，深入调查不符事项或函证程序中发现的异常情况；二是关注货币资金的真实性和巨额货币资金余额以及大额定期存单的合理性；三是了解企业开立银行账户的数量及分布，是否与企业实际经营需要相匹配且具有合理性，检查银行账户的完整性和银行对账单的真实性；四是分析利息收入和财务费用的合理性，关注存款规模与利息收入是否匹配，是否存在“存贷双高”现象；五是关注是否存在大额境外资金，是否存在缺少具体业务支持或与交易金额不相匹配的大额资金或汇票往来等异常情况。

（二）针对大股东侵占货币资金相关舞弊风险。一是识别企业银行对账单中与实际控制人、控股股东或高级管理人员的大额资金往来交易，关注是否存在异常的大额资金流动，关注资金往来是否以真实、合理的交易为基础，关注利用无商业实质的购销业务进行资金占用的情况；二是分析企业的交易信息，识别交易异常的疑似关联方，检查企业银行对账单中与疑似关联方的大额资金往来交易，关注资金或商业汇票往来是否以真实、合理的交易为基础；三是关注期后货币资金重要账户的划转情况以及资金受限情况；四是通过公开信息等可获取的信息渠道了解实际控制人、控股股东财务状况，关注其是否存在资金紧张或长期占用企业资金等情况，检查大股东有无高比例股权质押的情况。

（三）针对虚构现金交易相关舞弊风险。一是结合企业所在行业的特征恰当评价现金交易的合理性，检查相关内部控制是否健全、运行是否有效，是否保留了充分的资料和证据；二是计算月现金销售收款、现金采购付款的占比，关注现金收、付款比例是否与企业业务性质相匹配，识别现金收、付款比例是否存在异常波动，并追查波动原因；三是了解现金交易对方的情况，关注使用现金结算的合理性和交易的真实性；四是检查大额现金收支，追踪来源和去向，核对至交易的原始单据，关注收付款方、收付款金额与合同、订单、出入库单相关信息是否一致；五是检查交易对象的相关外部证据，验证其交易真实性；六是检查是否存在洗钱等违法违规行为。

二、存货相关舞弊风险应对措

（一）针对虚构存货相关舞弊风险。一是根据存货的特点、盘存制度和存货内部控制，设计和执行存货监盘程序；二是关注是否存在金额较大且占比较高、库龄较长、周转率低于同行业可比公司等情形的存货，分析评价其合理性；三是严格执行分析性程序，检查存货结构波动情况，分析其与收入结构变动的匹配性，评价产成品存货与收入、成本之间变动的匹配性；四是对异地存放或由第三方保管或控制的存货，严格执行函证或异地监盘等程序。

（二）针对账外存货相关舞弊风险。一是在其他资产审计中，关注是否有转移资产形成账外存货的情况；二是关注存货盘亏、报废的内部控制程序，关注是否有异常大额存货盘亏、报废的情况；三是存货监盘中，关注存货的所有权及完整性；四是关注是否存在通过多结转成本、多报耗用数量、少报产成品入库等方式，形成账外存货。

三、在建工程和购置资产相关舞弊风险应对措施

（一）针对利用在建工程掩盖舞弊的风险。一是检查是否存在与企业整体生产经营规划不符或与预算不符的异常在建工程项目；二是检查是否存在非正常停工或长期未完工的工程项目，关注有无通过虚构在建工程项目或虚增在建工程成本进行舞弊的情形。

（二）针对通过购置固定资产实施舞弊的风险。一是复核购置固定资产的理由及其合理性；二是检查购置固定资产相关的采购合同、采购发票等，判断固定资产计价的准确性，关注是否存在混淆费用和成本属性来操纵利润的情形；三是复核已入账固定资产的验收情况，观察固定资产是否确实存在并了解其使用情况。

四、资产减值相关舞弊风险应对措施

（一）针对通过不恰当计提减值准备人为调整资产账面价值的舞弊风险。一是对于存在减值迹象的资产，复核企业资产减值的测试过程和结果，评价管理层作出的与资产减值相关的重大判断和估计，必要时利用专家工作；二是对于持续存在减值迹象的资产，关注一次性大额计提减值的合理性，以及是否存在以前年度未予充分计提减值的情况。

（二）针对通过不恰当计提坏账准备人为调整利润的舞弊风险。一是复核企业对应收账款进行信用风险评估的相关考虑和客观证据，评价是否恰当识别各项应收账款的信用风险特征；二是评价应收账款账龄与预期信用损失计算的合理性，复核计提坏账准备的准确性，检查计提方法是否按照坏账政策执行；三是检查应收账款的期后回款情况，关注是否存在通过虚构回款冲减往来款等情形，评价应收账款坏账准备计提的合理性。

五、收入相关舞弊风险应对措施

（一）针对收入确认存在的舞弊风险因素。一是客观评价企业哪些类型的收入或收入认定可能存在重大舞弊风险；二是严格核查收入的交易背景，关注是否存在复杂的收入安排，收入确认是否取决于较高层次的管理层判断等；三是详细查阅是否存在股权激励等可能构成舞弊动机的事项；四是关注企业管理层变更后，收入确认政策是否发生重大变化。

（二）针对虚增或隐瞒收入舞弊风险。一是严格执行针对收入的分析程序，关注报告期毛利率明显偏高或毛利率波动较大、经营活动现金流量与收入不匹配等情况；二是借助数据分析工具，加强对收入财务数据与业务运营数据的多维度分析，有效识别异常情况；三是检查交易合同，并综合运用函证、走访、实地调查等方法，关注商业背景的真实性、资金资产交易的真实性、销售模式的合理性和交易价格的公允性等，识别是否存在虚构交易或进行显失公允的交易等情况，必要时，延伸验证相关交易的真实性；四是将业务系统和财务系统纳入信息系统一般控制和应用控制进行评价和测试，关注有无异常设定的超级用户等情况；五是分析收入确认政策的合规性，关注是否存在不恰当地以总额法代替净额法核算等情形。

（三）针对提前或延迟确认收入舞弊风险。一是严格实施收入截止测试，关注收入是否被计入恰当的期间；二是检查临近期末执行的重要销售合同，关注是否存在异常的定价、结算、发货、退货、换货或验收条款，关注期后是否存在退货以及改变或撤销合同条款的情况；三是复核重要合同的重要条款，关注是否存在通过高估履约进度，或将单项履约义务的销售交易拆分为多项履约义务实现提前确认收入以及通过将多项履约义务合并为单项履约义务延迟确认收入的情况。

六、境外业务相关舞弊风险应对措施

（一）针对虚构境外经营相关舞弊风险。一是结合境外业务所在国家或地区的经济环境和企业自身发展情况，评价境外经营的合理性；二是检查境外业务供应链、交易流程、相关内部控制和财务报告编制流程，关注境外经营的真实性；三是充分了解企业内外部风险因素，关注企业面临业绩压力、存在扭亏为盈等重大变化下管理层的舞弊风险，评价是否存在可能导致对其持续经营能力产生重大疑虑的情况，重点关注企业境外经营所在地是否存在影响持续经营的事项。

（二）针对虚构境外收入相关舞弊风险。一是分析境外销售毛利率是否存在异常，相同或类似产品是否存在境外销售价格明显高于境内、境外销售毛利率明显高于境内等情形；二是核查企业海关出口数据、出口退税金额、境外客户应收账款函证情况、物流运输记录、发货验收单据、出口信用保险数据等，评估其是否与境外销售收入相匹配；三是检查企业汇兑损益的计算是否准确，是否与现有销售收入相匹配；四是关注境外业务的结算方式，销售回款是否来自签订业务合同的往来客户，对存在第三方代收货款情形的，关注是否与第三方回款的支付方存在关联关系或其他利益安排，充分评估第三方回款的必要性和商业合理性。

（三）针对利用境外业务虚增虚构资产舞弊风险。一是对于储存在境外银行的货币资金，执行银行函证程序，关注是否存在被冻结的货币资金，是否存在大额境外资金，以及缺少具体业务支持或与交易金额不相匹配的大额资金或汇票往来等异常情况；二是对于源自境外客户的应收款项，考虑相关公司的信用风险、当前状况及未来经济情况的预测，评估管理层计提的预期信用减值损失是否恰当，检查是否存在大额应收款项减值或核销等情况；三是对于已通过海运或空运等方式发货但尚未到达海外客户的存货，向货运公司函证以验证存货的数量和金额，关注相关交易的真实性；四是关注税收缴纳等特殊领域，考虑利用专家工作，并充分评估专家的胜任能力、专业素质、客观性和工作结果。

七、企业合并相关舞弊风险应对措施

（一）针对操纵合并范围实施舞弊的风险。一是检查控制的判断依据，充分关注与被投资企业相关安排的设计目的与意图，综合考虑有关合同、协议等约定的相关主体财务和经营决策、决策人员权力限制、利润分享或损失承担机制等 8 因素，判断是否对被投资企业具有控制，并据此确定合并财务报表的合并范围是否恰当；二是评估未纳入合并范围的子公司可能对财务会计报告整体产生的影响，关注有无人为调整合并范围的情形。

（二）针对滥用企业合并实施舞弊的风险。一是关注企业合并的商业实质，是否与合并方的发展战略协同，特别是涉及复杂的交易、付款安排，相关的会计处理是否符合实质重于形式原则；二是检查被合并企业的业绩真实性、财务数据合理性，是否存在通过虚增收入达到高溢价并购以及并购业绩承诺精准达标的情况；三是关注被合并企业的内部控制情况，是否存在隐性关联方交易、违规为关联方担保、大股东违规占用资金等问题。

八、商誉相关舞弊风险应对措施

（一）针对确认高额商誉相关舞弊风险。一是分析企业合并对价合理性、商誉金额的合理性、企业合并过程中专家意见的合理性；二是复核企业合并中合并成本计量的准确性，判断是否存在应计入合并成本中的或有对价；三是检查企业是否以购买日公允价值重新确认和计量被购买方所有可辨认资产和负债（包括被购买方拥有但未在个别财务报表中确认的资产和负债），是否因未能恰当识别和确认被购买方的可辨认资产（尤其是无形资产）和负债而形成高额商誉。

（二）针对商誉未被恰当分摊至相关资产组或资产组组合的舞弊风险。一是评价管理层商誉分摊方法的恰当性，判断是否存在为了避免计提商誉减值准备而扩大分摊商誉资产组或资产组组合的范围，将商誉分摊至可收回金额较高但与商誉不相关的资产组的情况；二是检查购买日后相关资产组或资产组组合发生了重组、处置等变化，或某些资产组已经与商誉不再相关时，是否对商誉进行重新分摊；三是检查是否存在人为安排合并范围内子公司间的交易，以提高资产组的相关收入或盈利的情形。

（三）针对商誉减值测试过程中的相关舞弊风险。一是评价与管理层进行商誉减值测试相关的内部控制设计和运行的有效性；二是复核管理层商誉减值测试方法的合理性及一致性，评价管理层在减值测试中采用的关键假设的合理性并核实与上年关键假设的变化，关注盈利预测所使用基础数据和参数的相关性、准确性及完整性；三是评价商誉减值测试所涉及专家的胜任能力、专业素质和客观性，判断专家工作结果的恰当性，尤其要关注利用评估机构出具评估报告的情形。

（四）针对商誉减值确认相关舞弊风险。一是复核企业以前年度商誉减值计提情况，有无以前年度未计提或少计提而在本年度大幅计提商誉减值的情形，检查其理由和依据；二是关注企业是否存在与商誉有关的业绩承诺并分析其达标情况，关注是否存在精准达标或未达标，但未充分计提商誉减值的情况；三是检查商誉减值测试所依据的信息与管理层年度展望等相关信息的一致性。

九、金融工具相关舞弊风险应对措施

（一）针对金融工具分类和计量相关舞弊风险。一是检查金融工具分类的恰当性，关注债务工具和权益工具的区分不当、混淆业务模式与管理层投资时的主观意图、金融工具分类随意调整、复合金融工具或混合金融工具的拆分错误等情形；

二是检查金融工具计价的准确性，关注因企业自身信用风险变化导致的金融负债公允价值变动的会计处理方式是否恰当，复核摊余成本计算的结果，并对公允价值计量的金融工具检查其报告期末公允价值数据来源或测试其估值模型。

（二）针对金融工具终止确认相关舞弊风险。一是关注金融资产终止确认是否满足合同权利终止或满足规定的转移，关注交易对手方的履约能力、交易条件、是否存在关联方关系等，分析其商业合理性，关注有无人为安排交易以满足某些监管要求或合同义务等情形；二是关注金融负债现时义务是否解除、终止确认的时点是否恰当，是否存在以承担新金融负债的方式替换原金融负债，人为提前或者不当终止确认金融负债虚增利润。

（三）针对利用复杂金融产品实施舞弊的风险。一是了解金融产品和服务的业务模式和盈利方式，是否符合企业会计准则和监管规范要求，特别关注混合金融工具会计处理的恰当性；二是关注是否存在"资金池"、刚性兑付、违规承诺收益或其他利用多层嵌套、通道业务等方式将表内信用风险表外化的迹象；三是关注保理业务的商业实质，对相关的应收账款本身的真实性、可收回性进行分析，分析保理业务涉及的应收账款是否存在虚构交易或空转贸易情形。

十、滥用会计政策和会计估计相关舞弊风险应对措施

（一）针对滥用会计政策和会计估计变更实施舞弊的风险。一是结合企业经营状况，充分了解变更会计政策和会计估计的意图及其合理性；二是评价会计政策和会计估计变更前后经营成果发生的重大变化，检查是否存在通过会计政策和会计估计变更实现扭亏为盈，是否存在滥用会计政策和会计估计变更调节资产和利润等情况。

（二）针对混淆会计政策变更、会计估计变更和前期差错更正实施舞弊的风险。关注是否正确划分会计政策变更、会计估计变更和前期差错更正，是否如实反映相关的交易和事项，并进行相应会计处理和披露。特别是重要项目的会计政策、重大和异常交易的会计处理方法、在新领域和缺乏权威性标准或共识的领域采用重要会计政策产生的影响、会计政策的变更等，以及其对财务会计报告反映的信息质量的影响。

十一、关联方相关舞弊风险应对措施

（一）针对通过未识别出或未披露的关联方实施舞弊的风险。一是保持职业怀疑态度，关注交易金额重大、交易发生频次较少且交易时间集中、交易条件与其他对手方明显不同、交易规模和性质与对方的能力明显不匹配，以及其他不具有合理商业理由的交易，关注是否存在关联交易非关联化；二是针对不具有合理商业理由的交易采取进一步审计程序，通过背景调查、交易信息分析等方法，评估对手方与企业的关系，识别将原关联方非关联化行为的动机及后续交易的真实性、公允性，以及是否存在通过相关交易增加利润的可能。

（二）针对通过关联方实施舞弊的风险。一是加强关联交易舞弊风险的评估与控制，关注是否存在通过以显失公允的交易条款与关联方进行交易、与关联方或特定第三方串通舞弊进行虚假交易或侵占被审计单位资产、实际控制人或控股股东通过凌驾于被审计单位内部控制之上侵占被审计单位资产等方式影响关联交易真实性、价格公允性，从而粉饰财务会计报告或进行利益输送的舞弊行为；二是关注交易商业安排的合理性、资金资产交易的真实性、销售模式的合理性和公允性、关联交易金额上限的合规性等内部控制流程和控制措施的有效性。

第九章　其他项目工作底稿

第一节　持有待售和持续经营的考虑

一、重大错报风险

1. 将不满足持有待售资产分类条件的资产划分为持有待售资产。例如，有关规定要求企业相关权力机构或者监管部门批准后方可出售，被审计单位没有获得批准，仅根据资产处置协议条款以及处置决议上的日期确定长期资产划分至持有待售资产的时点，导致非流动资产并未实际达到划分为持有待售资产条件而列报为持有待售资产。

2. 划分为持有待售资产的初始计量不准确。例如，未在初始计量时比较假定其不划分为持有待售类别情况下的计量金额和公允价值减去出售费用后的净额后孰低计量，导致持有待售类别的非流动资产或处置组的初始计量不准确、资产减值损失计提不充分。

3. 未移除不再满足持有待售划分条件的非流动资产，继续将该类非流动资产在持有待售中核算，以达到减少非流动资产折旧、摊销的目的。

4. 可能通过处置组减值损失转回的核算，将划分至持有待售资产类别之前确认的资产减值损失予以转回，处置组中包括的负债所涉及的利息和其他费用不计或者少计，导致少计提费用。

5. 可能存在虚增利润的主观故意，为减少长期资产或资产组的折旧、摊销，违规或通过关联方虚构资产处置计划，将不符合持有待售资产的长期资产或资产组划分至持有待售资产，以达到少计成本、费用虚增利润的目的。

二、常见审计问题

1. 未充分了解被审计单位处置非流动资产或者资产组的交易背景，未对处置计划的商业合理性及受让方背景进行核查，以排除企业虚构资产处置计划的可能，也未关注期后是否存在将持有待售资产转回的情况。

2. 未关注划分为持有待售类别是否恰当。例如，拟转让或者处置的资产组是否为特定资产、是否需要取得企业相关权力机构或者监管部门审批。又如，对持有待售资产重分类日的判断，未结合处置协议、企业董事会（股东会）批准日、相关机构的批复日进行综合判断。

3. 未复核持有待售资产（处置组）的计量。例如，未审核拟转让资产或者处置组公允价值、处置费用的获取途径和依据是否恰当，未充分关注处置组中所包括负债涉及的利息和其他费用计量是否完整。

4. 未关注持有待售资产和终止经营列报和披露可能存在的问题。例如，对公允价值、处置费用和出售原因、方式和时间安排均没有进行披露；终止经营的列报不恰当，误导报表使用者。

三、审计关注要点

（一）关注划分为持有待售类别的恰当性

被审计单位拟转让生产经营用的固定资产、无形资产或者部分业务的终止经营，属于企业经营中的特殊交易和事项。在审计中，应核实该类交易的真实背景、合理性，对企业管理层、资产管理部门人员进行走访，并对资产受让方进行背景调查，必要时应访谈受让方，核实受让方与企业是否存在特殊关系。例如，被审计单位与关联方虚构交易资产计划达到减少长期资产折旧、摊销的目的。对企业重大资产、处置组的转让，应向受让方函证、处置日、资产交割日等关键信息。审计人员可关注下列事项：

1. 是否将拟出售但不丧失控制权投资划分为持有待售

被审计单位出售对子公司的部分投资但并不丧失对其控制权的，因保留部分股权仍具有控制，即并非主要通过出售收回其账面价值，而是主要通过持续使用（持有）收回，因此不应当将拟出售的对子公司的部分投资或对子公司全部投资划分为持有待售类别。

当被审计单位因出售对子公司的投资导致其丧失对子公司的控制权时，审计人员应关注在被审计单位母公司个别财务报表中将对子公司投资整体划分为持有待售类别，而不是仅将拟处置的部分投资划分为持有待售类别；在合并财务报表中将子公司所有资产和负债划分为持有待售类别，而不是仅将拟处置的部分投资对应的资产和负债划分为持有待售类别。但是，无论对子公司的投资是否划分为持有待售类别，被审计单位始终应当按照《企业会计准则第 33 号——合并财务报表》的规定确定合并范围，编制合并财务报表。应注意是否存在被审计单位将划分为持有待售的子公司未纳入合并财务报表范围的情形。

2. 关注被审计单位是否将拟结束使用而非出售的非流动资产或处置组划分为持有待售类别

被审计单位对该非流动资产或处置组的使用实质上几乎贯穿了其整个经济使用寿命期，其账面价值并非主要通过出售收回，而是主要通过持续使用收回。例如，因已经使用至经济寿命期结束而将某机器设备报废，并收回少量残值。对于暂时停止使用的非流动资产，企业不应当认为其拟结束使用，也不应当将其划分为持有待售类别。

3. 关注被审计单位是否将在资产负债表日至财务报告批准报出日之间才满足了持有待售划分条件的处置组在资产负债表日分类为持有待售的情形

4. 关注 A+H 股会计准则差异对持有待售划分时点的影响

企业会计准则对于持有待售的划分条件相对更严苛，要求被审计单位已与其他方签署了确定的购买承诺，而国际财务报告准则要求被审计单位内部适当级别的管理层承诺出售资产（或处置组）的计划，为寻找买方和完成该项出售计划的积极活动业已展开，并且不可能对出售计划作出重大修订或予以撤销时即可划分为持有待售类别。当被审计单位同时编制按照企业会计准则和国际财务报告准则编制的财务报表时，需关注同一出售业务的会计处理是否已分别按照不同准则要求进行了会计处理。

5. 关注拟处置资产或者资产组相关权力机构或监管部门批准情况

实务中，一些特殊行业的资产转让或处置，其部分资产的取得和转让需要经过上级主管机构或监管机构的批准，这种情况下，审计人员应核查上级主管机构或监管机构对企业转让该类资产或资产组的明确批复，并结合处置协议和股东会或董事会决议等判断该类资产是否可以划分为持有待售资产以及重分类日确定是否恰当。

6. 关注是否存在不满足持有待售类别仍不转回的情形

企业会计准则规定满足持有待售条件的出售合同是“几乎不可撤销”，因此通常情况下被审计单位不应发生持有待售资产不再满足划分条件的情形，但不排除存在极端情况。审计人员应保持职业怀疑，获取被审计单位不再执行资产处置计划的审计证据，例如企业因战略或生产经营发生重大变化，不准备执行资产处置计划，那么此部分持有待售资产就不再满足划分条件，应转回到非流动资产类别核算，继续计提折旧和摊销。审计中，重点核实被审计单位不再执行资产处置计划的原因、决议以及与拟受让方的解约是否完成，综合判断持有待售资产转回非流动资产的时点是否恰当，复核被审计单位是否已根据交易的实际情况，做出恰当、准确的会计处理，必要时应对受让方进行访谈、执行函证程序。

（二）关注持有待售资产的计量

1. 是否存在划分持有待售类别之前少计提折旧、摊销的情况

被审计单位可能利用资产处置计划减少对资产折旧、摊销的计提，或者利用资产分类为持有待售类别的日期操纵折旧、摊销的金额。审计时，结合前述的关注要点，充分核实被审计单位停止对长期资产计提折旧、摊销的时点是否正确，以及处置交易执行过程中，当持有待售资产重新转回长期资产时，折旧、摊销计提是否充分。

2. 减值损失的计提是否充分

核实减值损失的计提是否充分、恰当，关注当被审计单位转回持有待售资产减值损失时，是否将一些非流动资产分类为持有待售类别之前计提的减值损失也一并转回。被审计单位初始计量或在资产负债表日重新计量持有待售的非流动资产或处置组时，需比较其账面价值与公允价值减去出售费用后的净额，以孰低为原则将需相应减记的账面价值确认为“资产减值损失”，计入当期损益，同时计提“持有待售资产减值准备”。

3. 公允价值的取得依据是否充分

关注对于划分为持有待售的非流动资产或处置组，被审计单位应当按照《企业会计准则第 39 号——公允价值计量》的有关规定确定其公允价值。具体来说，如果被审计单位已经获得确定的购买承诺，应当参考交易价格确定持有待售的非流动资产或处置组的公允价值，交易价格应当考虑可变对价、非现金对价、应付客户对价等因素的影响。当被审计单位尚未获得确定的购买承诺，例如对于专为转售而取得的非流动资产或处置组，关注被审计单位是否对其公允价值做出估计，优先使用市场报价等可观察输入值等。

4. 处置组中包括的负债及所涉及的利息和其他费用的完整性

收集并重点核实资产处置协议和被审计单位董事会、股东会决议，关注处置组协议中负债及所涉及的利息和其他费用的有关条款，必要时向受让方、监管机构函证关键性条款，核实、重新计算处置组中包括的负债及所涉及的利息和其他费用计量的完整性。

（三）关注持有待售类别列报恰当性

关注持有待售的列报中，是否存在以下不符合企业会计准则的情形：

1. 持有待售资产和负债相互抵销。

2. 资产负债表中未单独列示持有待售的非流动资产，或未单独列示持有待售处置组中的资产和负债。

3. 持有待售列示为非流动资产或持有待售处置组中的资产与负债列示为非流动资产和非流动负债。

4. 不符合终止经营定义的持有待售的非流动资产或处置组，其减值损失和转回金额及处置损益未作为持续经营净利润列报。

（四）关注终止经营列报的恰当性

1. 持有待售不一定导致终止经营，关注被审计单位是否因子公司划分为持有待售，在不满足终止经营的条件时直接划分为终止经营。

2. 在资产负债表日是否满足终止经营列报的条件，需要关注是否在资产负债表日前已经处置或已经分类为持有待售。在审计实务中对于“已经处置的”的尺度把握，一般可理解为所有订单均已执行完毕，哪怕有一些债权债务未清偿，并不构成业务的延续；对于已经分类为持有待售的独立经营部分，即可作为终止经营在利润表中列报。

3. 对于当期列报的终止经营，被审计单位是否已在当期财务报表中，将以前年度作为持续经营损益列报的信息重新列报为可比会计期间的终止经营损益。

4. 终止经营的相关损益是否已作为终止经营损益列报。被审计单位财务报表上列报的当期终止经营损益是否已包含整个会计报告期间，而不仅包含认定为终止经营后的报告期间。

5. 被审计单位是否对同一组成部分可能在其不同报表层面是否列报为终止经营已分别进行分析判断。

四、审计案例

案例 9-1

2021 年 11 月 27 日，A 上市公司将持有 B 子公司 51% 股权在北京产权交易所公开挂牌交易。公开挂牌期满后，北京产权交易所于 2021 年 12 月 25 日出具了受让资格确认意见函。2021 年 12 月 28 日，A 公司与受让方签订了产权交易合同，转让价格 5 549.56 万元。该笔交易不需要外部监管机构的审批，A 公司内部的审批流程已于 2021 年末完成。A 公司预计最终的转让将在 2022 年 6 月前完成。因此期末将子公司 B 的资产和负债在合并财务报表中的持有待售资产及持有待售负债中列报。

案例讨论：

由案例背景信息可知，A 公司在出售子公司股权的交易中将相关资产划分为了持有待售资产（负债），并且该股权交易信息披露期已过，北京产权交易所已经出具了受让资格确认意见函，因此满足可立即出售的条件。同时，2021 年 12 月底也与受让方签订了产权交易合同，该交易不需要外部监管机构的审批，A 公司内部的审批流程已于 2021 年末完成，并且该交易预计在 2022 年 6 月前完成（小于一年），满足了极有可能出售条件。即上述交易同时满足持有待售资产确认的两个条件，因此，A公司于2022年资产负债表日将相关资产划分为持有待售类别是恰当的。

审计人员应实施以下程序，获取相关审计证据：

1. A公司按照相关内控制度在资产负债表日之前已完成内部审批程序的相关审计证据。

2. 了解A公司不需要获得外部监管机构对此出售业务的审批是否符合相关法规要求。

3. 预计出售在一年内完成是否存在实质性障碍的事项，与管理层对重大出售业务进行了充分了解，必要时，可取得管理层声明及相关支持证据。

4. 对比被审计单位对持有待售资产的初始计量与相关协议约定价款是否一致，涉及的交易费用和或有对价部分是否已进行了恰当的会计估计并在初始计量时予以考虑，在后续计量中根据相关情况变化予以适当调整。

5. 关注持有待售负债的计量，包括利息及费用等部分是否完整。

6. 关注期后实际交割是否已完成。

7. 复核2021年合并财务报表和母公司财务报表列报的恰当性及附注披露是否完整。

第二节　对法律法规的考虑

一、重大错报风险

1. 被审计单位未识别出对财务报表中的重大金额和披露有直接影响的法律法规，可能导致财务报表存在重大错报。

2. 被审计单位未识别出对被审计单位的经营活动、持续经营能力或避免大额罚款至关重要的法律法规，可能对财务报表产生重大影响。

二、常见审计问题

1. 未对报表项目中列示的法律费用进行全面深入的检查，可能导致负债低估或未恰当披露或有负债。

2. 仅向负责为被审计单位提供年度法律咨询的律师发送律师函，未向其代理重大法律诉讼案件的律师发送律师函。

3. 未恰当考虑已识别出的或存在怀疑的违反法律法规行为对审计报告的影响。

三、审计关注要点

（一）关注对法律法规考虑的询问要点

审计人员向管理层和治理层询问被审计单位是否遵守了相关法律法规，询问应进行记录并由询问者和被询问者签字确认。问询的要点通常包括但不限于：

1. 与经营活动有关的法律法规或监管要求，其中对经营活动可能产生重大影响的法律法规有哪些。

2. 针对上述要求是否制定了相关政策和程序，采取怎样的措施让各岗位级别的员工熟悉有关政策和程序，是否建立了各项行为规范的员工培训，培训是否有制度安排。

3. 监控行为实施情况，是否对违反行为规范的员工给予了适当处理。

4. 如何了解法律法规要求，是否请法律专业人士进行不定期传导或培训。

5. 违反法律法规事项被投诉的记录及制度情况，内部审计和审计委员会在遵循法律法规及发现违反法规行为的职责。

6. 在识别、评价和处理诉讼、索赔与税务纠纷采用的程序有哪些，是否存在诉讼事项，是否受到监管机构的批评或处罚，是否有与许可证颁发机构及监管机构的往来函件等。

（二）关注对法律法规考虑的调查要点

1. 针对通常对决定财务报表中的重大金额和披露有直接影响的法律法规的规定，例如税收和养老金的法律法规，审计人员获取被审计单位遵守这些规定的充分、适当的审计证据。

2. 对决定财务报表中的金额和披露没有直接影响的其他法律法规，但遵守这些法律法规（如遵守经营许可条件、监管机构对偿债能力的规定或环境保护要求）对被审计单位的经营活动、持续经营能力或避免大额罚款至关重要；违反这些法律法规，可能对财务报表产生重大影响。对于这些法律和法规，审计人员仅实施特定的审计程序，以识别可能对财务报表产生重大影响的违反这些法律法规的行为。

实务中，审计人员通常需要执行以下审计调查程序：

（1）检查被审计单位与许可证颁发机构或监管机构的往来函件；

（2）必要时，向许可证颁发机构或监管机构进行函证，保留相关证据；

（3）阅读会议纪要，如阅读股东大会、治理层会议和相关委员会会议记录；

（4）向被审计单位管理层、内部或外部法律顾问询问诉讼、索赔及评估情况。不仅应向负责为被审计单位提供年度法律咨询的律师发送律师函，还应向代理重大法律诉讼案件的律师发送律师函，收发律师函的控制轨迹应保留于审计工作底稿。

在收到律师回函与出具正式审计报告期间，应在出具报告前执行与律师更新了解确认诉讼事项进展是否发生改变的程序，将了解的情况应记录于审计工作底稿。

（5）对某类交易、账户余额和披露实施细节测试。如对报表项目中列示的法律费用应进行全面深入的检查，必要时包括期后期间内的法律费用，避免导致负债低估或未恰当披露或有负债；

（6）向管理层和治理层获取书面声明，以表明被审计单位已告知了其知悉的、影响财务报表的所有违反或可能违反法律法规的行为。

（三）识别出或怀疑存在违反法律法规行为时的进一步程序

1. 如果发现可能存在违反法律法规行为，应了解该行为的性质及其发生的环境，并获取其他适当信息，考虑下列事项，评价其对财务报表可能产生的影响：

（1）因罚款、没收违法所得、封存财产、强制停业及诉讼等导致的潜在财务后果；

（2）确定潜在财务后果是否需要披露；

（3）潜在财务后果是否严重，以至于影响到财务报表的公允反映（例如：影响被审计单位持续经营能力）。

2. 如果认为可能存在违反法律法规行为，应详细记录所发现的情况，并与管理层和治理层讨论。

（1）如果管理层不能提供令人满意的信息，证明其确实遵守了法律法规，应向被审计单位内部或外部法律顾问咨询有关法律法规在具体情况下的运用，包括舞弊的可能性以及对财务报表的影响；

（2）如果认为向被审计单位法律顾问咨询是不适当的，或不满意法律顾问的观点，建议应向所内技术部咨询，必要的时候考虑向法律顾问咨询。

3. 如果识别出或怀疑存在违反法律法规行为，审计人员应当确定根据相关法律法规或职业道德要求是否：

（1）要求审计人员向被审计单位以外的适当机构作出报告；

（2）规定了相关责任，基于该责任向被审计单位以外的适当机构报告在具体情形下可能是适当的。

（四）对识别出的或怀疑存在的违反法律法规行为的沟通和报告要点

1. 如果发现被审计单位存在违反法律法规行为，尽快地与治理层沟通，或获取治理层已获知违反法律法规行为的审计证据。如果采用书面形式沟通，需参会人员签字或盖章，如果采用口头沟通方式，应形成沟通记录并作为审计工作底稿保存。

2. 出具审计报告时的考虑：

（1）如果怀疑被审计单位存在违反法律法规行为而又无法获取充分信息，应当考虑缺乏充分、适当的审计证据对审计报告的影响；

（2）如果认为违反法律法规行为对财务报表有重大影响，且未能在财务报表中得到充分反映，应考虑出具保留意见或否定意见的审计报告；

（3）如果因被审计单位阻挠无法获取充分、适当的审计证据，以评价是否存在或可能存在对财务报表具有重大影响的违反法律法规行为，应根据审计范围受到限制的程度，出具保留意见或无法表示意见的审计报告；

（4）如果因审计范围受到被审计单位以外的其他条件限制而无法确定违反法律法规行为是否存在，需考虑其对审计报告的影响。

第三节　前后任注册会计师的沟通

一、重大错报风险

1. 被审计单位前任注册会计师与管理层在重大会计、审计等问题上存在意见分歧未解决，可能导致财务报表存在重大错报风险。

2. 未有效执行前后任注册会计师的沟通程序。

二、常见审计问题

1. 首次承接业务时，未与前任会计师进行必要的沟通，或与前任注册会计师关于承接的沟通程序未在项目承接前执行。例如，拟承接连续多年变更审计机构的上市公司时，未与前任注册会计师保持充分沟通，了解上市公司变更审计机构的原因和动机。

2. 审计人员向前任注册会计师寄发沟通函，沟通函回函无前任会计师事务所盖章、无前任注册会计师签名和日期；收发沟通函的控制轨迹未保留于审计底稿，或与前任注册会计师沟通的情况未记录于审计工作底稿。

3. 审计人员未对查阅前任注册会计师工作底稿获取的信息进行复核并形成复核记录。

三、审计关注要点

（一）接受委托前与前任注册会计师的沟通

1. 在征得被审计单位书面同意前任注册会计师对其询问作出充分答复后，向前任注册会计师寄发沟通函，并取得沟通函回函，沟通函回函应有前任会计师事务所盖章、前任注册会计师签名和日期，收发沟通函的控制轨迹应保留于审计工作底稿。

2. 评价前任注册会计师的回复内容，当前任注册会计师回函表明与被审计单位在会计和审计方面存在重大分歧时，如果后任注册会计师承接了该审计项目，应在工作底稿中记录对前任注册会计师回复的判断分析和承接原因。

3. 审计人员沟通内容应当合理、具体，具有针对性，至少包括：

（1）是否发现被审计单位管理层存在正直和诚信方面的问题。例如，向前任注册会计师了解被审计单位的商业信誉如何，是否发现管理层存在缺乏诚信的行为，被审计单位是否过分考虑将会计师事务所的审计收费维持在尽可能低的水平，审计范围是否受到不适当限制等。

（2）前任注册会计师与管理层在重大会计、审计等问题上存在的意见分歧。例如，在会计政策和会计估计的运用，财务报表的披露方面存在重大意见分歧，管理层不接受注册会计师的调整建议等。

（3）前任注册会计师向被审计单位治理层通报的管理层舞弊、违反法律法规行为以及值得关注的内部控制缺陷；例如，向前任注册会计师询问其是否从被审计单位监事会或审计委员会了解到管理层的任何舞弊事实、舞弊嫌疑，或针对管理层的舞弊指控，以及违反法律法规行为，特别是被审计单位是否存在涉嫌洗钱或其他刑事犯罪的行为或迹象等。了解这些信息有助于对管理层的诚信状况作出判断。

（4）前任注册会计师认为导致被审计单位变更会计师事务所的原因。如果变更会计师事务所可能是由于前任注册会计师在会计、审计等问题上与被审计单位管理层存在意见分歧，管理层对前任注册会计师的审计意见不满意，经多次沟通仍难以达成一致意见，则审计人员需要慎重考虑是否接受委托。

4. 未获取前任注册会计师书面沟通回复时的考虑

（1）在未取得沟通函回函情况下的电话沟通或当面沟通，应详细记录沟通的内容，沟通内容应合理、具体。如果仍得不到答复，审计人员可以致函前任注册会计师，说明如果在适当的时间内得不到答复，将假设不存在专业方面的原因使其拒绝接受委托，并表明拟接受委托。完成“与前任注册会计师的沟通记录”，是接受委托阶段审计程序之一。

（2）在沟通过程中，如果被审计单位不同意前任注册会计师作出答复，或被审计单位及前任注册会计师限制答复的范围，应向被审计单位或前任注册会计师询问原因，并考虑是否接受委托。

（二）接受委托后与前任注册会计师的沟通

1. 如果需要查阅前任注册会计师的工作底稿，应当征得被审计单位同意，并与前任注册会计师进行沟通。对于查阅前任注册会计师工作底稿获取的信息，审计人员应进行复核并形成复核记录。

2. 如果发现前任注册会计师审计的财务报表可能存在重大错报，审计人员应当提请被审计单位告知前任注册会计师。必要时，应当要求被审计单位安排三方会谈，以便采取措施进行妥善处理。

3. 如果被审计单位拒绝告知前任注册会计师，或前任注册会计师拒绝参加三方会谈，或审计人员对解决重大会计和审计问题的方案不满意，应当考虑对审计报告的影响或解除业务约定。

（三）与后任注册会计师沟通

1. 收到后任注册会计师发来的沟通函后按照审计准则的要求，在征得被审计单位书面同意后，根据所了解的事实，对后任注册会计师的合理询问做出答复。

2. 如果后任注册会计师需要查阅工作底稿，应考虑从被审计单位（前审计客户）处获取一份确认函，以便降低在与后任注册会计师进行沟通时发生误解的可能性。前任注册会计师应当根据情况确定是否允许后任注册会计师查阅相关审计工作底稿以及查阅的内容。

3. 应向后任注册会计师获取确认函，就工作底稿的使用目的，范围和责任等与后任注册会计师达成一致意见。在实务中，如果后任注册会计师在工作底稿的使用方面作出了较高程度的限制性保证，那么前任注册会计师可能会愿意向其提供更多的接触机会。相应地，为了获取对工作底稿的更多的接触机会，后任会计师应考虑同意前任注册会计师在查阅底稿过程中可能作出的限制。例如：不将查阅工作底稿获得的信息用于其他任何目的；在查阅工作底稿后，不对任何人作出关于前任注册会计师的审计是否遵循了审计准则的口头或书面评论；当涉及前任注册会计师的审计质量时，后任注册会计师不应提供任何专家证词、诉讼服务或承接关于前任注册会计师审计质量的评论业务。

4. 完成查阅工作底稿清单记录并存档管理。

（四）保密义务

前任注册会计师和后任注册会计师应当对沟通过程中获知的信息保密，即使后任注册会计师在与前任注册会计师沟通后决定不接受委托，后任注册会计师仍应履行保密义务。

四、审计案例

案例 9-2

2014 年 9 月，某上市公司聘请 A 事务所担任重大资产重组的审计机构；2014 年 10 月，上市公司与 A 事务所解除合作关系，聘请 B 事务所为重大资产重组的审计机构；2015 年 1 月，上市公司与 B 事务所解除合作关系，聘请 C 事务所为重大资产重组的审计机构。C事务所的工作底稿显示，C事务所于2014年10月开始对上市公司重组对象2012年1月至2014年9月财务报表进行审计，2015年1月出具了标准无保留意见的审计报告。

该上市公司2015年1月13日披露的《重大资产重组报告书（草案）》中记载：重组对象2012年度~2014年1~9月营业收入分别为1.77亿元、1.86亿元、1.58亿元。经证监会调查查实，重组对象2012~2014年1~9月实际的营业收入分别为1.49亿元、1.58亿元、1.36亿元，各年（期）虚增营业收入分别为0.28亿元、0.28亿元、0.22亿元，虚增比例分别为15.93%、14.76%、13.96%。C事务所未能勤勉尽责，出具的审计报告存在虚假记载，未执行前后任注册会计师的沟通程序。

案例讨论：

2015年1月，上市公司与B事务所解除合作关系，聘请C事务所为重大资产重组的审计机构。C事务所业务承接评价表未显示审计人员曾关注变更会计师事务所的原因，或与前任注册会计师进行过必要的沟通。

C事务所利用前任会计师访谈底稿但未执行复核程序。C事务所对经销商杨某某、杨某浩、杨某春、饶某某、傅某某等以书面询函形式进行访谈，访谈函的访谈记录均为重组对象董秘王某提供的原审计机构B事务所访谈底稿的复印件，C事务所审计工作底稿中未见对前任会计师访谈底稿的复核。上述情况不符合《中国注册会计师审计准则1153号——前任注册会计师与后任注册会计师的沟通》第七条和第十八条的相关规定。

案例9-3

ZH会计师事务所首次接受委托，对上市公司ST海越（600387）2018年度财务报表审计。在审计过程中，ZH事务所发现前期会计差错并拟建议被审计单位更正，同时向前任会计师事务所TJ就你更正事项进行沟通。

前后任关于更正事项的沟通函

TJ会计师事务所（特殊普通合伙）：

并注册会计师陈某某、李某某：

台鉴！

本所接受海越能源集团股份有限公司（简称海越能源）委托，对其2018年度财务报表进行审计。按照《中国注册会计师审计准则第1331号——首次审计业务涉及的期初余额》的要求，本所应针对2018年度财务报表的期初余额获取充分、适当的审计证据。在执行期初余额审计程序后，本所就以下内容需与贵所沟通，请给予及时、充分的答复：

本所在对海越能源控股子公司宁波海越新材料有限公司审计过程中发现前期的大修费、检测费、日常维修费未能准确估计。具体的情况如下：

一、大修费涉及镇海石化建安工程有限公司、浙江远卓能源技术股份有限公司、宁波市北仑精诚设备安装有限公司、宁波世纪恒祥自控技术有限公司四家供应商。按照四家供应商送审金额合计 2017 年应确认 5000 万元，账面确认 1300 万元。

二、检测费涉及宁波市特种设备检验研究院、宁波市劳动技术服务有限公司、浙江省特种设备检验研究院、中国特种设备检测研究院四家供应商。按照四家供应商合同及实际完成工作量合计 2017 年应确认 2200 万元，账面确认 650 万元。

三、日常维修费涉及镇海石化建安工程有限公司、浙江远卓能源技术股份有限公司、宁波市北仑精诚设备安装有限公司、宁波世纪恒祥自控技术有限公司、核工业华东建设工程集团公司五家供应商。按照第三方审核报告金额，2016 年以前应确认修理费 2100 万元，账面未确认。

现公司将按《企业会计准则第 28 号——会计政策、会计估计变更和差错更正》的要求，对上述事项按照追溯重述法进行更正。追溯重述后对 2017 年度合并财务报表的影响如下：

1. 对合并资产负债表影响（略）

2. 对合并利润表影响（略）

3. 更正事项不影响现金流量表

请贵所就以下事项进行书面回复：

1. 就贵所了解，公司前期未能准确核算的主要原因？

2. 贵所在以前年度审计过程中，就上述事项主要执行了哪些审计程序？

3. 贵所是否同意公司就上述事项对前期财务报表进行的更正？

本所已就以上询问事项提请海越能源允许贵所给予充分答复。在此对贵所的充分理解与积极配合表示衷心的感谢！如有任何问题，请及时与本所联系，以便我们与贵所作进一步沟通。

顺祝商祺！

ZH 会计师事务所（特殊普通合伙）

二〇一九年二月十二日

第四节　关联方及关联方交易识别

一、重大错报风险

1. 超出被审计单位正常经营过程的重大关联方交易导致重大错报风险。

2. 控股股东占用资金导致重大错报风险。

3. 管理层未能按照适用的财务报告编制基础和相关监管规定，对关联方关系或重大关联方交易进行恰当会计处理和披露导致重大错报风险。

4. 通过关联方关系及其交易实施财务舞弊。

二、常见审计问题

1. 审计人员未能保持必要的职业怀疑，按照企业会计准则及监管规定识别出被审计单位的全部关联方。

2. 审计人员未能识别非关联化形式的关联交易。

3. 对被审计单位重大关联方交易的商业合理性的认定依据不充分性。

4. 未识别出大股东隐匿占用被审计单位资金的舞弊行为。

5. 未能保持职业怀疑态度，发现管理层通过关联方串通舞弊、操纵财务报表等行为。

三、审计关注要点

（一）关注会计准则及相关规定对关联方界定标准及差异

《企业会计准则第 33 号——关联方披露》规定，关联方的存在是以控制、共同控制或重大影响为前提条件的，是否构成关联方应遵守实质重于形式的原则披露。同时关联方准则列示了构成关联方关系的若干情况，以及通常不构成关联方的例外情况。证监会、上交所和深交所有关文件对关联方的规定与企业会计准则界定的范围有不一致的情况。

《上市公司信息披露管理办法》规定，具有以下情形之一的法人（或者其他组织），为上市公司的关联法人（或者其他组织）：

1. 直接或者间接地控制上市公司的法人（或者其他组织）。

2. 由前项所述法人（或者其他组织）直接或者间接控制的除上市公司及其控股子公司以外的法人（或者其他组织）。

3. 关联自然人直接或者间接控制的、或者担任董事、高级管理人员的，除上市公司及其控股子公司以外的法人（或者其他组织）。

4. 持有上市公司百分之五以上股份的法人（或者其他组织）及其一致行动人。

5. 在过去十二个月内或者根据相关协议安排在未来十二月内，存在上述情形之一的。

6. 中国证监会、证券交易所或者上市公司根据实质重于形式的原则认定的其他与上市公司有特殊关系，可能或者已经造成上市公司对其利益倾斜的法人（或者其他组织）。

具有以下情形之一的自然人，为上市公司的关联自然人：

1. 直接或者间接持有上市公司百分之五以上股份的自然人。

2. 上市公司董事、监事及高级管理人员。

3. 直接或者间接地控制上市公司的法人的董事、监事及高级管理人员。

4. 上述第 1、2 项所述人士的关系密切的家庭成员，包括配偶、父母、年满十八周岁的子女及其配偶、兄弟姐妹及其配偶，配偶的父母、兄弟姐妹，子女配偶的父母。

5. 在过去十二个月内或者根据相关协议安排在未来十二个月内，存在上述情形之一的。

6. 中国证监会、证券交易所或者上市公司根据实质重于形式的原则认定的其他与上市公司有特殊关系，可能或者已经造成上市公司对其利益倾斜的自然人。

《上海证券交易所上市公司关联交易实施指引》，对关联方的主要规定为：

1. 持有上市公司 5% 以上股份的个人、法人或其他组织。

2. 根据实质重于形式原则认定的其他与上市公司有特殊关系，可能导致上市公司利益对其倾斜的法人或其他组织，包括持有对上市公司具有重要影响的控股子公司 10% 以上股份的个人、法人或其他组织等。

3. 根据与上市公司或者其关联人签署的协议或者做出的安排，在协议或者安排生效后，或在未来十二个月内，将具有第八条或者第十条规定的情形之一；以及过去十二个月内，曾经具有第八条或者第十条规定的情形之一。

实务中，审计人员应关注 IPO 财务报告和已上市公司的定期报告中，财务报告部分是否通常情况下已按照企业会计准则口径披露；董事会报告等其他部分按照交易所上市规则等口径披露；同时考虑是否需要按照交易所监管要求，将实质上可能构成关联方的单位及交易在财务报告附注中披露。例如，某上交所的上市公司重大资产重组，审计人员应关注标的资产的投资人及相应人员是否符合《上海证券交易所上市公司关联交易实施指引》第八条及第十条规定，根据实质重于形式的原则，在财务报告中也将其界定为关联方，对其关系及交易进行披露。

（二）关注可能存在未披露关联方的迹象

1. 交易对方曾经与被审计单位或其实际控制人、关键管理人员等存在关联关系，如交易对手曾是被审计单位的子公司或联营公司。

2. 交易对方的名称与被审计单位或其集团成员名称相似、注册地址或办公地址与被审计单位或其集团成员在同一地点或接近，网站地址或其 IP 地址、邮箱域名等与被审计单位或其集团成员相同或接近。

3. 交易对方的实际控制人、关键管理人员或购销等关键环节的员工姓名与公司管理层相近。

4. 交易标的与交易对方或被审计单位的经营范围不相关，交易对手为自然人或被自然人控制，且其个人经济实力或企业规模与其与被审计单位的交易规模不匹配。

5. 交易对方长期拖欠被审计单位的款项，但被审计单位仍继续与其进行交易。

6. 交易对方是当年新增的重要客户或重要供应商并有可能存在以下一种或几种情形：对手方为新设公司，新设时间与交易时间接近；减少的对手方仅与被审计单位进行了少数超出其正常经营过程的交易，并可能已注销。

7. 被审计单位与某些交易对手间的交易在价格和条款方面明显与其和其他交易对手之间的价格和条款不同，显失公允，导致被审计单位或交易对手明显从交易中获得超出正常情况的利益。

示例 9-1

会计师事务所关联方审计程序不到位。上海公合实业有限公司（简称公合实业）总经理龚某系 *ST 国药（600421）主管会计工作负责人（财务总监）黄某华配偶。根据《上市公司信息披露管理办法》（证监会令第 182 号）第七十一条规定，龚某为 *ST 国药关联自然人，公合实业为 *ST 国药关联法人。

2012 年，审计人员在明知 *ST 国药子公司上海鄂欣实业有限公司（以下简称鄂欣实业）与公合实业同时发生钢材销售和采购业务的情况下，忽视明显的未披露关联方特征，未保持职业怀疑，未作为异常情况处理，未实施进一步审计程序。此外，在 2012 年和 2013 年财务报表审计时，获取的审计证据不足，均没有获取 *ST 国药董事、监事、高级管理人员的直系亲属名单、工作单位、职务等情况，未能发现公合实业和 *ST 国药之间存在的关联关系。

资料来源：中国证监会网站。

（三）证实是否存在未披露的关联方关系

针对各类关联方关系，审计人员通常应要求被审计单位提供完整的关联方清单，同时可执行如下的审计程序，以证实是否存在未披露的关联方关系：

1. 访谈被审计单位的重要股东、关键管理人员以及治理层或者实施函证程序。

2. 以大股东、实际控制人、关键管理人员为起点，通过网络技术或者第三方商业信息服务机构实施背景调查，用以识别这些个人或机构控制或与其有关联关系的主体，评估这些主体与被审计单位的关系。

3. 获取管理层提供的当期新增客户和供应商清单，考虑被审计单位与供应商和客户的首次交易时间是否与供应商和客户的公司注册成立的时间重合或接近，以考虑客户和供应商是否仅为与被审计单位开展类似交易而设立的，并考虑客户和供应商是否可能与被审计单位存在关联关系。

4. 访谈被审计单位的重要股东、关键管理人员以及治理层或者实施函证程序。

5. 在获得被审计单位授权后，向被审计单位提供过税务和咨询服务的有关人员询问其对关联方的了解。

示例 9-2

关联关系核查程序执行不到位。B 公司的子公司与其主要供应商存在注册电话或邮箱相同的情况，主要客户甲的时任法定代表人与 B 公司法定代表人存在直系亲属关系，现任法定代表人曾是 B 公司业务部员工，并于 2020 年期间在 B 公司领取工资。针对可能存在的关联方关系迹象，审计人员未执行进一步审计程序予以证实。

（四）关注可能存在未披露的关联交易迹象

1. 交易金额重大，或为被审计单位带来大额利润，或交易发生频次较少且交易时间接近于资产负债表日。

2. 付款人与销售合同、发票所显示的客户名称不一致，或收款人与采购合同、发票所显示的供应商名称不一致。

3. 与同一客户或其关联公司同时发生销售和采购业务。

4. 交易规模与交易对方的业务规模明显不符。

5. 合同条款明显不符合商业惯例或形式要件不齐备，或实际履行情况与合同条款明显不符，例如，未按约定日期发货或未按结算期付款；或者，商品发运目的地为关联方营业场所所在地，而非合同约定的交货地点。

6. 交易对手与被审计单位之间相互提供担保。

7. 被审计单位收到或对外提供大额捐赠或债务豁免，但是相关捐赠或债务豁免没有合理的交易理由。

示例 9-3

会计师事务所关联方交易审计程序不到位。2010 年至 2012 年，河南天丰节能板材料股份有限公司（申请IPO企业，简称天丰节能）通过以下三种方式隐瞒关联交易：一是天丰节能采取先与无关联第三方（安阳某商贸公司等若干家企业）签订买卖合同，再由第三方与天丰节能关联方天丰建设等签订买卖合同，将实质上的关联交易转化为非关联交易，3年规避关联交易金额合计2 978万元。二是天丰节能将关联交易资金往来在记账时直接篡改为与非关联第三方往来。三是天丰节能与关联方天丰投资、天丰钢构、天丰建设之间存在大额资金拆借，均未入账，3年规避关联交易合计5 442万元。

审计人员在审计执行方面存在严重不足，未见对关联方交易执行相关实质性审计程序并最终导致审计失败。

资料来源：中国证监会网站。

（五）证实是否存在未披露的关联交易

1. 运用数据分析工具，设置特定分析条件对被审计单位的交易信息进行分析，识别是否存在管理层未向审计人员告知的关联方交易。

2. 亲自获取被审计单位的企业信用报告，关注“企业信用报告”内容的完整性，检查企业信用报告中显示的内容，包括对外担保等，是否已经完整包含在被审计单位管理层披露和提供的信息中。

3. 检查被审计单位银行对账单中与疑似关联方的大额资金往来交易，关注对账单中是否存在异常的资金流动，关注资金及银行、商业汇票往来是否有真实、合理的交易为基础。

4. 通过律师或其他调查机构获取被审计单位诉讼信息，关注其中是否涉及由于被审计单位对外提供担保而引起的诉讼以及诉讼的内容、性质，评价相关对外担保是否涉及关联方，如果涉及关联方，关联方关系和交易是否已在财务报表中恰当、准确披露。

（六）关注控股股东及其他关联方占用资金的情形

控股股东及其他关联方资金占用分为虚构货币资金余额的“余额模式”、虚构非货币资金的其他报表项目余额的“发生额模式”及会计期间中占用资金期末前归还，不直接影响资产负债表余额的“期间模式”。这三种模式本质相同，均构成对上市或公众公司等存在融资活动的企业的资产的侵占。在经济下行的执业环境中，更加需要审计人员在整个审计过程中保持职业怀疑，在审计的不同阶段分别重点考虑和关注以下事项。

1. 关联方资金占用的风险评估

从内外多个维度了解被审计单位的运营环境，除通过多个渠道对其本身经营合规性进行了解外，还需了解其控股股东的诚信、经营、资金、股权质押和前期是否存在资金占用等信息，恰当评估是否存在资金占用的舞弊动机和压力。上市公司治理和内控存在缺陷导致控股股东凌驾于内部控制之上的情形较为常见，从而导致上市公司资金占用的舞弊风险普遍较高。

在对未审报表执行初步分析程序时，应关注是否存在“存贷双高”、货币资金余额占比较高且与行业内其他公司报表结构差异较大、个别资产增长规模与业务规模不匹配等较为明显的资金占用迹象等，结合对被审计单位和股东运营情况的了解识别舞弊风险领域。

在制定审计计划时，应在主要报表项目的审计中考虑资金占用的舞弊风险，并拟执行必要的查找舞弊迹象的程序。如发现存在相关舞弊迹象，还需计划进一步执行必要的检查程序，确定是否存在资金占用的情况及得到恰当的披露。

2. 关联方及关联方交易的控制测试

审计人员应考虑对被审计单位的大额资金的审批与使用、公章管理、网上银行管理、收付款管理、对外担保、对外投资审批等事项的关键控制点进行测试，避免测试流于形式的情况。如在控制测试中发现异常情况或控制偏差，如未经审批的资金支出、未经授权批准的公章使用等，需评价是否存在与资金占用相关的内部控制缺陷，并采取进一步应对措施。

因资金占用一般发生于控股股东凌驾内部控制之上的前提下，需要防止不当信赖内部控制，未对控股股东凌驾内部控制之上的情况导致的错报保持警觉，也未采取针对性的实质审计程序。

3. 应对关联方资金占用的实质性程序

（1）当可能存在大股东占用资金时，可考虑对货币资金实施以下检查程序：

①审计人员应当对银行对账单、网上银行流水进行检查，关注其中的大额异常交易，例如相同金额的一收一付、相同金额的分次转入转出等，并对应检查银行存款日记账和相应凭证；做好发生额测试和对比分析，并重点检查被审计单位与控股股东之间的资金往来。

②对从被审计单位获取的银行对账单，应着重关注格式、印章等是否存在异常、篡改等迹象，必要时应当现场观察财务人员操作网上银行及其打印对账单的过程，并核对网上银行显示信息与公司所提供信息的一致性；或在被审计单位协助下亲自赴银行获取对账单，并进行多维度分析核验。

③对各类定期存款、银行理财、其他货币资金等了解开立的原因，除函证外也应获取相关余额证明及协议等，检查是否存在质押情况；独立获取企业信用报告并详细检查相关借款、应付票据余额和担保、抵押、质押信息，对于存在的差异应调查清楚并留存相关审计证据。

④在执行上述审计程序时，审计人员应结合询问、查验文件、函证等程序，

关注可能显示存在的集团资金管理协议、控股股东资金池安排等迹象，判断控股股东是否以此方式进行资金占用。

同时，审计人员应做好货币资金函证程序，包括但不限于：独立获得上市公司的开户清单；对整个函证程序保持控制并留存审计证据；对于函证过程中遇到的不合理情况保持警觉；执行函证程序的员工应被恰当培训，熟知相关舞弊风险迹象；走访主要或存在异常迹象的银行；关注函证信息的完整性，除被审计单位合并范围内的资金池安排外，对于是否存在与控股股东及其他关联方的资金管理协议、资金池安排等积极与银行函证确认。

（2）关注各类经营产生的往来款项余额及性质

①了解关于所有重要及新增经营活动的商业合理性和对手方情况。

②对余额较大、发生额较大、发生频繁、账龄较长以及异常（如新增大额贸易类业务等）经营活动的财务报表项目及对应交易均应保持职业怀疑，并同时对发生额和余额执行必要审计程序，检查是否存在资金占用的迹象和情形。

③关注各种保理、票据、代收代付、预付等形式的融资或商业活动是否存在资金占用的迹象和情形。

④关注是否存在利用无商业实质的购销业务同时达到资金占用和虚增业绩目的的情形。

（3）重视各类投融资活动的报表项目的审计

①全面了解金融产品、股权投资的投资目的、被投资主体运营情况及获取相关审计证据，必要时执行延伸审计。

②对固定资产等长期资产审计时，检查项目投资规模、付款进度等是否合理，必要时利用专家工作。

③警惕是否存在利用被审计单位在财务公司、小贷公司的存贷款进行资金占用、或直接利用其借款的情形，关注资金实际用途和流向及相关利息支出、还款进度等情况。

（七）警觉并识别可能存在通过关联方实施舞弊的情形

审计人员如果对于某些供应商、客户或其他交易对手是否为被审计单位关联方存有重大疑虑，可以考虑实施以下程序：

1. 针对交易对手实施背景调查，如股权结构、股东情况、经营范围、网站地址、邮箱域名或法人代表、董事、关键管理人员、业务规模、办公地址和注册时间、注册地址、注册登记的联系人及电话、邮箱等信息，并与已经取得的被审计单位实际控制人、董事、监事、高级管理人员关系密切的家庭成员名单相互核对和印证。

2. 查询交易对手的股权架构和沿革情况，特别是报告期内或邻近报告期的股权架构的变动情况，在可行的情况下，考虑是否需要逐级向上追溯到最终实际控制人，多数情况下可能是自然人。

3. 询问直接参与交易的基层员工或其他知情人士，或获取交易对手的股权架构，主要管理人员清单，并将这些信息与被审计单位的关联方以及员工名册进行比对，以识别该交易对手是否与被审计单位存在联系。

4. 实施函证和实地走访，包括观察其经营场所，货物进出情况，现场询问相关人员，以了解该客户或供应商与被审计单位的交易详情。

5. 利用专家的工作，如反舞弊专家、信用调查机构或律师协助。例如，询问交易对方的业务人员，了解交易对方与被审计单位开展业务的商业理由，是否与被审计单位存在关联方关系，日常的主营业务、员工人数和规模等是否与被审计单位开展的业务相匹配等。

6. 如果识别出被审计单位存在将关联方注销或非关联化的情况，审计人员需要关注被审计单位是否将关联方注销或非关联化之前的交易作为关联方交易进行披露；识别被审计单位将原关联方非关联化行为的动机及后续交易的真实性、公允性，以及被审计单位是否存在通过剥离亏损子公司或亏损项目增加利润的行为。

7. 如果识别出被审计单位与控股股东及其控制的实体存在重大且异常的关联方交易，审计人员需要考虑是否有必要扩大对关联方交易的审计范围，必要时可要求被审计单位及控股股东配合，以核查关联方的财务资料；由于关联方之间很可能串通舞弊，隐瞒关联方关系或交易，审计人员需要在整个审计过程中保持足够的职业怀疑，审慎评价管理层及关联方提供的解释以及获取的审计证据，并特别关注审计过程中取得的或注意到的任何存在不一致或相互矛盾的信息或证据。

此外，以虚增利润为目的的舞弊往往造成实物资产的虚增，审计人员应重视对实物资产的核查，尤其需要严格履行监盘程序。审计人员应认真了解被审计单位的存货存放位置和监盘计划，关注由于性质、位置无法实施监盘的存货是否确实无法监盘，管理层如何确认存货的数量和状态，并实施充分的替代审计程序，做实对应存货、固定资产等实物资产的存在性和准确性两个会计认定的审计程序。

（八）关注关联方关系及其交易的披露

1. 审计人员应关注被审计单位是否已对关联方关系及其交易进行了恰当汇总和披露。

2. 关注关联交易的必要性、公允性和披露的完整性。审计人员应关注被审计单是否已清晰披露关联方交易的商业理由以及交易对财务报表的影响，被审计单是否已适当披露为理解关联方交易所必需的关键条款、条件或其他要素，关联方交易披露是否完整，如关联方之间的应收票据、应付票据是否作为关联方往来披露，借款的关联方利息支出是否作为关联方交易披露等。

3. 关联方交易的披露是否遵循了重要性原则。对被审计单位财务状况和经营成果有影响的关联方交易，应当分别以关联方和交易类型进行披露；不具有重要性的，类型相似的非重大交易可合并披露，但以不影响财务报表使用者正确理解被审计单位财务状况和经营成果为前提。判断关联方交易是否重要，不应以交易金额的大小作为标准，而是以交易对被审计单位财务状况和经营成果的影响程度来确定。

四、审计案例

案例9－4

1. 2018~2021 年期间，上市公司甲公司通过向 A 公司（未披露关联方）、B 公司（未披露关联方）、C 公司、D 公司、E 公司五大经销商以虚假销售的形式，虚增其销售收入累计 3.72 亿元。2019 年虚增收入占当年年报披露的收入金额达到 46.69%。

2. 2018~2021 年，甲公司借助“M 公司”为其关联方的跳板作用，利用向其支付预付工程款的方式，向关联方转移资金 30 028 万元，同时虚增在建工程累计达 2.5 亿元。

3. 2018 年，甲公司董事长何某为完成配股金额，先向银行借款 8 921.75 万元，通过上市公司的母公司转移资金约 6 500 万元，此项金额后用于其归还银行借款。

案例讨论：

会计师事务所审计人员应执行的主要审计程序：

1. 未披露关联方及交易检查

（1）审计人员应对重大交易往来进行关注，就交易频繁客户可能存在未披露的关联方关系和关联方交易保持警觉，同时对被审计单位的控股股东、实际控制人、治理层以及关键管理人员等进行访谈，并就访谈内容获取上述人员的书面确认或执行函证程序；通过网上查询了解公司董监高持股公司情况，确认是否存在未披露的关联方。

（2）审计人员应检查某些可能提供关联方关系及其交易信息的记录或文件；如：公司的股东登记名册，用以识别主要股东（交易所系统查询年末公司主要股东情况）。

（3）审计人员应对被审计单位业务关系紧密的主要客户、经销商保持应有的职业怀疑态度，对收入确认条件、时点予以重点关注，检查销售合同内容及付款条款、发货单、运单、到货签收单、经销商最终客户销售情况追踪、销售回款等。

2. 在建工程（预付工程款）检查

（1）审计人员应检查与工程相关的合同，判断合同付款约定的商业合理性。

（2）审计人员应检查工程付款的真实性，复核工程付款金额与合同约定、实际完工进度是否相符；完工进度是否经过双方单位及监理单位签字、盖章确认。

（3）审计人员可检查工程量是否与工程设计概算工程量相符，工程量变更是否经第三方监理出具监理报告；同时关注施工单位的资质、是否为关联方等。

3. 出资检查

（1）审计人员应对甲公司配股资金来源情况进行审验，访谈了解配股资金来源情况；

（2）对配股资金来源于借款的，关注后续还款情况及还款资金来源；

（3）通过有效的函证程序，检查甲公司与其他单位期末大额资金往来的存在性及必要性。

第五节 持续经营能力评估

一、重大错报风险

1. 当存在持续经营存在不确定性迹象时，管理层未对持续经营能力进行评估，或者虽然进行了评估，但评估工作流于形式，财务报告披露的改善措施与实际情况不符，可能误导财务报表使用者。

2. 管理层对持续经营能力做出评估的财务报告编制基础，未明确管理层应当考虑所有可获得信息的期间。

3. 被审计单位的规模和复杂程度、经营活动的性质和状况以及受外部因素影响的程度，可能将影响对事项或情况的结果做出的判断。

4. 在不满足持续经营的前提下，仍按照持续经营假设编制财务报表，例如，由于流动性不足、净资产长期为大额负数等原因陷入非持续经营状态，以及存在多年未经营、长期未办理清算手续等情形，但仍按照持续经营假设编制财务报表。

二、常见审计问题

1. 忽视对被审计单位持续经营能力的评估，当持续经营能力存在不确定性时，审计人员未实施评估程序。

2. 获取的审计证据不充分，无法对被审计单位就管理层编制财务报表时运用持续经营假设的适当性得出结论。

3. 审计过程中未保持足够的职业怀疑，对可能导致对被审计单位持续经营能力产生重大疑虑的事项或情况未保持警觉。

4. 识别出可能导致对被审计单位持续经营能力产生重大疑虑的事项或情况时，未恰当实施追加的审计程序。

5. 未审慎评估财务报表没有充分披露持续经营相关信息的影响程度，导致未恰当区分保留意见或否定意见。

三、审计关注要点

（一）确定是否开展持续经营能力评估

审计人员应在充分考虑宏观政策风险、市场经营风险、被审计单位目前或长期的盈利能力、偿债能力、财务弹性以及被审计单位管理层改变经营政策的意向等因素的基础上，对其自报告期末起至少12个月的持续经营能力予以评估。

（二）关注财务方面影响持续经营能力的迹象

1. 净资产状况，如被审计单位净资产为负数或营运资金出现负数，继续经营受到限制。

2. 偿还债务能力状况，如被审计单位难以通过有效手段筹集资金用于偿付到期债务，出现债务违约或无法继续履行重大借款合同的有关条款。

3. 已发生重大经营亏损或用以产生现金流量的资产的价值出现大幅下跌，经营活动产生的现金流量净额为负数等导致持续经营出现风险的情况。

4. 可能存在因对外巨额担保等或有事项引发的或有负债、因对业务经营或收入实现有重大影响的资产或技术存在重大纠纷或诉讼，已经或者未来将对发行人财务状况或经营成果产生重大影响的情况。

（三）关注经营方面影响持续经营能力的迹象

1. 被审计单位所处行业受国家政策限制或国际贸易条件影响情况，是否出现周期性衰退、产能过剩、市场容量骤减、增长停滞等情况，是否出现行业上下游供求关系发生重大变化而导致的原材料采购价格或产品售价出现重大不利变化。

2. 可能存在过度依赖某个项目的成功、在经济不稳定地区（如高通胀国家、货币大幅贬值国家）有重大经营活动、现存客户的需求量出现大幅下滑等情况。

3. 可能由于产品落后、技术更迭、研发失败等原因导致市场占有率持续下降、重要资产或主要生产线出现重大减值风险、主要业务停滞或萎缩等情况。

4. 重要子公司无法持续经营且未进行处理、被司法机关立案调查或可能面临行政处罚等情况。

（四）复核管理层对持续经营的初步评估

1. 审计人员应关注被审计单位管理层是否已对持续经营能力作出初步评估、获取并了解被审计单位管理层于资产负债表日对持续经营能力以及财务报表编制基础适当性作出的书面评价，充分关注管理层作出评价的过程及依据的假设，考虑该评价是否恰当。

2. 复核管理层对持续经营作出的初步评估时，审计人员应关注管理层是否识别出影响被审计单位持续经营能力的事项和情况，以及财务报表是否对持续经营能力存在重大不确定性作出充分披露。如果管理层未识别出该事项，审计人员应提请关注，并要求管理层提出应对计划。

（五）针对识别出的风险实施进一步审计程序

1. 审计人员应了解被审计单位管理层针对持续经营重大疑虑事项及可能产生的不利影响所采取的应对计划或措施，包括资产处置、借款或债务重组、削减或延缓开支以及人员和业务变动等安排。获取管理层和治理层有关应对计划及可行性的书面声明及其他审计证据。

2. 审慎分析相关应对计划或措施的性质和内容，主要包括：分析各项计划或措施的合理性、可行性，如执行条件和执行时点的合理性和可行性等；分析各项计划或措施对预测性财务信息的影响；充分考虑不利情况下对现金流量的影响程度，对相应现金流量进行敏感性分析等。

3. 评价管理层是否具有明确的意图和足够的能力来实施应对计划，确定可能导致被审计单位持续经营能力产生重大疑虑的事项或情况是否存在重大不确定性，判断管理层的相关应对计划和措施是否可行、应对结果能否在合理的时间内（通常为财务报表日后一年内）缓解持续经营重大疑虑事项相关不利影响。

示例 9-4

会计师事务所持续经营审计程序执行不到位。Z公司审计项目中，审计人员一是未获取管理层对公司持续经营能力进行自我评估的相关资料或证据，风险评估时未确定管理层是否已对Z公司持续经营能力初步评估，也未见提请管理层评估公司持续经营能力的记录；二是在识别出可能导致对持续经营能力产生重大疑虑的事项或情况时，未获取管理层与持续经营能力评估相关的未来应对计划并评价其可行性和有效性，未获取应对计划及其可行性的书面声明。

（六）针对持续经营存在重大不确定性形成恰当的审计结论

审计人员在评估上市公司持续经营假设时应考虑两种情形：一是持续经营假设是否恰当；二是是否存在可能导致对持续经营能力产生重大疑虑的相关事项。

如果被审计单位财务报表已按照持续经营假设编制，但审计人员认为财务报表运用持续经营假设是不恰当的，应当发表否定意见。

如果被审计单位运用持续经营假设是恰当的，但存在重大不确定性，当财务报表对重大不确定性作出充分披露时，审计人员应当发表无保留意见，并在审计报告中增加与持续经营相关的重大不确定性事项段；如财务报表中未充分披露重大不确定性时，应当发表保留意见或否定意见。

当被审计单位持续经营存在重大不确定性时，审计人员应评估持续经营不确定性事项的性质和对财务报表的影响程度。

（七）关注持续经营能力消除是否恰当

当上年度被审计单位审计报告披露了持续经营不确定性解释段时，审计人员在本年度审计时，应当考虑被审计单位持续经营问题是否消除，并获取充分适当的审计证据。若被审计单位财务与经营该方面未实质性改变，不能认为持续经营不确定已消除。

示例 9-5

会计师事务所作出持续经营重大不确定性消除结论不当。K 公司上一年度因持续经营存在重大不确定性被出具带强调事项段的审计报告。本年度 K 公司实际经营情况没有发生明显变化，审计人员仅因债务展期导致逾期债务有所减少、尚处于尽调阶段的增资安排等事项，判断与持续经营相关的重大不确定性已消除，并发表了标准无保留审计意见，未就上期持续经营重大不确定性是否消除获取充分、适当的审计证据。

四、审计案例

案例 9－5

H 上市公司主营业务为商业服务业，受客观原因影响对零售业、服务业、娱乐性行业影响较大，该公司主营业务面临较大的经营压力和挑战。受债务逾期、诉讼、仲裁及执行案件的影响，H 公司基本账户在内的多个账户被冻结，公司资产及持有子公司股权和资产被查封、冻结，公司及子公司到期的银行借款等存在无法支付本金及利息风险。此外，H 公司涉及诉讼事项较多，诉讼结果具有不确定性；公司被列为失信被执行人，融资难度大、流动性短缺。H 公司董事会认为，其主营业务是某省规模最大、业态最丰富、客层涵盖最全的文化商业中心之一。虽然受疫情影响，营业收入有所下降，面临一定经营风险，但公司持续经营能力假设不存在问题。

H 公司已聘请某会计师事务所为 2021 年度财务报表的审计机构。审计人员在审计过程中，关注到公司归属于母公司净利润和所有者权益连续为负数，财务状况持续恶化；由于债务逾期、对外提供担保的连带责任，公司多个银行账户被冻结、部分资产被查封。某会计师事务所认为无法取得与评估持续经营能力相关的充分、适当的审计证据，无法判断H公司运用持续经营假设编制2021年度财务报表是否恰当，最终出具了无法表示意见。

案例讨论：

本案例中，会计师事务所关注到被审计单位受外部因素影响，面临较大经营压力的情况，认为其存在经营风险。由于债务问题，H公司存在被强制执行的风险，同时，如果出现不利于H公司的生效判决或公司资产被强制执行，有可能会对其持续经营能力产生不利影响。此外，流动性短缺对公司正常生产经营构成影响，导致公司存在一定财务风险。

实务中，持续经营能力存在不确定性的公司多数面临生产经营停滞、净利润下滑甚至亏损、人员流失、高管离职、涉及重大诉讼、银行账户遭冻结、实际控制人被纳入失信被执行人等问题，审计人员应重点关注。

第六节　首次接受委托时对期初余额的审计

一、重大错报风险

1. 企业会计准则发生变化要求调整期初余额而未进行调整。会计政策变更应采用追溯调整法进行会计处理，即上期期末余额、本期期初余额、比较报表均应根据新的会计政策进行调整，除非国家发布特别的会计处理方法。2016年第二轮企业会计准则改革新发布的几项准则均有特别的新老准则衔接处理规定，而且每个准则的衔接规定各不相同。会计准则变化大、难点多、衔接规定复杂，导致期初余额未按照新准则规定进行调整是常见的错报之一。

2. 上期选用的会计政策和会计估计不恰当，不适用财务报告编制基础的要求。基于企业会计准则各项具体准则，被审计单位结合可供选择的会计政策通常包括：存货的发出计价、投资性房地产的确认及后续计量、金融资产的分类与后续计量、研发费用资本化政策、借款费用资本化政策、政府补助会计处理、收入确认政策、合并财务报表范围的政策、报告分部的划分政策、披露的重要性标准等，会计政策和会计估计选择不当将导致财务报表产生错报。

3. 上期选用的会计政策和会计估计虽然恰当，但在本期未得到一贯执行。会计政策前后期应当保持一致，否则会削弱会计信息的可比性，除非企业会计准则发生变化，或者经济环境、客观情况发生改变，被审计单位按照变更后的会计政策进行会计处理以便对外提供更可靠、更相关的会计信息。

4. 上期期末余额存在重大的前期差错，但未进行更正。前期差错可能是由于会计处理错误，也可能是由于财务舞弊所致。

5. 上期期末余额与本期期初余额不一致，未做出恰当披露。当企业会计准则发生变化从而调整期初余额时，上期期末余额与本期期初余额不一致，被审计单位未作出恰当披露。

二、常见审计问题

1. 首次承接业务未与前任会计师进行实质性沟通，未查阅前任注册会计师工作底稿，也未取得前后任注册会计师相关沟通函件。

2. 首次承接业务时，未实施期初余额审计，或者期初余额审计方法不当，如期初余额审计过度或审计不足。

3. 审计过程中发现期初余额存在重大会计差错，且拟更正时，未与前任注册会计师进行沟通。

4. 前任注册会计师发表了非无保留审计意见，未取得充分适当审计证据的情况下消除了非标准审计意见。

三、审计关注要点

（一）关注期初余额对当期财务报表的影响

广义的期初余额审计，既包括首次接受委托审计业务，也包括执行连续审计业务时所涉及的期初余额审计问题。对于后者，审计人员通常仅需查阅上期审计报告和工作底稿，没必要实施其他专门的审计程序。而对于首次接受委托审计业务，应当实施有针对性的审计程序获取充分、适当的审计证据以确定：期初余额是否含有对本期财务报表产生重大影响的错报，即上期期末余额是否已正确结转至本期，或在适当的情况下已做出重新表述；期初余额是否反映恰当的会计政策以及是否在本期财务报表中得到一贯运用，或会计政策的变更是否已按照适用的财务报告编制基础做出恰当的会计处理和充分的列报与披露。

（二）关注会计政策变更影响期初余额及与会计处理的衔接

当国家发布新的会计准则及会计处理规定时，审计人员应当关注被审计单位会计政策变更是否恰当调整期初余额，尤其是关注是否存在混淆会计差错与会计政策变更，借会计政策变更之机实为处理前期差错。

例如，首次执行新的金融工具确认与计量准则，金融工具减值由“已发生损失法”替换为“预期信用损失法”。预期信用损失模型下的会计估计，原则上应比已发生损失模型下的会计估计更谨慎。因为已发生损失模型计提的减值准备要滞后且要更少。新金融工具准则下预期信用损失率可能在应收款项每个组合或账龄等级之间有变化，但是原则上不应低于实施新准则前的总体坏账准备水平。上市实体如果执行新金融工具准则仅在会计政策部分描述新的会计估计方法，但实际并未改变其坏账准备计提的方式及各组合比率则有可能产生期初余额的错报。

又如，首次执行新的金融工具确认与计量准则，原列报为“可供出售金融资产”的“三无投资”原准则下可以成本计量，但在新准则下应当以公允价值计量。对于没有公开报价的“三无投资”，被审计单位以会计核算成本较高为理由继续按照成本计量，则有可能产生该类金融资产期初余额的错报。

再如，关于新收入准则衔接，准则规定调整当年年初留存收益及年初财务报表其他相关项目金额，对可比期间信息不应当调整。这与其他准则可以选择完全追溯调整或简化的调整方式不同。一般情况下，被审计单位可以仅对在首次执行日尚未完成的合同的累积影响数进行调整。新旧准则衔接的过程中，有个别单位将原准则下完工百分比法确认收入的会计政策改为按照时点法确认收入，将未完成合同上期已确认的收入全部冲减留存收益，在本期或后期再将全部合同金额按照时点法一次性确认收入，但上期比较报表并未进行相应追溯调整。该做法值得商榷。首先从投资者和财务报表使用者的角度分析，收入在上期和在本期或后期报表重复进行确认难以反映被审计单位的实际经营状况。2020 年度上市公司年报显示，上期已确认过的收入，本期期初冲减留存收益并重新进行确认的情况极为少见。另外从审计的角度分析，应谨慎判断该项调整属于会计差错更正还是会计政策变更。如果被审计单位上期错用了会计政策，应当作为会计差错更正，同时对比较会计报表进行追溯调整。首次承接业务，注册会计师应特别关注被审计单位是否利用会计政策变更事项调节前后各期会计报表。

（三）关注被审计单位自行变更会计政策的合理性

当被审计单位根据自身情况作出会计政策变更时，关注其依据是否充分，是否存在滥用会计政策变更的情况。例如，会计政策变更所要求的环境和情况发生的重大改变，审计人员应更加注重客观证据，而不仅仅是管理层的书面决策文件。某些被审计单位为了发债或者降杠杆目的，有可能通过改变会计政策人为增大净资产规模。例如，上期投资性房地产按照成本法后续计量，在经济环境未发生重大变化的情况下，本期改为按照公允价值计量，可能涉嫌滥用会计政策变更。

（四）首次承接业务时，关注被审计单位会计政策的恰当性

会计师事务所在首次承接业务时，应结合被审计单位的业务模式，分析和判断其选用的会计政策是否恰当。例如，首次承接 IPO 业务时，通常会对重要的会计政策进行全面梳理。民营拟上市企业在没有融资需求之前通常避税动机比较明显，企

业战略上发生变化以后，其财务动机会发生相应变化。避税动机下，被审计单位更倾向于选择能够减少当期收入和利润的会计政策，有了业绩压力之后，则可能更请倾向于在申报期增加收入、减少成本费用的做法。另外，被审计单位会计核算基础工作的好坏也会在会计政策的选择方面有所体现。比如，按照货币收付时点确认收入和成本费用，与税务开票一致的时点确认收入和成本费用等等，此类做法虽然会计核算成本低但不符合权责发生制的会计基础要求。被审计单位会计政策选用不恰当，也有可能是为了迎合发行条件或规避退市。比如发行和退市标准均与收入规模相关，因此收入按照总额法还是净额法确认，其判断依据尤其值得关注。

（五）查阅前任注册会计师工作底稿与沟通重大事项

1. 接受委托前

在征得被审计单位书面同意后，后任注册会计师向前任注册会计师寄发沟通函，取得复函后，评价沟通结果，确定是否接受委托。沟通内容包括但不限于管理层的正直诚信情况、变更会计师事务所的原因、上年发表非标审计意见的原因、与管理层在重大会计、审计等问题存在的意见分歧、内部控制缺陷等。前任注册会计师未回函的情况下，应再次发函询证。如仍无法取得书面回函，可向监管机构报告。前后任会计师选择进行当面沟通的，审计人员应将沟通情况记录于工作底稿，并取得前任注册会计师的签字确认记录。

2. 接受委托后

查阅前任注册会计师的工作底稿。对于新加入团队带入项目的，应查阅前任注册会计师的工作底稿，评价是否可就期初余额信赖前任注册会计师的工作。对于从其他渠道承接的项目，前任注册会计师不接受查阅底稿的，通常需要注册会计师在本期实施更多其他专门的审计程序获取关于期初余额的直接审计证据。

示例 9-6

证券监管部门指出 LX 会计师事务所执行国联水产（300094）2018 年度财务报表审计时，存货期初余额审计程序执行不到位：一是 LX 事务所于 2018 年首次承接国联水产年报审计项目，在首次接受委托时对期初余额的审计底稿中，项目组制定的审计程序要求“查阅前任注册会计师的审计工作底稿”，但在实际执行中，LX 事务所从国联水产直接获取了公司 2017 年审计的电子版工作底稿，未保证审计证据的可靠性；二是 LX 事务所执行的存货期初余额审计程序未在底稿中体现。

资料来源：中国证监会网站。

3. 考虑前任注册会计师的独立性和专业胜任能力

通过复核前任注册会计师的审计工作底稿是否能够获取有关期初余额的充分、

适当的审计证据，受前任注册会计师的独立性和专业胜任能力的影响。比如，某上市公司签字注册会计师或者关键合伙人长期不轮换或者未进行实质性轮换，则有可能对独立性造成一定影响，此时必须实施全部其他专门的审计程序。

4. 沟通重大事项

当前任会计师出具了非无保留意见的审计报告时，注册会计师应当了解上期审计范围受到限制的情况或者上期未更正错报的情况。上期非无保留意见如果要在本期得到解除，通常需要注册会计师重新执行某些上期应当执行的审计程序，必要的情况下提请被审计单位更正前期会计差错。

（六）关注具体项目期初余额审计要点

1. 对银行存款及借款、交易性金融资产及负债、企业往来等期初余额等发函询证。可以结合本期审计，将函证设计为期末和期初（或本年度和上年度发生额）两期，以提高审计效率，减少重复工作。首次接受委托审计业务，期初、期末银行回函比例通常要求达到 100%，往来发函比例不低于 70%。

2. 通过检查本期应收款项的收回或应付款项的支付情况，为期初往来提供佐证。如往来回函不理想，则检查比例建议不低于往来期初余额的 80%。

3. 在对期末存货监盘的基础上，实施前推程序，检查期初至期末的入库单、出库单，将期末存货数量调节至期初存货数量。原则上，期末监盘比例不低于存货期末余额的 80%，抽盘比例不低于存货期末余额的 60%。

4. 对期初存货项目的计价实施审计程序，应结合本期存货发出的计价测试，样本量一般不低于本期存货贷方发生额的 50%。

5. 对期初存货、期末存货截止实施审计程序，样本选取建议至少涵盖期初、期末资产负债表日前后各 2 个月。

6. 对重要的期初存货，分析其在本期销售的毛利率是否与上期毛利率及本期采购（生产）的存货销售毛利率有重大差异。

7. 对于长期股权投资、固定资产、在建工程、无形资产、债权投资、其他权益工具投资、长期借款、专项借款、其他长期负债等非流动资产和负债，注册会计师可以通过检查形成期初余额的会计记录、进货发票等原始单据、借款合同、采购合同、完工验收记录、工程决算、转固时点依据等获取审计证据。检查比例应不低于长期资产、负债期初余额的 50%。在必要的情况下，执行重新计算长期资产的累计折旧和摊销等确定其期初余额计价是否准确。

8. 对所有者权益科目进行详细审计。结合本期获取的所有者权益相关证据，了解前期资本公积、其他权益工具形成的具体原因，是否存在金融工具负债和权益工具划分不当等期初错报。

9. 了解期初合并范围是否存在问题。结合本期获取的结构化主体、境外被投资单位以及其他特殊主体资料，分析判断期初合并范围是否恰当。如果发现有应合并而未合并的主体且审计范围受到重大限制，则应考虑是否与被审计单位解除业务约定。

对于管理层诚信，内部控制健全有效，经营风险低，财务状况及盈利能力较好的被审计单位，可以适当简化上述对期初余额的专门审计程序。

（八）关注IPO、重大资产重组业务期初余额审计

首次承接IPO、新三板挂牌、入选精选层、转板业务，期初余额与首次承接上市实体不同，是指披露的最早一年资产负债表再向前推一年的账户余额。例如，三个完整年度的IPO审计项目实际应审计四年资产负债表余额、三个年度的利润表发生额。首次承接IPO、新三板挂牌、入选精选层、转板业务，对期初余额应当实施全部其他专门的审计程序。

首次承接上市实体重大重组业务，被收购企业的会计政策如果与上市实体会计政策不一致，通常调整为一致，除非被收购企业与上市实体所经营的业务存在巨大差异。比如某实业公司收购一家金融企业，在金融工具分类与计量、信用减值损失等方面的会计政策不一致则可能是合理的。关于被收购企业会计政策是否需要调整、如何调整应当在底稿中形成专门的记录。被审计的收购双方如需编制备考报表的，应当在底稿中记录备考报表的编制基础以及复核记录。

（九）考虑期初余额对本期审计意见影响

要确定期初余额是否存在对本期财务报表产生重大影响的错报，主要是判断期初余额对本期财务报表使用者进行决策的影响程度，是否足以改变或影响其判断。如果存在重大错报，则应提出调整或披露建议。

1. 前任注册会计师发表了非无保留审计意见，本期应对相关事项实施详细审计，以获取充分适当的审计证据并编制专门底稿。该类详细审计，包括但不限于函证、检查各种记录、分析性复核、重新计算、现场观察、实地走访、货币资金流水核查以及延伸审计等。如果通过本期测试发现期初余额存在重大错报，应与被审计单位管理层和治理层充分沟通。被审计单位不同意进行期初差错调整的，应对期初余额发表非无保留意见。期初差错对期末余额产生重大影响的，应关注被审计单位在本期是否纠正，未纠正又不同意做审计调整的，应对期末余额发表非无保留意见。如果前任注册会计师发表了无法表示意见，在本期部分事项得到妥善解决，本期注册会计师应当根据仍未解决事项的性质和范围重新进行评估，考虑对期初、期末余额是否可以发表保留意见或者其他类型意见。如果重新执行上期审计程序后发现了舞弊风险或者管理层诚信问题，且无法通过发表恰当的审计意见向投资者提供有用的信息，则应考虑是否与被审计单位解除业务约定。

2. 前任注册会计师发表了标准无保留审计意见，后任注册会计师通过本期测

试发现期初余额存在重大错报的，应当提请被审计单位告知前任注册会计师。必要时，可要求被审计单位安排三方会谈。前后任会计师未达成一致意见，被审计单位也不同意进行期初差错调整的，应考虑发表非无保留意见，但应注意措辞，不要引起不必要的争议。

3. 在某些情况下，导致前任注册会计师发表非无保留意见的事项可能与对本期财务报表发表的意见既不相关也不重大。例如，上期权益法核算的被投资单位是一家上市公司，属于财务报表的极重要组成部分，且存在审计范围限制。但该上市公司是本期注册会计师的审计客户，不存在审计范围限制，则根据获取审计证据的情况考虑是否能够在本期消除非无保留意见。

示例 9-7

某上市公司审计，前任注册会计师无法获取充分、适当审计证据以确定存货盘亏事项对上期财务报表的影响，因而对其出具了保留意见审计报告。该事项除了对存货期初、期末余额有重大影响以外，还会影响本期成本结转的正确性。

审计人员应特别关注上期财务报表是否存在资产的真实性问题或者成本核算问题。上期非无保留意见如果要在本期得到解除，通常需要注册会计师重新执行某些上期应当执行的审计程序。前任注册会计师对存货、固定资产、在建工程等重大实物资产的真实性、存在性或者认为实物资产的审计范围受到限制而发表非无保留意见的情况下，本期注册会计师很难通过重新执行期初资产负债表日监盘等审计程序取得对存在性直接和最有效的证据，而通过本期倒推程序以及其他替代程序取得的审计证据，很可能不足以消除非无保留意见，建议谨慎承接此类业务。

第七节　会计估计审计

一、重大错报风险

1. 通过会计估计调节利润，采用有利于其实现财务目标的会计估计方法，并通过不合理的假设、调节输入值等方式对会计估计的结果进行调节。例如，被审计单位在确认建造合同收入时，完工百分比根据实际已发生成本占预计总成本的比例确定被审计单位在作出预计总成本的估计时，可能高估或低估预计总成本，从而达到调节收入和利润的目的。

2. 未能合理进行会计估计导致重大错报，被审计单位限于自身的专业能力或是缺乏对外部信息变化的观察和了解，可能导致未能合理进行会计估计，如涉及复杂模型的会计估计，预测的事项依赖外部环境的变化的会计估计。

3. 会计估计固有限制导致的重大错报，一些财务报表项目的会计估计可能难以估计或涉及高度不确定性，如没有公开市场报价的金融工具的公允价值估计，涉及未来现金流量的预测等。当会计估计具有重大不确定，财务报表可能存在重大错报风险。

二、常见审计问题

1. 未获取被审计单位会计估计相关的充分适当的审计证据。例如，被审计单位作出现金流预测时，审计人员未获取预测的依据，未对该预测合理性进行验证，如与同行业情况、外部信息等进行比较。

2. 审计人员仅依赖被审计单位聘请的专家（评估专家、精算师等）出具的专业报告，未能对这些专业报告的恰当性作出正确判断。例如，直接将专业报告作为审计证据而未对专家的胜任能力进行评估，没有对专家报告所采用的方法、假设、输入值等进行合理性分析。当被审计单位会计估计涉及重大错报风险时，这种做法无法有效降低审计风险。如果审计人员认为自身并不具备复核专家报告的能力，则应考虑采用事务所专家或是另外聘请其他专家进行复核，而不应以缺乏专业能力为理由不执行复核程序。

3. 未考虑期后事项对会计估计的影响，会计估计需要对事项的发生或不发生、发生的概率、相关事项的金额等做出预计，期后事项可能会为这些预期提供进一步的证据。例如，财务报表日被审计单位认为可以收回的大额应收款项，未计提坏账准备，财务报表日后因财务报表日后债务人突然破产而无法收回。这种情况下，债务人财务状况早已恶化，审计人员应考虑提请被审计单位计提坏账准备或增加已计提的坏账准备。因此，如果在审计报告日前发生了影响重大会计估计的期后事项需要对财务报表进行调整，而审计人员未进行期后事项的审计程序发现该事项，则可能导致重大审计风险。

4. 对被审计单位作出的会计估计变更，审计人员未获取充分适当的审计证据，如在应收债权预期信用风险未发生变化的情况下变更坏账准备计提比例，导致不恰当的会计估计变更。

5. 审计人员未结合被审计单位的具体情况，认可被审计单位直接引用借鉴同行业可比公司会计估计。

三、审计关注要点

（一）关注重要会计估计事项

1. 资产减值的确定，包括存货、消耗性生物资产可变现净值的确定、固定资产、无形资产、长期股权投资等非流动资产可回收金额的确定、商誉减值的确定、金融资产减值的确定等。

2. 固定资产、无形资产等折旧、摊销的确定，如固定资产的预计使用寿命、预计净残值和固定资产的折旧方法、弃置费用的确定。

3. 公允价值的确定，包括金融工具相关的公允价值、非货币性资产公允价值、与股份支付相关的公允价值、与债务重组相关的公允价值、与政府补助相关的公允价值、与非同一控制下的企业合并相关的公允价值、套期工具和被套期项目公允价值。

4. 与金融工具相关摊余成本的确定。

5. 收入可变对价估计及完工进度的确定。

6. 预计负债金额的确定。

7. 继续涉入所转移金融资产程度的确定、金融资产所有权上风险和报酬转移程度的确定。

8. 一般借款资本化金额的确定。

9. 应纳税暂时性差异和可抵扣暂时性差异的确定。

10. 租赁资产公允价值的确定、最低租赁付款额现值的确定、承租人融资租赁折现率的确定、融资费用和融资收入的确定、未担保余值的确定。

11. 保险合同准备金的计算及充足性测试。

12. 探明矿区权益、井及相关设施的折耗计提方法。与油气开采活动相关的辅助设备及设施的折旧方法，弃置费用的确定。

（二）与被审计单位沟通会计估计事项要点

1. 被审计单位是否已从事可能需要作出会计估计的新型交易。

2. 需要作出会计估计的交易的条款是否已改变。

3. 会计估计相关的会计政策是否已经相应变化。

4. 可能要求管理层修改或作出新会计估计的外部监管变化或其他不受管理层控制的变化是否已发生。

5. 是否已经发生可能需要作出新估计或修改现有估计的新情况或事项。

6. 用以作出会计估计的方法和模型。

7. 会计估计相关控制。

8. 是否利用管理层的专家的工作。

9. 会计估计所依据的假设。

10. 用以作出会计估计的方法是否已经发生或应当发生不同于上期的变化以及变化的原因。

11. 管理层是否评估以及如何评估估计不确定的影响。例如，采用敏感性分析确定假设变化对会计估计的影响。

审计人员询问被审计单位的同时，应获取能支持被询问者答复的相关资料，结合询问的结果以及对复核上期会计估计，综合评估会计估计的重大错报风险。审计人员复核上期会计估计的目的，是为了获取与识别和评估重大错报风险相关的信息上。例如，公允价值会计估计的市场参与方假设发生变化，影响上期会计估计的结果，则审计人员应着重了解被审计单位上期会计估计流程的有效性，并据此判断管理层本期估计流程可能的有效性。

（三）关注会计估计计量方法恰当性

会计准则对一些会计估计规定了计量方法，例如，计量公允价值会计估计的特定模型，但有些会计估计没有规定计量方法，或规定了多种可供选择的计量方法，如收入可变对价的估计可采用最可能金额或期望值确定最佳估计数。审计人员应在了解准则规定的基础上对会计估计方法做出评估。对于准则已明确规定会计方法的会计估计，审计人员应熟悉并掌握该方法的适用情形与限制，以确定被审计单位会计估计是否适用于该方法以及是否恰当使用该方法。对于准则没有明确规定会计方法的会计估计，审计人员应了解被审计单位如何考虑需要作出估计的资产或负债的性质，该方法是否属于行业中通行的方法。如果被审计单位未采用行业通行方法，应询问原因了解被审计单位不使用通行方法的理由。如果该理由不具有合理性，且没有证据支持则应考虑评估为特别风险，增加特别风险审计程序。

（四）关注会计估计模型合理性

对于需要使用模型进行计算的会计估计，如公允价值估计、资产证券化业务风险报酬转移比例测算，审计人员应了解该模型是公开出售供特定部门或行业使用的模型还是专有的模型。如果是专有模型，应询问该模型的来源，如果是被审计单位自行开发或是聘请第三方开发，应了解被审计单位对该模型开发相关的内控。

（五）关注会计估计假设的合理性

1. 假设的类型

有的假设反映管理层对特定目标和战略结果的预期，有的假设取决于管理层执行某项措施的意图和能力。审计人员应针对不同的假设进行合理性分析。例如，当假设反映管理层对特定目标和战略结果的预期，应考虑：

（1）总体经济环境和被审计单位的经济情况。

（2）被审计单位的计划。

（3）以前期间所做的相关假设。

（4）被审计单位的经验或以前经历的情况。

（5）被审计单位所使用的与财务报表相关的其他假设。

（6）同行业公开数据或可以获得的同行业类似的经验，被审计单位在编制盈利预测时采用的未来期间的毛利率明显高于同行业其他主体，审计人员可能需要对相关假设的合理性保持警觉。

（7）专家的结论或意见等。例如，某从事核电业务的被审计单位预计在生产结束时清理核废料的费用将由于未来技术的变化而显著降低，那么该被审计单位由此作出的有关预计负债的估计金额应当反映有关专家对技术发展及清理费用减少作出的合理预测。

当假设取决于管理层执行某项措施的意图和能力，应考虑：

（1）复核被审计单位过去声称的意图的实现情况。

（2）复核书面计划和其他文档，包括得到证实批准的预算、授权或会议纪要。

（3）向被审计单位询问执行某项措施的理由。

（4）复核财务报表日至审计报告日之间发生的事项。

（5）根据被审计单位面临的经济环境，评价其执行某项措施的能力，包括对现有承诺的影响。

（6）被审计单位实现其意图的能力。例如，被审计单位应对持续经营假设疑虑的措施是从银行获取额外贷款，则审计人员需要评估其获取额外贷款的可能性。

（7）从被审计单位建立的持续战略分析和风险管理流程中可能获取支持被审计单位作出重大假设的其他相关信息。例如，被审计单位的生产能力报告，或相关项目的可行性报告中包含的有关最大产能分析，或者盈亏平衡点信息等。

2. 假设是否相互依赖且具有内在一致性

例如，在对商誉减值进行测试时，被审计单位所使用的成本费用增长率的预期与收入增长率的预期显著不同，审计人员应评估该差异的合理性。

3. 对于公允价值会计估计的考虑

（1）了解被审计单位公允价值计量的资产和负债的特征，例如，资产的状况及所在位置、出售或使用资产的限制等。如果市场参与者在计量相关资产或负债公允价值时会考虑这些资产或负债的特征，被审计单位在计量该资产或负债公允价值时，也应当考虑这些特征因素。被审计单位的假设应与这些特征一致。

（2）市场参与方假设的来源是否相关和可靠，以及当存在多种市场参与方假设时被审计单位如何选择假设。

（3）被审计单位是否以及如何考虑在可比较的交易、资产或负债中使用的假设或有关信息。

（4）被审计单位是否以及如何在做出假设时加入特定市场输入数据。

（六）复核专家出具的专业报告

对于一些复杂的会计估计，被审计单位往往聘请专业机构出具专业报告，例如，以商誉减值测试为目的的评估报告。审计人员应对专业报告进行复核，不应完全依赖该报告，通常执行以下程序：

1. 评价被审计单位聘请的专家的专业胜任能力

审计人员应了解被审计单位聘请专家的专业背景，行业资格等情况。例如，证券业务或是被评估为重大错报风险的业务，被审计聘请的评估机构是否具有证券资格，参与人员是否为相应领域的专家。如果该会计估计专业性很强，审计人员认为无法复核，则应考虑事务所内专家或是独立聘请第三方专家进行复核。

2. 评价被审计单位专家的独立性

审计人员应了解被审计单位与其聘请专家之间的关系，评价该其是否具有独立性。

3. 与专家进行沟通

审计人员应与专家进行充分沟通，询问专家所了解的事项以及如何执行被审计单位所委托事项。

4. 复核专家报告及工作底稿

审计人员应独立复核专家出具的报告和工作底稿，评价涉及的方法、假设、输入值等是否具有合理性，是否存在错误。

示例 9-8

A 公司主营业务是为建筑行业客户提供工程造价软件、项目管理软件等工程项目建设信息化产品及相关服务。2011 年 2 月 A 公司与 B 公司股东签署《股东转让协议》，约定 32 000 万元人民币收购 B 公司 100% 股权，同时约定 3 年内利润如果不符合条件，B 公司原股东需补偿 A 公司。该交易定价依据评估公司出具的评估报告。评估公司采用市场法和资产基础法对 A 公司收购 B 公司股东全部权益在 2010 年 12 月 31 日市场价值进行评估。A 公司采用市场法评估时，选取了新大陆、用友软件、东软集团和金证股份五家上市公司作为可比公司。

审计人员复核评估报告时发现：评估公司在计算可比公司 EBITDA 的预期增长率时，对新大陆、东软集团所使用的公式为“EBITDA 预期增长率 = 息税折旧摊销前利润（EBITDA）增长率的 WACC 折现 * 税前加权资本成本”，计算结果分别为 8.43%、19.23%；对用友软件、金证股份所使用的公式为“EBITDA 预期增长率

=息税折旧摊销前利润/主营业务收入百分比的WACC折现*税前加权平均资本成本"，计算结果分别为2.87%、1.54%。在确定可比公司相关参数时，认为东软集团EBITDA预期增长率不合理，直接以用友软件的EBITDA预期增长率替代，没有具体数据支持。评估公司计算可比公司预期增长率的数据口径及计算方式不统一，评估结果不可信赖。在无法获取恰当的评估报告情况下，审计人员应考虑对被审计单位出具的审计意见类型。

（七）针对估计高度不确定性的考虑

对于涉及高度不确定性的会计估计，可能表明存在特别风险。常见的可能存在高度估计不确定性的会计估计包括：

1. 高度依赖判断的会计估计，如对未决诉讼的结果或未来现金流量的金额和时间安排的判断，而未决诉讼的结果或未来现金流量的金额和时间安排取决于多年后才能确定结果的不确定事项。

2. 未采用经认可的计量技术计算的会计估计。

3. 被审计单位对上期财务报表中类似会计估计进行复核的结果表明最初会计估计与实际结果之间存在很大差异，在这种情况下被审计单位作出的会计估计。

4. 采用高度专业化的、被审计单位自主开发的模型，或在缺乏可观察到的输入数据的情况下作出的公允价值会计估计。

审计人员应重点评价下列事项：第一，被审计单位如何评估估计不确定性对会计估计的影响，以及这种不确定性对财务报表中会计估计的确认的恰当性可能产生的影响。被审计单位可能会采用多种方法评价会计估计可供选择的假设或结果，如敏感性分析，可能针对"乐观"和"悲观"等不同情形得出一系列结果。如果敏感性分析的结果表明会计估计对特定假设的变化不敏感或会计估计对一个或多个假设敏感时，审计人员应重点关注。如果被审计单位没有考虑可供选择的假设或结果时，应与管理层讨论其如何处理估计不确定性对会计估计的影响，并要求提供支持性证据。第二，相关披露的充分性。企业会计准则规定了各财务报表项目会计估计披露要求。审计人员应关注被审计单位披露是否充分。

（八）关注会计估计变更的合理性

准则对会计估计变更作出了严格的规定，除非有客观证据表明会计估计不在合理而需要变更，会计估计应当保持一贯性。

示例 9-9

会计师事务所对P公司2021年度财务报表进行审计。P公司2021年发生重大会计估计变更事项，具体情况如下：P 公司根据集团公司的统一安排对固定资产分类原则、编码、折旧年限、残值率进行了统一调整，并据此按未来适用法进行了调整，增加当期利润总额 2 亿元，增加的主要因素是对某几类固定资产的折旧年限拉长，提高残值率等。

正常情况下，随着时间推移，固定资产折旧年限和残值率应是减少。P 公司延长折旧年限和残值率不符合常理。审计人员应获取充分、合理的审计证据证实该折旧年限、残值率调整是会计差错还是会计估计变更。具体可执行以下程序：获取固定资产折旧年限、残值率增加理由的说明和依据；检查 P 公司提供的依据是否符合事实情况。例如，同行业同类设备均延长了折旧年限的证明。

（九）关注会计估计相关事项环境的变化及其影响

截至审计报告日发生的事项有时可能提供有关会计估计（包括其变更）的充分、适当的审计证据。审计人员应结合期后事项审计，了解是否存在影响资产负债表日涉及会计估计报表项目的情况。

第八节　期后事项审计

一、重大错报风险

1. 未识别期后事项对财务报表的影响导致重大错报，如审计报告日前法院已做出一审判决，判决金额与资产负债表日预计金额不一致，被审计单位未调整资产负债表。

2. 未披露重大期后事项，如资产负债日尚未完成的资产重组、股权转让等重大交易在审计报告日前完成交割或者有了新的进展，被审计单位未在报表附注披露该事项的进展情况以及对财务状况的影响。

3. 未正确区分期后调整事项与披露事项，导致应调整未调，或错误调整财务报表。

4. 通过期后事项进行财务舞弊，如利用期后销售退回虚构交易。

二、常见审计问题

1. 未保持职业怀疑态度在审计报告日前执行期后事项审计程序。

2. 未审慎评价所获取的证据的有效性，如审计人员没有验证所获取的审计证据之间的是否存在矛盾。

3. 存在期后事项重大风险疑虑时，审计人员未获取管理层、治理层期后事项声明。

4. 审计人员询问期后事项未形成记录并由被询问者签字确认。

三、审计关注要点

（一）实施期后事项审计的时间点

审计准则规范的期后事项与企业会计准则规范的资产负债表日后事项相对应。但二者并不完全等同。资产负债表日后事项是资产负债表日至财务报表报出日之间发生的有利或不利事项。被审计单位发生资产负债表日后调整事项，应当调整资产负债表日已编制的财务报表；发生重要的资产负债表日后非调整事项，应当在报表附注中披露性质、内容，及其对财务状况和经营成果的影响。

审计人员作为独立第三方并没有义务识别所有资产负债表日后事项，审计人员应根据不同时段的期后事项履行审计职责，如图 9–1 所示。

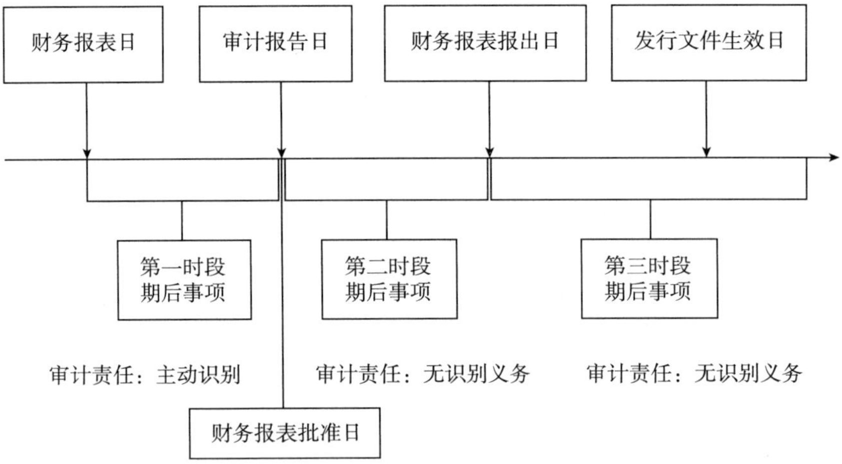

图 9–1 期后事项分段示意图

第一时段期后事项（即财务报表日至审计报告日之间发生的事项），审计人员具有主动识别义务，应当设计和实施审计程序，获取充分、适当的审计证据，以确定所有在财务报表日至审计报告日之间发生的、需要在财务报表中调整或披露的事项均已得到识别。

第二时段期后事项（即审计报告日至财务报表报出日之间发生的事项或知悉的事实），审计人员没有识别义务，无需针对财务报表实施任何审计程序。但如果在审计报告日知悉某事实可能导致修改审计报告或管理层修改财务报表，则审计人员应针对该事项实施相应的补充审计程序。

第三时段期后事项（财务报表报出日之后知悉的事实），审计人员没有识别义务，无需针对财务报表实施任何审计程序。但如果在审计报告日知悉某事实可能导致修改审计报告或管理层修改财务报表，则审计人员应针对该事项实施相应的补充审计程序。

期后事项审计程序执行的时间，应尽可能接近审计报告日，实质性审计程序至少在两个时点执行，即将完成现场工作时和提交审计报告时。

（二）关注通过期后事项舞弊的动机与迹象

1. 被审计单位资产负债率高，具有偿债压力。例如，被审计单位为了缓解债务压力可能会进行新的融资或者出售资产。

2. 实施其他报表项目期后测试时发现大量冲回记录等。期后事项应与销售确认、应付款项等的期后测试程序结合考虑，尤其是要对舞弊迹象保持警觉。例如，记录虚假销售的分录很可能在资产负债表日后转回，此时，审计人员在审计期后销售退回、应收账款贷方记录等时就应保持警觉，评估舞弊的可能性。

3. 近期审计发现被审计单位存在违规记录或其他异常情况。

（三）关注资产负债表日已存在事项的进展情况

被审计单位主动识别期后事项可能存在一定的困难，但是当资产负债表日存在一些不确定的重大事项时，审计人员应当密切关注期后事项进展情况，这些重大事项包括不限于：

1. 诉讼事项。诉讼涉及或有事项，具有不确定性，当被审计单位存在诉讼时，应关注诉讼的进展。诉讼属于公开事项，如果企业未告知，通过中国裁判文书网、WIND 等均可以查询到诉讼相关信息。

2. 报表日存在涉及重大会计估计的报表项目。例如，被审计单位在资产负债表日存在大额的资产减值、资产按照公允价值计量、退货估计等。

3. 资产负债表日尚未完成的资产重组、股权转让等重大交易。

（四）恰当判断期后调整事项与非调整事项

审计人员应当准确判断期后调整事项与非调整事项，判断不当可能导致较大的审计风险。

示例 9-10

2007 年 5 月，上市公司赛迪传媒（000504）主办刊物《和谐之旅》杂志获准在动车组列车上免费摆放。此后，铁道媒体业务逐步发展为赛迪传媒主营业务之一。2011 年度，由《和谐之旅》产生的业务收入占赛迪传媒经审计营业收入的

29.65%。2012年11月29日，全国高铁列车杂志摆放权由免费上车方式变更为全国统一招标方式，中标企业须缴纳一定的渠道费用（据测算，赛迪传媒如中标则每年将额外支付约2 450万元渠道费用）。2013年1月17日，赛迪传媒董事会审议通过赛迪传媒2012年年度报告，并于同日召开专题会议决定退出参与摆放权招标，安排铁道媒体业务善后事宜。作为对赛迪传媒2012年度财务报表进行审计的L会计师事务所，出具审计报告前知悉上述事项。

2012年12月20日，北京中天华资产评估有限责任公司对赛迪传媒2012年末股东权益进行评估，为商誉减值测试工作提供价值参考依据。2013年1月6日，在未考虑摆放权招标事项影响的情况下，中天华出具了关于商誉的资产评估咨询报告。L会计师事务所在审计赛迪传媒2012年度财务报表时，主要利用该资产评估咨询报告，确认赛迪传媒2012年末不需对商誉计提减值准备。2013年1月17日，L事务所对赛迪传媒2012年度财务报表出具标准无保留意见的审计报告。

2013年10月28日，赛迪传媒重新对商誉减值进行测试并追溯调整2012年年度报告，调减商誉9 434.59万元，调减无形资产5 798.63万元，共计调减资产15 233.22万元；调增资产减值损失15 233.22万元，净利润由盈利114.93万元调减为亏损15 118.29万元。

摆放权由免费上车方式变更为全国统一招标方式对赛迪传媒2012年度财务报表产生重大影响，赛迪传媒决定退出参与摆放权招标属于资产负债表日后调整事项。L事务所在审计过程中应考虑上述事项对财务报表影响并做出审计调整，同时，L事务所应当恰当利用专家工作，在中天华出具的资产评估咨询报告不足以实现审计目的的情况下，未执行必要的审计程序，以获取充分、适当的审计证据。L事务所未恰当执行上述审计程序，致使其未发现赛迪传媒资产和业绩的重大错报，为赛迪传媒2012年度财务报表出具了无保留意见的审计报告，发表了不恰当的审计意见。

资料来源：中国证监会网站。

（五）注重期后事项审计方法

审计人员通常采用询问与检查实施期后事项审计，询问是了解期后事项的重要方法，但应当注意，该项工作宜由职级较高的项目组成员实施，且需要被询问者签字确认。必要时，可就诉讼或索赔事项咨询律师意见，包括：当被审计单位没有诉讼、索赔事项或项目组不知悉被审计单位是否存在诉讼、索赔事项时，应询问律师是否存在相关诉讼、索赔事项以及进展情况；当审计单位资产负债表日已存在诉讼索赔事项，应询问被审计单位律师相关诉讼、索赔事项进展情况；如果采用询问方式，应进行记录并由询问中和被询问律师签字确认；应向律师就相关诉讼索赔事项及进展情况进行函证。

检查程序，主要是查阅被审计单位的会议纪要等资料，包括会议纪要清单、资料复印件应加盖公章；关注会议时间的前后逻辑性合理，会议名称、序号的顺序连贯性；关注会议纪要内容与被审计单位管理层、治理层询问情况之间是否存在矛盾、遗漏等情形，如果存在矛盾、遗漏等情形，应与被询问者沟通，获得其明确解释和合理证据；当无法获取会议纪要时应在询问事项中增加相关会议讨论内容的问询。

（六）关注未提供的期后事项

被审计单位可能隐瞒对财务报表不利的重要期后事项，不向审计人员提供相关资料，审计人员可通过企查查、天眼查、中国裁判文书网等查询被审计单位是否存在重大期后事项。

（七）获取期后事项书面声明

当审计人员对期后事项存在疑虑，应考虑要求被审计单位管理层、治理层出具期后事项声明，必要时可就某个重要疑虑事项单独出具书面声明。

四、审计案例

案例 9-6

A 公司是一家知名建筑企业，2020 年 5 月，公司为了融资需要，发行 5 亿元公司债券。2020 年 1 月，B 会计师事务所接受委托，对 A 公司 2017~2019 年财务报表进行审计。2020 年 2 月 A 公司与当地一家国企 C 公司签订买卖合同。买卖合同约定，A 公司以 7 亿元价格销售其拥有的写字楼。该写字楼在 A 公司报表列报为投资性房地产，并以公允价值计量。截至 2019 年 12 月 31 日，该投资性房地产账面价值为 14 亿元。2020 年 3 月，B 事务所结束现场审计，2020 年 4 月 20 日出具标准无保留审计报告。2020 年 5 月 10 日，A 公司财务报表批准报出。2020 年 7 月，A 公司写字楼交割手续、产权过户手续等事项办理完毕，A 公司编制处置投资性房地产的会计记录。写字楼处置导致公司净利润增加 3 亿元，净资产减少 5 亿元，资产减少 7.9 亿元。

案例讨论：

1. 被审计单位 A 公司应如何进行处理？

A 公司签署买卖合同时点发生在资产发债表日至财务报表报出日之间，属于资产负债表日后非调整事项。A 公司无需调整财务报表，但应披露该期后事项，理由如下：该写字楼在资产负债表日占总资产的 38%，属于重大资产。同时，写字楼销售价格较账面价值下降 50%，资产价格发生重大变化，且控制权转移后将导致净资产下降 14%，该变化对财务报表使用人特别是购买债券的投资者做出投资决策将会产生影响。此外，A公司债券募集说明书中的披露表明投资性房地是其偿债来源之一。因此，A公司应在其财务报表附注中披露写字楼销售事项。

2.B事务所审计时如何处理？

A公司写字楼处置发生在资产负债表日后审计报告日前，属于第一时段的期后事项，B事务所的审计师有主动识别期后事项的义务。B事务所应尽可能在审计报告日前执行下列程序：

（1）了解管理层为确保识别期后事项而建立的程序。

（2）由项目负责人访谈管理层、治理层，确定是否已发生可能影响财务报表的期后事项，并做好记录并由双方签字。

（3）查阅A公司2019年12月31日至审计报告日之间的会议清单和会议纪要复印件。

（4）查阅A公司最近的中期财务报表，即2020年第一季度财务报表，分析是否存在重大变化。

（5）查阅被审计单位资产负债表日后最近期间内的预算、现金流量预测和其他相关的管理报告。

（6）查阅A公司2019年12月31日之后最近期间内的预算、现金流量预测和其他相关的管理报告。

（7）就诉讼和索赔事项，询问A的法律顾问，或扩大之前的口头或书面查询的范围。

（8）获取涵盖特定期后事项的书面声明。

如果A公司未披露该期后事项也没有告知B事务所，审计人员执行了上述程序并保留了相关证据情况下，未识别出写字楼销售事项，则B事务所已勤勉尽责，不应当承担审计责任。如果B事务所未执行上述程序，或者未获取充分适当审计证据，例如，访谈未记录、未签字、会议纪要已记载相关事项，而审计人员未发现等，则可能承担审计责任。

第九节 对应数据考虑

一、重大错报风险

1. 对应数据未经审计，财务报表对应数据的金额和披露存在重大错报。

2. 对应数据已经审计，但采用的会计政策与本期数据采用的会计政策不一致，财务报表存在重大错报。

3. 对应数据已经审计，但对应数据存在重大会计差错且未经适当重述或恰当披露。

二、常见审计问题

1. 首次承接业务时，审计人员未实施期初余额审计，未能发现期初余额存在重大错报。

2. 首次承接时，未采用恰当的方法对对应数据进行审计，导致审计过度或审计不足，可能存在未发现的重大错报或者浪费审计资源的情况。

3. 连续承接审计业务时，审计人员未检查比较报表中对应数据的连续性和可比性。

4. 对于上期审计意见类型为非无保留意见报告的，审计人员未关注非无保留审计意见事项在本期是否消除、重述及充分披露，并获取充分适当的审计证据。

三、审计关注要点

（一）当被审计单位对应数据未经审计

1. 审计人员执行的主要审计程序

（1）若以前年度财务报表未经注册会计师审计，审计人员在获取未审财务报表后，按照《中国注册会计师审计准则第 1331 号——首次审计业务涉及的期初余额》的规定实施审计程序，获取充分、适当的审计证据，并完成“首次接受委托时对期初余额的审计”工作底稿，具体审计程序详见本章“第六节、首次接受委托时对期初余额的审计”。

（2）评价在对应数据中反映的会计政策是否与本期采用的会计政策一致，如果会计政策已发生变更，这些变更是否得到恰当处理并得到充分列报及披露。

（3）获取与审计意见中提及的报告期相关的书面声明。对于管理层作出的、更正上期财务报表中影响对应数据的重大错报的任何重述，获取特定书面声明。

2. 对审计报告的可能影响

（1）通过对期初余额进行审计后，如发现期初余额存在重大错报，应对期初余额及利润表上期数进行重述。如被审计单位拒绝重述建议，审计人员应在审计报告中对本期财务报表发表保留意见或否定意见。

（2）如果审计人员未能获取有关期初余额的充分、适当的审计证据，审计人员应当对财务报表发表保留意见或无法表示意见。如果在针对期初余额不含有对本期财务报表产生重大影响的错报获取充分、适当审计证据时遇到重大困难，审计人员可能按照《中国注册会计师审计准则第 1504 号——在审计报告中沟通关键审计事项》的规定，将其确定为关键审计事项。

（3）如果上期财务报表未经审计，审计人员应当在审计报告的其他事项段中说明对应数据未经审计，但这种说明并不减轻审计人员获取充分、适当的审计证据，以确定期初余额不含有对本期财务报表产生重大影响的错报的责任。因此，实务中对于首次承接的上期财务报表未经审计的项目，审计人员一般会对期初余额及上期比较数实施审计。

（二）当被审计单位前期已经本会计师事务所审计

1. 上期审计意见为无保留意见

（1）核对上期审计报告财务报表期末数及利润表发生额与本年度期初数及可比数是否一致，如不一致，除会计政策变更及重大会计差错更正外，应对不一致对应数据进行重述。

（2）评价在对应数据中反映的会计政策是否与本期采用的会计政策一致，如果会计政策已发生变更，这些变更是否得到恰当处理并得到充分列报及披露。

（3）如存在对财务报表期初数进行重大会计差错更正事项，应获取董事会关于差错更正事项的专项说明及决议，检查差错更正事项是否在财务报表附注中充分披露。

如期初数存在重大会计差错但对应数据未经适当重述或恰当披露，审计人员应当就包括在财务报表中的对应数据，在审计报告中对本期财务报表发表保留意见或否定意见，该种情形在实务中较少见。

（4）获取与审计意见中提及的报告期相关的书面声明。对于管理层作出的、更正上期财务报表中影响对应数据的重大错报的任何重述，获取特定书面声明。

2. 上期审计意见为非无保留意见

（1）当非无保留意见的影响在本期已经消除

如果对上期财务报表发表了保留意见、无法表示意见或否定意见，但导致非无保留意见的事项在本期已经解决，审计人员应检查消除上期非无保留意见事项的会计处理是否符合会计准则的规定及证据是否充分，涉及对应数据的调整是否进行重述列报及充分披露。

对于上期非无保留事项的影响在本期已经消除且已重述对应数据及充分披露，如本期无新增重大错报未更正事项，审计人员应对本期财务报表发表无保留意见审计报告。

（2）非无保留意见的影响在本期仍未消除

如果对上期财务报表发表了保留意见、无法表示意见或否定意见，且导致非无保留意见的事项在本期仍未解决，对本期财务报表应仍发表非无保留意见。在审计报告的导致非无保留意见的事项段中，分下列两种情况予以处理：

①如果未解决事项对本期数据的影响或可能的影响是重大的，在导致非无保留意见事项段中同时提及本期数据和对应数据。

②如果未解决事项对本期数据的影响或可能的影响不重大，说明由于未解决事项对本期数据和对应数据之间可比性的影响或可能的影响。

案例 9-7

秋林集团（已退市）2018 年度财务报表被会计师事务所出具了无法表示意见审计报告。2019 年，会计师事务所连续承接秋林集团 2019 年度财务报表审计。经审计，审计人员发现上期非无保留事项仍未消除且具有广泛性，会计师事务所出具了无法表示意见审计报告，形成无法表示意见的基础为：

1. 比较信息延续至报告期的认定

因审计范围受到限制，我们对贵公司上期财务报表项目中应收账款、其他应收款、存货、可供出售金融资产、收入成本等项目账面价值和发生额无法认定，也无法认定关联方关系及交易披露的完整性、对外担保及诉讼事项和内部控制失效可能对财务报表的影响，因而出具了无法表示意见的审计报告。截至 2019 年 12 月 31 日，涉及对应数据的应收账款余额 27 380.33 万元，坏账准备 1 480.66 万元，其他应收款 393 231.70 万元，坏账准备 388 237.67 万元，存货 14 654.56 万元，跌价准备 263.43 万元，其他权益工具投资（可供出售金融资产）公允价值为零，以及关联方关系及交易的披露等事项，因贵公司相关子公司已停止经营，我们无法实施有效的审计程序，无法判断上述上期数据及事项对本期财务报表的影响。

2. 对外担保及诉讼事项（略）

3. 财务报表按照持续经营假设编制的恰当性（略）

资料来源：巨潮资讯网站。

（三）当被审计单位前期已经前任注册会计师审计

当上期财务报表已由前任注册会计师审计，审计人员在获取被审计单位本年度未审财务报表后，需按照《中国注册会计师审计准则第 1331 号——首次审计业务涉及的期初余额》的规定实施审计程序，获取充分、适当的审计证据，并完成“首次接受委托时对期初余额的审计”工作底稿，具体审计程序详见本章“第六节、首次接受委托时对期初余额的审计”。

1. 上期审计意见为无保留意见

（1）审计人员执行的主要审计程序

①获取前任会计师出具的审计报告，将本期财务报表中的期初数及会计政策

与上期审计报告的对应数据及会计政策进行核对是否一致，并实施期初余额审计。

②如本期财务报表期初数与上期审计报告的对应数据不一致是由前期重大会计差错更正引起的，审计人员应将前期重大会计差错事项与前任会计师进行书面沟通。

③如本期财务报表期初数与上期审计报告的对应数据不一致是由会计政策变更引起的，审计人员应获取会计政策变更对对应数据影响数的充分适当的审计证据。

（2）对审计报告的考虑

上期财务报表已由前任注册会计师审计，本期审计人员在审计报告中可以提及前任注册会计师对对应数据出具的审计报告。实务中，审计人员在本期审计报告中一般不会提及前任注册会计师对对应数据出具的审计报告。

2. 上期审计意见为非无保留意见

（1）当非无保留意见的影响在本期已经消除。①审计人员执行的主要审计程序。如果前任注册会计师对上期财务报表发表了保留意见、无法表示意见或否定意见，但导致非无保留意见的事项在本期已经解决，在实施期初余额审计基础上，审计人员应检查消除上期非无保留意见事项的会计处理是否符合会计准则的规定及证据是否充分，涉及对应数据的调整是否进行重述列报及充分披露。

②对审计报告的考虑。对于上期由前任注册会计师出具的非无保留事项的影响在本期已经消除且已重述对应数据及充分披露，如本期无新增重大错报未更正事项，审计人员应对本期财务报表发表无保留意见审计报告。审计人员在审计报告中可以提及前任注册会计师对对应数据出具的审计报告。实务中，审计人员在本期审计报告中一般不会提及前任注册会计师对对应数据出具的审计报告。

（2）当非无保留意见的影响在本期尚未消除

①如果前任注册会计师对上期财务报表发表了保留意见、无法表示意见或否定意见，且导致非无保留意见的事项在本期仍未解决，审计人员对本期财务报表应仍发表非无保留意见。在审计报告的导致非无保留意见的事项段中，分下列两种情况予以处理：

a. 如果未解决事项对本期数据的影响或可能的影响是重大的，在导致非无保留意见事项段中同时提及本期数据和对应数据。

b. 如果未解决事项对本期数据的影响或可能的影响不重大，说明由于未解决事项对本期数据和对应数据之间可比性的影响或可能的影响。

②审计人员在本期审计报告中可以提及前任注册会计师对对应数据出具的审计报告。实务中，审计人员在本期审计报告中一般会提及前任注册会计师对对应数据出具的审计报告。当审计人员决定提及时，应当在审计报告的其他事项段中说明：

a. 上期财务报表已由前任 ×× 注册会计师审计；

b. 前任注册会计师发表的意见的类型（(如果是非无保留意见，还应当说明发表非无保留意见的理由）；

c. 前任注册会计师出具的审计报告的日期。

案例 9-8

ST 节能（000820）2017 年度、2018 年度财务报告分别被注册会计师出具了保留意见和无法表示意见审计报告，两年均涉及的主要事项为注册会计师无法判断大额预付款项的实际用途，是否存在关联方关系和可收回性。2019 年，ST 节能更换前任审计机构，聘请新的会计师事务所审计机构。2019 年度，公司将预付款项 10.9 亿元计提坏账准备（其中部分转入其他应收款计提），全部计入当期损益，后任注册会计师认可了被审计单位会计处理，未对该事项发表非无保留意见。

2017~2019 年度，ST 节能预付款项的性质和可收回性并未发生实质性变化，将减值损失计入 2019 年度不符合企业会计准则规定，不恰当消除前期保留事项，审计意见明显不当，存在规避退市之嫌。事实上，如果将减值计入前期，将导致上市公司归属于母公司的净资产连续 3 年为负数，直接触及退市条件，而将全部减值计入 2019 年度，则仅最近一年归属于母公司的净资产为负数。

资料来源：巨潮资讯网站。

第十节 对其他信息的阅读和考虑

一、重大错报风险

被审计单位对其他信息作出不正确陈述或其他信息具有误导性，包括遗漏或掩饰对恰当理解其他信息所披露事项必要的信息，从而误导财务报告使用者。

二、常见审计问题

1. 未对其他信息进行阅读和考虑，从而未能识别其他信息或财务报表中可能存在的错报。

2. 在对其他信息进行阅读和考虑时，审计工作流于形式，未能识别其他信息中可能存在的错报。

3. 审计报告中其他信息段的披露内容及格式不规范。

三、审计关注要点

（一）获取并阅读其他信息

1. 关注其他信息是否与已审财务报表存在重大不一致

其他信息是指在被审计单位年度报告中包含的除财务报表和审计报告以外的财务信息和非财务信息，可能包括以下项目：

（1）包含了财务报表或附注中的表格、图表等。例如，非经常性损益项目及金额、募集资金承诺项目及投入情况等，审计人员应阅读检查年度报告摘录的内容是否与财务报表附注、募投资金存放与使用情况报告数据是否一致。

（2）主要会计数据和财务指标，如摘录的营业收入、归属于上市公司股东的扣除非经常性损益的净利润、经营活动产生的现金流量净额、净资产收益率、基本每股收益、稀释每股收益、毛利率、平均资本回报率、平均股东权益回报率、流动比率、利息保障倍数和债务比率等，审计人员应阅读检查年度报告中披露的关键指标与财务报表及附注披露是否一致。

（3）对财务报表中列示的余额或账户提供进一步细节的披露。例如，营业收入分行业构成、分产品、分地区构成，营业成本分行业、分产品构成、产品按料工费的构成成本等，审计人员应阅读检查年度报告中披露的金额与财务报表及附注披露是否一致。

（4）涉及担保、合同义务、法律或环境诉讼和其他或有事项的金额及事项的描述。

（5）对关联方的识别，以及对关联方交易的描述，包括控股股东及其关联方对上市公司的非经营性占用资金情况。

（6）对财务结果的描述。例如，报告期内，被审计单位持续加大技术研发和新品开发，报告期内研发投入 ×× 万元，占公司营业收入的 ××%，较上年同期增加 ×× 万元，增长 ××%，审计人员应阅读检查研发投入金额及占比是否正确。

（7）内部控制自我评价报告，报告期内发现的内部控制重大缺陷的具体情况与内控审计报告或鉴证报告披露的内控缺陷情况的一致性。

2. 关注其他信息和审计人员了解到的情况是否存在重大不一致

（1）其他信息可能包括与审计人员在审计中了解到的情况相关的金额或项目，这些金额或项目的例子可能包括：

①对产量的披露，或者按地理区域汇总产量的表格；

②对“公司本年度新推出产品 X 和产品 Y”的声明；

③对被审计单位主要经营地点的概括，例如“公司的主要经营中心在 X 国，

同时在 Y 国和 Z 国也有经营场所”等。

（2）审计人员在审计中了解到的情况，包括：根据《中国注册会计师审计准则第 1211 号——通过了解被审计单位及其环境识别和评估重大错报风险》对被审计单位及其环境（包括被审计单位内部控制）的了解，可能包括从性质上讲具有预测性的事项。

3. 根据重要性原则评价其他信息的一致性

（1）在评价其他信息中所选择的金额或项目与财务报表及审计中了解到的情况的一致性时，审计人员不需要对其他信息中的所有金额或项目与财务报表中的金额或项目进行比较。

（2）选择哪些金额或项目进行比较属于职业判断事项，相关的因素包括：

①金额或项目在列报中的重要程度，可能影响使用者对该金额或项目的重视程度，例如，一项关键比率或金额；

②如果是定量方面的信息，该金额与财务报表中的账户或项目，或者该金额与其他相关信息的相对规模情况；

③其他信息中特定的金额或项目的敏感性，例如，股权激励计划、员工持股计划或其他员工激励措施的实施情况。

（二）审计报告日前获取并发现其他信息重大不一致的应对措施

如果审计人员识别出财务报表与其他信息可能存在重大不一致，或者知悉其他信息可能存在重大错报，应当与管理层讨论该事项。如果认为其他信息存在重大错报，应当要求管理层更正其他信息：

（1）如果管理层同意作出更正，审计人员应当确定更正已经完成；

（2）如果管理层拒绝作出更正，审计人员应当就该事项与治理层进行沟通，并要求作出更正。如在与治理层沟通后其他信息仍未得到更正，采取下列措施之一：考虑对审计报告的影响，并就审计人员计划如何在审计报告中处理重大错报与治理层沟通；在相关法律法规允许的情况下，解除业务约定。

（三）审计报告日后前获取并发现其他信息重大不一致的应对措施

1. 如果在审计报告日后获取的其他信息中识别出重大不一致，并且需要对其他信息作出修改，同时管理层同意修改，根据具体情况实施必要的审计程序。

2. 如果在审计报告日后获取的其他信息中识别出重大不一致，并且需要对其他信息作出修改，但管理层拒绝作出修改，除非治理层的所有成员参与管理被审计单位，将对其他信息的疑虑告知治理层，如果与治理层沟通后其他信息未得到更正，应采取适当的进一步措施，包括考虑征询法律意见，及提醒审计报告使用者关注未更正的重大错报等。

（四）记录其他信息的审阅

1. 对其他信息范围和最终版本进行复核

（1）记录其他信息的范围，包括记录其他信息的文件名称，例如 202× 年年度报告；刊载 / 报送机构，如：上交所、深交所、股转系统等；发布或报送日期，一般填写上市公司或新三板公司年度报告的公告日期。

（2）记录对其他信息的复核情况，针对其他信息的每个文件的复核情况，记录是否为其他信息的最终版本等。

（3）记录审计报告中其他信息段的披露情况，记录审计报告意见的类型，如出具了非无保留意见审计报告，应记录保留事项的内容；记录其他信息段的内容，并审计报告披露核对一致。

2. 发现重大不一致时的处理情况

审计人员阅读信息后发现与财务报表及审计中了解的情况重大不一致时，应将应对情况记录于审计工作底稿，记录内容包括：其他信息名称；发现的重大不一致或对事实的重大错报具体事项；修改已审计财务报表或修改其他信息；采取的进一步措施；考虑对审计报告的影响，包括审计的意见类型、其他信息段的披露情况。

（五）其他信息在审计报告的披露

1. 需在审计报告正文增加其他信息段的被审计单位类型

并非所有的审计项目均需要在审计报告正文中增加“其他信息”段，被审计单位如需对外公开披露年度财务报告信息，通常需要在年度审计报告正文中增加“其他信息”段，实务中，这些公司一般包括：上市公司；新三板挂牌公司；发行债券的公司；非上市证券公司、保险公司等。

2. 其他信息在审计报告中的披露方式

其他信息段在审计报告正文的披露格式分以下几种情形：

（1）当审计人员在审计报告日前已获取所有其他信息且未识别出其他信息存在重大错报的。

（2）当审计人员在审计报告日前已获取部分其他信息，且未识别出其他信息存在重大错报，并预期能够在审计报告日后获取剩余其他信息的，需要区分上市实体和非上市实体两种具体情况。

（3）当审计人员在审计报告日前未获取任何其他信息，但预期能够在审计报告日后获取其他信息的。

（4）当审计人员在审计报告日前已获取所有其他信息，并且已确定其他信息存在重大错报时，出具了无保留意见审计报告。

（5）当审计人员在审计报告日前已获取所有其他信息，但合并财务报表重要项目的审计范围受到限制，且影响其他信息时的保留意见审计报告，根据发表非无保留意见的事项是否被包含在其他信息中的不同情形采用不同措辞。

（6）当审计人员在审计报告日前已获取所有其他信息，且对合并财务报表发表的否定意见对其他信息有影响。

四、审计案例

案例9－9

Y上市公司2020年年度财务报告对外公告披露日为2021年3月20日。某会计师事务所为Y公司财务报表和内部控制的审计机构，2021年3月10日审计项目组已经完成了外勤审计，事务所内部复核流程以及审计报告的定稿，项目经理同日将无保留意见的审计报告定稿电子版发给了Y公司财务总监及董秘，公司董秘于3月13日将已编制完成的拟在交易所公告的2020年年度报告电子版发给项目经理，项目经理收到年度报告后即安排人员对年度报告中包含的除财务报表和审计报告以外的财务信息和非财务信息进行阅读核对工作，审计人员实施的审计工作包括：

1. 核对了财务报告中主要会计数据和财务指标与审计报告及附注披露数据的一致性，阅读核对的会计数据和财务指标包括不限于：财务报告中摘录的营业收入、归属于上市公司股东的扣除非经常性损益的净利润、经营活动产生的现金流量净额、净资产收益率、基本每股收益、稀释每股收益、产品毛利率等数据。经阅读未发现不一致情形。

2. 核对了财务报告中引用的财务信息与审计报告及附注披露数据的一致性，主要包括：非经常性损益项目及金额、募集资金承诺项目及投入情况等信息的阅读及核对。经阅读，未发现财务报告引用的信息与财务报表附注、募投资金存放与使用情况审核报告披露的数据不一致情形。

3. 阅读了年度报告中披露的营业收入和营业成本分行业构成、分产品、分地区构成等数据披露情况，未发现披露的金额与财务报表及附注披露不一致情形。

4. 阅读了年度报告中披露的执行新收入准则对公司2020年1月1日财务报表的主要影响数的披露情况，未发现不一致情形。

5. 阅读了重大诉讼、仲裁事项的披露情况，未发现不一致情形。

6. 阅读了对关联方的识别，控股股东及其关联方对上市公司的非经营性占用资金情况，以及董监高的薪酬披露情况，未发现与财务报表附注披露的不一致情形。

7. 阅读了公司年度报告中披露的研发投入人员、金额及投入占比情况，经核对未发现不一致情形。

8. 阅读了内部控制自我评价报告的披露情况，未发现与注册会计师出具的内控审计报告不一致情形。

审计人员在完成上述其他信息的阅读后，完成了其他信息阅读和考虑的底稿编制工作，拟在审计报告“其他信息”段披露以下内容：

贵公司管理层对其他信息负责。其他信息包括贵公司 2020 年年度报告中涵盖的信息，但不包括财务报表和我们的审计报告。我们对财务报表发表的审计意见并不涵盖其他信息，我们也不对其他信息发表任何形式的鉴证结论。

结合我们对财务报表的审计，我们的责任是阅读其他信息，在此过程中，考虑其他信息是否与财务报表或我们在审计过程中了解到的情况存在重大不一致或者似乎存在重大错报。基于我们已执行的工作，如果我们确定其他信息存在重大错报，我们应当报告该事实。在这方面，我们无任何事项需要报告。

第十一节　对集团财务报表审计的特殊考虑

一、重大错报风险

1. 由不同会计师事务所审计的组成部分财务信息，由于不同会计师事务所对会计准则理解不同，可能导致集团不同组成部分相同或类似的交易采用的会计政策、会计估计存在差异，且未在集团合并时进行统一。

2. 集团合并过程中，未考虑集团层面的重要性水平，将各组成部分的差错或审计调整在集团层面全部进行了调整。

3. 某些组成部分由于特定原因（如境外资产），未经会计师事务所审计，被审计单位可能存在借机粉饰财务报表的情况。

二、常见审计问题

1. 集团项目组未与组成部分注册会计师进行沟通，或未复核组成部分注册会计师的工作底稿，直接利用组成部分注册会计师的工作成果，从而未发现组成部分财务信息可能存在的错报。

2. 集团项目组未发现组成部分注册会计师存在独立性、专业胜任能力等方面的问题。

3. 集团项目组与组成部分注册会计师之间沟通不畅，组成部分注册会计师对于集团合并财务报表层面识别出来的重大错报风险应对不足。

4. 对境外组成部分的审计风险关注不够，或应对措施不足。

5. 对于重要组成部分或基于风险确定的组成部分的判断有误，应对措施不恰当。

6. 集团主审会计师事务所负责审计的范围较小，主要资产由其他会计师事务所审计，在组成部分为上市公司或金融企业等特殊行业时，集团项目组难以有效复核组成部分注册会计师的工作。

三、审计关注要点

（一）重视集团财务表项目审计承担的审计责任

由于中央企业、大型地方国企等企业集团资产规模大，分子公司多，有时会选聘多家会计师事务所参与同一个集团公司的财务报表审计工作，负责集团合并报表审计的为主审所，其他组成部分审计机构为参审所。尽管有的组成部分由其他会计师事务所审计，但集团审计师应当对整个合并报表承担审计责任，集团审计师应当实施相应的审计程序，尤其是加强与组成部分沟通，以使集团合并财务报表不存在重大错报。

示例 9-11

国资监管部门对 H 集团公司负责主审的会计师事务所下发“质询函”，指出：

1. 2018 年以来，H 集团公司及所属上市子公司应作为负债核算的 150 亿元永续债列入所有者权，造成 2020 年末 H 集团合并报表多计其他权益工具 150 亿元，少计长期负债 150 亿元。同时，上述负债自发行日起至 2021 年 8 月，累计支付利息 14.15 亿元，均通过“利润分配”科目核算，未按规定计入财务费用，造成少计利息费用、多计利润各 14.15 亿元。

2. 2018 年至 2020 年，H 集团公司所属两家子公司通过应收账款抵押、保理等方式融资 47.1 亿元，在仍负有应收账款回购义务的情况下，违规终止确认了上述应收账款，且未确认融资形成的负债，其中 10 亿元已在 2020 年 12 月完成回购。

国资监管部门要求主审会计师事务所作出回复：作为 H 集团公司 2018 年度财务决算主审会计师事务所，出具了标准无保留审计意见报告。请会计师事务所就以上事项提供书面说明材料，重点说明相关审计程序设计及执行情况、审计质量复核情况、未发现上述问题的原因。如涉及其他参审会计师事务所工作，请组织梳理有关情况，在书面说明材料中一并报送。

本示例中，监管部门指出的两个方面问题，均由组成部分会计师事务所负责审计。若上述事项存在重大错报，主审会计师事务所审计意见可能不恰当，并可能承担相应的集团财务报表审计责任。

（二）制定集团总体审计策略和具体审计计划，并经集团项目合伙人复核

1. 制定集团总体审计策略和具体审计计划的必要性

划分组成部分、确定重要组成部分，明确集团项目组和组成部分注册会计师的责任与协作分工情况，以获取充分、适当的审计证据，对集团财务报表发表审计意见，是集团项目组在制定集团财务报表审计策略时需要做出的特殊考虑，可避免合并过程审计程序执行不充分、遗漏重要事项、未能及时发现合并报表重大错报，或无法按要求的标准、时间完成审计工作等集团层面的审计风险。

2. 了解集团及其环境和集团组成部分及其环境

（1）在业务承接或保持阶段获取信息的基础上，进一步了解集团及其环境、集团组成部分及其环境，包括集团层面控制。

（2）了解合并过程，包括集团管理层向组成部分下达的指令，这些指令通常包括：运用的会计政策；适用于集团财务报表的法定和其他披露要求，包括分部的确定和报告、关联方关系及其交易、集团内部交易、未实现内部交易损益以及集团内部往来余额；报告的时间要求等。

3. 确定重要性水平

4. 开展风险评估与制定审计策略

5. 针对评估的风险采取应对措施

（1）对于组成部分财务信息，集团项目组确定由集团项目组亲自执行或由组成部分注册会计师代为执行的相关工作的类型，以及参与组成部分注册会计师工作的性质、时间安排和范围。

（2）在确定对合并过程或组成部分财务信息拟执行的工作的性质、时间安排和范围时，如果预期集团层面控制运行有效，或者仅实施实质性程序不能提供认定层次的充分、适当的审计证据，集团项目组亲自测试或要求组成部分注册会计师代为测试集团层面控制运行的有效性。

（3）如果组成部分注册会计师对重要组成部分财务信息执行审计，参与组成部分注册会计师的风险评估程序，通常至少包括：与组成部分注册会计师或组成部分管理层讨论对集团而言重要的组成部分业务活动；与组成部分注册会计师或组成部分管理层讨论由于舞弊或错误导致组成部分财务信息发生重大错报的可能性；复核组成部分注册会计师对识别出的导致集团财务报表发生重大错报的特别风险形成的审计工作底稿；参加组成部分注册会计师与组成部分管理层的总结会议和其他重要会议。

（4）如果在由组成部分注册会计师执行相关工作的组成部分内，识别出导致

集团财务报表发生重大错报的特别风险，评价针对识别出的特别风险拟实施的进一步审计程序的恰当性，确定是否有必要参与进一步审计程序。

（5）如果认为通过对重要组成部分财务信息执行的工作、对集团层面控制和合并过程执行的工作以及在集团层面实施的分析程序没有获取形成集团审计意见所依据的充分、适当的审计证据，可执行下列一项或多项工作：使用组成部分重要性对组成部分财务信息实施审计；对一个或多个账户余额、一类或多类交易或披露实施审计；使用组成部分重要性对组成部分财务信息实施审阅；实施特定程序。

6. 境外组成部分的审计策略

资本市场上较常见利用境外组成部分的业绩或向境外客户销售等进行舞弊行为，企业集团对于境外组成部分的监管因存在法律和各种环境差异，难以像监管其他境内企业一样顺畅，因此境外重要组成部分在 IPO 和年度审计中是关注重点，审计人员一般会根据其财务重要性或特别风险等因素考虑采取全面审计的方法。但全面审计在实务中存在着较多操作难点，如语言、法律、集团对其管理风格等都会影响审计工作的开展情况，甚至影响审计结论。集团审计项目组应重视境外组成部分的审计情况及其难度，配备具有相应胜任能力的集团项目组成员，在被审计集团聘请境外组成部分的组成部分审计师时提前沟通，尽量要求其聘请所在会计师网络所的成员或者国际排名靠前的事务所作为组成部分审计师。审计人员还应注重与组成部分审计师的沟通，包括集团指定函及审计过程中的各种形式的沟通都将有助于组成部分审计师按时保质地完成其分配的审计任务。

审计人员应关注可能存在的会计准则和审计准则差异问题。实务中，对于境外组成部分一般要求组成部分审计师照国际审计准则实施审计工作。如果组成部分审计师按照境外组成部分所在国法律法规要求执行的是非国际审计准则，集团项目组应要求境外组成部分注册会计师充分披露所采用的执业准则与国际审计准则之间的差异，并评估差异的影响，考虑是否需要执行特定程序。类似地，对于中国审计准则与国际审计准则差异，应评估差异的影响，考虑是否需要追加执行特定程序。境外组成部分审计师，可能不具备对按照中国会计准则编制的财务报告发表审计意见的专业胜任能力。因此，通常会要求境外组成部分审计师对境外组成部分按照国际财务报告准则编制的财务报告发表审计意见，然后考虑中国会计准则与国际财务报告准则差异对境外组成部分财务报表的影响，如会计年度截止日差异等，指导组成部分审计师对差异执行必要审计程序，以确保境外组成部分财务报表符合中国企业会计准则的要求。

7. 当集团存在共享服务中心时需要考虑的因素

共享服务中心可以构建处理交易的发起、授权、记录、处理和 / 或报告的某个阶段或整个过程。共享服务中心与使用共享服务的组成部分通常处于集团内不同的管辖范围。集团项目组通过了解共享服务中心，并结合集团审计和法定审计的要求，确定审计的初步范围，具体包括：确定使用共享服务中心的组成部分；识别共享的服务；了解集团如何管理、组织和控制共享服务中心的运营；了解组成部分管理层对组成部分财务信息的责任等。

集团项目组应确定共享服务中心对集团总体审计策略、集团审计的效率和效果以及共享服务中心小组层面的审计工作的影响。集团项目组和组成部分注册会计师应充分了解共享服务中心对集团内各组成部分运营的影响，从而识别出可能导致财务报表发生重大错报的风险，考虑共享服务中心可能导致的额外风险。例如，共享服务中心人员并未充分了解当地的法律法规；共享服务中心和组成部分之间缺乏及时的沟通；共享服务中心人员未知悉组成部分的税务问题等。

（三）关注评价集团合并过程

1. 针对合并过程设计和实施进一步审计程序，以应对评估的、由合并过程导致的集团财务报表发生重大错报的风险

2. 评价所有组成部分是否均已包括在集团合并财务报表

是否存在符合“控制”条件但是未包括在集团合并财务报表中的情形，对于关联方代持、结构化主体等特殊交易或商业安排的背景和相关权利、可变回报等是否进行了恰当的分析和判断。

3. 评价合并调整和重分类事项的适当性、完整性、和准确性，并评价是否存在舞弊风险因素或可能存在管理层偏向的迹象

（1）评价重大调整是否恰当反映了相关事项和交易。

（2）确定重大调整是否得到集团管理层和组成部分管理层（如适用）的正确计算、处理和授权。

（3）确定重大调整是否有适当的证据支持并得到充分的记录。

（4）检查集团内部交易、未实现内部交易损益以及集团内部往来余额是否核对一致并抵消。当存在余额不一致时，审计人员应检查不符原因及分析相关影响，不应存在“轧差”抵消的情形。

（5）对于 PPP 或 EPC 项目、借款费用资本化、子公司减持股份转变为权益法、子公司权益工具在合并层面可能为金融负债等事项，被审计集团是否已站在集团视角进行恰当的合并抵消处理。

（6）复核合并抵消的计算过程是否准确，例如处置亏损子公司的以前年度未分配利润转回、合并范围内未实现损益递延所得税、少数股东损益的分配等计算的准确性。

（7）合并附注信息编制是否准确、合并口径是否完整等。

4. 关注会计准则与会计政策统一性

如果组成部分财务信息没有按照集团财务报表采用的会计政策编制，或组成部分财务报表的报告期末不同于集团财务报表，评价集团财务报表中是否已作出恰当的调整。例如，组成部分采用国际财务报告准则或者美国通用会计准则，审计人员需要关注集团或组成部分是否将原会计准则下的财务报表转换为中国企业会计准则下的财务报表，是否存在应调未调的准则差异，重分类涉及的列报调整是否准确，外币报表折算是否符合《企业会计准则第 19 号——外币折算》的要求，各财务报表折算采用的折算汇率来源在各期是否一致，其他综合收益中外币报表折算差异与当期利润表中的汇兑损益是否存在重分类的情况，直接法下的现金流量表的转换编制及汇率变动对现金及现金等价物的影响，处置境外子公司时以前年度形成的外币报表折算差异是否计入损益等。

5. 评价作为组成部分注册会计师出具报告对象的组成部分财务信息是否就是包括在集团财务报表中的信息

例如，组成部分财务信息的范围是否与包括在集团财务报表中的会计实体是相同的，是否有遗漏下级子公司或分部的情况。

（四）关注期后事项

如果对组成部分财务信息实施审计，集团项目组或组成部分注册会计师应当实施审计程序，以识别组成部分自组成部分财务信息日至对集团财务报表出具审计报告日之间发生的、可能需要在集团财务报表中调整或披露的事项。如果组成部分注册会计师执行组成部分财务信息审计以外的工作，要求组成部分注册会计师告知其注意到的、可能需要在集团财务报表中调整或披露的期后事项。

集团项目组应要求组成部分注册会计师及时更新与集团财务报表审计报告日相关信息和资料，例如组成部分的审计报告日早于集团财务报表审计报告日较多，那么组成部分注册会计师一般应需要在临近集团财务报表审计报告日时以书面形式告知集团项目组，其所负责的组成部分是否存在可能需要在集团财务报表中调整或披露的事项。

（五）了解组成部分注册会计师并与其沟通

1. 了解组成部分注册会计师

（1）如果集团项目组和组成部分注册会计师来自同一家会计师事务所或在统一的监控政策和程序下进行运营的网络，可了解网络对其评价质量监控系统的结果；

（2）与组成部分注册会计师讨论并确定下列事项：组成部分注册会计师是否了解并将遵守与集团审计相关的职业道德要求，特别是独立性要求；组成部分注册会计师是否具备专业胜任能力；集团项目组参与组成部分注册会计师工作的程度是否足以获取充分、适当的审计证据。

只有在组成部分注册会计师满足以上条件时，集团项目组才可利用其工作成果。对胜任能力的评估可了解其在当地市场的声誉和占有率，或者获取专业机构、与其合作过的客户、银行人员、律师或其他第三方的相关回复。

（3）可要求组成部分注册会计师完成对其独立性、胜任能力等主要方面的调查表，并对结果进行评估。主要了解内容可包括：组成部分项目组所属事务所的规模、声誉及其在专业机构的会员资格；组成部分项目组的经验；质量控制、项目质量复核人以及其他形式的复核的安排；组成部分项目组的资源；组成部分项目组成员的专业资格和工作经验以及他们在项目中预计工作的时间等。

2. 及时向组成部分注册会计师通报工作要求

集团项目组一般通过向组成部分注册会计师发出集团审计指令函的方式提出审计工作要求，要求组成部分注册会计师集团项目组提供的工作清单一般包括但不限于：组成部分注册会计师确认函；组成部分内部控制缺陷汇总表；组成部分审计总结；错报累计和评价表；关联方往来及关联方交易统计表。

当组成部分财务占比较重大时，集团项目组经常需要组成部分注册会计师提交除审定财务报表外，还会要求其按照集团附注格式提供相关具体财务信息，并对其进行复核。

在某些情况下，集团项目组可能无法及时获取编制完整的集团项目指示所需的全部信息。这时集团项目组应将其作出的与确定组成部分的审计范围相关的决策事先告知组成部分项目组，以使组成部分项目组了解到他们应如何努力才能按照适合于总体审计计划和时间表的要求完成审计。这使组成部分项目组在收到全面的集团审计指令之前，就可以适当地预计项目时间，并估计资源需求。

3. 与组成部分注册会计师及时沟通与得出集团审计结论相关的事项

除了要求组成部分注册会计师及时按照集团审计指令函中的时间提交相关工作成果外，集团项目组应要求当组成部分注册会计师发现其负责的组成部分存在舞弊迹象、可能影响审计意见类型的事项或可能存在影响按时完成审计工作时，需要尽快与集团项目组进行沟通，共同讨论进一步的审计程序及安排。组成部分注册会计师也应对预审或者年审中发现的可能影响集团审计结论的重大错报风险，而这些被识别的风险并未包括在集团项目组的审计指定函中时，与集团项目组及时进行沟通。

4. 复核组成部分注册会计师的工作底稿

当部分组成部分较重大且审计风险较高时，集团项目组可能需要对组成部分注册会计师的工作进行复核，以确定其是否关注并恰当应对了集团审计指令函中所要求的重大错别风险。例如，抽查收入检查、往来函证、存货盘点等相关底稿。组成部分注册会计师应积极配合，及时提供所完成的工作底稿。

5. 与组成部分注册会计师及其他各方的沟通

（1）如果因法律法规要求或其他原因，组成部分注册会计师可能需要对组成部分财务报表发表审计意见，这时集团项目组应要求集团管理层告知组成部分管理层其尚未知悉的、集团项目组注意到的可能对组成部分财务报表产生重要影响的事项。

（2）与集团治理层沟通的事项可能包括组成部分注册会计师提请集团项目组关注，且集团项目组认为与集团治理层责任相关的重大事项。沟通可以在集团审计过程中的不同时点进行。

四、审计案例

案例 9－10

甲公司（被审计单位）是一家业务涉及制造业、软件技术、媒体和娱乐等行业的跨国公司，拥有 29 家法人实体。法人实体级别的公司层面生成财务信息，且该信息将被管理层在合并过程中使用，其中，A、B、C、D 公司的财务信息如表 9–1 所示。

表 9–1 甲公司组成部分收入和支出情况

法人实体	收入		支出	
	金额（百万人民币）	占比	金额（百万人民币）	占比
A 公司	290	20%	209	18%
B 公司	261	18%	197	17%
C 公司	204	14%	139	12%
D 公司	174	12%	128	11%
其他实体	510	36%	487	42%
合计	1 439	100%	1 160	100%

其他相关信息如下：

1. 甲公司于本年度收购境外 D 公司。

2. 其他实体包括 25 个法人实体，其单个收入及支出百分比占公司 5% 及以下。其他实体之一 E 公司于去年成立，本年累计收入 6 500 万人民币；另一个其他实体 F 公司，本年累计收入 3 000 万人民币。

3. 以前年度审计情况。E 公司去年被识别为不重要的组成部分，今年风险评估程序中未发现异常，F 公司过去三年被识别为不重要的组成部分，今年风险评估程序中未发现异常。

案例讨论：

集团项目组根据被审计单位的实际以及上年度审计情况，在确定集团审计策略时对以下事项进行了充分考虑：

1. 组成部分从法人实体这一级别上来确认，项目组将 A 公司，B 公司，C 公司，D 公司和其他实体作为集团审计范围的组成部分。

2. 审计人员通过判断，集团项目组确定收入占集团整体 15%及以上的组成部分对集团财务报表具有财务重大性。因此，集团项目组将 A 公司和 B 公司确认为重要组成部分，计划对 A 公司和 B 公司进行全面审计。

3. 由于 D 公司为境外企业，本年度刚被收购且由其他注册会计师执行的收购审计，集团项目组希望对其有更深入的了解，而被确定为其他重要组成部分。因此集团项目组计划对 D 公司实施审计。

4. C 公司不是重要组成部分，但收入占比较高，且收入确认存在的舞弊风险为重大风险，因此集团项目组计划对 C 公司的营业收入实施审计。

5. 考虑到以下因素，集团项目组决定实施特定审计程序以应对 E 公司和 F 公司收入的截止性和准确性问题：E 公司去年新成立，且去年被识别为不重要的组成部分；F 公司在过去三年中被识别为不重要的组成部分。

综上，集团项目组对组成部分的识别和审计应对措施确定如表 9–2 所示。

表 9–2 组成部分审计策略

法人实体	组成部分	审计应对措施
A 和 B 公司	重要组成部分	全面重点审计
D 公司	重要组成部分	一般审计
C 公司	不重要组成部分	特定项目审计（营业收入）
E 公司和 F 公司	不重要组成部分	特定项目审计（收入截止性和准确性）
其他公司	不重要组成部分	分析程序为主

第十二节　或有事项及诉讼和索赔的考虑

一、重大错报风险

1. 被审计单位故意隐瞒未决诉讼或仲裁、对外债务担保等可能形成预计负债的或有事项。

2. 被审计单位对可能存在的或有事项及诉讼和索赔的确认、计量及信息披露不符合会计准则的规定。

二、常见审计问题

1. 未能识别被审计单位未披露的对外债务担保等或有事项。

2. 未能识别被审计单位不符合终止确认条件的应收票据贴现或背书、应收账款保理等形成的或有负债。

3. 未能识别被审计单位产品质量保证需确认的预计负债。

4. 未关注或有事项及诉讼和索赔事项的会计处理及信息披露不符合会计准则的规定。

5. 未合理利用专家（法律等）的工作结果。

三、审计关注要点

（一）或有事项

1. 未决诉讼或仲裁

（1）关注被审计单位是否存在未决诉讼或仲裁

审计人员可采用下列程序识别被审计单位可能作为被告的未决诉讼或仲裁：

①询问管理层和被审计单位法务部门人员，包括询问被审计单位的常年法律顾问。

②查阅治理层的会议纪要和被审计单位与外部法律顾问之间的往来信函。

③检查法律费用的支付记录。

④向被审计单位的常年法律顾问或案件律师进行函证，以获取法律顾问和律师对资产负债表日业已存在的，以及资产负债日至复函日期间存在的或有事项的确认证据。

⑤若被审计单位是公众公司，通过巨潮资讯、东方财富等公开信息披露网站查询被审计单位对外公告的定期报告或临时报告，识别是否存在诉讼或仲裁事项。

⑥通过登录中国裁判文书网查询被审计单位可能存在的诉讼或仲裁事项。

⑦获取管理层书面声明，确认已向会计师事务所披露了所有知悉的、已经或可能发生的、在编制财务报表时应当考虑其影响的未决诉讼或仲裁，并确认已按照企业会计准则进行了恰当的会计处理和披露。

（2）关注未决诉讼或仲裁的账务处理是否恰当

审计人员在获取了被审计单位的作为被告的未决诉讼或仲裁案件后，需分析判断被审计单位是否已按照企业会计准则对未决诉讼或仲裁进行了恰当的会计处理和披露。

①尚未判决或仲裁的案件。审计人员应与管理层及法律顾问或案件律师进行讨论，建议由法律顾问或案件律师出具法律意见书，判断被审计单位败诉的可能性及估计可能发生的损失，如很可能败诉，审计人员应检查是否充分计提预计负债，如是否败诉存在不确定性或预计不会发生损失，审计人员应关注是否按照企业会计准则进行了披露。

②已经判决或仲裁的案件。对于未决诉讼、未决仲裁形成的或有负债，随着时间的推移和事态的进展，相关未决诉讼在被证实很可能导致经济利益流出，且该义务能够可靠计量时，企业应当确认预计负债。实务中，如被审计单位因合同纠纷被起诉，在法院一审判决其败诉并要求对原告进行赔偿的情况下，应当根据估计的赔偿金额确认预计负债，而不应以正在上诉或已上诉为由不确认相关损失和预计负债。审计人员应关注诉讼案件的会计处理是否符合会计准则的规定，如不符合会计准则的规定，应要求进行调整，如被审计单位拒绝接受调整意见，审计人员应考虑对审计报告意见类型的影响。

2. 对外债务担保

（1）识别被审计单位可能存在对外债务担保的程序

①向被审计单位查询、了解为其他单位的银行借款或其他债务提供的担保事项（性质、金额、时间），以及存在或损失的可能性，具体方法可参考未决诉讼或仲裁的识别。

②查阅被审计单位的公章用印记录，识别是否存在未披露的对外债务担保事项。

③获取企业信用报告，审计人员亲自陪同被审计单位人员共同实施贷款卡查询：持贷款卡到当地人民银行或基本户的开户行，通过银行信贷咨询系统查询并取得被审计单位的全部相关信息，并与审计过程中已获得信息进行比较，特别关注被审计单位对外担保等信息。

④向开户银行进行函证。就商业票据贴现、应收账款抵借、票据背书和其他债务的担保等或有事项向银行寄发审计询证函，复核回函结果是否与被审计单位的列报和披露相符。

（2）关注对外债务担保的账务处理和披露是否恰当

①尚未到期的对外债务担保。尚未到期的对外债务担保应按照或有负债在财务报表附注中进行披露，审计人员应检查被审计单位披露是否充分。

②已经违约的对外债务担保案件。对于被担保单位由于偿付能力或其他原因导致已经违约的债务担保，由于被审计单位需承担连带偿债责任，如担保事项已处于诉讼状态，表明被审计单位很可能承担代偿责任，且该义务能够可靠计量，企业应当确认预计负债。审计人员应关注被审计单位是否确认预计负债并予以恰当披露。

3. 应收票据贴现或背书、应收账款保理

（1）识别可能存在票据贴现或背书、应收账款保理。

①获取企业信用报告，具体方法见对外债务担保查询程序。

②向开户银行进行函证。就商业票据贴现、应收账款抵借、票据背书和其他债务的担保等或有事项向银行寄发审计询证函，复核回函结果是否与被审计单位的列报和披露相符。

（2）关注票据贴现或背书、应收账款保理的账务处理和披露恰当性。

①商业承兑汇票贴现或背书。由于商业承兑汇票贴现或背书不符合终止确认条件，审计人员应检查资产负债表日未到期的商业承兑汇票贴现或背书款是否已在银行借款或其他流动负债恰当列报。

②银行承兑汇票贴现或背书。对于信用等级较高的 6 家大型商业银行（工行、农行、中行、建行、交行、邮储银行）和 9 家上市股份制商业银行（招行、浦发、中信、光大、华夏、民生、平安、兴业、浙商）承兑的票据贴现或背书时可以终止确认应收票据。

对于“6+9”以外信用等级一般的其他商业银行及财务公司承兑的银行承兑汇票在背书或贴现时应继续确认应收票据，待到期承兑后终止确认。审计人员应检查资产负债表日未到期的这类银行承兑汇票贴现或背书款是否已在银行借款或其他流动负债恰当列报。

③应收账款保理。应收账款保理业务合同一般都附有追偿条款，不符合终止确认条件。审计人员应结合应收账款的审计，检查资产负债表日未到期的应收账款保理款是否已在其他流动负债恰当列报。

4. 产品质量保证

结合对营业收入的审计程序，询问有关销售人员并获取被审计单位对产品质量保证方面的记录，查阅产品销售合同的维保条款，对于不构成单项履约义务的售后维保义务，是否根据历史发生的售后维保费率恰当计提预计负债。

5. 亏损合同

结合对营业收入的审计程序，向管理当局询问是否存在亏损合同，获取并审阅被审计单位与其他企业签订的商品销售合同、劳务合同、租赁合同等，判断其是否可能变为亏损合同，对于存在的亏损合同关注是否计提预计负债。

6. 重组义务、辞退福利

如被审计单位拟进行或正在进行重组（如出售或终止企业的部分业务、关闭企业的部分营业场所等），应获取并审阅被审计单位的重组计划，包括重组涉及的业务、主要地点、需要补偿的职工人数、预计重组支出、计划实施时间等；关注该重组计划是否已对外公告。是否将满足预计负债确认条件的职工安置费用等重组义务确认为预计负债。

7. 环境污染整治

询问被审计单位管理当局是否存在环境污染整治方面的义务，查阅最新的有关法律法规，查阅与环保监察部门的往来信函、相应账户，识别需要反映的环保整治义务，是否可能产生环境污染的赔偿责任。

8. 财务承诺

查询被审计单位对未来事项和协议的财务承诺，并向管理层询问，获取并审阅截至审计报告日止历次股东大会、董事会和管理层会议记录及其他重要文件（包括被审计单位的重要合同和往来通信档案等），确定是否存在诸如资本支出、租赁等不可撤销的财务承诺事项。

9. 其他或有事项

复核上期和税务机构的税收汇算报告，了解被审计期间有关纳税方面可能发生的争议之处。询问了解报告期内是否存在被税务机构税务稽查情形，如存在，必要时可向税务机关询证被审计单位是否存在税务处罚的情形。

（二）诉讼和索赔

1. 识别被审计单位作为原告的诉讼和索赔的程序

识别资产负债表日被审计单位作为原告存在的诉讼和索赔事项，识别程序参照未决诉讼或仲裁执行的识别审计程序。

2. 分析判断存在的诉讼和索赔的账务处理恰当性

根据企业会计准则相关规定，对于或有事项形成的或有资产只有在企业基本确定能够收到且其金额能够可靠计量的情况下，才能予以确认或有资产。审计人员应重点关注被审计单位资产负债表日或有事项形成的或有资产确认和披露是否符合会计政策的规定。

（三）关注或有事项及承诺事项的信息披露合规性

根据《公开发行证券的公司信息披露编报规则第15号——财务报告的一般规定》相关规定，上市公司、拟上市公司及非上市公众公司应在年度报告中分别未决诉讼或仲裁、对外提供担保、贷款承诺、开出保函、信用证等产生的重要或有负债事项，逐项披露或有负债金额、预计财务影响（如无法预计，应说明理由），若公司没有需要在财务报表附注中说明的重要或有事项，也应予以说明。

需要对外报送财务报告或进行披露有关财务信息的公司可以参照上述披露要求进行信息披露，审计人员应检查被审计单位是否按照上述要求进行信息披露。

四、审计案例

案例 9－11

K 上市公司 2019 年度财务报告在交易所的公告时间为 2020 年 3 月 10 日，公司已聘请会计师事务所为 2019 年度财务报表的审计机构。会计师事务所已委派审计项目组于 2020 年 1 月 2 日对 K 公司财务报表进场审计，审计人员在审计中了解到 K 公司涉及或有事项的诉讼案件如下：

在 K 公司收购 B 公司 60% 的股权前，B 公司曾为 C 公司向江苏常熟农商行申请的 900 万元借款提供连带保证担保。D 公司作为持有 C 公司 40% 的股东，已将其持有 C 公司的 20% 股权质押给 K 公司为前述担保提供反担保。因 C 公司到期未偿还上述银行贷款，江苏常熟农商行向常熟市高新区人民法院提起诉讼，请求法院判令借款人 C 公司及保证人 B 公司连带偿付贷款本金及利息，2019 年 12 月 26 日，常熟市高新区人民法院对该案进行了审理，根据常熟市高新区人民法院《民事判决书》，一审判决结果如下：

第一，被告 C 公司于本判决生效后十日内偿还原告江苏常熟农商行借款本金 900 万元及利息 25 万元；

第二，被告 B 公司对上述第一项债务承担连带保证责任，承担保证责任后，有权向 C 公司追偿。

法院判决生效后，C 公司未履行判决书下的还款义务，常熟市人民法院于 2020 年 1 月 10 日冻结并划转了 B 公司银行账户中的 925 万元。

2020 年 1 月 25 日，K 公司委托律师向常熟市人民法院提起诉讼，请求法院判令被告 C 公司立即向 B 公司赔偿 925 万元损失；请求法院判令 K 公司对被告 D 公司持有的 C 公司 20% 的股权在上述 925 万范围内享有优先受偿权。常熟市人民法院于 2020 年 1 月 28 日受理了该案，并于 2020 年 3 月 5 日判决 K 公司胜诉。

B 公司在 2019 年 12 月 31 日计提了预计负债 925 万元，同时，K 公司认为已经法院提起诉讼追偿 925 万元损失，且对被告 D 公司持有的 C 公司 20% 的股权在上述 925 万范围内享有优先受偿权，C 公司 20% 的股权价值能够覆盖 925 万元损失，法院已经判决 K 公司胜诉。因此，K 公司就该诉讼事项在 2019 年度确认了 925 万元的或有资产。

案例讨论：

本案例中，由于 B 公司在 2019 年资产负债表日前被法院判决需承担 C 公司违约借款的连带保证责任，且 B 公司在 2019 年资产负债表日后实际已承担了连带偿付责任 925 万元，按照企业会计准则规定，B 公司因担保产生的或有事项相关的义务是企业承担的现时义务，已经满足了预计负债的确认条件。虽然B公司承担的连带偿付责任是在2019年资产负债表日后发生的，但该事项属于资产负债表日后调整事项，因此，B公司在2019年12月31日计提了预计负债925万元的会计处理是恰当的。

本案中K公司请求法院判令被告C公司立即向B公司赔偿925万元损失虽然在年报公告前判决K公司胜诉，但该事项属于资产负债表日后披露事项，K公司拟就该诉讼事项在2019年度确认925万元的或有资产不符合会计准则规定。审计人员就K公司确认的925万元或有资产提出了调整建议，K公司接受了审计人员的调整意见，冲回了925万元的或有资产，并对上述诉讼事项进行了公告。

审计人员在对K公司2019年资产负债表日可能涉及的诉讼或有事项审计中，实施了以下关键审计程序：

1. 询问K公司管理层、法务部门人员及法律顾问，了解公司对外担保及诉讼情况。

2. 向K公司的案件律师进行函证，以获取律师对被审计单位资产负债表日业已存在的，以及资产负债日至复函日期间存在的或有事项的确认证据。

3. 获取B公司担保诉讼案件的法院判决书，并与担保诉讼案件律师进行沟通，听取律师对诉讼案件的法律意见。

4. 检查法律费用的支付记录。

5. 通过登录中国裁判文书网查询被审计单位可能存在的其他诉讼或仲裁事项。

6. 获取企业信用报告，识别是否存在未披露的对外担保信息。

7. 登录巨潮资讯网站查询A公司对外公告的诉讼案件披露情况。

8. 获取K、B公司的管理层书面声明，确认已向审计机构披露了所有知悉的、已经或可能发生的、在编制财务报表时应当考虑其影响的未决诉讼或仲裁，并确认已按照企业会计准则进行了恰当的会计处理和披露。

第十三节　利用专家的工作

一、重大错报风险

1. 被审计单位管理层在编制财务报表时，在某些领域未恰当利用专家的工作，从而导致了重大错报风险。例如，在对存在减值迹象的商誉减值测试时，未利用评估师的工作进行商誉减值测试，从而未对已存在减值情形的商誉计提减值。

2. 当利用专家的工作协助编制财务报表时，存在利用专家的工作成果人为调节利润的可能。例如，在对投资性房地产期末价值采用公允价值进行计量模式下，被审计单位要求评估机构高估投资性房地产期末公允价值，从而达到自身调节利润的目的。

二、常见审计问题

1. 对于超出注册会计师专业能力以外的领域，未利用专家的工作获取充分适当的审计证据将审计风险降低至可接受水平。例如，在对高度依赖信息系统的财务报表审计进行审计时，未实施 IT 审计或利用 IT 审计的工作，以发现可能存在的重大错报风险。

2. 当管理层专家的工作涉及会计、审计领域以外的专业领域或采用了较为复杂的模型时，审计人员未考虑引入注册会计师的专家以协助评价管理层专家的工作。

3. 未合理判断专家工作的恰当性，未充分复核专家的工作过程及其所作的重要职业判断，尤其是未充分关注和复核专家使用的重要假设和方法，以及专家所使用的重要原始数据的相关性、准确性和可靠性。

4. 审计人员未与专家之间保持必要的沟通与协调，未充分关注专家工作范围的合理性，未明确约定专家工作目的，或在业务约定明确的情况下，仍出具不符合业务约定的报告。

5. 未充分关注和复核专家的独立性和专业胜任能力，如注册会计师的专家与管理层的专家之间的独立性、可能对外部专家客观性产生不利影响的利益和关系、聘请的评估机构不具备证券资格等。

6. 审计报告关键审计事项涉及利用专家工作的，披露的应对措施与实际执行的程序不相符。

7. 未记录复核专家工作过程及结果，审计工作底稿显示直接采用专家的工作结果，如直接采用资产评估师的评估报告等。

三、审计关注要点

（一）确定可能需要利用专家工作的领域

专家工作涉及项目的性质、复杂程度和重要重大错报风险，审计人员利用专家工作的领域主要包括：

1. 非同一控制企业合并可辨认净资产公允价值认定。

2. 对信息系统（IT）进行审计。

3. 商誉及其他长期资产减值测试。

4. 辞退福利和离职后福利的精算。
5. 投资性房地产公允价值及其他公允价值。
6. 特殊资产（例如矿藏、贵金属、珠宝、生物资产等）的盘点和监盘。
7. 或有事项。
8. 复杂或异常的涉税事项。
9. 金融衍生品等。

在确定是否需要利用专家的工作时，审计人员应当考虑下列因素：管理层在编制财务报表时是否利用了管理层的专家的工作；所涉事项的性质和重要性，包括复杂程度；所涉事项存在的重大错报风险；审计人员对专家的了解及与之接触的经验，以及是否可以获得替代性审计证据的考虑；专家是否需要遵守会计师事务所的质量控制政策和程序。实务中常见的需要利用专家工作的领域以及相关专家见表 9–3。

表 9–3 主要专家及涉及领域

专家	主要工作领域	涉及财务报表项目
估值专家	公允价值评估、未来现金量估计、金融工具预期损失模型、股权激励费用	坏账准备，商誉、固定资产等长期资产减值，股份支付
信息技术专家	测试信息技术一般系统和自动化控制	多个财务报表项目
数据分析专家	基于大数据分析的风险评估、会计分录测试、异常数据筛查	收入和成本、存货
精算专家	保险相关、设定受益计划	责任准备金
税务专家	税务复核、并购重组复杂税务问题	所得税
法证会计专家	反舞弊调查	特定项目

（二）利用专家的工作时应执行的审计程序

1. 评价专家的专业胜任能力、专业素质和客观性

（1）专业胜任能力

评价专家的专业胜任能力，需要从两个方面入手，一是专家所在机构的资质，二是专家团队工作人员的能力。专家所在机构方面，应考虑专家所在机构是否取得相关资质；专家团队方面，可以对每位成员的级别、会员身份、工作经历、所取得的执业资格证书或其他形式的外部认证，实施询问、检查等审计程序。同时，审计人员需判断专家的胜任能力与拟利用其工作事项的相关性。例如，某一精算师可能精通财产和意外伤害保险，但是对养老金的计算，其专长可能有限。

（2）专业素质

评价专家的专业素质，需要了解专家的工作经验、查阅专家出具的同类或类似

报告，以及专家对相关技术标准、职业准则或行业要求及法律法规的遵守情况等。

（3）客观性

对客观性的评价，询问可能对外部专家客观性产生不利影响的利益和关系是否存在，包括经济利益、商业和私人关系、专家所提供的其他服务。必要时获取关于专家与被审计单位存在利益关系与否的书面声明。

2. 与专家达成一致意见

审计人员应当与专家就下列事项达成一致意见，并根据需要形成书面协议：专家工作的性质、范围和目标；审计人员和专家各自的角色和责任；审计人员和专家之间沟通的性质、时间安排和范围，包括专家提供的报告的形式；对专家遵守保密规定的要求。

3. 评价专家工作的恰当性

在将专家工作结果作为审计证据时，应评价专家工作的恰当性，复核专家工作对审计工作的支持程度及其是否适应财务报表审计目的。

（1）当评价专家的工作结果或结论的相关性和合理性，以及与其他审计证据的一致性时，审计人员需要考虑的因素可能包括：

①专家提交其工作结果或结论的方式是否符合专家所在机构的职业或行业标准；

②专家的工作结果或结论是否得到清楚地表述，包括提及与注册会计师达成一致的目标，执行工作的范围和运用的标准；

③专家的工作结果或结论是否基于适当的期间，并考虑期后事项（如相关）；

④专家的工作结果或结论在使用方面是否有任何保留、限制或约束，如果有，是否对注册会计师的工作产生影响；

⑤专家的工作结果或结论是否适当考虑了专家遇到的错误或偏差情况。

（2）如果专家的工作涉及使用重要的假设和方法，评价这些假设和方法在具体情况下的相关性和合理性时，审计人员需要考虑的因素包括：

①这些假设和方法在专家的专长领域是否得到普遍认可；

②这些假设和方法是否与适用的财务报告编制基础的要求相一致；

③这些假设和方法是否依赖某些专用模型的应用；

④这些假设和方法是否与管理层的假设、方法相一致，如果不一致，差异的原因及影响。

（3）评价原始数据的相关性、完整性和准确性时，审计人员可以实施下列程序：

①核实数据的来源，包括了解和测试（适用时）针对数据的内部控制以及向专家传送数据的方式（如相关）；

②复核数据的完整性和内在一致性；

③对于专家已测试原始数据的情况，可以通过询问专家、监督或复核专家的

测试来评价。

（4）评价专家工作是否足以实现审计目的所实施的特定程序可能包括：

①实施观察、检查、询问、分析、重新计算等用于证实的程序；

②必要时（如当专家的工作结果或结论与其他审计证据不一致时）与具有相关专长的其他专家讨论；

③与管理层讨论专家的报告；

④根据管理层的专家的工作的性质，邀请事务所的专家评价其工作。

（5）如果确定专家的工作不足以实现审计目的，审计人员应当采取下列措施之一：

①就专家拟执行的进一步工作的性质和范围，与专家达成一致意见；

②根据具体情况，实施追加的审计程序，包括雇佣、聘请其他专家；

③如果注册会计师通过追加的审计程序或者通过雇用、聘请其他专家仍不能解决问题，则没有获取充分、适当的审计证据，审计人员有必要按《中国注册会计师审计准则第 1502 号——在审计报告中发表非无保留意见》的规定发表非无保留意见。

（三）关键审计事项披露利用专家工作结果与实际执行的一致性

重要的商誉减值及长期资产减值测试，被审计单位通常聘请外部专家，如评估师开展以财务报告为目的的减值测试，以支持会计确认和计量。因涉及重大估计判断，审计人员可能将其作为关键审计事项与治理层沟通和披露，但有时披露的关键事项应对措施并未实际执行。

示例 9-12

会计师事务所在对金鸿控股（000669）2018 年度财务报表审计时，将固定资产、在建工程及商誉减值作为关键审计事项披露，应对措施之一为利用专家工作。但是，监管部门检查发现审计机构利用专家工作不到位，具体表现在：“你们将公司固定资产、在建工程及商誉的减值列为关键审计事项，利用了公司聘请评估机构的评估结果，但未见充分复核评估机构职业判断的合理性与恰当性，包括资产组的划分、减值测试方法和模型的确定、关键参数（如预测期增长率、稳定期增长率、利润率）的选取、减值损失的分摊等内容，仅对收益法折现率进行了复核；亦未见复核评估机构采用的关键假设与历史数据的相关性、完整性和准确性。”

资料来源：中国证监会网站。

（四）关注专家报告是否为正式报告

在利用评估专家工作结果时，有时因涉及“先审后评”，或被审计单位尚未提供相关资料，以及可能存在的其他原因，会计师事务所出具正式审计报告时，尚未取得经专家所在机构签字盖章的正式评估报告，但在审计工作底稿及审计报告披露中已经取得了专家工作结果，并实施了相应复核程序，这种情形存在较大审计风险。

示例 9-13

T公司以其海外油气资产的《预评估报告》的评估结论作为相关债权未进一步减值的主要依据。评估师在《预评估报告》中说明其未获取经审计财务报表、由于海外疫情影响未执行现场勘查程序等，故未出具正式的评估报告。会计师事务所仅对《预评估报告》中的油气价格进行复核，由于评估标的未经审计和疫情影响，未对《预评估报告》中相关油气资产的产量及财务数据等基础数据进行确认，也未对《预评估报告》作为审计证据的可靠性保持充分关注。

（五）在审计报告中提及专家

1. 注册会计师不应在无保留意见的审计报告中提及专家的工作，除非法律法规另有规定。

2. 在某些情况下，为了解释发表非无保留意见的原因，在非无保留意见的审计报告中提及专家的工作可能是适当的。在这种情况下，注册会计师可能需要在提及之前得到专家的允许。

3. 如果法律法规要求提及专家的工作，或这种提及与理解审计报告中的非无保留意见相关，注册会计师应当在审计报告中指明，这种提及并不减轻注册会计师对审计意见承担的责任。

（六）审计工作底稿记录

1. 如果审计人员利用了外部专家的工作，工作底稿予以记录，包括：专家的姓名或组织名称；对外部专家的专业能力、专业素质和客观性评价执行的审计程序和结论；专家的专长领域；与专家达成一致意见；对外部专家采用的参数、假设、方法和结论的复核过程；对外部专家使用的数据的测试有关的程序和结论、任何针对外部专家工作的结果或结论的评价，以及对外部专家工作充分性的评价。

2. 工作底稿需收集并保存相关资料，包括：审计人员与外部专家之间签订的业务约定书；外部专家的工作结果或结论；与外部专家的重要沟通纪要。由管理层的专家编制的详细的工作底稿归属于外部专家，不构成审计项目组的审计底稿。

四、审计案例

案例 9-12

M上市公司2019年9月公司自建了一栋写字楼，经公司董事会决议通过，该栋写字楼全部用于对外租赁，公司已经对外发布了招租信息，截至2019年12月31日该写字楼处于待租状态。M公司对该写字楼采用公允价值模式计量在投资性房地产核算，2019年底聘请了某评估机构对该写字楼期末公允价值进行了评估，评估机构采用收益法对该写字楼评估，评估结果是写字楼公允价值评估增值了1.2亿元。

在2019年度财务报表审计中，审计人员关注了M公司采用允价值模式计量的投资性房地产的评估增值情况，获取了评估机构的写字楼评估报告后，与评估机构进行了形式上的沟通，了解评估机构的专业资质，并对写字楼评估报告进行形式上的复核及评价，最后审计人员认可了评估结果。

2020年6月，M公司及审计机构被证监局抽中进行“双随机”检查，监管部门认为公司及审计机构在写字楼公允价值处理上均存在问题，并给予警示函，主要问题为：

1.2019年资产负债表日，在写字楼仍处于毛坯状态尚未出租，也未签订相关租赁合同的情况下，未关注采用收益法测算写字楼公允价值依据是否充分。

2. 未对评估参数进行评价。评估机构对写字楼公允价值评估增值1.2亿元，但部分评估参数明显不合理，如估算的写字楼空置率缺乏依据，引用的不同楼层效用比例缺乏合理性。审计人员未评价评估结果作为写字楼公允价值认定的适当性，审计程序执行不充分。

案例讨论：

本案例中，审计人员在利用写字楼评估结果，虽然与评估师进行沟通，了解了评估机构的专业资质及专业胜任能力，并对评估结果进行了形式上的复核，但审计人员未充分考虑评估机构是被审计单位管理层聘请的专家，未关注评估机构在评估过程中的客观性及独立性，未关注评估师采用收益法测算写字楼公允价值依据是否充分，未对写字楼空置率、不同楼层效用比例、租金水平等评估参数的合理性进行评价，直接认可了写字楼公允价值的评估结果，导致审计程序执行不充分被监管部门处罚。

第十四节　分部信息审核

一、重大错报风险

1. 未按照会计准则的要求披露分部信息，或者分部报告的披露不到位、不充分。

2. 报告分部的确定不恰当，分部信息不符合企业各分部的实际情况。

3. 分部信息前后期编制口径发生变化，数据对比差异原因不明。

二、常见审计问题

1. 不重视分部信息披露的审核，也未要求被审计单位按照准则要求予以披露，或未关注分部信息披露不充分或分部划分不恰当的情况。

2. 未复核及发现分部信息的披露数据可能存在的错误。

三、审计关注要点

（一）关注当被审计单位存在跨地区或跨产品、行业经营时，是否披露了分部信息

除会计准则要求披露分部报告信息外，证监会也明确规定，上市公司应披露报告分部的确定依据、分部会计政策、报告分部的财务信息，以及分部财务信息合计金额与对应合并财务报表项目的调节过程。实务中，部分上市公司在董事会报告中披露其主营业务覆盖多个行业或产品分类，并按类别提供了相关业绩情况，个别上市公司在年报“经营情况讨论与分析”部分介绍公司收入包含多个产品，表明其在经营管理方面可能存在分部，但在财务报表附注中却未见提供单独的分部报告信息，且未说明原因。审计人员需要在了解被审计单位业务分部和行业等信息基础上，与管理层沟通分部信息的披露安排。

（二）判断管理层对报告分部的确定是否恰当

审计人员需了解被审计单位经营分部的划分情况，包括管理层在确定分部信息时使用的方法，评价管理层使用的方法是否使得分部信息可按照适用的财务报告编制基础披露。应获取公司管理层确定分部信息划分基础信息，包括关于分部信息的内部组织结构资料、管理制度、内部报告制度等类似文件。

审计人员在评价管理层分部确定是否恰当时，首先应了解被审计单位对业务分部或地区分部划分的依据是否合理。根据《企业会计准则第 35 号 – 分部报告》的相关规定，关注被审计单位所划分的分部是否承担了不同于其他组成部分的风险和报酬。

实务中，被审计单位可能参照政府或其他权威机构制定的标准行业或产品分类。例如，国际标准行业分类将经济活动分为 17 个部 60 个类别；国际标准产品分类将主要产品分为 10 个部 69 个大类；我国将国民经济活动分为 16 个大行业和 87 个子行业。对于某些企业而言，某一业务部门可以算是一个业务分部。对于另一些企业，业务分部可能由若干个业务部门组成，抑或是由生产某一产品或提供某种劳务的部门组成，也可将生产若干种产品或提供若干种劳务的部门划分为一个业务分部。审计人员在复核被审计单位所划分的分部是否承担了不同于其他组

成部分的风险和报酬时，可从以下几个方面考虑：

1. 针对业务分部的划分情况分析：①各单项产品或劳务的性质，包括产品或劳务的规格、型号、最终用途等；②生产过程的性质，包括采用劳动密集或资本密集方式组织生产、使用相同或者相似设备和原材料、采用委托生产或加工生产方式等；③产品或劳务的客户类型，包括大宗客户、零散客户等；④销售产品或提供劳务的方式，包括批发、零售、自产自销、委托销售、承包等；⑤生产产品或提供劳务受法律、行政法规的影响，包括经营范围或交易定价限制等。

2. 针对地区分布的划分情况分析：①所处经济、政治环境的相似性，包括境外经营所在地区经济和政治的稳定程度等；②在不同地区经营之间的关系，包括在某地区进行产品生产，而在其他地区进行销售等；③经营的接近程度大小，包括在某地区生产的产品是否需在其他地区进一步加工生产等；④与某一特定地区经营相关的特别风险，包括气候异常变化等；⑤外汇管理规定，即境外经营所在地区是否实行外汇管制；⑥货币风险。

3. 结合被审计单位内部管理的要求分析：如果两个或两个以上的业务分部同时满足下列条件的，还应注意被审计单位是否进行了恰当合并：①具有相近的长期财务业绩，包括具有相近的长期平均毛利率、资金回报率、未来现金流量等；②确定业务分部或地区分部所考虑的因素类似。

审计人员应复核被审计单位确定的报告分部是否符合重要性标准，如分部收入、利润（亏损）绝对值、资产占所有分部的10%以上，且确定为报告分部的对外交易收入合计额应占合并总收入达到75%以上；在对分部收入所占比重分析时，是否已扣除利息、股利收入、营业外收入、采用权益法核算长期股权投资等的投资收益（除分部日常活动是金融性质的除外）；全部的报告分部的对外交易收入是否达到合并口径的75%以上等。当报告分部与上年同期是否存在差异时，需考虑是否存在上期满足报告分部的确定条件的报告分部，虽然在本期不符合报告分部的确定条件，但基于其未来发展或业务性质，被审计单位仍将其在本期作为报告分部的判断是否恰当的情况。

审计人员应获取被审计单位各分部（分子公司）报表、分部汇总原始报表、分部共同费用、共使用资产分配表、合并范围关联交易统计表及汇总和合并财务报表等基础资料，重新计算或抽样检查其计算的准确性。

审计人员应关注是否对于本期新增或调整的报告分部的上期相关信息在披露上期比较信息时对上期的分部信息进行了重述，是否当不存在重述困难的情况下，被审计单位未对其进行重述的情况。对于报告分部发生变动的信息，检查被审计单位是否在附注中恰当地进行了披露。

（三）复核分部信息的准确性

1. 关注各分部之间资产和成本的分配是否合理，分配方法是否一致采用。

2. 关注分部报告的合计数是否与合并财务报表的数字可勾稽一致，如收入总额、利润总额、资产总额、负债总额等。

3. 分析本年度的经营分部信息与以前年度的信息是否存在重大非预期变动。

4. 复核披露报告分部信息中的资产总额是否扣除递延所得资产和负债总额是否扣除递延所得税负债。

四、审计案例

案例 9－13

甲公司为 A 股上市公司，主要生产 A、B、C、D 等四个品牌的皮箱、手提包、公文包、皮带等，以及相关产品的运输和销售，每种产品均由独立的业务部门完成。甲公司 2019 年度财务报告附注中披露的分部信息如表 9–4 所示。

表 9–4　分部报告　单位：万元

项目	皮箱分部	手提包分部	公文包分部	销售公司分部	其他	分部间抵消	合计
一、对外交易收入	390 000	180 000	150 000	270 000	100 000		1 090 000
二、分部间交易收入	41 000	80000	80 000		19 000	（220000）	220 000
三、对联营和合营企业的投资收益							
四、资产减值损失							
五、折旧费和摊销费	31 500	21 480	14 500	23 830	22 830		114 140
六、利润总额（亏损总额）	129 000	104 000	87 400	50 000	33 800		404 200
七、所得税费用	32 250	26 000	21 850	12 500	8 450		101 050
八、净利润（净亏损）	95 750	78 000	65 550	37 500	25 350		303 150
九、资产总额	1 300 000	650 000	590 000	700 000	570 000		3 810 000
十、负债总额	550 000	300 000	200 000	300 000	342 000		1 692 000
十一、其他重要的非现金项目							
折旧费和摊销费以外的其他非现金费用	93 500	35 000	7 600	850	400		137 350
对联营和合营企业的长期股权投资							
长期股权投资以外的其他非流动资产增加额							

案例讨论：

审计人员对甲公司的分部信息执行以下审计程序：

1. 了解公司将A、B、C、D等四个品牌的皮箱、手提包、公文包、皮带等经营分部分别合并作为皮箱、手提包、公文包、皮带报告分部的划分方法是否恰当。在此过程中，审计人员了解到4个品牌的四种产品的生产过程、客户类型、销售方式等类似，具有相似的经济特征，因此该划分方式具有合理性。

2. 核实报告分部的划分方法及结果与上期一致，因此不需要披露变化或重述前期比较数据。

3. 重新计算结果显示四个报告分部的对外交易收入占合并财务报表收入比例均高于10%且合计为90%，超过75%的标准，不需再增加其他的报告分部。

4. 分部间的交易收入抵销后对外收入总收入金额与合并财务报表主营业务收入金额一致，披露的总资产和总负债金额中已扣除递延所得税资产和递延所得税负债金额。审计人员对分部信息的其他数据准确性进行了重新计算，未发现错报。

5. 实施分析性复核程序，比较了本期与前期的分部报告数据，不存在重大或异常变化。

第十五节　现金流量表复核

一、重大错报风险

1. 被审计单位可能存在现金流量表未能正确编制导致的重大错报风险，如现金流量的分类不正确，导致经营活动、投资活动、筹资活动现金流量净额列报不准确。

2. 被审计单位可能存在经营活动、投资活动、筹资活动现金流量等项目内部明细分类错误导致的重大错报风险。

3. 被审计单位可能存在现金流量操纵行为或虚假导致的重大错报风险。

二、常见审计问题

1. 未关注现金及现金等价物的归类可能存在错误。

2. 未检查现金流量表中经营活动、投资活动、筹资活动的归类错误，或者经营活动、投资活动、筹资活动各个项目内部归类错误。

3. 未复核识别出现金流量表主表与补充资料、补充资料与资产负债表、现金流量表有个数据与财务报表及附注的钩稽关系存在错误。

4. 未关注现金流量表中存在的异常项目及可能存在的舞弊情况。

5. 未分析主要组成部分和合并流量表相同项目金额分析是否异常。

6. 忽略特殊业务对现金流量列报的影响。

三、审计关注要点

（一）关注现金及现金等价物的是否存在归类错误

审计人员应关注被审计单位的货币资金的期末和期初余额中的非现金及现金等价物的划分是否合理：例如，是否存在不能随时支取的定期存款（定期存单质押）、不可以用于支付的信用证保证金、银行承兑汇票保证金和投标保函保证金、工程保证金、股权交易保证金等。

1. 定期存款（未质押担保）是并未实际支付现金，仅是改变了货币资金的存储形式，不存在任何支取限制。因此，编制现金流量表时，定期存款一般视同现金，无需在现金流量表中作出任何调整，不应当作为投资支付（收回）的现金列报。如定期存款用于质押或者担保，在定期存单质押或者担保期间不能随时支取，一般不属于现金和现金等价物。

2. 被审计单位在申请开立银行承兑汇票或信用证时，通常要向银行缴存一定比例的保证金，这部分保证金在资产负债表上仍然列为货币资金，但是因不能随时用于支付，不符合现金流量表中关于“现金”或者“现金等价物”的定义，对于超过三个月以上的保证金应当从现金和现金等价物的年初及年末余额中扣除。审计人员需要关注相关的银行承兑汇票或者信用证的最终支付去向来判断相关的银行承兑汇票或信用证保证金在现金流量表中列报情况：

（1）开具承兑汇票或信用证用于日常经营活动结算，缴存或收回的保证金，是否已作为“支付或收到其他与经营活动相关的现金”列报。

（2）开具承兑汇票用或信用证于支付购建长期资产而交存的保证金，是否已作为“购建固定资产、无形资产和其他长期资产支付或收到的现金”列报。

（3）开具无真实交易背景的票据用于贴现，交易实质系套取银行信贷资金，贴现申请人是否将其作为银行借款进行处理，交存的保证金是否列报为“支付或收到其他与筹资活动有关的现金”。

3. 理财产品、结构性存款等具有投资性质的，不应当作为现金及现金等价物。

示例 9-14

甘化科工（000576）在编制全资子公司四川升华电源科技有限公司 2018 年度

现金流量表时，将升华电源的2 480万元定期结构性存款产品确认为现金及现金等价物，导致公司2018年度现金流量表“期末现金及现金等价物余额”多计2 480万元，“投资支付的现金”少计2 480万元。会计师事务所及审计人员对该项错误未予以指出，导致广东甘化被出具警示函。

资料来源：中国证监会网站。

4. 其他如投标保函保证金、工程保证金、股权交易保证金等，应当根据保证金的用途具体分析列报。

审计人员需要检查附注披露货币资金的银行存款及其他货币资金项目中的非现金和现金等价物、受限的资产项目披露情况，核对与现金流量表中的现金及现金等价物金额是否可勾稽一致。

（二）关注现金流量表项目是否存在各大项内部归类错误或经营活动、投资活动、筹资活动之间是否存在归类错误

1. 关注为购置存货、固定资产而发生的借款利息资本化部分，是否在“分配股利、利润或偿付利息支付的现金”项目中反映，而非错误地列报在“购买商品接受劳务支付的现金”“购建固定资产、无形资产和其他长期资产支付的现金”等项目。

2. 关注实际支付的“离退休人员”的各项费用（不论支付统筹退休金还是支付未参加统筹的退休人员的各项费用）是否反映在“支付的其他与经营活动有关的现金”项目中，因为离退休人员已不是被审计单位的员工，不应列报在“支付给职工以及为职工支付的现金”项目中。

3. 关注被审计单位代扣代缴个人所得税是否已在“支付给职工以及为职工支付的现金”反映，而非错误列报在“支付的各项税费”项目。

4. 关注非经营性资金往来等资金拆借是否属于经营性现金流。例如，控股股东或实际控制人向子公司提供的非经营性长期资金，无论是否签署借款协议或收取资金利息，对子公司而言实质上为向特定主体融入的资金，是否已作为“收到的其他与筹资活动有关的现金”进行了列报；对于被审计单位向非金融经营机构融资，双方签订了借款协议，明确了利率、还款期、担保方式等，是否已作为“收到的其他与筹资活动有关的现金”进行了列报。

5. 关注收到的政府补助资金的现金流量表中的列报分类，检查被审计单位的分类是否恰当：

（1）是否已将收到的政府补助列报在“收到其他与经营活动有关的现金”而无需区分为与收益还是与资产相关的政府补助。

（2）特殊情况下，对于计入主营业务收入的政府补助资金，如废旧电器拆解

补助基金收入、新能源汽车销售补贴收入等，是否已与利润表中列报的项目对应的在“销售商品、提供劳务收到的现金”列报。

6. 关注研发支出领用材料分类在现金流量表中列报，研究阶段领用的材料，会计核算时计入当期研发费用，并列报在“支付的其他与经营活动有关的现金”；开发阶段领用的材料，会计核算予以资本化，在“开发支出”科目归集，完成后转入无形资产核算，同在建工程领用原材料类似，在“购建固定资产、无形资产和其他长期资产所支付的现金”列报。

7. 关注票据结算方式对现金流量的影响。审计人员需要关注被审计单位的交易中存在的票据结算交易分别对各类现金流量的影响，对于以票据支付货款、工程款等交易并未涉及现金的流入流出，不应在现金流量表中“模拟”现金流进行列报，但企业应披露相关票据支付等补充信息。

示例 9–15

中技控股（600634）在编制2014年度财务报表时，将部分银行承兑汇票、债权债务转账交易等非现金交易事项记入现金流量表，导致公司披露的现金流量表不准确。一是公司在编制2014年度合并现金流量表时，对于部分使用外部应收票据背书转让支付货款视同为现金等价物处理；二是公司在编制财务报表时对部分客户的往来科目余额进行了轧抵后，再分析填列现金流量表的相关项目，影响了经营活动现金流入和流出发生额；三是公司存在与部分客户的债权债务转让，抵销处理填列了现金流量表的相关项目，影响了经营活动现金流入和流出发生额。审计人员未关注到中技控股现金流量表编制不当，获取的审计证据不充分。

资料来源：中国证监会网站。

8. 关注承租方租赁业务现金流量的列报。审计人员应关注被审计单位作为承租方时，是否将偿还租赁负债（也就是支付租金）在支付其他与筹资活动有关的现金中列报，将按照简易办法处理的短期租赁以及低价值资产租赁租金在支付其他与经营活动有关的现金中列报。

（三）关注现金流量表主表与补充资料、补充资料与资产负债表、现金流量表有关数据与财务报表及附注的勾稽关系方面是否存在错误或矛盾

现金流量的勾稽包括三个方面：一是表间勾稽，即现金流量表与资产负债表、利润表和所有者权益变动表之间的勾稽；二是现金流量主表与补充资料的勾稽，即以净利润为起点与主表中经营活动产生的净现金流量应勾稽一致；三是现金流量表不同项目与相关报表附注或相关年报披露财务信息之间的勾稽。无法勾稽或

勾稽关系不正确，可能表明现金流量表编制或相关信息的披露可能存在错误，审计人员应复核现金流量表主要内容的勾稽关系。

1. 在对现金流量表主表检查，审计人员可复核以下方面：

（1）现金流量表期初、期末现金及现金等价物是否与资产负债表期初、期末货币资金一致，如不一致，核实附注中货币资金的披露中是否有使用受限的货币资金。

（2）现金流量表中借款收到的现金项目和偿还借款支付的现金项目之差是否与资产负债表长短期借款和应付债券的本年增减金额一致（含一年内到期的非流动负债中的借款和债券）。

（3）购置固定资产、无形资产和其他长期资产支付的现金，是否与附注中固定资产、无形资产、其他长期资产的本期增加额一致，如不一致，核实附注中应付账款是否披露应付工程款或设备款，长期资产余额中是否存在借款利息资本化金额等情况。

（4）支付给职工以及为职工支付的现金是否与附注中披露的应付职工薪酬本期支付额一致，如不一致，核实原因。

（5）分配股利、利润或偿付利息支付的现金金额与财务费用中的利息支出、利息资本化金额、权益变动表对股东的分配金额、应付股利减少金额等是否可勾稽一致。

（6）收回投资收到的现金和投资支付的现金与各类金融资产项目，例如交易性交融资产、其他权益工具投资、长期股权投资等报表项目的变动是否可勾稽一致。

（7）检查现金流量表主表中除汇率变动对现金及现金等价物的影响这一行外，其他行次金额（不包括净额行次、现金及现金等价物净增加额行次）是否有负数，如有，审计人员应考虑作出调整。

2. 关注对现金流量表补充资料的勾稽复核

现金流量表的补充资料在会计报表附注中列示，主要是用“间接法”反映净利润与经营活动现金净流量的调整过程。补充资料的内容与资产负债表和利润表有着密切的联系，其中大部分的调整内容也均能在会计报表附注中有所体现。因此，现金流量表补充资料与报表和附注的勾稽校验，是一项重要审计工作。例如，应对补充资料和现金流量表主表的相应项目之间、补充资料与部分长期资产附注披露信息之间等钩稽关系进行检查。

（四）关注现金流量表中的异常事项

审计人员应关注是否存在操纵现金流量情况，并可对现金流量表执行进一步分析的基础上，深入识别被审计单位可能存在的其他重大错报风险，具体可关注以下方面：

1. 分析采购业务与现金流量表合理的勾稽关系。含税采购总额在财务报表中通常会体现为相同规模的“购买商品、接受劳务支付的现金”流量流出，或者相同规模的应付账款等经营性负债的增加，抑或两者兼有，与含税采购总额形成合理的钩稽关系。

2. 分析销售业务与现金流量表合理的勾稽关系。含税营业收入总额在财务报表中通常会体现为相同规模的“销售商品、提供劳务收到的现金”流量流入，或者相同规模的应收账款等经营性资产的增加，抑或两者兼有，与营业收入形成合理的勾稽关系。如果存在大量票据背书会导致营业收入与现金流量存在较大差异，审计人员应进行披露和解释。

3. 是否出现金额异常的项目，如“支付的其他与经营活动有关的现金”金额大大低于本期管理费用、营业费用和研发费用的付现合计数时应进一步了解原因。

4. 分析以净额为基础列报经营性其他应收款、其他应付款是否恰当，如果恰当，在本期增减变动金额是否已正确列报在“收到的其他与经营活动有关的现金”或“支付的其他与经营活动有关的现金”中。

5. 是否存在某项交易现金流未发生，而现金流量表对应项目却有发生额的情形，或某项交易有现金流量发生额，而现金流量表对应项目却无发生额的情形。

6. 净利润与经营活动净流量存在较大差异，甚至经营活动净流量持续为负数但净利润持续为正数，需要引起高度的关注，警觉是否存在财务造假情况。

7. 拥有高额货币资金的同时还伴有高额的短期银行借款等短期负债或逾期借款，且高额货币资金基本上能够涵盖短期借款或逾期借款，那么需要考虑是否存在资金受限或者被挪用的情形。

（五）关注合并报表和母公司及重要子公司现金流量表项目之间的关系

审计人员应关注主要组成部分和合并流量表相同项目金额，分析是否存在异常，比较主要组成部分现金流量的部分项目金额与合并现金流量数据，关注存在主要组成部分现金流项目的数据大于合并现金流量数据的合理性。例如，合并现金流量表的“支付的各项税费”“支付给职工以及为职工支付的现金”项目出现母公司数据大于合并数据很可能是异常情况。

示例 9-16

合纵科技（002323）在编制 2020 年度合并现金流量表过程中，因合并抵消错误，导致公司合并层面“销售商品、提供劳务收到的现金”“购买商品、接受劳务支付的现金”等科目存在错报，错报金额为 153 887 235.62 元。

审计期间内如果发生了收购子公司的其他少数股东权益的业务，需要关注其是否已对于收购子公司的其他少数股东权益支付的现金，在合并现金流量表上已列报为筹资活动而在母公司个别现金流量表上列报为投资活动，同一控制下合并支付的现金列报也是类似原则。对于因收购的标的公司未达业绩承诺而收到的业绩补偿款，关注被审计单位是否已分类为投资活动现金流量。

资料来源：巨潮资讯网站。

此外，如果审计人员对合并范围内各个层级的资产负债表和利润表进行了审计调整，特别是涉及关联往来和余额的，需要在各个层级的现金流量表中除了关注被审计单位自身的关联抵消是否完整外，也需要考虑审计调整的影响。当审计单位存在境外重要子公司时，需要关注折算汇率是否恰当及因汇差导致的差异是否准确，列报是否恰当等。

（六）关注特殊业务对现金流量的影响

1. 关注 PPP 或 BT 项目中的现金流量中的列报

审计人员需要关注被审计单位对于 PPP、BT 项目在建设期的支出，实质为购建一项长期资产，应当作为投资活动现金流出列示。在建设期确认建造收入及合同成本，现金流量表上不会反映现金流入、流出，这时利润表确认的收入和成本与现金流量表上经营活动现金流将产生较大差异。在 PPP 营运期间，经营产生的收入、成本涉及现金通过经营活动列示，建设期形成的特许使用权摊销与其他无形资产一样，没有现金流出。

2. 关注收入按照净额法确认时对被审计单位现金流量的影响

实务中，审计人员需要关注被审计单位的代理业务收入按照净额法确认的情况下，由于被审计单位的实际收款和付款的资金是全额银行流水，在现金流量表中列报时，如果符合《企业会计准则第 31 号——现金流量表》第五条中“代客户收取或支付的现金”或者“周转快、金额大、期限短项目的现金流入和流出”等可以按照净额列报，其他情况下应该按照总额列报。

3. 关注被审计单位汇兑损益对现金流量表的影响

被审计单位存在外币报表的外币现金流量表折算差额的，计入现金流量表中“汇率变动对现金的影响额”。

4. 关注对于日常活动之外特殊的、不经常发生的特殊项目列报

例如，自然灾害损失、保险赔款、捐赠等，是否已归并到相关类别中，并单独反映。对于自然灾害损失和保险赔款，如果属于流动资产损失，是否已列入经营活动产生的现金流量；属于固定资产损失，是否已列入投资活动产生的现金流量。如果不能明确，则一般可以列入经营活动产生的现金流量。捐赠收入和支出，

可以列入经营活动。

5. 关注被审计单位与关联方之间的资金拆借的列报

通常情况下，如果双方明确约定了资金的使用期限和利息，双方应相应作为投资活动和筹资活动产生的现金流量；如果关联方不收取利息且未约定资金的使用期限，被审计单位是否在综合双方是否有业务合作、现金的收取和支付是否存在真实的交易等因素，分析判断交易实质上是投资还是融资行为，对相关现金流量进行了正确分类列报。

四、审计案例

案例 9－14

鹏博士（600804）对 2011~2013 年连续三年的财务报表进行前期差错更正，更正内容为现金流量表及现金流量表补充资料存在错报，具体内容为：

1. 2011 年度现金流量表及现金流量表补充资料

（1）合并现金流量表中经营活动产生的现金流量追溯调整金额 83 401 919.74 元、投资活动产生的现金流量追溯调整金额 –83 401 919.74 元，主要是当时将购建固定资产、无形资产和其他长期资产支付的现金列在了经营活动产生的现金流量。

（2）合并现金流量表补充资料中经营活动产生的现金流量追溯调整金额 83 401 919.74 元，主要是当时经营性应收项目的减少少计 158 079 188.44 元、经营性应付项目的增加少计了 –74 677 268.70 元。

2. 2012 年度现金流量表及现金流量表补充资料

（1）合并现金流量表中经营活动产生的现金流量追溯调整金额 118 226 981.41 元、投资活动产生的现金流量追溯调整金额 –118 226 981.41 元，主要是当时将购建固定资产、无形资产和其他长期资产支付的现金列在了经营活动产生的现金流量。

（2）合并现金流量表补充资料中经营活动产生的现金流量追溯调整金额 118 226 981.41 元，主要是当时经营性应收项目的减少少计了 –1 880 968 420.55 元、经营性应付项目的增加少计了 1 999 195 401.96 元。

3.2013 年度现金流量表及现金流量表补充资料

（1）合并现金流量表中经营活动产生的现金流量追溯调整金额 165 152 219.22 元、投资活动产生的现金流量追溯调整金额 –165 152 219.22 元，主要是当时将购建固定资产、无形资产和其他长期资产支付的现金 311 177 497.96 元及其他投资的现金 –146 025 278.74 元，列在了经营活动产生的现金流量。

（2）合并现金流量表补充资料中经营活动产生的现金流量追溯调整金额 165 152 219.22 元，主要是当时财务费用－利息支出少计了 177 604 932.79 元、经营性应收项目的减少少计了 –213 313 384.36 元、经营性应付项目的增加少计了 106 538 881.11 元及其他 – 期权费用少计 94 321 789.67 元。

资料来源：巨潮资讯网站。

案例讨论：

现金流量表按照收付实现制原则编制，将权责发生制下的盈利信息调整为收付实现制下的现金流量信息，弥补了资产负债表和利润表提供信息的不足，便于信息使用者了解企业净利润的质量，可以为报表使用者提供被审计单位历史上的现金流量情况，从而有助于分析、预测未来期间的现金流量情况。但是，不论是被审计单位，还是会计师事务所，存在重资产负债表、利润表编制或审计，轻现金流量表编制或审计的现象，对现金流量表重视程度不够。鹏博士连续多年现金流量表存在重大错报，审计人员亦未能指出，即反映了这种状况。

第十六节　募集资金存放及使用情况审核

一、重大错报风险

1. 可能擅自改变募集资金项目、用途等，将募集资金用于虚构的，不能产生预计效益的项目中，还可能将募集资金投资项目用于持有交易性金融资产、借予他人、委托理财等财务性投资，直接或间接投资于以买卖有价证券为主要业务的公司。

2. 可能将暂时闲置的募集资金投资的产品不满足保本的要求，将投资产品进行质押，或使用闲置募集资金投资产品的，未经过董事会审议通过。

3. 可能将暂时闲置的募集资金暂时用于补充流动资金，补充的流动资金不是与主营业务相关的生产经营使用，闲置募集资金暂时用于补充流动资金的，未经公司董事会审议通过。

4. 大额募集资金支出未经过恰当审批，可能通过虚增募投项目支出等套取募集资金。

5. 改变募集资金用途、将暂时闲置的募集资金暂时用于补充流动资金等未及时披露。

二、常见审计问题

1. 对监管机构对募集资金的监管要求不熟悉，导致未能识别被审计单位违规使用募集资金的情况。

2. 未关注被审计单位募集资金使用程序是否合规。

3. 对被审计单位变更募投项目未保持高度警觉，未充分了解变更募投项目的真实原因，未取得变更后的募投项目的可实施研究报告、专家论证结果等。

4. 对大额募集资金支出未检查相关合同、资金流向、付款审批等资料，未能识别出被审计单位募集资金被股东占有、挪用、购买理财产品或改变资产使用用途的情形。

5. 审核前次募集资金使用情况时，未对募投项目产生的效益情况进行准确认定，如存在不能单独计算效益的募投项目，未进行合理划分。

三、审计关注要点

（一）关注监管机构对募集资金的相关规定

《上市公司监管指引第2号——上市公司募集资金管理和使用的监管要求（2022年修订）》规定：

1. 上市公司募集资金原则上应当用于主营业务。除金融类企业外，募集资金投资项目不得为持有交易性金融资产和可供出售的金融资产、借予他人、委托理财等财务性投资，不得直接或间接投资于以买卖有价证券为主要业务的公司。科创板上市公司募集资金使用应符合国家产业政策和相关法律法规，并应当投资于科技创新领域。

2. 暂时闲置的募集资金可进行现金管理，其投资的产品须符合以下条件：结构性存款、大额存单等安全性高的保本型产品；流动性好，不得影响募集资金投资计划正常进行。

3. 暂时闲置的募集资金可暂时用于补充流动资金。暂时补充流动资金，仅限于与主营业务相关的生产经营使用，不得通过直接或间接安排用于新股配售、申购，或用于股票及其衍生品种、可转换公司债券等的交易。

4. 上市公司实际募集资金净额超过计划募集资金金额的部分可用于永久补充流动资金和归还银行借款，每十二个月内累计金额不得超过超募资金总额的百分之三十。

5. 上市公司以自筹资金预先投入募集资金投资项目的，可以在募集资金到账后六个月内，以募集资金置换自筹资金。

（二）关注是否对募集资金进行专户管理

被审计单位可能将募集资金与自有资金的混用，主要表现为：由于企业开立专户不及时导致混用；将募集资金专户的定期存款当作为自有资金进行质押；企业对外支付款项时未区分募集资金专户和自有资金账户，导致将募集资金用于非募投项目。

审计人员应获取企业设立募集资金专户的董事会决议，获取账户开户申请、银行对账单、招股说明书，核实企业设立专户程序是否符合相关规定，检查企业募集资金专户账户个数是否与董事会审议结果一致，账户个数是否超过投资项目个数；获取募集资金专户存储三方监管协议，检查协议三方签订对象是否合理，内容是否合理，协议签署日期是否在募集资金到账后一个月内。

审计人员还应获取被审计单位募集资金账户流水单，逐笔检查募集资金的支出情况，对募集资金账户的定期存款必须查看原件，检查是否存在质押，对购买的投资产品需取得产品说明书，检查投资产品是否符合保本、流动性好的特点。

示例 9-17

2015 年 9 月 8 日，Q 上市公司召开第三届董事会第十三次会议，审议通过《关于申请银行借款的议案》，同意公司向银行申请合计人民币 3.25 亿元的短期借款，用于支付公司收购标的资产股权的部分现金对价。在办理质押贷款过程中，公司误将 IPO 募集资金 5 300 万元专户定期存单作为质押物向银行申请贷款。截至 2016 年 1 月 4 日，公司已归还所有贷款，定期存单质押解除，专户资金未受损失。随后，公司自行整改，于 2016 年 1 月 11 日披露了《关于误将募集资金用于质押贷款的公告》。

监管部门认为，Q 公司的上述行为违反了《证券法》第十五条及《上市公司监管指引第 2 号——上市公司募集资金管理和使用的监管要求》的有关规定，对公司及财务总监予以警示。

示例 9-18

2016 年 7 月，深交所中小板 P 上市公司召开董事会和股东大会，同意公司使用不超过 1.8 亿元的闲置募集资金进行现金管理，投资保本型银行理财产品。经了解，2016 年 12 月 12 日，上市公司的保荐机构对其进行 2016 年定期现场检查，发现上市公司原本打算使用自有资金购买理财产品，但最终通过募集资金专户将资金划出。划出后，上市公司于 2016 年 8 月 11 日才分两笔（200 万元和 500 万元）将该笔款项转回募集资金专户。同时公司将占用募集资金期间（2016 年 8 月 9 日~2016 年 8 月 10 日）形成的收益于理财产品到期后留存在募集资金专户里。直至保荐机构现场检查发现上述事项后，上市公司才于 2016 年 12 月 13 日发布《关于使用自有闲置资金购买银行理财产品误操作的公告》披露事情的始末。

监管部门认为，P 上市公司因使用募集资金购买理财产品，未及时履行相关审批程序并及时对外披露，违反了《深圳证券交易所股票上市规则》和《深圳证券交易所中小企业板上市公司规范运作指引》的相关规定。

（三）关注募集资金使用程序是否合规

实务中比较常见的情形是，被审计单位因为专户支付款项、专户与结算户的资金划转、募集资金置换、募集资金暂时补流、购买理财产品等，未履行审批程序而违规。募集资金购买理财产品，未按照相关规定履行董事会审议程序，未及时履行信息披露义务，购买理财产品超过董事会审批额度。

被审计单位募集资金使用时，应从募集资金专户直接支出，不可先用自有资金垫付，再由募集资金专户统一划转；如果将募集资金转出到自有账户再支出需履行审议程序并披露；募集资金置换应先将募集资金转出到企业其他账户再使用。暂时性补充流动资金应先归还至募集资金专户，再永久性补充流动资金，不可直接将暂时性补充流动资金转为永久性补充流动资金；使用永久补充流动资金的募集资金时，应先将募集资金转出专户，不可由专户直接支出。

（四）关注募集资金用途是否存在变更

《证券法》（2019 年修订）第十四条规定，公司对公开发行股票所募集资金，必须按照招股说明书或者其他公开发行募集文件所列资金用途使用；改变资金用途，必须经股东大会作出决议。擅自改变用途，未作纠正的，或者未经股东大会认可的，不得公开发行新股。第十五条规定，公开发行公司债券筹集的资金，必须按照公司债券募集办法所列资金用途使用；改变资金用途，必须经债券持有人会议作出决议。公开发行公司债券筹集的资金，不得用于弥补亏损和非生产性支出。

2019 年 12 月，上交所就上市公司信息披露监管的相关问题作出解答，并对视为变更募集资金用途的情况作出明确界定，上市公司变更募集资金用途包括以下情形：变更募投项目实施主体，变更募集资金具体投向，变更募投项目主要内容等。应当注意的是，变更后的募投项目仍应当投资于主营业务。若募投项目实施主体在上市公司及全资子公司之间进行变更，或者仅涉及变更募投项目实施地点，不视为对募集资金用途的变更。募集资金用途变更应该经董事会、股东会审议通过，独立董事、监事会、保荐机构对变更募集资金用途的发表意见。

1. 关注募集资金是否用于募投项目，是否擅自变更用途

被审计单位可能将募集资金用于购买理财产品等金融投资、变更募集资金使用用途用于补充流动资金、将募集资金专户资金转入一般账务伪造募集资金专户余额等。尽管监管部门多次强调不可擅自变更募集资金的用途，多家上市公司仍频踩雷，且最终遭到处罚。

示例 9-19

2020 年 7 月 13 日，证监会对富贵鸟股份有限公司出具行政处罚决定书。在对富贵鸟的行政处罚决定书中，列示了富贵鸟所涉及的四项违法行为，其中违法事实二为，富贵鸟公开发行债券部分募集资金未按核准用途使用。根据发行公告，富贵鸟的“14 富贵鸟”债券募集资金用途为“拟用于偿还银行贷款和补充流动资金”。2015 年 4 月 30 日，富贵鸟使用“14 富贵鸟”公开发行债券募集资金 1.74 亿元购买短期银行理财产品，期限 5 至 12 天不等，相关资金使用与核准的“14 富贵鸟”募集资金用途不符。

资料来源：中国证监会网站。

审计人员应取得募集资金存储账户对账单，对余额、抵押担保、定期存单质押等情况进行函证，同时获取被审计单位募集资金使用流水单，逐笔检查募集资金的支出情况。如果发现被审计单位募集资金用途存在变更的，应取得董事会、股东会审议通过文件，获取独立董事、监事会、保荐机构对变更募集资金用途发表的意见，还应检查被审计单位是否及时对外披露变更情况。

2. 关注变更募投项目是否合理

对于被审计单位变更募投项目的，审计人员应了解原项目基本情况及变更的具体原因、新项目的基本情况、可行性研究报告、市场前景和经济效益分析、有关部门对新项目的批准情况等。取得事会、股东会审议通过文件，获取独立董事、监事会、保荐机构对变更募集资金用途发表的意见，还应检查被审计单位是否及时对外披露变更情况。

（五）关注大额募集资金支出是否被控股股东挪用

大股东可能利用上市公司高度集中的股权与内部控制的漏洞，直接将上市公司为预期项目募集的资金挪为他用，致使预期项目或者被取消，或者被改建，也可能通过关联交易等以募投项目支出的名义侵占募集资金。

示例 9-20

浙江证监局在对某会计师事务所执行华仪电子（838414）2018 年财务报表审计项目检查时发现：会计师事务所未对募集资金专户大额资金异常收支保持合理怀疑，审计程序不到位。未合理发现浦发银行乐清支行专户存在大额资金异常收支情况，该账户 2018 年 2 月转出 2 笔资金各 500 万元，转回 1 000 万元，均超过实际执行重要性水平 59.5 万元。注册会计师未查验相关凭证、银行回单及募集资金支付审核流程，审计程序不到位，导致未合理发现控股股东占用资金的情形。

2020年10月30日，浙江证监局对该会计师事务所出具警示函。

资料来源：中国证监会网站。

审计人员应检查募集资金账户银行对账单的贷方发生额，正常的募集资金专户的贷方发生额主要体现为：募集资金用于募投项目的支出、募集资金置换自筹资金的支出、经过审批程序的闲置资金暂时补充流动资金、符合规定的暂时闲置募集资金的现金管理投资和经过审批程序的超募资金用于永久补充流动资金或者归还银行贷款等以上方面的支出项目，除以上项目的支出外的其他支出项目系需要给予特别关注。

对于正常的募集资金支出项目，需要结合募集资金使用台账，核对银行对账单的明细发生额，检查支出项目的审批流程是否齐全、支出项目符合募集资金使用的方向，付款凭证与银行日记账金额是否一致、账务处理是否正确；复核企业募集资金用于支出非募集项目工资款、独董津贴，用于非募投项目、偿还银行借款、临时周转和暂时补充流动资金等，针对上述募集资金用于非募投项目的业务需要建议企业进行纠正或者进行合理披露。检查募集资金使用方面存在的问题，是否存在将募集资金违规转给募投项目无关第三方使用，检查募投项目采购预算资料、项目资金计划，检查收款方是否为项目的供应商，检查与相关的付款有关的合同、协议约定的事项是否属于募集资金项目支出，复核相关内部审批流程是否齐全。

审计人员还应关注募集资金账户银行对账单的其他借方发生额，正常情况下只有支出资金退回的募集资金、暂时补充流动资金的闲置募集资金到期收回以及存款利息，除以上原因外，应无其他募集资金增加原因，特别关注资金转出账户是否为企业其他银行账户。专户支出资金存在退款至企业一般账户时，应及时转回专户管理，检查是否存在企业自有资金存入的情形，根据相关规定，募集资金专户不得存放非募集资金；检查暂时补流是否及时转回，常见问题为暂时补充流动资金在董事会审议通过的使用期限前未及时转回，而单次补充流动资金最长不得超过12个月。

（六）关注募集资金实际使用情况披露是否完整

审计人员应核对企业募集资金的实际使用情况与企业定期报告和其他信息披露文件相关募投项目的披露信息是否一致。核对实际投资项目与企业发行申请文件承诺投资项目是否一致，募集后承诺投资金额实际投资金额对比，应说明差异内容及差异原因；检查募集资金项目的进展情况，包括与募集资金投资计划进度的差异，实际完工程度与计划进度的差异，说明差异内容及差异原因。对募投项目需要根据募集资金运营的相关披露内容逐项对照。募集资金专项报告审计时常见的问题是募投项目的实际投入与公司定期报告的披露投入不符，实际完工程度与计划进度不符，企业没有按照承诺计划执行等问题。

四、审计案例

案例 9－15

康得新（002450）曾经是一家A股上市公司（已于2021年4月6日被终止上市），主要从事预涂膜及覆膜设备的开发、生产及销售。2015~2016年，康得新以非公开发行方式分别募集资金净额29.82亿元、47.84亿元，用于向张家港康得新光电材料有限公司增资，建设年产1.02亿平方米先进高分子膜材料项目、年产1亿片裸眼3D模组产品项目及归还银行贷款。2018年7月至12月期间，康得新利用与中国化学赛鼎宁波工程有限公司（简称“化学赛鼎”）、沈阳宇龙汽车（集团）有限公司（简称“宇龙汽车”）签订的《采购委托协议》，将募集资金从专户转出，以支付设备采购款的名义分别向化学赛鼎、宇龙汽车支付21.74亿元、2.79亿元，化学赛鼎和宇龙汽车按照康得新要求将收到的资金转付给指定供应商，转出的募集资金经过多道流转后，主要资金最终回流至康得新，用于归还银行贷款、配合虚增利润等方面。

康得新在2018年的年度报告中披露，报告期内不存在募集资金变更用途情况。康得新未如实披露募集资金使用情况，导致2018年年度报告存在虚假记载。2020年9月23日，证监会对康得新实际控制人钟玉、董事及财务总监王瑜、董事及总经理徐曙、财务中心副总经理张丽雄出具市场禁入决定书，并对审计机构进行立案调查。

资料来源：巨潮资讯网站。

案例讨论：

因募集资金容易被挪用，上市公司募集资金受到严格监管，审计人员应当熟悉募集资金监管相关规定，保持必要职业怀疑，实施如下关键审计程序，以核查募集资金管理的合规性：

1. 了解被审计单位募集资金的基本情况及管理情况：募集资金净额、本期使用金额、累计使用金额及期末余额；与保荐机构、开户银行签订三方监管协议的情况；专户存储情况。

2. 检查募集资金存储账号和金额，并与验资报告、银行对账单、企业台账相核对，以确定募集资金存储符合规定。

3. 获取被审计单位募集资金使用流水单，逐笔检查募集资金的支出情况，确定是否存在募集资金被股东占有、挪用、购买理财产品或改变资产使用用途的情形。

4. 检查工程项目的增加情况，如立项、施工合同、发票、建设合同、验收报告等相关资料，确定是否被审计单位是否按募集资金年度投资计划相一致。

5. 检查募投项目的重要供应商是否与公司存在关联关系，是否还存在其他业务往来。

6. 询问被审计单位管理层募集资金项目实现效益的情况，并与年报审计数进行核实，以确认募集资金项目产生的效益真实完整。

7. 若存在变更募集资金投资项目的，获取或编制变更募集资金投资项目情况表，了解变更募集资金项目原因及变更募集资金项目基本情况。

8. 对变更募集资金投资项目的实际投入情况、产生的效益进行审核。

9. 若存在使用闲置募集资金进行现金管理的，查明使用闲置募集资金的金额以及期末投资产品名称、份额、签约方、期限、本期收益情况。

第十七节　对环境事项的考虑

一、重大错报风险

1. 企业未充分评估违反环境相关法律法规可能对企业持续经营能力的影响，如果企业在生产经营活动中破坏了环境，可能导致发生罚款、赔偿支出等，并承受巨大的负债和或有负债，对财务状况和经营成果产生严重影响，甚至导致企业终止经营或破产清算。

2. 企业未考虑可能引起财务报表重大错报的环境事项，导致存在财务报表层次的重大错报风险。

3. 忽视与环境事项相关的会计估计的复杂程度以及账户余额受与环境事项相关的异常或非常规交易的影响程度，导致存在认定层次的重大错报风险。

二、常见审计问题

1. 未具备足够的环境事项知识，以识别和了解可能对财务报表及其审计产生重大影响的与环境事项相关的交易、事项和惯例。

2. 审计人员在实施具体审计程序以获取财务报表不存在重大错报的充分、适当的审计证据时，未合理利用律师、工程师或其他环境专家等的工作。

3. 未保持职业怀疑态度，未充分考虑可能导致财务报表发生重大错报的违反环境法律法规行为。

三、审计关注要点

（一）识别和了解影响财务报表的环境事项

1. 因环境法律法规的实施导致资产减值，可能需要计提资产减值准备。例如，由于一项新的工业废水排放标准，需购置新的生产设备，同时对原有生产线全额计提资产减值准备。

2. 因没有遵守环境法律法规，或者法律法规修订后具有追溯性，需要计提补救、赔偿或诉讼费用，或支付罚款等。

3. 某些被审计单位因其核心业务而随之带来的环境保护义务，需要确认应计入固定资产原价的弃置费用和相应的预计负债。

4. 被审计单位自愿承担的环境保护推定义务。例如，企业已广泛公开地声明其将对造成的环境污染进行整治，同时受影响的各方已对企业即将整治污染建立了一个有效预期。

5. 被审计单位需要在财务报表附注中披露的与环境事项相关的或有负债。例如，被审计单位基于未来的环保法规可能引致的环保方面负债，在财务报表附注中披露了该项或有负债形成的原因、经济利益流出不确定性的事实以及无法预计产生的财务影响的原因。

6. 因违反环境法律法规，可能对被审计单位的持续经营及财务报表的编制基础产生影响。例如，被审计单位因违反环境法律法规而被当地政府处以较大金额的罚款，并被责令停产，其持续经营能力存在重大不确定性。

（二）实施风险评估程序时考虑环境事项

1. 实施风险评估程序时应考虑被审计单位所处行业及其业务产生重大影响的环境保护要求和问题、存在重大环境风险的特殊行业以及可能面临潜在重大环境风险的情况。

2. 运用职业判断，考虑环境事项是否可能导致财务报表发生重大错报。只有认为环境事项可能对财务报表产生重大影响，审计人员才有必要了解与环境事项相关的内部控制。

3. 了解被审计单位与环境事项相关的控制环境、风险评估过程，以及控制活动和对控制的监督。

4. 在了解适用于被审计单位的环境法律法规、及其采取的用以确保遵循该等法律法规的政策与程序的基础上，保持职业怀疑态度，充分考虑可能导致财务报表发生重大错报的违反环境法律法规行为。

5. 从遵守环境法律法规或执行合同的成本、违反环境法律法规的风险、顾客对环境保护的重视程度等三个方面关注被审计单位与财务报表层次相关的环境风险；从环境事项相关的会计估计的复杂程度、账户余额受与环境事项相关的异常或非常规交易的影响程度等两个方面关注被审计单位与各类交易、账户余额、列报认定层次相关的环境风险。

（三）针对评估的重大错报风险实施审计程序时考虑环境事项

1. 审计人员针对环境事项实施的实质性程序包括：

（1）询问管理层和负责环境事项的关键管理人员；

（2）检查与环境事项相关的文件或记录；

（3）利用环境专家的工作；

（4）利用环境审计的工作；

（5）利用内部审计的工作，但需考虑其工作结果的恰当性；

（6）实施分析程序，如分析消耗的原材料（或使用的能源）与废物生成量（或排放物）之间的关系；

（7）检查与环境事项相关的财务报表项目；

（8）检查与环境事项相关的会计估计；

（9）检查财务报表列报的适当性；

（10）获取管理层关于环境事项的书面声明。

2. 由于确认和计量环境事项的结果存在困难，运用职业判断显得尤为重要。审计人员应在整个审计过程中，对可能显示财务报表存在因环境事项引发的重大错报风险的情形予以特别关注，包括：

（1）环境专家、环境审计人员或内部审计人员出具的报告中显示有重大环境问题；

（2）被审计单位与监管机构的往来函件或监管机构发布的报告中提及存在违反环境法律法规行为；

（3）在生态环境恢复的公开记录或规划中列有被审计单位的名称；

（4）媒体评论涉及被审计单位的重大环境问题；

（5）律师函中对环境事项的评价意见；

（6）有证据表明被审计单位购买与环境事项相关的商品或服务，相对于常规业务活动而言属于异常交易；

（7）因违反环境法律法规导致诉讼费用、环境咨询费用或罚金增加或异常。

（四）出具审计报告时考虑环境事项

1. 在判断不确定事项对审计报告的影响时，审计人员应当重点考虑管理层对不确定事项的评价及披露程度，应根据环境事项对财务报表的影响程度，出具保留意见或否定意见的审计报告。

2. 当环境事项对财务报表的影响具有重大不确定性，但不影响被审计单位的持续经营能力时，如果被审计单位已在财务报表附注中作出充分披露，审计人员应当在审计意见段之后增加强调事项段，强调环境事项对财务报表的影响具有重大不确定性的事实。

3. 当认为被审计单位在编制财务报表时运用的持续经营假设是适当的，但可能导致对持续经营能力产生重大疑虑的环境事项存在重大不确定性时，如果财务报表已作出充分披露，应出具无保留意见的审计报告，并在审计意见段之后增加强调事项段；如果财务报表未作充分披露，应当出具保留意见或否定意见的审计报告。

4. 如果审计人员认为因环境事项导致被审计单位将不能持续经营，但财务报表仍然按照持续经营假设编制，应出具否定意见的审计报告。

四、审计案例

案例 9－16

W 矿业公司是一家综合性的矿山企业，是国内最大的黄金生产企业之一，第二大矿产铜生产企业。自 2006 年 10 月份以来，W 矿业公司的某铜矿所属的铜矿湿法厂清污分流涵洞存在严重的渗漏问题。2009 年 9 月，公司所在省环保厅明确指出相关环境问题并要求彻底整改，但 W 矿业公司没有引起足够重视。2010 年 7 月 3 日，某铜矿所属的铜矿湿法厂污水池防渗膜破裂，造成含铜酸性废水渗漏，并最终流入汀江，造成下游水体污染和养殖鱼类大量死亡的重大环境污染事故。事故发生后的九天中，W 矿业公司没有对社会公众和股东发布有关事故的公告。经调查，中国证监会认定 W 矿业公司违反了《证券法》规定，对于这一可能影响上市公司股票价格的重大事件，其未能及时披露该重大事故及后续进展情况，据此对 W 矿业公司及其 6 名高管给予警告和罚款。同时，由于该事故，W 矿业公司受到所在省环境保护部门及当地法院的处罚，共计 3000 万人民币，并导致公司失去了“高科技企业”资格，使得该公司的企业所得税税率提高。

2010 年，W 矿业公司委托具有证券业务资格的会计师事务所对其 2010 年财务报告及相关内部控制有效性进行了审计。

案例讨论：

根据 W 矿业公司 2010 年的财务报告，报告中披露了由该环境污染事故导致的重大诉讼事项，该事项导致上市公司及事故主要责任人处罚情况，以及事故发生后公司采取的整改和治理工作，并提示了涉及若干环境污染诉讼可能影响公司经营和业绩的情况。鉴于 W 矿业公司发生的重大环境污染事故未影响持续经营能力，且 W 矿业公司对环境事项在财务报表中作出了充分披露，会计师事务所对公司当年的财务报告出具了无保留意见。

第十章　业务完成阶段工作

第一节　试算平衡表、合并报表及附注

一、常见审计问题

1. 审计调整未考虑重要性水平、明显微小错报的临界值，将所有错报都进行审计调整。

2. 未督促被审计单位进行账务处理，对于错报的事项，未督促被审计单位对于后续发生的业务进行正确的会计处理，未关注相关内部缺陷。

3. 未关注被审计单位对审计调整不进行账务调整的情况，如会计基础较差的民营企业和平台发债企业，可能审计调整事项较多，调整金额较大，被审计单位长期不进行账务处理，可能导致历年累计的账面金额与经审计的报表金额差异较大。

4. 未关注母子公司会计政策存在重大差异且在编制合并报表前未统一的情况。

5. 未充分理解控制的含义，对于合伙企业、结构化主体、破产清算的子公司、持有被投资单位半数以下股权等是否应纳入合并范围判断不当。

6. 未关注同一控制下企业合并追溯调整比较期间报表不当的情形。

7. 未关注母公司与子公司、子公司相互之间发生的内部交易抵销是否完整，是否遗漏特殊交易事项的抵销。

8. 未关注被审计单位财务报表附注披露的充分性和针对性。

二、审计关注要点

（一）审计调整应考虑重要性水平和明显微小错报的临界值

审计人员在审计中发现的错报，选择哪些进行调整，选择哪些不进行调整，主要标准是审计确定的重要性水平。如果已经发现和潜在汇总错报超过重要性，则应选择金额较大的错报建议被审计单位更正或者审计调整，直到将未更正错报

降至重要性以下水平。

实务中，审计人员发现的错报是否进行审计调整存在以下问题：一是不考虑重要性，只要是当期发现的错报，不论金额大小均进行审计调整，导致审计调整面比较大，不符合成本效益原则，是一种审计过度的表现，浪费审计资源。二是发现前期错报是否调整期初数时，未充分考虑重要性，不具有重要性的错报应在当期调整，不需要追溯前期财务报表。

如果已发现错报连同潜在错报超过确定的重要性水平，则需要进行审计调整，直至将可容忍错报降低至可接受水平，而不是只要发现错报，不论金额大小均予以审计调整。低于临界值的明显微小错报，通常不会对财务报表产生重大影响。

示例 10-1

某会计师事务所对上市公司易世达（300125）2015 年度财务报表审计时，发现已经完工的项目存在多计成本或少计成本的情况，少计成本情况为：已付款但未取得发票的设备采购款未及时结转成本，仍在“预付款项”科目中核算；已领用但没有及时办理验收入库手续的采购材料未及时结转成本，仍在“在途物资”科目中核算。多进成本情况为：项目竣工时部分合同尚未执行完毕，需要根据合同暂估计入成本，同时记入“应付账款”暂估科目，但在合同结束后没有及时调整暂估成本。上述错报累计影响留存收益 84 万元，占净资产的比例为 0.07%，占上年利润总额的 4.5%，影响资产 480 万元，占资产总额的 0.2%，影响负债 269 万元，占负债总额的 0.24%。不论是错报的绝对值，还是相对比例都比较小，低于重要性水平，不会影响投资者作出经济决策，审计人员对上述错报调整前期财务报表的合理性值得商榷。

资料来源：巨潮资讯网站。

（二）督促被审计单位对审计调整事项进行账务处理及规范会计核算

在实务中，较多会计基础较差的被审计单位对于历年的审计调整均不作账务处理，对于类似业务也一直沿用错误的会计处理，导致未审财务报表与上期审定财务报表的差异较大，审计滚动调整金额很大。如果被审计单位更换关键财务人员或者更换会计事务所，后任财务人员或审计人员很难对期初财务报表数据进行核实。

审计人员在当期审计结束后应督促和指导被审计单位将审计调整及时进行账务处理。对于会计基础薄弱的，被审计单位可以组织对财务人员进行会计准则相关的培训，提高财务人员的专业水平，降低错报风险。

（三）关注母子公司会计政策是否统一

会计政策是指企业进行会计核算和编制财务报表时所采用的会计原则、会计程序和会计处理方法，是编制财务报表的基础，统一母公司和子公司的会计政策是保证母子公司财务报表各项目反映内容一致的基础。审计人员应当关注被审计单位编制合并财务报表前，统一母公司和子公司的会计政策，要求子公司所采用的会计政策与母公司保持一致。对一些境外子公司，由于所在国或地区法律、会计准则等方面的原因，确实无法使其采用的会计政策与母公司所采用的会计政策保持一致，则应当要求其按照母公司所采用的会计政策重新编报财务报表，也可以由母公司根据自身所采用的会计政策对境外子公司报送的财务报表进行调整，以重编或调整编制的境外子公司财务报表，作为编制合并财务报表的基础。对于权益法核算的合营和联营企业也应在考虑重要性水平的前提下进行类似处理。

（四）检查合并范围是否恰当

合并财务报表的范围应当以控制为基础确定。控制，是指投资方拥有对被投资方的权利，通过参与被投资方的相关活动而享有可变回报，并且有能力运用对被投资方的权利影响其回报金额。审计人员应重点关注合伙企业、结构化主体、受托经营、申请清算的子公司等是否应纳入合并范围，还应关注被审计单位处置子公司的，丧失控制权日的判断是否合理。

1. 关注合伙企业、结构化主体是否应纳入合并范围

无论被审计单位作为有限合伙人还是普通合伙人，审计人员都应当根据被投资单位或特殊目的主体设立的目的、运作方式及投资方向，合作协议中对投资的性质、预计投资收益及承担的风险等的约定，综合考虑是否对被投资单位拥有权力并享有可变回报。被审计单位作为有限合伙人还是普通合伙人参与被投资主体的运营，并不是影响其对于“控制”关系判断的绝对因素。审计人员应根据被投资单位的管理和投资的决策机制等判断是否拥有权力，如果被审计单位拥有项目管理等活动的决策权或主导被投资单位经营方向的权力，并承担由此带来的大部分风险，通常应将被投资单位纳入合并范围。

示例 10-2

W 上市公司联合 Y 基金管理公司成立一家有限合伙企业，W 公司作为有限合伙出资 9980 万元，出资份额占比 99.8%，Y 公司作为普通合伙人出资 20 万元，出资份额占比 0.2%。合伙企业协议约定，合伙人大会是合伙企业的最高权力机构，合伙人会议由合伙人按照实缴出资比例对重大事项实行表决权。合伙企业的投资决策由投资决策委员会做出，投委会由普通合伙人、有限合伙人指派的代表和外

部专家构成，W 公司委派代表有一票否决权，日常活动由 Y 公司负责，由其管理合伙企业的财产并进行投资活动。W 公司拥有 80% 的收益权，Y 公司拥有 20% 的收益权，双方按照出资比例承担亏损。Y 公司按照基金总规模的 2% 收取管理费。

W 公司认为合伙企业经营活动由普通合伙人 Y 公司主导，不具有控制权，因而未将新投资的合伙企业纳入合并报表范围，负责审计的会计师事务所也认可 W 公司的做法。该示例中，关键是判断 Y 公司是主要责任人，还是代理人。事实上，类似于示例安排，普通合伙人实际上是“职业经理人”角色，利用专业优势为人理财，拥有最大权力和享有最大可变回报的是 W 公司，当 Y 公司干得不好时，W 有权更换。因此，审计人员认可被审计单位不将合伙企业纳入合并范围将导致财务报表发生错报。

2. 关注申请破产清算的子公司是否应纳入合并范围

判断破产清算的子公司是否纳入合并范围应当以控制为基础加以确定。审计人员应区分主动清算和破产清算两种情况，在主动清算的情况下，如果母公司对进入清算阶段的子公司能够实施控制，则仍应将其纳入合并财务报表的合并范围；在破产清算的情况下，进入清算阶段的子公司由清算人（非母公司）接手，母公司对其已失去了控制，则通常不应再合并。

3. 关注持有被投资单位半数以下股权时是否应纳入合并范围

对于被审计单位持有被投资方半数或半数以下表决权的，审计人员应结合投资方持有的表决权，综合考虑投资方持有的表决权份额相对于其他投资方持有的表决权份额的大小，以及其他投资方持有表决权的分散程度、投资方和其他投资方持有的潜在表决权、其他合同安排及相关事实或情况后进行判断是否对被投资单位形成控制。

4. 关注受托经营、有固定期限的一致行动协议下的合并报表范围是否合理

被审计单位可能通过协议将子公司委托其他企业进行管理或接受其他方委托管理标的企业。审计人员应结合委托经营协议条款，综合考虑委托经营的商业目的与经济实质、对被委托单位的经营管理及处置权、是否享有被委托经营标的剩余权益以及享有可变回报（包括委托期间和退出时的可变回报）的重大程度、董事会等类似权力机构成员任命程序、与委托经营交易对手方是否为关联方等因素，判断被审计单位与委托经营标的企业是否存在“控制”关系，从而确定是否将其纳入合并报表范围。

一致行动人协议同受托经营业务具有一定相似性，都应按照准则规定的控制三要素判断是否具有控制。如果一致行动协议带有期限的，很可能表明被审计单位无法对被投资企业重大资产的购置、处置、投融资等可能对被投资企业价值具

有重大影响的业务进行决策，无法决定该权力的处置及转让，不能通过行使权力获得重大可变回报，不应认定对被投资企业拥有控制。如果被审计单位仅通过与其他投资方签署附期限的一致行动协议、将子公司部分表决权暂时授予其他股东、委托其他方在一定期限内经营子公司等，也应按照上述方法判断被审计单位是否对子公司丧失了控制权。

5. 关注是否充分披露与合并报表相关的重大判断

企业应当披露对其他主体实施控制的重大判断和假设，以及这些判断和假设变更的情况，包括企业持有其他主体半数或以下的表决权但仍控制该主体的判断和假设，或者持有其他主体半数以上的表决权但并不控制该主体的判断和假设等，审计人员应检查被审计单位是否在财务报表附注中充分披露上述判断和假设。

（五）检查同一控制下企业合并比较期间报表追溯调整是否正确

1. 关注同一控制合并追溯调整的范围是否正确

同一控制下企业合并，应视同参与合并各方在最终控制方开始实施控制时即以目前状态存在，并以此原则对合并日之前的财务报表进行追溯调整。有的公司在同一控制下企业合并中，未把握上述同一控制下企业合并的会计处理原则，按企业合并后合并方持有的被合并方的股权总比例（包括从外部取得的部分）进行了追溯调整。审计人员应关注追溯调整比较报表时纳入合并日之前财务报表合并范围的股权比例，是否为合并中自最终控制方购买的股权比例，不应包括从外部（独立第三方）取得的部分。此外，审计人员应关注，同一控制合并追溯调整的最早比较期间不应超过合并方成立的时间。

2. 关注仅提供个别报表的被审计单位编制的同一控制下吸收合并比较报表是否正确

如果合并方在吸收合并当期期末，不存在被其控制的子公司，仅需要编制个别财务报表，不需要编制合并财务报表的情况下，合并方在编制前期比较报表时，无须对以前期间已经编制的比较报表进行调整，即因同一控制下吸收合并确认了合并中取得的被合并方的资产和负债后，不需要因该项同一控制下吸收合并追溯调整前期个别报表。与同一控制下控股合并不同的是，该种情况下合并方在该项合并前后的个别财务报表不具可比性。如果被审计单位作为合并方并且不存在其他控制的子公司，不需要编制合并报表时，审计人员应注意，被审计单位在合并日不需要追溯调整前期个别报表。

（六）检查合并报表内部交易抵销是否正确、完整

1. 检查合并范围内内部交易抵销是否正确、完整

企业编制合并财务报表应当站在合并报表主体的立场上，以纳入合并范围的企业个别财务报表为基础，根据其他相关资料，抵销母公司与子公司、子公司相

互之间发生的内部交易的影响，考虑对特殊交易事项予以调整。

编制合并资产负债表时通常需要考虑抵销处理的主要有：母公司对子公司股权投资项目与子公司所有者权益（或股东权益）项目；母公司与子公司、子公司相互之间未结算的内部债权债务项目；存货项目，即内部购进存货价值中包含的未实现内部销售损益；固定资产项目（包括固定资产原价和累计折旧项目），即内部购进固定资产价值中包含的未实现内部销售损益；无形资产项目，即内部购进无形资产价值包含的未实现内部销售损益等。

编制合并利润表和合并所有者权益变动表时通常需要考虑抵销处理的主要有：内部销售收入和内部销售成本项目；内部投资收益项目，包括内部利息收入与利息支出项目、内部股权投资收益项目；资产减值损失项目，即与内部交易相关的内部应收账款、存货、固定资产、无形资产等项目的资产减值损失；纳入合并范围的子公司利润分配项目等。

除常见的销售、往来的抵销外，特殊交易的抵销容易遗漏，如有的公司在母公司报表层面对为子公司银行贷款提供的连带担保责任确认了预计负债，而在合并报表层面未对相关预计负债的计提作为内部交易进行抵销处理，审计人员应当特别关注。

在处置子公司时，审计人员应关注纳入合并财务报表范围的企业之间发生的有关交易，无论交易方向是顺销还是逆销，前期未实现的内部损益在子公司处置后，应在处置当期通过“投资收益”科目进行合并抵销，计入处置子公司当期合并财务报表的投资收益。

示例 10-3

审计人员未关注合并抵销的完整性。甲会计师事务所在对林州重机（002535）2017年度财务报表审计时，对其全资子公司林州朗坤科技有限公司在建工程包含的资本化利息 11 918 779.16 元，该借款来源于母公司，审计人员未关注到与母公司的财务费用未进行合并抵销，导致林州重机合并利润表的财务费用发生错报。

资料来源：巨潮资讯网站。

需要特别注意的是，存在较多分子公司的集团财务报表审计，被审计单位是否存在内部债权债务（应收应付往来款项）核对不一致，导致无法完全抵销，以较小数“轧差”抵销的情况。该种情形可能导致资产负债或损益不实，审计人员应当提请被审计单位查找往来差异，核对一致后抵销。如果无法查清原因，且超过集团财务报表重要性水平，出具非无保留意见审计报告。

示例 10-4

会计师事务所对某集团财务报表进行审计，发现被审计单位在编制合并抵销分录时，集团内部往来债权金额合计 36.81 亿元，内部往来债务金额合计 34.72 亿元，两者差异 2.09 亿元。被审计单位以较小的债务金额抵销后，将差异 2.09 亿元列报为“其他应收款－其他”项目，审计人员未予指出，出具了标准无保留意见审计报告。

该示例在实务中具有一定的典型性，尤其是规模较大、分子公司众多、财务基础薄弱的被审计单位，审计人员需要重点关注，不能直接认可被审计单位“轧差”“倒挤”方式抵销内部往来及交易。

2. 检查与联营企业之间的交易是否抵销

在编制合并报表时，除了抵销合并范围内母公司与子公司、子公司相互之间发生的内部交易外，审计人员还应关注被审计单位是否抵销了与联营企业之间的内部交易。投资方与其联营企业之间发生交易产生未实现内部交易损益的，投资方在计算确认应享有或应分担被投资单位的净损益时，该未实现内部交易损益中按持股比例计算归属于投资方的部分，应当予以抵销，并在此基础上确认投资收益。但是，投资方与联营企业之间发生投出或出售资产的交易，该资产构成业务的，应当按照《企业会计准则第 20 号——企业合并》《企业会计准则第 33 号——合并财务报表》的规定进行会计处理，不应对该交易形成的利得或损失予以抵销。

（七）关注财务报告附注披露是否体现个性化、重要性和明晰性原则

1. 重要会计政策和会计估计是否体现个性化原则

被审计单位应当制定与实际生产经营特点相适应的具体会计政策和会计估计，从而为财务报表使用者提供更为相关的信息。审计实务中，个性化的会计政策和会计估计披露可考虑以下方面：

（1）不需披露与公司报告期内无关的特定经济业务，或仅适用于特殊行业相关的会计政策和会计估计。特定经济业务，指不具有普遍适用性的经济业务，包括非常规的购销、投资、融资等事项。比如被审计单位如果不存在投资性主体、股份支付、套期业务、生物资产、资产证券化等业务，相应的会计政策和会计估计不应披露该部分内容。

（2）结合被审计单位经营特点披露具体的会计政策和会计估计。例如，预期信用损失的计量方法；存货发出的计价与跌价准备计提方法；采用公允价值计量模式的投资性房地产的依据、估计涉及的关键假设；固定资产折旧年限残值率，

采用直线折旧法外的方法，如工作量法、年数总和法、双倍余额递减法及其依据；研究阶段与开发阶段的划分标准以及开发阶段支出资本化的具体条件；收入确认的具体时点和计量方法等。

（3）对具有行业特点的经营业务，披露针对性的会计政策和会计估计，例如房地产企业，存货（开发成本、开发产品）核算与借款费用资本化；银行等金融业准备金的计提等。

2. 财务报告信息披露是否体现重要性原则

《企业会计准则第30号——财务报表列报》明确了重要性的定义，并要求从性质和金额两方面判断重要性，《公开发行证券的公司信息披露编报规则第15号——财务报告的一般规定》也要求上市公司、拟上市企业及新三板企业编制财务报告时遵循重要性原则，减少冗余信息，提高信息披露质量。

重要性的标准，应当根据企业的业务特征、性质、经营规模，可按照绝对额、相对比例或两者结合的方式合理确定。审计实务中，可以从以下几个方面把握财务报告披露的重要性原则：

（1）不重要的财务报表项目不需要在财务报告附注中单独披露。准则规定，企业应当采用文字和数字描述相结合的方式披露报表重要项目的说明，即：并非所有财务报表项目都需要注释，不重要的报表项目不需披露。例如，金额较小的“其他应收（应付）款”、零星小额的“营业外收入（支出）”、仅发生手续费及利息收入的“财务费用”等科目，不需在附注中说明。

（2）重要财务报表项目需要进一步披露明细项目的，也应当遵循重要性原则，只需披露大额、重要的明细项目，不重要的明细项目不需披露或可以汇总披露。例如，在建工程、长期待摊费用、开发支出、应交税费、销售费用、管理费用、政府补助、收到或支付的其他与经营活动有关的现金等项目。

（3）需单独披露的交易或事项（非单独财务报表项目）应当遵循重要性原则。例如，来自于合营或联营企业的投资收益（或亏损额绝对值）占投资方合并财务报表归属于母公司净利润的10%以上，或占投资方财务报表净利润的10%以上（不需要编制合并财务报表的情形）的应当在财务报表附注中披露重要的合营、联营企业及主要财务信息情况。还有诉讼或承诺事项、资产负债表日后事项、其他重要事项（非货币性资产交换、债务重组、资产处置）等，若被审计单位存在上述事项，仅需披露具有重要性的交易或事项，金额较小的通常无需披露。

（4）充分披露风险较高或具有放大效应的项目。报告期内有的项目金额虽然不具有重大性，但可能对未来具有重要影响，如衍生金融工具及风险、公允价值信息、境外经营情况等，充分披露有助于投资者决策。

3. 财务报告信息披露是否体现明晰性原则

被审计单位提供的会计信息应当清晰明了，便于财务报告使用者理解和使用。审计实务中，财务报告披露的明晰性原则应当把握：

（1）格式、符号、文字、数字、标识、简称规范，不应当出现错别字、前后不一致等、内容重复现象；语言表述专业、简洁，数据与文字描述得当；勾稽关系无误等。

（2）被审计单位财务报告附注中没有的项目应当删除（有明确规定除外，即或有事项、承诺事项、分部报告的披露，没有也应当明确说明无），无需注明“无”，杜绝冗余信息披露。

（3）被审计单位财务报告附注中，涉及以表格形式披露的，不应当出现空行或空列，即应当删除空行或空列，例如其他综合收益、资产减值损失、非经常损益等披露项目，多数企业仅发生其中少数几项，未发生的明细项目应当删除，避免“填空式”信息披露。

四、审计案例

案例10－1

复核被审计单位合并报表的编制过程

A公司对B公司投资成本2 000万元、持有B公司80%的股权，对C公司投资成本3 000万元、持有C公司100%的股权，A公司将B公司、C公司纳入合并范围，B公司、C公司个别报表已按A公司会计政策进行调整，2021年12月31日A公司合并范围内三个公司个别报表见表10–5、表10–6、表10–7中的A公司、B公司、C公司列数据。

假设A公司、B公司、C公司2021年度发生的关联交易如下：

1.A公司2021年度向B公司销售X产品取得的销售收入5 000万元，该产品销售成本为3 500万元，销售毛利率30%。B公司在2021年将该批商品的60%实现销售，其销售收入未3750万元，销售成本为3 000万元，该批商品的另外40%即2 000万元形成B公司期末存货；

2.A公司2021年1月向C公司销售办公设备取得销售收入500万元，该设备账面原值600万元、累计折旧200万元、账面价值400万元，C公司取得该机器设备后仍作为固定资产核算，该批办公设备预计剩余使用年限为4年；

3.A公司2021年向C公司提供借款取得利息收入50万元，该借款2021年期末余额700万元，C公司将该利息支出计入财务费用；

4.A 公司 2021 年末应收账款中有 600 万元为应收 B 公司账款，该应收账款账面余额为 620 万元，A 公司 2021 年计提坏账准备 20 万元；应收票据中有 400 万元为应收 B 公司票据，未计提坏账准备；其他应收款中有 665 万元为应收 C 公司款项，该应收账款账面余额为 700 万元，2021 年计提坏账准备 35 万元。B 公司 2021 年末应付账款中应付 A 公司 620 万元、应付票据中应付 A 公司 400 万元。C 公司 2021 年末其他应付款中应付 A 公司 700 万元。

5.A 公司 2021 年向 B 公司销售的商品中实际收到 B 公司支付的银行存款 5 500 万元、向 C 公司转让的办公设备中实际收到 C 公司支付的银行存款 500 万元、收到 C 公司支付利息 50 万元。

6. 假设 B 公司、C 公司未分配利润除了净利润以外无其他变化。

案例讨论：

第一步：设置合并工作底稿，汇总合并范围内公司数据

合并范围内三个公司汇总数见表 10–5、表 10–6、表 10–7 中的合计数列。

第二步：统计合并范围内公司之间的关联交易

1. 根据合并范围内公司之间的关联交易，编制关联方交易明细表（见表 10–1）。

表 10–1　　关联方交易明细表　　单位：万元

序号	公司	交易事项说明	报表项目	明细项目	对方单位	方向	当期发生额	备注
1	A 公司	A 公司向 B 公司销售 X 产品	营业收入	主营业务收入 –X 产品	B 公司	贷	5 000.00	毛利率 30%
1	A 公司	A 公司向 B 公司销售 X 产品	营业成本	主营业务成本 –X 产品	B 公司	借	3 500.00	
1	B 公司	B 公司向 A 公司采购 X 产品对外销售结转成本	营业成本	主营业务成本 –X 产品	A 公司	借	3 000.00	60% 对外销售
1	B 公司	B 公司向 A 公司采购 X 产品形成的存货	存货	产成品 –X 产品	A 公司	借	600.00	40% 未对外销售的未实现内部毛利
2	A 公司	A 公司向 C 公司销售办公设备	固定资产	原价 – 办公设备	C 公司	贷	600.00	
2	A 公司	A 公司向 C 公司销售办公设备	固定资产	累计折旧 – 办公设备	C 公司	借	200.00	
2	A 公司	A 公司向 C 公司销售办公设备	资产处置收益	固定资产处置	C 公司	贷	100.00	
2	C 公司	C 公司向 A 公司购买办公设备	固定资产	原价 – 办公设备	A 公司	借	500.00	

续表

序号	公司	交易事项说明	报表项目	明细项目	对方单位	方向	当期发生额	备注
2	C 公司	C 公司向 A 公司购买办公设备	管理费用	折旧费	A 公司	借	25.00	
3	A 公司	A 公司向 C 公司提供借款	财务费用	利息收入	C 公司	贷	50.00	借款本金 700 万
3	C 公司	C 公司向 A 公司支付借款利息	财务费用	利息费用	A 公司	借	50.00	借款本金 700 万

2. 根据合并范围内公司之间的债券债务余额，编制关联方往来明细表（见表 10–2）。

表 10–2　　关联方往来明细表　　单位：万元

序号	公司	交易事项说明	报表项目	对方单位	方向	审定期末数				坏账准备
						合计	1 年以内	……	5 年以上	
1	A 公司	应收 B 公司货款	应收账款	B 公司	借	620.00	620.00			20.00
2	A 公司	应收 B 公司货款	应收票据	B 公司	借	400.00	400.00			
3	A 公司	A 公司向 C 公司提供借款	其他应收款	C 公司	借	700.00	700.00			35.00
4	B 公司	应付 A 公司货款	应付账款	A 公司	贷	620.00	620.00			
5	B 公司	应付 A 公司货款	应付票据	A 公司	贷	400.00	400.00			
6	C 公司	C 公司向 A 公司取得借款	其他应付款	A 公司	贷	700.00	700.00			

3. 根据合并范围内公司之间的现金流量情况，编制关联方现金流量明细表（见表 10–3）。

表 10–3 关联方现金流量明细表 单位：万元

序号	公司	内容	报表项目	对方单位	方向	当期发生额
1	A 公司	收到 B 公司货款	销售商品、提供劳务收到的现金	B 公司	借	5 500.00
2	A 公司	收到 C 公司设备转让款	处置固定资产、无形资产和其他长期资产收回的现金净额	C 公司	借	500.00
3	A 公司	收到 C 公司利息	收到其他与投资活动有关的现金	C 公司	借	50.00
4	A 公司	支付 C 公司借款本金	支付其他与投资活动有关的现金	C 公司	借	700.00
5	B 公司	支付 A 公司货款	购买商品、接受劳务支付的现金	A 公司	贷	5 500.00
6	C 公司	支付 A 公司办公设备款	购建固定资产、无形资产和其他长期资产支付的现金	A 公司	贷	500.00
7	C 公司	支付 A 公司利息	支付其他与筹资活动有关的现金	A 公司	贷	50.00
8	C 公司	收到 A 公司借款本金	收到其他与筹资活动有关的现金	A 公司	贷	700.00

第三步：编制调整与抵销分录

合并抵销分录如表 10–4 所示。

表 10–4 合并抵消分录汇总表 单位：万元

组号	调整原因	抵销分录			抵销金额	
		方向	报表项目	明细科目	借方金额	贷方金额
1	长期股权投资权益法调整	借	长期股权投资		7 300.00	
		贷	投资收益			5 100.00
		贷	年初未分配利润			2 200.00
2	长期股权投资抵销	借	实收资本		5 500.00	
		借	盈余公积		865.00	
		借	未分配利润		7 785.00	
		贷	长期股权投资			12 300.00
		贷	少数股东权益			1 850.00

续表

组号	调整原因	抵销分录			抵销金额	
		方向	报表项目	明细科目	借方金额	贷方金额
3	投资收益抵销	借	投资收益		5 100.00	
		借	少数股东损益		970.00	
		借	年初未分配利润		2 322.00	
		贷	提取法定盈余公积			607.00
		贷	未分配利润			7 785.00
4	抵销A公司向B公司销售商品	借	营业总收入——营业收入	X产品	5 000.00	
		贷	营业总成本——营业成本	X产品		4 400.00
		贷	存货	X产品		600.00
5	抵销A公司向C公司转让固定资产	借	资产处置收益	固定资产处置	100.00	
		贷	固定资产	办公设备		100.00
		借	固定资产累计折旧	办公设备	25.00	
		贷	营业总成本——管理费用	折旧费		25.00
6	抵销A公司向C公司取得的借款利息	借	营业总成本——财务费用——利息收入	利息收入	50.00	
		贷	营业总成本——财务费用——利息费用	利息费用		50.00
7	抵销应收、应付款	借	应付账款		620.00	
		贷	应收账款			620.00
		借	应收账款坏账准备		20.00	
		贷	信用减值损失			20.00
8	抵销应收票据、应付票据	借	应付票据		400.00	
		贷	应收票据			400.00
9	抵销其他应收、其他应付款	借	其他应付款项		700.00	
		贷	其他应收款项账面余额			700.00
		借	其他应收款项坏账准备		35.00	
		贷	信用减值损失			35.00

续表

组号	调整原因	抵销分录			抵销金额	
		方向	报表项目	明细科目	借方金额	贷方金额
10	抵销A公司与B公司、C公司现金流量	借	购买商品、接受劳务支付的现金		5 500.00	
		借	购建固定资产、无形资产和其他长期资产支付的现金		500.00	
		借	支付其他与筹资活动有关的现金		50.00	
		贷	收到其他与筹资活动有关的现金			700.00
		贷	销售商品、提供劳务收到的现金			5 500.00
		贷	处置固定资产、无形资产和其他长期资产收回的现金净额			500.00
		贷	收到其他与投资活动有关的现金			50.00
		借	支付其他与投资活动有关的现金		700.00	

第四步：计算合并试算平衡表各项目合并数

1. 合并资产负债表如表10–5所示。

表10–5　　合并试算平衡表——资产负债表　　单位：万元

报表项目	合并数	抵销分录		合计数	A公司	B公司	C公司
		借方	贷方				
流动资产：							
货币资金	15 700.00	—	—	15 700.00	5 700.00	6 500.00	3 500.00
应收票据账面余额	2 400.00	—	400.00	2 800.00	1 500.00	700.00	600.00
减：坏账准备——应收票据	—	—	—	—			
应收票据	2 400.00	—	400.00	2 800.00	1 500.00	700.00	600.00
应收账款账面余额	14 680.00	—	620.00	15 300.00	10 300.00	3 000.00	2 000.00
减：坏账准备——应收账款	780.00	20.00	—	800.00	800.00		
应收账款	13 900.00	20.00	620.00	14 500.00	9 500.00	3 000.00	2 000.00
其他应收款	1 535.00	35.00	700.00	2 200.00	1 800.00	300.00	100.00
其他应收款项账面余额	1 580.00	—	700.00	2 280.00	1 880.00	300.00	100.00
减：坏账准备——其他应收款项	45.00	35.00	—	80.00	80.00		
其他应收款项净额	1 535.00	35.00	700.00	2 200.00	1 800.00	300.00	100.00

续表

报表项目	合并数	抵销分录		合计数	A 公司	B 公司	C 公司
		借方	贷方				
买入返售金融资产	—	—	—	—			
存货账面余额	4 700.00	—	600.00	5 300.00	4 200.00	800.00	300.00
减：存货跌价准备	—	—	—	—			
存货	4 700.00	—	600.00	5 300.00	4 200.00	800.00	300.00
……	—	—	—	—			
流动资产合计	38 235.00	55.00	2 320.00	40 500.00	22 700.00	11 300.00	6 500.00
非流动资产：							
长期股权投资账面余额	—	7 300.00	12 300.00	5 000.00	5 000.00		
减：长期股权投资减值准备	—	—	—	—			
长期股权投资	—	7 300.00	12 300.00	5 000.00	5 000.00	—	—
投资性房地产	—	—	—	—	—	—	—
固定资产原价	2 900.00	—	100.00	3 000.00	1 500.00	900.00	600.00
减：累计折旧	525.00	25.00	—	550.00	300.00	150.00	100.00
减：固定资产减值准备	—	—	—	—			
固定资产	2 375.00	25.00	100.00	2 450.00	1 200.00	750.00	500.00
……							
非流动资产合计	2 375.00	7 325.00	12 400.00	7 450.00	6 200.00	750.00	500.00
资产总计	40 610.00	7 380.00	14 720.00	47 950.00	28 900.00	12 050.00	7 000.00
流动负债：							
应付票据	3 100.00	400.00	—	3 500.00	2 000.00	1 000.00	500.00
应付账款	5 880.00	620.00	—	6 500.00	4 500.00	1 300.00	700.00
……	—	—	—	—			
其他应付款	1 400.00	700.00	—	2 100.00	700.00	500.00	900.00
……	—	—	—	—			
流动负债合计	10 380.00	1 720.00	—	12 100.00	7 200.00	2 800.00	2 100.00
非流动负债：							
……	—	—	—	—			
非流动负债合计	—	—	—	—	—	—	—
负债合计	10 380.00	1 720.00	—	12 100.00	7 200.00	2 800.00	2 100.00
所有者权益（或股东权益）：							

续表

报表项目	合并数	抵销分录		合计数	A公司	B公司	C公司
		借方	贷方				
实收资本	6 000.00	5 500.00	—	11 500.00	6 000.00	2 500.00	3 000.00
资本公积	5 000.00	—	—	5 000.00	5 000.00		
盈余公积	700.00	865.00	—	1 565.00	700.00	675.00	190.00
未分配利润	16 680.00	13 492.00	12 387.00	17 785.00	10 000.00	6 075.00	1 710.00
归属于母公司所有者权益合计	28 380.00	19 857.00	12 387.00	35 850.00	21 700.00	9 250.00	4 900.00
少数股东权益	1 850.00	—	1 850.00	—			
所有者权益（或股东权益）合计	30 230.00	19 857.00	14 237.00	35 850.00	21 700.00	9 250.00	4 900.00
负债和所有者权益(或股东权益)总计	40 610.00	21 577.00	14 237.00	47 950.00	28 900.00	12 050.00	7 000.00

2. 合并利润表如表10-6所示。

表10-6　　合并试算平衡表——利润表　　单位：万元

报表项目	合并数	抵销分录		合计数	A公司	B公司	C公司
		借方	贷方				
一、营业总收入	46 000.00	5 000.00	—	51 000.00	28 000.00	15 000.00	8 000.00
其中：营业收入	46 000.00	5 000.00	—	51 000.00	28 000.00	15 000.00	8 000.00
……	—	—	—	—			
二、营业总成本	38 355.00	—	4 425.00	42 780.00	25 100.00	10 600.00	7 080.00
其中：营业成本	30 000.00	—	4 400.00	34 400.00	20 400.00	8 500.00	5 500.00
……	—	—	—	—			
管理费用	7 475.00	—	25.00	7 500.00	4 000.00	2 000.00	1 500.00
研发费用	—	—	—	—			
财务费用	880.00	—	—	880.00	700.00	100.00	80.00
其中：利息费用	765.00	—	50.00	815.00	650.00	90.00	75.00
利息收入	165.00	50.00	—	115.00	100.00	10.00	5.00
加：其他收益	—	—	—	—			
投资收益（损失以“—”号填列）	—	5 100.00	5 100.00	—			

续表

报表项目	合并数	抵销分录		合计数	A 公司	B 公司	C 公司
		借方	贷方				
信用减值损失（损失以“—”号填列）	1 705.00	—	55.00	1 650.00	900.00	450.00	300.00
资产处置收益（损失以“—”号填列）	—	100.00	—	100.00	100.00		
三、营业利润（亏损以“—”号填列）	9 350.00	10 200.00	9 580.00	9 970.00	3 900.00	4 850.00	1 220.00
加：营业外收入	—	—	—	—			
减：营业外支出	—	—	—	—			
四、利润总额（亏损总额以“—”号填列）	9 350.00	10 200.00	9 580.00	9 970.00	3 900.00	4 850.00	1 220.00
……	—	—	—	—			
五、净利润（净亏损以“—”号填列）	9 350.00	10 200.00	9 580.00	9 970.00	3 900.00	4 850.00	1 220.00
……							
加：年初未分配利润	8 690.00	2 322.00	2 200.00	8 812.00	6 490.00	1 710.00	612.00
九、可供分配的利润	17 070.00	13 492.00	11 780.00	18 782.00	10 390.00	6 560.00	1 832.00
减：提取法定盈余公积	390.00	—	607.00	997.00	390.00	485.00	122.00
十、可供股东分配的利润	16 680.00	13 492.00	12 387.00	17 785.00	10 000.00	6 075.00	1 710.00
十一、未分配利润	16 680.00	13 492.00	12 387.00	17 785.00	10 000.00	6 075.00	1 710.00

3. 合并现金流量表如表 10–7 所示。

表 10–7　　合并试算平衡表——现金流量表　　单位：万元

报表项目	合并数	抵销分录		合计数	A 公司	B 公司	C 公司
		借方	贷方				
一、经营活动产生的现金流量：							
销售商品、提供劳务收到的现金	34 540.00	—	5 500.00	40 040.00	21 500.00	12 150.00	6 390.00
……	—	—	—	—			
收到其他与经营活动有关的现金	2 700.00	—	—	2 700.00	1 500.00	800.00	400.00
经营活动现金流入小计	37 240.00	—	5 500.00	42 740.00	23 000.00	12 950.00	6 790.00
购买商品、接受劳务支付的现金	23 950.00	5 500.00	—	29 450.00	18 000.00	6 900.00	4 550.00
……	—	—	—	—			

续表

报表项目	合并数	抵销分录		合计数	A公司	B公司	C公司
		借方	贷方				
支付给职工以及为职工支付的现金	1 300.00	—	—	1 300.00	600.00	400.00	300.00
支付其他与经营活动有关的现金	800.00	—	—	800.00	300.00	200.00	300.00
经营活动现金流出小计	26 050.00	5 500.00	—	31 550.00	18 900.00	7 500.00	5 150.00
经营活动产生的现金流量净额	11 190.00	5 500.00	5 500.00	11 190.00	4 100.00	5 450.00	1 640.00
二、投资活动产生的现金流量：							
处置固定资产、无形资产和其他长期资产收回的现金净额	1 300.00	—	500.00	1 800.00	1 000.00	200.00	600.00
收到其他与投资活动有关的现金	50.00	—	50.00	100.00	100.00		
投资活动现金流入小计	1 350.00	—	550.00	1 900.00	1 100.00	200.00	600.00
购建固定资产、无形资产和其他长期资产支付的现金	300.00	500.00	—	800.00			800.00
……	—	—	—	—			
支付其他与投资活动有关的现金	—	700.00	—	700.00	700.00		
投资活动现金流出小计	300.00	1 200.00	—	1 500.00	700.00	—	800.00
投资活动产生的现金流量净额	1 050.00	1 200.00	550.00	400.00	400.00	200.00	-200.00
三、筹资活动产生的现金流量：							
……	—	—	—	—			
收到其他与筹资活动有关的现金	—	—	700.00	700.00			700.00
筹资活动现金流入小计	—	—	700.00	700.00	—	—	700.00
……	—	—	—	—			
支付其他与筹资活动有关的现金	—	50.00	—	50.00			50.00
筹资活动现金流出小计	—	50.00	—	50.00	—	—	50.00
筹资活动产生的现金流量净额	—	50.00	700.00	650.00	—	—	650.00
四、汇率变动对现金及现金等价物的影响	—	—	—	—			
五、现金及现金等价物净增加额	12 240.00	6 750.00	6 750.00	12 240.00	4 500.00	5 650.00	2 090.00
加：期初现金及现金等价物余额	3 460.00	—	—	3 460.00	1 200.00	850.00	1 410.00
六、期末现金及现金等价物余额	15 700.00	6 750.00	6 750.00	15 700.00	5 700.00	6 500.00	3 500.00

4. 合并所有者权益变动表略。

第五步：审计人员复核或重新计算以上合并过程，关注合并抵销是否正确、完整，合并计算是否准确等。

第二节 累积错报汇总及评价

一、常见审计问题

1. 审计人员未及时与适当级别的被审计单位管理层对累计的所有错报进行沟通，在临近监管要求报告出具期限时与被审计单位对于事项的认定存在重大分歧且无时间执行进一步审计程序，或在获取管理层和治理层声明时，遗漏对方认可的未更正错报明细。

2. 当管理人员拒绝对部分错报进行更正时，审计人员未保持职业谨慎态度考虑可能存在的其他错报，同意不对这些错报予以更正。

二、审计关注要点

（一）评估错报的相关考虑

1. 错报的性质及原因分析

事实错报、判断错报和推断错报类型不同，因此在评估时采用的方法也不尽相同。因为推断错报是基于统计学原理推断得到样本总体的错报金额而不能具体到样本明细中，无法对报表项目的明细进行审计调整，一般情况下只能包括在未更正错报汇总中。如果推断错报金额较大，则需要执行进一步审计程序确定更正明细和金额，将其汇总在已更正错报明细中。另外，与确定影响营业利润（或利润总额、净利润）的错报的影响重大性相比，确定重分类错报的影响重大性时所依据的重要性水平可能是不同的。

审计人员需要同时从定性和定量两个维度进行错报评估。在评价未更正错报是否重大时，除考虑未更正错报单独或连同其他未更正错报是否超过财务报表整体的重要性（即定量因素）外，还要考虑错报性质以及错报发生的特定环境（即定性因素），并综合评价没有对未更正错报作出调整的财务报表整体是否仍然能够实现公允反映的审计目的。例如，审计人员识别出某项应付账款误计入其他应付款的错报，金额超过财务报表整体的重要性。由于该错报不影响经营业绩和关键财务指标，审计人员通常认为该项错报不重大。

在某些情况下，即使某些错报低于财务报表整体的重要性水平，但因与这些错报相关的某些情况，在将其单独或连同在审计过程中累积的其他错报一并考虑时，审计人员也可能将这些错报评价为重大错报。例如，某项错报的金额虽然低于财务报表整体的重要性，但对被审计单位的盈亏状况有决定性的影响，审计人员通常应认为该项错报是重大错报。某些财务比率具有高度敏感性，比如错报对比率的影响临近监管指标或证券发行指标等，即使低于重要性也应当调整。

2. 集团审计中错报对合并和个别财务报表的影响不同

在集团审计中，不同层级的（合并）财务报表对于错报的评价范围不同，一般情况下应包括本级次母公司及下属子公司的所有错报，并汇总进行评估。

审计人员常常忽略合并财务报表层级的错报评估工作，仅在单体报表层级实施评估程序。因为重要性水平在不同子公司层面的分配不是按照集团整体的财务数据，例如资产、收入、净利润等比例进行的。因此在合并财务报表中汇总得到的错报金额可能会高于集团整体的重要性水平。同时根据集团重要性水平得到的明显微小错报临界值也可能会高于子公司层面的，从而子公司部分小金额的错报在集团层面将不会包括在评价范围内。此外，需要从集团层面考虑是否存在系统性问题导致的错报可能在部分子公司或单体报表层面是明显微小的，而如果将该问题影响的所有会计主体的金额汇总起来则可能远高于集团层面的明显微小错报临界值的情况。

3. 存在更多错报可能性的考虑

在进行错报评价时，需要考虑该错报是否为孤立事件引起的还是系统性问题。例如，审计人员所发现的一项因内部控制失效导致的错报，可能同时还存在同一原因导致的其他错报。审计人员还需要考虑推断错报所确定的方式是否恰当，是否可合理得出推断错报是完整的，不存在其他更多错报的可能性。

4. 评价前建议管理层尽可能对错报进行更正

实务中，部分管理层不愿意对错报进行更正，修改其会计记录。在对错报进行评估之前，审计人员应尽量要求管理层更正除明显微小以外的错报。管理层更正所有错报的好处在于可以得到准确的会计账簿和记录，同时也降低了因以往年度的不重大未更正错报之累积效应而产生的对未来财务报表的重大错报风险。有些管理层会选择在其会计系统中对部分错报进行更正，在错报数量较多时，这种处理方法可能需要审计人员在以后期间的审计中花费较多的审计资源来核对更正的情况。

（二）考虑存在的错报对不同会计期间的影响

大多数的未更正错报对当期和未来会计期间均会产生影响，如果错报金额较大或者涉及事项较多，可能需要考虑在对下期财务报表审计时适当降低重要性水平。上一个（若干）会计期间存在的、对本期有影响的未更正错报应汇总后与本期发现的错报一起进行评估。

（三）根据重新评估后的重要性水平评价未更正错报

审计人员应在评价未更正错报之前，根据审定的财务报表的重要性水平重新计算计划阶段确定的重要性水平是否仍然适用。如存在不适用的情形，例如存在重大审计调整事项，有可能需要先更新重要性水平后再评价未更正错报。

（四）与管理层和治理层沟通错报时注意事项

1. 除非法律法规禁止，审计人员应及时将所有错报与适当级别的管理层进行沟通并要求其更正。

2. 如果管理层拒绝更正部分或全部的错报，审计人员应了解原因并评价财务报表整体是否不存在重大错报。如果财务报表整体因这些管理层拒绝更正的错报存在重大错报，那么应考虑审计意见类型并及时与管理层和治理层沟通。

3. 审计人员应当要求管理层和治理层提供书面说明，明确其是否认为未更正错报单独或汇总起来对财务报表整体的影响不重大。

第三节 与治理层沟通和管理层声明

一、常见审计问题

1. 项目组未与治理层中的恰当人员进行沟通，或沟通不通畅。

2. 当管理层人员与治理层部分重合时，审计人员未关注其与管理层沟通的事项是否已被所有负有治理责任的人员知晓。

3. 项目组未合理安排与治理层沟通时间和沟通内容。

4. 工作底稿未完整准确记录口头沟通或书面沟通内容。

5. 未关注管理声明要素的齐全性和签署时间恰当性，如获取的管理层声明书中有关管理层责任的声明不充分，仅有被审计单位的公章，无相应权限的人员签字或签章，签署日期在审计报告日后。

6. 未关注管理层声明书与其他审计证据不一致现象，审计人员未采取适当措施及考虑对审计意见可能产生的影响，如管理层声明书中声明不存在重大诉讼所产生的预计负债，财务报表中也未体现相应负债，而从律师沟通函中了解到被审计单位存在大额诉讼及很可能产生的诉讼赔偿金额已确定。

7. 以管理层声明书替代应取得的重要审计证据，或者存在较为严重的审计范围受限情况时，以获取了管理层声明书为由，出具标准意见的审计报告。

二、审计关注要点

（一）关注治理层沟通事项的完整性

1. 确定沟通的关键审计事项

关键审计事项的确定步骤如图 10-1 所示，关键审计事项是从与治理层沟通的事项中选取确定的，因此在与治理层沟通时不应对重大事项有所遗漏。审计人员可能需要多次积极地与治理层沟通，可将重大事项适时告知治理层并在必要时获得其配合和支持。

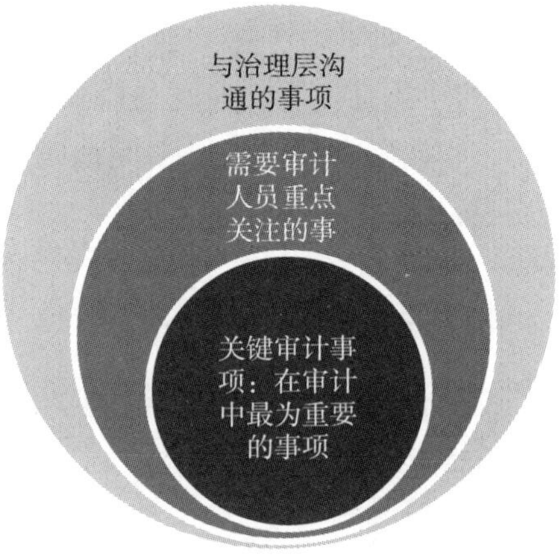

图 10–1 关键审计事项确定流程图

2. 当与治理层的双向沟通不充分时，审计人员可能需要考虑以下方面

（1）评价该情形对重大错报风险评估（如果有）的影响。

（2）评价获取充分恰当的审计证据以支持审计意见的能力。

（3）采取适当的行动。在不同情况下，适当的行动可能包括：基于审计范围受到限制，修改审计意见；向所内技术部咨询，了解不同行动方案的结果，如取消业务约定或就采取不同措施的后果征询法律意见；与第三方沟通（如监管机构）或被审计单位治理结构中拥有更高权力的组织或更高级别的权威人员（如控股股东或实际控制人）或对公共部门负责的政府部门进行沟通。

（二）关注沟通时点和频次的合理性

以上市公司审计为例，一般在审计计划或启动阶段可与治理层进行一次较为正式的沟通，沟通事项包括：审计计划、以前年度重大未了事项、被审计单位经营情况、其他重大事项等，初步沟通相关重大会计和审计事项，以及审计人员的独立性情况。这些沟通可使治理层了解审计工作安排概况和可能存在的审计困难，也对某些事项可能导致的非无保留审计意见类型有所预期，为审计工作提供必要的协助。在审计工作完成阶段，往往至少有一次与治理层的正式沟通，沟通事项包括：总结审计工作情况（包括重大会计和审计事项）、拟确定的审计意见类型、审计报告内容、内部控制缺陷等，该阶段沟通为总结性沟通。

除了审计启动和完成阶段外，在审计工作实施阶段，审计人员也可能就相关重大事项与治理层沟通。图 10–2 为审计沟通阶段。

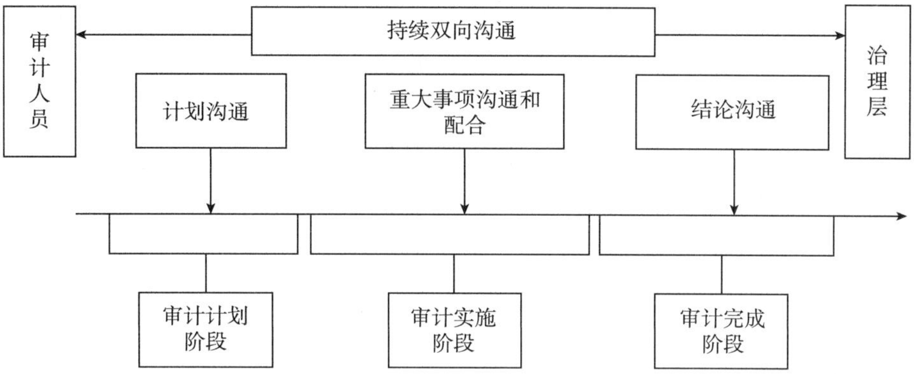

图 10–2 与治理层沟通示意图

（三）关注沟通对象的全面性

1. 当管理层与治理层部分或高度重合时，审计人员应保持必要的职业谨慎态度，对于沟通涉及的审计风险问题既要达到沟通目的，又不能损害审计的有效性。特别是在被审计单位存在较高的舞弊风险时，该问题更加突出，需要较高级别的项目成员（如合伙人）亲自参与沟通。对于一些特别风险的应对措施，如审计人员计划执行的不可预期的审计程序，可能不适合将相关程序的详细计划与治理层进行沟通。

2. 重视与特定对象沟通，例如上市公司审计业务中，审计人员应重视与独立董事的沟通，审计计划阶段和业务完成阶段分别与独立董事沟通相关审计事项，包括审计计划、审计计划执行情况、发现的重大问题、审计意见类型、监管机构对公司关注事项的审核情况等。

（四）关注沟通记录的完整性

审计人员应当将沟通事项记录于工作底稿，包括：

1. 会议纪要由参加会议人员签名，必要时加盖被审计单位印章。

2. 关注各次沟通会议时间的前后逻辑性合理，会议内容和结论的顺序连贯性。

3. 关注会议纪要内容与被审计单位管理层、治理层就其他相关单独事项进行沟通或询问底稿之间是否存在矛盾、重大遗漏等情形。

4. 当采用口头沟通形式时，详细记录沟通人员、时间和具体内容。

（五）关注管理层声明的内容与形式

广义的管理层声明，包括“针对管理层责任的书面声明”“其他书面声明”和“其他口头声明”，如表 10–8 所示。审计准则要求应当获取的声明书，是“针对管理层责任的书面声明”。

表 10–8 广义的管理层声明

<table>
<tr><th colspan="2">声明类型</th><th>是否必须</th><th>内容</th><th>效力</th><th>底稿记录</th></tr>
<tr><td colspan="2">针对管理层责任的书面声明</td><td>是</td><td>最主要的内容是管理层对于财务报表编制责任</td><td>相对高</td><td>包括在完成阶段底稿中</td></tr>
<tr><td rowspan="3">其他书面声明</td><td>关于财务报表的额外书面声明</td><td rowspan="3">否</td><td>支持与财务报表或一（多）项具体认定的其他审计证据，例如会计政策的选择和运用是否恰当的声明</td><td rowspan="3">相对高</td><td rowspan="3">包括在完成阶段底稿或相关审计执行底稿中均可</td></tr>
<tr><td>与提供信息有关的额外书面声明</td><td>针对提供的信息和交易的完整性，或确认其已将注意到的所有内控缺陷向审计人员通报，例如管理层对于所存在的内控缺陷产生的原因、影响等分析的书面说明</td></tr>
<tr><td>关于特定认定的书面声明</td><td>支持审计人员就管理层的判断和意图的了解、评价和获得证据，例如有关影响公允价值计量的管理层判断的声明</td></tr>
<tr><td colspan="2">其他口头声明</td><td>否</td><td>对于会计和审计事项的了解、评价及支持其他审计证据，例如对金融资产业务模式的说明</td><td>相对低</td><td>在具体审计执行底稿中由审计人员准确完整记录</td></tr>
</table>

管理层声明书内容常常可体现被审计单位个性化特征，特别是在某些特殊行业中存在的会计事项将使得管理层的责任可能与一般行业不同。例如，在金融行业中，管理层的责任一般会包含其了解和确认已知悉企业信息化内控建设对财务报表的影响。此外，集团审计业务中，组成部分的审计人员如果需要根据集团项目组的要求提交审计后的财务信息（如根据国际财务报告准则编制），那么组成部分的管理层应就这些财务信息的责任提供管理层声明书。

（六）关注管理层声明书的效力

管理层声明书对于审计证据的获取，是必要但不是充分条件，其本身并不为所涉及的任何事项提供充分、恰当的审计证据。管理层已提供书面声明的事实，并不影响审计人员就管理层责任履行情况或具体认定获取其他审计证据的性质和范围。

（七）关注管理层声明书签署日期

审计人员有责任关注截止审计报告日发生的、可能需要在财务报表中作出相应调整或披露的事项，因此管理层声明书应当尽量接近对财务报表出具审计报告的日期，一般与审计报告日期一致，但不得在审计报告日后，声明范围应涵盖审计报告针对的所有财务期间。在审计范围等发生变化时管理层声明书也应考虑是否进行更正并再次确认。例如，新任管理层可能需要就上任管理层负责的会计期间的审计提供管理层声明，虽然新任管理层在会计期间尚未上任，但不能减轻新任管理层对财务报表整体的责任，仍需其提供涵盖整个会计期间的书面声明。

三、审计案例

案例10－2

某会计师事务所对M上市公司2018年度财务报表进行审计，该客户为事务所连续承接业务，因签字注册会计师连续服务已满五年，应当实施轮换。事务所委派了吴××作为签字注册会计师和项目负责人，吴××之前未从事过上市公司审计业务。

经过审计，项目组对M上市公司财务报表出具了保留意见审计报告，对内部控制出具了否定意见审计报告。在审计过程中，除与董事长沟通外，项目组未与其他董事会成员沟通，包括未与独立董事进行过任何沟通，直到2019年4月28日（上市公司年度报告披露前一天），才将审计结果告知M上市公司三位独立董事和其他董事会成员。

在M上市公司召开的年度董事会上，涉及会计师事务所的相关事项表决时，独立董事及其他董事或投反对票，或投弃权票，以下是相关议案表决情况：

1. 审议《公司2018年度董事会工作报告》《公司2018年度报告》

两名董事弃权，原因为：未能与审计机构交换过审计意见，数据与此前披露数据差距较大，不发表意见。

2. 审议《公司2018年度财务决算报告》

两名董事反对，两名董事弃权，原因为：会计师出具保留意见，存在不真实因素，审计报告提到的一些客观条件的限制，对减值计提的合理性、准确性无法判断；未能与审计机构交换过审计意见，数据与此前披露数据差距较大。

3. 审议《关于计提资产减值准备的议案》

两名董事弃权，原因为：基于审计报告提到的一些客观条件的限制，对减值计提的合理性、准确性无法判断；会计师出具保留意见，对此了解不多。

4. 审议《关于续聘会计师事务所的议案》

两名董事反对，两名董事弃权，原因为：会计师事务所从未与独董沟通，会计师事务所不尽职。

案例讨论：

该案例中，项目组未按照中国注册会计师审计准则的规定与包括独立董事在内的治理层进行充分沟通，审计工作存在明显缺陷。更深层次的原因，在于项目组关键成员的胜任能力，事务所未能委派合格的项目负责人。如果具有上市公司审计经验的注册会计师，对独立董事沟通是必要的审计工作程序。对于M上市公司2018年度审计业务，或许签字注册会计师吴××并非不努力，可能是不知悉上市公司独立董事安排的治理机制，导致未进行有效沟通。

第四节　项目质量复核

一、常见质量复核问题

1. 项目组内部复核（通常包括三级：一级复核，即现场负责人复核；二级复核，即项目经理或部门经理复核；三级复核，即项目合伙人复核）不到位，复核工作流于形式，或虽已复核但未形成详细复核记录，尤其是项目合伙人未实质性实施质量复核工作。具体而言，项目组复核可能存在下列问题：

（1）项目组复核记录缺失，底稿记录中缺少项目经理复核、二级复核和项目合伙人复核的痕迹和过程记录。

（2）底稿为满足程序性要求做格式化复核记录，但其复核工作实际上流于形式。

（3）项目经理复核、二级复核和项目合伙人复核的复核记录未经相关责任人员签署姓名和复核时间。

（4）项目组内部复核时间、底稿编制时间等存在逻辑性错误，如复核时间早于底稿编制时间、底稿复核时间晚于报告时间等。

2. 项目组内部复核提出的问题，项目组成员未处理或整改不到位。

3. 独立复核人员缺乏胜任能力，专业能力和经验低于项目组合伙人等重要成员，可能存在低级别人员复核高级别人员工作底稿的情况。

4. 独立复核独立性不够，如独立复核人员薪酬由复核项目承办部门或单位决定和支付。

5. 独立复核方法不当，包括：对重点领域复核关注程度不够，部分项目总体审计策略、具体审计计划及确定的高风险领域审计工作未经复核；部分重大会计处理、审计调整是否恰当缺乏复核；审计证据复核不足，普遍存在重报告复核、轻审计证据复核的情况，或审计报告与审计证据、审计程序与审计证据复核相脱节等，导致审计意见缺乏必要的证据基础；没有复核记录或复核记录不完整；独立复核人员代替项目组内部复核，未贯彻风险导向理念，实施全面复核等。

6. 对重大风险项目未实施过程复核，仅在项目组完成审计工作后介入质量复核。

7. 项目组对独立复核人员复核意见未及时回复或回复不完整。

8. 未妥善处理好项目组内部复核、项目组与独立复核之间的分歧。

二、质量复核关注要点

（一）项目组一级复核关注要点

1. 详细复核助理人员工作底稿，是否已完成工作底稿的整理和编号工作。检查审计人员编制的工作底稿是否做到内容完整、观点鲜明、条理清晰、格式规范，结论是否恰当。

2. 复核工作底稿的审计证据是否充分、适当，专业判断是否恰当，数据计算是否准确。关注索引是否清晰，如是否附有与审计事项有关的法律文书、合同、协议、会议记录、往来函证或者鉴定资料等，相关标识是否与审计工作底稿建立索引关系。

3. 复核工作底稿中载明的事项、时间、地点、当事人、数据、计量、计算方法和因果关系等是否准确无误、前后一致，相关资料是否前后矛盾而未予以说明。

复核财务报表的数据是否正确，审定的会计报表之间及报表附注的相互勾稽关系是否已核对相符、并经客户盖章确认。

4. 督促底稿编制人员对复核提出的问题予以答复、处理，并形成相应审计记录。复核人员认为需要追加和补充审计程序的，督促编制人员对存在的问题及时修正，并编制相应审计工作底稿。

5. 复核调整事项是否正确，是否与委托单位交换过审计意见、并就调整事项取得一致意见，是否已将调整事项提交委托单位进行调整。

6. 做好复核记录并签名确认，复核记录和复核意见是对审计工作底稿的补充和完善，是审计结论的依据之一，复核意见和复核记录可以采用书面形式或电子文档归入审计工作底稿。

（二）项目组二级复核关注要点

1. 关注一级复核人员是否实施了详细复核。

2. 关注审计计划是否能够实现审计目标，必要时是否对审计计划进行修改，确定的重要审计领域与风险事项是否恰当。

3. 复核重要会计账项的审计、重要审计程序的执行以及重要审计调整事项，确认针对审计重点的选择与安排是否合理，审计程序的执行情况是否达到预期目的，建议被审计单位调整事项的证据是否充分，调整事项的会计处理是否恰当。

4. 关注项目经理与项目组人员专业判断上的分歧解决是否恰当。

5. 关注项目经理请示过重大疑难问题是否得到妥善解决，以及上年度审计总结提出的注意事项是否解决。

6. 判断审计报告的报告意见类型是否恰当，会计附注中相关披露是否充分、恰当。

（三）项目组三级（项目合伙人）复核关注要点

1. 复核一、二级复核是否恰当执行，对审计工作是否充分适当执行进行全面检查，复核审计报告初稿。

2. 关注项目组对关键领域的判断，如疑难问题或争议事项、特别风险，以及项目合伙人认为重要的其他领域，如项目组在审计过程中识别的特别风险以及采取的应对措施，包括项目组对舞弊风险的评估及采取的应对措施是否恰当，判断是否恰当，项目组内部复核意见是否已得到恰当解决。

3. 关注已更正和未更正的错报的重要程度及处理情况，项目组与管理层和治理层沟通的记录。

4. 与独立复核人员讨论审计过程中遇到的重大事项，包括独立复核发现的重大问题，独立复核提出的意见是否已得到恰当解决。

示例 10-5

ZT 会计师事务所在对 ST 美尚（300495）2021 年度财务报表审计时，因多项问题审计证据不支持审计结论，质量控制复核人员明确提出不同意对 ST 美尚财务报表及内部控制出具无保留意见审计报告。但是，在意见分歧没有得到解决之前，ZT 会计师事务所出具了带强调事项段的无保留审计意见报告。监管部门在给 ZT 会计师事务所出具的警示函中指出，该行为不符合《质量控制准则第 5101 号——会计师事务所对执行财务报表审计和审阅、其他鉴证和相关服务业务实施的质量控制》(2019) 第五十九条的规定，只有问题得到解决，才可以签署业务报告，事务所违反了审计准则第 5101 号的规定。

资料来源：中国证监会网站。

5. 在审计报告日或审计报告日之前，项目合伙人应当通过复核审计工作底稿和与项目组讨论，确信已获取充分、适当的审计证据，支持得出的结论和拟出具的审计报告，评价审计报告意见类型是否恰当。

示例 10-6

监管部门对会计师事务所执行泰禾集团（000732）财务报表审计中存在的问题，指出：审计底稿中存在多处明显错误，如审计总结记录："我们认为泰禾集团持续经营假设编制基础是恰当的"，但泰禾集团非合并报表范围内子公司；报告附注中披露的其他应收款折算人民币余额11.721亿元，未进行合并抵消。此外，底稿记录存在多处错误，记录内容张冠李戴，重要交易事项未进行抵销。虽经多级质量复核程序，均未发现上述差错，质量复核不到位。

资料来源：中国证监会网站。

三、独立复核关注要点

1. 委派具有相应资质和能力的独立复核人员，关注是否具备下列条件：

（1）具备恰当的胜任能力，包括充足的时间和恰当的权威性，项目质量复核人员（独立复核负责人）的胜任能力应当至少与项目合伙人相当。

（2）遵守相关职业道德要求，包括与项目质量复核人员如何应对对其客观性和独立性产生的不利影响相关的职业道德要求，并在实施项目质量复核时保持独立、客观、公正。

（3）独立复核人员工作量是否过大，导致没有足够的时间和精力承担复核任务。当复核人员在一定时间内承担过多的项目质量复核任务时，可能对实现复核目标产生不利影响。

2. 独立复核负责人是否对复核工作协助人员的工作恰当安排，并对其复核工作进行指导和监督。

3. 提前介入高风险审计项目，如在客户承接之后涉入，以确保重大问题不至于在业务完成阶段发现所造成的与被审计单位沟通出现困难。

4. 关注项目组成员的胜任能力、职业责任心、审计时间等，特别是项目合伙人和项目经理的专业水平和以前项目审计质量情况。对于签字项目合伙人未实际参与，或很少参与审计项目的情形，复核人员应当考虑对复核意见的影响，必要时扩大复核范围。

5. 通过与项目组就项目和客户的性质和具体情况沟通，与项目合伙人及其他项目组成员讨论重大事项以及在项目计划、实施和报告时作出的重大判断等获取的信息，选取部分与项目组作出的重大判断相关的业务工作底稿进行复核。

6. 关注重要领域审计情况，如集团审计的重点组成部分、财务报表重要项目、重要的表外事项等。

7. 关注涉及项目组作出重大判断的领域，包括：项目的总体审计策略和计划；

识别的特别风险及采取的应对措施；项目的实施情况；形成的意见或结论。

8. 对于重大的异常交易或事项，关注项目组在下列方面是否获取了充分适当的证据：交易是否可解释性，是否具有合理的商业实质；交易轨迹是否可观察性，是否能够观察到业务流、实物流、资金流和票据流；交易期后是否可验证性，期后事实是否验证报告期内的判断。

9. 关注重大审计调整事项涉及证据的充分性与恰当性。

10. 关注监管部门发现或提示的重要事项及风险的审计情况，是否已得到解决，以及检查发现问题的整改结果审计情况。

11. 复核财务报表和审计报告，并评估：项目组发表审计意见的恰当性，以及非无保留意见事项描述的规范性；关键审计事项的描述（如适用）；经审计的财务报表附注披露的规范性；签字合伙人及签字会计师是否符合规定。

12. 关注项目组是否已就涉及意见分歧的事项，或者其他疑难问题或争议事项进行适当咨询，咨询的结论是否已得到适当执行，并充分记录。

13. 关注复核意见是否具有针对性，如复核人员提出的问题应当清晰和可理解，同一问题不应重复提出，同类问题应当汇总提出。复核人员应当注重问题的质量，审慎注意问题的数量，基础性、普遍性低级问题可直接向项目组口头反馈。

14. 独立复核提出的问题是否得到解决，如解决，不应当签发审计报告。当独立复核与项目组发生分歧时，是否提交质量管理委员会（或类似机构）解决。

15. 关注独立复核是否已恰当记录。

16. 关注复核人员是否按照审计准则及事务所规定轮换，复核公众利益实体是否符合冷却期两年的规定。

四、注重独立复核的方法与技巧

（一）充分了解项目背景、客户性质等环境事项

质量复核是对项目组做出的重大判断进行再评价，那么也需要充分了解所复核项目的性质，包括出具报告的类型、是否涉及资本市场、是否用于融资等报告用途和目的，客户是否属于国有企业、非国有企业、金融企业等涉及公众利益情况，客户在市场中的形象、舆情信息等多维度环境事项；同时，也需要通过客户网站、项目组和审计底稿了解被审计单位的运作流程，业务模式，主要产品及其市场信息，通过对环境事项的了解，更好地把握项目的问题和风险点，提高质量复核的针对性。

（二）考虑项目组独立性

独立性是审计的灵魂。质量管理准则明确要求，项目质量复核人员对于财务报表审计业务应当评价项目合伙人确定独立性要求已得到遵守。项目组水平有高

低，合伙人风险偏好不同。对于责任心强、一贯审计质量高的团队项目，要合理相信项目没问题；对于胜任能力不够，与客户关系走得太近的项目组，要合理怀疑项目有问题。因此，复核人员不仅要对事（工作底稿），还要对人，要因人施策。除此，还需要考虑项目收费对该项目组和项目合伙人的影响，这也是事务所中经常影响项目组出现独立性问题的重要因素。

此外，复核人员还应关注项目组关键人员下列情形：一是项目合伙人、签字注册会计师及项目组重要成员最近期间是否因审计质量受到监管部门行政处罚、行政监管措施、行业自律处分；二是项目合伙人、项目经理参与项目的时间长度，是否未实际参与项目。

（三）选择合理恰当的复核方法

质量复核是对项目组作出的重大判断进行评价，是高层次的选择性复核，不是详细复核。因此，必须贯彻风险导向理念。事物的本质，从审计和质量复核角度理解，是要判断重大异常交易是否具有商业实质，是否符合逻辑，是否符合理性的"经济人"假设。审计证据充分性和适当性的判断标准是：交易可解释、轨迹可观察、期后可验证。如果一项交易违背常识，虚假的可能性很大；可解释未必为真，演绎的推断结论还必须眼见为实，取得直接或间接的观察证据，如资金流水、物流轨迹；时间是最好的试金石，理论上所有的交易都可以通过时间（期后）验证。无论项目组如何解释，复核人员最终需要看到证据。

高水平的复核人员，通常掌握了有效的复核方法。要把握重点，抓大放小。首先要抓重点项目，例如，上市公司、金融机构等公众利益实体审计业务；IPO、发行债券等融资审计业务；资本市场并购重组审计业务；可能涉及国有资产流失的审计业务；其他监管风险较大的项目。针对具体项目复核，坚持"二八原则"，审计风险往往在于关键的少数。要将复核资源集中在 20% 的重点项目、重点项目中 20% 的风险领域、风险领域中 20% 的关键程序和审计证据。记住三个 20%，工作中就不会漫无目的一把抓。

（四）注重细节

识别财务舞弊，要从细节异常处寻找突破口。例如，文件形式异常，如询证函格式不一致；文件签字信息异常，签字人没有权限，笔迹显示代签；印章是否合理，如同一印章形状不同；文件之间的一致性，如回款凭证载明的付款人与入账凭证不一致等。细节之于复核人员，考验的是敏感性，需要的是见多识广的经验。

（五）关注公开信息与财务数据相互印证

在对具体事项复核过程中，特别是涉及重要的销售客户、供应商、关联方、被投资单位等，要通过公开信息了解交易的大致真实性。公开信息渠道很多，如国家企业信用信息公示系统、天眼查等第三方企业查询平台、巨潮资讯、中国裁判文书网等。媒体质疑上市公司财务造假主要通过公开信息分析，注册会计师了解的信息比媒体多得多，却未能发现，值得反思。应对系统性舞弊，往往需要跳出工作底稿，功夫在诗外。

五、项目质量复核案例

案例10－3

某会计师事务所独立复核（项目质量复核）意见分为：重点问题、审计报告及附注披露问题和审计工作底稿编制问题三个方面，层次清晰，重点突出，具有较强的针对性，下面为独立复核人员针对某上市公司2021年度财务报表审计出具的独立复核意见。

××股份有限公司项目质量复核意见

（一）重点问题

1. 营业收入、营业成本

2021年营业收入96.87亿元，较2020年增长34.39%；归属于上市公司股东的扣除非经常性损益的净利润7.88亿元，较2020年增长82.08%。2021年产品销量26.90万吨，较2020销量下滑2.63%，本期毛利率19.97%同比增长47.75%。

（1）请量化分析该销量下降而营业收入大幅增长的原因，扣非净利润增幅超过收入增长的原因及合理性，分析说明公司产品市场占有率是否下降。请结合产量、销量、库存、单价、市场环境、同行业相关公司情况，分析收入、毛利率变动的原因及其合理性；

（2）年报披露直接材料成本占营业成本的比重为91.85%，主要“原材料1”下半年的采购价格6.06万元，较上半年提高79.24%，主要产品——A下半年的售价较上半年提高45.67%，2021年毛利率19.97%，较2020年毛利率提高1.83%，采购材料单价与销售单价变动幅度不一致。请量化分析毛利率提高的原因、合理性；

（3）本期境外收入占比56.85%，境外收入增长31.99%，详细说明境外的销售情况，境外疫情对本公司外销的影响，请项目组说明其执行的审计程序获取的审计证据是否充分，是否进行穿透检查验证业务真实存在，并追踪款项最终最向，是否足以支持其对该科目的认定；

（4）公司以前年度存在贸易性收入，本期是否仍存在贸易收入，若存在请分析说明是主要责任人还是代理人采用总额法还是净额法确认收入，若采用总额法确认请提供相关依据及关键条款判断资料，是否具有商业实质，是否属于融资性交易，是否对其进行穿透验证确认业务真实存在并追踪款项最终去向，从而支持其对该科目的认定。

2. 存货

期末存货余额 17.27 亿元，较期初增长 76.92%；期末存货减值准备 0.05 亿元，期初存货减值准备 0.11 亿元，存货增加减值准备下降。

（1）请结合市场、存货周转率、同行业相关公司的情况进行对比分析说明存货变动的原因及其合理性，请说明存货跌价的测试过程，存货跌价准备计提是否充足；

（2）期末发出商品 5.22 亿元，较期初增长 245.33%，请披露发出商品明细及收入确认时间，结合收入确认原则，说明是否存在收入跨期的情况；

（3）请说明存货盘点过程，境外存货的数量、金额、境外存货的监盘方式及比例。

3. 存贷双高

公司货币资金期末余额 19.81 亿元，长短期借款期末余额 8.86 亿元。请结合公司资金周转特点、资金管理方式等说明维持较高货币资金余额的合理性，说明货币资金、银行借款与公司经营规模的匹配性。

4. 开发支出和研发费用

期末余额 3.55 亿元比年初的 2.77 亿元增长 28.15%，本开发支出增加 1.08 亿元，转入无形资产 2 030 万元，转入当期损益 2 205 万元，本期研发费用 1.78 亿元。

（1）请分项目列示研发投入的具体情况、研发资金具体用途，说明研发活动是否与生产活动共用设备，是否存在研发活动形成产品对外出售的情形，研发费用的归集、分摊与结转是否准确，是否存在研发费用与生产成本混淆的情况；

（2）请与同行业相关公司进行对比分析开发支出、研发费用变动的原因及其合理性；

（3）请项目组说明执行的审计程序和获取的审计证据是否充分，企业的内控制度是否完善并得以有效执行，是如何对该项费用进行管理的，是否足以支持对该项费用真实性的认定，是否对业务发生的真实性、合法性、合规性执行了有效的审计程序，后附发票和单据的实际内容与业务是否相匹配，如何穿透验证业务是否真实存在；

（4）补充分析研发费投入的项目近两年研发费用所形成的主要成果及对主营业务的贡献程度。

5. 商誉、母公司长期股权投资

商誉期末余额 11.52 亿元，2021 年末已全额计提商誉减值准备，其中对 AMCO 有限公司的商誉 11.44 亿元，2021 年当年计提减值准备 7.33 亿元，对 ARM 有限公司的商誉 870 万元，2021 年当年全额计提减值准备。母公司层面长期股权投资列示对 AMCO 有限公司 2021 年期初余额 18.57 亿元，当年计提减值准备 7.63 亿元，累计计提减值准备9.36亿元，期末余额10.94亿元；对ARM有限公司的长期股权投资余额1.51亿元未计提减值准备。

（1）请分析说明长期股权投资减值准备计提是否充分，与商誉金额不一致的原因；

（2）请说明母公司长期股权投资处披露对AMCO有限公司本期计提减值准备9.36亿元，是否存在披露错误。

6. 销售费用

本期销售费用8.28亿元，本期销售费用占收入比重8.45%；上期销售费用5.2亿元，上期销售费用占收入比重7.13%，即销售费用与营业收入比例变动较大。市场推广费同比增长3.4%。

（1）请分析说明市场推广费的具体经济业务内容、项目明细、交易对手情况、列举合同关键信息等；

（2）对于市场推广费请项目组说明其执行的程序和获取的审计证据是否充分，企业的内控制度是否完善并得以有效执行，是如何对该项费用进行管理的，是否足以支持对该项费用真实性的认定，是否对业务发生的真实性、合法性、合规性执行了有效的审计程序，后附发票实际内容与业务是否相匹配，如何穿透验证业务是否真实存在，以及款项支付结算方式及最终去向执行了有效的审计程序，获取充分适当的审计证据。单户金额较大的如何进行穿透验证。

（二）审计报告及附注披露问题

1. 审计报告正文中披露的两个关键事项审计应对程序，从相应底稿中并未清晰体现，请说明是否均执行相应程序，披露的关键事项审计应对程序需索引相应内控及实质性底稿。

2. 合并会计报表附注中披露的受限资金为36 526万元，而现金流量表中年末现金及现金等价物中扣除受限资金25 453万元，请核实差异原因。

3. 公司母子公司、子公司间内部销售较多，各公司存货均存在余额，未见抵销内部未实现利润，请核实合并抵销处理是否正确。

4. 现金流量表中经营活动现金净流量为33 512万元，而净利润为78 929万元，请分析经营活动现金净流量远低于净利润的原因。

5. 期末发出商品5.22亿元，较期初增长245.33%，请分析波动较大的原因及合理性，有无利用发出商品调节收入及成本情形。

6. 预付工程款余额为60 728万元，较年初余额14 572万元，增长幅度较大，请分析增长较大的原因，请说明有无存在资金占用或有无应转而未转销的成本。

7. 固定资产中披露暂时闲置固定资产账面价值为10 609万元，主要系近几年新投的募投项目，闲置资产价值中设备价值占比较大，未对闲置资产计提减值准备，请说明其依据是否充分。

8. 公司出口收入较上年度增长，而出口费用较上年度下降17%，请分析下降的原因，说明出口收入是否真实及费用有无延迟列报。

9. 固定资产中披露本年增加数中由在建工程转入金额与在建工程中披露的转固定资产金额不一致，请核实差异原因。

10. 货币资金中的定期存单，已计提定期存款利息，计划长期持有至到期，但在编制现金流量表中未扣除，请说明未扣除的原因。

11. 会计报表数据与会计报表附注中数据不一致，及会计报表附注前后数据不一致或不勾稽。如：现金流量表及其补充资料的相关数据与资产负债表、财务报表附注各项目之间的勾稽关系存在不符情形，现金流量表补充资料中相关的折旧、摊销、减值准备、财务费用等项目与财务报表数据不勾稽。

（三）审计工作底稿编制问题

1. 货币资金

（1）××账户未达金额2 000万元，审计工作底稿未对大额账项进行调整或说明。

（2）招行××支行两个零元保证金账户未实施函证程序，也未说明不实施函证的理由。

（3）工行××支行6 875账户的定期存款账面余额6 782万元、回函金额7 132万元，未说明差异原因。

（4）建行××支行回函显示，司法冻结50万元，未说明冻结原因。

（5）银行定期存款，未说明是否已亲自查看了定期存单原件，仅收集复印件不能发现重大错报风险。

（6）函证内容不全面：民生银行××支行的询证函回函显示“经核对第1项银行存款核对相符，第2–14项未询证”，项目组仅对银行存款进行了函证，未对借款、担保等其他信息进行询证，需重新函证。

（7）××账户函证过程控制未留痕，收到快递的存根未保留于工作底稿。

2. 应收账款

（1）大额应收账款无回函，且部分时间已1年以上，其中巴西××公司1 272万美元、阿根廷××公司1 136万美元，请进一步补充款项真实性和可收回性的审计证据。

（2）Argite，LLC回函不符，未编制企业对账余额调节表核实差异。

（3）SINGAPORE PTE. LTD回函不符，项目组编制了企业对账余额调节表、企业对账发生额调节表，调节后无差异，但底稿中未见相关数据调整的来源及依据。

（4）LAPH LTD 回函显示，回函地址与发函地址不一致，请核实。

（5）从对 PAA Gloerr Sourcing HongKong Ltd 的发函截图中显示，询证函是从公司邮箱发出而非审计人员邮箱。

（6）补充邮件回函截图，并将回函邮箱与发函邮箱进行核对。

（7）对未回函的 AMCOR 等 8 家公司，项目组需进一步与被询证者联系或再次寄发询证函，同时实施替代审计程序。

（8）底稿中发函统计汇总表、函证结果汇总表统计的部分信息与询证函上列示的内容存在不一致．如母公司应收账款－广东 ×× 有限责任公司函证结果汇总表（索引号：ZE-003-5）中列示的回函应收款金额为 6 103 万元，销售金额为 7 126 万元，审定应收款金额为 6 103 万元，但实际发出的询证函中列示的应收款金额为 7 283 万元，销售额为 3.2 亿元；母公司应收账款－北京 ×× 有限公司，函证结果汇总表（索引号：ZE-003-5）中列示审定金额及回函应收款金额为 0.58 亿元，但实际发出的询证函上列示的应收款金额为 1.38 亿元；母公司应收账款 -BRD 有限公司，函证结果汇总表（索引号：ZE-003-5）列示的审定金额为 1.34 亿元，发出的询证函上列示的应收款金额为 1.87 亿元。

3. 预付款项

（1）联新贸易有限公司 6 517 936.06 回函不符，未编制企业对账余额调节表核实差异。

（2）国网 ×× 供电公司回函差异调节表显示，不符事项系被审计单位已付款未入账所致，但货币资金底稿中并无相关货币资金未达，也无审计调整，请核实差异原因。

（3）江苏 ×× 有限公司－差异表检查编制错误（根据差异内容需审计调整），请核实。

（4）预付 ×× 市中级人民法院 1 044 974.00，其中审计调整费用 100 万元，请补充审计调整依据。

（5）分析预付货款较年初大幅度增长的原因；对浙江 ×× 有限公司于 2 月份预付货款 3 000 万元，预付较长时间货物未验收完的合理性；检查预付款期后转销情况，是否收到货物，核实是否存在关联方资金占用。

（6）本年公司对青岛 ×× 国际贸易发展有限公司等 13 家贸易供应商交易额相对较大，有些系新增供应商，请核查向上述供应商采购了哪些货物，是否与公司生产产品相关，核实公司不直接向生产企业采购而通过上述贸易单位采购原因，是否关注了资金流水。

4. 存货

（1）公司对其存货采用编码管理，其存货存在较大风险，项目组在设计并执行存货监盘计划时，仅核对了盘点数量，未了解公司的存货编码规则，未依据相应公司内部控制情况，将编码与存货实物进行比照核对。

（2）补充存货抽盘结果是如何由原始抽表汇总的，请索引原抽盘记录表，YHPD-1、YHPD-2 数量较大，仅见划勾，未见对详细记录盘点的袋或桶数量换算成的重量过程，请核实是否真正盘点或抽盘，对以重量计量的存货是如何进行盘点的；在生产设备里的在产品仅通过查看领料单，未见根据最近领料数量、反应时间等推算在产品是否真实存在。

（3）公司期末存在部分存货存放于客户处，项目组未对上述发出商品实施现场监盘，而是直接实施了函证程序，由于客户对上述存货既无保管义务也无具体物料明细，因此函证中仅确认了存货状态、存货编号及存放地点，请实施进一步审计程序。发出商品有些回函未见收发函快递单，请说明函证控制过程。

（4）生产成本及销售成本倒轧表中原材料的其他减少 3 218 万元，研发费用领用 997 万元，制造费用未见材料支出，请核实减少的具体去向；库存商品转自产自用转入生产成本 1.07 亿元，而生产成本直接材料由原材料倒推出来的，请核实上述数据的去向，生产成本明细表中归集的其他 1.76 亿元具体是指什么，未见在倒轧表中体现，请核实。

（5）补充分析电量、煤、燃气等能源的耗用与产量是否相匹配。

（6）核实存货库龄，是否存在积压，计提跌价是否充分。

（7）生产成本明细表本期原材料、人工、制造费用增幅较大，但燃料动力下降 22%，请补充 2 期产量对比分析、原材料采购价格对比分析，核实产量变动与原材料耗用以及燃料动力耗用趋势是否一致 .

5. 固定资产及在建工程

（1）折旧测算差异 487 万元，未见说明差异原因及调整。

（2）从产量分析表看，公司 13#、18#、23# 车间（新建）产能利用不足，请核实上述车间对应固定资产价值，关注固定资产是否存在减值迹象。

（3）在建工程本年增加金额 30 029 万元，未将对应的合同、入库单、设备验收单、工程形象进度、发票、付款等结合起来检查工程支出的真实及合理性。未对在建工程里面本年转资的设备进行监盘，请核实。

（4）本年转固资产价值未见检查记录，项目组是通过哪些程序实施了转固金额的完整性检查，底稿中收集工程结算金额为 4 817 万元，而账面房屋建筑物转固金额为 10 419 万元，核实差异原因；转固时间仅检查了领料记录，补充符合公司相关内控流程的验收报告，判断转固时点的恰当性。

（5）×× 项目从 2019 年开始建设，连续两年未继续发生支出，核实未继续建设的原因，其完工程度，是否存在闲置减值迹象。

（6）子公司天津浩宇有限公司本期产量大幅度下降，远低于设计产能，固定资产出现大量闲置，未见实施减值测试程序，请核实固定资产是否存在减值。

6. 其他非流动资产

（1）预付设备及工程款，检查各笔款项支付时间及约定设备到货情况是否与合同相吻合，请结合合同、设备到货情况、付款等核实未转销的合理性，有无存在资金占用的情况。对山东 ×× 机械有限公司已付至合同额的 75%，按合同约定应提供一些设备，请核实未转销的原因 .

（2）预付土地款账龄已在 3 年以上，请核实土地获取进度及未转销的原因。

（3）对于挂账时间较长的工程设备款，核实长期挂账原因，不能因对方未开发票及无法开发票等由不转资产成本。

7. 递延所得税：补充可抵扣亏损计提递延的依据

8. 合同负债未见函证及检查

9. 营业收入

（1）2021 年毛利率 19.97% 同比增长 47.75%，不考虑运费的影响，毛利率的增幅还会大些，请从销售数量、销售单价、单位成本等的波动分析对毛利率的影响各是多少，销售单价的波动与合同约定、市场价格是否相匹配。单位成本的中单位材料、单位人工、单位制造费用较上年度均有下降，根据占比分别对毛利率的影响，影响最大的直接材料投入产出变化较小，从各供应商的采购单价的波动是否与生产成本中单位材料成本的波动一致。

（2）本年各月各类主营业务收入的波动较大，特别是 12 月份收入远高于其他月份，分析其变动与以前年是否相匹配，是否符合周期性的经营规律，核实波动的原因。

（3）核实出口收入中向客户收取的运保费金额是否减除支付给运输公司和保险公司后的净额确认的收入；外销收入真实性及截止性检查主要检查报关单信息，请核实报关单上离境时间与装船单的日期是否相匹配。

（4）北京 ×× 有限公司为 2021 年新增大额客户，本年含税销售 6 977 万元，应收款余额 6 530 万元，真实性检查中显示 12 月 22 日客户自提方式实现销售 4 091 万元，结合与该客户签订的销售合同核实其收入确认时点、结算方式及信用期、发货方式等，及关注期后收款情况，核查收入确认的真实性。

（5）2021 年对广西 ×× 有限公司收入增幅较大，11 月发货 3 539 万元系客户自提，往年及本年发生的其他交易均是卖方承担运输，而该笔客户自提，请结合合同或协议的约定，与该客户回函余额及发生额的差异，及期后收款情况等，核实本年对该客户销售额的真实性。

（6）补充海关电子口岸信息数据与公司销售记录（美元）进行核对，若有差异，分析其原因。

（7）退货明细显示，本期因为无法发货导致的退货较多，请核实针对该类事项，是否存在赔偿；对于已报关确认收入，但因为未发运导致的退货，是否因为当时未取得提单所致；期末是否对报关单对应检查提单日期，期末是否存在有报关单但无提单或提单日期与报关单日期不在同一会计期间事项；

（8）特定样本检查SX11-8中签收、运输信息检查不全，针对大额客户或交易，并且回函不符，应有针对性检查签收及运输单；外销收入未见检查出口日期或装船日期。

（9）截止性测试中外销收入检查实际出口日期，内销收入存在当天出库当天确认收入，请核实。

（10）公司销售业务是否存在销售退回或销售折让、返利，请核实其账务处理是否及时及正确。

10. 研发支出

本年发生额17 827万元，主要系发生的材料费，占总研发费用68%，人工、燃料及动力占总研发费用的26%。

（1）公司研发的主要是产品还是技术，请详细核实材料支出、薪酬、燃动发生是否全部用于项目研发，请核实。

（2）研发人员费用中有无非研发人员薪酬，公司研发团队人数及研发人员人均薪酬是多少，与研发项目所需研发能力是否匹配，核实研发正在研发的项目是否有已生产的产品。

（3）每年都是这些项目，具体研发的方向系产品还是技术，各研发项目具体进度，是否生产出合格产品；补充分析研发费投入的项目近两年研发费用所形成的主要成果及对主营业务的贡献程度。

（4）材料支出是否用于各研发项目，领用这么多材料所生产的产品或废品具体是如何处理的，请核实；

（5）折旧费对应的资产是否专门用于研发，请形成检查记录。

（6）核实三车间净化厂房维修改造557万元在研发费用列报的恰当性，是否应做审计调整。

（8）计算所得税时加计扣除的是否经税务部门认可。

（9）对委外研发资本化支出2 649万元，费用支出2 137万元，除了检查合同、立项，项目组是如何核查该些研发项目的真实存在，委外单位主要系上海××科技有限公司等单位，请项目组核实被委托单位是否具有相应的项目研发技术背景及能力，是否为科研院所，其发生的委外研发费用是否有与市场开发费相关，检查银行流水付款是否付给合同约定的单位。

第五节 审计报告与审计总结

一、常见审计问题

1. 未保持职业怀疑态度审慎评价和应对舞弊风险。

2. 未准确评估重大事项对于审计意见类型的影响程度，或者对于已发现的重大事项和交易出具了不恰当的审计意见类型，如以无保留意见代替了非无保留意见，将应发表非无保留意见的事项通过关键审计事项段披露代替。

3. 审计报告中沟通对关键审计事项所执行的审计程序在工作底稿中未能完整体现。

4. 未掌握关键审计事项段、强调事项段和他事项段的披露要求，披露不恰当、遗漏或位置出现错误，未能恰当了解和判断持续经营事项的严重程度和管理层的应对措施，导致审计意见类型不当或披露位置错误。

5. 编制审计总结的审计人员不了解整体项目情况，审计总结流于形式，没有真正评估审计完成情况。

6. 审计总结过于简单或复杂，没有真正突出需要复核人员关注事项的处理情况。

7. 审计总结中结论不清晰或者不完整，或与审计报告存在不一致。

二、审计关注要点

（一）评估出具非无保留意见类型的恰当性

当存在下列情形时，审计人员应对财务报表发表非无保留意见：一是根据获取的审计证据，得出财务报表整体存在重大错报的结论，即错报；二是无法获取充分、适当的审计证据，不能得出财务报表整体不存在重大错报的结论，即受限。

从导致发表非无保留意见事项的性质，即是否存在错报和受限两种情形下，再根据相关事项的错报或未发现的错报（如存在）对财务报表产生的或可能产生的影响是否具有广泛性，存在四种非无保留意见的情形，见表 10-9。针对具体情况的判断有两个关键点，一是导致发表非无保留意见的事项的性质是“错报”还是“受限”，二是对于“重大”和“广泛性”的判断是否恰当、准确。

表 10-9　出具非无保留意见的情形

导致发表非无保留意见的事项的性质	相关事项的错报或未发现的错报（如存在）对财务报表产生的或可能产生的影响是否具有广泛性	
	重大但不具有广泛性	重大且具有广泛性
财务报表存在重大错报（已对相关事项获取充分、恰当的审计证据）	保留意见	否定意见
无法对相关事项获取充分、恰当的审计证据（不能得出财务报表整体不存在重大错报的结论）	保留意见	无法表示意见

1. 不能以“受限”代替“错报”

审计人员不应以无法获取充分、适当的审计证据为由，对应识别的财务报表整体重大错报不予识别，规避作出恰当的职业判断，从而发表“受限”而非“错报”类型的审计意见。特别是在涉及专业判断、会计估计的领域，如合并范围、资产减值（尤其是商誉减值）、预计负债、款项可收回性等，实务中存在一些以“受限”代替“错报”类型审计意见的情形。财务报表中的某些项目涉及的事项的未来结果可能存在不确定性，且审计人员在执行审计时可能还无法获得有关这些事项未来最终结果的结论性证据。在这种情况下，管理层负责按照适用的财务报告编制基础的规定对当前状况进行分析，估计相关事项未来进展对财务报表的影响并进行确认和计量，或由于在某些极端罕见的情况下无法作出合理估计而在财务报表中作出必要披露。审计人员在审计中需要评估所获取的审计证据是否足以支持管理层对相关事项的判断及其处理。缺乏与这些事项的最终结果相关的信息并不必然导致审计人员无法获取与管理层判断相关的审计证据。审计人员应在获取充分、适当的审计证据的基础上评价管理层估计和判断的合理性，不应回避作出实质性判断。对审计证据充分性和适当性的判断是以审计当时实际可获得或应当可获得的证据为基础的。如果客观上存在或曾经存在与不确定性事项有关的充分证据，但审计人员由于管理层没有恰当保存相关记录或管理层不予配合而未能及时获得这些证据，那么发表保留意见或无法表示意见是适当的。

审计人员不应以节约审计资源为目的，减少对相关事项的审计程序。如的确存在“受限”情形，需在工作底稿中充分记录审计人员为获取相关审计证据所执行的审计程序和付出的努力，否则所执行的审计程序将难以支持“受限”的审计意见类型。即使在导致发表非无保留意见的事项重大但不具有广泛性时，“受限”和“错报”两种情形下出具的审计意见类型均为保留意见，但仍存在审计程序不能支持审计结论，导致不符合相关审计准则要求的可能。

“受限”可能并非真正受限。审计人员在能够执行进一步审计程序、获取审计证据的情况下，仍以无法获取充分、适当的审计证据为由，发表“受限”类型的审计意见，其“受限”理由很难成立。审计人员应充分识别和评估重大错报风险，并设计和实施恰当的应对措施，必要时扩大审计范围、增强审计程序的替代性和不可预见性，在此基础上准确认定是否真正“受限”，如确认存在“受限”，应就此事项与治理层沟通，确定最终的处理方案。当审计人员发表无法表示意见时，仍需要对审计范围没有受到限制的其他方面按照审计准则的规定执行并完成审计工作，符合审计准则的相关要求。

2. 从定量和定性两个方面考虑错报和受限的重大性

审计人员可从定量和定性两个方面考虑已发现未更正错报和因“受限”未发现的错报对财务报表产生的影响是否重大。定量标准与审计人员确定的财务报表整体重要性水平直接相关，定性标准与审计人员评估的错报性质是否严重、是否影响财务报表使用者的经济决策有关，涉及重要性水平的性质方面。实务中通常认为不属于特殊性质的错报金额占到总体报表金额比例 20% 以上出具保留意见，错报金额占到总体报表金额比例 50% 以上出具否定意见是比较适当的。

对于因“受限”未发现的错报，审计人员也应合理估计相关事项可能存在的错报，判断是否影响财务报表使用者的经济决策。

3. 正确理解和认识错报和受限的广泛性

对于广泛性缺乏正确的理解和认识，可能导致出具不恰当的审计意见。广泛性包括三种情形：一是不限于对财务报表的特定要素、账户或项目产生影响；二是虽然仅对财务报表的特定要素、账户或者项目产生影响，但这些要素、账户或者项目是或可能是财务报表的主要组成部分；三是当与披露相关时，产生的影响对财务报表使用者理解财务报表至关重要。

审计人员应当审慎评价相关事项对财务报表的影响是否具有广泛性，如无明显相反证据，以下情形表明相关事项对财务报表的影响具有广泛性：

（1）包括存在多个无法获取充分、适当审计证据的重大事项。

（2）单个事项对财务报表的主要组成部分形成较大影响。

（3）可能影响退市指标、风险警示指标、盈亏性质变化、持续经营等。

实务中，对于（2）的判断较为困难，一般同时需要从定量和定性两个方面予以考虑，必要时需要提前和所内质控合伙人及外部监管部门进行沟通，避免被认定出具不恰当的审计意见。对于（3）则需要熟悉被审计单位的各种监管指标，具有必要的专业胜任能力，如虽然某一错报涉及的财务报表项目较为有限，但导致净资产为负，可能影响其退市的情况很有可能认为影响具有广泛性而需要发布否定意见而非保留意见。

例如，下列情形可能存在审计意见不恰当：计提大额商誉减值损失及应收账款信用减值损失并导致亏损，审计人员认为商誉减值计提依据不充分，也未能获取与应收账款信用减值损失相关充分适当的审计证据，发表了保留意见；应收账款及存货占到资产总额的一半以上，应收账款函证回函比例较低，存货外观相似、无法区分，审计人员难以就应收账款、存货获取充分适当的审计证据，同时难以确认本期成本结转的准确性、预计负债的完整性，发表了保留意见。未恰当识别商誉减值损失及应收账款信用减值损失对于被审计单位盈亏具有的重大、广泛影响，未对涉及应收账款、存货、营业成本、预计负债等多个重要报表项目相关错报的广泛性作出恰当判断，存在以保留意见代替无法表示意见的问题。

需要注意的是，审计人员需要按照审计准则要求执行必要及特定情形下所需的进一步审计程序以获取充分、适当的审计证据，并将相关工作和证据完整记录和留存于底稿内。此情形下一般会有两种可能结果：一种是获取了充分、适当的审计证据并认为错报对财务报表的影响重大且具有广泛性，那么应当发表否定意见；一种是无法获取充分、适当的审计证据，但认为未发现的错报对财务报表可能产生的影响重大且具有广泛性，应当发表无法表示意见，无论发表何种审计意见均需要有相关审计证据予以支持，即使在受限情形下，仍需要记录和留存为获取审计证据所执行的相关程序及其结果，及从被审计单位和其外部单位、个人等所获得的相关审计证据及信息。

（二）关注上期非无保留审计意见对本期审计意见的影响

导致上期非无保留审计意见的事项如果在本期已消除，如上期对于重要子公司的收入确认发表了保留意见，但是本期初该子公司已处置，那么在确定本期审计意见时可不再考虑此类事项的影响。但如果导致上期非无保留审计意见的事项如果本期未消除，则对本期的审计意见类型需要谨慎考虑。

示例 10-7

G上市公司2020年度财务报告被出具保留意见审计报告，保留事项为法获取充分适当的审计证据判断购买信托产品的性质、会计计量的恰当性及可收回性。

2021年度财务报告审计中，会计师事务所消除上年度保留意见，但未对信托资金的来源及去向进行核实，未取得穿透至底层资产的相关审计证据，也未执行充分适当的审计程序对借款公司的背景进行核实，获取的审计证据不足以证明该款项的性质、会计计量的恰当性。

（三）关注关键审计事项的沟通

审计人员在确定沟通关键审计事项时，应当注意下列事项：

1. 审计报告披露的关键审计事项，审计工作底稿应当体现应对措施的相关审计程序和证据，不能披露应对措施与实际执行程序脱节。

示例 10-8

证券监管部门在对某会计师事务所执行的D上市公司2021年度财务报表审计检查时发现：审计报告将收入确认列为关键审计事项，并描述了针对该事项所执行的主要审计程序，包括：

（1）了解和评价管理层与收入确认相关的关键内部控制的设计和运行是否有效；

（2）了解和评价管理层对收入确认相关政策的选择及执行是否符合企业会计准则的要求；

（3）获取与客户签订的协议，对关键条款进行检查，如发货及验收、付款及结算政策等，了解公司对确定收入确认的时点和金额具有重大影响的判断，包括确定履约进度的方法及采用该方法、估计计入交易价格的可变现对价、分摊交易价格以及计量预期将退还给客户的款项等类似义务时所采用方法的合理性；

（4）对记录的收入交易选取样本，检查交易过程中的相关单据，包括出库单、客户签收记录、销售发票、资金收款凭证等支持性文件；

（5）就资产负债表日前后记录的收入交易，选取样本，检查出库单、结算资料及其他支持性文件，评价收入是否被记录于恰当的会计期间；

（6）获取公司销售清单，对营业收入实施分析性复核程序，判断本期收入、毛利率变动的合理性；

（7）向重要客户实施函证程序，对销售金额的真实性和准确性进行验证；

（8）对期后回款进行检查，进一步核实销售的真实性；

（9）检查与营业收入相关的信息是否已在财务报表中作出恰当列报。

但是，经查会计师事务所工作底稿，未见审计机构执行第（3）项对客户协议关键条款进行检查，第（6）项对营业收入实施分析性复核程序，第（8）对期后回款进行检查等审计程序，第（5）项截止性测试样本选取不合理（深圳某公司仅两笔2021年11月的样本，某设计样本为2021年4月、8~10月）。

2. 关键审计事项的披露应完整，应在审计报告的关键审计事项部分逐项描述关键审计事项，分别索引至财务报表的相关披露，并同时说明该事项被认定为关键审计事项的原因，以及事项在审计中是如何应对的。实务中存在个别上市公司主营药品研发及技术转让，本年技术转让收入占比过半，药品销售收入迅猛增长至占比超三成，审计人员将收入确认作为关键审计事项，但在事项描述中仅提及技术转让收入，未对药品销售收入及其审计应对进行说明；还有审计人员在审计报告中披露的应收款项信用减值等关键审计事项仅提及应收款项金额重大，未说明相关资产金额及占比，也未将关键审计事项索引至财务报表相关披露，关键审计事项披露不完整。

3. 关键审计事项要求披露审计工作中的重点难点等个性化信息，要有针对性，避免模板化和千篇一律。对同一被审计单位的不同会计期间所确定的关键审计事项应根据审计当期的情况综合确定，且对于不同期间确定下来的同一关键审计事项也应体现出当期的一些变化和特点，包括事项本身及审计应对方面等。

4. 在适用关键审计事项的集团财务报表审计中，若组成部分由其他注册会计师及会计师事务所审计，集团项目组应当站在集团合并财务报表审计的角度确定关键审计事项，可能会涉及在某关键审计事项中披露集团审计项目组与组成部分注册会计师之间的沟通及底稿复核等审计工作情况。

5. 在对关键审计事项，尤其是审计应对措施进行表述时，应注意区分会计责任和审计责任的界限，不应将会计处理（属于管理层会计责任的范畴）表述为审计应对措施。

（四）重视持续经营事项对审计报告的影响

在评估被审计单位持续经营假设时应考虑两种情形：一是持续经营假设是否恰当；二是是否存在可能导致对持续经营能力产生重大疑虑的相关事项。如果财务报表已按照持续经营假设编制，但审计人员认为财务报表运用持续经营假设是不恰当的，应当发表否定意见；如果运用持续经营假设是恰当的，但存在重大不确定性，审计人员应区分财务报表对重大不确定性是否作出充分披露，如是则应当发表无保留意见，并在审计报告中增加与持续经营相关的重大不确定性的段落，否则应当发表保留意见或否定意见。

当被审计单位持续经营存在重大不确定性时，审计人员应对以下事项形成恰当的审计结论：管理层是否已对上市公司持续经营能力作出初步评估、管理层编制财务报表时运用持续经营假设是否适当、财务报表是否对持续经营能力存在重大不确定性作出充分披露、评估持续经营不确定性事项的性质和对财务报表的影响程度。

示例 10-9　审计报告中对与持续经营相关的重大不确定性的披露

如财务报表附注所述，截至 20×× 年 12 月 31 日，*ST 公司净资产为 1 375 192.35 元。净资产由年初负值转为年末正值的主要原因是 *ST 公司获得了浙江 ×× 地产股份有限公司的债务豁免收益 3 200 万元。尽管 *ST 公司 20×× 年度的净利润约 3 264.48 万元，但扣除非经常性损益后归属于公司普通股股东的每股收益仅 0.003 元，相较于 *ST 公司的股份数量而言，盈利能力有限；同时，上年为完成破产重整而欠下浙江 ×× 地产股份有限公司（原重组方）的债务较大。基于以上考虑，*ST 公司持续经营能力还有待加强，要保持良好的持续经营状况，尚需寻求新的优良资产注入 *ST 公司。为解决此问题，*ST 公司管理层已在积极寻找重组方，20×1 年 4 月 1 日，已发布拟筹划进行重大资产重组的公告。目前，*ST 公司的物业服务业务正常开展，但是良好的持续经营能力有赖于资产重组来改善。截至审计报告出具日，拟筹划进行的重大资产重组尚无新的进展公告。注册会计师提醒财务报表使用者对上述事项予以关注。

（五）关注对其他信息的阅读

其他信息与财务报表及附注信息存在差异将影响财务报表的可信性，对于其他信息中体现的与审计人员对于被审计单位的财务状况、经营成果和现金流量理解存疑的方面将对财务报表可能存在错报提供迹象和信息。审计人员发表非无保留意见时需考虑对其他信息披露的影响，两者表述逻辑应一致。IPO、新三板挂牌的多期财务报表审计报告中不应包含“其他信息”段，其他信息专指年度报告所包含内容。

（六）关注审计报告规范性

表 10–10 规范出具各种意见类型的审计报告要点提示和表 10–11 不同类别企业出具审计报告要点提示，分别从不同维度说明了如何规范地出具各类审计报告。

表 10–10　规范出具各种意见类型的审计报告要点提示

序号	审计报告要素	非无保留意见		保留意见		否定意见		无法表示意见	
		是否必要	关注要点	是否必要	关注要点	是否必要	关注要点	是否必要	关注要点
1	与持续经营相关的重大不确定性部分	如果该事项存在，则需单独设标题披露							
2	关键审计事项部分	参见适用范围表	1. 关键审计事项的数量 2~5 个较适宜； 2. 多期审计报告可将多于一期出现的同一关键审计事项合并，说明该事项适用的具体期间，无须重复列示	参见适用范围表	需在引言段内增加【除“形成保留意见的基础”部分所述事项外，我们认为下列是（没有）需要在报告中沟通的关键审计事项。】	参见适用范围表	需在引言段内增加【除“形成否定意见的基础”部分所述事项外，我们认为下列是（没有）需要在报告中沟通的关键审计事项。】	否	无论是否为上市实体，在发表无法表示意见时不应包含关键审计事项部分

续表

序号	审计报告要素	非无保留意见		保留意见		否定意见		无法表示意见	
		是否必要	关注要点	是否必要	关注要点	是否必要	关注要点	是否必要	关注要点
3	其他信息部分	参见适用范围表	1. 上市实体对于审计报告日后获取的其他信息仍有阅读及发现与财务报表不一致时采取相应措施的责任； 2. 非上市实体可仅对审计报告日前可获取的其他信息具有相关责任	参见适用范围表	需要考虑保留事项对其他信息的影响，并很可能涉及对其他信息的阅读结果。审计报告模板中提供三种情形供参考	参见适用范围表	一般情况下其他信息中的金额和项目会包含导致财务报表发表否定意见的事项或其影响，从而存在重大错报	否	无论是否为上市实体，不应包含其他信息部分
4	管理层（或治理层）对财务报表的责任部分	是	在治理层与管理层相同时，不应包含有关治理层对财务报告编制的监督责任的表述						
5	注册会计师对财务报表审计的责任部分	是	1. 执行审计工作部分： （1）“了解与审计相关的内部控制，以设计恰当的审计程序，但目的并非对内部控制的有效性发表意见。”如果审计人员结合财务报表审计对内部控制的有效性发表意见，不应包含此段中“但目的并非对内部控制的有效性发表意见”的措辞； （2）非集团审计的报告不应包含集团审计责任说明段 2. 向治理层声明独立性、沟通确定关键审计事项两个段落仅适用于执行上市实体的强制性规定的被审计单位					是	与前三类审计意见的责任段表述明显不同
6	按照相关法律法规的要求报告的事项部分	如果该事项存在，则需单独设标题披露	1. 适用情形：除财务报表审计外，注册会计师还承担法律法规要求的其他报告责任，且注册会计师决定在审计报告中履行其他报告责任，此时应增加段落“一、对财务报表出具的审计报告”和“二、按照相关法律法规的要求报告的事项”部分； 2. 通常不需要在审计报告中增加此部分						
7	会计师事务所名称、地址和签章	是	统一为总所全称和所在地址						
8	注册会计师签字和盖章	是	1. 仅适用执行上市实体强制性规定的被审计单位，并对通用整套财务报表出具的审计报告，在第一签字人下标明项目合伙人； 2. 各类专项报告不需指明项目合伙人						
9	审计报告的日期	是	按照约定和相关要求出具报告的日期，上市和公众公司的报告日期一般与批准财务报告出具的董事会日期相同						

表 10–11 不同类别企业出具审计报告要点提示

<table>
<tr><th>序号</th><th>公司类别</th><th>是否执行上市实体的强制性规定</th><th>是否沟通关键审计事项</th><th>注册会计师对财务报表审计的责任部分是否单独增加向治理层声明独立性、沟通确定关键审计事项两段落</th><th>是否指明项目合伙人</th><th>是否增加其他信息段</th></tr>
<tr><td>1</td><td>上市公司（注 1）</td><td rowspan="5">是</td><td rowspan="5">是</td><td rowspan="5">是</td><td rowspan="5">是</td><td>是</td></tr>
<tr><td>2</td><td>上市公司重大资产重组标的资产公司（注 2）</td><td>否</td></tr>
<tr><td>3</td><td>拟上市（IPO）公司</td><td>否</td></tr>
<tr><td>4</td><td>新三板精选层和创新层公司</td><td>是</td></tr>
<tr><td>5</td><td>面向公众投资者公开发行债券的公司</td><td>是</td></tr>
<tr><td>6</td><td>除第 5 类外公开发行并在交易所上市的债券公司</td><td rowspan="7">否</td><td rowspan="7">否</td><td rowspan="7">否</td><td rowspan="7">否</td><td>是</td></tr>
<tr><td>7</td><td>除第 5 和 6 类外的其他发债公司</td><td>否</td></tr>
<tr><td>8</td><td>新三板基础层公司</td><td>是</td></tr>
<tr><td>9</td><td>国企</td><td>一般不需要。久其年度决算报表不属于其他信息</td></tr>
<tr><td>10</td><td>银行（非上市实体）</td><td rowspan="3">如可在审计报告日前获取到年度报告，应需要在审计报告中包括该部分内容</td></tr>
<tr><td>11</td><td>证券公司（非上市实体）</td></tr>
<tr><td>12</td><td>保险公司（非上市实体）</td></tr>
</table>

注 1：上市公司子公司财务报表审计及专项审计业务的审计（审核）报告不需增加沟通关键审计事项部分。如单独为上市公司母公司个别财务报表出具审计报告也不需增加沟通关键审计事项部分。

注 2：上市公司重大资产重组备考审计报告暂不适用关键审计事项的强制性规定。

（七）关注是否存在对同一委托单位的同一事项，依据相同的审计证据出具不同结论的审计报告情形

审计人员应当关注相同的审计证据，出具不同结论的审计报告，是否存在下列情形：

1. 同一审计工作底稿，因审计报告用途不同，如用于银行贷款融资、高新技术企业认定、招投标、纳税申报、并购重组交易、主管部门报备、发债申报、IPO 申报等，被审计单位可能要求会计师事务所出具审计报告所附财务报表数据有所区别，或者发表不同审计意见。

2. 集团财务报表审计中，组成部分单独出具审计报告，若组成部分审计意见

为非无保留审计报告，且相关事项超过了集团层面的重要性水平，但集团审计报告为标准无保留意见审计报告。

3. 集团财务报表审计中，合并财务报表审计意见为非无保留审计报告，但是组成部分均为标准无保留意见审计报告。

示例 10-10

D 会计师事务所在对某集团有限公司 2021 年度审计时，出具了保留意见审计报告，保留事项为“某集团公司本年度同时确认代为管理单位的收入、成本 9.92 亿，致使营业收入、营业成本同时虚增 9.92 亿元”。这些代为管理单位收入主要来自集团控制的 17 家全资子公司，审计人员在审计计划阶段制定的实际执行的重要性水平均 150–500 万元，各子公司虚增的收入和成本均超过重要性水平。D 会计师事务所在出具 17 家子公司审计报告时，报告意见类型为无保留意见，系对集团和子公司就影响财务报表的同一事项，出具了不同意见的审计报告。

（八）关注审计总结撰写人员

审计准则未规定编制审计总结的人员，实务中，该书面文件一般应由项目负责人进行编制，项目合伙人可进行修改或补充。审计总结不宜由级别较低的项目组成员撰写，因其不了解项目的整体情况，无法从项目整体层面对于审计情况进行恰当分析，且执业经验不足，不具有对于复杂事项及相关审计和会计处理的情况进行准确评价的能力。

（九）关注审计总结的内容

审计总结是形成审计报告内容的基础，也是全部审计工作的总结，在审计中具有承上启下的重要作用，应从着眼于审定财务报表和审计报告出发。审计总结中所包含事项既应体现审计工作的重难点事项，也应包含相关应对及其适当性的简要分析，详细分析应结合审计程序和证据应体现在具体审计工作底稿内，可适当索引。在对重要会计和审计事项及其处理情况总结时，通常应包括事项的背景、存在重大错报风险的原因、审计人员采取的审计策略及其原因、实际执行情况（包括获得的审计证据）和最终结论，必要时也应包含与管理层和治理层的沟通情况。

（十）关注审计总结与审计报告的一致性

审计总结中对于财务报表整体拟发表结论应与审计报告中的审计意见及相关披露一致。例如，当在审计报告中发表保留意见时，审计总结中应对发表保留意见的原因相对于审计报告更加具体说明，并索引至相关工作底稿；当在审计报告中披露包含“与持续经营相关的重大不确定性”时，审计总结中也应包含相关内容，同时因为涉及持续经营能力的事项可能在审计报告中沟通存在较多不同的情形，因此审计总结中应对该事项如何在审计报告中进行沟通予以明确。

三、审计案例

案例10－4

“错报”与“受限”的判断及对审计意见的影响

XCH会计师事务所（普通合伙）审计了上市公司圣莱达公司（002473）2021年度财务报表，出具了否定意见审计报告，这是2021年度A股市场仅有的一份否定意见审计报告，形成否定意见的基础为：

1. 持续经营

圣莱达公司2021年度归属于母公司的合并净利润为3 698.45万元，截至2021年12月31日止，圣莱达公司累计亏损37 098.37万元，归属于母公司股东的期末净资产为2 342.15万元；圣莱达公司子公司宁波圣莱达电气设备有限公司电力配电行业成套设备制造未取得行业相关生产资质；连同财务报表附注十（二）所示的圣莱达公司投资者索赔事项，表明存在可能导致对圣莱达公司持续经营能力产生重大疑虑的重大不确定性。

2. 对外合作事项

如财务报表附注十一（二）所述，2020年1月，圣莱达公司子公司宁波圣汇美商贸有限公司（以下简称“圣汇美”）与内蒙古态和共生农牧业发展有限公司（以下简称“态和共生公司”）签署合作贸易协议，合作进行肉牛养殖产业链贸易业务，圣汇美预付合作款2 000.00万元，期末其他应收款账面余额1 970.00万元。对于上述其他应收款，我们实施了检查合同和付款凭证、函证、检查工商登记信息、查阅态和共生公司银行流水等审计程序，但无法就上述其他应收款是否按协议约定执行获取充分、适当的审计证据，也无法确定上述其他应收款能否收回。

3. 收入确认、成本结转事项

圣莱达公司2021年度财务报表收入111 584 734.43元、成本100 148 038.44元。收入主要来源于电力配电行业成套设备的销售，共有项目88个，截至审计报告日，我们走访了其中28个项目现场，我们不能进一步获取充分适当的审计证据，以证明收入、成本的真实性、完整性。

资料来源：巨潮资讯网站。

案例讨论：

被审计单位应调整未调整的“错报”，若不具有广泛性，应当发表保留意见，若具有广泛性，则应当发表否定意见；审计“受限”，若不具有广泛性，应当发表保留意见，若具有广泛性，则应当发表无法表示意见。“错报”与“受限”的区别，在于“错报”是注册会计师已经获取证据，被审计单位违反会计准则，存在应调未调事项，影响财务报表的公允反映；“受限”则是因审计范围受到限制，注册会计师无法获取充分适当证据，无法判断对财务报表的影响。

XCH 会计师事务所（普通合伙）审计报告中的三个事项，均是因审计范围受限，从而无法获取相应审计证据判断对财务报表的影响，显然属于“受限”，而非“错报”。如果不超过广泛性，均应当出具保留意见审计报告，如果超过广泛性，应当出具无法表示意见审计报告。会计师事务所未恰当区别“错报”与“受限”，出具的审计意见恰当性值得商榷。

案例10－5

非无保留事项广泛性的判断

A 公司是一家上市公司，被证监会立案调查。20×1 年 A 公司聘请了 B 会计师事务所对其财务报表进行审计。经审计，B 会计师事务所 A 公司 20×1 年度财务报表出具了保留意见的审计报告，保留事项为：

1. 控股股东及其关联方违规占用资金及违规对外担保

如财务报表附注五、（六）所述，截至 20×1 年 12 月 31 日，A 公司控股股东 K 集团有限公司及关联方资金占用净额 10 亿元（资金占用余额 16.88 亿元，已计提信用减值损失 6.88 亿元）；如财务报表附注十、（五）、4、所述，截至 20×1 年 12 月 31 日，A 公司向控股股东 K 集团有限公司及关联方提供违规担保尚有担保余额 17.47 亿元（其中一审判决不承担担保责任 1.5 亿元），已计提预计负债 4.37 亿元。

由于 A 公司资金管理、关联方往来及对外担保等方面内部控制运行失效，且未提供必要的相关资料，我们无法获取充分、适当的审计证据，以判断 A 公司为控股股东及其关联方提供资金及担保金额的完整性以及合理估计其可收回性，我们也无法判断是否还存在其他未披露的控股股东及其关联方资金占用、对外担保事项以及对财务报表可能产生的影响。

2. 诉讼（仲裁）案件的影响

如财务报表附注十二、（二）所述，截至 20×1 年 12 月 31 日，A 公司除担保涉诉（见审计报告“二、1”）外尚有诉讼（仲裁）、裁定、资产保全案件 121 起，账面已计提预计负债 2.68 亿元，因 A 公司未提供必要的相关资料，我们无法获取充分、适当的审计证据，以合理估计部分案件需承担的或有负债的准确性，我们也无法判断是否还存在其他未经披露的诉讼（仲裁）事项以及对财务报表可能产生的影响。

案例讨论：

B会计师事务所对A公司20×1年财务报表出具保留意见的基础为：

1. 从定性方面考虑

（1）保留意见影响的财务报表项目为其他应收款、信用减值损失、预计负债，影响的财务报表项目数量有限，涉及的事项主要由A公司公司关联方资金占用、违规担保和债务违约等导致，不涉及A公司公司报告期主营业务。

（2）上述事项可能的影响未改变A公司20×1年度处于亏损以及20×1年12月31日净资产为正值的状态。

2. 从定量方面考虑

（1）虽然受影响的金额较重大，很可能超过相关报表总额的20%，但其仅对财务报表的特定账户产生影响，影响金额预计不会超过相关报表金额的50%。

（2）A公司管理层对这些事项进行了充分的披露，这些披露能够帮助财务报表使用者理解财务报表。

3. 审计人员对保留事项执行的主要审计程序

（1）核对账面披露金额，对于关联方资金占用金额执行了函证程序。

（2）从公开渠道收集了A公司相关诉讼案件信息。

（3）与A公司的律师进行了沟通，了解担保和诉讼事项相关的法律进展情况。

（4）与管理层和治理层进行了沟通，并要求提供相关审计资料等。

4. 审计受限情况

因A公司未能提供按期解除违规对外担保的详细应对计划，也未提供诉讼案件必要的合同、银行单据、诉讼文书等资料，因此审计人员无法判断诉讼事项对财务报表可能产生的影响。

综上所述，这些事项对财务报表可能产生的影响重大，但不具有广泛性。在无法获取充分、适当的审计证据以作为形成审计意见的基础时出具保留意见审计报告是恰当的。

第十一章　信息技术审计实务

第一节　数字化审计转型

一、信息技术发展对审计的影响

进入21世纪以来，信息技术的飞速发展带来工业化和信息化的深度融合，“互联网+”新经济形态初步形成，成为社会创新发展的重要驱动力量。企业信息化程度不断提高，内部信息孤岛逐渐被化解，采购、库存、生产、销售、人事、研发等业务各环节与财务核算整合互联，业务端和财务端趋向集成化，会计记账等常规业务自动化和智能化程度越来越高，减少了人为干预可能带来的差错。不少企业信息系统已经代替传统手工账簿，成为记录企业财务信息、编制财务报告的主要平台。

信息技术的广泛应用，对企业内部控制设计与运行产生重大影响。内部控制是由企业董事会、监事会、经理层和全体员工实施的、旨在实现控制目标的过程，其目标是合理保证企业经营管理合法合规、资产安全、财务报告及相关信息真实完整，提高经营效率和效果，促进企业实现发展战略。内部控制包括五大要素，分别是内部环境、风险评估、控制活动、信息与沟通和内部监督。信息技术对内部控制的影响，取决于企业对信息系统的依赖程度。随着“互联网+”行动的广泛、深入推进，不少企业内部控制活动通过信息化手段融入业务流程，运用信息系统来创建、记录、处理和报告各项交易，以衡量和审查自身的财务业绩，并持续记录资产、负债及所有者权益。企业的业务流程与信息系统的结合度越紧密，依赖程度越高，信息系统对内部控制的影响就越大，对企业目标和财务报告的影响也就越大。新技术带来新业态，影响互联网服务、科技创新和新零售等多个行业，这些行业用户覆盖面广、销售渠道多、交易密集且数据量大，典型者如互联网电商、O2O平台、互联网金融、游戏娱乐、互联网教育等。即使是一些传统的公用事业类企业，如关乎民生的水、电、气企业，涉及的客户分散、数量大、交易频繁，业务收入和资金收取高度依赖信息系统控制。

信息技术发展提升了企业效率和效益，也带来了相应的控制风险。注册会计师在对财务报表审计时，如果依赖相关信息系统所生成的会计信息作为审计工作的依据，传统的审计手段很难覆盖业务数据全貌，抽样检查很难适用大样本、小金额的数据，引入对信息系统审计（IT审计）和对数据分析显得越来越重要，尤其是信息系统的安全性、可靠性，直接影响控制测试结论。同时，IT审计也成为监管部门关注会计师事务所审计质量的重要方面，要求注册会计师实施有效的核查程序。

示例 11-1

证监会《首发业务若干问题解答》关于“对于主要通过互联网开展业务的申请首发企业，保荐机构和申报会计师在信息系统核查方面，应做好哪些工作？”作出回答，即：

部分申请首发企业，如电商、互联网信息服务、互联网营销企业等，其业务主要通过互联网开展。此类企业，报告期任意一期通过互联网取得的营业收入占比或毛利占比超过30%，原则上，保荐机构和申报会计师应对该类企业通过互联网开展业务的信息系统可靠性分别进行专项核查并发表明确核查意见。

发行人应向保荐机构和申报会计师完整提供报告期应用的信息系统情况，包括系统名称、开发人、基本架构、主要功能、应用方式、各层级数据浏览或修改权限等；应向保荐机构和申报会计师核查信息系统数据开放足够权限，为其核查信息系统提供充分条件。

（1）对于直接向用户收取费用的此类企业，如互联网线上销售、互联网信息服务、互联网游戏等，保荐机构和申报会计师的核查应包括但不限于以下方面：①经营数据的完整性和准确性，是否存在被篡改的风险，与财务数据是否一致；②用户真实性与变动合理性，包括新增用户的地域分布与数量、留存用户的数量、活跃用户数量、月活用户数量、单次访问时长与访问时间段等，系统数据与第三方统计平台数据是否一致；③用户行为核查，包括但不限于登录IP或MAC地址信息、充值与消费的情况、重点产品消费或销售情况、僵尸用户情况等，用户充值、消耗或消费的时间分布是否合理，重点用户充值或消费是否合理；④系统收款或交易金额与第三方支付渠道交易金额是否一致，是否存在自充值或刷单情况；⑤平均用户收入、平均付费用户收入等数值的变动趋势是否合理；⑥业务系统记录与计算虚拟钱包（如有）的充值、消费数据是否准确；⑦互联网数据中心（IDC）或带宽费用的核查情况，与访问量是否匹配；⑧获客成本、获客渠道是否合理，变动是否存在异常。

（2）对用户消费占整体收入比较低，主要通过展示或用户点击转化收入的此类企业，如用户点击广告后向广告主或广告代理商收取费用的企业，保荐机构和会计师的核查应包括但不限于以下方面：①经营数据的完整性和准确性，是否存在被篡改的风险，与财务数据是否一致；②不同平台用户占比是否符合商业逻辑与产品定位；③推广投入效果情况，获客成本是否合理；④用户行为真实性核查，应用软件的下载或激活的用户数量、新增和活跃的用户是否真实，是否存在购买虚假用户流量或虚构流量情况；⑤广告投放的真实性，是否存在与广告商串通进行虚假交易；⑥用户的广告浏览行为是否存在明显异常。

如因核查范围受限、历史数据丢失、信息系统缺陷、涉及商业秘密等原因，导致无法获取全部或部分运营数据，无法进行充分核查的，保荐机构、会计师应考虑该等情况是否存在异常并就信息系统可靠性审慎发表核查意见，同时，对该等事项是否构成本次发行上市的实质性障碍发表核查意见。

发行人日常经营活动高度依赖信息系统的，保荐机构和申报会计师应参照上述内容对信息系统可靠性进行专项核查并发表明确核查意见。

此外，发行人主要经营活动并非直接通过互联网开展，但其客户主要通过互联网销售发行人产品或服务，如发行人该类业务营业收入占比或毛利占比超过30%，保荐机构和申报会计师应核查该类客户向发行人传输交易信息、相关数据的方式、内容，并以可靠方式从发行人获取该等数据，核查该等数据与发行人销售、物流等数据是否存在差异，互联网终端客户情况（如消费者数量、集中度、地域分布、消费频率、单次消费金额分布等）是否存在异常。对无法取得客户相关交易数据的，保荐机构和申报会计师应充分核查原因并谨慎评估该情况对发表核查意的影响。

二、信息系统审计目标与内容

（一）信息系统审计的目标

1. 信息系统安全性

信息系统（硬件、软件、网络、数据等）是否受到妥善保护，不因自然和人为的因素而遭到破坏、更改或者泄露系统中的信息。

2. 信息系统可靠性

硬件系统的可靠性是指在一个指定的时间周期内，在给定的控制条件下，硬件系统执行所需功能的成功概率。软件系统的可靠性是指在运行环境中，在规定的运行时间内或规定的运行次数下，程序和所有数据元素运行不同测试用例的无差错概率。数据的可靠性指数据的真实、准确和及时，它取决于系统对数据的处理过程是否准确无误，以及确保数据可靠的控制措施是否有效。

3. 信息系统有效性

信息系统是否能够实现既定的业务目标，处理过程是否符合国家法律和有关规章制度的要求，各种资源输出的及时性和运行速度。

（二）信息系统审计的内容

1. 一般控制（ITGC）

一般控制指与网络、操作系统、数据库、应用系统及其相关人员有关的信息技术政策和措施。一般控制用于保障信息系统持续稳定的运行，其控制措施适用于被审计单位的所有应用系统，是一种环境保证。一般控制为信息技术应用控制奠定了基调，其有效性决定了信息技术应用控制的可信赖性。如果一般控制无效，如系统运行的环境存在重大疑虑，用户访问的控制、系统开发和变更的控制失效等，则信息技术应用控制的有效性也无从谈起。

2. 应用控制（ITAC）

应用控制指在业务流程层面为了合理保证应用系统准确、完整、及时完成业务数据的生成、记录、处理、报告等功能而设计、执行的信息技术控制。应用控制与具体应用系统紧密相关，用于保障数据处理完整和准确。

3. 系统数据

表 11–1 为信息系统审计的主要内容。

表 11–1 信息系统审计主要内容

项目	具体内容
一般控制	IT 治理
	信息系统开发采购
	信息系统运营维护服务
	信息系统安全
	业务持续性与灾难恢复
应用控制	参数控制
	应用程序的访问控制与职责分离
	输入控制
	处理控制
	输出控制
	接口控制
系统数据	现场数据审计
	非现场数据审计

三、信息系统审计方法

审计人员实施信息技术审计，可采用下列方法：

1. 观察，观察相关人员流程或控制的操作；

2. 询问，从具有相关专业知识或技能的人员获得信息，如向信息系统项目负责人询问项目启动的流程和有哪些必要的文档；

3. 检查，检查纸质、电子或其他介质的记录或文件，如检查测试验收报告，以了解是否相关人员确认了测试结果，是否对测试结果进行了记录；

4. 重新执行，重新执行流程和控制；

5. 跟踪，跟踪并观察主要的实际控制措施和工作流程；

6. 系统测试，测试信息系统中的自动化控制的有效性，如测试系统预定义的控制或逻辑权限设置；

7. 抽样测试，抽取若干业务数据，检查信息系统处理结果是否正确，以确定应用控制是否有效执行；

8. 数据验证，通过检查数据间逻辑关系，验证输入数据的正确性和保存数据的完整性，包括业务数据与财务数据的对比验证和业务数据间主表与明细表之间的核对；

9. 平行模拟，利用被审计程序副本或模拟程序，处理实际数据，把处理结果与被审计程序的处理结果进行比较，以评价被审计程序处理和控制功能是否可能或被修改。

四、信息系统审计流程

表 11-2 为信息系统审计的一般流程。

表 11-2　信息系统审计流程

流程	关键活动
审计计划	确定审计关系与责任 了解被审计单位及信息系统的基本情况 明确被审系统涉及的关键业务流程 初步评价被审系统的风险状况 评估审计风险 制定审计工作方案
审计实施	调查评估被审计单位及信息系统管理风险 确定具体审计目标与重要性水平 明确审计重点 编制审计实施方案 针对审计事项编制具体测试方案 实施符合性与实质性测试，完成测试记录 分析与核查测试结果

续表

流程	关键活动
审计报告	整理评价审计证据 复核审计底稿 汇总审计差异，与对方管理层交流 评价审计结果，编制审计报告
后续审计	获取与评价相关信息，对管理层是否采取恰当措施形成结论

五、IT 审计与财务审计的融合

以财务报表为目的的 IT 审计，是财务报表审计的组成部分。IT 审计人员参与财务报表审计的程度和范围，取决于信息技术导致的风险程度不同，执行中应当考虑：

1. 当与财务报表审计相关的信息技术导致的风险程度较低时，审计项目组可以胜任独立完成对信息系统的审计程序，信息技术人员可以为项目组提供咨询，审计项目组独立完成相关审计程序。

2. 当与财务报表审计相关的信息技术导致的风险程度适中时，审计项目组独立完成对信息系统的审计程序有困难，信息技术人员可以对项目组进行指导，并帮助其完成信息系统相关审计程序，最终由项目组和信息技术人员共同完成相关审计程序，或由项目组执行相关程序，信息技术人员审阅。

3. 当与财务报表审计相关的信息技术导致的风险程度较高时，审计项目组没有能力完成对信息系统的审计程序，由信息技术人员执行并完成信息系统审计程序。包含较为复杂信息系统的财务报表审计，应当评估信息系统对财务报表的影响，信息技术的使用可能支持重大交易类别从信息输入、处理、到最终信息形成报告的全过程，信息技术的使用可能对企业内部控制产生特定风险，这些风险包括：

（1）非法的信息访问或未经授权的交易，对信息技术应用系统要特别考虑自动导入数据和特定类型的授权，这些自动化的处理过程可能导致未经授权的个人能够进行交易的处理。

（2）缺少适当的职责分离，很多在人工环境下需分别执行的控制程序可能在信息系统中由单个账号合并完成。

（3）依赖了有缺陷的应用系统或程序，信息技术应用系统一般情况下可减少在人工处理过程中出现错误的风险，但某些情况下，程序设计的错误（或其他硬件或软件的系统错误）可能导致交易被错误处理，而这种在程序逻辑上出现的错误很难被及时发现。

（4）错误或舞弊的可能性，开发、维护和运行信息技术应用系统需要较高的精确程度，在此情况下，出现人为错误的可能性比人工环境下要大很多。同时，如果没有充分的预防及检测机制，在开发、维护和运行信息技术应用系统时出现的错误或舞弊也很难被发现。

（5）处理不正确的数据，通过使用信息技术应用系统，减少对交易的人为操纵，并进一步减少可能存在的未发现的错误和与舞弊相关的错误数据输入。

（6）不适当地依赖计算机处理的结果，在执行手工控制程序或创建会计记录情况下，可能使用信息技术应用系统和其他计算机程序，并形成最终报告和其他输出数据，这些手工控制程序的有效性或会计记录的可靠性依赖于计算机程序的完整性和准确性，如果计算机程序出现问题，手工控制程序也会失效，会计记录也会失真。

（7）对交易的跟踪不充分或数据丢失，有些信息技术应用程序的设计使可用于跟踪完整交易路径的审计线索仅存在于一个短暂的时期或仅以计算机可识别的形式表现，甚至有些情况下，信息技术应用系统在执行复杂数据处理时，无法保留完整的交易路径。此外，某些系统错误可能导致财务数据的丢失，所有这些都让审计人员很难获取充分适当的审计证据。

被审计单位财务核算或业务执行对信息系统依赖程度较高的，应当执行 IT 审计。下列为对信息系统依赖较高的情形：

（1）有复杂的自动化计算系统，包括金融机构利息和保费的计算、使用加权平均估值法对存货成本的计算、基于复杂模型的成本计提的计算等，无法通过人工进行验证或者传统的审计方法难以确定其准确性。

（2）处理大量交易的系统，包括银行、电信和零售业务等，无法依靠人工手工管理，海量业务数据是会计确认和计量的直接来源。

（3）企业资源规划（ERP）系统，如使用 SAP、Oracle、用友、金蝶等 ERP 专业软件管理业务，软件集成度较高，内部存在复杂的关联性，会计记录根据前序模块自动生成。

（4）采用自主开发或高度定制的系统、高度个性化的系统存在自动接口，通过该类接口，业务系统自动将生成的业务数据进行逻辑加工后传输给财务系统，进行相关的财务处理。

（5）复杂的信息技术架构，如多地点、多系统。

（6）为复杂经营实体处理信息，如为跨国运营处理信息。

（7）尚未广泛应用的新兴技术，如区块链的使用。

实务中，有的财务审计项目组在利用 IT 审计人员工作时，仅关注 IT 审计的结果，认为只要获取了 IT 审计人员提交的控制测试报告，即完成了“利用专家工作”

的审计程序。这种认识不够全面，不宜简单地理解对被审计单位信息系统内部控制测试是IT审计人员的工作，而是要将IT审计人员视为项目组成员，互相融合，形成一个不可分割的有机整体，共同完成审计工作。

示例11-2

某会计师事务所制定了信息技术审计相关规则，明确IT审计人员与财务报表审计人员之间应相互融合，加强沟通协作，包括：

1. IT审计人员应参与审计项目组计划编制、讨论和审计总结会议，以及与客户治理层和管理层、审计委员会的沟通。

2. IT审计人员与审计项目组沟通财务报表审计拟依赖的信息技术程度，以及获取的信息技术相关审计证据，根据评估的工作量安排适当数量和技能的IT审计人员，确保审计工作如期保质完成。

3. 根据财务报表审计拟依赖的内部控制关键领域，讨论、确定IT审计与复核的具体范围，包括IT审计人员参与一般控制和应用控制评价的范围，IT审计人员与审计项目组各自的责任划分，以及评价结果交付的时间等事项，并达成一致意见。

对于多地点的审计业务，IT审计负责人应针对客户的地理分布、各分部的审计策略、相关分支机构信息技术审计力量配备等因素，确定和指定适当的IT审计人员。

4. 针对客户一般控制和应用控制及其他信息系统的评价结果，IT审计人员应当与审计项目组沟通，以确定是否依赖内部控制，以及可能对财务报表审计的影响。

5. 信息系统缺陷对客户至关重要，IT人员应当与客户沟通审计中发现的缺陷，讨论对财务报表的影响与改进措施。

6. IT审计负责人应与审计合伙人讨论费用预算并达成一致意见。

第二节 信息系统一般控制测试

一、一般控制测试的领域

在确定一般控制测试系统领域时，即将那些信息系统纳入IT审计范围，IT审计人员通常基于财务报表审计所识别的影响数据准确性的系统，包括：是否存在部分或全部财务数据，严重依赖特定信息系统生成、处理以及输出的数据；ERP信息系统是否与企业的日常活动紧密相关，如企业引入了SAP或ORACLE系统，且部署了采购管理、存货管理、销售管理、财务管理等模块，并且不同模块间有共同的底层数据，且不同模块之间高度耦合；企业业务系统是否涉及大量的业务数据，需要对业务数据到财务数据映射的准确性进行验证；财务系统的功能是否会有复杂的基于财务核算需求的计算逻辑，如较为复杂的成本分摊或收入确认逻辑；企业的信息系统架构是否较为复杂，不同系统之间会进行较多的数据交换和处理，对于不同系统之间数据交换的效果是否存在疑虑等等。

当被审计单位财务信息较高程度依赖信息系统时，应当将这些系统纳入一般控制测试。实务中，开展一般控制测试的领域包括：

（一）财务系统

企业财务系统除负责会计、财务、税收、ERP之外，还可能要兼顾销售、采购、并购等业务控制，根据经营管理特点建立成本费用中心、利润中心、投资中心，是被审计单位日常会计核算的基础应用系统，其功能定位决定了这类信息系统对财务报表认定具有直接影响。企业的财务系统根据开发方式大致可以分为两类：定制化开发（自行开发或委托外部开发）以及产品化财务系统。基于当前的企业应用现状来看，传统行业一般向外部采购产品化财务系统，新兴业态，如互联网、游戏公司等，以及金融行业等通常采取定制开发的模式。财务系统直接与财务信息相关，除非有证据表明财务系统的功能较为单一，IT审计人员应当对财务系统开展控制测试。

（二）报表平台

报表平台往往会对财务报表产生直接或间接影响，通常包括三类：一是财务报表类，专门基于财务报表的需求进行多层级财务报表合并的系统，如Oracle Hyperion产品、SAP BPC；二是业务查询类，提供业务报表展示的界面，供业务部门查询；三是监管报送类，基于外部监管的要求，根据监管机构要求的口径，定期生成业务数据报表。

（三）业务系统

业务系统有不同的表现形式，但本质都是对企业业务流程进行信息化支撑，如制造业企业的ERP系统，销售、采购、生产全过程均通过系统进行记录；零售企业的销售系统、进销存系统、客户关系管理系统；商业银行的存款及贷款系统；电商的订单管理系统等。有的企业可能会在业务系统与财务系统之间建立系统接口，自动化数据同步并进行后续的账务处理，或者业务系统能够生成相关的报表，供财务人员查询并进行账务处理。

示例11-3

证监会对XY会计师事务所审计乐视网2015年度财务报表中，认定注册会计师“IT审计测试—方舟系统的审计结论缺少证据支持”存在违反审计准则规定，指出：注册会计师通过访谈了解了乐视网广告业务系统—方舟系统的基本情况，认为广告业务较为人工控制，要求提取奥凯航空有限公司天津分公司、北京易美广告有限公司等5家公司广告投放量、排期等系统数据。注册会计师在审计工作底稿中记载：“五家公司投放量、排期等系统数据提取尚未提供，无样本”，注册会计师也未进行穿行测试、控制测试，却得出“未发现异常”的审计结论。

资料来源：中国证监会网站。

（四）工作流系统

工作流系统可理解为企业所应用的办公自动化系统（OA系统）。企业在OA中进行销售或采购合同的审批，然后自动同步至财务系统或业务系统，自动创建相关的销售订单或采购订单，并继续执行后续的业务操作和财务核算。

二、一般控制测试关注的关键控制点

（一）系统开发

不同的企业，会根据拟引进系统的性质及其他实际情况，确定采用何种开发模型，目前较为常见的开发模型如表11-3所示。

表11-3 各系统开发模型的技术特点及适用范围

名称	技术特点	适用范围
瀑布模型	简单，分阶段，阶段间存在因果关系，各个阶段完成后都有评审，允许反馈，不支持用户参与，要求预先确定需求	需求易于完善定义且不易变更的软件系统
迭代模型	不要求一次性地开发出完整的软件系统，将软件开发视为一个逐步获取用广需求、完善软件产品的过程	需求难以确定、不断变更的软件系统
快速原型模型	不要求需求预先完备定义，支持用户参与，支持需求的渐进式完善和确认，能够适应用户需求的变化	需求复杂、难以确定、动态变化的软件系统
增量模型	软件产品是被增量式地一块块开发的，允许开发活动并行和重叠	技术风险较大、用户需求较稳定的软件系统
螺旋模型	结合瀑布模型、快速原型模型和迭代模型的思想，并引进了风险分析活动	需求难以获取和确定、软件开发风险较大的软件系统

传统制造型企业，基于对信息技术方面的投入的考虑，一般倾向于采用瀑布模型来建设新的系统，在相对较短的周期（几个月之内）内完成建设。信息技术高依赖型企业，如互联网、金融行业，倾向于采用迭代模型来进行系统建设。

瀑布开发也被称作系统开发生命期模式，简称SDLC（Systems Development Lifecycle Model），这是一种软件开发途径，它把项目分解为有限的阶段。每一个阶段都有序执行，并且依赖于先前已完成的阶段。在采用瀑布开发方法的情况下，开发工作的各个部分必须分别评估，而且通常由不同的开发队伍来实施。具体开发阶段的划分存在一定的争议，但各个阶段基本上取决于任务相对繁重的预先规划。瀑布开发过程的常见阶段划分：

1. 可行性分析。在引入系统之前，需要确定企业目标，以及 IT 促成的业务投资是否能够实现承诺的效益以及产生可衡量的业务价值。

2. 需求定义。识别需要解决的问题和实现的功能。

3. 软件选择与购置（采购系统）。对于采购外部软件的解决方案时，需要进行系统选型以及招标等过程。

4. 系统设计。确定系统规格说明，包括程序、数据库、安全、性能等方面的一些要求。

5. 开发。包括系统本身的开发以及相关系统接口的开发等。

6. 测试与实施。通过执行各种类型的测试，以确定系统实现了既定的功能，将系统风险降低到了可接受水平。在测试通过后，系统方可上线。

7. 实施后评价。通过一系列流程来评估系统的充分性，以及是否实现了企业的目标。

以上各环节中均需通过一系列的控制手段来防范可能存在的风险，表 11–4 列示了各阶段风险及控制措施。

表 11–4　系统开发风险及控制措施

阶段	风险	控制措施
可行性分析	1. 系统建设没有目的性，未考虑企业的实际需求，导致投资失败以及无法实现企业目标 2. 未对项目的 ROI 进行分析，导致投入大于收益 3. 未对项目成本进行测算，导致项目投资过大	由企业适当层级牵头，组织涉及的各业务部门以及信息技术部门进行可行性研究，充分讨论并确定项目的成本、效益、风险、所需资源和组织影响等，形成可行性研究报告，提交至公司信息化领导小组或信息化战略委员会进行决议
需求定义	1. 需求定义阶段，各部门参与程度不足，导致需求定义不完善 2. 需求定义不完善，导致系统开发过程中出现大量的重复性工作或返工 3. 需求定义不完善，导致系统出现安全漏洞或性能无法满足要求等 4. 需求定义不完整，导致系统无法满足相关使用部门的需求	由适当层级牵头，并组织相关部门人员参与，使各部门充分参与需求收集，在需求收集完成之后，召开需求评审会议，由各部门确认需求的完整性

续表

阶段	风险	控制措施
软件选择与购置	选取的供应商无法胜任工作	参照企业的采购流程，通过招标、竞争性谈判等方式来确定供应商，并对供应商的技术能力和公司持续经营能力进行进行评价，以确定能够顺利地实现系统的交付
系统设计	系统设计与原方案产生偏离，不能完全满足用户的需求	1. 成立项目组，由各业务部门和信息部门相关人员组成，负责项目的管理以及跨部门的协调沟通 2. 应根据需求定义阶段所定义的总体初步设计和用户需求开发详细的设计方案，经过相关部门确认后分发给系统开发人员
开发	1. 缺少统一的编码规范，导致系统可维护性差，且影响运行稳定性 2. 对需求的变更未经授权，导致系统无法满足使用部门需求 3. 版本管理混乱，导致对程序代码可以任意修改，且无法追溯修改人	1. 公司或项目组制定正式的编码规范，并在开发小组内部进行宣贯培训 2. 开发过程中的需求变更，必须由所涉及业务部门发起申请，经本部门负责人及信息技术部门负责人审批后，方可由开发小组执行 3. 对于开发过程中的不同版本，引入版本控制，对于不同版本进行存档
测试与实施	1. 测试不完善，导致系统无法正常运行或出现安全漏洞 2. 生产环境中混杂着测试数据 3. 不满足上线条件的系统进行了上线，导致业务的中断 4. 数据迁移未进行详细的规划和论证，导致迁移后的数据不可用 5. 未对开发、测试、运维人员进行职责分离，导致非授权变更或业务操作	1. 对于新系统，在进行系统设计的阶段制定测试计划，并在测试阶段对测试计划进行优化 2. 对于开发完成后的系统，需要进行单元测试、集成测试、安全测试、压力测试、质量保证测试以及用户接受测试等，对于各项测试，形成书面的测试报告，并由相关部门签署存档，测试通过后的系统，方可进入上线流程 3. 对于系统，创建测试环境、开发环境以及生产环境 4. 对于拟上线系统，在确保满足上线条件后，提出上线申请，经过相关部门确认后，执行上线流程 5. 对于可能涉及的原有系统与新系统之间可能进行的数据迁移，需要有针对性地建立数据迁移方案 6. 对于开发人员、测试人员以及运维人员，进行有效的职责分离
实施后评价	未进行实施后评价，导致无法确定系统的 ROI，不利于企业管理的提升	在新系统上线后运行一段时间后，对系统进行实施后评价，主要评价系统是否实现了既定目标、投资收益等，并针对发现的问题进行整改，并有针对性的提升系统管理水平

IT 审计人员在对系统开发进行一般控制测试时，可以考虑从以下角度去考虑展开测试：

（1）是否有项目开发管理制度？

（2）项目立项流程是怎样的？是否需要对系统的功能性及安全性需求进行审批？

（3）是否会对项目开发过程中的各个关键节点进行把控或者质量要求？

（4）开发完成之后的测试都包含哪些类型的测试？是否涵盖了单元测试、集成测试、UAT 测试、性能测试、安全测试等？测试结果的确认流程是什么？是否建立了各项测试对应的测试环境？

（5）是否保存了项目开发过程中开发、测试、验收文档？

（6）开发完成上线的流程是什么，是否需要经过申请和审批？上线人是什么岗位？

（7）是否涉及新旧系统之间的数据迁移？如果有，是否制定了数据迁移方案、并在数据迁移后进行了验证？

执行完程序开发测试后，如果发现企业在控制设计或执行方面存在失效的情况，还需要对补偿控制进行考虑，如果补偿控制缺失或无效，IT 审计人员还需要分析所发现的问题对于财务报表的影响，并考虑是否有必要对于审计程序的性质、时间以及范围进行相应的调整。可能存在的问题及相关的分析包括：

第一，系统需求未经正式确认，该审计发现对于财务报表可能无直接影响，如果后续对于系统相关逻辑的测试未发现异常，可以在一定程度上降低该发现对财务报表的影响。

第二，数据迁移未制定迁移方案，此时可能会对系统数据的准确性产生影响，此时可以考虑对系统中的相关数据执行实质性程序。

（二）系统变更

系统上线运行后，进入运维阶段，不论是对于一个新上线系统还是已经稳定运行较长时间的系统，都可能对系统进行变更。变更主要可以分为以下几种类型：代码级变更、配置级变更、硬件变更、网络环境变更。

在一般控制测试中，IT 审计人员对于代码以及配置变更的关注程度高于硬件以及网络环境的变更，以下代码以及配置变更为例，对于采用瀑布式开发的企业来说，系统开发和系统变更之间有着较为明确的分界线，但是对于部分企业来说，尤其是采用迭代开发或敏捷开发的企业，由于其开发和变更是混合在一起并行，很难也可能没有必要对开发和变更做明确的区分，可能一次迭代中的一个需求中既有新的需求也有基于原有需求进行的变更。一般企业对于系统变更所设计的流程与系统开发流程较为类似，分为需求提出与审批、编码或配置、测试、上线等流程，各环节可能需要识别的风险以及应对措施与系统开发对应阶段类似。

不同的企业基于自身的情况，对变更的类型进行细分，设计不同的流程。如对于变更除分为配置变更和代码变更外，还分为紧急变更、一般变更和重要变更，紧急变更可能会指定较高的优先级，一般变更的流程可进行一定程度的简化。IT审计人员对系统变更设计有效性进行测试时，需要对上述情况进行考虑，综合判断，开展系统测试变更相关控制时，需要考虑以下问题：

（1）系统是否会进行系统的变更，包括程序的变更、配置的变更？

（2）程序变更申请的流程是怎么样的，简单描述需求提出、审批等的流程？

（3）系统变更过程中是否会制定实施方案？实施过程中是否会基于实施方案执行，并进行记录？提供实施方案及相关的执行的记录。

（4）系统变更过程中，有进行程序变更的测试吗？

（5）变更开发完成后的上线流程。

（6）变更过程上线时是否设定回滚机制？

（7）系统中是否有参数变更？变更的流程是什么？

（8）是否涉及紧急变更？紧急变更流程是怎样的？

（9）是否允许从后台进行数据修改，申请和审批的流程是怎样？

（10）生产环境与测试、开发环境是否相隔离？

（11）公司网络以及服务器是否发生过重大更改？

（三）程序和数据访问

信息系统通常包含三个层面，即操作系统层、数据库层以及应用软件层，此外还有信息系统运行所依赖的硬件以及网络等。

1. 操作系统指应用软件所在服务器的操作系统，主要功能包括用户界面、资源管理、文件管理、任务管理以及使用服务程序管理等，目前较为常见的操作系统包括 Windows Server、Linux、UNIX、AIX 等。

2. 数据库层主要包括数据库（database）以及数据库管理系统（database management system），应用软件中产生的数据一般需要借助数据库管理系统存储到数据库中，应用软件也会频繁地从数据库进行数据的读取操作，常见的数据库操作系统包括 Oracle、MySQL、SQL Server 等。

3. 应用软件层主要负责处理相关的业务，一般会提供与用户交互的界面（UI），日常使用的 ERP、CRM、OA 系统等，均属于应用软件层。

IT 审计人员在对程序和数据访问进行了解和测试时，需要从三个层面进行考虑，判断需要针对哪些层面进行测试。对于程序和数据访问控制，关注授权、职责分离、用户监控及审计等方面的内容，主要内容如表 11-5 所示。

表 11-5 程序和数据访问风险及控制措施

系统层面	风险	控制措施
数据库层	1. 高权用户非法操作影响系统安全 系统未应用适当的密码策略，导致系统账号密码被恶意破解，造成信息泄露等 2. 用户非法操作，影响系统运行	1. 对用户的日志进行保存和审计 建立系统权限定期审阅机制，定期对系统中现存的账号及其权限进行审阅，并对不合规的情况进行整改 2. 对系统应用强制的密码策略，对密码的长度、复杂度、变更频率均进行相关的规定并执行
操作系统层	1. 高权用户非法操作影响系统安全 系统未应用适当的密码策略，导致系统账号密码被恶意破解，造成信息泄露等 2. 用户非法操作，影响系统运行	1. 引入堡垒机，高权用户必须通过堡垒机方可执行运维操作 2. 对用户的日志进行保存和审计 建立系统权限定期审阅机制，定期对系统中现存的账号及其权限进行审阅，并对不合规的情况进行整改 3. 对系统应用强制的密码策略，对密码的长度、复杂度、变更频率均进行相关的规定并执行
应用软件层	1. 违反职责分离（segregation of duty）或者最小授权原则，可能导致关键数据的泄露或非法操作 2. 离职或调岗用户的原有权限未及时关闭，导致出现权限蠕动的情况 系统未应用适当的密码策略，导致系统账号密码被恶意破解，造成信息泄露等 3. 用户非法操作，影响系统运行	1. 建立职责分离矩阵，并配置到系统中 2. 建立权限申请、审批、执行的流程，并在执行时对其所授予权限的合理性进行审核 3. 建立系统权限定期审阅机制，定期对系统中现存的账号及其权限进行审阅，并对不合规的情况进行整改 4. 系统对用户登录及操作日志进行保存，并进行定期审计 5. 对系统应用强制的密码策略，对密码的长度、复杂度、变更频率均进行相关的规定并执行

IT 审计人员对程序和数据访问进行一般控制测试时，可以考虑以下问题：

（1）IT 部门是否有专人负责信息安全相关工作？

（2）员工权限设置的机制是什么，如 RBAC？

（3）简单介绍系统中账号及权限的管理流程（包括申请、审批以及执行的环节），包括新账号的申请、内部调岗的变动、离职等情况？

（4）是否会定期对系统中的用户访问权限进行审阅（涉及应用层、操作系统层以及数据库层），以识别并清除多余用户以及超出用户工作性质及职责的访问权限？

（5）系统的应用层、操作系统层、数据库层用户的密码策略是如何设置的？

（6）系统中应用层、系统层以及数据库层的特权用户都有哪些？

IT 审计人员执行完程序和数据访问控制测试后，如果发现控制设计或执行方面存在失效的情况，还需要对补偿控制进行考虑。如果补偿控制缺失或无效，需要分析所发现的问题对财务报表的影响，并考虑是否有必要对审计程序的性质、时间以及范围进行相应的调整。可能存在的问题包括：

一是用户授权不符合职责分离原则。如果出现该问题，若涉及会对财务报表产生直接影响的权限，如采购的申请、审批权限以及验收、库管相关权限未分离时，或者出纳和会计权限未分离，可能会为舞弊提供机会，需要进一步测试相关的补偿控制，如果补偿控制失效，则可以考虑对用户的操作日志执行程序，在设计和执行财务报表审计程序时考虑该发现的影响。

二是未实施适当的密码策略。密码在长度、复杂度、变更频率上存在一定的缺陷。需要结合其他控制，如系统所处环境的安全策略是否可以防止外界的恶意访问，系统是否会对非法访问和操作进行实时或准实时的检测并及时进行处理等。

（四）系统日常运行维护

1. 事务处理。包括批处理作业，通过在后台定时运行批量的事务来对系统中的数据进行处理，金融行业系统较为常见，如通过批处理作业的方式来计提利息；针对用户提交的请求，进行实时的处理并返回结果，如对在用户下单后创建订单，并向用户返回订单的信息等；接口处理，通过不同的技术手段实现不同系统间的数据交换，如通过 WEB service、消息队列、数据库交互、文件交互等。事务处理一般需要通过自动化或人工方式监控运行结果，及时发现问题。

2. 数据备份与恢复。包括数据的备份，备份数据恢复测试等。部分企业可能基于自身管理或者外部监管的要求，会建立业务连续性计划或灾难恢复计划，也会将数据的备份和恢复纳入。

3. 问题管理。主要包括问题的识别、上报、记录、跟进、解决、关闭等环节，涉及对信息系统相关问题的全流程的管理，企业有时会考虑建立 IT 服务台（help desk）来接收相关的问题。

4. 机房管理。主要包括对机房访问的授权与监督、机房日常巡检工作的执行等。

IT 审计人员在对系统运维进行控制测试时，需要关注的风险及可能的控制措施如表 11–6 所示。

表 11–6　　系统日常维护风险及控制措施

涉及的方面	风险	控制措施
事务处理	对事务处理的结果缺少监控，系统事务未正确执行而未及时发现	对事物的处理过程及结果建立监控机制，通过系统自动化或人工的方式监控事物的运行情况，并在发现异常时系统自动告警，由专人迅速进行处理
问题管理	对问题缺少完善的管理机制，无法发现系统运行的异常	建立问题管理的流程，对问题的识别、上报、记录、跟进、解决、关闭进行有效管理
数据备份与恢复	系统备份或恢复不完善，导致系统数据丢失后无法恢复之前某一个时点的数据	通过专门的备份系统系统对关键系统的数据进行自动备份，并定期对备份数据进行恢复测试

续表

涉及的方面	风险	控制措施
机房管理	机房管理混乱，影响服务器及关键设备的运行稳定性	对进入机房的人员进行登记，并由负责机房管理的企业人员全程陪同

IT 审计人员系统运维进行一般控制测试时，可以考虑以下问题：

（1）系统数据备份策略是怎么设置的？是否建立了异地备份？

（2）对备份后的数据是否进行定期检查？

（3）是否会进行备份数据的恢复性测试？是否有相关的记录？

（4）是否存在系统接口？对于系统接口是否会进行监控，以确保能够及时发现接口的异常？

（5）系统是否保存用户的操作日志？是否会定期对日志进行分析或审计？

（6）是否对系统中出现的事件或问题建立了管理流程？是如何进行管理的？

三、特殊行业考虑

企业所处的行业不同，信息系统也千差万别，并且由于其业务性质的影响，对于信息系统一般控制的考虑也会具有行业特征。表 11–7 是部分特殊行业一般控制的特点。

表 11–7 部分特殊行业一般控制特点

行业	行业特点及特殊考虑
金融业	1. 业务连续性，对于金融企业来说，业务对系统的依赖性极高，系统出现较长时间（小时级别）的运行异常，对于企业具有灾难性的后果 2. 由于涉及大量用户的金融信息，需注意用户关键信息的加密存储 3. 存在大量的批处理，需要关注针对批处理是否进行了有效的控制 4. 业务连续性计划的制定与演练
互联网行业	互联网行业一般会应用较为前沿的开发模型，如迭代、敏捷等，需要关注在应用这些开发模型时，是否对相关的风险进行了分析和应对
医院行业	对于医院行业，需要关注用户信息的保密所应用的控制

四、发现问题的处理

信息系统一般控制包括自动控制和人工控制，有效性分为设计有效性和执行有效性。对于一般控制测试中发现的异常，审计人员需要重新评估对受影响的会计报表项目和交易进行的实质性测试的性质、时间和范围。

首先，需要判断相关异常是否为一项控制缺陷，若为一项控制缺陷，进而评估该项缺陷被利用的可能性和潜在的影响，包括评估是否存在补偿性控制、补偿新控制的有效性、是否有证据表明管理层未利用该缺陷；

其次，若进行评估后，仍然不能获取证据表明被审计单位存在有效的控制或证据来应对信息系统使用的风险，则审计人员需要评估上述缺陷是否影响自动控制和程序、是否影响依赖于信息系统的手工控制、是否影响财务数据，进而重新评估受影响的会计报表项目和交易进行的实质性测试的性质、时间和范围。

第三节　信息系统应用控制测试

一、应用控制类型

应用控制（Application Controls）是指企业内部控制体系中与系统相关的业务层面控制，其特征一是应用控制的实现离不开信息系统，二是应用控制是存在于业务流程或交易层面的控制形态和方式。应用控制是确保特定业务流程正常运转的重要措施，也是IT审计的重点和难点，IT审计人员需要结合具体应用系统业务流程和后台数据库数据，有针对性地展开测试。通常情况下，应用控制分为五种类型：

（一）自动控制

自动控制是通过计算机应用系统后台逻辑或参数设置强制执行的控制。

（二）应用程序访问与职责分离控制

应用程序访问与职责分离控制是确保应用系统安全、防范舞弊风险而实施的控制活动。

（三）接口控制

接口控制是为了确保系统间数据传递和转换的及时性、完整性、准确性和安全性而实施的控制活动，可以手工执行，也可以自动执行。接口控制是判断各系统之间数据传输逻辑和保证数据真实性、完整性的主要依据。

（四）自动计算

自动计算是通过系统程序按照预先设定的逻辑由程序自动完成的计算、分类、预测等业务处理过程。自动计算的有效设计和运行往往涉及人工控制设计及运行的有效性，以及其他应用控制，如自动控制和访问控制的有效性。

（五）系统报表

系统报表是通过程序设定由系统自动进行信息归集、逻辑处理和展示的符合一定逻辑的数据集合。

二、应用控制风险、测试目标和测试方法

（一）应用控制风险

1. 系统参数设置不合理。参数设置不符合政策规定，重要参数的新增与变更未经合理授权、审批，未按照实际需求及时调整参数以应对出现的问题和异常情况等。

2. 用户访问授权、职责分离不当。未按照要求在应用系统中进行合理的用户访问控制和权限设置，导致用户可以访问未经授权的功能或数据，拥有不相容业务环节或功能的操作权限，从而影响业务办理的真实合法性，存在人为舞弊的风险，甚至会造成重大违规违纪问题发生。

3. 输入、处理和输出等环节存在风险。未对数据采集和信息录入进行有效控制，导致未经授权的、不准确的、不完整的数据进入系统；数据进入系统后，信息系统数据处理逻辑存在错误，如勾稽关系、汇总排序、重复校验、筛选排序等错误；数据经系统处理后输出时，存在格式不正确、内容不准确、输出信息被交付给未经授权的接受者等问题，从而造成信息失真或泄密。

3. 接口控制存在风险。在接口处理过程中，由于异常数据、系统错误、通信故障及人为操作等原因，数据可能存在未被完整、准确处理的情况，从而造成源系统与目标系统接口数据不一致，影响业务正常运行。

（二）应用控制测试目标

应用控制与交易有关，作用于具体应用系统的控制，是为保证完整准确地处理数据、有效应对潜在风险而对特定应用系统进行的控制活动。应用控制的测试目标是：

1. 完整性。计算机系统中有完整、准确和有效的数据被输入和更新，记录并能追踪数据从输入到存储到最终输出的整个处理过程；

2. 准确性。处理过程完成正确的事务；

3. 有效性。处理结果与预期目标相符合；

4. 访问控制。数据是受保护的，以防被非授权修改，对于保密数据和物理资产的访问权限仅授权给恰当的人员。

（三）应用控制测试方法

IT 审计人员可采用下列步骤开展应用控制审计：确定重要的应用系统，获取相关资料或访谈相关操作人员，充分理解系统中业务流程；识别业务流程中关键

风险点，开发合适测试方案与模拟数据；实施相应的审计程序，测试控制的有效性；分析控制缺陷，评价相关控制目标是否达到，形成相关审计结论。

实务中，应用控制测试包括：自动控制和自动计算测试、报表测试、访问控制测试、系统接口测试，通过测试数据法、平行模拟法、访谈法、观察法、流程图检查法、程序编码比较法、程序追踪法、快照和嵌入审计模块等。每一种测试涉及相应的测试环节，以自动控制和自动计算测试为例：

1. 执行穿行测试。在开展穿行测试时，IT 审计人员通过询问、检查和重新执行来验证控制的有效性和计算逻辑的正确性，关注在测试中原始数据流转中的逻辑关系。

2. 运行测试样本。在程序中运行一个样本，然后比对系统运行结果与预期的一致性，这种测试方法类似于穿行测试。

3. 模拟测试。以真实数据运行 IT 审计人员独立编写的脚本或程序，将输出与系统运行结果进行比对。这种测试存在一定难度，需要 IT 审计人员对测试的业务规则、流程等充分理解，自行编制脚本或程序，通常用于利息计算等自动化程度高的业务领域。

4. 评估系统程序逻辑。通过检查应用系统配置、访谈程序开发人员、查看源代码等评估程序设置的合理性，从而达到验证自动控制和计算的目的。

5. 实质性测试。通过实质性程序将自动控制和计算的结果核对至源文件，或者将结果与独立可靠来源的数据进行核对，常用于自动计算和报表验证。

6. 报表测试。财务报表测试的目标是保证财务报表准确、完整地归集、处理和展示系统中的数据，系统生成过程可分为数据归集、逻辑加工、报表展示。

7. 访问控制测试。对于验证权限赋予的合理性，IT 审计人员主要关注权限是否赋予合适的人员，是否有冗余权限的赋予，权限赋予的结果是否实现了敏感权限的职责分离。

8. 系统接口测试。常见的控制类型主要包括数据传输控制、错误处理机制、接口权限控制、接口重启和恢复控制等。

三、应用控制测试主要内容

（一）自动控制测试

1. 访谈参数维护的管理人员，审查是否存在建立参数修改维护流程，并明确责任人，审查参数修改维护流程是否严格执行。

2. 审查系统中设置参数的正确合规性。首先结合业务政策和系统功能合理界定出需要重点审计的参数，然后通过检查参数设置情况，以及数据验证两种方法进行仔细核查。

3. 查阅参数调整记录文档，或审查系统中的参数调整日志，确认参数是否有可追溯轨迹，并注意核查异常参数调整记录。

（二）程序访问与职责分离测试

不相容职责必须进行分离，包括：业务授权批准职责与执行职责分离；业务执行职责与审核职责分离；业务执行职责与记录职责分离；资产记录职责与保管职责分离；资产保管职责与清查职责分离；记录总账的职责与记录明细账、日记账的职责分离。

（三）接口控制测试

包括接口数据提取、转换和加载机制测试，接口数据传输机制测试，接口错误处理机制测试，接口权限控制机制测试，接口重启和恢复机制测试等。

四、发现问题的处理

与一般控制测试发现问题的处理方式一样，需要对应用控制测试发现的缺陷进行评估是否为控制缺陷、该缺陷是否存在被利用的可能性以及潜在对财务报表的影响，进而重新评估上述控制缺陷对受影响的账户或交易所执行的实质性测试的程序性质、时间和范围。

同一般控制测试发现不同的是，应用控制测试发现往往更直接对财务报表产生影响，一般会直接支持某一个或多个财务报表认定。同信息系统一般控制测试发现评估步骤类似，应用控制测试发现评估通常也分为三个步骤。

第一步，判断测试发现异常是否为一个控制缺陷；

第二步，评估管理层是如何确认这个控制缺陷并没有被利用；

第三步，根据判断应用控制缺陷的是否能证明存在有效的控制或足够的证据降低该自动控制所应对的财务风险。

在评估应用控制测试结果和制定应对措施时，审计人员需要将 IT 审计结果结合整体审计结果进行考虑。在引入 IT 审计技术专业人员的过程中，审计人员需要与 IT 审计专家进行充分沟通，确保审计结果能被充分评估和应对。审计人员应对沟通过程和应对情况进行详细记录，包括 IT 审计问题、风险及影响、补偿性控制、财务报表项目、相关认定、应对措施等。

五、审计案例

案例11-1

K 公司版权图书的销售为线上商店、线下代理相结合的模式。线上分别在天猫、抖音、拼多多、京东等平台开设店铺，并委托主播进行带货，通过 K 公司的

OMS（业务销售系统）系统完成订单处理，由委托的第三方公司完成发货。线下代理销售是传统的总分代理模式，由总代理向K公司下单，下级代理向总代理下单并销售至最终读者。K公司线下总分模式的版权图书占全部业务的60%，线上商店占全部版权图书业务的40%，2020年线上版权图书销售增长速度很快，实现了占比从0到40%的增长。

由于K公司主要从事版权图书销售业务，经营活动涉及多个业务信息系统，财务核算高度依赖这些系统。某会计师事务所对K公司2020年度财务报表进行审计，拟采用本所内信息系统专家的工作。IT审计人员于2021年1月进场后，在对客户业务、应用系统和IT内部控制测试过程中，注意到下列情况：

1. 版权图书业务传统代理模式，每月将订单、发货数据与总代理进行对账，总代理按照对账情况支付货款。

2. 线上版权图书销售模式，平台按照逻辑实时将订单数据通过奇门接口传送至公司OMS系统，前台业务人员按照权限进行订单确认并将平台订单状态改写，确认后的订单通过接口传输至第三方公司的WMS系统（库房管理系统），第三方按照WMS系统接收的信息安排发货。

3. 线上版权图书销售每月达到上百万个订单，部分单个订单销售金额大，与正常线上图书产品订单情况有差异。

4. 线上版权图书销售订单处理时，部分订单中记录书品信息与实际发货信息不一致。

5. 线上版权图书销售业务中，从平台获取的消费者信息已进行加密，无法获取详细的信息对用户进行画像。

6.K公司财务系统、OMS系统等没有数据接口，线上订单支付流水与业务数据没有自动化处理。

7.K公司的OMS系统为第三方公司提供的SAAS服务，自身未部署OMS系统。

案例讨论：

IT审计人员结合具体的控制测试过程和测试结果，经过讨论，对K公司应用控制有效性分析如下：

1.K公司线上版权图书销售业务，平台通过奇门接口传输数据，经过查阅奇门接口文档、抽样订单测试、实际订单测试、接口数据月度测试，奇门接口逻辑保证外部平台数据准确传输至K公司的OMS系统，但针对发现的订单书品数据与实际发货数据不一致情况，重点核查产生的原因在于OMS系统在处理订单中，K公司业务人员具备修改书品名称、数量等功能权限，外部平台系统接收的OMS数据仅为订单确认标识信息，对OMS系统书品名称修改、数量修改等详细信息不做采集，而第三方机构按照WMS系统接收等信息进行发货，所以导致发货信息与订单信息不一致等情况。

针对此项发现，IT 审计人员认为符合目前电商平台“专拍链”的业务规则，但对于 K 公司处理修改订单信息的权限未做有效管控和记录，认为是一项内控缺陷。拟在数据测试中利用现有的数据、技术手段对“专拍链”情况进行数据分析，并建议 K 公司建立专拍链的管控流程和规范，尤其是权限授权、专拍链设定、业务数据进行标签等，为后继数据真实性核查奠定基础。

2. 对于部分订单金额大，与 K 公司版权图书产品受众消费行为不一致，经 IT 审计人员通过后台数据进行判断，为 K 公司低级代理以降低采购成本通过网上店铺下单导致。

针对此项发现，IT 审计人员认为可解释合理，但与 K 公司对渠道销售、线上销售的销售政策不一致，通过客服渠道解密上述订单的用户信息，对上述下单用户补充实质性审查，包括访谈、核对支付流水等手段核查订单的真实性，同时建议 K 公司将上述订单数据划归至常规代理销售模式。

3. 根据《网络安全法》《个人信息保护法》等法律法规，K 公司自外部平台接收到的消费者个人数据已经过加密（包括收货地址、收货人姓名、手机号码等，其中关键信息通过打 * 号处理），通过常规方法已无法准确对线上消费者进行画像，无法确认用户的最终信息。

IT 审计人员通过使用模糊识别的方式，可以获取足够数据的天猫、抖音、拼多多、京东等平台（订单数量、金额均占比超过 98.5%）的支付流水为数据基础，将部分信息如模糊的收货地址、收货人支付账号、联络方式等信息作为模式识别因子，对上述平台用户进行画像，分析购买频率、支付时间差及其他可存在刷单情况。

4.K 公司财务系统、OMS 系统没有数据接口，业务数据无法通过接口自动归集为财务数据，且电商平台系统与 K 公司的财务系统也没有数据接口，每月下载电商平台的支付流水数据汇总后作为公司财务数据，未将支付流水数据与订单数据进行比对，财务数据无法真实体现业务实际情况。

针对该项发现，IT 审计人员判断为一项重要缺陷，建议 K 公司开发数据中台系统，OMS 系统通过数据接口传输至中台系统，中台系统将订单数据归集后形成财务数据传输至财务系统，同时在后期测试中，IT 审计人员按照 K 公司货品签收的确认逻辑对订单数据和支付流水数据进行重新匹配，按照匹配后的数据确认当期收入。

5.K 公司线上销售使用的 OMS 系统为第三方公司提供的 SAAS 服务，K 公司不具备程序变更能力和权限，但由于数据备份策略等信息均按照第三方公司设定的逻辑执行，部分必要的库表不在备份策略内。K 公司自行分配业务操作权限，部分人员权限过大，如“专拍链”业务的操作权限、个别高级管理人员尤其是财务部门高级管理人员具备业务系统订单权限等。

针对该项发现，IT 审计人员判断为重要缺陷，部分人员权限过大可能导致业务不受控，同时财务人员的业务操作权限过大可能导致业务数据不真实，建议 K 公司针对业务流程重新识别岗位权限，明确各岗位应有的权限，降低部分权限过大的岗位权限，做到必要、最小化。同时，建议 K 公司与第三方公司重新确定数据备份策略，将 OMS 系统业务处理轨迹等数据进行备份，在加强恢复性测试的同时，保证备份数据在必要时可以满足应急需要。

第四节　大数据分析在审计中的应用

一、大数据

随着信息技术的发展，企业信息化程度越来越高，信息系统越来越复杂，需要采集的数据量越来越大，数据类型越来越多，不仅是数据库中的结构化电子数据，也包括图片、视频等非结构化数据。

如何理解数据？数据通常分为三类：用户数据、行为数据、产品数据。用户数据主要是指用户的基本情况，包括用户名、性别、年龄、职业、注册时间、地域、访问 IP 地址、登录时间、登录 IP 地址等；行为数据是记录用户做过什么的数据，包括访问页面时长、访问次数等；产品数据是指被审计单位经营产品所涉及的数据，包括产品名称、产品类别、订单交易时间、订单交易金额、订单产品等。

示例 11-4

以互联网电商行业为例，说明对业务数据的理解。

1. 用户数据相关的指标

（1）日新增用户数。每天新增的用户是多少，利用数据分析技术可以统计每天的新增用户，并用趋势线连起来，可以了解用户数量增长下跌的趋势，甄别是否存在用户注册时间集中的情况。

（2）活跃用户数。如何定义活跃用户，活跃用户数按时间又分为日活跃用户数、周活跃用户数、月活跃用户数。

（3）活跃率。活跃用户在总用户中的占比，计算时用活跃用户数除以总用户数，根据时间可分为日活跃率、周活跃率、月活跃率等。

（4）留存率。不同时期用户的流失情况，反映用户留存的指标。第1天新增的用户中，在第N天还使用过产品户数，除以第1天新增总用户数，即为留存率。从时间维度分析，留存率又分为次日留存率、第3日留存率、第7日留存率、第30日留存率等，计算方法如下：

次日留存率：第1天新增的用户中，在第2天使用过产品的用户数/第1天新增总用户数；第3日留存率：第1天新增的用户中，在第3天使用过产品的用户数/第1天新增总用户数；第7日留存率：第1天新增的用户中，在第7天使用过产品的用户数/第1天新增总用户数；第30日留存率：第1天新增的用户中，在第30天使用过产品的用户数/第1天新增总用户数。

2. 行为数据相关指标

（1）PV（访问次数，Page View）。一定时间内某个页面的浏览次数，用户每打开一个网页看作一个PV。例如，某一个网页1天中被打开10次，那么PV为10。

（2）UV（访问人数，Unique Visitor）。一定时间内访问某个页面的人数。例如，某一个网页中被1个人打开过10次，那么UV是1。虽然这位用户在1天中打开该网页10次，但是这位用户只能算一个人，所以UV是1，而不是10。

（3）转化率。计算方法与具体业务场景有关。例如，你有一家淘宝店铺，转化率=购买产品的人数/所有到达店铺的人数。“双11"当天有100个用户看到了店铺的推广信息，被吸引进入店铺，最后有10个人购买了店铺里的东西，那么转化率=10（购买产品的人数）/100（到店铺的人数）=10%。

在广告业务中，广告转化率=点击广告进入推广网站的人数/看到广告的人数。例如，经常使用百度，搜索结果里会有广告，如果有100个人看到了广告，其中有10个人点击广告进入推广网站，那么转化率=10（点击广告进入推广网站的人数）/100（看到广告的人数）=10%。

3. 产品数据相关的指标

包括用来衡量业务总量的指标，例如成交总额、成交数量；用来衡量人均情况的指标有人均付费、付费用户人均付费、人均访问时长；用来衡量付费情况的指标，例如付费率、复购率等。

人均付费=总收入/总用户数，人均付费在游戏行业也叫arpu（Average Revenue Per User），在电商行业也叫客单价。

付费用户人均消费（ARPPU，Average Revenue Per Paying User）=总收入/付费人数，这个指标用于统计付费用户的平均收入。

付费率=付费人数/总用户数，付费率能反映产品的变现能力和用户质量。例如，某App产品有100万注册用户，其中10万用户有过消费，那么该产品的付费率=付费人数（10万）/总用户数（100万）=10%。

复购率是指重复购买频率，用于反映用户的付费频率。复购率指一定时间内，消费两次以上的用户数 / 付费人数。

二、大数据分析在信息系统审计中的运用领域

一些传统的公用事业类企业（如供水、供电、供气）、金融企业，以及新兴的互联网企业审计，除执行 IT 审计外，离不开计算机辅助审计技术（CAATs）和数据分析技术的支持，且对其要求越来越高。由于业务数据量巨大，常规的审计抽样技术已经无法满足此类企业审计的要求，采用数据分析的方法可以达到审计工作事半功倍的效果。数据分析通常是以被审计单位底层数据库原始数据为切入点，在对信息系统进行控制测试的基础上，通过对原始数据的采集、转换、整理、分析和验证，形成审计过程表，并运用查询分析、多维分析、数据挖掘等多种技术方法构建模型进行数据分析，发现趋势、异常和错误，把握总体、突出重点、精确延伸，从而收集审计证据，实现审计目标的一种方法。

以下是大数据在信息系统审计中的典型领域。

（一）银行和通信行业

针对银行、通信行业的经营收费情况，可以对下列数据进行审计分析：

1. 银行各类账户储蓄、贷款业务利息计算；
2. 银行各类中间业务、同业金融业务息费计算；
3. 通信企业各类账户充值、消费计算；
4. 通信企业各类账户通话、宽带、收视套餐的费用计算；
5. 通信企业各类中间业务的收入计算。

（二）电子商务行业

电子商务行业高度依赖网络流量带来的商品经销收入，在上线渠道繁多、物流复杂且难以追踪的情况下，可以对下列交易数据进行分析，以验证业务真实性：

1. 消费 APP 用户日活、月活，APP 下载量；
2. 消费 APP 用户付费转化率；
3. 消费 APP 用户平均单价；
4. 消费 APP 用户高频、重复下单排查；
5. 消费 APP 用户物流信息排查；
6. 销售 APP 用户支付渠道信息排查。

（三）在线教育行业

在线教育企业的用户完全脱离实体课堂，在线上报名、选课后也可通过线上或者移动支付方式付款，此情况下对在线教育用户的收入确认，可以对下列数据

进行分析核实：

1. 在线教育用户日活、月活，在线时长及课程报名情况；

2. 在线教育用户付费转化率；

3. 在线教育用户平均单价；

4. 在线教育用户高频、重复下单排查；

5. 在线教育用户支付渠道信息排查。

（四）互联网娱乐行业

互联网娱乐行业收入确认金额主要来自企业的业务管理系统统计的经营数据，收入流程从用户充值。到兑换礼物、游戏币等虚拟资产消耗的过程，可以对下列数据进行分析：

1. 平台、游戏、手机 APP 浏览量（通过 IP 地址、手机 IMEI 方式识别）；

2. 平台、游戏、手机 APP 月注册账号数量、月活跃账号数量、月新增注册数量、月付费用户数量等；

3. 平台、游戏、手机 APP 月充值用户数量、月推广费用、百度指数、腾讯指数等指标；

4. 平台、游戏、手机 APP 月均每账号充值金额（ARPU）、月均每账户停留时间、用户月转化率；

5.CDN 的月均流量和经营支出。

（五）制造业

物联网、工业 4.0 概念提出后，越来越多的制造业通过信息系统、通信技术将物流、生产、营销、服务整合为端到端业务闭环，业务信息链的紧密联系、庞大的数据量、复杂的逻辑关系，需要进行大数据的分析：

1. 采购循环，原材料、商品的线上交易验证，基于地理位置、物流运输的数据分析；

2. 销售循环，线上销售、收款验证。销售地域、物流运输的数据分析；

3. 成本费用，结合销售数据对各产品生产成本、销售费用、人员薪酬进行综合分所。

三、数据分析方法与工具

（一）数据分析方法

1. 数据查询。数据查询是目前最常用的数据分析方法之一，审计人员根据自己的经验和了解的业务应用，运用 SQL 语句的强大查询功能，创建一定的数据模型，通过构建一些复杂的 SQL 语句，完成模糊查询以及多表之间的交叉查询等功能来分析数据，或采用一些审计软件通过运行各种各样的查询命令以某些预定义的格式来分析被审计单位的电子数据。

2. 统计分析。统计分析是探索审计数据内在的数量规律性，以发现异常现象，快速寻找审计突破口，常用的统计分析思路包括一般统计、分层分析和分类分析等。

（1）一般统计。常用于具体分析之前，以对数据有一个大致的了解，它能够快速地发现异常现象，为后续的分析工作确定目标。一般统计对数值字段提供的统计信息，包括某类数据的总和、总个数、平均值，以及最大或最小的若干个值等。

（2）分层分析。分层分析是通过数据分布来发现异常的一种常用方法，原理一般为：首先选取一个数值类型的字段作为分层字段，然后根据其值域将这一字段划分为若干个相等或不等的区间，通过观察对应的其他字段在分层字段的各个区间上的分布情况来确定需要重点考察的范围。

（3）分类分析。分类分析是通过数据分布来发现异常的另一种常用方法，原理一般为：首先选择某一字段作为分类字段，然后通过观察其他对应字段在分类字段各个取值点上的分布情况来确定需要重点考察的对象。分类分析的思路类似于“分类汇总”，是一种简单且非常常用的数据分析手段。与分层分析不同的是，分类分析中用作分类的某一字段不一定是数值型，可以是其他类型的数据，而分层分析中用作分层的某一字段则一定是数值型数据。

3. 数值分析。数值分析是根据审计数据记录中某一字段具体的数据值的分布情况、出现频率等指标，对该字段进行分析，从而发现审计线索的一种数据分析方法。这种方法是从微观的角度对数据进行分析，审计人员在使用时不需考虑具体的被审计对象和业务。在完成数值分析之后，针对分析出的可疑数据，再结合具体的业务进行判断，从而发现审计线索，获得审计证据，较为有特点的数值分析包括重号分析、连号（或断号）分析、频率分析、集中度分析等。

在运用数据分析方法中，审计人员应当思路清楚，如数据分析工作中，一般包括三大分析内容：趋势、分布、细化。趋势分析一般适用于对产品长期指标的分析，比如用户注册、点击率、活跃用户数、在线时长、产品销售或充值订单，依据这些指标制作相应的数据趋势图，根据趋势的变化说明趋势是否正常，如果异常，需要查明变化的原因。分布分析包括分布的集中趋势、分布的离散程度和分布的形状，数据集中趋势有两类指标：第一类为算数平均数、加权平均数等平均数数值；第二类是包括众数、中位数等位置数值。数据离散指标包括极差、四分位差等，箱型图就是利用四分位差的原理。数据分布的形状是指分布曲线是否对称、偏离程度以及方向等，偏度和峰度是其中两个最重要的概念。细化分析常见于分时、分渠道、分用户、分地区等，如流量转化分析即属于数据细化分析，它能够帮助企业判断客户的行为是否存在差异，并推断客户的特征，并以此进行优化。

又如，审计人员应当具有时间思维，按照时间序列分析数据，找出数据变化发展的规律。常用的时间序列分析包括两种重要的形式：第一种是长期趋势变化，即受某种因素的影响，数据依据时间变化，按某种规则稳步增长或下降，使用的分析方法有移动平均法、指数平滑法等；第二种是季节性周期变化，即受季节更替等因素影响，数据依据固定周期规则性的变化，季节性周期变化不局限于自然季节，包括月、周、日的等周期。

（二）数据分析工具

Microsoft Excel 或 WPS 最常用数据分析工具，也是使用范围最广的数据分析工具，它可以常规的数据图标、可视化功能，处理 100 万条以内的数据，重点学习函数包括 Vlookup、sum，count，sumif，countif，if，left/right，时间日期函数、文本函数，以及其重要聚合功能－数据透视表。完美的数据可视化，则需使用 PowerBi。其他常用数据分析工具包括：

1. SQL 查询语言。数据库可以存储大量的数据，但只有通过 SQL 语句才能进行复杂的数据关联查询，比如几张表之间的关联信息。写好 SQL 语句，才能高效地挖掘出数据之间的关系。

SQL 语言是数据分析的核心技能之一，从 Excel 到 SQL 是数据处理效率的一大进步。SQL 语言学习围绕 Select 展开，主要了解 where，group by，order by，having，like，count，sum，min，max，distinct，if，join，left join，limit，and 和 or 的逻辑，时间转换函数等。

2. Python。Python 是一种跨平台的计算机程序设计语言，Python 的语法简单，代码可读性高，容易入门，Python 在数据分析和交互、探索性计算以及数据可视化等方面都有非常成熟的库和活跃的社区。在数据处理和分析方面，Python 拥有 numpy、pandas、matplotlib、scikit-learn、ipython 等优秀的库以及工具，尤其是 pandas 在处理数据方面有优势。此外，Python 在爬虫、WEB、自动化运维甚至于游戏等领域都有不错的作用。

3. SPSS（Statistical Product and Service Solutions）。SPSS 是最佳的“统计产品与服务解决方案”软件之一，拥有强大统计分析功能。SPSS for Windows 是一个组合式软件包，它集数据录入、整理、分析功能于一身。用户可以根据实际需要和计算机的功能选择模块，以降低对系统硬盘容量的要求，有利于该软件的推广应用。SPSS 基本功能包括数据管理、统计分析、图表分析、输出管理等等。SPSS 统计分析过程包括描述性统计、均值比较、一般线性模型、相关分析、回归分析、对数线性模型、聚类分析、数据简化、生存分析、时间序列分析、多重响应等几大类，每类中又分几个统计过程，比如回归分析中又分线性回归分析、曲线估计、Logistic 回归、Probit 回归、加权估计、两阶段最小二乘法、非线性回归等多个统计过程，而且每个过程中又允许用户选择不同的方法及参数。SPSS 还有专门的绘图系统，可以根据数据绘制各种图形。

4. R 语言。R 是用于统计分析、绘图的语言和操作环境。R 是属于 GNU 系统的一个自由、免费、源代码开放的软件，是一个用于统计计算和统计制图的优秀工具。R 是属于 GNU 系统的一个自由、免费、源代码开放的软件。

四、数据分析关注要点

（一）确保数据质量

数据是分析工作的载体，在进行数据分析前，首先要评估数据的可靠性，查看承载数据的系统是否成熟完整，数据形成的内部控制是否严格健全，系统功能有无明显漏洞和缺失等。采集电子数据作为审计证据的，审计人员应当记录电子数据的采集和处理过程，确保采集数据源头的准确可靠，尽量提取系统后台数据库原始数据，同时将采集数据的内容和过程证据化，形成审计取证材料，并要求被审计单位对数据的真实性、完整性做出承诺。

执行数据分析程序时，往往需要对数据进行整理和清洗，以提高数据的可用性，这些都会对原始数据造成改变，审计人员应在审计工作底稿中完整记录数据的分析过程，包括但不限于审计思路、分析逻辑以及相关的 SQL 语句等，以便取得被审计单位的认可和审计工作验证的需要。

根据审计证据适当性和充分性的要求，需要对数据分析的结果进行核实，落实审计疑点。有些能直观反映问题的数据分析结果，可以直接核实取证，并保存数据整理分析过程及相关 SQL 语句作为证据附件；若数据分析结果只能表明问题的线索或者不能直接被核实，则需要进行延伸审计，或者需要与其他证据进行关联复核，以确保数据分析结果的准确性和证明力，能够形成对审计结论的有力支撑。

（二）关注数据的风险特征

IT 审计人员在了解被审计单位的业务流程后，需要与财务审计团队商定需关注的风险点，以便准确地进行数据采集工作。

示例 11-5

审计人员针对互联网企业关注的数据风险点包括：

1. 用户注册行为。时间集中注册、地域（或 IP 地址）集中注册、设备（IMEI）集中注册、连号（手机号）注册等。

2. 用户登录或消费异常行为。用户登录时间异常、集中充值或集中订单行为、用户充值消费趋势背离、用户异常重复购买（购买率异常）、一个（物理或 IP）地址对应多个买家 ID 的情况、一个快递单号对应多个订单或多个地址情况、下单后短时间内申请退货行为、非常规的异常订单等。

3. 收入风险特征。被审计单位的收入趋势与用户行为（如广告展示数据）趋势背离或收入趋势存在突变的情况等。

4. 是否存在异常充值或消费行为，即自充值或刷单行为。

（三）关注业务数据和财务数据一致性

企业在建设信息系统时，需要保证业务运营数据的规范化，加强运营内部控制，业务系统与财务系统应紧密集成，以业财一体化为基本要求，防范业务经营活动中的舞弊造假行为，核查重点在于经营数据的完整性和准确性，是否存在被篡改的风险，业务经营数据和财务数据一致性和完整性分析程序包括：

1. 金额一致性，即按照财务入账逻辑核对业务数据与财务数据是否一致，如果存在差异，则需进一步核实差异原因，尤其注意是否存在规律性差异情况，如需进一步延伸审计，则执行其他程序。

2. 趋势一致性，针对特殊行业，如广告投放行业，金额一致性存在一定的限制，需进行两类数据的趋势比较，对于趋势异常的需进一步执行核实程序或延伸审计。

3. 业务数据与第三方平台数据一致性，按照一定逻辑核对业务数据与第三方平台数据是否一致，如果存在差异，则需进一步核实差异原因。

4. 第三方平台支付数据与财务数据的一致性，按照财务入账逻辑核对第三方支付数据与财务数据是否一致，如果存在差异，则需进一步核实差异原因，如需进一步延伸审计，则执行其他程序。

在进行数据核对时，还需注意以下几点：

一是统计逻辑规则，核对数据范围、起始和结束时间、优惠券、积分等；

二是审计期间主体是否存在合并或分离情况；

三是被审计单位的税率执行情况，如税率优惠、税率变化等。

对于非互联网行业，数据分析可能仅需要执行业务数据与财务数据的一致性，而财务数据与第三方平台数据（一般为银行流水）的核对工作由财务报表审计人员执行。

示例 11-6

某互联网企业的用户消费存在自有运营平台和第三方平台两种运营模式，其财务数据定期由运营平台经BI报表平台传输至财务管理平台，审计人员在了解其财务入账逻辑时发现，财务数据包含的运营数据时间为当月1号的凌晨6点至次月1号的凌晨6点，与一般理解的自然月度存在6个小时的差异，并且在核对过程中，审计人员也发现存在主体合并的行为。

示例 11-7

某非银行金融企业在全国各地设立了若干独立核算主体，但所有主体均使用唯一的业务交易系统，审计人员在进行业务数据与财务数据核对时发现，各核算主体执行的税率不同，且由于2020年疫情原因，各地税率优惠程度也不一样，如果统一按照统一税率核对，则会出现较大的差异。

示例 11-8

在对某互联网精准投放广告企业进行业务数据和收入数据趋势一致性分析时发现，2020年5月出现展示数量上升，但收入下降的背离情况，在进一步核实后，发现由于其展示单价存在一定的调整，导致出现背离情况，如图11-1所示。

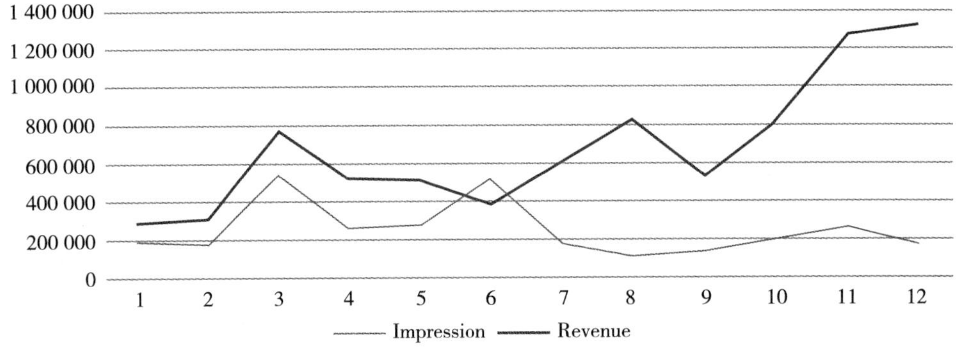

图 11-1 某媒体广告区块月度收入趋势

（四）关注业务数据真实性

业务数据真实性是财务数据真实性的前提，如果业务数据不真实，如存在刷单等行为，可能对财务报表产生重大影响。以电商为例，审计人员分析业务数据真实性主要包括：销售金额集中度分析，不同平台销售情况、不同店铺的销售情况；大额买家行为分析；大额订单分析；买家ID统计分析，同一买家ID在多个店铺下单的订单情况、同一买家ID在同一店铺多次下单的销售情况、买家下单的高峰时间段；买家地址统计分析，一个地址对应多个买家ID的情况、一个快递单号对应多个订单、多个地址情况；销售情况地域性分析；销售金额分析；销售退货分析，不同平台、不同店铺的退货行为分析、不同城市的退货行为分析、下单后短时间内申请退货行为；非常规工作时间的异常订单统计分析等。

根据分析结果，审计人员需要关注：

1. 产品（商品）月度销售（充值或消费）趋势是否与产品定位、行业趋势或政策趋势相一致；

2. 用户注册行为是否存在集中趋势，如时间、地域、IP 地址、手机 IMEI、手机连号等；

3. 用户行为（如登录、访问、订单等）时间分布趋势是否与基本工作生活规律趋势相一致；

4. 用户消费行为（如复购率、大额消费、退货行为、无支付记录但有消费记录行为等）是否存在异常；

5. 被审计单位是否存在自充值或刷单情况。

示例 11-9

在对某企业产品销售趋势的分析中发现，产品存在明显的阶段性高峰，即在寒暑假和节假日存在的销售上涨趋势，如图 11-2 所示。进一步核实得知，该产品是面向大中学生定位设计的，销售趋势与产品定位存在一致性。

SQL 语句：SELECT 产品名称，YEAR（时间），MONTH（时间），COUNT（DISTINC 订单号），SUM（订单金额）FROM 表名 GROUP BY YEAR（时间），MONTH（时间）

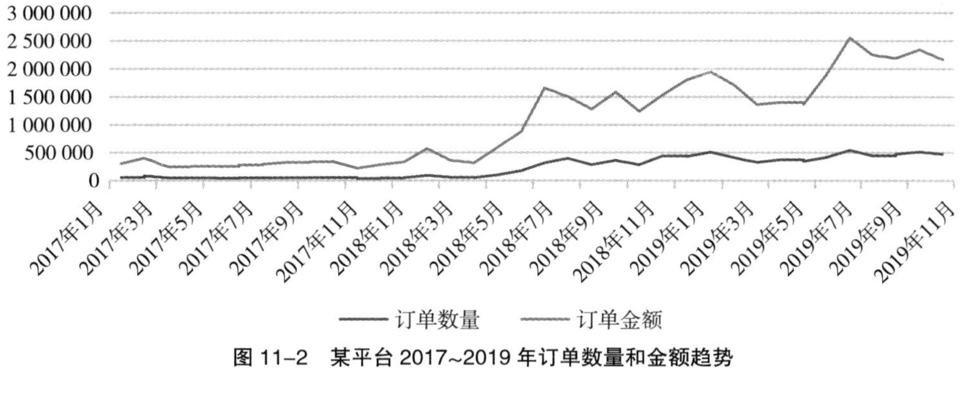

图 11-2 某平台 2017~2019 年订单数量和金额趋势

示例 11-10

在对某商贸企业商品品类销售趋势分析时，发现户外运动品类在 2020 年及 2019 年较 2018 年销量剧增，如图 11-3、图 11-4 所示。进一步核实确认，户外运动类商品自2019年9月开始搞促销和团购活动，且全国提倡全民健身运动，以及2020年新冠肺炎疫情原因，老百姓意识到户外运动增进健康的重要性，导致出现户外运动热情高涨。

SQL语句：SELECT YEAR（时间），MONTH（时间），品类名称，SUM（金额）FROM 表名 WHERE 品类名称='户外运动' GROUP BY YEAR（时间），MONTH（时间），品类名称 ORDER BY YEAR（时间），MONTH（时间）

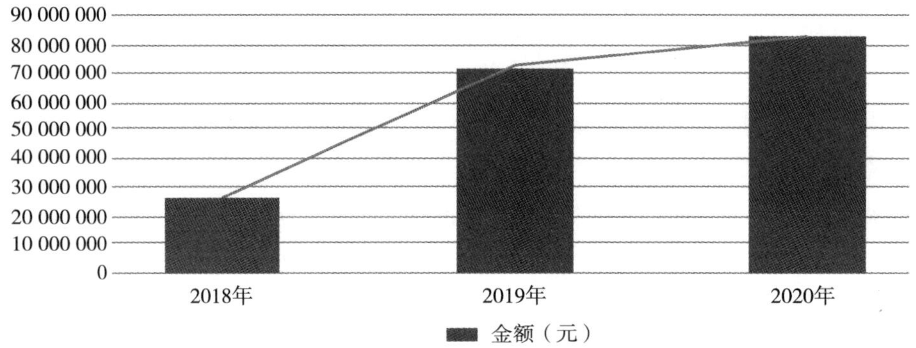

图 11-3 某商业企业户外运动品类销售增长趋势

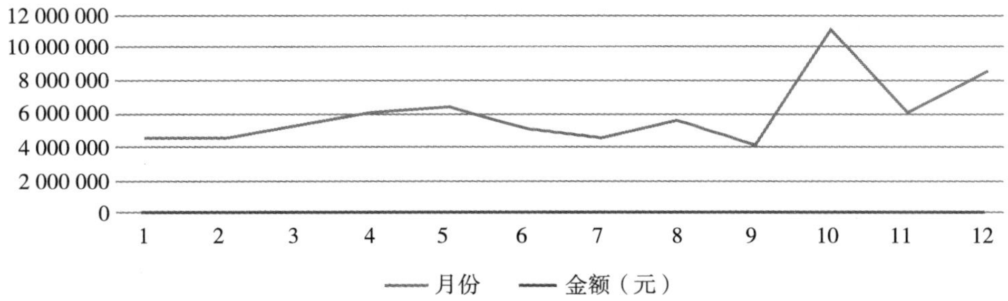

图 11-4 某商业企业 2019 年度户外运动品类销售趋势

示例 11-11

使用箱型图检测是否存在异常值，如图11-5所示，箱型图是利用数据中的五个统计量：最小值、第一四分位数、中位数、第三四分位数与最大值来描述数据的一种方法，它也可以粗略地看出数据是否具有对称性，分布的分散程度等信息。箱线图上下异常值截断点 = 上下四分位数 ±1.5*IQR（IQR即四分位差），对于在截断点之外，均可以判断为异常，对于上下四分位数 ±3*IQR之外的，可以认为是极度异常值。

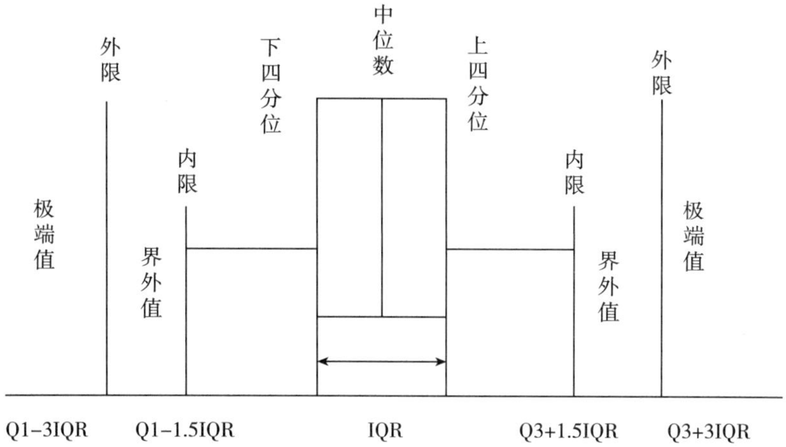

图 11-5　箱型图

箱型图不是判断异常值的唯一方法，但是较为简单的一种，它无需对数据进行正态分布要求，适用范围很广，另外判断异常值的方法，还有 Z 分数法、绝对中位差法等。但是箱型图提示的异常值到底是不是业务上的异常状况，到底是不是专业上的异常，还需要根据具体业务来做最终的解释和认定。对于发货天数在 11+（11-6）=17 天以上的订单可以暂时认定为存在异常现象，之后实施进一步程序查明原因以确认是否确实属于异常情况。

在对某企业的发货天数做箱型图异常值检测，表 11-8 为各数值计算结果（excel 计算四分位的函数为 QUARTILE（ ））。

表 11-8　箱型图数值统计结果

Q0 – 最下值	3
Q1 – 下四分位数	6
Q2 – 中位数	9
Q3 – 上四分位数	11
Q4 – 最大值	22

示例 11-12

通过对某游戏企业的一款游戏产品在 2019 年用户注册数据分析（见表 11-9），发现一南方县城以 988 个 IP 地址注册用户 ID 达 20 多万个，国内排名处于较高层次，经与公司确认，确实存在部分用户恶意注册在游戏内刷广告、买卖钻石或恶意退费等行为频繁注册小号造成。审计人员对涉及 988 个 IP 地址进行充值的统计，发现通过988个IP其中有237 IP在2019年度进行了充值，充值总金额约为8万元。同时，审计人员统计了988个IP注册的用户ID在2019年度充值总金额约为41万元，两个维度的统计显示通过988个IP地址充值金额和注册的用户ID的充值金额不大，对财务影响总体较小。（IP地址资源选择GEOIP免费地址库）

SQL语句：SELECT 国家名称，城市名称，COUNT（DISTINCT IP地址）AS IP地址数量，COUNT（DISTINCT 用户ID）AS 用户ID数量 FROM 表名 GROUP BY 国家名称，城市名称 ORDER BY 用户ID数量 DESC

表11-9　　某款游戏产品2019年用户注册数据

国家	城市	IP地址数量	用户ID数量
中国	N/A	1 255 912	3 390 253
中国	广州市	206 383	1 043 342
中国	北京	276 761	686 221
中国	上海	322 505	634 893
中国	武汉	88 219	422 333
中国	成都	139 969	333 962
中国	杭州	126 577	308 817
中国	南京	102 491	268 511
中国	沉阳市	52 377	261 141
中国	重庆市	87 300	224 051
中国	清远	988	206 695
中国	深圳市	104 791	201 193

示例11-13

在对某游戏企业充值平台用户充值数据（见表11-10）分析中发现存在部分手机IMEI地址有多个用户ID充值的行为，经与公司确认，这是由于用户之间或第三方工作室代为充值导致，部分工作室能拿到价格较低的渠道充值卡、礼品卡等，对外提供代充服务牟利。

SQL语句：SELECT IMEI，COUNT（DISTINCT 用户ID），COUNT（DISTINCT 订单ID），SUM（订单金额）FROM 表名 GROUP BY IMEI ORDER BY COUNT（DISTINCT 订单ID）DESC

表 11-10　　某游戏企业充值平台用户充值数据

IMEI	ID 数量	订单数量	订单金额（元）
490000000184678	207	2 370	196 804.00
869841436444555	183	3 101	427 609.00
865473481847252	165	3 020	433 873.00
869321476354535	143	1 844	297 793.00
865600282415356	140	1 969	313 675.00
863984213441604	122	1 974	235 972.00
867707265134264	119	1 334	186 066.00
864535244846648	114	1 340	181 786.00
863511918212046	113	1 736	217 805.00
861538173925568	70	907	129 852.00

（五）关注运营数据合理性

通过用户数量变动、用户获取业务收入和获客成本变动分析判断变动是否符合常理，以及 IDC 带宽大小或费用等数据验证企业收入的真实性，特别关注：

1. 新增和留存用户的数量、活跃用户数量、月活用户数量、僵尸用户情况、平均用户收入、平均付费用户收入等的变动趋势是否合理；

2. 互联网数据中心（IDC）或带宽费用的核查情况，与访问量趋势是否一致；

3. 获客成本、获客渠道是否合理，获客趋势与成本变动趋势是否合理。

示例 11-14

某电商企业用户行为转化情况分析。如表 11-11 和图 11-6 所示假设有 1 000 人通过某搜索引擎搜索到该网站，而只有 800 人打开访问该网站，之后 400 人加入购物车，200 人下单完成，但最后只有 60 人选择支付购买，依据这些数据可以做一个漏斗分析，就能够明确每个环节客户流量的情况。

表 11-11　　某电商企业用户行为转化情况

类型	人数	每环节转化率（%）	总体转化率（%）
网站曝光量	1 000	100	100
网页访问量	800	80	80
加入购物车	400	50	40
下单完成	300	75	30
成功支付	60	20	6

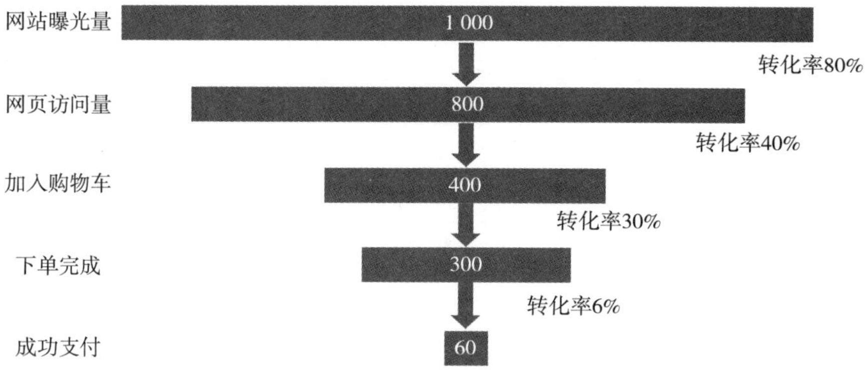

图 11-6　某电商店铺订单转化率分析

示例 11-15

推广投放费用与新用户变化趋势分析。在对某电商企业进行推广费用与新用户变化趋势比较，如图 11-7 所示，推广投放费用为第三方推广平台的实际消耗金额，新增用户数据为电商平台的增量用户数据，通过对公司推广投放费用的使用和新增用户量的变化趋势进行分析，可以判断获客成本的合理性。

SQL 语句：SELECT MONTH（时间），SUM（推广费用），COUNT（新注册用户）FROM 表名 GROUP BY MONTH（时间）ORDER BY MONTH（时间）

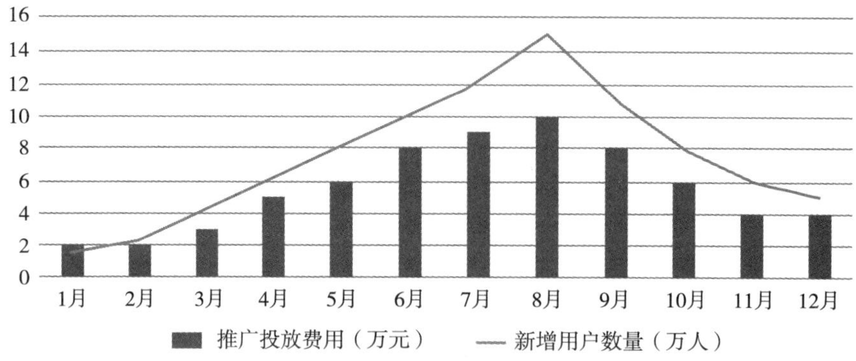

图 11-7　某电商推广费用与新增客户数量趋势

示例 11-16

某电商企业订单物流快递签收数据分析。在对某大型物流企业的物流快递签收数据分析中发现，总体签收率均正常，但是部分网点个别月份签收率较低，存在异常现象，如图 11-8 所示，进一步实施程序发现部分网点在月底存在集中发送的情况。

发件月统计 SQL 语句：SELECT 网点名称，MONTH（发件时间），COUNT（单号）FROM 表名 GROUP BY 网点名称，MONTH（发件时间）ORDER BY 网点名称，

MONTH（发件时间）。当月收件月统计 SQL 语句：SELECT C. 网点名称，MONTH（C. 收件时间），COUNT（C. 单号）FROM（SELECT A. 网点名称，A. 单号，A. 发件时间，B. 收件时间 FROM 表名 A JOIN 表名 B ON MONTH（A. 发件时间）=MONTH（B. 发件时间））

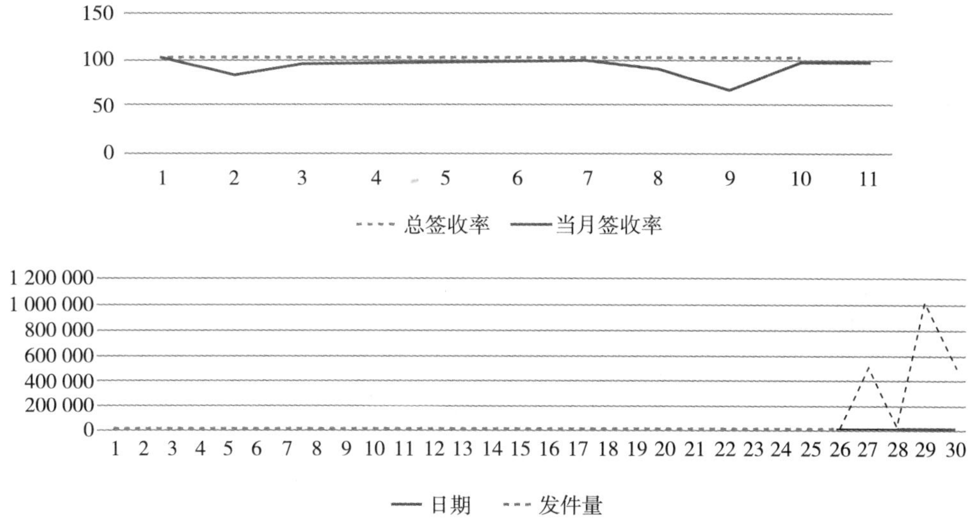

图 11-8 某电商网点快递订阅发送趋势

示例 11-17

某保险企业账龄计算分析。某保险企业每年保单数百万计，EXCEL 很难处理，使用 SQL 处理可以协助财审团队进行应收账款的账龄分析，以发现是否存在运营方面的异常情况，见表 11-12。

SELECT 核算单位名称，渠道名称，险种名称，CASE WHEN' 应收账龄天数 '>= 0
AND' 应收账龄天数 '<= 90 THEN'3 个月以内 '
WHEN' 应收账龄天数 '> 90 AND' 应收账龄天数 '<= 180 THEN'3 个月至 6 个月 '
WHEN' 应收账龄天数 '> 180 AND' 应收账龄天数 '<= 365 THEN'6 个月至一年 '
ELSE ' 一年以上 ' END' 账龄区间 '，SUM（应收保费）FROM 表名
GROUP BY 核算单位名称，渠道名称，险种名称，账龄区间

表 11-12 某保险企业账龄计算分析

核算单位名称	渠道名称	账龄区间	应收保费（元）
分公司 A	专业代理销售	3 个月以内	395 189.77
分公司 A	专业代理销售	3 个月至 6 个月	483 139.77

续表

核算单位名称	渠道名称	账龄区间	应收保费（元）
分公司 A	专业代理销售	6 个月至一年	857 251.13
分公司 A	专业代理销售	一年以上	1 429 361.72
分公司 B	直接销售	3 个月至 6 个月	177 497.44
分公司 B	直接销售	6 个月至一年	787 469.00
分公司 B	经纪业务销售	一年以上	52 875.47
分公司 C	直接销售	6 个月至一年	428 282.88
分公司 C	直接销售	一年以上	98 580.20

第十二章　审计方法与技术

第一节　分析性程序

一、审计目标

分析性程序是指计人员通过分析不同财务数据之间以及财务数据与非财务数据之间的内在关系，对财务信息作出评价。分析性程序还包括必要时对识别出的、与其他相关信息不一致或与预期值差异重大的波动或关系进行调查。分析性程序包括四个步骤：一是形成预期，建立期望值；二是识别预期和已记录金额之间是否存在异常关系或波动；三是调查异常数据关系或波动的原因；四评价错报的可能性并确定其他程序的性质、时间和范围。

审计人员实施分析性程序，在不同阶段可实现不同的审计目标：

1. 在风险评估阶段，可用作风险评估程序，以了解被审计单位及其环境。

2. 在进一步审计阶段，分析性程序可用作实质性测试，以收集充分、适当的审计证据，减少细节测试的工作量。

3. 在审计结束或临近结束时，运用分析程序对财务报表进行总体复核，形成总体结论。

二、常见审计问题

1. 未结合被审计单位的经营特点对财务报表各项目进行联动、多维度分析。

2. 缺乏对重要比率和趋势的科学预判、对异常变动的深入调查。

3. 忽视其他信息与财务信息存在不一致性的情况，如非财务信息、业务数据等。

4. 分析性程序不够深入，未分析至最后影响因素。

5. 分析程序较少用作实质性测试审计程序。

三、审计关注要点

（一）针对分析对象特点合理选用分析方法

1. 趋势分析

趋势分析是对单一科目或财务报表项目与上期、预算金额或行业数据进行比较。趋势分析是最常使用的分析程序，虽然因其精确度较低，在发现重大错报时通常没有比率分析或合理性测试有效。趋势分析的有效性在不同情况下可能存在差异：

（1）当账户或相互关系可以清楚预期时，采用趋势分析最适当，如在稳定环境下的销售收入、销售收入和佣金、借款和利息支出等。

（2）在确认异常和波动以待进一步调查时，趋势分析非常有用，如当比较销售或管理费用账户余额时，通常可通过趋势分析识别异常，然后进一步调查。

（3）当被审计单位发生重大经营或会计变更时趋势分析有效性会减弱。趋势分析中的分析年限与业务稳定性之间存在直接关系。被审计单位的业务长期来看越稳定，相关关系的可预见性越高，同时也越适合使用多个年度的数据确认相关趋势。了解被审计单位中与所测试的金额相关的环境变化非常重要。在某些情形下，如果经营环境发生较大改变，而被审计单位的财务数据并未相应变化，同样表明存在错报的可能。

2. 比率分析

审计人员可对以下项目采用比率分析方法：

（1）财务报表科目（如营业收入除以应收账款余额）之间的逻辑关系。

（2）特定科目与非财务数据之间的逻辑关系（如租金收入除以可用于出租的房间单元或面积）。

（3）从事同一行业的不同实体之间的关系。

（4）长期稳定或具有可比性（同一行业的多个实体或统一实体中的多个地区分部）的关系。

（5）当其不是作为测试重要认定的主要实质性程序时，如坏账费用 / 销售收入、坏账准备 / 应收账款、存货跌价准备 / 存货总额等比率分析。

3. 合理性测试

根据财务数据及非财务数据建立独立的期望值，利用审计人员所掌握的有关被审计单位的业务情况，实施单项或一系列的计算。合理性测试可对测试项目进行剪裁，以有助于解释特定波动的相关因素，因此可能是较为有效和具有针对性的测试。合理性测试的意义，它是较为有效的审计程序，可以提供较高的保证，能够作为特定认定的主要审计证据，通常不需要取得额外的证据。

4. 回归分析

采用统计模型，基于可衡量的风险及精确程度，用货币单位量化审计人员的期望值。例如，销售额的期望值可根据管理层的销售预测、佣金费用以及广告支出的变化得出。回归分析需要审计人员掌握特定统计模型和统计方法，对审计人员要求较高。

（二）分析识别异常特征项目

审计人员运用分析性程序，首先是要发现异常项目，这也是风险导向审计的起点。审计人员往往会关注关键的账户余额、趋势和财务比率等方面，对其形成一个合理预期，并与被审计单位记录的金额、依据记录金额计算的比率或趋势相比较，如果分析程序显示的比率、比例或趋势与审计人员对被审计单位了解的信息不一致，且管理层无法做出合理解释，则财务报表可能存在错报风险。识别异常特征项目的目的，是识别哪些可能表明财务报表层面，以及账户余额和交易认定存在重大错报风险的异常变化。识别异常特征项目的方法包括：

1. 比较被审计单位自身数据变化情况

（1）设定异常变化标准。例如，财务报表层次资产、负债及损益项目变动幅度超过 30% 且绝对金额超过一定数额（根据被审计单位规模大小设定）的，被定义为异常变化。异常值不仅是数据变化，还有可能是发生频率、性质特殊事项等，如临近资产负债表的大额集中交易也可能被设定为异常项目。需要注意的是，有的审计人员在识别异常项目时，仅根据本期财务报表与前期相比较计算，只要变动较小，就认为是正常的。这种分析性程序过于简单，没有充分考虑对被审计单位及其环境的了解，以及经营环境的变化对财务报表相关项目的影响。例如，某制造行业企业，本期生产成本中占比较大的原材料成本大幅上升，但产品销售价格未有较大变化。这种情况下，由于销售成本的上升，毛利率应当相应下降，但被审计单位本期与上期的毛利率变化不大。如果审计人员仅将计算得出的比率变动幅度不大就不作为异常项目，可能就错过了识别出重大错报风险。因此，设定异常值需要考虑多方面因素，财务报表项目、相关比率没有变化，并不表明就不存在异常。

（2）识别异常项目。分析性程序通常适用在一段时期内存在预期关系的大量交易，且重复发生，数据之间存在一定的关系。识别异常项目主要是通过比较，包括被审计单位不同年度之间、同一年度不同月份之间、不同会计主体之间等多个维度的比较。例如，被审计单位本期收入较上期增长幅度超过 50%，审计人员将收入作为识别出的异常项目。又如，虽然被审计单位收入与上年持平，但审计人员发现本期销售月份不均衡，在年度末确认的销售金额远远高于上年同期，且相应带来应收账款大幅增长，审计人员将收入交易识别为异常项目。

以收入确认为例，审计人员可以实施下列分析程序识别异常项目：

①将账面销售收入、销售清单和销售增值税销项清单进行核对。

②将本期销售收入金额与以前可比期间的对应数据或预算数进行比较。

③分析月度或季度销售量、销售单价、销售收入金额、毛利率变动趋势。

④将销售收入变动幅度与销售商品及提供劳务收到的现金、应收账款或合同资产、存货、税金等项目的变动幅度进行比较。

⑤将销售毛利率、应收账款或合同资产周转率、存货周转率等关键财务指标与可比期间数据、预算数或同行业其他企业数据进行比较。

⑥分析销售收入等财务信息与投入产出率、劳动生产率、产能、水电能耗、运输数量等非财务信息之间的关系。

⑦分析销售收入与销售费用之间的关系，包括销售人员的人均业绩指标、销售人员薪酬、广告费、差旅费，以及销售机构的设路、规模、数量、分布等。

示例 12-1

DH 会计师事务所在对广东新大地生物科技股份有限公司（简称“新大地”）首次公开发行股票并在创业板上市（IPO）审计中，因未勤勉尽责被证监会行政处罚。注册会计师在审计新大地 2009 年主营业务收入项目时，对主营业务毛利率进行了统计，并将统计结果记录于工作底稿，但未对毛利率巨幅波动（3 月份为 -104.24%，11 月份为 90.44%）作出审计结论，也未对异常波动的原因进行分析。注册会计师在审计新大地 2011 年主营业务收入项目时，在 12 月份毛利率与全年平均毛利率偏离度超过 33% 的情况下，未保持适当的职业审慎，得出全年毛利率无异常波动的结论。

新大地产品的市场价格与原材料的市场价格具有较强的联动性，毛利率可以持续保持一个高水平而不会出现较大的波动，2009 年 3 月份、11 月份毛利率巨幅波动，2011 年 12 月毛利率明显高于年平均水平且当月销售现金回款过高，审计人员未对上述异常保持应有的职业审慎。

资料来源：中国证监会网站。

（3）确定重大错报风险项目。数据波动较大并不一定存在错报，在某些领域，数据之间具有稳定的预期关系和内在逻辑合理性，很容易通过这种关系判断是否存在重大错报。例如，根据租金水平、公寓数量和空置率，可以测算出一栋公寓大楼的总租金收入。如果这些基础数据没有问题，尽管本期租金收入较上年发生变化较大，但可能并不存在重大错报风险。审计人员应当需要将不符合逻辑，不容易通过分析性程序验证的异常项目，作为重大错报风险领域。

在识别与预期数据的差异时，审计人员需要采用被审计单位内部和外部的数据。来自被审计单位的内部数据包括：前期数据，必要时根据当期变化进行调整；当前的财务数据；预算或预测；非财务数据等，以及相关数据是否符合国家相关政策规定及其差异可能导致的错报，例如，“五险一金”缴纳标准是否符合规定。外部数据包括：政府有关部门发布的信息，如通货膨胀率、利率、税率；行业监管者、贸易协会以及行业调查单位发布的信息，如行业平均增长率；证券交易发布的信息等。

2. 比较被审计单位与同行业数据

不同于被审计单位自身数据可能被操纵的纵向比较，同行业是独立的第三方，且可能存在多家可比企业，这种横向比较数据具有较强的客观性，即比较的数据可靠性较高。在信息透明度越来越高，可获取的同行业比较数据越来越多的情况下，同行业分析比较在实务中被广泛运用。分析比较最普遍的数据或比率包括：产销率、毛利率、销售增长率、销售费用率、人均工薪水平、产能利用率、研发支出资本化率等。除数量指标外，与同行业公司比较还可能包括会计政策、会计估计的一致性，如收入确认方法、固定资产折旧年限、应收账款坏账计提比例，以及特定交易的会计处理，这些事项的差异，最终会影响财务数据的可比性，有的甚至影响重大，如收入确认是采用时段法，还是时点法确认，可能使得财务数据相差较大。如果审计人员发现被审计单位上述财务指标与同行业偏离较大，应当作为异常数据，关注是否存在重大错报风险。

不仅是注册会计师审计，监管部门也广泛采用同行业可比的分析方法，在审核企业 IPO、并购重组等财务申报资料时，非常关注主要财务指标与可比公司的差异比较，尤其是收入确认方法、坏账计提比例等对财务报表具有重要影响的会计处理事项，有时还需要注册会计师进行专项核查。

3. 识别异常项目可能错报考虑的因素

（1）评价预期值的准确程度。准确程度是对预期值与真实值之间接近程度的度量，又称精确度。分析性程序的有效性很大程度取决于审计人员形成的预期值的准确性，预期值的准确性越高，通过分析程序获取的保证水平将越高。例如，信息可分解的程度越高，预期值的准确性越高。

（2）已记录金额与预期值之间可接受的差异。预期值只是一个估计数据，大多数情况下与已记录金额并不一致，注册会计师应当确定已记录金额与预期值之间可接受的差异额，该差异受重要性和计划的保证水平影响。

（三）分析异常项目产生原因及合理性

审计人员发现问题（异常项目）之后，接下来就是分析问题，找出异常现象背后的原因。审计人员在分析异常项目时，应当注意以下几点：

1. 从经济业务着手，深入了解被审计单位的业务逻辑和商业实质，分析经济业务的财务影响。财务报表项目的重大变化，通常是业务层面发生了变化，如新技术的成功开发，报告期生产销售新产品使得收入规模较上期扩大。又如，企业采用了新的商业模式，由线下销售调整为线下线上结合，也带来了销售量的增长等。经济业务没有发生任何变化下的收入与业绩大幅增长，可能存在重大错报风险。风险导向审计理念，注重由外之内、由业务到财务的思维，运用分析性程序应当体现这一理念。

2. 异常项目产生的原因最终要能够得到验证。异常项目的原因必须落地，“落地”可能有三种情形，要么有客观证据能够解释其合理性，如销售收入增长的原因是本期产品单价上涨所致，经查阅同类产品的市场交易价格，确实无误，证实了收入上升的合理性；要么不确定是否具有合理性，如果产品没有公开的市场价格，被审计单位单方面涨价导致的本期收入大幅度增加，则难以判断其合理性；要么分析的结果正好相反，不支持异常项目变化，如同行业可比公司都在降价，被审计单位却因涨价导致收入大幅增长。后面两种情形，异常项目的合理性存疑，可能存在重大错报风险，需要进一步通过细节测试证实和确认，但此时分析性工作已完成。

3. 对于存在多个原因影响的，需要进行多因素层层分解，采用因素分析法进行分析。例如，毛利率异常的原因比较复杂，既有可能是单价提高，也可能是单位成本下降，而单位成本受产量、原材料价格等内外部因素影响，如果产品需要多种原材料，有的原材料价格上涨，有的下降，则分析将更为复杂，需要逐项分解核实。图 12-1 为毛利率分析框架图。

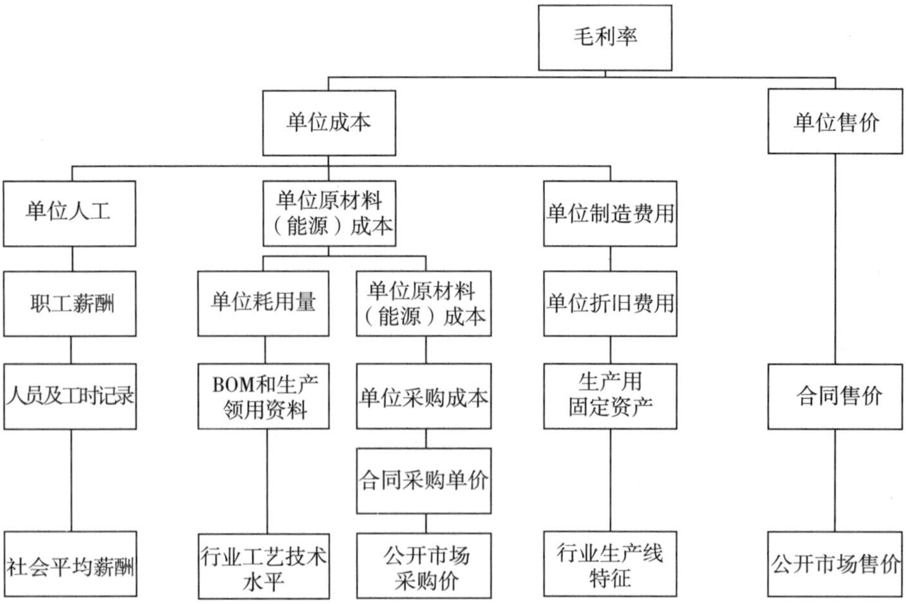

图 12-1 毛利率分析框架

示例 12-2

IPO 企业审计实务中，监管部门一直以来关注毛利率的重大波动，它受综合性因素影响，可能涉及收入或成本的错报，甚至是财务造假问题。因此，如果不能合理分析解释清楚毛利率变化的原因，往往难以通过 IPO 上市审核。以 2019 年未通过 IPO 审核原因为例，毛利率问题占比 57.89%，远高于其他被否原因。

4. 数据的可靠性。数据的可靠性直接影响分析有效性和预期值，数据的可靠性越高，预期的准确性也越高，分析程序越有效。数据的可靠性受其来源和性质影响，并取决于获取数据的环境。例如，从可获得信息的来源看，从被审计单位以外独立来源获取的信息可能更加可靠；从可获得信息的额可比性看，对于生产和销售特殊产品的被审计单位，可能需要对宽泛的行业数据进行补充，使其更具可比性；从可获得信息的性质和相关性看，预算是否作为预期的结果，而不是作为将要达到的目标；从与信息编制相关的控制看，控制有效时的数据更可靠。

在分析阶段，如果异常项目的原因合理，则该阶段的分析性程序可能直接作为实质性测试程序，而不需要再实施细节测试。在某些情况下，不复杂的预测模型可以用于实施有效的分析程序。需要注意的是，对特定实质性分析程序的适用，受到认定的性质和审计人员对重大错报风险评估的影响，如针对销售订单处理的内部控制存在缺陷，对与应收账款相关的认定，审计人员可能更多地依赖细节测试，而非实质性分析程序。

示例 12-3

如果被审计单位在某一会计期间对既定数量的员工支付固定工资，审计人员可利用这一数据非常准确地估计出该期间员工工资总额，从而获得有关该重要财务报表项目的审计证据，并降低对工资成本实施细节测试的必要性。一些广泛认同的行业比率（如不同类型的零售企业的毛利率）通常可以有效地运用实质性分析程序，为已记录金额的合理性提供支持性证据。

（四）数据一致性分析

审计人员应关注其他来源的信息是否可验证财务数据，检查其他信息与财务数据是否存在不一致的情况。例如，年度报告中披露的研发费用发生额是否与财务报表中披露的研发支出一致；招股说明书中披露的财务信息分析是否与审计人员所了解的发行人的实际情况相符，如应收账款变动原因的分析是否合理。当其他来源的信息与财务数据存在差异时，需考虑信息之间的分析口径，如年度、范围等是否相同，存在的差异原因，必要时与管理层沟通，深入了解相关情况，执行必要审计程序，以核实财务数据的真实准确性。

四、审计案例

案例12－1

深圳民爆光电股份有限公司申请创业板上市，深圳证券交易所在首轮问询中要求发行人说明毛利率高于同行业的原因，因发行人反馈回复对毛利率变动分析较为简单，仅从定性角度分析毛利率变动原因，未对毛利率变动的原因进行定量深入分析，2021 年 8 月，深圳证券交易所在第二轮反馈中，要求公司“结合客户结构、产品特性、平均售价、成本结构、人工成本、生产工艺等因素量化分析并披露报告期毛利率高于同行业可比公司的原因和合理性”，同时要求申报会计师进行核查。

发行人及申报会计师经核查，进行了反馈回复：

同行业上市公司毛利率对比分析报告期内，公司与同行业上市公司 LED 照明业务毛利率比较情况如表 12–1 所示。

表 12–1 LED 照明业务毛利率比较 单位：%

同行业公司	主营业务	LED 照明业务毛利率		
		2020 年度	2019 年度	2018 年度
光莆股份	LED 照明、封装及其他产品	32.87	34.68	30.20
太龙照明	照明器具制造	31.70	37.79	35.72
阳光照明	LED 光源及灯具	35.23	33.30	25.05
平均值		33.27	35.26	30.32
本公司	LED 照明灯具	34.11	37.51	32.36
	其中：商业照明	31.88	34.28	29.41
	工业照明	36.77	41.77	35.92

可比上市公司 LED 照明产品主要为商业照明产品，公司商业照明产品毛利率与同行业可比公司水平相当。由于公司进入工业照明领域较为深入，报告期内公司工业照明产品收入占比接近 50%，工业照明毛利率较高，从而拉高了公司毛利率水平。

（1）客户结构分析。

LED 照明灯具行业中除昕诺飞、欧司朗、GE 等国际品牌客户以及安达屋等全球连锁超市销售量较大外，其余客户呈现高度分散格局。以2019年和2020年来看，2019年阳光照明客户中第一、二大客户收入占比较高，分别为29.55%、9.28%，其余客户收入占比呈现高度分散局面，第三、四、五大客户收入占比分别只有3.37%、2.38%、1.53%，而2020年受新冠肺炎疫情的影响，阳光照明第一大客户的收入占比大幅下降至14.18%，第二、三大客户的收入占比分别为8.86%和8.46%，其余客户收入占比均低于3%，销售进一步分散。光莆股份客户结构也呈现相似特征，2019年其前三大客户收入占比较高，分别为19.97%、16.52%、12.03%，其余客户也呈现高度分散格局，2020年其第一大客户收入占比达到了27.32%，其余客户均低于9%。扣除该类国际品牌客户、全球连锁超市客户等寡头外，同行业上市公司客户结构与公司客户结构相似，2019年阳光照明第五大客户收入为8 135.87万元，光莆股份第五大客户收入为5 420.99万元，与公司第一大客户收入6 362.70万元，规模相当。2020年受新冠肺炎疫情影响，销售更为分散，光莆股份第五大客户收入5 782.98万元，略高于公司的第一大客户收入3 877.16万元。在高度分散的竞争格局中，下游客户进行着差异化的产品竞争，客户结构差异对产品毛利率影响有限。公司工业照明产品主要通过区域工程商客户对终端用户直接销售，相对于商业照明产品由区域品牌商通过其门店、电工超市等渠道进行销售，销售链条较短，这是工业照明产品毛利率较高的影响因素。此外，由于上述销售渠道差异，工业照明客户单批次向公司采购工业照明产品数量要低于商业照明，从而提升公司议价能力，这也是导致工业照明产品毛利率较高的影响因素。

（2）产品特性分析。

公司商业照明产品与同行业上市公司相比，在灯具的性能参数、防护能力等功能特性方面差异不大，更多是在产品外观、产品表面处理方式（颜色、处理工艺）、智能调光等方面根据客户需求进行调整或改进，通过产品的多样化、个性化，协助客户进行差异化的产品竞争。工业照明产品主要应用于广场、公园、体育场馆、港口、仓库等，与商业照明相比，应用场景复杂，其功率、光效更高，注重安全性、使用寿命、配光角度、防护能力等专业照明需求，专业化程度相对较高，产品以服务工程项目为主，下游市场竞争程度要低于商业照明市场，这也是工业照明产品毛利率高于商业照明产品重要原因。由于同行业上市公司中工业照明业务规模较小，其未披露工业照明产品毛利率水平，因此选取同行业已预披露的可比公司紫光照明和金源照明，情况如表12-2所示。

表 12-2　　产品毛利率比较　　单位：%

项目	2020 年度	2019 年度	2018 年度
紫光照明——固定专业照明设备	未披露	55.23	57.75
金源照明——固定照明中自产灯具	未披露	41.85	40.79
平均	不适用	48.54	49.27
本公司	36.77	41.77	35.92

从可比公司工业照明类产品的毛利率来看，公司与金源照明相近，低于紫光照明，处于合理水平。

（3）平均售价。

同行业上市公司中太龙照明业务模式和销售区域与公司差异较大，可比性不强；阳光照明一方面上市较早，通过其年报可获取的细节对比信息有限，另一方面光源类产品（LED 灯管、灯泡）收入占比高，其单价低，不具备可比性。因此选取上市较晚的光莆股份与公司进行对比。报告期内，公司 LED 照明产品的平均销售价格与光莆股份 LED 照明产品的平均销售价格对比如表 12-3 所示。

表 12-3　　LED 照明产品的平均销售价格对比　　单位：元 / 套

公司名称	业务	2020 年度	2019 年度	2018 年度
光莆股份	LED 照明	78.33	88.48	72.52
本公司	商业照明	69.48	80.36	69.23
	工业照明	535.38	598.16	659.95

由上表可见，从平均销售价格来看，公司商业照明产品单价与光莆股份差异不大。

（4）成本结构。

报告期内，公司商业照明的成本结构与光莆股份 LED 照明及其他产品的对比分析如表 12-4 所示。

表 12-4　　成本结构对比　　单位：%

项目	2020 年度		2019 年度		2018 年度	
	光莆股份	本公司	光莆股份	本公司	光莆股份	本公司
直接材料	82.62	73.33	82.13	74.92	82.91	76.83
人工费用	5.88	10.25	9.00	9.79	7.52	9.63
制造费用	11.50	16.42	8.87	15.29	9.58	13.54

续表

项目	2020 年度		2019 年度		2018 年度	
	光莆股份	本公司	光莆股份	本公司	光莆股份	本公司
合计	100	100	100	100	100	100

由表 12–4 可见，公司的成本结构与光莆股份存在一定差异，是由于光莆股份的照明灯具及其他业务中除了灯具产品，还包括 LED 封装、背光模组及配套件等产品，导致其成本结构中直接材料占比整体上较高而制造费用占比偏低。

从照明灯具产品的成本结构对比来看，由于光莆股份年度报告中并未披露其照明灯具产品的成本结构，因此选用其招股说明书中 2016 年照明灯具的成本结构与本公司 2017 年商业照明灯具结构进行比较，情况如表 12–5 所示。

表 12–5　2017 年商业照明灯具结构比较　单位：%

项目	光莆股份	本公司
直接材料	80.78	79.02
人工费用	7.55	9.46
制造费用	11.66	11.52
合计	100	100

从照明灯具成本结构对比来看，公司与光莆股份差异不大。

（5）人工成本。

A. 生产人员人均创收能力对比分析报告期内，公司与光莆股份、阳光照明的生产人员人均创收对比情况如表 12–6 所示。

表 12–6　生产人员人均创收对比　单位：万元 / 人

公司名称	2020 年度	2019 年度	2018 年度
光莆股份	110.20	137.26	101.77
阳光照明	88.59	78.00	73.47
本公司	83.88	96.83	82.48

2018 年光莆股份的人均创收高于本公司，一是由于光莆股份收购了军美医院，导致主营业务收入的增长高于生产人员的增长，其人均创收金额大幅增加；二是本公司由于惠州民爆投产，新增大量生产人员，导致人均创收金额下降所致。2019 年随着光莆股份医美收入的大幅增长，其人均创收高于本公司。2020 年受新

冠肺炎疫情的影响，光莆股份及本公司的营业收入均有所下降，同时随着四季度以来订单逐步向国内转移，年底生产人员大量增加，导致光莆股份及本公司的人均创收均有所下降，光莆股份由于还有医美收入的影响，其人均创收仍高于本公司。

2018 年和 2019 年公司的生产人员人均创收高于阳光照明，主要是由于其除生产灯具外，还主要生产光源产品，光源产品的单价较灯具低，导致其人均产值低于公司。2020 年阳光照明的人均创收高于本公司，是由于受新冠肺炎疫情的影响，阳光照明主要客户的收入规模下降，因此其进行了管理架构调整，促进管理效率和生产效率的提升，减少了生产人员数量，提高了人均创收金额。

总体来看，本公司的生产人员人均创收低于光莆股份，与阳光照明相当，处于合理区间内。

B. 单位生产人员人工成本对比分析

报告期内，本公司的单位生产人员人工成本情况如表 12–7 所示。

表 12–7 单位生产人员人工成本情况 单位：万元、人、万元 / 人

项目	2020 年度	2019 年度	2018 年度
应付职工薪酬本期增加 A	16 721.81	14 585.99	11 253.01
管理费用中的职工薪酬 B	1 641.54	1 517.38	1 165.39
销售费用中的职工薪酬 C	3 588.97	2 931.97	2 000.03
研发费用中的职工薪酬 D	2 992.29	2 529.59	1 740.94
生产成本、制造费用中的职工薪酬 E=A–B–C–D	8 499.01	7 607.22	6 346.65
生产人员平均数量 F	1 262	1 117	1 059
单位人工成本 G=E/F	6.73	6.81	5.99

公司与光莆股份及阳光照明的单位生产人员人工成本对比情况如表 12–8 所示。

表 12–8 单位生产人员人工成本对比 单位：万元 / 人

公司名称	2020 年度	2019 年度	2018 年度
光莆股份	10.12	13.00	9.85
阳光照明	5.86	4.40	5.40
本公司	6.73	6.81	5.99

报告期内，公司的单位生产人员人工成本低于光莆股份，是由于光莆股份除了 LED 照明业务以外，还经营医疗美容等业务，提高了其单位生产人员的人工成本。公司与阳光照明均主要经营照明产品，单位生产人员的人工成本差异较小，

具备合理性。

（6）生产工艺。

从生产工艺的复杂度来看，LED 照明产品的生产技术较为成熟，照明灯具的工艺和工序复杂程度相对不高，工艺技术对产品成本的影响不大。从生产工序的链条来看，公司以结构件、电源、散热器、灯珠等灯具组件进行组装式生产为主，与光莆股份和阳光照明等可比公司相比，公司的生产工序链条仅缺少 LED 封装环节。从该环节对产品成本的影响来看，以 2020 年为例，商业照明灯具使用的灯珠平均约为 104 个 / 套，灯珠的平均采购单价约为 0.033 元 / 个，涉及灯珠成本为 3.43 元 / 套，如果按照从事 LED 封装业务的上市公司约 30% 的毛利率计算，自制灯珠的成本为 2.64 元 / 套，自制灯珠和外购灯珠对成本的差异约为 0.79 元 / 套，对商业照明毛利率的影响约为 1.14%。因此，灯具生产工艺的差别对产品毛利率的影响较小。

（7）毛利率对比综述。

综上所述，通过从客户结构、产品特性、平均售价、成本结构、人工成本、生产工艺等方面与同行业上市公司对比分析，公司商业照明产品与同行业上市公司差异不大，毛利率处于同一水平区间，具备合理性。

公司产品毛利率高是由于收入占比约 50% 的工业照明产品毛利率较高所致。工业照明产品毛利率高于商业照明产品，主要是由于其销售链条较短、供货批量规模小、行业竞争程度较低所致。通过与已预披露的金源照明、紫光照明工业照明产品毛利率对比，公司工业产品毛利率处于合理水平。

资料来源：深圳证券交易所网站。

第二节　函证

一、审计目标

函证，是指审计人员直接从第三方（被询证者）获取书面答复作为审计证据的过程，书面答复可以采用纸质、电子或其他介质等形式。函证是重要的基础性审计程序，以获取认定层次的充分、适当的审计证据，是证明力最强的外部证据之一。

函证方式包括积极式函证、消极式函证。积极式函证是指要求被询证者直接向审计人员回复，表明是否同意询证函所列示的信息，或填列所要求的信息的一种询证方式；消极式函证，是指要求被询证者只有在不同意询证函所列示的信息时才直接向审计人员回复的一种询证方式。

二、常见审计问题

1. 未对部分银行账户或应收账款实施函证，但是审计工作底稿未记录不实施函证程序的理由或记录的理由不充分，同时未实施替代审计程序获取相关、可靠的审计证据。

2. 函证样本选择不恰当，仅选择余额较大的账户实施函证，未考虑交易发生额及其他特殊交易作为函证对象。

3. 函证过程缺乏控制，包括：询证函未由审计人员直接发给被询证单位，而是由被审计单位人员寄出或通过被审计单位邮箱发出，回函信息显示回函地址及（或）联络人信息等为被审计客户所在地址或工作人员；采用跟函方式进行函证，审计工作底稿中无跟函记录，用于记录审计人员在整个函证过程中对询证函的控制等；审计人员并未在审计工作底稿中保留函证邮寄的信函或快件等发件信息，未保留被函证单位回函的信函或快件的收件信息。

4. 收到回函后未执行相应审计程序，包括：未对存在的函证不符情况完成函证结果调整表；未对可能存在的内控缺陷予以考虑；在采用统计抽样方法时未将函证样本结果推断总体错报；未考虑针对函证测试未覆盖的剩余部分中可能存在的错报单独或连同其他错报是否可能导致财务报表整体存在重大错报；仅对部分未回函样本实施了替代程序，实施的替代程序底稿记录不能体现已对相关审计证据进行了检查；未对回函存在的舞弊迹象执行进一步审计程序。

5. 对于高风险项目，审计人员并未在审计工作底稿中记录对被询证单位函证地址的有效性执行的验证程序及其结果。

6. 未恰当评价采用电子函证时，询证对象回函的可靠性。

三、审计关注要点

（一）恰当进行函证决策

函证是重要的实质性程序之一。直接从被函证者处获取的函证是可靠性较高的审计证据。审计人员应当确定是否有必要实施函证程序以获取认定层次的相关、可靠的审计证据。在作出决策时，审计人员应当考虑评估的认定层次重大错报风险，以及通过实施其他审计程序获取的审计证据是否可将检查风险降至可接受的水平。

1. 审计人员可以考虑下列因素，以确定是否选择函证程序作为实质性程序

（1）被询证者对函证事项的了解。如果被询证者对所函证的信息具有必要的了解，其提供的回复可靠性更高。

（2）预期被询证者回复询证函的能力或意愿。例如，在某些情况下，被询证者可能不会回复，也可能只是随意回复或可能试图限制对其回复的依赖程度。这些情况，包括被询证者可能不愿承担回复询证函的责任；被询证者可能认为回复询证函成本太高或消耗太多时间；被询证者可能对因回复询证函而可能承担的法律责任有所担心；被询证者可能以不同币种核算交易；回复询证函不是被询证者日常工作的组成部分。

（3）预期被询证者的客观性。如果被询证者是被审计单位的关联方，则其回复的可靠性会降低。

2. 函证事项（包括应当函证事项和其他函证事项）

（1）应当函证事项。中国注册会计师审计准则分别对银行存款、借款及与金融机构往来的其他重要信息，应收账款以及存货等账户如何实施函证程序作出了规定。

①关于银行存款、借款及与金融机构往来的其他重要信息的函证。《中国注册会计师审计准则第 1312 号——函证》第十二条规定，注册会计师应当对银行存款（包括零余额账户和在本期内注销的账户）、借款及与金融机构往来的其他重要信息实施函证程序，除非有充分证据表明某一银行存款、借款及与金融机构往来的其他重要信息对财务报表不重要且与之相关的重大错报风险很低；如果不对这些项目实施函证程序，注册会计师应当在审计工作底稿中说明理由。

②关于应收账款的函证。《中国注册会计师审计准则第 1312 号——函证》第十三条规定，注册会计师应当对应收账款实施函证程序，除非有充分证据表明应收账款对财务报表不重要，或函证很可能无效；如果认为函证很可能无效，注册会计师应当实施替代审计程序，获取相关、可靠的审计证据；如果不对应收账款函证，注册会计师应当在审计工作底稿中说明理由。

实务中，表明应收账款函证很可能无效的情况包括：以往审计业务经验表明回函率很低；某些特定行业的客户通常不对应收账款询证函回函，如电信行业的个人客户；被询证者系出于制度的规定不能回函的单位。

（2）其他函证事项。其他函证事项不是执业准则要求必须执行的程序，可根据实际情况选择使用，包括：除应收账款外的其他往来款项、其他金融工具、长期股权投资情况、销售发生额、采购发生额、发出商品、诉讼和索赔事项等。实务中，审计人员也可能因特定事项向股东、税务机构、海关、社保局等部门或个人进行函证，需根据实际情况设计询证函，以达到函证目的。

①由第三方保管或控制的存货的函证。《中国注册会计师审计准则第 1311 号——对存货、诉讼和索赔、分部信息等特定项目获取审计证据的具体考虑》第八条规定，如果由第三方保管或控制的存货对财务报表是重要的，注册会计师应

当实施下列一项或两项审计程序，以获取有关该存货存在和状况的充分、适当的审计证据：向持有被审计单位存货的第三方函证存货的数量和状况；实施检查或其他适合具体情况的审计程序。

②诉讼和索赔。《中国注册会计师审计准则第 1311 号——对存货、诉讼和索赔、分部信息等特定项目获取审计证据的具体考虑》规定了有关诉讼和索赔的具体审计程序，并规定如果评估识别出的诉讼或索赔事项存在重大错报风险或者实施的审计程序表明可能存在其他重大诉讼或索赔事项时，注册会计师应通过亲自寄发由管理层编制的询证函，要求外部法律顾问直接与注册会计师进行沟通。

③销售发生额和采购发生额。对于 IPO 公司、首次承接上市公司、A+H 股公司、ST 公司、上期非标意见公司或其他存在高风险的项目，审计人员应当考虑是否根据重要性水平选取样本对销售、采购发生额等信息进行询证。

3. 未回函的处理

在未得到回函的情况下，审计人员应当实施替代程序以获取相关、可靠的审计证据。替代程序所收集的审计证据的充分性、可靠性应当与原计划准备取得的积极性回函相当。存在某些情况，使得审计人员认为取得积极式函证回函是获取充分、适当的审计证据的必要程序，替代程序不能提供审计人员所需要的审计证据。例如，管理层凌驾于内部控制之上，员工和（或）管理层串通使审计人员不能信赖从被审计单位获取的审计证据。

（二）设计询证函关注要点

设计询证的总体要求是应服从于审计目标的需要。在针对账户余额的存在认定获取审计证据时，审计人员应当在询证函中列明相关信息，要求对方确认。但在针对账户余额的完整性认定获取审计证据时，审计人员则需要改变询证函的内容设计或者采用其他审计程序。

设计询证函通常包括：询证函方式、询证函内容、询证时点的选择、询证样本的选择。

1. 询证函方式

询证函方式是指采用积极式询证还是消极式询证方式。消极式函证比积极式函证提供的审计证据的说服力低。除非同时满足下列条件，审计人员不得将消极式函证作为唯一实质性程序，以应对评估的认定层次重大错报风险：

（1）审计人员将重大错报风险评估为低水平，并已就与认定相关的控制的运行的有效性获取充分、适当的审计证据；

（2）需要实施消极式函证程序的总体由大量的小额、同质的账户余额、交易或事项构成；

（3）预期不符事项的发生率很低；没有迹象表明接受询证函的人员或机构不

认真对待函证。

实务中，通常积极询证方式的应用远多于消极询证方式。在满足审计目的的前提下，可以考虑将两种询证方式结合使用。

2. 询证函内容

审计人员在设计询证函时可参考各事务所内部技术标准部门发布的询证函模板，必要时需要根据实际情况就需要确认的信息，对格式内容和表述进行增减和修改。询证函模板根据函证内容可大致分为银行询证函、往来询证函、交易询证（包括收入、采购、有价证券、长期股权投资等各类交易）询证函、存货询证函、法律询证函等几大类别。

在填写询证函时需要考虑对于被审计单位账面余额可能会需要进行明细拆分，将更有助于被函证者核对并回函，例如应收应付账款中已开发票和未开发票的金额最好分别列示。对于首次承接业务，除了期末余额以外，还可同时询证银行存款、借款及应收账款等事项的期初余额。

高风险项目的银行询证函中所有的空白未填写部分均应划线或填写“无”，多页函证要加盖被审计单位及被询证单位（例如银行）骑缝章，例如将被审计单位预留银行签章处加盖的签章用作骑缝章。

示例 12-4　交易及往来函证

某会计师事务所在对一家从事软件研发和销售的IPO企业审计时，审计人员对被审计单位的销售客户，不仅函证应收账款的账户余额，还在同一份询证函上函证与交易相关的信息。这种交易询证函（见表12-9）可以为实现多重审计目标提供证据，既能够确认应收账款余额的存在性和准确性，也可为收入确认的真实性和准确性提供证据。

表 12-9　交易询证函

合同编号	产品名称	完成验收时间	合同金额	当年开票金额	贵公司当期付款金额	贵公司累计付款金额	截至20×1年12月31日贵公司欠款	备注

3. 询证时点的选择

审计项目组通常以资产负债表日为截止日，在资产负债表日后适当时间内实施函证。为了充分利用审计现场时间并降低审计资源的浪费，项目组可以在年末被审计单位结账后及时获取未审计报表及各主要往来科目（或其他需要发送函证的科目）明细，根据重要性和选样方法选择出函证样本，在被审计单位提供了被函证者的联系信息和准备好询证函后及时发出。这样可保证项目组在进入审计现场前的一段时间内即可收到大部分回函；在进入审计现场后可针对尚未收到的函证样本执行替代测试，避免了到审计现场才准备函证，同时需要较多现场时间对全部样本执行替代测试的情况。

如果重大错报风险评估为低水平，并且审计工作被要求在资产负债表日之后的很短时间内完成，项目组可选择资产负债表日前适当日期为截止日实施函证，并对所函证项目自该截止日起至资产负债表日止发生的变动实施实质性程序，或将实质性程序和控制测试结合使用。

4. 询证样本的选择

审计人员在选择函证样本时，应保证样本可代表总体，样本中通常包括金额较大的项目和性质重要（非金额特征项目）的项目；并在工作底稿中记录所选择的样本特征、样本选择过程和结果。如果在样本选择过程中涉及到了审计抽样，应当在底稿内对抽样方法（统计抽样还是非统计抽样）、统计抽样中涉及的参数和相关考虑进行记录和说明。

（三）投递询证函过程中的关注要点

根据审计人员对舞弊风险的判断，以及被询证者的地址和性质、以往回函情况、回函截止日期等因素，询证函的发出和收回可以采用邮寄、跟函、电子形式（包括传真、电子邮件、直接访问网站等）和电子询证函平台进行函证。在我国目前的实务操作中，由于被审计单位之间的商业惯例还比较认可印章原件，所以邮寄和跟函方式目前更为常见。

通过直接访问被询证者网站获取审计证据时需要区分不同情况，如果审计人员通过被询证者直接提供的信息（如网址、服务器地址、用户名、登录密码等）登录被询证者官方或指定网站（或服务器等）以查询被审计单位相关信息，且被询证者通过书面形式确认其知晓下列事项时，通过该方式获取的审计证据与实施函证程序获得的证据效力基本等同：

（1）审计人员的信息需求和所需信息的潜在用途；

（2）审计人员所查询的相关文件含有其所需信息。

如果被审计单位将其在被询证者（如银行、证券公司、其他非银行金融机构及其他机构等）的账户名或用户名、登录密码等信息提供给审计人员，由审计人员直接登录查询，该方式不符合函证的定义，而属于检查程序。通过该方式获取的信息可作为一种审计证据，但在评估其可靠性时可能需要考虑额外的风险（例如所登录的网页并非被询证者真实网页、用户名和登录密码并非被审计单位真实的用户名和登录密码、网页所查询的信息并不及时准确、被询证者不知道审计人员的查询目的等）。通过该程序所获取的审计证据是否充分、适当，应当基于审计准则的规定、所涉及项目本身的重要性以及审计人员针对相关认定评估的重大错报风险进行判断。

其他的电子形式函证只要过程是安全的或者回函经过其他程序证实，审计人员仍然可以用电子形式函证作为可靠的证据。如果审计人员通过电子形式投递询证函，那么就应当实施程序来确定询证函到达预定接受者。金额重大或风险较高的项目必要时可同时采用电子形式和邮寄两种方式进行函证。

电子询证函平台目前已在国内开始出现。通过电子询证函平台实施函证程序时，电子签名取代了传统纸质询证函方式中的实体签字和盖章，可靠的电子签名与手写签名或者盖章具有同等的法律效力。目前实务中，电子询证函平台主要包括两类：一类是专门提供询证函平台服务的第三方平台，另一类是被询证者（例如商业银行等金融机构）自身的电子询证函平台。这两类平台的性质不同，前者是为注册会计师、被审计单位和被询证者提供网上平台服务的专业服务机构。后者则是被询证者自主负责的平台。两者相关的系统设计和函证流程也有明显区别。通过电子邮件发送询证函不属于使用电子询证函平台函证方式。

第三方电子询证函平台运营商通常会聘请信息安全认证机构对其系统的安全可靠性进行认证（如由信息安全认证机构颁发信息系统安全测评证书等），或聘请具有胜任能力的专业人员（如信息系统方面的专业人员）对第三方电子询证函平台的内部控制有效性出具鉴证报告。评估第三方电子询证函平台可靠性的工作通常在会计师事务所层面实施，而无需由单个审计项目组来实施。

对于第三方电子询证函平台，事务所层面需要考虑实施的评估程序包括但不限于：

1. 评估第三方电子询证函平台聘请的信息安全认证机构或专业人员的胜任能力、专业素质和独立性，并记录相关评估过程、取得的证据和得出的结论。

2. 取得第三方电子询证函平台聘请的信息安全认证机构颁发的信息系统安全测评证书或专业人员出具的鉴证报告等由电子询证函平台定期公开发布的信息，了解第三方电子询证函平台及其所有者和运营商的组织架构、是否存在被监管机构处罚、是否存在涉诉信息等与电子询证函平台的独立性、安全可靠性等方面相关的信息，评估通过第三方电子询证函平台收发电子询证函是否可靠。同时，记录其依据信息安全认证机构颁发的信息系统安全测评证书或专业人员出具的鉴证报告来合理评估第三方电子询证函平台可靠性的过程、获取的证据及得出的结论。

3. 了解第三方电子询证函平台聘请的信息安全认证机构或专业人员测试的范围、实施的程序、程序涵盖的期间以及自实施程序以来的时间间隔，评估信息安全认证机构或专业人员的工作是否支持通过第三方电子询证函平台实施函证程序的可靠性。

对商业银行等金融机构自身的电子询证函平台，由于商业银行等金融机构负责按照相关法律法规建立和完善有关回函的内部控制，并依法对其出具的回函承担相应的法律责任。一般而言，除非出现相反情况，事务所无需对商业银行等金融机构自身的电子询证函平台内部处理过程的安全可靠性进行专门评价，但需考虑对接安排是否安全可靠、传输过程中的安全风险等。

（四）收到回函时通常需要执行的审计程序

收到回函后，根据不同情况，审计人员可以分别实施以下程序，以验证回函的可靠性。在验证回函的可靠性时，审计人员需要保持职业怀疑。

1. 通过邮寄方式收到的回函

通过邮寄方式发出询证函并收到回函后，审计人员可以验证以下信息：

（1）被询证者确认的询证函是否是原件，是否与审计人员发出的询证函是同一份。

（2）回函是否由被询证者直接寄给审计人员。

（3）寄给审计人员的回邮信封或快递信封中记录的发件方名称、地址是否与询证函中记载的被询证者名称、地址一致。

（4）回邮信封上寄出方的邮戳显示发出城市或地区是否与被询证者的地址一致致，是否存在多封回函同时或自同一地址发出的情况；如果回函使用快递方式，可查看收件网点的城市或地区是否与被询证者所在的城市或地区一致，是否存在多封回函同时或自同一收件网点发出的情况。

（5）被询证者加盖在询证函上的印章以及签名中显示的被询证者名称是否与询证函中记载的被询证者名称一致。在认为必要的情况下，审计人员还可以进一步与被审计单位持有的其他文件进行核对或亲自前往被询证者进行核实等。

如果被询证者将回函寄至被审计单位，被审计单位将其转交审计人员，该回函不能视为可靠的审计证据。在这种情况下，审计人员可以要求被询证者直接书面回复。

2. 通过跟函方式收到的回函

对于通过跟函方式获取的回函，审计人员可以实施以下审计程序：

（1）了解被询证者处理函证的通常流程和处理人员。

（2）确认处理询证函人员的身份和处理询证函的权限，如索要名片、观察员工卡或姓名牌等。

（3）观察处理询证函的人员是否按照处理函证的正常流程认真处理询证函，例如，该人员是否在其计算机系统或相关记录中核对相关信息。

3. 以电子邮件、传真等收到的回函

对以电子邮件、传真等电子形式收到的回函，由于回函者的身份及其授权情况很难确定，对回函的更改也难以发觉，因此可靠性存在风险。审计人员和回函者采用一定的程序为电子形式的回函创造安全环境，可以降低该风险。如果审计人员确信这种程序安全并得到适当控制，则会提高相关回函的可靠性，例如通过被询证方的公开网站以被询证方公开告知的方式执行函证程序。

当审计人员存有疑虑时，可以与被询证者联系以核实回函的来源及内容，例如，当被询证者通过电子邮件回函时，审计人员可以通过电话联系被询证者，确定被询证者是否发送了回函。必要时，审计人员可以要求被询证者提供回函原件。

4. 对询证函的口头回复

仅收到询证函口头回复，不能作为可靠的审计证据。在此情况下，审计人员可以要求被询证者提供直接书面回复。如果仍未收到书面回函，审计人员需要通过实施替代程序，寻找其他审计证据以支持口头回复中的信息。

5. 被询证者以自己的回函模板提供回函

部分银行或律师事务所等机构可能会以自己单位的回函模板提供回函，这时审计人员需要关注是否被询证者的回函中已包括了所询证的所有信息。

（五）评估函证结果时的主要考虑因素

1. 评价回函中的条款对可靠性的影响

被询证者的回函中可能包括免责或其他限制条款。回函中包括免责或其他限制条款是影响函证可靠性的因素之一，但不一定使回函失去可靠性。审计人员需要评价免责或限制条款的性质和实质对可靠性的影响。

（1）对回函可靠性不产生影响的条款。

回函中格式化的免责条款可能并不会影响所确认信息的可靠性，实务中常见的这种免责条款的例子包括："提供的本信息仅出于礼貌，我方没有义务必须提供，我方不因此承担任何明示或暗示的责任、义务和担保"、"本回复仅用于审计目的，被询证方、其员工会代理人无任何责任，也不能免除审计人员做其他询问或执行其他工作的责任"。其他限制条款如果与所测试的认定无关，也不会导致回函失去可靠性。

（2）对回函可靠性产生影响的条款。

一些限制条款可能使审计人员对回函中所包括信息的完整性、准确性或审计人员能够信赖其所含信息的程度产生怀疑，实务中常见的此类限制条款的例子包括："本信息是从电子数据库中取得，可能不包括被询证方所拥有的全部信息"、"本信息既不保证准确也不保证是最新的，其他方可能会持有不同意见"、"接收人不能依赖函证中的信息"。

如果限制条款使审计人员将回函作为可靠审计证据的程度受到了限制，则审计人员可能需要执行额外的或替代审计程序。在某些情况下，如果限制条款的影响难以确定，审计人员可能要求被询证者澄清或寻求法律意见是适当的。

2. 评估函证结果

审计人员在评价函证程序的结果时，需要考虑：

（1）函证和替代程序的可靠性。

（2）任何例外事项的性质和频率，包括这些例外事项的定量和定性影响以及原因。

（3）其他审计程序可以提供的审计证据。

审计人员可以将函证结果分为以下几类：

第一类，回函结果相符。

回函结果提供了与认定相关、可靠的审计证据：询证函由适当的被询证者回复，回函同意询证函中所包含的信息或提供了不存在不符事项的信息。

第二类，回函结果被认为不可靠。

审计人员应当评价其对评估的相关重大错报风险（包括舞弊风险），以及其他审计程序的性质、时间安排和范围的影响。例如函证收发是电子邮箱形式，不能通过其他程序证明其真实性；被询证者在回函中加上了对审计人员确认相关认定的限制条款；函证过程中有可能失去控制等。

第三类，未回函。

审计人员需要考虑是否存在未识别的重大错报风险（包括舞弊风险）；如果认为可能存在未识别的重大错报风险，审计人员应修正认定层次的重大错报风险评估结果（包括舞弊风险）并相应地修改计划的审计程序。

如果认为不大可能存在未识别的重大错报风险，审计人员未能收到回复（积极式函证）时，应当考虑与被询证者联系，考虑对重要的账户余额或其他信息是否再次函证。

如果未能得到被询证者的回应，审计人员应当考虑取得积极式回函是否是获取充分、适当的审计证据的必要程序。如果取得积极式询证函是获取充分、适当的审计证据的必要程序，审计人员应当确定未回函对审计工作和审计意见的影响。如果取得积极式函证回函不是获取充分、适当的审计证据的必要程序，审计人员应当实施替代审计程序获取相关、可靠的审计证据。在替代测试时应注意，对于所有未能通过函证获得适当审计证据的剩余函证样本，均应执行替代测试程序。对于重大错报风险评估结果不同的报表科目，替代测试程序的选择会有所不同。例如应收账款即可通过检查本期发生额的方式，又可以通过检查期后回款的方式执行替代测试程序，在重大错报风险评估为高的情况下，则可能需要同时执行这两种替代程序。实施替代程序时，审计人员需要对可能显示舞弊的迹象保持警觉，包括注重外部证据的获取，对可能关注到的异常情况予以关注和跟进。

第四类，不符事项。

某些不符事项并不表明存在错报。例如审计人员可能认为询证函回函的差异是由于函证程序的时间安排、计量、分类标准不同或书写错误造成的。在排除此类情况外，审计人员应将差异情况和被审计单位的财务或其他相关负责人员进行沟通，要求其协助查找差异原因，并获取到差异原因的支持依据，并据此评估是否存在错报，还是被询证者的记录和回函存在错误。审计人员应当调查不符事项（需要警惕某些小额差异可能是方向相反的大额差异正负相抵的结果），检查差异是被询证者的记录错误还是需要被审计单位调整的错误，并对可能显示舞弊的迹象保持职业怀疑。

审计人员应当确定财务报表是否存在错报或潜在错报：当识别出存在错报或潜在错报时，还应当评价此错报是否存在舞弊。不符事项可以为审计人员判断来自类似的被询证者回函的质量及类似账户回函质量提供依据和参考。不符事项还可能显示被审计单位与财务报告相关的内部控制存在缺陷。同样，如果大量回函均不存在不符事项，与常识或行业常见的情形不一致，则有可能表明回函存在舞弊情形。如果以抽样方式实施函证，对样本中识别出的错报，审计人员应当调查错报的原因，并根据样本错报推断总体中存在的错报。考虑针对函证测试未覆盖的剩余部分中可能存在的错报单独或连同其他错报是否可能导致财务报表整体存在重大错报。

示例 12-5　回函比例低及存在差异的替代测试

某企业申请 IPO 创业板上市，客户销售金额和应收账款回函金额存在不符情况。审计人员对其 2017 年至 2020 年 1~9 月销售金额前五名发函比例均达到 99% 以上，客户回函比例基本在 20%~40%。报告期对前五名应收账款客户发函比例达到 97% 以上，回函比例在 50%~90% 之间。回函比例较低的主要原因为华为技术有限公司等终端客户在回函时未对交易金额进行确认，或者存在入账口径（如按照暂估价金额入账）和时间差异。

针对回函差异事项，审计人员实施了以下审计程序：对于已收款的产品，全面检查对账单、发票和银行回款单等原始凭证，确认交易主体、交易金额、交易内容等真实、准确；对于尚未收款的产品，重点检查发票、客户验收单据及对账单等原始单据，同时对出库单和客户订单进行抽选检查；核查应收账款的期后收回情况。2021 年，该企业通过上市委审核。

（六）保持函证独立性与过程控制

询证函经被审计单位盖章（签字）后，应当由审计人员亲自发出。询证函地址及内容一般由审计人员亲自填写。但在某些特殊情况下，被审计单位的财务人员协助填写了询证函及函证信封（被审计单位的所有人员均不能参与样本选择和邮寄过程），但是询证的内容和信息必须由审计人员确定而非被审计单位的人员。在此情况下，审计人员应对协助填写的内容履行核对和检查程序。

为避免询证函被拦截、篡改等舞弊风险，在舞弊风险被评价为较高的项目中，审计人员应当将被询证者的名称、地址与被审计单位的有关记录进行核对，以确保询证函中的名称、地址等内容的准确性。可以实施的程序包括并不限于：通过拨打公共查询电话核实被函证者的名称和地址信息与被审计单位持有或提供的信息核对；通过被询证者的网站或其他公开网站核对被询证者的名称和地址；对于供应商或客户，可以将被询证者的名称、地址与被审计单位收到或开具的增值税专用发票、销售和采购合同中的对方单位名称、地址进行核对；如果以前年度对同一被询证单位实施过函证程序，检查函证地址是否与以前年度一致，或调查并了解更改函证地址的原因（如适用）。

审计人员可以不使用被审计单位本身的邮寄设施（或他们熟知的快递人员），而是独立寄发询证函（例如，直接在邮局投递）。可以考虑在所发出的询证函上添加不易复制的特定标识，以便在收到回函时与事先留存的复印件或扫描件比对以辨别真伪。

示例 12-6 邮寄函证过程中缺乏控制

某医疗耗材企业申请 IPO 创业板上市，企业主要客户为公立和私立医院，产品单位价值较低，客户数量众多，遍布全国。审计人员在对收入和应收账款函证时，被审计单位与审计人员沟通，因医院为事业单位，回函比较困难，如果销售人员将函证直接寄发或现场交给医院相关人员，回函率就会提高。审计人员听取了被审计单位的意见，将制完的询证函交给被审计单位销售人员寄发或由销售人员跟函。审计人员收到了数量较多的回函，最终出具了标准无保留意见的审计报告。

IPO 申请文件上报监管机构后，监管机构和被审计单位收到举报信，称被审计单位存在私刻公章用于交易及应收账款询证函。经被审计单位自查和中介机构核查，发现报告期内有16名销售人员私刻19家客户印章用于销售订单、框架性协议、收入及应收账款询证函，部分询证函回函并非真实客户回函，而是销售人员私刻客户印章回函。2015年，证监会发审委以发行人的内部控制存在缺陷，否决了被审计单位的上市申请。该案例中，审计人员在函证控制环节的审计工作存在重大缺陷，轻信被审计单位的意见，导致未能发现虚假回函现象。

如果审计人员认为跟函的方式能够获取可靠信息，可以采取该方式发送并收回询证函。同时，审计人员应对审计单位和被询证者之间串通舞弊的风险保持警觉。如果被询证者同意审计人员独自前往被询证者执行函证程序，审计人员可以独自前往。如果跟函时需要有被审计单位员工陪同，审计人员需要确保在整个过程中保持对询证函的控制，观察函证的实地场所及被询证者实施核对的全过程，对被审计单位和被询证者之间串通舞弊的风险保持警觉。如果审计人员以跟函方式向银行送去并收回询证函，可以考虑采用非预约方式按照相应银行的通用受理流程在相应柜台现场办理。

（七）出具审计报告之前未能收到回函的处理

如果在出具审计报告之前未能收到被询证者的回函，审计人员应在审计报告出具前预先执行替代测试；如果在审计报告出具之后收到回函，应当保存相关外部证据，并在底稿内对回函时间在审计报告出具日之后，但在审计报告日之前已执行替代测试作出说明。

在收取被函证人纸质回函前，可要求被函证人先将回函传真给审计人员，之后再将纸质回函（回函原件）邮寄给审计人员。审计人员应将回函传真件、回函原件、回函信封同时作为审计底稿保持；在此情况下如果回函信封上的日期晚于审计报告出具日，应在审计底稿内予以说明。

（八）对舞弊风险迹象保持警觉

1. 可能存在舞弊风险迹象的一些外部证据和情形

以下是可能发现存在的一些情况，根据具体情况需要审计人员实施必要的进一步应对措施：

（1）管理层不允许寄发询证函。

（2）管理层过度热情配合函证程序，如希望提前获悉函证样本，帮助催促回函等。

（3）管理层试图干预、拦截、篡改询证函或回函，如坚持以特定的方式发送询证函。

（4）管理层提供的函证相关信息含糊、矛盾、不完整或有缺失。

（5）被询证者将回函寄至被审计单位，被审计单位将其转交审计人员。

（6）审计人员跟进访问被询证者，发现回函信息与被询证者记录不一致。例如，对银行的跟进访问表明提供给审计人员的银行函证结果与银行的账面记录不一致；又如，从银行分支机构获取的信息和银行总行提供的信息不一致。

（7）从私人电子信箱发送的回函。

（8）收到同一日期发回的、相同笔迹的多份回函。

（9）不同被询证者回函信封上的联系方式（地址、电话等）相同或相近；位于不同地址的多家被询证者的回函邮戳显示的发函地址相同。

（10）回函上的印章和签名与被询证者的印章和签名不符，或印章模糊不清难以核对，或印章存在明显瑕疵。例如实务中常见的银行金融机构回函用章有资金证明业务专用章、业务公章等。

（11）收到不同被询证者用快递寄回的回函，但快递的交寄人或发件人是同一个人或是被审计单位的员工（或关联方），或者虽然寄件人名字不同，但手机号或其他联系方式相同，或者不同被询证者回函单号相连或相近。

（12）回函邮戳显示的发函地址与被审计单位记录的被询证者的地址不一致。

（13）管理层为掩盖财务报告的舞弊而不愿及时（例如在财务报表截至日前）整改值得关注的内部控制缺陷。

（14）管理层不愿意提高函证所涉及信息（如抵押、担保等信息）的披露质量，使财务报表更为完整透明，但又不能提供合理解释。

（15）不正常的回函率。例如：银行函证未回函；与以前年度相比，回函率异常偏高或回函率重大变动；向被审计单位的债权人发送的询证函回函率很低；过于完美的回函，所有回函均能收回且回函没有差异。

（16）被询证者缺乏独立性。例如：被审计单位及其管理层具有强大的背景和地位，能够对被询证者（包括银行和其他第三方）施加重大影响以使其向审计人员提供虚假或误导信息（如被审计单位是被询证者唯一或重要的客户或供应商）；被询证者既是被审计单位资产的保管人又是资产的管理者。

2. 审计人员针对舞弊风险迹象可以采取的应对措施

（1）验证被询证者是否存在、是否与被审计单位之间缺乏独立性，其业务性质和规模是否与被询证者和被审计单位之间的交易记录相匹配。

（2）将与从其他来源得到的被询证者的地址（如与被审计单位签订的合同上签署的地址、网络上查询到的地址）相比较，验证寄出方地址的有效性。

（3）将被审计单位档案中有关被询证者的签名样本、公司公章与回函核对。

（4）要求与被询证者相关人员直接沟通讨论询证事项，考虑是否有必要前往被询证者工作地点以验证其是否存在。

（5）分别在中期和期末寄发询证函，并使用被审计单位账面记录和其他相关信息核对相关账户的期间变动。

（6）考虑从金融机构获得被审计单位的信用记录，加盖该金融机构公章，并与被审计单位会计记录相核对，以证实是否存在被审计单位没有记录的贷款、担保、开立银行承兑汇票、信用证、保函等事项。

根据金融机构的要求，注册会计师获取信用记录时可以考虑由被审计单位人员陪同前往。在该过程中，审计人员需要注意确认该信用记录没有被篡改。

（九）记录函证程序及获取的证据

函证工作底稿中应可清晰使得未参与审计项目的其他有经验的专业人士了解函证程序已按照审计准则和相关法律法规的规定计划和执行完成。对于具有较高审计风险的报表项目以函证作为重要审计程序来获取审计证据时，需要完成的底稿包括函证测试抽样测试表、函证结果汇总表、被审计单位提供的函证信息表、函证控制过程查验记录、发函及回函评价表、函证结果调整表（如适用）和函证替代测试表等。这些底稿及相关的附件应完整全面地对于函证的整个执行过程进行记录并留存。

1. 相关底稿编制的常见关注重点

在“抽样测试表”底稿或者“函证结果汇总表”中清楚记录函如证样本的确定方法及样本量的说明，例如函证总体是否分层，如何分层，分层后如何选择样本等。

被审计单位提供的“函证信息表”应由被审计单体提供相关信息或者直接编制后交给审计人员，这些信息是项目组发出函证、亲往函证的基础，应与发函信封的填写内容、亲往的地址保持一致。如果注册地、经营地不一致的，应以经营地的地址为发函地址。如无法取得有效证据证明的，应当提请被审计单位提供书面说明作为相应证据留存于底稿，并体现在“函证控制过程查验记录”中。对于被函证科目认定为高风险的项目，至少应选择一定数量、代表一定特征或已存在舞弊迹象的项目执行函证控制查验程序并将查验依据和结果留存于底稿内。

2. 外部证据留存

（1）快递单等证明函证过程控制相关证据

发出和收到的快递存根及收到的回函信封应作为发回函附件留存于底稿内。对于高风险项目，应将通过快递公司或公开网站上查询的发函和回函快递轨迹信息同时留存于底稿内。同样，发挂号信时需要留存邮局凭据。

例如，目前通过顺丰快递员便携式打印机打印的寄付快件均为“丰密运单”，到付快件则依旧使用原有的未隐藏信息的运单。审计人员仅在底稿中保存收件信封上的“丰密运单”，已无法满足审计执业准则中关于保留函证过程中外部证据的要求。贴有“丰密运单”的快件，在派件时只有当班次出仓当票快件的顺丰速运收派员，可以通过手持智能终端扫描看到收件人的电话信息；而在快件运输环节中，包括顺丰速运员工在内，没有人能看到隐藏的信息，目的是维护收寄件人的信息安全。

审计人员收到顺丰速运的回函邮件，信封上的“丰密运单”既没有寄件人的信息，也没有寄件人单位及具体地址信息。除非收件人用运单载明的手机号码进行查询，其他人用手机终端扫描信封上的二维码，只能查询到邮件发出地。为确认审计证据的可靠性，审计人员应当根据“丰密运单”记载的手机号码，在顺丰速运的微信公众号或者手机 APP，查询“运单详情”“签收底单”和“电子存根”（参见图 12–2 至图 12–4），并将查询结果保存于审计底稿当中。

如其他快递公司有类似以上情况参照执行，确保函证相关外部证据已完整留存于底稿内。

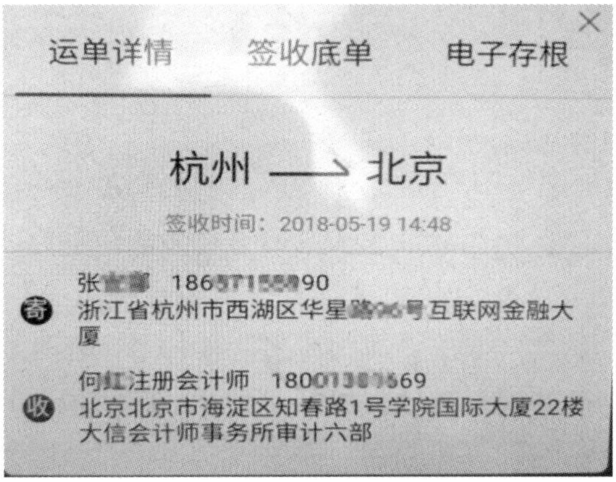

图 12–2 运单详情

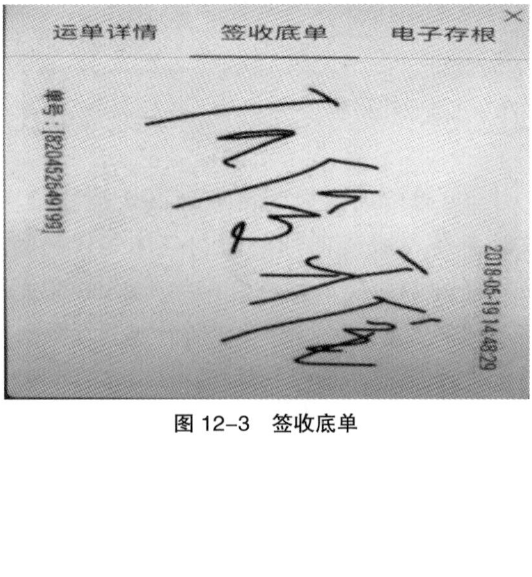

图 12–3 签收底单

运单详情　签收底单　电子存根

820452649199		目的地：010KP	
寄件方：张[illegible] 张安娜　186[illegible]5990 浙江省杭州市西湖区华[illegible]号互联网金融大厦			
收件方：[illegible]注册会计师 何[illegible]注册会计师　180[illegible]69 北京北京市海淀区知春路1号学院国际大厦22楼大信会计师事务所审计六部			
托寄物：文件		产品类型：	顺丰标快
数　量：1.0		付款方式：	寄付现结
实际重量：	1.0	件数：	1
计费重量：	1.0	运费：	23.0
附加费用： 保价金额：500.0		保价费用：1.0	
费用合计：24.0			
备注：			
收件员：01224550		收件时间：2018-05-18 16:50:55	

图 12-4　电子存单

（2）跟函

跟函方式下底稿内一般应留存审计人员在可证明被询证方位置、名称等显著位置的拍照；如果银行人员不反对也可留存相关工作人员协助办理函证照片；在被询证方为非银行等金融机构时，一般应留存与被询证方具体接洽人员的合影、函证过程照片等表明函证过程的控制情况。跟函方式下缺乏相关证明发函由审计人员直接发送的外部证据时，可以获取对方的名片或员工卡、姓名，应当在底稿内予以记录。

（3）被询证方为自然人

被询证方为自然人时，由于回函者的身份及其授权情况很难确定，因此舞弊风险的程度远远高于对企业法人、社会团体等的函证，项目可要求回函者：①签名；②加盖手印；③获取被函证自然人的身份证复印件或扫描件，并与原件核对一致，关注复印件或扫描件是否存在涂改或伪造的痕迹；④要求被函证自然人手持其确认的询证函一起照相留存。如果被审计单位与自然人的交易是必须的，且金额重大或交易频繁的，应优先考虑采用亲往函证方式，并结合实地走访程序一并执行。

（4）通过电子询证函平台函证

审计人员应就下列事项形成工作底稿：①回函结论；②发函信息：包括被审计单位授权审计人员发函的信息，例如被审计单位的电子签名信息和授权函证的 IP 地址或其他能够表明电子地址或身份的信息、审计人员发函的 IP 地址或其他能够表明电子地址或身份的信息；③函信息：被询证者和授权经办人（如适用）的电子签名信息、回函的 IP 地址或其他能够表明电子地址或身份的信息；④函证过程信息：被审计单位、审计人员和被询证者在电子询证函平台操作的具体时间、回函经办人等信息（如适用）。

由于通过电子询证函平台实施函证的过程中广泛运用了电子签名，电子询证函回函不必像纸质询证函一样再额外要求加盖函证各方的实体章、相关经办人手写签名或者加盖骑缝章等。

（5）函证受限的相关记录和留存

在因函证受限导致出具非无保留意见的情况下，底稿内应清晰记录和留存可证明审计人员已执行包括发送函证在内的相应审计程序，但无法获得回函等审计证据的情形，通常需要在底稿内留存发送函证的相关审计证据。在因被审计单位未提供有效发函信息而不能执行函证程序时，需要留存与被审计单位进行沟通的相关审计证据，表明审计受限情况。如对重要回函的可靠性存在疑虑且通过执行进一步审计程序无法消除时，底稿内应完整记录相关事实和情况，以证明出具非无保留意见的合理性。

（6）纸质版函证原件

无论是否采用审计软件编制电子底稿并留存电子形式的函证资料，电子形式和电子平台函证以外的其他纸质版函证原件资料通常应留存于底稿内。

四、审计案例

案例12－2

康美药业货币资金函证实施问题

2016年1月1日至2018年6月30日期间，康美药业（600518）通过财务不记账、虚假记账，伪造、变造大额定期存单或银行对账单，配合营业收入造假伪造销售回款等方式，虚增货币资金。通过上述方式，康美药业《2016年年度报告》虚增货币资金22 548 513 485.42元，占公司披露总资产的41.13%和净资产的76.74%；《2017年年度报告》虚增货币资金29 944 309 821.45元，占公司披露总资产的43.57%和净资产的93.18%。审计机构ZJ会计师事务所未能发现康美药业财务舞弊。

案例讨论：

证监会在对ZJ会计师事务所行政处罚决定书中，指出会计师事务所在银行函证程序实施中存在的问题：

1. 康美药业2016年度货币资金余额账实差异主要集中在3家银行4个银行账户。ZJ事务所对该3家银行均执行现场函证程序，跟函人员均为苏某，康美药业陪同人员均为黄某生。经查，康美药业提前以内审名义、使用ZJ事务所的询证函模板向银行进行函证，苏某和黄某生现场函证时，黄某生再将询证函需要银行盖章回复的确认页替换为原先以内审名义函证的确认页，伪造ZJ事务所收到银行确认无误的询证函回函；建设银行的询证函回函不是在会计师的询证函上盖章，而是采用银行固定格式的资信证明，康美药业提前安排人员伪造银行资信证明，再由黄某生交给苏某。ZJ事务所未对银行账户函证过程保持有效控制。

ZJ事务所针对货币资金科目获取的银行询证函、银行对账单等资料中，存在明显异常或相互矛盾的情况。一是康美药业交通银行基本户的询证函上所盖银行印章为“业务受理章”，与商业银行常规做法不一致；二是康美药业在工商银行询证函上仅加盖公司公章，未加盖财务章及法人私章，却能得到银行回函；三是康美药业与子公司广东康美之恋大药房有限公司（以下简称康美之恋）均在工商银行开立有银行账户，康美之恋的询证函回函是银行固定格式的资信证明，而康美药业的询证函回函是直接在ZJ事务所的询证函上盖章；四是建设银行的询证函回函自身内容前后矛盾：函件要求定期存款应当列明存款日期、到期日期、存款利率等信息，但回函中关于定期存款的信息中“存款日期”“到期日期”“存款利率”栏均为空白；五是ZJ事务所获取的交通银行基本户的对账单部分有银行印章，部分没有银行印章。ZJ事务所未关注上述明显异常或相互矛盾的审计证据，未保持应有的职业怀疑，未执行进一步审计程序消除疑虑。

2. 康美药业2017年度货币资金余额账实差异主要集中在交通银行和工商银行两家银行的3个银行账户上，ZJ事务所对该两家银行执行邮寄函证程序。经查，两份询证函回函的寄件人为康美药业财务人员黄某勇和马某虹。ZJ事务所未对回函路径进行有效核对，导致未发现回函人员与被询证者不符。

ZJ事务所针对康美药业货币资金科目获取的银行询证函、银行对账单、银行流水等资料中，存在明显异常或相互矛盾的情况。一是康美药业与子公司康美时代（广东）发展有限公司（以下简称康美时代）均在交通银行开立有银行账户，康美时代的询证函上银行所盖印章为“会计业务章”，且银行盖有骑缝章，银行经办人之一陈某鑫所盖私章为四方章；而康美药业询证函上银行所盖印章为“业务受理章”，无骑缝章，经办人之一陈某鑫所盖私章为长方形印章。二是ZJ事务所获取的康美药业交通银行基本户对账单无银行印章，而康美时代交通银行银行账户对账单均有银行印章，二者存在明显差异。三是康美药业与康美之恋均在工商银行开立有银行账户，康美之恋的询证函上银行复核人印章为“纪某阳”四方章，康美药业的询证函上银行复核人印章为“现场审核纪某阳（3）”长方形印章。ZJ事务所未关注上述明显异常或相互矛盾的审计证据，未保持应有的职业怀疑，未执行进一步审计程序消除疑虑。

资料来源：中国证监会网站。

案例12－3

九好集团 IPO 审计函证实施问题

根据中国证监会行政处罚决定书〔2017〕85号，浙江九好办公服务集团有限公司（以下简称“九好集团”）2013年、2014年和2015年分别虚增收入17 269 096.11元、87 556 646.91元、160 646 712元。2016年4月21日，L会计师事务所出具审计报告，对九好集团2013年至2015年度财务报表发表了标准无保留意见。

案例讨论：

监管部门认定L事务所对九好集团2013~2015年度财务报表审计时，未勤勉尽责，出具的审计报告存在虚假记载，其中函证程序存在以下方面问题：

1. 未保持对函证的有效控制

L事务所实施函证程序时，在九好集团总部安排九好集团工作人员与审计项目组成员一起填写询证函快递单并寄出，而九好集团各子公司的询证函则由审计人员制好询证函，由九好集团下属子公司在各地自行寄出。审计人员要求九好集团将发函的快递底联全部寄回杭州并由九好集团转交L事务所，或由九好集团子公司直接寄回L事务所北京总部。此外，还存在九好集团工作人员直接回函的情况，如浙江元茂文化创意有限公司回函快递单明确写明“九好集团”。上述发函工作自始至终均有九好集团人员参与，且在子公司层面失去对函证的控制。从回函情况看，大量回函的快递单存在连号或号码接近、发函与回函快递单号接近的情形。

2. 未充分关注函证回函的疑点

（1）询证函回函供应商确认盖章不符。部分询证函回函供应商确认盖章用印为另一家供应商，如成都兴华侨印刷有限公司回函用印是成都辉煌世纪广告有限责任公司。

（2）数家供应商回函均留有同样的邮寄信息。如杭州云昀网络科技有限公司、杭州毅恒汽车代驾服务有限公司、上海焊点投资管理有限公司、杭州普丰信息技术有限公司等回函寄件人电话均为156****0109。广州市海力士电子科技有限公司、广州市松吉电子科技有限公司、广州市金武风音响有限公司的回函寄件人电话均为136****9081。

（3）不同供应商回函由同一快递员收件。广州曼舞电子有限公司、广州耀得电子有限公司、广州市海力士电子科技有限公司、广州市松吉电子科技有限公司、广州市狮之威电子科技有限公司、广州丹裕电子科技有限公司、广州华州电子科技有限公司的回函均由编号为41**98的顺丰快递员取件。

（4）询证函发函与回函地址不是同一个城市。如北京友好创嘉投资管理有限公司发函地址为北京市，供应商实际回函地址为深圳市；广州市亿盈电器科技有限公司发函地址为深圳市，实际回函地址是广州；上海麦金地餐饮管理服务有限公司发函地址是上海市，实际回函地址是杭州。

资料来源：中国证监会网站。

第三节 监盘

一、审计目标

监盘（本节仅指存货监盘，不包括其他资产监盘）目的是对实物资产的存在性和状态及完整性认定进行确认，获取相关审计证据。在完整性风险较低的情况下，可考虑不需对其进行测试。审计人员还可能在实物监盘中获取有关实物所有权的部分审计证据，以下实物资产均可通过实施监盘实现上述的审计目的：

1. 现金、银行存单、应收票据、有价证券、存货、生物资产等；

2. 重要的投资性房地产、固定资产、在建工程、工程物资等。

在实施监盘程序之前，需要完成监盘决策，包括对风险评估、监盘人员安排、地点、时间等主要因素进行综合考量，在存货盘点现场实施监盘时，审计人员主要实施下列程序：评价管理层用以记录和控制存货盘点结果的指令和程序；观察管理层制定的盘点程序的执行情况；检查存货；执行抽盘。

二、常见审计问题

1. 未合理区分监盘、盘点和抽盘之间的关系，未恰当区分盘点与监盘和抽盘的主体责任方。

2. 监盘程序重视不够，委派的人员缺乏相关专业知识，监盘工作的计划时间不充足。

3. 未合理评估存货监盘重大错报风险。

4. 未合理确定监盘样本，样本选择较为随意，监盘和抽盘数量不足以满足对存货存在性的认，或者监盘样本过大，存在过度审计现象。

5. 监盘时间不合理，如重要资产未在资产负债表日监盘，资产负债表日后监盘未倒扎至资产负债表日，易于挪动的存货未考虑实施不可预见性监盘程序。

6. 监盘过程中未实施检查程序，也未观察存货的品质和状况，据以判断是否存在减值。

7. 特殊存货监盘不到位，如未利用专家的工作等，导致无法对存货存在性作出认定。

8. 采用远程视频监盘的，未考虑可能存在的舞弊风险。

9. 监盘工作因客观原因存在困难时，通过替代程序的理由可能不充分。

10. 监盘工作流于形式，存在“放飞机”的现象。

三、审计关注要点

（一）合理区分会计与审计责任

在区分会计与审计责任之前，需要正确理解以下几个主要概念：

1. 监盘，指审计人员现场观察被审计单位存货的盘点，并对已盘点的存货进行适当检查。

2. 盘点，指被审计单位定期或临时对存货进行清查，核实实存数量与账面数量是否一致，是否有报废损失和积压物资的一项资产管理控制活动。

3. 抽盘，指审计人员从已盘点的存货中抽取一定样本，检查存货相关记录或文件并实地查看。

上述概念在外延上，盘点、监盘、抽盘的范围依次缩小，为包含与被包含的关系，即：被审计单位定期盘点通常是全面盘点，特别是在年度终了的盘点，但审计人员在制定监盘计划时，基于重要性考虑，并不一定要将全部存货纳入监盘范围，往往会小于被审计单位盘点范围。例如，由于连锁商店的分店的数目可能很多，审计人员通常不会对零售连锁商店每一家分店实施监盘，而是选择一定数目的分店进行监盘，并使用分析程序等替代程序，或者利用内部审计人员的工作，以便对其他分店存货余额的准确性作出评价。抽盘则通常是从监盘范围（因确定监盘范围考虑了重要性，审计人员一般不会抽取未监盘的存货）内选取部分样本检查和观察，系抽样审计，范围更小。三者的关系如图 12–5 所示：

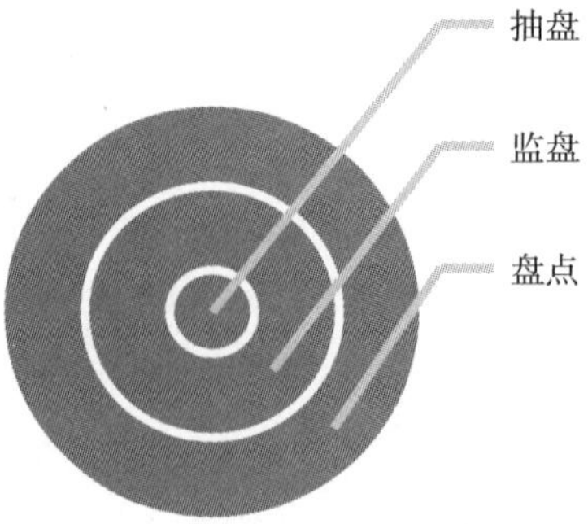

图 12–5 盘点、监盘和抽盘的关系

由于监盘与审计单位的盘点往往同步进行，审计人员有时容易混淆会计责任与审计责任，未恰当区分盘点与监盘和抽盘的主体责任，如充当存货盘点工作的组织者、协调者，或协助被审计单位开展盘点工作，事实上承担了部分会计责任，不符合审计准则规定。混淆会计责任与审计责任，一方面容易产生独立性风险，另一方面增加投入不必要的审计资源。

审计准则规定，定期盘点存货、合理确定存货的数量和状况是被审计单位管理层的责任。实施存货监盘，获取有关存货存在和状况的充分、适当的审计证据，是审计人员的责任。因此，在被审计单位盘点过程中，审计人员应当是参与者、"旁观者"，以观察员身份出现在盘点现场；而实施抽盘程序时，审计人员则是主导者，这时被审计单位是配合者、参与者。

（二）恰当理解监盘程序的性质

1. 存货监盘是一项复合程序。监盘过程中，审计人员既要实地观察被审计单位的盘点活动和盘点程序，又要检查盘点计划、表单、指令、记录等与存货相关的等文件资料及其实物检查，还要对已经盘点的存货进行抽点，即实施重新执行程序，所以监盘是一项由多个具体审计方法和程序组成的复合程序，是观察、检查和重新执行的结合运用。

2. 存货监盘是一种双重目的的测试。首先，监盘是一项控制测试。从内部控制角度看，被审计单位的存货盘点是一项控制活动。相应地，审计人员的存货监盘就是一项控制测试，即审计人员通过观察和检查，确定被审计单位的存货盘点控制能否合理确定存货的数量和状况。其次，存货监盘也是一项账户余额细节实质性测试。在存货监盘过程中，审计人员通过检查存货的数量和状况，能够提供存货账面金额是否存在错报的直接审计证据。

在存货监盘过程中，审计人员的测试目的可能有所侧重。如果审计人员认为被审计单位的存货盘点能够合理确定存货的数量和状况，存货监盘从性质上讲更多为控制测试。否则，存货监盘从性质上讲则更多为实质性程序。但是无论存货监盘服务于何种目的的测试，在监盘过程中，审计人员都需要运用检查程序。

（三）评估监盘重大错报风险

存货的种类繁多，形态各异，被审计单位存货管理能力和水平存在差异，存货发生错报的概率也不同。审计人员应当在了解被审计单位存货采购、生产和销售业务模式的基础上，分析存货的性质和特征，识别可能产生重大错报风险的存货。审计人员需要关注监盘风险的情形包括：

1. 财务重大性。判断存货重要性的标准通常包括：存货占流动资产或资产总额的比例，以及与其他资产和利润的相对比率及内在联系，如存货占流动资产的20% 以上，利润主要来源于存货的加工和销售，存货余额占年销售成本的比例等；

各类存货（原材料、在产品和产成品）占存货总额的比重；各存放地点存货占存货总额的比重等。

2. 可清点性。单件、规则、集中的存货便于清点，而集成、不规则、分散的存货则清点错报可能性大。

3. 存货性质。是否为易腐烂、易毁损、易过时存货，以及具有危害性、保密性、特殊性（需要特殊配方和制造工艺加工）的存货。

4. 存货形态特征。例如，有形与无形存货，影视、设计、技术开发、服务等行业存货主要为人力成本，不同于制造业存货具有明显的实物形态；存货的物理性与化学性，机械制造产品通常具有物理特征，化学物质的质量特征如纯度、浓度、品级，气态和液态，存货盘点时以体积测量；单一性与集成性存货等。

存货的形态特征与被审计单位所处行业关系密切，制造业、农业、批发零售业、建筑业、房地产业、采矿业、交通运输业、信息传输业、软件及信息技术服务业、文化业以及其他行业的存货，具有明显不同形态的特征。

5. 品种多样性。例如，商业百货和超市零售企业，存货的范围大，经营的商品种类繁多，数量巨大。

6. 存放地点。存放地点越多，地理上越分散，盘点和监盘工作量越大，如连锁企业的存货分布广泛。

7. 高价值存货。黄金珠宝等贵金属、石器、艺术品、收藏品、芯片、终端消费品等具有单位价值高，易于隐藏、移动和变现的存货，对资产安全管理要求极高。

8. 特殊存货。需要借助专门的工具，或采取特殊的测量和计算方法才能实施盘点的存货，以及不容易被观察到的存货，如堆积类存货（煤炭、金属矿产品、粮食）、液体罐装类存货、水下类存货（水产养殖产品）、地下类存货（如种植类产品）等。

9. 季节性。季节性主要影响监盘时点的决策，某些行业的被审计单位获取存货通常集中于某个期间。

10. 环境变化影响。技术的发展、市场的变化、宏观或行业政策调整等被审计单位外部环境变化，可能导致存货计价错报风险较高。

11. 内部控制。被审计单位存货管理内部控制健全有效，存货发生错报的可能性就小。被审计单位存货盘点的时间和频率对评估错报风险有直接影响，一年一次盘点相比较按月盘点，因盘点人员熟练程度和监督的及时性不同，年度仅盘点一次错报概率要高。

在制定总体审计计划和存货监盘计划时，审计人员根据上述情形评估的错报风险将直接影响监盘决策，包括：拟投入的审计资源、监盘范围、抽盘数量、监盘时间等。例如，施工企业、房地产企业的存货虽然占资产总额的比例通常很大，但通过监盘并不容易发现错报，不需要投入大量的审计资源；存货主要由职工薪酬等非物理性或化学性材料的劳务成本构成，几乎可以不实施监盘程序；而具有特殊性质的不易监盘的存货，被审计单位舞弊风险高，监盘工作非常重要，审计成本也较高。

（四）重视监盘人员委派

委派具有胜任能力的人员实施监盘，是应对存货重大错报风险的重要措施。人员安排应当做到：

1. 监盘人员富有经验。监盘人员应当熟悉存货性质和生产工艺，具有丰富的监盘经验。一般情况下，参加存货监盘的团队由负责存货审计的人员组成，其他项目组成员也可参与监盘工作。项目组不应安排实习人员、初级助理人员参与存货风险较高的项目监盘，如特殊性质的存货，但可以参与标准化、易清点的存货监盘。

2. 培训与督导。所有参加监盘工作的人员，都需要经过适当的培训和监督，以确保其对监盘目的、抽盘目的及相应的工作内容和要求有充分的了解。高级别人员应当指导和监督低级别人员。

3. 当存货监盘只有一名审计人员参加时，参加人员应是职位较高、富有经验的人员，而不是一位级别较低的人员。在可能的情况下，项目经理或是监督人员应亲临现场，以确认被审计单位能够按照程序盘点。

4. 保持职业怀疑。存货项目非常重要，潜在错报风险较高，必须在监盘中保持职业怀疑，对存在的疑点和迹象高度警惕。

（五）确定存货盘点量、监盘量和抽盘量

1. 盘点量

存货盘点是被审计单位的责任，盘点的频率、范围、数量和方式等内部控制活动，由被审计单位自行决定。但是，根据《会计法》《企业财务会计报告条例》等法律法规规定，企业在编制年度财务会计报告前，应当全面清查资产，包括原材料、在产品、自制半成品、库存商品等各项存货的实存数量与账面数量是否一致，是否存在报废损失和积压物资。因此，企业年终存货盘点覆盖面一般应为100%。若未盘点存货具有重要性，审计人员应当建议被审计单位盘点，其仍拒绝盘点的，审计人员应当评价被审计单位内部控制的合理性和有效性，以及对监盘计划和审计报告意见的影响。

2. 监盘量

监盘是审计人员的责任，《中国注册会计师审计准则第1311号——对存货、诉讼和索赔、分部信息等特定项目获取审计证据的具体考虑》第四条规定：“如果存货对财务报表是重要的，注册会计师应当实施下列审计程序，对存货的存在和状况获取充分、适当的审计证据：（一）在存货盘点现场实施监盘（除非不可行）；（二）对期末存货……”。即：监盘量的下限是“重要性”标准，数量要求比较高，除非有充分证据表明对财务报表不重要。

因此，判断重要性是确定监盘量的关键，审计人员可以财务报表整体重要性水平为基础，结合存货金额大小、错报风险、内控水平确定。确定监盘量需考虑下列情形：

（1）以合并报表口径为基础（指分子公司不需单独出具审计报告）确定监盘量，并非所有主体存货均纳入监盘范围；

（2）存货构成中，某些类别金额较小，可不纳入监盘范围；

（3）连锁类企业分店数量多、地域分布广，单店存货金额小且具有同质性，可适当减少监盘数量，若为连续审计，应考虑不同年度轮换循环监盘店面；

（4）虽然存货余额较小（如低于重要性），但报告期内发生额大，是被审计单位利润的主要来源，应纳入监盘范围，以防范“低流高转”情形；

（5）某些无实物形态的存货，实施监盘程序可能是无效的；

（6）未纳入监盘的存货，应当实施替代审计程序，如获取被审计单位盘点表、内审报告、分析性程序、检查记录等。

3. 抽盘量

存货监盘为双重目的测试，若侧重于控制测试，抽盘和检查的数量较少（整合审计除外），若侧重于余额细节测试，则抽盘和检查的数量应多一些，如果只有少数项目构成了存货的主要部分，审计人员可能选择将存货监盘直接用作为实质性程序。不论何种目的，抽盘数量均应当按照《中国注册会计师审计准则第1314号——审计抽样》中的相关规定确定测试的范围和样本项目。下列为抽盘程序的一般步骤：

（1）定义总体，即确定存货监盘样本量，包括总体数量、测试单位（同类型存货）、总体的恰当性和完整性（核对存货清单总额与期末明细账和总账金额是否一致）。

（2）定义误差和不重要的差异，无法找到账面记录的存货实物，或者实际存在的存货无法从账面找到对应记录将被定义为误差。

（3）确定拟测试的项目数量并选取项目，包括期望的证据水平（高、中、低）、可容忍误差（0、1、2或其他数量级）、计算得出的需要测试项目数量、确定的实际测试项目数量、选样方法（随机选样、随意选样、单位抽样等）。

（4）执行测试，包括测试过程及记录、发现的误差数量、是否超过可容忍误差。

（5）评价结果，根据测试情况，作出结论，即测试结果是否可接受，若不可接受，需要扩大测试。

此外，存货抽盘还需要注意：

（1）抽盘样本的确定，应避免任何偏见或可预见性，要保证所有存货都有被抽中检查的机会。

（2）存货抽盘的计量单位是数量（个、吨、米等），而非其他实质性交易测试为货币金额单位，需要考虑数量转化为金额的影响，如果存在虽然存货数量大，但单价低的情况，确定样本时应当予以考虑。

（3）在执行测试时，需要实施双向测试：一是逆查法，即以存货盘点记录为起点，追查至存货实物，以对存在性作出判断；二是顺查法，即以存货实物为起点追查至盘点记录，以对完整性作出判断。

4. 监盘量和抽盘量与风险评估关系

监盘量和抽盘量与风险评估关系参见表 12–10。

表 12–10　　监盘量和抽盘量与风险评估关系

监盘量和抽盘量 风险评估情形	控制测试结果为较高程度信赖存货内部控制			控制测试结果为中等程度信赖存货内部控制		
	大	中	小	大	中	小
对财务报表影响有重大性		√		√		
不易清点的存货		√		√		
具有时效性的存货	√			√		
集成性存货		√		√		
品种繁多类存货			√			√
存放于多个地点			√			√
单位价值高且易移动	√			√		
需专门工具和方法盘点的存货	√			√		
季节性存货		√			√	
受环境影响较大的存货	√			√		
管理层具有较强舞弊动机	√			√		
无理由拖延推迟监盘时间	√			√		
建议注册会计师采用替代审计	√			√		

对于上市公司、IPO、新三板挂牌企业、发债审计等涉及公众利益实体的审计业务，以及其他将存货评估为重大风险领域的项目，应当适当提高监盘和抽盘比

例，如 IPO 监盘比例及抽盘比例通常宜分别达到 80% 及以上、50% 及以上。

（六）监盘对存货存放地点考虑

被审计单位存货存放地点不仅影响审计资源的投入，也可能影响监盘决策和存货错报风险。存货存放地点通常有：

1. 位于被审计单位主要生产经营场所。

2. 多地点存放，包括连锁型企业存货、销售区域较大且需要就地储备商品的企业。

3. 暂时存放于客户生产现场，如汽车零部件企业，通常将产品发往整车厂商，整车厂商领用前（零部件企业确认收入前）属于被审计单位的存货。

4. 委托第三方代销的存货。

5. 存放于第三方物流企业，即公共仓库，若有大量相同产品时，如何区别这些产品归属于被审计单位的部分。

6. 在被审计单位的客户现场进行生产形成的存货，如根据新收入准则，满足"客户能够控制企业履约过程中的在建商品"而按照一段时间确认收入的情形，存货往往位于客户现场，以及部分在客户现场作业的大型设备定制产品。

7. 委托加工发出存货，如珠宝首饰加工、机械产品加工，存货位于加工企业。

8. 过手贸易存货存放地点。

9. 境外存货，从事境外生产和贸易的企业存放于境外的存货。

10. 其他存放地点。

处于不同空间位置的存货，可以考虑采取的监盘方式或替代程序有：

1. 现场监盘。如不考虑审计成本，理论上所有的存货都可以实施实地监盘程序。

2. 函证程序。通常适用于第三方保管或控制的存货，如前述 3 至 7 项中存放地点的存货。应当关注的是，目前我国的社会诚信意识还有待提高，串通舞弊的现象时有发生，如函证程序，如果审计项目及存货非常重要，具有较高的错报风险，应当优先考虑实施现场监盘，而非只要存货位于异地，就仅实施函证程序。

3. 分析性程序，如被审计单位的存货存放在多个地点，审计人员可以要求被审计单位提供一份完整的存货存放地点清单，包括期末库存量为零的仓库、租赁的仓库，以及第三方代被审计单位保管存货的仓库等，根据存货存放地产品销售情况分析存货保有量的合理性。又如，存货由第三方保管的商业理由的合理性分析。

4. 检查相关文件。如在租用仓库的情况下，检查租赁合同、租金支出明细等，以印证存货保管的真实性。

5. 综合程序。对于存放于公共仓库、第三方物流的存货，如果特别重要，除函证外，还应当执行额外程序，如调查保管者的存货程序，取得其他注册会计师对保管者存货保管控制程序的报告，检查与第三方持有的存货相关的文件记录，如仓储单等，可能的情况亲自观察由保管者对存货实物的盘点。

6. 其他程序。审计人员还应当关注存货的权属，特别是非自行保管的存货，是否被作为抵押品，要求其他机构或人员进行确认，并记录于审计工作底稿。对于黄金珠宝等价值大、体积小、便于移动，且本身无明显所有权标识的存货，除采取检查采购合同和发票等外，还应要求被审计单位出具所有权归属的书面声明文件。

在获取完整的存货存放地点清单的基础上，审计人员可以根据不同地点所存放存货的重要性以及对各个地点与存货相关的重大错报风险的评估结果，选择适当的地点进行监盘，并记录选择这些地点的原因。同时在连续审计中，审计人员应考虑在不同期间的审计中变更所选择实施监盘的地点。

（七）存货盘点（监盘）的时间考虑

1. 资产负债表日之前实施盘点（监盘）

相关会计法规没有要求被审计单位只能在资产负债表日开展盘点工作，如果在资产负债表前盘点，需要考虑盘点日与资产负债表日的间隔、被审计单位内部控制、存货流转量等因素影响。如果被审计单位内部控制较差，审计人员一般不应接受其只能在期中盘点的做法；即使内部控制有效，若与资产负债表日的间隔超过 3 个月，也不宜接受。对于上市公司等风险较高的审计业务，原则上不建议盘点及监盘时间在资产负债表日之前。对于采取实地盘存制的被审计单位，必须要求在资产负债表日进行盘点。

特别地，首次接受委托对存货期初余额的审计，按照《中国注册会计师审计准则第 1331 号——首次审计业务涉及的期初余额》要求实施审计。

2. 资产负债表日实施盘点（监盘）

大多数被审计单位关于存货的内部控制中，都明确年度终了应开展盘点工作，即盘点日为资产负债表日。由于不需要“倒扎（前推或后推测试）”盘点日与资产负债表日之间的存货变动情况，减小了存货错报的可能性和审计风险，审计人员在计划审计工作时，应当和被审计单位沟通，优先安排在资产负债表日进行盘点和监盘。对于 IPO、上市公司等高风险类证券业务，且存货项目对财务报表具有重大性影响的，审计人员应当建议被审计单位在资产负债表日盘点。

在执行盘点和抽盘具体时间安排上，需考虑以下因素：

（1）对存放在不同场所的相同存货项目应当在同一时点进行盘点，而不应安排在不同日期盘点，以避免存货转移和相互调度的可能性。

（2）盘点时一般停止存货流转，但由于生产特点如自动流水生产线的原因，无法做到存货完全停止领用的情况下，审计人员在考虑其合理性的基础上，可以通过询问管理层以及阅读被审计单位的盘点计划等方式，了解其对存货移动所采取的控制程序和对存货收发截止影响。在实施存货监盘程序时，审计人员需要观察被审计单位有关存货移动的控制程序是否得到执行。同时，审计人员可以向管理层索取盘点期间存货移动相关的书面记录以及出、入库资料作为执行截止测试的资料，为监盘结束的后续工作提供证据。

3. 资产负债表日之后实施盘点（监盘）

实务中，受会计师事务所人员数量制约，难以同时进驻被审计单位现场监盘，或由于不可预见因素，如天气原因、航班误点、管制等，审计人员无法亲临现场，即由于不可抗力导致其无法到达存货存放地实施存货监盘，以及可能存在资产负债表日后接受委托，不少审计业务项目未能在资产负债表日实施监盘，这种现象较为普遍。这时审计人员需要提请被审计单位另择日期重新盘点，或实施替代程序。

审计准则规定，如果存货盘点在财务报表日以外的其他日期进行，审计人员除实施规定的存货监盘程序外，还应当实施其他审计程序，以获取审计证据，确定存货盘点日与财务报表日之间的存货变动是否已得到恰当的记录。由于“倒扎”测试程序较为复杂，特别是存货采购、领用和销售频繁，且离资产负债表日越远的情况下，监盘日获取的审计证据可靠性越低，需要耗费更多的审计资源越多。“倒扎”测试方法及关注要点为：

（1）评估和识别异常项目，如比较盘点日和资产负债表日之间的存货信息以识别异常项目，并设计和实施针对性的审计程序。

（2）实施分析性程序（作为实质性程序），分析期间存货周转率或存货周转天数、月均采购额、月均销售额、存货保有量等指标，是否与其他月份存在重大偏离。

（3）对盘点日至财务报表日之间的存货采购和存货销售分别实施双向检查，例如，对存货采购从入库单查至其相应的永续盘存记录及从永续盘存记录查至其相应的入库单等支持性文件，对存货销售从货运单据查至相应的永续盘存记录及从永续盘存记录查至其相应货运单据等支持性文件。

（4）测试存货销售和采购在盘点日和财务报表日的截止是否正确。

（5）实施其他审计程序，如检查运输费用发生额，印证存货采购和销售的匹配性。

4. 其他监盘时间的特殊考虑

前述盘点和监盘时间，往往是审计人员与被审计单位沟通协商确定，同步或间隔较近进行。由于被审计单位事先知悉盘点和监盘的范围和时间计划，为其舞弊提供了机会。所以，对于具有较高舞弊风险的客户，审计人员可以考虑增加监盘程序的不可预见性，例如，在不事先通知被审计单位情况下，要求二次抽盘，或者择机再次进入被审计单位现场观察已经盘点的存货。

此外，某些具有季节性的存货，如从事粮食、种子、果蔬生产的企业，采购收割集中于较短时间，且很快实现销售，资产负债表日存货余额往往较少。审计人员可以在这些被审计单位存货集中入库时监盘，能够获取存货及销售更为可靠的审计证据。

示例 12-7 监盘时间安排不恰当

S上市公司主要从事黄金及黄金饰品销售业务，资产负债表日黄金库存余额较大。审计人员于次年2月进入S上市公司进行现场审计，并与被审计单位确定了存货监盘的具体时间。在实施监盘过程中，库存黄金数量与账面记录完全一致，审计人员倒轧至资产负债表日，确认财务报表的账面金额，并出具了标准无保留意见的审计报告。

审计人员事后得知，S上市公司库存黄金实际已全部被其实际控制人挪用，用于应付监盘的黄金系向同行暂时借用，监盘完成后即将黄金全部归还。因存在重大违法违规行为，该上市公司已经被终止上市。由于监盘时间安排不当，未考虑在资产负债表日进行监盘，及资产负债表日后另择日期及不事先通知被审计单位的情况下二次抽盘，审计人员未能发现被审计单位的重大舞弊行为，导致审计失败。

（八）监盘过程中的观察要点

监盘最重要工作（与抽盘同等重要），就是观察被审计单位管理层制订的盘点程序的执行情况，以评价存货盘点结果。审计人员监盘过程中，主要观察要点包括：

1. 观察盘点表单的使用、控制情况，如对盘点表的收发是否有适当的控制程序；为减少潜在的遗漏或重复盘点，是否使用复制的预先编号的存货标签，或制定了能够提供相同控制效果的类似制度或程序。若被审计单位未使用盘点标签，应了解其如何确定已盘点的存货。

2. 观察盘点用工具（如某些特殊存货需要专用工具）是否完好、计量方法是否恰当，如检验磅秤的精准度，并留意磅秤的位置移动与重新调校程序，将检查和重新称量程序相结合，检查称量尺度的换算问题。盘点后需要计算的，复核计算公式及计算结果是否正确。

3. 观察货物的堆放方式及液态物质的质量特征，如是否有中空，液体的纯度、品级等。对以包装箱等封存的存货，考虑要求打开箱子或挪开成堆的箱子，观察是否有中空，以及存货的完好状况。

4. 观察在盘点时是否有存货在移动（收发），盘点期间盘点人员如何收集存货收发截止信息。

5. 观察是否将受托代销或代管的存货与被审计单位存货分开存放，且出入库记录完整。

6. 观察是否将委托代销、委托加工和存放于第三方的存货纳入盘点范围。

7. 盘点过程中，是否将陈旧、呆滞、过时、过期或临近过期、毁损等存货不良状态准确记录在盘点表中，特别是保质期较短的存货，观察是否在保质期内。

8. 观察产品标识，如名称、规格、型号等，是否为被审计单位生产的产品。

9. 观察中询问相关事项，如询问是否有存放在其他地点的存货，询问生产和管理人员关于陈旧过时情况，询问寄售方或客户代保管情况，以及询问观察到的异常现象。

10. 观察盘点结果汇总表，以及盘盈、盘亏分析，相关表单是否有修改痕迹。

11. 被审计单位盘点结束前，再次观察盘点现场，以确定所有应纳入盘点范围的存货是否均已盘点。

示例 12-8 存货监盘过程中存在问题

皇台酒业（000995）2016 年年度报告披露的期末库存商品账面余额 1.31 亿元，其中母公司库存商品账面余额 1.308 亿元，母公司库存商品账面余额实际为 4 454.95 万元，虚增金额为 8 629.88 万元。

审计人员在执行存货监盘程序时，对于被审计单位工作人员拒绝审计人员在酒垛顶部、打开酒垛进行抽盘检查的异常情况，未保持应有的职业怀疑，只是对部分酒垛四周容易取到的箱子进行开箱检查，以至于未发现被审计单位以码空垛形式虚增在库库存商品的行为。

资料来源：中国证监会网站。

（九）监盘过程中的检查要点

结合观察到的情况，审计人员还应当实施相应的检查、分析程序，以评价管理层用以记录和控制存货盘点结果的指令和程序准确性。主要检查要点包括：

1. 检查所有与盘点相关的表单和盘点计划，设计是否合理，盘点计划是否可行，盘点人员职责是否清楚等。

2. 为了验证存货账面记录的准确性，应将存货账面记录与有关数据核对，包括：仓库台账数量与存货盘点汇总表的数量进行核对；仓库台账数量与存货明细账（数量金额账）核对；存货明细账（数量金额账）与总账中的金额核对；总账金额与财务报表中的存货原值进行核对。

3. 如果存货盘点在资产负债表日以外的其他日期进行，审计人员应对存货盘点至资产负债表日的存货收发存记录进行查验。

4. 由于财务记账时间与仓库台账录入时间不一致造成的差异，应编制差异调节表，调整后仍存在重大差异的，应查明原因。对于被审计单位完成存货盘点后所形成的存货盘点汇总表中列明的存货盘点差异，审计人员应关注被审计单位对盘盈或盘亏进行的分析、调查以及相应的处理。存货盘点差异分为系统差错、偶然差错，该差错形成的原因有可能是盘点方法产生的误差，也可能是存货正常收发中的计量溢缺。如表明被审计单位内部控制存在缺陷的，还需评价内部控制缺陷的严重程度以及是否需要实施进一步审计程序。

（十）考虑存货监盘对审计意见的影响

因存货监盘影响审计意见，主要有三种情形：一是监盘发现财务报表因存货数量及金额导致重大错报，且被审计单位拒绝调整；二是监盘发现存货的状况可能存在减值，但难以合理判断金额；三是无法实施存货监盘，也无法实施替代审计程序，使得审计范围受限。前两种情形较为明确，第三种情形需要谨慎处理。

无法实施监盘，除了受客观因素制约外，还可能有被审计单位相关人员主观因素，审计人员应高度关注由此可能导致的舞弊风险，认定存货存在最有效的手段是现场监盘，替代测试获得的证据的可靠性有限，因而不能轻信被审计单位解释无法实施监盘而采取替代审计程序。

（十一）恰当记录监盘工作

监盘工作底稿应当反映项目组关于存货数量和状况获取的充分、适当的审计证据，体现风险导向审计思路，区别会计责任和审计责任，注重审计程序和证据的规范性，做实审计工作底稿。

1. 如风险评估和审计计划将存货确定为重大错报风险领域，依据应充分，应对措施应恰当。

2. 存货控制测试（若适用）与监盘实质性测试应可衔接。

3. 获取被审计单位盘点计划并要求其提供一份完整的存货存放地点清单，包括期末库存量为零的仓库、租赁的仓库，以及第三方代被审计单位保管的仓库等。

4. 获取被审计单位的存货盘点表（复印件），完整的盘点记录有助于审计人员实施监盘和其他检查程序，并反映账、表、证、物核对信息。

5. 记录监盘中观察到的被审计单位盘点情况，盘点表有明显的留痕，包括数量核对痕迹，如监盘数量、存货明细账数量、ERP 数量三者核对留痕（盘点、监盘、抽盘数量单位与账面核算计量单位不一致的，应有折算过程），存货状态描述等，并经盘点参与人员（含项目组监盘人员）签字确认。

6. 监盘情况汇总表应反映仓库所在地址、监盘人、被审计单位参与人、盘点时间、资产负债表日存货账面金额、监盘金额、监盘比例等完整的信息。

7. 区别被审计单位工作与项目组的工作，如不应以被审计单位的盘点计划替代审计人员的存货盘点计划问卷和存货监盘计划；不应以被审计单位的盘点表替代审计人员的监盘记录。

8. 记录抽盘样本选择及测试过程和结果，监盘量和抽盘量与风险评估结果挂钩，不应以监盘记录替代抽盘记录。

9. 详细记录特殊存货的盘点及监盘方法和过程，若利用专家工作，评价和复核其工作结果。

10. 替代审计程序执行有效，如异地存货函证程序应符合函证准则规定，如实检查"倒扎"期间的存货交易，获取相关合同协议、声明等证据。

11. 保存监盘过程中获取的影像、视频、照片等非书面文字性资料。

12. 获取存货所有权证明或声明（如适用）。

13. 其他必要审计证据。

14. 审计证据分类排序，索引号标识清晰。

四、审计案例

案例12-4

振隆特产 IPO 审计监盘问题

2012~2014 年，振隆特产各年末存货余额分别占资产总额的 44%、39% 及 26%。经查，振隆特产分别通过调节出成率、调低原材料采购单价以及未在账面确认已处理霉变存货损失的方式虚增利润和存货。虚增利润金额分别占当年利润总额的 25.52%、32.85% 及 32.43%；虚增存货金额分别占各年末资产总额的 3.11%、6.51% 及 7.26%。

RH 会计师事务所作为振隆特产 IPO 审计机构，对振隆特产 2012 年、2013 年及 2014 年财务报表进行审计并出具了标准无保留意见的审计报告，审计收费 130 万元。RH 事务所在审计过程中未勤勉尽责，其所出具的审计报告存在虚假记载，对振隆特产 2012 年至 2014 年与存货相关的项目进行审计时未勤勉尽责，证监会对该事务所进行了行政处罚。

案例讨论：

RH 事务所审计的主要问题，是存货监盘程序实施不到位，具体而言：

1. 未按照审计准则的要求设计舞弊风险应对措施、执行总体审计策略相应的审计程序

RH 事务所对振隆特产 2013 年及 2014 年财务报表进行审计时，将存货评估为存在舞弊风险，将存货和营业成本评估为存在重大错报风险，并将存货评估为存在特别风险。在舞弊风险应对措施中提出，在观察存货盘点的过程中实施额外的审计程序，如更严格地检查包装箱中的货物、存货堆放方式等。但审计人员在监盘过程中，在振隆特产的存货密集堆放，各垛物品间没预留可查看空间的情况下，只对顶层、侧面以及外围的存货进行抽样检查，未对垛中心存货进行检查。此外，RH 事务所在总体审计策略中提出，核对库房进销存账与财务账是否一致，但实际未执行。

2. 未按审计准则及总体审计策略的要求，实施有效的抽盘程序

2012~2014 年振隆特产虚增的以及存放于天津代工厂的存货金额分别占各年末存货金额的比例为 24.84%、30.97% 及 41.49%，该部分存货于各年年末在振隆特产的自有库房中是无法盘点出来的，而 RH 事务所在审计底稿中记录 2012 年、2013 年及 2014 年的抽盘比例分别是 54.36%、67.85% 及 88.56%。且实际监盘时，事务所监盘人员仅从每一垛存货中抽出部分存货进行称重或查看质量，进而认为整垛存货是经过抽盘的，故实际抽盘的比例远低于审计底稿记载的比例。此外，2013 年及 2014 年，RH 事务所在总体审计策略中提出要加大抽盘的范围与数量，但实际也未执行。

第四节　观察与问询

一、审计目标

（一）观察

观察是指审计人员查看相关人员正在从事的活动或实施的程序或流程，以了解：

1. 该流程是由谁执行的。
2. 该流程是在什么时间执行的。
3. 该流程是如何执行的。

例如，审计人员可以观察被审计单位的存货盘点流程。观察通常在没有可追溯的审计线索的情况下使用。观察可以提供执行有关流程或程序的审计证据，但

观察所提供的审计证据仅限于观察发生的时点，而且被观察人员的行为可能因被观察而受到影响。因此观察本身很少能够提供充分、适当的审计证据，通常还需要其他审计程序的佐证。

观察程序的目的在于了解被观察对象如何执行相关流程或程序，例如，在审计项目组内，项目合伙人应当通过观察和必要的询问，对项目组成员违反相关职业道德要求的迹象保持警觉；在风险评估过程中，在了解和评价被审计单位对控制的监督时，可能会采用观察的方法来了解内部监督的实际执行情况；在了解信息系统内部控制时会观察信息系统的访问授权情况。因此在不同的审计流程中，观察始终为所获得的直观的、第一手信息所服务。

（二）询问

询问是指审计人员以书面或口头方式，向被审计单位内部或外部的知情人员获取财务信息或非财务信息，并对答复进行评价的过程。这一程序可以用于对所有财务报表认定的测试，但仅凭询问无法获得充分的审计证据。因其便捷灵活，作为其他审计程序的补充，被广泛应用于整个审计过程中。询问程序的主要应用方面包括：

1. 作为了解被审计单位及其环境时的必要步骤，包括了解其内部控制和验证审计人员的了解。

2. 因为询问有助于各类检查、观察、函证和控制测试及其他实质性测试目标的实现，是大多数其他审计程序的出发点。例如，通过询问获取相关解释，然后对其进行验证的效率可能比筛选大量的细节性证据要高很多。

3. 在遇到重大或异常情况时获取解释。

4. 获取通过其他程序无法获得的信息。

二、常见审计问题

1. 忽视执行程序的审计目的，程序执行无效或者效果较差。

2. 将观察和问询单独作为一项审计程序应用于重大错报风险领域。

3. 采取视频远程实施观察程序时，未考虑可能存在的观察到的活动与实际情况不符的风险。

4. 未将观察或询问结果记录于工作底稿。

三、观察关注要点

（一）确定被观察活动内容和范围

在采用观察程序时，应关注被观察对象的活动内容中与审计人员所需获得信息相关的部分，同时也应关注观察的范围是否恰当。观察范围的恰当与否有时会决定审计程序的有效性。例如，在存货监盘过程中，审计人员应在监盘开始之前，对于盘点场所布局进行观察，了解实物在监盘前后流转的情况，是否存在未纳入盘点范围的存货。在对黄金等贵重物品进行盘点时，监盘过程中应持续观察场所情况，柜台和仓库的前门和后门是否一直是封闭状态，这样可保证黄金不能反复移动而被重复盘点。

（二）观察程序的完整性

观察程序一般应在被观察的活动全部完成后结束而不应仅部分执行。例如，在对被审计单位的存货监盘过程中，如果选取了重要仓库或存货类别作为监盘对象，应在被选取仓库或类别的主要存货全部盘点结束后离开，而不应仅观察短时间即认为完成观察程序。在监盘完成或过程中，对于存在数量差异的存货的处理情况也可能采用观察或检查等程序，以了解被审计单位是否有效执行了账实核对的相关内部控制活动。

（三）观察程序的局限性及可能的风险

观察程序因为仅能在被观察对象执行审计人员所需了解的活动时才能执行，因此具有一定的局限性。例如，部分被审计单位可能只在每年年末执行一次全面盘点，因此审计人员可能只能利用此次机会进行监盘，如果现场发生异常的、未预期的情况就需要及时调整审计策略进行应对，如果审计策略未调整或者调整后的审计应对方法不够有效，则可能无法达到预期的观察的目的，从而带来审计风险无法有效应对的风险，或只能采用较高成本的其他替代方法。观察程序的局限性还表现在有些活动的结果不能仅通过观察这一种方法来确定被审计对象是否存在不恰当的情形或活动，例如因为被观察对象已知有审计人员在场，可能在执行相关活动时表现优于平时，而平时的表现有可能是不符合相关要求的。该种情形下可能需要审计人员结合其他审计程序获得的审计证据来评估被审计单位的相关活动、会计认定等。

（四）观察程序的底稿记录

根据审计准则，未在审计底稿内记录的程序将被视为未执行的程序，因此对于观察这类可能缺乏书面资料支持的程序的记录应予以重视。将观察内容记录于工作底稿时需关注：

1. 计划采用观察程序的原因及预期目的，考虑是否会受到程序本身局限性的影响。

2. 清晰简要记录所观察人员的名称、职务和时间，及整个观察活动过程。

3. 说明是否根据所观察的情况，或结合了其他的审计程序，已获得了相关的审计证据，得出适当的审计结论。

四、询问关注要点

（一）识别问题或所需的信息

审计人员需要对被审计单位的内外部环境、包括公司治理、管理、运营、风险应对、整体层面和业务层面的内部控制等众多方面进行了解后进行财务报表审计的风险识别与应对工作，因此在审计中所需要获得的信息数量是较大，询问作为一项易于执行、高效的审计程序广泛应用于审计的各个阶段。审计人员所需要了解的信息和内容一般也是围绕相应的审计目标展开，因此应根据明确的审计目标来组织所需要了解的问题和信息，有针对性地进行询问，借助询问的双向沟通效果获得询问程序预期的结果。或者在询问和其他审计程序结合使用时，起到更好地执行其他审计程序的辅助作用，得到综合执行询问+其他程序（检查或观察等）的良好效果。

（二）确定适当的询问对象

询问对象较为广泛的，既有被审计单位内部的治理层、管理层、普通员工，也可能涉及被审计单位外部的服务机构、供应商、客户等，如询问治理层和管理层有关舞弊的事宜，向被审计单位聘请的律师询问涉诉事宜，与供应商或客户询问函证不符事宜等。

确定适当的询问对象将保证可以有效和完整地获得询问所需了解的信息。例如，审计人员计划了解销售情况，应请财务人员联络销售部负责人而非其他部门，即使是与销售很相关的市场部门。另外根据所询问问题的详细程度和方向，需要考虑被询问者的级别和职责分离的控制限制情况，并非所询问部门内的所有人员都可以提供恰当的信息。

（三）注重询问技巧

1. 不要暗示对方“合适”的答案，如仅仅以“是/否”即可回复的问题。

2. 提出问题应有一定的逻辑性，考虑可询问的时间限制（如有），循序渐进地提出问题。

3. 提出的问题应尽可能明确清晰，这样可以从被询问者处获取较多的可用信息并避免浪费时间，特别是时间紧张的情况下。例如，经验丰富的或高级别的审计人员通常可以比低级别的审计人员可以从同一被询问对象处获取更多更精确的信息。

4. 对同一问题应尽可能在同一次询问时获得对整个问题的全面综合的了解，避免就同一问题反复多次进行询问，既不专业也没有效率。

5. 应以专业、平和、礼貌的态度与被询证者进行沟通，使得对方可以较为顺畅地以审计人员规划的询问方式和方向进行沟通。

6. 因询问程序所使用的普遍性，被询问者通常可以在此过程中了解审计人员的专业性水平，所以审计人员应注意对询问技巧的学习和提高专业水平和素质。询问方式示例可参考表 12–11。

表 12–11　询问方式示例

询问方式	示例
信息型询问	关于这个业务，您还有什么可以告诉我吗？那你觉得什么问题最棘手？那表示有什么更重要的事情吗
信息型询问	事件是如何发生的？在什么时候发生的呢？最后的结果是什么
评估型询问	我可以理解你的做法；我可以理解，企业的竞争压力很大
评估型询问	你是否可告诉我关于这份合同的来龙去脉；看来我之前理解错了，谢谢你的耐心解释
质问型询问	这些数据正确吗？这些都是最新的合同吗

（四）注意倾听回答

1. 在对方回复并不是针对所提出问题时，应礼貌重复提醒所提出的问题，避免对方无意或有意的“跑题”。

2. 在对被询证者的回复不能完全理解的情况下，可重复自己对对方的回复的理解，请对方确认或补充。

3. 在被询证者的回复比较模糊的情况下，审计人员可以针对回复中所含重点信息再次明确问题，或者转换问题的形式以获得对同一问题实质的答案。

4. 审计人员还应关注询问过程中被询问对象说话速度、语调和身体语言等传达的潜在信息，例如被询证对象在回答问题时频繁更改陈述，可能传达了被询问者本身对问题的回复不确定，或想拖延时间的潜在信息。

（五）审慎对待被审计单位的回复

以职业怀疑的态度对答复进行评价，关注其中可能存在的舞弊迹象。例如，如果管理层或治理层对询问作出的答复相互之间不一致或与其他信息不一致，审计人员应当对这种不一致加以调查，考虑存在的舞弊风险。

在舞弊风险较高的审计项目中，保持较高的职业怀疑态度是有必要的，在询问过程中，除了巧妙设计所询问的问题外，还应观察被询问者的肢体语言等各方面的表现，并可考虑适时对于明显的表述矛盾深入了解。

（六）将询问过程记录于工作底稿

1. 详细记录所询问人员的名称、职务和时间等必要要素。

2. 底稿内记录应遵循五个“W”（why&where&what&who&when）的原则，清晰简要完整地以书面语言规范记录。

3. 对于重要事项的询问，应在整理好询问记录后要求被询问者签名确认。

4. 针对某些事项，审计人员可能认为有必要向管理层和治理层（如适用）获取书面声明，以证实对口头询问的回复。

五、审计案例

案例12-5

连城兰花审计中访谈程序执行问题

2014年5月，福建金森（002679）开展并购福建连城兰花部分股权的工作，LAD会计师事务所系福建金森本次重大资产重组的审计机构。经过证监会调查查实，连城兰花2012年度、2013年度、2014年1月至9月实际的营业收入是149 121 841.72元、158 550 198.61元、136 446 406.80元，各年（期）虚增营业收入分别为28 255 650元、27 463 495元、22 147 080元，虚增比例分别为15.93%、14.76%、13.96%。

LAD事务所的审计底稿未能证明审计程序的履行，应收账款函证结果汇总表（索引号：ED3-11）显示，审计人员对北京4家经销商（蔡某某、华某、黄某某、张某某）、上海2家经销商（李某芳、李某香）、福建1家经销商（项某某）和广东1家经销商（杨某某）进行实地走访；经销商走访工作总结（索引号CA-4）显示项目组成员田某珑等对前述连城兰花北京4家经销商、进行现场观察、访谈；审计总结（索引号CA-6）显示审计人员对厦门1家、上海2家、北京4家经销商分别进行实地走访，执行询问、观察、记录、拍照等审计程序。但审计工作底稿中未见上述实地走访的相关记录。项目组对前述北京4家经销商进行现场观察验证，未对经销商进行访谈，项目组也未对连城兰花其他经销商进行实地走访。上述情况不符合《中国注册会计师审计准则1301号——审计证据》第十条的相关规定。经查，2012年1月至2014年9月连城兰花账面记录的对蔡某某、项某某（上述应收账款函证结果汇总表、审计总结中涉及的两位经销商）虚假销售收入累计达17 066 335元。

案例讨论：

审计人员应将实地走访程序做实做细，充分采用观察和询问等审计程序。委派具有丰富经验的审计人员，并在访谈过程中保持高度的职业怀疑态度。审计人员在执行实地走访程序时，除了通过访谈（询问）获取关于访谈对象与被审计单位的业务关系、合同条款以及业务情况等信息外，还应通过实地观察的方式充分关注访谈对象的业务范围、经营规模、仓储情况和销售现状。

例如，当主要客户为销售终端时，审计人员可以根据被审计单位对其年销售额估算该销售终端的日销售量，并与实地走访时观察到的相关信息进行对比，以判断访谈对象的业务规模与交易规模是否相符；还可以根据销售规模以及访谈时获取的经营情况与实地观察的仓储规模相对比，以判断实地走访获取的信息与被审计单位的财务信息是否相符。审计人员也可考虑对被审计单位的整体销售情况执行实地走访，如对于集中在某一地区的销售情况考虑走访终端销售，例如超市或专卖店等，实地观察是否有相应产品销售，同时还可以随机访谈顾客，询问其对产品的认知度，对产品的销售情况获取佐证性证据。

资料来源：中国证监会网站。

第五节　重新计算

一、审计目标

重新计算是审计人员对记录或文件中的数据计算的准确性进行核对。例如，重算固定资产折旧费用、计算发票总额或合计明细账以与总账相核对，重新计算可以通过手工或电子方式进行。重新计算程序可用于除权利和义务之外的所有认定，主要目标是复核被审计单位相关会计记录是否恰当。

二、常见审计问题

1. 忽视重新计算的基础数据的来源、口径等与财务账面记录不一致。

2. 对于重新计算结果和财务账面记录之间的差异未进行必要分析调查，未确定是否需要进行审计调整。

三、审计关注要点

（一）重新计算的数据来源

在执行重新计算之前，需要关注重新计算的数据来源是否与形成被审计单位财务计录金额的依据是否一致。例如，在对被审计单位的短期房屋租金进行重新计算时，审计人员获得的房租合同是否为正在执行的、有效合同，如在当期有变更租金的情况，应获得变更前后的租房合同。如果一个办公场所的合同在同一会计期间有两份且租金单价或者面积不同，则可能在缺少其中一份合同时，将无法完成重新计算程序。如果已知被审计单位采用的数据来源不恰当的情况下，审计人员一般可按照正确来源的数据独立进行重新计算。例如，如果产品单价固定，审计人员拟采用重新计算某类主要产品的收入金额来核算账面金额的话，那么从销售部门直接获得的销售数量将相对真实、准确。同时也应考虑不同来源的数据之间是否存在重要差异，差异原因是否可能显示存在舞弊迹象。

在对完整性采用重新计算程序时，应确保基础数据的完整性，如对于利息支出存在低估风险时，应获取当期正在履行期间内的全部贷款合同才能达到该测试目的。

（二）重新计算与被审计单位数据差异的分析

审计人员独立重新计算出来的结果可能与被审计单位的账面金额（余额）存在差异，如果差异小于明显微小错报，一般情况下不需要执行进一步审计程序，除非差异的性质显示存在重大错报或舞弊的可能。

在差异大于明显微小错报时，需要进一步分析差异产生的原因，产生差异的原因可能有多种，双方有一方计算错误、双方的计算口径、计算方法不同等均有可能产生差异。如果存在差异的原因具有合理性，通常需要审计人员将产生差异的原因了解清楚，并扣除其影响后再观察剩余差异金额的情况，根据金额大小和重要性等因素考虑是否需要进行审计调整。实务中，最常见的重新计算程序是对固定资产折旧重新计算，一般在差异金额较小且了解其产生原因后，会将其作为未更正错报进行汇总而不直接进行审计调整，因为固定资产数量和品种均较多，被审计单位一般根据会计软件每期自动计算折旧额。如果进行审计调整后则因为在会计软件中难以录入审计调整的原因，需要在以后各期进行相应审计滚动调整，为以后期间的审计工作带来较大的工作负担，而相关事项对财务报表的影响可能较为有限。

（三）重新计算与合理性测试的区别

重新计算相对比较容易理解，合理性测试是分析性方法之一，两者的区别如折旧复核示例。固定资产的计价－折旧费用的复核有两种方法：一是重新计算，审计人员根据被审计单位的固定资产原始金额、购入日期等信息和折旧政策重新计算折旧费用；二是合理性测试，通过加计平均期初期末两个时点的各类固定资产原值，再乘以各类固定资产的折旧率来估算出来本期折旧费用金额，并预计估算金额在上下 10% 之内的范围是被审计单位本期折旧费用的合理区间。

审计人员可以简单理解在计算（或测算）精度不能达到 100% 的情况下，这时所实施的程序应为合理性测试（通常计算结果是在一个区间内则被认为是合理的），而重新计算则一般应可以把计算精度基本确定在 100%。所以在对审计差异进行处理时的策略也有不同，通过重新计算发现的审计差异（事实错报）统计在已更正错报汇总表内（错报金额或性质较高时）或者在未更正错报汇总表内（错报金额或性质较低时）；而通过合理性测试发现的审计差异（推断错报）一般应统计在未更正错报汇总表内而不宜统计在已更正错报汇总表内（推断错误无对于具体明细，无法进行审计调整）。

（四）重新计算的底稿记录

1. 清晰记录重新计算所获取数据的来源，必要时应分析其完整性或者可靠性。

2. 纸质版底稿中应采用公式和标号、编码等标明计算因素之间的计算关系，电子工作底稿中应包含计算所采用公式及具体计算过程。

3. 计算结果的比较情况，重新计算结果存在差异时，应对存在的差异和相关影响进行分析说明，并确定最终影响金额，判断是否需要统计在未更正错报汇总表或已更正错报汇总表中。

第六节　检查

一、审计目标

检查是审计人员使用最广泛的审计程序。审计人员在整个审计过程中需要根据不同的审计目的对被审计单位提供的审计资料、实物资产等实施检查程序。其他审计方法，包括函证、监盘、分析性程序等所获取的证据也需要实施检查程序验证。审计人员检查程序针对的对象主要有两类：

一类是记录或文件。检查记录或文件是审计人员对被审计单位内部或外部生成的，以纸质、电子或其他介质形式存在的记录和文件进行审查。检查记录或文件的目的是对财务报表所包含的或应包含的信息进行验证。

另一类是有形资产。检查有形资产是指审计人员对实物资产进行检查，主要包括现金、存货、固定资产、在建工程等，也适用于有价证券、应收票据权利性凭证。

检查程序发生在审计全过程的各个阶段，以实现不同的审计目标：

1. 在风险评估阶段，检查被审计单位历史沿革、等资料，了解被审计单位及其环境。

2. 了解和测试业务层面内部控制阶段，检查内控政策资料、穿行测试、控制测试样本，以了解和评估被审计单位业务层面内部控制设计和执行有效性。

3. 在实质性测试阶段，对分析性程序、细节测试中所获取的证据、信息进行检查，以核实真实性、可靠性、准确性。

4. 在其他项目审计阶段，对期后事项、专家工作等审计过程中获取的审计证据进行检查，以核实真实性、可靠性、准确性。

二、常见审计问题

1. 未实际对文件资料等进行检查，存在“放飞机”等流于形式现象。

2. 未仔细查看、审阅文件及相关资料的重要内容，如影响会计确认、计量的条款。

3. 未记录检查过程和结论，导致无法证明已实施检查审计程序。

三、审计关注要点

（一）关注检查范围

一般情况下，审计人员检查范围局限于被审计单位自身的相关财务信息和资料。但是，如果识别出被审计单位存在舞弊迹象，且通过常规审计程序无法获取充分、适当的审计证据，审计人员需要考虑将检查范围延伸至第三方。例如，审计人员对收入真实性存在重大异常情况，可利用企业信息查询工具，查询主要供应商和客户的股东至其最终控制人，以识别相关供应商和客户与被审计单位是否存在关联方关系。在经销模式下，延伸检查被审计单位经销商的最终销售实现情况。

（二）关注记录或文件的真实性

审计人员应当对所检查记录和文件的真实性保持必要的职业怀疑态度。不论是审计单位提供的内部记录和文件，还是获取的外部文件资料，只有是真实的记录或文件，才能为审计结论提供可靠的证据支持。审计人员实施审计活动，任何时候都应将真实性放在第一位。因此，检查程序的首要任务是发现记录或文件是否存在虚假的不实证据，审计人员将可能存在虚假记录或文件选择挑选出来，如果未能发现被审计单位虚假记录或文件审计人员将面临重大审计风险。

以下是一些可能表明记录和文件真实性存有疑虑的迹象：

1. 缺乏必要的签字或盖章。例如，销售合同未加盖双方公章或合同章，银行进账单无经办人员签章。

2. 缺乏必要要素。例如，购销合同中关于货物质量、包装标准、付款条件即需要提交的文件等规定，都是双方履行各自义务的约定，属于合同必备条款。

3. 不同文件之间日期存在矛盾。例如，某公司海关进口货物报关单的签发日期早于该公司的申报日期，部分报关单协议编号显示为 1999 年，早于该货物相关生产线立项时间（2011 年 4 月）。

4. 字迹或印章。例如，签收确认单不同人员签字字迹雷同，合同上的印章和签字与回函签字或印章不一致，同一银行在不同月份提供的对账单上的印章不同等。

5. 与惯例不同。例如，某月份银行对账单制式与其他月份存在差异，出库单据编码规则不同。

示例 12-9

华锐风电确认收入的关键证据即吊装单，会计师事务所未对吊装单的可靠性进行合理判断。监管部门检查审计底稿发现：大部分吊装单仅有个人签字，而无业主方的盖章确认，会计师事务所未对签字人员是否有权代表业主方签署吊装单进行有效验证；大部分吊装单未注明吊装日期，对于其吊装完成时点以及确认当期收入的合理性，会计师事务所未予以充分关注。在吊装单存在上述严重不确定性的情况下，会计师事务所未向公司索取向每日动态表、发货验收单等资料予以比对判断，未对吊装情况获取进一步的审计证据。

资料来源：中国证监会网站。

示例 12-10

会计师事务所在对胜通集团发债审计过程中，未关注到被审计单位纳税申报资料的明显异常。2013 年度，会计师事务所取得的胜通钢帘线相关增值税纳税申报表中存在以下异常：

1. 会计师取得 2013 年 2 月、4 月、6 月、9 月的增值税纳税申报表的税务机关接收日期分别为 2013 年 3 月 17 日、2013 年 5 月 12 日、2013 年 7 月 14 日、2013 年 10 月 13 日，上述日期皆为周日，2013 年 11 月的增值税纳税申报表接收日期为 2013 年 12 月 14 日，该日期为周六。

2. 相关纳税申报表的接收人员签字、接收日期、税务机关的盖章都未在指定位置。针对胜通钢帘线 2013 年度的所得税审计中，未见会计师事务所取得税务部门出具的汇算清缴报告或者税务代理机构出具的纳税鉴证报告。并且会计师事务所取得的年度所得税纳税申报表存在以下异常：①企业所得税年度纳税申报表（A 类）相关金额只有审核数没有申报数，相关签名盖章部分没有“主管税务机关受理专用章”“受理人”“受理日期”相关栏目；②企业所得税申报表中无主管税务机关接收的相关填写内容，税务机关却有盖章。

2014 年度，会计师事务所取得相关增值税纳税申报表中存在以下异常：

1. 增值税纳税申报表的主管税务机关接收人、接收日期均未签字或者签章。

2. 胜通钢帘线提供的 2014 年 6~12 月的增值税纳税申报表的接收机关的印章与之前的印章有明显的区别，未见会计师就该变化对企业进行询问。针对胜通钢帘线 2014 年度的所得税审计中，未见会计师事务所取得税务部门出具的汇算清缴报告或者税务代理机构出具的纳税鉴证报告。并且会计师事务所取得的年度所得税纳税申报表存在以下异常：①企业所得税年度纳税申报表（A类）相关金额只有审核数没有申报数，相关签名盖章部分没有“主管税务机关受理专用章”“受理人”“受理日期”相关栏目；②企业所得税申报表中无主管税务机关接收的相关栏目，却有税务机关盖章签字。

2015年开始企业采用网上申报，但是会计师事务所取得胜通钢帘线相关增值税纳税申报表中存在“档次”一列的行宽被人为压缩的情况，另外在网上申报的情况下，未见会计师将企业提供的资料与企业报税系统数据进行比对的审计过程。在网上申报的情况下，会计师事务所取得胜通钢帘线、胜通化工2015年度所得税纳税申报表，未见会计师将企业提供的资料与企业报税系统数据进行比对的审计过程，未见会计师取得企业的纳税申报鉴证报告。

资料来源：中国证监会网站。

（三）关注记账凭证后附原始凭证的完整性

记账凭证后附的原始凭证是被审计单位记账依据，原始凭证应齐全并且充分。如果被审计单位缺乏大量或者重要的原始凭证，审计人员应保持警觉。例如，收入确认的记账凭证后附原始凭证一般应有发票、出库单等与收入确认相关单据；销售回款凭证应有银行回单。

除了常规的原始凭证，审计人员还应该结合被审计单位的业务和行业特点了解是否存在一些特殊的原始单据。例如，农产品通常都会经过质检流程，针对重要的指标生产质检报告，审计人员应考虑检查这些质检报告。在某些情况下，质检结果反映的农产品质量标准会影响相应采购价格，为了对相关采购产品溯源，在采购时，农户与采购人员会以双方认可的方式对相应农产品进行标识，农户还会留下个人身份信息，审计人员应考虑检查这些原始交易本应留下的轨迹。伐木业，相应的农户需具有采伐资质，审计人员应考虑查看农业企业留存的相应采伐证副本。从个体农户采购农产品的交易，很多情况下需要由税务局代开发票，审计人员应考虑获取被审计单位代开发票向税务局提供的资料副本，并与账面的采购信息相核对。

（四）关注文件和记录的一致性

不同的审计证据之间可以进行相互验证，以证实证据的有效性。例如，一笔销售业务，仅凭销售合同与收款并不足以判断是否应当确认，可能还需要货物的实物流转证据，如发货单、运输单、签收单等。因此，审计人员在执行检查程序时，应关注所获取的审计证据之间是否能相互印证，如果证据之间存在矛盾，应详细询问原因，并判断解释是否合理。

（五）重视资料的来源（原件）

审计人员在执行检查程序时，除一些不重要的文件性资料外，一般应是原件而非复印件。例如，检查固定资产产权证时，审计人员应检查产权证原件，确认是否存在抵押情形；货币资金审计时，定期存单应检查原件。审计人员可以将复印件作为底稿证据，但应对原件进行检查。

示例 12-11

2020 年 5 月，×× 会计师事务所及两名签字注册会计师因执行山东新绿食品股份有限公司（以下简称“新绿股份”）审计业务未勤勉尽责被行政处罚。审计问题涉及检查不到位的程序包括：

1. 未发现被审计单位提供的虚假文件。2015 年，新绿股份使用莒南县工商银行支行 1610××××0978 账户伪造银行收款 1 054 笔，虚构银行收款 54 664.38 万元，大量的银行单据为虚假。

2. 未发现被审计单位提供的文件复印件与原件不一致。在其他应收款审计中，注册会计师在核查 2015 年对莒南鸿润其他应收款时，未对相关协议和由新绿股份财务总监通过邮件所发送莒南鸿润支付养牛户的划款凭证扫描件保持应有关注，未将扫描件与原件核对，导致未发现新绿股份与莒南鸿润签订的委托养牛协议系虚假合同、莒南鸿润提供的养牛协议系其与新绿股份员工签订的虚假合同、划款凭证系新绿股份粘贴复制伪造。

资料来源：中国证监会网站。

（六）关注检查资料的权属

不论是检查文件，还是实物资产，都应特别关注权属，即审计目标中的所有权认定。权利与义务，是会计核算记录最基本的原则，直接影响资产与负债的确认，因此必须要看清楚相关文件的权利人。有的文件记载权利人不是被审计单位，但各方签署了协议明确权利义务，这需要进一步检查和判断其他文件的真实性及法律效力。检查中对于权属问题的关注，需要审计人员具备应的法律知识，必要时应向法律专业人士咨询。

（七）做好检查记录

审计人员应将重要检查事项的目的、过程和结论记录于审计工作底稿。检查记录可以采用表格和文字形式。对于相关重要的被检查资料应编制索引号并在检查记录中提及。以下是检查记录示例：

示例 12-12

审计人员对被审计单位奶粉客户回款进行检查，以表格形式记录检查内容和过程，将检查中发现的异常情况进行记录，同时将异常单据作为审计证据，并编制索引号以便查找，如表 12-2 所示。

表 12-2 四款异常情况记录

日期	凭证	摘要	对方科目	收款金额	附件	打款单位	收款银行	索引号
2019-8-29	246	收 ×× 生物科技股份有限公司奶粉款	银行存款	1 662 000.00	中国银行网银回单	×× 生物科技股份有限公司	中国银行 ×× 支行	
2019-9-30	319	收 ×× 乳业有限公司奶粉款	银行存款	43 000.00	中国银行网银回单	×× 乳业有限公司	中国银行 ×× 支行	
2019-9-30	353	收 ×× 贸易有限公司奶粉款	银行存款	831 000.00	农商银行网银回单	×× 贸易有限公司	×× 商业银行股份有限公司 ×× 支行	SX8-10-1
2019-9-30	319	收 ×× 乳业有限公司奶粉款	银行存款	277 000.00	农商银行网银回单	×× 乳业有限公司	×× 商业银行股份有限公司 ×× 支行	
2019-9-30	354	收 ×× 乳业有限公司奶粉款	银行存款	277 000.00	中国银行网银回单	×× 乳业有限公司	中国银行 ×× 支行	
2019-10-31	19	收爱尚宠物食品有限公司货款	银行存款	990 000.00	中国银行网银回单	爱尚宠物食品有限公司	中国银行 ×× 支行	
2019-11-14	125	收 ×× 乳业有限公司牛奶款	银行存款	525 000.00	中国银行网银回单	×× 乳业有限公司	中国银行 ×× 支行	
2019-11-18	177	收 ×× 乳业有限公司牛奶款	银行存款	105 000.00	中国银行网银回单	×× 乳业有限公司	中国银行 ×× 支行	
2019-11-7	52	收 ×× 生物科技股份有限公司货款	银行存款	3 400 000.00	中国银行网银回单	×× 生物科技股份有限公司	中国银行 ×× 支行	SX8-10-2

续表

日期	凭证	摘要	对方科目	收款金额	附件	打款单位	收款银行	索引号
2019-11-30	328	收 ×× 生物科技股份有限公司奶粉款	银行存款	1 700 000.00	中国银行网银回单	×× 生物科技股份有限公司	中国银行 ×× 支行	
合计：				9 810 000.00				

审计说明：检查回款过程中我们发现青岛阳光、聊城福东、内蒙古赤峰、宁夏福康、北京中博、宁夏伊有回款打款人存在个人打款现象，系奶粉销售客户为结算方便不影响进货而授权其公司个人进行打款，我们取得授权书逐一核对，并亲自向阳光品源等公司进行电话询问授权打款事项，经了解该授权事项属实。

第七节　审计抽样

一、审计目标

审计抽样是指注册会计师对具有审计相关性的总体中低于百分之百的项目实施审计程序，使所有抽样单元都有被选取的机会，为注册会计师针对整个总体得出结论提供合理基础。合理运用审计抽样有助于审计人员提高审计效率。抽样方法的选取、评价错报和抽样风险等涉及一定的统计学知识和专业判断，实务中审计抽样常常运用不到位。审计人员应掌握审计抽样的基本原理，了解抽样方法的适用性，合理确定样本规模并恰当推断错报至总体。

审计抽样主要运用在控制测试和细节测试样本选择：

1. 在控制测试中，通过审计抽样方法选取样本实施检查，并推断至总体，以验证被审计单位内部控制执行的有效性，提高审计效率。

2. 在细节测试中，通过审计抽样方法选取样本实施检查，并推断至总体，以验证是否满足相关报表项目的测试目标，提高审计效率。

二、常见审计问题

1. 审计抽样方法单一。审计准则规定了统计抽样与非统计抽样两种抽样方法，但审计人员以非统计抽样为主，较少采用统计抽样方法。对于发生频率较高、单笔金额较为均衡，基本符合正态分布的交易，可考虑采用统计抽样，但审计人员较少采用统计抽样，如某医药企业生产销售某种疫苗，销售客户为全国各地防疫控制中心，客户数量达到千家，但具有同质性，每家客户销售金额相差不大，比较适合于采用统计抽样。

2. 未严格按照抽样标准进行审计抽样，抽样较为随意。

3. 样本测试不到位。有时通过审计抽样方法计算出的样本量较大，审计人员受时间限制，可能对于选取的样本测试，虽然在检查表标明已经进行了检查核对，但实际上并未实地查阅审核被审计单位相关文件记录，存在较大的审计风险。

4. 未将错报推断至总体。无论是统计抽样还是非统计抽样，均应将错报推断至总体。一些审计人员仅计算出错报金额，得出未超过重要性的结论，未将错报推断至总体。

5. 未对抽样异常获取证据实施进一步审计程序。审计人员测试抽取的样本，发现了异常现象，此时应扩大样本量，获取更多的证据支持审计结论。

三、审计关注要点

（一）审计抽样的适用范围

审计抽样是提高审计效率的一种审计方法，目的是帮助审计人员确定实施审计程序的范围，以获取充分、适当的审计证据，得出合理的结论。但是，并不是所有情形都适宜采用审计抽样。例如，控制测试时，如果没有留下控制运行轨迹的控制活动，无法采用审计抽样。再如，细节测试时，总体不重要则没有必要采用审计抽样。单个项目数量少时采用审计抽样可能不会提高审计效率。

下列项目扣除单项重大项目后剩余项目合计超过实际执行的重要性水平时，可采用审计抽样：

1. 收入真实性、准确性、完整性检查。

2. 应收账款、应付账款等函证。

3. 存货、固定资产等盘点。

4. 存货计价测试。

5. 成本核算测试。

6. 存货采购检查。

下列项目因其性质和审计准则的要求，通常不适用审计抽样：

1. 银行存款函证，银行存款一般应全部发函，不宜采用抽样方式。

2. 信用减值准备、资产减值准备。

3. 公允价值复核。

4. 利息测算。

5. 替代测试。函证替代测试应全部检查不应采用抽样方式。

6. 大额货币检查。大额货币资金检查，是针对所有重大金额采取的针对性检查，不宜采用抽样方式。

7. 长期股权投资检查。

（二）审计抽样方法

审计抽样可以采用两种方法，即统计抽样和非统计抽样。审计准则没有限制必须采用哪种方法。审计人员可结合经验、技术基础、成本效益原则进行选择。如果审计人员决定选用统计抽样方法，需要确保同时满足以下两点：

1. 选取样本时应采用随机选样方法；

2. 运用概率论评价样本结果、计量抽样风险。

未同时满足这两点，则属于非统计抽样。需要注意的是非统计抽样虽然不要求用概率论评价或计量抽样风险，但仍然需要将样本推断至总体，根据专业判断评价样本和抽样风险。在使用非统计抽样时，也可采用统计抽样的方法确定样本规模和推算错报。

统计抽样有属性抽样传统变量抽样两种抽样方法。属性抽样一般用于控制测试，传统变量抽样用于细节测试。传统变量抽样是基于正态分布统计模型计算，一般需要使用计算机软件，例如 IDEA、PASS 软件进行抽样。货币单元抽样是基于泊松分布统计模型计算，可以利用统计学表格、计算机软件等进行抽样。实务中综合成本效率因素使用非统计抽样更为普遍、属性抽样与变量抽样区别见表 12–13。

表 12–13　属性抽样与变量抽样区别

抽样类型	适用测试	目标	抽样方法			
属性抽样	控制测试	估计总体既定的控制偏差率	停走	发现		
传统变量抽样	细节测试	估计总体金额或者总体中错误金额	比率法	均值	差额	货币单元

（三）控制测试抽样的一般步骤

1. 确定总体

总体，是指注册会计师从中选取样本并期望据此得出结论的整个数据集合。在确定总体时，应注意总体的同质性、适当性、完整性。

（1）同质性。总体内容一般应具备同质性，即总体中所有样本具有同样的特征，例如，被审计单位销售业务既有内销、又有出口外销，这两种控制活动有所区别，因而是两个独立的总体。

（2）适当性。拟选各种的总体应适合于审计目标及测试方向，例如，测试用以保证所有发运商品都已开单的控制是否有效运行，审计人员从已开单的项目中抽取样本是不能发现误差的，因为该总体不包含那些已经发运但未开单的项目，只有将所有已经发运的项目作为总体才比较合适。

（3）完整性。拟选取的总体应确保在项目内容和时间上完整。例如，测试货币资金支付授权控制是否有效运行，则测试的总体可以是货币资金支付申请单。审计人员从这些支付申请单中抽取样本，检查是否都经过审批。需要注意的是这些支付申请单应是完整的，不应缺失或仅包含已审批申请单。

2. 确定测试期间

如果在期中进行审计，可以将总体定义为期中期间或是延伸至剩余期间。如果将总体定义为整个被审计期间的交易。在设计控制测试的审计样本时，通常将测试扩展至在剩余期间发生的交易，以获取额外的证据。在这些情况下，总体由整个被审计期间的交易组成。在期中实施初始测试时，需要估计总体中剩余期间将发生的交易的数量，并在期末审计时对所有发生在期中测试之后的被选取交易进行检查。

例如，如果被审计单位在当年的前十个月开具了编号从 1 到 10 000 的发票，根据被审计单位的经营周期，估计剩下两个月中将开具 2 500 张发票。因此在选取所需的样本时用 1 到 12 500 作为编号。所选取的发票中，编号小于或等于 10 000 的样本项目在期中审计时进行检查，剩余的样本项目将在期末审计时进行检查。

如果总体定义至剩余期间效率较低，则可以考虑替代方法测试剩余期间的控制有效性。在这种情况下，将总体定义为从年初到期中测试日为止的交易，并在确定是否需要针对剩余期间获取额外证据以及获取哪些证据时考虑下列因素：

（1）所涉及的认定的重要性；

（2）期中进行测试的特定控制；

（3）自期中以来控制发生的任何变化；

（4）控制改变实质性程序的程度；

（5）期中实施控制测试的结果；

（6）剩余期间的长短；

（7）对剩余期间实施实质性程序所产生的，与控制的运行有关的证据。

审计人员应当获取与控制在剩余期间发生的所有重大变化的性质和程度有关的证据，包括其人员的变化。如果发生了重大变化，应修正其对内部控制的了解，并考虑对变化后的控制进行测试。或者，也可以考虑对剩余期间实施实质性分析程序或细节测试。

3. 确定抽样单元

抽样单元构成了总体中的一个项目，通常是能够提供控制运行证据的一份文件资料、一个记录或其中一行。审计人员在确定抽样单元时应结合被审计单位具体的控制要求。例如，测试的目标是确定是否得到授权，如果一张付款单据包含了对几张发票的付款，且设定的控制要求每张发票分别得到授权，那么付款单据上与发票对应的一行就可能被定义为抽样单元。如果对抽样单元的定义过于宽泛可能导致缺乏效率。

示例 12-13

审计人员通过设计测试来评估被审计单位对销售存在的控制的运行有效性。被审计单位仅依靠保留发票并在其客户收到货物、签收交货单后记录收入来控制其销售的存在性。此时，审计人员不应选择检查被审计单位的交货单，因为这样取得的审计证据与控制的运行有效性无关，理由是控制是被设计用来防范将收入夸大。相反，审计人员应选择检查企业的销售发票，并确认在保留发票前交货单已由客户签收。

4. 确定样本规模

适量的样本决定了审计效率和质量。样本规模过小，不能反映出审计对象总体的特征，审计人员就无法获取充分的审计证据，审计结论的可靠性就会打折扣，甚至可能得出错误的结论。因此，审计人员需要选择足够的样本量，以将抽样风险降低至可接受水平。但是，如果样本规模过大，则会增加审计工作量，造成不必要的审计资源浪费，降低审计效率，使得审计抽样失去意义。

影响样本规模的因素，主要包括可接受的信赖过度风险、可容忍偏差率、预计总体偏差率、总体规模，以及其他因素。控制测试中影响样本规模的主要因素及表现形式如表 12-14 所示。使用统计抽样方法时，审计人员必须对影响样本规模的因素进行量化，并利用专门程序或专门的样本量表来确定样本规模。实务中，审计人员也常采用最小样本量区间表确定样本规模。

表 12-14 控制测试中影响样本规模的主要因素

影响因素	与样本规模的关系
可接受的信赖过度风险	反向变动
可容忍偏差率	反向变动
预计总体偏差率	同向变动
总体规模	影响很小
控制复杂程度	同向变动
控制类型（人工控制 / 自动控制）控制运行期间长度	小 / 大同向变动

5. 选取样本

控制测试中常见的选样方法有：简单随机选样、系统选样、随意选样和整群选样。在实务中，一般选择随意选样及系统选样的方法。

（1）随意选样也叫任意选样，是指不带任何偏见地选取样本，即不考虑样本项目的性质、大小、外观、位置或其他特征而选取总体项目。在运用随意选样方法时，尽量使所选取的样本具有代表性。随意选样不能用于统计抽样中。

（2）系统选样也称等距选样，是指按照相同的间隔从审计对象总体中等距离地选取样本的一种选样方法。采用系统选样法，首先要计算选样间距，确定选样起点，然后再根据间距顺序地选取样本。

选样间距的计算公式为：选样间距 = 总体规模 ÷ 样本规模。

使用系统选样方法要求总体必须是随机排列的，否则容易发生较大的偏差，造成非随机的、不具代表性的样本。为克服系统选样法的这一缺点，可采用两种办法，一是增加随机起点的个数；二是在确定选样方法之前对总体特征的分布进行观察。如发现总体特征的分布呈随机分布，则采用系统选样法；否则，可考虑使用其他选样方法。

无论采用哪种抽样方法，审计人员应使每个抽样单元都有被选取的机会，且选出的项目具有代表性。例如，某建筑公司的员工工资清单按照项目组分类，每个项目组的工资均按照 1 个项目负责人和 9 个项目组成员的顺序排列。如果将员工工资单作为总体，选样间隔为 10，随着随机起点的不同，选择的样本要么包括所有项目负责人，要么一个项目负责人都不包括，样本无法同时包括项目负责人和项目组成员，不具有代表性。这个案例说明，抽样方法必须结合总体特征，尽管使用系统选样多数情况下每一个单位被选取的机会相等，但如果抽样单元在总体内的分布具有某种规律性，则样本的代表性就可能较差，容易发生较大的偏差。

审计人员在选择样本时，还应考虑样本的覆盖率，即抽样不能集中在某个月，应覆盖大部分生效月份，在进行年度内控执行有效性测试时，必须选择有第四季度的样本进行测试，方可对其执行有效性进行评价。

6. 评价样本

（1）定义偏差。审计人员若使用抽样审计，需要明确样本特征与偏差，即哪些特征能显示被测试控制的运行情况，符合哪些条件即构成偏差。例如，销售业务控制要求与偏差标准情况如表 12-15 所示。

表 12–15　　销售业务控制要求与偏差标准

控制要求	偏差
销售订单连续编号	销售订单缺少某一号段
销售发票记账联中金额、客户名称等与销售日记账分录一致	发票上的客户名称与销售日记账中记录的资料不符
计价、小计、合计的证据得到检查（签字与更正）	缺少表明计价、小计与合计得到验证的签字
提货单上的数量和其他信息与销售发票副本和销售日记账一致	发运货物的数量与销售发票副本上的数量不符
销售单上的数量和其他信息与销售发票记账联一致	销售订单上的数量与销售发票记账联的数量不符
客户订单上的数量和其他关键信息与销售发票记账联一致	客户订单上的产品号码与规格和销售发票记账联的信息不符、
赊销已经获得批准	缺少表明赊销得到批准的签字
对销售日记账中所记录销售交易而言，归档的原始凭证包括销售发票副本、提货单、销售单和客户订单	销售发票副本和客户订单没有附提货单

（2）分析偏差评价样本。审计人员在完成样本测试，应汇总控制偏差并评价样本结果，对总体得出结论。审计人员对于在样本测试过程中发现的偏差，应从定量和定性两方面分别进行分析。

①定量分析。审计人员应计算样本偏差率（偏差率 = 偏差数量 ÷ 样本规模）并考虑抽样风险。如果使用统计抽样方法则应使用统计抽样中通常使用的公式、表格或计算机程序或使用样本结果评价表评价样本结果。使用的非统计抽样方法时审计人员应将样本偏差率和可容忍偏差率进行比较，运用职业判断总体是否可以接受。

②定性分析。审计人员应分析偏差的性质和原因。是有意的还是无意的？是误解了规定还是粗心大意？是经常发生还是偶然发生？是系统的还是随机的？是否构成控制重大缺陷和舞弊。如果是舞弊，审计人员应确定实施的控制测试能否提供适当的审计证据。

在控制测试中要考虑已发现的偏差对财务报表的直接影响。控制偏差并不一定导致财务报表中的金额错报。控制偏差虽然增加了金额错报的风险，但两者不是一一对应的关系。如果某项控制偏差更容易导致金额错报，该项控制偏差就更加重要。例如，与被审计单位没有定期对信用限额进行检查相比，如果被审计单位的销售发票出现错误，则对后者的容忍度较低。这是因为，被审计单位即使没有对客户的信用限额进行定期检查，其销售收入和应收账款的账面金额也不一定发生错报；但如果销售发票出现错误，通常会导致被审计单位确认的销售收入和其他相关账户金额出现错报。

如果发现许多偏差具有相同的特征，应考虑识别出总体中具有共同特征的全部项目，并将审计程序延伸至所有这些项目，同时考虑存在重大舞弊的可能性。发生样本测试偏差，意味着样本结果不支持计划的控制运行有效性和重大错报风险的评估水平，这时可采取以下措施：

A. 扩大控制测试规模；

B. 认定控制没有有效运行，提高重大错报风险评估水平；

C. 认定控制没有有效运行，扩大实质性程序的实施范围；

7. 记录结果

审计人员应将实施控制测试时使用审计抽样的过程和结果记录在工作底稿中。包括不限于：

（1）对所测试的设定控制的描述；

（2）抽样的目标，包括与重大错报风险评估的关系；

（3）对总体和抽样单元的定义，包括如何考虑总体的完整性；

（4）偏差的构成条件的定义；

（5）确定样本规模；

（6）选样方法 。

示例 12-14

注册会计师使用统计抽样方法，测试现金支付授权控制运行的有效性。注册会计师考虑如下选择：

①为发现未得到授权的现金支付，将所有已支付现金的项目作为总体；

②抽样单元为现金支付单据上的每一行；

③控制偏差被设定为没有授权人签字的发票和验收报告等证明文件的现金支付；

④可接受信赖过度风险为 10%；

⑤可容忍偏差率为 7%；

⑥预计总体偏差率为 1.75%。

选择样本规模时，根据“控制测试统计抽样样本规模—信赖过度风险 10%”表，信赖过度风险为 10% 时，7% 可容忍偏差率与 1.75% 预计总体偏差率的交叉处为 55，即所需样本规模为 55 个，注册会计师采用简单随机选样法选择了 55 个样本，并实施了审计程序。注册会计师作出如下评价：

第一，假设 55 个样本中未发现偏差，查询“控制测试中常用的风险系数”为 2.3，计算得出总体最大偏差率为 4.18%。由于注册会计师确定的可容忍偏差率为

7%，因此可以得出结论，总体的实际偏差率超过可容忍偏差率的风险很小，总体可以接受。

第二，假设 55 个样本中发现 2 个偏差，查询“控制测试中常用的风险系数”为 5.3，计算得出总体最大偏差率为 9.64%。由于注册会计师确定的可容忍偏差率为 7%，因此可以得出结论，总体实际偏差率超过 9.64% 的风险为 10%，总体的实际偏差率超过可容忍偏差率的风险很大，总体不能接受

（四）细节测试抽样的一般步骤

1. 确定总体

审计人员确定细节测试总体也需要考虑总体的同质性、完整性和适当性。在确定细节测试总体时，应注意总体中是否包含金额较大、存在较高的重大错报风险的项目的特定项目以及存在较低的固有风险的项目的极不重要项目（通常为实际执行重要性水平的 5%）。审计人员可以从总体剔除这些项目，对剩余总体进行抽样。常见的细节测试总体见表 12-16。

表 12-16　细节测试总体

	测试目的	总体
收入检查	收入真实性、准确性	收入明细账、收入项目明细表
收入检查	完整性	发货清单、项目台账
存货盘点	存货存在性	存货明细表
固定资产盘点	固定资产存在性	固定资产明细表
存货计价	存货的计价和分摊	存货数量单价金额三栏式明细账
应收账款函证	应收账款存在性	应收账款按客户列示明细表

2. 确定抽样单元

审计人员在确定抽样单元时应在合理情况下选择提高效率的抽样单元。例如，收入检查时，将项目明细账确定为总体，如果项目明细又能细化至订单或若干个子项目，则将每个订单或子项目确定为抽样单位可能更能提高效率。

3. 确定样本规模

实务中使用非统计抽样确定样本规模时可使用下列公式计算：

样本规模 = 抽样总体账面金额 ÷ 可容忍错报 × 保证系数

其中，可容忍错报通常等于实际执行的重要性（也可以低于实际执行的重要性）。保证系数可参考表保证系数表 12-17。

表 12-17 保证系数表

保证系数表			
风险评估阶段重大错报风险（计划矩阵）	其他实质性程序未能发现重大错报的风险		
	高	中	低
高	2.4	2.0	1.6
中	2.1	1.6	1.2
低	1.6	1.2	1.0

其中：其他实质性程序未能发现重大错报风险是指用于测试相同认定的其他实质性程序，例如分析程序等未能发现该认定中重大错报风险的水平。

"高"是指没有针对相同认定实施其他实质性程序，或针对相同认定的实质性分析程序不能发现该认定中的重大错报；"中"是指预计针对相同认定的实施其他实质性程序能在一定程度上发现该认定中的重大错报；"低"是指预计针对相同认定的其他实质性程序能够有效地发现该认定中的重大错报。

4. 选样

细节测试除了采用随意选样、系统选样外，还会使用分层抽样方法。分层抽样是指先按总体某一标志分成若干互不交叉重叠的层然后在每一层进行独立地简单随机抽样，将各层样本结合起来审查并对总体的目标量进行估计的一种抽样方法。审计人员可以考虑采用分层以减少样本规模提高审计效率。例如，审计人员认为金额较高的项目具有较高的重大错报风险，则可以用货币价值来对报表项目进行分层。在使用分层时应注意，分层并不是层数越多越好，一般最多至六层。样本中存在零值和负值不宜进行分层。

示例 12-15

被审计单位的按客户汇总的应收账款余额从 0 到 50 000 不等，审计人员在选取应收账款函证样本时，可以将应收账款账户按其金额大小分为三层，即账户金额在 10 000 元以上的，账户金额为 5 000~10 000 元的，账户金额在 5 000 元以下的。然后，根据各层的重要性分别采取不同的选样方法。对于金额在 10 000 元以上的应收账款账户，应进行全部函证；对于金额在 5 000~10 000 元以及 5 000 元以下的应收账款账户，则可采用适当的选样方法选取进行函证的样本。如果确定的样本量为 60 个，则可以根据各层账面金额在总体账面金额的占比分配样本。

审计人员也可以按照金额升序或降序的方式对抽样总体项目进行排序，将抽样总体分为金额大约相等的两个部分。如果各部分中存在明显不成比例的项目数，则应对抽样总体进行分层。

示例 12-16

审计抽样的总体为 220 万元，含 1 500 个项目，被分为 112 万元和 108 万元两个大约金额相等的部分。如果两部分分别有 300 个和 1 200 个项目，则须对其进行分层。如果一个含有项目数为 570 个，而另一个为 630 个，那么不必要分层。在对抽样总体分层后，将样本规模在各层之间分配，以使每层的样本数量大致与该层账户的账面金额成比例。假设上述抽样规模为 36 个，则每层样本规模为 18 个。在选取样本时，应分别从每层中选取 18 个样本。

5. 评价样本

审计人员应将样本测试过程中识别的错报推断至总体得出总体的推断错报。总体推断错报与可容忍错报相比较，结合错报性质和错报的原因，得出最终结论。

（1）推断总体错报。统计抽样的传统变量抽样方法推断总体错报可采用比率法、差额法、货币单元抽样法。实务中采用非统计抽样时通常借鉴统计抽样的比率法推断错报。具体公式如下：

比率法推断总体错报 = 样本错报额 ÷ 层样本账面总额

如果涉及分层则需分别在每一层推断错报，然后将每层推断的错报金额加总计算估计总体错报，具体公式如下：

推断的总体错报 = ∑（层样本错报额 ÷ 层样本账面总额 X 层账面总额 – 层样本错报额）。

总体错报估计 = 推断的总体错报 + 特定项目错报

（2）推断错报计与可容忍错报比较。当推断错报远远低于可容忍错报，总体实际错报金额超过可容忍错报的抽样风险很低，总体可以接受。

当推断错报接近或超过可容忍错报，则总体实际错报超过可容忍错报。此时，如果审计人员判断实际错报超过可容忍错报的风险是否无法接受。如果无法接受，审计人员应考虑扩大样本规模以降低抽样风险。

（3）分析错报性质和原因。审计人员应分析错报的性质和原因，是为原则还是应用方面的差异，是误解指令还是粗心大意、是故意还是无心。如果发现可能存在故意或其他舞弊迹象，审计人员应更加谨慎地得出结论。

（4）得出总体结论。审计人员应综合推断总体的错报、考虑抽样风险、分析错报的性质和原因后，运用职业判断得出总体结论。如果审计人员得出样本结果支持总体账面金额，审计人员还应将该交易或余额的剩余推断错报与其他交易或余额的推断错报汇总，以评价财务报表整体是否可能存在重大错报。如果审计人员得出样本结果不支持总体账面金额，且审计人员认为账面金额可能存在错报，审计人员应建议被审计单位对错报进行调查，并在必要时调整账面记录。依据被审计单位已更正的错报对推断的总体错保额进行调整后，审计人员应将该交易或账户余额中剩余的推断错报与其他交易或账户余额中的错报总额累计起来，以评价财务报表整体是否存在重大错报。

6. 记录结果。

审计人员应将实施细节测试时使用审计抽样的过程和结果记录在工作底稿中。通常的记录内容包括：

（1）测试目标和对与此目标相关的其他审计程序的描述；

（2）总体和抽样单元的定义，包括如何确定总体的完整性；

（3）错报的定义；

（4）计算的样本规模；

（5）选样方法；

（6）描述抽样程序的实施，以及样本中发现的错报清单；

（7）对样本的评价和总体结论。

四、审计案例

案例12－6

审计目标：通过对“采购订单需经总经理李某签字确认”控制运行有效性测试，确定样本测试结果是否支持初步风险评估结果。以下为范例（初步评估的控制运行有效，重大错报风险水平低，该控制影响相关交易和账户与认定为存货、应付账款、预付账款等账户的存在认定）

审计过程：

1. 总体：20×1年发生的所有采购

2. 抽样单元：每份采购订单

定义偏差：采购订单上没有总经理或其授权人的签字

总体规模：500个

样本规模：25个

选样方法：系统选样

计算选样间隔（总体规模/样本规模）：20

确定样本起点（在1到选样间隔之间选择）：20

样本编号：10，30，50，70，90，110，130……

样本发现控制偏差数量：1 个

审计说明：

样本偏差性质和原因：总经理无意中漏签，偶然偏差，不构成控制重大缺陷和舞弊。

审计结论：发现 1 个控制偏差增加 15 个样本，未见偏差，控制运行有效。无需调整重大错报风险评估结果。

案例12－7

审计目标：通过应收账款函证测试应收账款存在认定

审计过程：

1. 定义总体和抽样单元：截至 2020 年 12 月 31 日剔除贷方余额账户和零余额账户应收账款共有明细账户 1 651 个，合计金额 22 300 万元。其中，对账面金额在 140 万元（实际执行重要性水平为 140 万）以上的重大应收账款全部函证；对账面金额在 7 万元以下的极不重要应收账款不实施审计程序；对剔除单项重大项目和极不重要项目之后的应收账款余额进行审计抽样。具体情况如表 12–18 所示。

表 12–18

项目分类	项目数量	总金额（元）
重大项目	1	2 000 000.00
极不重要项目	150	1 000 000.00
抽样总体	1 500	220 000 000.00
合计	1 651	223 000 000.00

2. 定义错报：被审计单位不能合理解释并提供相应依据的、应收账款账面金额与审计人员实施抽样所获得的审计证据所支持的金额之间的差异。错报不包括明细账户之间的误记、在途款项，以及被审计单位已经修改的差异。

3. 计算样本规模：=220 000 000/1 400 000 × 2.4=377。

4. 抽样方法：系统选样。

5. 选取样本：由于抽样总体数量多，金额分布广泛，对抽样总体分层，如表 12–19 所示。

表 12–19 样本分层表

层	层账面总额（元）	层账户数量（个）	层账户规模（个）
第 1 层	112 000 000.00	300	190

续表

层	层账面总额（元）	层账户数量（个）	层账户规模（个）
第 2 层	108 000 000.00	1 200	187
合计	220 000 000.00	1 500	377

6. 函证过程见 SX2 应收账款函证汇总表。

7. 377 个发函，回函 350 个，其余 17 个均实施替代测试检查。

表 12–20 样本错报汇总表

层	层样本账面总额(元)	层样本错报额（元）	层样本审定金额(元)	层样本错报数量(个)
第 1 层	12 490 000.00	40 000.00	12 530 000.00	2
第 2 层	3 050 000.00	5 000.00	3 055 000.00	1
合计	15 540 000.00	45 000.00	15 585 000.00	3

审计说明：经调查，错报是由于记账疏忽，未发现舞弊行为，不需要修改对控制运行有效性的评价结果。

按照比率法推断错报如下：

推断总体错报 =（112 000 000.00–12 530 000.00/12 490 000.00 × 112 000 000.00）+（108 000 000.00–3 055 000.00/ 3 050 000.00 × 108 000 000.00）=–535 736.00

特定样本错报 =0

推断错报总额 =0+（–535 736.00）=–535 736.00 元

审计结论：管理层同意更正 45 000.00 元的事实错报，剩余推断错报总额为 490 736.00 元，低于可容忍错报 1 400 000.00 元。结合错报原因调查，错报并非舞弊行为，因此，样本结果可以支持总体账面金额。与项目负责人沟通将应收账款剩余推断错报与其他交易和账户余额的错报总额累计起来，评价财务报表整体是否存在重大错报（具体过程略）。

第八节 细节测试

一、审计目标

细节测试是对各类交易、账户余额和披露的具体细节进行测试，其目的在于发现认定层次的重大错报。细节测试执行的程序、范围和程度取决于风险的应对策略、账户的认定和特征。例如，根据总体审计策略，对于集团财务报表极不重要且不需要单独出具审计报告的单位，可仅在集团层面执行分析程序。此时，可能无需执行细节测试。又如，当评估的重大错报风险水平为低或最低时，审计人员很可能只执行实质性分析程序，或实施实质性分析程序基础上，对部分关键项目的细节测试来应对重大错报风险。当评估的重大错报风险为中或高时，审计人员仅执行实质性分析程序是不够的，应在分析程序外实施细节测试。

测试的程序包括询问、观察、检查、重新计算、监盘、函证等，例如：

1. 检查记录或文件以获取关于存在、计价和分摊或权利和义务的直接证据，证实会计原则运用的恰当性。

2. 检查有形资产以获取有关资产是否存在及其状态的证据来支持其计价认定。

3. 以手工或电子形式重新计算金额，以证实文件或记录的计算准确性。

4. 获取外部函证或第三方的其他信息以证实存在认定。

细节测试被用于获取与某些认定相关的审计证据以实现审计目标，如存在、准确性、计价等，例如：

1. 为了测试应收账款、银行存款的存在性，执行函证程序验证。

2. 为了测试存货、固定资产的存在性以及计价和分摊，执行盘点程序。

3. 为了测试收入交易的发生，选择报告期间销售样本，检查收入确认证据。

4. 为了测试资产负债表日的应付账款的完整性，通过检查资产负债表日后的银行和现金付款情况验证。

二、常见审计问题

1. 审计人员细节测试程序设计不恰当。

例如，对于应收账款存在性存在重大错报风险，审计人员仅通过抽取少量凭证检查方式验证，未执行函证程序。

2. 未运用恰当的细节测试抽样方法，导致降低审计效率和审计质量。

3. 细节测试流于形式，执行不到位或未针对异常情况作出进一步调查，导致未能发现被审计单位错报或舞弊。

三、审计关注要点

（一）合理设计细节测试程序

审计人员设计细节测试实施程序时，应充分考虑重大错报风险的评估结果。风险越高的项目，选择实施程序越多，所需测试的样本也越多。例如，关于收入发生认定的审计目标，在选择交易性实质测试程序时，如果该认定为中低风险错报程度，只需要选择检查合同协议、发票、发货单、签收单、物流凭证等常规审计程序；如果该认定为中高风险错报程度，除了实施常规的检查程序外，可能还需要了解交易对手背景信息，实施交易询证函等审计程序；如果发现舞弊迹象，认定为很高风险，除了实施前述审计程序外，可能还需要选择延伸和穿透审计程序，实地访谈交易对手，必要时获取对方资金流水、追踪货物的实际用途和最终流向等。

示例 12-17

应收账款细节测试示例，如表 12-21 所示。

表 12-21 应收账款细节性测试审计程序

审计目标	细节测试程序
账龄试算表的各项应收账款余额与相应源文件余额一致，合计数的加总正确并与总账一致（细节相符性）	从试算表追查 10 个账户至源文件，加总两张试算表，并计算其合计数，追查余额至总账
账龄试算表中的应收账款确实存在（存在性）、账龄试算表中的应收账款入账金额是准确的（准确性）	运用积极式函证方式函证应收账款。账户余额在 10 万元以上的全部函证，在其余账户中选取非统计样本进行函证。对所有经过一次或两次函证未得到回函的执行替代程序。复核应收账龄试算表中大额或异常的应收账款
发生的应收账款均已列入试算表（完整性）	从应收账款源文件中追查 5 个账户至账龄试算表
账龄试算表中的应收账款分类是恰当的（分类）	复核账龄试算表所列的应收账款中有无应收票据和应收关联方的款项，询问管理层账龄试算表中是否有应收关联方款项、应收票据或长期应收款
应收账款可收回性（计价）	从试算表中追查 10 个账户至应收账款源文件以测试试算表中账龄。与信用经理讨论过期账款收回的可能性，审查期后现金收入和账龄超过 90 天的所有账户的信用调查档案，评价该笔款项是否能够收回。在执行有关应收账款可收回性的其他审计程序后，评价坏账准备计提的充分性
试算表的应收账款为被审计单位所拥有（权利）	询问、复核董事会会议记录是否记载了应收账款抵押、出售等事项

（二）合理选择细节测试样本

在进行细节测试时，审计人员需要考虑测试样本的范围，样本过大审计效率下降，样本过小可能无法实现审计目标。实务中一般按照以下步骤实施细节测试：

第一步，选取特定项目。特定项目可从金额和性质两方面确定，一般金额重大项目和金额虽不重大但是性质特殊的项目被认定为特定项目。审计人员应结合所测试项目的性质、计划实施程序的性质、风险评估水平、计划从其他实质性程序获取的证据的数量等方面综合确定重大标准。

第二步，测试总体中剩余项目的代表性样本。剩余项目测试可根据具体情况考虑采用审计抽样或非审计抽样方法。审计抽样具体要求见本章第七节“审计抽样”。

实务中存在的“抄账式”“引账式”审计抽样，审计人员将被审计单位的会计账务系统导出至工作底稿模版中的相应科目检查表，适当编辑后随意抽取其中凭证完成审计抽样。这种方式的抽样审计，随意选取样本，不考虑实际执行的重要性水平、风险系数等因素，没有关于样本选择的理论路径。“抄账式”审计抽样以被审计单位记账凭证为抽样单位，使得总体、抽样单元等定义不当。如收入、应收账款等审计抽样，审计人员可以客户为抽样单位，而记账凭证则难以反映客户属性，因为一个记账凭证可能确认多个客户的收入，尤其是某些经济业务以月末汇总确认收入，无法识别抽样单元及总体。在缺乏正确方法抽样下，可能出现两个极端：有时抽样比例很高，甚至达到100%，这显然失去了抽样审计的意义，导致审计过度；有时抽样比例极低，抽样测试结果无法推断总体结论。

示例 12-18

某会计师事务所审计师在执行千山药机（300216）2015 年及 2016 年财务报表审计中，未能发现千山药机通过虚增收入、虚减应收账款、坏账准备等方式虚增利润，审计报告存在虚假记载。证监会指出会计师事务所审计师审计存在多项问题，其中包括货币资金审计样本选择不恰当，审计程序不充分，具体为：注册会计师对公司银行存款收付记录与银行对账单进行了抽样核对。其中，2015 年审计，在公司 49 个银行结算账户中共抽取 30 笔收款记录与银行对账单核对，共抽取 30 笔付款记录与银行对账单核对；2016 年审计，在公司 58 个银行结算账户中共抽取 26 笔收款记录与银行对账单核对，共抽取 25 笔付款记录与银行对账单核对。注册会计师在选取银行账户核对检查时，抽取的样本量较少，且不具备代表性，对大额异常的资金进出未予以重点关注并选取检查。工商银行 1901××××1166 账户、华夏银行 1345××××3894 账户，是 2015 年、2016 年公司资金借贷发生额最大的 2 个银行账户，注册会计师在审计中对上述重要银行账户仅选取 2 到 4 笔发生额进行核对检查。经查明，对工商银行 1901××××1166 账户的发生额，2015 年仅检查了 2 笔收款记录，合计为 1 093 万元，占该账户公司账面借方发生额的比例为 3.48%；2016 年，仅检查了 1 笔往来款 145 万元，2 笔与公司内部其他银行账户转账共 4 200 万元，合计为 4 345 万元，占该账户账面借方发生额的比例为 2.24%；付款记录检查了 2 笔，合计为 2 700 万元，占该账户账面贷方发生额的比例为 1.52%。对华夏银行 1345××××3894 账户的发生额，2015 年，仅检查

2 笔收款记录，合计为 5 141.43 万元，占该账户账面借方发生额的比例为 4.40%；2016 年检查了 4 笔收款记录，均为与子公司或公司内部其他银行账户之间交易记录，合计为 1.64 亿元，占该账户账面借方发生额的比例为 22.00%；付款记录检查 2 笔，均与公司内部其他银行账户转账，合计为 371 万元，占该账户账面贷方发生额的比例为 0.54%。注册会计师在审计中对公司银行存款发生额的关注度明显不足，抽样检查数量及金额比例较少，审计检查样本主要为公司内部银行账户之间的资金往来，对大额异常的资金进出关注较少，样本选取明显存在缺陷。

资料来源：中国证监会网站。

（三）关注细节测试获取证据的充分性

审计人员在执行细节测试时，应当获取充分适当的而审计证据。例如，审计人员在实施某公司收入细节测试时，仅审查了融资租赁业务起租通知书，且起租通知书仅有 E 公司单方面盖章，未检查相关交付验收单据，未获取公司履行全部发货义务的证据，即认可确认相关销售收入，未获取充分、适当的审计证据。又如，审计人员在对某公司某重要生产线转固事项进行审计时，未见获取该生产线整体达到预定可使用状态的审计证据，未关注同一车间重复验收的合理性且未执行追查程序，转固时点恰当性审计程序不足。执行计价准确性审计程序时，检查的附件均为领料单，无法验证入账金额的准确性，审计证据不恰当。

（四）关注异常情况及进一步检查

实务中，一些审计人员对于选取的样本测试，虽然在检查表标明已经进行了检查核对，但实际上并未实地查阅审核被审计单位相关文件记录，存在较大的审计风险。还有一些审计人员发现了异常，却视而不见，未针对异常情况实施进一步的审计程序。

审计人员在实施细节测试时，应保持职业怀疑态度，对发现的异常情况，必须获取充分适当的审计证据。如果无法获取审计证据或是获取证据不足以消除疑虑，应考虑审计意见类型。

示例 12-19

乐视网方舟系统曝光量数据造假，会计师事务所在营业收入实质性测试程序中，部分测试样本计算的广告实际投放收入与订单金额存在重大差异情况下，未采取进一步审计程序以获取充分、适当的审计证据。具体情况如下：会计师事务所在营业收入实质性审计程序中，抽取了 10 家大额广告客户 261 笔线上广告投放订单，用订单中约定的单价乘以方舟系统中的曝光量，与订单金额进行比较，用以确认广告实际投放金额与订单金额是否相符，金额是否准确。

审计底稿显示，有17笔订单的差异率在±40%以上，其中正向差异率最大为2 343.52%，负向差异率最大为-99.91%。在这17笔订单中，包括乐视网2016年虚假业务客户鸿鑫元熙，其有2笔订单的差异率均为-50%。据证监会另案查明，鸿鑫元熙从未与乐视网发生广告业务往来。在上述17笔订单存在重大差异的情况下，注册会计师未采取进一步审计程序，直接得出"测算差异较小，未发现异常"的审计结论。上述重大差异也在一定程度上表明，方舟系统曝光量数据的可靠性、完整性与准确性存在疑虑。

资料来源：中国证监会网站。

示例 12-20

深圳证券交易所在对成都德芯数字科技股份有限公司申请IPO科创板上市的现场督导发现：收入细节测试程序中，259个内销样本中，部分样本运输单据的寄件人非发行人员工，或收件人及收件地址存疑；40个外销样本中，部分样本存在销售发票和销售合同核对不一致，外销合同未经发行人和客户签署，未见保荐人核查与部分合同发送和确认相关的邮件或即时通信软件记录，未见核查部分外销收入的出库单，未核查部分指定货运代理的凭据及实际物流终点。

监管部门要求，请发行人说明配合中介机构函证、走访和细节测试的具体情况，并说明部分内销运输单据的寄件人非发行人员工的原因，内销运输单据收件人及收件地址是否与合同客户一致，部分样本存在销售发票和销售合同核对不一致以及外销合同未经发行人和客户签署的原因。

资料来源：深圳证券交易所网站。

（五）关注截止日测试

截止性测试用于检查被审计单位发生的经济业务是否被记录于正确的会计期间。营业收入、营业成本、管理费用、销售费用、存货等科目均可能采用截止测试审计程序。有的会计师事务所截止测试模板采用资产负债表日前后5–10笔记账凭证、业务单据等执行截止性测试。审计人员应当关注：

1. 结合被审计单位业务特点或性质考虑。例如，某上市公司存在公司商品销售、提供技术服务和系统集中方案三类业务，各类业务中商品运抵指定地点的时点、合同约定的付款时点、收到阶段性付款时点、整体完工时点、验收合格后收入确认的时点等均存在差异。这种情况下，审计人员应区分三类业务不同的收入确认类型标准，针对不同类型的收入分别设计截止测试。

2. 合理确定截止测试程序的范围。对于收入截止性测试，审计人员需要考虑别审计单位的实际情况以及收入合同的相关条款确定销售周期，从而计划截止测试的具体范围。

3. 基于已确定的测试期间采用适当的抽样方法选取测试样本进行测试。例如，如果测试期间内的销售数量较少，而且单笔交易金额重大，审计人员可以选取所有该期间样本进行测试；如果数量较多且存在舞弊风险，审计人员可以设定特定的抽样标准（例如新客户销售等）并选取符合条件的样本进行测试，并对剩余总体在执行货币单元抽样程序；如果测试期间样本量、总体风险较低且所有样本风险较为一致，审计人员可以对总体采用随机抽样方法等。

4. 获取充分适当的截止性证据。例如，出口货物，被审计单位采取 FOB 即“货物越过装运船舷”时转移相关风险，审计人员截止测试证据应该为船运公司的装传单；反之，如果被审计单位选择的是 DDU 即“货物到买房国家交给承运人”时转移，审计人员需要测试的就是承运人的签收单。

示例 12-21

科融环境记账凭证显示，涂改调试报告日期涉及的收入确认原始凭证仅为自制的收入确认表，没有附签字的调试报告。科融环境涂改调试报告，并在 2017 年确认调试收入，涉及 12 笔记账凭证 21 个令号，共虚增 2017 年利润 7 178 800.95 元。其中 2017 年 12 月涉及 10 笔记账凭证 19 个令号，虚增 12 月利润 6 286 493.26 元。会计事务所截止性测试存在以下问题：

一是选取样本随意。事务所 2017 年审计底稿中制定的收入截止性测试步骤为“抽取截止日前后 10 张凭证追查至发货单”，但索引表显示事务所截止日期前未连续选取凭证，截止日期后仅选取 3 笔凭证且不连续，测试过程随意。对此，事务所无合理解释。涂改调试报告确认收入的记账凭证中，2017 年 12 月 648、649、650、653、654 号属于截止日前主营业务收入最后 10 张凭证。上述记账凭证应当在亚太所计划的截止性测试范围内，但未实际执行。

二是未发现收入确认依据异常。事务所截止性测试抽取了 2017 年 12 月 523、645、650 号记账凭证，但对于收入确认依据仅为科融环境自制的收入确认表、未附经签字确认的调试报告等异常现象未保持警觉，未核对调试报告等原始业务凭证。

三是未对调试确认收入单独进行截止性测试。科融环境发货和调试确认收入时点分别为发货日期和调试日期，相应的原始凭证分别为发货单和调试报告，二者业务流程存在显著差别。事务所未区分两种收入类型进行截止性测试，仅针对发货收入进行截止性测试，未对调试收入进行截止性测试，测试范围不全面，未发现科融环境涂改调试报告日期虚增2017年收入和利润的行为。

资料来源：中国证监会网站。

第九节 穿行测试

一、审计目标

穿行测试是指追踪某笔交易从发生到最终被反映在财务报表中的整个处理过程。穿行测试在财务报表审计中主要运用于了解被审计单位业务层面内部控制有效性，审计人员在了解被审计单位与财务报告相关内部控制基础上选取样本，测试其从交易发生、记录、处理到报告流程的控制执行情况，包括记账分录从交易发生至相关明细账过账到总账的过程。在穿行测试时，通常需要综合运用询问、观察、检查相关文件及重新执行等程序。

审计人员通过穿行测试可以实现下列审计目标：

1. 了解与相关认定有关的交易的处理流程，包括这些交易如何生成、批准、处理及记录。

2. 验证审计人员识别出的业务流程中可能发生的重大错报（包括由于舞弊导致的错报）的环节。

3. 识别被审计单位用于应对这些错报或潜在错报的控制。

4. 识别被审计单位用于及时防止或发现并纠正未经授权的，导致重大错报的资产取得、使用或处置的控制。

二、审计常见问题

1. 未选取贯穿同一笔交易发生、处理、记录和报告全过程的样本进行穿行测试。

2. 未记录穿行测试过程，未保留所有测试文件资料。

3. 记录的穿行测试结论与实际情况不符。

三、审计关注要点

（一）了解重大交易业务流程和重大披露流程

审计人员可通过阅读内部控制相关文件和询问管理层，了解被审计单位重大交易业务流程和重大披露流程。常见的有内部控制相关政策文件包括：内部控制手册、内部管理制度、业务活动流程图、业务流程说明等资料。审计人员在阅读和询问时应关注并记录以下信息：

1. 交易如何发生、记录、处理和报告。

交易的发生、记录、处理和报告构成了被审计单位重要交易和披露内部控制的关键路径。审计人员应了解被审计单位的关键路径的下列事项：

（1）关于生成、记录、处理和报告交易的会计记录（电子记录或人工记录）、支持性信息、财务报表中的重大账户余额和披露事项。

（2）关键输出（屏幕显示、电子形式或纸质报告）及它们的使用。

（3）针对会计分录记录和处理的流程，包括关键控制活动。

（4）流程是人工的、自动化的，还是这两种形式相结合。

（5）交易是否由系统处理。

（6）针对关联方交易授权、记录和披露的流程，包括关键控制活动。

（7）流程是由被审计单位人员或第三方（如服务机构）执行，还是两者共同执行。描述通常包括参与该流程的被审计单位人员和第三方的具体名称以及他们所执行的程序。

（8）保留的重要主文档和表格。

示例 12-22

有关销售这一重大交易类别的关键路径包括：

发生：销售订单的开具

记录：在系统中记录销售订单

处理：发货凭证和销售发票的开具，以及明细账的记录

报告：编制记账分录，将销售交易过入总账

2. 错误信息如何被更正。

审计人员在了解重大交易、披露流程时，也应了解更正被错误处理的方法，包括编制冲销分录或在总账中过入一笔正确的分录。

3. 管理层保证控制执行的控制措施。

（1）授权审批。

审计人员应了解被审计单位在业务流程中建立的授权审批制度。例如，常规授权、特别授权的规定、相关岗位办理业务和事项的权限范围、审批程序和相应责任、重大的业务和事项的集体决策审批或者联签制度。

（2）不相容职务分离。

不相容职务分离是指将交易发起、授权审批、交易记录和实物控制的职责分别授予不同的职员，以减少任何人能够在正常的工作程序中进行舞弊或犯下错误并得以隐瞒的机会。例如，出纳同时负责收款和记账、采购人员同时负责采购、货物验收、接受采购发票和货款支付，则不满足不相容职务分离。审计人员应关注各流程执行人的职责分工，并评估是否违反不相容职务分离控制。

（3）资产的实物控制。

被审计单位应建立财产日常管理制度和定期清查制度，采取财产记录、实物保管、定期盘点、账实核对等措施，确保财产安全。审计人员应关注被审计单位是否实施了资产实物控制以及如何实施这些控制。

4. IT 技术相关控制。

（1）用于处理交易的重大应用系统，包括关于系统初始安装、任何重大的后续修改以及任何未来重大修改计划的信息。

（2）与其他应用系统相连的接口的性质，包括计算机和人工接口的时间安排，以及任何相关的人工流程（如调节）。

（二）执行穿行测试应注意的事项

1. 穿行测试的范围。

穿行测试的范围要涵盖公司层面、流程层面和 IT 层面，具体以风险控制矩阵为依据。

2. 穿行测试的期间。

穿行测试要选择最近发生的样本，对部分本年度尚未发生的控制可追溯到上一年的样本。

3. 选取穿行测试样本。

穿行测试应选取最近发生的典型样本以涵盖所有控制点。如果选取的一个交易样本无法涵盖所有控制，不足以确认对其控制有效性的了解，则应选择更多的交易，直至测试完所有的控制点。如果交易性质不同，则应在每个分支中分别选取一个样本进行穿行测试；如某控制点涉及多种不同性质的业务，且不同性质业务的操作流程也不同，则应每种类型分别选取一个样本进行穿行测试。

例如，某流程涉及多个分支（或子流程）。以付款子流程为例，如果存在现金付款和银行存款付款业务，同时又存在多种不同的付款类型，首先区分现金付款和银行存款付款的业务分别选取样本。如果现金付款涉及多种类型，则分借备用金、差旅费报销等分支，分别选取样本；如果银行存款还大量涉及网上银行付款，则还需要再补充选取网上银行付款样本。对于与付款关联的其他控制，如现金盘点、银行余额调节表等，应考虑选取同样期间的样本（如选取的 6 月 10 日的银行付款样本，测试银行余额调节控制时，应取得 6 月末的样本，并关注该笔付款是否同时体现在了银行对账单和公司的银行日记账和总账中）。

审计人员应注意单笔穿行测试应至少包括如下流程节点：发生、记录、处理和报告。例如，销售收入的确认，穿行测试应涵盖发生（合同审批）、记录（系统生成订单）、处理（发货凭证或销售发票的开具以及会计凭证记录）、报告（系统过入总账）。

4. 询问控制执行人应注意的事项。

控制执行人是直接执行控制活动的人员，审计人员在穿行测试时应询问控制执行人，了解其具体如何执行控制、如何识别错误、如何应对发现的错误、是否有控制轨迹。审计人员询问时应特别注意比较执行控制人员所回答的信息与管理层是否一致，是否存在与管理层凌驾于控制之上的可能性相关的信息。

5. 检查样本时应注意的事项。

（1）审计人员应检查交易流程是否与内部控制制度文件一致。如果被审计单位实际交易流程与制度不一致，审计人员应了解原因，判断是否需要修改内部控制的初步评估。

（2）审计人员应检查授权审批、不相容职务分离的控制措施是否与描述一致。例如，被审计单位授权审批制度规定，采购付款 30 万以上需由总经理签字，30 万以下由采购经理签字。如果付款申请单显示仅有采购经理签字，则可能表明被审计单位未执行特殊事项的授权审批控制。又如，记账凭证显示制单人和复核人为一人，则表明未遵守不相容职责控制。

（3）对审核类控制的签字，应先检查审核内容是否被正确执行后，再写明可见具体审核人的签字。不能单方面只看签字是否齐备而不执行审核检查。

6. 完整记录穿行测试过程和结论。

审计人员应完整记录穿行测试的全过程，包括：穿行测试所追踪的流程、样本选取与样本特性、测试方法与测试步骤、测试日期、访谈人员与被访谈人员、询问的问题以及回复、检查的文件、测试的结果。

执行穿行测试后，审计人员应完整留存所有相关的测试文档，编制索引号。

四、审计案例

案例12－8

某会计师事务所负责对 S 公司 2021 年度财务报表审计，S 公司为上市公司。2022 年 1 月 20 日，审计人员在对 S 公司货币资金内部控制了解的基础上对货币资金内部控制执行穿行测试，具体情况见表 12–22。

表 12-22　　S 公司货币资金内部控制穿行测试

序号	子流程	控制目标	被审计单位的控制活动	检查的证据	实施的程序记录	测试结果	索引号	控制活动是否得到执行
1	现金管理	现金账实相符	每月末，会计主管指定出纳员以外的人员对现金进行盘点，编制库存现金盘点表，将盘点金额与现金日记账余额进行核对。对冲抵库存现金的借条、未提现支票、未作报销的原始凭证，在库存现金盘点报告表中予以注明。会计主管复核库存现金盘点表，如果盘点金额与现金日记账余额存在差异，需查明原因并报经财务经理批准后进行账务处理。	·×月库存现金盘点表	·询问会计主管公司现金管理制度 ·检查公司有关现金管理的政策文件 ·选取一笔库存现金盘点表，检查是否经会计主管复核	已得到执行	ZJL-3-1-1	是
2		现金收支完整准确安全	每笔现金收款业务，款项应不经业务人员直接由公司出纳员收取，在收到当日出纳及时存入银行账户，并经会计主管复核银行入账单据后由财务人员进行账务处理；如果采用 POS 机或其他设备管理现金收款业务，设备的管理和接触经过适当的授权，会计处理及时。	现金收款单 POS 单现金支付审批单对方单位或个人签字的收据	·询问会计主管公司现金交易管理制度 ·检查现金交易的内部控制文件 ·各选取一笔现金收款和付款业务，检查从收取到账务处理是否由不同人员完成，是否经适当的人员审批	已得到执行	ZJL-3-1-2	是
3	银行存款管理		每月末，会计主管指定出纳员以外的人员对所有银行存款日记账和银行对账单（包括资金池等），编制银行存款余额调节表，账面余额与调节表相符。如调节不符，查明原因。会计主管复核银行存款余额调节表，对需要进行账务调整的调节项目及时进行处理。	·×月银行余额调节表	·询问会计主管公司银行存款对账流程 ·检查公司有关银行存款管理的政策文件 ·选取一笔银行调节表，检查是否经会计主管复核	已得到执行	ZJL-3-1-3	是
4		银行存款安全	公司的银行账户的开立、变更或注销须经财务经理审核，报总经理审批。 每月末，会计主管指定出纳员以外的人员对空白票据、未办理收款和承兑的票据进行盘点，编制银行票据盘点表，并与银行票据登记簿进行核对。会计主管复核库存银行票据盘点表，如果存在差异，需查明原因。 公司财务专用章由财务经理保管，个人名章由出纳员保管，票据与印章由不同的人员管理。	·××银行账户开（销）户申请银行票据登记簿银行票据盘点表	·询问会计主管公司银行存款开（销）户审批流程、银行票据及印章管理制度 ·检查公司有关银行存款安全管理的政策文件 ·选取一笔银行票据盘点表，检查由谁盘点，盘点表是否经会计主管复核	已得到执行	ZJL-3-1-4	是

续表

序号	子流程	控制目标	被审计单位的控制活动	检查的证据	实施的程序记录	测试结果	索引号	控制活动是否得到执行
5	银行存款管理	定期存款管理	定期存款的开户、质押、提前套现须经财务经理审核，报总经理审批；为他人担保的定期存单，应当经适当的权力部门审批（董事会或股东大会）。 每个资产负债表日，会计主管指定出纳员以外的人员对未质押的定期存款存单原件、开户证实书原件进行盘点，会计主管复核定存款存单盘点表，如果存在差异，需查明原因。 每个资产负债表日，会计检查已质押的定期存款并于质押合同核对，核对存款人、金额、期限等相关信息，会计主管复核检查过程。	·定期存款开户（销户）申请定期存单定期存单盘点表	·询问会计主管定期存款开户、质押、提前套现审批流程 ·检查担保审批的董事会或股东大会记录 ·检查定期存单盘点表 ·实地观察登录或网银系统系统查询定期存款的信息	已得到执行	ZJL-3-1-5	是
6		资金池业务合规	资金池协议及修订变更经股东大会或公司章程规定的有权机构授权批准加入；资金池协议及修订变更的版本经法务部门或外聘律师复核其合法合规性； 资金池业务的操作规程经董事会等有权机构批准执行； 资金池账户的相关会计处理和列报经财务经理和其他适当权限的管理人员审核。	·资金池协议股东大会或其他权利机构批准文件法律部门意见董事会记录资金池业务操作规程会计分录及报表审核记录	·检查资金池协议，股东大会或其他群里机构审批文件，董事会记录 ·询问资金集中方式，账户余额显示模式，账户支付控制及其变更的设定检查一笔资金池业务是否按照操作规程执行	已得到执行	ZJL-3-1-6	是
7	其他货币资金管理	其他货币资金安全完整	公司银行承兑汇票协议或银行授信文件开立、变更或注销须经财务经理审核，报总经理审批。 存出投资款，经董事会决议等批准，开户、操作经财务经理审核，报总经理审批。 支付宝、微信等第三方支付账户的开立、变更或注销经财务经理审核，报总经理审批。 每月末，会计主管指定出纳员以外的人员对支付宝、微信明细账和平台流水对账，编制存款余额调节表，账面余额与调节表相符。如调节不符，查明原因。会计主管复核余额调节表，对需要进行账务调整的调节项目及时进行处理。	·银行承兑汇票协议或开立变更注销申请董事会决议审批单第三方支付平台账户第三方支付平台资金流水明细余额调节表	·询问银行承兑汇票协议或银行授信文件开立、变更或者注销审批程序 ·检查存出投资款的董事会审批文件 ·询问支付宝、微信等第三方支付账户开立、变更注销的审批程序 ·检查第三方支付平台的流水和对账余额调节表的复核记录	已得到执行	ZJL-3-1-7	是

续表

序号	子流程	控制目标	被审计单位的控制活动	检查的证据	实施的程序记录	测试结果	索引号	控制活动是否得到执行
8	费用及其他款项支付管理	管理费用、其他应收应付款项真实完整	管理费用报销、资金往来应由业务部门负责人审核签字，并经会计主管审核，财务经理或总经理审批，账务处理及时准确。	·报销单审批单资金拆借（借款）协议	询问费用报销流程，检查报销单的签字审批 询问非经营性资金往来的用途，流程，检查审批过程	已得到执行	ZJL-3-1-8	是

第十节　会计分录测试

一、审计目标

管理层在被审计单位所处的地位独特，更容易实施舞弊行为，因为其有能力通过凌驾于控制之上来操纵会计记录和编制虚假财务报表，从而让控制看上去有效运行。尽管管理层凌驾于控制之上的风险的程度因企业而异，但是该风险存在于所有被审计单位。因为管理层凌驾控制之上是舞弊导致的重大错报风险，所以该风险为特别风险。

审计人员无论对管理层凌驾于控制之上的风险的评估结果如何，都应当设计和实施审计程序，以测试日常会计核算过程中作出的会计分录以及编制财务报表过程中作出的其他调整是否适当。在集团审计中，一般情况下对集团的所有重要组成部分执行会计分录测试，除非审计人员评估某些组成部分的舞弊风险较低。在集团层面实施分析性程序的不重要的组成部分，往往不执行会计分录测试，通常认为这些组成部分的舞弊风险较低。

确定审计项目组中的哪些人员参与测试会计分录取决于被审计单位的规模、复杂程度以及所识别的舞弊导致的重大错报风险程度。审计人员在确定项目组的哪些人员参与到测试会计分录时应考虑以下内容：

1. 审计项目负责人应参与确定会计分录测试程序的目标并计划其范围，复核支持会计分录测试计划和执行的工作底稿。

2. 使用电子工具时，应确定审计人员是否能具备同步获取电子数据方面的经验，如果被审计单位配备较复杂的自动化系统，则审计项目组往往需要具有适当经验的 IT 专业人士的参与。

3. 安排具有适当经验的项目组成员执行会计分录测试程序或对其进行严密监督，根据被审计单位的性质和复杂程度，一般情况下执行人员应当为高级审计员或经理等审计经验较丰富的人员。

二、常见审计问题

1. 指派初级人员执行会计分录测试程序。

2. 缺乏 IT 专家的协助，无法获取完整的被审计单位的会计分录数据。

3. 对于异常识别特征的会计分录的判断不恰当，可能未考虑被审计单位的具体情况。

4. 对选取会计分录进行测试时，未识别出存在的舞弊迹象。

三、审计关注要点

（一）了解财务报告流程及相关控制，必要时测试控制运行有效性

管理层凌驾于相关会计处理分录和其他调整分录的控制之上的情况：

1. 直接干预处理或记录交易。

2. 指使级别较低的人员处理或记录超出正常业务过程和控制的交易。

3. 通过故意编制重大虚假财务分录来操纵财务报表决算过程。

审计人员首先需要了解财务报表流程中已有会计分录的类型，如系统记账分录、人工记账分录、相关常规交易或非常规交易的记账分录，或称为标准会计分录和非标准会计分录，编制合并报表作出的调整分录和抵消分录、重分类调整分录等。通过询问财务部门的人员及检查相关内控制度、流程等文件，审计人员可了解到被审计单位是否设计和执行了以下的控制措施：

1. 针对会计分录和其他调整的授权、过账、审核、核对等方面所设置的职责分离。

2. 在会计系统中设置系统访问权限，用以控制会计分录的记录权限和审批权限。

3. 用以防止并发现虚假会计分录或未经授权的更改的控制措施。

4. 由管理层、治理层或其他适当人员对会计分录记录和过入总账以及在编制财务报表过程中作出其他调整的过程进行监督。

5. 由被审计单位的内部审计人员（如有）定期测试控制运行的有效性。

审计人员还可询问财务报表流程涉及的人员，确定是否存在与处理会计分录和其他调整分录相关的不恰当或异常活动。审计人员应当运用职业判断确定应该询问哪些人员，以及询问的范围。审计人员还可询问指定的 IT 人员（例如：应用程序管理员、数据库管理员和程序员）是否存在异常及 / 或不支持的分录，特别需要询问识别出的这些分录，包括任何在正常会计流程范围之外，由高级经理直接

操作的分录。审计人员可考虑被审计单位中的其他人员是否可能提供有助于识别可能发生的舞弊行为。

示例 12–23 了解与会计分录的相关内控

1. 会计分录涉及人员名单（见表 12–23）

表 12–23 会计分录涉及人员名单

序号	姓名	部门	职位	职责
1	林 ××	公司管理部	财务总监	复核财务报告和内部管理分析报告等
2	王 ××	财务部	财务经理	审核标准会计分录及财务报表，准备财务报告
3	李 ××	财务部	总账会计	编制除收入循环外的其他会计分录
4	张 ××	财务部	收入会计	收入循环和税务记账会计
5	吴 ×	财务部	出纳	现金和银行收付、审核单据

审计人员对以上主要人员的专业胜任能力的评价：王 ×× 是 ×× 财经大学毕业的研究生，已在该企业财务部工作 8 年，专业经验丰富；另外三名财务人员均是通过正规招聘途径根据公司的要求招聘入职的财经专业本科毕业生，拥有 1–5 年不等的财务岗位经验。因此审计人员认为以上主要财务人员在其本职岗位上具有相匹配的专业胜任能力。

2. 记录与会计分录及其他调整相关的财务报告过程

根据该公司的财务管理守则，标准的财务分录记录程序为：每月财务会计李 ×× 和张 ×× 所编制的会计分录及其他调整分录均需通过财务经理王 ×× 在每月末的复核后，过账到总账系统。非标准的财务分录则需要在财务会计编制后，由财务经理王 ×× 和财务总监林 ×× 均复核审批后过账到财务系统。职责分工符合不兼容岗位分离的原则。

3. 询问参与财务报告过程的人员

审计人员已分别单独询问过财务会计张 ×× 和李 ××，两人均回答从未发现或接受过进行不恰当或异常的会计分录处理活动。

4. 识别的重大错报风险

审计人员未发现与会计分录编制相关的内控缺陷。

（二）确定进行测试的会计分录和其他调整分录的总体

确定进行测试的会计分录和其他调整分录的总体。

（1）总体测试策略：管理层凌驾于控制之上的风险的可能性越高，会计分录测试的范围就越大。审计人员需要根据风险评估的结果来确定会计分录测试的总体，并运用职业判断。测试的会计分录范围均应至少包含以下会计分录和其他调整分录：

①临近报告期末时所做的会计分录和其他调整；

②关账后所做的调整；

③记录超出正常业务过程的交易所做的会计分录和其他调整分录。

由于舞弊导致的财务报表重大错报可能发生于整个会计期间，并且舞弊者可能运用各种方式方法隐瞒舞弊行为。因此审计人员需要考虑是否有必要测试整个会计期间的会计分录和其他调整。在分析管理层凌驾于控制之上的风险的可能性越高的情况下，审计人员需要扩大会计分录测试的范围。实际工作中的测试方案一般为图 12-6 中三种方案中的一种。

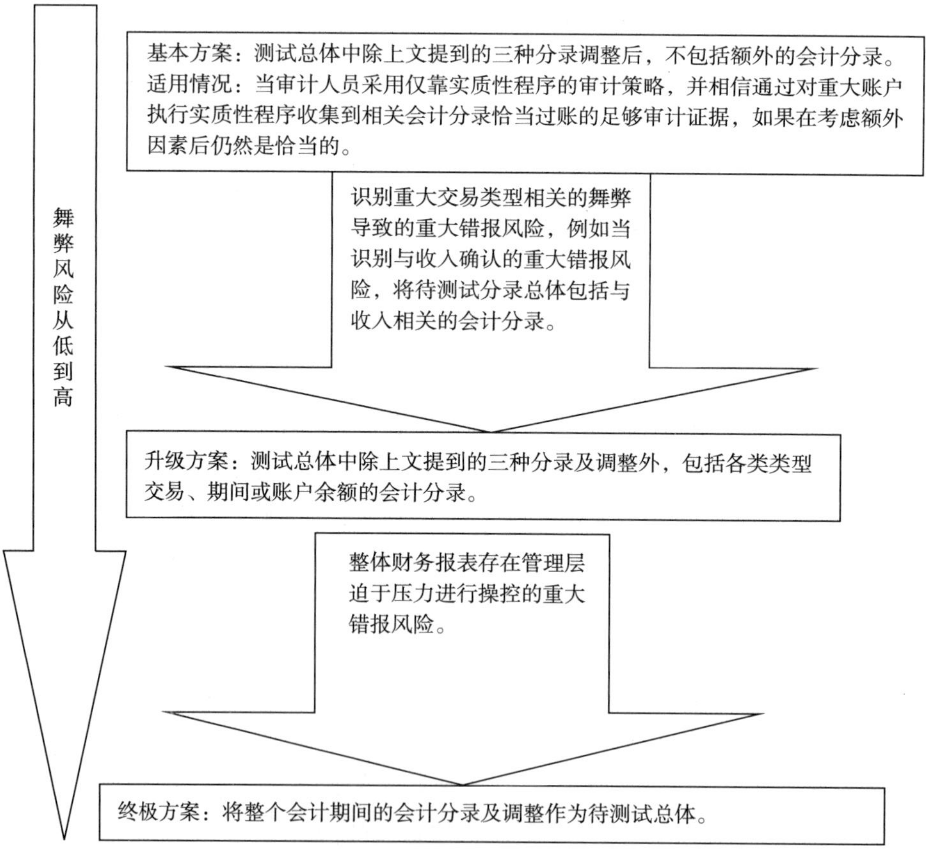

图 12-6 会计分录测试范围确定示意图

（2）获取和分析会计分录和其他调整分录的方法。

①电子方法。由系统生成的自动会计分录在被审计单位中较常见，对于除规

模最小和复杂程度最低的企业之外的其他所有企业来说，仅对会计分录实施手工复核很可能是不够的。审计人员应利用某些工具（如鼎信诺审计软件）摘录电子会计分录数据，进一步分析会计分录总体，以便选择将测试的特殊会计分录。为了识别那些带有高风险特性的分录（如整数金额的分录，直接由财务总监处理的分录），审计人员可以采用电子方法获取广泛的会计分录总体来分析：

a. 使用特定的工具（如 IDEA、Access、Excel）、常规工具（如 Excel 或 Access）执行会计分录的电子分析测试。

b. 使用被审计单位的一些信息系统自带数据挖掘工具。审计人员可以协同被审计单位使用这些系统的报告功能以获取和分析会计分录。例如，可以对被审计单位的总账应用程序执行特别查询以实现上述目的。

②人工方法。在某些情况下（如对拥有非常有限数量的会计分录的某个控股公司或贸易公司进行审计时），可能需要人工分析会计分录。另外，还可能会出现以下情况：必须对未保存在总账中的会计分录和其他调整分录（如合并分录或直接应用于财务报表的分录）进行人工复核。对会计分录进行人工分析时，审计人员分析会计分录所使用的特征和风险因素与实行电子分析分录时相同。

（3）测试和评价会计分录及调整与其他记录的一致性。

通常有三种方法可进行此测试，适用于不同的 IT 和会计系统环境：

①选择一个会计分录，验证这个会计分录是否包含在被审计单位提供给审计人员的分录总体中。

②加计从会计系统中导出的所有会计分录金额、其他调整的本期发生额，与科目余额表（包括期初余额、本期借方累计发生额、本期贷方累计发生额、期末余额）中的各科目本期发生额核对相符。因为会计科目较多，审计人员可以选择若干的会计科目的发生额与科目余额表相核对，选择标准有：

a. 较大量发生额的科目（如营业收入、营业成本等）；

b. 较大余额的科目（如存货、管理费用等）；

c. 被审计项目组评估为风险较高的会计领域（如货币资金、预计负债等）。

实务中，审计人员往往从资产、负债、所有者权益和损益科目中各选一至两个科目来执行此测试。

示例 12-24

执行审计程序以确定待测试会计分录和其他调整分录的总体完整性，审计人员在预审时选择若干的会计科目的发生额与科目余额表相核对。

程序说明：审计人员从被审计单位的科目余额表中选择了 5 个会计科目进行

完整性的测试（一个资产科目、一个负债科目、一个所有者权益科目、一个收入和一个费用科目），如表12–24所示。在预审时，审计人员从本年的期初余额和会计分录汇总的期中发生额计算出预审期末余额与预审科目余额表进行核对，然后在年审时将11月末的会计分录汇总余额加上12月的发生额得到期末余额，与科目余额表各科目的余额进行核对。

表12–24 完整性测试 单位：元

科目类别	科目名称	期初余额	期末余额－会计分录汇总	期末余额－科目余额表	差异
		1/1/20××	12/31/20××	12/31/20××	
		A	B	C	D=B−C
资产	货币资金	17 700 012.66	14 422 223.58	14 422 223.58	0.00
负债	应缴税费	4 106 874.60	6 184 913.25	6 184 913.25	0.00
所有者权益	其他综合收益	3 000 156.00	4 100 156.00	4 100 156.00	0.00
收入	营业收入	0.00	77 603 684.18	77 603 684.18	0.00
费用	销售费用	0.00	14 806 879.04	14 806 879.04	0.00

审计结论：没有发现异常，审计人员认为会计分录总体是完整的。

③由事务所的IT专家询问了解并复核被审计单位的IT系统，观察从会计系统导出会计分录的过程。这种方法一般是在上述两种方法难以实施或者需要大量时间来完成的情况下的一种选择，或者是在被审计单位使用复杂的IT系统及多种会计系统的情况下较适用。

（三）分析和筛选数据，从总体中选取待测试的会计分录及其他调整

1. 虚假会计分录或其他调整的通常具有一定的识别特征，可能包括：

（1）分录涉及不相关、异常或很少使用的账户，信息要素缺失的会计分录（如编制人账号、有效日期、描述）；

（2）分录由平时不负责作出会计分录的人员或编制和复核职责不兼容的人员作出（如财务总监），未经审批的分录；

（3）分录在期末或结账过程中作出，且没有或只有很少的解释或描述；

（4）分录在编制财务报表之前或编制过程中程作出且没有科目代码；

（5）分录金额为约整数、整数或尾数一致（如999结尾的）；

（6）分录的编制日期是节假日或者特殊时间（如春节或深夜）；

（7）重复分录，或转回并以不同的金额重新记账的分录；

（8）重大金额的分录（如高于执行层面重要性水平的分录）；

（9）分录带有异常的摘要或无摘要（如更正、错误、删除、调整等）；

（10）连续编号的分录总体中存在不连续编号的情况。

2. 不恰当的会计分录或其他调整可能体现在以下账户：

（1）包含复杂或性质异常的交易的账户；

（2）包含重大估计及期末调整的账户；

（3）过去易于发生错报的账户；

（4）未及时调节的账户，或含有尚未调节差异的账户；

（5）包含集团内部不同公司间交易的账户；

（6）其他虽不具备上述特征但与已识别的由于舞弊导致的重大错报风险相关的账户。

在选取分录过程中应关注是否存在日常经营活动之外处理的会计分录或其他调整，并在选取过程中增加不可预见性。

（四）测试选取的会计分录及其他调整分录，并记录测试结果

测试所选取的会计分录及其他调整分录，对于每一个样本都需要记录会计分录及其他调整分录的复核情况：凭证所记录的业务内容和支持依据的检查；评价所作分录是否正确；复核结论和是否发现存在舞弊风险的迹象等。

对于任何的测试样本，如果管理层不能或不愿意提供支持依据，审计人员应当认为这是一个重大的审计事项。如果在检查过程中发现了异常情况，应该立即向项目负责合伙人进行汇报。会计分录测试的异常情况不能被审计人员认定是一个孤立的一次性错误而放弃执行进一步的舞弊检查程序。如果异常情况涉及较高级别的管理层，即使错报金额对财务报表的影响并不重大，也可能表明存在更为广泛影响的问题。

示例 12-25 记录会计分录测试过程和结论（见表 12-25）

表 12-25

序号	日期	摘要	金额	财务人员签名	财务部长批准	总经理批准	支持性文件	财务部部长签名	凭证与支持性文件相符	正确记录	备注
假日编制											
1	××	FOB 管材	略	是	是	是	是	是	是	是	{a}
2	×/7/26	内销棒材	略	是	是	是	是	是	是	是	{a}
重复出现数次的同一数值											
3	×/8/31	内销管材	略	是	是	不适用	是	是	是	是	{b}

续表

序号	日期	摘要	金额	财务人员签名	财务部长批准	总经理批准	支持性文件	财务部部长签名	凭证与支持性文件相符	正确记录	备注
4	×/9/16	内销管材	略	是	是	不适用	是	是	是	是	
在期末之后指定数天内过账的会计分录											
5	×/1/4	年末未装船收入	略	是	是	是	是	是	是	是	
6	×/1/4	年末客户未签字接收	略	是	是	是	是	是	是	是	
7	×/1/4	年末未装船的成本	略	是	是	是	是	是	是	是	
8	×/1/4	年末已出库销售成本	略	是	是	是	是	是	是	是	
由非负责编制凭证的人员编制											
9	××	内销管材 A－7	略	否	是	不适用	是	是	是	是	{c}
金额大于人民币 1 000 000 元的记账凭证											
10	××	FOB 胚材 C-3	略	是	是	是	是	是	是	是	
第四季度最大金额的 10 张关联方销售收入凭证											
11	××	FOB 管材 A－1	略	是	是	是	是	是	是	是	{d}
12	××	FOB 棒材 SF-W100	略	是	是	是	是	是	是	是	

1. 财务经理 ××× 解释在月末由于比较忙，财务部会选择周末加班，所以分录在假日处理。审计人员查看了人事部文员 ××× 提供的当月加班记录，与财务经理解释相符。

2. 财务部部长 ×× 解释同一金额重复出现因为该客户要求分别在 8、9 两个月将所需品分相同数量的两批送货，单价数量均相同，因此在 8、9 两个月份出现了同一金额的凭证。

3. 此凭证并非由财务部负责应收账款和销售收入的 ×× 人员编制，而是由负责记录工资费用的会计 ×× 编制，据解释当天因该会计休假，所以改由记录工资费用的会计 ×× 代替他的职务，支持性文件也是由其代替会计签名，财务部部长对此进行了复核。我们查看了人事部文员 ××× 提供的当月休假记录，与财务经理解释相符。

4. 针对“第四季度最大金额的10张关联方销售收入凭证”，审计人员特别追查至相关的离岸提货单，以确认其真实性。

（五）会计分录测试的工作底稿记录

审计人员应记录与设计会计分录和其他调整分录测试相关程序的性质、时间和范围，包括：

1. 审计人员对财务报表流程中会计分录的类型的了解，每种类型从发生、授权到记录的过程以及与会计分录相关的控制。

2. 基于审计人员对管理层同时有机会和动机操纵利润、财务比率或挪用资产的性质和风险的了解，考虑发生管理层凌驾于控制之上的风险，并制定应对措施（通常不是在单独的会计分录测试的底稿内记录，而是记录于整体计划和实施针对舞弊风险的应对措施的底稿内并作交叉索引，因为会计分录测试底稿只是针对舞弊风险执行的审计测试的一种）。

3. 向财务报表流程涉及的人员询问有关会计分录和其他调整分录处理流程中不恰当或异常情况的结果。

4. 选择用于测试的会计分录和其他调整分录总体的确定（对审计策略和相关管理层操纵利润的机会和风险的额外考虑）。

5. 选择的会计分录测试方法（如电子工具）及选择该方法的合理说明。

6. 执行审计程序以确定有待复核和测试的会计分录和其他调整分录总体的与其他记录的一致性。

7. 记录测试过程。